Kohlhammer

Strafrecht Besonderer Teil

Studienbuch
in systematisch-induktiver Darstellung

Band 1
Besonderer Teil ohne Vermögensdelikte

Begründet von

Dr. Volker Krey
o. Professor an der Universität Trier
Richter am Oberlandesgericht Koblenz (1978-1998)

fortgeführt von

Dr. Manfred Heinrich
Universitätsprofessor an der Universität Kiel

und

Dr. Dr. h.c. Uwe Hellmann
Universitätsprofessor an der Universität Potsdam

18., überarbeitete Auflage

Verlag W. Kohlhammer

Unseren Ehefrauen und Kindern

Zitiervorschlag: Krey/Hellmann/Heinrich, BT 1

Es haben bearbeitet:
Uwe Hellmann, Rn. 1–484 (§§ 1–4), 1411–1419 (Aufbaumuster)
Manfred Heinrich, Rn. 485–1410 (§§ 5–12)

18. Auflage 2024

Alle Rechte vorbehalten
© W. Kohlhammer GmbH Stuttgart
Gesamtherstellung: W. Kohlhammer GmbH, Stuttgart

Print:
ISBN 978-3-17-044915-2

E-Book-Format:
pdf: ISBN: 978-3-17-044916-9

Dieses Werk einschließlich aller seiner Teile ist urheberrechtlich geschützt. Jede Verwendung außerhalb der engen Grenzen des Urheberrechts ist ohne Zustimmung des Verlages unzulässig und strafbar. Das gilt insbesondere für Vervielfältigungen, Übersetzungen, Mikroverfilmungen und für die Einspeicherung und Verarbeitung in elektronischen Systemen.
Für den Inhalt abgedruckter oder verlinkter Websites ist ausschließlich der jeweilige Betreiber verantwortlich. Die W. Kohlhammer GmbH hat keinen Einfluss auf die verknüpften Seiten und übernimmt hierfür keinerlei Haftung.

Vorwort zur 18. Auflage

Dieses Lehrbuch ist eine »systematisch-induktive«, d.h. zwar **systematisch aufgebaute**, aber weitgehend **vom Fall ausgehende** Darstellung der Nichtvermögensdelikte des Besonderen Teils des StGB. Eine solche Form der Darstellung, die den Lehrstoff im Wesentlichen anhand von **Fällen** vermittelt oder jedenfalls durch **Beispiele** veranschaulicht, bedingt zwar einen nicht unerheblichen Umfang des insgesamt zweibändigen Werkes, erleichtert aber erfahrungsgemäß das Verständnis und das Behalten des behandelten Stoffes.

Das Buch richtet sich zum einen an **Anfänger**, denen es eine gründliche Einführung bieten will, zum anderen aber auch an **Fortgeschrittene und Referendare** – zudem an **Praktiker** –, denen es bei der Wiederholung, Ergänzung und Vertiefung ihres Wissens gute Dienste leisten möge.

Das Buch bemüht sich an vielen Stellen um eine sehr **eingehende** Problembehandlung, wobei u.a. die Sterbehilfe sowie die Rechtmäßigkeit der Diensthandlung beim Widerstand gegen Vollstreckungsbeamte hervorgehoben seien. Weiterhin werden vielfach die Bezüge zum Allgemeinen Teil angesprochen, zudem die zum öffentlichen Recht, gelegentlich auch die zum Strafprozessrecht.

Hinsichtlich der Probleme aus dem Allgemeinen Teil des Strafrechts verweisen wir zur Ergänzung und Vertiefung auf das in diesem Verlag erschienene Lehrbuch von Krey/Esser, Deutsches Strafrecht AT, 7. Auflage (2022).

Die Neubearbeitung haben wir wie folgt aufgeteilt:

Uwe Hellmann, Rn. 1–484 (§§ 1–4), 1411–1419 (Aufbaumuster);
Manfred Heinrich, Rn. 485–1410 (§§ 5–12).

Dank schulden wir in erster Linie unseren Assistenten Frau Annika Elit und Herrn Niklas Weber (Kiel) für ihre unermüdliche Mitarbeit. Ebenso danken wir aber auch Frau Meryem Kücükkaraca und Frau Katharina Pechan (Kiel), sowie Frau Nadine Kröger (Sekretärin, Kiel), die uns auf vielfältige Weise unterstützt haben.

Für Anregungen und Kritik aus dem Kreis der Leser sind wir dankbar.

Kiel/Potsdam, im September 2024   Manfred Heinrich und Uwe Hellmann

Inhalt

Abkürzungsverzeichnis .... *Seite* XIII

Verzeichnis der abgekürzt zitierten Literatur .... *Seite* XVIII

Erster Abschnitt: Straftaten gegen den Einzelnen   **Rn.**

§ 1   Straftaten gegen das Leben (§§ 211 – 213, 216, 222; 221 StGB) 1
    I.   Der Mensch als Tatobjekt der Tötungsdelikte 1
        1.   Beginn des menschlichen Lebens im Strafrecht 2
        2.   Todeszeitpunkt 9
    II. Verhältnis von Mord und Totschlag (§§ 211, 212; 28 I, II StGB) 12
    III. Einzelne Mordmerkmale 26
    IV. Tötung auf Verlangen (§ 216 StGB) 102
    V.   Sterbebegleitung 109
    VI. Fahrlässige Tötung (§ 222 StGB) 133
    VII. Aussetzung (§ 221 StGB) 143

§ 2   Straftaten gegen das werdende Leben (§§ 218 – 219b StGB) 166
    I.   Verhinderung der Nidation, § 218 I S. 2 StGB 166
    II. Schwangerschaftsabbruch 167
        1.   Strafbarkeit eines Dritten (Fremdabtreibung) 168
        2.   Strafbarkeit der Schwangeren (»Selbstabtreibung«) 175
    III. Indikationsregelung (§ 218a II, III StGB) 184
        1.   Medizinisch-soziale Indikation (§ 218a II StGB) 184
        2.   Ethische (kriminologische) Indikation (§ 218a III StGB) 192
    IV. Fehlende oder unrichtige ärztliche Feststellung (§ 218b StGB) 193
    V.   Inverkehrbringen von Mitteln zum Abbruch der Schwangerschaft
        (§ 219b I StGB) 194
    VI. Geltung des § 218 StGB bei Auslandstaten (§ 5 Nr. 9 StGB) 196
    VII. Suizidversuch der Schwangeren und Schwangerschaftsabbruch 198

§ 3   Straftaten gegen die körperliche Unversehrtheit (§§ 223 – 231 StGB) . 201
    I.   Körperverletzung durch Schädigung des Embryos mit Dauerfolgen? 201
    II. Begriff der Körperverletzung:
        Körperliche Misshandlung; Gesundheitsschädigung 206
    III. Verhältnis von Tötungs- und Körperverletzungsvorsatz
        (Einheitstheorie/Gegensatztheorie) 244
    IV. Konkurrenz zwischen Tötungs- und Körperverletzungsdelikten 252

Inhalt

	V. Gefährliche Körperverletzung (§ 224 StGB)	263
	1. § 224 I Nr. 1 StGB (Beibringen von Gift oder anderen gesundheitsschädlichen Stoffen)	264
	2. § 224 I Nr. 2 StGB (gefährliches Werkzeug)	273
	3. § 224 I Nr. 3 StGB (hinterlistiger Überfall)	280
	4. § 224 I Nr. 4 StGB (gemeinschaftliche Begehung mit einem anderen Beteiligten)	281
	5. § 224 I Nr. 5 StGB (lebensgefährdende Behandlung)	289
	VI. Schwere Körperverletzung (§ 226 StGB)	290
	1. § 226 I Nr. 1 StGB	290
	2. § 226 I Nr. 2 StGB	292
	3. § 226 I Nr. 3 StGB	298
	4. Zurechnung der qualifizierenden Folgen	304
	5. Konkurrenzen	307
	VII. Verstümmelung weiblicher Genitalien (§ 226a StGB)	308
	VIII. Körperverletzung mit Todesfolge (§ 227 StGB)	313
	IX. Beteiligung an einer Schlägerei (§ 231 StGB)	344
	X. Misshandlung von Schutzbefohlenen (§ 225 StGB)	352
	XI. § 228 StGB: Einwilligung als Rechtfertigungsgrund	363
	XII. Elterliches »Züchtigungsrecht«	369
	XIII. Verfolgungsprivilegierung nach § 230 StGB	370
§ 4	Straftaten gegen die persönliche Freiheit (§§ 232 – 241a StGB)	371
	I. Überblick	371
	II. Freiheitsberaubung (§ 239 StGB)	374
	1. § 239 I StGB	374
	2. § 239 III StGB	388
	3. § 239 IV StGB	391
	III. Nötigung (§ 240 StGB)	392
	1. § 240 I StGB	397
	2. Rechtswidrigkeit der Nötigung (§ 240 II StGB)	424
	3. Nötigung in besonders schweren Fällen (§ 240 IV StGB)	454
	IV. Zwangsheirat (§ 237 StGB)	455
	1. § 237 I StGB (»Zwangsverheiratung«)	456
	2. § 237 II StGB (»Heiratsverschleppung«)	458
	V. Nachstellung (§ 238 StGB)	460
	1. Schutzgut und Deliktscharakter	462
	2. Begriff des Nachstellens (§ 238 I Nr. 1 – 5 StGB)	464
	3. Die Merkmale wiederholt, unbefugt, Eignung zur nicht unerheblichen Beeinträchtigung der Lebensgestaltung	471
	4. Besonders schwere Fälle, § 238 II StGB	474
	5. Qualifikationstatbestand, § 238 III StGB	475
	6. Konkurrenzen	478
	VI. Bedrohung (§ 241 StGB)	479

| § 5 | Straftaten gegen die Ehre (§§ 185 – 200 StGB) | 485 |

    I. Beleidigung, Üble Nachrede und Verleumdung (§§ 185 – 187 StGB) 485
        1. Beleidigung (§ 185 StGB) 489
        2. Üble Nachrede (§ 186 StGB) 504
        3. Äußerungen im Rahmen von Vertrauensverhältnissen 537
        4. Beleidigung durch Unterlassen und/oder konkludentes Tun 541
        5. Verleumdung (§ 187 StGB) 547
        6. Öffentlich, in einer Versammlung, durch Verbreiten eines Inhalts 548
    II. Gegen Personen des politischen Lebens gerichtete Beleidigung,
        Üble Nachrede und Verleumdung (§ 188 StGB) 549
    III. Verunglimpfung des Andenkens Verstorbener (§ 189 StGB) 550
    IV. Verhetzende Beleidigung (§ 192a StGB) 551
    V. Wahrnehmung berechtigter Interessen (§ 193 StGB) 552
    VI. Strafantrag und Ermächtigung (§ 194 StGB) 552
    VII. Wechselseitig begangene Beleidigungen (§ 199 StGB) 553
    VIII. Bekanntgabe der Verurteilung (§ 200 StGB) 554
    IX. Indemnität (Art. 46 I GG; §§ 36, 37 StGB) 555
    X. Hinweis zur Abschaffung des § 103 StGB a.F. 556

| § 6 | Straftaten gegen sonstige persönliche Rechtsgüter | 557 |

    I. Hausfriedensbruch (§ 123 StGB) 557
    II. Verletzung des persönlichen Lebens- und Geheimbereichs
        (§§ 201 – 206 StGB) 592
        1. Verletzung von Privatgeheimnissen (§ 203 StGB) 593
        2. Verwertung fremder Geheimnisse (§ 204 StGB) 635
        3. Verletzung der Vertraulichkeit des Wortes (§ 201 StGB) 637
        4. Verletzung des höchstpersönlichen Lebensbereichs und von
            Persönlichkeitsrechten durch Bildaufnahmen (§ 201a StGB) 645
            a) § 201a I Nr. 1 i.V.m. 4, 5 StGB (geschützter Bereich) 647
            b) § 201a I Nr. 2 i.V.m. 4, 5 StGB (Hilflosigkeit) 659
            c) § 201a I Nr. 3 i.V.m. 4, 5 StGB (Zurschaustellung Verstorbener) 662
            d) § 201a II StGB (Schädigung des Ansehens) 663
            e) § 201a III Nr. 1, 2 StGB (Nacktaufnahmen Minderjähriger) 666
        5. Verletzung des Briefgeheimnisses (§ 202 StGB) 672
        6. Ausspähen von Daten (§ 202a StGB) 673
        7. Abfangen von Daten (§ 202b StGB) 697
        8. Vorbereiten des Ausspähens und Abfangens von Daten (§ 202c StGB) 700
        9. Datenhehlerei (§ 202d StGB) 706
        10. Verletzung des Post- oder Fernmeldegeheimnisses (§ 206 StGB) 715

Zweiter Abschnitt: Straftaten gegen die Allgemeinheit

Kapitel 1: Straftaten gegen den Staat 719

| § 7 | Delikte gegen die Staatsgewalt | 719 |

    I. Widerstand gegen und tätlicher Angriff auf Vollstreckungsbeamte
        und ihnen gleichstehende Personen (§§ 113 – 115 StGB) 719

Inhalt

	1.	Zum Tatbestand des § 113 I StGB (»Widerstand«)	721
	2.	§ 113 II StGB: Besonders schwere Fälle	739
	3.	§ 113 III, IV StGB: Rechtmäßigkeit der Diensthandlung	743
	4.	Der Tatbestand des § 114 StGB (»tätlicher Angriff«)	765
	5.	Die Strafbarkeitserweiterungen des § 115 StGB	784
II.	Amtsanmaßung (§ 132 StGB)		785
III.	Missbrauch von Titeln, Berufsbezeichnungen und Abzeichen (§ 132a StGB)		796
IV.	Gefangenenbefreiung und Gefangenenmeuterei (§§ 120, 121 StGB)		803
	1.	Gefangenenbefreiung (§ 120 StGB)	804
	2.	Gefangenenmeuterei (§ 121 StGB)	811
V.	Verwahrungsbruch (§ 133 StGB)		813
VI.	Verstrickungsbruch und Siegelbruch (§ 136 StGB)		818
	1.	Verstrickungsbruch (§ 136 I i.V.m. III, IV StGB)	818
	2.	Siegelbruch (§ 136 II i.V.m. III, IV StGB)	833
	3.	Konkurrenz zwischen Verstrickungs- und Siegelbruch	837

§ 8 Straftaten gegen die Rechtspflege 838

I.	Aussagedelikte (§§ 153 – 162 StGB)		838
	1.	§§ 153; 154, 155 StGB	839
	2.	Verleitung zur Falschaussage (§ 160 StGB)	863
	3.	Beihilfe zum Meineid durch Unterlassen (§§ 154, 27, 13 StGB)	871
	4.	Falsche Versicherung an Eides Statt (§ 156 StGB)	879
	5.	Versuch der Anstiftung zur Falschaussage (§ 159 StGB)	884
	6.	Die Anwendbarkeit der §§ 153 ff. StGB auf internationale Gerichte	891
II.	Falsche Verdächtigung (§§ 164, 165 StGB)		892
III.	Vortäuschen einer Straftat (§ 145d StGB)		917
	1.	Vortäuschen der Begehung einer rechtswidrigen Tat (§ 145d I Nr. 1 StGB)	919
	2.	Versuch der Täuschung über einen Tatbeteiligten (§ 145d II Nr. 1 StGB)	925
IV.	Strafvereitelung (§ 258 StGB)		937
	1.	Verfolgungsvereitelung (§ 258 I StGB)	938
	2.	Vollstreckungsvereitelung (§ 258 II StGB)	948
	3.	§ 258 VI StGB	955
	4.	§ 258 V StGB	960
	5.	Ergänzende Hinweise zu § 258 StGB	964
V.	Begünstigung (§ 257 StGB)		967
VI.	Nichtanzeige geplanter Straftaten (§§ 138, 139 StGB)		983

§ 9 Amtsdelikte (§§ 331 – 358 StGB) 999

I.	Unterscheidung: unechte und echte Amtsdelikte		999
II.	Die unechten Amtsdelikte		1000
	1.	Körperverletzung im Amt (§ 340 StGB)	1001
	2.	Strafvereitelung im Amt (§§ 258, 258a StGB)	1011

III. Die Bestechungstatbestände der §§ 331 – 337 StGB 1019
   1. Zur Gesetzessystematik der Bestechungstatbestände 1020
   2. Täterkreis der §§ 331 I und 332 I StGB 1033
     a) Amtsträger nach § 11 I Nr. 2 lit. a StGB 1034
     b) Amtsträger nach § 11 I Nr. 2 lit. b StGB 1035
     c) Amtsträger nach § 11 I Nr. 2 lit. c StGB 1036
     d) Europäische Amtsträger gem. § 11 I Nr. 2a StGB 1056
     e) Für den öffentlichen Dienst besonders Verpflichtete gem.
       § 11 I Nr. 4 StGB 1057
     f) Ausländische und internationale Bedienstete gem. § 335a StGB 1058
     g) Soldaten gem. § 48 I, II WStG 1059
   3. Vorteilsannahme und Vorteilsgewährung
     (§§ 331, 333; 335a-337 StGB) 1060
   4. Bestechlichkeit und Bestechung (§§ 332, 334, 335, 335a-337 StGB) 1086
IV. Rechtsbeugung (§ 339 StGB) 1099
V. Aussageerpressung (§ 343 StGB) 1109
VI. Falschbeurkundung im Amt (§ 348 StGB) 1111

Kapitel 2: Sonstige Straftaten gegen die Allgemeinheit 1112

§ 10   Delikte gegen die Sicherheit des Rechtsverkehrs 1112
   I. Urkundendelikte (§§ 267 – 282; 348 StGB) 1112
    1. Urkundenfälschung (§ 267 StGB) 1112
    2. Fälschung technischer Aufzeichnungen (§ 268 StGB) 1184
    3. Fälschung beweiserheblicher Daten (§§ 269, 270 StGB) 1208
    4. Urkundenunterdrückung (§ 274 StGB) 1212
    5. Verändern von amtlichen Ausweisen (§ 273 StGB) 1215
    6. Strafbarer Umgang mit Gesundheitszeugnissen
      (§§ 277 – 279 StGB) 1216
    7. Falschbeurkundung im Amt und Mittelbare Falschbeurkundung
      (§§ 348, 271 StGB) 1218
   II. Geld- und Wertzeichenfälschung (§§ 146 – 152b StGB) 1237

§ 11   Gemeingefährliche Straftaten (§§ 306 – 323c StGB) 1239
   I. Brandstiftung (§§ 306 – 306f StGB) 1241
    1. § 306a I, II StGB i.V.m. §§ 306b, 306c StGB 1242
    2. § 306 StGB (und seine Qualifikationen, §§ 306b, 306c StGB) ... 1290
   II. Verkehrsstraftaten (§§ 315 – 316 StGB) 1291
    1. Gefährliche Eingriffe in den Straßenverkehr (§ 315b StGB) .. 1291
    2. Gefährdung des Straßenverkehrs (§ 315c StGB) 1313
    3. Trunkenheit im Verkehr (§ 316 StGB) 1332
    4. Verbotene Kraftfahrzeugrennen (§ 315d; 315f StGB) 1334
   III. Vollrausch (§ 323a StGB) – mit »actio libera in causa« – 1348
   IV. Unterlassene Hilfeleistung, Behinderung von hilfeleistenden Personen
     (§ 323c I, II StGB) 1376
    1. Unterlassene Hilfeleistung (§ 323c I StGB) 1376
    2. Behinderung von hilfeleistenden Personen (§ 323c II StGB) . 1385

Inhalt

§ 12	Straftaten gegen die Umwelt (§§ 324 – 330d StGB)	1388
	I. Vorbemerkungen zu §§ 324 – 330d StGB	1388
	1. Überblick über die gesetzliche Regelung	1388
	2. Geschützte Rechtsgüter des Umweltstrafrechts	1391
	3. Die Verwaltungsakzessorietät im Umweltstrafrecht	1394
	II. Gewässerverunreinigung (§ 324 StGB)	1401
	III. Unerlaubter Umgang mit Abfällen (§ 326 StGB)	1407

Aufbaumuster 1411

Kombiniertes Gesetzes- und Sachregister 1420

Abkürzungsverzeichnis

a.A.	anderer Ansicht
aaO	am angegebenen Ort
abl.	ablehnend
Abs.	Absatz
abw.	abweichend
a.E.	am Ende
AE	Alternativentwurf
a.F.	alte Fassung
AfP	Zeitschrift für Medien- und Kommunikationsrecht (Vorgänger: Archiv für Presserecht)
AG	Amtsgericht
AIFO	Aidsforschung
allg.M.	allgemeine Meinung
Alt.	Alternative
Anm.	Anmerkung
AnwK	AnwaltKommentar StGB
AO	Abgabenordnung
AT	Allgemeiner Teil
ausf.	ausführlich
A/W/H/H	Arzt/Weber/Heinrich/Hilgendorf
BAK	Blutalkoholkonzentration
BayObLG	Bayerisches Oberstes Landesgericht
BayPAG	Gesetz über die Aufgaben und Befugnisse der Bayerischen Staatlichen Polizei
BeckOK	Beck'scher Online-Kommentar
BeckRS	Beck-Rechtsprechung
Bespr.	Besprechung
BGB	Bürgerliches Gesetzbuch
BGBl.	Bundesgesetzblatt (Teil, Seite)
BGH	Bundesgerichtshof
BGH St	Entscheidungen des BGH in Strafsachen
BGH Z	Entscheidungen des BGH in Zivilsachen
BKA	Bundeskriminalamt
BMinG	Bundesministergesetz
BNotO	Bundesnotarordnung
BRAO	Bundesrechtsanwaltsordnung
BR-Drucks.	Bundesrats-Drucksache
BT	Besonderer Teil
BT-Drucks.	Bundestags-Drucksache
BVerfG	Bundesverfassungsgericht
BVerfG E	Entscheidungen des Bundesverfassungsgerichts
BVerfGG	Gesetz über das Bundesverfassungsgericht
B/W/M/E	Baumann/Weber/Mitsch/Eisele
CR	Computer und Recht
DAR	Deutsches Autorecht
ders.	derselbe

Abkürzungsverzeichnis

dies.	dieselbe
diff.	differenzierend
DJT	Deutscher Juristentag
DR	Deutsches Recht
DRiG	Deutsches Richtergesetz
DRZ	Deutsche Rechts-Zeitschrift
DStrR	Deutsches Strafrecht
DuD	Datenschutz und Datensicherheit
ebd.	ebendort
ebso.	ebenso
EGStGB	Einführungsgesetz zum Strafgesetzbuch vom 2.3.1974 – BGBl. I 469
entspr.	entsprechend
EUBestG	EU-Bestechungsgesetz
E 1962	Entwurf eines Strafgesetzbuches 1962
FamFG	Gesetz über das Verfahren in Familiensachen und in den Angelegenheiten der freiwilligen Gerichtsbarkeit
FamRZ	Zeitschrift für das gesamte Familienrecht
FeV	Fahrerlaubnisverordnung
f.	folgende, folgender
ff.	folgende
FPR	Familie Partnerschaft Recht (Zeitschrift)
FGG	Gesetz über Angelegenheiten der freiwilligen Gerichtsbarkeit
FS	Festschrift
FZV	Verordnung über die Zulassung von Fahrzeugen zum Straßenverkehr
GA	Goltdammers Archiv für Strafrecht
gem.	gemäß
GG	Grundgesetz
ggf.	gegebenenfalls
GS	Großer Senat; Gedächtnisschrift
GVG	Gerichtsverfassungsgesetz
h.A.	herrschende Ansicht
HandwO	Handwerksordnung
HdB	Handbuch
HdS	Handbuch des Strafrechts
HK-GS	Handkommentar Gesamtes Strafrecht
H/K/V	Hilgendorf/Kusche/Valerius
h.L.	herrschende Lehre
h.M.	herrschende Meinung
HRRS	Höchstrichterliche Rechtsprechung zum Strafrecht (Online-Zeitschrift)
i.A.a.	im Anschluss an
i.d.F.	in der Fassung
i.d.S.	in diesem Sinne
i.E.	im Ergebnis
insb.	insbesondere
InsO	Insolvenzordnung

i.S.v.	im Sinne von
IntBestG	Gesetz zur Bekämpfung internationaler Bestechung
i.t.S.	im technischen Sinne
i.w.S.	im weiteren Sinne
JA	Juristische Arbeitsblätter
JMBlNW	Justizministerialblatt des Landes Nordrhein-Westfalen
JR	Juristische Rundschau
Jura	Juristische Ausbildung
JurA	Juristische Analysen
JuS	Juristische Schulung
JW	Juristische Wochenschrift
JZ	Juristenzeitung
KG	Kammergericht
KorrBekG	Korruptionsbekämpfungsgesetz
krit.	kritisch
LG	Landgericht
lit.	Buchstabe
LK	Leipziger Kommentar zum StGB
LM	Entscheidungen des BGH im Nachschlagewerk v. Lindenmaier, Möhring u.a.
LPK	Lehr- und Praxiskommentar
l. Sp.	linke Spalte
m.	mit
MDR	Monatsschrift für Deutsches Recht
MedR	Medizinrecht
medstra	Zeitschrift für Medizinstrafrecht
MK	Münchner Kommentar
MMR	Multimedia und Recht
M/R	Matt/Renzikowski
M/S/M	Maurach/Schroeder/Maiwald
M/S/M/H/M	Maurach/Schroeder/Maiwald/Hoyer/Momsen
m.w.N.	mit weiteren Nachweisen
Nachw.	Nachweise
nachf.	nachfolgend
Nds. Rpfl.	Niedersächsische Rechtspflege
n.F.	neue Fassung
NJ	Neue Justiz
NJW	Neue Juristische Wochenschrift
NK	Nomos Kommentar zum StGB
NStZ	Neue Zeitschrift für Strafrecht
NStZ-RR	NStZ-Rechtsprechungs-Report
NZV	Neue Zeitschrift für Verkehrsrecht
OGH	Oberster Gerichtshof für die Britische Zone
OGH St	Entscheidungen des OGH in Strafsachen
OLG	Oberlandesgericht

Abkürzungsverzeichnis

OLG St	Entscheidungen der OLG zum Straf- u. Strafverfahrensrecht (§§ und S.)
ParlStG	Gesetz über die Rechtsverhältnisse der Parlamentarischen Staatssekretäre
RG	Reichsgericht
RG St	Entscheidungen des RG in Strafsachen
RMG	Entscheidungen des Reichsmilitärgerichts
RPflG	Rechtspflegergesetz
r. Sp.	rechte Spalte
Rspr.	Rechtsprechung
S.	Seite, siehe
s.a.	siehe auch
SAE	Sammlung arbeitsrechtlicher Entscheidungen
Sch/Sch	Schönke/Schröder
sc.l.	scire licet (zu ergänzen ist)
SigG	Gesetz über Rahmenbedingungen für elektronische Signaturen
SK	Systematischer Kommentar zum StGB
S/S/W	Satzger/Schluckebier/Werner
StA	Staatsanwaltschaft
StÄG	Strafrechtsänderungsgesetz
StGB	Strafgesetzbuch
StPO	Strafprozessordnung
str.	strittig
StraFo	Strafverteidiger-Forum
StrRG, 6.	Sechstes Gesetz zur Reform des Strafrechts v. 26.1.1998 – BGBl. I, 164
StV	Strafverteidiger (Zeitschrift)
StVG	Straßenverkehrsgesetz
StVO	Straßenverkehrsordnung
StVZO	Straßenverkehrs-Zulassungs-Ordnung
SubvG	Subventionsgesetz
u.a.	unter anderem
u.ä.	und ähnliche
UZwG	Gesetz über den unmittelbaren Zwang bei Ausübung öffentlicher Gewalt durch Vollzugsbeamte des Bundes
VE	Verdeckter Ermittler
Verf.	Verfasser
VerwArch	Zeitschrift für Verwaltungslehre, Verwaltungsrecht und Verwaltungspolitik
vgl.	vergleiche
VRS	Verkehrsrechts-Sammlung
VStGB	Völkerstrafgesetzbuch
VwGO	Verwaltungsgerichtsordnung
VwVfG	Verwaltungsverfahrensgesetz
VwVG	Verwaltungsvollstreckungsgesetz
WaffG	Waffengesetz
WBeauftrG	Gesetz über den Wehrbeauftragten des Deutschen Bundestages
wistra	Zeitschrift für Wirtschafts- und Steuerstrafrecht
W/B/S	Wessels/Beulke/Satzger

W/H/E	Wessels/Hettinger/Engländer
W/H/S	Wessels/Hillenkamp/Schuhr
WStG	Wehrstrafgesetz
z.B.	zum Beispiel
ZfIStW	Zeitschrift für Internationale Strafrechtswissenschaft (Online-Zeitschrift)
ZfL	Zeitschrift für Lebensrecht
ZIS	Zeitschrift für Internationale Strafrechtsdogmatik (Online-Zeitschrift)
ZJS	Zeitschrift für das Juristische Studium (Online-Zeitschrift)
ZMR	Zeitschrift für Miet- und Raumrecht
ZPO	Zivilprozessordnung
ZRP	Zeitschrift für Rechtspolitik
ZStW	Zeitschrift für die gesamte Strafrechtswissenschaft
ZUM	Zeitschrift für Urheber- und Medienrecht
zust.	zustimmend
ZVG	Zwangsversteigerungsgesetz
zw.	zweifelnd
ZWE	Zeitschrift für Wohnungseigentumsrecht

Verzeichnis der abgekürzt zitierten Literatur

Arzt/Weber/Heinrich/Hilgendorf, Strafrecht Besonderer Teil, 4. Aufl. 2021 (zit.: A/W/H/H)

Beck'scher Online-Kommentar StGB, 62. Edition, 2024 (BeckOK-StGB)

Binding, Lehrbuch des gemeinen deutschen Strafrechts, Besonderer Teil, Bd. II.1, 2. Aufl. 1904

Blei, Strafrecht II, 12. Aufl. 1983

Bockelmann, Strafrecht des Arztes, 1968

Dencker/Struensee/Nelles/Stein, Einführung in das 6. Strafrechtsreformgesetz, 1998 (zitiert: D/S/N/S)

Dölling/Duttge/König/Rössner, Handkommentar Gesamtes Strafrecht, 5. Aufl. 2022 (zitiert: HK-GS)

Eisele, Strafrecht Besonderer Teil I, 6. Aufl. 2021 (zitiert: *Eisele* I)

Eisele, Strafrecht Besonderer Teil II, 6. Aufl. 2021 (zitiert: *Eisele* II)

Eser, Strafrecht 2, 3. Aufl. 1980; Strafrecht 3, 2. Aufl. 1981

Fischer, Kommentar zum Strafgesetzbuch, 71. Aufl. 2024

Frank, Das Strafgesetzbuch für das Deutsche Reich, 18. Aufl. 1931

Freund, Urkundenstraftaten, 2. Aufl. 2010

Gössel/Dölling, Strafrecht Besonderer Teil, 1. Bd., 2. Aufl. 2004

Gropp/Sinn, Strafrecht Allgemeiner Teil, 5. Aufl. 2021

Haft, Strafrecht Besonderer Teil II, 8. Aufl. 2005

Haft/Hilgendorf, Strafrecht Besonderer Teil I, 9. Aufl. 2009

Handbuch des Strafrechts, Band 4, 2019 (zitiert: HdS 4)

Heine/Meinberg, Empfehlen sich Änderungen im strafrechtlichen Umweltschutz …?, DJT Gutachten 1988, D

Heinrich, B., Strafrecht – Allgemeiner Teil, 7. Aufl. 2022

Heinrich, M., Die gefährliche Körperverletzung, 1993

Herzberg, Täterschaft und Teilnahme, 1977 (zitiert: *Herzberg,* 1977)

Herzberg, Die Unterlassung im Strafrecht und das Garantenprinzip, 1972 (zitiert: *Herzberg,* 1972)

Hilgendorf/Kusche/Valerius, Computer- und Internetstrafrecht, 3. Aufl. 2022

Hohmann/Sander, Strafrecht Besonderer Teil II, 2. Aufl. 2011

Hilgendorf/Valerius, Computer- und Internetstrafrecht, 3. Aufl. 2023

Ingelfinger, Grundlagen und Grenzbereiche des Tötungsverbots, 2004

Jäger, Examens-Repetitorium, Strafrecht Allgemeiner Teil, 10. Aufl. 2021 (zitiert: *Jäger,* AT)

Jäger, Examens-Repetitorium, Strafrecht Besonderer Teil, 9. Aufl. 2021 (zitiert: *Jäger*, BT)

Jakobs, Tötung auf Verlangen, Euthanasie und Strafrechtssystem, in: Bayerische Akademie der Wissenschaften, Philosophisch – Historische Klasse, Sitzungsberichte – Jahrgang 1998, Heft 2

Jakobs, Strafrecht, Allgemeiner Teil, 2. Aufl. 1991 (= Studienausgabe 1993) (zitiert: *Jakobs*, AT)

Jakobs, Studien zum fahrlässigen Erfolgsdelikt, 1972

Jescheck/Weigend, Lehrbuch des Strafrechts, Allgemeiner Teil, 5. Aufl. 1996

Joecks/Jäger Strafgesetzbuch – Studienkommentar –, 13. Aufl. 2021

Kindhäuser/Hilgendorf, Strafgesetzbuch, Lehr- und Praxiskommentar, 9. Aufl. 2022 (zitiert: LPK)

Kindhäuser/Schramm, Strafrecht Besonderer Teil I, 11. Aufl. 2023

Kindhäuser/Zimmermann, Strafrecht Allgemeiner Teil, 11. Aufl. 2023

Klesczewski, Strafrecht Besonderer Teil, 2016

Krey/Esser, Deutsches Strafrecht, Allgemeiner Teil, 7. Aufl. 2022

Krey/Heinrich, Deutsches Strafverfahrensrecht, 2.Aufl. 2019 (zitiert: Krey/*Heinrich*, Strafverfahrensrecht)

Krey, Rechtsprobleme des strafprozessualen Einsatzes Verdeckter Ermittler einschließlich des »Lauschangriffs« zu seiner Sicherung und als Instrument der Verbrechensaufklärung, in: BKA Forschungsreihe, Sonderband 1993 (zitiert: *Krey*, Rechtsprobleme)

Krey, Studien zum Gesetzesvorbehalt im Strafrecht, 1977 (zitiert: *Krey*, Studien)

Krey, Zum Gewaltbegriff im Strafrecht, 1. Teil, in: Bundeskriminalamt in BKA – (Hrsg.), Was ist Gewalt?, Bd. 1, 1986. 2. Teil, in: BKA (Hrsg.), Was ist Gewalt?, Bd. 2, 1988. (zitiert: *Krey*, Zum Gewaltbegriff)

Krey, Zur Verweisung auf EWG-Verordnungen in Blankettstrafgesetzen, Verfassungsprobleme der Verweisung auf Gemeinschaftsrecht. Schranken für Blankettstrafgesetze aus Art. 103 Abs. 2, Art. 104 Abs. 1 Grundgesetz, in: EWR, Schriftenreihe zum europäischen Weinrecht, Heft 2/81, 1981

Krey/Hellmann/Heinrich, Strafrecht Besonderer Teil, Bd. 2, 19. Aufl. 2024 (zitiert: *Krey/Hellmann/Heinrich*, BT 2)

Kühl, Strafrecht Allgemeiner Teil, 8. Aufl. 2017

Küper/Zopfs, Strafrecht Besonderer Teil, 11. Aufl. 2022

Küpper/Börner, Strafrecht Besonderer Teil 1, 4. Aufl. 2017

Lackner/Kühl/Heger Strafgesetzbuch, 30. Aufl. 2023 (zitiert: L/K/H)

Leipold/Tsambikakis/Zöller, AnwaltKommentar StGB, 3. Aufl. 2020 (zitiert: AnwK)

Leipziger Kommentar, Strafgesetzbuch, 9. Aufl. seit 1974 (zitiert: LK^9)

Leipziger Kommentar, Strafgesetzbuch, 10. Aufl. seit 1985 (zitiert: LK^{10})

Leipziger Kommentar, Strafgesetzbuch, 11. Aufl. seit 1992 (zitiert: LK^{11})

Literatur

Leipziger Kommentar, Strafgesetzbuch, 12. Aufl. seit 2007 (zitiert: LK[12])

Leipziger Kommentar, Strafgesetzbuch, 13. Aufl. seit 2019 (zitiert: LK)

Matt/Renzikowski, Strafgesetzbuch, 2. Aufl. 2020 (zitiert: M/R)

Maurach, Deutsches Strafrecht Besonderer Teil, 5. Aufl. 1969

Maurach/Schroeder/Maiwald/Hoyer/Momsen, Strafrecht Besonderer Teil, Teilband 1, 11. Aufl. 2019 (zitiert: M/S/M/H/M)

Maurach/Schroeder/Maiwald, Strafrecht, Besonderer Teil Teilband 2, 10. Aufl. 2013 (zitiert: M/S/M)

Meyer-Goßner/Schmitt, Strafprozessordnung, 66. Aufl. 2023

Münchener Kommentar zum StGB, 4. Aufl. 2020 ff. (zitiert: MK)

Nomos Kommentar zum Strafgesetzbuch, 6. Aufl. 2023 (zitiert: NK)

Otto, Grundkurs Strafrecht, Die einzelnen Delikte, 7. Aufl. 2004 (zitiert: *Otto*, BT)

Otto (Redaktion)/Krey/Kühl, Verhinderung und Bekämpfung von Gewalt aus der Sicht der Strafrechtswissenschaft, in: *Schwind/Baumann* u. a. (Hrsg.), Ursachen, Prävention und Kontrolle von Gewalt: Analysen und Vorschläge der Unabhängigen Regierungskommission zur Verhinderung und Bekämpfung von Gewalt (Gewaltkommission), Bd. II, 1990, S. 857 - 954

Pawlik, Der rechtfertigende Notstand, 2002

Rengier, Strafrecht Allgemeiner Teil, 15. Aufl. 2023

Rengier, Strafrecht Besonderer Teil I, Vermögensdelikte, 26. Aufl. 2024

Rengier, Strafrecht Besonderer Teil II, Delikte gegen die Person und die Allgemeinheit, 25. Aufl. 2024

Rengier, Erfolgsqualifizierte Delikte, 1986

Roxin, Strafrecht Allgemeiner Teil, Bd. II, 2003 (zitiert: *Roxin*, AT II)

Roxin, Täterschaft und Tatherrschaft, 11. Aufl. 2022 (zitiert: *Roxin*, TuT)

Roxin/Greco, Strafrecht Allgemeiner Teil, Bd. I, 5. Aufl. 2020 (zitiert: *Roxin/Greco*, AT I)

Satzger/Schluckebier/Werner, Strafgesetzbuch, Kommentar, 6. Aufl. 2024 (zitiert: S/S/W)

Samson, Strafrecht I, 7. Aufl. 1988; Strafrecht II, 5. Aufl. 1985

Schlüchter (Hrsg.), Bochumer Erläuterungen zum 6. Strafrechtsreformgesetz, 1998

Schmidhäuser, Strafrecht Allgemeiner Teil, Studienbuch, 2. Aufl. 1984 (zitiert: *Schmidhäuser*, AT)

Schmidhäuser, Strafrecht Besonderer Teil, 2. Aufl. 1983 (zitiert: *Schmidhäuser*)

Schönke/Schröder, Strafgesetzbuch, 30. Aufl. 2019 (zitiert: Sch/Sch)

Schroth, Strafrecht Besonderer Teil, 5. Aufl. 2010

Schwind/Baumann u.a. (Hrsg.), Ursachen, Prävention und Kontrolle von Gewalt. Analysen und Vorschläge der Unabhängigen Regierungskommission zur Verhinderung und Bekämpfung von Gewalt *(Gewaltkommission)*, Bd. I, 1990, Endgutachten

Stratenwerth/Kuhlen, Strafrecht Allgemeiner Teil I, 6. Aufl. 2011

Systematischer Kommentar zum StGB, 9. Aufl. 2017 ff. (zitiert: SK^9)

Systematischer Kommentar zum StGB, 10. Aufl. 2022 ff. (zitiert: SK)

Thomas/Putzo, Zivilprozessordnung, 44. Aufl. 2023

Wagner, Selbstmord und Selbstmordverhinderung, 1975

Welzel, Das deutsche Strafrecht, 11. Aufl. 1969

Wessels/Beulke/Satzger, Strafrecht Allgemeiner Teil, Die Straftat und ihr Aufbau, 53. Aufl. 2023 (zitiert: W/B/S)

Wessels/Hettinger/Engländer, Strafrecht Besonderer Teil, 1. Bd., Straftaten gegen Persönlichkeits- und Gemeinschaftswerte, 47. Aufl. 2023 (zitiert: W/H/E)

Wessels/Hillenkamp/Schuhr, Strafrecht Besonderer Teil, 2. Bd., Straftaten gegen Vermögenswerte, 46. Aufl. 2023 (zitiert: W/H/S)

ERSTER ABSCHNITT:

Straftaten gegen den Einzelnen

§ 1 Straftaten gegen das Leben
(§§ 211 - 213, 216, 222; 221 StGB)

I. Der Mensch als Tatobjekt der Tötungsdelikte

Schutzgut der Tötungsdelikte ist das Leben, Handlungsobjekt ein anderer Mensch. Das Rechtsgut Leben ist nicht disponibel, wie sich aus § 216 StGB ergibt.

1. Beginn des menschlichen Lebens im Strafrecht

Fall 1: *– Tötung in der Geburt –*

Hebamme Helena (H) betreute Sabine bei der Geburt ihres Kindes. Da die Geburt nach Abgang des Fruchtwassers und Eintritt der Wehen nach Meinung der H nicht zügig genug fortschritt, griff sie zu einer Geburtszange. Diese setzte sie aber derart ungeschickt an, dass sie den Schädel des Kindes verletzte; das Kind erlag seinen Verletzungen kurz nach der Geburt. Strafbarkeit der H wegen fahrlässiger Tötung, § 222 StGB?

Der Fall wirft die Frage nach dem **Beginn** des menschlichen Lebens im Strafrecht auf. Hierfür ist – anders als im bürgerlichen Recht (§ 1 BGB) – nicht die Vollendung, sondern der »Beginn der Geburt« maßgeblich[1].
Damit ist das Einsetzen des Ausstoßungsversuchs des Mutterleibes, der Beginn der im weiteren Verlauf zur Ausstoßung führenden Wehen gemeint, wobei bereits die Eröffnungswehen genügen[2]. Bei einer Kaiserschnittentbindung ist auf die Öffnung des Uterus abzustellen, wenn sie vor Einsetzen der Eröffnungswehen erfolgt[3].

Die Begründung dafür ergab sich vor dem Inkrafttreten des 6. StrRG aus § 217 StGB a.F.: Da diese Vorschrift die Tötung des Kindes **in der Geburt** in gleicher Weise wie die »gleich nach der Geburt« als Tötungsdelikt mit Strafe bedrohte, war ihr zu entnehmen, dass das Gesetz der Leibesfrucht schon während der Geburt Menschqualität im strafrechtlichen Sinne zuerkennt. Dies ist auch sachgerecht. Die Leibesfrucht ist nämlich, solange sie noch nicht ein Mensch i.S. des Strafrechts geworden ist, nur gegen vorsätzliche Abtötung geschützt (§ 218 StGB); sie ist aber gerade während der Geburt besonders gefährdet, sodass der Schutz des § 222 StGB (fahrlässige Tötung) sowie der §§ 223 ff. StGB (Körperverletzung) schon mit Beginn des Ge-

---

[1] *BGH* St 65, 163 (Rn. 18) m. Anm. *Mitsch*, HRRS 2021, 297 ff.; *Peters*, NStZ 2021, 492 ff.; *BGH*, NJW 2024, 298 (Rn. 12) m. Anm. *Lorenz*; W/H/E-*Engländer*, Rn. 8 ff.; AnwK-*Mitsch*, vor § 211 Rn. 7. A.A. (Vollendung der Geburt) NK-*Merkel*, § 218 Rn. 33 ff.

[2] *BGH* St 32, 194 ff.; 65, 163 (Rn. 20); NJW 2024, 298 (Rn. 18); *Kaltenhäuser*, JuS 2015, 785 ff. A.A. (teilweises Verlassen des Körpers der Mutter) NK-*Neumann*, vor § 211 Rn. 9 f.

[3] *BGH* St 65, 163 (Rn. 22 ff.); *Jäger*, JA 2021, 342, 343 ff. A.A. (Öffnung der Bauchdecke) M/R-*Safferling*, § 212 Rn. 10; MK-*Schneider*, vor § 211, Rn. 12; (Ansetzen zur Entnahme des Kindes aus dem Uterus) NK-*Neumann*, Vor §§ 211-217 Rn. 11 ff.

burtsaktes einsetzen muss[4]. Ob diese **Auslegung** der §§ 211 ff., 223 ff. StGB, was den Beginn des menschlichen Lebens angeht, seit langem gewohnheitsrechtlichen Rang hat und die Aufhebung des § 217 StGB durch das 6. StrRG an jener Auslegung nichts ändern wollte und konnte[5], ist allerdings zweifelhaft[6].

4 Maßgeblich für die **Abgrenzung der Anwendungsbereiche des § 218 StGB einerseits und der Tötungsdelikte andererseits** ist der Zeitpunkt, zu dem der Täter die auf die Herbeiführung des Erfolges gerichtete Handlung gegen das Opfer vornimmt. Wirkt der Täter bereits vor Beginn des Geburtsaktes auf die Leibesfrucht ein, so ist er wegen eines Schwangerschaftsabbruchs, nicht wegen eines Tötungsdeliktes zu bestrafen, auch wenn der tatbestandsmäßige Erfolg, der Tod des Kindes, – ohne weitere Handlungen – erst nach dessen Geburt eintritt[7].

Da die Geburt begonnen hatte, als H das Kind mit der Zange verletzte, war es taugliches Objekt eines Tötungsdeliktes. Sie hat daher eine fahrlässige Tötung (§ 222 StGB) begangen.

5 *Ergänzender Hinweis zur Garantenstellung der Schwangeren*

Die schwangere Frau ist vom Einsetzen der Geburtswehen an verpflichtet, diejenigen Maßnahmen zu treffen, die erforderlich sind, um das Leben des Kindes zu erhalten[8]. Die Inanspruchnahme (ggf. ärztlicher) Hilfe wird immer dann erforderlich sein, wenn es für die Schwangere im Hinblick auf bekannte Vorerkrankungen oder sonstige Risiken absehbar ist, dass bei der Geburt Gefahren für Leib oder Leben des Kindes entstehen können.

6 **Fall 2:** – *Lebensunfähiges Frühgeborenes als Mensch?* –

Lydia (L), die im fünften Monat schwanger war, wollte ihre Leibesfrucht abtreiben. Sie öffnete sich mit einer Stricknadel die Fruchtblase; bald darauf kam es zum Ausstoß eines lebenden, aber lebensunfähigen Frühgeborenen. Als L sah, dass das Kind lebte, erstickte sie es mit einem Kissen.

Strafbarkeit der L?

a) § 212 StGB

L könnte sich wegen Totschlags, § 212 StGB, strafbar gemacht haben. Dann müsste das Frühgeborene, als sie es »gleich nach der Geburt« tötete, bereits ein Mensch i.S. des Strafrechts gewesen sein.

Einem lebensunfähigen Frühgeborenen kann Menschqualität zukommen; das ist der Fall, wenn es unabhängig vom Organismus der Mutter in menschlicher Weise lebt, sei es auch nur für kurze Zeit[9]. Für die Annahme eines Menschen genügt also das

---

[4] *BGH* St 65, 163 (Rn. 18); NJW 2024, 298 (Rn. 19); W/H/E-*Engländer*, Rn. 9.
[5] So *Rengier* II, 3/3; im Ergebnis ebso.: *BGH*, NStZ 2008, 393 (394); *Hirsch*, FS-Eser, 2005, S. 309 ff.; siehe auch *Küper*, GA 2001, 515 (529) m.w.N.
[6] NK-*Neumann*, Vor § 211 Rn. 7.
[7] *BGH*, NStZ 2008, 393 (394 f.); ob an dem in früheren Entscheidungen – *BGH* St 13, 21 (24); 31, 348 (352) – aufgestellten Erfordernis eines »alsbaldigen« Todeseintritts des lebend geborenen Kindes festzuhalten sei, lässt der Senat im Übrigen offen.
[8] *BGH*, NStZ 2010, 214.
[9] *BGH* St 10, 291 (292); Sch/Sch-*Eser/Sternberg-Lieben*, vor § 211 Rn. 14; M/S/M/H/M-*Hoyer*, 1/10, 11.

Vorliegen menschlichen Lebens, während es auf die **Lebensfähigkeit** nicht ankommt; für ein Frühgeborenes gilt dies nicht anders als für einen Schwerverletzten, der nicht mehr lange leben wird[10]. Da Tötung (grundsätzlich) auch die Abkürzung eines ohnehin todgeweihten Lebens ist[11], hat L einen Totschlag begangen.

b) § 218 StGB

Es fragt sich, ob zudem der Tatbestand eines Schwangerschaftsabbruchs nach § 218 StGB erfüllt ist. Die »Abtötung einer Leibesfrucht« kann nach h.A. auch dadurch erfolgen, dass die Frühgeburt eines lebenden Kindes herbeigeführt wird (*vgl. Rn. 4*), dieses aber bald nach der Geburt stirbt, weil es noch nicht voll ausgetragen ist[12]. Dem soll nach Ansicht des *BGH* der Fall gleichzusetzen sein, dass ein lebendes, aber lebensunfähiges Frühgeborenes vorsätzlich getötet wird: In einem Fall wie dem vorliegenden sei – in Idealkonkurrenz (§ 52 StGB) mit dem Tötungsdelikt – ein vollendeter Schwangerschaftsabbruch anzunehmen[13].

M.E. ist hier neben § 212 StGB keine vollendete, sondern lediglich eine **versuchte** Abtreibung gegeben[14], die für die Mutter gemäß § 218 IV 2 StGB straflos bleibt. Fraglich ist schon, ob der objektive Tatbestand des § 218 I, III StGB vorliegt. Zwar war die Abtreibungshandlung conditio sine qua non, also kausal für den Tod des Kindes. Bedenkenswert erscheint aber, ob nicht unter dem Gesichtspunkt des Schutzbereichs der Norm[15] § 218 StGB entfällt, wenn der Tod der Leibesfrucht nicht unmittelbar auf die Abtreibungshandlung zurückzuführen ist, sondern auf eine vorsätzliche Tötungshandlung i.S. der §§ 211, 212 StGB. Zumindest scheidet ein vollendetes Vergehen nach § 218 I, III StGB hier aber unter dem Gesichtspunkt der »wesentlichen Abweichung vom vorgestellten Kausalverlauf«[16] nach § 16 I StGB aus[17].

2. Todeszeitpunkt

Fall 3: – *Organentnahme* –

Michael Müller (M) erlitt mit seinem Motorrad einen Unfall und wurde mit schweren Kopfverletzungen in die Universitätsklinik eingeliefert. Dort ließ ihn Professor Schmidt (S) an einen Respirator (Gerät zur künstlichen Beatmung) anschließen und entnahm ihm, nachdem die Hirnströme versiegt und im Elektroencephalogramm (EEG) die Nulllinie eingetreten war, das Herz; dieses wurde einem geeigneten Patienten eingepflanzt.

Hat S den M durch die Herzentnahme getötet?

---

[10] Sch/Sch-*Eser/Sternberg-Lieben*, vor § 211 Rn. 14; M/S/M/H/M-*Hoyer*, 1/10, 11; *Jäger*, BT, Rn. 4; NK-*Merkel*, § 218 Rn. 80 f.
[11] Sch/Sch-*Eser/Sternberg-Lieben*, vor § 211 Rn. 14; *Krey/Esser*, AT, Rn. 308; *Küper*, JuS 1981, 785 ff. – Siehe auch unten, *Fall 3.* –
[12] *BGH* St 10, 5; 10, 291 (293); 31, 348 (351 f.); NStZ 2008, 393 (394).
[13] *BGH* St 10, 291 (293 f.).
[14] W/H/E-*Engländer*, Rn. 12; Sch/Sch-*Eser/Weißer*, § 218 Rn. 24; M/S/M/H/M-*Hoyer*, 6/28; LK[13]-*Lindemann*, § 218 Rn. 86; LK[13]-*Rissing-van Saan/Zimmermann*, § 212 Rn. 81a; SK-*Rogall/Berghäuser*, § 218 Rn. 44.
[15] *Rudolphi*, JuS 1969, 549 ff.; *Sax*, JZ 1976, 9 ff., 80 ff., 429 ff.
[16] Vgl. Krey/*Esser*, AT, Rn. 425 ff.; Sch/Sch-*Sternberg-Lieben/Schuster*, § 15 Rn. 55.
[17] Ähnl. L/K/H-*Heger*, § 218 Rn. 4.

Es fragt sich, wann das menschliche Leben endet.
Der Todeseintritt wurde früher mit dem »irreversiblen, endgültigen Stillstand von Kreislauf und Atmung« angenommen[18]. Obwohl bekannt war, dass der Tod kein abruptes Ereignis, sondern ein fortschreitender Prozess ist, in dem die Lebensfunktionen nacheinander erlöschen und Zelle auf Zelle, Organ auf Organ absterben[19], bot sich dieser Zeitpunkt unter pragmatischen Gesichtspunkten an: Er bezeichnete den Beginn der therapeutisch nicht mehr aufhaltbaren Absterbeautomatik[20], denn nach dem endgültigen Ausfall von Kreislauf und Atmung mussten infolge fehlender Sauerstoffversorgung die Zellen des Körpers sukzessive sterben.

10 Diese »klassische« Todesdefinition geriet durch den medizinischen Fortschritt, der zur apparativen Ersetzbarkeit der Spontanfunktion von Kreislauf und Atmung führte (Respiratoren), ins Wanken. Die h.M. stellt heute, im Anschluss an die neue Todesdefinition der medizinischen Wissenschaft, auf den **Hirntod** ab: Mit dem irreversiblen Erlöschen der Hirntätigkeit soll der Todeseintritt anzunehmen sein[21].
Dabei ist nach herrschender und zutreffender Ansicht der irreversible Ausfall des **Gesamthirns** erforderlich, während das Absterben des Großhirns noch nicht genügt[22]. Demgemäß stellt § 3 II Nr. 2 Transplantationsgesetz[23] überzeugend auf den »endgültigen, nicht behebbaren Ausfall der Gesamtfunktion des Großhirns, des Kleinhirns und des Hirnstamms nach Verfahrensregeln, die dem Stand der Erkenntnisse der medizinischen Wissenschaft entsprechen«, ab. Der Nachweis des Gehirntodes soll dabei im Wesentlichen mit dem Auftreten der Nulllinie im EEG erbracht sein. Als sichere – aber bedenkliche – Möglichkeit der Hirntodfeststellung wird zudem der »angiographische Nachweis des intercraniellen Kreislaufstillstandes« (eine röntgenologische Methode) genannt[24].

11 Zur **Begründung** der Hirntodthese werden anthropologische (1), therapeutische (2) und utilitaristische Erwägungen (3) geltend gemacht:
(1) Man sagt, ohne das Gehirn mit seiner einzigartigen Bedeutung für die Manifestation des Geistes fehle es an **menschlichem** Leben.
(2) Nach den Erkenntnissen der Medizin ist der Hirntod irreversibel. Nach dem Hirntod ist der Prozess des Absterbens des Gesamtorganismus auch durch Reanimationstechniken nur aufzuschieben, nicht aber zu verhindern[25].

---

[18] *Geilen*, FS-Heinitz, 1972, S. 375 f.; *Gössel*, 2/41 ff.
[19] *Lüttger*, JR 1971, 309 m.w.N.
[20] *Geilen*, JZ 1971, 41 f.; *Schreiber*, JZ 1983, 593.
[21] Sch/Sch-*Eser/Sternberg-Lieben*, vor § 211, Rn. 18 ff.; *Jäger*, BT, Rn. 5; HdS 4-*Mitsch*, § 1 Rn. 10; S/S/W-*Momsen*, vor §§ 211 ff. Rn. 15; SK-*Sinn*, § 212 Rn. 6; eingehend: *Wissenschaftlicher Beirat der Bundesärztekammer*, Kriterien des Hirntodes. Resolution vom 4.2.1982, JZ 1983, 594 ff. – i.d.F. von 1997, Deutsches Ärzteblatt 1997, B-1032. Bedenken bei *Beckmann*, NJ 2020, 298 ff.; *Geilen*, JZ 1971, 41; *Höfling*, JZ 1995, 26; M/R-*Safferling*, § 212 Rn. 16 f.
[22] *Fischer*, vor § 211 Rn. 15; *Isemer/Lilie*, MedR 1988, 66 ff.; LK[13]-*Rissing-van Saan/Rosenau*, vor § 211 Rn. 23; Abw. *Horn*, Der Internist 1974, 559 f.
[23] I.d. der Fassung der Bekanntmachung vom 04.09. 2007 (BGBl. I, 2206), zuletzt geänd. durch Art. 15d des Gesetzes vom 10.07.2021 (BGBl. I, 2754).
[24] *Schreiber*, JZ 1983, 593 (594); Wissenschaftlicher Beirat der Bundesärztekammer, JZ 1983, 594 ff.
[25] *Lüttger*, JR 1971, 309 ff.; Wissenschaftlicher Beirat der Bundesärztekammer, JZ 1983, 594 ff.

(3) Wenn der Hirntod irreversibel ist, das Herz und andere Organe aber bei Verwendung von Reanimationstechniken (für gewisse Zeit) wiederbelebt oder am Leben erhalten werden, stellt sich im Hinblick auf **Organtransplantationen** die Frage, ob ein solches »lebendes Organpräparat« als Organspender sinnvoll verwendet werden kann. Dies zu bejahen gestattet die Hirntodthese[26].

Folgt man der h.M., so war M, als S ihm das Herz entnahm, kein Mensch mehr, sondern lediglich ein »lebendes Organpräparat«; danach hat S den M nicht getötet.

II. Verhältnis von Mord und Totschlag (§§ 211, 212; 28 I, II StGB)

Der Tatbestand des **Totschlags** (§ 212 I StGB) besteht in der **vorsätzlichen Tötung eines – anderen – Menschen**, um **Mord** (§ 211 StGB) handelt es sich, wenn – mindestens – ein **Mordmerkmal** hinzutritt. In welchem Verhältnis die beiden Tatbestände zueinander stehen, ist strittig. Relevanz entfaltet dieser Streit insbesondere bei der Beteiligung mehrerer an einem vorsätzlichen Tötungsdelikt.

Fall 4: *– Anwendbarkeit des § 28 StGB –*

Bauer Kreibohm (K) erschoss den Polizisten Werner (W), um ungestört die Scheune seines Nachbarn, mit dem er verfeindet war, anzünden zu können. Die Tatwaffe hatte K von seinem Freund Grimm (G), den er eingeweiht hatte, erhalten, da dieser über W, der ihm vor Wochen eine gebührenpflichtige Verwarnung für falsches Parken erteilt hatte, verärgert war.

Strafbarkeit von K und G?

a) Strafbarkeit des K

K hat eine vorsätzliche Tötung begangen, *um eine andere Straftat* (§ 306 I Nr. 1 StGB) *zu ermöglichen.* Damit ist der Tatbestand des § 211 II StGB erfüllt. Da er rechtswidrig und schuldhaft handelte, hat er sich wegen Mordes strafbar gemacht.

b) Strafbarkeit des G

G könnte wegen Beihilfe zum Mord strafbar sein. Nach allgemeinen Akzessorietätsgrundsätzen (vgl. § 27 I StGB) wäre Mordbeihilfe anzunehmen; doch ist zu prüfen, ob die **Akzessorietätslockerung** des § 28 II StGB eingreift, und zwar mit der Folge einer Strafbarkeit des G »nur« wegen **Beihilfe zum Totschlag**:

(1) Herrschende Lehre

Für das Verhältnis §§ 211, 212 StGB[27] gilt nach h.L. Folgendes: § 212 ist Grunddelikt, § 211 StGB ein qualifizierter Tatbestand. Die Mordmerkmale sind danach also nicht strafbarkeitsbegründend, sondern **strafschärfend**[28].

Daher greift § 28 II StGB nach h.L. ein, wenn es sich bei dem von K verwirklichten Mordmerkmal um ein **besonderes persönliches** Merkmal handelt.

---

[26] *Geilen,* FS-Heinitz, 1972, S. 375 f.; A/W/H/H-*Hilgendorf,* 2/85; HdS 4-*Mitsch,* § 1 Rn. 10.

[27] Zur Abgrenzung Mord/Totschlag auch als rechtspolitisches Problem: *Arzt,* ZStW 1971, 1 ff.; *Jähnke,* MDR 1980, 705 ff.; *Köhne,* Jura 2011, 741 (742); *Otto,* ZStW 1971, 39 ff.

[28] W/H/E-*Engländer,* Rn. 25, 92; Sch/Sch-*Eser/Sternberg-Lieben,* vor § 211, Rn. 3, 5; Krey/*Esser,* AT, Rn. 1025, 1027; A/W/H/H-*Hilgendorf,* 2/26 ff., 40; AnwK-*Mitsch,* § 211 Rn. 2, 85; NK-*Puppe,* §§ 28, 29 Rn. 30; MK-*Schneider,* vor § 211, Rn. 189 f.; SK-*Sinn,* 211 Rn. 2; Ebso. *BGH,* NJW 2006, 1008 (1013); dazu *Gasa/Marlie,* ZIS 2006, 200 ff.; *Küper,* JZ 2006, 608 (612 f.).

15 Ein – strafschärfendes (§ 28 II StGB) bzw. strafbarkeitsbegründendes (§ 28 I StGB) – besonderes persönliches Merkmal ist gegeben, wenn es primär täterbezogen ist, d.h. vornehmlich in der Person des Täters liegt. Den Gegensatz bilden die tatbezogenen Merkmale, die in erster Linie der Charakterisierung der Tat dienen[29].
Danach sind besondere persönliche Merkmale die Mordmerkmale der **1. Gruppe** (»aus Mordlust, zur Befriedigung des Geschlechtstriebs, aus Habgier oder sonst aus niedrigen Beweggründen«)[30], denn es entspricht »Sprachgebrauch und natürlichem Empfinden«, *niedrige Beweggründe* zu den besonderen persönlichen Merkmalen zu zählen[31]; die anderen Mordmerkmale der 1. Gruppe sind lediglich Beispiele für einen niedrigen Beweggrund.

16 Besondere persönliche Merkmale sind zudem die Mordmerkmale der **3. Gruppe** (»um eine andere Straftat zu ermöglichen oder zu verdecken«)[32].
Diese Tatmodalität ist nämlich der Sache nach nichts anderes als ein Fall des Handelns *aus niedrigen Beweggründen*, weil der Täter das Leben eines Mitmenschen als Mittel zur Verdeckung (bzw. Ermöglichung) eigenen strafbaren Tuns einsetzt[33].

17 Die von K verwirklichte Tatmodalität (»um eine andere Straftat zu ermöglichen«) ist also **täterbezogen**, folglich ein strafschärfendes besonderes persönliches Merkmal i.S. des § 28 II StGB. Damit hat bei der Frage, ob G wegen Beihilfe zum Mord oder nur wegen Beihilfe zum Totschlag strafbar ist, gemäß dieser Vorschrift außer Acht zu bleiben, dass sich K des Mordes und nicht nur des Totschlags schuldig gemacht hat. Das von K verwirklichte besondere persönliche Merkmal Ermöglichungsabsicht »gilt« für G somit nicht. Er ist nach § 28 II StGB nur dann der **Mord**beihilfe schuldig, wenn in seiner Person ein besonderes persönliches Mordmerkmal vorliegt. G könnte aus einem »sonstigen niedrigen Beweggrund« gehandelt haben, weil er K die Tatwaffe aus Verärgerung über die gebührenpflichtige Verwarnung übergab. Ein Beweggrund ist niedrig (siehe dazu auch *Rn. 42 - 45, 53*), wenn das Tatmotiv des Täters nach allgemeiner sittlicher Wertung auf niedrigster Stufe steht, »verächtlich« ist[34], was z.B. bei einem sich über alle Maßstäbe hinwegsetzenden Vergeltungsdrang grundsätzlich anzunehmen ist[35]. Nach der h.L. über das Verhältnis der §§ 211/212 StGB ist G also der Mordbeihilfe schuldig, und zwar nicht wegen

---

[29] *BGH* St 22, 375 (378); 23, 103 (105); 25, 287 (290); Krey/*Esser*, AT, Rn. 1016 - 1020; L/K/H-*Heger*, § 28 Rn. 3 ff.; Sch/Sch- *Heine/Weißer*, § 28 Rn. 10 ff., 15, 17; *Kühl/Hinderer*, JuS 2010, 697 (698). Abl. u.a.: NK-*Puppe*, §§ 28, 29, Rn. 16; *Roxin*, AT II, § 27 Rn. 23 ff.

[30] *BGH* St 22, 375 (378); 25, 287 (290); NStZ 2009, 627; Sch/Sch-*Eser/Sternberg-Lieben*, § 211 Rn. 49; *Fischer*, § 211 Rn. 92; A/W/H/H-*Hilgendorf*, 2/29; M/S/M/H/M-*Hoyer*, 2/51; *Jäger*, BT, Rn. 12; *Kühl*, JA 2009, 566 ff.

[31] *BGH* St 22, 375 (378); vgl. ergänzend Krey/*Esser*, AT, Rn. 1017.

[32] *BGH* St 23, 39 (40); 25, 287 (290); Sch/Sch-*Eser/Sternberg-Lieben*, § 211 Rn. 49; *Fischer*, § 211 Rn. 92; A/W/H/H-*Hilgendorf*, 2/29; M/S/M/H/M-*Hoyer*, 2/51; *Lotz*, JuS 2010, 982 (985).

[33] *BGH* St 23, 39 (40); W/H/E-*Engländer*, Rn. 73; LK[13]-*Rissing-van Saan/Zimmermann*, § 211 Rn. 3; SK-*Sinn*, § 211 Rn. 66, 75. Vgl. auch *BGH* St 35, 116 (121 f., 126 f.).
– Zur Frage, ob § 211 StGB trotz Vorliegens eines Mordmerkmales der 3. Gruppe entfällt, wenn es »ausnahmsweise nicht die Kriterien eines niedrigen Beweggrundes erfüllt«, siehe unten, *Rn. 84*. –

[34] *BGH* St 3, 132 f.; 42, 226; 47, 128; NStZ 1984, 261 f.; NStZ 1993, 341 f.; NStZ 2008, 29; NStZ 2019, 204 (205); NStZ 2019, 206, (207); *Fischer*, § 211 Rn. 14a.

[35] *BGH*, NJW 1958, 189; NStZ 1995, 181 f. (Zorn, Wut).

der Ermöglichungsabsicht des K, sondern wegen seines eigenen niedrigen Beweggrundes. Hätte G dem K die Waffe lediglich als »Freundschaftsdienst« verschafft, hätte er sich nur wegen Beihilfe zum Totschlag strafbar gemacht.

Manche Autoren halten die Mordmerkmale der 1. und 3. Gruppe für **Schuldmerkmale**, sodass **§ 29 StGB** einschlägig sei[36]. Anders sieht es die h.L., die – wie dargelegt – auf § 28 II StGB rekurriert[37]. Ihr ist aus den folgenden Gründen zuzustimmen: Die systematische Stellung des § 29 StGB und seine ratio sprechen für die These, diese Vorschrift erfasse lediglich die Schuldausschließungs-, Entschuldigungs- und Schuldminderungsgründe des Allgemeinen Teils des Strafrechts[38]. Zudem begründen alle Mordmerkmale, auch die der 1. und 3. Gruppe, nicht nur erhöhte Schuld, sondern gegenüber dem Totschlag **erhöhtes Unrecht**; beim Handeln aus niedrigen Beweggründen bzw. um eine andere Straftat zu ermöglichen oder zu verdecken geht es also um »tatbestandliches Unrecht«[39]. **18**

In der Fallbearbeitung ist auf diese Auffassung nicht einzugehen.

(2) Rechtsprechung **19**

Anders als die h.L. betrachtet der *BGH* in ständiger Rechtsprechung § 211 und § 212 StGB als zwei selbstständige Tatbestände (delicti sui generis), die Mordmerkmale sind demnach **strafbarkeitsbegründende** Tatumstände[40]. Die Akzessorietätslockerung nach § 28 II StGB wäre danach für das Verhältnis §§ 211/212 StGB nicht einschlägig. Da G Vorsatz bezüglich des Mordmerkmals des K hatte, läge nach allgemeinen Akzessorietätsgrundsätzen (§ 27 II StGB) Beihilfe zum Mord vor.

Nach Ansicht des *BGH* ist also bei der Mordteilnahme die Regelung des **§ 28 I StGB** (obligatorische Strafmilderung) einschlägig: Die Mordmerkmale der 1. und 3. Gruppe seien »**strafbarkeitsbegründende** besondere persönliche Merkmale« i.S. dieser Vorschrift[41]. Die von K verwirklichte Mordmodalität (um eine andere Straftat zu ermöglichen) wäre danach ein strafbarkeitsbegründendes besonderes persönliches Merkmal i.S. des § 28 I StGB. Da dieses bei G nicht vorliegt, scheint ihm die obligatorische Strafmilderung dieser Norm zugute zu kommen. Bei ihm ist jedoch – wie dargelegt – ein niedriger Beweggrund gegeben. Aus dem Umstand, dass die Mordmerkmale der 3. Gruppe nur Unterfälle des Handelns aus niedrigen Beweggründen sind, zieht der *BGH* die Konsequenz: *§ 28 I StGB sei unanwendbar, wenn beim Täter ein Mordmerkmal der 3., beim Gehilfen eines der 1. Gruppe (oder umgekehrt) vorliege*[42] (sogenannte »**gekreuzte Mordmerkmale**«). **20**

---

[36] So u.a.: *Schmidhäuser*, AT 14/89 mit Fn. 29; Jescheck/*Weigend*, AT, § 42 II 3, III 2, § 61 VII 4 c.
[37] Küpper/*Börner*, 1/79; Krey/*Esser*, AT, Rn. 1015 ff., 1020, 1025, 1026, 1029; L/K/H-*Heger*, § 211 Rn. 16; SK⁹-*Hoyer*, § 28 Rn. 7 ff.; M/S/M/H/M-*Hoyer*, 2/50, 51; S/S/W-*Momsen*, § 211 Rn. 89.
[38] SK⁹-*Hoyer*, § 28 Rn. 7 - 14; Joecks/*Jäger*, § 29 Rn. 1 f.; *Schünemann*, Jura 1980, 363.
[39] BGH St 1, 368 (371), 49, 65; LK¹³-*Rissing-van Saan/Rosenau*, vor § 211 Rn. 150.
[40] BGH St 22, 375 (377); 24, 106 (107 f.); 50, 1 (5). Offen gelassen in *BGH* St 36, 231 (233 ff.) (= JZ 1990, 96 f. m. Anm. *Timpe*), wo der *BGH* angenommen hat, Mord und Totschlag könnten in Mittäterschaft begangen werden.
[41] Vgl. *BGH* St 23, 39 (40).
[42] *BGH* St 23, 39 (40). Gegen eine solche Kreuzung von Mordmerkmalen *Arzt*, JZ 1973, 681 (682 ff., 686 f.); SK-*Sinn*, § 211 Rn. 37. Für die Falllösung dargestellt: *Lotz*, JuS 2010, 982 (983).

21 **(3) Hinweise zur Falllösung**
Die Bewältigung dieser Problematik in der Falllösung gehört zu den anspruchsvollsten Aufgaben in strafrechtlichen Gutachten. Sie hängt zum einen davon ab, ob die Auffassungen im konkreten Fall zu abweichenden Ergebnissen gelangen. Zum anderen existieren für das »gutachtentechnische« Vorgehen verschiedene Vorschläge[43].
Eine Stellungnahme zum Verhältnis der §§ 211/212 StGB ist in unserem *Fall 4* für die Falllösung entbehrlich, wenn man mit dem *BGH* annimmt, dass die Mordmerkmale **strafbarkeitsbegründend** sind, bei besonderen persönlichen Merkmalen (1. und 3. Gruppe) § 28 I StGB anwendbar und zudem die dargelegte »Kreuzung von Mordmerkmalen« sachgerecht ist[44]. Dann führen der Standpunkt der Lehre – die Mordmerkmale seien strafschärfend – und die abweichende Meinung des *BGH* hier zu demselben Ergebnis, zur Strafbarkeit des G aus §§ 211, 27 StGB. Bei Prüfung der Haupttat im Rahmen der Beihilfestrafbarkeit ist festzustellen, dass nach der h.L. unter Anwendung des § 28 II StGB der Mord aus niedrigen Beweggründen die Haupttat ist, nach der Rechtsprechung der Mord in Ermöglichungsabsicht, weil § 28 I StGB lediglich für die Strafzumessung bei G relevant ist. Nach beiden Auffassungen ist § 211 StGB für G die Haupttat. Im Rahmen der Strafzumessung ist festzustellen, dass eine Strafmilderung nach § 28 I StGB ausscheidet, weil gekreuzte Mordmermale vorliegen.

22 Anders liegt es, wenn die divergierenden Meinungen von h.L. und Rechtsprechung zu unterschiedlichen Ergebnissen führen. Das ist zum einen der Fall, wenn der Haupttäter, nicht aber der Teilnehmer ein besonderes persönliches Mordmerkmal aufweist. Nach der Rechtsprechung wäre § 211 StGB die Haupttat, sodass der Teilnehmer wegen Anstiftung bzw. Beihilfe zu Mord strafbar, seine Strafe lediglich nach § 28 I StGB zu mildern wäre. Nach h.L. wäre der Teilnehmer wegen Anstiftung bzw. Beihilfe zum Totschlag – Anwendung des § 28 II StGB – zu bestrafen.

23 Zum anderen tritt eine Ergebnisdivergenz auf, wenn nur der Teilnehmer ein besonderes persönliches Mordmermal verwirklicht. Nach der Rechtsprechung wäre der Teilnehmer wegen Anstiftung bzw. Beihilfe zum Totschlag, nach h.L. zum Mord – das besondere persönliche Merkmal »gilt« gemäß § 28 II StGB für ihn – strafbar.

24 Vorzugswürdig ist, die Problematik im Rahmen der Prüfung des objektiven Tatbestandes des Teilnehmers bei der »vorsätzlich begangenen rechtswidrigen Tat« zu erörtern. Dort sind die Konsequenzen der Auffassungen der Rechtsprechung (Anwendung des § 28 I StGB) und der h.L. (Geltung des § 28 II StGB) zu behandeln.

25 Bei einer Ergebnisdivergenz muss der Streit entschieden werden. Zutreffend ist die Sicht der h.L.: Die Ansicht, Mord und Totschlag seien artverschiedene, selbstständige Delikte, mag für das gemeine Recht zugetroffen haben[45]. Sie ist jedoch nach

---

[43] Siehe z.B. *Fischer/Gutzeit*, JA 1998, 41 ff.; *Rengier* II, 5/13; *Steinberg/Blumenthal*, ZJS 2011, 81 (83 ff.).
[44] Gegen beides *Arzt*, JZ 1973, 681 (682 ff., 686).
[45] W/H/E-*Engländer*, Rn. 26; *Welzel*, S. 280. – Zur Geschichte des Mordparagraphen vgl. die diesen Titel tragende Arbeit von *Thomas*, Diss. Bochum 1984 –

geltendem Recht verfehlt. Das ergibt sich schon aus der tatbestandlichen Fassung der §§ 211, 212 StGB: Mord ist die vorsätzliche Tötung eines anderen Menschen (= Totschlag), wenn eine der Tatmodalitäten des § 211 II StGB vorliegt, Totschlag die vorsätzliche Tötung eines anderen Menschen, wenn kein Mordmerkmal eingreift. §§ 211, 212 StGB sind also durch die Fassung des Totschlagstatbestandes aufeinander bezogen. Damit ist die Annahme ihrer Selbstständigkeit unvereinbar[46].

III. Einzelne Mordmerkmale

Fall 5[47]: – *Heimtücke; gemeingefährliches Mittel; niedriger Beweggrund; Tötungsvorsatz* – 26

Ansgar (A) und Bastian (B), die sich zuvor nicht kannten, trafen mit ihren Fahrzeugen an einer Ampel aufeinander und verabredeten durch Gesten sowie »durch das Spiel mit dem Gaspedal« spontan ein illegales Autorennen über den Kurfürstendamm und die Tauentzienstraße in Berlin. Als sie gegen 0:30 diese Strecke mit Geschwindigkeiten von bis zu 170 km/h befuhren, herrschte noch ein nicht unerhebliches Verkehrsaufkommen. A und B überquerten elf Kreuzungen, bei denen mehrere Ampeln auf rot geschaltet waren. Im Kreuzungsbereich Tauentzienstraße/Nürnberger Straße kollidierte der von A gesteuerte Audi Q7 mit dem von rechts kommenden Fahrzeug des Walter (W), das bei grün in die Kreuzung eingefahren war. Durch den Aufprall mit einer Geschwindigkeit von mindestens 160-170 km/h wurde das Fahrzeug des W ca. 70 Meter durch die Luft geschleudert. W wurde so schwer verletzt, dass er noch an der Unfallstelle verstarb. Aufgrund des Zusammenstoßes kollidierten der Audi des A mit dem Mercedes S 500 des B. Beide Autos prallten daraufhin gegen eine aus Granitstein bestehende Hochbeeteinfassung bzw. eine Ampelanlage. Dadurch wurden Fahrzeugteile abgerissen, sie flogen durch die Luft und verteilten sich in einem Radius von 60 bis 70 Metern um den Unfallort. A und B überstanden den Unfall leicht verletzt. Carina (C) befand sich als Beifahrerin im Fahrzeug des B und wurde schwerer verletzt, sodass ein stationärer Krankenhausaufenthalt erforderlich war. Drei Personen im unmittelbaren Unfallbereich entgingen nur knapp einer Kollision mit Unfallteilen.

Strafbarkeit von A und B wegen Mordes?

a) Strafbarkeit des A gemäß § 211 StGB
(1) Objektiver Tatbestand
A hat den Tod des W objektiv zurechenbar verursacht, ihn somit getötet. 27

Als objektive Mordmerkmale kommen *Heimtücke* und Verwendung eines *gemeingefährlichen Mittels* in Betracht.

Die Mordmerkmale der ersten und dritten Gruppe des § 211 II StGB bezeichnen bestimmte **Motive** für die Tötung (Mordlust, Befriedigung des Geschlechtstriebs, Habgier, niedriger Beweggrund) und bestimmte **Zwecke** der Tötung (Ermöglichungs- oder Verdeckungsabsicht); wegen ihres subjektiven Charakters sind sie im subjektiven Tatbestand zu prüfen. Die **Begehensweisen** der zweiten Gruppe (heimtückisch, grausam, mit gemeingefährlichen Mitteln) sind dagegen tatbezogen und

---

[46] *Gerhold*, JA 2019, 721 (729); *Gössel*/Dölling, 1/13; *Küper*, JZ 1991, 761, 862; *ders.*, JZ 2006, 1157 ff.; *Timpe*, JZ 1990, 97 (98); *Welzel*, S. 280.
[47] Der Sachverhalt ist dem »Kudamm-Raser-Fall« (*LG Berlin*, NStZ 2017, 471 ff.) nachgebildet. Zu weiteren landgerichtlichen Entscheidungen siehe *Gründel*, ZJS 2019, 211 f.

deshalb im objektiven Tatbestand zu erörtern, der darauf bezogene Vorsatz ist im subjektiven Tatbestand zu behandeln.

(a) Heimtücke

28 Nach h.M. ist eine Tötung heimtückisch, wenn der Täter die **Arg- und Wehrlosigkeit des Opfers bewusst zur Tat ausnutzt**[48]. Arglos sei das Opfer, wenn es sich keines Angriffs auf sein Leben oder seine körperliche Unversehrtheit versieht[49], wehrlos sei es, wenn es dadurch in seinen Verteidigungsmöglichkeiten eingeschränkt ist[50]. Dabei komme es auf die Arg- und Wehrlosigkeit des Opfers »bei Beginn des ersten mit Tötungsvorsatz geführten Angriffs« an[51]. Eine nur latente Angst des Opfers, die auf einer längere Zeit zurückliegenden Aggression und einer feindseligen Atmosphäre beruht, beseitige die Arglosigkeit des Opfers nicht[52]. Das gelte auch, wenn der Tötungshandlung eine allein mit Worten geführte Auseinandersetzung vorausgegangen ist, aber »das Opfer dennoch gegenüber einem Angriff auf Leben oder körperliche Unversehrtheit arglos bleibt«[53]. Hat das Opfer aufgrund bestehender Konfliktsituationen oder früherer Bedrohungen dauerhaft Angst um sein Leben bzw. seine körperliche Unversehrtheit, so sei Arglosigkeit und damit Heimtücke erst dann abzulehnen, wenn ein akuter Anlass für die Annahme besteht, der befürchtete schwerwiegende Angriff stehe unmittelbar bevor[54]. Trotz offenen Angriffs liege Heimtücke vor, wenn der Angriff so überraschend erfolgt, dass Gegenwehr unmöglich ist[55].

– Zum Korrektiv der **feindseligen Willensrichtung** des Täters siehe *Rn. 68.* –

29 Der *BGH* hält bei illegalen Kraftfahrzeugrennen eine heimtückische Begehung für möglich, wobei das Ausnutzungsbewusstsein einer »eingehenden Prüfung« bedürfe[56]. Es trifft zu, dass die objektiven Voraussetzungen der Heimtückedefinition gegeben sind, weil ein Teilnehmer am Straßenverkehr – grundsätzlich – auf ein verkehrsgerechtes Verhalten der anderen Verkehrsteilnehmer vertraut, sie also z.B. bei einem Einfahren in einen Kreuzungsbereich die Vorfahrt achten werden[57]. Der bevorrechtigte Verkehrsteilnehmer versieht sich somit keines Angriffs auf sein Leben und seine körperliche Unversehrtheit, er ist folglich arglos. Daraus resultiert seine

---

[48] *BGH* St (GS) 9, 385 (389 f.); NStZ 2009, 501; NStZ 2011, 634; NStZ 2016, 405; 50; BeckOK-StGB-*Eschelbach*, § 211 Rn. 37; *Kett-Straub*, JuS 2007, 515 (517); S/S/W-*Momsen*, § 211 Rn. 38; LK[13]-*Rissing-van Saan/Zimmermann*, § 211 Rn. 124 ff.; M/R-*Safferling*, § 211 Rn. 53.
[49] *BGH* St 48, 207 (210); NStZ 2002, 368; S/S/W-*Momsen*, § 211 Rn. 39.
[50] *BGH*, GA 1971, 113; Sch/Sch-*Eser/Sternberg-Lieben*, § 211 Rn. 24b; zum Erfordernis des Beruhens der Wehr- auf der Arglosigkeit *Küper*, FS-Beulke, S. 467 ff.
[51] *BGH*, NStZ 2002, 368; NStZ 2016, 405; NStZ-RR 2017, 78; *Fischer*, § 211 Rn. 35a, 37.
[52] *BGH*, NStZ-RR 2016, 72 (73); NStZ 2018, 45 (46); 97 (98) m. Anm. *Schneider*; *Hecker*, JuS 2010, 79.
[53] *BGH* St 33, 363 (366).
[54] *BGH*, NStZ 2013, 337 (338).
[55] *BGH*, NStZ 2003, 146 (147); NStZ 2016, 340 (341); NStZ-RR 2017, 78; NStZ 2018, 45 (46) m. Anm. *Schneider*, StraFo 2019, 38 (39).
[56] *BGH*, NJW 2018, 1621 (Rn. 33), nicht abgedruckt in *BGH* St 63, 88. Die Erwägungen des *LG Berlin* in dem zweiten »Kudamm-Raser-Urteil« beanstandete der *BGH* St 65, 42 (Rn. 54), nicht.
[57] *Gründel*, ZJS 2019, 211 (217).

Wehrlosigkeit, da seine Reaktionsmöglichkeiten auf das verkehrswidrige Verhalten eingeschränkt sind.

Das Vorliegen des Ausnutzungsbewusstseins lässt sich ohne vorherige Feststellung des Tötungsvorsatzes kaum beurteilen. Es empfiehlt sich deshalb, es im subjektiven Tatbestand zu erörtern, zumal es sich ohnehin um eine in der Täterpsyche wurzelnde Voraussetzung handelt (dazu *Rn. 40*). 30

In der *Literatur* wird zum Teil für das Merkmal der Heimtücke (über das Erfordernis des Ausnutzens der Arg- und Wehrlosigkeit hinaus) ein **verwerflicher Vertrauensbruch** gefordert[58]. Eine besondere Vertrauensbeziehung bestand zwischen A und W nicht, sodass Heimtücke ausscheiden würde. A ging auch nicht – wie für eine heimtückische Begehung zum Teil verlangt wird[59] – in »**tückisch-verschlagener**« **Weise** vor. Der Streit müsste folglich in einer Falllösung entschieden werden (zu den Argumenten pro und contra *Rn. 87 f.*). 31

(b) Gemeingefährliches Mittel

Die Mordmodalität mit gemeingefährlichen Mitteln verlangt nach zutreffender Auffassung eine Gefahr für das Leben unbeteiligter Dritter[60], die darauf beruht, dass der Täter die Wirkung des Mittels im konkreten Fall nicht sicher begrenzen kann[61]. 32

Gemeingefährlich ist ein Mittel nicht bereits dann, wenn der Täter es zur Tötung einer Mehrzahl von Menschen einsetzt. Um eine von dem Mordmerkmal tatbestandlich nicht erfasste »schlichte« Mehrfachtötung handelt es sich nach Auffassung des *BGH*, »wenn sich der Täter mit Tötungsabsicht gegen eine Mehrzahl von ihm individualisierter Opfer richtet und darüber hinaus keine Zufallsopfer in Kauf genommen werden«[62]. 32a

Die h.M. lässt auch Gefährdungen für die körperliche Integrität unbeteiligter Dritter genügen[63], doch vermögen bloße Leibesgefahren für Dritte die Hochstufung der vorsätzlichen Tötung eines Menschen zum Mord bei der gebotenen verfassungskonformen restriktiven Auslegung des Mordtatbestandes nicht zu begründen[64]. Notwendig ist deshalb der Einsatz eines Mittels, das in der konkreten Situation eine Mehrzahl 32b

---

[58] Sch/Sch-*Eser/Sternberg-Lieben*, § 211 Rn. 26; *Hassemer*, JuS 1971, 626 (630); *Lange*, GS-Schröder, 1978, S. 229, 233; *Miehe*, JuS 1996, 1000 (1004); SK-*Sinn*, § 211 Rn. 44.

[59] W/H/E-*Engländer*, Rn. 61; *Kleszczewski*, Rn. 55; NK-*Saliger*, § 211 Rn. 72; ähnl. *Veh*, Mordtatbestand und verfassungskonforme Rechtsanwendung, 1986, S. 161 – »heimlich-verschlagenes« Verhalten; *Küpper*, FS-Kriele, 1997, S. 777 (787) – »hinterhältiges« Verhalten.

[60] Sch/Sch-*Eser/Sternberg-Lieben*, § 211 Rn. 29; *Mitsch*, JuS 1996, 215; M/R-*Safferling*, § 211 Rn. 61; NK-*Saliger*, § 211 Rn. 86; *Schneider*, NStZ 2021, 362 (363). Unklar *BGH*, NStZ 2021, 361 (Rn. 7): Gefährdung von Leib *und* Leben.

[61] *BGH* St 34, 13 (14); 38, 353 (354); NStZ-RR 2017, 143; *Kleszczewski*, Rn. 67; *Kubiciel/Hoven*, NStZ 2017, 439 (442); LK[13]-*Rissing-van Saan/Zimmermann*, § 211 Rn. 142.

[62] *BGH*, NStZ 2023, 288 (Rn. 8) m. Anm. *Engländer* und Bespr. *Eisele*, JuS 2023, 469 ff. Siehe auch *BGH*, NStZ 2020, 284 (Rn. 7) m. Anm. *Engländer*.

[63] Z.B. *BGH*, NStZ 2020, 614 (Rn. 7); W/H/E-*Engländer*, Rn. 57; BeckOK-StGB-*Eschelbach*, § 211 Rn. 68, der zutr. darauf hinweist, dass in »den praktischen Anwendungsfällen [...] Lebens- und Leibesgefahren für Dritte beim Einsatz kaum beherrschbarer Tötungsmittel meist aber nicht zu unterscheiden« sind; L/K/H-*Heger*, § 211 Rn. 11.

[64] NK-*Saliger*, § 211 Rn. 86; *Schneider*, NStZ 2021, 362 (363).

unbeteiligter Menschen[65] in **Lebensgefahr** bringt, und zwar in dem Sinne, dass die Gefahr besteht, es könnten **kumulativ** mehrere Menschen getötet werden. »Mit einem Schuss aus einer Pistole versucht der Täter auch dann nicht mit gemeingefährlichen Mitteln zu töten, wenn er nicht den Gegner trifft, sondern – was er billigend in Kauf nimmt – einen unbeteiligten Dritten aus einer Vielzahl von Personen«.[66]

32c Ob ein Mittel in diesem Sinne gemeingefährlich, d.h. über die vom Täter individualisierten Opfer hinaus für die »Allgemeinheit« gefährlich ist, lässt sich deshalb nicht allein nach der abstrakten Gefährlichkeit, sondern nach der Eignung und Wirkung in der konkreten Situation unter Berücksichtigung der persönlichen Fähigkeiten und Absichten des Täters beurteilen[67]. Wirft der Täter z.B. einen **Sprengsatz**, ein an sich »typisches« gemeingefährliches Mittel, in einen Raum, um alle Anwesenden zu töten, ohne dass weitere unbeteiligte Personen außerhalb des Raumes gefährdet sind, so handelt es um eine »schlichte« Mehrfachtötung (dazu *Rn. 32a*). Rammt der Täter in Selbstmordabsicht mit hoher Geschwindigkeit mit seinem **Auto** ein anderes Fahrzeug und können infolge des durch den Aufprall unmittelbar verursachten Unfalls eine unbestimmte Anzahl weiterer Personen, z.B. die Fahrer und Beifahrer anderer Fahrzeuge, tödliche Verletzungen erleiden, so handelt es sich bei dem Auto um ein gemeingefährliches Mittel[68]. Das gilt auch, wenn der Täter mit seinem Fahrzeug in eine Menschenmenge fährt und über die von ihm individualisierten in seinem Fahrweg befindlichen Personen weitere »Zufallsopfer« durch umherfliegende Gegenstände gefährdet werden[69]. Zu Recht stellt der *BGH*[70] bei **Steinwürfen von einer Autobahnbrücke** auf die konkreten Umstände ab. Herrscht dichter Verkehr, sodass der durch den Steinwurf verursachte Unfall eine unbestimmte Vielzahl weiterer Verkehrsteilnehmer in Lebensgefahr bringt, so handelt es sich um ein gemeingefährliches Mittel; drohen keine Folgeunfälle, so scheidet dieses Merkmal aus. Auf die konkreten Umstände sollte zudem bei einer **Brandlegung** als Mittel zur Tötung abgestellt werden. Zutreffend lehnte der *BGH* die Gemeingefährlichkeit der Brandlegung ab, weil sich der Tötungsvorsatz des Angeklagten nur auf die sich üblicherweise in dem Haus aufhaltenden Bewohner erstreckte und »er nicht damit rechnete und billigte, dass sich neben den üblichen Bewohnern zur Tatzeit weitere Menschen in dem Haus aufhielten oder dass das Feuer auf Nachbargebäude überzugreifen drohte, was die Annahme des Mordmerkmals hätte rechtfertigen können«[71].

---

[65] Nach zutr. Auff. mindestens drei Menschen, *Rengier* II, 4/100; MK-*Schneider*, § 211 Rn. 132.
[66] *BGH*, JZ 1993, 363 f., m. zust. Anm. *Rengier*.
[67] *BGH*, NStZ 2020, 614 (Rn. 7).
[68] *BGH*, NStZ 2010, 515.
[69] *BGH*, NStZ 2023, 288 (Rn. 10 f.); eingehend dazu W/H/E-*Engländer*, Rn. 57.
[70] *BGH*, NStZ-RR 2010, 373 (374), m. Bespr. *Jahn*, JuS 2010, 456 f.
[71] *BGH*, NStZ 2019, 607 (Rn. 24). Zweifel an dieser Sicht des *4. Strafsenats* äußert der *5. Strafsenat*, NStZ 2020, 614 (Rn. 11 ff.). Bedenklich ist die vom *BGH* im sog. »Brandflaschen-Fall« geäußerte Auffassung, dass bei der Verwendung einer Brandflasche die in ihr »ruhenden Kräfte […] in ihrer Wirkung im Allgemeinen nicht mehr beherrschbar und daher geeignet [sind], eine größere Zahl von Menschen an Leib oder Leben zu gefährden, also eine allgemeine Gefahr entstehen zu lassen«,; sei diese allgemeine Eignung gegeben, komme es auf den Umfang des konkreten Gefährdungsbereichs nicht an, *BGH*, NJW 1985, 1477 (1478).

Im Übrigen erfordert Mord mit gemeingefährlichen Mitteln den »**Einsatz**« solcher **33** Mittel zur Tötung. Der Täter muss also bei der Gefahrsetzung mit Tötungsvorsatz handeln, sodass es nicht ausreicht, wenn er eine bereits vorhandene gemeingefährliche Situation nur zur Tat ausnutzt[72].

Beispiel: A hat andere Menschen durch einen fahrlässig gelegten Brand in konkrete Lebensgefahr gebracht. Trotz seiner Garantenstellung, § 13 StGB (Ingerenz = pflichtwidriges gefahrbegründendes vorangegangenes Tun), unternimmt er – mit Tötungsvorsatz (dolus eventualis) – nichts zur Rettung der Gefährdeten. Durch den Brand kommt eine Person zu Tode.

Eine – von A nicht zu begrenzende – konkrete Gefahr für das Leben Unbeteiligter **34** durch die im weiten Umkreis verteilten Fahrzeugteile bestand, sodass die objektiven Voraussetzungen des gemeingefährlichen Mittels in unserem *Fall 5* gegeben sind.

Die subjektive Komponente der Verwendung eines gemeingefährlichen Mittels zur **35** Tötung kann – wie das Ausnutzungsbewusstsein bei der Heimtücke (*Rn. 30*) – erst nach Feststellung des Tötungsvorsatzes beurteilt werden, sodass die Erwägungen dazu im subjektiven Tatbestand vorzunehmen sind.

(2) Subjektiver Tatbestand

(a) Vorsatz

A müsste mit Tötungsvorsatz gehandelt haben. Er strebte den Tod des W nicht an **36** und sah ihn nicht als sichere Folge seines Verhaltens vorher, sodass dolus directus 1. und 2. Grades ausscheiden. In Betracht kommt aber dolus eventualis, der von bewusst fahrlässigem Handeln abzugrenzen ist.
Der bedingt vorsätzlich Handelnde erkennt die Möglichkeit der Verwirklichung des objektiven Tatbestandes (»intellektuelles« Element) und ist damit in der Weise einverstanden, dass er sie billigend in Kauf nimmt oder sich wenigstens mit ihr abfindet (»voluntatives« Element)[73]. Der Vorsatz muss im Zeitpunkt der zum Taterfolg führenden Handlung gegeben sein, d.h., der Täter muss nach Entstehen des Tatentschlusses noch eine Handlung, die nach seiner Vorstellung den Erfolg bewirken kann, vornehmen.
Bewusste Fahrlässigkeit liegt dagegen vor, wenn der Täter mit der als möglich erkannten Folge nicht einverstanden ist und ernsthaft – nicht nur vage – darauf vertraut, dass der tatbestandliche Erfolg nicht eintreten werde[74]. Bei illegalen Autorennen verlangt der *BGH*, dass der Täter aus »rational einsichtigen Gründen« trotz Erkennens einer möglichen Kollision seines Fahrzeugs mit seitlichem Querverkehr »ernsthaft und tatsachenbasiert, nicht nur vage auf das Ausbleiben eines tödlichen Erfolgs vertraut haben könnte«[75].

Die Prüfung des Vorsatzes erfordert – insbesondere bei Tötungsdelikten – eine um- **37** fassende Würdigung aller objektiven und subjektiven Tatumstände[76]. Der *BGH* hatte

---

[72] *BGH*, NStZ 2010, 87 (88).
[73] *BGH*, NJW 2014, 3382 (3383); NStZ 2017, 277 (279); NStZ 2018, 37 (38); NStZ 2019, 208 (Rn. 6); NStZ 2019, 344 (Rn. 7); *Rengier*, AT, 14/10; W/B/S-*Satzger*, AT, Rn. 331 ff.
[74] *BGH* St 57, 183 (186); StV 2015, 300 (301); NStZ 2016, 211 (215).
[75] *BGH*, NStZ 2023, 546 (Rn. 26) m. Anm. *Steins* und *Preuß*, NZV 2023, 365 f.
[76] *BGH* St 63, 88 (Rn. 19).

in früheren Entscheidungen des Öfteren auf die »hohe Hemmschwelle gegenüber einer Tötung« Bezug genommen[77] (sog. **»Hemmschwellentheorie«**). Das Gericht hat aber inzwischen klargestellt, dass damit lediglich ein Hinweis auf die erforderliche Beweiswürdigung des Tatrichters (§ 261 StPO) gemeint sei; der Hinweis auf die Hemmschwellentheorie entbehre »somit jedes argumentativen Gewichts«[78].

38 Der *BGH* hat in seiner Revisionsentscheidung gegen das erste »Kudamm-Raser-Urteil« des *LG Berlin*[79] drei Umstände hervorgehoben: (1) Der Tötungsvorsatz dürfe nicht erst – wovon das *LG* ausgegangen war – im Zeitpunkt des Einfahrens in den Kreuzungsbereich vorgelegen haben, da die Täter danach keine Handlung, die den tatbestandlichen Erfolg herbeiführte, vorgenommen und keine Möglichkeit zur Vermeidung der Kollision besessen hätten[80]. Konsequenterweise ist deshalb zu fordern, dass der – bedingte – Tötungsvorsatz schon zu Beginn des Renngeschehens gegeben sein muss, da es danach jederzeit zu einer das Leben anderer gefährdenden Situation kommen kann. (2) Die objektive Gefährlichkeit der Tathandlung ist ein wesentlicher Indikator sowohl für das intellektuelle als auch das voluntative Element des Vorsatzes, allerdings ohne ein allein maßgebliches Kriterium zu sein[81]. (3) Die Eigengefährdung und die Gefährdung von Beifahrern sprechen eher für ein Vertrauen des Fahrers auf einen guten Ausgang; dass der Täter auch den eigenen Tod um des Sieges Willen billigend in Kauf nimmt, liege eher fern, doch gebe es keine Regel, nach der Tötungsvorsatz ausscheide, wenn eine Eigengefährdung mit der Vornahme einer fremdgefährdenden Handlung einhergeht[82].

39 Die aus dem auch für das Leben des A höchstriskanten Verhalten resultierenden erheblichen Gefahren – sowie die bei solchen Personen vorliegende irrationale Selbstüberschätzung – sprechen in casu zwar eher dafür, dass A darauf vertraute, die Situation zu beherrschen und eine Kollision mit anderen Verkehrsteilnehmern verhindern zu können[83]. Letztlich kann die Gesamtwürdigung der Umstände aber auch bei einer Selbstgefährdung die Annahme bedingten Tötungsvorsatzes vertretbar erscheinen lassen[84]. Der *BGH* beanstandete die Beweiswürdigung des *LG Berlin* in dem zweiten »Kudamm-Raser-Urteil«, der unbedingte Wille des Angeklagten, das Rennen zu gewinnen, sei als Handlungsmotiv derart wirkungsmächtig gewesen, dass

---

[77] Z.B. *BGH*, StV 1994, 654; NStZ 2009, 210 (211).
[78] *BGH* St 57, 183 (Rn. 32, 35) m. Anm. *Heghmanns*, ZJS 2012, 826 ff.; *BGH*, NStZ-RR 2018, 371 (372); zu den »Resten der Hemmschwellentheorie« siehe *Gründel*, ZJS 2019, 211 (215 f.).
[79] *LG Berlin*, NStZ 2017, 471 ff.
[80] *BGH* St 63, 88 (Rn. 13).
[81] *BGH* St 63, 88 (Rn. 19).
[82] *BGH* St 63, 88 (Rn. 21).
[83] *Jäger*, JA 2018, 468 (471); *Preuß*, NZV 2018, 345 (347); *Sasse*, NJ 2017, 384 (387 ff.); *Steinert*, SVR 2019, 326 (328 f.); *Walter*, NJW 2017, 1350 (1351); *Zopfs*, DAR 2018, 375 (376). Der Vergleich von *Kubiciel/Hoven*, NStZ 2017, 439 (440 ff.), mit der Situation des »russischen Roulette« überzeugt dagegen nicht, da der »Spieler« weiß, dass der Ausgang von seinem Verhalten und seinen Fähigkeiten unabhängig ist.
[84] Z.B. wenn der Täter in Suizidabsicht einen Unfall herbeiführen will und ihm die Schädigung weiterer Beteiligter gleichgültig ist, *BGH*, NStZ 2023, 232 (Rn. 19), oder wenn er die Mitinsassen des von ihm gesteuerten Autos durch eine Kollision töten will, *BGH*, NJW 2023, 2291 (Rn. 18 f.).

ihm die weiteren als möglich erkannten, wenn auch unerwünschten Folgen letztlich gleichgültig waren, nicht[85].

Für die weitere Lösung wird bedingter Tötungsvorsatz unterstellt:

(b) Ausnutzungsbewusstsein

Nach Auffassung der Rechtsprechung erfordert das »**Ausnutzungsbewusstsein**« bei der Heimtücke nicht die Instrumentalisierung der vom Täter erkannten Arg- und Wehrlosigkeit für die Tatausführung, sondern es genüge, dass er die Arg- und Wehrlosigkeit in ihrer Bedeutung für die hilflose Lage des Angegriffenen und die Ausführung der Tat erfasst[86]. Das sei auch möglich, wenn der Täter sich in einer affektiven Erregung oder heftigen Gemütsbewegung befindet, da dies die Fähigkeit des Täters, die Tatsituation in ihrem Bedeutungsgehalt für das Opfer realistisch wahrzunehmen und einzuschätzen, im Regelfall nicht beeinträchtige[87]. Das Ausnutzungsbewusstsein darf dadurch aber nicht auf das bloße Erkennen der Arg- und Wehrlosigkeit des Opfers, also den Vorsatz, reduziert werden, denn sonst würde diese Voraussetzung jegliche Eingrenzungswirkung bei dem Heimtückemerkmal verlieren. Erforderlich ist deshalb, dass sich der Täter wegen der gesteigerten Schutzlosigkeit zur Tötung entschließt[88]. Für den Entschluss, ein illegales Autorennen durchzuführen, ist die »Schutzlosigkeit« der anderen Verkehrsteilnehmer ohne jeden Belang, sodass die heimtückische Begehung auch auf der Grundlage der h.M. ausscheidet. Es dürfte im Übrigen mit dem Begriff Heimtücke nicht vereinbar sein, darunter ein mit lautem »Motordröhnen« und quietschenden Reifen verbundenes Verhalten, dem jegliche Heimlichkeit fehlt, zu subsumieren. 40

(c) Subjektive Komponente der Verwendung eines gemeingefährlichen Mittels

Fraglich ist, ob für die Verwendung eines gemeingefährlichen Mittels der **zielgerichtete Einsatz** als Tötungsmittel (dolus directus 1. Grades) erforderlich ist oder es genügt, dass der Täter den Tod Unbeteiligter lediglich billigend in Kauf nimmt[89]. Der Wortlaut spricht eher für die erstgenannte Auffassung, da ein – bestimmtes, nämlich auch für Unbeteiligte gefährliches – Mittel zur Erreichung eines Ziels, hier zur Tötung eines Menschen, eingesetzt wird (»Mittel zum Zweck«). In den klassischen Fällen (Bombe, Brandlegung usw.) verwendet der Täter gezielt ein solches Mittel. Die These, der Tatbestand enthalte »kein Element, das eine zielgerichtete 41

---

[85] *BGH* St 65, 42 (Rn. 43). Eine – in der Verfassungsbeschwerde gegen das Urteil behauptete – Verletzung des Bestimmtheitsgebots und des Schuldgrundsatzes durch die Auslegung des Vorsatzbegriffs und die Beweiswürdigung zum Tatvorsatz verneinte das *BVerfG*, NStZ 2023, 215 (Rn. 40 ff.).

[86] Z.B. *BGH*, StV 2018, 735; NStZ-RR 2018, 345 (346); NStZ-RR 2019, 142; NStZ 2019, 520 (521); NStZ 2022, 541 (Rn. 14); NJW 2023, 232 (Rn. 26); 315 (Rn. 12); ebso. AnwK-*Mitsch*, § 211 Rn. 55.

[87] *BGH*, NStZ-RR 2010, 175; NStZ 2014, 639: „Spontanität und affektive Erregung sprechen nicht ohne Weiteres gegen ein bewusstes Ausnutzen der Arg- und Wehrlosigkeit des Tatopfers"; NStZ 2016, 148 (149); NStZ-RR 2017, 278; NStZ-RR 2019, 142 m. Anm. *Drees*; NStZ 2019, 520.

[88] Siehe NK-*Saliger*, § 211 Rn. 72.

[89] So *BGH*, NJW 2018, 1621 (Rn. 32), nicht abgedruckt in *BGH* St 63, 88; NJW 2020, 2900 (Rn. 49 ff.); MK-*Schneider*, § 211 Rn. 133. *Kubiciel/Hoven*, NStZ 2017, 439 (443) betrachten den »Einsatz des Pkw mit bedingtem Tötungsvorsatz im Rahmen eines illegalen Rennens geradezu als Lehrbeispiel für die Verwendung eines gemeingefährlichen Mittels«.

Verwendung voraussetzt«, sondern beschreibe »durch die präpositionelle Zuordnung von Werkzeug und Tat jede Nutzung im Rahmen der Tötungshandlung«[90], träfe zu, wenn das Gesetz die Formulierung »wer mittels eines gemeingefährlichen Werkzeugs einen Menschen tötet« verwenden würde. Die weite Auslegung mag zwar mit dem Wortlaut vereinbar sein, ob sie der Ratio dieses Mordmerkmals entspricht[91], ist aber zweifelhaft. Sie konterkariert jedenfalls die Bestrebungen nach einer restriktiven Auslegung der Mordmerkmale (dazu unten *Rn. 70 ff.*). Eine den konkreten Folgen angemessene Strafe ermöglicht auch eine Verurteilung wegen Totschlags, indem ggf. ein besonders schwerer Fall nach § 212 II StGB anzunehmen ist, wenn der Unrechts- und Schuldgehalt der Verwerflichkeit des Mordes gleichkommt. Die weite Auslegung würde zudem dazu führen, dass grundsätzlich jede Teilnahme an einem illegalen Kraftfahrzeugrennen – Tötungsvorsatz vorausgesetzt – konsequenterweise als versuchter Mord strafbar wäre. Der Ratio des § 211 StGB entspricht dieses Ergebnis m.E. nicht.

(d) Niedriger Beweggrund

42 Niedrig ist ein Beweggrund, der **nach allgemeiner sittlicher Wertung auf tiefster Stufe steht**, verächtlich ist (*Rn. 17*). Zu beurteilen ist dies aufgrund einer **Gesamtwürdigung** der Umstände der Tat, der Lebensverhältnisse des Täters und seiner Persönlichkeit[92]. Handelt der Täter aus einer Mehrheit von Beweggründen heraus und ist ein Motiv aus einem solchen **Motivbündel** niedrig, kommt es auf eine Gesamtwertung an: Ist unter den mehreren Beweggründen der niedrige das leitende Motiv (Hauptmotiv), so liegt Mord vor[93]. Lässt sich nicht feststellen, welches Motiv handlungsleitend war, ist zu prüfen, ob die verschiedenen Beweggründe des Täters ihrerseits jeweils auf einer niedrigen Gesinnung beruhten[94].

43 Knüpft der Tötungsentschluss an einen bestimmten – vom Opfer bewirkten – Anlass an, so setzt die Beurteilung des Beweggrundes als niedrig ein »eklatantes Missverhältnis zwischen Anlass und Tat« voraus[95]. Tatmotive wie Wut, Zorn und Verärgerung sind nur dann als niedrig zu bewerten, wenn sie ihrerseits auf niedriger Gesinnung beruhen[96]. Wer einen anderen aus verschmähter Liebe tötet, handelt nicht deshalb ohne Weiteres aus einem verächtlichen, also niedrigem Beweggrund; dies gilt in gleicher Weise für Tötung aus Eifersucht[97]. Regelmäßig aus niedrigem Beweggrund handelt, wer aus bloßer »Wut und Enttäuschung über verweigerten außerehelichen Geschlechtsverkehr« eine Frau tötet[98] oder – ohne dass ihm die Frau einen

---

[90] *Kubiciel/Hoven*, NStZ 2017, 439 (443).
[91] So *Kubiciel/Hoven*, NStZ 2017, 439 (443).
[92] Z.B. *BGH* St 53, 31 ff.; NStZ 2011, 35; NStZ 2018, 527; NStZ-RR 2018, 76 (77); NStZ 2019, 204 (205); NStZ 2019, 206 (207); NStZ 2022, 541 (Rn. 21) m. Anm. *Schneider*.
[93] *BGH*, NJW 1981, 1382; NStZ 1989, 19 f.; NStZ 1997, 81 (»prägendes Motiv«); NStZ 1998, 352 ff.; NStZ 2005, 332 ff.; NStZ 2018, 527; *Krey*, JuS 1971, 193.
[94] *BGH*, NStZ 2022, 541 (Rn. 23).
[95] *Fischer*, § 211 Rn. 18.
[96] *BGH*, NStZ 2012, 691 (692).
[97] *BGH* St 3, 180 (182 f.); NStZ 1984, 261 f.; NStZ 2002, 368.
[98] *BGH* St 2, 60; L/K/H-*Heger*, § 211 Rn. 5a.

berechtigten oder verständigen Anlass für seine Gefühle gegeben hatte – diese tötet, »weil, wenn schon er sie nicht haben könne, sie auch kein anderer haben solle«[99]. In solchen Fällen liegt eine verachtenswerte, auf der tiefsten Stufe stehende egozentrische Missachtung der Person des Opfers vor.

Ein niedriger Beweggrund kann auch vorliegen, wenn keine individuelle Abneigung gegen das Opfer besteht oder Täter und Opfer sich nicht kannten[100]. Zweifelhaft ist es jedoch, die Annahme niedriger Beweggründe lediglich auf eine außergewöhnlich brutale, eklatant menschenverachtende Tatbegehung zu stützen[101]. **44**

Bei Annahme des Tötungsvorsatzes könnte ein niedriger Beweggrund bei weiter Auslegung der Voraussetzungen in unserem *Fall 5* damit begründet werden, dass der Teilnehmer an einem illegalen Autorennen seinen eigenen Geltungsdrang, sein »Imponiergehabe« und seinen »Spaß am Risiko«, über die Interessen der übrigen Verkehrsteilnehmer stellt[102]. Dieses Verhalten dürfte aber den Schweregrad der anderen Mordmerkmale der 1. Gruppe nicht erreichen, sodass ein niedriger Beweggrund abzulehnen ist[103]. **45**

(3) Ergebnis

In *Fall 5* liegt die Ablehnung des Tötungsvorsatzes wegen der Eigengefährdung des A näher. Letztlich erfordert die Beurteilung des Tötungsvorsatzes bei der Teilnahme an einem illegalen Kraftfahrzeugrennen eine umfassende Würdigung aller Umstände, die nur der Tatrichter vornehmen kann. Wäre Tötungsvorsatz abzulehnen, so wäre A wegen fahrlässiger Tötung (§ 222 StGB) und verbotenen Kraftfahrzeugrennens mit Todesfolge gemäß § 315d I Nr. 2, II, V StGB (dazu *Rn. 1347*) strafbar. **46**

Wird Tötungsvorsatz – vertretbar – angenommen und die weite Auslegung des Mordmerkmals gemeingefährliches Mittel befürwortet (*Rn. 41*), so wäre A des Mordes schuldig, da er rechtswidrig und schuldhaft gehandelt hätte.

Dann stellt sich die Frage nach der Strafbarkeit des B wegen der Beteiligung an dem Rennen:

b) Strafbarkeit des B wegen mittäterschaftlichen Mordes gemäß §§ 211, 25 II StGB

Die zum Tode des W führende Kollision wurde durch A herbeigeführt. Diese Tötungshandlung des A wäre B nach Maßgabe des § 25 II StGB „zuzurechnen", wenn seine Beteiligung an dem Rennen als gemeinschaftliche Tatausführung aufgrund eines gemeinsamen Tatentschlusses einzustufen wäre. **47**

Durch seine Beteiligung an dem Rennen setzte B jedenfalls eine Ursache für den Tod; denkt man sein Verhalten hinweg, wäre A nicht mit der überhöhten Geschwindigkeit und unter Missachtung der Vorfahrt des W in die Kreuzung eingefahren, sodass es nicht zu dem Zusammenprall gekommen wäre. Ob darin ein auf die Tötung **48**

---

[99] *BGH* St 3, 180; 22, 12 (13).
[100] *Kubiciel/Hoven*, NStZ 2017, 439 (443).
[101] So *BGH* St 60, 52 (55 f.); krit. *Bartsch*, StV 2015, 717 (719 f.); *Grünewald*, HRRS 2015, 162 (164 ff.).
[102] So *Kubiciel/Hoven*, NStZ 2017, 439 (443); ebso. *Gründel*, ZJS 2019, 211 (218).
[103] A.A. *BGH* St 65, 42 (Rn. 58 f.).

49 Das Vorliegen eines **gemeinsamen Tatentschlusses** wird nach Auffassung des *BGH* nicht schon dadurch belegt, dass sich A und B – konkludent – auf die Durchführung eines illegalen Autorennens verständigten, da sich daraus nicht ohne Weiteres der Entschluss, »einen anderen durch gemeinschaftliches Verhalten zu töten«, ergebe; erforderlich sei »eine – zumindest konkludente – Erweiterung des gemeinsamen Tatentschlusses«[104]. Unklar ist allerdings, welche Anforderungen, die über die Verabredung eines Verhaltens, das die Tötung anderer umfasst, hinausgehen, damit gemeint sind. Bei der Durchführung eines höchstriskanten illegalen Kraftfahrzeugrennens bestimmt allein der Zufall, ob es zu einem tödlichen Ausgang kommt und wenn dies der Fall ist, welcher Teilnehmer ihn unmittelbar herbeiführt. Würde ein gemeinsamer Tatentschluss verneint, wäre der Teilnehmer, der die Kollision nicht unmittelbar verursacht hat, eines versuchten Mordes schuldig, obwohl auch er den Erfolg objektiv zurechenbar verursacht. Trotz der gemeinsamen Verabredung des für andere lebensgefährlichen Verhaltens Nebentäterschaft anzunehmen, würde das bewusste und gewollte Zusammenwirken unzutreffend kennzeichnen.

Eine tragfähige Begründung für die Behauptung des *LG Berlin* in dem zweiten »Kudamm-Raser-Urteil«, die Täter hätten ihren Tatentschluss auf eine bedingt vorsätzliche Tötung anderer Verkehrsteilnehmer erweitert, als sie nach dem Passieren der letzten Kurve auf die Unfallkreuzung zufuhren, akzeptierte der *BGH* zu Recht nicht: »Angesichts der sehr kurzen Zeitspanne bis zum Unfall sowie der Fokussierung der Angeklagten auf das bevorstehende Rennende und den Renngewinn liegt eine solche, auf die Tötung eines Menschen gerichtete konkludente Erweiterung des gemeinsamen Tatentschlusses der Angeklagten auch fern«[105].

Ein von B in Mittäterschaft begangener Mord lag danach nicht vor.

c) Strafbarkeit des B wegen versuchten Mordes (in Nebentäterschaft)

50 Das *LG Berlin* lehnte – unter Bezugnahme auf die *BGH*-Entscheidungen in dem dritten »Kudamm-Raser-Urteil« eine mittäterschaftliche Begehung des Mordes durch B, folglich eine Zurechnung des von A herbeigeführten Todeserfolges und einen vollendeten Mord ab[106].

51 B habe allerdings einen *auf die Tötung eines anderen Menschen gerichteten Tatentschluss* gebildet und – mit Heimtückevorsatz und aus einem niedrigen Beweggrund (dazu Rn. 28-31, 40, 42-45) – *zur Tötung unmittelbar angesetzt*, als er nach Durchfahren der letzten Kurve vor dem Unfallort die Gefahr für die vorfahrtberechtigten, die Straße queerenden Verkehrsteilnehmer erkannte und dennoch seine Geschwindigkeit erhöhte[107]. Den Vorsatz hinsichtlich des Einsatzes eines gemeinge-

---

[104] *BGH* St 63, 88 (Rn. 28).
[105] *BGH* St 65, 42 (Rn. 15); zudem hätte der Angeklagte nach dem Zeitpunkt der – vermeintlichen – Fassung des gemeinsamen Tatentschlusses den Unfall nicht mehr abwenden können (aaO, Rn. 16 ff.).
[106] https://gesetze.berlin.de/bsbe/document/KORE266842022 (Rn. 286).
[107] https://gesetze.berlin.de/bsbe/document/KORE266842022 (Rn. 290, 293 ff.).

fährlichen Mittels vermochte das *LG Berlin* nicht festzustellen, weil »der Angeklagte in der konkreten Situation und insbesondere auf Grund der Uhrzeit nicht billigend in Kauf [nahm], dass durch sein Handeln eine Mehrzahl von Menschen an Leib und Leben gefährdet werden«[108].

B sei zudem nicht strafbefreiend von dem rechtswidrig und schuldhaft begangenen Mordversuch zurücktreten. Der *BGH* verwarf die gegen die Verurteilung erhobene Revision ohne Begründung durch Beschluss[109]. **52**

Ergänzende Hinweise zum Mordmerkmal »niedriger Beweggrund« **53**
Weitere Beispiele für Tötung aus niedrigen Beweggründen:

– Tötung eines »völlig unbeteiligten Straßenpassanten aus Wut über das Misslingen einer ›Abrechnung‹ mit einem anderen«[110];
– Tötung eines dem Täter unbekannten Menschen, »um statt seiner als tot zu gelten, sich damit aus seinen familiären Bindungen zu lösen und ›ein neues Leben‹ zu beginnen«[111];
– Tötung eines Vollzugsbeamten durch einen Strafgefangenen, der sich durch Flucht aus der JVA »eigensüchtig der Verantwortung für begangenes Unrecht entziehen« will[112];
– Tötung des Ehepartners, um mit einem neuen Partner »ungestört« zusammenzuleben[113];
– politisches Attentat auf Repräsentanten eines rechtsstaatlichen Gemeinwesens[114];
– terroristischer Anschlag (La Belle-Fall)[115];
– Tötung aus Rassen-/Ausländerhass[116].

Nach der früheren Rechtsprechung des *BGH* durften bei der Bewertung von Beweggründen als *niedrig* i.S. des § 211 II StGB »die besonderen Anschauungen und Wertvorstellungen, denen die Täter wegen ihrer Bindung an eine fremde Kultur verhaftet sind, nicht außer Betracht bleiben«[117]. Die neuere Judikatur des *BGH* hat diesen Standpunkt aber inzwischen weitgehend preisgegeben[118], und zwar zu Recht: Insbesondere die Fälle von **Blutrache**[119] und die sog. **Ehrenmorde**[120] sind grundsätzlich Mord (niedrige Beweggründe).

---

[108] https://gesetze.berlin.de/bsbe/document/KORE266842022 (Rn. 305).
[109] Beschluss des *4. Strafsenats* vom 19.1.2022 - 4 StR 319/21.
[110] *BGH* St 47, 128; NStZ 1981, 100 f.
[111] *BGH*, NStZ 1985, 454.
[112] *BGH* bei *Holtz*, MDR 1987, 279 (280).
[113] *Fischer*, § 211 Rn. 24a m.w.N.
[114] *Fischer*, § 211 Rn. 21; bedenklich *BGH*, NStZ 1993, 341 (342), krit. *Brocker*, NStZ 1994, 33 f.
[115] *BGH*, NStZ 2005, 35.
[116] *Küpper/Börner*, 1/46; *Fischer*, § 211 Rn. 27; *Keiser*, ZRP 2010, 46.
[117] *BGH*, JZ 1980, 238 m. Anm. *Köhler*.
[118] *BGH*, NStZ 2004, 332; JZ 2006, 629 (631); NStZ 2018, 92 (93); NStZ 2019, 206 (207).
[119] *Kudlich/Tepe*, GA 2008, 92 ff.; M/R-*Safferling*, § 211 Rn. 38.
[120] HdS 4-*Mitsch*, § 1 Rn. 26; *Valerius*, JZ 2008, 912 ff.; zur Entwicklung in der Türkei *Pohlreich*, ZIS 2011, 734 ff.

54 **Fall 6:** – *Heimtücke bei Tötung von Kleinkindern; tatbezogene Mordmerkmale* –
Tanja (T), die mit ihrem Ehemann Martin (M) drei Kinder hatte, brachte nach einem »Seitensprung« ein nichteheliches Kind zur Welt. M verzieh seiner Frau zunächst, erklärte ihr aber später, er wolle sich scheiden lassen. T sah den Grund hierfür in dem nichtehelichen Kind. Da sie an ihrem Ehemann hing und auch wegen der gemeinsamen Kinder ihre Ehe retten wollte, beschloss sie in ihrer Verzweiflung, das Kind, das zu diesem Zeitpunkt 3 Monate alt war, zu töten. Sie besorgte sich Gift, das sie der Flachennahrung des Kindes beimischen wollte, damit es das bittere Gift nicht ausspeit. Ihre Mutter, die gerade zu Besuch war, um das Kind zu versorgen, wollte sie mit der Bitte, die Wäsche im Keller zu waschen, fortschicken. Karin (K), die Schwester der T, der diese von ihrem Vorhaben erzählte, bestärkte T in ihrem Entschluss. Die Tötung des Kindes erfolgte wie geplant.

Strafbarkeit von T und K?

a) Strafbarkeit der T
(1) Objektiver Tatbestand
T hat ihr Kind getötet. Fraglich ist, ob sie heimtückisch handelte.

55 Ein Ausnutzen der Arg- und Wehrlosigkeit des Opfers scheidet bei der Tötung von Klein(st)kindern aus, soweit diese nach ihrer Entwicklung noch nicht in der Lage sind, anderen Vertrauen entgegenzubringen[121]. Selbst wenn ein Kleinkind schon arglos sein kann, kommt Heimtücke nicht in Betracht, soweit die Wehrlosigkeit des Opfers **konstitutionell bedingt** und nicht in erster Linie Folge seiner Arglosigkeit ist[122].

T hatte allerdings tückisch den natürlichen Abwehrinstinkt des Kindes ausgeschaltet, indem sie das bittere Gift in den süßen Brei mischte. In einem solchen Fall hat der *BGH* heimtückische Tötung angenommen[123].

56 Ob dem gefolgt werden kann, erscheint zweifelhaft[124]: Zwar hätte sich das Opfer ohne das Verhalten der T durch instinktives Ausspeien des Giftes helfen können. Voraussetzung für die Annahme einer Ausnutzung der Arglosigkeit des Kindes ist aber, dass es entwicklungsmäßig schon in der Lage ist, dem Täter Vertrauen entgegenzubringen. T hat nicht Vertrauen missbraucht, sondern nur die Natur überlistet.

57 Indes liegt Heimtücke jedenfalls unter einem anderen Gesichtspunkt vor: T hat die **Arglosigkeit eines schutzbereiten Dritten** – ihrer Mutter – ausgenutzt; dadurch war das Opfer wehrlos. Schutzbereiter Dritter ist, »wer den Schutz vor Leib- und Lebensgefahr dauernd oder vorübergehend übernommen hat und diesen im Augenblick

---

[121] Z.B. *BGH* St 8, 216 (218); NStZ 2006, 338 (Rn. 3, 6); NStZ 2023, 675 (Rn. 5) m. Anm. *Eidam*; M/S/M/H/M-*Hoyer*, 2/44; *Kett-Straub*, JuS 2007, 515, (520); diff. A/W/H/H-*Hilgendorf*, 2/47: Heimtücke bei Garantenstellung des Täters gegenüber dem Opfer.

[122] *BGH*, NJW 1978, 709; *Kett-Straub*, JuS 2007, 515 (520). Streitstand auch bei *Kaspar*, JA 2007, 699 (700). Sehr zweifelhaft *BGH*, NStZ 1995, 230 f.; NStZ-RR 2020, 313: Ein 3-jähriges Kind könne noch arg- und wehrlos sein; anders zu Recht *BGH*, NJW 1978, 709; W/H/E-*Engländer*, Rn. 63. Zutreffend *BGH*, NStZ 2006, 338 (339), konstitutionelle Unfähigkeit zum Argwohn bei einem Kleinkind von einem Jahr und neun Monaten.

[123] *BGH* St 8, 216 (218); ebso. *BGH* bei *Dallinger*, MDR 1973, 901; zust.: Sch/Sch-*Eser/Sternberg-Lieben*, § 211 Rn. 25c; *Fischer*, § 211 Rn. 38b; *Jäger*, BT, Rn. 45; M/R-*Safferling*, § 211 Rn. 44.

[124] Bedenken auch bei: *BVerfG* E 45, 187 (266 f.); *Rengier* II, 4/58; NK-*Saliger*, § 211 Rn. 58.

der Tat entweder tatsächlich ausübt oder es deshalb nicht tut, weil er dem Täter vertraut«[125]. Für die heimtückische Begehung ist die Ausnutzung der Arglosigkeit einer solchen »Schutzperson« und der daraus resultierenden Wehrlosigkeit des Opfers ausreichend[126]. Erforderlich ist in einem solchen Fall zwar nicht, dass der potentiell schutzbereite Dritte »zugegen« ist, er muss aber den Schutz wirksam erbringen können, wofür eine gewisse räumliche Nähe zum Aufenthaltsort des Kleinkindes notwendig ist; ein Verlassen der Wohnung bspw. für einen Arztbesuch ist hiervon nicht mehr erfasst, sodass das Mordmerkmal der Heimtücke ausscheidet[127]. Die Tötung eines Patienten durch Manipulation medizinischer Geräte auf der Intensivstation, während das für die Betreuung zuständige Pflegepersonal gerade anderweitig beschäftigt ist, erfüllt dagegen das Ausnutzen der Arglosigkeit eines schutzbereiten Dritten[128].

Der von der h.L. für Heimtücke geforderte verwerfliche Vertrauensbruch (vgl. *Rn. 31*), ist erfüllt: Bei der Tötung von Opfern, die nach ihrer Entwicklung (noch) nicht in der Lage sind, anderen Vertrauen entgegenzubringen, liegt ein verwerflicher **Vertrauensbruch** dann vor, wenn der Täter bei der Tat das ihm von einer **Schutzperson** entgegengebrachte Vertrauen missbraucht, was hier der Fall ist. **58**

(2) Subjektiver Tatbestand

T handelte mit Tötungs- und Heimtückevorsatz. Das Motiv, für sich und ihre ehelichen Kinder ihre Ehe zu retten, steht nicht nach allgemeiner sittlicher Wertung auf tiefster Stufe, ist nicht verächtlich, sodass **kein niedriger Beweggrund** vorliegt. **59**

b) Strafbarkeit der K

Anstiftung durch K scheidet aus, da T zu ihrer Tat schon fest entschlossen war (sog. omnimodo facturus)[129]. Doch ist psychische Beihilfe gegeben[130]. Nach allgemeinen Akzessorietätsgrundsätzen (§ 27 I StGB) wäre **Mord**beihilfe anzunehmen; jedoch könnte die Akzessorietätslockerung des **§ 28 II StGB** eingreifen: **60**

(1) Wie dargelegt, sind die Mordmodalitäten nach h.L. strafschärfend (*Fall 4*). Damit stellt sich die Frage, ob Heimtücke ein täterbezogenes, also ein besonderes persönliches (§ 28 II) oder ein tatbezogenes Mordmerkmal ist. **61**

Nach h.M. ist die Heimtücke ein **tatbezogenes**, somit kein besonderes persönliches Merkmal i.S. des § 28 II (bzw. § 28 I) StGB[131]. Dem ist zu folgen, denn Heimtücke

---

[125] *BGH*, StV 2009, 524; NStZ 2013, 158 (159); NStZ-RR 2020, 313 (314); NStZ 2023, 675 (Rn. 5).
[126] *BGH* St 8, 216 (219); 32, 382 (387); NStZ 2006, 338 (339 a.E.); *Eisele* I, Rn. 96; HdS 4-*Mitsch*, § 1 Rn. 31; *ders.*, JuS 2013, 783 ff.; NK-*Saliger*, § 211 Rn. 59; ebso. bei Tötung eines bewusstlosen Koma-Patienten *BGH*, NStZ 2008, 93; *BGH*, StV 2009, 524; *Kaspar*, JA 2007, 699 (700).
[127] *BGH*, NStZ 2015, 215 f. m. Anm. *Hecker*, JuS 2015, 370; *BGH*, NStZ 2023, 675 (Rn. 5 ff.) m. Anm. *Eidam*.
[128] *BGH*, NStZ 2008, 93 (94).
[129] Dazu m.w.N. Krey/*Esser*, AT, Rn. 1042 f.
[130] Zur psychischen Beihilfe siehe m.w.N. Krey/*Esser*, AT, Rn. 1072 ff.
[131] *BGH* St 23, 103 (105); 25, 287 (289); Krey/*Esser*, AT, Rn. 1016, 1018 f.; *Fischer*, § 211 Rn. 91; L/K/H-*Heger*, § 211 Rn. 16; SK-*Sinn*, § 211 Rn. 49. Abw. u.a.: Sch/Sch-*Eser/Sternberg-Lieben*, § 211 Rn. 49; *Roxin*, AT II, § 27 Rn. 76.

ist jedenfalls nicht in erster Linie ein in der Person des Täters liegender Umstand, sondern kennzeichnet primär die Ausführung der Tat[132]: Die Mordmodalität der Heimtücke ist weniger durch die verwerfliche Gesinnung des Täters als durch die **Gefährlichkeit** der Tat gekennzeichnet. Dies gilt auch dann, wenn man mit der h.L. für diese Mordmodalität zusätzlich zur Ausnutzung der Arg- und Wehrlosigkeit des Opfers einen verwerflichen Vertrauensbruch fordert[133].

62 Ebenfalls tatbezogen sind die anderen Mordmerkmale der **2. Gruppe** (»grausam«; »mit gemeingefährlichen Mitteln«)[134]. Dies ist für die Modalität »mit gemeingefährlichen Mitteln« unproblematisch, es gilt aber auch für das Merkmal grausam. Grausam ist eine Tötung, die »schwere Leiden körperlicher und seelischer Art hervorruft ... und außerdem einer gefühllosen und unbarmherzigen Gesinnung entspringt«[135]. Die grausame Begehungsweise ist damit zwar zugleich tat- und täterbezogen; schon nach der ratio legis (Schutz des Opfers vor besonderen Qualen) dominiert aber der tatbezogene Charakter dieser Mordmodalität.

§ 28 II StGB ist hier also unanwendbar, und K, deren Vorsatz die Begehungsweise der Tat (Heimtücke) umfasste, ist der Mordbeihilfe schuldig.

63 *(2)* Zu demselben Ergebnis kommt, wer mit dem *BGH* die Akzessorietätslockerung des § 28 II StGB im Verhältnis §§ 211/212 StGB von vornherein verneint (*Rn. 19 f.*). Danach ist der Teilnehmer an einer vorsätzlichen Tötung stets der Mordteilnahme schuldig, wenn der Täter einen Mord begeht und der Teilnehmer bezüglich des von jenem erfüllten Mordmerkmals vorsätzlich handelt.

In einem solchen Fall ist nach Ansicht des *BGH* nur noch zu prüfen, ob zugunsten des Mordteilnehmers § 28 I StGB eingreift (*Rn. 20*), was jedoch nur bei den besonderen persönlichen Mordmerkmalen (1. und 3. Gruppe des § 211 II StGB) in Betracht kommt.

(3) Ergebnis: K ist strafbar nach §§ 211, 27 StGB.

64 **Fall 7:** – *Heimtücke bei Tötung Schlafender/Bewusstloser; feindselige Willensrichtung* –

Felix (F) hatte durch berufliche Misserfolge, Unterschlagungen und seine Spielsucht erhebliche Schulden angehäuft. Der Mietvertrag der Wohnung war bereits gekündigt und eine Stromsperrung zu erwarten. Seine Ehefrau Anna (A), die zwar gesundheitlich erheblich beeinträchtigt, aber zu autonomen Willensentscheidungen in der Lage war, hatte er über die prekäre finanzielle Situation nicht in Kenntnis gesetzt. Um A ein Leben im finanziellen Ruin und einen von ihm erwarteten völligen psychischen Zusammenbruch durch die Offenbarung der

---

[132] *BGH* St 23, 103 (105); 30, 105 (116 f.) – GS –; *BGH*, NJW 1974, 1005.
[133] Ebso. SK-*Sinn*, § 211 Rn. 44 i.V.m. Rn. 48. A.A. aber u.a.: Sch/Sch-*Eser/Sternberg-Lieben*, § 211 Rn. 49; *Herzberg*, ZStW 1976, 107 f.; *Schünemann*, Jura 1980, 568 (578 f.).
[134] *BGH* St 24, 106, (108); Sch/Sch-*Eser/Sternberg-Lieben*, § 211 Rn. 49; *Fischer*, § 211 Rn. 91; L/K/H-*Heger*, § 211 Rn. 16; A/W/H/H-*Hilgendorf*, 2/29; *Schünemann*, Jura 1980, 568 (578 f.); SK-*Sinn*, § 211 Rn. 58, 64. Abw. – für das Mordmerkmal grausam – *Herzberg*, ZStW 1976, 107 f.; *Roxin*, AT II, § 27 Rn. 76.
[135] *BGH* St 3, 180; 264; NStZ 1986, 265; NStZ 2008, 29, m. Anm. *Schneider*; W/H/E-*Engländer*, Rn. 56; L/K/H-*Heger*, § 211 Rn. 10; HdS 4-*Mitsch*, § 1 Rn. 34; *Rengier* II, 4/91; str. Zu den tatsächlichen Voraussetzungen einer grausamen Tötung, wenn ein Kleinkind nach grober Vernachlässigung durch die Eltern verhungert und verdurstet, siehe *BGH*, NStZ-RR 2009, 173.

Wahrheit zu ersparen, erschlug er seine schlafende Ehefrau mit mehreren wuchtigen Hammerschlägen. Nach der Tat unternahm F zwei erfolglose Suizidversuche. Zwei Tage nach der Tat rief er bei der Polizei an und teilte ihr mit, dass er seine Frau erschlagen habe.
Strafbarkeit des F wegen Heimtückemordes?

(1) Nach der Rechtsprechung soll bei der Tötung **Schlafender** grundsätzlich Heimtücke vorliegen[136], anders dagegen bei der Tötung **Bewusstloser**[137]. Der Schlafende sei in aller Regel arglos. Wer sich dem Schlaf im Vertrauen darauf überlasse, ihm werde nichts geschehen, nehme seine Arglosigkeit mit in den Schlaf. Den Bewusstlosen hingegen überkomme sein Zustand, ohne dass er es verhindern könnte. Von diesem Grundsatz sei jedoch eine Ausnahme zu machen, wenn das Opfer gegen seinen Willen vom Schlaf übermannt wurde[138] oder wenn es auf Grund sonstiger Umstände, z.B. seiner gesundheitlichen Konstitution – nicht wegen seiner Arglosigkeit – nicht in der Lage war, die Angriffsabsicht des Täters zu erkennen und dessen Angriff wirksam entgegenzutreten[139].

Diese Differenzierung zwischen Schlafenden und Bewusstlosen überzeugt nicht[140]. **65** Bereits die Beantwortung der Frage, ob sich der Schlafende arglos dem Schlaf überlassen, seine Arglosigkeit also mit in den Schlaf genommen hat, führt zu erheblichen Beweisschwierigkeiten (wer anders als das Opfer könnte dies bezeugen?)[141]. Richtig erscheint es, die Tötung Schlafender und Bewusstloser gleich zu behandeln: Entweder verlangt man für die Arglosigkeit das »positiv gegebene Bewusstsein der Sicherheit«, das ist offenbar Grundlage der Ansicht des *BGH*. Dieses positive Bewusstsein fehlt aber dem Schlafenden ebenso wie dem Bewusstlosen; das Bild von der »mit in den Schlaf genommenen Arglosigkeit« vermag hieran nichts zu ändern. Oder man lässt das »Fehlen der besonderen Bewusstseinslage des Argwohns, d.h. ein nur Negatives« genügen[142]. Dann sind der Schlafende **und** der Bewusstlose arglos[143].

Zutreffend erscheint die zweite Sichtweise. Der besondere Unwertgehalt der Tötung **66** unter Ausnutzen der Arg- und Wehrlosigkeit des Opfers liegt in der Gefährlichkeit des Vorgehens des Täters; er überrascht das Opfer in hilfloser Lage und hindert es dadurch, sich zu verteidigen, zu fliehen, Hilfe herbeizurufen, den Angreifer umzustimmen, in sonstiger Weise dem Anschlag auf sein Leben zu begegnen[144]. Geradezu ein klassisches Beispiel eines solchen Überraschens in hilfloser Lage ist aber die Tötung Schlafender oder Bewusstloser.

---

[136] *BGH* St 23, 119 (120 f.); 32, 382 (385 f.); 64, 111 (Rn. 9); JZ 1997, 1185; NStZ 2006, 338 (339); NStZ 2007, 524 f. A.A. *Küper*, JuS 2000, 740 (744); Küper/*Zopfs*, Rn. 323.
[137] *BGH* St 23 119 (120 f.); bei *Holtz*, MDR 1977, 282; JZ 1997, 1185; NStZ 2008, 93; ebso.: Küpper/Börner, 1/50; *Kaspar*, JA 2007, 699, 700.
[138] *BGH*, NStZ 2007, 523 (524).
[139] *BGH*, NStZ 1997, 490 (491); NStZ 2007, 523 (524); MK-*Schneider*, § 211 Rn. 178.
[140] BeckOK-StGB-*Eschelbach*, § 211 Rn. 48.5; *Gössel*/Dölling, 4/99, 100; *Kutzer*, NStZ 1994, 110 (111); S/S/W-*Momsen*, § 211 Rn. 40; NK-*Saliger*, § 211 Rn. 57; MK-*Schneider*, § 211 Rn. 179 f.
[141] *Dreher*, MDR 1970, 248 (249).
[142] *Gössel*/Dölling, 4/99, 100; *Küper*, JuS 2000, 740 (744); *Kutzer*, NStZ 1994, 110 (111).
[143] Insoweit a.A. *Küper*, JuS 2000, 740 (744), der in beiden Fällen Heimtücke ablehnt.
[144] *BGH* St 11, 139 (143) – GS –; 32, 382 (383 f.); NJW 1978, 709 (710).

A war also arglos. Sie war zudem (anders als Kleinkinder) nicht etwa konstitutionsbedingt, sondern wegen des die besondere Bewusstseinslage des Argwohns ausschließenden Schlafs wehrlos.

F hat A damit unter Ausnutzung ihrer Arg- und Wehrlosigkeit des Opfers getötet.

67 *(2)* Der von der **h.L.** für das Merkmal Heimtücke geforderte **verwerfliche Vertrauensbruch** (*Rn. 87*) dürfte ebenfalls vorliegen, weil sich A in ihrer Wohnung befand und von der einzigen Person, die Zutritt zu den Räumen hatte, nämlich ihrem Mann, keine Gefahr erwartete. Die Tötung seiner schlafenden Frau erfolgte zudem in »tückisch-verschlagener Weise« (dazu *Rn. 88*), da F die Situation, in der sich A befand, bewusst zur Tötung ausnutzte.

68 *(3)* Dennoch ist fraglich, ob das Mordmerkmal *Heimtücke* hier erfüllt ist, da F glaubte, »zum Besten« seiner Ehefrau zu handeln:

Der Große Senat des *BGH* forderte für die Heimtücke neben der Ausnutzung der Arg- und Wehrlosigkeit eine **feindselige Willensrichtung des Täters gegen das Opfer**[145]. Diese könne in besonders gelagerten Ausnahmefällen fehlen. Wenn der Täter z.B. engste Angehörige tötet, weil er sie mit in den Tod nehmen wolle und in »krankhafter Verblendung« glaube, damit zu ihrem »Besten« zu handeln, habe er keine feindselige Willensrichtung[146]. Diese Rechtsprechung betrachtet der *5. Strafsenat des BGH* in einem Sachverhalt, dem unser *Fall 7* nachgebildet ist, jedoch durch die Rechtsfolgenlösung beim Vorliegen außergewöhnlicher mildernder Umstände (dazu *Rn. 77*) »als weitgehend überholt«[147]. Die Motive für eine ansonsten heimtückische Tötung seien regelmäßig nicht auf der Tatbestandsebene, sondern lediglich auf der Rechtsfolgenseite zu berücksichtigen[148]. Als Ausnahmefälle erkennt der Senat die Tötung eines zu einer autonomen Entscheidung nicht Fähigen zu dessen vermeintlich Bestem sowie die Tötung in Übereinstimmung mit dem Willen des Opfers bei einem »erweiterten Suizid« an[149]. Eine feindselige Willensrichtung liege trotz der Annahme des Täters, zum vermeintlich Besten des Opfers zu handeln, dagegen vor, wenn es seinen gegenteiligen Willen erklärt hat[150] oder der Täter das Opfer, das zu einer autonomen Entscheidung in der Lage ist, nicht nach seinem Willen fragt[151].

69 Die Abkehr des *5. Strafsenats* von der Rechtsprechung des Großen Senats und die Betonung der Selbstbestimmung des Opfers verdienen Zustimmung, zumal der die Begehungsweise der Tat kennzeichnende Heimtückebegriff (*Rn. 61*) der Berücksichtigung der Motivation des Täters entgegensteht. Das gilt allerdings auch für die genannten Ausnahmefälle[152].

Ergebnis: F hat einen Mord begangen.

---

[145] *BGH* St 9, 385, (390) – GS –; 11, 139 (143) – GS –; 30, 105 (116) – GS –; 32, 382 (383 f.).
[146] *BGH* St 9, 385 (390); 11, 139 (143); NJW 1978, 709.
[147] *BGH* St, 64, 111 (Rn. 17), m. Anm. *Eisele*, JuS 2019, 1124 ff.; *Mitsch*, NJW 2019, 2416
[148] *BGH* St, 64, 111 (Rn. 14).
[149] *BGH* St, 64, 111 (Rn. 19 f).
[150] *BGH* St 64, 111 (Rn. 21); so schon *BGH*, NStZ-RR 2000, 327.
[151] *BGH* St 64, 111 (Rn. 22 ff.).
[152] Eingehend *Jäger*, BT, Rn. 46.

Exkurs: Normative Restriktion des Mordtatbestandes

Die Heranziehung der feindseligen Willensrichtung als Begrenzung des Heimtücke- 70
begriffs ist Ausdruck des Bemühens, ein zu weit gefasstes Mordmerkmal einzuschränken. Es werden drei Wege vorgeschlagen, die im Einzelfall für unverhältnismäßig erachtete lebenslange Freiheitsstrafe zu vermeiden.

(1) Nach der **Lehre von der negativen Typenkorrektur** ist Mörder nur, wer ein 71
Mordmerkmal verwirklicht und zugleich **besonders verwerflich** handelt[153].
Mord sei die besonders verwerfliche vorsätzliche Tötung; die besondere Verwerflichkeit der Tat ergebe sich zwar in aller Regel schon aus dem Vorliegen eines Mordmerkmals; wo dies aber ausnahmsweise nicht der Fall sei, scheide Mord aus. Beispielsweise könne bei einer heimtückisch, grausam oder mit gemeingefährlichen Mitteln erfolgten Tötung die besondere Verwerflichkeit bei einer »entschuldbaren heftigen Gemütsbewegung« entfallen[154].

Nach anderer Auffassung soll § 211 StGB trotz Vorliegens eines oder mehrerer 72
Mordmerkmale ausscheiden und Totschlag vorliegen, wenn wegen des offensichtlichen Wegfalls der besonderen Verwerflichkeit der Tat und der Gefährlichkeit von Tat und Täter die Schuld deutlich geringer ist als im Durchschnitt der Mordfälle[155].

Andere wollen den Anwendungsbereich des § 211 StGB dadurch einengen, dass sie 73
diese Vorschrift dort verneinen, wo Mordmerkmale mit den benannten Strafmilderungsgründen des § 213 StGB zusammentreffen[156].
Die h.M. beschränkt die Anwendbarkeit des § 213 StGB dagegen zu Recht auf § 212 StGB[157]: Nach dem klaren Wortlaut des Gesetzes (»der Totschläger«) und der Systematik der Tötungsdelikte hat § 213 StGB keine Bedeutung für den Mord. Weder gilt diese Strafzumessungsregel im Rahmen des § 211 StGB, noch kommt ihr eine Ausstrahlung auf den Mordtatbestand in dem Sinne zu, dass die Umstände des § 213 StGB zu einer Verneinung von § 211 II StGB führen. De lege lata ist eine Korrektur des § 211 StGB unter Rückgriff auf § 213 StGB ausgeschlossen[158] – sie wäre unzulässige **Rechtsfindung contra legem**.

Das **Anliegen** der Vertreter der negativen Typenkorrektur bei § 211 II StGB, im In- 74
teresse der Billigkeit (verstanden als individualisierende Gerechtigkeit) zu verhindern, dass die absolute Strafdrohung für Mord auch in solchen Fällen Geltung beansprucht, in denen sie wegen mildernder Umstände als unverhältnismäßig hart erscheint, ist berechtigt. Es findet seine Bestätigung im Urteil des *BVerfG* zur Verfassungsmäßigkeit der **lebenslangen Freiheitsstrafe** für Mord[159], nach dem die abso-

---

[153] So u.a.: Sch/Sch-*Eser/Sternberg-Lieben*, § 211 Rn. 10; *Geilen*, JR 1980, 309 (314). Abl.: *BGH* St 9, 385 – GS –; 11, 139 – GS –; 30, 105 (114 f.) – GS –; *BGH*, NJW 1978, 709; W/H/E-*Engländer*, Rn. 42; *Gössel*/Dölling, 4/6 ff., 11; M/S/M/H/M-*Hoyer*, 2/25; NK-*Neumann*, vor § 211 Rn. 160.
[154] Sch/Sch-*Eser/Sternberg-Lieben*, § 211 Rn. 10; *Lange*, GS-Schröder, 1978, S. 217.
[155] *Riess*, NJW 1968, 628, (630).
[156] M/S/M/H/M-*Hoyer*, 2/28, 29; ähnl. Sch/Sch-*Eser/Sternberg-Lieben*, § 213 Rn. 3.
[157] So u.a.: *BGH* St 30, 105 (120) – GS –; *Fischer*, § 213 Rn. 2; L/K/H-*Heger*, vor § 211 Rn. 23 sowie § 213 Rn. 1; LK[13]-*Rissing-van Saan/Zimmermann*, § 213 Rn. 3.
[158] L/K/H-*Heger*, vor § 211 Rn. 23 sowie § 213 Rn. 1.
[159] *BVerfG* E 45, 187 ff. Dazu u.a. *Schmidhäuser*, JR 1978, 265 ff.

lute Androhung einer so schweren Strafe nur dann verfassungsrechtlich unbedenklich ist, »wenn dem Richter von Gesetzes wegen die Möglichkeit offen bleibe, bei der Subsumtion konkreter Fälle unter die abstrakte Norm zu einer Strafe zu kommen, die mit dem verfassungsrechtlichen Grundsatz der Verhältnismäßigkeit vereinbar« ist. Daher sei eine **verfassungskonforme restriktive Auslegung des Mordtatbestandes** geboten, die gewährleiste, dass keine Fälle erfasst würden, denen nicht das »Merkmal der besonderen Verwerflichkeit der Tat« anhafte[160].

75 Als **eine** Möglichkeit einer verfassungskonformen Auslegung des § 211 II StGB nennt das *BVerfG* die dargelegte negative Typenkorrektur; doch wird die Strafjustiz nicht darauf festgelegt. Vielmehr hebt das Gericht hervor, es gebe noch andere Möglichkeiten verfassungskonformer Interpretation des § 211 II StGB, so etwa bei der *Heimtücke* das Abstellen auf das Erfordernis eines **verwerflichen Vertrauensbruchs**, bei der *Verdeckungsabsicht* eine Auslegung dahin, die Mordtat müsse im Voraus geplant sein. Indessen sei möglicherweise »noch eine andere dem Grundsatz der Verhältnismäßigkeit entsprechende« verfassungskonforme Auslegung des § 211 II StGB denkbar – hierzu fehlt jedoch jede weitere Erläuterung.

76 Gleichwohl bestehen gegen diese Lehre Bedenken. Der Sache nach ergänzt sie den Tatbestand des § 211 II StGB durch die ungeschriebene Ausnahmevorschrift:

»Mord entfällt, wenn die Tat (§ 211 II StGB) nicht als besonders verwerflich erscheint.«

Eine solche Einschränkung des Geltungsbereichs des § 211 StGB überschreitet den Rahmen zulässiger Rechtsfortbildung durch Rechtsprechung und Lehre: Die Entstehungsgeschichte des § 211 StGB[161] und die Gegenüberstellung der §§ 211/212, 213 StGB belegen, dass das StGB in § 211 II **abschließend** umschreibt, welche Fälle es als besonders verwerflich und deshalb als Mord beurteilt[162]. Die rechtspolitische Wertentscheidung des Gesetzes geht also dahin: Bejaht der Richter den Tatbestand des § 211 II StGB, so ist für eine ergänzende Verwerflichkeitsprüfung kein Raum. Die Lehre von der negativen Typenkorrektur beim Mordtatbestand ist deshalb **Gesetzeskorrektur** (Rechtsfindung contra legem)[163].

77 *(2)* Das gilt ebenfalls für die vom Großen Senat des *BGH* in einem Beschluss aus dem Jahr 1981[164] im Hinblick auf die Entscheidung des *BVerfG* (E 45, 187) befürwortete **Rechtsfolgenlösung**[165]. Der Große Senat hatte in einem Fall, in dem der Täter zu der Tat dadurch veranlasst worden war, dass das Opfer einen nahen Angehörigen schwer beleidigt, misshandelt und mit dem Tode bedroht hatte, die Tataus-

---

[160] *BVerfG* E 45, 187 (259 ff.).
[161] Dazu u.a.: *BGH* St 9, 385 (387 ff.) m.w.N.
[162] *BGH* St 9, 385 (387); 11, 139 (143) – GS –; W/H/E-*Engländer*, Rn. 42; *Fischer*, § 211 Rn. 3. A.A. *Frommel*, JZ 1980, 559 ff.
[163] So auch A/W/H/H-*Hilgendorf*, 2/15; *Mitsch*, JuS 1996, 121 f.
[164] *BGH* St 30, 105 ff.; zust. *Gössel*/Dölling, 4/12 ff.; *Jähnke*, FS-Spendel, 1992, 537 ff.; *Kratzsch*, JA 1982, 401 ff.; *Rengier*, NStZ 1982, 225 (226 f.).
[165] W/H/E-*Engländer*, Rn. 40 f.; *Hassemer*, JZ 1983, 967 f.; L/K/H-*Heger*, vor § 211 Rn. 20 m.w.N.; A/W/H/H-*Hilgendorf*, 2/17, 18; *Krey*, ZStW 1989, 838 (868 f.) m.w.N.; *Mitsch*, JuS 1996, 122; ders., JZ 2008, 336 (337 f.).

führung über die bewusste Ausnutzung der Arg- und Wehrlosigkeit des Opfers hinaus nicht besonders verwerflich (tückisch oder hinterhältig) war[166], entschieden:
> »Auch wenn in Fällen heimtückischer Tötung außergewöhnliche Umstände vorliegen, auf Grund welcher die Verhängung lebenslanger Freiheitsstrafe als unverhältnismäßig erscheint, ist wegen Mordes zu verurteilen. Es ist jedoch der Strafrahmen des § 49 I Nr. 1 StGB anzuwenden.«

§ 211 StGB ordnet die lebenslange Freiheitsstrafe ausnahmslos an, lässt also keine Strafmilderung bei – vermeintlich – außergewöhnlichen Umständen zu. Der Große Senat ergänzt dagegen der Sache nach § 211 StGB um einen Abs. 3 des Inhalts:
> »Liegen im Falle heimtückischer Tötung außergewöhnliche Umstände vor, welche die Verhängung lebenslanger Freiheitsstrafe als unverhältnismäßig erscheinen lassen, so ist die Strafe nach § 49 I Nr. 1 zu mildern.«

Diese richterliche Änderung des § 211 StGB widerspricht dem klaren Wortlaut und Sinn des Gesetzes.

(3) Die Vermeidung unbilliger Ergebnisse, die sich bei einer starren Anwendung des § 211 II StGB wegen der absoluten Strafdrohung ergeben können, kann deshalb nur durch eine **restriktive Auslegung der einzelnen Mordmerkmale** erreicht werden:

(a) Bei den Mordmerkmalen der **1. Gruppe** ist eine Restriktion von vornherein unnötig, denn der *niedrige Beweggrund* und die vom Gesetz dafür genannten Beispiele *(Mordlust, Befriedigung des Geschlechtstriebs und Habgier)* erfordern bei sachgerechter Interpretation das Unwerturteil, es handele sich um eine auf niedrigster Stufe stehende, verächtliche Motivation[167] *(Rn. 42 ff.)*.

Die Beispiele *(Mordlust, Befriedigung des Geschlechtstriebs und Habgier)* beschreiben die »Verächtlichkeit« der Motivation in der Regel ohnehin hinreichend:
Aus **Mordlust** handelt, wer nur um des Tötens willen tötet, d.h., wenn einziger Zweck des Handelns die Tötung des Opfers ist[168]. Das ist der Fall, wenn der Täter auch einmal »jemanden umbringen« möchte[169] oder es ihm »Spaß macht, andere zu schlagen und seiner Gewalttätigkeit ausgeliefert zu sehen«[170].

Eine Tötung zur **Befriedigung des Geschlechtstriebs** liegt vor, wenn sie Mittel zur sexuellen Befriedigung ist, ob sie erreicht wird, ist nicht maßgeblich[171]. Dieses Mordmerkmal ist nicht nur gegeben, wenn der Täter die Befriedigung durch die Tötung des Opfers erstrebt (»Lustmord«) oder tötet, um sich an der Leiche befriedigen zu können (»Nekrophilie«)[172], sondern auch, wenn der Sexualverbrecher den Tod des Opfers auf Grund der angewendeten Gewalt mit dolus eventualis in Kauf

---

[166] Siehe den Vorlagebeschluss des *4. Strafsenats*, *BGH*, NStZ 1981, 181 f.; dazu *Eser*, JR 1981, 177 ff.
[167] Ähnl.: *Gössel*/Dölling, 4/21; *Rengier*, NStZ 1982, 225 (227).
[168] *BGH* St 34, 59 (61); NStZ 1994, 239; W/H/E-*Engländer*, Rn. 46; HdS 4-*Mitsch*, § 1 Rn. 20; S/S/W-*Momsen*, § 211 Rn. 7 ff.
[169] So in dem Fall *BGH* St 34, 59.
[170] *BGH*, NStZ 1994, 239.
[171] *BGH* St 50, 80 (86); M/R-*Safferling*, § 211 Rn. 13.
[172] *BGH* St 7, 353 (354).

nimmt[173]. Ein räumlich-zeitlicher Zusammenhang der Tötung und der – erstrebten – Befriedigung ist nach zutreffender Auffassung nicht erforderlich, sodass die Tötung mit dem Ziel, durch Betrachtung des auf Video aufgezeichneten Tötungsakts und Umgangs mit der Leiche sexuelle Befriedigung zu erreichen, das Merkmal erfüllt[174].

82 **Habgier** setzt ein »noch über bloße Gewinnsucht hinaus gesteigertes abstoßendes Gewinnstreben um jeden Preis« als Motiv für die Tötung voraus[175]. Das ist z.B. bei dem »Raubmord« der Fall, und zwar nicht nur, wenn die Tötung die Verhinderung eines erwarteten Widerstands des Opfers oder eines Dritten gegen die Wegnahme bezweckt, sondern auch, wenn der Täter das Opfer nach Vollendung des Raubs tötet, um die Beute ungestört sichern und verwerten zu können[176]. Der »Auftragskiller«, der wegen der Entlohnung tötet, handelt ebenfalls aus Habgier[177]. Weitere Beispiele für Habgier sind die Tötung, um eine Erbschaft zu erlangen[178], oder einer Zahlungsforderung, etwa einer Unterhaltsforderung, zu entgehen[179]. Ein Handeln aus Not heraus kann der Annahme von Habgier entgegenstehen[180].

83 Im Übrigen hat der *BGH* den Anwendungsbereich dieser Mordmerkmale durch zusätzliche subjektive Erfordernisse eingeschränkt: Der Täter müsse sich bei der Tat der Umstände bewusst gewesen sein, aus denen sich die Bewertung als niedriger Beweggrund ergebe; zudem müsse er »die Bedeutung seiner Beweggründe und Ziele für die Bewertung der Tat erfasst haben« (was allerdings »oft mit einem Blick gesehen« werde). Soweit gefühlsmäßige oder triebhafte Regungen in Betracht kämen, müsse er sie gedanklich beherrschen und willensmäßig steuern können[181].

84 *(b)* Die Mordmerkmale der **3. Gruppe** (*um eine andere Straftat zu ermöglichen oder zu verdecken*) sind der Sache nach niedrige Beweggründe (*Rn. 16*). Diese Einsicht rechtfertigt die These, dass Mord entfällt, wenn die Absicht, eine andere Straftat zu ermöglichen oder zu verdecken, wegen der besonderen Umstände des Einzelfalles **ausnahmsweise nicht** als niedriger Beweggrund zu werten ist[182].

Das Merkmal der **Verdeckungsabsicht** ist jedoch nicht – wie zum Teil vorgeschlagen[183] – auf Fälle zu beschränken, in denen die Tötung im Voraus geplant worden war. Der Annahme eines Verdeckungsmordes steht **nicht** entgegen, dass sich bereits die zu verdeckende Vortat gegen Leib und Leben des Opfers richtete, unmittelbar in

---

[173] *BGH* St 19, 101 (105); NStZ 1982, 464; NStZ-RR 2004, 8.
[174] *BGH* St 50, 80 (87) – »Kannibalen-Fall« – m. krit. Bespr. *Mitsch*, ZIS 2007, 197 ff.; zust. *Momsen/Jung*, ZIS 2007, 162 (163); abl. HdS 4-*Mitsch*, § 1 Rn. 21; *Schiemann*, NJW 2005, 2350 f.
[175] *BGH*, NJW 1995, 2365 (2366); NJW 2001, 762 (763); S/S/W-*Momsen*, § 211 Rn. 14.
[176] *BGH*, NJW 2001, 762 (763).
[177] *Fischer*, § 211 Rn. 11; S/S/W-*Momsen*, § 211 Rn. 18.
[178] *BGH*, NJW 1993, 1664; NStZ 2006, 8 (90).
[179] *BGH* St 3, 132 (133); 10, 399; *Fischer*, § 211 Rn. 11; diff. *Mitsch*, JuS 1996, 121 (124).
[180] S/S/W-*Momsen*, § 211 Rn. 19.
[181] *BGH*, NStZ 1989, 363 f.; NStZ 2001, 87 (niedrige Beweggründe trotz Spontantat).
[182] Zust. *Mitsch*, JZ 2008, 336 (339); *Rengier*, NStZ 1982, 225 (227 f.); siehe auch *BGH* St 35, 116 (126 f.); krit. u.a.: *BGH*, NStZ 1996, 189 f.; *Küpper/Börner*, 1/65 f.; A/W/H/H-*Hilgendorf*, 2/63, 69.
[183] *BVerfG* E 45, 187 (267); *BGH* St 27, 346 (348 f.); siehe auch *Schmidhäuser*, JR 1978, 265 (270). *Köhler*, JZ 1981, 548 f., verlangt »überlegtes Handeln«.

die Tötung überging und beide Taten einer unvorhergesehenen Augenblickssituation entsprangen[184].

(c) Aus der **2. Gruppe** der Mordmerkmale *(heimtückisch, grausam, mit gemeingefährlichen Mitteln)* bedarf die **Heimtücke** der einschränkenden Auslegung: 85
Das Erfordernis des »bewussten Ausnutzens der Arg- und Wehrlosigkeit« beschreibt dieses Merkmal zwar oft zutreffend, aber nicht immer hinreichend, selbst wenn man zusätzlich eine »feindliche Willensrichtung« des Täters verlangt (dazu *Rn. 68*). Da diese Definition auch Fälle bloß überraschender Angriffe erfasst, läge Totschlag (und nicht Mord) grundsätzlich nur bei Tötung konstitutionell Wehrloser oder offen feindseliger Haltung des Täters vor. Die lebenslange Freiheitsstrafe wäre dann faktisch die Regelstrafe für eine vorsätzliche Tötung, obwohl § 212 StGB im Falle der »bloß« vorsätzlichen Tötung einschlägig ist. Im Übrigen würden durch die Rechtsprechung des *BGH* Täter, die nach Körperkraft oder Bewaffnung eine »offen feindselige Haltung« wagen können, gegenüber schwächeren und nicht entsprechend bewaffneten Tätern, die heimlich vorgehen müssen, privilegiert. Das erscheint sachwidrig. Das Merkmal der Heimtücke erfordert deshalb ein die Ausnutzung der Arg- und Wehrlosigkeit **präzisierendes Kriterium**.

Einen weiteren Versuch der **normativen Restriktion** der Heimtücke hat der *BGH* 86
im Fall der Tötung des Erpressers durch den Erpressten unternommen[185]. Der Erpresser sei in einer von ihm gesuchten Konfrontation mit dem Erpressten gegenüber dessen abwehrendem Gegenangriff auf sein (des Erpressers) Leben regelmäßig nicht arglos. Wegen seines erpresserischen Angriffs habe er mit Gegenwehr des (sich objektiv noch in einer Notwehrlage befindlichen) Erpressten **rechnen müssen**, möge die Gegenwehr auch über den Rahmen erlaubter Notwehr hinausgegangen sein.
Mit dieser »normativ orientierten einschränkenden Auslegung« stellt das Gericht den Fall real vorliegenden Argwohns, bei dem der Täter mit einem Angriff auf Leib oder Leben rechnet und Heimtücke daher entfällt (dazu *Rn. 28*), und den Fall fehlenden Argwohns dann gleich, wenn das Opfer **nicht arglos sein durfte**. Diese normative Restriktion der Heimtücke wäre einleuchtender, wenn der *BGH* sie (vorsichtig) generalisieren würde; genau das aber vermeidet das Gericht.
In seinem auch sonst hochproblematischen Urteil zur Tötung des – schlafenden – »Familientyrannen«, in dem sich der Rückgriff auf jene Restriktion zur Vermeidung der völlig sachwidrigen Verurteilung wegen **Mordes** geradezu aufdrängte, hat das Gericht unbeirrt Heimtücke bejaht[186].
Daher bleibt der Eindruck einer wenig systemkonformen Einzelfallentscheidung.

Eine Literaturauffassung sieht das einschränkende Merkmal in einem **besonders** 87
verwerflichen Vertrauensbruch[187], wobei unter den Anhängern dieser These um-

---

[184] *BGH* St 35, 116 (119 ff.); NStZ 1992, 127 f.; NStZ 2015, 639 (640); NStZ-RR 2017, 209 (210).
[185] *BGH* St 48, 207 (209 ff.) = JZ 2003, 961 ff. m. Anm. *Roxin*; zust. u.a.: Joecks/*Jäger*, § 211 Rn. 43 f.; *Rengier,* NStZ 2004, 233 (236); *Widmaier*, NJW 2003, 2788; abl. *Fischer*, § 211 Rn. 49 - 54 m.w.N.
[186] *BGH* St 48, 255 ff.; hiergegen: Krey/*Esser*, AT, Rn. 627-629; Joecks/*Jäger*, § 211 Rn. 45 ff.; *Mitsch*, JZ 2008, 336 f.; *Rengier*, NStZ 2004, 233 (236 f.); krit. auch *Hillenkamp*, JZ 2004, 48 (49 f.).
[187] Sch/Sch-*Eser/Sternberg-Lieben*, § 211 Rn. 26; *Miehe*, JuS 1996, 1000 (1004); SK-*Sinn*, § 211 Rn. 44.

stritten ist, ob dieses Kriterium die Formel von der »Ausnutzung der Arg- und Wehrlosigkeit« nur einschränkt[188] oder etwa ersetzt[189]. Auch diese Auffassung führt – wie die h.M. – in der Regel durchaus zum richtigen Ergebnis, da die Tötung einer Person, die dem Täter ein besonderes Vertrauen entgegenbringt, zumeist »tückisch« sein wird. Vom Wortlaut des Begriffs Heimtücke entfernt sich diese Definition jedoch und sie erfasst zudem »klassische« Heimtückesituationen nicht, z.B. das Auflauern und die Tötung des Opfers aus dem Hinterhalt.

88 Überzeugend erscheint es, unter Beachtung der Wortbedeutung für die Heimtücke zu verlangen, dass die Arg- und Wehrlosigkeit des Opfers vom Täter »**in tückisch-verschlagener Weise**« bewusst ausgenutzt wird[190]. Oft wird dies bereits der Fall sein, weil der Täter gezielt eine Tatsituation (Arg- und Wehrlosigkeit des Opfers oder Entgegenbringen besonderen Vetrauens) zur Tötung auswählt; aber auch die Herbeiführung bestimmter, die Tötung begünstigender Umstände (z.B. Legen eines Hinterhalts, Täuschung des Opfers)[191] erfüllt diese Voraussetzung.

89 Das Ausnutzungsbewusstsein erfordert, dass sich der Täter wegen der gesteigerten Schutzlosigkeit zur Tötung entschließt[192]. Hieran kann es beim Handeln in heftiger Gemütsbewegung, etwa beim sog. Mitnahmesuizid, fehlen[193].

90 Bei der **grausamen** Tötung (siehe auch oben *Rn. 62*) ist schon per definitionem eine Korrektur ausgeschlossen: Wer aus einer gefühllosen und unbarmherzigen Gesinnung seinem Opfer schwere Leiden körperlicher oder seelischer Art zufügt, handelt stets besonders verwerflich. Diese grausame Gesinnung kann allerdings durch hochgradige Erregung oder heftige Gemütsbewegung ausgeschlossen sein[194]. Zudem müssen die als grausam zu bewertenden Umstände Bestandteile der objektiv und subjektiv tatbestandsmäßigen **Tötungs**handlung sein[195]. »Ein allein zeitlich, räumlich und durch die Art der Tatausführung geschaffener objektiver Zusammenhang zwischen als grausam zu bewertenden Körperverletzungshandlungen und einer selbst nicht grausamen Tötungshandlung vermag das gesamte Geschehen nicht zu einer einheitlichen als Mord zu beurteilenden Tat zu verbinden.«[196]

91 **Fall 8:** – *Mord (»um eine andere Straftat zu verdecken«) durch Unterlassen?* –
Barbara (B) hatte infolge Fahrlässigkeit nachts auf einsamer Landstraße mit ihrem Pkw den Fußgänger Friedhelm (F) angefahren. Da B befürchtete, dass sie bei einem Verbleiben am

---

[188] Z.B. *Lange*, GS-Schröder, 1978, S. 233.
[189] So Sch/Sch-*Eser/Sternberg-Lieben*, § 211 Rn. 26.
[190] W/H/E-*Engländer*, Rn. 60 f., 68; *Seebode*, StV 2004, 597 f.; ähnl. *Veh*, Mordtatbestand und verfassungskonforme Rechtsanwendung, 1986, S. 161 – »heimlich-verschlagenes« Verhalten; *Küpper*, FS-Kriele, 1997, S. 777 (787) – »hinterhältiges« Verhalten.
[191] NK-*Saliger*, § 211 Rn. 72.
[192] Siehe NK-/*Saliger*, § 211 Rn. 72. Der Täter muss also erkennen, dass er einen ahnungs- und schutzlosen Menschen überrascht, M/R-*Safferling*, § 211 Rn. 78.
[193] So u.a. *BGH* bei *Holtz*, MDR 1979, 455; vgl. auch *BGH*, NStZ 1981, 140; JZ 1983, 967 m. Anm. *Hassemer*; *BGH*, NStZ 1987, 554 f.
[194] L/K/H-*Heger*, § 211 Rn. 10; siehe auch *BGH*, NStZ 1988, 360 f. Krit. LK[13]-*Rissing-van Saan/Zimmermann*, § 211 Rn. 137.
[195] *BGH*, NStZ 1990, 490 (491).
[196] *BGH*, NStZ 1986, 265 m. Anm. *Amelung*.

Unfallort von anderen Personen als Fahrerin des Unfallfahrzeugs identifiziert werden könnte, ließ sie das schwerverletzte Opfer liegen, obwohl sie erkannte, dass es zu verbluten drohte. Stunden später wurde F tot aufgefunden.

Strafbarkeit der B, wenn F mit an Sicherheit grenzender Wahrscheinlichkeit gerettet worden wäre, falls B ärztliche Hilfe herbeigerufen hätte, und wenn sie ernstlich mit dem Tod des Opfers gerechnet und sich hiermit abgefunden hatte?

B könnte sich wegen Mordes durch Unterlassen (§§ 211, 13 StGB) strafbar gemacht haben.

a) Objektiver Tatbestand [197]

Der Taterfolg – der Tod des F – ist eingetreten. B hatte eine physisch-reale Möglichkeit der Erfolgsabwendung (Unterlassen); durch Herbeirufen ärztlicher Hilfe wäre das Opfer mit an Sicherheit grenzender Wahrscheinlichkeit gerettet worden (hypothetische Kausalität). Ihre Garantenstellung (§ 13 I StGB) ergab sich aus pflichtwidrigem gefährdendem Vorverhalten (Ingerenz).

b) Subjektiver Tatbestand

B hat vorsätzlich gehandelt, da sie mit dem Tod als Folge des Unterlassens der gebotenen Hilfeleistung ernstlich rechnete, sich damit abfand (dolus eventualis).

Als **Mordmerkmal** kommt Tötung, »um eine andere Straftat (hier: § 229 StGB) zu verdecken«, in Betracht. Die Beantwortung der Frage, ob und unter welchen Voraussetzungen ein Verdeckungsmord durch Unterlassen möglich ist, bereitet besondere Probleme, wenn dolus eventualis hinsichtlich des Todes des Opfers gegeben ist.

(1) Ein Teil der Literatur lehnt Verdeckungsabsicht in solchen Konstellationen **aus grundsätzlichen Erwägungen ab**[198]. Da es einen final auf den Erfolg gerichteten Willen bei Unterlassungsdelikten nicht geben könne, weil der Unterlassende keinen Erfolg ansteuere, sondern dem Geschehen seinen Lauf lasse, seien Tatbestände, die eine über den Vorsatz hinausgehende Absicht im eigentlichen Sinne (dolus directus 1. Grades) verlangen, nicht auf Unterlassungstaten anwendbar. Diese generelle Ablehnung des Verdeckungsmords durch Unterlassen überzeugt jedoch nicht, weil der Unterlassungstäter – jedenfalls in bestimmten Konstellationen – den Tod des Opfers durchaus als Mittel zur Verdeckung benutzen kann, z.B. wenn er das bewusstlose Opfer mit dem Ziel, die Aufdeckung der von ihm begangenen Straftat zu verhindern, auf den Gleisen einer S-Bahn liegen lässt, damit es von einem Zug überfahren wird[199], oder wenn der Arzt auf lebensrettende Maßnahmen verzichtet, um die von ihm zuvor begangene Körperverletzung durch den Tod des Patienten zu verdecken[200].

(2) Die Rechtsprechung des *BGH* zu einem mit bedingten Tötungsvorsatz begangenen Verdeckungsmord ist »unübersichtlich«:

---

[197] Dazu *Brunhöber*, JuS 2011, 229 (233); *Hellmann*, JuS 1990, L 61 ff. Siehe auch Krey/*Esser*, AT, Rn. 1147 f. – Dort auch zu § 222 StGB durch aktives Tun. –
[198] *Grünwald*, FS-H. Mayer, 1966, S. 281 (290); *Haas*, FS-Weber, 2004, S. 239 (245); *Mitsch*, JuS 1996, 213 (219).
[199] *BGH* St 38, 356 (361); *Rengier* II, 4/130; NK-*Saliger*, § 211 Rn. 102.
[200] *BGH* St 56, 277 (Rn. 33 f.).

In einer früheren Entscheidung befand der *BGH*, der Umstand, dass der Täter nur mit bedingtem Vorsatz handelte, schließe die Annahme von »Verdeckungsabsicht« zwar in aller Regel, aber nicht ausnahmslos aus. Das Merkmal »um eine andere Straftat zu verdecken« erfordere jedoch, dass die **Tötung gerade als Mittel** zur Verdeckung eingesetzt und der Tod nicht lediglich als Folge (der Flucht) vorausgesehen und gebilligt werde; genauer: Es müsse »gerade der Tod eines anderen als Mittel zur Verdeckung der eigenen Straftat gewollt sein«[201].

Dieses Erfordernis ist hier nicht erfüllt, sodass B nicht aus § 211 StGB, sondern aus § 212 (i.V.m. § 13) StGB strafbar wäre.

94 Das Mordmerkmal Verdeckungsabsicht setzt nach späteren Entscheidungen jedoch **nicht** notwendig voraus, dass gerade der Tod eines anderen das Mittel der Verdeckung ist[202]. Zwar stellt z.B. die absichtliche Tötung eines Zeugen nach der Devise: »Tote Zeugen reden nicht«, einen typischen Fall des Verdeckungsmordes dar. Das Mordmerkmal Verdeckungsabsicht sei aber nicht auf solche Fälle absichtlicher Tötung eines potentiellen Entdeckers beschränkt. Vielmehr genüge es für die Annahme von Verdeckungsmord, dass der Täter die **Tötungshandlung als Mittel zur Verdeckung** einer anderen Straftat einsetzt. Das sei der Fall, wenn der Täter von der Eignung seines Verhaltens zur Verdeckung ausgeht[203].

In einem 2022 ergangenen Beschluss **konkretisierte** der *4. Strafsenat des BGH* diese Rechtsprechung[204]: Zwar könne auch der mit bedingtem Tötungsvorsatz vorgehende Täter mit Verdeckungsabsicht handeln; dies setze aber voraus, »dass der Täter davon ausgeht, die Aufdeckung der vorangegangenen Straftat durch die mit bedingtem Tötungsvorsatz ausgeführte Tathandlung als solche unabhängig vom Eintritt eines Todeserfolgs verhindern zu können. Hält er dagegen den erstrebten Verdeckungserfolg nur durch den Tod des Opfers für erreichbar, sind bedingter Tötungsvorsatz und Verdeckungsabsicht nicht miteinander in Einklang zu bringen. Denn der zielgerichtete Wille, eine Straftat gerade durch Herbeiführung eines Todeserfolgs zu verdecken, und die bloße Billigung einer nur als möglich erkannten Todesfolge schließen sich gegenseitig aus«.

B hätte danach einen Verdeckungsmord durch Unterlassen begangen. Sie rechnete nicht mit einer Aufdeckung ihrer Tat durch F; wäre dies der Fall gewesen, so wäre nach ihrer Vorstellung der Verdeckungserfolg nur durch seinen Tod zu erreichen gewesen. B befürchtete, dass andere Personen ihre Tat entdecken könnten, wenn sie F am Tatort Hilfe geleistet hätte. Das Mittel zur Verdeckung ihrer Straftat war deshalb nicht der Todeserfolg, sondern die Tötungshandlung, nämlich das Unterlassen von Rettungsmaßnahmen.

95 *(3)* Nach anderer – m.E. zutreffender – Auffassung ist Verdeckungsabsicht bei einer Tötung durch Unterlassen zwar grundsätzlich möglich, die Annahme eines Verdeckungsmordes durch Unterlassen scheitert aber an der **Entsprechensklausel des**

---

[201] *BGH* St 7, 287 (289 f.); ebso. u.a.: *BGH* St 23, 176 (194); bei *Holtz*, MDR 1980, 629. Zust. u.a. S/S/W-*Momsen*, § 211 Rn. 70; NK-*Saliger*, § 211 Rn. 104; offenbar auch *BVerfG* E 45, 187 (265).

[202] *BGH* St 41, 358; ebso. *BGH* St 39, 159, für die Ermöglichungsabsicht; zust. W/H/E-*Engländer*, Rn. 78; Sch/Sch-*Eser/Sternberg-Lieben*, § 211 Rn. 35b; *Fischer*, § 211 Rn. 68 f.; *Mitsch*, JuS 1997, 788 ff.; *Rengier* II, 4/125 ff.

[203] *BGH*, NJW 2011, 2223 (2224); NStZ 2018, 93 (94).

[204] *BGH*, NStZ 2022, 476 (Rn. 9) m. Anm. *Drees*; ebso. z.B. *Rengier* II, 4/125 ff.

§ 13 I StGB, wenn der Täter die Rettung unterlässt, weil er befürchtet, durch die Hilfeleistung seine Vortat aufzudecken[205]. Die unterlassene Rettungshandlung weist dann nicht denselben sozialen Sinngehalt auf wie die Tötung durch aktives Tun zur Verhinderung der Tatentdeckung. Beide Fälle sind nicht gleichwertig, weil von dem Unterlassungstäter, will er sich rechtmäßig verhalten, mehr verlangt wird als von dem Begehungstäter. Von diesem wird lediglich erwartet, keinen Tötungsvorsatz zu bilden und dem Geschehen seinen Lauf zu lassen, selbst wenn dadurch die Tat entdeckt werden sollte. Der Unterlassungstäter muss mehr tun, denn er muss sich nicht nur für die Vornahme einer Rettungshandlung entschließen, sondern darüber hinaus für die aktive Mitwirkung an der Aufdeckung einer Straftat. Die Unterlassung einer Rettungshandlung wiegt aber gegenüber dem Totschlagsunrecht nicht allein deshalb schwerer, weil gleichzeitig die Aufdeckung einer Straftat unterlassen wird.

B ist somit nicht des (Verdeckungs-)Mordes, sondern des Totschlags durch Unterlassen schuldig.

Ergänzende Hinweise zur 3. Gruppe der Mordmerkmale

(1) Mit Verdeckungsabsicht handelt sowohl, wer die **Tat überhaupt** verbergen will, als auch, wer lediglich seine **eigene Täterschaft** verdecken möchte[206], z.B. indem sich der namentlich noch nicht bekannte Täter den Fluchtweg freischießt[207].   96

Sind Tat und Identität des Täters bereits bekannt und will sich der Täter durch Tötung eines anderen der Festnahme entziehen, scheidet Verdeckungsabsicht somit aus[208]; doch ist dann (grundsätzlich) ein »niedriger Beweggrund« gegeben[209].

(2) Nach zutreffender Auffassung verlangt Verdeckungsabsicht, dass es dem Täter um die Vermeidung **strafrechtlicher** Konsequenzen geht[210]. Tötet der Täter zur Verdeckung einer Tat, die er zwar nicht für strafbar, aber für verwerflich oder ehrenrührig hält, so handelt er aus niedrigen Beweggründen[211].   97

(3) Der Tötungs**erfolg** als solcher muss nicht notwendig Gegenstand der Verdeckungsabsicht sein (*Rn. 94*). Hat der Täter die zum Tod führende Verdeckungs**handlung** – z.B. Inbrandsetzen eines Wohngebäudes, Schusswaffengebrauch auf Verfolger – als Mittel zur Verdeckung einer anderen Straftat begangen und dabei den Tod des Opfers mit dolus eventualis in Kauf genommen, liegt Verdeckungsmord vor[212].   98

Beispiel: A hatte O erstochen. Zur Verdeckung der Spuren setzte er das Wohngebäude, in dem er die Tat begangen hatte, in Brand. Er rechnete damit, F, die in dem

---

[205] Küpper/*Börner*, I 1/63; *Hellmann*, JuS 1990, L 61 (L 63); *Mitsch*, JuS 1996, 213 (219); *Roxin*, FS-Lüderssen, 2002, S. 577 (585). Offen gelassen von NK-*Saliger*, § 211 Rn. 104.
[206] *BGH*, NStZ 2017, 462 (463); NStZ 2018, 93 (94); NStZ-RR 2018, 174 (175); BeckOK-StGB-*Eschelbach*, § 211 Rn. 92; *Fischer*, § 211 Rn. 68 ff.
[207] Sch/Sch-*Eser/Sternberg-Lieben*, § 211 Rn. 35c (a.E.) m.w.N.
[208] *BGH* St 56, 239 (Rn. 15); W/H/E-*Engländer*, Rn. 76 m.w.N.
[209] *BGH*, NStZ 1992, 127 f.; W/H/E-*Engländer*, Rn. 76. A.A. *Hohmann*, NStZ 1993, 183 ff.
[210] *Jäger*, BT, Rn. 46; Joecks/*Jäger*, § 211 Rn. 65, 66; NK-*Saliger*, § 211 Rn. 105, 106; *Rengier* II, 4/123. A.A.: *BGH* St 41, 8 ff.; BeckOK-StGB-*Eschelbach*, § 211 Rn. 92; *Fischer*, § 211 Rn. 69; M/R-*Safferling*, § 211 Rn. 71.
[211] *BGH*, NStZ 1997, 81.
[212] Küper/*Zopfs*, Rn. 601.

Haus schlief, könnte durch den Brand getötet werden, und fand sich damit ab. F kam in den Flammen um.

A hat einen Totschlag (Tötung des O) und eine Brandstiftung mit Todesfolge (Tod der F, §§ 306a I Nr. 1, 306c StGB) begangen. Zudem hat er durch die Tötung der F einen **Verdeckungsmord** verwirklicht. Er hat die mit Tötungsvorsatz (dolus eventualis) vorgenommene Tötungs**handlung** zur Verdeckung einer anderen Straftat (hier: des Totschlags) eingesetzt, was nach Sinn und Zweck dieses Mordmerkmals ausreicht[213]:

Die besondere Verwerflichkeit des Verdeckungsmordes in der Modalität der **absichtlichen Tötung** eines Verfolgers oder eines möglichen Entdeckers liegt darin, dass der Täter das Leben eines anderen Menschen so gering achtet, dass er dessen **Tod** als Mittel zur Verdeckung einer anderen Straftat einsetzt[214]. Die Verwerflichkeit des Verdeckungsmordes in der in unserem Beispiel vorliegenden Modalität ist trotz fehlender Tötungsabsicht des Täters nicht etwa geringer. Hier wird ein »gänzlich Unbeteiligter, von dem Entdeckung nicht zu befürchten ist (F), um der Verdeckung willen (bedingt) vorsätzlich ums Leben gebracht«[215].

Im Übrigen ist die Einbeziehung solcher Fälle, bei denen, wie im angeführten Beispiel, eine **nur bedingt vorsätzliche Tötungshandlung** als Mittel zur Verdeckung einer anderen Straftat eingesetzt wird, in den Normbereich des Verdeckungsmordes auch mit dem möglichen Wortsinn des Gesetzes vereinbar: Gemäß § 211 II 3. Alt. StGB begeht einen Mord, wer vorsätzlich (§ 15 StGB) »einen Menschen tötet, um eine andere Straftat zu verdecken«. Dass die Tötungshandlung dabei von Tötungsabsicht getragen wird, verlangt der Gesetzestext gerade nicht.

Verdeckungsmord liegt somit vor, wenn der Täter vorsätzlich einen anderen Menschen tötet, mag sein Tötungsvorsatz dabei auch nur in der Form des dolus eventualis vorliegen, und dabei seine **Tötungshandlung als Mittel zur Verdeckung einer anderen Straftat** benutzt[216]. Das bedeutet:

Wer z.B. nach einer Straftat zu deren Verdeckung auf einen Verfolger schießt (Tötungshandlung) und ihn dadurch tötet, begeht einen Verdeckungsmord, wenn:

– die Tötung **absichtlich** erfolgte,
– dem Täter der Tod des Verfolgers unerwünscht war, er diesen Erfolg aber für sicher hielt **(dolus directus)**, oder
– der Täter mit jenem Erfolg rechnete und sich mit ihm abfand **(dolus eventualis)**.

99 *(4)* Bedingter Tötungsvorsatz steht dem Mordmerkmal »Ermöglichungsabsicht« nicht entgegen. Die **Tötungshandlung** – nicht ihr Erfolg, **Tod** eines anderen Menschen – muss als »Mittel« zur Ermöglichung der anderen Straftat eingesetzt werden; dafür genügt, dass sie die **Begehung der anderen Straftat erleichtern** soll[217].

---

[213] *BGH* St 41, 358 m.w.N.
[214] *BGH* St 7, 287 (289); bei *Holtz*, MDR 1980, 629.
[215] *BGH* St 41, 358 (360 f.).
[216] *BGH*, NStZ 2011, 34; *Hecker*, JuS 2011, 181.
[217] Hierzu lesenswert: *BGH* St 39, 159; NStZ 1996, 81; NStZ 2015, 693 m. Anm. *Berster*.

(5) Verdeckungsmord (durch Unterlassen) entfällt – mangels anderer Tat –, wenn **100** der Täter das Opfer mit Tötungsvorsatz lebensgefährlich verletzt hat und es dann liegen lässt[218].

(6) Die *andere Straftat*, die ermöglicht oder verdeckt werden soll, kann auch von **101** einem Dritten begangen werden bzw. worden sein; die zu verdeckende Tat braucht objektiv nicht begangen, die zu ermöglichende objektiv nicht begehbar zu sein[219]. Die andere Tat kann mit der Tötung auch in Idealkonkurrenz (§ 52 StGB) stehen, z.B. beim sogenannten Raubmord[220].

IV. Tötung auf Verlangen (§ 216 StGB)

Fall 9[221]: – *Abgrenzung Suizidbeihilfe/Tötung auf Verlangen nach § 216 StGB –* **102**
Matthias (M) litt seit vielen Jahren an zahlreichen schweren Krankheiten. Als seine Schmerzen zunahmen und sich sein gesundheitlicher Zustand stetig verschlechterte, äußerte er gegenüber seiner Ehefrau Frauke (F), die ihren bettlägerigen Mann zu Hause pflegte, vermehrt den Wunsch »gehen« zu wollen. Seinem Wunsch, F möge für ein paar Tage wegfahren, weil er sich mit Tabletten das Leben nehmen wolle, kam F nicht nach. Als seine Schmerzen unerträglich wurden, fasste M den Entschluss, aus dem Leben zu scheiden. F war die Ernsthaftigkeit seines Wunsches bewusst. M bat F, ihm alle im Haus verfügbaren Tabletten zu geben. F kam dieser Bitte nach und reichte ihrem Mann ein Wasserglas, in das sie die Medikamente gefüllt hatte. M nahm die Tabletten selbstständig ein. Nun forderte er F auf, alle noch vorhandenen Insulinspritzen zu holen, um sicherzugehen, dass er nicht als »Zombie zurückkehren« würde. Da M nicht in der Lage war, sich die Spritzen selbst zu verabreichen, bat er F, ihm die Spritzen zu setzen. F folgte diesem Wunsch. M schlief nach kurzer Zeit ein und starb vier Stunden später. F blieb die ganze Zeit bei ihm. Einen Arzt rief sie aufgrund der mit ihrem Mann getroffenen Absprache nicht. Die Obduktion ergab, dass M an Unterzuckerung infolge des injizierten Insulins starb, die eingenommenen Tabletten aber ebenfalls geeignet waren, seinen Tod herbeizuführen, allerdings erst zu einem späteren Zeitpunkt

Hat sich F strafbar gemacht?

a) § 216 StGB

Der *BGH* verneinte die Anwendbarkeit des § 216 StGB in diesem Fall. Die – straflose – Beihilfe zum Suizid (dazu *Rn. 117*) sei von der täterschaftlichen Begehung des § 216 StGB danach abzugrenzen, **»wer das zum Tode führende Geschehen tatsächlich beherrscht«**[222]: Gebe sich der Suizident »nach dem Gesamtplan in die Hand des anderen, um duldend den Tod entgegenzunehmen«, so habe dieser die Tatherrschaft, behält der Sterbewillige dagegen bis zuletzt die freie Entscheidung über sein Schicksal, dann töte er sich selbst, wenn auch mit fremder Hilfe. Das gelte

---

[218] *BGH*, NStZ 2003, 312 f., m. Bespr. *Freund*, NStZ 2004, 123; *BGH*, NStZ-RR 2009, 239. A.A. z.B. MK-*Schneider*, § 211 Rn. 251 ff.
[219] *Engländer*, GA 2018, 377 (385 ff.); S/S/W-*Momsen*, § 211 Rn. 71.
[220] *BGH* St 35, 116 (123, 125 f.); M/R-*Safferling*, § 211 Rn. 91; *Welzel*, S. 284.
[221] Angelehnt an *BGH* St 67, 95 ff. – »Insulinspritzen-Fall« –
[222] *BGH* St 67, 95 (Rn. 14); ebso. z.B. *BGH* St 19, 135 (139 f.) – »Gisela-Fall« –; 63, 161 (Rn. 18); 64, 135 (Rn. 13); JZ 1987, 474; *OLG München*, JZ 1988, 201; Sch/Sch-*Eser/Sternberg-Lieben*, § 216 Rn. 11; *Roxin*, TuT, S. 635 ff.

auch dann, wenn die Ursachenreihe von dem anderen bewirkt worden war, »solange nach dem Vollzug des Tatbeitrags des anderen dem Sterbewilligen noch die volle Freiheit verbleibt, sich den Auswirkungen zu entziehen oder sie zu beenden«. Die Abgrenzung könne dabei »nicht sinnvoll nach Maßgabe einer naturalistischen Unterscheidung von aktivem und passivem Handeln« vorgenommen werden, sondern geboten sei eine »normative Betrachtung«[223]. Maßgeblich sei deshalb nicht, dass die Ehefrau ihrem Mann die todesursächlichen Insulinspritzen verabreichte, weil bei »wertender Gesamtbetrachtung« die – von M selbst vorgenommene – Einnahme der Tabletten und die Injektion des Insulins nach dem Gesamtplan einen einheitlichen lebensbeendeten Akt, über dessen Ausführung allein M bestimmte, darstellten[224]. Zudem habe M nach der Injektion des Insulins noch für eine gewisse Zeit das zu seinem Tode führende Geschehen beherrscht, indem er von der Einleitung von Gegenmaßnahmen, etwa durch die Aufforderung zur Alarmierung des Rettungsdienstes durch seine Ehefrau, absah[225].

103 Ein Teil der Literatur lehnt die normative Betrachtung der Tatherrschaft durch den *BGH* als Kriterium für die Abgrenzung von strafloser Suizidbeihilfe und Tötung auf Verlangen ab und stellt stattdessen auf die Kausalität des Tatbeitrags des anderen für den Tod des Sterbewilligen ab[226]. Die daran anknüpfende Passivität des »Opfers« sei »im Lichte des Regelungszwecks von § 216« weder zurechnungsrelevant noch wirke sie tatherrschaftsbegründend«[227].

Danach wäre hier der Anwendungsbereich des § 216 StGB eröffnet, da der Tod des M durch das von F verabreichte Insulin verursacht wurde. Nicht von Belang wäre, dass M nach Vornahme der Injektionen noch in der Lage war, diese Todesursache abzuwenden.

104 *Stellungnahme*

Die – jedenfalls im Ergebnis zutreffende – Entscheidung des *BGH* setzt die Rechtsprechung zur Sterbebegleitung, die das **Selbstbestimmungsrecht des Sterbewilligen** in den Mittelpunkt rückt (näher dazu *Rn. 112 ff., 122, 127*), fort. Die Mitwirkung des anderen ist nicht als Tötung auf Verlangen, sondern als Beihilfe zum Suizid einzuordnen, wenn das Gesamtgeschehen als „eigenverantwortliche (Selbst-)Tötungshandlung" erscheint[228], indem der Sterbewillige die »Zentralgestalt« des zu seinem Tod führenden Gesamtgeschehens bleibt[229]. Ob der Begriff der Tatherrschaft dies – dogmatisch – korrekt beschreibt, mag zweifelhaft sein, in der Sache trifft die Sicht des *BGH* aber zu.

Nicht zu verkennen ist, dass der Anwendungsbereich des § 216 StGB dadurch erheblich eingeschränkt wird, denn konsequenterweise scheidet Tötung auf Verlangen

---

[223] *BGH* St 67, 95 (Rn. 15).
[224] *BGH* St 67, 95 (Rn. 16).
[225] *BGH* St 67, 95 (Rn. 17).
[226] LK[13]-*Rissing-van Saan*, § 216 Rn. 45; M/R-*Safferling*, § 216 Rn. 17; *Seifert*, HRRS 2023, 13 (15 f.). Ähnlich MK-*Schneider*, § 216 Rn. 52, maßgeblich sei die »Steuerung der letzten Bedingung vor dem Erfolgseintritt«.
[227] MK-*Schneider*, § 216 Rn. 52.
[228] So *Roxin*, NStZ 1987, 345 (347 f.).
[229] NK-*Neumann*, Vor §§ 211-217 Rn. 58c.

aus, solange der Sterbewillige seinen Tod selbst noch durch das Ergreifen von Gegenmaßnahmen abwenden kann[230].

b) §§ 216, 13 StGB **104a**

Eine Tötung auf Verlangen durch Unterlassen[231] wegen der Nichtvornahme von Rettungshandlungen, nachdem M eingeschlafen war, scheidet aus. Zwar sind Ehegatten als Beschützergaranten (§ 1353 BGB i.V.m. Art. 6 Abs. 1 GG) zum Schutz des Ehepartners verpflichtet[232]. Die strafbarkeitsbegründende Einstandspflicht wird aber – wie bei dem behandelnden Arzt (dazu *Rn. 127*) – **durch das Selbstbestimmungsrecht und die Eigenverantwortlichkeit des Sterbewilligen begrenzt**[233]. Die Aushändigung der Medikamente und das Verabreichen der Insulinspritzen begründete keine Garantenstellung der F aus Ingerenz, weil die Verwirklichung des Risikos für das Leben des M allein in seinem Verantwortungsbereich lag[234].

c) § 323c StGB **104b**

F hat sich – ungeachtet der Anwendbarkeit des § 323c StGB auf eigenverantwortliche Suizide (dazu *Rn. 129 f.*) – nicht wegen unterlassener Hilfeleistung strafbar gemacht, weil es ihr unzumutbar gewesen wäre, sich der selbstbestimmten Entscheidung des M zu widersetzen (s. *Rn. 131*).

Ergänzende Hinweise zu § 216 StGB: **105**

(1) Die Tötung muss **auf Verlangen** des Opfers geschehen, d.h. auf seinen eigenen Wunsch, mag auch die Anregung dazu vom Täter ausgegangen sein; Verlangen ist danach mehr als bloße Einwilligung[235]. Privilegiert ist im Übrigen nur eine Tötung, die dem Verlangen entspricht, sodass eine wesentliche Abweichung von der vom Opfer verlangten Tötungsart (bspw. Erschießung statt »erlösender Spritze«) nicht von § 216 StGB gedeckt ist[236]. § 216 StGB ist zudem nur anwendbar, wenn das Tötungsverlangen des Opfers für den Täter handlungsleitend ist[237].

(2) Das Verlangen muss **ernstlich**, d.h. von einem verantwortlichen Willen getragen **106** sein[238]; maßgeblich sind die Kriterien für die Wirksamkeit einer Einwilligung[239]. Hat

---

[230] Die Annahme einer Tötung auf Verlangen im »Gisela-Fall« (*BGH* St 19, 135 ff.) traf deshalb nicht zu, da sich das „Opfer" bis zum Eintritt der Bewusstlosigkeit dem zum Tode führenden Geschehen – durch Aussteigen aus dem Auto – hätte entziehen können. S. dazu die 17. Aufl. dieses Lehrbuchs, Rn. 103.

[231] Zu der Frage, ob § 216 StGB durch Unterlassen begangen werden kann, eingehend LK[13]-*Rissing-van Saan*, § 216 Rn. 25 ff.

[232] Krey/*Esser*, AT, Rn. 1131.

[233] BGH *St* 67, 95 (Rn. 29).

[234] *BGH* St 67, 95 (Rn. 32).

[235] *BGH* St 50, 80 (92); 63, 161 (Rn. 19 ff.); L/K/H-*Heger*, § 216 Rn. 2; AnwK-*Mitsch*, § 216 Rn. 7; NK-*Saliger*, § 216 Rn. 10. A.A. MK-*Schneider*, § 216 Rn. 13.

[236] W/H/E-*Engländer*, Rn. 108.

[237] Das ist nicht der Fall, wenn der Täter z.B. zur Befriedigung des eigenen Geschlechtstriebs handelt („Kannibalenfälle"), siehe z.B. *BGH* St 50, 80; 63, 161 (Rn. 19 ff.) NStZ-RR 2018, 172 (173).

[238] BeckOK-StGB-*Eschelbach*, § 216 Rn. 12; Sch/Sch-*Eser*/*Sternberg-Lieben*, § 216 Rn. 8; siehe auch *BGH*, JZ 1981, 283; NStZ 1987, 364 (365 f.) m. krit. Bespr. *Roxin*, NStZ 1987, 345 ff.

[239] Sch/Sch-*Eser*/*Sternberg-Lieben*, § 216 Rn. 8; LK[13]-*Rissing-van Saan*, § 216 Rn. 20 ff.

der Täter das Vorliegen eines solchen Verlangens irrtümlich angenommen, bleibt es gem. § 16 II StGB bei der Strafbarkeit nach § 216 StGB.

107 *(3)* § 216 StGB ist nach zutreffender h.L. im Verhältnis zu §§ 211, 212 StGB ein **Privilegierungstatbestand**[240], der sowohl gegenüber dem Totschlag als auch gegenüber Mord Vorrang hat[241]. Der durch das ausdrückliche und ernstliche Verlangen zur Tötung bestimmte Täter ist also nur aus § 216 StGB strafbar, selbst wenn er ein Mordmerkmal (z.B. grausam) verwirklicht (Sperrwirkung des milderen Tatbestands).

Über den **Grund der Privilegierung** besteht Streit. Überwiegend – und zu Recht – wird angenommen, das Unrecht sei wegen der Einwilligung des Opfers gemindert[242], andere stellen auf die schuldmindernde Konfliktsituation des Täters[243] oder auf die Kombination beider Gesichtspunkte ab[244].

Dieser Streit hat Bedeutung für die **Strafbarkeit eines Teilnehmers**, der selbst nicht durch das Verlangen des Opfers bestimmt worden ist, z.B. des Gehilfen, der dem Täter das Gift beschafft. Sieht man den Grund der Strafmilderung in dem geminderten Unrecht der Tat, so wären die privilegierenden Umstände tatbezogen mit der Folge, dass § 28 StGB nicht eingreift. Der nicht durch das Verlangen motivierte Teilnehmer ist danach wegen Beihilfe – bzw. Anstiftung – zu § 216 StGB strafbar, und zwar selbst dann, wenn er ein – subjektives – Mordmerkmal (z.B. Habgier) aufweist[245]. Zu diesem Ergebnis muss auch die Rechtsprechung gelangen, die § 216 StGB als delictum sui generis betrachtet[246]. Nach der Gegenauffassung in der Literatur (schuldmindernde Konfliktsituation) ist das privilegierende Merkmal des § 216 StGB ein täterbezogenes, besonderes persönliches Merkmal im Sinne des § 28 II StGB, sodass der Beteiligte wegen §§ 212, 27 (26) StGB oder gar wegen §§ 211, 27 (26) StGB strafbar sei[247].

108 *(4)* Die **kriminalpolitische Notwendigkeit des § 216 StGB** wird zwar zum Teil seit längerem bestritten[248]. Die völlige Freigabe der Tötung auf Verlangen wird aber zu Recht überwiegend abgelehnt[249]. Es bedarf zur Aufrechterhaltung der Achtung fremden Menschenlebens einer grundsätzlichen Tabuisierung der Tötung eines anderen. Ob § 216 StGB in seiner derzeitigen Fassung geeignet ist, die Grenze zwischen der

---

[240] L/K/H-*Heger*, vor § 211 Rn. 24; S/S/W-*Momsen*, § 216 Rn. 3; NK-*Saliger*, § 216 Rn. 1 ff.
[241] Sch/Sch-*Eser/Sternberg-Lieben*, § 216 Rn. 2; *Küpper*, GS-Meurer, 2002, S. 123 (124); S/S/W-*Momsen*, § 216 Rn. 3; NK-*Neumann*, Vor §§ 211-217 Rn. 164. A.A. *BGH* St 13, 162 (165).
[242] *Fischer*, § 216 Rn. 3; LK[13]-*Rissing-van Saan*, § 216 Rn. 10; NK-*Saliger*, § 216 Rn. 2; MK-*Schneider*, § 216 Rn. 1.
[243] M/S/M/H/M-*Hoyer*, 2/62.
[244] *Bechtel*, JuS 2016, 882 (887); Sch/Sch-*Eser/Sternberg-Lieben*, § 216 Rn. 1; L/K/H-*Heger*, § 216 Rn. 1.
[245] So z.B. NK-*Saliger*, § 216 Rn. 20.
[246] *BGH* St 13, 162 (167).
[247] Sch/Sch-*Eser/Sternberg-Lieben*, § 216 Rn. 18.
[248] Z.B. *Hirsch/Neumann*, GA 2007, 671 ff.; *Jakobs*, Tötung auf Verlangen, 1998, S. 3 ff.; *Kaufmann*, MedR 1983, 121 (124); *Lüderssen*, JZ 2006, 689 (695).
[249] Z.B. *Duttge*, JZ 2006, 899 f.; Krey/*Esser*, AT, Rn. 24 ff.; *Hirsch*, FS-Welzel, 1974, S. 775 ff.; *Ingelfinger*, JZ 2006, 821 ff.; AnwK-*Mitsch*, § 216 Rn. 1 f.

erlaubten Unterstützung des Sterbewilligen und der verbotenen Tötung eines anderen zutreffend zu beschreiben, ist allerdings zweifelhaft.
Neuen Auftrieb erhalten hat die Kritik an der Ausgestaltung des Tatbestandes durch die Entscheidung des *BVerfG* zur Verfassungswidrigkeit und Nichtigkeit des § 217 StGB, der die geschäftsmäßige Förderung der Selbsttötung mit Strafe bedrohte (dazu *Rn. 122*). In dem »Insulinspritzen-Fall« erklärte der *6. Strafsenat des BGH* in einem obiter dictum, er neige zu der Auffassung, dass die vom *BVerfG* in Bezug auf § 217 StGB entwickelten Grundsätze zum Recht auf selbstbestimmtes Sterben auf § 216 StGB anwendbar seien und »jedenfalls« in den Fällen, in denen es einer sterbewilligen Person faktisch unmöglich ist, ihre freiverantwortliche Entscheidung, aus dem Leben zu scheiden, selbst umzusetzen und sie deshalb darauf angewiesen ist, die unmittelbar zum Tode führende Handlung durch eine andere Person ausführen zu lassen, durch eine verfassungskonforme Auslegung aus dem Anwendungsbereich des Tatbestandes auszunehmen[250]. Im Ergebnis würde diese Sicht – in Verbindung mit der normativen Bestimmung der Tatherrschaft – dazu führen, dass § 216 StGB nur noch auf Konstellationen anwendbar wäre, in denen der Sterbewillige handlungsfähig ist und der Täter ein Mittel, dessen tödliche Wirkung von dem Opfer nicht durch Gegenmaßnahmen verhindert werden kann, verwendet.
Ob diese weitgehende »Aushöhlung« des Anwendungsbereichs des § 216 StGB dem Zweck der Vorschrift entspricht, ist zweifelhaft. Es ist Aufgabe des Gesetzgebers, die strafrechtliche Grenze zwischen der erlaubten Hilfe zum Suizid und der verbotenen Tötung eines anderen unter Beachtung der Vorgaben des *BVerfG* zu bestimmen. Derzeit findet sich dazu jedoch keine Mehrheit im Bundestag, der sich 2023 lediglich auf einen Katalog von Forderungen zur Suizidprävention an die Bundesregierung einigen konnte[251].

V. Sterbebegleitung

Fall 10: – *Abbruch der Behandlung eines unheilbar Erkrankten –*   **109**
Maria (M) lag nach einer Hirnblutung seit fünf Jahren im Wachkoma. Sie war nicht ansprechbar und wurde in einem Pflegeheim versorgt. Obwohl sie über eine Magensonde künstlich ernährt wurde, war sie auf ein Gewicht von 40 kg abgemagert. Eine Besserung ihres Gesundheitszustands war nicht zu erwarten. Vor ihrer Erkrankung hatte M eine Patientenverfügung verfasst, in der sie lebensverlängernde Maßnahmen ablehnte, falls sie sich im unmittelbaren Sterbeprozess befinde, bei der jede lebenserhaltende Maßnahme das Sterben oder Leiden ohne Aussicht auf erfolgreiche Behandlung verlängern würde; sie wolle nicht an irgendwelche »Schläuche« angeschlossen werden. Unter Berufung auf den Willen der M verlangte deren Tochter Thea (T) die Beendigung der künstlichen Ernährung von der Heimleitung. Als dieses Verlangen wegen der angeblich »unsicheren Rechtslage« abgelehnt wurde, durchtrennte T den Schlauch der Magensonde. Drei Tage später »schlief M daraufhin friedlich ein«.
Strafbarkeit der T aus § 212 (§ 13) StGB?

---

[250] *BGH* St 67, 95 (Rn.23), unter Bezugnahme auf Stimmen in der Literatur, z.B. *Huber/Ruf*, medstra 2021, 135 (141); *Kunze*, medstra 2022, 88 (91 ff.); *Leitmeier*, NStZ 2020, 508 (512 ff.); *Lindner*, NStZ 2020, 505 (507 f.).
[251] BT-Drs. 20/7630, 3 f.

(1) Tatbestand

T hat den Tod der M – vorsätzlich – verursacht. Für die Kausalitätsprüfung kommt es auf die Verbindung zwischen dem wirklichen Geschehensablauf und dem konkreten Erfolg an; dass der Erfolg (Tod des Opfers) in relativ kurzer Zeit ohnehin eingetreten wäre, ist für die Kausalität der realen Tötungshandlung irrelevant[252]. Eine kausale Tötungshandlung ist daher auch die (nicht ganz unerhebliche) Abkürzung todgeweihten Lebens. Fraglich ist, ob es sich in casu um eine – grundsätzlich – **verbotene »aktive« Sterbehilfe** oder eine – unter bestimmten Bedingungen – **erlaubte »passive« Sterbehilfe**[253] handelt.

110 Streit besteht darüber, ob zu einer erlaubten passiven Sterbehilfe (zum ärztlich assistierten Suizid, *Rn. 116 ff.*) auch der Fall des Abbruchs einer lebensverlängernden Behandlung durch technische Apparate (z.B. durch **Abschalten** eines Respirators oder – wie hier – durch Beendigung der künstlichen Ernährung durch eine aktive Handlung) zählt. Zum Teil wird aktives und passives Handeln nach äußerlichen Kriterien unterschieden[254]. Nach der Gegenmeinung liegt in einem solchen Fall »nach dem sozialen Sinngehalt der Tat deren Schwerpunkt rechtlich ungeachtet der beim Abschalten der Maschine entfalteten Aktivität nicht in einem lebensverkürzenden Tun, sondern in dem Unterlassen einer lebensverlängernden Behandlung, das mangels Handlungspflicht straflos ist«[255].

111 Nach Auffassung des *BGH*[256] wird die Unterscheidung von Tun und Unterlassen, auch eine wertende Umdeutung eines aktiven Tuns in ein normatives Unterlassen, in den Fällen des Behandlungsabbruchs den auftretenden Problemen nicht gerecht. Ein **Behandlungsabbruch** erschöpfe sich nach seinem natürlichen und sozialen Sinngehalt nicht in bloßer Untätigkeit, sondern könne und werde in der Regel »eine Vielzahl von aktiven und passiven Handlungen umfassen, deren Einordnung nach Maßgabe der in der Dogmatik und von der Rechtsprechung zu den Unterlassungstaten des § 13 StGB entwickelten Kriterien problematisch ist und teilweise von bloßen Zufällen abhängen kann«[257]. Stattdessen befürwortet der *BGH* die Zusammenfassung aller mit der Beendigung einer ärztlichen Behandlung im Zusammenhang stehenden Handlungen in dem normativ-wertenden Oberbegriff der **Sterbehilfe durch Behandlungsunterlassung, -begrenzung oder -abbruch**. Dies setze voraus, dass die betroffene Person lebensbedrohlich erkrankt und die betreffende Maßnahme me-

---

[252] So für alle: W/B/S-*Beulke/Satzger*, AT, Rn. 237 f.; Krey/*Esser*, AT, Rn. 308 f.
[253] Dazu *Bartsch*, FS-Achenbach, 2011, S. 13 (14 ff.); *Fischer*, vor § 211 Rn. 58 ff.; *Giesen*, JZ 1990, 929; S/S/W-*Momsen*, vor §§ 211 ff. Rn. 26 ff.; *Schmitt*, JZ 1985, 365 (367 f.).
– Zur Problematik des sog. »Liegenlassens schwerstgeschädigter Neugeborener« (Grenzen ärztlicher Behandlungspflicht in solchen Fällen), vgl.: AG Oldenburg, ZfL 2004, 117 m. krit. Anm. *Wiele*; *Giesen*, JZ 1990, 929 (941); *Isemer/Lilie*, MedR 1988, 66 ff. –
[254] *Gössel*/Dölling, 2/58 ff.; LK[11]-*Jähnke*, vor § 211 Rn. 18.
[255] *Krey*, AT 2, 3. Auflage 2008, Rn. 320 ff. m.w.N.; ebso. BGH St 40, 257; *Küper*, JuS 1971, 476 f.; *Roxin*, FS-Engisch, 1969, S. 399.
[256] BGH St 55, 191 ff. m. Bespr. *Bartsch*, FS-Achenbach, 2011, S. 13 (21 ff.); *Dölling*, ZIS 2011, 345 ff.; *Gaede*, NJW 2010, 2925 ff.; *Rissing-van Saan*, ZIS 2011, 544 ff.; *Walter*, ZIS 2011, 76 ff.
[257] BGH St 55, 191 (Rn. 31).

dizinisch zur Erhaltung oder Verlängerung des Lebens geeignet ist[258]. Sterbehilfe, die einer Rechtfertigung durch eine Einwilligung des Betroffenen zugänglich sei, setze zudem voraus, dass die Handlung objektiv und subjektiv unmittelbar auf eine medizinische Behandlung in dem genannten Sinn bezogen ist; erfasst würden deshalb das Unterlassen einer lebenserhaltenden Behandlung, deren Abbruch sowie die sogenannte »indirekte Sterbehilfe«, die als Nebenfolge einer medizinisch indizierten palliativen – d.h. nicht auf Heilung oder Wiederherstellung, sondern auf Linderung von Schmerzen und Beschwerden eines Unheilbaren gerichteten – Maßnahme einen möglichen vorzeitigen Todeseintritt in Kauf nimmt[259]. Bei lebensbeendenden Handlungen, die nicht im Zusammenhang mit einer medizinischen Behandlung vorgenommen werden, scheide eine Rechtfertigung dagegen von vornherein aus[260].

(2) Rechtswidrigkeit **112**

Die Lösung des *BGH* überzeugt zum einen, weil die Entscheidung gleich gelagerter Sachverhalte von klaren Kriterien, statt von tatsächlichen Zufälligkeiten oder der – u.U. zweifelhaften – Ermittlung des Schwerpunkts des vorwerfbaren Verhaltens abhängt, und zum anderen, weil diese Sicht den Fokus auf den maßgeblichen Umstand, nämlich das **Selbstbestimmungsrecht des Patienten**, seiner Autonomie bei der Problematik des Abbruchs lebensverlängernder Maßnahmen richtet. Zu Recht stellt der *BGH* fest, das aus Art. 1 I, II GG abgeleitete Selbstbestimmungsrecht des Einzelnen legitimiere ihn zur Abwehr nicht gewollter Eingriffe in seine körperliche Unversehrtheit und in den unbeeinflussten Fortgang seines Lebens und Sterbens. Das Selbstbestimmungsrecht gewähre dem Betroffenen jedoch nicht ein Recht oder gar einen Anspruch darauf, einen Dritten zu selbstständigen Eingriffen in das Leben ohne Zusammenhang mit einer medizinischen Behandlung zu veranlassen. Eine Einwilligung rechtfertige somit nur Handlungen, die sich darauf beschränken, einen Zustand wiederherzustellen, der den Betroffenen dem Sterben überlässt[261].

In einer weiteren Entscheidung hat der *BGH* die Bedeutung einer – zum Zeitpunkt **113** der Entscheidung in §§ 1901a, 1901b BGB *a.F.*, heute in §§ 1827, 1828 BGB geregelten – **Patientenverfügung** hervorgehoben. Sie sei bei der Prüfung einer rechtfertigenden Einwilligung in den Behandlungsabbruch zu beachten[262]. Es ist also zu ermitteln, ob die in der Patientenverfügung eines einwilligungsfähigen Volljährigen getroffenen Festlegungen auf die aktuelle Lebens- und Behandlungssituation (noch) zutreffen (§ 1827 I 1 BGB). Liegt keine Patientenverfügung vor oder treffen die Festlegungen nicht auf die aktuelle Situation zu, so ist der mutmaßliche Wille des Patienten zu ermitteln (§ 1827 II 1 BGB) – nach Möglichkeit unter Berücksichtigung der Meinung naher Angehöriger und sonstiger Vertrauenspersonen (§ 1828 II BGB).

---

[258] *BGH* St 55, 191 (Rn. 33).
[259] *BGH* St 55, 191 (Rn. 34); ebso. *BGH* St 42, 301 (305); Sch/Sch-*Eser/Sternberg-Lieben*, vor § 211 Rn. 26. A.A. *Bockelmann*, Strafrecht des Arztes, 1968, S. 122 ff.
[260] *BGH* St 55, 191 (Rn. 33); siehe auch *BGH* St 37, 376; *VG Karlsruhe*, JZ 1988, 208 ff.; *Schreiber*, NStZ 1986, 337 (339 f.).
[261] *BGH* St 55, 191 (Rn. 35). Zu § 1901a BGB *a.F.* (= § 1827 BGB) eingehend *Bartsch*, FS-Achenbach, 2011, S. 13 (20 f.).
[262] *BGH*, NJW 2011, 161 ff.; *Verrel*, NStZ 2011, 276 ff.; *Wolfslast/Weinrich*, StV 2011, 284 (286).

Der *BGH* hatte zuvor schon den Gesichtspunkt des Selbstbestimmungsrechts des Patienten bei der Problematik des Abbruchs lebensverlängernder Maßnahmen deutlich betont; dabei hatte das Gericht der **mutmaßlichen Einwilligung** beim entscheidungsunfähigen Patienten grundsätzlich die gleiche Verbindlichkeit wie dem Behandlungsverzicht des urteilsfähigen Patienten zuerkannt[263]. Dieses Urteil betraf den Behandlungsabbruch bei einem »irreversibel schwerst celebralgeschädigten Patienten« **vor** Eintritt des Sterbevorganges.

114 Nach Maßgabe dieser überzeugenden Entscheidungen des *BGH* ist der – den Tatbestand des § 212 StGB erfüllende – Behandlungsabbruch der T durch die – jedenfalls – mutmaßliche Einwilligung der M gerechtfertigt. Eine Beschränkung auf ärztliche Handlungen enthalten die Entscheidungen zu Recht nicht.

115 Diese Grundsätze gelten auch, wenn einem an **Demenz** erkrankten Patienten Sterbehilfe geleistet wird. Wegen des schleichenden Voranschreitens der Krankheit wird die Feststellung, ob bei dem Dementen die erforderliche Fähigkeit, die Tragweite des Todeswunsches zu überblicken und eine autonome Entscheidung zu treffen, noch vorhanden ist, häufig schwierig sein. Ist der Patient noch entscheidungsfähig, so ist sein ausdrücklich erklärter Wille maßgeblich. Lässt sich seine Fähigkeit zu einer autonomen Entscheidung nicht – mehr – sicher feststellen oder ist sie nicht mehr vorhanden, so ist sein mutmaßlicher Wille, ggf. unter Berücksichtigung einer – früheren – Patientenverfügung, zu ermitteln. Der ausdrücklich geäußerte Wille eines Dementen, weiterleben zu wollen, sollte jedoch stets geachtet werden[264].

116 **Fall 11**[265]: – *Ärztlich assistierter Suizid* –

Die 44-jährige Christiana (C) litt seit ihrem sechzehnten Lebensjahr an einem nicht lebensbedrohlichen, aber starke krampfartige Schmerzen verursachenden – nicht therapierbaren – Reiz-Darm-Syndrom. Da ihr das Leben unter diesen Umständen nicht mehr lebenswert erschien, wandte sie sich an ihre Hausärztin Dr. Albrecht (A) mit der Bitte, sie bei ihrer Selbsttötung zu unterstützen. A war davon überzeugt, dass eine Ärztin eine Patientin, die sie über Jahre behandelt hat, auch in einer solchen Situation nicht allein lassen dürfe, und händigte C ihr eine tödlich wirkende Dosis des Medikaments Luminal aus. Während ihres letzten Hausbesuchs war C tief verzweifelt und zur Selbsttötung fest entschlossen, jedoch voll geschäftsfähig. C übergab A ihre Wohnungsschlüssel und bat sie, sie (C) nach der Einnahme der Tabletten zu Hause bis zum Eintritt des Todes zu betreuen. Einige Tage danach nahm C bei klarem Verstand und in dem vollen Bewusstsein der Konsequenzen eine tödliche Menge Luminal ein. Sie informierte A darüber per Kurznachricht. Als A wenig später in der Wohnung der C eintraf, befand sich C bereits in einem komatösen Zustand. Zu diesem Zeitpunkt hätte das Leben der C noch gerettet werden können. A unternahm dennoch keine Rettungsversuche, sondern prüfte lediglich Puls, Pupillenreflexe und Atmung. Zudem spritzte A der C ein krampflösendes Medikament, um ihr unnötige Schmerzen zu ersparen. Auf den Sterbeprozess hatte die Injektion – wie A wusste – keinen Einfluss. Am nächsten Tag stellte A den Tod der C fest.

Strafbarkeit der A?

---

[263] *BGH* St 40, 257 (260); dazu u.a.: W/H/E-*Engländer*, Rn. 149 ff.; *Schöch*, NStZ 1995, 153.
[264] Zutreffend *Magnus*, NStZ 2013, 1 (5 f.), m.N. des Streitstandes.
[265] In Anlehnung an *BGH* St 64, 135 ff. – »Berliner Fall«.

a) §§ 212, 216 StGB

A hat durch die Beschaffung der tödlichen Dosis Luminal nicht den Tatbestand einer Tötung auf Verlangen (§ 216 StGB) erfüllt, sondern – straflose – **Beihilfe zum Suizid** der C geleistet. Das Verabreichen der muskelentspannenden Medikamente während des Sterbens war nicht kausal für den eingetretenen Todeserfolg, denn die Medikamentengabe hatte den Sterbeprozess weder beschleunigt noch einen neuen tödlichen Kausalverlauf in Gang gesetzt[266].

– *Zur Abgrenzung Suizidbeihilfe/Tötung auf Verlangen vgl. Fall 9 –*

Nach – heute einhelliger – Meinung ist die Teilnahme an einem vollendeten oder versuchten Suizid eines anderen als solche straflos, weil Teilnahme eine **tatbestandsmäßige** und rechtswidrige Haupttat erfordert (§§ 26, 27 mit 11 I Nr. 5 StGB), woran es beim Suizid fehlt: §§ 211 ff. StGB erfassen nur die Tötung eines **anderen** Menschen, nicht die Selbsttötung[267].

117

Diese Sicht steht im Einklang mit dem geltenden StGB[268]: Der Gesetzgeber hat zwar in § 223 StGB durch die Worte »eine andere Person« ausdrücklich klargestellt, dass die Selbstverletzung nicht erfasst wird. Eine solche Klarstellung ist bei §§ 211 ff. StGB nicht erfolgt; sie war aber auch nicht nötig, da sich die Gesetzesauslegung, der Suizid sei keine rechtswidrige Tat i.S. dieser Normen, von selbst versteht.

b) §§ 212, 25 I Alt. 2 StGB   118

Die Mitwirkung an einem Suizid ist jedoch als **Tötung eines anderen in mittelbarer Täterschaft** strafbar, wenn der **Suizid nicht als freiverantwortlich** zu werten ist und der Suizidteilnehmer dies auch weiß[269].

Nach verbreiteter Ansicht ist – in **analoger Anwendung der Exkulpationsregeln (§§ 19, 20, 35 sowie § 16 I StGB)** – die Freiverantwortlichkeit ausgeschlossen, wenn das Opfer unter Umständen gehandelt hat, die im Falle einer Fremdschädigung seine Verantwortlichkeit ausschließen würden. Danach sind nicht freiverantwortlich der Selbstmord des Geisteskranken, des Kindes und des unter Notstandsvoraussetzungen (§ 35 StGB) Handelnden sowie der unvorsätzliche Suizid[270]. Die Behandlung des Suizids eines **Jugendlichen** ist strittig; konsequenterweise müsste nach dieser Auffassung § 3 JGG (analog) maßgeblich sein[271].

119

---

[266] Vgl. *BGH*, NJW 2019, 3089 (Rn. 22), nicht abgedruckt in *BGH* St 64, 135; s. dazu auch *Lorenz*, HRRS 2019, 351 (354 f.).
[267] *BGH* St 19, 135 (137); 24, 342 (343 f.); 32, 367 (371); 46, 279 (284); LK[13]-*Rissing-van Saan/Zimmermann*, § 212 Rn. 2; SK-*Sinn*, § 212 Rn. 9 f. A.A. *Bringewat*, ZStW 1975, 632 ff.
[268] Sch/Sch-*Eser/Sternberg-Lieben*, vor § 211 Rn. 33; L/K/H-*Heger*, vor § 211 Rn. 9.
[269] Ganz h.M., so u.a.: *BGH* St 59, 150 (Rn. 72 ff.); 64, 121 (Rn. 20); 64, 135 (Rn. 16); Sch/Sch-*Eser/Sternberg-Lieben*, vor § 211 Rn. 37; Krey/*Esser*, AT, Rn. 905 ff.
[270] *Roxin*, AT II, § 25 Rn. 54-58, 144-148; MK-*Schneider*, vor § 211 Rn. 54 ff.; für eine Einbeziehung von Zuständen i.S. des § 21 StGB *Achenbach*, Jura 2002, 542 (543) *Schünemann*, NStZ 1982, 60 (63).
[271] *Bottke*, AIFO 1988, 628 (633, 637); hierzu Krey/*Esser*, AT, Rn. 907, 915 m.w.N.

120 Nach Auffassung der Rechtsprechung benutzt der Täter den Suizidenten als »Werkzeug« gegen sich selbst, wenn dieser seinen Selbsttötungsentschluss aufgrund eines **Wissens- oder Verantwortlichkeitsdefizits** nicht freiverantwortlich gebildet hat[272]

121 Die h.L. beantwortet die Frage der Freiverantwortlichkeit des Suizidentschlusses nach den Maßstäben der **Einwilligungslehre** i.V.m. der Dogmatik zur Ernstlichkeit des Verlangens (§ 216 StGB)[273]: Freiverantwortlich sei der Entschluss zum Suizid, wenn er nach diesen Maßstäben **Ausdruck eines freien und ernstlichen Verlangens nach dem eigenen Tod ist.** Daran fehle es z.B. beim Suizid, der deutlich den Charakter eines Hilferufes trägt, beim Suizid eines Jugendlichen, es sei denn, dieser besitzt ausnahmsweise die Einsichtsfähigkeit für solch ein ernstliches Verlangen, und grundsätzlich auch beim Kurzschluss-Konfliktsuizid aus tiefer Verzweiflung[274].

122 *Stellungnahme*

Das **BVerfG** hat mit Urteil vom 26. Februar 2020 zur Verfassungswidrigkeit und Nichtigkeit des § 217 StGB (geschäftsmäßige Förderung der Selbsttötung) mit begrüßenswerter Deutlichkeit festgestellt, dass das allgemeine Persönlichkeitsrecht (Art. 2 I in Verbindung mit Art. 1 I GG) das Recht gewährleistet, **selbstbestimmt** die Entscheidung zu treffen, sein Leben eigenhändig bewusst und gewollt zu beenden[275]. Die Entscheidung bestätigt in der Sache zwei Urteile des **5. Strafsenats des BGH** vom 3. Juli 2019, in denen das Gericht die Patientenautonomie im Zusammenhang mit einem ärztlich assistierten Suizid gestärkt hatte[276]. Der Suizidentschluss ist danach zu achten, »wenn das Opfer die **natürliche Einsichts- und Urteilsfähigkeit** für seine Entscheidung besitzt und **Mangelfreiheit des Suizidwillens** sowie **innere Festigkeit des Entschlusses** gegeben sind«[277]. Eine Beschränkung des Selbstbestimmungsrechts des Einzelnen auf bestimmte Ursachen und Motive, z.B. auf schwere oder unheilbare Krankheitszustände oder bestimmte Lebens- und Krankheitsphasen ist unzulässig[278]. Die Freiverantwortlichkeit (Selbstbestimmtheit) fehlt jedoch – entsprechend den Maßstäben der Einwilligungslehre – insbesondere bei Minderjährigkeit des Opfers, krankheits- sowie intoxikationsbedingten Defiziten, durch Zwang, Drohung oder Täuschung durch den Täter beeinflussten Entscheidungen sowie Entschlüssen, die auf einer bloßen depressiven Augenblicksstimmung beruhen, also nicht von innerer Festigkeit und Zielstrebigkeit getragen sind[279].

---

[272] *BGH* St 59, 150 (Rn. 72 ff.); 64, 121 (Rn. 20); 64, 135 (Rn. 16); StV 2014, 601 (602).

[273] W/H/E-*Engländer*, Rn. 117; Sch/Sch-*Eser/Sternberg-Lieben*, vor § 211 Rn. 36 f.; L/K/H-*Heger*, vor § 211 Rn. 13a; NK-*Neumann*, vor § 211 Rn. 65 f.; *Rengier* II, 8/5 f.

[274] Weitere Beispiele: Krey/*Esser*, AT, Rn. 364, 916, 918; irrig *Bringewat*, ZStW 1975, 632 (625 ff.), der meint, der Selbstmord sei stets unfrei; gegen ihn treffend: *Gössel*/Dölling, 2/102; *Mielke*, NStZ 1996, 477 f. (Bilanz-Selbstmord); LK[13]-*Rissing-van Saan/Rosenau*, vor § 211 Rn. 103.

[275] *BVerfG*, NJW 2020, 905 (Rn. 203 ff.).

[276] *BGH* St 64, 121 ff. (sog. »Hamburger Fall«); 64, 135 ff. (sog. »Berliner Fall«). Siehe dazu *Brechtken/Leifeld*, medstra 2019, 339 ff.; *Engländer*, JZ 2019, 1049 ff.; *Hillenkamp*, JZ 2019, 1053 ff.; *Sowada*, NStZ 2019, 662 ff.; *Stage/Hellmann*, jurisPR-StrafR 4/2020 Anm. 4 und 5.

[277] *BGH* St 64, 135 (Rn. 17); 64, 121 ff. (Rn. 21).

[278] *BVerfG*, NJW 2020, 905 (Rn. 210).

[279] *BGH* St 64, 135 (Rn. 17); 64, 121 (Rn. 21).

In casu ist von einem **freiverantwortlichen** Suizid der C auszugehen, sodass eine Strafbarkeit der A wegen eines in mittelbarer Täterschaft begangenen Totschlags ausscheidet. **123**

c) §§ 212, 216 i.V.m. § 13 StGB **124**

A verhinderte den Tod der C trotz Möglichkeit der Erfolgsabwendung nicht. Da sie als Hausärztin grundsätzlich eine Garantenstellung für das Leben der C hatte, könnte sie durch **Unterlassen** ein Tötungsdelikt (§§ 212, 216 StGB) verwirklicht haben.

(1) Keine generelle Pflicht des Garanten zur Suizidverhinderung **125**

Die früher in der Literatur vertretene Auffassung, den Garanten treffe stets die durch §§ 211, 212, 216 StGB strafbewehrte Pflicht, einen Suizid des Schutzbefohlenen zu verhindern[280], trifft nicht zu. Den freiverantwortlichen, ernstlichen Selbsttötungswillen des Schutzbefohlenen darf der Garant respektieren, ohne sich eines Tötungsdeliktes schuldig zu machen.

(2) Frühere Rechtsprechung **126**

Die Rechtsprechung vertrat früher den Standpunkt, dass sich der Garant, der trotz Möglichkeit der Erfolgsabwendung einen Suizid nicht verhindert, wenn der Suizident schon **handlungsunfähig** geworden ist, d.h. das Geschehen nicht mehr beherrscht, wegen eines Tötungsdeliktes durch Unterlassen strafbar machen könne[281]. Der 3. Strafsenat des *BGH* hatte in der damaligen »Leitentscheidung«, dem sog. »Wittig-Fall«, ein Übergehen der Tatherrschaft vom Suizidenten, der infolge Bewusstlosigkeit nicht mehr von seinem Entschluss zurücktreten kann, auf den Garanten angenommen, weil »der Eintritt des Todes jetzt allein vom Verhalten des Garanten« abhänge[282]. Die Garantenpflichten (Rettungspflichten) träfen gerade auch den behandelnden Arzt, der seinen Patienten nach einem Suizidversuch bewusstlos antreffe, und zwar ungeachtet des Selbstbestimmungsrechts des Patienten. Ein Arzt dürfe sich dem Todeswunsch des Suizidenten nicht generell beugen und sich jedenfalls im Falle der Bewusstlosigkeit des Suizidenten nicht allein nach dem vor Eintritt der Bewusstlosigkeit erklärten Willen des Suizidenten richten, sondern er habe in eigener Verantwortung eine Entscheidung über die Vornahme oder Nichtvornahme des – möglicherweise – erfolgreichen Eingriffs zu treffen[283]. Im Ergebnis gelangte der 3. Strafsenat zwar zur Straflosigkeit des Arztes, begründete sie aber mit dem Gewissenskonflikt des Arztes zwischen seiner Rettungspflicht und der Achtung des Selbstbestimmungsrechts der Suizidentin[284].

(3) Aktuelle Rechtsprechung **127**

Der 5. Strafsenat des *BGH* hat in den in *Rn. 122* genannten Entscheidungen im Falle des freiverantwortlichen Suizids den **Willen des Suizidenten als – einziges – Kri-**

---

[280] So u.a.: *Bringewat*, JuS 1975, 155 (159); *ders.*, ZStW 1975, 632 (637); *Schmidhäuser*, FS-Welzel, 1974, S. 821; ebso. – für den »Beschützergaranten« – *Herzberg*, 1977, S. 90 ff.; *ders.*, JA 1985, 177 (184 f.), 336 (345).
[281] BGH St 13, 162 ff.; 32, 367 (372 ff.); NJW 1960, 1821 (1822); NStZ 1984, 73. Eingehende Darstellung bei *Gropp*, NStZ 1985, 97 ff.
[282] BGH St 32, 367 (373 f.) m. Bespr. *Gropp*, NStZ 1985, 97 ff.; *Herzberg*, JZ 1988, 182 (184 f.); Vorbehalte gegen jenes Urteil in: *BGH*, NStZ 1988, 127.
[283] BGH St 32, 367 (378, 380).
[284] BGH St 32, 367 (378 ff.).

terium für das Entstehen und die Beendigung der Garantenstellung des Arztes anerkannt. In dem sog. »Hamburger Fall«, in dem der Arzt mit den Suizidentinnen lediglich vereinbart hatte, sie persönlich bei ihrem Suizid zu begleiten, verneinte der Senat bereits das Entstehen einer Garantenstellung für deren Leben. »Angesichts der gewachsenen Bedeutung der Selbstbestimmung des Einzelnen auch bei Entscheidungen über sein Leben [könne] in Fällen des freiverantwortlichen Suizids der Arzt, der die Umstände kennt, nicht mit strafrechtlichen Konsequenzen verpflichtet werden, gegen den Willen des Suizidenten zu handeln«[285]. Für den Hausarzt stellte der 5. Strafsenat des *BGH* im sog. »Berliner Fall« fest, dass die »Garantenstellung des Arztes für das Leben seines Patienten endet, wenn er vereinbarungsgemäß nur noch dessen freiverantwortlichen Suizid begleitet«[286].

Eine andere Sichtweise ist nach der Entscheidung des *BVerfG* zur Gewährleistung des Rechts auf eine selbstbestimmte Entscheidung für die eigenhändige bewusste und gewollte Beeindigung des eigenen Lebens durch das allgemeine Persönlichkeitsrecht (*Rn. 122*) m.E. nicht mehr vertretbar.

128 Da C in unserem *Fall 11* einen freiverantwortlichen Suizidentschluss bildete (*Rn. 122 f.*), entfällt die Strafbarkeit der A wegen Tötung durch Unterlassen mangels Garantenstellung. Die Garantenstellung der A für das Leben der C aufgrund des Behandlungsvertrages wurde durch die Entscheidung der C beendet bzw. auf die Pflicht der A zu sterbebegleitenden Maßnahmen beschränkt. Eine Garantenstellung aus Ingerenz wegen des Verschaffens der tödlichen Medikamente scheidet ebenfalls aus, weil dieses Vorverhalten wegen der Freiverantwortlichkeit des Sterbewunsches der C nicht pflichtwidrig war[287].

d) § 323c StGB

129 *(1)* Nach der **Rechtsprechung** stellt die durch einen Suizidversuch herbeigeführte Gefahrenlage einen **Unglücksfall** – d.h. ein plötzliches Ereignis, das erheblichen Schaden an Menschen oder Sachen zu verursachen droht – dar[288]. Dabei soll der Unglücksfall in dem Augenblick eintreten, in dem sich ein Lebensmüder in erkennbarer Selbsttötungsabsicht in unmittelbare Lebensgefahr begibt[289]. Auch der 5. Strafsenat des *BGH* berücksichtigt die Patientenautonomie im Rahmen der Strafbarkeit wegen unterlassener Hilfeleistung nach wie vor nicht bei dem Merkmal des Unglücksfalls, sondern bei der Zumutbarkeit der Hilfeleistung, die fehle, wenn sich der Betroffene »in einer für ihn unauflöslichen Konfliktlage zwischen der allgemeinen Hilfspflicht und der Pflicht, das im allgemeinen Persönlichkeitsrecht verbürgte Selbstbestimmungsrecht« zu achten, befindet[290].

130 *(2)* Demgegenüber lässt die **h.L.** das Merkmal Unglücksfall entfallen, wenn der Betroffene das Unglück absichtlich herbeigeführt hat; nur der **nicht** auf einem freien,

---

[285] *BGH* St 64, 121 (Leitsatz).
[286] *BGH* St 64, 135 (Leitsatz).
[287] Vgl. *BGH* St 64, 135 (Rn. 35).
[288] *BGH* St 6, 147 – GS –; 13, 162 (169); 32, 367 (375).
[289] *BGH* St 13, 162 (169); ähnl. *BGH* St 32, 367 (375).
[290] *BGH* St 64, 121 (Rn. 47). Hierzu krit. *Rissing-van Saan/Verrel*, NStZ 2020, 121 (128 f.); *Stage/Hellmann*, JurisPR-StrafR 4/2020 Anm. 4 (unter C.).

verantwortlichen Entschluss beruhende Suizidversuch soll einen Unglücksfall i.S. des § 323c StGB begründen[291].

Die Lösung der Rechtsprechung ist aus dogmatischer Sicht »unsauber«, weil es sich bei einem freiverantwortlichen Suizid nicht um ein »plötzlich eintretendes Ereignis« handelt[292]. Kriminalpolitisch ist diese Sicht dagegen nachzuvollziehen und begründet, weil sie verhindert, dass sich ein Dritter, der die Beweggründe des Suizidenten nicht hinreichend kennt, mit der Schutzbehauptung, er habe den Suizid für freiverantwortlich gehalten und deshalb ohne Tatbestandsvorsatz gehandelt, der Hilfspflicht entzieht. Ein vollumfänglicher Schutz des Lebens des nicht wirklich sterben wollenden Suizidenten kann nur gewährleistet werden, wenn grundsätzlich ein Unglücksfall sowie eine daraus resultierende Hilfspflicht angenommen wird. Befand sich der Dritte in dem Konflikt zwischen Hilfspflicht und Achtung des Selbstbestimmungsrechts des Suizidenten, so ermöglicht der Weg über die Unzumutbarkeit der Hilfeleistung, das Selbstbestimmungsrecht zu achten[293]. **131**

In casu scheidet die Strafbarkeit der A wegen unterlassener Hilfeleistung aus, weil es ihr unzumutbar war, sich der selbstbestimmten Entscheidung der C zu widersetzen. **132**

VI. Fahrlässige Tötung (§ 222 StGB)

Fall 12: – *Fahrlässige Mitverursachung des Todes eines Suizidenten* – **133**

Polizeiobermeister Willy Weiher (W) und Martha Meise (M), die befreundet waren, machten mit dem Auto der M eine Fahrt, bei der sich M nach dem gemeinsamen Besuch einer Gaststätte und dem Genuss von Alkohol durch einen Schuss aus der Dienstpistole des W tötete. W wurde wegen fahrlässiger Tötung angeklagt. Die Staatsanwaltschaft sah das für den Tod der M mitursächliche fahrlässige Verhalten des W in Folgendem: Er wusste, dass M – wie schon oft – nach dem Genuss des Alkohols plötzlich bedrückt und schwermütig geworden war und dass sie in letzter Zeit bereits mehrere Suizidversuche unternommen hatte. Gleichwohl hatte er – wie er es stets machte – seine geladene Pistole auf das Armaturenbrett gelegt, als er sich nach dem gemeinsamen Gasthausbesuch mit M in das Auto setzte. Dass sie die Pistole an sich genommen hatte, war W erst aufgefallen, als der Todesschuss fiel. M hatte zu diesem Zeitpunkt einen Blutalkoholgehalt von 1,45 Promille.

Strafbarkeit des W wegen fahrlässiger Tötung?

Es bedeutet einen fahrlässigen Sorgfaltsverstoß, eine geladene Schusswaffe in Griffweite einer angetrunkenen, zu negativen Stimmungsschwankungen neigenden Person, die bereits mehrere Suizidversuche unternommen hatte, abzulegen.

Dennoch hatte der *BGH* die Strafbarkeit der fahrlässigen Verursachung des Todes eines Suizidenten abgelehnt[294]: Da die mit Gehilfenvorsatz begangene Mitverursachung des Todes eines Suizidenten nicht bestraft werden könne, weil der Suizid **134**

---

[291] W/H/E-*Engländer*, Rn. 131; *Fischer*, § 323c Rn. 4 f.; Sch/Sch-*Hecker*, § 323c Rn. 8; SK-*Stein/Wolters*, § 323c Rn. 18. Nach *Gössel*/Dölling, 2/108 entfällt § 323c StGB mangels Hilfeleistungspflicht; ebso. *OLG München*, JZ 1988, 201 (206 f.).

[292] Dazu *Neumann*, StV 2020, 126 (128 f.); *Sowada*, NStZ 2019, 670 (672); *Stage/Hellmann*, jurisPR-StrafR 4/2020 Anm. 4 (unter C.).

[293] *Mitsch*, medstra 2019, 117 (119).

[294] *BGH* St 24, 342 (343 f.); ebso. *OLG Celle*, NJW 1972, 504.

keine Straftat ist, verbiete es sich aus Gründen der Gerechtigkeit, denjenigen zu bestrafen, der nur fahrlässig eine Ursache für den Tod eines Suizidenten setzt. Bei einer – bewusst fahrlässigen – Mitverursachung des Todes halte der Handelnde – wie der Gehilfe – den Todeseintritt für möglich, er nehme sie aber im Gegensatz zu jenem nicht billigend in Kauf. Bei unbewusster Fahrlässigkeit fehle sogar das Bewusstsein der möglichen Todesfolge. Das mit einer solchen inneren Einstellung verübte Unrecht sei strafrechtlich nicht strenger zu bewerten als die Tat desjenigen, der mit Gehilfenvorsatz dasselbe Unrecht bewirkt, nämlich den Tod eines Suizidenten mitverursacht.

135 Die These, wer fahrlässig den Tod eines Suizidenten mitverursacht, sei nicht strafbar, trifft so pauschal nicht zu. Zutreffend hat der *BGH* in einer späteren Entscheidung festgestellt: Wer das zur Selbsttötung oder Selbstverletzung führende eigenverantwortliche Handeln des Selbstschädigers fahrlässig veranlasst, ermöglicht oder fördert, sei – nur – dann nicht strafbar, wenn er sich im Falle vorsätzlicher Veranlassung, Ermöglichung oder Förderung nicht strafbar machen würde[295].

136 Es ist richtig, dass die Haftung für Fahrlässigkeit nicht weiter reichen kann als die für Vorsatz[296]. Das bedeutet aber nicht, dass die nur fahrlässige Mitverursachung des Todes eines Suizidenten generell straflos ist. Dies ist nicht der Fall, wenn dem Suizid kein eigenverantwortlicher Wille zugrunde liegt, denn was beim freiverantwortlichen Suizid straflose vorsätzliche Beihilfe oder Anstiftung wäre, begründet beim unfreien Suizid strafbare mittelbare Täterschaft (*Rn. 118*). Die Mitverursachung ist als fahrlässige Tötung somit strafbar, wenn sie, hätte sie der Täter vorsätzlich begangen, als vorsätzliche Tötung strafbar wäre[297].

137 In *Fall 12* ist also zu fragen, ob W nicht nach § 222 StGB schuldig wäre, wenn sein Handeln, hätte er die Pistole vorsätzlich zur Ermöglichung des Suizids der M bereitgelegt, als straflose Suizidbeihilfe zu werten wäre. Es kommt also auf die Kriterien an, die für die Freiheit/Unfreiheit des Suizidentschlusses maßgeblich sind.
Wären für einen **freien** Selbstmordentschluss der M die Exkulpationsregeln – hier § 20 StGB – maßgeblich, so müsste zugunsten des W angenommen werden, M sei **nicht** schuldunfähig gewesen, da sich das Vorliegen der Voraussetzungen des § 20 StGB dem Sachverhalt nicht entnehmen lässt.
Beantwortet man dagegen die Frage der Verantwortlichkeit des Suizidentschlusses nach dem dargelegten zutreffenden Maßstab (*Rn. 122*), so bestehen gegen die Annahme eines freiverantwortlichen Suizidwillens der M erhebliche Bedenken. Die im Sachverhalt genannten Umstände (schwermütig-depressive Stimung nach starkem Alkoholgenuss, wiederholte Suizidversuche in letzter Zeit), sprechen gegen ein freies Verlangen nach dem eigenen Tod, das man bei Kenntnis respektieren dürfte.
Danach wäre W der fahrlässigen Tötung schuldig.

---

[295] *BGH* St 32, 262 (264); ebso. *BGH*, NStZ 1984, 452; NStZ 1985, 25 f.; NStZ 1986, 266 f.; NStZ 2011, 341 (Rn. 6 ff.); NJW 2014, 1680 (Rn. 71); siehe auch *Stree*, JuS 1985, 179 ff.
[296] Krey/*Esser*, AT, Rn. 356 ff.; *Geilen*, JZ 1974, 145; SK-*Sinn*, § 212 Rn. 24.
[297] *BGH* St 32, 262 (264).

Fall 13: – *Fahrlässige Tötung bei Handeln des Opfers auf eigene Gefahr –* **138**
Bill (B) und Dick (D) waren seit Jahren als leidenschaftliche Motorradfahrer Mitglieder der Rockerbande »Hell's Angels«. Aus Langeweile überredete B den D zu einem Motorradrennen. Beide fuhren in waghalsigem Tempo. In einer Kurve verlor D die Gewalt über seine Maschine und verunglückte tödlich.
B wird wegen fahrlässiger Tötung angeklagt; zu Recht?

I. Tatbestand

Das Verhalten des B – Verleiten des D zu der Wettfahrt und Beteiligung an ihr – war für den eingetretenen Erfolg *kausal.* Es fragt sich, ob B die zur Vermeidung dieses Erfolges *objektiv gebotene Sorgfalt* missachtet hat.

Aufbauhinweis

Nach zutreffender h.L.[298] ist bei der Fahrlässigkeitsprüfung zwischen der **objektiv** **139** erforderlichen und der dem Täter **subjektiv** möglichen Sorgfalt zu differenzieren: Die Vernachlässigung der objektiv gebotenen Sorgfalt[299] (»objektive Fahrlässigkeit«) gehört zum Tatbestand (»Tatbestandsmäßigkeit«) der Fahrlässigkeitsdelikte; im Bereich der Schuld ist zu erörtern, ob der Täter nach dem Maß seines individuellen Könnens zur Erfüllung der objektiven Sorgfaltsanforderungen fähig war (Frage der »subjektiven Fahrlässigkeit«).
Vereinzelt wird in der Literatur dagegen die *Sorgfaltswidrigkeit* (als den Handlungsunwert der Fahrlässigkeitsdelikte konstituierendes Element) allein an den individuellen Kenntnissen und Fähigkeiten des Täters (Theorie von der individuellen Sorgfaltswidrigkeit) orientiert[300].

Dass D bei dem waghalsigen Rennen tödlich verunglücken konnte, war *objektiv vor-* **140** *hersehbar*, denn dieser Erfolg lag nicht außerhalb aller Lebenserfahrung. Fraglich ist jedoch, ob B eine Verletzung der *objektiv gebotenen Sorgfalt* vorzuwerfen ist oder diese wegen der **eigenverantwortlichen Selbstgefährdung** des D entfällt.
In Rechtsprechung und Literatur ist strittig, wie diese Konstellation dogmatisch zu bewältigen ist. Zum Teil wird die Sorgfaltswidrigkeit verneint[301], andere bejahen eine rechtfertigende Einwilligung[302], nach zutreffender Auffassung[303] scheidet dagegen die objektive Zurechnung des – fahrlässig herbeigeführten – Erfolgs aus.
Die »Sorgfaltswidrigkeitslösung« trifft nicht zu, weil ein »überwiegendes Mitverschulden« des Opfers den Sorgfaltsverstoß des Täters im Strafrecht – anders als im Zivilrecht – nicht zu überlagern vermag[304]. Die »Einwilligungslösung« scheitert u.a.,

---

[298] Krey/*Esser*, AT, Rn. 1342 ff. m.w.N.; *Gössel*, FS-Bengel, 1984, S. 23 (29, 35); *Schünemann*, JA 1975, 435 (436 ff.); 511, (512 ff.); *ders.*, FS-Schaffstein, 1975, S. 159 ff.; Sch/Sch-*Sternberg-Lieben/Schuster*, § 15 Rn. 116 ff., 190; Jescheck/*Weigend*, § 54 I 3, 4.
[299] Zur Berücksichtigung von Sonderkenntnissen und Sonderfähigkeiten des Täters bei der objektiven Fahrlässigkeit siehe Krey/*Esser*, AT, Rn 1349 m.w.N.
[300] *Jakobs*, Studien zum fahrlässigen Erfolgsdelikt, 1972, S. 48 ff., 64 ff.; *ders.*, AT, 9/1 ff.
[301] Z.B. *RG* St 57, 172 (»Memel-Fährmann«); *BGH* St 4, 88 (93); 7, 112 (115).
[302] Z.B. *BGH*, NJW 1995, 795 (796); *OLG Zweibrücken*, JR 1994, 518 (519), m. Anm. *Dölling*.
[303] *BGH* St 32, 262 (264); *OLG Stuttgart*, NStZ 2009, 331 (332), m. Anm. *Puppe*; *Frisch*, JuS 2011, 116 (119 f.); *Hellmann*, FS-Roxin, 2001, 271 (280 ff.); *Roxin*, JZ 2009, 399 (400 ff.).
[304] *Hellmann*, FS-Roxin, 2001, 271 (273 f.); *Roxin*, JZ 2009, 399 f.

weil eine Einwilligung als Rechtfertigungsgrund bei den Tötungsdelikten und damit auch bei § 222 StGB grundsätzlich nicht in Frage kommt[305].

141 Der – im Ergebnis zutreffende – **Zurechnungsausschluss in Fällen der Beteiligung an einer eigenverantwortlichen Selbstgefährdung** wird zumeist damit begründet, dass die Teilnahme an einer eigenverantwortlichen – vorsätzlichen – Selbstverletzung (z.B. Beihilfe zum freiverantwortlichen Suizid) straflos sei[306]. Dies müsse für die Mitwirkung an einer Selbstgefährdung »erst recht« gelten. Diese »Teilnahmetheorie« ist jedoch dogmatisch nicht tragfähig[307] und ihre Vertreter, insbesondere die Rechtsprechung, nehmen sie auch nicht wirklich ernst, sondern rücken – quasi nach Belieben – von diesem Ansatz ab, wenn ein anderes Ergebnis erzielt werden soll[308].

142 Überzeugend kann der Zurechnungsausschluss jedoch auf die **Eigenverantwortlichkeit als maßgebliches Kriterium** gestützt werden, das sowohl für Selbst- als auch für Fremdgefährdungen (z.B. »Autosurfen«, Mitfahrt bei einem »Street Race«[309] oder ungeschützter Sexualverkehr des Gesunden mit einem aidskranken Partner) gilt[310]. Die Eigenverantwortlichkeit setzt voraus, dass das »Opfer« das Geschehen mindestens in dem gleichen Maße beherrscht wie der »Täter«, es das Risiko genauso übersieht wie der Mitwirkende und kein Zwang oder erhebliche psychische Defekte, welche die Willensfreiheit beeinträchtigen, vorliegen[311]. Auch eine erhebliche Alkoholisierung kann die Eigenverantwortlichkeit einschränken[312].
Konsequent erscheint es deshalb, die Gefährdung von Personen, die einer berufsbedingten Handlungspflicht unterliegen (z.B. Polizeibeamte und Feuerwehrleute) nicht als eigenverantwortlich anzusehen, weil sie nicht frei entscheiden können, ob sie sich in Gefahr begeben oder nicht[313].

II. Ergebnis

Die Anwendung dieser Grundsätze auf unseren *Fall 13* ergibt, dass B nicht wegen fahrlässiger Tötung strafbar ist, da der Sachverhalt keine Angaben zu einer Einschränkung der Eigenverantwortlichkeit des D enthält.

---

[305] *BGH* St 4, 88 (93); 7, 112 (114); Sch/Sch-*Eser*, § 222 Rn. 6a; Krey/*Esser*, AT, Rn. 568, 663; *Fischer*, § 222 Rn. 3. Offengelassen in *BGH* St 49, 166 (175). – Zu weiteren Gründen gegen diese Lösung *Hellmann*, FS-Roxin, 2001, 271 (273 f.).
[306] *BGH* St 32, 262 (264); 53, 55 (Rn. 21); 288 (Rn. 5), m. Bespr. *Lange/Wagner*, NStZ 2011, 67 ff.; *BGH*, NJW 1985, 690 (691); NJW 2003, 2326 (2327); NStZ 2011, 341 (Rn. 6); NJW 2014, 1680 (Rn. 71); Sch/Sch-*Eser/Sternberg-Lieben*, vor § 211 Rn. 35 f.; L/K/H-*Heger*, vor § 211 Rn. 12.
[307] Eingehend *Neumann*, JA 1987, 244 (245 ff.).
[308] Zu *BGH* St 39, 322 ff. (Selbstgefährdung des Retters nach einer Brandstiftung) siehe *Hellmann*, FS-Roxin, 2001, 271 (282).
[309] Anders *BGH* St 53, 55 (Rn. 23 ff.), der wegen der Herrschaft des Fahrers eine Fremdgefährdung annimmt und deshalb einen Zurechnungsausschluss ablehnt. Ebso. *OLG Celle*, StV 2013, 27 (29 f.) m. Anm. *Rengier*; M/R-*Safferling*, § 222 Rn. 4.
[310] *Hellmann*, FS-Roxin, 2001, 271 (282 ff.); *Walter*, NStZ 2013, 673 (676).
[311] Näher *Hellmann*, FS-Roxin, 2001, 271 (283 f.).
[312] *BGH* St 7, 112 (BAK von 1,5 Promille des verunglückten Teilnehmers an dem Rennen).
[313] *BGH* St 39, 322 (324 ff.); *OLG Stuttgart*, NStZ 2009, 331 (332), auch zu den Grenzen der Zurechenbarkeit (sinnlose oder mit unverhältnismäßigen Wagnissen verbundene Rettungshandlungen); *Amelung*, NStZ 1994, 338; Krey/*Esser*, AT, Rn. 365 f.

VII. Aussetzung (§ 221 StGB)

Die Aussetzung ist ein **konkretes Gefährdungsdelikt**[314], das nicht nur die *Lebens-* **143** *gefahr*, sondern auch die *»Gefahr einer schweren Gesundheitsschädigung«* erfasst (§ 221 I StGB). In einer »hilflosen Lage« befindet sich das Opfer allerdings schon, wenn es der abstrakten Gefahr des Todes oder einer schweren Gesundheitsgefahr ausgesetzt ist[315]. Die potentielle Gefährlichkeit der Tathandlung muss sich also zu einer konkreten Gefahr als Tatererfolg »verdichten«[316].

Fall 14: – *Versetzen in eine hilflose Lage ohne Ortsveränderung?* – **144**

Am Abend des 24. Dezember verließ Franzi Fröhlich (F) abends ihre Kinder – den zehn Monate alten Säugling Sascha (S) und das fünfjährige Mädchen Michelle (M) –, um mit einem Freund ungestört feiern zu können. Bei ihrem Weggehen hatte sie S versorgt und M beauftragt, ihm am nächsten Morgen Milch zuzubereiten. F, die zunächst am 25.12. gegen Mittag zurückkehren wollte, entschloss sich später, erst am 28.12. heimzukehren, um noch eine ungestörte Zeit mit ihrem Freund verbringen zu können. Dabei war sie sich über die lebensgefährdende Wirkung ihres Verhaltens für S im Klaren, vertraute jedoch darauf, er würde schon nicht gerade verhungern, verdursten oder erfrieren; um M machte sie sich keine Sorgen. Als die F am 28.12. zurückkehrte, fand sie S in der ungeheizten Wohnung tot und M in mitgenommenem Zustand vor.

Strafbarkeit der F?

a) §§ 211, 212 StGB (Tod des S) scheiden mangels Tötungsvorsatzes aus, da die F mit dem Erfolg **nicht ernstlich gerechnet**, sich nicht mit ihm abgefunden, sondern auf sein Ausbleiben vertraut hat.

b) § 221 StGB gegenüber S? **145**

(1) § 221 I Nr. 1 StGB

F könnte S »in eine hilflose Lage versetzt« haben.
Tatobjekt des § 221 StGB kann jeder Mensch sein, also auch eine gesunde, erwachsene Person. Eine »hilflose Lage« des Opfers liegt vor, wenn es außerstande ist, sich aus eigener Kraft vor drohenden Gefahren des Todes oder schwerer Gesundheitsschäden zu schützen[317]. In eine solche Lage muss der Täter das Opfer **versetzen**.

Zum Teil wird in der Literatur – wie zu der alten Fassung des § 221 I StGB *(»wer* **146** *eine ... hilflose Person aussetzt«)* – vertreten, dass dazu eine **Ortsveränderung des Opfers** notwendig sei[318].
Träfe diese Ansicht zu, würde § 221 I Nr. 1 StGB in casu von vornherein mangels »Versetzens« entfallen, denn F hat S nicht durch Veränderung seines Aufenthaltsortes (»Aussetzen«) in eine hilflose Lage gebracht.

---

[314] W/H/E-*Engländer*, Rn. 167; *Hörnle*, Jura 1998, 169 (177); HdS 4-*Mitsch*, § 1 Rn. 62; *Rengier* II, 10/1; M/R-*Safferling*, § 221 Rn. 1; NK-*Saliger*, § 221 Rn. 3, 31.
[315] BGH, NStZ 2008, 395; wohl ebso. *Ebel*, NStZ 2002, 404; W/H/E-*Engländer*, Rn. 168; Sch/Sch-*Eser/Sternberg-Lieben*, § 221 Rn. 2, 9; krit. u.a.: *Fischer*, § 221 Rn. 7, 15 ff.
[316] Vgl. NK-*Saliger*, § 221 Rn. 6 f.
[317] BeckOK-StGB-*Eschelbach*, § 221 Rn. 6; Sch/Sch-*Eser/Sternberg-Lieben*, § 221 Rn. 2.
[318] Z.B. *Hohmann/Sander*, BT II, 5/4.

147 Nach h.M. erfordert das Merkmal des Versetzens in eine hilflose Lage dagegen kein Aussetzen des Opfers i.S. einer Ortsveränderung[319]. Die Ersetzung des Merkmals »aussetzt« durch **in eine hilflose Lage versetzt** in § 221 I Nr. 1 StGB erlaube es vielmehr, nach Wortlaut und Sinn dieser Vorschrift z.B. auch die Verabreichung großer Mengen Alkohols an das zu eigenverantwortlichem Handeln nicht mehr fähige Opfer unter gefährdenden Umständen, z.B. bei kalter Witterung im Freien, sodass das Opfer nicht mehr in der Lage ist, selbst einen beheizten Ort zu erreichen[320], zu subsumieren.

148 Bereits die Änderung des Gesetzeswortlauts spricht für die h.M. Zudem erscheint diese Auffassung unter Berücksichtigung des Zwecks der Vorschrift vorzugswürdig. Geschützt werden soll das Opfer davor, dass es durch einen Dritten in eine Situation gebracht wird, in der es besonderen Leibes- oder Lebensgefahren schutzlos ausgeliefert ist. Ob dies durch die Verbringung an einen anderen Ort oder durch andere Maßnahmen erfolgt, ist aus der Sicht Opfers irrelevant. Allerdings genügt nicht jede Verursachung der hilflosen Lage, sondern diese muss aus einer **täterschaftlich zurechenbaren Zustandsveränderung** resultieren[321]. Dies kann durch eine Ortsveränderung geschehen, aber auch durch eine andere Einwirkung auf die Opfersituation, z.B. Verabreichen von »KO-Tropfen«, sonstiger Betäubungsmittel oder Alkohol, Einsperren, Fesseln oder den Entzug lebensnotwendiger Gegenstände (Nahrung, Kleidung)[322]. Darunter fällt sogar der Fall, dass sich das Opfer selbst in die hilflose Lage bringt, wenn der Täter – quasi wie ein mittelbarer Täter – das Opfer dazu veranlasst, z.B. durch Drohung oder Täuschung[323].

149 Eine systemwidrige Überlagerung bzw. Verdrängung der Imstichlassens-Alternative (§ 221 I Nr. 2 StGB), die nur durch Garanten verwirklicht werden kann (*Rn. 151*), durch das Jedermannsdelikt des § 221 I Nr. 1 StGB ist nicht zu befürchten. Verursacht z.B. ein Autofahrer, der sich pflichtgemäß verhalten hat, die Bewusstlosigkeit des ihm unvermittelt vor das Auto stürzenden Fußgängers, so hat er diesen zwar in eine hilflose Lage versetzt, da die Aussetzung ein Vorsatzdelikt ist, scheidet die Strafbarkeit nach § 221 I Nr. 1 StGB aber aus. Mangels Garantenstellung (Ingerenz setzt nach zutreffender Auffassung ein pflichtwidriges Vorverhalten voraus) ist der Autofahrer aber auch nicht aus § 221 I Nr. 2 StGB strafbar[324].

Da F nicht auf die Opfersituation einwirkte, greift § 221 I Nr. 1 StGB mangels *Versetzens* des S in eine hilflose Lage nach der h.M. nicht ein.

---

[319] *BGH* St 52, 153 (Rn. 14); W/H/E-*Engländer*, Rn. 162; Sch/Sch-*Eser/Sternberg-Lieben*, § 221 Rn. 4; *Fischer*, § 221 Rn. 8; MK-*Hardtung*, § 221 Rn. 11; L/K/H-*Heger*, § 221 Rn. 3; *Hörnle*, Jura 1998, 169 (177); HdS 4-*Mitsch*, § 1 Rn. 63; *Rengier* II, 10/11 ff.; NK-*Saliger*, § 221 Rn. 11 ff.
[320] *Hörnle*, Jura 1998, 169 (177).
[321] NK-*Saliger*, § 221 Rn. 12; M/R-*Safferling*, § 221 Rn. 8.
[322] Vgl. S/S/W-*Momsen*, § 221 Rn. 4.
[323] NK-*Saliger*, § 221 Rn. 12.
[324] Siehe nur *BGH* St 25, 218 (219 ff.); NStZ 1998, 83 f., zu § 221 StGB a.F; dazu Krey/*Esser*, AT, Rn. 1150 f., m.w.N.

(2) § 221 I Nr. 2 StGB

(a) Deliktscharakter: Strittig ist, ob die Imstichlassens-Alternative ein durch positives Tun und Unterlassen begehbares Delikt[325] oder ein – unechtes[326] oder echtes – Unterlassungsdelikt[327] ist. § 221 I 2. Alt. StGB erfasst jedenfalls sowohl den Fall, dass der Täter das Opfer im Stich lässt, indem er sich – wie es die frühere Fassung (Verlassen des Opfers in hilfloser Lage) verlangte – räumlich von ihm entfernt, darin läge ein positives Tun, als auch die Fälle, in denen der Täter – ohne Ortsveränderung – lediglich untätig bleibt (*Rn. 147*) oder nicht zu dem hilflosen Opfer zurückkehrt (*Rn. 157*). Relevant ist der Streit für die Anwendbarkeit des § 13 StGB, also die fakultative Strafmilderung nach § 13 II StGB, wenn das Imstichlassen durch ein Unterlassen begangen wird. Zutreffend erscheint die Einordnung als echtes Unterlassungsdelikt, denn der Täter lässt das hilflose Opfer im Stich, wenn er ihm nicht beisteht. Ob dies auf einem positiven Tun (Verlassen des Opfers) oder einem bloßen Nichtstun beruht, ist gleichgültig. Der Tatbestand bringt zum Ausdruck, dass das Gesetz die Beistandspflichtverletzung mit Strafe bedroht, unabhängig davon, ob dies durch Tun oder Unterlassen geschieht. Bei einem räumlichen Entfernen von dem Hilflosen handelt es sich um ein »Unterlassen durch Tun«.

150

(b) Tatsubjekt: § 221 I Nr. 2 StGB verlangt als Sonderdelikt, dass der Täter das Opfer »in seiner Obhut hat oder ihm sonst beizustehen verpflichtet ist«; nach zutreffender h.M. sind die Grundsätze über die Entstehung einer **Garantenstellung** maßgeblich[328]. Hilfspflichten, die jedermann treffen, wie z.B. die aus § 323c StGB, reichen zur Begründung der Beistandspflicht des § 221 I Nr. 2 StGB nicht aus[329].
Eine solche Garantenpflicht trifft z.B. auch den Gastwirt oder privaten Gastgeber gegenüber einem infolge Trunkenheit unzurechnungsfähigen Gast[330].
Dass S unter der Obhut der F stand, ergibt sich aus § 1618a BGB[331]: F war kraft Gesetzes Beschützergarantin für ihn.

151

(c) Tathandlung: Die Modalität des Imstichlassens setzt voraus, dass sich das Opfer bereits in einer **hilflosen Lage** befindet. Das war bei S der Fall: Er war konstitutionell nicht in der Lage, sich aus eigener Kraft zu schützen, und wie sich zeigte, änderte auch die Anwesenheit der M nichts an seiner hilflosen Lage.

152

Es fragt sich, ob die F den Säugling i.S. des § 221 I Nr. 2 StGB in hilfloser Lage **im Stich gelassen** hat.

153

---

[325] Z.B. *Fischer*, § 221 Rn. 12; *Krüger/Wengenroth*, NStZ 2013, 101 (102); S/S/W-*Momsen*, § 221 Rn 6; *ders.*, StV 2013, 54 (55 ff.).
[326] LK[13]-*Krüger*, § 221 Rn. 45; *Roxin*, AT II, § 31 Rn. 18.
[327] BGH St 57, 28 (Rn. 12 f.); Sch/Sch-*Eser/Sternberg-Lieben*, § 221 Rn. 7; L/K/H-*Heger*, § 221 Rn. 4.
[328] Sch/Sch-*Eser/Sternberg-Lieben*, § 221 Rn. 10; *Hörnle*, Jura 1998, 169 (177); HdS 4-*Mitsch*, § 1 Rn. 67; *Rengier* II, 10/5. Enger NK-*Saliger*, § 221 Rn. 29, der eine besondere Nähe in einem psychologisch-sozialen Sinn (Vertrauensbeziehung) fordert, die über institutionell begründete Hilfspflichten (Polizisten, Feuerwehrleute, Notärzte) hinausgeht.
[329] *BGH*, NJW 2022, 3656 (Rn. 21) m. Anm. *Drees*, NStZ 2023, 100 f.; *Eisele*, JuS 2023, 182 ff.; *Mitsch*, NJW 2022, 3659; *Woring*, ZJS 2023, 684 ff.
[330] BGH St 26, 35 (36); weitere Nachweise bei Krey/*Esser*, AT, Rn. 1160.
[331] Zur Garantenstellung aus familiärer Beistandspflicht *BGH*, NStZ 2017, 401; 2022, 601 (Rn.13) m. Anm. *Kudlich*.

Der typische Fall des Imstichlassens ist das Verlassen des Opfers i.S. einer räumlichen Trennung des Täters von ihm. Ein solches Verlassen lag hier vor, als F am 24. Dezember S alleine mit seiner Schwester in der Wohnung zurückließ; damit hat sie den objektiven Tatbestand des Imstichlassens des S erfüllt. Indes hatte die F zu diesem Zeitpunkt noch keinen Vorsatz hinsichtlich der im § 221 I StGB geforderten konkreten Gefährdung der hilflosen Person:

154 Diese Vorschrift verlangt nämlich, dass der Täter das Opfer durch die Tathandlung gemäß Nr. 1 bzw. Nr. 2 »der Gefahr des Todes oder einer schweren Gesundheitsschädigung aussetzt«, wobei eine konkrete Gefährdung nötig ist, die der Täter in seinen Vorsatz aufgenommen haben muss[332].

Eine solche Gefahr kann auch in der (erheblichen) **Verstärkung einer bereits bestehenden Gefahr** für Leben oder Leib des Opfers liegen[333]. Bei einem »unrettbar tödlich Verletzten«, der so schwere Verletzungen erlitten hat, dass es keine Hilfsmöglichkeit gibt, scheidet eine konkrete Gefährdung i.S. des § 221 I StGB aus[334], es sei denn, dass die Möglichkeit der Linderung unerträglicher Schmerzen besteht[335].

155 Die »hilflose Lage« verlangt – wie dargelegt (*Rn. 143*) – keine »konkrete Gefahr des Todes oder einer schweren Gesundheitsschädigung«, sondern nur einen **Zustand individueller Hilfsbedürftigkeit des Opfers**, aus dem eine solche konkrete Gefahr erwachsen kann. Stellt die »hilflose Lage« in casu bereits eine konkrete Gefahr i.S. des § 221 I StGB dar, so muss eine (erhebliche) Steigerung dieser Gefahr drohen.

Als F den S am Abend des 24. Dezember in der Wohnung zurückließ, hatte sie ihn noch versorgt und immerhin befand er sich in der Obhut seiner – allerdings – erst fünfjährigen Schwester. Eine abstrakte Lebens- oder Gesundheitsgefahr bestand deshalb zu diesem Zeitpunkt wohl noch nicht.

156 Das Merkmal »Imstichlassen« ist im Übrigen nicht auf das Verlassen der hilflosen Person beschränkt, sondern § 221 I Nr. 2 StGB erfasst auch solche Fälle des vorsätzlichen Sich-Entziehens der Beistandspflicht durch den Garanten, bei denen sich dieser **nicht** räumlich vom Opfer entfernt[336]:

Ein Schulbeispiel für ein tatbestandsmäßiges Imstichlassen ohne Verlassen ist das Verhalten der Krankenschwester, die bei dem überwachungsbedürftigen Patienten zwar verweilt, sich aber nicht um ihn kümmert[337].

157 Als weiteres Beispiel wird zutreffend der Fall der Verletzung der **Rückkehrpflicht** des Garanten zur hilflosen Person genannt[338]. Gemeint ist der Garant, der eine hilflose Person zunächst so versorgt verlassen hat, dass eine konkrete Gefahr i.S. des § 221 I StGB entweder objektiv noch nicht eingetreten ist oder dem Täter insoweit

---

[332] BeckOK-StGB-*Eschelbach*, § 221 Rn. 25; *Rengier* II, 10/37.
[333] *OLG Zweibrücken*, NStZ 1997, 601; *Fischer*, § 221 Rn. 15; L/K/H-*Heger*, § 221 Rn. 5; *Hörnle*, Jura 1998, 169 (177). A.A. NK-*Saliger*, § 221 Rn. 16.
[334] Sch/Sch-*Eser/Sternberg-Lieben*, § 221 Rn. 8; *Rengier* II, 10/30.
[335] Sch/Sch-*Eser/Sternberg-Lieben*, § 221 Rn. 8.
[336] W/H/E-*Engländer*, Rn. 164; MK-*Hardtung*, § 221 Rn. 17; *Kreß*, NJW 1998, 633 (641); *Kudlich*, JuS 1998, 468 (469).
[337] *Rengier* II, 10/19.
[338] *Fischer*, § 221 Rn. 12; *Rengier* II, 10/20; *Schroth*, 3.4.1.

der Vorsatz fehlt, der aber nicht zurückkehrt, obwohl die Wirkung der ursprünglichen Fürsorge für die hilflose Person aufgehört hat[339].

Ein derartiges Imstichlassen durch Verletzung der **Rückkehrpflicht** ist in casu anzunehmen: Als F sich entschloss, erst am 28. Dezember zu S zurückzukehren und diesen Entschluss realisierte, hat sie S i.S. des § 221 I Nr. 2 StGB in hilfloser Lage »im Stich gelassen«. Der weitere Verlauf belegt die evident hilflose Lage des Opfers.

(d) Täterfolg: § 221 I StGB setzt die konkrete **Gefahr des Todes** oder einer **schweren Gesundheitsschädigung** voraus. **158**

Der Terminus schwere Gesundheitsschädigung verlangt keine »schwere Körperverletzung« i.S. des § 226 StGB, sondern geht über die dort aufgezählten Fälle der schweren Körperverletzung hinaus. Als Beispiele für eine »schwere Gesundheitsschädigung« werden namentlich »ernste, langwierige Krankheiten« und »erhebliche Beeinträchtigungen der Arbeitskraft« genannt[340], zudem ganz allgemein die »nachhaltige Beeinträchtigung der physischen oder psychischen Stabilität«[341].

Durch die Verletzung ihrer Rückkehrpflicht, die aus §§ 1626, 1631 mit § 1626a BGB resultierte, hat F den S sogar einer konkreten Gefahr des Todes ausgesetzt.

(e) Vorsatz: Der subjektive Tatbestand erfordert Vorsatz hinsichtlich der Tathandlung und des konkreten Gefährdungserfolgs[342]. **159**

F kannte die Umstände, aus denen sich ihre Garantenstellung ergab, und sie wusste, dass sie S im Stich ließ und ihn dadurch einer konkreten Lebensgefahr aussetzte. Dass sie zwar ohne Tötungsvorsatz handelte (*Rn. 144*), aber mit Lebensgefährdungsvorsatz, ist kein Widerspruch in sich, da letzterer Vorsatz ersteren nicht einschließt[343].

F hat sich somit gegenüber S aus § 221 I Nr. 2 StGB schuldig gemacht.

(3) Qualifikationen nach § 221 II Nr. 1, 2 StGB

F hat die Tat **gegen ihr Kind** begangen, sodass dieser qualifizierende Tatbestand erfüllt ist. **160**
Kinder i.S. dieser Vorschrift sind leibliche Kinder und Adoptivkinder, freilich nur solange sie noch minderjährig sind, da mit Volljährigkeit die Pflicht zur Personensorge (§§ 1626, 1631 mit §§ 1626a, 1754 BGB) endet[344]. Für Pflege- und Stiefkinder ist § 221 II Nr. 1 Alt. 2 StGB (anvertraute Person) einschlägig[345].

Zudem ist die Erfolgsqualifikation des § 221 II Nr. 2 mit § 18 StGB erfüllt, denn dem Tod des S ging eine – tödliche – »schwere Gesundheitsschädigung« voraus. Doch tritt diese Qualifikation hinter die nach § 221 III StGB (zu ihr *Rn. 163*) im Wege der Gesetzeskonkurrenz zurück. **161**

---

[339] *BGH*, NStZ 1983, 454.
[340] BT-Drs. 13/8587, S. 27, 28; MK-*Hardtung*, § 221 Rn. 19; L/K/H-*Heger*, § 250 Rn. 3; *Hörnle*, Jura 1998, 169 (173).
[341] Sch/Sch-*Eser/Weißer*, § 218 Rn. 59.
[342] LK[13]-*Krüger*, § 221 Rn. 71; M/R-*Safferling*, § 221 Rn. 17; NK-*Saliger*, § 221 Rn. 34.
[343] *BGH*, NStZ 1988, 360 (361 f.); dazu m.w.N. Krey/*Esser*, AT, Rn. 1149 f.
[344] BT-Drs. 13/8587, S. 82; MK-*Hardtung*, § 221 Rn. 32; L/K/H-*Heger*, § 221 Rn. 7; LK[13]-*Krüger*, § 221 Rn. 74; enger *Fischer*, § 221 Rn. 21 (Person unter 14 Jahren).
[345] BeckOK-StGB-*Eschelbach*, § 221 Rn. 31; L/K/H-*Heger*, § 221 Rn. 7; *Hörnle*, Jura 1998, 169 (177); NK-*Saliger*, § 221 Rn. 38.

(4) Erfolgsqualifikation gemäß §§ 221 III, 18 StGB

162 Diesen Tatbestand hat F ebenfalls erfüllt: Sie hat den Tod des S durch die Tat (§ 221 I Nr. 2 StGB) fahrlässig verursacht. Auch hat sich in diesem Erfolg die tatbestandstypische Gefahr der Aussetzung gemäß § 221 I StGB realisiert[346].

163 *(5) Konkurrenzen:* § 221 III verdrängt im Wege der Gesetzeskonkurrenz § 221 I, II Nr. 2, im Übrigen auch § 222 StGB. Dagegen dürfte mit § 221 II Nr. 1 StGB wegen des zusätzlichen Unwertgehaltes der Täter-Opfer-Beziehung Tateinheit (§ 52 StGB) anzunehmen sein.

164 *Ergänzender Hinweis*

Entgegen der h.M.[347], nach der § 221 StGB hinter ein vorsätzliches Tötungsdelikt zurücktritt, sollte man zwischen § 221 III und §§ 211 bzw. 212 StGB Tateinheit bejahen; nur hierdurch kommt der zusätzliche Unrechtsgehalt der »Aussetzung« zum Ausdruck[348].

c) § 221 I, II StGB gegenüber M?

165 Durch die Verletzung ihrer Rückkehrpflicht hat F die M »im Stich gelassen«. M befand sich ebenfalls »in hilfloser Lage«, weil sie noch nicht fähig war, sich aus eigener Kraft ausreichend zu schützen. Das ergibt sich schon daraus, dass M den Tod des S nicht hatte verhindern können und selbst in einen »mitgenommenen Zustand« geraten war. Die erforderliche Garantenpflicht der F (*Rn. 151*) ergibt sich wie bei S aus § 1618a BGB. Doch könnte es an der erforderlichen konkreten Gefährdung (*Rn. 158*) der fünfjährigen Tochter fehlen:

Eine **konkrete Lebensgefahr** für sie ist dem Sachverhalt nicht zu entnehmen. Im Übrigen würde es insoweit auch am Vorsatz der F mangeln, denn sie hatte sich um das ältere Kind keine Sorgen gemacht.

Die Annahme der **konkreten Gefahr einer schweren Gesundheitsschädigung** würde die Feststellung erfordern, dass für das ältere Kind die Gefahr »ernster, langwieriger Krankheiten« oder »nachhaltiger Beeinträchtigung der physischen bzw. psychischen Stabilität« bestand (*Rn. 158*), wobei eine solche Gefahr konkret wäre, wenn es nur vom Zufall abhing, ob sie sich realisierte[349].

In casu dürfte allenfalls unter dem Aspekt nachhaltiger Beeinträchtigung der psychischen Stabilität des Kindes die Gefahr einer schweren Gesundheitsschädigung in Betracht kommen. Auch bei Annahme einer solchen Gefahr würde es aber insoweit wohl am Vorsatz der F fehlen.

Ergebnis: Gegenüber M dürfte Aussetzung, § 221 StGB, entfallen.

---

[346] Vgl. *Rengier* II, 10/39; NK-*Saliger*, § 221 Rn. 41.
[347] *BGH*, NStZ 2022, 601 (Rn. 29); W/H/E-*Engländer*, Rn. 172; Sch/Sch-*Eser/Sternberg-Lieben*, § 221 Rn. 18; *Fischer*, § 221 Rn. 28; NK-*Saliger*, § 221 Rn. 47.
[348] SK-*Wolters*, § 221 Rn. 17.
[349] Krey/*Esser*, AT, Rn. 222; *Rengier* II, 10/24.

§ 2 Straftaten gegen das werdende Leben (§§ 218 - 219b StGB)

I. Verhinderung der Nidation, § 218 I S. 2 StGB

»Abbruch der Schwangerschaft« i.S. der §§ 218 ff. StGB bedeutet Abtötung der Leibesfrucht[1]. **166**

Die Frage, ab welchem Zeitpunkt das werdende Leben durch §§ 218 ff. StGB geschützt wird – vom Zeitpunkt der Empfängnis (= Verschmelzung von Ei- und Samenzelle) an oder erst mit Abschluss der Nidation (= Einnistung der befruchteten Eizelle in der Gebärmutterschleimhaut) –, beantwortet § 218 I S. 2 StGB in letzterem Sinne. Daher ist die Verhütung der **Nidation** (z.B. durch die »Pille danach«; intrauterine Pessare, Spiralen u.ä.) kein tatbestandsmäßiger Abbruch der Schwangerschaft.

II. Schwangerschaftsabbruch

§ 218 I StGB erfasst alle Eingriffe, die während der Schwangerschaft, d.h. nach der Nidation und vor dem Beginn der Geburt (*Rn. 2 ff.*) auf die Leibesfrucht einwirken und ihren Tod herbeiführen[2], also sowohl die »Fremdabtreibung« durch einen Dritten als auch die »Selbstabtreibung« durch die Schwangere[3]. **167**

1. Strafbarkeit eines Dritten (Fremdabtreibung)

Fall 15: – *§ 218 I, II StGB* – **168**

Die Hebamme Helene (H) nahm gewerbsmäßig unerlaubte Abtreibungen an illegal in Deutschland lebenden Frauen, die nicht über einen Krankenversicherungsschutz verfügten und sich aus Angst vor der Ausweisung nicht an öffentliche Beratungsstellen wenden mochten, vor. Eines Tages kam die 18-jährige Madita (M) zu ihr, die mit Tränen in den Augen und 100,- Euro in den Händen bat, sie von ihrer Schwangerschaft zu befreien. H war zwar angetrunken und wusste, dass ein Eingriff bei der Schwangeren daher für diese lebensgefährlich sein würde. Sie vertraute aber darauf, sie werde M schon nicht umbringen, rechnete also nicht ernstlich mit deren Tod. Und in der Tat führte H den Schwangerschaftsabbruch ohne Komplikationen durch, obwohl ihr während des Eingriffs wegen ihrer (alkoholbedingt) zittrigen Hände um Leib und Leben der M angst und bange war.

Strafbarkeit der H?

a) Versuchter Mord oder Totschlag scheiden mangels Tatentschlusses aus. H rechnete nicht ernstlich mit dem Tod der M, sondern vertraute darauf, sie werde die Schwangere nicht tödlich verletzen, sodass kein Tötungsvorsatz vorlag.

b) Schwangerschaftsabbruch in einem besonders schweren Fall (§ 218 I, II StGB)

(1) H hat den Embryo vorsätzlich getötet, folglich eine Schwangerschaft abgebrochen. **169**

---

[1] *BVerfG* E 39, 1 (46); *Gössel*, JR 1976, 1; *Lackner*, NJW 1976, 1233 (1235).
[2] BeckOK-StGB-*Eschelbach*, § 218 Rn. 3 ff. L/K/H-*Heger*, § 218 Rn. 3 f.
[3] Sch/Sch-*Eser/Weißer*, § 218 Rn. 1 ff.; *Fischer*, § 218 Rn. 9; LK[13]-*Lindemann*, § 218 Rn. 2; S/S/W-*Momsen-Pflanz/Momsen*, § 218 Rn. 1; HdS 4-*Schwarzenegger*, § 3 Rn. 21.

Zum Begriff des Abbruchs der Schwangerschaft vgl. *Rn. 167.* § 218 I StGB ist vollendet, wenn die Leibesfrucht abgestorben ist[4]. Der Schwangerschaftsabbruch kann erfolgen durch Tötung des Embryos im Mutterleib, Herbeiführen der Frühgeburt eines noch nicht lebensfähigen Kindes, das mangels Ausreifung stirbt (vgl. *Fall 2, Rn. 7 f.*) oder Tötung der Schwangeren (dazu *Fall 18*).

Der Schwangerschaftsabbruch durch einen **Nichtarzt** erfüllt im Übrigen immer den objektiven Tatbestand des § 218 I StGB.

Es lagen keine Rechtfertigungsgründe vor und H handelte schuldhaft.

170 *(2)* Der erhöhte Strafrahmen des § 218 II StGB wäre anwendbar, wenn ein Schwangerschaftsabbruch in einem besonders schweren Fall vorläge.

In Betracht kommt das Regelbeispiel des § 218 II S. 2 Nr. 2 StGB. Es verlangt allerdings **Leichtfertigkeit**, d.h. grobe Fahrlässigkeit, hinsichtlich der Verursachung einer Gefahr des Todes oder einer schweren Gesundheitsschädigung der Schwangeren. H führte aber die erforderliche konkrete Gefahr des Todes oder einer schweren Gesundheitsschädigung der M, die angesichts der Trunkenheit der H anzunehmen ist, **vorsätzlich** herbei.

Dass H mit **Lebensgefährdungs**vorsatz, aber ohne **Tötungs**vorsatz handelte, ist kein Widerspruch; man kann sehr wohl eine Lebensgefahr in Kauf nehmen, aber darauf vertrauen, die Gefahr werde sich nicht realisieren (*Rn. 159*).

Wo das Gesetz von **Leichtfertigkeit** spricht (vgl. etwa §§ 97 II, 138 III, 218 II Nr. 2 StGB), wird der Vorsatz nicht erfasst, denn zwischen Vorsatz und Fahrlässigkeit, auch in der Form der Leichtfertigkeit, besteht ein aliud-Verhältnis[5]. Verwendet das Gesetz die Formel **wenigstens leichtfertig** (z.B. in §§ 239a III, 251 StGB), wird der Vorsatz miteinbezogen[6].

171 Dennoch wendet der *BGH* § 218 II S. 2 Nr. 2 StGB auf eine vorsätzliche Verursachung der Todesgefahr mit der Begründung an, der Täter verwirkliche dieses Regelbeispiel »erst recht«, wenn er nicht nur leichtfertig, sondern vorsätzlich hinsichtlich der Todesgefahr handele[7].

172 Das »Erst-recht-Argument« trifft zwar in der Sache zu, es bedarf aber der »Überdehnung« des Wortlauts des § 218 II S. 2 Nr. 2 StGB nicht, um zur zutreffenden Annahme eines besonderes schweren Falles zu gelangen. § 218 II StGB ist kein qualifizierter Tatbestand, sondern eine Strafzumessungsregel für besonders schwere Fälle, wobei Nr. 1 und 2 als Regelbeispiele fungieren[8].

– Zur Bedeutung der Regelbeispiele Krey/*Hellmann*/Heinrich, BT 2, *Rn. 132 - 134.* –

---

[4] Sch/Sch-*Eser/Weißer*, § 218 Rn. 44; L/K/H-*Heger*, § 218 Rn. 4; LK[13]-*Lindemann*, § 218 Rn. 9.
[5] Z.B. MK-*Duttge*, § 15 Rn. 101-104; Krey/*Esser*, AT, Rn. 1338. Anders *BGH*, NStZ 2021, 423 (Rn. 9), der Leichtfertigkeit als »mildere Schuldform« gegenüber Vorsatz betrachtet.
[6] Zum Vorstehenden siehe unten, *Rn. 314*; Krey/*Hellmann*/Heinrich, BT 2, Rn. 334 ff. Ebso. speziell für § 218 II S. 2 Nr. 2 StGB u.a.: L/K/H-*Heger*, § 218 Rn. 20; *Lackner*, NJW 1976, 1233 (1236); *Laufhütte/Wilkitzki*, JZ 1976, 330 mit Fn. 23.
[7] *BGH*, NStZ 2021, 423 (Rn. 9); ebso. BeckOK-StGB-*Eschelbach*, § 218 Rn. 18; LK[13]-*Lindemann*, § 218 Rn. 100.
[8] Sch/Sch-*Eser/Weißer*, § 218 Rn. 57; MK-*Gropp/Wörner*, § 218 Rn. 62.

Liegt kein Regelbeispiel vor, scheidet die Annahme eines besonders schweren Falles nicht generell aus. Der erhöhte Strafrahmen ist anzuwenden, wenn Unrecht und Schuld gegenüber dem Durchschnittsfall der Tat (hier: § 218 I StGB) so wesentlich erhöht sind, dass die Annahme eines besonders schweren Falles geboten erscheint[9]. Die Regelbeispiele dienen als Bewertungsmaßstab.

Hier ist ein **unbenannter (»atypischer«) besonders schwerer Fall** anzunehmen, und zwar wegen der vorsätzlichen Verursachung einer Lebensgefahr für M; wenn bei einer solchen Gefährdung Leichtfertigkeit »in der Regel« einen besonders schweren Fall begründet (§ 218 II Nr. 2 StGB), muss dies »erst recht« bei **Vorsatz** gelten[10]. *Ergebnis:* H ist aus § 218 I, II S. 1 StGB strafbar. 172a

Nimmt ein **Arzt** innerhalb der ersten **zwölf Wochen nach der Empfängnis** den Schwangerschaftsabbruch auf Verlangen der Schwangeren vor und hat diese die nach § 219 II S. 2 StGB erforderliche Bescheinigung über die Beratung nach dem Schwangerschaftskonfliktgesetz[11] (§ 219 I, II S. 1 StGB) vorgelegt, so ist der Abbruch gemäß § 218a I StGB schon **nicht tatbestandsmäßig**. 173

Ein Abbruch **nach der zwölften Schwangerschaftswoche** ist mit Einwilligung der Schwangeren bei Vorliegen einer Indikation nach § 218a II, III StGB **gerechtfertigt** (dazu *Rn. 184 ff.*). 174

Lehnt ein Arzt den Schwangerschaftsabbruch mangels Vorliegens einer Indikation ab, überlässt der Patientin aber einen Zettel mit der Adresse einer bestimmten Abtreibungsklinik im Ausland, so macht er sich aufgrund seiner Vertrauensstellung wegen Beihilfe zum Schwangerschaftsabbruch nach §§ 218, 27 StGB wegen Förderung der dortigen Abtreibung strafbar, auch wenn diese Information jedermann frei zugänglich wäre[12]. 174a

2. Strafbarkeit der Schwangeren (»Selbstabtreibung«)

(1) Die **Schwangere** erfüllt den Tatbestand des § 218 I StGB, wenn sie 175
(a) selbst – z.B. durch Einnahme medikamentöser Abtreibungsmittel – die Schwangerschaft abbricht (unmittelbare Täterschaft, § 25 I Alt. 1 StGB),
(b) durch ein gutgläubiges Werkzeug (z.B. einen Arzt, dem sie das Vorliegen einer **rechtfertigenden** Indikation nach § 218a II, III StGB vorspiegelt) die Abtötung der Leibesfrucht vornehmen lässt (mittelbare Täterschaft, § 25 I Alt. 2 StGB)[13], oder
(c) gemeinschaftlich mit einem anderen die Tat begeht (Mittäterschaft, § 25 II StGB)[14].

---

[9] Krey/*Hellmann*/Heinrich, BT 2, Rn. 132 - 134; S/S/W-*Momsen-Pflanz/Momsen*, § 218 Rn. 18.
[10] MK-*Gropp/Wörner*, § 218 Rn. 67; SK-*Rogall/Berghäuser*, § 218 Rn. 41.
[11] Vom 27.07.1992 (BGBl. I, 1398), zuletzt geänd. durch Art. 3 des Gesetzes vom 11.07.2022 (BGBl. I, 1082).
[12] *OLG Oldenburg*, BeckRS 2013, 04777; *Kraatz*, NStZ-RR 2014, 65; *Kudlich*, JA 2013, 791; LK[13]-*Lindemann*, § 218 Rn. 57; S/S/W-*Momsen-Pflanz/Momsen*, § 218 Rn. 20.
[13] M/R-*Safferling*, § 218 Rn. 35.
[14] Dazu Sch/Sch-*Eser/Weißer*, § 218 Rn. 30; NK-*Merkel*, § 218 Rn. 148.

176 Strittig ist, ob Mittäterschaft der Schwangeren immer bereits gegeben ist, wenn sie *den Abbruch der Schwangerschaft durch einen anderen zulässt*. Überwiegend wird die Ermöglichung dieser Tat generell als Mitherrschaft (»funktionale Tatherrschaft«) über das Geschehen betrachtet[15]. Andere nehmen Unterlassungstäterschaft – die Schwangere ist Beschützergarantin (vgl. *Rn. 5*) – an, wenn die Initiative zum Schwangerschaftsabbruch nicht von ihr, sondern ausschließlich von einem Dritten, dem sich die Schwangere beugt, ausgeht[16], oder ihr die Tatherrschaft fehlt[17]. Zutreffend erscheint, weder Handlungs- noch Unterlassungstäterschaft zu bejahen, wenn der Abbruch durch den Dritten unter Vollnarkose erfolgt, weil die Schwangere dann bei Tatbegehung handlungsunfähig ist, das Geschehen somit nicht mitbeherrscht[18], und die Einordnung des »Zulassens« der Abtreibung als Unterlassen dem sozialen Sinn des Geschehens nicht gerecht wird[19]. Geht die Initiative von der Schwangeren aus, liegt Anstiftung zur Fremdabtreibung vor[20].

177 *(2)* Die Selbstabtreibung ist gegenüber der Fremdabtreibung **privilegiert**:
(a) Für die Schwangere gilt der **mildere Strafrahmen** des § 218 III StGB. Auf den persönlichen Strafmilderungsgrund ist § 28 II StGB anwendbar[21].
(b) Sie ist unter den Voraussetzungen des **§ 218a IV S. 1 StGB** straflos, auch wenn keine Indikation (§ 218a II, III StGB) vorlag, die Abtreibung also rechtswidrig war, wie der der *Fall 16* zeigt:

178 Fall 16: *– § 218a IV S. 1 StGB –*
Maria (M) war im 4. Monat schwanger und eine Indikationslage (§ 218a II, III StGB) bestand nicht. Im Anschluss an eine Beratung nach Maßgabe des geltenden Rechts (§ 219 StGB) ließ sie von dem Arzt Dr. Arnold (A), den ihr ihre Freundin Friederike (F) benannt hatte, die Schwangerschaft Ende des 4. Monats abbrechen.
Strafbarkeit von A, M und F?

1. Strafbarkeit des A
A ist aus § 218 I StGB strafbar.
Seine Strafbarkeit wird durch § 218a IV S. 1 StGB nicht berührt, da diese Vorschrift kein Rechtfertigungsgrund, auch kein Entschuldigungsgrund, sondern ein **persönlicher Strafausschließungsgrund** ist[22]. Die Schwangerschaft ist ein besonderes persönliches Merkmal, sodass § 28 II StGB anwendbar ist[23].

---

[15] *BGH* St 1, 139 (142); *Fischer*, § 218 Rn. 9; L/K/H-*Heger*, § 218 Rn. 15.
[16] MK-*Gropp/Wörner*, § 218 Rn. 40.
[17] Sch/Sch-*Eser/Weißer*, § 218 Rn. 31; SK-*Rogall/Berghäuser*, § 218 Rn. 22.
[18] NK-*Merkel*, § 218 Rn. 148a.
[19] *Fischer*, § 218 Rn. 9; L/K/H-*Heger*, § 218 Rn. 3.
[20] NK-*Merkel*, § 218 Rn. 148a. Wird eine Selbstbegehung durch die Schwangere bejaht, würde die Anstiftung dagegen verdrängt, *Fischer*, § 218 Rn. 9.
[21] NK-*Merkel*, § 218 Rn. 6; S/S/W-*Momsen-Pflanz/Momsen*, § 218 Rn. 25. Siehe auch *Rn. 200*.
[22] Sch/Sch-*Eser/Weißer*, § 218a Rn. 69; *Fischer*, § 218a Rn. 34.
[23] S/S/W-*Momsen-Pflanz/Momsen*, § 218 Rn. 20.

§ 2: Straftaten gegen das werdende Leben

2. Strafbarkeit der M **179**

M hat den Tatbestand des § 218 I StGB – in Mittäterschaft mit dem Arzt (vgl. *Rn. 175 f.*) – erfüllt.
Eine Indikationslage (§ 218a II, III StGB) lag nicht vor, der Schwangerschaftsabbruch war also widerrechtlich. Doch ist M gemäß § 218a IV S. 1 StGB straflos.

3. Strafbarkeit der F **180**

Sie hat den Tatbestand der *Beihilfe zum Schwangerschaftsabbruch* erfüllt (§§ 218 I, 27 StGB); ihre Teilnahme war rechtswidrig und schuldhaft. Daher ist sie aus §§ 218 I, 27 StGB strafbar. Dass M gemäß § 218a IV S. 1 StGB straflos ist, kommt der F nach § 28 II StGB nicht zugute[24]. Ebenfalls aus § 28 II StGB folgt, dass § 218 III StGB für die Strafbarkeit des Teilnehmers außer Betracht bleibt.

(a) Die **Privilegierung der Schwangeren** gemäß § 218a IV S. 2 StGB betrifft nicht Rechtswidrigkeit und Schuld, sondern räumt die Möglichkeit ein, von Strafe abzusehen. An eine »besondere Bedrängnis« i.S. des § 218a IV S. 2 StGB sind deshalb weniger strenge Anforderungen zu stellen, da es sich nicht um eine »Notlage« als Voraussetzung einer rechtfertigenden Notlagenindikation handelt[25]. **181**

(b) § 218 II StGB, der für besonders schwere Fälle des Schwangerschaftsabbruchs einen strengeren Strafrahmen zur Verfügung stellt, gilt nicht für die **Schwangere**; dies folgt schon aus der Stellung des Abs. 2 vor Abs. 3 des § 218 StGB[26], zudem aus Wortsinn und ratio legis der Vorschrift. **182**

(c) § 218 StGB bedroht zwar den **Versuch** mit Strafe (§ 218 IV S. 1 StGB). Für die Schwangere selbst ist der Versuch jedoch gemäß § 218 IV S. 2 StGB nicht strafbar (persönlicher Strafausschließungsgrund). **183**

(d) Weitere Privilegierungen der Schwangeren ergeben sich aus § 218b I S. 3 StGB.

III. Indikationsregelung (§ 218a II, III StGB)
1. Medizinisch-soziale Indikation (§ 218a II StGB)

§ 218a II StGB stellt einen **Rechtfertigungsgrund** dar; dasselbe gilt für § 218a III StGB[27]. Wegen des eindeutigen Wortlauts der Vorschriften ist der Streit zur Vorgängerregelung obsolet[28]. **184**

Voraussetzungen einer Rechtfertigung nach § 218a II StGB sind die *Einwilligung der Schwangeren*[29], eine der in § 218a II StGB bezeichneten *Notstandslagen (Rn. 187)*, das *Fehlen einer anderen zumutbaren Möglichkeit der Gefahrabwendung* und die *Vornahme durch einen Arzt*. **185**

---

[24] Vgl. *Fischer*, § 218 Rn. 15; S/S/W-*Momsen-Pflanz/Momsen*, § 218 Rn. 20, 25.
[25] BeckOK-StGB-*Eschelbach*, § 218a Rn. 33; L/K/H-*Heger*, § 218a Rn. 24; enger LK[13]-*Lindemann*, § 218a Rn. 93; HdS 4-*Schwarzenegger*, § 3 Rn. 33.
[26] SK-*Rogall/Berghäuser*, § 218 Rn. 34.
[27] BT-Drs. 13/1850, S. 25 f.; *BVerfG* E 88, 203 (255 - 257).
[28] NK-*Merkel*, § 218a Rn. 77.
[29] *Gropp*, FS-Schreiber, 2003, S. 113 (115 f.); HdS 4-*Schwarzenegger*, § 3 Rn. 25.

Die Entscheidung steht letztlich im Ermessen des Arztes, da der Abbruch der Schwangerschaft unter Berücksichtigung der gegenwärtigen und zukünftigen Lebensverhältnisse *nach ärztlicher Erkenntnis angezeigt* sein muss, um die Gefahr abzuwenden[30].

186 Eine Frist sieht § 218a II StGB nicht vor, sodass der Abbruch an sich bis zum Beginn der Geburt gerechtfertigt sein kann[31].

187 Eine rechtfertigende Notstandslage ist gegeben bei einer **Gefahr für das Leben** – auch Suizidgefahr – oder der **Gefahr einer schwerwiegenden Beeinträchtigung des körperlichen oder seelischen Gesundheitszustands** der Schwangeren. Eine Rechtfertigung des Schwangerschaftsabbruchs kommt somit nicht nur in Betracht, wenn die Austragung des Embryos eine Lebensgefahr oder die Gefahr einer schwerwiegenden Gefahr für die körperliche Unversehrtheit der Schwangeren erwarten lässt, sondern auch bei der Gefahr schwerwiegender seelischer Beeinträchtigungen. Der Anwendungsbereich ist damit sehr weit.

Eine Gefahr der schwerwiegenden Beeinträchtigung des seelischen Zustands der Schwangeren kann auch auf der – im Wege der Pränataldiagnostik festgestellten – genetischen Schädigung des Embryos, die die Geburt eines nicht lebensfähigen oder schwerkranken Kindes befürchten lässt, beruhen[32]. § 218a II StGB kann somit die Fallkonstellationen der embryopathischen Indikation »auffangen«[33].

188 Die Unzumutbarkeit lässt sich nicht nach objektiven Kriterien beurteilen, sondern es ist die Selbsteinschätzung der Schwangeren maßgeblich; geprüft werden kann lediglich, ob die Selbsteinschätzung glaubhaft oder ersichtlich vorgeschoben ist[34]. Faktisch bedeutet dies, dass die Gefahr der Beeinträchtigung keine eigenständige Bedeutung als Voraussetzung der Rechtfertigung, sondern lediglich ein Indiz für die Plausibilität der Selbsteinschätzung darstellt[35].

189 § 218a II StGB erfasst nur den Abbruch der Schwangerschaft, d.h. die **Abtötung der Leibesfrucht**. Die Vorschrift greift daher nicht mehr ein, wenn der Geburtsakt begonnen hat, denn mit Beginn des Geburtsaktes wird die Leibesfrucht ein **Mensch** i.S. der §§ 211 ff. StGB (*Rn 2 f.*).

190 Daraus folgt, dass die **Perforation** – eine »geburtshilfliche Operation zur Verkleinerung des kindlichen Kopfes, um die Extraktion zu erleichtern«[36] –, wenn sie während der Geburt am lebenden Kind vorgenommen wird (das heißt einen **Menschen**

---

[30] Sch/Sch-*Eser/Weißer*, § 218a Rn. 36; MK-*Gropp/Wörner*, § 218a Rn. 52 f.; L/K/H-*Heger* § 218a Rn. 10.
[31] Krit. dazu *Dreier*, JZ 2007, 261 (269 f.); *Hillenkamp*, FS-Amelung, 2009, 425 (444 ff.); NK-*Merkel*, § 218a Rn. 107.
[32] BT-Drs. 13/1850, S. 25 f.; *BGH*, NJW 2010, 2672 (2674 f.); *Winkler*, NJW 2011, 889 (890).
[33] BT-Drs. 13/1850 S. 25 f.; *BGH*, JZ 2003, 151 (152 f.); Sch/Sch-*Eser/Weißer*, § 218a Rn. 38 ff.; MK-*Gropp/Wörner*, § 218a Rn. 60 f.; HdS 4-*Schwarzenegger*, § 3 Rn. 28.
[34] NK-*Merkel*, § 218a Rn. 92.
[35] NK-*Merkel*, § 218a Rn. 94: »In der Sache [ist] das Kriterium einer höchstpersönlichen und gänzlich subjektivierten Unzumutbarkeit praktisch zur alleinigen Voraussetzung der Indikation geworden«.
[36] *Jäger*, ZStW 2003, 765 (772); *Pschyrembel*, Klinisches Wörterbuch, 69. Aufl. 2023.

tötet!), um Leben bzw. Gesundheit der Schwangeren zu retten[37], nicht durch § 218a StGB gerechtfertigt werden kann.

§ 34 StGB kommt ebenfalls nicht in Betracht[38], *denn das geschützte Interesse (Leben der Mutter) überwiegt das beeinträchtigte Interesse (Leben des Kindes, das mit Beginn der Geburt ein Mensch i.S. des Strafrechts ist) nicht wesentlich.* § 34 StGB erlaubt nicht, einen Menschen zu opfern, um einen anderen zu retten[39]. **191**

Der sog. Defensivnotstand (§ 34 StGB i.V.m. § 228 BGB analog)[40] unter dem Aspekt, »die Gefahr gehe vom Kind aus«[41], erlaubt die Perforation ebenfalls nicht[42]: Doch kann der Erlaubnissatz der **Pflichtenkollision** eingreifen[43]. Ist die Perforation das einzige Mittel, das Leben der Mutter zu retten (bzw. sie vor schweren Gesundheitsschäden zu bewahren), so begeht der Arzt, der sie vornimmt, kein Unrecht.

Der heutige Stand der Medizin garantiert im Übrigen, dass eine derartige Perforation so gut wie immer durch rechtzeitigen Kaiserschnitt zu vermeiden ist.

2. Ethische (kriminologische) Indikation (§ 218a III StGB)

Gerechtfertigt ist der Schwangerschaftsabbruch durch einen Arzt und mit Einwilligung der Schwangeren innerhalb von zwölf Wochen nach der Empfängnis zudem, wenn – nach ärztlicher Erkenntnis – die Schwangerschaft auf einem rechtswidrigen Sexualdelikt nach §§ 176 - 178 StGB beruht. **192**

IV. Fehlende oder unrichtige ärztliche Feststellung (§ 218b StGB)

Ein – erlaubter – medizinisch oder kriminologisch indizierter Schwangerschaftsabbruch (§ 218a II, III StGB) setzt voraus, dass dem Arzt die schriftliche Feststellung der Indikation durch einen anderen Arzt vorgelegen hat. Ist dies nicht der Fall, so macht sich der Arzt, der den Abbruch vornimmt, nach § 218b I S. 1 StGB strafbar. Der Tatbestand statuiert und schützt somit die »formellen Bedingungen der Rechtfertigung sog. indizierter Abbrüche«[44]. **193**

Die unrichtige Feststellung einer rechtfertigenden Indikation (§ 218a II, III StGB) wider besseres Wissen des Arztes bedroht § 218b I S. 2 StGB mit Strafe.

Die Schwangere selbst ist gemäß § 218b I S. 3 StGB in diesen Fällen nicht strafbar.

---

[37] Sch/Sch-*Eser/Weißer*, vor § 218 Rn. 40 f.; *Jäger*, ZStW 2003, 765 (772).
[38] *Jäger*, ZStW 2003, 765 (772 f.); LK[13]-*Zieschang*, § 34 Rn. 142. A.A.: L/K/H-*Heger*, § 34 Rn. 9; Sch/Sch-*Perron*, § 34 Rn. 30; *Roxin/Greco*, AT I, 16/79 ff.; SK-*Sinn*, § 212 Rn. 43.
[39] Dazu m.w.N. *Krey*, JuS 1971, 248 f.; *Ladiges*, JuS 2011, 879 (881).
[40] Dazu Krey/*Esser*, AT, Rn. 620-623 m.w.N. (Defensivnotstand gegen Menschen); *Ladiges*, JuS 2011, 879 (882).
[41] So u.a. M/S/M/H/M-*Schroeder*, 6/24.
[42] Ebso.: *Jäger*, ZStW 2003, 765 (772); *Pawlik*, Der rechtfertigende Notstand, 2002, S. 330 ff., 333. A.A. die h.L.: L/K/H-*Heger*, § 34 Rn. 9; Sch/Sch-*Perron*, § 34 Rn. 30; *Roxin/Greco*, AT I, 16/79 ff.; Jescheck/Weigend, § 33 IV 5.
[43] *Tröndle/Fischer*, StGB, 52. Aufl. 2004, § 218 Rn. 2; abl. *Jäger*, ZStW 2003, 765 (772).
[44] NK-*Merkel*, § 218b Rn. 1.

V. Inverkehrbringen von Mitteln zum Abbruch der Schwangerschaft (§ 219b I StGB)

194 § 219b I StGB soll die Gefahr illegaler Schwangerschaftsabbrüche »bereits in deren Vorfeld bekämpfen«[45]. Strafbar ist das Inverkehrbringen von Mitteln oder Gegenständen, die zum Schwangerschaftsabbruch geeignet sind, unter Strafe. § 219b II StGB normiert für die Teilnahme der Schwangeren jedoch einen persönlichen Strafausschließungsgrund.

195 Einen weiteren Vorfeldtatbestand enthielt der – mit Wirkung vom 11.07.2022 aufgehobene – § 219a StGB *a.F.*, der öffentliche Werbemaßnahmen für den Schwangerschaftsabbruch und für Mittel zum Schwangerschaftsabbruch »seines eigenen Vermögensvorteils wegen oder in grob anstößiger Weise« unter Strafe stellte[46]. Art. 316n EGStGB hob zudem alle strafgerichtlichen Urteile, die nach dem 03.10.1990 aufgrund dieses Tatbestandes ergangen waren, auf. Die auf die Feststellung der Verfassungswidrigkeit des – bereits außer Kraft getretenen – § 219a StGB *a.F.* gerichtete Verfassungsbeschwerde einer Beschwerdeführerin nahm das *BVerfG* nicht zur Entscheidung an[47].

VI. Geltung des § 218 StGB bei Auslandstaten (§ 5 Nr. 9 StGB)

196 Fall 17: – *Schwangerschaftsabbruch im Ausland* –

Die deutsche Studentin Sabrina (S) aus Köln, die im 4. Monat schwanger war, ließ in London in einer Klinik von Dr. Armstrong (A) ihre Schwangerschaft abbrechen, ohne dass eine Indikationslage, § 218a II, III StGB, bestand.
Strafbarkeit von A und S nach deutschem Recht?

1. Strafbarkeit des A?
Gemäß § 5 Nr. 9a StGB gilt das deutsche Strafrecht unabhängig vom Recht des Tatorts für den Schwangerschaftsabbruch in den Fällen des § 218 II 2 Nr. 1 und IV S. 1 StGB, wenn der *Täter zur Zeit der Tat Deutscher* ist, sowie gemäß § 5 Nr. 9b StGB in den übrigen Fällen des § 218 StGB, wenn er zur *Tatzeit Deutscher ist und seine Lebensgrundlage im räumlichen Geltungsbereich dieses Gesetzes hat*. Auf die Tat des A ist das deutsche Strafrecht deshalb nicht anwendbar (§§ 3 ff. StGB), denn er war nicht *Deutscher* i.S. des § 5 Nr. 9 StGB. § 218 StGB beansprucht folglich ihm gegenüber keine Geltung[48].

197 *2. Strafbarkeit der S?*
Nach § 5 Nr. 9b StGB ist das deutsche Strafrecht auf S anwendbar, da bei lebensnaher Sachverhaltsauslegung davon auszugehen ist, dass die A ihre Lebensgrundlage in Köln hatte. S hat sich also nach § 218 I, III StGB strafbar gemacht.

– Für ihre Verfolgbarkeit ist § 153c I Nr. 1 StPO zu beachten. –

---

[45] NK-*Merkel*, § 219b Rn. 1.
[46] Zur Aufhebung eingehend NK-*Merkel*, Vor §§ 218-219b Rn. 22a ff.
[47] *BVerfG*, medstra 2024, 34 ff.
[48] Sch/Sch-*Eser/Weißer*, § 218a Rn. 58.

VII. Suizidversuch der Schwangeren und Schwangerschaftsabbruch
Fall 18: – *Teilnahme am Suizid der Schwangeren* – 198

Theresa (T) erfuhr von ihrem Hausarzt, dass sie schwanger sei. Sie beschloss, mittels einer Überdosis Schlaftabletten aus dem Leben zu scheiden. Ihre Freundin Steffi (S) verschaffte ihr die Tabletten. T nahm eine lebensgefährliche Überdosis Schlaftabletten, wurde aber gerettet. Das ungeborene Kind trug keinen Schaden davon.
Strafbarkeit von T und S?

1. Strafbarkeit der T wegen versuchten Schwangerschaftsabbruchs?
Nach h.M. verwirklicht der *Suizidversuch der Schwangeren* den Tatbestand des versuchten Schwangerschaftsabbruchs, wenn ihr bewusst ist, mit ihr werde auch die Leibesfrucht zugrunde gehen[49].

Dem ist zu folgen: Da die Tötung einer Schwangeren in Kenntnis ihres Zustandes 199 nach § 218 StGB strafbar ist[50], handelt es sich bei dem Suizid(versuch) konsequenterweise um einen tatbestandsmäßigen Versuch des Schwangerschaftsabbruchs. Zu unbilligen Ergebnissen führt diese Auffassung nicht. Zugunsten der **Schwangeren**, die ihren Suizidversuch überlebt hat, greift der persönliche Strafausschließungsgrund des § 218 IV S. 2 StGB ein. Sie wird also **nicht** wegen versuchten Abbruchs der Schwangerschaft bestraft.

Sollte allerdings der Embryo infolge des Suizidversuchs absterben – was in aller Regel nicht der Fall sein wird –, so hat sich die überlebende Schwangere nach § 218 I, III StGB strafbar gemacht. Dies Ergebnis erscheint angesichts der vollendeten Abtötung der Leibesfrucht als eines *selbstständigen Rechtsgutsträgers*[51] nicht als grob unbillig – zumal regelmäßig § 218a IV S. 2 StGB eingreifen dürfte.

Ergebnis: T hat zwar einen versuchten Schwangerschaftsabbruch nach § 218 I (III, IV S. 1) StGB begangen; sie geht aber nach § 218 IV S. 2 StGB straffrei aus.

2. Strafbarkeit der S
Dem **Teilnehmer** am Suizidversuch der Schwangeren und damit am **Versuch des** 200 **Schwangerschaftsabbruchs** kommt der persönliche Strafausschließungsgrund des § 218 IV S. 2 StGB dagegen nicht zugute. Die Strafbarkeit des Teilnehmers erscheint auch nicht als grob unbillig und entspricht zudem dem Zweck des § 218 StGB, das werdende Leben zu schützen.

S hat den Tatbestand einer *Beihilfe zum Versuch des Schwangerschaftsabbruchs* erfüllt. Da die Schwangerschaft ein besonderes persönliches Merkmal i.S. des § 28 II StGB darstellt, bemisst sich die Strafe der S nicht nach § 218 III i.V.m. §§ 23, 27 StGB, sondern nach § 218 I i.V.m. §§ 23, 27 StGB.

---

[49] So *BGH* St 11, 15 (17); Sch/Sch-*Eser/Weißer*, § 218 Rn. 25, 26; *Fischer*, § 218 Rn. 5; L/K/H-*Heger*, § 218 Rn. 6; im Ergebnis ebso. NK-*Merkel*, § 218 Rn. 89, 109 ff., der allerdings eine Unterlassungstat der Schwangeren annimmt. Abw. u.a.: *Jescheck*, JZ 1958, 749 f.

[50] So u.a. *BGH* St 11, 15 (17); Sch/Sch-*Eser/Weißer*, § 218 Rn. 25, 26; M/S/M/H/M-*Schroeder*, 6/29. A.A. *Jescheck*, JZ 1958, 749 f.; *Otto*, 13/65 ff.

[51] *BVerfG* E 39, 1, Leitsatz 1; 88, 203, Leitsatz 3.

§ 3 Straftaten gegen die körperliche Unversehrtheit
(§§ 223 – 231 StGB)

I. Körperverletzung durch Schädigung des Embryos mit Dauerfolgen?

201 Fall 19: – *Pränatale Verletzung mit postnatalen Folgen* –

Die schwangere Emilia (E) litt unter Schlafstörungen. Vor ihrer Schwangerschaft hatte sie von ihrem Arzt gegen diese Störungen ein leichtes Beruhigungsmittel erhalten, das gut gewirkt hatte. Da von dem Medikament noch einige Tabletten übrig waren, nahm E es einige Male auch während der Schwangerschaft ein. E hatte zwar im »Beipackzettel« gelesen, dass Schwangere das Mittel nicht bzw. nur nach Rücksprache mit ihrem Arzt anwenden sollten, weil Erkenntnisse über die Verträglichkeit für den Embryo nicht vorlägen. E vertraute aber darauf, es werde alles gut gehen, und konsultierte ihren Arzt deshalb nicht. Tatsächlich verursachte das Mittel jedoch bei dem Embryo eine Missbildung: Christian (C), den E zur Welt brachte, hatte einen verkürzten Arm.

Staatsanwalt Klug bejahte das »besondere öffentliche Interesse an der Strafverfolgung« (§ 230 I StGB) und klagte E wegen fahrlässiger Körperverletzung an. Zu Recht?

a) § 223 StGB

Vorsätzliche Körperverletzung scheidet aus: E hat nicht ernstlich mit dem Erfolgseintritt gerechnet, sich nicht mit ihm abgefunden, sodass dolus eventualis entfällt.

202 *b) § 229 StGB*

Tatobjekt der §§ 223 ff. StGB ist eine »andere Person«, also ein anderer Mensch, wobei – wie bei §§ 211 ff. StGB – das **menschliche Leben mit dem Beginn der Geburt** (*Rn. 2-4*) vorliegt[1]. Der These, Tatobjekt der Körperverletzungsdelikte sei ein anderer (lebender) *geborener* Mensch[2], ist entgegenzuhalten, dass dem Kind in der Geburtsphase, in der es besonderen Verletzungsgefahren ausgesetzt ist, der strafrechtliche Schutz weitgehend entzogen würde, da Einwirkungen lediglich im Falle einer vorsätzlichen Abtötung als Schwangerschaftsabbruch strafbar wären[3].

Ungeachtet dieses Streits ist in unserem Fall zu berücksichtigen, dass E unmittelbar nicht C, sondern die Leibesfrucht an der Gesundheit schädigte: Zwar wurde C mit der Missbildung geboren, erlitten hatte er diese aber nicht als **Mensch**, sondern schon im Mutterleib als Embryo. Es fragt sich, ob solche Verletzungen der Leibesfrucht, die zur Folge haben, dass das Kind aufgrund der pränatalen Einwirkung mit einem Körperschaden zur Welt kommt, den Tatbestand einer – vorsätzlichen oder fahrlässigen – Körperverletzung erfüllen können.

(1) Die *h.M.*[4] verneint diese Frage: Tatobjekt der §§ 223 ff. StGB sei der Mensch; diesen müsse die Verletzungshandlung treffen[5]. Die pränatale Einwirkung auf ein

---

[1] LK[13]-*Grünewald*, § 223 Rn. 17; NK-*Paeffgen/Böse/Eidam*, § 223 Rn. 5.

[2] M/R-*Engländer*, § 223 Rn. 4; BeckOK-StGB-*Eschelberg*, § 223 Rn. 12; MK-*Hardtung*, § 223 Rn. 7; Sch/Sch-*Sternberg-Lieben*, § 223 Rn. 1a.

[3] LK[13]-*Grünewald*, § 223 Rn. 17.

[4] W/H/E-*Engländer*, Rn. 203; LK[13]-*Grünewald*, § 223 Rn. 18; L/K/H-*Heger*, § 223 Rn. 2; M/S/M/H/M-*Schroeder/Hoyer*, 1/9 u. 8/6; SK-*Wolters*, § 223 Rn. 2.

[5] BGH, NStZ 2008, 393 (394); LK[13]-*Grünewald*, § 223 Rn. 18; MK-*Hardtung*, vor § 223 Rn. 12; *Lüttger*, NStZ 1983, 481 (485); NK-*Paeffgen/Böse/Eidam*, § 223 Rn. 5 f.

Objekt (Leibesfrucht), dem die Menschqualität noch fehlt, verwirkliche die Körperverletzungstatbestände nicht, selbst wenn die Verletzung sich über die Geburt hinaus auswirkt, also das Kind später noch unter den Dauerfolgen zu leiden hat.

Zudem sei die Straflosigkeit solcher Leibesfruchtverletzungen mit Dauerwirkung wegen der »Sperrwirkung« des § 218 StGB geboten. Das Gesetz wolle im Leibesfruchtstadium nur die vorsätzliche Abtreibung bestraft sehen, also weder die fahrlässige Abtötung der Leibesfrucht[6] noch deren (vorsätzliche oder fahrlässige) Verletzung[7].

(2) Das *LG Aachen* hatte dagegen im »Contergan-Prozess« die Meinung vertreten, die Verursachung von Missbildungen beim Menschen durch Einwirkung auf die Leibesfrucht sei eine Körperverletzung und könne nach § 229 bzw. §§ 223 ff. StGB strafbar sein[8].

203

(3) Stellungnahme

204

Die Argumente der h.M. sind überzeugend:

(a) Bei einer pränatalen Verletzung mit Dauerfolgen (z.B. »Contergan-Kinder«) waren die Opfer als Menschen, also vom Beginn der Geburt an, zu keinem Zeitpunkt unverletzt, sie sind bereits verletzt auf die Welt gekommen. Eine Verletzungshandlung wurde allein gegen den Fötus begangen. Bei Zustandsdelikten ist aber für die Frage ihrer Tatbestandsmäßigkeit der Zeitpunkt der Verletzung des Objekts, d.h. der **Einwirkung** auf dieses, maßgeblich, während das Andauern des angerichteten Schadens den Tatbestand nicht (mehr) erfüllt.

– Verletzungen des Fötus als solche sind im Übrigen auch keine Körperverletzung der Schwangeren[9]. –

(b) Das StGB schützt den Embryo in § 218 StGB nur gegen vorsätzliche Abtötungshandlungen. Daher widerspräche es dem **Wortlaut und dem objektivierten Willen des Gesetzgebers**, fahrlässige Abtötungshandlungen – die als solche den Tatbestand des § 222 StGB nicht erfüllen – nach dieser Vorschrift zu bestrafen[10] (näher dazu Rn. 4). Diese These zu pränatalen Verletzungen mit der postnatalen Folge des Todeseintritts beansprucht in gleicher Weise Geltung für den Fall pränataler Verletzungen, die zur Geburt eines **kranken Kindes** führen[11]. Die postnatalen Auswirkungen vorsätzlicher bzw. fahrlässiger Verletzungshandlungen gegen den Embryo erfüllen die §§ 223 ff., 229 StGB somit nicht, zumal die postnatale Auswirkung pränataler Verletzungen der Leibesfrucht die Regel ist[12].

205

(c) Ergebnis: E bleibt straflos.

---

[6] So *BGH* St 31, 348 (352 f.).
[7] *Lüttger*, JR 1971, 133 (140).
[8] *LG Aachen*, JZ 1971, 507; ebso.: *Gössel*/Dölling, 12/30-37; A/W/H/H-*Hilgendorf*, 5/96 ff., 6/26. – Zu *LG Aachen* treffend W/H/E-*Engländer*, Rn. 15: Der Entscheidung sei durch *BGH* St 31, 348 (352 f.) die Grundlage entzogen; NK-*Neumann*, vor § 211 Rn. 15. –
[9] *LG Aachen*, JZ 1971, 507 (508 f.) m.w.N.; LK[13]-*Grünewald*, § 223 Rn. 18; MK-*Schneider*, Vor § 211 Rn. 13.
[10] *BVerfG*, NJW 1988, 2945.
[11] W/H/E-*Engländer*, Rn. 11, 15; *Lüttger*, NStZ 1983, 481 (485).
[12] *Lüttger*, JR 1971, 133 (137).

II. Begriff der Körperverletzung: Körperliche Misshandlung; Gesundheitsschädigung

206 **Fall 20:** – *Körperliche Misshandlung durch nächtliche Störanrufe –*
Paul (P) wurde wegen schlechter Leistungen im Leistungskurs Sport nicht zum Abitur zugelassen. Um sich an seinem Sportlehrer Leopold (L) zu rächen, rief P ihn eine Woche lang Nacht für Nacht zwischen 23 und 1 Uhr an und legte, wenn sich L meldete, unter höhnischem Gelächter auf. Bei L traten nach einigen Tagen aufgrund des immer neuen Schreckens Schweißausbrüche, starkes Herzklopfen und Schlafstörungen, die Stunden anhielten, auf; hiermit hatte P gerechnet.
Strafbarkeit des P aus § 223 StGB, wenn L Strafantrag stellt?

P könnte L körperlich misshandelt haben. Die körperliche Misshandlung erfordert eine »üble, unangemessene Behandlung, die entweder das körperliche Wohlbefinden oder die körperliche Unversehrtheit nicht nur unerheblich beeinträchtigt«[13].
Eine Beeinträchtigung der **körperlichen Unversehrtheit** ist z.B. beim unangemessenen Abschneiden des Haupthaares oder eines Bartes gegeben[14], ebenso beim nicht unerheblichen Verunstalten des Körpers mit Farbe, z.B. Teer[15]. Schmerzerregung ist zwar kein notwendiges Erfordernis der Körperverletzung[16], erleidet das Opfer Schmerzen, so liegt aber eine körperliche Misshandlung vor[17].

207 Eine üble, unangemessene Behandlung ist in casu gegeben. Doch fragt sich, ob es sich nicht lediglich um ein **seelisches** Misshandeln handelt. Die Beeinträchtigung des seelischen Wohlbefindens durch Erregung von Ekel, Schrecken u.ä. reicht als solche für § 223 StGB nicht aus, erfüllt aber die Tatbestandsalternative der körperlichen Misshandlung (u.U. auch der Gesundheitsschädigung), wenn sie zugleich zu einer nicht unerheblichen Beeinträchtigung des **physischen** Wohlbefindens führt[18].
Beispiele: Erheblicher Schock des Unfallgegners wegen der Gefährdung bei einem Verkehrsunfall[19]; Erregung von Ekel, z.B. durch Anspeien[20], wenn der Ekel sich physisch auswirkt, etwa durch Übelkeit; Verursachung starker Magenschmerzen durch Hervorrufen von Angst[21].

---

[13] *Fischer*, § 223 Rn. 4; LK[13]-*Grünewald*, § 223 Rn. 21; L/K/H-*Heger*, § 223 Rn. 4. W/H/E-*Engländer*, Rn. 210, zählt zusätzlich alle »substanzverletzenden Einwirkungen auf den Körper« hierher.

[14] M/R-*Engländer*, § 223 Rn. 5; BeckOK-StGB-*Eschelbach*, § 223 Rn. 21; *Fischer*, § 223 Rn. 7; LK[13]-*Grünewald*, § 223 Rn. 22.

[15] W/H/E-*Engländer*, Rn. 211.

[16] *BGH* St 25, 277 (278), die Opfer waren infolge Geisteskrankheit möglicherweise »erheblich vermindert schmerzempfindlich«; L/K/H-*Heger*, § 223 Rn. 4.

[17] Z.B. *BGH*, NStZ-RR 2010, 374, das Festhalten »im Schwitzkasten« führte zu Nackenschmerzen; zust. MK-*Hardtung*, § 223 Rn. 40.

[18] *BGH* St 48, 34 (36 f.); NStZ-RR 2012, 340; NStZ 2016, 27; A/W/H/H-*Hilgendorf*, 6/21; NK-*Paeffgen/Böse/Eidam*, § 223 Rn. 11b; AnwK-*Zöller/Petry*, § 223 Rn. 10.

[19] OLG Hamm, GA 1973, 347.

[20] A/W/H/H-*Hilgendorf*, 6/22; Sch/Sch-*Sternberg-Lieben*, § 223 Rn. 4.

[21] *BGH* bei *Dallinger*, MDR 1975, 21 f.; *OLG Zweibrücken*, NStZ 1990, 541, das mangels »Erheblichkeit« der Beeinträchtigung des körperlichen Wohlbefindens keine Körperverletzung, sondern nur eine Beleidigung annahm, »wenn das Tatopfer angespuckt wird und das dadurch hervorgerufene Ekelgefühl nicht erheblich und nach dem Abwischen alsbald abgeklungen war.«

Der *BGH* nimmt bei seelischer Misshandlung eine **Gesundheitsschädigung** i.S. des § 223 StGB z.B. an, wenn der seelische Schrecken in nicht unerheblichem Ausmaß »Zittern, Schlafstörungen und Angstzustände« zur Folge hat[22].
Selbstredend sind *körperliche Misshandlung* und zugleich *Gesundheitsschädigung* zu bejahen, wenn jemand so sehr erschreckt wird, z.b. als Kassierer bei einem bewaffneten Banküberfall, dass er einen **Herzinfarkt** erleidet[23].

Hinweis zur Falllösung

Wenn **beide Alternativen** des § 223 I StGB in Betracht kommen, sind sie in einem Gutachten anzusprechen.

Beim »**Telefonterror**« werden zum Teil recht gravierende körperliche Folgen (»schwere Alteration, Kollaps, Schrecklähmung« u.ä.) für die Annahme des § 223 StGB gefordert[24]. Im Interesse eines effektiven Schutzes des körperlichen Wohlbefindens vor Beeinträchtigung durch übles, unangemessenes Behandeln (bzw. im Interesse des Schutzes vor Gesundheitsschäden) müssen jedoch nicht nur ganz unerhebliche vorübergehende vegetative Fehlregulationen (»nervöse Herz- und Magenbeschwerden«) ausreichen[25]; insbesondere müssen **nicht unerhebliche Schlafstörungen** genügen[26].

Als **nächtliche Ruhestörung**, die bei genügender Erheblichkeit den Tatbestand des § 223 – bzw. des § 229 – StGB erfüllen kann, kommen neben Störanrufen u.a. in Betracht: Lautstarkes Starten schwerer Diesellastwagen in Wohngegenden[27]; ständiges nächtliches Hundegebell, das der Halter nicht verhindert[28]; langandauernder, heftiger Fabriklärm[29]; Open-Air-Konzert[30].

Eine Beeinträchtigung des körperlichen Wohlbefindens ist in unserem *Fall 20* wegen der nicht unerheblichen psychosomatischen Nebenwirkungen des Erschreckens – Schweißausbrüche und Herzklopfen, verbunden mit stundenlangen Schlafstörungen, wobei jedenfalls letztere ohne weiteres die Annahme einer körperlichen Misshandlung rechtfertigen – anzunehmen[31]. Die Voraussetzungen der körperlichen Misshandlung sind somit erfüllt. Eine Gesundheitsschädigung, also ein Zustand mit Krankheitswert, stellen diese Beeinträchtigungen dagegen nicht dar.

Da P auch vorsätzlich gehandelt hat, ist er eines Vergehens nach § 223 I StGB schuldig. Strafantrag (§ 230 StGB) ist gestellt.

---

[22] *BGH*, NStZ 1996, 131 (132) – Erschrecken eines Kindes durch »Telefonsex« –.
[23] *BGH*, NStZ 1986, 166. Ergänzend dazu Krey/*Esser*, AT, Rn. 345.
[24] *OLG Hamm*, MDR 1958, 939; Vgl. auch *BGH* St 25, 277 (278): »Herbeiführen einer schweren Erregung« als körperliche Misshandlung.
[25] Zutr. *Herzog*, GA 1975, 257 (264).
[26] Ebso. *BGH*, NJW 1983, 462; NStZ 1996, 131 (132); enger offenbar *Gössel*/Dölling, 12/9 f.
[27] *LG Bad Kreuznach*, BB 1957, 92 (93); *Tröndle/Fischer*, StGB, 52. Aufl. 2004, § 223 Rn. 6.
[28] *AG Hannover*, ZMR 1965, 223; offenbar zust. L/K/H-*Heger*, § 223 Rn. 5 a.E.
[29] *OLG Koblenz*, ZMR 1965, 223; L/K/H-*Heger*, § 223 Rn. 5 a.E.
[30] Dazu *StA Hannover*, Einstellungsbescheid, NStZ 1987, 175 (176), mit bedenklich hohen Anforderungen an die *Erheblichkeit* der körperlichen Beeinträchtigung.
[31] Vgl. *LG Hamburg*, MDR 1954, 630; *Fischer*, § 223 Rn. 6.

210 Fall 21: – *Gesundheitsschädigung; eigenverantwortliche Selbstverletzung* –
Felix (F) war stark heroinsüchtig. Sein Kommilitone Ronald (R), ein »Dealer«, der den Zustand des F kannte, verkaufte ihm »Stoff«, den sich F injizierte.
Strafbarkeit des R nach dem StGB[32]?

§§ 223, 224 StGB (in mittelbarer Täterschaft)?
(1) Eine körperliche Misshandlung durch den Einstich der Injektionsnadel dürfte ausscheiden, da das körperliche Wohlbefinden und die körperliche Unversehrtheit dadurch allenfalls unerheblich beeinträchtigt worden sein dürften. R könnte F aber an der Gesundheit geschädigt haben. Unter Gesundheitsschädigung ist jede **Herbeiführung oder Steigerung einer Krankheit** ohne Rücksicht auf die Dauer des pathologischen Zustandes zu verstehen[33].

211 Eine Gesundheitsschädigung verursacht grundsätzlich auch, wer einen anderen mit einem **Virus oder einem anderen Krankheitserreger** infiziert. Bereits die Infektion und nicht erst der Ausbruch der Erkrankung, selbst wenn dieser erst längere Zeit nach der Übertragung erfolgt – oder sogar ausbleibt, stellt das Hervorrufen eines pathologischen Zustandes dar[34]. Da schon die Übertragung des Virus den körperlichen Normalzustand des Opfers verändert, ist die Körperverletzung – bei Vorliegen der weiteren Voraussetzungen – nicht nur – formell – vollendet, sondern auch – materiell – beendet[35]. Das gilt jedenfalls für den »klassischen« Fall der Übertragung des Humane Immundefizienz-Virus (HIV), der zu mehreren Entscheidungen des *BGH* führte[36].

211a Ob diese Grundsätze auf die Infizierung eines anderen mit **Coronaviren** übertragbar sind, ist strittig. Die wohl h.M.[37] bejaht dies. Zum Teil wird dagegen eine Gesundheitsschädigung bei einem völligen Ausbleiben von Symptomen mit der Begründung abgelehnt, der Infizierte sei in einem pathologischen Sinne nicht krank[38]. Zustimmung verdient die h.M., weil bereits die Infektion den körperlichen Normalzustand verändert, doch dürfte es sich bei einem Fehlen jeglicher Symptome eher um

---

[32] § 29 I Nr. 1 BtMG liegt in einem besonders schweren Fall (§ 29 III Nr. 1 BtMG) vor. Für § 29a I Nr. 2 BtMG (»in nicht geringer Menge«) bietet der Sachverhalt nicht genügend Anhaltspunkte.
[33] BGH, NStZ 2009, 34 f.; *Fischer*, § 223 Rn. 8; Sch/Sch-*Sternberg-Lieben*, § 223 Rn. 5.
[34] BGH St 36, 1 ff.; 36, 262 ff.; NStZ 2009, 34 (35); M/R-*Engländer*, § 223 Rn. 7; *Fischer*, § 223 Rn. 13 f.; *Frisch*, JuS 1990, 362 ff.; *Hotz*, NStZ 2020, 320 (321); Sch/Sch-*Sternberg-Lieben*, § 223 Rn. 7; AnwK-*Zöller/Petry*, § 223 Rn. 13.
[35] BGH, NStZ 2009, 34 f.; die mögliche spätere Verschlechterung des Gesundheitszustands durch die zu dem Krankheitsbild gehörenden Erscheinungen ändert daran nach Auffassung des *BGH* nichts.
[36] BGH St 36, 1 ff.; 36, 262 ff.; NStZ 2009, 34 f.
[37] Z.B. BeckOK-StGB-*Eschelbach*, § 223 Rn. 29 f.; NK-*Paeffgen/Böse/Eidam*, § 223 Rn. 20a; *Pörner*, JuS 2020, 498 (499). Das *AG Braunschweig*, NJ 2021, 164 (165) m. abl. Anm. *Piper*, hatte in einer zivilrechtlichen Schmerzensgeldentscheidung aus der ersten Pandemiewelle eine Körperverletzung angenommen, obwohl der Kläger weder Krankheitssymptome aufwies noch eine Infektion festgestellt worden war, weil der Beklagte ihn im Rahmen einer Personenkontrolle mehrfach aus kurzer Entfernung ins Gesicht gehustet hatte, was zu Angstzuständen mit Schlafstörungen bei dem Kläger führte.
[38] *Hotz*, NStZ 2020, 320 (321 f.); *Makepeace*, ZJS 2020, 189 (190 f.); wohl auch SK-*Wolters*, § 223 Rn. 34.

eine theoretische Diskussion handeln, da im Falle einer Feststellung der Infektion durch einen anlasslosen Test der Infektionsweg zu einer bestimmten Person kaum möglich sein wird.

Die Übertragung von Viren und anderen Krankheitserregern wirft im Übrigen zahlreiche Fragen im Zusammenhang mit der Strafbarkeit wegen Körperverletzungsdelikten auf, deren Beantwortung von den konkreten Umständen abhängt. Der Nachweis der Kausalität für die Infektion einer anderen Person wird bei einer epidemischen oder pandemischen Ausbreitung in der Regel scheitern; anders kann es z.B. bei der Übertragung des HIV liegen, wenn sich die Infektion auf einen bestimmten Übertragungsakt zurückführen lässt[39]. Der objektiven Zurechnung einer – nachgewiesenen – Übertragung kann u.a. entgegenstehen, dass der sie verursachende Kontakt ein erlaubtes Risiko darstellte oder sich das Opfer eigenverantwortlich selbst gefährdete (vgl. *Rn. 216*). Ob Viren und andere Krankheitserreger Gifte oder andere gesundheitsschädliche Stoffe i.S. des § 224 I Nr. 1 StGB sind, ist strittig (dazu *Rn. 267*). Der *BGH* hatte in einem 1988 ergangenen Urteil die Infektion mit dem HI-Virus als eine das Leben gefährdende Behandlung i.S. des § 224 I Nr. 5 StGB eingestuft[40]; angesichts der inzwischen verbesserten Therapiemöglichkeiten überzeugt diese Sicht nicht mehr[41]. Ob der Infizierte bei Kenntnis des Infektionsrisikos mit *Körperverletzungs- oder gar Tötungsvorsatz* handelt, wenn er zu einer anderen Person Kontakt hat, hängt z.B. von seinem Informationsstand hinsichtlich der Übertragungswege und seiner Vorstellung von der Wirksamkeit ergriffener Gegenmaßnahmen ab[42]. Die These des *BGH*, dass bedingter Körperverletzungsvorsatz vorliege, wenn der Infizierte die – selbst statistisch geringe – Wahrscheinlichkeit einer Übertragung erkenne[43], überzeugt nicht[44]. Vertraut der Infizierte darauf, dass die Übertragung ausbleiben wird, scheidet dolus eventualis aus. Es kann dann zwar eine fahrlässige Körperverletzung gem. § 229 StGB gegeben sein, die objektiven und subjektiven Voraussetzungen der Fahrlässigkeit bedürfen aber der sorgfältigen Prüfung. 212

Nicht nur die Herbeiführung einer körperlichen, sondern auch **einer seelischen (psychischen) Krankheit** ist Gesundheitsschädigung[45]. Psychische Leiden müssen sich nicht körperlich auswirken[46], auch wenn dies häufig der Fall sein wird[47]. Es genügt für die Annahme einer Gesundheitsschädigung die Herbeiführung oder Steigerung seelischer Krankheiten ohne nachweisbare körperliche Veränderung, z.B. einer endogenen (reaktiven) Depression oder einer Schizophrenie[48]. 213

---

[39] Vgl. Sch/Sch-*Sternberg-Lieben*, § 223 Rn. 7.
[40] *BGH* St 36, 1 (8 f.); 262 (265 f.).
[41] Zweifelnd auch LK[13]-*Grünewald*, § 224 Rn. 35.
[42] Sch/Sch-*Sternberg-Lieben*, § 223 Rn. 7a.
[43] *BGH* St 36, 1 (9 ff.).
[44] Zutr. Sch/Sch-*Sternberg-Lieben*, § 223 Rn. 7a: Der Schluss von einem verbleibenden Risiko auf bedingten Vorsatz setzt die Annahme voraus, der Täter gehe nicht von dem statistischen Regelfall der Folgenlosigkeit, sondern von dem unwahrscheinlichen Fall der Infizierung aus.
[45] Sch/Sch-*Sternberg-Lieben*, § 223 Rn. 6; SK-*Wolters*, § 223 Rn. 30.
[46] A/W/H/H-*Hilgendorf*, 6/25; Joecks/*Jäger*, § 223 Rn. 9; *Welzel*, S. 288.
[47] HdS 4-*Mitsch*, § 4 Rn. 36.
[48] NK-*Paeffgen/Böse/Eidam*, § 223 Rn. 15.

214 Die Verursachung erheblicher **Trunkenheit**[49] und sonstiger **Rauschzustände**, z.B. durch medizinisch nicht indizierte Verabreichung von Opiaten[50], das Herbeiführen, Aufrechterhalten[51] oder Steigern einer Tabletten- oder Drogenabhängigkeit (etwa Heroinsucht) sowie das heimliche Beibringen eines **Schlafmittels**, wenn es unmittelbar nach der Einnahme zu einem starken Schwindel führt[52], sind ebenfalls Gesundheitsschädigungen. Führt die Verabreichung von **Doping-Mitteln** nicht nur zur Steigerung der körperlichen Leistungsfähigkeit, worin allein keine Gesundheitsschädigung liegt, sondern auch, was i.d.R. der Fall ist, zu gesundheitlichen Nebenwirkungen, so handelt sich um eine Gesundheitsschädigung[53]. Das gilt auch für die Beibringung von Medikamenten zur Steigerung der mentalen Leistungsfähigkeit (Neuro-Enhancements, sog. „**Hirndoping**")[54].

215 Das Verhalten des R hatte mutmaßlich eine weitere Steigerung der Sucht des F, jedenfalls aber Rauschzustände des F verursacht. Das Tun des R war also ursächlich für eine Gesundheitsschädigung des F.

216 Fraglich ist jedoch, ob die objektive Zurechnung dieses Taterfolges scheitert, weil sich R lediglich an einer eigenverantwortlichen Selbstverletzung des F beteiligte. Ebenso wie Suizidbeihilfe kann die Beihilfe zu fremder Selbstverletzung straflos sein[55]. Es gelten die oben (*Rn. 119 ff.*) zur Beteiligung an einem Suizid dargelegten Grundsätze für die Abgrenzung strafloser Mitwirkung an einer eigenverantwortlichen Selbstverletzung und der Tatbegehung in mittelbarer Täterschaft durch Benutzung des Opfers als Werkzeug gegen sich selbst. Tatherrschaft des Beteiligten ist also anzunehmen, wenn der Selbstverletzung kein freiverantwortlicher Wille des Opfers zugrunde lag[56]. Zutreffend ist es, den **Einwilligungsmaßstab** anzulegen (*Rn. 121 f.*).

217 Die Rechtsprechung bejahte früher eine fahrlässige Tötung, wenn dem Täter bekannt war oder er damit rechnen musste, dass der Heroinabhängige das Rauschgift injiziert, und wenn der Täter von der Gefährlichkeit des überlassenen Stoffes wusste oder hätte wissen können«[57]. Heute erkennt der *BGH* jedoch an, dass bei der wie-

---

[49] *BGH* bei *Dallinger*, MDR 1972, 384 (386); NStZ 1986, 266 f.; BeckOK-StGB-*Eschelbach*, § 223 Rn. 25; LK[13]-*Grünewald*, § 223 Rn. 34. In diesem Sinne erheblich ist der Rausch, wenn er zur Bewusstlosigkeit führt oder der Betroffene sich übergeben muss, *BGH*, NStZ 2021, 364 (365).

[50] *RG* St 77, 17; *BGH*, NJW 1970, 519; *Fischer*, § 223 Rn. 10. Die Beibringung von Kokain wird i.d.R. nicht zu einer Gesundheitsschädigung führen; auch eine körperliche Misshandlung kann ausscheiden, weil ein Gelegenheitskonsum von Kokain das körperliche Wohlbefinden nicht notwendigerweise beeinträchtigt; *BGH*, NStZ-RR 2021, 375 (376).

[51] Vgl. *OLG Frankfurt*, NStZ 1988, 25 f.

[52] *BGH*, NStZ 1992, 490; NK-*Paeffgen/Böse/Eidam*, § 223 Rn. 17. Ohne solche Wirkungen stellt das bloße Verabreichen eines Schlafmittels keine Gesundheitsschädigung dar, LK[13]-*Grünewald*, § 223 Rn. 34.

[53] LK[13]-*Grünewald*, 223 Rn. 35 f.

[54] LK[13]-*Grünewald*, § 223 Rn. 34. Eingehend *dazu* Merkel, ZStW 2009, 919 ff.

[55] *BGH* St 32, 262 ff.; 49, 34 (39); 53, 288 (Rn. 5); NStZ 2011, 341 (Rn. 6 ff.); Krey/*Esser*, AT, Rn. 905; LK[13]-*Grünewald*, § 223 Rn. 34.

[56] *RG* St 26, 242: Ein Metzger zwingt seinen Lehrling mit vorgehaltenem Messer, ein ungereinigtes Stück Darm zu essen; Krey/*Esser*, AT, Rn. 906 m.w.N.; Sch/Sch-*Sternberg-Lieben*, § 223 Rn. 10.

[57] *BGH*, NStZ 1981, 350 m. abl. Bespr. *Schünemann* NStZ 1982, 60 ff.; *OLG Celle*, MDR 1980, 74.

tergabe von Rauschgift häufig die Eigenverantwortlichkeit des Drogenkonsumenten gegeben sein wird[58], insbesondere wenn dieser über entsprechende Erfahrungen mit dem Stoff verfügt[59]. Ein allgemeiner Erfahrungssatz, dass Betäubungsmittelkonsumenten zu eigenverantwortlichen Entscheidungen generell nicht fähig sind, besteht nicht[60]. Dem Arzt, der opiathaltige Schmerzpflaster an einen heroinabhängigen Patienten, der über eine lange Drogenkarriere verfügt und sich der Risiken des Drogenkonsums und einer Überdosierung bewusst ist, sind die Folgen eines solchen Missbrauchs durch den Patienten deshalb nicht notwendig zuzurechnen, selbst wenn dem Arzt bekannt ist, dass solche Pflaster von Drogenabhängigen häufig zur Gewinnung des Opiats (Fentanyl) ausgekocht werden und die gewonnene Substanz von ihnen injiziert wird[61]. Eine **eigenverantwortliche Selbstverletzung** scheidet allerdings aus, wenn der Konsument wegen seiner Drogensucht nicht zu einer nach Einwilligungsmaßstäben freien Entscheidung in der Lage und damit Tatherrschaft des Drogenlieferanten, der diesen Zustand kennt, gegeben ist.

Nach medizinischen und kriminologischen Erkenntnissen über die Heroinsucht strebt der Süchtige, der die qualvollen Entzugsfolgen fürchtet, oft zwanghaft nach »Stoff« und der erlösenden Injektion. Obwohl dieser Zustand die Schuldfähigkeit i.d.R. nicht ausschließt[62], kann er der Annahme entgegenstehen, der Süchtige, der seine Gesundheit durch Injektionen des Opiats schädigt, handele aufgrund eines nach dem Maßstab der Einwilligungslehre freien Selbstschädigungswillens, d.h. sei mit der Gesundheitsschädigung »einverstanden«[63]. Eine Einwilligung muss sich als »Akt wirklicher Selbstbestimmung« darstellen[64].

Eine eigenverantwortliche Selbstgefährdung scheidet dagegen bei einem Irrtum des Opfers über die Art und Zusammensetzung des Betäubungsmittels aus[65]. **218**

Wegen der starken Heroinabhängigkeit des F dürfte in casu die Eigenverantwortlichkeit fehlen, sodass R den objektiven Tatbestand des § 223 StGB in mittelbarer Täterschaft (§ 25 I Alt. 2 StGB: »durch einen anderen«) verwirklicht hat. **219**

(2) Qualifikation nach § 224 I Nr. 1 StGB? **220**

R hat die Körperverletzung i.S. des § 224 I Nr. 1 StGB durch Beibringung von Gift begangen, da dieser Begriff auch Rauschgifte wie Heroin erfasst.

– Zu § 224 I Nr. 1 StGB siehe *Rn. 264 bis 272*. –

(3) R handelte hinsichtlich der Gesundheitsschädigung und der Giftbeibringung vorsätzlich.

(4) Die Tat ist mangels Einwilligung rechtswidrig.

---

[58] Z.B. *BGH* St 32, 262 ff.; NStZ 1987, 406; NStZ 2001, 205.
[59] *BGH*, NStZ 2011, 341 (Rn. 10).
[60] *BGH*, StV 2014, 601 (603); *BayObLG*, BeckRS 2001, 16067.
[61] Siehe *BGH*, StV 2014, 601 (602), der den Zurechnungsausschluss aus der fehlenden Handlungsherrschaft des Arztes folgert und deshalb eine eigenverantwortliche Selbstgefährdung annimmt; zust. *Kaspar*, HRRS 2014, 436 (438 ff.).
[62] *OLG Celle*, NStZ 1987, 407; zur Anwendbarkeit des § 21 StGB bei der Beschaffungskriminalität Heroinabhängiger vgl.: *BGH*, NStZ 1989, 430 f.; NStZ 1990, 384 f.
[63] Vgl. auch *Hirsch*, JR 1979, 429 ff.
[64] *Stratenwerth*/Kuhlen, 9/23; ebso. Krey/*Esser*, AT, Rn. 363 f., 913 ff.
[65] *BGH* St 53, 288 (Rn. 8).

(5) R hat schuldhaft (= vorwerfbar) gehandelt, da kein Schuldausschließungs- oder Entschuldigungsgrund eingreift.

R ist also aus § 224 StGB strafbar, der als lex specialis § 223 StGB verdrängt. § 29 I Nr. 1 BtMG (*Fn. 32*) tritt in Tateinheit (§ 52 StGB) hinzu[66].

221 **Fall 22:** – *Fehlen »natürlicher Urteils- und Einsichtsfähigkeit«* –
Auf einem Grillfest drängte Arthur (A) seinen 14-jährigen Neffen Wiegald (W), sich einem Test seiner Trinkfestigkeit zu stellen. Er, A, wolle mal sehen, ob W schon ein »richtiger Kerl« sei. W machte schließlich mit, um nicht als »Schlappschwanz« dazustehen, und trank sich einen Vollrausch an.

Die Eltern des W stellen Strafantrag (§§ 230 I, 77 III StGB) wegen Körperverletzung.

A könnte wegen Körperverletzung in mittelbarer Täterschaft strafbar sein.
Er hat den Vollrausch des W als Gesundheitsschädigung (*Rn. 214*) vorsätzlich verursacht. Sein Verhalten ist auch nicht lediglich als straflose Anstiftung zur Selbstverletzung zu werten, denn A und nicht W hatte die Tatherrschaft über das Geschehen, da bei W kein »freiverantwortlicher« Selbstverletzungswille vorlag:
Die Verantwortlichkeit dieses Willens ist unter entsprechender Anwendung der für die Freiverantwortlichkeit des Suizids maßgeblichen Kriterien (*Rn. 121 f.*) festzustellen. Voraussetzung für eine wirksame Einwilligung in Körperverletzungen ist die **Einwilligungsfähigkeit**. Auf die Geschäftsfähigkeit nach dem BGB kommt es nicht an[67], sondern es genügt die »natürliche Urteils- und Einsichtsfähigkeit«[68].

222 Diese aber fehlt hier: Ein Vollrausch ist – jedenfalls bei einem 14-jährigen – keine Bagatelle. Das nötige Urteilsvermögen und die nötige Einsicht, das Für und Wider bei dem Entschluss, sich sinnlos zu betrinken, hinreichend verständig abzuwägen, liegt bei einem Jugendlichen, der die Grenze zur Strafmündigkeit (§ 19 StGB) gerade erst überschritten hat, nicht vor.

Ergebnis: A hat sich nach §§ 223, 25 I Alt. 2 StGB strafbar gemacht.

223 An der Eigenverantwortlichkeit mangelt es nicht nur, wenn dem Opfer wegen jugendlichen Alters – oder einer Intelligenzminderung – die natürliche Einsichts- und Urteilsfähigkeit fehlt, sondern auch im Falle von Täuschung und bei Zwangslagen von erheblichem Gewicht, wobei der Grad des § 35 StGB nicht erreicht sein muss. Eine derartige Zwangslage wird allgemein im Falle der Nötigung (§ 240 I StGB) bestehen; sie ist aber nicht auf solche Fälle beschränkt, sondern wird stets bei Vorliegen einer erheblichen Notlage körperlicher oder seelischer Natur beim Einwilligenden, die seine freie Selbstbestimmung wesentlich beeinträchtigt, gegeben sein.

224 **Fall 23:** – *Ärztlicher Heileingriff; Operation ohne Einwilligung des Patienten* –
Die 50-jährige Eva (E) wurde nach einem Autounfall mit zertrümmertem Bein in die Klinik eingeliefert. Dr. Schmidt (S) erklärte ihr, dass er bei der erforderlichen Operation möglicherweise das Bein kurz unterhalb der Hüfte amputieren müsse, um ihr Leben zu retten. Dagegen wehrte sich E entschieden und verbot dem Arzt ruhig und bestimmt, das Bein zu amputieren; sie wolle lieber sterben als verkrüppelt weiterleben. S gelang es nicht, E hiervon abzubringen. Während der Operation stellte sich heraus, dass das Leben der E tatsächlich nur durch eine

---

[66] Vgl. Sch/Sch-*Sternberg-Lieben*, § 223 Rn. 70.
[67] *BGH* St 4, 88 (90 f.); 12, 379 (382).
[68] Krey/*Esser*, AT, Rn. 660, 662, 667; Jescheck/*Weigend*, § 34 IV.

§ 3: Straftaten gegen die körperliche Unversehrtheit

Oberschenkelamputation zu retten war. Diese führte S durch, da er sich nicht an den entgegenstehenden Willen der Patientin gebunden fühlte.

Strafbarkeit des S?

a) Rechtsprechung und Teil der Literatur

(1) Tatbestand

Nach der Rechtsprechung[69] und einer Auffassung in der Literatur[70] sind auf den ärztlichen Heileingriff, gleichgültig, ob er medizinisch indiziert, lege artis – d.h. gemäß den Regeln der ärztlichen Heilkunst – durchgeführt und erfolgreich ist, die allgemeinen Grundsätze zur körperlichen Misshandlung und Gesundheitsschädigung anwendbar; er kann also den **objektiven Tatbestand des § 223 StGB** erfüllen.

Der Eingriff verletzte das körperliche Wohlbefinden der E erheblich und die Maßnahmen während und nach der Operation (Einstechen von Injektionsnadeln, Schnitte mit dem Skalpell, Amputation des Beines usw.) stellen – für sich betrachtet – Gesundheitsschädigungen dar. Ob die zur Operation verwendeten Instrumente gefährliche Werkzeuge i.S. des § 224 I Nr. 2 StGB sind, ist strittig, aber zu bejahen (dazu *Rn. 275a*). Die ärztliche Behandlung hatte zudem zur Folge, dass E »ein wichtiges Glied des Körpers« verlor (§ 226 I Nr. 2 StGB).

Da S hinsichtlich der Körperverletzung und der Verwendung gefährlicher Werkzeuge vorsätzlich handelte sowie die schwere Folge beabsichtigt war, sind die Tatbestände der §§ 223, 224 I Nr. 2, 226 II StGB erfüllt.

(2) Rechtswidrigkeit der Tat **225**

Ein nach §§ 223 ff. StGB tatbestandsmäßiger Heileingriff ist nach dieser Auffassung gerechtfertigt, wenn der Patient **eingewilligt** hat[71]. Dabei ist für die Wirksamkeit der Einwilligung grundsätzlich eine gehörige **Aufklärung** des Patienten über den Befund, die Art des Eingriffs und dessen typische Folgen nötig[72].

Eine rechtfertigende Einwilligung scheidet im Übrigen aus, wenn der Arzt wissentlich gegen die Regeln der ärztlichen Kunst verstößt[73].

Das Erfordernis der ordnungsgemäßen Aufklärung des Patienten hat der *BGH* aller- **226** dings durch das Korrektiv der »**hypothetischen Einwilligung**« erheblich relativiert. Ein nachgewiesener Aufklärungsmangel könne nur dann zur Strafbarkeit des Arztes wegen Körperverletzung führen, wenn die Einwilligung des Patienten bei gehöriger Aufklärung unterblieben wäre. Das müsse dem Arzt nachgewiesen werden. Im Zweifel sei nach dem Grundsatz **in dubio pro reo** zugunsten des Arztes davon auszugehen, dass die Einwilligung bei ordnungsgemäßer Aufklärung erfolgt wäre, also eine hypothetische Einwilligung vorliege[74].

---

[69] Z.B. *RG* St 25, 375; *BGH* St 11, 111 (112); 43, 306 (308); *BayObLG*, medstra 2022, 190 (191 f.). *OLG Karlsruhe*, NStZ 2022, 687 f. m. Anm. *Vogel*.

[70] Küpper/Börner, 2/46; M/R-*Engländer*, § 223 Rn. 21; BeckOK-StGB-*Eschelbach*, § 223 Rn. 6; Roxin/Greco, AT I, 13/26; *Rengier* II, 13/24, 27.

[71] *RG* St 25, 375; *BGH*, NJW 1956, 1106.

[72] Zur ärztlichen Aufklärungspflicht vgl.: *BGH*, NStZ 1996, 34 f.; NJW 2011, 1088 ff. m. Bespr. *Schiemann*, NJW 2011, 1046 ff.; S/S/W-*Momsen-Pflanz/Momsen*, § 223 Rn. 37.

[73] *BGH*, NStZ 2008, 278 (279).

[74] *BGH*, JZ 2004, 799 m. Anm. *Rönnau*; abl. *Sowada*, NStZ 2012, 1 (6 ff.); diff. *Mitsch*, JZ 2005, 279. – Weitere Nachw. bei Krey/Esser, AT, Rn. 682. – Zur hypothetischen Einwilligung in der Fallbearbeitung: *Reschke*, JuS 2011, 50.

Ausnahmsweise kommt eine **mutmaßliche Einwilligung** in Betracht, nämlich dann, wenn eine reale Einwilligung wegen Gefahr im Verzuge nicht rechtzeitig eingeholt werden kann[75].

227 Das Erfordernis der Einwilligung gilt auch für **lebensrettende Operationen**, also dann, wenn das Leben des Patienten ohne den Eingriff bedroht oder verloren ist (sog. vitale Indikation). Verweigert der Patient trotz eindringlichen Hinweises auf die Lebensgefahr die Einwilligung in eine Operation ernstlich und bestimmt, so hat sich der Arzt hiermit abzufinden. Das folgt aus dem durch Art. 2 II S. 1 GG gewährleisteten Recht auf körperliche Unversehrtheit, das auch bei einem Patienten zu berücksichtigen ist, der einen lebensrettenden Eingriff ablehnt, denn »selbst ein lebensgefährlich Kranker kann triftige und sowohl menschlich wie sittlich achtenswerte Gründe haben, eine Operation abzulehnen«[76].

Die lebensrettende Operation darf also nicht ohne Einwilligung des Kranken durchgeführt werden. Hat er die Einwilligung in voller Kenntnis seiner Lage ernstlich und endgültig verweigert, so hat die Operation zu unterbleiben[77].

§ 34 StGB erlaubt solche Operationen gegen den Willen des Betroffenen ebenfalls nicht; anderenfalls würde man dem Selbstbestimmungsrecht des Patienten über den eigenen Körper (Art. 2 II GG) und seiner Menschenwürde (Art. 1 GG) nicht gerecht.

228 Insoweit sind zugleich mit den **Rechten** des Arztes seine **Pflichten** gegenüber lebensgefährlich Erkrankten oder Verletzten – mag es sich dabei um Garantenpflichten oder um Pflichten aus § 323c StGB handeln – eingeschränkt:

Garantenpflichten i.S. des § 13 StGB und Hilfeleistungspflichten gemäß § 323c StGB gewähren keine Eingriffsrechte, sind also keine Erlaubnissätze. Soweit Rettungshandlungen Rechtsgüter anderer oder der Allgemeinheit verletzen, sind sie nicht aus § 13 bzw. § 323c StGB gerechtfertigt. Vielmehr müssen solche Rettungshandlungen durch Erlaubnissätze wie Notwehr, Notstand (§§ 228, 904 BGB; § 34 StGB), mutmaßliche Einwilligung u.ä. gedeckt werden, um rechtmäßig zu sein. Garantenpflichten bzw. Hilfeleistungspflichten nach § 323c StGB können also nur dort angenommen werden, wo es um **erlaubte** Rettungshandlungen geht.

229 Dass die Rechtsprechung aus § 323c StGB die Verpflichtung herleitet, den **Suizid** eines anderen zu verhindern (dazu *Rn. 129 ff.*), bedeutet keinen Widerspruch.

Zum einen lässt sich der todkranke **Operationsverweigerer** mit dem aktiven Selbstmörder »nicht in einen Topf werfen« (zum Teil wird von dem Verbot des eigenmächtigen Heileingriffs für Suizidpatienten eine Ausnahme gemacht[78]). Zum anderen ist dieser Rechtsprechung nur insoweit zuzustimmen, als es um einen nicht of-

---

[75] *Mitsch*, ZJS 2012, 38 (41); Sch/Sch-*Sternberg-Lieben*, § 223 Rn. 38g. Bedenklich *BGH*, JZ 1988, 1021 f., krit. dazu *Geppert*, JZ 1988, 1024 ff. und *Müller-Dietz*, JuS 1989, 280 ff.
[76] *BGH* St 11, 111 (113 f.).
[77] *BVerfG* E 52, 131 (170); *BGH* St 11, 111; 32, 367 (378); NStZ 1996, 34 f.; *OLG München*, JZ 1988, 201 ff. (Fall Hackethal); *GenStA Nürnberg*, NStZ 2008, 343; *Roxin/Greco*, AT I, 16/47, 18/23; *Gropp*, NStZ 1985, 97 (103 a.E.); Sch/Sch-*Sternberg-Lieben*, § 223 Rn. 52; bedenklich *BGH*, JZ 1983, 151 ff. (m. Anm. *Geiger*, und *Lilie*, NStZ 1983, 314 f.): »Der entgegenstehende Wille der Kranken war unbeachtlich, weil ihr Leben bedroht war ... dies gilt zumindest für die vom Angeklagten zu treffenden Maßnahmen, die selbst noch keinen körperlichen Eingriff enthielten.«
[78] LK[11]-*Hirsch*, § 228 Rn. 37. A.A.: *OLG München*, JZ 1988, 201 (203 f.); *Roxin*, NStZ 1987, 348.

fensichtlich freiverantwortlichen Suizid geht (*Rn. 130 f.*); im vorliegenden Fall lag jedoch eine freiverantwortliche Operationsverweigerung vor, und nur eine solche kommt als Rechtfertigungssperre für ärztliche Heileingriffe in Betracht.

230 Danach hätte sich S weder des Totschlags durch Unterlassen noch der unterlassenen Hilfeleistung schuldig gemacht, hätte er von der Amputation abgesehen.

Mangels Einwilligung hat S also rechtswidrig gehandelt. Sein Verbotsirrtum war vermeidbar, entschuldigt ihn also nicht (§ 17 S. 2 StGB).

b) Literaturauffassungen zum ärztlichen Heileingriff

231 In der Literatur wird – mit unterschiedlichen Nuancierungen – die Meinung vertreten, der ärztliche Heileingriff erfülle die Tatbestände der §§ 223 ff. StGB nicht. Das gelte, wenn er ärztlich indiziert ist und lege artis durchgeführt wird, und zwar auch dann, wenn der Eingriff misslingt[79]. Der um Heilung bemühte Arzt dürfe nicht mit dem Messerstecher auf eine Stufe gestellt werden[80]. Andere stellen auf den Heilungserfolg ab: Bei einem Heileingriff sei nicht auf die einzelnen Teilakte (Einstich, Entfernen kranker Organe etc.) abzustellen, sondern auf den **Gesamtakt** mit seinem Resultat. Ist dieses positiv, d.h., steht der Patient hinterher gesundheitlich besser da als vorher, so könne von einer *Gesundheitsschädigung* keine Rede sein; eine *körperliche Misshandlung* komme ebenfalls nicht in Betracht[81]. Führe der Vergleich der Gesamtgesundheit im Augenblick des ärztlichen Eingriffs mit dem Gesundheitszustand nach Abschluss der entsprechenden Tätigkeit zu einem »negativen Saldo«, so sei der Eingriff misslungen und eine Körperverletzung gegeben[82].

232 Zum Teil werden jedoch Amputationen ausgenommen, wenn sie gegen den Willen des Patienten erfolgen; für alle Heileingriffe **mit erheblichem Substanzverlust** sei für den Tatbestandsausschluss die – notfalls mutmaßliche – Einwilligung des Patienten nötig[83].

233 Bei einem **gelungenen** Heileingriff scheide daher der objektive Tatbestand des § 223 StGB aus, beim misslungenen fehle der Körperverletzungsvorsatz[84].

234 Folgt man der Literaturauffassung, so entfallen in casu §§ 223 ff. StGB mangels Tatbestandsmäßigkeit, falls man nicht der einschränkenden Sicht für Amputationen (*Rn. 232*) folgt. Auch **Nötigung** greift nicht ein[85]: Zwar wäre der Tatbestand des § 240 I StGB erfüllt, wenn S die E gegen ihren Willen narkotisiert hätte, um die Amputation durchzuführen, denn dann hätte er sie mit Gewalt (Betäuben) zu einem Dulden (der Amputation) genötigt (*Rn. 404*). E war aber mit ihrem Einverständnis narkotisiert worden. Der eigenmächtige Eingriff als solcher ist nicht – ebenso wenig wie es eine **Tötungshandlung** wäre – als Nötigung zu werten[86].

---

[79] L/K/H-*Heger*, § 223 Rn. 8; *Heinrich*, Die gefährliche Körperverletzung, 1993, S. 691 f.; M/S/M/H/M-*Hoyer*, 8/29, 30.
[80] M/S/M/H/M-*Hoyer*, 8/29, 30.
[81] *Gössel*/Dölling, 12/76.
[82] SK-*Wolters*, § 223 Rn. 64.
[83] Sch/Sch-*Sternberg-Lieben*, § 223 Rn. 32 ff., 33, 37, 38.
[84] *Bockelmann*, Strafrecht des Arztes, 1968, S. 66 ff.; M/S/M/H/M-*Hoyer*, 8/29, 30.
[85] *Baumann*/*Arzt*/*Weber*, Strafrechtsfälle, 6. Aufl. 1986, S. 68; W/H/E-*Engländer*, Rn. 300 ff.; *Lenckner*, in: Forster (Hrsg.), Praxis der Rechtsmedizin, 1986, 570 (593); Sch/Sch-*Schröder*, 17. Aufl. 1974, § 223 Rn. 19.
[86] Sch/Sch-*Eisele*, § 240 Rn. 40; *Krey*, Zum Gewaltbegriff, 1. Teil, Rn. 150 f.

c) Stellungnahme

235 Die Auffassung, die eigenmächtige Heilbehandlung falle nicht unter die Tatbestände der §§ 223 ff. StGB, und dies selbst bei Amputationen, führt zu einer der verfassungsrechtlichen Wertentscheidung in Art. 2 II S. 1 i.V.m. Art. 1 I GG widersprechenden weitgehenden Schutzlosigkeit des grundsätzlich freien **Selbstbestimmungsrechts des Menschen über seinen Körper**. §§ 240 und 239 StGB können diesen Schutz nicht ausreichend gewährleisten:
Da der eigenmächtige Eingriff (z.B. Entfernung einer Niere) als solcher keine Nötigung ist, greift § 240 I StGB nur ein, falls der Patient zur Duldung dieses Eingriffs genötigt wurde, etwa durch Betäuben oder Festhalten gegen seinen Willen.

236 Der hier vertretene Standpunkt bedeutet **keine diskriminierende Gleichstellung** des Chirurgen mit dem »Messerstecher«: Es gibt andere »ehrenwerte Berufe, zu deren Aufgaben es ebenfalls gehört, straftatbestandsmäßige, aber gerechtfertigte Handlungen vorzunehmen (z.B. Richter und Polizeibeamte)«[87].

237 Die Subsumtion des ärztlichen Heileingriffs unter das Tatbestandsmerkmal »körperliche Misshandlung« verstößt **nicht gegen das strafrechtliche Analogieverbot** (Art. 103 II GG). Es trifft zwar zu, dass bei einer erfolgreichen Behandlung i.d.R. im Ergebnis keine Gesundheitsschädigung vorliegen wird, weil der Gesundheitszustand gerade verbessert, jedenfalls nicht verschlechtert wird. Es widerspricht aber keineswegs dem möglichen Wortsinn des Gesetzes, die einzelnen Eingriffe – z.B. Amputation eines Beines, Aufschneiden einer Geschwulst, Auspumpen des Magens u.ä. – als körperliche Misshandlung sowie – zumindest bei der Amputation – als Gesundheitsschädigung zu subsumieren. Der Einwand, für den Tatbestand des § 223 StGB komme es nicht auf den Einzelakt an, sondern auf das Endergebnis des Eingriffs, könnte allenfalls für die Gesundheitsschädigung gelten, für die körperliche Misshandlung greift er nicht; das Abstellen auf eine solche Saldierung ist eine vom Gesetzestext nicht geforderte petitio principii[88].

238 Schließlich lässt sich unser Standpunkt mit der **ratio legis** vereinbaren, wenn man als geschütztes Rechtsgut nicht allein das physische Wohl des Menschen ansieht, sondern verfassungskonform (Art. 1 i.V.m. Art. 2 GG) das **Selbstbestimmungsrecht des Patienten** als durch § 223 StGB mitgeschützt bewertet[89].

239 Abhilfe könnte deshalb nur der Gesetzgeber durch eine ausdrückliche Regelung schaffen, wie dies z.B. in § 110 österreichisches StGB (»Eigenmächtige Heilbehandlung«) geschehen ist und in § 162 E 1962 sowie § 123 AE BT vorgesehen war. Bedarf dafür besteht allerdings nicht, da – wie dargelegt – das Selbstbestimmungsrecht und die Menschenwürde des Patienten durch das Strafrecht zu schützen sind.

240 *d) Ergebnis:* S ist nach § 226 II StGB strafbar (zu seinen Gunsten greift aber § 226 III StGB, zudem § 17 S. 2 StGB ein).

---

[87] LK[13]-*Grünewald*, § 223 Rn. 72.
[88] Vgl. *Lenckner*, S. 594.
[89] Roxin/*Greco*, AT I, 13/26; MK-*Hardtung*, § 223 Rn. 2; SK-*Wolters*, § 223 Rn. 57: Das Recht des Patienten auf Selbstbestimmung über den eigenen Körper sei ausreichend zu wahren, »wenn nicht anders, dann eben durch § 223 StGB«.

Hinweis zur Falllösung **241**

Der dargestellte Streit ist im – objektiven – Tatbestand des § 223 StGB zu erörtern und ggf. zu entscheiden. Wer den Tatbestand verneint, weil es sich um einen medizinisch indizierten, lege artis durchgeführten ärztlichen Heileingriff handelt, beendet damit die Prüfung der Körperverletzungsdelikte.
Wer den Tatbestand mit der Gegenmeinung bejaht, muss in der Rechtswidrigkeit das Vorliegen einer Einwilligung bzw. mutmaßlichen Einwilligung prüfen.
Nicht »falsch« wäre es an sich, auf die Streitentscheidung zu verzichten, wenn eine Rechtfertigung eingreift, sodass der Streit für das Ergebnis nicht relevant wäre. Von diesem Vorgehen ist aber abzuraten, weil dann die Rechtfertigungsgründe abweichend vom üblichen Aufbau bereits im Tatbestand erörtert werden müssten.

Ergänzende Hinweise: **242**

(1) Den Tatbestand des § 223 StGB erfüllt auch die **Zwangsernährung** von Häftlingen – und zwar selbst dann, wenn sie zur Abwendung von Leibes- oder Lebensgefahr indiziert sein sollte. Zur Frage, wieweit gleichwohl eine solche Zwangsernährung erlaubt oder sogar rechtlich geboten ist, vgl. § 101 Strafvollzugsgesetz[90] bzw. die entsprechenden Regelungen der Strafvollzugsgesetze der Länder, z.B. § 79 Brandenburgisches Justizvollzugsgesetz.

(2) Die **Beschneidung** von männlichen Kindern ist nach Maßgabe des **§ 1631d BGB** **243**
– auch strafrechtlich – gerechtfertigt: Eltern können in eine medizinisch nicht erforderliche Beschneidung des nicht einsichts- und urteilsfähigen männlichen Kindes einwilligen, wenn diese nach den Regeln der ärztlichen Kunst durchgeführt werden soll und das Kindeswohl durch die Beschneidung auch unter Berücksichtigung ihres Zwecks nicht gefährdet wird (§ 1631d I BGB). Religiös begründete Beschneidungen dürfen in den ersten sechs Monaten nach der Geburt des Kindes auch von Personen, die von einer Religionsgesellschaft dazu vorgesehen sind, durchgeführt werden, wenn sie dafür besonders ausgebildet und, ohne Arzt zu sein, für die Durchführung der Beschneidung vergleichbar befähigt sind (§ 1631d II BGB)[91]. Die Einfügung dieser Rechtfertigungsgründe erfolgte als Reaktion auf ein Urteil des *LG Köln*, das die Beschneidung als rechtswidrige Körperverletzung angesehen hatte[92].

III. Verhältnis von Tötungs- und Körperverletzungsvorsatz (Einheitstheorie/Gegensatztheorie)

Fall 24: – *Misslungene vorsätzliche Tötung mit schweren Folgen –* **244**

Archibald (A) beschloss, seinen Onkel Otfried (O) zu vergiften, um ihn »vorzeitig« beerben zu können. A schüttete O eine starke Dosis Gift in den Tee, von der er annahm, sie werde tödlich wirken. Als A sah, wie sich O vor Schmerzen wand und schließlich bewusstlos zu-

---

[90] Dazu m.w.N. W/H/E-*Engländer*, Rn. 309 f.
[91] Siehe dazu *Peschel-Gutzeit*, NJW 2013, 3617 ff.; *Prittwitz*, FS-Kühne, S. 121 ff.; AnwK-*Zöller/Petry*, § 223 Rn. 24.
[92] *LG Köln*, NJW 2012, 2128; zust. insoweit *Bartsch*, StV 2012, 604 (605); AnwK-*Zöller/Petry*, § 223 Rn. 22 ff.; krit. *Jahn*, JuS 2012, 850 ff.; *Muckel*, JA 2012, 636 ff.; *Putzke*, MedR 2012, 62 ff.; eingehend dazu *Köhler*, FS-Kühl, S. 295 ff.

sammenbrach, erfasste A Reue. Er rief einen Arzt, dem es gelang, das Leben des O zu retten; O verfiel jedoch durch die Einwirkung des Giftes in Siechtum.
Strafbarkeit des A?

a) §§ 211, 22, 23 I StGB

A hat einen Mordversuch (Habgier; Heimtücke) – rechtswidrig und schuldhaft – begangen. Er ist aber gemäß § 24 I S. 1 StGB strafbefreiend vom Versuch des Mordes zurückgetreten. Er hat den Erfolg – Tod des O – dadurch abgewendet, dass er ärztliche Hilfe herbeirief; damit hat er i.S. des § 24 I S. 1, 2. Alt. StGB die Vollendung der Tat verhindert: Diese Vorschrift verlangt keine eigenhändige Tätigkeit, sondern lässt genügen, dass der Täter Dritte hinzuzieht, die für ihn oder mit ihm den Erfolg abwenden[93]. Der Rücktritt war zudem **freiwillig**, weil er auf der autonomen Entscheidung des Täters beruhte (Reue, Mitleid)[94].

b) §§ 223, 224 I Nr. 1, 5 StGB

245 Straflos bleibt nach § 24 StGB nur der Mordversuch, nicht dagegen eine durch dieselbe Handlung begangene **vollendete** Straftat (sog. »qualifizierter Versuch«)[95].

(1) Objektiver Tatbestand

246 *(a)* Der objektive Tatbestand des § 223 StGB ist erfüllt. Durch die Beibringung des Gifts wurde O körperlich misshandelt und an der Gesundheit geschädigt.

(b) A hat die Gesundheitsschädigung i.S. des § 224 I Nr. 1 StGB durch »Beibringung von **Gift**« begangen. Da das Gift im vorliegenden Fall so gefährlich war, dass O trotz ärztlicher Hilfe in »Siechtum« (zu dem Begriff *Rn. 301*) verfiel, war es in casu geeignet, **erhebliche** Gesundheitsschäden zu verursachen. Daher kann dahinstehen, ob eine solche Eignung für das Merkmal »Gift oder andere gesundheitsschädliche Stoffe« zu fordern ist, um Wertungswidersprüche zwischen § 224 I Nr. 1 einerseits und § 224 I Nr. 2 StGB (gefährliches Werkzeug, dazu *Rn. 274 ff.*) andererseits zu vermeiden.

– Dazu *Rn. 268 f.* –

§ 224 I Nr. 1 StGB ist richtiger Ansicht nach lex specialis gegenüber § 224 I Nr. 2 StGB, sodass letztere Qualifikation hier keiner Prüfung bedarf (siehe *Rn. 269*).

(c) Eine »*das Leben gefährdende Behandlung*« i.S. des § 224 I Nr. 5 StGB liegt vor, da die Giftdosis abstrakt und sogar konkret geeignet war, das Leben des O zu gefährden (dazu *Rn. 289*).

(2) Subjektiver Tatbestand

247 Es fragt sich, ob A mit dem Vorsatz handelte, die Gesundheit des O zu schädigen, denn er wollte O töten.
Nach der sogenannten »Gegensatztheorie« schließt der Tötungsvorsatz den Körperverletzungsvorsatz aus[96].

---

[93] *Fischer*, § 24 Rn. 31; Krey/*Esser*, AT, Rn. 1309.
[94] Vgl. Krey/*Esser*, AT, Rn. 1300 ff. m.w.N.
[95] Krey/*Esser*, AT, Rn. 1298; L/K/H-*Heger*, § 24 Rn. 23; MK-*Schneider*, § 212 Rn. 121.
[96] RG St 61, 375; LK[8]-*Schaefer*, § 212 Rn. VII.

Demgegenüber soll nach der ganz herrschenden **Einheitstheorie** der Tötungsvorsatz **248**
den Körperverletzungsvorsatz notwendig enthalten[97].
Bei äußerst gefährlichen Gewalthandlungen liegt die Annahme, der Täter habe damit
gerechnet (dolus eventualis), dass das Opfer zu Tode kommen wird, nahe; wegen
der »hohen Hemmschwelle« vor der Tötung eines Menschen sind dennoch alle Umstände zu berücksichtigen[98]. Wie dargelegt (*Rn. 37*) ist die Bezeichnung als »Hemmschwellentheorie« irreführend, denn es handelt sich um keinen Grundsatz des materiellen Strafrechts, sondern lediglich um den Hinweis auf die Anforderungen an die richterliche Überzeugungsbildung nach § 261 StPO, die eine umfassende Würdigung aller Umstände des konkreten Falles erfordert. Aus der – objektiven – Lebensgefährlichkeit der Tathandlung darf also nicht ohne weiteres die subjektive Tatseite, d.h. der Tötungsvorsatz, gefolgert werden[99].

Der Einheitstheorie ist zu folgen: Physiologisch gesehen ist bei der Tötung die Kör- **249**
perverletzung notwendiges Durchgangsstadium vor Todeseintritt – dies zumindest
für eine »logische Sekunde«[100].
Dass eine solche Körperverletzung nicht tatbestandsmäßig sei, weil die §§ 223 ff.
StGB die »Gesundheitsschädigung oder körperliche Misshandlung unter Aufrechterhaltung des Lebens« beträfen[101], ist dem Gesetz nicht zu entnehmen. Wenn aber
die Körperverletzung notwendiges Durchgangsstadium der Tötung ist, enthält der
Tötungsvorsatz begrifflich den Körperverletzungsvorsatz.
Nur die Einheitstheorie kommt im Übrigen zu kriminalpolitisch richtigen Ergebnissen[102]: Nach der Gegensatztheorie könnte A nämlich allenfalls wegen fahrlässiger
Körperverletzung, § 229 StGB, bestraft werden. Dass dies seiner Tat in keiner Weise
gerecht würde, liegt auf der Hand. Der Tötungsvorsatz schließt daher den Körperverletzungsvorsatz nicht aus.

(3) A handelte rechtswidrig und schuldhaft, ist also der gefährlichen Körperverletzung schuldig.

c) Schwere Körperverletzung, §§ 226 I Nr. 3, 18 StGB **250**

Da die Tat des A eine schwere Körperverletzung (§ 226 StGB: »Siechtum«) verursacht hat
und ihm insoweit Fahrlässigkeit zur Last fällt (§ 18 StGB), ist er eines Verbrechens nach
§ 226 I Nr. 3 StGB schuldig. – Näher zu § 226 StGB unten, *Rn. 290 ff.* –

d) Konkurrenzen **251**

Hinter die – vollendete – schwere Körperverletzung (§ 226 StGB) treten §§ 223, 224
StGB zurück (Gesetzeskonkurrenz): Gegenüber § 223 ist § 226 StGB lex specialis;

---

[97] *BGH* St 16, 122; NStZ 1997, 233 f.; NJW 2001, 980; *Doehring*, JuS 1969, 87 (88); LK[13]-*Grünewald*, § 223 Rn. 61; SK-*Sinn*, § 212 Rn. 66. – Zum Verhältnis des subjektiven Tatbestandes des § 226 II StGB zum Tötungsvorsatz vgl. *BGH*, NJW 2001, 980. –
[98] Z.B. *BGH*, NStZ 2009, 503; 629 (630); NStZ 2010, 511 (512); NStZ 2011, 338 (339); zu dieser Rechtsprechung *Steinberg/Stam*, NStZ 2011, 177 ff. Eingehend zur »Hemmschwellentheorie« NK-*Saliger*, § 212 Rn. 10 ff.; *Puppe*, NStZ 2014, 183 ff.
[99] *BGH* St 57, 183 (Rn. 34); NStZ 2014, 35 m. Anm. *Schiemann*.
[100] *BGH* St 44, 196 (199); *BGH*, NJW 2001, 980; L/K/H-*Heger*, § 212 Rn. 7 f.
[101] So *Welzel*, FS-v. Weber 1963, 243 f.; anders aber *Welzel*, S. 282.
[102] *Gössel*/Dölling, 12/128 ff.; M/S/M/H/M-*Hoyer*, 8/42 i.V.m. 2/21.

§ 224 StGB ist grundsätzlich gegenüber § 226 StGB subsidiär[103]. Der *BGH* nimmt jedoch Tateinheit zwischen § 224 I Nr. 5 StGB und § 226 StGB an, da ansonsten das in der lebensgefährlichen Handlung liegende Unrecht nicht hinreichend zum Ausdruck gebracht werde[104].

IV. Konkurrenz zwischen Tötungs- und Körperverletzungsdelikten

252 **Fall 25:** – *Abwandlung von Fall 24* –

A rief die ärztliche Hilfe herbei, weil er seine Tat entdeckt glaubte und Angst vor einer Strafanzeige durch den Entdecker hatte.

Strafbarkeit des A?

Ein strafbefreiender Rücktritt scheidet mangels *Freiwilligkeit* aus, da er nicht auf autonomer, sondern auf heteronomer Motivation beruhte[105]. A ist daher wegen Mordversuchs strafbar und es stellt sich die Frage nach der Konkurrenz zwischen dem Mordversuch und § 226 I StGB.

(1) Zur Konkurrenz **vollendeter** Straftaten nach §§ 211, 212 StGB und Körperverletzungsdelikten vertreten die Rechtsprechung[106] und die überwiegende Literatur[107] die Auffassung, dass §§ 211, 212 StGB als die intensiveren Verletzungsformen den weniger intensiven nach §§ 223 ff. StGB vorgehen; letztere seien subsidiär. Das gelte nicht nur für die einfache Körperverletzung (§ 223 StGB), sondern auch für die qualifizierten Fälle nach §§ 224, 226 StGB.

253 Andere vertreten dagegen die Ansicht, §§ 211, 212 StGB verdrängten §§ 223, 224 StGB, nicht aber sonstige qualifizierte Körperverletzungen. Führe z.B. eine Tötungshandlung erst nach längerem Siechtum (§ 226 I Nr. 3 StGB) zum Tode, so sei der Täter aus § 212 StGB in Idealkonkurrenz mit § 226 StGB strafbar[108].

254 *(2)* Konkurrenz zwischen **versuchtem Mord bzw. Totschlag** und §§ 223 ff. StGB:

Nach früherer Judikatur sollten §§ 223 ff. StGB auch gegenüber versuchten Verbrechen nach §§ 211, 212 StGB **subsidiär** sein[109].

Anders die neuere Rechtsprechung des *BGH*: Die mit einem **versuchten** Tötungsdelikt zusammentreffende vorsätzliche Körperverletzung stehe mit diesem Versuch in Tateinheit (§ 52 StGB). Die Klarstellungsfunktion der Tateinheit gebiete es, die vollendete Körperverletzung neben der versuchten Tötung im Schuldspruch zum Ausdruck zu bringen[110].

---

[103] Für Gesetzeskonkurrenz zwischen §§ 224, 226 StGB die h.M.: *BGH* St 21, 194 (195); L/K/H-*Heger*, § 224 Rn. 12.

[104] *BGH* St 53, 23 (Rn. 4).

[105] Dazu Krey/*Esser*, AT, Rn. 1300 ff., 1302, 1305.

[106] So für § 223a StGB *a.F.* = § 224 StGB *n.F.*: *BGH* St 16, 122; 21, 265; NStZ 1995, 79 f.; für § 224 StGB *a.F.* = § 226 I StGB *n.F.*: *BGH* St 22, 248.

[107] Gössel/Dölling, 12/131 u. 13/55, 74; LK[13]-*Grünewald*, § 223 Rn. 61; L/K/H-*Heger*, § 212 Rn. 9; *Rengier* II, 21/3; MK-*Schneider*, § 212 Rn. 119; SK-*Sinn*, § 212 Rn. 67. A.A. für das Verhältnis der §§ 211, 212 StGB zu § 226 StGB Sch/Sch-*Eser/Sternberg-Lieben*, § 212 Rn. 18 ff.

[108] Sch/Sch-*Eser/Sternberg-Lieben*, § 212 Rn. 20; *Jakobs*, NJW 1969, 489; NK-*Saliger*, § 212 Rn. 32 f.

[109] Nachweise in *BGH* St 44, 196 (198 ff.).

[110] *BGH* St 44, 196 (198 f.).

In der Lehre werden im Wesentlichen drei Auffassungen vertreten: **255**
Nach **h.L.** besteht zwischen **versuchten** Tötungs- und vollendeten Körperverletzungsdelikten nach §§ 223 ff. StGB stets Idealkonkurrenz (§ 52 StGB); dies gelte auch für die einfache Körperverletzung nach § 223 StGB[111].
Andere nehmen an, sämtliche Körperverletzungsdelikte – auch §§ 224, 226 I, II StGB – stünden zum Mord- bzw. Totschlagsversuch in Gesetzeskonkurrenz[112].
Zum Teil wird differenziert: Zwischen §§ 223, 224 StGB und versuchtem Mord bzw. Totschlag sei Gesetzeskonkurrenz anzunehmen; zwischen § 226 StGB und versuchten Verbrechen nach §§ 211, 212 StGB bestehe Idealkonkurrenz[113].

(3) Stellungnahme

(a) Für die Konkurrenz zwischen **vollendeten** Tötungsdelikten nach §§ 211, 212 **256**
StGB und §§ 223 ff. StGB gilt: §§ 211, 212 sind leges speciales zu § 223 StGB.
Wie dargelegt ist die *Gesundheitsschädigung* notwendiges Durchgangsstadium der Tötung. Eine Tötungshandlung ist zudem immer als *körperliche Misshandlung* zu werten, d.h., als »übles unangemessenes Behandeln, das entweder das körperliche Wohlbefinden oder die körperliche Unversehrtheit nicht nur unerheblich beeinträchtigt« – sei es auch, wie bei einer sofort tödlich wirkenden Verletzung, nur für »eine logische Sekunde«.

Wenn aber Totschlag und Mord als leges speciales die einfache Körperverletzung **257**
verdrängen, stehen sie auch zu den qualifizierten Körperverletzungsdelikten in Gesetzeskonkurrenz[114].

(b) Dagegen ist zwischen nur **versuchtem** Mord bzw. Totschlag und Körperverletzung, §§ 223 ff. StGB, Idealkonkurrenz gegeben: **258**
Zu Recht betont der *BGH* (*Rn. 254*) den unterschiedlichen Unrechtsgehalt eines folgenlosen Totschlagsversuchs einerseits und eines zur **Körperverletzung** führenden Totschlagsversuchs andererseits. Diesen Unterschied bringt die Annahme von Tateinheit sachgerecht zum Ausdruck (**Klarstellungsfunktion** der Tateinheit).
Ergebnis: A hat sich in *Fall 25* nach §§ 211, 22 f. in Tateinheit (§ 52) mit § 226 I StGB strafbar gemacht.

Fall 26: *– Zusammentreffen von § 216 StGB und qualifizierter Körperverletzung –* **259**
Stephanie (S) flößte dem handlungsunfähigen Helge (H) Gift ein, um ihn zu töten; sie handelte dabei auf ausdrückliches und ernstliches Verlangen des H.

Strafbarkeit der S, wenn (1) H stirbt; (2) H überlebt, aber durch das Gift in Siechtum (§ 226 I Nr. 3 StGB) verfällt?

Zu Fall 26 (1):
Ob S nach dem in dem im »Insulinspritzen-Fall« von dem *6. Strafsenat des BGH* geäußerten obiter dictum (*Rn. 108*) eine Tötung auf Verlangen begangen hätte, ist zweifelhaft. Im Fol-

---

[111] W/H/E-*Engländer*, Rn. 294; Sch/Sch-*Eser/Sternberg-Lieben*, § 212 Rn. 23; *Gössel*/Dölling, 12/133 f. u. 13/55, 74; L/K//H-*Heger*, § 212 Rn. 9; *Maatz*, NStZ 1995, 209 ff.; *Rengier* II, 21/7.
[112] LK[11]-*Lilie*, vor § 223 Rn. 18.
[113] So u.a.: *Jakobs*, NJW 1969, 489; *Schmitt*, JZ 1962, 392.
[114] Vgl. *BGH* St 15, 345 (346).

genden wird unterstellt, dass S § 216 I StGB verwirklicht hat. Ist sie auch aus §§ 223, 224 I Nr. 1, 5 StGB strafbar?

260 Zum Teil wird die Lösung im Konkurrenzverhältnis gesehen. Wie §§ 211, 212 StGB würde § 216 StGB die Körperverletzung gemäß § 223 StGB und die nach § 224 StGB verdrängen[115].

Zutreffend ist, dass bei einem Zusammentreffen von § 216 und § 224 StGB der *mildere Strafrahmen des § 216 I StGB anstatt des – in der Obergrenze – strengeren des § 224 I StGB* anwendbar sein muss, um die **Privilegierungswirkung des § 216 StGB** zu erhalten, zumal in jeder vorsätzlichen Tötung eine Körperverletzung mittels vorsätzlicher »lebensgefährdender Behandlung« i.S. des § 224 I Nr. 5 StGB enthalten ist.

I.d.R. wird die Strafbarkeit wegen Körperverletzung jedoch wegen der in dem ausdrücklichen und ernstlichen Tötungsverlangen des Sterbewilligen liegenden rechtfertigenden Einwilligung in die mit der Tötung verbundene Körperverletzung ausscheiden[116].

Hat der Täter das Vorliegen eines solchen Verlangens irrtümlich angenommen, ist § 216 StGB gem. § 16 II StGB anwendbar (*Rn. 106*). Die Strafbarkeit wegen vorsätzlicher Begehung der mit der Tötungshandlung verbundenen Körperverletzungsdelikte scheidet nach zutreffender h.M. wegen des *Erlaubnistatbestandsirrtums* aus[117].

261 *Zu Fall 26 (2):*

S hat den Tatbestand einer versuchten Tötung auf Verlangen erfüllt, zudem den des § 224 I Nr. 1, 5 und den des § 226 I Nr. 3 StGB.

(a) Die gefährliche Körperverletzung gem. § 224 I Nr. 1, 5 ist i.d.R. auch im Falle einer versuchten Tötung auf Verlangen gerechtfertigt[118], wenn der Sterbewillige sein Tötungsverlangen geäußert hat und der Täter dadurch motiviert wurde.

b) Anders als beim versuchten Mord bzw. Totschlag, bei dem Tateinheit mit § 226 StGB möglich ist (*Rn. 258*), dürfte beim **Versuch des § 216 StGB** Gesetzeskonkurrenz zur schweren Körperverletzung anzunehmen sein. Eine Einwilligung in eine Körperverletzungsfolge des § 226 dürfte ausscheiden. Nähme man keinen Vorrang der §§ 216, 22 StGB an, würde der Strafrahmen der §§ 216, 23 II StGB durch den strengeren des § 226 I StGB verdrängt und der Täter statt wegen eines versuchten Vergehens (§ 216 StGB) wegen eines vollendeten Verbrechens (§ 226 I StGB) bestraft; beides würde der **Privilegierungsfunktion des § 216 StGB** widersprechen. Demgemäß entfaltet die in § 216 StGB getroffene Wertentscheidung des Gesetzgebers eine »Sperrwirkung« gegenüber § 226 I StGB[119].

Ergebnis: S ist aus §§ 216, 22 f. StGB strafbar.

---

[115] *Fischer*, § 216 Rn. 16; S/S/W-*Momsen*, § 216 Rn. 22; MK-*Schneider*, § 216 Rn. 73.
[116] AnwK-*Mitsch*, § 216 Rn. 25; NK-*Saliger*, § 216 Rn. 23 f.
[117] Näher z.B. Krey-*Esser*, AT, Rn. 735 ff.
[118] Vgl. NK-*Saliger* § 216 Rn. 23 f.
[119] Sch/Sch-*Eser/Sternberg-Lieben*, § 212 Rn. 25; L/K/H-*Heger*, § 216 Rn. 7; *Rengier* II, 21/4; NK-*Saliger*, § 216 Rn. 24.

Ergänzender Hinweis zu Fall 26 (2) **262**

Wäre S strafbefreiend vom Versuch des § 216 StGB **zurückgetreten**, so wäre nach zutreffender Auffassung wegen der Sperrwirkung des § 216 StGB gegenüber der schweren und der gefährlichen Körperverletzung nur § 223 StGB anwendbar[120]. Entfällt eine Bestrafung aus §§ 216, 22 f. StGB gemäß § 24 StGB, so steht der Verurteilung aus § 226 I StGB entgegen, dass (wie ausgeführt) bei einem Schuldspruch wegen versuchter Tötung auf Verlangen die schwere Körperverletzung im Wege der Gesetzeskonkurrenz ausgeschieden wäre. Der **Rücktritt** vom Versuch kann nicht zur Anwendbarkeit des § 226 I StGB (Verbrechen!) führen, da ohne Rücktritt wegen Vergehens (§§ 216, 22 f. StGB), bei Rücktritt dagegen wegen Verbrechens (§ 226 I StGB) verurteilt würde, § 24 StGB also dem Täter zum Nachteil gereichen würde.

V. Gefährliche Körperverletzung (§ 224 StGB)

Dieser qualifizierte Tatbestand nennt fünf besonders gefährliche Begehungsmodalitäten. Sie sind dabei nicht etwa als mehr oder weniger zufällig zusammengewürfelte, voneinander unabhängige isolierte Spezialdelikte zu verstehen. Vielmehr gebietet es der Aspekt systemkonformer und am Gleichheitssatz orientierter Auslegung, § 224 I Nr. 1 - 5 StGB als ein teleologisch sinnvolles System von **nach Art und Schwere vergleichbaren Tatmodalitäten** zu deuten[121]. Diese Einsicht ist u.a. für das Verständnis der Nr. 1 relevant, die sachgerecht mit Nr. 2 abgestimmt werden muss (dazu *Rn. 268 f.*). Gemeinsamer Grundgedanke der Qualifizierungsgründe ist der »bewusste Einsatz eines in besonderem Maße die Wirkungsmacht des Angriffs erhöhenden Faktors zum Zweck der Körperverletzung«[122]. **263**

1. § 224 I Nr. 1 StGB (Beibringung von Gift oder anderen gesundheitsschädlichen Stoffen)

§ 224 I Nr. 1 StGB wurde 1998 als »Teilkompensation« der Streichung des bis dahin in § 229 StGB *a.F.* geregelten qualifizierten Körperverletzungstatbestandes »Vergiftung« eingefügt, um »dem erhöhten Unrechtsgehalt einer **Giftbeibringung** Rechnung zu tragen«[123]. **264**

Tatobjekte: Gift und andere gesundheitsschädliche Stoffe **265**

Der Begriff *Gift* als Beispiel für *gesundheitsschädliche Stoffe* erfasst organische und anorganische Stoffe, die **chemisch oder chemisch-physikalisch** wirken, z.B. Arsen, Zyankali, Pflanzengifte, Giftgas, Betäubungsmittel wie Heroin, Alkohol, KO-Tropfen; Salzsäure[124].

Andere gesundheitsschädliche Stoffe sind Substanzen, die nach ihrer Beschaffenheit und der Art ihrer Benutzung durch eine andere – **mechanische, thermische oder** **266**

---

[120] *Fischer*, § 216 Rn. 15; MK-*Schneider*, § 216 Rn. 73. A.A. für § 224 StGB Sch/Sch-*Eser/Sternberg-Lieben*, § 212 Rn. 25; L/K/H-*Heger*, § 216 Rn. 7. S. auch NK-*Saliger*, § 216 Rn. 25, der eine »rechtsfolgenbeschränkende Sperrwirkung« befürwortet, die durch eine Bejahung eines minder schweren Falls gem. § 224 II StGB zu erreichen sei.
[121] In diesem Sinne schon *Heinrich*, Die gefährliche Körperverletzung, 1993, S. 691.
[122] *Heinrich*, Die gefährliche Körperverletzung, 1993, S. 586, 655, 757; *ders.*, JA 1995, 718 (720 f.).
[123] BT-Drs. 13/8587, S. 35 f.
[124] *Fischer*, § 224 Rn. 3 f.; *Rengier* II, 14/9; SK-*Wolters*, § 224 Rn. 9. – Zu § 224 I Nr. 1 StGB bei Kochsalzintoxikation vgl. *BGH* St 51, 18 (22 f.). –

biologische – Wirkung[125] im konkreten Fall geeignet sind, **erhebliche** Gesundheitsschäden hervorzurufen; das kann sogar ein »an sich« ungefährlicher Stoff sein, z.B. heißer Kaffee[126].

267 Strittig ist, ob Viren und andere Krankheitserreger § 224 I Nr. 1 StGB unterfallen. Zum Teil wird behauptet, dass es sich um Lebewesen handele, die dem Begriff »Stoffe« nicht subsumiert werden könnten[127]. Die h.M. betrachtet Viren und andere Krankheitserreger zutreffend als andere gesundheitsschädliche Stoffe[128].

268 Sowohl für die Annahme von *Gift* als auch für die eines *anderen gesundheitsschädlichen Stoffes* ist als ungeschriebenes Tatbestandsmerkmal die Gefahr einer erheblichen Körperverletzung zu fordern[129]. Hierfür spricht die Notwendigkeit, im Wege der Auslegung Wertungswidersprüche zu § 224 I Nr. 2 StGB zu vermeiden. Die Annahme eines *gefährlichen Werkzeugs* setzt voraus, dass es nach Beschaffenheit und Benutzungsart zur Zufügung **erheblicher** Verletzungen geeignet ist (*Rn. 275 f.*). *Gift und andere gesundheitsschädliche Stoffe* sind der Sache nach nichts anderes als *(gefährliche) Werkzeuge*[130]. Das gilt z.B. für Salzsäure, Zyankali, Giftgas etc., die als Tatmittel gemäß § 224 I Nr. 1 StGB in Frage kommen und zugleich gefährliche Werkzeuge i.S. des § 224 I Nr. 2 StGB sein können. Daher gibt es keinen überzeugenden Grund dafür, etwa bei einem Gas, das im konkreten Fall nur **leichte** Verletzungen herbeiführen kann, einerseits teleologisch sachgerecht mangels Eignung zur Zufügung erheblicher Gesundheitsschäden § 224 I Nr. 2 StGB zu verneinen, aber andererseits wegen der Eignung, die Gesundheit leicht zu schädigen, § 224 I Nr. 1 StGB anzuwenden.

269 Deshalb sollte zur Vermeidung von Wertungswidersprüchen das Verhältnis von § 224 I Nr. 1 zu § 224 I Nr. 2 StGB wie folgt gedeutet werden:

(1) § 224 I Nr. 1 StGB ist eine klarstellende lex specialis gegenüber Nr. 2, die bei solchen Waffen oder anderen gefährlichen Werkzeugen zur Anwendung kommt, bei denen Nr. 1 nicht eingreift – z.B. bei Baseballschlägern, Dolchen, Revolvern –.

(2) § 224 I StGB lässt bei Nr. 1 wie bei Nr. 2 die Gefahr leichterer Körperverletzung nicht genügen, sondern Nr. 1 setzt ebenfalls voraus, dass das Tatmittel in casu **erhebliche** Gesundheitsschäden verursachen konnte.

(3) § 224 I Nr. 2 StGB tritt hinter **Nr. 1** zurück: Letztere ist lex specialis.

---

[125] Sch/Sch-*Eser/Sternberg-Lieben*, § 242 Rn. 2c; MK-*Hardtung*, § 224 Rn. 9.
[126] *OLG Dresden*, NStZ-RR 2009, 337 (338).
[127] BeckOK-*Eschelbach*, § 224 Rn. 14, der eine Übertragung von SARS-CoV-2 oder HIV dennoch § 224 I Nr. 1 StGB subsumiert, weil ein Träger-„Stoff" oder eine Ausscheidung dem Stoffbegriff zuzuordnen sein könne; S/S/W-*Momsen-Pflanz/Momsen/Leszczynska*, § 224 Rn. 9.
[128] *Fischer*, § 224 Rn. 5; MK-*Hardtung*, § 224 Rn. 9; *Hotz*, NStZ 2020, 320 (324). Diff. LK[13]-*Grünewald*, § 224 Rn. 8 f., die »physiologisch wirkende Krankheitsgifte« z.B. bei Pocken und Syphilis als Gifte einordnet, andere Krankheitserreger als sonstige gesundheitsschädliche Stoffe.
[129] *BGH* St 51, 18 (22 f.); M/R-*Engländer*, § 224 Rn. 3; *Küpper/Börner*, 2/9; LK[13]-*Grünewald*, § 224 Rn. 10; *Jäger*, JuS 2000, 31 (35); NK-*Paeffgen/Böse/Eidam*, § 224 Rn. 7. Bei einem symptomlosen Verlauf einer Corona-Infektion fehlt diese Gefährlichkeit, *Makepeace*, ZJS 2020, 189 (192 f.).
[130] *Küper/Zopfs*, Rn. 112, 782; – Der *BGH* (NStZ 2006, 572 u. NStZ 2007, 405) hat in anderem Zusammenhang für § 224 I Nr. 2 StGB die Verwendung eines **von außen** auf den Körper des Opfers einwirkenden Tatmittels verlangt.

Fall 27: – »*Beibringung« von Gift* – 270

Anna (A) schüttete Barbie (B) 30%ige Salzsäure ins Gesicht, um deren Gesichtshaut zu verletzen. Die Säure führte bei B zu Hautverätzungen. Wie durch ein Wunder behielt B das Sehvermögen auf beiden Augen und wurde durch die Hautverletzungen im Gesicht nicht »in erheblicher Weise auf Dauer entstellt«. Die etwas »naive« A hatte mit der Möglichkeit derart schwerer Folgen auch nicht ernstlich gerechnet.

Strafbarkeit der A?

(1) §§ 223, 224 I Nr. 1 StGB

(a) Die Hautverletzungen beeinträchtigten das körperliche Wohlbefinden der B erheblich und riefen eine Krankheit hervor, sodass eine körperliche Misshandlung und eine Gesundheitsschädigung i.S. des § 223 I StGB gegeben sind.

(b) Wegen der Eignung zur Verursachung erheblicher Gesundheitsschäden auf chemisch-physikalische Weise ist die Salzsäure ein **Gift** i.S. des § 224 I Nr. 1 StGB. 271

Beibringung eines Giftes – oder eines anderen gesundheitsschädlichen Stoffes – setzt eine »Kontaminierung« des Körpers des Opfers voraus, sodass die Substanz dort ihre gesundheitsschädliche Wirkung entfalten kann[131]. Bereits zu § 229 StGB *a.F.* hatte der *BGH* im »Salzsäure-Fall« zutreffend entschieden, Beibringung von Gift erfordere nicht, dass seine Wirkung im Körperinneren eintritt[132]. Es muss also nicht in den Körper gebracht werden, sondern es genügt eine »äußerliche Anwendung«, wenn der Stoff in einer der innerlichen Anwendung vergleichbaren Weise seine gesundheitszerstörende Wirkung von außen her entfalten kann[133].

(c) A handelte mit Körperverletzungsvorsatz (bzgl. der körperlichen Misshandlung und Gesundheitsschädigung). Hinsichtlich der Giftbeibringung dürfte ebenfalls Vorsatz zu bejahen sein: Zwar hatte A nicht ernstlich mit einem Erblinden oder einer »dauernden Entstellung in erheblicher Weise« gerechnet; bei lebensnaher Auslegung ist aber davon auszugehen, dass sie die Gesichtshaut der B verletzen wollte und dabei ernstlich mit der Möglichkeit gerechnet hatte, mehr als nur leichtere Hautschäden herbeizuführen. 272

(2) § 224 I Nr. 2 StGB tritt hinter Nr. 1 zurück (*Rn. 269*).

(3) § 226 I Nr. 1 und 3 StGB liegen schon objektiv nicht vor.

(4) §§ 226 I Nr. 1, Nr. 3, 22, 23 StGB entfallen mangels Vorsatzes.

2. § 224 I Nr. 2 StGB (gefährliches Werkzeug)

Fall 28: – *Unbewegliche Gegenstände als gefährliches Werkzeug?* – 273

Geoffrey (G) setzte seine Freundin Dorothea (D) trotz deren verzweifelter Gegenwehr auf einen glühenden Herd. D erlitt Verbrennungen 2. Grades.

Strafbarkeit des G?

§ 223 StGB ist sowohl in der Alternative *körperliche Misshandlung* als auch der *Gesundheitsschädigung* erfüllt.

---

[131] L/K/H-*Heger*, § 224 Rn. 1b; S/S/W-*Momsen-Pflanz/Momsen/Leszczynska*, § 224 Rn. 12.
[132] *BGH* St 32, 130 ff.
[133] *BGH*, NStZ-RR 2018, 209. Das *OLG Dresden*, NStZ-RR 2009, 337 (338), verneinte dies bei einem Überschütten mit heißem Kaffee mangels »Tiefenausdehnung eines Hautdefekts«; ebso. *OLG Zweibrücken*, NStZ-RR 2012, 371 (372), bei Verkleben der Haare durch zähflüssiges Teergemisch.

Es fragt sich, ob § 224 I Nr. 2 StGB eingreift. Der Herd könnte ein gefährliches Werkzeug i.S. dieser Norm sein.

274 »Gefährliches Werkzeug« ist der Oberbegriff, die Waffe ein Beispiel. Wie bei § 244 I Nr. 1 StGB sind Waffen im technischen Sinne gemeint, also solche, die dem Waffengesetz unterfallen (dazu Krey/*Hellmann*/Heinrich, BT 2, *Rn. 184*). Die Verwendung einer Waffe erfüllt § 224 I Nr. 2 StGB jedoch nur, wenn sie als gefährliches Werkzeug benutzt wird, d.h. in konkret gefährlicher Weise[134].

275 Ein gefährliches Werkzeug ist jeder Gegenstand, der »unter Berücksichtigung seiner Beschaffenheit und der Art seiner Benutzung konkret geeignet ist, **erhebliche** körperliche Verletzungen beim Angegriffenen hervorzurufen«[135].
Als gefährliche Werkzeuge kommen neben **mechanisch** wirkenden Sachen (z.B. Bierkrug; Glasflasche[136]; Kraftfahrzeug, mit dem ein Fußgänger angefahren wird[137]; Pflasterstein; brennende Zigarette[138]) **chemisch** wirkende Stoffe in Frage (z.B. Salzsäure[139]; Gas), zudem Röntgen- und Gammastrahlen. Auch Tiere, etwa der gehetzte Hund, können gefährliche Werkzeuge sein[140]. Bloße Körperteile (Faust, nackter Fuß) scheiden aus; dagegen kann der »**beschuhte Fuß**« genügen, wenn der Schuh eine gewisse Festigkeit aufweist oder der Tritt – mit einem normalen Straßenschuh – gegen einen besonders empfindlichen Körperteil geführt wird[141], ebenso der eingegipste Arm.

275a Das von einem Arzt **kunstgerecht eingesetzte Operationsbesteck** (Skalpell, Zahnextraktionszange u.ä.) hatte der *BGH* mangels Angriffs- bzw. Verteidigungscharakters und erheblicher Gefährlichkeit nicht als gefährliches Werkzeug eingeordnet[142]. Dieser zu § 223a StGB *a.F.*, der das gefährliche Werkzeug als Beispiel für eine Waffe beschrieb, ergangenen Entscheidung ist durch die Neuregelung in § 224 StGB, nach der die Waffe nunmehr einen Unterfall eines gefährlichen Werkzeugs darstellt (*Rn. 274*), die Grundlage entzogen; es kommt nicht mehr auf den Angriffs- bzw. Verteidigungscharakter an, sondern nur noch auf die Eignung zur Herbeiführung erheblicher körperlicher Verletzungen[143]. In Betracht kommt eine Strafbarkeit des Arztes nach § 224 I Nr. 2 StGB allerdings nur, wenn keine wirksame Einwilligung des Patienten in die »kunstgerecht« durchgeführte Operation vorliegt.

---

[134] W/H/E-*Engländer*, Rn. 228; Sch/Sch-*Sternberg-Lieben*, § 224 Rn. 4; AnwK-*Zöller*, § 224 Rn. 7.
[135] LK[13]-*Grünewald*, § 224 Rn. 16 ff.; *Jäger*, BT, Rn. 100; *Rengier* II, 14/27 ff.
[136] *KG*, StV 2010, 637.
[137] *BGH*, NZV 2007, 481 (482) m. Anm. *Krüger*; LK[13]-*Grünewald*, § 224 Rn. 23. Die Verletzungen müssen »mittels« des Kraftfahrzeuges, also durch den Anstoß selbst, und nicht erst infolge des sich anschließenden Sturzes auf den Asphalt eingetreten sein, *BGH*, NStZ 2014, 36 (37); NStZ 2016, 724.
[138] *BGH*, NStZ 2002, 30 u. 86.
[139] *BGH* St 1, 1; *Rengier* II, 14/32.
[140] *BGH* St 14, 152 (153 ff.).
[141] *BGH* St 30, 375 ff.; NStZ 2010, 151; NStZ-RR 2011, 337 f.; NStZ-RR 2015, 309 (310); NStZ-RR 2019, 345; NStZ 2023, 410 (411); L/K/H-*Heger*, § 224 Rn. 5.
[142] *BGH*, NStZ 1987, 174.
[143] *OLG Karlsruhe*, NStZ 2022, 687 (Rn. 7 f.) m. Anm. *Vogel*; dazu auch *Hecker*, JuS 2022, 684 ff. *Fischer*, § 224 Rn. 15a: Die Entscheidung, ob die Säge, mit der ein Arzt das falsche Bein amputiert, ein gefährliches Werkzeug ist, könne »schwerlich davon abhängen, ob er das *lege artis* tut«.

Für § 224 I Nr. 2 StGB ist es im Übrigen unerheblich, ob das Werkzeug im konkreten Fall gegen das Opfer geführt oder umgekehrt das Opfer gegen das Werkzeug – z.B. ein gezücktes scharfes Schlachtermesser – gestoßen wird[144]. Das eingesetzte Tatmittel muss allerdings unmittelbar auf den Körper des Opfers einwirken und dabei geeignet sein, aufgrund der Beschaffenheit und der Art des Einsatzes erhebliche Körperverletzungen herbeizuführen; die bloße »Inszenierung« einer nur scheinbar lebensgefährlichen Situation (z.B. Vortäuschen einer Strangulation) genügt nicht[145]. 276

Nach h.M. erfordert der Werkzeugbegriff, dass der Gegenstand durch menschliche Einwirkung gegen den Körper eines anderen geführt werden kann, also beweglich ist[146]. **Unbewegliche Sachen** wie Haus- und Felswände[147], Fußböden[148], Mauern[149], Öfen[150], seien dagegen keine gefährlichen Werkzeuge i.S. des § 224 I Nr. 2 StGB. 277
Danach wäre der Herd in unserem *Fall 28* kein »gefährliches Werkzeug«.

Die Gegenmeinung in der Literatur lehnt diese Einschränkung mit der Begründung ab, für den Gefährlichkeitsaspekt mache es keinen Unterschied, ob das Opfer z.B. mit dem Kopf gegen eine Felswand gestoßen oder es mit einem – zuvor herausgebrochenen Stein – am Kopf verletzt wird; maßgeblich sei der zweckgerichtete Einsatz, also gleichsam die »Widmung« zum Werkzeug[151]. 278

Zustimmung verdient die h.M., weil das Analogieverbot des Art. 103 II GG der Literaturmeinung entgegensteht. Bei strafbarkeitsbegründenden bzw. -schärfenden Merkmalen errichtet der »mögliche Wortsinn« eine Auslegungsschranke, wobei der allgemeine Sprachgebrauch maßgeblich ist[152]. Dieser Sprachgebrauch schließt es aus, Haus- und Felswände oder Öfen dem Begriff »Werkzeug« zu subsumieren. 279
Ergebnis: G ist aus § 223 StGB schuldig (für die Annahme einer lebensgefährdenden Behandlung gibt der Sachverhalt nichts her).

3. § 224 I Nr. 3 StGB (hinterlistiger Überfall)

Der Terminus hinterlistiger Überfall ist enger als der Heimtückebegriff des § 211 StGB in dem Verständnis der h.M. (*Rn. 28, 64 ff.*). Hinterlistig ist ein Überfall, d.h. ein unvorhergesehener Angriff, wenn der Täter dabei »planmäßig unter Verdeckung seiner wahren Absicht« mit List vorgeht, um dadurch dem Angegriffenen die Abwehr zu erschweren. Insofern ähnelt der hinterlistige Überfall dem hier vertretenen 280

---

[144] W/H/E-*Engländer*, Rn. 230; Sch/Sch-*Sternberg-Lieben*, § 224 Rn. 7.
[145] *BGH*, NStZ 2010, 512 (513).
[146] *BGH* NStZ 1988, 361 f.; W/H/E-*Engländer*, Rn. 230; *Fischer*, § 224 Rn. 12; MK-*Hardtung*, § 224 Rn. 16; L/K/H-*Heger*, § 224 Rn. 4; NK-*Paeffgen/Böse/Eidam*, § 224 Rn. 14; AnwK-*Zöller*, § 224 Rn. 10.
[147] *BGH*, NStZ-RR 2005, 75; NStZ-RR 2012, 340.
[148] *BGH* NStZ 1988, 361 f. – Der Angeklagte hatte den Kopf des Opfers zweimal gegen den harten gekachelten Fußboden gestoßen. –
[149] *RG* St 24, 372; *BGH* St 22, 235 (236 f.).
[150] *RG* St 24, 372 (374 f.). A.A. LK[13]-*Grünewald*, § 224 Rn. 21, die »nicht bewegbare« (Arbeits-)Werkzeuge und auch die Herdplatte als gefährliche Werkzeuge betrachtet.
[151] Küpper/*Börner*, I 2/14; LK[13]-*Grünewald*, § 224 Rn. 21; *Rengier* II, 14/39; Sch/Sch-*Sternberg-Lieben*, § 224 Rn. 7.
[152] *BGH*, NStZ 1988, 361 f.; Krey/*Esser*, AT, Rn. 85.

engeren Heimtückebegriff (*Rn. 88*). Beispiele sind das Locken des Opfers in einen Hinterhalt, das Erschleichen des Vertrauens des Opfers oder das heimliche Beibringen eines Schlafmittels[153].

Der plötzliche Überfall, bei dem der Täter für den Angriff auf das Opfer lediglich das Moment der Überraschung ausnutzt (Angriff von hinten), reicht nicht aus[154].

4. § 224 I Nr. 4 StGB (gemeinschaftliche Begehung mit einem anderen Beteiligten)

281 § 223a StGB *a.F.* hatte mit der Formulierung »von mehreren gemeinschaftlich« nach h.A. **Mittäterschaft** gefordert[155]. Die Gegenmeinung ließ das Zusammenwirken eines Täters mit einem bloßen Gehilfen ausreichen – sei es ausnahmsweise[156], sei es schlechthin[157].

282 Der Streit soll nach h.M. durch die Neufassung des Tatbestandes geklärt sein: § 224 I Nr. 4 StGB *n.F.* habe durch die Formulierung »mit einem anderen Beteiligten gemeinschaftlich« klargestellt, dass ein **einverständliches Zusammenwirken des Täters mit einem Teilnehmer am Tatort** genüge, wenn beide dem Opfer als Angreifer unmittelbar gegenüberstehen[158]. Dies sei z.B. der Fall, wenn der Gehilfe das Opfer festhält, während der Täter es schlägt[159].

283 Die Gegenmeinung fordert nach wie vor ein **mittäterschaftliches Zusammenwirken** von mindestens zwei Personen als Angreifer am Tatort[160].

284 Inzwischen hat sich der *BGH* der h.M. angeschlossen. Das Zusammenwirken des Täters der Körperverletzung mit einem **Gehilfen** sei für die Erfüllung des Tatbestandes des § 224 I Nr. 4 StGB jedenfalls dann ausreichend, wenn der am Tatort anwesende Gehilfe die Wirkung der Körperverletzungshandlung des Täters bewusst in einer Weise verstärke, welche die Lage des Verletzten zu verschlechtern geeignet sei[161]: Der Begriff des *Beteiligten* umfasse gemäß § 28 StGB auch Gehilfen. Zwar knüpfe das Erfordernis *gemeinschaftlicher Begehung* an § 25 II StGB (Mittäterschaft) an, sodass der Wortlaut des Gesetzes etwas missverständlich sei; die Wortwahl »anderer Beteiligter« sei aber eindeutig. Sinn und Zweck des Gesetzes machten die Erfassung des Zusammenwirkens von Täter und bloßem Gehilfen im Falle der verstärkten Gefährlichkeit der Tat nötig.

Offen ließ das Gericht zum einen, ob § 224 I Nr. 4 StGB das Zusammenwirken des Täters mit einem **Anstifter** oder Gehilfen bei nur **psychischer Beihilfe** – ohne aktive

---

[153] *BGH*, NStZ 1992, 490; *Rengier* II, 14/44 f.
[154] *BGH*, StV 2009, 187; NStZ 2012, 698; *Fischer*, § 224 Rn. 22; *Rengier* II, 14/45.
[155] *BGH*, NStZ 1982, 27; GA 1986, 229 f.; M/S/M-*Schroeder*, 8. Aufl. 1995, 9/17.
[156] *OLG Düsseldorf*, NStZ 1989, 530 f. m. Anm. *Otto*; *Wessels*, BT 1, 21. Aufl. 1997, Rn. 261: i.d.R. sei Mittäterschaft nötig.
[157] *Otto*, 16/7; Sch/Sch-*Stree*, 25. Auflage 1997, § 223a Rn. 11.
[158] *Eisele* I, Rn. 338; W/H/E-*Engländer*, Rn. 237; BeckOK-*Eschelbach*, § 224 Rn. 38; *Fischer*, § 224 Rn. 23 ff.; S/S/W-*Momsen-Pflanz/Momsen/Leszczynska*, § 224 Rn. 26; *Rengier* II, 14/47; SK-*Wolters*, § 224 Rn. 28 ff.
[159] So u.a. Sch/Sch-*Sternberg-Lieben*, § 224 Rn. 11a f.
[160] NK-*Paeffgen/Böse/Eidam*, § 224 Rn. 24; *Schroth*, JZ 2003, 215; wohl auch *BGH*, NStZ 2000, 194 (195).
[161] *BGH* St 47, 383 (386); NStZ 2016, 595; NStZ 2019, 612 (613); ebso. *SchlH OLG*, StV 2010, 308.

Unterstützung des Täters – erfasst[162], und zum anderen, ob die Vorschrift bei mittäterschaftlichem Zusammenwirken ohne gleichzeitige Präsenz am **Tatort** generell ausscheidet[163].

Stellungnahme 285

Der Wortlaut des § 224 I Nr. 4 StGB lässt beide Deutungen zu. Der Begriff des *Beteiligten* umfasst gemäß § 28 StGB Täter und Teilnehmer. Der Terminus *gemeinschaftliche Begehung* ist dagegen ein Synonym für Mittäterschaft (§ 25 II StGB). Die Neufassung des Tatbestandes hat die Streitfrage deshalb keineswegs beantwortet. Der Wortlaut des § 224 I Nr. 4 StGB streitet sogar eher, allerdings nicht eindeutig, für das Erfordernis der Mittäterschaft, weil nach der Terminologie der §§ 25 II, 27 StGB nur der Beteiligte eine Körperverletzung gemeinschaftlich mit einem anderen begeht, der als Mittäter agiert; der bloße Gehilfe begeht die Tat nicht, sondern leistet nur einem anderen Hilfe zu dessen Tat.

Wegen des unklaren Wortlauts ist die ratio legis dieser Qualifikation maßgeblich: 286
Ihr Rechtsgrund besteht in der erhöhten Gefahr für das Opfer, das sich am Tatort mit mehreren Angreifern konfrontiert sieht, die ihm zusammenwirkend unmittelbar gegenüberstehen, wodurch das Opfer **in seinen Verteidigungsmöglichkeiten – tatsächlich oder vermeintlich – eingeschränkt** ist[164]. Bei einem solchen arbeitsteiligen Zusammenwirken am Tatort wird nach der Tatherrschaftslehre i.d.R. mittäterschaftliche Begehung vorliegen.

Das zeigt das von Anhängern der »mittäterschaftsneutralen« Interpretation des § 224 I Nr. 4 StGB angeführte Beispiel (*Rn. 282*). Der als Gehilfe bezeichnete Beteiligte, der das Opfer festhält, ist in Wirklichkeit **Mittäter**: Aufgrund gemeinsamen Tatentschlusses wirken beide Beteiligten arbeitsteilig am Tatort bei der Erfüllung des Tatbestandes des § 223 StGB zusammen und beherrschen die Tatbestandsverwirklichung i.S. gemeinsamer Tatherrschaft, die nach der Tatherrschaftslehre die gemeinschaftliche Begehung (§ 25 II StGB) konstituiert.

Da dem Opfer jedoch häufig der Tatplan und die Aufgabenverteilung der ihm ge- 287
genüberstehenden Personen nicht erkennbar sein werden, es also nicht weiß, ob sie als Mittäter handeln oder ein Angreifer lediglich Gehilfe des anderen ist, kann sich das Opfer in seinen Verteidigungsmöglichkeiten durchaus auch dann eingeschränkt sehen, wenn ein Angreifer tatsächlich »nur« Gehilfe ist. Zumindest im Fall **physischer Beihilfe** wird deshalb die vom Sinn des § 224 I Nr. 4 StGB erfasste Situation vorliegen[165]. Möglich ist dies jedoch auch bei »**aktiver psychischer Unterstützung**«[166].

Es ist somit festzustellen, ob das Opfer in der konkreten Situation wegen der Kon- 288
frontation mit mehreren Angreifern in seinen Verteidigungsmöglichkeiten eingeschränkt ist. Das ist objektiv der Fall, wenn das Opfer die zweite Person nicht wahr-

---

[162] *BGH* St 47, 383 (387).
[163] *BGH* St 47, 383 (386).
[164] *BGH*, StV 2016, 430 (431); *SchlH OLG*, StV 2010, 308.
[165] W/H/E-*Engländer* Rn. 237; *Jäger*, JuS 2000, 31 (35 f.); L/K/H-*Heger*, § 224 Rn. 7; vgl. auch *Küper*, GA 2003, 363 (379).
[166] *BGH*, NStZ 2006, 572 (Rn. 7); NStZ 2017, 640, m. zust. Anm. *Bock*; *BGH*, NStZ 2019, 612 (613); *Fischer*, § 224 Rn. 24; sogar Anstiftung einbeziehend u.a. *Rengier* II, 14/47.

nimmt¹⁶⁷. Die mittäterschaftliche Begehung genügt dagegen nicht, wenn der Mittäter nicht am Tatort anwesend ist, selbst wenn er sich in einem anderen Raum des Gebäudes befindet¹⁶⁸, oder wenn die Beteiligung eines anderen durch **Unterlassen** (§§ 223, 13/§§ 223, 27, 13 StGB) keine gemeinschaftliche Begehung i.S. des § 224 I Nr. 4 StGB begründet, weil die Gefährlichkeit des von mehreren begangenen Angriffs fehlt¹⁶⁹.

5. § 224 I Nr. 5 StGB (lebensgefährdende Behandlung)

289 Zum Teil wird der Eintritt einer konkreten Lebensgefahr gefordert¹⁷⁰. Die h.M. lässt eine abstrakte Lebensgefährlichkeit genügen, die allerdings nach den Umständen des konkreten Falls zu beurteilen sei¹⁷¹.

Überzeugend erscheint die h.M., da § 224 I Nr. 5 StGB nicht verlangt, dass das Opfer durch die Körperverletzung in Lebensgefahr geraten sein muss, sondern es genügt eine Behandlung, die das Leben gefährdet, d.h., die konkrete Einwirkung muss geeignet sein, das Leben zu gefährden.

Beispiele: Kräftiges Stoßen des Kopfes eines anderen gegen eine Wand; brutale Tritte des Täters, der feste Schuhe trägt, gegen den Kopf; gezielter Schuss auf die Beine eines Fliehenden; Hinunterstoßen eines Mopedfahrers vom fahrenden Fahrzeug; heftiges Würgen am Hals; Werfen des Opfers in ein eiskaltes Gewässer.

VI. Schwere Körperverletzung (§ 226 StGB)

1. § 226 I Nr. 1 StGB

290 *Verlust* i.S. dieser Vorschrift erfordert keine vollständige Aufhebung der fraglichen Fähigkeit (Sehvermögen, Gehör, Sprechvermögen, Fortpflanzungsfähigkeit), sondern es genügt, dass sie im Wesentlichen aufgehoben ist. Der Verlust muss lang andauernd sein; eine Heilung darf zumindest auf unbestimmte Zeit nicht absehbar sein. Kann die verlorene Fähigkeit mittels einer aussichtsreichen, dem Opfer möglichen und zumutbaren Operation wiederhergestellt werden, so kann nach einer Auffassung in der Literatur die objektive Zurechnung der schweren Folge ausscheiden¹⁷². Der *BGH* vertritt dagegen – zum dauerhaften Verlust der Gebrauchsfähigkeit gem. § 226 I Nr. 2 StGB – die Auffassung, es komme »grundsätzlich« nicht darauf an, ob das Opfer eine ihm mögliche medizinische Behandlung nicht wahrgenommen hat¹⁷³ (zu dem auch für § 226 I Nr. 1 StGB relevanten Streit *Rn. 296 f.*).

---

¹⁶⁷ *BGH*, NStZ 2006, 572 (Rn. 7); zust. z.B. *Fischer*, § 224 Rn. 25; LK¹³-*Grünewald*, § 224 Rn. 32; Sch/Sch-*Sternberg-Lieben*, § 224 Rn. 11b. Gegen die Anwendung des § 224 I Nr. 4 StGB in einem solchen Fall NK-*Paeffgen/Böse/Eidam*, § 224 Rn. 25a.
¹⁶⁸ *BGH*, NStZ 2017, 640.
¹⁶⁹ Ebso. LK¹³-*Grünewald*, § 224 Rn. 33; NK-*Paeffgen/Böse/Eidam*, § 224 Rn. 26; Küper/*Zopfs*, Rn. 96 f.
¹⁷⁰ NK-*Paeffgen/Böse/Eidam*, § 224 Rn. 28.
¹⁷¹ *BGH* St 2, 160 (163); 36, 1 (9); NStZ 2010, 276; NStZ 2011, 90 (91); NStZ-RR 2017, 224 (225); S/S/W-*Momsen-Pflanz/Momsen/Leszczynska*, § 224 Rn. 29; Rengier II, 14/50; Sch/Sch-*Sternberg-Lieben*, § 224 Rn. 12; SK-*Wolters*, § 224 Rn. 36.
¹⁷² MK-*Hardtung*, § 226 Rn. 42; NK-*Paeffgen/Böse*, § 226 Rn. 20; SK-*Wolters*, § 226 Rn. 11.
¹⁷³ *BGH* St 62, 36 (Rn. 15 ff.).

§ 3: Straftaten gegen die körperliche Unversehrtheit

Ergänzende Hinweise zum Verlust der Fortpflanzungsfähigkeit **291**
(1) Zur freiwilligen *Kastration* vgl. das Kastrationsgesetz vom 15.8.1969[174].
(2) Die freiwillige *Sterilisation* erfüllt schon nicht den Tatbestand des § 223 StGB[175].
(3) Die *Genitalverstümmelung*, die in einigen afrikanischen und asiatischen Ländern und bisweilen auch in Migrantenfamilien in Deutschland vorgenommen wird, führt i.d.R. nicht zum Verlust der Fortpflanzungsfähigkeit, sodass § 226 I Nr. 1 StGB ausscheidet. Vereinzelt wurde § 226 I Nr. 2 StGB (Verlust eines wichtigen Gliedes des Körpers) angenommen[176], was allerdings nicht zutrifft, weil die äußeren Genitalien kein Körperglied darstellen[177] (zu diesem Begriff siehe *Rn. 292 f.*). Deshalb wurde – m.E. zu Recht – der Straftatbestand Verstümmelung weiblicher Genitalien in § 226a StGB *n.F.* geschaffen (siehe *Rn. 308 ff.*).

2. § 226 I Nr. 2 StGB

Fall 29: *– »Wichtigkeit« eines Fingers –* **292**
Heiner (H) verprügelte den Berufspianisten Schönberg (S), der einen so komplizierten Bruch des kleinen Fingers der linken Hand erlitt, dass dieser steif blieb.
Strafbarkeit des H aus §§ 226 I Nr. 2, 18 StGB?

S könnte ein »wichtiges Glied des Körpers« i.S. des § 226 I Nr. 2 StGB *verloren haben bzw. dauernd nicht mehr gebrauchen können.*

a) Wichtiges Körperglied
(1) Nach einer Ansicht ist der Begriff des Körperglieds nicht im medizinischen Sinne zu verstehen; d.h., er umfasse nicht nur Arme, Beine, Finger, Zehen, sondern ganz allgemein jeden »in sich abgeschlossenen Körperteil mit Eigenaufgaben im Gesamtorganismus« (z.B. Organe, Nase, Ohrmuschel[178]).
Anders sieht es die h.A., die mit guten Gründen davon ausgeht, dass »Glied« i.S. des § 226 I Nr. 2 StGB nur ein solcher Körperteil sei, der mit dem Rumpf oder einem anderen Körperteil **durch ein Gelenk verbunden** ist[179].

(2) Der kleine Finger ist somit ein Körperglied, doch fragt sich, ob er **wichtig** ist. **293**
Für die Wichtigkeit des Körpergliedes sollen die individuellen sozialen Verhältnisse des Betroffenen, insbesondere sein Beruf[180], ohne Bedeutung sein; relevant seien dagegen individuelle **Körpereigenschaften** (Linkshänder) und **körperliche Vorschädigungen** des Opfers[181].

---

[174] BGBl I 1969, 1143, zuletzt geänd. durch Art. 2 G v. 04.11.2016, BGBl I 2016, 2460.
[175] *BGH* St 20, 81; eingehend Sch/Sch-*Sternberg-Lieben*, § 223 Rn. 53 f., 59 ff.
[176] *Möller*, ZRP 2002, 186; *Rosenke*, ZRP 2001, 377 (378).
[177] *Hahn*, ZRP 2010, 37, 38.
[178] *Ebert*, JA 1979, 278; *Otto*, 17/6; *Rengier* II, 15/9. Zur Einbeziehung von Organen eingehend *Zehetgruber*, medstra 2021, 366 ff.
[179] *BGH* St 28, 100 (102); W/H/E-*Engländer*, Rn. 246; LK[13]-*Grünewald*, § 226 Rn. 13; MK-*Hardtung*, § 226 Rn. 26; NK-*Paeffgen/Böse/Eidam*, § 226 Rn. 26; SK-*Wolters*, § 226 Rn. 8.
[180] Für eine Berücksichtigung des Berufs jedoch z.B. *Jäger*, BT, Rn. 111; L/K/H-*Heger*, § 226 Rn. 3.
[181] *BGH* St 51, 252 (255 f.); *Fischer*, § 226 Rn. 7; LK[13]-*Grünewald*, § 226 Rn. 14; MK-*Hardtung*, § 226 Rn. 27; SK-*Wolters*, § 226 Rn. 10; krit. W/H/E-*Engländer*, Rn. 247.

Die Rechtsprechung differenziert bei **Fingern**: Der Daumen und der (rechte) Zeigefinger wurden als »wichtige Glieder« anerkannt, dagegen nicht der Mittelfinger (der linken Hand) und der (rechte) Ringfinger[182].

Eine nachvollziehbare Begründung für die Differenzierung zwischen Mittel- und Zeigefinger, insbesondere aber zwischen Fingern der rechten und der linken Hand, dürfte sich kaum finden lassen. Die These des *BGH*, die »menschliche Handgeschicklichkeit« werde gerade durch den sogenannten »Pinzetten-Griff« des Daumens und des Zeigefingers ganz entscheidend geprägt, weshalb diese Finger wichtige Körperglieder seien[183], erscheint recht weit hergeholt. Da alle Finger eine Funktion bei bestimmten Greifvorgängen besitzen, sollten Finger generell als wichtige Körperglieder angesehen werden. Damit entfällt auch die inakzeptable Unterscheidung nach den individuellen Verhältnissen[184], sodass der kleine Finger nicht nur für einen Berufspianisten ein wichtiges Körperglied darstellt, sondern für jedermann.

Bei dem kleinen Finger des S handelt es sich somit um ein wichtiges Körperglied.

b) Verlust des Körpergliedes

294 Dieses Tatbestandsmerkmal verlangt eine **Lostrennung** des Gliedes vom Körper; die dauernde Funktionsuntüchtigkeit genügt für die Annahme eines Verlustes nicht[185].

Für die alte Fassung der schweren Körperverletzung (§ 224 StGB *a.F.*) war dies strittig[186]. Für § 226 I Nr. 2 StGB *n.F.* ergibt sich dieses Verständnis des Verlustes daraus, dass der Gesetzgeber dieses Merkmal durch die Modalität »oder dauernd nicht mehr gebrauchen kann« ergänzt hat. Dem Substanzverlust ist jetzt der Funktionsverlust gleichgestellt[187], und zwar in einer das Analogieverbot respektierenden Weise, nämlich durch das Gesetz statt durch eine den Normtext missachtende richterliche Rechtsfortbildung.

c) Dauernde Aufhebung der Gebrauchsfähigkeit

295 Wegen der Gleichstellung der Gebrauchsunfähigkeit mit dem Substanzverlust (Lostrennung vom Körper) kann eine Reduzierung der Funktionsfähigkeit, auch wenn sie nicht unerheblich ist, als solche noch nicht ausreichen. Vielmehr muss die Gebrauchsfähigkeit völlig oder **im Wesentlichen**[188] aufgehoben sein.

Beispiele: Eine Knieverletzung, die zur Versteifung des Kniegelenkes führt, ist ausreichend, auch wenn das Opfer noch unter »Nachziehen« des verletzten Beines gehen kann. Denn durch die Versteifung ist das Bein im Wesentlichen gebrauchsunfähig. Dagegen dürfte es nicht für die Annahme des § 226 I Nr. 2 StGB genügen, wenn eine Knieverletzung zwar zur Folge hat, dass das Opfer nicht mehr (intensiv) Fußballspielen oder Skifahren kann, aber weiterhin in der Lage ist, ohne (größere) Beschwerden spazieren zu gehen, zu laufen und zu schwimmen. Hier ist das Bein nicht im Wesentlichen funktionsuntüchtig geworden. Sportliche Hobbies des

---

[182] Nachw. bei: LK[13]-*Grünewald*, § 226 Rn. 15; MK-*Hardtung*, § 226 Rn. 28; SK-*Wolters*, § 226 Rn. 9.
[183] *BGH* St 51, 252 (Rn. 16).
[184] Dagegen zu Recht Küpper/*Börner*, I 2/24.
[185] L/K/H-*Heger*, § 226 Rn. 3; *Rengier* II, 15/14; SK-*Wolters*, § 226 Rn. 11.
[186] Vgl. die 10. Aufl. dieses Lehrbuchs, Rn. 256 m.w.N.
[187] *BGH*, NStZ 2014, 213.
[188] *BGH* St 51, 252 (256 f.): Weitgehende Unbrauchbarkeit des Gliedes ist ausreichend.

Opfers und sein Beruf (z.B. Fußballprofi) sind für die **Gebrauchsunfähigkeit** somit nicht maßgeblich.

In unserem *Fall 29* ist der kleine Finger wegen der Versteifung dauernd nicht mehr zu gebrauchen. Da der Finger nach zutreffender Auffassung ein wichtiges Glied des Körpers darstellt, H hinsichtlich der Körperverletzung vorsätzlich, hinsichtlich der schweren Folge zumindest fahrlässig handelte, liegt der Tatbestand des § 226 I Nr. 2 i.V.m. § 18 StGB vor.

Ergänzende Hinweise zum »Verlust eines wichtigen Gliedes« und »zur dauernden Aufhebung seiner Gebrauchsfähigkeit«

(1) Das Merkmal **Verlust** wird durch Ersatz mittels Prothesen nicht berührt[189].

296

(2) Strittig ist, ob die Möglichkeit einer weitgehenden operativen Beseitigung der Gebrauchsunfähigkeit die objektive Zurechnung dieser schweren Folge ausschließen kann, wenn die Wiederherstellung sicher und ohne unzumutbares Risiko für das Opfer möglich ist[190]. Nach Auffassung des *BGH*[191] kommt es für die Dauerhaftigkeit des Verlustes der Gebrauchsfähigkeit eines Körpergliedes nicht darauf an, ob das Opfer eine ihm mögliche medizinische Behandlung nicht wahrgenommen hat. Der *BGH* billigt dem Opfer nicht zu hinterfragende Gründe zu, eine aus ärztlicher Sicht sinnvolle weitere Behandlung nicht vorzunehmen. Anderenfalls würde dem Opfer eine Art Obliegenheit aufgegeben, sich weiteren Behandlungen zu unter-ziehen, um dem Täter eine höhere Bestrafung zu ersparen. Zudem hält der *BGH* die von der Literatur aufgestellten Kriterien der »Möglichkeit« und »Zumutbarkeit« einer Operation für zu vage.

In der Sache liegen beide Sichtweisen nicht sehr weit auseinander. Der Standpunkt des *BGH*, bei einer Behandlungsverweigerung des Opfers den Anwendungsbereich des § 226 StGB allenfalls in »extrem gelagerten Konstellationen etwa der Böswilligkeit« zu begrenzen[192], überzeugt in dieser Rigorosität jedoch nicht. Der Ausschluss der objektiven Zurechnung kommt allerdings ebenfalls nur ausnahmsweise in Betracht, und zwar dann, wenn der Verzicht auf Verhinderung des Eintritts der schweren Folge oder deren Beseitigung als »fehlerhaftes« Verhalten des Opfers erscheint[193]. Genannt wird auch hier der Fall der »Schikane«, d.h. der Behandlungsverweigerung, um eine Bestrafung des Täters aus § 226 StGB herbeizuführen[194]. Dennoch ermöglicht die Literaturauffassung eine den konkreten Umständen angemessene Lösung, die den Verbrechenscharakter des § 226 StGB und die hohe Strafdrohung berücksichtigt. Die Verhinderung oder Beseitigung der schweren Folgen nach § 226 I Nr. 1, 2 StGB wird in aller Regel so gravierende – mit Risiken und Schmerzen einhergehende – medizinische Eingriffe erfordern, dass der Verzicht darauf dem Opfer nicht anzulasten ist. Bei der dauernden Entstellung kann dies dagegen anders liegen (*Rn. 299 f.*).

297

---

[189] Allg. M., z.B. BeckOK-StGB-*Eschelbach*, § 226 Rn. 17; MK-*Hardtung*, § 226 Rn. 29.
[190] So z.B. LK[13]-*Grünewald*, § 226 Rn. 28; MK-*Hardtung*, § 226 Rn. 42; SK-*Wolters*, § 226 Rn. 11.
[191] *BGH* St 62, 36 (Rn. 15 ff.). Abl. *Eisele*, JuS 2017, 893 (894 f.); *Grünewald*, NJW 2017, 1763 (Rn. 22 ff.); *Kudlich*, JA 2017, 470 (472); *Theile*, ZJS 2018, 99 ff.
[192] *BGH* St 62, 36 (Rn. 17).
[193] LK[13]-*Grünewald*, § 226 Rn. 28.
[194] MK-*Hardtung*, § 226 Rn. 42.

3. § 226 I Nr. 3 StGB

a) Dauernde Entstellung in erheblicher Weise

298 **Fall 30:** – *Entstellung trotz »Zahn-Prothese«?* –
Bei einer »Wirtshauskeilerei« schlug Harold (H) Sebastian (S) sechs Schneidezähne aus. S ließ sich eine Zahn-Prothese anfertigen, die sein Lächeln strahlender erscheinen ließ, als dies zuvor mit seinen »alten Zähnen« der Fall war.
Hat H den S in erheblicher Weise dauernd entstellt?

Dauernde Entstellung in erheblicher Weise setzt eine **unästhetische Veränderung des äußeren Erscheinungsbilds** der Person voraus, die dem Schweregrad der übrigen Qualifikationsgründe des § 226 I StGB entspricht[195]. Das Fehlen mehrerer Schneidezähne verschlechtert das ästhetische Erscheinungsbild gravierend[196].

Fraglich ist, ob eine **dauernde** Entstellung gegeben ist, wenn die Beeinträchtigung durch eine Prothese oder eine Operation beseitigt wurde. Der *BGH* stellt zu Recht auf das äußere Erscheinungsbild beim Tragen der Prothese ab[197].

In casu ist S somit nicht dauernd entstellt.

299 Lässt sich das Opfer keine Zahnprothese anfertigen, würde das nach Auffassung des *BGH* (*Rn. 296*) an der Strafbarkeit nach § 226 I Nr. 3 StGB grundsätzlich nichts ändern. Da die Beseitigung der dauernden Entstellung in einem solchen Fall sozial üblich, medizinisch-technisch ohne weiteres möglich, weder mit Risiken noch erheblichen Schmerzen verbunden ist und das äußere Erscheinungsbild in den ursprünglichen Zustand zurückversetzen würde, erscheint die Anwendung der hohen Strafrahmen des § 226 StGB – mindestens ein Jahr Freiheitsstrafe bei bedingt vorsätzlicher oder fahrlässiger Herbeiführung der Entstellung (Abs. 1), mindestens drei Jahre Freiheitsstrafe bei dolus directus (Abs. 2), selbst bei der naheliegenden Annahme eines minder schweren Falles mindestens sechs Monate bzw. ein Jahr Freiheitsstrafe (Abs. 3) – unangemessen. Deshalb trifft es zu, dem Täter die erhebliche dauernde Entstellung nicht anzulasten[198], d.h. sie ihm nicht objektiv zuzurechnen[199]. Sonst hätte der Verletzte es in der Hand, willkürlich über die Anwendbarkeit des § 226 StGB zu entscheiden.

Die gleichen Grundsätze müssen für **kosmetische Operationen** gelten[200]. Kann eine Entstellung durch eine sogenannte Schönheitsoperation »problemlos« beseitigt werden, scheidet § 226 I Nr. 3 StGB aus; ist deren Durchführung mit Risiken oder erheblichen Schmerzen verbunden oder ist sie unter finanziellen Gesichtspunkten unrealistisch, liegt der Tatbestand vor[201].

---

[195] *BGH* St 24, 315 (317); NStZ 2006, 686; NStZ 2008, 32; BeckOK-StGB-*Eschelbach*, § 226 Rn. 21; S/S/W-*Momsen-Pflanz/Momsen/Leszczynska*, § 226 Rn. 15.
[196] Bejahend *BGH* St 17, 161 (163); GA 1968, 120; dahingestellt in *BGH* St 24, 315 (317).
[197] *BGH* St 24, 315 (317) – gegen *BGH* St 17, 161 u. *BGH*, GA 1968, 120 – m. zust. Anm. *Hanack*, JR 1972, 472 u. *Ulsenheimer*, JZ 1973, 64.
[198] *Fischer*, § 226 Rn. 9a; L/K/H-*Heger*, § 226 Rn. 4; Sch/Sch-*Sternberg-Lieben*, § 226 Rn. 5.
[199] LK[13]-*Grünewald*, § 226 Rn. 28; MK-*Hardtung*, § 226 Rn. 42; SK-*Wolters*, § 226 Rn. 11.
[200] *Rengier* II, 15/22 f.; Sch/Sch-*Sternberg-Lieben*, § 226 Rn. 5.
[201] *LG Berlin*, NStZ 1993, 286.

b) Verfallen in Siechtum, Lähmung, geistige Krankheit oder Behinderung

(1) Das Merkmal **Verfallen** erfordert einen chronischen Krankheitszustand, der entweder unheilbar ist oder dessen Heilung sich zeitlich nicht absehen lässt[202]. 300

(2) Das Merkmal **Siechtum** erfordert einen chronischen Krankheitszustand, der den Gesamtorganismus in Mitleidenschaft zieht, ein Schwinden der körperlichen und geistigen Kräfte sowie allgemeine Hinfälligkeit zur Folge hat[203]. **Siechtum** kann auch der völlige Verlust der Arbeitsfähigkeit sein[204]. 301

(3) **Lähmung** bedeutet erhebliche Beeinträchtigung der bestimmungsgemäßen Bewegungsfähigkeit eines Körperteils[205], z.B. völlige Bewegungsunfähigkeit des rechten Armes, Versteifung des Hüftgelenkes oder des Kniegelenkes[206]. 302

(4) **Geistige Krankheit oder Behinderung** 303
Dieser Terminus ist an die Stelle des Begriffs »Geisteskrankheit« (§ 224 StGB *a.F.*) getreten, woraus folgt, dass mit *Behinderung* nur die *geistige* gemeint ist, körperliche Behinderungen also nicht erfasst werden[207].
Die Ergänzung der »geistigen Krankheit« durch das Merkmal »geistige Behinderung« ist irreführend. Mit geistiger **Behinderung** sind nur solche psychischen Leiden gemeint, die »krankhafte seelische Störungen« darstellen[208], also Krankheitswert besitzen und bereits dem Begriff der geistigen Krankheit unterfallen.

4. Zurechnung der qualifizierenden Folgen

a) § 226 I i.V.m. § 18 StGB

Der Täter muss den Erfolg (z.B. Verlust des Gehörs) »wenigstens fahrlässig« herbeigeführt haben. Es werden also **Fahrlässigkeit** und **Vorsatz** erfasst; dabei ist § 226 I StGB bei vorsätzlicher Begehung nur im Falle des **dolus eventualis** anwendbar, was aus § 226 II StGB folgt: 304

b) Qualifizierte schwere Körperverletzung, § 226 II StGB

Sie greift als lex specialis gegenüber §§ 226 I, 18 StGB bei **Absicht im technischen Sinne** und bei **dolus directus** (wissentlich) ein. 305
Absicht erfordert, dass es dem Täter auf den Erfolg ankommt, wobei gleichgültig ist, ob dieser Erfolg Endziel oder nur notwendiges Zwischenziel auf dem Weg zum Endziel des Täters ist. Dabei spielt keine Rolle, ob er sich den angestrebten Erfolg als sicher oder nur als möglich vorstellt. Wissentlich handelt der Täter, dem es auf den Erfolg zwar nicht ankommt, der den Eintritt dieses Erfolges aber für sicher hält; es geht also um die (aus der Sicht des Täters) sichere Nebenfolge.

---

[202] *BGH*, NStZ-RR 2023, 247 (248); *Fischer*, § 226 Rn. 10; LK[13]-*Grünewald*, § 226 Rn. 23.
[203] *BGH*, NStZ-RR 2021, 209 (210); 2023, 247 (248).
[204] *RG* St 72, 345 f.; *Fischer*, § 226 Rn. 11; NK-*Paeffgen/Böse/Eidam*, § 226 Rn. 33.
[205] M/R-*Engländer*, § 226 Rn. 6; S/S/W-*Momsen-Pflanz/Momsen/Leszczynska*, § 226 Rn. 19.
[206] *BGH*, NStZ 1988, 498 (Knie); *Rengier* II, 15/25; SK-*Wolters*, § 226 Rn. 17.
[207] *BGH*, NStZ 2018, 102 (103); *Hörnle*, Jura 1998, 169 (179); Sch/Sch-*Sternberg-Lieben*, § 226 Rn. 7; *Wolters*, JuS 1998, 582 (585).
[208] Sch/Sch-*Sternberg-Lieben*, § 226 Rn. 7; *Wolters*, JuS 1998, 582 (585). Weiter *BGH*, NStZ 2018, 102 (103): »sämtliche krankheitswertigen Schäden an der psychischen Gesundheit«; *Rengier* II, 15/26.

c) Unmittelbarkeitszusammenhang

306 § 226 StGB verlangt einen **Unmittelbarkeitszusammenhang** zwischen dem Erfolg des Grundtatbestandes (§ 223 StGB) und der schweren Folge[209]; insoweit gelten die Darlegungen zu § 227 (*Rn. 329 ff.*) für § 226 StGB entsprechend.

5. Konkurrenzen

307 § 226 StGB verdrängt §§ 223 und 224 StGB (siehe *Rn. 251*).

VII. Verstümmelung weiblicher Genitalien (§ 226a StGB)

308 § 226a I StGB bedroht die Verstümmelung der äußeren Genitalien einer weiblichen Person mit Strafe. Erfasst sind die von der Weltgesundheitsorganisation (WHO) genannten Eingriffe (Klitoridektomie, Exzision, Infibulation) und ähnliche nachteilige Veränderungen der weiblichen Genitalien zu nichtmedizinischen Zwecken sowie Einschnitte, Verätzungen und das Ausbrennen[210]. Die Einwirkung muss zum Verlust oder zur dauerhaften Funktionsverlust eines weiblichen äußeren Geschlechtsorgangs führen[211]. Die »Selbstverstümmelung« ist wegen der systematischen Einordnung des § 226a StGB als Körperverletzungsdelikt nicht strafbar[212].

309 Eine rechtfertigende Einwilligung wird in aller Regel ausscheiden. Bei Minderjährigen, bei denen die Einsichtsfähigkeit maßgeblich ist, kommt eine Einwilligung generell nicht in Betracht, da § 226a StGB harmlose Verletzungen nicht erfasst und Minderjährige die Tragweite ihrer Entscheidung für einen solch schweren Eingriff nicht zutreffend beurteilen können. Eine Einwilligung kann deshalb allenfalls eine volljährige Frau erteilen. Eine Zustimmung der Eltern zu einer Verstümmelung ihrer Tochter ist mangels Dispositionsbefugnis über das höchstpersönliche Rechtsgut körperliche Unversehrtheit des Kindes grundsätzlich irrelevant; eine Ausnahme besteht nur im Falle einer medizinischen Indikation und zum Wohle sowie im Interesse der einwilligungsunfähigen Person[213]. Eine Verstümmelung wird aus medizinischen Gründen allerdings nicht notwendig sein.[214] Willigt die betroffene volljährige Frau in die Verstümmelung ein, wird die Einwilligung in aller Regel wegen Sittenwidrigkeit nach § 228 StGB unwirksam sein. Genitalverstümmelungen werden zwar traditionell in einigen Kulturkreisen als notwendig erachtet, um den Übergang eines Mädchens zum Erwachsensein zu symbolisieren. Dieser außerhalb des Rechts liegende Maßstab schließt aber die Sittenwidrigkeit nicht aus; entscheidendes Kriterium ist daher die Schwere des Eingriffs[215].

---

[209] MK-*Hardtung*, § 226 Rn. 41; NK-*Paeffgen/Böse/Eidam*, § 226 Rn. 38.
[210] https://www.who.int/en/news-room/fact-sheets/detail/female-genital-mutilation; vgl. *Hahn*, ZRP 2010, 37 ff.
[211] NK-*Böse/Eidam*, § 226a Rn. 11; LK[13]-*Grünewald*, § 226a Rn. 27. A.A. *Rittig*, JuS 2014, 499 (500).
[212] M/R-*Engländer*, § 226a Rn. 3; *Fischer*, § 226a Rn. 8; SK-*Wolters*, § 226a Rn. 10.
[213] LK[13]-*Rönnau*, vor § 32 Rn. 180.
[214] *Rittig*, JuS 2014, 499 (501).
[215] LK[13]-*Rönnau*, vor § 32 Rn. 190 m.w.N.; für generelle Sittenwidrigkeit BT-Drs. 17/1217, 8; 17/12374, 4; 17/13707, 6.; *Hahn*, ZRP 2010, 37 (39); *Zöller/Thörnich*, JA 2014, 167, (172). A.A. *Fischer*, § 226a Rn. 17; L/K/H-*Heger*, § 226a Rn. 6; *Rittig*, JuS 2014, 499 (501).

Rein kosmetisch motivierte Eingriffe soll § 226a StGB nach dem Willen des Gesetzgebers nicht erfassen, da sie in der Regel »nicht die mit der Verstümmelung der weiblichen Genitalien schweren unmittelbaren und mittelbaren körperlichen und psychischen Schäden der betroffenen Mädchen und Frauen zur Folge« hätten[216]. Fehlt der von § 226a StGB geforderte Schweregrad, so trifft diese These zu. Erfüllt der Eingriff jedoch die objektiven Voraussetzungen, so ist, wie beim ärztlichen Heileingriff, die Tatbestandsmäßigkeit anzunehmen[217], aber die Rechtswidrigkeit im Falle einer – wirksamen – Einwilligung abzulehnen[218]. **310**

Die verfassungsrechtlichen Bedenken gegen die Vorschrift wegen der – vermeintlichen – Ungleichbehandlung weiblicher und männlicher Personen (Art. 3 III 1 Alt. 1 GG)[219] vor dem Hintergrund der Schaffung des § 1631d BGB, der die Beschneidung des männlichen Gliedes unter bestimmten Voraussetzungen rechtfertigt (*Rn. 243*), sind unbegründet. Die physischen und – möglichen – psychischen Folgen der Beschneidung erreichen nicht annähernd den Schweregrad der Verstümmelung. Die Gleichsetzung verharmlost die Verstümmelung. **311**

Sieht sich das Mädchen – wie es nicht selten der Fall sein wird – einer Mehrzahl von Personen gegenüber, die zum Festhalten mit Gewalt bereit sind bzw. das Opfer fixieren, so liegt § 224 I Nr. 4 StGB vor[220], der zu § 226a StGB in Tateinheit hinzutritt[221]. **312**

VIII. Körperverletzung mit Todesfolge (§ 227 StGB)

§ 227 StGB ist ein erfolgsqualifiziertes Delikt. Strittig ist, ob deshalb § 18 StGB (»wenigstens Fahrlässigkeit«) gilt mit der Folge, dass der Tatbestand nicht nur bei einer fahrlässigen Todesverursachung, sondern auch bei Tötungsvorsatz eingreift. **313**
Ein Teil der Literatur[222] betrachtet § 227 StGB als **tatbestandlich subsidiär** gegenüber Mord und Totschlag, da die Körperverletzung mit Todesfolge nach ihrer Funktion als Auffangtatbestand für bloße Tötungsfahrlässigkeit bzw. für den Fall nicht nachweisbaren Tötungsvorsatzes fungiere. Als tatbestandliche Ergänzung zu §§ 211, 212 StGB bei Tötungsvorsatz des Körperverletzungstäters habe § 227 StGB mangels irgendeines zusätzlichen Unwertgehaltes keinen Sinn.
Die – m.E. zutreffende – Gegenauffassung[223] bejaht § 227 StGB auch bei Tötungsvorsatz, lässt den Tatbestand jedoch im Wege der **Gesetzeskonkurrenz** (Subsidiarität) zurücktreten.

Hinweis zur Falllösung

Wurde § 212 oder § 211 StGB bejaht, ist § 227 StGB keinesfalls eingehend zu prüfen, weil die Strafbarkeit wegen Körperverletzung mit Todesfolge zumindest wegen

---

[216] BT-Drs. 17/13707, 6.
[217] *Fischer*, § 226a Rn. 12.
[218] *Rittig*, JA 2014, 499 (500).
[219] *Fischer*, § 226a StGB Rn. 4, 13; *Herzberg*, ZIS 2012, 486 (491); *Kraatz*, NStZ-RR 2014, 65 (70); *Rittig*, JuS 2014, 499, 503 f.; *Wolters*, GA 2014, 556 ff.; *Zöller/Thörnich*, JA 2014, 167, 173.
[220] AnwK-*Zöller*, § 224 Rn. 16.
[221] Tateinheit kann auch mit §§ 225, 226 StGB bestehen; NK-*Böse/Eidam*, § 226a Rn. 22.
[222] M/S/M/H/M-*Hoyer*, 9/33; *Roxin*, AT II, 29/319; SK-*Wolters*, § 227 Rn. 18.
[223] LK[13]-*Grünewald*, § 227 Rn. 3, 24; MK-*Hardtung*, § 227 Rn. 26; L/K/H-*Heger*, § 227 Rn. 5; *Ransiek*, JA 2017, 912.

Erster Abschnitt: Straftaten gegen den Einzelnen

Gesetzkonkurrenz (Subsidiarität) scheitert. Der Streit, ob § 227 StGB bei Tötungsvorsatz tatbestandlich eingreift, darf aber nicht entschieden werden, da das Ergebnis für die Strafbarkeit irrelevant ist. Zu empfehlen ist deshalb, § 227 StGB anzusprechen und lediglich festzustellen, dass der Tatbestand im Ergebnis ausscheidet, entweder mangels Tatbestandsmäßigkeit oder wegen Gesetzeskonkurrenz.

314 **Zur Vertiefung:** Bei erfolgsqualifizierten Delikten sind jedenfalls zwei, nach Auffassung eines Teils der Literatur drei Gruppen zu unterscheiden:

1. Solche, bei denen § 18 StGB uneingeschränkt gilt. Hier wird gemäß der Formulierung *wenigstens fahrlässig* in § 18 StGB die fahrlässige und die vorsätzliche Erfolgsherbeiführung erfasst.

Beispiele bieten etwa § 235 V und § 239 IV StGB.

Diese erfolgsqualifizierten Delikte können also bei Vorsatz des Täters tatbestandlich zugleich mit §§ 211, 212 StGB erfüllt sein, wobei (grundsätzlich) Idealkonkurrenz anzunehmen ist. Der zusätzliche Unwertgehalt z.B. der *Entziehung Minderjähriger* bei § 235 V bzw. *Freiheitsberaubung* bei § 239 IV StGB steht der Annahme von Subsidiarität gegenüber Mord und Totschlag entgegen.

2. Solche, die eine *wenigstens leichtfertige* Erfolgsherbeiführung verlangen.

Beispiele: §§ 176d, 178, 239a III, 239b II, 251, 306c StGB.

Da **Leichtfertigkeit** als grobe Fahrlässigkeit zu verstehen ist, wird hier entgegen § 18 StGB jede leichtere Fahrlässigkeit ausgeschlossen.

Der Vorsatz wird vom Begriff der Leichtfertigkeit nicht umfasst, sondern es besteht zwischen beiden ein aliud-Verhältnis, sodass ohne die Formulierung **wenigstens** der Vorsatz ausgeschlossen wäre. Durch die Verwendung der Worte »wenigstens leichtfertig« in den genannten Tatbeständen bezieht das Gesetz die vorsätzliche Erfolgsherbeiführung in den Anwendungsbereich ein.

Daher treffen bei Tötungsvorsatz z.B. §§ 178, 239a III StGB mit §§ 211, 212 StGB in Idealkonkurrenz zusammen[224]: Der zusätzliche Unwertgehalt einer Vergewaltigung oder eines erpresserischen Menschenraubes liegt auf der Hand.

3. Eine dritte Kategorie sollen die Tatbestände bilden, bei denen sich aus der ratio legis ergebe, dass entgegen § 18 StGB nur die fahrlässige, nicht aber die vorsätzliche Erfolgsherbeiführung vom Tatbestand erfasst wird. Derartige »echte« erfolgsqualifizierte Delikte seien bereits tatbestandlich gegenüber Mord und Totschlag subsidiär. Das wird zum Teil für § 227 StGB angenommen (*Rn. 313*).

315 In der Sache ist § 227 StGB eine Kombination aus **vorsätzlicher Körperverletzung** (§ 223 StGB) und **fahrlässiger Tötung** (§ 222 StGB). Fällt dem Täter mangels Vorhersehbarkeit des Erfolges keine Fahrlässigkeit zur Last, so scheidet § 227 StGB gemäß § 18 StGB aus.

316 **Fall 31:** *– Tod als Folge des Körperverletzungserfolgs oder der -handlung? –*
Andy (A), Mitglied der »Hells Devils«, stieß zusammen mit seinem Freund Biff (B) auf Claro (C), Mitglied der »Candidos«. A griff zur Pistole und entsicherte sie, um C zu erschießen. B, der dies gesehen hatte, riet A von einer Bluttat ab und meinte, es genüge, C mit dem Revolver

---

[224] BT-Drs. 13/8587, S. 79; *Rengier* II, 24/35 (zu § 239a III StGB).

»eins überzubraten«. Dies tat A auch. Beim Zuschlagen (Aufprall der Waffe auf die Schulter) löste sich ein Schuss, der C in den Kopf traf und ihn auf der Stelle tötete.
Strafbarkeit von A und B?

a) Strafbarkeit des A

Fraglich ist, ob A »nur« aus § 224 I Nr. 2 StGB (der Revolver ist als Hiebwaffe jedenfalls bei Schlägen gegen den Körper ein »gefährliches Werkzeug«) in Tateinheit mit § 222 StGB strafbar ist oder auch **§ 227 StGB** eingreift.

(1) Der *BGH* hatte in einem vergleichbaren Fall § 227 StGB angenommen[225]: Dass die Ursache für den Tod nicht die **vorsätzliche Körperverletzung** (d.h. die durch den Aufschlag des Revolvers auf die Schulter erfolgte vorsätzliche körperliche Misshandlung bzw. Gesundheitsschädigung) als solche war, stehe der Annahme des § 227 StGB nicht entgegen; es reiche, dass die Körperverletzungs**handlung** zum Tod des Opfers geführt habe[226]. **317**

(2) Heute verlangt der *BGH*[227] mit teilweiser Zustimmung der Literatur[228] einschränkend, dass sich im Tod eine der vorsätzlichen Körperverletzung innewohnende »**tatbestandsspezifische Gefahr**« realisiert hat, wobei gleichgültig sei, ob diese aus der »spezifischen Gefährlichkeit des Körperverletzungserfolges oder der ihn bewirkenden oder begleitenden Körperverletzungshandlung« resultiert. **318**

Im »**Hochsitz-Fall**« hat der *BGH* diesen Standpunkt präzisiert[229]: Der Entscheidung lag ein Sachverhalt zugrunde, in dem der Angeklagte, der Neffe des Opfers, den Hochsitz, auf dem sein Onkel saß, umgeworfen hatte. Durch den Sturz aus 3,5 Metern hatte der Onkel zwar eine Sprunggelenkfraktur, die operativ behandelt werden musste, aber keine lebensgefährliche Verletzung erlitten. Mehr als einen Monat nach der Tat verstarb der Onkel an Herz-Kreislauf-Versagen infolge Lungenembolie und Lungenentzündung, die »sich in Abhängigkeit zu dem verletzungsbedingten längeren Krankenlager entwickelt« hatten. **319**

Für § 227 StGB genüge ein ursächlicher Zusammenhang zwischen Körperverletzung und Todesfolge nicht, sondern aus Sinn und Zweck dieser Vorschrift ergebe sich, dass eine »engere Beziehung zwischen der Körperverletzung und dem tödlichen Erfolg« verlangt werde. § 227 StGB gelte deshalb »nur für solche Körperverletzungen, denen die spezifische Gefahr anhafte, zum Tod des Opfers zu führen«; gerade diese Gefahr müsse sich im tödlichen Ausgang niedergeschlagen haben. Eine einengende Auslegung des § 227 StGB auf die Herbeiführung lebensbedrohlicher Körperschäden und Gesundheitsbeeinträchtigungen finde im Wortlaut keine Stütze. Es genüge, dass der Tod durch die »Körperverletzung« verursacht ist. Als »Körperverletzung« stelle sich nicht nur die jeweils eingetretene Verletzungsfolge dar; viel-

---

[225] *BGH* St 14, 110 (gegen *RG* St 44, 137).
[226] *BGH* St 14, 110; dahingestellt in *BGH*, NJW 1971, 152 (dazu *Fall 32*).
[227] *BGH* St 31, 96 ff. »Hochsitz-Fall«, dazu *Rn. 319 f.*; *BGH* St 48, 34 (37 f.) »Gubener Verfolgungsjagd«, dazu *Rn. 335 ff.*; *BGH*, NStZ 2008, 278. Krit. zu den Entscheidungen des *BGH*, in denen das Gericht auf den spezifischen Gefahrzusammenhang faktisch verzichte, *Steinberg*, NStZ 2010, 72 ff.
[228] W/H/E-*Engländer*, Rn. 264 ff.; LK[13]-*Grünewald*, § 227 Rn. 9 ff.; *Rengier* II, 16/11 f.; Sch/Sch-*Sternberg-Lieben*, § 227 Rn. 5 f.; enger SK-*Wolters*, § 227 Rn. 6 ff., 10 f.
[229] *BGH* St 31, 96 ff. m. Anm. *Stree*, NStZ 1983, 21 f.; ebso. *BGH* St 48, 34 (37 f.); NStZ 2008, 278.

mehr umfasse dieser Begriff auch das Handeln des Täters, das zu der Körperverletzung geführt hat. Demgemäß reiche es für den Tatbestand des § 227 StGB bereits aus, dass der Körperverletzungs**handlung** das Risiko eines tödlichen Ausgangs anhaftet und sich dann dieses – dem Handeln des Täters eigentümliche – Risiko im Eintritt des Todes verwirklicht. In dem konkreten Fall bejahte der *BGH* diese tatbestandsspezifische Gefahr, weil der Tod des Onkels nicht aufgrund einer außergewöhnlichen Verkettung unglücklicher Zufälle eintrat, sondern es nicht außerhalb jeder Lebenswahrscheinlichkeit liege, dass eine solche Körperverletzung auf diese Weise zum Tod des Opfers führe.

320 Die Unterbrechung des Zurechnungszusammenhangs komme dagegen in Betracht, wenn Behandlungsfehler der Krankenhausärzte oder ein selbstschädigendes Verhalten des Opfers zu dem tödlichen Ausgang führten[230].

In unserem *Fall 31* dürfte sich im Tod des C die der Körperverletzung anhaftende Gefahr realisiert haben, sodass der tatbestandsspezifische Gefahrzusammenhang vorläge.

321 *(3)* Nach anderer Auffassung soll maßgeblich sein, ob der Körperverletzungserfolg, der den Tod verursacht hat – hier die Kopfverletzung durch die versehentlich abgefeuerte Kugel –, dem Täter als vollendete *vorsätzliche* Körperverletzung unter dem Gesichtspunkt der »**unwesentlichen Abweichung vom Kausalverlauf**« zugerechnet werden kann (dann § 227 StGB) oder nicht[231].

Im vorliegenden Fall stellt die Schussverletzung keine wesentliche Abweichung vom vorgestellten Kausalverlauf dar, weil es nicht außerhalb der Lebenserfahrung liegt, dass sich beim Zuschlagen mit einer entsicherten Pistole ein Schuss löst[232] (siehe *Rn. 324*).

322 *(4)* Ein Teil der Literatur[233] verlangt, dass der Tod aus dem vorsätzlich herbeigeführten Körperverletzungserfolg resultiert (sogenannte **Letalitätstheorie**).

Die Gegenmeinung missachte den Wortsinn des § 227 StGB, der nicht von Körperverletzungs*handlung* spreche, sondern von der *Körperverletzung* selbst und für diese sei der tatbestandsmäßige **Erfolg** (körperliche Misshandlung, Gesundheitsschädigung) konstitutiv. Daher sei nach dem Wortlaut des § 227 StGB für die Annahme eines vollendeten Verbrechens der Körperverletzung mit Todesfolge erforderlich, dass der Tod Folge der **vorsätzlichen Körperverletzung als solche** ist[234]. Daran fehle es z.B., wenn Todesursache eine unvorsätzliche Schussverletzung sei.

323 Im Übrigen vernachlässige die Ansicht des *BGH* Sinn und Zweck des § 227 StGB. Die Qualifizierung der Körperverletzung mit Todesfolge zu einem Verbrechen (§ 12 I StGB) beruhe auf der unmittelbaren Verknüpfung des **vorsätzlich herbeigeführten Erfolges** i.S. des § 223 StGB mit der Todesfolge[235]: Dem Täter werde vorge-

---

[230] *BGH*, NStZ 2009, 92 (93).
[231] Sch/Sch-*Schröder*, 17. Auflage 1974, § 226 Rn. 4.
[232] *Wolter*, JuS 1981, 168 (178 f.); vgl. auch LK[13]-*Grünewald*, § 227 Rn. 11.
[233] Küpper/*Börner*, I 2/32 f.; *Gössel*/Dölling, 13/89 ff. ; *Roxin*/Greco, AT I, 10/115 f.; MK-*Hardtung*, § 227 Rn. 11 ff.; L/K/H-*Heger*, § 227 Rn. 2a; *Jäger*, JA 2020, 153 (155); *Jansen*, ZStW 2018, 1087 (1100 f.); Sch/Sch-*Sternberg-Lieben/Schuster*, § 18 Rn. 4c.
[234] Küpper/*Börner*, I 2/32 f.; *Roxin*/Greco, AT I, 10/115; L/K/H-*Heger*, § 227 Rn. 2a; *Jäger*, JA 2020, 153 (155); *Prittwitz/ Scholderer*, NStZ 1990, 385 (387).
[235] Vgl. LK[11]-*Hirsch* § 227 Rn. 6; *Prittwitz/Scholderer*, NStZ 1990, 385 (387).

worfen, dass er vorsätzlich dem Opfer eine solche körperliche Misshandlung bzw. Gesundheitsschädigung zugefügt hat, die für ihn vorhersehbar tödlich wirken konnte und auch tatsächlich so wirkte.
§ 227 StGB erfasse also allein solche Todesfolgen, in denen sich eine der vorsätzlichen Körperverletzung innewohnende »tatbestandsspezifische Gefahr« verwirklicht hat; diese Gefahr müsse gerade aus der spezifischen Gefährlichkeit des vorsätzlich herbeigeführten Körperverletzungserfolges resultieren. Ob diese Restriktion kriminalpolitisch wünschenswert sei, bleibe offen – sie sei jedenfalls durch die Tatbestandsfassung des § 227 StGB geboten[236].

Stellungnahme

Die Entscheidung des Streits, ob die Verursachung der Todesfolge durch die Körperverletzungshandlung genüge oder ob sie aus dem Körperverletzungserfolg resultieren müsse, hat zu berücksichtigen, dass eine bloße Körperverletzungshandlung niemals für den Tod des Opfers ursächlich sein kann, denn die Körperverletzung ist ein notwendiges Zwischenstadium zum Tod (*Rn. 256*). Zu fragen ist deshalb zunächst, ob dem Täter **dieser** dem Tod notwendigerweise vorgelagerte Körperverletzungserfolg (körperliche Misshandlung und Gesundheitsschädigung) als vorsätzliche Körperverletzung i.S.d. § 223 StGB anzulasten ist. Das erfordert – objektiv – Kausalität sowie objektive Zurechnung und – subjektiv – (Körperverletzungs-)Vorsatz. Schlägt der Täter – wie in unserem *Fall 31* – mit einer entsicherten Pistole auf das Opfer ein und löst sich dabei ein Schuss, der das Opfer verletzt, so sind Kausalität und objektive Zurechnung nicht zweifelhaft; denkt man das Zuschlagen hinweg, so wäre das Opfer nicht verletzt worden, und der Täter hat durch sein Handeln ein erhebliches Risiko für die körperliche Unversehrtheit des Opfers geschaffen. Für den Vorsatz hinsichtlich des konkreten Körperverletzungserfolges, den der Täter nicht bedacht hatte, weil seine Vorstellung lediglich auf einen anderen Tatverlauf gerichtet war, ist nach h.M. entscheidend, ob es sich um eine wesentliche oder unwesentliche Abweichung vom vorgestellten Kausalverlauf handelt. Hält sich die Inkongruenz von Tätervorstellung und tatsächlichem Kausalverlauf im Rahmen des nach allgemeiner Lebenserfahrung Voraussehbaren, so ist der konkrete Kausalverlauf vom Vorsatz des Täters umfasst[237]. Auf den ersten Blick scheint in casu die Verletzung durch den Schuss der vorgestellten Schlagverletzung nicht gleichwertig zu sein, weil die Schussverletzung tödlich war und A keinen Tötungsvorsatz hatte. Zu prüfen ist jedoch nur, ob die andersartige Körperverletzung – Schussverletzung – der vorgestellten – Schlagverletzung – gleichwertig ist. Das ist der Fall. Es wäre befremdlich, wenn der Täter, der dem Opfer statt der Schlagverletzung eine – nicht tödliche – Schussverletzung beibringt, nur wegen versuchter Körperverletzung bestraft würde, obwohl er das Opfer körperlich misshandelt und an der Gesundheit geschädigt hat.
A ist somit wegen Körperverletzung mit Todesfolge strafbar, da auch der tatbestandsspezifische Gefahrzusammenhang gegeben ist.

324

---

[236] LK[11]-*Hirsch*, § 227 Rn. 6.
[237] *BGH* St 7, 325 (329); 23, 133 (135); NStZ 2002, 475 (476); *Fischer*, § 16 Rn. 14; Sch/Sch-*Sternberg-Lieben/Schuster*, § 15 Rn. 55. Zur Kritik an dieser Sicht eingehend S/S/W-*Momsen*, § 15 Rn. 28 ff.

b) Strafbarkeit des B

325 *(1)* Fraglich ist, ob B nach der hier vertretenen Lösung für A (§ 227 StGB) wegen *Anstiftung bzw. Beihilfe* zur Körperverletzung mit Todesfolge strafbar oder ob er straflos ist. Die Annahme einer »Teilnahme am erfolgsqualifizierten Delikt«[238] ist im Hinblick auf § 18 (Täter oder Teilnehmer) und § 11 II StGB konstruktiv unbedenklich und im Ergebnis sachgerecht[239].
Die h.M. würde in casu Anstiftung ablehnen, weil A ohne die Einwirkung des B ein vorsätzliches Tötungsdelikt begangen hätte. Da A ursprünglich ein vorsätzliches Tötungsdelikt geplant hatte, insofern also als omnimodo facturus anzusehen sei, und § 227 StGB ein *Minus* gegenüber § 212 bzw. § 211 StGB darstelle (sogenannte »Abstiftung«), entfalle Anstiftung; es komme allenfalls psychische Beihilfe in Betracht[240].
Anhaltspunkte für eine psychische Beihilfe des B – Verstärken des Tatentschlusses oder Vermittlung eines größeren Sicherheitsgefühls – enthält der Sachverhalt nicht, sodass B nach dieser Auffassung straflos wäre.

326 Die Gegenmeinung[241] vertritt für die Problematik der Anstiftung zu einem Minus eine differenzierende Sicht:
Liege rechtlich und tatsächlich (phänomenologisch) ein bloßes Anstiften zu einem Minus vor[242], so scheide der Tatbestand des § 26 StGB mangels »Bestimmens« als Hervorrufen des Tatentschlusses – wie von der h.M. angenommen – aus. Anders sei es dagegen, wenn – wie in unserem Fall[243] – nur rechtlich, dagegen nicht nach der tatsächlichen Form der Begehung eine Anstiftung zu einem Minus gegeben ist; in einem solchen Fall sei der Täter noch nicht zur konkreten Tat fest entschlossen gewesen. Die herrschende **Tatbestandslösung**, die auch für einen solchen Fall eine Anstiftung mangels »Bestimmens« verneint, verschließe ohne dogmatische Notwendigkeit den Weg zu einer sachgerechteren, weil differenzierenden **Rechtfertigungslösung** gemäß § 34 StGB. Diese erscheine angemessener, weil rechtfertigender Notstand verlangt, dass die Gefahr »nicht anders abwendbar« war. Demgegenüber könne das bloße Abstellen auf das *rechtliche Minus* unter Verzicht auf den Aspekt eines *auch phänomenologischen Minus* zu befremdlichen Ergebnissen führen[244].
Für die Annahme des § 34 StGB bietet der Sachverhalt nicht genügend Anhaltspunkte, sodass sich nicht entscheiden lässt, ob die Gefahr »nicht anders abwendbar« war. B wäre deshalb wegen Anstiftung zur Körperverletzung strafbar.

327 Die h.M. erscheint vorzugswürdig. Würde B als Anstifter »gleich einem Täter« bestraft, obwohl A ohne seine Einwirkung ebenfalls und sogar mit Tötungsvorsatz auf C geschossen hätte, so würde B letztlich für Umstände, die von ihm nicht zu beein-

---

[238] Dazu u.a. *BGH* St 19, 339; LK[13]-*Grünewald*, § 227 Rn. 23; L/K/H-*Heger*, § 11 Rn. 25 i.V.m. § 18 Rn. 4 ff.; Krey/*Esser*, AT, Rn. 1377 f. m.w.N.; *Rengier*, Erfolgsqualifizierte Delikte, S. 249 ff.
[239] Abw. *Gössel*, FS-Lange, 1976, S. 225 (239).
[240] Vgl. Sch/Sch-*Heine/Weißer*, § 26 Rn. 10; LK[13]-*Schünemann*, § 26 Rn. 28 f.; dahingestellt in *BGH* St 19, 339 (341).
[241] *Krey*, Rechtsprobleme, Rn. 79, 82, 517-524; Krey/*Esser*, AT, Rn. 1048 m.w.N.
[242] Beispiel bei *Krey*, Rechtsprobleme, Rn. 517 mit 519 f.; Krey/*Esser*, AT, Rn. 1048.
[243] Weitere Beispiele bei *Krey*, Rechtsprobleme, Rn. 518 mit Rn. 522, zudem Rn. 523.
[244] Dazu *Krey*, Rechtsprobleme, Rn. 523; auch *Küpper*, JuS 1996, 23 (24) verweist auf § 34 StGB.

flussen waren, nämlich die versehentliche Auslösung des Schusses, verantwortlich gemacht. B hat das Risiko für das Leben des C verringert, auch wenn dieser doch zu Tode kam. Deshalb erscheint eine Strafbarkeit wegen Anstiftung zu dem »Minus« der Körperverletzung nicht angemessen.

(2) Die gleiche Problematik besteht im Übrigen, wenn man mit der Letalitätstheorie bei A § 224 I Nr. 2, 5 StGB bejaht. Die Frage, ob B wegen »Abstiftung« straflos oder wegen Anstiftung zu § 224 StGB strafbar ist, stellt sich ebenfalls. **328**

Fall 32: *– Fall Rötzel –* **329**

Rötzel (R) griff im Obergeschoss des mütterlichen Hauses die Hausgehilfin Lisl (L) tätlich an und verletzte sie. L versuchte, vor den fortdauernden Angriffen des R aus dem Fenster auf einen Balkon zu flüchten, stürzte dabei aber tödlich ab.

Strafbarkeit des R aus § 227 StGB?

Der *BGH*[245] lehnte Körperverletzung mit Todesfolge ab. Selbst wenn man bei § 227 StGB die Verletzungs*handlung* genügen lasse, müsse diese doch **unmittelbar** die Todesfolge bewirkt haben; daran fehle es, sodass R nach §§ 223, 222, 52 StGB strafbar sei.

Dem lasse sich nicht entgegenhalten, dass der Tod des Opfers nicht nur durch Körperverletzungs*handlungen*, sondern auch durch die *Verletzungen* selbst verursacht worden sei. Das Opfer sei zwar aus Furcht vor weiteren körperlichen Misshandlungen geflohen und dabei zu Tode gekommen, sodass die Misshandlungen (= vollendete Körperverletzung) condicio sine qua non für den Todeserfolg waren. Über die bloße Ursächlichkeit hinaus müsse aber zwischen dem vorsätzlichen Verletzungserfolg i.S. des § 223 StGB (bzw. der Verletzungshandlung) und der Todesfolge ein **unmittelbarer Zusammenhang** vorliegen[246]: Voraussetzung für § 227 StGB sei, dass sich in dem Todeseintritt »die spezifische, dem Erfolg des Grunddelikts innewohnende Gefährlichkeit niedergeschlagen hat«[247]. Daran fehle es, wenn der Tod – wie im *Fall Rötzel* – unmittelbar durch das Verhalten des Opfers eintrat[248]. **330**

In einer späteren Entscheidung schränkte der *BGH*[249] diesen Standpunkt für ein **selbstschädigendes Panikverhalten** des Verletzten ein. Der tödliche Ausgang sei unmittelbare Folge der Körperverletzung, wenn das Panikverhalten darauf beruht, dass die Körperverletzung (Schädelprellung, anschließend weitere Schläge und Tritte gegen den Kopf) beim Opfer einen Zustand von »Benommenheit und Bewusstseinsstörung« herbeigeführt hat. **331**

Selbst diese Einschränkung hat der *BGH* inzwischen aufgegeben. In einem dem *Fall Rötzel* ähnlichen Sachverhalt bejaht das Gericht den Zurechnungszusammenhang, **332**

---

[245] *BGH*, NJW 1971, 152 f.
[246] *BGH*, NJW 1971, 152 f.; ebso. *BGH* St 31, 96 (99); 32, 25 (27 f.); JZ 1985, 855; NStZ 1994, 394; *Küpper*, JuS 1990, 184 (185); *Wolter*, JuS 1981, 168 ff.; krit. SK-*Wolters*, § 227 Rn. 7 ff.
[247] *BGH*, NJW 1971, 152 f.; *Prittwitz/Scholderer*, NStZ 1990, 385 (387).
[248] *BGH*, NJW 1971, 152 f.; ebso. u.a.: LK[11]-*Hirsch*, § 227 Rn. 5; *Wolter*, JuS 1981, 168 (175 ff.); krit. u.a.: W/H/E-*Engländer*, Rn. 265 f.; *Rengier* II, 16/17 ff.
[249] *BGH*, NStZ 1992, 335 f. mit Anm. *Graul*, JR 1992, 344; zust. W/H/E-*Engländer*, Rn. 266 f.; Krey/*Esser*, AT, Rn. 351; *Fischer*, § 227 Rn. 4; *Steinberg*, NStZ 2010, 72 (74).

wenn das Opfer aufgrund eines »Messerstichs in den Rücken nach Todesdrohung bei ausweglosor Lage … in Panik geriet und bei riskanten Fluchtversuchen zu Tode kommt«[250].

333 Der Unmittelbarkeitszusammenhang (Risikozusammenhang) scheidet nach Auffassung des *BGH* nicht einmal notwendig aus, wenn ein **unvernünftiges selbstschädigendes Verhalten** des Verletzten zum Eintritt des Todeserfolges beigetragen hat[251]. In dem entschiedenen Fall hatte das vom Täter schwerverletzte Opfer trotz eindringlichen Hinweises auf die bestehende Lebensgefahr die Inanspruchnahme ärztlicher Hilfe verweigert und war an der Verletzung gestorben. Ob der *BGH* den Unmittelbarkeitszusammenhang bei einem unvernünftigen Opferverhalten generell annimmt, ist jedoch zweifelhaft, da das Gericht auf die **Besonderheiten** des Sachverhalts verweist. Es widerspreche nicht »jeder Erfahrung«, dass das Opfer, eine »alkoholkranke und schwerverletzte Frau, dem Drang nach weiterem Alkohol nachgibt und sich einer stationären Krankenhausbehandlung widersetzt, auch wenn sie eindringlich auf die für sie bestehende Lebensgefahr hingewiesen wird.«

334 Der in § 227 StGB geforderte Risikozusammenhang zwischen Körperverletzung und Todesfolge scheidet jedoch aus, wenn die Todesfolge zwar ohne die Körperverletzung nicht eingetreten wäre, »aber unmittelbar erst durch das **Eingreifen eines Dritten** herbeigeführt worden ist«[252], z.B. indem der Dritte das aufgrund der Körperverletzung »kampfunfähige« Opfer vorsätzlich tötet[253].

335 **Fall 33:** – *Gubener Verfolgungsfall; versuchte Körperverletzung mit Todesfolge?* –
Die Skinheads Kevin (K), Maik (M) und Jason (J) verfolgten den Ghanaer Frederik (F), um ihn zusammenzuschlagen. F flüchtete vor seinen Verfolgern zu einem Mehrfamilienhaus. Da er die Tür nicht öffnen konnte, trat er in Todesangst die untere Glasscheibe der Tür ein. Dabei oder bei dem anschließenden Durchsteigen zog sich F an den Glasresten eine Verletzung einer Schlagader am Bein zu. Binnen kurzer Zeit verblutete F.

Strafbarkeit von K, M und J wegen gemeinschaftlicher – versuchter – Körperverletzung mit Todesfolge?

Eine **mittäterschaftliche Körperverletzung mit Todesfolge** (§§ 227, 25 II StGB) kommt in Betracht, wenn der Beteiligte die Verletzung nicht mit eigener Hand ausführt, jedoch aufgrund eines gemeinschaftlichen Tatentschlusses mit dem Willen zur Tatherrschaft zum Verletzungserfolg beiträgt, sofern die Handlung des anderen im Rahmen des beiderseitigen ausdrücklichen oder stillschweigenden Einverständnisses liegt und der Täter fahrlässig hinsichtlich des Erfolges handelt[254].

336 Der *BGH* hat in dem *Gubener Verfolgungsfall* eine mittäterschaftlich begangene **versuchte** Körperverletzung mit Todesfolge angenommen, weil die Angeklagten

---

[250] *BGH*, NStZ 2008, 278; krit. dazu *Steinberg*, NStZ 2010, 72 (74).
[251] *BGH*, NStZ 1994, 394; zust. Krey/*Esser*, AT, Rn. 347 ff. m.w.N.
[252] *BGH* St 32, 25 (28); einschränkend aber *BGH*, NStZ 1992, 333 ff.; dazu *Dencker*, NStZ 1992, 311 ff. u. *Puppe*, JR 1992, 511 ff.
[253] *BGH*, NStZ 2022, 163 (Rn. 23 ff.) m. Anm. *Jäger*, JA 2022, 512 ff., und Bespr. *Eisele*, JuS 2022, 176 f.
[254] *BGH* St 48, 34 (39); NStZ 2009, 631 (632); 2021, 735 (Rn. 6) m. Anm. *Schrott*.

hinsichtlich der Schnitt- und Stichverletzungen »jedenfalls« nicht vorsätzlich gehandelt hätten. Die durch das Verhalten der Angeklagten ausgelösten Angst- und Panikgefühle, »rein psychischen Empfindungen« des Opfers, würden keine Körperverletzung i.S. des § 223 StGB begründen[255].

Der Versuch des § 223 StGB sei aber durch die Verfolgung verwirklicht worden, da F misshandelt werden sollte[256]. Dieser Versuch als Körperverletzungshandlung habe den Tod des F verursacht. Entgegen der Letalitätstheorie sei für § 227 StGB ausreichend, dass der Tod auf der Körperverletzungshandlung beruhe; daraus resultiere die Möglichkeit eines **strafbaren erfolgsqualifizierten Versuchs** des § 227 StGB. Der Risikozusammenhang zwischen der Körperverletzungshandlung und der Todesfolge sei gegeben (näher zu dieser Voraussetzung in »Panikfällen«, *Rn. 329 ff.*).

Ein Teil der Literatur lehnt einen Versuch des erfolgsqualifizierten Delikts[257] in der Erscheinungsform, dass bereits der **Versuch des Grunddelikts** den Erfolg herbeiführt (erfolgsqualifizierter Versuch), bei § 227 StGB ab[258]. Zwar sei die Voraussetzung der Strafbarkeit des Versuchs des Grunddelikts gegeben (§ 223 II StGB), es sei aber erforderlich, dass das erfolgsqualifizierte Delikt nach seiner Struktur die schwere Folge an die typische Gefährlichkeit der Tatbestandshandlung des Grunddelikts knüpfe[259], was beispielsweise beim Raub mit Todesfolge, § 251 StGB, der Fall sei. Diese Voraussetzung fehle dagegen bei § 227 StGB, weil der Tatbestand verlange, dass die qualifizierende Folge (Tod des Opfers) auf der Gefährlichkeit der vorsätzlich herbeigeführten körperlichen Misshandlung bzw. Gesundheitsschädigung beruhe, also auf dem vom Vorsatz erfassten tatbestandsmäßigen **Erfolg** des Grunddelikts (Letalitätstheorie). **337**

Auf der Grundlage der Letalitätstheorie scheint die Ablehnung des Versuchs der Körperverletzung mit Todesfolge wegen Nichtvollendung des Grunddelikts konsequent zu sein. Es fragt sich jedoch, ob die These der Rechtsprechung und Literatur, die Angeklagten hätten die Körperverletzung lediglich versucht, zutrifft. Zum Teil wird sogar bezweifelt, ob überhaupt eine versuchte Körperverletzung vorliegt[260]. **338**

Der **objektive Tatbestand des § 223 StGB** ist jedenfalls hinsichtlich der Schnitt- und Stichverletzungen erfüllt. Denkt man die Verfolgung hinweg, hätte F nicht versucht, in das Mehrfamilienhaus zu gelangen und sich nicht verletzt. Das Verhalten der Angeklagten war deshalb kausal für die Körperverletzung. Ein Grund für den Ausschluss der objektiven Zurechnung ist ebenfalls nicht erkennbar. Es handelte sich nach dem anzuwendenden Einwilligungsmaßstab (*Rn. 122*) keineswegs um eine eigenverantwortliche Selbstgefährdung bzw. -verletzung, sondern das Verhalten des F beruhte auf den massiven Drohungen der Angeklagten.

---

[255] *BGH* St 48, 34 (36 f.).
[256] *BGH* St 48, 34, (35 f.); krit.: W/H/E-*Engländer*, Rn. 274; *Puppe*, JR 2003, 123.
[257] Vgl. dazu: Krey/*Esser*, AT, Rn. 1375; *Kühl*, JuS 1981, 193 (196); *Laubenthal*, JZ 1987, 1065 ff.
[258] LK[11]-*Hirsch*, § 227 Rn. 9; *Jäger*, BT, Rn. 118; *Roxin*, AT II, § 29 Rn. 322, 328, 330. A.A.: *Rengier* II, 16/29 ff.; *Steinberg*, JuS 2017, 1061 (1064); Sch/Sch-*Sternberg-Lieben*, § 227 Rn. 8.
[259] Krey/*Esser*, AT, Rn. 1375; L/K/H-*Heger*, § 18 Rn. 9; *Laubenthal*, JZ 1987, 1065 (1067); *Ulsenheimer*, StV 1986, 201 f.; Jescheck/*Weigend*, § 49 VII 2a.
[260] *Puppe*, JR 2003, 123.

339 Der *BGH* hat den **Vorsatz** der Angeklagten hinsichtlich der Verletzungen des F mit der Begründung verneint[261]: »Die Stich- und Schnittverletzungen, die sich F bei der Flucht zugezogen hat und die innerhalb kürzester Zeit zu seinem Tod geführt haben, sind von den Angeklagten nicht vorsätzlich herbeigeführt worden. Angesichts der gesamten Tatumstände liegt insoweit eine wesentliche Abweichung zwischen vorgestelltem und tatsächlich eingetretenem Kausalverlauf vor«. In Bezug auf den Zurechnungszusammenhang behauptet das Gericht dagegen, das Verhalten des Opfers »war eine naheliegende und nachvollziehbare Reaktion auf den massiven Angriff der Angeklagten. Ein solches durch eine Flucht ›Hals über Kopf‹ geprägtes Opferverhalten ist vielmehr bei den durch Gewalt und Drohung geprägten Straftaten geradezu deliktstypisch und entspringt dem elementaren Selbsterhaltungstrieb des Menschen«.[262]

Da die zweite These zutrifft, muss die erste unrichtig sein. Wenn das Verhalten des F »geradezu deliktstypisch« war, lag der Kausalverlauf nicht außerhalb des nach der Erfahrung zu Erwartenden, sodass es sich nicht um eine wesentliche Abweichung handelte.

K, M und J haben sich somit wegen – vollendeter – Körperverletzung mit Todesfolge strafbar gemacht.

339a Die Körperverletzungshandlung kann im Übrigen auch in einem **Unterlassen des Garanten** bestehen. Das kann z.B. der Fall sein, wenn die Mutter zum Tode des Kindes führenden Körperverletzungen durch den Vater nicht verhindert[263] oder der Garant die gebotene ärztliche Versorgung einer Person, die sich in einem behandlungsbedürftigen Zustand befindet, nicht bewirkt und das Opfer deshalb stirbt[264].

340 Fall 34: – *Verhältnis des § 218 zu §§ 223, 227 StGB* –

Dr. med. Helferich (H) nahm bei Frau Reich (R) im 4. Monat nach der Empfängnis trotz Fehlens jeder Indikation einen Schwangerschaftsabbruch vor. Durch den zur Abtötung der Leibesfrucht erfolgten Eingriff – Einspritzen einer Lösung in die Gebärmutter – erlitt R einen Schock und starb; dieser Erfolg war wegen der Gefährlichkeit der Lösung für H vorhersehbar.

Wie hat sich H strafbar gemacht?

a) H ist nach § 218 I StGB schuldig.
Dieser Tatbestand erfordert nicht das Überleben der Schwangeren, vgl. *Fall 18, Rn. 198 ff.*

b) Ein besonders schwerer Fall, § 218 II Nr. 2 StGB (Gefahr des Todes), liegt vor, wenn dem H Leichtfertigkeit (grobe Fahrlässigkeit[265]) zur Last fiel, was anzunehmen sein dürfte.

---

[261] *BGH* St 48, 34 (37).
[262] *BGH* St 48, 34 (38 f.).
[263] *BGH*, NStZ 2017, 410 (411). Einschränkend *BGH* St 41, 113 (118): Es genüge nicht, dass sich der Vorsatz des Unterlassungstäters auf eine – wie auch immer geartete – Körperverletzung des aktiv Handelnden bezieht, sondern die Vorstellung müsse gerade auf eine Körperverletzung gerichtet sein, die nach Art, Ausmaß und Schwere den Tod des Opfers besorgen lässt; s. dazu W/H/E-*Engländer*, Rn. 273; *Jäger*, BT, Rn. 121. Nach *BGH*, NStZ 1995, 589 (590), muss das Unterlassen des Garanten eine Körperverletzung, der typischerweise die Gefahr anhaftet, zum Tode zu führen, bewirken; krit. dazu NK-*Paeffgen/Böse/Eidam*, § 227 Rn. 33.
[264] *BGH*, NJW 2018, 418 (Rn. 13 ff.).
[265] *BGH* St 33, 66 (67); Krey/*Esser*, AT, Rn. 202, 208.

c) §§ 223, 227 StGB?

Die Abtreibungshandlung (Einspritzen der Lösung in die Gebärmutter) erfüllte den Tatbestand des § 223 StGB, zudem den qualifizierten Tatbestand des § 227 StGB: Die Körperverletzung der Schwangeren verursachte ihren Tod. Der erforderliche unmittelbare Zusammenhang (Risikozusammenhang) zwischen der vorsätzlichen Verletzung und dem qualifizierenden Erfolg (*Rn. 329 ff.*) ist gegeben; diesen Erfolg hat der Täter fahrlässig herbeigeführt (§ 18 StGB).
§ 227 StGB verlangt allerdings, dass das Grunddelikt (§ 223 StGB) rechtswidrig begangen wurde. Dieses Erfordernis ist ebenfalls erfüllt: Der Gesichtspunkt der Einwilligung in die Körperverletzung vermag diese hier nicht zu rechtfertigen, da sie als unerlaubte Abtreibungshandlung trotz der Einwilligung gegen die guten Sitten verstieß (§ 228 StGB). – Zu § 228 StGB bei der Körperverletzung mit Todesfolge siehe *Rn. 366 ff.* – **341**

d) Auch § 222 StGB liegt vor, tritt aber hinter § 227 StGB (lex specialis) zurück.

e) Konkurrenzen: **342**

(1) Die Fremdabtreibung (§ 218 I StGB) und die allein ihr dienende vorsätzliche Körperverletzung stehen nach h.A. in Gesetzeskonkurrenz; § 218 I StGB erfasse den Unwertgehalt dieser Körperverletzung mit[266].

(2) Diese Gesetzeskonkurrenz war nach **früher** h.M. selbst dann anzunehmen, wenn die Körperverletzung den qualifizierten Tatbestand des § 226 StGB oder des § 227 StGB erfüllte: Auch dann sei nur aus § 218 StGB zu bestrafen[267].
Nach **heute** h.A. stehen § 227 und § 218 StGB in Tateinheit, wenn der Abbruch der Schwangerschaft zum Tode der Schwangeren führt[268], weil die Annahme von Gesetzeskonkurrenz, d.h. die Verdrängung des § 227 durch § 218 StGB, dem Unrechtsgehalt der Tat nicht gerecht würde, zumal § 227 StGB ein Verbrechen, § 218 StGB dagegen nur ein Vergehen ist[269]. **343**

(3) Tateinheit besteht zudem zwischen § 218 StGB und § 226 StGB[270], § 224 StGB[271] und § 212 (bzw. § 211) StGB[272].

IX. Beteiligung an einer Schlägerei (§ 231 StGB)

Fall 35: *– Zeitpunkt der Beteiligung –* **344**

Bei einer Schlägerei zwischen zwei Banden wurde Xaver (X) getötet. Archi (A) hatte sich wegen einer bei der Schlägerei erlittenen Verletzung schon endgültig von dem Kampfgetümmel entfernt, als X seine tödliche Verletzung erlitt. Billi (B) hatte sich erst nach dem Tod des X an der nunmehr noch heftiger tobenden Schlägerei beteiligt.
Strafbarkeit von A und B aus § 231 StGB?

---

[266] *BGH* St 10, 312; 15, 345; 28, 11 (16 ff.); LK[13]-*Lindemann*, § 218 Rn. 88; SK-*Rogall/Berghäuser*, § 218 Rn. 44. A.A. M/S/M/H/M-*Hoyer*, 6/14.
[267] *BGH* St 10, 312; 15, 345.
[268] *BGH* St 28, 11 (16 ff.); Sch/Sch-*Eser/Weißer*, § 218 Rn. 68; LK[13]-*Grünewald*, § 227 Rn. 24; LK[13]-*Lindemann*, § 218 Rn. 90.
[269] *BGH* St 28, 11 (16 ff.); *Fischer*, § 218 Rn. 21.
[270] Sch/Sch-*Eser/Weißer*, § 218 Rn. 68; *Fischer*, § 218 Rn. 21; SK- *Rogall/Berghäuser*, § 218 Rn. 44.
[271] *BGH*, NJW 2007, 2565; anders noch: *BGH* St 28, 11 (16).
[272] *BGH*, NStZ 1996, 276.

Erster Abschnitt: Straftaten gegen den Einzelnen

Unter einer **Schlägerei** ist der tätliche Streit zwischen mindestens drei Personen zu verstehen, die an der Rauferei *aktiv beteiligt* sind[273]; dabei wird der wegen Notwehr straflose Angegriffene mitgezählt[274]. Von einer Schlägerei ist aber auch dann auszugehen, wenn nacheinander jeweils nur zwei Personen wechselseitig gleichzeitig Tätlichkeiten begehen und ein enger innerer Zusammenhang in dem Sinne besteht, dass ein einheitliches Gesamtgeschehen anzunehmen ist[275].

344a Das Merkmal **von mehreren verübter Angriff** setzt keine wechselseitigen Tätlichkeiten voraus. Er muss von mindestens zwei Personen, die in feindseliger Willensrichtung unmittelbar auf den Körper eines anderen einwirken, begangen werden[276]. Bei den Angreifenden muss Einheitlichkeit des Angriffs, des Angriffsgegenstandes und des Angriffswillens vorliegen. Ein gemeinschaftliches Handeln als Mittäter ist nicht notwendig, es genügt ein Zusammenwirken der Angreifer[277].

345 Beteiligter ist, wer am Tatort anwesend ist und durch einen physischen oder psychischen (z.B. Anfeuern) Tatbeitrag – in feindseliger Weise – an den Tätlichkeiten teilnimmt[278].

Einer **Beteiligung** von A und B könnte entgegenstehen, dass A schon **vor** Verursachung des Todes des X seine Mitwirkung an der Schlägerei aufgegeben bzw. B erst **nach** Eintritt der schweren Folge an der Schlägerei teilgenommen hatte.

Nach h.M. soll derjenige, der schuldhaft an einer Schlägerei teilnimmt, bei der die in § 231 I StGB bezeichnete Folge eintritt, auch dann aus dieser Vorschrift strafbar sein, wenn er seine Beteiligung zu einem Zeitpunkt aufgibt, zu dem die Folge von dem Mitbeteiligten noch nicht verursacht worden ist[279].

Aus § 231 StGB mache sich zudem strafbar, wer sich erst **nach** Verursachung der schweren Folge an der Schlägerei beteiligt hat[280].

346 Gegen diese Sicht bestehen jedoch Bedenken. § 231 StGB ist ein **abstraktes Gefährdungsdelikt**[281]. Das Gesetz geht davon aus, »dass sowohl die Schlägerei als solche als auch der Tatbeitrag der einzelnen Beteiligten potentiell gefährlich ist«[282]. Realisiert sich diese Gefahr durch Eintritt einer der in § 231 StGB angeführten Folgen, so soll nach dem Willen des Gesetzgebers jeder Beteiligte wegen der potentiellen Gefährlichkeit seiner Beteiligung schon allein wegen dieser strafbar sein.

---

[273] *BGH* St 31, 124 (125); NStZ 2023, 235 (Rn. 6); Sch/Sch-*Sternberg-Lieben*, § 231 Rn. 2a.
[274] *BGH* St 15, 369; *Fischer*, § 231 Rn. 3; L/K/H-*Heger*, § 231 Rn. 2.
[275] *BGH*, NStZ 2014, 147; 214 m. Anm. *Engländer*; *Jahn*, JuS 2014, 660; *BGH*, NStZ 2023, 235 (Rn. 6).
[276] *BGH* St 31, 124 (126); 33, 100 (102).
[277] *BGH* St 31, 124 (127).
[278] W/H/E-*Engländer*, Rn. 319; MK-*Hohmann*, § 231 Rn. 15 f.; *Preuß/Krüll*, JA 2018, 271 (276); HdS 4-*Singelnstein*, § 4 Rn. 55; SK-*Wolters*, § 231 Rn. 8.
[279] *BGH* St 14, 132 (134 f.); LK[13]-*Popp*, § 231 Rn. 23; *Preuß/Krüll*, JA 2018, 271 (274); zweifelnd L/K/H-*Heger*, § 231 Rn. 5.
[280] *BGH* St 16, 130 (132 f.); W/H/E-*Engländer*, Rn. 326 f.; *Gössel*/Dölling, 15/14 f.; MK-*Hohmann*, § 231 Rn. 25. A.A. *Küpper*/*Börner*, I 2/63; *Fischer*, § 231 Rn. 8d; NK-*Paeffgen*/*Böse*/*Eidam*, § 231 Rn. 9.
[281] *BGH* St 14, 132 (134); 16, 130 (132); 33, 100 (103); 60, 166 (182 Rn. 46); ebso.: M/S/M/H/M-*Hoyer*, 11/4; *Rengier* II, 18/1; SK-*Wolters*, § 231 Rn. 4.
[282] *BGH* St 33, 100 (103); W/H/E-*Engländer*, Rn. 313; Sch/Sch-*Sternberg-Lieben*, § 231 Rn. 1, 13.

Diese Konzeption des § 231 StGB als abstraktes Gefährdungsdelikt erscheint kriminalpolitisch im Hinblick auf Beweisschwierigkeiten sachgerecht. Bei Auseinandersetzungen zwischen mehr als zwei Personen lässt sich i.d.R. schwer ermitteln, wer einen bestimmten Verletzungserfolg verursacht und ob er dabei vorsätzlich oder fahrlässig gehandelt hat[283].

Das Gefährdungsdelikt § 231 StGB muss aber nach Sinn und Zweck auf die Täter beschränkt bleiben, die zu der Gefährlichkeit des Raufhandels **während der Zeit der Verursachung** der schweren Folge beigetragen haben. **347**
Dieses Erfordernis müsste sich für die erst **nach** Eintritt der schweren Folge begonnene Beteiligung von selbst verstehen, denn der Täter hat offensichtlich zu der Gefahrenlage, aus der sich der Erfolg ergab, nicht beigetragen.
Aber auch die **vor** Verursachung der schweren Folge beendete Beteiligung sollte aus § 231 StGB ausgeklammert werden. Dem Einwand, das durch die Beteiligung geschaffene Gefährlichkeitsmoment wirke noch nach der Beendigung fort[284], ist zu entgegnen, dass durch das Abstellen auf ein bloß »fortwirkendes Gefährlichkeitsmoment« der Geltungsbereich des § 231 StGB bedenklich unscharf wird.
Der enge zeitliche Zusammenhang mit der Verursachung der Folge stellt dagegen eine hinreichend klare und – wie ich meine – sachgerechte Zäsur dar.
Ergebnis: A und B haben sich nicht nach § 231 StGB strafbar gemacht.

Ergänzende Hinweise **348**

(1) Das – tatbestandsmäßige – **Unrecht** des § 231 StGB erschöpft sich in der vorsätzlichen Beteiligung an einer Schlägerei bzw. einem von mehreren verübten Angriff. Eine Rechtfertigung dieser Beteiligung scheidet i.d.R. aus.
Die **schwere Folge** (Tod eines Menschen oder schwere Körperverletzung i.S.d. § 226 StGB) ist kein Tatbestandsmerkmal, sondern **objektive Bedingung der Strafbarkeit**. Der Beteiligte muss insofern nicht vorsätzlich oder fahrlässig handeln[285].
Die schwere Folge muss unmittelbar durch die Schlägerei bzw. den Angriff verursacht worden sein, gleichgültig durch welchen Akt[286].

(2) Die objektive Strafbarkeitsbedingung *Tod eines Menschen* bzw. *schwere Körperverletzung* braucht nicht durch eine strafbare Handlung herbeigeführt worden zu sein, sondern sie kann auch auf einer **durch Notwehr gerechtfertigten Handlung** beruhen[287]. »Es ist unerheblich, ob der Getötete ein unbeteiligter Dritter war, ob er sich die Verletzung als Angegriffener bei der Verteidigung versehentlich selbst beigebracht hat oder ob er … einer der Angreifer war. Demgemäß ist auch der bei einer Schlägerei schwer (§ 226 StGB) verletzte Beteiligte, dessen Verletzung erst die Anwendbarkeit der Norm begründet hat, nach § 231 StGB strafbar«[288]. **349**

---

[283] *OLG Stuttgart*, NJW 1972, 1208 (1209).
[284] *Stree*, JuS 1962, 93.
[285] *BGH* St 16, 130 (132); 33, 100 (103); NStZ 2023, 235 (Rn. 7); MK-*Hohmann*, § 231 Rn. 20 f.; Sch/Sch-*Sternberg-Lieben*, § 231 Rn. 1, 5f. A.A. LK[11]-*Hirsch* § 231 Rn. 1, 15.
[286] *Hardtung*, JuS 2008, 1060 (1064).
[287] *BGH* St 33, 100 (103 f.); W/H/E-*Engländer*, Rn. 325; Sch/Sch-*Sternberg-Lieben*, § 231 Rn. 6.
[288] *BGH* St 33, 100 (103 f.); ebso. *BGH* St 39, 305 (307 ff.); Abl. *Günther*, JZ 1985, 585 f.; *Henke*, Jura 1985, 585 (588); M/S/M/H/M-*Hoyer*, 11/5; *Preuß/Krüll*, JA 2018, 271 (275).

350 *(3)* Bei der Formel von der **fehlenden Vorwerfbarkeit der Beteiligung** in § 231 II StGB handelt es um eine auf Rechtfertigungs- (Notwehr etc.) und Entschuldigungsgründe (namentlich § 33 StGB) verweisende Tatbestandseinschränkung[289]. Der Tatbestandsausschluss kann z.b. vorliegen, wenn der »Täter« schuldlos in das Geschehen hineingezogen worden ist.

351 *(4)* Nach Auffassung des *BGH* entfaltet die in der Verabredung von Hooligans zu Kämpfen nach festgelegten Regeln liegende Einwilligung in die mit den Auseinandersetzungen verbundenen Körperverletzungen keine rechtfertigende Wirkung, weil sich aus dem verwirklichten § 231 I StGB die Sittenwidrigkeit der Einwilligung (§ 228 StGB) ergebe[290]. Dem wird jedoch zu Recht entgegengehalten, dass § 231 StGB eine solche Wertung nicht zu entnehmen ist[291].
Die Mitglieder von Hooligan-Gruppierungen sollen nach Auffassung des *BGH* Mitglieder einer kriminellen Vereinigung sein[292].

X. Misshandlung von Schutzbefohlenen (§ 225 StGB)

352 *(1)* Das Vergehen der Misshandlung Schutzbefohlener ist im Wesentlichen eine – als Sonderdelikt (*Rn. 355*) ausgestaltete qualifizierte Körperverletzung:

(a) Die Modalitäten *roh misshandelt* und *durch böswillige Vernachlässigung seiner Pflicht, für sie zu sorgen, an der Gesundheit schädigt* sind ausnahmslos qualifizierte Tatbestände gegenüber § 223 StGB als Grunddelikt[293].
– Insoweit ist § 225 I StGB strafschärfend (§ 28 II StGB). –
Eine **Misshandlung** ist **roh**, wenn sie aus einer gefühllosen, gegen das Leiden des Opfers gleichgültigen Gesinnung heraus erfolgt[294]. Nach h.M. sind nur körperliche Misshandlungen erfasst[295]; diese Sicht trifft angesichts der Wortwahl zu[296].

353 Um eine **böswillige Vernachlässigung** handelt es sich, wenn der Täter seinen Pflichten aus einem verwerflichen Beweggrund (z.B. Hass, Geiz, Eigennutz, Sadismus) nicht nachgeht[297].

354 *(b)* Dagegen ist bei der Modalität des **Quälens,** d.h. einer länger dauernden oder sich wiederholenden Verursachung erheblicher Schmerzen oder Leiden[298], zu differen-

---

[289] L/K/H-*Heger*, § 231 Rn. 4; MK-*Hohmann*, § 231 Rn. 20. A.A. – bloßer Hinweis auf etwaige Rechtfertigungs- und Entschuldigungsgründe – z.B. SK-*Wolters*, § 231 Rn. 9.
[290] BGH St 60, 166 (Rn. 45 ff.). S. auch *BGH* St 58, 140 (Rn. 5 ff.) zur Sittenwidrigkeit der Einwilligung im Rahmen von tätlichen Auseinandersetzungen zwischen rivalisierenden Gruppen. Krit. SK-*Wolters*, § 231 Rn. 5.
[291] *Mitsch*, NJW 2015, 1545 f.
[292] BGH St 60, 166 (Rn. 25).
[293] LK[11]-*Hirsch*, § 225 Rn. 1, 13; *Otto*, 20/1; *Rengier* II, 17/1; SK-*Wolters*, § 225 Rn. 1 f.
[294] BGH, NStZ 2007, 405; NStZ-RR 2015, 369; NStZ-RR 2018, 209 (210); Sch/Sch-*Sternberg-Lieben*, § 225 Rn. 13.
[295] BGH, NStZ 2007, 405; NK-*Paeffgen/Böse/Eidam*, § 225 Rn. 16.
[296] A.A. z.B. MK-*Hardtung*, § 225 Rn. 17, der sich ebenfalls auf den Wortlaut beruft, weil § 225 StGB nicht von *körperlicher* Misshandlung spricht.
[297] BGH, NStZ-RR 2015, 369 (371); NK-*Paeffgen/Böse/Eidam*, § 225 Rn. 17.
[298] RG St 77, 68 (70); *BGH*, NJW 2015, 3047; NStZ-RR 2015, 369 (370); NStZ-RR 2019, 77; NStZ-RR 2019, 144 (145); NK-*Paeffgen/Böse/Eidam*, § 225 Rn. 13.

zieren: Wenn eine **rein seelische** Quälerei, z.B. Verängstigung eines Kindes durch länger dauerndes Einsperren im dunklen Keller[299], vorliegt, ist § 225 I StGB strafbegründend (§ 28 I StGB).
Das seelische Quälen wird jedoch i.d.R. zugleich das körperliche Wohlbefinden nicht unerheblich beeinträchtigen (*Rn. 206 ff.*). Ist das der Fall und handelt der Täter insoweit auch vorsätzlich (wobei dolus eventualis genügt), so ist durch das seelische Quälen i.S. des § 225 I StGB der Tatbestand des § 223 StGB erfüllt; dann fungiert die Misshandlung von Schutzbefohlenen als qualifizierte Körperverletzung.

(2) § 225 StGB ist ein **Sonderdelikt**[300], das nur begehen kann, wer in einem der in Abs. 1 Nr. 1 - 4 aufgezählten Beschützer- bzw. Überordnungsverhältnisse steht. 355
Die Begehungsmodalitäten der *rohen Misshandlung* und *Gesundheitsschädigung durch böswillige Vernachlässigung* stellen **unechte** Sonderdelikte dar, weil diese Alternativen – wie dargelegt (*Rn. 352*) – strafschärfend wirken; in der Modalität des *Quälens* ist § 225 I StGB bei rein seelischem Quälen ein **echtes**, weil strafbegründendes Sonderdelikt, wenn nicht durch das Quälen zugleich § 223 StGB erfüllt wird[301] (siehe *Rn. 354*).

Das **Fürsorgeverhältnis** i.S. des § 225 I Nr. 1 StGB kann aus einer rechtlichen Verpflichtung zur Sorge für einen Schutzbefohlenen von längerer Dauer[302] (Beispiele sind Eltern, Vormund, Pfleger, Heimerzieher, Lehrer und Strafvollzugsbeamte[303]) oder aus einer bloß faktischen Gewährübernahme, die über ein Gefälligkeitsverhältnis hinausgeht, resultieren[304], z.B. Übernahme der Pflege eines Kindes oder Kranken. Ein **Obhutsverhältnis** liegt bei einer Verpflichtung zur unmittelbaren Beaufsichtigung für eine kürzere Zeit vor[305]. 356

Zum Hausstand gehörende Personen (§ 225 I Nr. 2 StGB) sind solche, die ihren primären Wohnsitz im Machtbereich des Täters haben, z.B. Angehörige, die nicht Abs. 1 Nr. 1 unterfallen, Hauspersonal, Austauschschüler bei einer Gastfamilie[306]. 357

Vom Fürsorgeberechtigten der Gewalt des Täters überlassen (§ 225 I Nr. 3 StGB) ist eine Person, die ihm gerade zu dem Zweck der Fürsorge oder Obhut überlassen wurde, z.B. das dem »Babysitter« zur Beaufsichtigung anvertraute Kind[307]. 358

Unterordnung im Rahmen eines Dienst- oder Arbeitsverhältnisses (§ 225 I Nr. 4 StGB) setzt voraus, dass das Opfer in einem unselbstständigen, strikt weisungsgebundenen Verhältnis zum Täter steht[308]; typische Beispiele sind Auszubildende, Arbeitnehmer und Soldaten. 359

---

[299] *Rengier* II, 17/5; SK-*Wolters*, § 225 Rn. 11.
[300] M/R-*Engländer*, § 225 Rn. 1; BeckOK-StGB-*Eschelbach*, § 225 Rn. 7.
[301] LK[13]-*Grünewald*, § 225 Rn. 1.
[302] BGH, NJW 1982, 2390.
[303] S/S/W-*Momsen-Pflanz/Momsen/Leszczynska*, § 225 Rn. 8.
[304] NK-*Paeffgen/Böse/Eidam*, § 225 Rn. 5.
[305] Sch/Sch-*Sternberg-Lieben*, § 225 Rn. 7.
[306] NK-*Paeffgen/Böse/Eidam*, § 225 Rn. 6.
[307] MK-*Hardtung*, § 225 Rn. 8; AnwK-*Zöller*, § 225 Rn. 6.
[308] Sch/Sch-*Sternberg-Lieben*, § 225 Rn. 10.

360 *(3)* § 225 StGB schützt zwei Personenkreise, und zwar Personen **unter achtzehn Jahren** und wegen **Gebrechlichkeit** (Zustand eingeschränkter körperlicher Bewegungsfähigkeit infolge Alters oder Behinderung)[309] oder **Krankheit** (pathologischer Zustand, auch Alkoholrausch[310]) **wehrlose** Personen.

361 *(4)* Bei der Alternative der *Gesundheitsschädigung durch böswillige Vernachlässigung der Pflicht, für das Opfer zu sorgen,* handelt es sich um ein **echtes Unterlassungsdelikt**[311], das der Gesetzgeber als eigenen Straftatbestand ausgestaltet hat, sodass es des Rückgriffs auf § 13 I StGB nicht bedarf und § 13 II StGB nicht gilt[312].

361a *(5)* § 225 I StGB in den Begehungsformen des Quälens und der rohen Misshandlung kann auch durch **Unterlassen (§ 13 StGB)** erfüllt werden[313]; neben der erforderlichen Garantenstellung des Täters, die bei Personen aus dem Täterkreis i.d.R. gegeben sein wird, ist die Entsprechensklausel des § 13 I StGB zu beachten.

362 *(6)* § 225 III ist kein erfolgsqualifiziertes Delikt (§ 18 StGB), sodass der Täter bzgl. der Qualifikation, nämlich der konkreten Gefahr des Todes, einer »schweren Gesundheitsschädigung« (hierzu *Rn. 158*) oder einer erheblichen Schädigung der körperlichen oder seelischen Entwicklung, **vorsätzlich** handeln muss (§ 15 StGB)[314].

XI. § 228 StGB: Einwilligung als Rechtfertigungsgrund

363 § 228 StGB regelt für Körperverletzungsdelikte den – ansonsten gewohnheitsrechtlich anerkannten – Rechtfertigungsgrund der Einwilligung ausdrücklich. Ob die Regelung auch für die Sonderdelikte Misshandlung von Schutzbefohlenen (§ 225 StGB) und Körperverletzung im Amt (§ 340 StGB, dazu *Rn. 1001 ff.*) gilt, ist strittig, nach zutreffender Auffassung aber zu bejahen[315]. Die eigentliche Bedeutung der Regelung besteht allerdings nicht in der Kodifizierung der Einwilligung, sondern in der Begrenzung ihrer rechtfertigenden Wirkung durch das Merkmal des Verstoßes gegen die guten Sitten.

364 § 228 StGB wird zum Teil – mangels hinreichender Bestimmtheit – als *verfassungswidrig* angesehen[316]. Ungeachtet der Tatsache, dass nur das *BVerfG* diese Feststellung treffen könnte, überzeugt diese These nicht. Die Vorschrift verstößt nicht gegen das Bestimmtheitsgebot, denn das Analogieverbot, der Ausschluss von Gewohnheitsrecht und das Bestimmtheitsgebot des Art. 103 II GG gelten richtiger Ansicht nach nicht für Erlaubnissätze[317]. Im Übrigen ist § 228 StGB bei restriktiver Auslegung mit dem Bestimmtheitsgebot vereinbar[318].

---

[309] Sch/Sch-*Sternberg-Lieben*, § 225 Rn. 4/5; AnwK-*Zöller*, § 225 Rn. 2.
[310] *BGH* St 26, 35 (36).
[311] NK-*Paeffgen/Böse/Eidam*, § 225 Rn. 17; *Rengier* II, 17/7.
[312] MK-*Hardtung*, § 225 Rn. 23.
[313] *BGH*, NJW 2015, 3047 (3048); NStZ 2017, 465; ebso. – zu § 223b StGB *a.F.* – *BGH* St 41, 113 (116 f.); NStZ 1991, 234; LK[13]-*Grünewald*, § 225 Rn. 9; *Rengier* II, 17/8 (str.).
[314] MK-*Hardtung*, § 225 Rn. 37; *Rengier* II, 17/9; *Wolters*, JuS 1998, 584 (h.M.).
[315] MK-*Hardtung*, § 228 Rn. 4; NK-*Paeffgen/Zabel*, § 228 Rn. 8; a.A. *Küpper/Börner*, I 2/42.
[316] Eingehend *Morgenstern*, JZ 2017, 1146 (1153 ff.); Sch/Sch-*Sternberg-Lieben*, § 228 Rn. 2 ff.
[317] *Krey/Esser*, AT, Rn. 95 m.w.N.; Roxin/*Greco*, AT I, 5/42; sehr str.
[318] *BGH* St 4, 24 (32); *Roxin*, JuS 1964, 373 ff.

Die Sittenverstoßklausel gilt nur für die Einwilligung in Körperverletzungen[319], also nicht für die Einwilligung in die Verletzung anderer disponibler Individualrechtsgüter, wie Ehre, Eigentum oder Vermögen.

365

Fraglich ist, worin der **Maßstab für die Feststellung der Sittenwidrigkeit** besteht. Mittels der Formel, gegen die guten Sitten verstoße, »was nach dem Anstandsgefühl aller billig und gerecht Denkenden zweifelsohne kriminell strafwürdiges Unrecht ist«[320], lassen sich – bei richtigem Verständnis – die zutreffenden Ergebnisse finden. Die bloße »Moralwidrigkeit« des Verhaltens nach den Wertvorstellungen einzelner gesellschaftlicher Gruppen oder des mit der Tat befassten Strafgerichts schließt die rechtfertigende Wirkung der Einwilligung nicht aus, sondern der Begriff der »guten Sitten« ist auf »seinen rechtlichen Kern« zu beschränken[321]. Da es um die Begrenzung der grundsätzlich dem Rechtsgutsträger zustehenden Entscheidungsfreiheit geht, dürfen nur besonders schwerwiegende Beeinträchtigungen der körperlichen Unversehrtheit bzw. Gesundheit trotz Einwilligung des Verletzten als sittenwidrig (= rechtswidrig) bezeichnet werden. Die Grenze des Selbstbestimmungsrechts des Rechtsgutsträgers ist überschritten, wenn schwere Gesundheitsschäden oder gar der Tod drohen[322]. Zur Wirksamkeit einer Einwilligung in Körperverletzungen, die im Zusammenhang mit einer **verabredeten Schlägerei** begangen werden, siehe *Rn. 351*.

366

Daraus folgt, dass die Körperverletzung durch **Verabreichung von Rauschgift** auf Bitten des Drogenabhängigen[323] oder durch **einverständliche Vornahme sadomasochistischer Handlungen**[324] nicht generell der Einwilligung entzogen ist, sondern nur dann, wenn die Gefahr gravierender Leibes- oder Lebensgefahr besteht. Diese Grundsätze sind auf andere Konstellationen übertragbar, z.B. auf die Verabreichung gesundheitsschädlicher **Dopingmittel** mit Einwilligung des Sportlers. Einige lehnen die rechtfertigende Wirkung zwar wegen des »unsittlichen Zwecks«, nämlich der unfairen Leistungssteigerung, ab[325], maßgeblich sollte aber das Ausmaß der Gesundheitsgefahren sein[326].

367

Diese Lösung setzt jedoch voraus – wie auch der *BGH* in den in *Fn. 323, 324* genannten Entscheidungen annahm –, dass bei einer **einverständlichen bzw. eigenverantwortlichen Fremdgefährdung bzw. -verletzung** nicht schon die objektive

368

---

[319] *BGH* St 60, 166 (Rn. 42); NStZ-RR 2018, 314 (315); LK[13]-*Grünewald*, § 228 Rn. 14; MK-*Hardtung*, § 228 Rn. 6 f.
[320] *BGH* St 4, 24 (32); 49, 34 (41).
[321] *BGH* St 49, 166 (169); 60, 166 (Rn. 41 f.).
[322] *BGH* St 58, 140 (Rn. 8 ff.); 49, 34 (44); 166 (170 ff.); S/S/W-*Momsen-Pflanz/Momsen/Leszczynska*, § 228 Rn. 9 f.
[323] Dazu *BGH* St 49, 34 (44): Der Angeklagte (A) hatte dem Opfer (O) auf dessen Bitten Heroin injiziert, weil O zittrige Hände hatte. Für A unerwartet verstarb O an einer Heroinintoxikation (Atemlähmung).
[324] Siehe *BGH* St 49, 166 (170 ff.): A hatte auf Verlangen seiner Partnerin (P) diese gefesselt und dann mit einem Holzstück sowie einem Metallrohr heftig gewürgt. Zum Entsetzen des A kam P zu Tode.
[325] Z.B. *Linck*, NJW 1987, 2545 (2550 f.); *Lisner*, SpuRt 2019, 112 (114).
[326] So u.a. MK-*Hardtung*, § 228 Rn. 53; Sch/Sch-*Sternberg-Lieben*, § 228 Rn. 17. A.A. NK-*Paeffgen/Zabel*, § 228 Rn. 110, die auch in diesen Fällen eine rechtfertigende Einwilligung annehmen, wenn der Sportler über die Neben- und Folgewirkungen aufgeklärt wurde.

Zurechnung des Körperverletzungserfolges entfällt. Nach der hier vertretenen Auffassung ist dies der Fall (*Rn. 141 f.*). § 228 StGB gilt nur für »fremdverantwortliche« Körperverletzungen, also solche, bei denen der Täter das Geschehen in größerem Maße beherrscht als das Opfer[327]. Im Ergebnis treffen die Entscheidungen des *BGH* wegen der konkreten Umstände dennoch zu, weil das heroinabhängige Opfer nicht selbst in der Lage war, sich das Rauschgift zu injizieren (*Fn. 323*), und die Sexualpartnerin vor dem Würgen gefesselt worden war (*Fn. 324*); in beiden Fällen übte deshalb der Täter die Herrschaft über das Geschehen in weitergehendem Maß als das Opfer aus.

XII. Elterliches »Züchtigungsrecht«

369 Die früher h.M. leitete aus §§ 1626, 1631 I BGB (Erziehungsrecht der Eltern) i.V.m. Art. 6 I, II GG ein Recht zur angemessenen, maßvollen Züchtigung ab[328]. Diese Befugnis könnte durch **§ 1631 II BGB** entfallen sein; er lautet:

»Das Kind hat ein Recht auf Pflege und Erziehung unter Ausschluss von Gewalt, körperlichen Bestrafungen, seelischen Verletzungen und anderen entwürdigenden Maßnahmen.«

Die strafrechtlichen Konsequenzen dieser Vorschrift sind strittig[329]. Die Lösung muss einerseits die Wertungen des § 1631 II BGB zur Geltung bringen und andererseits Eltern vor sachwidriger Kriminalisierung[330] schützen:

(1) Sehr leichte Fälle körperlicher Züchtigung, die das körperliche Wohlbefinden nur ganz **unerheblich** beeinträchtigen, stellen keine körperliche Misshandlung dar (*Rn. 206 ff.*), erfüllen also nicht den Tatbestand des § 223 StGB[331]. Sie werden von § 1631 II BGB nicht erfasst.

(2) Wohl überwiegend werden körperliche Eingriffe oberhalb der Strafbarkeitsgrenze als (straf-)rechtswidrig betrachtet[332]. Zutreffend erscheint dagegen, eine maßvolle, angemessene körperliche Züchtigung minderjähriger Kinder durch ihre Eltern, die als nicht ganz unerhebliche Beeinträchtigung des körperlichen Wohlbefindens den Tatbestand des § 223 StGB erfüllt, nur dann als durch § 1631 II BGB verboten anzusehen, wenn sie nach den Umständen des Einzelfalles zugleich eine **entwürdigende Maßnahme** darstellt[333]. (Stärkere) Schläge in das Gesicht sowie alle Einwirkungen, die über eine körperliche Misshandlung i.S. des § 223 I StGB hinaus gehen,

---

[327] *Hellmann*, FS-Roxin, 2001, 271 (285).
[328] Nachweise bei LK[11]-*Lilie* § 223 Rn. 10.
[329] Vgl. für alle: W/B/S-*Beulke/Satzger*, AT, Rn. 609 ff.; LK[13]-*Grünewald*, § 223 Rn. 52 ff.; L/K/H-*Heger*, § 223 Rn. 11.
[330] Treffend NK-*Paeffgen/Böse/Eidam*, § 223 Rn. 29: »Ob das Strafrecht freilich notwendig auf den Plan gerufen ist (und nicht nur das Zivil-, ggf. das Jugendschutzrecht), wenn Eltern mit ihren Kindern erzieherisch nicht sanktionsfrei zurechtkommen, ist damit keineswegs ausgemacht.«
[331] Unstrittig; vgl. z.B. LK[13]-*Grünewald*, § 223 Rn. 55.
[332] Z.B. *Fischer*, § 223 Rn. 38 f.; Roxin/*Greco*, AT I, 17/39; S/S/W-*Momsen-Pflanz/Momsen/Leszczynska*, § 223 Rn. 71; *Riemer*, FPR 2006, 387 (391 f.).
[333] L/K/H-*Heger*, § 223 Rn. 11; NK-*Paeffgen/Böse/Eidam*, § 223 Rn. 30. Bsp. für unzweifelhaft entwürdigende Maßnahmen bieten: *BGH*, NJW 1953, 1440; NStZ 1987, 172 f. (= JZ 1988, 617 m. Anm. *Reichert-Hammer*).

sind entwürdigend und damit rechtswidrig[334]. Fehlt es an Letzterem, kann das elterliche Züchtigungsrecht als **Erlaubnissatz** eingreifen[335].

XIII. Verfolgungsprivilegierung nach § 230 StGB

§ 223 und § 229 StGB sind sog. eingeschränkte Antragsdelikte[336]: Diese Vergehen werden gemäß § 230 StGB nur auf Antrag verfolgt, es sei denn, dass die Staatsanwaltschaft das »besondere öffentliche Interesse an der Strafverfolgung« bejaht.
Bei § 230 StGB geht es der Sache nach nicht um materielles Strafrecht, sondern um Strafprozessrecht: Die Vorschrift betrifft lediglich die Verfolgbarkeit der Tat.

370

---

[334] NK-*Paeffgen/Böse/Eidam*, § 223 Rn. 30.
[335] Küpper/*Börner*, I 2/43; L/K/H-*Heger*, § 223 Rn. 11.
[336] Zu ihnen m.w.N. *Krey*, Strafverfahrensrecht, Bd. 1, Rn. 388.

§ 4 Straftaten gegen die persönliche Freiheit
(§§ 232 - 241a StGB)

I. Überblick

371 Die im 18. Abschnitt des StGB unter der Überschrift »Straftaten gegen die persönliche Freiheit« zusammengefassten Regelungen[1] weisen – im Gegensatz z.B. zu den Tötungs- und Körperverletzungsdelikten – **keine einheitliche Schutzrichtung** auf. Die »Kerntatbestände«, die auch die größte Examensrelevanz aufweisen, Freiheitsberaubung (§ 239 StGB) und Nötigung (§ 240 StGB), schützen unterschiedliche Aspekte der persönlichen Freiheit, und zwar § 239 StGB die persönliche **Fortbewegungsfreiheit** *(Rn. 374)* und § 240 StGB die **Freiheit der Willensentschließung und Willensbetätigung** *(Rn. 393 ff.)*. § 237 StGB (Zwangsheirat) stellt im Wesentlichen eine qualifizierte Nötigung dar *(Rn. 456, siehe aber auch Rn. 458)*.

372 Andere Tatbestände haben als Schutzgüter besondere Ausprägungen der persönlichen Freiheit und weitere Rechtsgüter. Der Menschenhandel zum Zweck der sexuellen Ausbeutung (§ 232 StGB) und Zwangsprostitution (§ 232a StGB) schützen – auch – die **sexuelle Selbstbestimmung**[2], der Menschenhandel zum Zweck der Ausbeutung der Arbeitskraft (§ 233 StGB) die **Verfügungsgewalt über die eigene Arbeitskraft**[3] und zudem das **Vermögen des ausgebeuteten Opfers**[4]. Diese Tatbestände könnten deshalb zum Teil auch in einen anderen Abschnitt des StGB eingestellt sein; die Vorgängervorschriften des § 232 StGB, §§ 180b, 181 StGB *a.F.*, waren im 13. Abschnitt (»Straftaten gegen die sexuelle Selbstbestimmung«) geregelt[5]. § 238 StGB (Nachstellung) schützt die »**Freiheit der persönlichen Lebensgestaltung**«[6] und/oder den »**individuellen Rechtsfrieden**«[7] (näher dazu *Rn. 462*). § 241 StGB (Bedrohung) dient ebenfalls dem Schutz des individuellen Rechtsfriedens durch **Absicherung der Entschließungs- und Handlungsfreiheit des Einzelnen** *(Rn. 479)*. Eine mehrfache Schutzrichtung (**Freiheit und Unversehrtheit des Entführten, Freiheit und Vermögen des zu Erpressenden**) weist § 239a StGB (Erpresserischer Menschenraub) auf.

– Dieser und der »verwandte« Tatbestand der Geiselnahme (§ 239b StGB) werden in Band 2 dieses Lehrbuchs *(Rn. 528 ff.)* behandelt. –

373 § 235 StGB (»Entziehung Minderjähriger«) schützt nicht die persönliche Freiheit, sondern die **elterliche bzw. familienrechtliche Sorge** sowie das **körperliche und seelische Wohlergehen des minderjährigen Opfers**[8].

---

[1] Zur Systematik dieser Straftaten *Eidam*, JuS 2010, 869 ff., 963 ff.; *Schroeder*, JuS 2009, 14 f.
[2] NK-*Eidam*, § 232 Rn. 6, § 232a Rn. 3; M/R-*Petzsche*, § 232a Rn. 3; *Renzikowski*, JZ 2005, 879.
[3] Sch/Sch-*Eisele*, § 233 Rn. 1; *Fischer*, § 233 Rn. 2; MK-*Renzikowski*, § 233 Rn. 1.
[4] *Fischer*, § 232 Rn. 2a, § 233 Rn. 2; *Schroeder*, NStZ 2017, 320 (321).
[5] Kritik an der neuen Systematisierung bei *Schroeder*, NJW 2005, 1393 ff.
[6] *Eisele* I, Rn. 510; W/H/E-*Hettinger*, Rn. 337.
[7] LK[13]-*Krehl/Güntge*, § 238 Rn. 14; *Meyer*, ZStW 2003, 249 (284); *Mitsch*, NJW 2007, 1237 (1238); siehe auch *Kinzig*, ZRP 2006, 255 (257). Krit. MK-*Gericke*, § 238 Rn. 1.
[8] M/R-*Eidam*, § 235 Rn. 2; S/S/W-*Schluckebier/Werner*, § 235 Rn. 2; SK-*Wolters*, § 235 Rn. 2.

II. Freiheitsberaubung (§ 239 StGB)

1. § 239 I StGB

Fall 36: – *Mittel der Freiheitsberaubung* – 374

Jaqueline (J) aus München war zu Besuch bei ihren Großeltern in der schönen Uckermark. J wusste, dass bereits zahlreiche Wolfsrudel dort lebten und Schafe gerissen hatten. Ronny (R), der Cousin der J, kannte deren Angst vor Wölfen. Da R sich über seine »hochnäsige« Cousine geärgert hatte, wollte er es ihr »heimzahlen«. Als J, die allein in einem See badete, aus dem Wasser steigen wollte, spielte R – im Ufergebüsch verborgen – Wolfsgeheul von seinem »Ghettoblaster« ab. Ängstlich blieb J zehn Minuten im Wasser, bis sich R lachend und das Gerät schwenkend zu erkennen gab.

Strafbarkeit des R aus § 239 I StGB?

Freiheit i.S. dieser Vorschrift ist die Freiheit, den Aufenthaltsort zu verändern – Fortbewegungsfreiheit –, wobei eine vorübergehende Freiheitsentziehung von kurzer Dauer (*RG:* »ein Vaterunser lang«) genügt[9]. Die zeitliche Dauer allein ist jedoch nicht maßgeblich, sondern zu berücksichtigen ist auch die **Intensität** der Einwirkung auf die Fortbewegungsfreiheit[10]. Es geht darum, die »Unerheblichkeitsschwelle« des § 239 I StGB zu bestimmen, also Beschränkungen von geringem Gewicht aus dem Schutzbereich der Norm auszuscheiden:
Einerseits dürfte eine gewaltsame Freiheitsentziehung von mehr als »einigen Sekunden Dauer« nicht ausreichen[11]; andererseits erscheint es zu eng, eine Freiheitsberaubung auszuschließen, wenn der Täter das Opfer für »wenige Minuten« in der Toilette einschließt[12]. Je intensiver die Einwirkung auf die Freiheit des Opfers ist, desto kürzer kann die Dauer des Entzuges der Fortbewegungsfreiheit sein[13].

Strittig ist, ob § 239 StGB – nur – die **aktuelle Fortbewegungsfreiheit** schützt, das 374a
Opfer also daran gehindert werden muss, seinen Willen zur Veränderung des Aufenthaltsortes auszuüben, oder – auch – die **potentielle Fortbewegungsfreiheit** mit der Folge, dass eine Freiheitsberaubung vorläge, wenn das Opfer den Entzug der Möglichkeit zur Ortsveränderung nicht bemerkt (dazu *Rn. 380 ff.*).

Die Freiheitsberaubung muss durch »Einsperren« oder »auf andere Weise« erfolgen. 375
Einsperren liegt vor, wenn das Opfer durch mechanische Einrichtungen (verschlossene Tür) oder Bewachung daran gehindert wird, seinen Aufenthaltsort zu verlassen[14]. Die »Barriere« muss nicht unüberwindlich sein, sondern es soll nach h.M. genügen, dass für das Opfer »unter den gegebenen Umständen die Entfernung auf außergewöhnlichem Wege oder mit ungewöhnlichen Mitteln nicht in Betracht

---

[9] *RG* St 7, 260; *Rengier* II, 22/14; MK-*Wieck-Noodt*, § 239 Rn. 19.
[10] *Beulke/Hillenkamp*, JuS 1975, 309 (311); HdS 4-*Eisele*, § 6 Rn. 19; *Hellmann*, JuS 1996, 522 (528).
[11] *Welzel*, S. 328, gegen *OLG Hamm*, JMBl NW 1964, 31.
[12] A/W/H/H-*Hilgendorf*, 9/24 f; MK-*Wieck-Noodt*, § 239 Rn. 19.
[13] Bedenklich eng deshalb *BGH*, NStZ 2003, 371 (kurzfristiges Fixieren des zu Boden geworfenen Opfers, um es zu schlagen); ablehnend auch *Rengier* II, 22/13. Zutreffend dagegen *BGH*, NJW 2019, 789 (Rn. 15): Einschließen in eine Gewahrsamszelle für eine Minute, wenn das Opfer die Möglichkeit hat, durch Klopfen den Aufenthalt in der Zelle zu beenden.
[14] M/R-*Eidam*, § 239 Rn. 9; LK[13]-*Schluckebier/Christoph*, § 239 Rn. 13; S/S/W-*Schluckebier/Werner*, § 239 Rn. 3.

kommt«[15]. Vorzugswürdig erscheint es jedoch, strengere Anforderungen an das Einsperren zu stellen und den Ausschluss der Fortbewegungsfreiheit anzunehmen, wenn deren Wiedererlangung mit den Mitteln, die dem Opfer zur Verfügung stehen, nicht möglich ist, insbesondere weil Leibes- oder Lebensgefahren drohen[16], z.B. bei einem Sprung aus dem Fenster einer höher gelegenen Wohnung.

376 Eine Freiheitsberaubung **auf andere Weise** kann erfolgen durch Anwendung von *Gewalt* (= physisch wirkender Zwang, vgl. *Rn. 404 ff.*), *Drohung* und *sonstigem psychischen Zwang* von erheblichem Gewicht; eine Drohung mit gegenwärtiger Gefahr für Leib oder Leben genügt i.d.R., während nicht schon jede andere Drohung mit einem empfindlichen Übel ausreicht[17]. Das Mittel muss die Fortbewegungsfreiheit ausschließen, deshalb liegt keine Freiheitsberaubung vor, wenn das Opfer eines Banküberfalls nur an den Händen gefesselt wird[18].

377 Eine Freiheitsberaubung auf andere Weise soll zudem durch *List* möglich sein[19], doch ist zu differenzieren: Besteht die »List« darin, dass der Täter dem Opfer vorspiegelt, sich dem Ansinnen des Täters nicht entziehen zu können (das Opfer lässt sich z.B. widerstandslos festnehmen, weil der Täter vorspiegelt, Kriminalbeamter zu sein, und das Opfer meint, im Falle des Widerstandes unter Anwendung körperlicher Gewalt »abgeführt zu werden«), so liegt kein tatbestandsausschließendes Einverständnis vor[20]. Erschleicht der Täter dagegen das Einverständnis des Opfers durch Vorspiegelung eines tatsächlich nicht gegebenen Grundes für den Entzug der Fortbewegungsfreiheit (z.B. indem der Täter vorgibt, die Tür des Zimmers abzuschließen, um eine Störung des intimen Beisammenseins zu verhindern, obwohl der Grund darin besteht, die Entwendung von Gegenständen durch einen Komplizen aus einem angrenzenden Raum zu ermöglichen), scheidet Freiheitsberaubung mangels eines rechtsgutsbezogenen Irrtums aus[21]. Zu der Frage, ob eine Freiheitsberaubung möglich ist, wenn das Opfer aufgrund einer Täuschung nicht bemerkt, dass es den Aufenthaltsort nicht verlassen könnte, wenn es dies wollte, siehe *Rn. 380 ff.*

378 Das *RG* hatte darüber hinaus eine Freiheitsberaubung angenommen, wenn es dem Opfer unmöglich ist, den Aufenthaltsort *»ohne Gefahr einer Verletzung der Sitte«* und insbesondere ohne Gefahr, wegen seiner Nacktheit belästigt oder beleidigt zu werden, zu verlassen[22]. Angesichts der heutigen sittlichen Vorstellungen dürfte eine Freiheitsberaubung jedoch nur ausnahmsweise in Betracht kommen[23].

---

[15] *BGH*, NStZ 2001, 420; ebso. *RG* St 8, 210 (211); Sch/Sch-*Eisele*, § 239 Rn. 6a.
[16] S/S/W-*Schluckebier/Werner*, § 239 Rn. 3.
[17] *BGH*, NStZ 1993, 387 f.; NStZ-RR 2021, 281; *Buchholz/Schmidt*, JA 2019, 197 (199); M/R-*Eidam*, § 239 Rn.12; *Eisele* I, Rn. 436; *Fischer*, § 239 Rn. 8; S/S/W-*Schluckebier/Werner*, § 239 Rn. 4.
[18] *BGH*, StV 2015, 113.
[19] *Buchholz/Schmidt*, JA 2019, 197 (199); Sch/Sch-*Eisele*, § 239 Rn. 6a; *Gössel*/Dölling, 19/15; *Rengier* II, 22/7 ff.
[20] *Bosch*, Jura 2012, 604 (608).
[21] *Bosch*, Jura 2012, 604 (608); HdS 4-*Eisele*, § 6 Rn. 16, 24.
[22] *RG* St 6, 231, der Täter hatte die am Ufer befindliche Kleidung der nackt in einem See badenden Frau entfernt; ebso. M/S/M/H/M-*Hoyer*, 14/6.
[23] Küpper/*Börner*, I 3/6; S/S/W-*Schluckebier/Werner*, § 239 Rn. 5.

In casu hat R die J durch die Vorspiegelung, bei einem Verlassen des Sees sei sie wegen der **379** in der Nähe befindlichen Wölfe in Lebensgefahr, an der Veränderung ihres Aufenthaltsorts gehindert. Durch die Anwendung dieser »List« hat R die J somit – vorsätzlich, rechtswidrig und schuldhaft – ihrer Fortbewegungsfreiheit beraubt; die Dauer von zehn Minuten überschreitet die Unerheblichkeitsschwelle des § 239 I StGB, zumal die Einwirkung auf die Willensfreiheit der J durch das Hervorrufen des Angstzustandes durchaus intensiv war.

Fall 37[24]**:** – *Einschränkung der potentiellen Fortbewegungsfreiheit* – **380**

Die russische Staatsangehörige Ayna (A) war mit Bakar (B), einem russischen Staatsbürger tschetschenischer Abstammung, nach islamischem Recht verheiratet. A wohnte in der Familie des B, die streng nach einem traditionellen tschetschenischen Werte- und Rollenverständnissen lebte. Das Leben der A war dagegen von westlicher Lebensanschauung geprägt. Nachdem B und seine Familienangehörigen erfolglos versucht hatten, A zu einem »angemessenen« Lebensstil zu bewegen, beschlossen sie, A nach Tschetschenien zu bringen, um sie dort zu einer »den tschetschenischen Traditionen entsprechenden Lebensführung« zu bewegen. Da B und seinen Angehörigen bewusst war, dass sich A dem nicht freiwillig fügen würde, täuschten sie ihr vor, nach Polen reisen zu müssen, um dort neue Pässe zu beantragen. Tatsächlich hatten sie Flüge nach Georgien gebucht, von dort sollte A nach Tschetschenien gebracht werden. Die gutgläubige A saß während der mehrstündigen Fahrt zum Flughafen auf dem Rücksitz zwischen B und dessen Bruder Daud (D). Bei einer Pause auf einem Rastplatz konnte sich A »frei« bewegen, sie wurde aber immer von B und D beobachtet, um einen Fluchtversuch ggf. mit Gewalt verhindern zu können. Auch am Flughafen gelang es B, A über das tatsächliche Reiseziel zu täuschen. Beim Start des Flugzeugs war sich A noch immer nicht über das wahre Ziel und den Zweck der Reise im Klaren. Erst nach der Landung in Georgien erkannte A, wohin sie gebracht worden war. Als sie verlangte, nach Deutschland zurückzukehren, verhängten B und D gegen A einen mehrtägigen »Hauarrest« in dem angemieteten Ferienhaus, den sie mit Drohungen und Schlägen durchsetzten.

Strafbarkeit von B und D wegen Freiheitsberaubung?

An die *in Georgien unzweifelhaft verwirklichte Freiheitsberaubung* – A wurde durch Anwendung physischer Gewalt daran gehindert, das Ferienhaus zu verlassen – kann nicht angeknüpft werden, da die Ankunft auf dem georgischen Flughafen eine Zäsur in dem festgestellten Sachverhalt darstellt und auf die danach begangenen Freiheitsberaubungshandlungen das deutsche Strafrecht nach §§ 3 ff. StGB nicht anwendbar ist; diese Tat wurde im Ausland von ausländischen Staatsangehörigen gegen eine ausländische Staatsbürgerin verwirklicht[25].

Das Geschehen in Deutschland bis zum Abflug des Flugzeugs würde die Voraussetzungen des § 239 I StGB erfüllen, wenn der Tatbestand auch die *potentielle Fortbewegungsfreiheit* schützt und *kein tatbestandsausschließendes Einverständnis* der A vorlag. Aufgrund der Täuschung über das tatsächliche Ziel der Reise und deren Zweck bestand für A kein Anlass, eine eigene Entscheidung über den jeweiligen Aufenthaltsort zu treffen. Zudem bemerkte sie nicht, dass B und D eine von ihnen ungewollte Ortsveränderung der A mit Gewalt verhindert hätten. A war sich somit weder im Klaren, dass ihr die Fortbewegungsfreiheit entzogen worden war, noch wollte sie diese ausüben. **381**

---

[24] Angelehnt an *BGH* St 67, 79.
[25] *BGH*, BeckRS 2022, 16360, Rn. 42, nicht abgedruckt in *BGH* St 67, 79.

381a Nach Auffassung des *BGH* und eines Teils der Literatur kommt eine Freiheitsberaubung auch dann in Betracht, wenn sich das Opfer gar nicht fortbewegen will, es ihm aber unmöglich gemacht würde, seinen Aufenthaltsort nach Belieben zu verändern, wenn es denn wollte[26]. Eine »als Zwang empfundene Willensbeugung« wohne »dem Begriff der Freiheitsberaubung in objektiver Hinsicht nicht inne«[27].

In der Literatur nehmen einige, die als Schutzgut der Freiheitsberaubung die potentielle Fortbewegungsfreiheit anerkennen, die Einschränkung vor, dass derjenige, dem jede Fortbewegungsmöglichkeit fehlt – wie es z.B. bei Säuglingen, Bewusstlosen oder Schlafenden der Fall ist –, grundsätzlich nicht **während der Dauer dieses Zustandes** der Freiheit beraubt werden könne[28]. Die Freiheitsberaubung gegenüber **Schlafenden und Bewusstlosen** sei jedoch durch Verlängerung des Zustandes der Bewegungsunfähigkeit möglich: Wer z.B. eine schlafende Person betäubt, begehe eine Freiheitsberaubung jedenfalls von dem Zeitpunkt an, zu dem das Opfer ohne das Betäuben aufgewacht wäre[29].

In unserem *Fall 37* konnte A während der Autofahrt das Fahrzeug nicht verlassen, weil sie zwischen B und D saß und diese den Wunsch, anzuhalten und auszusteigen, ignoriert hätten. Sowohl auf dem Rastplatz als auch im Flughafen waren B und D bereit, eine »Flucht« der A unter Anwendung von Gewalt zu verhindern. Es liegt auf der Hand, dass A das Flugzeug während des Fluges nicht verlassen konnte.

381b Ein *tatbestandsausschließendes Einverständnis* lehnte der *BGH* ab[30]. Es müsse »in Bezug auf das jeweils geschützte Rechtsgut des inmitten stehenden Straftatbestands beurteilt werden«. Da Bezugspunkt des Einverständnisses die potentielle Fortbewegungsfreiheit sei, müssten sich der von der Freiheitsentziehung Betroffene und der Freiheitsentziehende über das Ausmaß und die Dauer der Freiheitsentziehung einig sein; ein durch List oder Täuschung erschlichenes Einverständnis des Betroffenen in eine ihm nicht bewusste Freiheitsentziehung sei lediglich ein Mittel zur leichteren Begehung der Freiheitsberaubung durch Verhinderung des zu erwartenden Widerstands des Betroffenen, das nicht zu einem Ausschluss des objektiven Tatbestands des § 239 I StGB führen könne.

382 Die Gegenauffassung betrachtet die **aktuelle Fortbewegungsfreiheit** als Schutzgut des § 239 StGB[31]. Freiheitsberaubung sei ein »Spezialfall der Nötigung«, deshalb sei – wie bei § 240 StGB – auf den tatsächlichen Willen des Opfers abzustellen[32].

---

[26] *BGH* St 32, 183 (187 f.); 67, 79 (Rn. 20, 22); ebso. z.B. *Buchholz/Schmidt*, JA 2019, 197 (199); L/K/H-*Heger*, § 239 Rn. 1; A/W/H/H-*Hilgendorf*, 9/13 ff.; LK[13]-*Schluckebier/Christoph*, § 239 Rn. 5; S/S/W-*Schluckebier/Werner*, § 239 Rn. 1; MK-*Wieck-Noodt*, § 239 Rn. 7.

[27] *BGH* St 67, 79 (Rn. 23).

[28] *Buchholz/Schmidt*, JA 2019, 197 (198); Sch/Sch-*Eisele*, § 239 Rn. 2; L/K/H-*Heger*, § 239 Rn. 1; M/S/M/H/M-*Hoyer*, 14/4; LK[13]-*Schluckebier/Christoph*, § 239 Rn. 6; abw. – für Schlafende u. Bewusstlose –: *Gössel*/Dölling, 19/8; *Mitsch*, JuS 1993, 222 (223); MK-*Wieck-Noodt*, § 239 Rn. 17.

[29] *Küpper/Börner*, I 3/3.

[30] *BGH* St 67, 69 (Rn. 28).

[31] *RG* St 33, 234 (236); M/R-*Eidam*, § 239 Rn. 2; HdS 4-*Eisele*, § 6 Rn. 10; *Fischer*, § 239 Rn. 3a ff.; NK-*Sonnen*, § 239 Rn. 8 f.; BeckOK-StGB-*Valerius*, § 239 Rn. 7; diff. SK-*Wolters*, § 239 Rn. 3: Geschützt werde der aktuelle und – soweit dieser fehlt – der hypothetische Wille zur Ortsveränderung.

[32] *Fischer*, § 239 Rn. 5; ähnlich (»Nähe des Delikts zu § 240 StGB«) HdS 4-*Eisele*, § 6 Rn. 10.

Eine Bestrafung wegen versuchter Freiheitsberaubung (§ 239 II StGB) komme allerdings in Betracht, wenn der Täter damit rechnet oder es zumindest für möglich hält, dass das Opfer seinen – noch nicht – vorhandenen Fortbewegungswillen aktualisieren könnte[33].

Stellungnahme **382a**

Die Entscheidung des *BGH* in dem Fall, dem unser Sachverhalt nachgebildet ist, hat in der Literatur überwiegend Ablehnung erfahren[34]. Anzumerken ist zunächst, dass es nicht um die Frage geht, ob B und D wegen vollendeter Freiheitsberaubung strafbar oder straflos sind, sondern darum ob sie eine **vollendete oder versuchte Freiheitsberaubung** begangen haben. Die These des *BGH*, es fehle bei einer Beschränkung des Schutzgutes auf die aktuelle Bewegungsfreiheit am Tatentschluss hinsichtlich des Merkmals der Freiheitsberaubung, wenn sich der Täter das Einverständnis des Betroffenen mit der Freiheitsentziehung durch List und Täuschung erschleiche[35], trifft nicht zu. Der Tatentschluss kann auch auf einer bewusst unsicherer Tatsachengrundlage gebildet werden[36]. Hält es der Täter zumindest für möglich, dass das Opfer, z.B. weil es die Täuschung bemerkt, seinen Aufenthaltsort verlassen will, und plant er, dies ggf. mit Gewalt zu verhindern, so ist sein Tatentschluss auf eine Freiheitsberaubung gerichtet. Schafft er die Voraussetzungen, die Ausübung des – nun aktualisierten – Fortbewegungswillens zu unterbinden, setzt er zur Verwirklichung der Freiheitsberaubung unmittelbar an[37]. Mit der Einführung der Versuchsstrafbarkeit der einfachen Freiheitsberaubung durch das 6. StRG ist deshalb der wesentliche Grund für die Ausdehnung des Anwendungsbereichs des § 239 StGB auf den Schutz der potentiellen Fortbewegungsfreiheit entfallen[38]. In konkurrenzrechtlicher Sicht versteht im Übrigen auch die h.M. § 239 StGB als spezielle Regelung im Verhältnis zu § 240 StGB, wenn das Nötigungsmittel lediglich der Verwirklichung der Freiheitsberaubung dient[39]. Es liegt nahe, diese Sicht ebenfalls auf der Tatbestandsebene anzuwenden und für die Vollendung in beiden Fällen eine Einwirkung auf den tatsächlichen Willen zu fordern.

Nicht überzeugen zudem die Erwägungen des *BGH* zum *Nichtvorliegen eines tatbestandsausschließenden Einverständnisses*. Das Gericht verneint es offensichtlich für die gesamte Dauer der Reise. Während der Autofahrt und des Fluges war sich A jedoch des Umstandes, dass sie ihren Aufenthaltsort nicht verlassen konnte, bewusst. Ihr »Einverständnis«, sich in das Auto und das Flugzeug zu begeben, war zwar durch die Täuschung über den Zweck und das Ziel der Reise erschlichen, es handelte sich aber um einen Motivirrtum, nicht um eine rechtsgutsbezogene Fehlvorstel-

---

[33] HdS 4-*Eisele*, § 6 Rn. 10; *Fischer*, § 239 Rn. 5; NK-*Sonnen*, § 239 Rn. 8.
[34] *Eidam*, HRRS 2023, 40 ff.; *Jäger*, JA 2023, 165 (166 ff.); *Kudlich/Schütz*, NJW 2022, 2425; *Strauß*, NStZ 2024, 1 ff.; *Zimmermann*, NStZ 2022, 680 f.
[35] *BGH* St 67, 79 (Rn. 25).
[36] *Jäger*, JA 2023, 165 (167 f.).
[37] *Jäger*, JA 2023, 165 (168), der eine Ablehnung des unmittelbaren Ansetzens allerdings als »sehr gut vertretbar« erachtet.
[38] *Fischer*, § 239 Rn. 5; NK-*Sonnen*, § 239 Rn. 8; BeckOK-StGB-*Valerius*, § 239 Rn. 7.
[39] Z.B. *BGH* St 30, 235 (236); LK[13]-*Schluckebier/Christoph*, § 239 Rn. 55; MK-*Wieck-Noodt*, § 239 Rn. 60.

lung, sodass insofern eine Freiheitsberaubung ausscheidet (*Rn. 377*). Die Argumentation des *BGH* kann somit nur für die Phasen gelten, in denen A meinte, sich frei bewegen zu können, d.h. während der Pause auf dem Rastplatz und im Flughafen vor dem Abflug[40]. Konsequenterweise hätte der BGH zwei (vollendete) Freiheitsberaubungen – auf dem Rastplatz und im Flughafen – annehmen müssen.

Zutreffend erscheint deshalb, eine – von B und D in Mittäterschaft (§ 25 II StGB) verwirklichte – versuchte Freiheitsberaubung nach § 239 II StGB zu bejahen, da sie – vor Fahrtantritt – den Tatentschluss fassten, die Ausübung der persönlichen Fortbewegungsfreiheit durch A zu verhindern, sollte sie sich dem Vorhaben, sie nach Georgien zu verbringen, widersetzen, und sie die dazu erforderlichen Vorbereitungen trafen.

383 **Fall 38:** – *Rechtfertigung; Konkurrenz der Freiheitsberaubung zur Nötigung* –
Arthur (A) stieß auf dem Hauptmarkt der Stadt Trier auf seinen Feind Frederick (F). Da F von der Polizei wegen eines Raubüberfalles gesucht wurde, packte A den F, fesselte ihn trotz seiner Gegenwehr und verbrachte ihn dann unter Anwendung von Gewalt zur Polizei.
Strafbarkeit des A?

a) § 239 I StGB

(1) A hat den objektiven Tatbestand des § 239 I StGB vorsätzlich erfüllt.

384 *(2) Rechtswidrigkeit*

Als **Rechtfertigungsgründe** sind bei der Freiheitsberaubung neben dem Festnahmerecht für Jedermann (§ 127 I S. 1 StPO) insbesondere Amtsrechte wie die Anordnung von Untersuchungshaft (§§ 112 ff. StPO), vorläufige Festnahme (§ 127 II mit §§ 112, 112a StPO) etc. bedeutsam.

Die Tat des A war rechtswidrig, weil § 127 I S. 1 StPO mangels des Merkmals Betreffen »auf frischer Tat« nicht vorliegt.

(3) A handelte schuldhaft (ein etwaiger Verbotsirrtum wäre vermeidbar, § 17 S. 2 StGB).

385 *b) § 240 StGB*

A hat zudem eine Nötigung mit Gewalt, § 240 I StGB, begangen. Da kein Rechtfertigungsgrund eingreift und die Verwerflichkeit i.S. des § 240 II StGB zu bejahen ist, war die Nötigung auch widerrechtlich. Die angewandte Gewalt war schwerwiegend und nicht etwa unter dem Aspekt der »Wahrnehmung berechtigter Interessen« (vgl. *Rn. 442 f.*) tolerabel.

c) § 223 StGB

§ 223 I StGB in der Alternative der körperlichen Misshandlung dürfte ebenfalls anzunehmen sein, und zwar zumindest wegen der mit der Fesselung verbundenen Schmerzen.

386 *d) Konkurrenzen:*

(1) Beschränkt sich das abgenötigte Verhalten auf die bloße **Duldung des Freiheitsentzuges**, so ist § 239 StGB lex specialis gegenüber § 240 StGB (*Rn. 382a*).

(2) Wird das Opfer dagegen durch die Anwendung des Nötigungsmittels zu einem über diese Duldung **hinausgehenden Verhalten** gezwungen, so ist Idealkonkurrenz (§ 52 StGB) zwischen §§ 239, 240 StGB anzunehmen[41].

---

[40] W/H/E-*Engländer*, Rn. 348; *Zimmermann*, NStZ 2022, 680.
[41] Sch/Sch-*Eisele*, § 240 Rn. 41; W/H/E-*Engländer*, Rn. 353; M/S/M/H/M-*Hoyer*, 14/14 f.

(3) § 239 I StGB tritt im Wege der Gesetzeskonkurrenz hinter andere Tatbestände zurück, wenn die Freiheitsberaubung lediglich das **Mittel** zur Begehung des anderen Delikts, z.B. einer Sexualstraftat ist[42]. Das gilt auch im Verhältnis der §§ 239, 240 StGB; ist die Freiheitsberaubung bloße »notwendige Begleiterscheinung der Nötigung«, so kommt nur § 240 StGB zur Anwendung[43].

Im vorliegenden Fall der Nötigung des Opfers der Freiheitsberaubung zur Duldung einer Ortsveränderung – Verbringen des Festgenommenen mit Gewalt zur Polizeiwache (§ 240 StGB) – dürfte Tateinheit (§ 52 StGB) anzunehmen sein[44].
§ 223 StGB tritt zu §§ 239, 240 StGB in Idealkonkurrenz.

Ergänzende Hinweise zu § 239 I StGB

(1) § 239 StGB ist nach h.M. ein **Dauerdelikt**: Vollendet ist die Tat, sobald die Freiheit entzogen ist, beendet dagegen erst bei Wiedererlangung der Freiheit[45]. Das Weiterbestehenlassen der Freiheitsberaubung erfüllt den Tatbestand, was für die Problematik der sukzessiven Beteiligung im Stadium nach Vollendung, aber vor Beendigung der Haupttat bedeutsam ist.   **387**

(2) § 239 StGB schützt die Möglichkeit der Ortsveränderung (*Rn. 374, 381*), nicht »das Interesse, einen bestimmten Ort aufsuchen oder dort verweilen zu können«[46].

(3) Eine Freiheitsberaubung auf andere Weise als durch Einsperren liegt vor, wenn das Opfer ursprünglich mit der Autofahrt einverstanden war, der Täter aber das Fahrziel eigenmächtig ändert und das Opfer mit der weiteren Ortsveränderung nicht einverstanden ist[47].

(4) Strittig ist, ob Verkehrsteilnehmer, die sich in einem durch eine *absichtliche Straßenblockade verursachten Stau* befinden, auf andere Weise ihrer Freiheit beraubt werden (zur Strafbarkeit nach § 240 StGB siehe *Rn. 410 ff., 439 ff.*). Überwiegend wird § 239 StGB mit der Begründung abgelehnt, die Fortbewegungsfreiheit der blockierten Verkehrsteilnehmer werde nicht vollständig aufgehoben, da sie ihre Fahrzeuge verlassen und zu Fuß weitergehen könnten[48]. Abgesehen davon, dass es lebensfremd erscheint, dass ein Autofahrer, der sich in einem Stau auf der Autobahn befindet, sein Fahrzeug stehen lässt und sich entfernt, wäre dies u.U. mit erheblichen Gefahren für Leib und Leben verbunden sowie zudem rechtlich unzulässig[49]. Das spricht dafür, in engen Grenzen (nicht nur kurzfristige Unmöglichkeit der Fortbewe-

---

[42] *BGH* NStZ, 2019, 410 (411); S/S/W-*Schluckebier/Werner*, § 239 Rn. 16.
[43] Sch/Sch-*Eisele*, § 240 Rn. 41; *Rengier* II, 22/27 m.w.N.
[44] Sch/Sch-*Eisele*, § 240 Rn. 41; str.
[45] Dazu m.w.N. Krey/*Esser*, AT, Rn. 954 ff., 962, 963. A.A. *Wagner*, ZfIStW 2023, 349 (352 f.), der in der Handlung, durch die der Täter dem Opfer die Fortbewegungsfreiheit entzieht (z.B. Einschließen), eine Freiheitsberaubung durch aktives Tun und in der anschließenden Nichtfreilassung eine Freiheitsberaubung durch Unterlassen (Ingerenzgarantenstellung), die im Konkurrenzwege hinter die Tatbegehung durch Tun zurücktrete, sieht.
[46] *BGH* St 32, 183 (188) m.w.N.
[47] *BGH*, NStZ 1992, 33 (34).
[48] *OLG Hamm*, VRS 92, 208 (209); *Erb*, NStZ 2023, 577 (583); *Zimmermann/Griesar*, JuS 2023, 401 (402).
[49] Eingehend dazu *Kaerks*, HRRS 2024, 16 (17 ff.); i.E ebso. für eine vorsätzliche Verursachung eines Staus durch eine Autobahnblockade Staudinger/*Hager*, Neubearbeitung 2017, § 823 BGB Rn. B 54.

gung, keine Möglichkeit, den Stau zu umfahren oder das Fahrzeug sicher abzustellen) eine Freiheitsberaubung auf andere Weise zu bejahen.

(5) Die Freiheitsberaubung kann auch durch **Unterlassen** (§ 13 StGB) verwirklicht werden, z.B. indem ein Sozialbetreuer, der durch sein Verhalten für die rechtswidrige Praxis des Einsperrens von Bewohnern eines Flüchtlingswohnheims in ein »Problemzimmer« mitverantwortlich war (Garantenstellung aus Ingerenz), die Anordnung der Freilassung der Betroffenen unterlässt[50].

2. § 239 III StGB

388 **Fall 39:** – *Freiheitsberaubung in mittelbarer Täterschaft* –

Um es ihrem »Ex« Benny (B) heimzuzahlen, dass er sie verlassen hatte, beschuldigte Lilly (L) ihn wider besseres Wissen bei der Staatsanwaltschaft, er habe wiederholt durch Verprügeln versucht, sie zu nötigen, für ihn »auf den Strich zu gehen«. B wurde auf diese Anzeige hin in Untersuchungshaft genommen; er kam aber nach drei Tagen wieder frei, was die L verbitterte, da sie ihn mit wochenlanger Haft »bestrafen« wollte.

Strafbarkeit der L?

a) Sie hat sich nach § 164 I StGB und nach § 187 StGB strafbar gemacht.

b) Zudem ist sie der Freiheitsberaubung (§ 239 I StGB) in **mittelbarer Täterschaft** schuldig[51]. Es handelt sich um mittelbare Täterschaft durch Benutzung eines **rechtmäßig** handelnden Werkzeugs. Die Tatherrschaft der L beruht auf der Täuschung des zuständigen Ermittlungsrichters (§§ 112, 114, 125 I StPO).

389 *c)* Darüber hinaus hat L einen strafbaren **Versuch des § 239 III Nr. 1 StGB** begangen.

§ 239 III Nr. 1 und Nr. 2 StGB sind nach zutreffender Meinung erfolgsqualifizierte Delikte, für die § 18 StGB gilt, also die fahrlässige Herbeiführung der langen Dauer und der schweren Gesundheitsschädigung genügt[52]. Die Gegenmeinung lehnt dies für § 239 III Nr. 1 StGB ab mit der Folge, dass hinsichtlich der Freiheitsberaubung für einen längeren Zeitraum als eine Woche[53] Vorsatz erforderlich wäre[54].

Ein Versuch des § 239 III StGB (Versuch des erfolgsqualifizierten Delikts in der Erscheinungsform des **Versuchs der Erfolgsqualifikation**) als Straftat ist möglich, wenn es zwar nicht zu der in § 239 III Nr. 1 bzw. Nr. 2 StGB genannten Folge gekommen ist, der Täter diese Folge aber wollte bzw. mit ihr ernstlich rechnete und sich mit ihrem Eintritt abfand[55].

Dabei ist nicht nötig, dass die Freiheitsberaubung nach § 239 I StGB vollendet ist[56], denn wegen der Strafbarkeit (§ 239 II StGB) kann auch der **Versuch** des § 239 I StGB die Strafbarkeit aus §§ 239 III, 22, 23 StGB begründen.

---

[50] *BGH*, NStZ 2024, 227.
[51] Vgl. dazu *BGH* St 3, 4 (5 f.); NJW 1997, 951. Siehe auch *OLG Schleswig*, NStZ 1985, 74 f.
[52] BT-Drs. 13/8587, 84; L/K/H-*Heger*, § 239 Rn. 9; A/W/H/H-*Hilgendorf*, 9/30; *Mitsch*, GA 2009, 329 (334 ff.); *Rengier* II, 22/19 f.
[53] Zur Berechnung der Dauer *Mitsch*, GA 2009, 329 ff.
[54] M/R-*Eidam*, § 239 Rn. 16; *Eisele* I, Rn. 443; W/H/E-*Engländer*, Rn. 351; *Fischer*, § 239 Rn. 15a; NK-*Sonnen*, § 239 Rn. 26; MK-*Wieck-Noodt*, § 239 Rn. 44.
[55] *BGH*, GA 1958, 304.
[56] Krey/*Esser*, AT, Rn. 1372.

Verursacht die zum Zwecke der Freiheitsberaubung eingesetzte Gewalt bereits den Tod des Opfers, so ist der Täter wegen versuchter Freiheitsberaubung mit Todesfolge strafbar.

d) Ergebnis: L ist aus §§ 164 I, 187, 239 I, 239 III, 22, 23 StGB schuldig. Dabei stehen §§ 164, 187 und 239 III, 22, 23 StGB in Tateinheit. Für das Konkurrenzverhältnis der §§ 239 III, 22, 23 und § 239 I StGB dürfte dies ebenfalls gelten: Der Versuch des § 239 III StGB erfordert kein vollendetes Grunddelikt gemäß § 239 I StGB. Daher verdeutlicht die Annahme von Tateinheit, dass ein vollendetes Grunddelikt vorliegt.

390

3. § 239 IV StGB

Der Täter muss den Tod des Opfers **durch** die Freiheitsberaubung oder **während** der Tat *wenigstens fahrlässig* herbeigeführt haben (§ 18 StGB); bei Vorsatz ist Tateinheit mit § 212 ggf. § 211 StGB gegeben.

391

Durch die Tat (Freiheitsberaubung) ist der Tod etwa in den folgenden Fällen verursacht: Das Opfer erleidet tödliche Verletzungen »unmittelbar bei dem Versuch, sich der Freiheitsberaubung zu entziehen«[57]; der Eingesperrte begeht Suizid[58]; er verhungert oder erfriert; er stirbt an einer Krankheit, weil er wegen der Freiheitsberaubung nicht mit lebenserhaltenden Medikamenten versorgt wird.

Tötet der Täter den seiner Freiheit Beraubten vorsätzlich, so greift § 239 IV StGB in der Alternative »durch eine während der Tat begangene Handlung« ein; dies gilt jedenfalls dann, »wenn zwischen der Freiheitsentziehung und der Tötungshandlung ein unmittelbarer innerer Zusammenhang besteht«[59].

§ 239 IV StGB erfasst nur den Tod des **Opfers der Freiheitsberaubung**, nicht den Tod Dritter (z.B. von Nothelfern bei Befreiungsaktionen).

III. Nötigung (§ 240 StGB)

Der **strafrechtliche Gewaltbegriff** im Allgemeinen und der Begriff der nötigenden Gewalt i.S. des § 240 StGB im Besonderen werden zum Teil heftig und kontrovers diskutiert[60]. Das liegt zum einen an der besonderen politischen Brisanz, die z.B. Straßenblockaden zur Durchsetzung politischer Ziele (dazu *Rn. 439 ff.*) und sexuelle Gewalt aufweisen. Die Probleme resultieren zum anderen daraus, dass die Freiheitssphären der Bürger untereinander, aber auch gegenüber dem Staat abgegrenzt werden müssen. Nicht selten erfolgt deshalb die Bestimmung des Schutzguts (*Rn. 393 ff.*) und der Tathandlungen des § 240 StGB (zu den Auseinandersetzungen über den zutreffenden Gewaltbegriff siehe *Rn. 402 - 407, 410 - 415*), um ein bestimmtes – gewünschtes – Ergebnis hinsichtlich der Strafbarkeit eines konkreten Verhaltens zu erzielen.

392

---

[57] *BGH* St 19, 382 (387).
[58] Sch/Sch-*Eisele*, § 239 Rn. 12 unter besonderem Hinweis auf den tatbestandsspezifischen Gefahrzusammenhang.
[59] *BGH* St 28, 18 (19).
[60] Dazu m.w.N.: *BGH*, NStZ 1995, 542 ff.; *Jakobs*, JuS 2017, 97 (99 f.); *Krey*, JR 1995, 265 ff.; *Magnus*, NStZ 2012, 538 ff.; HdS 4-*Valerius*, § 5 Rn. 30 ff.

393 Streit besteht schon über das **geschützte Rechtsgut** des § 240 StGB. Nach h.M. ist die Freiheit der Willensentschließung und Willensbetätigung geschützt[61]. Deshalb erfasse der Gewaltbegriff des Tatbestandes **vis compulsiva** und **vis absoluta**[62]. Vis absoluta ist der Angriff auf die Freiheit der Willensentschließung oder -betätigung durch unüberwindlichen Zwang, z.B. Betäuben, Fesseln oder Festhalten des Opfers. Um vis compulsiva handelt es sich, wenn die Zwangswirkung zwar nicht unüberwindlich ist, aber ausreicht, um diese Freiheit nicht unerheblich zu beeinträchtigen, z.B. »Mürbemachen« des Opfers durch Prügel, sodass es den Wünschen des Täters nachgibt. – Dazu *Rn. 418 ff.* –

394 Die Gegenmeinung[63] betrachtet nur die Willensentschließungsfreiheit als Schutzgut der Nötigung. Vis absoluta scheide deshalb als Nötigungsmittel aus[64]. Gefolgert wird dies u.a. daraus, dass »Dulden« ein gewillkürtes Verhalten des Opfers beschreibe; hätte der Gesetzgeber auch unwillkürliches Verhalten erfassen wollen, so hätte er die Begriffe »erdulden« oder »erleiden« verwendet[65].

395 Es trifft zwar zu, dass die bloße Erduldung der Gewaltwirkung, z.B. der Körperverletzung, keine Nötigung darstellt, da darin kein von der Tathandlung zu unterscheidender »Tatererfolg« i.S. eines Verhaltens zu sehen ist. Daraus folgt aber nicht, dass vis absoluta als Nötigungsmittel ausscheidet. Ob das Opfer z.B. die Wegnahme einer Sache hinnimmt, weil es mit einer Waffe bedroht wird (vis compulsiva) und meint, den Verlust nicht verhindern zu können, oder gefesselt wird (vis absoluta), sich der Wegnahme also gar nicht widersetzen kann, vermag an der Beurteilung des Täterverhaltens als Nötigung nichts zu ändern.

396 Die Nötigung ist – wie z.B. auch § 253 StGB – ein sogenannter »**offener Tatbestand**«[66], weil die in § 240 I StGB beschriebene Erzwingung eines bestimmten Verhaltens des Opfers allein das Unrecht nicht hinreichend beschreibt[67]. Die Tatbestandsmäßigkeit »indiziert« deshalb – im Gegensatz zu der Mehrzahl der übrigen Tatbestände – die Rechtswidrigkeit nicht, sondern diese bedarf der Feststellung nach Maßgabe des § 240 II StGB (dazu *Rn. 424 ff.*).

Trotz der unpräzisen »Verwerflichkeitsklausel« des § 240 II StGB ist der Tatbestand in der Alternative der Nötigung mit **Gewalt** mit dem Bestimmtheitsgebot des Art. 103 II GG vereinbar[68]. Bei der gebotenen verfassungskonformen restriktiven

---

[61] *BVerfG* E 73, 206 (237); NJW 1995, 1141 (1142); M/R-*Eidam*, § 239 Rn. 4; Sch/Sch-*Eisele*, § 240 Rn. 1 f.; *Fischer*, § 240 Rn. 2; M/S/M/H/M-*Schroeder/Hoyer*, 12/10 u. 13/6; NK-*Toepel*, § 240 Rn. 13 ff.; BeckOK-StGB-*Valerius*, § 239 Rn. 1..

[62] Sch/Sch-*Eisele*, § 240 Rn. 4; *Fischer*, § 240 Rn. 9; W/H/E-*Hettinger*, Rn. 362; SK-*Wolters*, § 240 Rn. 4 ff., 23 ff.; AnwK-*Zimmermann*, § 240 Rn. 4.

[63] *Sinn*, JuS 2009, 577 (579) m.w.N.

[64] MK-*Sinn*, § 240 Rn. 10; siehe auch *Hruschka*, JZ 1995, 737.

[65] *Sinn*, JuS 2009, 577 (579); zust. offensichtlich S/S/W-*Schluckebier/Werner*, § 240 Rn. 14.

[66] BGH St 2, 194 (195 f.) – GS –; LK[13]-*Altvater/Coen*, § 240 Rn. 118; M/S/M/H/M-*Hoyer*, 13/31; *Jäger*, BT, Rn. 146; HdS 4-*Valerius*, § 5 Rn. 71.

[67] Näher dazu *Sinn*, JuS 2009, 577 f., der eine Eingrenzung des § 240 I StGB vorschlägt, die »alle unwertbegründenden typischen Merkmale in ausreichender Weise« enthalte (aaO S. 579).

[68] *BVerfG* E 73, 206 (233-239); ebso. *BVerfG*, NJW 1995, 1141 (1142), dieser Beschluss lässt die Frage für § 240 II StGB offen; dazu *Krey*, JR 1995, 265 (268 f.).

Auslegung gilt das auch bezüglich der Modalität der Nötigung durch **Drohung mit einem empfindlichen Übel** und der »**Verwerflichkeitsklausel**«[69].

1. § 240 I StGB

Fall 40: – *Drohung mit einem empfindlichen Übel; Bedrohung mit Hexerei* – 397
Landwirt Hinrich Hinrichsen (H) hielt seinen Nachbarn Peter Petersen (P) für einen Hexer. P, der sich schon lange darüber geärgert hatte, wollte H eins auswischen. Er erklärte ihm, er werde das Vieh des H »krank hexen«, falls dieser nicht seinen »lauten Köter«, der ihn nachts beim Hexen störe, weggebe. H, der ernstlich um sein Vieh fürchtete, verschenkte den Hund. Hat P den H durch Drohung mit einem empfindlichen Übel genötigt?

(1) Drohung ist das Inaussichtstellen eines Übels, **auf dessen Eintritt der Drohende Einfluss zu haben behauptet.** Es ist weder erforderlich, dass der Drohende seine Drohung wahrmachen will, noch, dass sie ausführbar ist. Vielmehr genügt, dass das Opfer die Drohung ernst nehmen soll und auch ernst nimmt[70]. Dabei ist unerheblich, ob der Täter behauptet, er selbst werde das Übel zufügen, oder ob er vorgibt, ein Dritter werde es auf seinen (des Täters) Einfluss hin tun[71].
Von der **Drohung** ist die bloße Warnung zu unterscheiden, bei der auf die unabhängig vom Willen des Warnenden eintretende Folge eines bestimmten Verhaltens hingewiesen wird[72]. Eine scheinbare Warnung kann jedoch eine Drohung enthalten, wenn dem Adressaten aus seiner Sicht ein empfindliches Übel angekündigt wird[73].

(2) Empfindlich ist das angedrohte Übel, wenn seine Androhung geeignet ist, einen 398
besonnenen Menschen zu dem mit der Drohung bezweckten Verhalten zu veranlassen[74]; durch diesen Maßstab werden »ungewöhnliche Reaktionen eines Überängstlichen« ausgeschieden[75].
Zu berücksichtigen sind die individuellen Umstände. Der *BGH* hat dies in die These gebracht: »Inhalt der Drohung muss ein empfindliches Übel, also ein Nachteil von solcher Erheblichkeit sein, dass seine Ankündigung geeignet erscheint, den Bedrohten i.S. des Täterverlangens zu motivieren. Diese (nicht nur faktische, sondern normative) Voraussetzung entfällt, wenn von diesem Bedrohten **in seiner Lage** erwartet werden kann, dass er der Drohung in besonnener Selbstbehauptung standhält.«[76]
Dieser »objektiv-individuelle« Maßstab[77] ist zwar akzeptabel, eine noch stärkere Individualisierung, wie sie der *BGH* in einer Entscheidung zu §§ 253, 255 StGB befürwortet hat (Drohung mit einem empfindlichen Übel entfalle nicht schon deswe-

---

[69] *BVerfG* E 104, 92 (101).
[70] *BGH* St 23, 294 ff.; Sch/Sch-*Eisele*, vor § 234 Rn. 30, 33; Krey/*Hellmann*/Heinrich, BT 2, Rn. 289.
[71] *BGH* St 7, 197 f.; M/R-*Eidam*, § 240 Rn. 40; *Fischer*, § 240 Rn. 36.
[72] Sch/Sch-*Eisele*, vor § 234 Rn. 31 m.w.N.; M/S/M/H/M-*Hoyer*, 13/24; HdS 4-*Valerius*, § 5 Rn. 49.
[73] *BGH*, NStZ 2014, 149 (Rn. 49 f.) m. Anm. *Becker*.
[74] *BGH*, NStZ 1982, 287; M/R-*Eidam*, § 240 Rn. 9; Sch/Sch-*Eisele*, § 240 Rn. 9; W/H/E-*Engländer*, Rn. 369; L/K/H-*Heger*, § 240 Rn. 13; BeckOK-StGB-*Valerius*, § 240 Rn. 37; krit. LK[13]-*Altvater*/*Coen*, § 240 Rn. 84.
[75] Küpper/*Börner*, I 3/55; Sch/Sch-*Eisele*, § 240 Rn. 9; AnwK-*Zimmermann*, § 240 Rn. 17.
[76] *BGH* St 31, 195 (201); ebso. *BGH* St 32, 165 (174); NStZ 1992, 278.
[77] Siehe auch *Sinn*, JuS 2009, 577 (583).

gen, »weil ein besonnener Mensch in der Lage des Bedrohten der Drohung standgehalten ... hätte«[78]), erscheint aber nicht sachgerecht[79].

399 P hat den **Aberglauben** des L ausgenutzt. Daher ist schon das Vorliegen einer *Drohung* zweifelhaft. Zwar ist deren Realisierbarkeit grundsätzlich nicht erforderlich; ob dies aber auch für Drohungen gilt, die niemand außer abergläubische Menschen ernst nehmen kann, ist fraglich. Zumindest drohte P nicht mit einem *empfindlichen Übel*, da die Ankündigung, das Vieh »krank zu hexen«, nicht geeignet war, einen besonnenen Menschen zu nötigen[80].

400 Fall 41: *– Bedrohung eines Dritten –*

Mario (M) forderte von Xavier (X) die Rücknahme einer Strafanzeige; anderenfalls werde er dessen Tochter »etwas antun«. X zog daraufhin die Strafanzeige zurück.

Strafbarkeit des M wegen Nötigung?

M hat X durch Drohung mit einem empfindlichen Übel genötigt.

Der Nötigungsadressat (X) und die unmittelbar bedrohte Person (Tochter des X) müssen nicht identisch sein. Es genügt die Bedrohung eines **Dritten,** wenn die Ausführung des angedrohten Übels sich auch für den Nötigungsadressaten als empfindliches Übel darstellt[81], was hier der Fall war.

§ 241 II StGB tritt im Wege der Gesetzeskonkurrenz hinter § 240 StGB zurück (*Rn. 483*).

401 Fall 42: *– Gewalt bei Erzwingung des Überholens? –*

Sebastian (S), ein »Gemütsmensch«, überholte auf der Autobahn mit seinem Opel Astra eine kilometerlange Lkw-Kolonne mit etwa 105 km/h. Anabell (A), die sich in ihrem Aston Martin DBS hinter S befand und es eilig hatte, versuchte, den Opel-Fahrer durch Blinken dazu zu bewegen, sich auf die rechte Spur zu begeben (die Lastwagen fuhren im Abstand von etwa 100 m). S dachte jedoch gar nicht daran. Daraufhin fuhr A unter wildem Hupen und Blinken bis auf zwei Meter an den Wagen des S heran und setzte diese Fahrweise über mehrere Kilometer fort. S bekam es mit der Angst zu tun, wurde unsicher und nervös, sodass er die linke Fahrspur räumte, obwohl er noch vier Lastzüge hatte überholen wollen.

Hat A den S mit Gewalt genötigt?

Die Antwort hängt davon ab, welcher Gewaltbegriff zu befürworten ist. Die **Entwicklung des Gewaltbegriffs** ist im Wesentlichen in drei Phasen verlaufen[82]:

402 *(1)* Die **erste Phase** wurde von der Rechtsprechung des *RG* beherrscht, das Gewalt als »Anwendung körperlicher Kraft zur Überwindung eines geleisteten oder erwarteten Widerstandes« definierte[83]. Danach war Gewalt der körperlich (physisch) vermittelte Zwang, wobei die Körperlichkeit des Zwanges nach dem **Angriffsverhalten des Täters** bestimmt wurde, nicht nach der Auswirkung auf das Opfer.

---

[78] *BGH,* wistra 1984, 22; zust. *Fischer,* § 240 Rn. 32a; Gössel/*Dölling,* 17/65.
[79] Zu Recht krit. L/K/H-*Heger,* § 240 Rn. 13; vgl. auch Krey/*Hellmann*/Heinrich, BT 2, Rn. 503 f.; MK-*Sinn,* § 240 Rn. 77.
[80] Zutr. Sch/Sch-*Eisele,* § 240 Rn. 9: Zwar liege eine Drohung vor, wenn Dummheit, nicht aber, wenn Aberglaube die Angedrohte als Übel erscheinen lasse.
[81] *BGH* St 16, 316 (318); L/K/H-*Heger,* § 240 Rn. 15. Der Dritte muss dem zu Nötigenden nicht nahestehen, Krey/*Hellmann*/Heinrich, BT 2, Rn. 510; NK-*Toepel,* § 240 Rn. 111.
[82] *BVerfG* E 73, 206 (239 f.); *Swoboda,* JuS 2008, 862; AnwK-*Zimmermann,* § 240 Rn. 5 ff.
[83] *RG* St 56, 88; 64, 115 f.

Diese Deutung des Gewaltbegriffs hatte zur Folge, dass das *RG* z.B. die Anwendung betäubender Mittel nicht als Gewalt wertete, wenn sie dem Opfer gewaltlos beigebracht wurden: Wer Schlafende mit einem Narkotikum betäubte, beging keine Nötigung mit Gewalt[84].

Käme es auf eine gewisse Kraftentfaltung durch den Täter an, so würde Gewalt in casu ausscheiden, da das Betätigen des Gaspedals sowie der Hupe und des Blinkers keinen nennenswerten Kraftaufwand erfordern.

Neben solchen Urteilen des *RG*, die diesen Gewaltbegriff ernst nahmen, gab es aber auch eine Fülle von Entscheidungen des Gerichts, die an der Formel »Gewalt als Entfaltung körperlicher Kraft« zwar festhielten, sie aber der Sache nach praktisch preisgaben – und zwar dadurch, dass sie statt auf die Entfaltung körperlicher Kraft durch den Täter entscheidend auf die **körperliche Wirkung des Zwanges beim Opfer** abstellten[85]. **403**

(2) Die Verlagerung des physischen Moments des Gewaltbegriffs weg vom Angriffsverhalten und hin zur Auswirkung des Zwangsmittels beim Opfer setzte sich endgültig in einem frühen Urteil des *BGH* durch; es Urteil steht damit am Beginn der **zweiten Phase** der Entwicklung des strafrechtlichen Gewaltbegriffs: Gewalt werde auch verübt, wenn der Täter das Opfer durch irgendeine körperliche Handlung, z.B. durch das Beibringen eines Betäubungsmittels ohne Gewaltanwendung, seiner Widerstandskraft beraube *(Chloräthyl-Fall)*. Gewalt setze nicht voraus, dass der Täter erhebliche körperliche Kraft anwende. Maßgeblich sei die **körperliche Zwangswirkung beim Opfer**. Ob diese mittels Muskelkraft (Fausthieb etc.) erfolge oder durch Beibringen eines Narkotikums, sei unerheblich[86]. **404**

Dieser Gewaltbegriff, der den Schwerpunkt auf die körperliche Zwangswirkung beim Opfer legt, beherrschte in der Folge auch die Literatur und dominiert noch heute[87]. Zum Teil wurde das Kriterium der Aufwendung körperlicher Kraft völlig preisgegeben, sodass Nötigung mit Gewalt als **Unterlassungsdelikt** möglich sei[88]. Der *BGH* hat dagegen wiederholt klargestellt, dass Gewalt zwar »ohne eigene erhebliche Körperkraft« ausgeübt werden könne; dennoch dürfe der Begriff der Gewalt nicht völlig vom Erfordernis körperlicher Kraftanwendung gelöst werden[89]. **405**

An der Definition der Gewalt als **körperlich wirkender Zwang zur Überwindung eines geleisteten oder erwarteten Widerstandes** hielt der *BGH* lange fest[90]. Das Element der Körperlichkeit des Zwanges wurde in einigen Entscheidungen dadurch verwässert, dass der *BGH* **psychosomatische Nebenwirkungen der durch Dro- 406**

---

[84] RG St 58, 98; 72, 349; ebso. *Frank*, § 240 Anm. I 1.
[85] RG St 60, 158; 64, 116; 66, 355 f.); 73, 343 (344 f.).
[86] BGH St 1, 145 (146 ff.).
[87] *Fischer*, § 240 Rn. 8; *Küpper/Börner*, I 3/48; *Jäger*, BT, Rn. 141; *Krey*, JuS 1974, 418 (421 f.); *ders.*, JR 1995, 265 (269 ff.); *Rengier* II, 23/23.
[88] RG St 13, 50; *BayObLG*, NJW 1963, 1261; *Fischer*, § 240 Rn. 22; L/K/H-*Heger*, § 240 Rn. 9a; *Timpe*, JuS 1992, 748 (752); BeckOK-StGB-*Valerius*, § 240 Rn. 28.
[89] So u.a.: *BGH*, NStZ 1981, 218; NStZ 1982, 158 (159 f.); NStZ 1995, 541.
[90] BGH St 19, 265; 23, 127; GA 1962, 145; NStZ 1982, 158 (159 f.) – Fall der Vorlesungsstörung –; ebso. u.a. *OLG Köln*, NJW 1983, 2206 f.; *BayObLG*, NStZ 1990, 281.

hung verursachten Furcht genügen ließ. So bejahte das Gericht für einen unserem *Fall 42* entsprechenden Sachverhalt Gewalt mit der Begründung[91]:
Wesentlich für den Gewaltbegriff sei die Zwangswirkung auf den »Körper des Genötigten«. Dabei genügten Einwirkungen auf sein **Nervensystem.** Bei einem so gefährlich dichten Auffahren wie dem geschilderten liege es nahe, dass ein »durchschnittlicher Fahrer«, der so bedrängt wird, in Sorge und Furcht geraten sowie nervös und fahrunsicher werden könne; daher verursache ein solches Auffahren körperlich wirkenden Zwang.

Danach hätte A in casu Gewalt angewendet.

Vertretbar wäre es auch, eine *Drohung mit einem empfindlichen Übel* anzunehmen: Mit ihrem Verhalten brachte A konkludent zum Ausdruck, sie werde ihre gefährliche Fahrweise so lange fortsetzen, bis S die linke Fahrbahn räume. A drohte S also durch schlüssiges Verhalten an, sie werde ihn so lange gefährden, bis S nachgebe; die Androhung der Fortsetzung einer Übelszufügung ist für das Nötigungsmittel *Drohung* ausreichend[92].

407 *(3)* Die »Auflösung des strafrechtlichen Gewaltbegriffs« ging in der **dritten Phase** – vor dem Eingreifen des *BVerfG*[93] – noch einen Schritt weiter: *BGH* und Teile der Lehre hatten nämlich das Erfordernis, die Zwangswirkung der Gewalt müsse physischer Natur sein, gänzlich preisgegeben. Es sei kein physischer Zwang erforderlich, sondern es genüge **psychischer** Zwang, wenn er von einigem Gewicht sei[94].

Auch nach diesem »vergeistigten Gewaltbegriff« läge in unserem Fall eine Nötigung vor, da das Verhalten der A bei S Angst vor einer Kollision auslöste.

Hinweis zur Falllösung

408 In einem Gutachten wäre eine Entscheidung zwischen der engen Auffassung des *RG* (Kraftentfaltung durch den Täter als maßgebliches Kriterium, *Rn. 402*) einerseits und den beiden anderen Auffassungen (Zwangswirkung beim Opfer; »vergeistigter Gewaltbegriff«) andererseits erforderlich.

Gegen den engen Gewaltbegriff spricht, dass die Auswirkungen des Täterverhaltens auf die Willensfreiheit des Opfers nicht notwendig von dem Ausmaß der von dem Täter aufgewendeten Kraft abhängen. Der von § 240 StGB bezweckte Schutz der Willensentschließungs- und Willensbetätigungsfreiheit (*Rn. 393 ff.*) kann nur wirksam gewährleistet werden, wenn die willensbeugende Wirkung als maßgeblich erachtet wird. Der enge Gewaltbegriff des *RG* ist deshalb abzulehnen.

Einer Entscheidung zwischen den beiden anderen Auffassungen bedarf es hier nicht, sie wäre sogar »gutachtentechnisch« verfehlt, da sie für die Entscheidung des konkreten Falls nicht erforderlich ist.

– Zur Unvertretbarkeit des »vergeistigten Gewaltbegriffs«, jedenfalls für bestimmte Konstellationen, siehe *Rn. 412 ff.* –

---

[91] *BGH* St 19, 263 (265 ff.); ebso. *OLG Karlsruhe*, NJW 1972, 962; DAR 1979, 308; *OLG Köln*, VRS 1981, 425 ff.; *OLG Düsseldorf*, NStZ 2008, 38. Diese Judikatur hat das *BVerfG*, NStZ 2007, 397 (398) von Verfassungs wegen gebilligt.
[92] Wie hier u.a.: *OLG Karlsruhe*, Justiz 1964, 124; *Wolter*, NStZ 1985, 245 m.w.N.
[93] *BVerfG* E 92, 1 ff.
[94] *BGH* St 23, 46 (49 ff., 54).

Fall 43: – *Gewalt durch Bedrohung mit einer Schusswaffe?* –   409

Evangeline (E) bedrohte Pedro (P) auf nächtlicher Straße mit einer geladenen und entsicherten Pistole, um dessen Smartphone »abzuziehen«. Als P mit erhobenen Händen vor E stand und sie ihm das Gerät aus der Gesäßtasche ziehen wollte, löste sich versehentlich ein Schuss, der P verletzte.

Hat E Gewalt angewendet?

Der *BGH* bejahte in einem vergleichbaren Fall (Personen-)Gewalt i.S. des § 249 StGB[95]: Die Bedrohung mit einer Waffe stelle »körperlichen Zwang« dar; sie wirke unmittelbar auf die Sinne des Opfers ein, versetze es hierdurch in einen »Zustand starker seelischer Erregung« und beeinflusse so sein ganzes körperliches Befinden und damit die körperlichen Voraussetzungen der Freiheit der Willensentschließung. Die Entscheidung verdient zwar darin Zustimmung, dass eine massive Bedrohung **spürbare körperliche Reaktionen** (Adrenalinausstoß u.ä.) auslösen, also durchaus als körperlich wirkender Zwang verstanden werden kann. Als für den Raub relevantes – qualifiziertes – Nötigungsmittel i.S. des § 249 StGB kommt diese Gewaltanwendung aber nicht in Betracht, weil das Opfer die Wegnahme nicht wegen der Gewaltanwendung duldet, sondern aus Furcht vor der Realisierung der angedrohten Gewalt (*Rn. 418*). Maßgebliches (Raub-)Nötigungsmittel ist also die Drohung mit Gewalt.

– Dazu Krey/*Hellmann*/Heinrich, BT 2, Rn. 282).

Fall 44: – *Sitzblockaden als Gewalt?* –   410

Bei Protestaktionen gegen eine Preiserhöhung kommunaler Verkehrsbetriebe veranstalteten Studenten einen Sitzstreik auf dem Gleiskörper der Straßenbahn und blockierten den Straßenbahnverkehr. Nach einer Stunde wurden sie von der Polizei gewaltsam von den Schienen entfernt.

Haben die Studenten i.S. des § 240 StGB Gewalt angewendet?

Im »Laepple-Urteil« nahm der *BGH* an, dass mit Gewalt nötige, wer sich auf Straßenbahnschienen setze oder und dadurch den Bahnführer zum Anhalten veranlasse. Zwar liege kein physischer, sondern **psychischer** Zwang vor, für den Gewaltbegriff genüge aber psychischer Zwang, wenn er von einigem Gewicht sei[96].

Der *BGH* verstärkte die Tendenz zur Auflösung des strafrechtlichen Gewaltbegriffs sogar noch weiter. So betrachtete das Gericht das eigenmächtige Ausräumen fremder Geschäftsräume als strafbare Nötigung des betroffenen Firmeninhabers, das Geschäft vorübergehend nicht zu betreiben und die Verfügungsgewalt über die Geschäftsräume zu erlangen[97]. Zur Begründung rekurrierte der *BGH* dabei auf den zum Teil in der Literatur vertretenen Begriff der Gewalt als **»gegenwärtige Zufügung eines empfindlichen Übels«**. Durch sein »unmittelbar gegen Sachen gerichtetes Vorgehen« habe der Täter ein solches Übel zugefügt, mithin Gewalt angewen-

---

[95] *BGH* St 23, 126 (127 f.); 39, 133 (136). A.A. MK-*Sander*, § 249 Rn. 13; LK[13]-*Vogel/Burchard*, § 249 Rn. 12.
[96] *BGH* St 23, 46 (54). Ebso. *BGH* St 34, 71 (77); *BayObLG*, JZ 1986, 404 (405); *OLG Düsseldorf*, NStZ 1986, 267 (268).
[97] *BGH*, JR 1988, 75 f.; krit. *Meurer/Bergmann*, JR 1988, 49 (50).

det (siehe dazu Rn. 422). In einzelnen Entscheidungen besann sich der *BGH* jedoch auf das Erfordernis des »**körperlich** wirkenden Zwanges«[98].

411 Das *BVerfG* hatte diesen »vergeistigten Gewaltbegriff« zunächst als verfassungskonform akzeptiert[99], allerdings mit der schon vom *BGH* im Laepple-Urteil angeführten Klarstellung, erforderlich sei »der Einsatz einer gewissen, wenn auch geringfügigen körperlichen Kraft durch den Täter«, wofür aber das Hinsetzen auf eine Fahrbahn bei Sitzblockaden genüge.

412 1995 verwarf das *BVerfG* den »vergeistigten Gewaltbegriff«[100]:
Die Strafrechtsjudikatur habe die physische Komponente des Gewaltbegriffs auf der **Täterseite** (»Entfaltung körperlicher Kraft«) soweit reduziert, dass man bei Sitzblockaden bereits »die körperliche Anwesenheit« der Täter genügen lasse. Zudem habe die Rechtsprechung der Strafgerichte die physische Komponente des Gewaltbegriffs auf der **Opferseite** (körperlich wirkender Zwang) aufgegeben und lasse auch psychischen Zwang genügen.
Die **Kumulation** des Verzichts auf die physische Gewaltkomponente auf der Opferseite mit ihrer Preisgabe auf der Täterseite begründe den Verstoß des »Gewaltbegriffs der Strafgerichte« gegen Art. 103 II GG (Analogieverbot).

413 Mit Bindungswirkung gemäß § 31 I BVerfGG steht aufgrund des Beschlusses des *BVerfG* für den Gewaltbegriff des § 240 StGB fest: Es verstößt gegen Art. 103 II GG, wenn Strafgerichte bei Sitzblockaden für die Annahme nötigender Gewalt die bloße körperliche Anwesenheit der Täter i.V.m. **rein psychischer Zwangswirkung beim Opfer** genügen lassen[101].
Handelt es sich dagegen um eine große Zahl von Blockierern (»menschliche Mauer«) können diese jedoch ein physisches Hindernis darstellen[102].

414 Die Konsequenzen des genannten *BVerfG*-Beschlusses reichen im Übrigen weniger weit, als es auf den ersten Blick erscheinen mag: Blockadeaktionen wie Sitzblockaden sind weiterhin als Gewalt zu behandeln, und zwar als körperlich vermittelter Zwang, wenn die Blockierer Kraftfahrer an der Weiterfahrt hindern und dadurch deren Fahrzeuge dazu benutzen, die Durchfahrt für weitere Fahrzeuge durch eine physische Barriere zu verhindern[103]. Diese »Zweite-Reihe-Rechtsprechung« des *BGH* verstößt nach Auffassung des *BVerfG* nicht gegen das Analogieverbot des Art. 103 II GG[104].
Nicht mehr vertretbar ist es dagegen, Gewalt zu bejahen, wenn ein Fußgänger eine Parklücke blockiert, um diese für ein anderes Fahrzeug »frei zu halten« und zu verhindern, dass der die Stelle zuerst erreichende Autofahrer die Parklücke benutzt.
– Siehe dazu *Rn. 427*. –

---

[98] *BGH* St 37, 350 (353); dazu: *Dierlamm*, NStZ 1992, 573 (575 f.); *Krey*, JR 1995, 269 (270 f.).
[99] *BVerfG* E 73, 206 (239, 242 f.) – Erste Sitzblockaden-Entscheidung –.
[100] *BVerfG* E 92, 1 ff.
[101] *BVerfG*, NJW 1995, 1141 (1142 f.); so auch die Analyse durch *BGH*, NStZ 1995, 541 f.
[102] BayObLG, NStz-RR 1996, 101 (102); BeckOK-StGB-*Valerius*, § 240 Rn. 23.
[103] *BGH* St 41, 182 (187) m. zust. Anm. *Krey*, NStZ 1995, 542 ff. *BGH* St 41, 231 (241); krit. u.a.: *Amelung*, NStZ 1996, 230 f.; *Hoyer*, JuS 1996, 200 ff.; MK-*Sinn*, § 240 Rn. 44, 48.
[104] *BVerfG*, NJW 2011, 3020 (3021 f.) m. Bespr. *Jahn*, JuS 2011, 563 ff.; *Jäger*, JA 2011, 553 ff.

Das **Anketten der Blockierer** am Einfahrtstor eines Betriebes ist Gewalt, weil das **415** Anketten eine körperliche Kraftentfaltung erfordert und eine »physische Barriere« begründet[105]. Das gilt auch für die **Blockade der Autobahn durch Fahrzeugkolonnen**; darin liegt ebenfalls die »Errichtung eines Hindernisses durch körperliche Kraftentfaltung«[106].

Dagegen neigt das *BVerfG* offenbar dazu, bei der bloßen Blockade von Zu- bzw. Ausfahrten durch nicht angekettete Sitz- bzw. Stehblockierer, d.h. durch eine **Menschenmauer**, Gewalt von Verfassungs wegen zu verneinen[107]. Dieses Verhalten sei rein passiver Protest ohne jede physische Komponente[108].

Für unseren *Fall 44* folgt daraus: Die bloße Sitzblockade erfüllt nach der bindenden Rechtsprechung des *BVerfG* nicht den Gewaltbegriff des § 240 I StGB. Sollten weitere Straßenbahnen durch die zuerst aufgehaltene an der Durchfahrt gehindert worden sein, so läge nach der »Zweite-Reihe-Rechtsprechung« (*Rn. 414*) dagegen Gewalt vor.

– Zur Verwerflichkeit politisch motivierter Straßenblockaden (»Klimakleber«) *Rn. 439 ff.* –

Fall 45: – *Verhindern des Überholens* – **416**

Harry (H) überholte mit seinem VW einen Mercedes. Dessen Fahrerin, Sabrina (S), ärgerte sich, überholte ihrerseits das Auto des H, bremste ihr Fahrzeug ab und verhinderte anschließend durch beharrliches Linksfahren alle Überholversuche des H.

Hat S Gewalt i.S.d. § 240 StGB angewendet?

Die h.M. würde in casu Nötigung mit Gewalt (vis absoluta) bejahen[109]:

Vis absoluta erfordert eine physisch vermittelte Zwangswirkung durch Schaffen eines **417** unüberwindlichen Hindernisses. Eine körperliche Zwangswirkung ist stets anzunehmen, wenn sie sich unmittelbar auf den Körper des Betroffenen auswirkt. Das ist namentlich der Fall, wenn der Genötigte betäubt, gefesselt, eingesperrt oder festgehalten wird. Der Gewaltbegriff verlangt allerdings keine unmittelbare Einwirkung auf die Physis des Opfers, sondern es genügt die Schaffung unüberwindbarer physischer Hindernisse (Barrieren), die es dem Opfer unmöglich machen, sich fortzubewegen[110]. Vis absoluta ist deshalb gegeben, wenn mehrere Personen sich einem anderen in den Weg stellen, sodass er nicht an ihnen vorbeikommt[111].

Bei **vis compulsiva** liegt die Körperlichkeit der Zwangswirkung vor, wenn sich der **418** Zwang unmittelbar auf den Körper des Betroffenen auswirkt und diese Auswirkung nicht unerheblich ist, z.B. »Mürbemachen« des Opfers durch Schläge[112].

---

[105] *BVerfG* E 104, 92 (124) m. abw. M. der Richter *Jaeger* und *Bryde*; krit. MK-*Sinn*, § 240 Rn. 50.
[106] *BVerfG* E 104, 92 (102); krit. *Sinn*, NJW 2002, 1024.
[107] *BVerfG* E 104, 92 (99 f.).
[108] *BVerfG* E 104, 92 (102).
[109] *BGH* St 18, 389; 19, 265; ebso. LK[13]-*Altvater/Coen*, § 240 Rn. 18 f.; Sch/Sch-*Eisele*, § 240 Rn. 4; L/K/H-*Heger*, § 240 Rn. 9; *Rebler*, SVR 2017, 416 (421). Sehr eng *OLG Düsseldorf*, NStZ-RR 2000, 369. – Zur Gewalt durch »Ausbremsen« vgl. *BGH* St 48, 233 (236, 238). –
[110] *BGH* St 19, 265; 44, 34 (40); *Fischer*, § 240 Rn. 17, 20a; *Krey*, JR 1995, 265 (271); *Rengier* II, 23/17 f.; HdS 4-*Valerius*, § 5 Rn. 43.
[111] *RG* St 45, 153; *BayObLG*, NJW 1969, 1127; *Krey*, JuS 1974, 418 (421 f.). A.A.: L/K/H-*Heger*, § 240 Rn. 9; *Wolter*, NStZ 1985, 245 (246 f.).
[112] Dazu m.w.N. *Krey*, JuS 1974, 418 (419 m. Fn. 21, 421 f.); ders., JR 1995, 265 (271).

Nervosität, seelische Erregung u.ä. psychosomatische Nebenwirkungen der (durch Drohungen verursachten) Furcht genügen nicht, um Gewalt anzunehmen[113]. Wären die Nebenwirkungen der durch Drohung erzeugten Furcht für *Gewalt* ausreichend, so wäre das Merkmal *Drohung mit einem empfindlichen Übel* weitgehend, das der *Drohung mit gegenwärtiger Lebens- oder Leibesgefahr* (§§ 249, 252, 255 StGB) im Wesentlichen überflüssig. Anders liegt es zwar, wenn körperliche Zwangswirkungen eintreten (*Rn. 409*). Bei der Bedrohung mit einer Schusswaffe ist aber der entscheidende Motivationsfaktor für das Opfer, auch nach der Vorstellung des Täters, die Furcht vor dem angedrohten Übel als **psychischer** Zwang[114] (siehe *Rn. 409*).

419 Fälle wie das erwähnte »Mürbemachen durch Schläge« sind zwar die klassischen Beispiele für vis compulsiva. Sie sind der Sache nach aber Sonderfälle der Drohung, da das Opfer durch die Furcht vor der Fortsetzung des Übels motiviert werden soll. Ihre Behandlung als Gewalt ist dennoch wegen der Einwirkung auf den Körper des Betroffenen geboten[115].

420 Vis compulsiva ist nicht auf solche Situationen beschränkt. Weder muss diese Form der Gewalt mit (ausdrücklichen oder konkludenten) Drohungen verbunden sein, noch bedarf es einer **unmittelbaren** Einwirkung auf den Körper eines anderen. Es genügt die Schaffung einer Situation, in der der Täter durch **physische** Hindernisse die Freiheit der Willensbildung eines anderen nicht unerheblich beeinträchtigt. Deshalb wendet Gewalt an, wer einen anderen einschließt, selbst wenn das Opfer ohne die Gefahr schwerer Verletzungen aus dem Fenster springen könnte.

Exkurs: Gewalt bei Störung von Vorlesungen und anderen Veranstaltungen:

421 Nötigung mit Gewalt liegt z.B. auch vor, wenn Dozenten durch Geschrei, Pfeifen, Singen oder Gebrauch von Lärminstrumenten[116] dazu gebracht werden, Lehrveranstaltungen oder Prüfungen abzubrechen[117], oder die Fortsetzung einer Stadtverordnetenversammlung durch lautes Gebrüll sowie Schläge und Tritte gegen die Fenster von außen verhindert wird, weil aufgrund des erzeugten Lärms in dem Raum keine Kommunikation mehr möglich ist[118].

Die Störung von Vorlesungen oder anderen Veranstaltungen durch Schreien u.ä. bedeutet den Einsatz körperlich wirkenden Zwanges zur Beseitigung eines geleisteten oder erwarteten Widerstandes; dem Dozenten wird es durch den Lärm physisch unmöglich gemacht (*vis absoluta*) oder zumindest erheblich erschwert (*vis compulsiva*), die Lehrveranstaltung abzuhalten[119].

---

[113] W/H/E-*Hettinger*, Rn. 362; *Jakobs*, FS-Peters, 1974, S. 69, 77; *Krey*, JR 1995, 264 (270); HdS 4-*Valerius*, § 5 Rn 41.

[114] *Geilen*, JZ 1970 524 (527 f.); *Wolter*, NStZ 1985, 245 (246 f.) m.w.N.

[115] Dazu m.w.N. *Krey*, JuS 1974, 418 (421 Punkt 2b).

[116] BGH, NStZ 1982, 158 (159 f.); zu weit KG, JR 1979, 162, schon lautstarkes Reden sei Gewalt.

[117] OLG Koblenz, NStZ 1987, 76; Sch/Sch-*Eisele*, vor § 234 Rn. 13 (»Verbalterror«); BeckOK-StGB-*Valerius*, § 240 Rn. 31. Abw. u.a.: *Jäger*, BT, Rn. 152; *Wolter*, NStZ 1985, 245 (246). Einschr. *Rengier* II, 23/27.

[118] BGH, NStZ 2021, 626 (627 f.) m. Bespr. *Hecker*, JuS 2021, 1082 ff. und *Jäger*, JA 2022, 256 ff.

[119] BGH, NStZ 1982, 158 (159 f.) – unter Hinweis auf *Krey*, JuS 1974, 418 (422 Fn. 49): Körperlich wirkender Zwang durch Geräuschentwicklung sei dann anzunehmen, »wenn der Betroffene ihm nicht oder nur mit erheblicher Kraftentfaltung begegnen könnte«.

Solche Störungen werden i.d.R. rechtswidrig (§ 240 II StGB) sein: Rechtfertigungsgründe greifen nicht ein und die *Verwerflichkeit* der Tat nach der Mittel-Zweck-Relation (§ 240 II StGB) wird zu bejahen sein[120].

Fall 46: – *»Gewalt gegen Sachen«* –   **422**

»Immobilienhai« Hieronymus (H) hatte einen Altbau gekauft, um ihn für den Neubau eines Apartmenthauses abzureißen. Alle Mieter waren bereits ausgezogen, nur die streitbare 87-jährige Wilhelme (W) weigerte sich beharrlich, ihre Wohnung aufzugeben. Um W zum Auszug zu veranlassen, hängte H die Fenster der Wohnung der W aus. Da klirrender Frost herrschte, musste W ihre eiskalte Wohnung verlassen.

Hat H Gewalt angewendet?

Die Frage ist zu bejahen: Zwar sind Sachbeschädigungen und bloße Sachgewalt in Nötigungsintention noch keine Gewaltanwendung i.S. des § 240 StGB[121]; der Terminus »Gewalt gegen Sachen« ist daher missverständlich[122].

Wer die Reifen eines Pkw zersticht, um eine Fahrt des Halters zu verhindern, begeht deshalb eine Sachbeschädigung, keine Nötigung **mit** Gewalt[123].

Gewalt gegen Sachen genügt aber für § 240 StGB, wenn sie sich für den Betroffenen als körperlich vermittelter Zwang auswirkt[124]. Das ist hier der Fall, weil sich die Kälte physisch auf W auswirkte[125].

Mangels körperlicher Zwangswirkung scheidet Gewalt dagegen aus, wenn der Täter das Inventar eines Geschäftsraums entwendet, um den Inhaber am Weiterbetrieb zu hindern und sich selbst die Verfügungsgewalt über die Räumlichkeiten zu verschaffen. Die gegenteilige Ansicht des *BGH (Rn. 410)* trifft nicht zu.

Fall 47: – *»Gewalt gegen dritte Personen«* –   **423**

Dorothea (D) hatte sich von ihrem ehemaligen Freund Theo (T) getrennt. Um sie zur Mitteilung der Adresse ihres neuen Freundes zu bewegen, an dem sich T rächen wollte, schlug T so lange auf die Mutter der D ein, bis D die Anschrift offenbarte.

Hat T Gewalt angewendet?

Hätte T die D selbst geschlagen, um sie dadurch mürbe zu machen, so läge Gewalt bzw. Drohung mit einem empfindlichen Übel i.S. des §§ 240 StGB vor (siehe *Rn. 418 f.*). Bei einer Gewaltanwendung braucht der Genötigte jedoch nicht mit dem Opfer der Gewalt identisch zu sein, sondern die **Gewalt gegen Dritte** (Dreiecksnötigung) kann nötigende Gewalt darstellen[126]. Dabei ist nicht erforderlich, dass der Dritte dem zu Nötigenden **nahe steht**, sondern es genügt, dass die Gewaltanwen-

---

[120] Ebso. *BGH*, NStZ 1982, 158 (159 f.); *KG*, JR 1979, 162; *Schroeder*, JuS 1982, 491 (493 f.).

[121] NK-*Toepel*, § 240 66; BeckOK-StGB-*Valerius*, § 240 Rn. 26, 26.1. A.A. SK-*Wolters*, § 240 Rn. 14, der die Nötigungsintention genügen lässt.

[122] LK[13]-*Altvater/Coen*, § 240 Rn. 61; NK-*Toepel*, § 240 Rn. 66.

[123] *BayObLG*, JZ 1987, 1037 f.; WH/E-*Engländer*, Rn. 361; a.A. für das Rammen eines Fahrzeugs, um die Weiterfahrt zu verhindern *BGH*, NStZ-RR 2001, 298; zust. LK[13]-*Altvater/Coen*, § 240 Rn. 63.

[124] *Eisele* I, Rn. 466; L/K/H-*Heger*, § 240 Rn. 11; A/W/H/H-*Hilgendorf*, 9/55; *Rengier* II, 23/30; HdS 4-*Valerius*, § 5 Rn. 45.

[125] Vgl. *RG* St 7, 269; *Eisele* I, Rn. 466; A/W/H/H-*Hilgendorf*, 9/55.

[126] *RG* St 17, 82; *BGH* St 42, 378 (379); *BayObLG*, JZ 1952, 237 f.; *Fischer*, § 240 Rn. 26; L/K/H-*Heger*, § 240 Rn. 11. A.A.: MK-*Sinn*, § 240 Rn. 66; HdS 4-*Valerius*, § 5 Rn. 43 f.

dung für den Nötigungsadressaten eine erhebliche Zwangswirkung beinhaltet – sei es aus mitmenschlicher Solidarität, aus Rücksicht auf die öffentliche Meinung oder aus anderen Gründen[127].

T hat somit Gewalt i.S. des § 240 StGB angewendet.

2. Rechtswidrigkeit der Nötigung (§ 240 II StGB)

424 § 240 StGB ist – wie dargelegt (*Rn. 396*) – ein »offener Tatbestand«, sodass die Rechtswidrigkeit der **positiven** Herleitung aus der Verwerflichkeit gemäß § 240 II StGB bedarf. Ein Teil der Literatur betrachtet die Verwerflichkeitsklausel als Ergänzung des Tatbestandes[128] mit der Folge, dass Rechtfertigungsgründe bzw. deren Fehlen bereits im Tatbestand zu erörtern seien[129]. Zutreffend ist die Einordnung als spezielle Regelung für die Rechtswidrigkeit der Tat[130]. Unabhängig von dieser Einordnung besteht aber im Wesentlichen Einigkeit, dass der Vorsatz des Täters die tatsächlichen Umstände umfassen muss, aus denen das Verwerflichkeitsurteil folgt; fehlt dieser Vorsatz, greift § 16 StGB (analog) ein[131].

Hinweis zur Falllösung

425 Kommt ein Rechtfertigungsgrund in Betracht, so sollte dieser zunächst erörtert werden[132]. Möglich wäre es zwar auch, Rechtfertigungsgründe im Rahmen der »Zweck-Mittel-Relation« der Verwerflichkeitsklausel zu berücksichtigen. Wenn ein Erlaubnissatz eingreift, steht aber das Fehlen der Rechtswidrigkeit bereits fest, sodass es auf § 240 II StGB nicht ankommt[133]. Scheiden Rechtfertigungsgründe aus, so besagt dies jedoch nicht, dass das Verhalten rechtswidrig ist, sondern es ist die Verwerflichkeit der Tat zu prüfen.

426 Fall 48: – *Parklücken-Fall* –

Antonia (A) hatte auf der Suche nach einer freien Parklücke mit ihrem Jeep Grand Cherokee bereits mehrere Runden auf dem voll besetzten Supermarktparkplatz »gedreht«. Als endlich eine Lücke frei wurde und A in diese hineinfahren wollte, stellte Franziska (F) ihren beladenen Einkaufswagen vor die Parklücke, um dies zu verhindern. F wollte den Platz für ihren Mann freihalten, der sie mit dem Auto abholen wollte. Erbost über das Verhalten der F schob A den Einkaufswagen mit ihrem Auto langsam vor sich her. Da A sich gegen den Einkaufswagen stemmte, berührte dieser ihre Beine. A wurde dadurch zwar nicht verletzt, sie gab ihren Widerstand aber auf und schob den Einkaufswagen beiseite, sodass A in die Parklücke gelangte. Strafbarkeit von F und A?

---

[127] *Krey*, Zum Gewaltbegriff, 1. Teil, Rn. 209 ff. m.w.N.; so auch u.a. *Bohnert*, JuS 1983, 942 (948).
[128] Sch/Sch-*Eisele*, § 240 Rn. 16; NK-*Toepel*, § 240 Rn. 139, der die einzelnen Voraussetzungen der Verwerflichkeit als Tatbestandsmerkmale und das Gesamturteil der Verwerflichkeit als Rechtswidrigkeitsurteil betrachtet.
[129] NK-*Toepel*, § 240 Rn. 138, 140.
[130] BGH St 2, 194 (195 f.); *BayObLG*, NJW 1993, 212 (213); LK[13]-*Altvater/Coen*, § 240 Rn. 110; M/R-*Eidam*, § 240 Rn. 57; *Fischer*, § 240 Rn. 38a.; offengelassen von *BVerfG* E 73, 206 (238 f.).
[131] LK[13]-*Altvater/Coen*, § 240 Rn. 174; M/R-*Eidam*, § 240 Rn. 66; L/K/H-*Heger*, § 240 Rn. 25; HdS 4-*Valerius*, § 5 Rn. 72; SK-*Wolters*, § 240 Rn. 60 ff.
[132] LK[13]-*Altvater/Coen*, § 240 Rn. 127; A/W/H/H-*Hilgendorf*, 9/90 f.; HdS 4-*Valerius*, § 5 Rn. 71; SK-*Wolters*, § 240 Rn. 59; abw. u.a.: Sch/Sch-*Eisele*, § 240 Rn. 33.
[133] *Fischer*, § 240 Rn. 38a; *Krey*, JuS 1970, 290 (293 Fn. 24); SK-*Wolters* § 240 Rn. 59.

a) Strafbarkeit der F

Indem F der A den Weg verstellte, könnte sie sich einer versuchten Nötigung (§§ 240, 22 f. StGB) schuldig gemacht haben.

(1) Tatbestand 427

Hätte sich F der A ohne den Einkaufswagen in den Weg gestellt, so würde Nötigungsvorsatz nach der Rechtsprechung des *BVerfG*[134] *(Rn. 412 f.)* ausscheiden, weil der Vorsatz der F lediglich darauf gerichtet gewesen wäre, durch die körperliche Anwesenheit eine **psychische Zwangswirkung** auf A auszuüben[135].

F wollte aber ein **physisches Hindernis** durch den beladenen Einkaufswagen, gegen den sie sich stemmte, errichten, sodass sie nach allen Auffassungen den Vorsatz hatte, A mit Gewalt zu einem Unterlassen (in die Parklücke zu fahren), zu nötigen. Durch die »Blockade« der Parklücke hatte F – nach ihrer Vorstellung von der Tat – bereits die Nötigungshandlung vorgenommen, sodass die Grenze zur Versuchsstrafbarkeit überschritten war. F hat somit den Tatbestand der §§ 240, 22 StGB erfüllt.

(2) Rechtswidrigkeit (§ 240 II StGB) 428

(a) **Rechtfertigungsgründe** greifen nicht ein.

§ 32 StGB scheidet aus, weil das Recht, eine freie Parklücke zu benutzen, der Kraftfahrer hat, der sie zeitlich eher erreicht, § 12 V S. 1, 1. Teils. StVO (»wer zuerst kommt, mahlt zuerst«); F durfte die Parklücke nicht für den später ankommenden Mann »reservieren«.

Das gilt auch dann, wenn der zuerst angekommene Fahrer sein Fahrzeug etwas vorzieht, um rückwärts in die Lücke einzufahren (§ 12 V S. 1, 2. Teils. StVO).

(b) **§ 240 II StGB** 429

Maßgeblich für das Verwerflichkeitsurteil ist nicht die isolierte Bewertung des eingesetzten Mittels oder des angestrebten Zweckes, sondern die Bewertung der *Zweck-Mittel-Relation*[136].

Dabei verlangt das Merkmal der *Verwerflichkeit* nach der Rechtsprechung einen erhöhten Grad »sittlicher Missbilligung«[137], während die Lehre überwiegend – zu Recht – auf die **Sozialwidrigkeit** der Tat abstellt[138]. 430

Die früher vom *BGH* vertretene Ansicht, die Verwerflichkeitsprüfung gemäß § 240 II StGB sei bedeutungslos bzw. wenig bedeutsam, wenn der Täter Gewalt angewendet hat, weil die Gewaltanwendung »praktisch indiziell« für die Verwerflichkeit der Nötigung sei[139], ist nicht mehr vertretbar. Das *BVerfG* hat mit Bindungswirkung ent- 431

---

[134] *BVerfG* E 92, 1 ff.
[135] Vgl. *OLG Frankfurt*, NStZ-RR 2011, 110 (111); *Rebler*, SVR 2017, 416 (422).
[136] *Fischer*, § 240 Rn. 40; L/K/H-*Heger*, § 240 Rn. 18; MK-*Sinn*, § 240 Rn. 124 ff.; HdS 4-*Valerius*, § 5 Rn. 71 ff. (75).
[137] *BGH* St 17, 328 (332); 19, 264 (268); *OLG Koblenz*, NJW 1985, 2432 (2433).
[138] LK[13]-*Altvater/Coen*, § 240 Rn. 132; *Fischer*, § 240 Rn. 41; L/K/H-*Heger*, § 240 Rn. 18; S/S/W-*Schluckebier/Werner*, § 240 Rn. 17; MK-*Sinn*, § 240 Rn. 128; SK-*Wolters*, § 240 Rn. 45. Ebso. *OLG Stuttgart*, NStZ 1988, 129 m. Anm. *Miebach*.
[139] *BGH* St 23, 46 (54 f.); NStZ 1982, 158 (160); krit. u.a.: *Brohm*, JZ 1985, 501 (505); *Krey*, JuS 1970, 290 (293 Fn. 24); *Schroeder*, JuS 1982, 491 (494).

schieden, dass bei verfassungskonformer Anwendung des § 240 II StGB auch im Fall der Nötigung mit Gewalt die Verwerflichkeit unter **Abwägung** aller im Einzelfall für die Mittel-Zweck-Relation bedeutsamen Umstände darzulegen ist[140]. Die Rechtswidrigkeit darf also nicht formelhaft darauf gestützt werden, die Gewalt indiziere die Verwerflichkeit i.S. des § 240 II StGB, sondern es bedarf der Begründung der Verwerflichkeit unter Abwägung und Bewertung aller im Einzelfall für die Mittel-Zweck-Relation wesentlichen Umstände[141]. Das gilt auch – und erst recht –, wenn das Nötigungsmittel in der Drohung mit einem empfindlichen Übel besteht[142].

432 Die Verwerflichkeit kann aus verschiedenen Gründen fehlen, z.B. wegen des Überwiegens des Rechtsguts, das durch die Nötigung geschützt werden soll oder der Geringfügigkeit der Beeinträchtigung durch die Nötigung (*Rn. 451*).

433 In casu entfällt nach dem Geringfügigkeitsprinzip die *Verwerflichkeit* der Tat[143]: »Der alte Grundsatz ›minima non curat praetor‹ (Bagatellen kümmern den Richter nicht) gilt bei der Nötigung in besonderem Maße. Zwangseinflüsse ohne Dauer und nennenswerte Folgen sind nicht im materiellen Sinne sozialschädlich«, also nicht verwerflich[144]. Um solch einen **geringfügigen** Zwang handelt es sich aber, wenn ein Fußgänger unter Verstoß gegen §§ 1, 12 V StVO einem Kraftfahrer den Weg in eine Parklücke verstellt, es sei denn, es kommen besondere Umstände, etwa Handeln aus Schikane, hinzu.

F ist daher nicht strafbar.

434 *b) Strafbarkeit der A aus § 240 StGB?*

(1) Tatbestand: A hat F – vorsätzlich – mit Gewalt (die körperliche Zwangswirkung beim »Drücken eines Fußgängers mit dem Pkw« ist unproblematisch) zu einem Handeln (Zurückweichen) genötigt, d.h. den Tatbestand des § 240 I StGB erfüllt[145].

435 *(2) Rechtswidrigkeit*

(a) Da A nach dem Prioritätsprinzip Vorrang bei der Einfahrt in die Parklücke hatte, könnte sie durch Notwehr gem. § 32 StGB gerechtfertigt sein; dann müsste das Verhalten der F einen Angriff auf ein geschütztes Rechtsgut der A darstellen.
Teilweise wird in der Befugnis zum Gemeingebrauch, die das Parken auf öffentlichen Straßen und Plätzen einschließt, bzw. im »Vorrang des Erstkommenden beim Parken« ein notwehrfähiges Recht gesehen[146]. Wäre das richtig, so könnte eine Rechtfertigung der A aus § 32 StGB nur unter dem Gesichtspunkt des Notwehrmiss-

---

[140] *BVerfG* E 73, 206 (254 ff.); NStZ 1991, 279; JR 1991, 13 ff. m. krit. Anm. *Schmitt Glaeser*. So schon *BGH* St 34, 71 (76 ff.); dem *BVerfG* folgt *BGH* St 35, 270 (273 f.).
[141] *BGH* St 35, 270, (273 f.).
[142] *OLG Koblenz*, BeckRS 2011, 20726.
[143] Ebso. u.a.: *OLG Stuttgart*, NJW 1966, 745 (748); *OLG Hamburg*, NJW 1968, 662; *Berz*, JuS 1969, 367 (368); *Fischer*, § 240 Rn. 47; *Neuberg*, JuS 1975, 112 (113). Abw. *Gössel/Dölling*, 18/38.
[144] *Roxin*, JuS 1964, 373, (376). Zum Geringfügigkeitsprinzip bei § 240 StGB vgl. auch: LK[13]-*Altvater/Coen*, § 240 Rn. 133; BeckOK-*Valerius*, § 240 Rn. 56; SK-*Wolters*, § 240 Rn. 57 f.
[145] Fährt der Täter auf das Opfer zu, bremst aber vor einer Berührung ab, kann darin eine Drohung mit einem empfindlichen Übel liegen, wenn er davon ausging, das Opfer werde dieses Verhalten als Androhung eines Anfahrens verstehen und deshalb den Weg freigeben, *BGH*, NStZ-RR 2023, 248 (249).
[146] *BayObLG*, NJW 1995, 2646; MK-*Erb*, § 32 Rn. 96; *Jakobs*, 12/4; *Roxin/Greco*, AT I, 15/31.

brauchs entfallen¹⁴⁷, nämlich wegen »unerträglichen Missverhältnisses zwischen den beteiligten Rechtsgütern«¹⁴⁸. Ein solches Missverhältnis würde die **Gebotenheit** der Notwehr (§ 32 I StGB) ausschließen.

Nach zutreffender Ansicht liegt hier kein Angriff der F auf ein notwehrfähiges Rechtsgut der A vor: Die Vorschriften der StVO über Vorfahrt u.ä. dienen der Aufrechterhaltung der öffentlichen Sicherheit und Ordnung, sind also der Sache nach polizeirechtlicher Natur, begründen somit keine **notwehrfähigen** subjektiven Rechte des Bürgers¹⁴⁹. **436**

Notwehr gegen eine Beeinträchtigung der Bewegungsfreiheit im Verkehr kommt nur in Frage, wenn sie eine **rechtswidrige** (§ 240 II StGB) Nötigung darstellt¹⁵⁰. **437**

(b) § 240 II StGB **438**
Nach h.A. handelt grundsätzlich verwerflich, wer als Kraftfahrer auf den einen Parkplatz verstellenden Fußgänger losfährt und diesen aus der Parklücke herausdrückt¹⁵¹. Dem ist wegen der Gefährlichkeit eines solchen Verhaltens zu folgen. Sie schließt wegen der krassen **Unverhältnismäßigkeit** der Durchsetzung des Vorranges ein Eingreifen des Geringfügigkeitsprinzips aus.

Ergebnis: Da A auch schuldhaft handelte, ist sie aus § 240 StGB strafbar.

Fall 49: *– § 240 StGB und politische Protestaktionen –* **439**

Bei Protestaktionen gegen die – vermeintlich – verfehlte Klimaschutzpolitik der Bundesregierung klebten sich Aktivisten der »Letzten Generation« zur morgendlichen Hauptverkehrszeit auf einer Autobahn fest und blockierten dadurch den Verkehr. Es bildete sich ein Stau, der sich über mehrere Kilometer erstreckte, eine Rettungsgasse blieb allerdings frei. Die Polizei ordnete die Auflösung der »Demonstration« an und nach zwei Stunden gelang es ihr, die Protestierer von der Autobahn zu entfernen.

Lilian (L), die zu den Demonstranten gehörte, wurde wegen – gemeinschaftlich begangener – Nötigung angeklagt.

Zu Recht?

Der Tatbestand der Nötigung mit Gewalt (§ 240 I StGB) ist jedenfalls erfüllt. Die Anwendung von Gewalt kann entweder auf die verfassungsrechtlich nicht zu beanstandende »Zweite-Reihe-Rechtsprechung« *(Rn. 414)*¹⁵² oder auf die Erwägung, dass durch das Ankleben ein physisches Hindernis – der Ankettung vergleichbar *(Rn. 415)* – errichtet wurde¹⁵³.

---

[147] *BayObLG*, NJW 1995, 2646; *OLG Hamm*, NJW 1970, 2074 f.; *AG Villingen-Schwenningen*, JuS 2019, 269 (270) m. Anm. *Hecker*; LK¹³-*Altvater/Coen*, § 240 Rn. 151.

[148] Dazu *Krey*, JZ 1979, 702 (711 ff.); *Roxin/Greco*, AT I, 15/31, 47, 55 ff.

[149] *OLG Stuttgart*, NJW 1966, 745 (747 f.); M/S/M/H/M-*Hoyer*, 13/38;; Krey/*Esser*, AT, Rn. 475; Sch/Sch-*Perron/Eisele*, § 32 Rn. 9.

[150] BGH St 34, 71 (77); 35, 270 (278); *OLG Stuttgart*, NJW 1966, 745 (748).

[151] *OLG Hamm*, NJW 1970, 2074 f.; NJW 1972, 1826; LK¹³-*Altvater/Coen*, § 240 Rn. 151; *Fischer*, § 240 Rn. 49; L/K/H-*Heger*, § 240 Rn. 23. A.A. *OLG Hamburg*, NJW 1968, 662; *OLG Köln*, NJW 1979, 2056 (2057); M/S/M/H/M-*Hoyer*, 13/38.

[152] *OLG Karlsruhe*, vom 20.02.2024 – 2 ORs 35 Ss 120/23 (Rn. 11), juris; *OLG Stuttgart*, vom 16.02.2024 – 1 ORs 25 Ss 1/23 (Rn. 19 ff.), juris; *AG Berlin-Tiergarten*, NStZ 2023, 242 (Rn. 8 f.); *Bohn*, HRRS 2023, 225 (226); *Erb*, NStZ 2023, 577 f.; *Preuß*, NZV 2024, 61 (Rn. 15); *Pschorr/Blaschke*, ZJS 2023, 320 (324 ff.); *Zimmermann/Griesar*, JuS 2023, 401 (402).

[153] KG, NJW 2023, 2792 (Rn. 20); *Lund*, NStZ 2023, 198. A.A. *Seel*, HRRS 2023, 313 (315 f.).

Es fragt sich, ob das Verhalten der L rechtswidrig war. Dann dürfte kein Rechtfertigungsgrund eingreifen und die Tat müsste i.S. des § 240 II StGB verwerflich sein.

a) Rechtfertigungsgründe?

439a *(1) Notstand,* § 34 StGB

Zum Teil wird die Rechtfertigung einer Straßenblockade zum Schutz des Klimas auf § 34 StGB gestützt, weil durch die Aufnahme des Schutzes der natürlichen Lebensgrundlagen als Staatsziel in **Art. 20a GG** der Klimaschutz zu einem notstandsfähigen Rechtsgut geworden sei und die Gefahren für das Klima nicht anders als durch Protestaktionen abwendbar seien[154]. Selbst wenn die natürlichen Lebensgrundlagen – nicht der Klimaschutz – als notstandsfähiges Rechtsgut, das sich einer gegenwärtigen Gefahr befindet, anerkannt wird, scheidet eine Rechtfertigung durch Notstand aus. Die Protestaktionen sind schon nicht geeignet, einen messbaren Beitrag zu der erforderlichen – weltweiten – Verringerung der klimaschädlichen Emissionen zu leisten, jedenfalls sind sie kein angemessenes Mittel i.S. des § 34 S. 2 StGB, weil rechtlich geordnete Verfahren vorrangig und einzuhalten sind[155].

440 *(2) Versammlungsfreiheit* (Art. 8 GG)[156] als Rechtfertigungsgrund?

Fraglich ist, ob Art. 8 I GG einen eigenständigen Rechtfertigungsgrund darstellt. Grundsätzlich erscheint es möglich, Rechtfertigungsgründe *direkt* aus der Verfassung[157] – auch aus Art. 8 GG – herzuleiten. Die Rechtsprechung nimmt ebenfalls zum Teil an, dass Behinderungen und Zwangswirkungen, die als sozialadäquate Nebenfolgen mit rechtmäßigen Demonstrationen notwendig verbunden sind, durch Art. 8 GG gerechtfertigt sind[158]. Das bedeutet zwar nicht, dass Versammlungen, die – wie Straßenblockaden – gezielt auf die Behinderung Dritter gerichtet sind, grundsätzlich rechtswidrig sind, sondern nach der verbindlichen Rechtsprechung des *BVerfG* ist auch in solchen Fällen der Schutzbereich der Versammlungsfreiheit eröffnet[159]. Erforderlich ist aber, im Rahmen des § 240 II StGB die Versammlungsfreiheit gegen die Art und das Ausmaß der Auswirkungen auf betroffene Dritte und deren Grundrechte abzuwägen[160].

Das spricht dafür, diese Abwägung generell in der Verwerflichkeitsklausel des § 240 II StGB vorzunehmen, statt Art. 8 I GG für bestimmte Konstellationen als Rechtfertigungsgrund zu verstehen, zumal es vorzugswürdig erscheint, die Grundrechte bei der Auslegung der Voraussetzungen des konkreten Tatbestandes zu berücksichtigen, wenn er dies zulässt[161]. § 240 II StGB ermöglicht dies für die Nöti-

---

[154] *AG Flensburg*, vom 07.11.2022 – 440 Cs 107 Js 7252/22, openJur 2022, 22268 (Rn. 23 ff.); i.E. ebso. *Bohn*, HRRS 2023, 225 (227 ff.). Eine Rechtfertigung für möglich hält *Bönte*, HRRS 2021, 164 ff.
[155] Näher *Eidam*, NStZ 2023, 577 (581 f.). Siehe auch *OLG Celle*, NStZ 2023, 113 und *OLG Schleswig*, NStZ 2023, 740 (Rn. 58 ff.); *Jäger*, AT, Rn. 150 (2.a.aa); *Kühne/Kühne*, StV 2023, 560 (565).
[156] Zur *Demonstrationsfreiheit* siehe den grundlegenden Beschluss des *BVerfG* E 69, 315 ff.
[157] Z.B. *OLG Jena*, NJW 2006, 1892 (zu Art. 4 GG); *Heinrich*, AT, Rn. 510 (zu Art. 20 IV GG); *Roxin/Greco*, AT I, 18/49 ff. (zu Art. 5 III GG); str. Siehe dazu *Schneider*, ZJS 2022, 928 (930).
[158] Z.B. *BVerfG* E 73, 206 (250); *BGH* St 44, 34 (41).
[159] *BVerfG*, NJW 2011, 3020 (3022).
[160] *BVerfG*, NJW 2011, 3020 (3023).
[161] *Heinrich*, AT, Rn. 510.

gung. Für die Entscheidung über die Rechtswidrigkeit/Verwerflichkeit ist es im Übrigen nicht entscheidend, welchen Weg man wählt.

(3) Recht auf freie Meinungsäußerung (Art. 5 I GG) **441**

Die Meinungsäußerungsfreiheit scheidet ebenfalls als selbstständiger Rechtfertigungsgrund gegenüber § 240 I StGB aus, denn diese Strafbestimmung ist ein »allgemeines Gesetz« i.S. des Art. 5 II GG. Art. 5 I GG kann aber im Rahmen der bei § 240 II StGB erforderlichen Güter- und Interessenabwägung bedeutsam sein.

(4) Wahrnehmung berechtigter Interessen als allgemeiner Rechtfertigungsgrund? **442**

Die Wahrnehmung berechtigter Interessen ist nach § 193 StGB ein besonderer Erlaubnissatz im Bereich der Ehrdelikte (§§ 185 ff. StGB). In der Literatur wird aber die Auffassung vertreten, dieser Rechtfertigungsgrund sei über den Rahmen der Ehrdelikte hinaus auf solche Tatbestände entsprechend anwendbar, die dem Schutz besonders gemeinschaftsbezogener Rechtsgüter dienen – also insbesondere auf § 240 StGB[162].

Die h.M. lehnt diese Sicht zu Recht ab[163]. Als Erlaubnissatz ist die »Wahrnehmung **443** berechtigter Interessen« nach § 193 StGB auf die Ehrdelikte beschränkt. Angriffe durch Nötigung mit Gewalt können, soweit es um ihre allgemeine Widerrechtlichkeit geht, nicht durch den Gesichtspunkt der Wahrnehmung berechtigter Interessen gemäß § 193 StGB gerechtfertigt werden. Sie kann als regulatives Rechtsprinzip bei der Konkretisierung der Verwerflichkeitsklausel (§ 240 II StGB) bedeutsam sein.

Rechtfertigungsgründe greifen somit in casu nicht ein[164].

b) Verwerflichkeitsurteil nach § 240 II StGB

Für die Verwerflichkeitsprüfung i.S. des § 240 II StGB gelten für Demonstrationen, **444** welche die Voraussetzungen des § 240 I StGB erfüllen, die folgenden Grundsätze: Bei einer nach dem Versammlungsgesetz des Bundes oder eines Bundeslandes – das Versammlungsrecht steht seit der Föderalismusreform im Jahr 2006 in der Gesetzgebungskompetenz der Länder – ordnungsgemäß angemeldeten und durchgeführten friedlichen Demonstration sind die mit der Durchführung **notwendig** verbundenen Beeinträchtigungen Dritter – etwa Behinderungen von Verkehrsteilnehmern durch Blockieren von Plätzen u.ä. – grundsätzlich nicht rechtswidrig[165].

Dasselbe muss für zulässige Spontan- und Eildemonstrationen gelten[166]. **445**

Spontandemonstrationen nennt man Versammlungen, die sich aus einem momentanen Anlass ungeplant und ohne Veranstalter entwickeln. Eine Anmeldung ist hier aus tatsächlichen Gründen unmöglich[167]. »Sie unterstehen der Gewährleistung des

---

[162] *Eser*, Wahrnehmung berechtigter Interessen als allgemeiner Rechtfertigungsgrund, 1969; *Tiedemann*, JZ 1969, 717 (721 f.); vgl. auch *Schmidhäuser*, AT, 9/56.
[163] Sch/Sch-*Eisele/Schittenhelm*, § 193 Rn. 3; *Fischer*, § 193 Rn. 4, § 240 Rn. 39; NK-*Kargl*, § 193 Rn. 17; *Krey*, JuS 1974, 18 (22 ff.); LK[13]-*Rönnau*, vor § 32 Rn. 304.
[164] Zur »Gegenrechtfertigung« der Genötigten *Mitsch*, JZ 2023, 230 ff.; *Schladitz*, StV 2023, 566 ff.
[165] *BVerfG* E 73, 206 (249 f.); 104, 92 (102); W/H/E-*Engländer*, Rn. 383ff.); Sch/Sch-*Eisele*, § 240 Rn. 27; *Fischer*, § 240 Rn. 46a.
[166] Vgl. *Tiedemann*, JZ 1969, 717 (723).
[167] *BVerfG*, NStZ 1992, 188 f.

Art. 8 GG; versammlungsrechtliche Vorschriften sind auf sie nicht anwendbar, soweit der mit der Spontanveranstaltung verfolgte Zweck bei Einhaltung dieser Vorschriften nicht erreicht werden könnte.«[168]

Eilversammlungen sind Demonstrationen, »die im Unterschied zu Spontanversammlungen zwar geplant sind und einen Veranstalter haben, aber ohne Gefährdung des Demonstrationszwecks nicht unter Einhaltung einer Frist angemeldet werden können«[169].

In unserem *Fall 49* lag weder eine ordnungsgemäß angemeldete Demonstration noch eine zulässige Spontandemonstration bzw. Eilversammlung vor.

446 Nicht den Schutz des Art. 8 I GG genießen Versammlungen bei »**kollektiver Unfriedlichkeit**«. Sie erfordert »Handlungen von einiger Gefährlichkeit wie etwa aggressive Ausschreitungen gegen Personen oder Sachen oder sonstige Gewalttätigkeiten«[170]. Das ist nicht schon der Fall, wenn Blockaden Nötigung mit Gewalt (§ 240 StGB) darstellen, da der Begriff der Unfriedlichkeit (Art. 8 I GG) nicht mit dem weiten Gewaltbegriff des Nötigungstatbestandes gleichgesetzt werden darf[171].

Der Umstand, dass in casu nach der »Zweite-Reihe-Rechtsprechung« (*Rn. 414*) von L Gewalt i.S. des § 240 I StGB angewendet wurde, begründet die Verwerflichkeit ihres Verhaltens somit nicht.

447 Strittig ist, ob eine Versammlung den Schutz des Art. 8 I GG verliert, wenn sie von der Polizei **rechtmäßig aufgelöst** wird. Das *BVerfG* nimmt dies – zumeist – an[172].

Es ist jedoch bedenklich, die Antwort auf die Frage, ob eine Versammlung dem Schutzbereich des Art. 8 GG unterfällt oder eine nach § 240 StGB strafbare Demonstration vorliegt, von einer rechtmäßigen polizeilichen Auflösungsanordnung abhängig zu machen[173]. Eine derartige für die Legalität und die Anwendbarkeit des § 240 StGB konstitutive Entscheidungskompetenz der Polizei ist jedenfalls bei Straftaten gegen den Einzelnen wie Nötigung rechtsstaatlich nicht tolerabel und zudem systemwidrig.

Der Sachverhalt enthält keine Anhaltspunkte dafür, dass L *nach* der polizeilichen Auflösungsanordnung an weiteren Demonstrationsaktionen beteiligt war, sodass die Verwerflichkeit des Verhaltens der L *vor* der Auflösungsanordnung jedenfalls nicht per se verwerflich war.

448 Ist eine Versammlung nicht grundsätzlich erlaubt oder verboten, bedarf es zur Feststellung der Verwerflichkeit i.S. des § 240 II StGB der **Abwägung des Versammlungsgrundrechts der nötigenden Demonstranten und der Grundrechte der betroffenen Dritten**. Maßgeblich sind dabei nach Auffassung des *BVerfG* insbesondere »die Dauer und die Intensität der Aktion, deren vorherige Bekanntgabe, Ausweichmöglichkeiten über andere Zufahrten, die Dringlichkeit des blockierten Transports, aber auch der Sachbezug zwischen den in ihrer Fortbewegungsfreiheit beein-

---

[168] *BVerfG* E 69, 315 (350 f.).
[169] *BVerfG*, NStZ 1992, 188 f.
[170] *BVerfG*, NJW 2011, 3020 (3022).
[171] *BVerfG* E 73, 206 (248-250); 104, 92 (101 ff.); *Botta*, VerwArch 2023, 206 (214 ff.).
[172] *BVerfG* E 73, 206 (250); 104, 92 (106 f.); NJW 2011, 3020 (3022 f.); zust. *Rusteberg*, NJW 2011, 2999 (3002); siehe aber auch *BVerfG* E 82, 236 (264).
[173] *BVerfG* E 82, 236 (264); *Schwabe*, NStZ 1998, 22 (23).

trächtigten Personen und dem Protestgegenstand«[174]. Die Gewichtung der demonstrationsspezifischen Umstände sei mit Blick auf das »kommunikative Anliegen« der Versammlung vorzunehmen, nicht nach der Bewertung dieses Anliegens als nützlich oder wertvoll durch den Strafrichter[175].

Danach sind auch die »**Fernziele**« (Erhaltung von Arbeitsplätzen, Umweltschutz, Friedenssicherung etc.) der Demonstranten relevant. **449**

Der *BGH*[176] hat es dagegen mit teilweiser Billigung der Literatur[177] abgelehnt, Fernziele im Rahmen des § 240 II StGB zu berücksichtigen, und sie nur in die Strafzumessung einbezogen. Bei Sitzblockaden wäre danach nur das »Nahziel«, nämlich die Behinderung der Verkehrsteilnehmer, in die Abwägung einzubeziehen. Dies führt i.d.R. zur Annahme der Verwerflichkeit, da die Anwendung von Gewalt, um einen anderen am Gemeingebrauch der Straße zu hindern, verwerflich sein wird. Grundsätzlich trifft es durchaus zu, bei der Zweck-Mittel-Relation des § 240 II StGB allein den angestrebten Nötigungserfolg (Tun, Dulden oder Unterlassen des Genötigten) zu berücksichtigen. Wer z.B. eine Vorführung eines – vermeintlich – unsittlichen Films durch Stinkbomben sprengt, kann sich nicht darauf berufen, dies zum Schutz der Sittlichkeit zu tun[178]. Bei politisch motivierten Blockaden muss jedoch etwas anderes gelten[179], weil sie erst durch den Bezug zur öffentlichen Meinungsbildung zu einer Versammlung i.S. des Art. 8 I GG werden[180].

Die Abwägungskriterien des *BVerfG* (*Rn. 448*) sprechen in *Fall 49* eher für die Ablehnung der Verwerflichkeit der Teilnahme an der Blockade durch L. Die Dauer der Aktion war mit zwei Stunden zwar recht lang[181], es wurde aber eine Rettungsgasse frei gelassen, sodass Gefahren für die Verkehrsteilnehmer verringert wurden. Es lag zudem ein Sachbezug zwischen dem Protestgegenstand – Ausstoß klimaschädlicher Emissionen – und den in ihrer Fortbewegungsfreiheit beeinträchtigten Personen vor. Der Schutz der natürlichen Lebensgrundlagen für künftige Generationen ist zudem ein Ziel, dem eine besonders wichtige Bedeutung zuzumessen ist. **450**

Ergänzender Hinweis zu § 240 II StGB: Roxins Ordnungsprinzipien **451**

Zur Konkretisierung des § 240 II StGB hat *Roxin* »soziale Ordnungsprinzipien« entwickelt[182]:
1. *Rechtswidrigkeitsprinzip* (wer einen anderen zu einem verbotenen Verhalten nötigt, handele immer verwerflich).

---

[174] *BVerfG*, NJW 2011, 3020 (3023).
[175] *BVerfG*, NJW 2011, 3020 (3023).
[176] *BGH* St 35, 270 ff.
[177] Z.B. *Fischer*, § 240 Rn. 44; W/H/E-*Hettinger*, Rn. 383; *Jäger*, BT, Rn. 150 (2b); SK-Wolters, § 240 Rn. 43. A.A. etwa: Sch/Sch-*Eisele*, § 240 Rn. 29 m.w.N.; *Rengier* II, 23/65 ff., 68.
[178] *BGH* St 5, 245 (246).
[179] Siehe auch *BVerfG*, NJW 1995, 1141 (1143), die Fernziel-Entscheidung des *BGH* (St 35, 270 ff.) sei »gegenstandslos«; krit. *Krey*, JR 1995, 265 (272).
[180] *BVerfG*, NJW 2011, 3020 (3022).
[181] Nach Auffassung des *LG Freiburg*, vom 08.12.2023 – 64/23 17 NBs 450 Js 23772/22 (Rn. 70 ff.), juris, wird eine Blockade nach 30 Minuten rechtswidrig; anders *Bohn*, HRRS 2023, 225 (230): »In der Regel dürfte aber dabei aus den oben genannten Gründen die Beeinträchtigung der Fortbewegungsfreiheit für maximal ein paar Stunden hinter den durch den Klimanotstand bedrohten Individualrechtsgütern zurücktreten«.
[182] *Roxin*, JuS 1964, 373 (376 f.).

2. *Güterabwägungsprinzip* (wer jemandem eine Tracht Prügel androht oder ihn festhält, um ihn von einem Diebstahl abzuhalten, sei straflos).
3. *Geringfügigkeitsprinzip (minima non curat praetor)*.
4. *Prinzip des Vorranges staatlicher Zwangsmittel* (wer sich für eine Forderung gewaltsam Befriedigung verschafft, handele wegen der »Überschreitung des Selbsthilferechts und der Umgehung des Klageweges« stets verwerflich).
5. *Prinzip des mangelnden Zusammenhanges* (wer an sich legitime Ziele anstrebt, nötige in verwerflicher Weise, wenn er sich dazu eines Mittels bedient, das mit dem Ziel »in keinerlei innerer Beziehung« steht).
6. *Autonomieprinzip* (§ 240 I, II StGB entfalle, wenn jemand die Unterlassung einer Handlung androht, die rechtlich in seinem Belieben steht)[183].

452 Diese Ordnungsprinzipien verdienen grundsätzlich Zustimmung und dürften überwiegend akzeptiert werden[184]. Der Vorrang staatlicher Zwangsmittel (4.), also die These, wer einen begründeten Anspruch eigenmächtig mit Gewalt oder Drohung mit Gewalt durchsetzt, mache sich der Nötigung schuldig, ist herrschend[185].

453 Das Autonomieprinzip (6.), nach dem eine **Drohung mit einem Unterlassen** nur dann den Tatbestand einer Nötigung durch »Drohung mit einem empfindlichen Übel« erfülle bzw. verwerflich i.S. des § 240 II StGB sei, wenn der Drohende eine **Rechtspflicht zum Handeln** hatte[186], ist allerdings strittig. Ein Teil der Rechtsprechung und Literatur folgt dieser Sicht[187]. Nach der zutreffenden Gegenmeinung kommt es dagegen nicht darauf an, womit der Täter droht (Tun oder Unterlassen), sondern ob das angekündigte Verhalten für den Nötigungsadressaten ein empfindliches Übel darstellt[188].

– Näher dazu Krey/*Hellmann*/Heinrich, BT 2, Rn. 503 ff. –

454 **3. Nötigung in besonders schweren Fällen (§ 240 IV StGB)**
§ 240 IV ist eine **Strafzumessungsvorschrift** für besonders schwere Fälle, wobei das Gesetz in S. 2 zwei Regelbeispiele nennt, und zwar die Nötigung einer Schwangeren zum Schwangerschaftsabbruch (Nr. 1) und den Missbrauch seiner Befugnisse oder seiner Stellung als Amtsträger zur Nötigung (Nr. 2).

– Zur Regelbeispielstechnik Krey/*Hellmann*/Heinrich, BT 2, Rn. 132 - 134. –

---

[183] *Roxin*, JR 1983, 333 (335 f.).
[184] Z.B. SK-*Wolters*, § 240 Rn. 44: Die verstreuten Auffassungen seien von *Roxin* in der Prinzipienlehre »plausibel gegliedert« worden.
[185] Vgl. u.a. Sch/Sch-*Eisele*, § 240 Rn. 21; Krey/*Hellmann*/Heinrich, BT 2, Rn. 523 f.; krit. aber *Fezer*, GA 1975, 353 (359).
[186] Zur eingehenden Interpretation seines Standpunktes siehe *Roxin*, ZStW 2017, 277 ff.
[187] BGH, NStZ 1982, 287; OLG Hamburg, NJW 1980, 2592 m. zust. Anm. *Ostendorf*; A/W/H/H-Hilgendorf, 9/51 (mit Ausnahme »extremer Drucksituationen«); *Hoven*, ZStW 2016, 173 (191 ff.); *Schubarth*, JuS 1981, 726.
[188] BGHSt 31, 195 m. Anm. *Roxin*, JR 1983, 333 (335 f.) u. *Schubarth*, NStZ 1983, 312 f. sowie Bespr. *Schroeder*, JZ 1983, 284; zust. Sch/Sch-*Eisele*, § 240 Rn. 20a; *Fischer*, § 240 Rn. 34 f.; zweifelnd BGHSt 44, 68 (75).

IV. Zwangsheirat (§ 237 StGB)

Geschütztes Rechtsgut ist die **Eheschließungsfreiheit** als spezielle Ausprägung der Freiheit der Willensentschließung und Willensbetätigung, nicht dagegen die sexuelle Selbstbestimmung[189]. **455**

1. § 237 I StGB (*»Zwangsverheiratung«*)

Die Bezeichnung des Tatbestands ist irreführend, da § 237 I StGB nicht die Zwangsheirat, sondern die Nötigung zur Eingehung einer Ehe mit Strafe bedroht; zutreffend wäre deshalb die Überschrift *»Zwangsverheiratung«*[190]. Dieser Tatbestand ist wie § 240 StGB gestaltet, erfordert als Tathandlung also Gewalt oder Drohung mit einem empfindlichen Übel; das abgenötigte Verhalten besteht in der Eingehung der Ehe[191]. § 237 I S. 2 StGB enthält eine § 240 II StGB entsprechende Verwerflichkeitsklausel[192]. § 237 I StGB ist somit Qualifikation des § 240 StGB[193]. **456**

Nicht erfasst sind **»arrangierte« Eheschließungen**, wenn – beiden – Ehepartnern die Entschließungsfreiheit bleibt[194]. Es ist daher zu prüfen, welchen Einfluss »traditionelle Fügsamkeiten, Bildungsferne und emotionale Abhängigkeit« haben[195]. Die Rechtswidrigkeit (§ 237 I S. 2 StGB) wird bei Gewaltanwendung i.d.R. gegeben sein. Die Verwerflichkeit der Drohung mit einem empfindlichen Übel ist z.B. zu verneinen, wenn der Partner einer nichtehelichen Lebensgemeinschaft ankündigt, den anderen zu verlassen, wenn dieser nicht zur Eheschließung bereit ist[196]. **457**

2. § 237 II StGB (*»Heiratsverschleppung«*)

Die *»Heiratsverschleppung«*[197] nach § 237 II StGB geht über die Nötigung hinaus, weil der Tatbestand auch die Anwendung von *List* – nicht nur Gewalt oder Drohung mit einem empfindlichen Übel – als Tathandlung nennt. Das Opfer muss durch eine dieser Handlungen zur »Zwangsverheiratung« in das Ausland verbracht, zur Ausreise veranlasst oder von der Rückkehr ins Inland abgehalten werden. List ist ein Verhalten, das darauf abzielt, die wahren Absichten oder Umstände zu verbergen[198]. **458**

Der **subjektive Tatbestand** erfordert Vorsatz hinsichtlich der Tathandlung (dolus eventualis genügt) und die Absicht, im Ausland eine »Zwangsverheiratung« herbeizuführen[199]. **459**

---

[189] Sch/Sch-*Eisele*, § 237 Rn. 4; NK-*Sonnen*, § 237 Rn. 7; MK-*Wieck-Noodt*, § 237 Rn. 11.
[190] *Fischer*, § 237 Rn. 2.
[191] Einen Überblick geben *Bülte/Becker*, JA 2013, 7 ff.; *Ensenbach*, Jura 2012, 507 ff.; *Haas*, JZ 2013, 72 ff.; *Letzgus*, FPR 2011, 451 ff; *Schumann*, JuS 2011, 789 ff.
[192] *Fischer*, § 237 Rn. 13; AnwK-*Schroth*, § 237 Rn. 12.
[193] BT-Drs. 17/1213, 10; *Eisele/Majer*, NStZ 2011, 546 (548).
[194] *Fadlalla*, FPR 2011, 449 (451); LK[13]-*Kudlich*, § 237 Rn. 31; MK-*Wieck-Noodt*, § 237 Rn. 27.
[195] *Fischer*, § 237 Rn. 9; siehe auch *Eisele/Majer*, NStZ 2011, 546 (548).
[196] BT-Drs. 17/4401, 12; *Eisele/Majer*, NStZ 2011, 546 (548); LK[13]-*Kudlich*, § 237 Rn. 37; *Letzgus*, FS-Puppe, 2011, 1231 (1240), verneint die Drohung mit einem empfindlichen Übel.
[197] LK[13]-*Kudlich*, § 237 Rn. 38; *Sering*, NJW 2011, 2161 (2162).
[198] *Eisele/Majer*, NStZ 2011, 546 (549).
[199] M/R-*Eidam*, § 237 Rn. 19 ff.; *Schumann*, JuS 2011, 789, 792; diff. hinsichtlich Abs. 1 und 2 LK[13]-*Kudlich*, § 237 Rn. 34 und 46.

V. Nachstellung (§ 238 StGB)

460 Diese Strafvorschrift gegen ein üblicherweise unter der Bezeichnung *Stalking* diskutiertes Phänomen[200] trat 2007 in Kraft. Sie stellt in gewisser Weise symbolische Gesetzgebung dar[201]. Schwere Formen tatbestandsmäßiger Nachstellungen werden weitgehend durch andere Straftatbestände wie §§ 123, 185, 201, 201a, 239, 240, 241, 303 sowie §§ 223, 229 StGB erfasst.
2017 änderte der Gesetzgeber den zuvor als Erfolgsdelikt ausgestalteten Tatbestand zur Effektivierung des strafrechtlichen Schutzes gegen Nachstellung[202] in ein »Eignungsdelikt«; seither ist keine schwerwiegende Beeinträchtigung der Lebensgestaltung des Opfers erforderlich, sondern es genügt, dass die Tathandlung zu dieser Beeinträchtigung geeignet ist (näher *Rn. 463*).
Mit Wirkung zum 01.10.2021 wurde § 238 StGB erheblich umgestaltet. Durch die Ersetzung der Begriffe »beharrlich« durch »wiederholt« und (Eignung zur) »schwerwiegenden« durch »nicht unerheblichen« Beeinträchtigung der Lebensgestaltung wurde der Anwendungsbereich deutlich ausgeweitet; Abs. 1 wurde um weitere Nachstellungshandlungen erweitert; Abs. 2 *a.F.*, der zwei Qualifikationstatbestände enthielt, wurde unter Verwendung der Regelbeispieltechnik zu einem besonders schweren Fall umgestaltet; zudem wurde das zuvor in Abs. 4 *a.F.* enthaltene Strafantragserfordernis für Taten nach Abs. 1 gestrichen[203].

461 § 4 Gewaltschutzgesetz (GewSchG) aus dem Jahr 2001[204] bedroht im Übrigen Zuwiderhandlungen gegen gerichtliche Maßnahmen zum Schutz vor Gewalt und Nachstellungen (Verbot, die Wohnung der verletzten Person zu betreten oder zu bestimmende andere Orte aufzusuchen, an denen sich die verletzte Person regelmäßig aufhält) oder gegen eine Verpflichtung aus einem gerichtlichen Vergleich mit Strafe[205]. Die kriminalpolitische Notwendigkeit dieses Straftatbestandes ist umstritten[206].

1. Schutzgut und Deliktscharakter

462 *(a)* Geschütztes Rechtsgut ist nach den Vorstellungen des Gesetzgebers der **individuelle Lebensbereich**[207], und zwar gemäß dem Gesetzestext in der Erscheinungsform der »Freiheit der persönlichen Lebensgestaltung«[208]. Damit gehört § 238 StGB teils zu den Freiheitsdelikten, teils zu den Straftaten gegen den persönlichen Lebens-

---

[200] *Fischer*, § 238 Rn. 3; L/K/H-*Heger*, § 238 Rn. 1; LK[13]-*Krehl/Güntge*, § 238 Rn. 1 ff.; *Neubacher/Seher*, JZ 2007, 1029.
[201] *Neubacher/Seher*, JZ 2007, 1029 (1030, 1036).
[202] BT-Drs. 18/9946 S. 1, 10; krit. *Steinberg*, JZ 2017, 676 ff.
[203] Zur Neuregelung siehe z.B. *Kretschmer*, JA 2022, 41 ff.; zur Entwicklung des Tatbestandes LK[13]-*Krehl/Güntge*, § 239 Entstehungsgeschichte.
[204] Gesetz v. 11.12.2001, BGBl. I, 3513, zuletzt geänd. durch Art. 2 Gesetz v. 10.08.2021 (BGBl. I, 3513.
[205] Näher dazu NK-*Sonnen*, § 238 Rn. 10.
[206] Bejahend z.B. *Mitsch*, NJW 2007, 1237 (1238); verneinend z.B. *Kinzig*, ZRP 2006, 255 (257 f.); LK[13]-*Krehl/Güntge*, § 238 Rn. 21 f.
[207] BT-Drs. 16/575 S. 6; HdS 4-*Eisele*, § 6 Rn. 45; *Fischer*, § 238 Rn. 2; L/K/H-*Heger*, § 238 Rn 1.
[208] *Eisele* I, Rn. 510; W/H/E-*Hettinger*, Rn. 337; BeckOK-StGB-*Valerius*, § 238 Rn. 1; abw. u.a.: *Mitsch*, NJW 2007, 1237 (1238).

bereich wie §§ 201, 201a StGB. Andere betrachten den individuellen Rechtsfrieden als weiteres Schutzgut[209].

(b) Nach seiner ursprünglichen Tatbestandsstruktur war § 238 Abs. 1 StGB ein Erfolgsdelikt. Das Gesetz forderte als Erfolg eine »schwerwiegende Beeinträchtigung der Lebensgestaltung«. Die Neuregelung des Tatbestandes lässt ein Handeln des Täters genügen, das objektiv »geeignet« ist, zu einer »nicht unerheblichen« Beeinträchtigung der Lebensweise einer anderen Person zu führen. Der Tatbestand wurde dadurch zu einem **Eignungsdelikt**[210]. **463**

(c) Das Erfordernis der wiederholten Begehung eine Nachstellungshandlung (*Rn. 471*) macht die Nachstellung nicht zu einem Dauerdelikt, sondern die verwirklichten Alternativen bilden eine **tatbestandliche Handlungseinheit**[211]. **463a**

2. Begriff des Nachstellens (§ 238 Abs. 1 Nr. 1 - 8 StGB)

Eine Definition des Nachstellens in § 238 I StGB dürfte entbehrlich sein[212]. Der Begriff verweist auf die in Nr. 1 - 7 genannten Verhaltensweisen (»indem er …«), die allerdings »wiederholt« begangen werden müssen. § 238 I Nr. 8 StGB ist nicht an irgendeiner Definition zu messen, sondern verlangt die beharrliche Vornahme »anderer vergleichbarer Handlungen«, also mit den in Nr. 1 - 7 genannten vergleichbare. Erfasst sind Handlungen, die darauf gerichtet sind[213], durch unmittelbare oder mittelbare Annäherung an das Opfer in dessen persönlichen Lebensbereich einzugreifen und dadurch seine Handlungs- und Entschließungsfreiheit zu beeinträchtigen[214]. **464**

a) § 238 I Nr. 1 StGB

Aufsuchen der räumlichen Nähe des Opfers meint Handlungen wie Auflauern, Verfolgen oder Warten in der Nähe der Wohnung oder des Arbeitsplatzes des Opfers[215]. **465**
Aufsuchen erfordert zielgerichtetes Handeln; das wiederholte zufällige Zusammentreffen etwa an Bushaltestellen oder im Supermarkt genügt deshalb nicht[216].
Das Opfer muss den Täter nicht bemerken, da es auch eingeschüchtert werden kann, wenn es später erfährt, der Täter habe wiederholt seine Nähe gesucht[217].

---

[209] *Kinzig*, ZRP 2006, 255 (257); *Peters*, NStZ 2009, 238.
[210] *Kühl*, ZIS 2016, 450 f.; *Mosbacher*, NJW 2017, 983 (984); *Nowak*, JuS 2018, 1180 f.; *Steinberg*, JZ 2017, 676 ff.; *ders.*, JuS 2017, 1061 (1062). A.A. HdS 4-*Eisele*, § 6 Rn. 35 u. W/H/E-*Hettinger*, Rn. 338 (»potenzielles« Gefährdungsdelikt); SK-*Wolters*, § 238 Rn. 7 (konkretes Gefährdungsdelikt).
[211] *BGH* St 54, 189 (Rn. 27 ff.); LK[13]-*Krehl/Güntge*, § 238 Rn. 62.
[212] L/K/H-*Heger*, § 238 Rn. 3; SK-*Wolters*, § 238 Rn. 7; der Sache nach ebso. W/H/E-*Hettinger*, Rn. 339-343. A.A. *Fischer*, § 238 Rn. 7 f.
[213] Die Handlungen müssen also ein »gewisses finales Element« aufweisen, MK-*Gericke*, § 238 Rn. 17.
[214] *BGH* St 54, 189 (Rn. 16); NStZ-RR 2013, 145 (146).
[215] BT-Drs. 16/575 S. 7; *Eisele* I, Rn. 515.
[216] BT-Drs. 16/575 S. 7; Sch/Sch-*Eisele*, § 238 Rn. 9; L/K/H-*Heger*, § 238 Rn. 4. A.A. *Fischer*, § 238 Rn. 12, der bei zufälligem Zusammentreffen den Vorsatz verneint.
[217] *Fischer*, § 238 Rn. 10; MK-*Gericke*, § 238 Rn. 21; W/H/E-*Hettinger*, Rn. 339; *Peters*, NStZ 2009, 238 (239); NK-Sonnen, § 238 Rn. 32. A.A. AnwK-*Zimmermann*, § 238 Rn. 8.

Erster Abschnitt: Straftaten gegen den Einzelnen

b) § 238 I Nr. 2 StGB

466 Diese Erscheinungsform des Nachstellens erfüllt insbesondere der **Versuch der Kontaktaufnahme** durch Telefonanrufe, SMS, E-Mails, Telefaxe, Briefe bzw. Zettel an der Windschutzscheibe[218] oder Kontaktforen per Internet[219].

c) § 238 I Nr. 3a, b StGB

467 Hier geht es zum einen um die **missbräuchliche Verwendung** von personenbezogenen Daten des Opfers wie Name, Anschrift, Telefonnummer, E-Mail-Adresse etc., mittels derer (*lit. a*) für das Opfer »Bestellungen aufgegeben werden«.
Beispiel: Bestellung von Verlobungskarten unter dem Namen des Opfers zur Lieferung an dieses[220].

468 Zum anderen wird der Fall erfasst (*lit. b*), dass durch eine solche Verwendung von Daten Dritte veranlasst werden, »mit dem Opfer Kontakt aufzunehmen«.
Beispiel: Der Täter gibt eine Kontaktanzeige in der Lokalzeitung am Wohnort des Opfers auf, in der »Model-Hostess Jutta für private schöne Stunden« ihre Dienste anbietet. Die in der Anzeige genannte Telefonnummer ist die seiner Ex-Freundin J, die er durch belästigende Telefonanrufe Interessierter quälen will[221].

d) § 238 I Nr. 4 StGB

469 Diese Modalität stellt, anders als § 241 StGB, auch die **Bedrohung mit der Begehung bestimmter Vergehen** (z.B. Körperverletzung oder Freiheitsberaubung) zum Nachteil der gestalkten Person, eines Angehörigen oder einer ihr nahestehen Person unter Strafdrohung.
Freiheit i.S. der Nr. 4 ist nur die in § 239 StGB geschützte Fortbewegungsfreiheit (nicht etwa die umfassendere Freiheit der Willensentschließung und Willensbetätigung, die geschütztes Rechtsgut des § 240 StGB ist)[222].

e) § 238 I Nr. 5 StGB

469a Die 2021 eingefügte Tatalternative soll dem »**Cyberstalking**« entgegenwirken[223]. Durch die Bezugnahme auf §§ 202a, b, c StGB ist das Ausspähen und Abfangen von Daten bzw. die technische Vorbereitung zu einem solchen Vorgehen zum Nachteil des Stalkingopfers, dessen Angehörigen oder anderer diesem nahestehende Personen erfasst[224].
Beispiel: Der Täter verschafft sich unbefugten Zugang zu den E-Mail- oder Social-Media-Konten des Opfers durch Hacking oder durch sog. Stalkingware[225].

---

[218] *Eisele* I, Rn. 516; *Fischer*, § 238, Rn. 13 ff.
[219] *Peters*, NStZ 2009, 238 (240).
[220] Zur Strafbarkeit solcher Bestellungen als Betrug zum Nachteil des Lieferanten siehe Krey/*Hellmann/Heinrich*, BT 2, Rn. 752 ff. m.w.N.
[221] Vgl. *Eisele* I, Rn. 514; L/K/H-*Heger*, § 238 Rn. 4; W/H/E-*Hettinger*, Rn. 340.
[222] *Fischer*, § 238 Rn. 21; NK-*Sonnen*, § 238 Rn. 39; BeckOK-StGB-*Valerius*, § 238 Rn. 8.
[223] BeckOK-StGB-*Valerius*, § 238 Rn. 9.
[224] LK[13]-*Krehl/Güntge*, § 238 Rn. 53.
[225] BT-Drs. 19/28679, 12; W/H/E-*Engländer*, Rn. 340.

f) § 238 I Nr. 6 StGB

Dieser Tatbestand bedroht die **Verbreitung oder öffentliche Zugänglichmachung von Abbildungen** jeder Art der gestalkten Person, eines ihrer Angehörigen oder einer ihr nahe stehenden Person mit Strafe. Abbildungen sind körperliche und digitale Darstellungen[226]. Die Situation, in der die betroffene Person abgebildet wird, ist unerheblich[227], in der Praxis handelt es sich aber zumeist um »kompromittierende« Abbildungen, die im Internet veröffentlicht werden. 469b

Beispiel: Der Täter stellt ein »Revenge Porn«, also ein Video, das ihn mit dem Opfer in einer intimen Situation zeigt, ins Internet[228]. Unerheblich ist, ob die Aufnahme ursprünglich mit Einverständnis des Opfers entstanden war.

g) § 238 I Nr. 7 StGB

Die **Verbreitung oder öffentliche Zugänglichmachung von verleumderischen Inhalten unter Vortäuschen der Urheberschaft des Stalkingopfers** ist ebenfalls mit Strafe bedroht. Nicht erforderlich ist die Nennung des Namens des Opfers, sondern es genügt, dass der Inhalt i.S. des § 11 III StGB anonym verbreitet oder öffentlich zugänglich gemacht wird, wenn sich die – vermeintliche – Urheberschaft aus anderen Umständen ergibt[229]. 469c

Beispiele: Anlegen eines Social-Media-Kontos unter dem Namen des Opfers, über das mit Dritten in sexualisierter Sprache kommuniziert wird, oder das Veröffentlichen angeblicher sexueller oder krimineller Fantasien[230].

h) § 238 I Nr. 8 StGB

(1) Die Vereinbarkeit dieses **Auffangtatbestandes** (»eine mit Nummern 1 bis 7 vergleichbare Handlung«) mit dem Bestimmtheitsgebot aus Art. 103 II GG ist zwar zweifelhaft[231]. Die Verfassungswidrigkeit könnte aber nur das *BVerfG* feststellen. Solange dies nicht geschehen ist, ist der Tatbestand anwendbar. 470

(2) Dagegen liegt jedenfalls kein Verstoß gegen das Analogieverbot aus dieser Verfassungsnorm vor, da es nicht um Gesetzesanalogie als Rechtsfindung praeter legem geht, sondern nur um eine sog. innertatbestandliche Analogie als Mittel der Auslegung bzw. Konkretisierung des Begriffs des Nachstellens[232].

(3) Eine **andere vergleichbare Handlung** i.S. der Nr. 8 ist nur anzunehmen, wenn sie nach Art und Gewicht den in Nr. 1 - 7 genannten vergleichbar ist, also nach Erscheinungsform und Schwere des Unrechtsgehalts[233]. Die weitergehende Ansicht,

---

[226] BeckOK-StGB-*Valerius*, § 238 Rn. 10; anders wohl LK[13]-*Krehl/Güntge*, § 238 Rn. 54: »Nicht dazu zählen elektronische Speichermedien sowie die auf ihnen gespeicherten Bilddateien.«
[227] BeckOK-StGB-*Valerius*, § 238 Rn. 10.
[228] BT-Drs. 19/28679, 12; LK[13]-*Krehl/Güntge*, § 238 Rn. 54; SK-*Wolters*, § 238 Rn. 20.
[229] BT-Drs. 19/28679, 12.
[230] BT-Drs. 19/28679, 12 f.
[231] Offengelassen von *BGH*, NJW 2013, 3383 (Rn. 34). Die Verfassungsmäßigkeit bejahen z.B. MK-*Gericke*, § 238 Rn. 37 f.; *Mosbacher*, NJW 2017, 983 (984 f.). Krit. *Buß*, JR 2016, 356 (360); *Cirullies/Cirullies*, FamRZ 2017, 493 (494); HdS 4-*Eisele*, § 6 Rn. 43; *Nowak*, JuS 2018, 1180 (1182 f.); NK-*Sonnen*, § 238 Rn. 28; zunächst auch BT-Drs. 18/9946, 14; jeweils zu § 238 I Nr. 5 StGB *a.F.*
[232] BT-Drs. 16/3641 S. 14; *Eisele* I, Rn. 519; L/K/H-*Heger*, § 238 Rn. 5.
[233] MK-*Gericke*, § 238 Rn. 38; *Neubacher/Seher*, JZ 2007, 1029 (1033); *Rengier* II, 26a/13.

die auf Ähnlichkeit mit den in Nr. 1 - 7 aufgeführten Begehungsweisen verzichtet[234], würde Nr. 8 verfassungswidrig unbestimmt machen.
Beispiel: Bösartiges Abbestellen der Lieferung von Strom, Gas und/oder Wasser[235].

3. Die Merkmale wiederholt, unbefugt, Eignung zur nicht unerheblichen Beeinträchtigung der Lebensgestaltung

471 *a)* Nachstellen verlangt eine **wiederholte** Begehung einer der Tathandlungen des § 238 I StGB. Durch die Ersetzung des in der Vorgängervorschrift verwendeten Begriffs beharrlich durch wiederholt verzichtet die Neufassung auf das subjektive Element der alten Fassung, nämlich die bewusste Missachtung des Willens des Opfers bzw. die Gleichgültigkeit gegenüber diesem Willen, die eine besondere Hartnäckigkeit und gesteigerte Gleichgültigkeit gegenüber dem Verbot[236] sowie Wiederholungsgefahr zum Ausdruck bringt[237].
Erforderlich – und grundsätzlich ausreichend – sind zwei Nachstellungshandlungen, wobei der Täter nicht mehrmals dieselbe Tatmodalität verwirklichen muss[238]. Da das Nachstellungsverhalten geeignet sein muss, die Lebensgestaltung des Opfers nicht unerheblich zu beeinträchtigen, werden wenige Nachstellungshandlungen nur genügen, wenn die einzelnen Handlungen gravierend sind[239]. Im Falle einer längeren zeitlichen Zäsur – z.B. wenn zwischen den Handlungen ein Zeitraum von sechs Monaten liegt – ist Wiederholung zu verneinen[240].

472 *b)* **Unbefugt** ist ein Verhalten gegen den Willen des Opfers; seine Einwilligung schließt also bereits den Tatbestand aus[241].

473 *c)* Für die Feststellung der **Eignung zur nicht unerheblichen Beeinträchtigung der Lebensgestaltung des Opfers** ist maßgeblich auf den Grad des psychischen Drucks, den der Täter mit seinem Verhalten hervorruft, abzustellen[242]. Indizien dafür sind die Häufigkeit, die Kontinuität und der zeitliche Zusammenhang der Tathandlungen sowie die beim Opfer eventuell schon eingetretenen Veränderungen der Lebensumstände sowie psychische und körperliche Folgen[243]. Ein Ausweich- oder Vermeideverhalten des Opfers ist – anders als von der ursprünglichen Regelung gefordert – nicht mehr notwendig, sondern es genügt, dass das Verhalten des Täters einen objektivierbaren Anlass für eine Verhaltensänderung »jenseits einer Bagatell-

---

[234] So offenbar: *Eisele* I, Rn. 520 m.w.N.; zu § 238 I Nr. 5 StGB *a.F.*
[235] *Neubacher/Seher*, JZ 2007, 1029 (1033). Weitere Beispiele bei *Eisele* I, Rn. 520; MK-*Gericke*, § 238 Rn. 39; LK[13]-*Krehl/Güntge*, § 238 Rn. 57.
[236] *BGH*, NStZ-RR 2014, 208 (209); NStZ 2016, 724 (725); *LG Arnsberg*, BeckRS 2012, 10685 (IV.).
[237] BT-Drs. 16/575 S. 7; *BGH* St 54, 189 (Rn. 20); NStZ 2016, 724 (725); *Eisele* I, Rn. 521; *Fischer*, § 238 Rn. 28a; SK-*Wolters*, § 238 Rn. 15.
[238] *Gerhold*, ZRP 2021, 118 (119); L/K/H-*Heger*, § 238 Rn. 3; W/H/E-*Hettinger*, Rn. 342.
[239] BT-Drs. 19/28679, 12: »Bei schwerer wiegenden Einzelhandlungen kann schon eine geringe einstellige Anzahl von Wiederholungen hinreichend für eine Strafbarkeit sein.«
[240] *OLG Celle*, NStZ-RR 2012, 341, zur Beharrlichkeit in § 238 StGB *a.F.*
[241] BT-Drs. 16/575 S. 7; *Eisele* I, Rn. 524; L/K/H-*Heger*, § 238 Rn. 6; *Rengier*, 26a/8; diff. *Fischer*, § 238 Rn. 36; *Mitsch*, NJW 2007, 1237 (1240).
[242] BT-Drs. 18/9946 S. 14 (zu § 238 StGB *a.F.*).
[243] BT-Drs. 18/9946 S. 14 (zu § 238 StGB *a.F.*).

grenze« bietet »und damit außerhalb dessen liegen, was das Opfer noch unter besonnener Selbstbehauptung hinzunehmen hat«[244]. Beispiele für – mögliche – Verhaltensänderungen sind Aufgabe des Arbeitsplatzes, Umzug in eine andere Wohnung oder andere Stadt, Verlassen der Wohnung nur in Begleitung[245], und zwar jeweils wegen der Nachstellung. Durch die Herabsetzung des Maßstabs sind nun auch das Wechseln der Telefonnummer oder die Einrichtung einer Fangschaltung[246] erfasst, nicht dagegen der Wechsel einer Mailadresse oder die Einrichtung eines Anrufbeantworters[247].

4. Besonders schwere Fälle, § 238 II StGB

2021 gestaltete der Gesetzgeber den Qualifikationstatbestand des § 238 II StGB **474** – unter Beibehaltung des Strafrahmens – in eine Regelung besonders schwerer Fälle unter Verwendung der Regelbeispieltechnik um. Die bisherigen Qualifikationen – Herbeiführung der Gefahr des Todes oder einer schweren Gesundheitsschädigung (dazu *Rn. 158*) des Opfers, eines Angehörigen des Opfers oder einer diesem nahestehenden Person – sind nun Regelbeispiele nach § 238 II 2 Nr. 1 und 2 StGB. Lediglich empfundene Beeinträchtigungen der Arbeitsfähigkeit reichen für die Annahme einer Gesundheitsschädigung nicht aus[248]. Weitere Regelbeispiele sind Nachstellung durch eine Vielzahl von Tathandlungen über mindestens sechs Monate, Nr. 3; Verwendung eines Computerprogramms zur digitalen Ausspähung anderer Personen (»Stalkingware«), Nr. 4; Verwendung einer nach § 238 I Nr. 5 StGB (*Rn. 469a*) insbesondere durch Hacking oder Stalkingware erlangten Abbildung, Nr. 5, oder eines solcherart erlangten Inhalts, Nr. 6; Nachstellung eines Opfers unter sechzehn Jahren durch einen über einundzwanzig Jahre alten Täter, Nr. 7.

5. Qualifikationstatbestand, § 238 III StGB

§ 238 III StGB (Nachstellung mit Todesfolge) ist ein **erfolgsqualifiziertes Delikt**, **475** auf das § 18 StGB anwendbar ist.

Beispiele für eine Nachstellung mit Todesfolge sind u.a. der (unfreie) Suizid des Opfers[249] und sein Tod aufgrund panischer Flucht[250] wegen der Nachstellung.

(1) Die Erfolgsqualifikation verlangt, anders als etwa §§ 251, 178 StGB, keine we- **476** nigstens leichtfertige Herbeiführung des Todes, sodass **jede Fahrlässigkeit** genügt.

---

[244] BT-Drs. 19/31111, 5.
[245] *OLG Hamm*, NStZ-RR 2009, 175; *Fischer*, § 238 Rn. 34; L/K/H-*Heger*, § 238 Rn. 2; *Jeßberger/Book*, JuS 2010, 321 (324).
[246] Nach Auffassung des *OLG Hamm*, NStZ-RR 2009, 175 genügte dies nicht für die Strafbarkeit nach der Vorgängerregelung.
[247] LK[13]-*Krehl/Güntge*, § 238 Rn. 67a.
[248] BGH, NStZ-RR 2011, 12 (13), Zu § 238 II StGB *a.F.*
[249] BGH St 62, 49 (Rn. 14 ff.) m. Anm. *Steinberg*, StV 2018, 243 (244); Bespr. *Kudlich*, JA 2017, 712 (714), mit vorsichtigen Bedenken hinsichtlich feststellbarer Ursächlichkeit für den Suizid; M/R-Eidam, § 238 Rn. 29; *Fischer*, § 238 Rn. 57; L/K/H-*Heger*, § 238 Rn. 11; *Jahn*, JuS 2017, 1032 (1034).
[250] BT-Drs. 16/3641, 14; *Neubacher/Seher*, JZ 2007, 1029 (1035); NK-*Sonnen*, § 238 Rn. 57.

477 (2) Wegen des Fehlens der Versuchsstrafbarkeit des Grunddelikts aus § 238 I StGB dürfte es keinen **erfolgsqualifizierten Versuch** der Nachstellung mit Todesfolge geben: Führt bereits ein – strafloser – Versuch des § 238 I StGB zum Tod des Opfers, so scheidet die Versuchsstrafbarkeit des § 238 III StGB aus[251], denn der erfolgsqualifizierte Versuch ist nur strafbar, wenn der Versuch des Grunddelikts strafbar ist, da erfolgsqualifizierte Delikte nicht strafbegründende, sondern nur strafschärfende Qualifikationen sind[252].

6. Konkurrenzen

478 Die **sukzessive Tatbegehung** durch mehrere Nachstellungshandlungen (»beharrlich«) stellt eine Nachstellung (tatbestandliche Handlungseinheit, *Rn. 463a*) dar[253]. § 238 I StGB steht mit zugleich verwirklichten Taten nach §§ 223, 229, 239, 240, 303 StGB in Tateinheit (§ 52 StGB).

VI. Bedrohung (§ 241 StGB)

479 § 241 StGB (Bedrohung) bezweckt den Schutz des **individuellen Rechtsfriedens**[254], nämlich des Gefühls der Sicherheit des Einzelnen und seines Vertrauens in deren Fortbestand[255], und damit die **Absicherung der Entschließungs- und Handlungsfreiheit des Einzelnen**[256].

Der Anwendungsbereich der Vorschrift wurde 2021 durch das Gesetz zur Bekämpfung des Rechtsextremismus und der Hasskriminalität[257] ausgedehnt, indem nicht mehr nur die Bedrohung mit einem Verbrechen (Abs. 2 *n.F.*), sondern auch mit der Begehung einer Tat gegen die sexuelle Selbstbestimmung, die körperliche Unversehrtheit, die persönliche Freiheit oder gegen eine Sache von bedeutendem Wert (Abs. 1 *n.F.*) mit Strafe bedroht wird. Eingefügt wurde zudem Abs. 4, der die Strafrahmen der Abs. 1 und 2 im Falle der öffentlichen Begehung in einer Versammlung erhöht[258].

480 Fall 50: – *Bedrohung einer nicht existenten Person* –

Sebastian (S) war wütend darüber, dass Anna (A), die für ihn zuständige Sachbearbeiterin des Sozialamts, seinen Antrag auf finanzielle Unterstützung abgelehnt hatte. S trat daraufhin mit hochrotem Kopf und geballten Fäusten an den Schreibtisch der A und brüllte: »Ich werde deinen Mann und deine Kinder kaltmachen!« A war jedoch, was S nicht wusste, unverheiratet und kinderlos. S hatte ein Foto auf dem Schreibtisch der A gesehen. Es handelte sich dabei um ein Bild des Bruders der A mit seinen Kindern.

Hat sich S wegen Bedrohung nach § 241 II StGB strafbar gemacht?

---

[251] Ebso. etwa: HdS 4-*Eisele*, § 6 Rn. 74; *Fischer*, § 238 Rn. 56; L/K/H-*Heger*, § 238 Rn. 11 m.w.N.; offengelassen von W/H/E-*Hettinger*, Rn. 351. A.A. NK-*Sonnen*, § 238 Rn. 58.
[252] Krey/*Esser*, AT, Rn. 1375 (m.w.N.).
[253] *BGH* St 54, 189 (Rn. 30).
[254] *BVerfG*, NJW 1995, 2776 (2777); *BGH*, NStZ 2015, 384 (Rn. 9); LK[13]-*Schluckebier*, § 241 Rn. 1; SK-*Wolters*, § 241 Rn. 2.
[255] L/K/H-*Heger*, § 241 Rn. 1; NK-*Toepel*, § 241 Rn. 4.
[256] S/S/W-*Schluckebier/Werner*, § 241 Rn. 1.
[257] BGBl. 2021, 441.
[258] Zur Neufassung *Mitsch*, ZJS 2022, 182 ff.

§ 241 II StGB setzt voraus, dass der Täter mit einem **Verbrechen im technischen Sinn** des § 12 I StGB droht[259]. Das ist bei der Ankündigung eines vorsätzlichen Tötungsdelikts (§§ 212, 211 StGB) der Fall.

Drohung i.S. des § 241 StGB bedeutet Inaussichtstellen einer rechtswidrigen Tat i.S. des Abs. 1 oder eines Verbrechens auf eine Weise, die bei dem Bedrohten den **Eindruck der Ernstlichkeit** erwecken soll und dazu nach dem objektiven Erklärungsinhalt geeignet ist; ob der Bedrohende das Verbrechen begehen kann oder will, ist nicht maßgeblich[260]. Die Begehung des Verbrechens kann vom zukünftigen Eintritt oder Nichteintritt eines weiteren Umstands abhängig gemacht werden[261]. 481

Angesichts der konkreten Umstände entstand in casu dieser Eindruck der Ernstlichkeit.

Die Bedrohung muss sich jedoch gegen eine real existierende Person richten[262]. 482

Da A unverheiratet und kinderlos war, scheidet § 241 II StGB somit aus. Der Tatbestand droht keine Versuchsstrafbarkeit an, sodass die irrige Vorstellung des S, A sei verheiratet und Mutter, ihn nicht belastet.

Ergänzende Hinweise

(1) § 241 I, II StGB tritt hinter das angedrohte Delikt zurück, wenn der Täter es begeht oder dies versucht (Konsumtion)[263]. Im Verhältnis zur vollendeten und versuchten Nötigung oder Erpressung und zu § 113 StGB ist § 241 StGB subsidiär[264]. 483

(2) Der Vortäuschungstatbestand des § 241 III StGB erfasst – im Gegensatz zu § 241 II StGB – nur tatsächlich **nicht** bevorstehende Taten[265], die der Täter als von ihm unabhängig darstellt[266]. Der Tatbestand erfasst objektiv »falsche Warnungen«[267]. Der Täter muss »wider besseres Wissen« handeln, d.h. im Zeitpunkt der Äußerung davon überzeugt sein (sicheres Wissen = dolus directus 2. Grades), dass das in Aussicht gestellte Verbrechen nicht bevorsteht[268]. 484

---

[259] *BGH* St 17, 307 (308); NStZ-RR 2003, 45.
[260] *Fischer*, § 241 Rn. 3a; S/S/W-*Schluckebier/Werner*, § 241 Rn. 5.
[261] *BGH*, NStZ 2015, 394 (Rn. 10).
[262] *BVerfG*, NJW 1995, 2776 (2777); eingehend dazu *Küper*, JuS 1996, 783.
[263] *BGH* NStZ 2019, 472; NStZ-RR 2024, 141; NK-*Toepel*, § 241 Rn. 27.
[264] *BGH*, NStZ 2006, 342; NStZ-RR 2014, 178; L/K/H-*Heger*, § 241 Rn. 4; *Jäger*, JR 2003, 478 ff.; MK-*Sinn*, § 241 Rn. 17. A.A. (Tateinheit von Bedrohung und versuchter Nötigung) der 4. Strafsenat des *BGH*, NStZ-RR 2022, 341, und der 5. Strafsenat, *BGH*, NStZ-RR-2024, 78; *BayObLG*, NJW 2003, 911 (912); Sch/Sch-*Eisele*, § 241 Rn. 16.
[265] Sch/Sch-*Eisele*, § 241 Rn. 10.
[266] BeckOK-StGB-*Valerius*, § 241 Rn. 8.
[267] Sch/Sch-*Eisele*, § 241 Rn. 10.
[268] MK-*Sinn*, § 241 Rn. 13; NK-*Toepel*, § 241 Rn. 25.

§ 5 Straftaten gegen die Ehre (§§ 185–200 StGB)

I. Beleidigung, Üble Nachrede und Verleumdung (§§ 185–187 StGB)

485 **Geschütztes Rechtsgut** der §§ 185–187 StGB ist (abgesehen von dem in § 187 StGB ebenfalls enthaltenen Tatbestand der Kreditgefährdung[1]) allein **die Ehre**.[2] Die Bedeutung des Ehrbegriffs ist dabei allerdings – heute mehr denn je – streitig:

– Für den mittlerweile bedeutungslos gewordenen **»faktischen Ehrbegriff«** war Ehre »das subjektive Ehrgefühl bzw. der gute Ruf *in seiner realen Existenz*«.[3] Gegen ihn spricht, dass »das subjektive Ehrgefühl fehlen oder übertrieben hoch, der tatsächliche Ruf dagegen unverdient gut oder schlecht sein kann«.

– So war denn auch lange Zeit der **»normativ-faktische Ehrbegriff«** herrschend: Nach ihm ist Angriffsobjekt der Ehrdelikte »die dem Menschen als Träger geistiger und sittlicher Werte zukommende *innere Ehre*, außerdem seine darauf beruhende Geltung, sein *guter Ruf* innerhalb der mitmenschlichen Gesellschaft« *(äußere Ehre)*,[4] wobei z.T. vertreten wird, dass § 185 StGB jene »innere Ehre« schütze, §§ 186, 187 StGB dagegen die »äußere Ehre«.[5] Dieser im Sinne echter Alternativität einerseits auf den personalen und andererseits auf den sozialen *Wert* der Ehre abstellende *dualistische Ehrbegriff* vermag jedoch nicht zu überzeugen, ist doch »der innere Wert eines Menschen nicht verletzbar, während der gute Ruf nur insoweit Schutz verdient, als er tatsächlich verdient ist«.[6]

486 – Heute wird überwiegend der **»normative Ehrbegriff«** zugrunde gelegt, nach welchem das Schutzgut der §§ 185 ff. StGB einheitlich zu bestimmen ist: Es sei zu erblicken »in dem auf die *Personenwürde* gegründeten, aber auch vom sittlich-sozialen *Verhalten* abhängigen, einem Menschen *berechtigterweise* zustehenden ›Geltungswert‹ bzw. in dem daraus folgenden ›Anspruch‹, nicht unverdient herabgesetzt zu werden«.[7] Dabei werden freilich von den verschiedenen Vertretern dieses Ehrbegriffs durchaus »unterschiedliche Akzente gesetzt, was die Einbeziehung des ›personalen‹ und des ›sozialen‹ Geltungswerts betrifft«.[8]

– So besteht etwa für *Hirsch, Tenckhoff* und *Welzel*[9] die Ehre allein in dem Wert, »den der Mensch in Bezug auf seine sittliche Integrität ... aufweist« (sog. **»personaler Ehrbegriff«**).

– *Zaczyk* (*E.A. Wolff* folgend) definiert Ehre als das »von der Würde des Menschen geforderte und seine Selbstständigkeit als Person begründende Anerkennungsverhältnis mit anderen Personen«[10] (sog. **»interpersonaler Ehrbegriff«**).

---

[1] Bei dem es sich nicht um ein Ehr-, sondern ein *Vermögensdelikt* handelt, **näher unten Rn. 547**.
[2] Ausf. MK-*Regge/Pegel*, vor § 185 Rn. 7; dort auch, in Rn. 1 ff., ausf. zur Historie des Ehrschutzes.
[3] Hier und nachf. Sch/Sch-*Eisele/Schittenhelm*, vor § 185 Rn. 1; entsprechend Küper/*Zopfs*, Rn. 186.
[4] BGH (GS) St 11, 70 f.; ähnlich etwa: *Otto*, NStZ 1985, 213 (214) mwN; *ders.*, JZ 1989, 803.
[5] Vgl. LK-*Hilgendorf*, vor § 185 Rn. 11; Sch/Sch-*Eisele/Schittenhelm*, vor § 185 Rn. 1.
[6] Sch/Sch-*Eisele/Schittenhelm*, vor § 185 Rn. 1; entsprechend Küper/*Zopfs*, Rn. 186.
[7] So zusammenfassend Küper/*Zopfs*, Rn. 187 (Hervorhebung auch im Original); ebso. Sch/Sch-*Eisele/Schittenhelm*, vor § 185 Rn. 1 mwN; s.a. M/S/M/H/M-*Momsen*, 24/5 ff.
[8] So treffend *Rengier* II, 28/2; s.a. M/S/M/H/M-*Momsen*, 24/2, 5 ff.
[9] *Hirsch*, Ehre und Beleidigung, 1967, S. 29 ff., 45 ff., 72 ff.; *Tenckhoff*, Die Bedeutung des Ehrbegriffs für die Systematik der Beleidigungstatbestände, 1974, S. 71; obiges Zitat: *Welzel*, S. 303.
[10] NK⁵-*Zaczyk*, vor § 185 Rn. 1 i.A.a. *E.A. Wolff*, ZStW 81 (1969), 893; s.a. NK-*Kargl*, vor § 185 Rn. 49.

– Für *Jakobs* ist Ehre – ihren personalen Aspekt dabei vernachlässigend – »die zugunsten einer Person angebrachte Zurechnung als verdienstlich« und Beleidigung die »Verfälschung der Zurechnung zulasten der Person« (sog. **»sozialer Ehrbegriff«**).[11] Er spricht davon, dass das Verbot der Ehrverletzung »zum ›Kitt der Gesellschaft‹ gehört, also auch die Aufgabe hat, der Erhaltung der gesellschaftlichen Struktur zu dienen«.[12]

487

– *Amelung* schließlich hat unter dem Stichwort »Die Ehre als Kommunikationsvoraussetzung«[13] einen höchst beachtlichen Neuansatz vorgelegt: Mit dem Ziel, einen *wirklichkeitshaltigeren Ehrbegriff* zu entwickeln, als er bisher zugrunde gelegt wird, definiert er Ehre als »die Fähigkeit eines Menschen, sich so zu verhalten, dass er den normativen Erwartungen gerecht wird, denen er gerecht werden muss, um als ebenbürtiger Partner von Kommunikationen akzeptiert zu werden«[14] (sog. **»funktionaler Ehrbegriff«**).

Auf der Grundlage des normativen Ehrbegriffs hebt der *BGH* hervor:[15] »Ein **Angriff auf die Ehre** wird geführt, wenn der Täter einem anderen zu Unrecht Mängel nachsagt, die, wenn sie vorlägen, den Geltungswert des Betroffenen mindern würden. Nur durch eine solche ›Nachrede‹ (die ein herabsetzendes Werturteil oder eine ehrenrührige Tatsachenbehauptung sein kann), wird der aus der Ehre fließende **verdiente Achtungsanspruch** verletzt.«

488

1. Beleidigung (§ 185 StGB)

Fall 51: – *Die drei Begehungsformen der Beleidigung –*

489

Kaufmann Soll (S) warf seinem Angestellten Haben (H) unter vier Augen vor, er (der H) habe sich an der Ladenkasse »vergriffen«: Es fehlten nämlich 500,– Euro. Diese Anschuldigung war objektiv falsch, S hielt sie aber für zutreffend. Strafbarkeit des S?

Die Beleidigung ist eine **Kundgabe der Nichtachtung oder Missachtung**, wobei es freilich nicht auf den bloßen Beleidigungswillen ankommt, sondern auf die objektive Bedeutung der Äußerung unter Beachtung der Wertungen der Rechtsordnung.[16]

– So ist etwa die bloße Bezeichnung eines Polizisten als »Homosexueller« keine Beleidigung, da »homosexuell« keine wertmindernde Bedeutung aufweist.[17] –

Der Tatbestand des § 185 StGB umfasst **drei Begehungsformen**:
(1) Äußerung eines beleidigenden Werturteils gegenüber dem Betroffenen sowie
(2) eine derartige Äußerung über den Betroffenen gegenüber Dritten;
(3) zudem die Behauptung ehrenrühriger **Tatsachen gegenüber dem Betroffenen**.[18]

Dagegen kommen bei Behauptung ehrenrühriger **Tatsachen gegenüber Dritten** ausschließlich §§ 186–188 StGB in Betracht.

Im vorliegenden *Fall 51* ist – mittels Begehungsform (3) – der objektive Tatbestand des § 185 StGB erfüllt. Doch entfällt mangels Vorsatzes der subjektive Tatbestand:

490

---

[11] Vgl. *Jakobs*, FS-Jescheck, 1985, 627 (639): oben erstes Zitat; *ders.*, FS-Maiwald, 2010, 365 (377): oben zweites Zitat; krit. insb. M/S/M/H/M-*Momsen*, 24/5; NK-*Kargl*, vor § 185 Rn. 50 f.
[12] *Jakobs*, FS-Maiwald, 2010, 365 (373).
[13] So der programmatische Titel der 2002 von *Amelung* vorgelegten Schrift.
[14] *Amelung*, Ehre als Kommunikationsvoraussetzung, 2002, 19, 38; s.a. *ders.* FS-Rudolphi, 2004, 373 ff.
[15] BGH St 36, 148 (i.A.a. *Herdegen*); zust. u.a. L/K/H-*Heger*, vor § 185 Rn. 1.
[16] LG Tübingen, NStZ-RR 2013, 10; s.a. *Fischer*, § 185 Rn. 8c allg. zu **wertneutralen** Bezeichnungen.
[17] LG Tübingen, aaO; s.a. *Fischer*, aaO, zur Bezeichnung einer Person als »Jude«, »Ausländer« etc.
[18] L/K/H-*Heger*, § 185 Rn. 2; HK-GS-*Schneider*, § 185 Rn. 12; *Rengier* II, 29/28.

Bei § 185 StGB in Begehungsform (3) ist nämlich (anders als bei § 186 StGB, vgl. *Rn. 504 ff., Fall 53*) die **Unwahrheit** der Behauptung **Tatbestandsmerkmal**, sodass sie vom Vorsatz des Täters umfasst sein muss;[19] an diesem Vorsatz fehlt es hier.

Anders als bei § 186 StGB geht das Beweisrisiko nicht zu Lasten des Täters.[20] Eine Berufung auf die dortige Sonderregelung wäre unter dem Gesichtspunkt des Analogieverbots bedenklich; außerdem geht es bei § 185 StGB ja nur um Tatsachenbehauptungen *gegenüber dem Betroffenen selbst*, so dass eine rufschädigende Außenwirkung wie bei § 186 nicht zu befürchten steht und damit ein entsprechendes Schutzbedürfnis entfällt.

Ergebnis: Gemäß § 16 I S. 1 StGB ist S mangels Vorsatzes nicht strafbar.

491 **Fall 52:** – *Beleidigung unter einer Kollektivbezeichnung (I)* –

Studentin Rosa (R) gerät bei ihrer Vernehmung durch Staatsanwalt Streng (S) in Zorn über den von ihm angeschlagenen, nach ihrer Meinung unangemessenen, Ton; erregt ruft sie aus, alle Staatsanwälte seien »käufliche Kapitalistenknechte«. S sowie sein Kollege Hart (H), dem er von dem Vorfall erzählt und der sich ebenfalls beleidigt fühlt, stellen Strafantrag.

a) § 186 StGB scheidet mangels **Tatsachenbehauptung** aus; hier war offenkundig in erster Linie ein **Werturteil** (das allenfalls in tatsächlicher Beziehung erläutert wurde) gewollt.

492 Für die Frage »*Werturteil oder Tatsachenbehauptung?*« kommt es – unter Berücksichtigung des Gesamtzusammenhangs – auf den Schwerpunkt der beleidigenden Äußerung an.[21] Dabei ist für den obj. Tatbestand der »objektive Erklärungswert« der Äußerung maßgeblich, für den subj. Tatbestand der Vorsatz des Täters.

– Für **Tatsachen** ist kennzeichnend, dass sie dem Beweis zugänglich sind, also in einem Gerichtsverfahren festgestellt werden könnten (siehe §§ 190, 192 StGB).
– **Werturteile** sind dagegen durch Elemente des »Meinens«, des »subjektiven Dafürhaltens« geprägt; sie sind nicht beweisbar, sondern Ausdruck der persönlichen Überzeugung.

493 Die Annahme eines Werturteils wird nicht dadurch ausgeschlossen, dass es in tatsächlicher Beziehung näher erläutert wird.[22] Umgekehrt liegt – bei Äußerungen gegenüber Dritten – grundsätzlich nur § 186 StGB und nicht § 185 StGB vor, wenn einer Tatsachenbehauptung ein aus dieser abgeleitetes Werturteil hinzugefügt wird,[23] während (wiederum bei drittadressierten Äußerungen) Tateinheit zwischen § 185 StGB und § 186 StGB gegeben ist, »wenn im Zusammenhang mit der ehrenrührigen Tatsachenbehauptung ehrverletzende Werturteile ausgesprochen werden, die nicht oder nicht ausschließlich aus dieser ableitbar sind«.[24]

Ist es nicht möglich, ohne Sinnverfälschung tatsächliche und wertende Bestandteile einer Äußerung zu trennen, ist zugunsten des Aspekts der – dem Schutz des Art. 5 I 1 GG unterfallenden (vgl. *Rn. 516*) – Meinungsfreiheit von einem Werturteil auszugehen.[25]

---

[19] *Geppert*, Jura 2002, 820 (823 f.); Sch/Sch-*Eisele/Schittenhelm*, § 185 Rn. 6; LK-*Hilgendorf*, § 185 Rn. 37; SK[10]-*Rogall*, § 185 Rn. 19; HK-GS-*Schneider*, § 185 Rn. 12; W/H/E-*Hettinger*, Rn. 473.

[20] So aber *Hirsch*, Ehre und Beleidigung, 1967, S. 204 ff.; *Welzel*, S. 310; *Tenckhoff*, JuS 1989, 35 (36 f.); *Gössel/Dölling*, 30/27; *Otto*, BT, 32/14.

[21] *BVerfG*, StV 2017, 182; ebso. *BGH* St 6, 159; 12, 287 (292); *Otto*, JZ 2001, 719 f.; *Geppert*, Jura 2002, 820 (821); NK-*Kargl*, § 186 Rn. 25; *Rengier* II, 29/4; s.a. *KG*, NStZ-RR 2013, 8.

[22] Sch/Sch-*Eisele/Schittenhelm*, § 186 Rn. 4; *Fischer*, § 186 Rn. 3; *Küper/Zopfs*, Rn. 510.

[23] *BGH* St 12, 287 (292); Sch/Sch-*Eisele/Schittenhelm*, § 186 Rn. 4.

[24] *BGH* St 12, 287 (292); *Otto*, JZ 2001, 719 f.; vgl. auch *Geppert*, Jura 2002, 820 (821 f.).

[25] *BVerfG*, StV 2017, 182: bei falscher Einstufung Verkennung der Tragweite der Meinungsfreiheit.

b) § 185 StGB

(1) Beleidigung **des S**: Die ersichtlich gerade auf S gerichtete Äußerung der R stellt eine Beleidigung – i.S. einer »Kundgabe der Nichtachtung oder Missachtung« – des S dar. Die R hat also ein Vergehen nach § 185 StGB begangen.

– Zum Antragserfordernis vgl. § 194 I S. 1, III S. 1 StGB. –

(2) Beleidigung »aller Staatsanwälte«, d.h. auch des H?

(a) Ob und inwieweit ein Verhalten als Kundgabe von Nicht- oder Missachtung zu deuten ist, bestimmt sich nach seinem **objektiven Erklärungswert**.[26]

– Was zur Folge hat, dass sich bei mehrdeutigen Äußerungen der Tatrichter mit den verschiedenen Deutungsmöglichkeiten auseinandersetzen muss.[27] –

Daher ist zu fragen, ob sich die Äußerung der R nach ihrem objektiven Erklärungswert nur auf den S oder wirklich *auf alle* (deutschen) Staatsanwälte bezog.

Eine Beleidigung aller (deutschen) Staatsanwälte ist hier schwerlich anzunehmen, da R ihre Äußerung nur gegenüber einem bestimmten Staatsanwalt, über dessen Verhalten sie erzürnt war und *gerade den* sie deswegen gezielt kränken wollte, gemacht hat (näher *Rn. 499 f.*). Im Übrigen wäre auch ein Vorsatz der R erforderlich, man könne ihre Äußerung auf alle Staatsanwälte beziehen; das ist nach dem Sachverhalt ebenfalls nicht naheliegend.

Danach hat R gegenüber anderen Staatsanwälten als dem S keine Beleidigung begangen.

(b) Wäre die Äußerung der R hingegen doch so zu verstehen, dass sie tatsächlich *alle* Staatsanwälte (der Bundesrepublik) erfassen sollte, und handelte R insoweit vorsätzlich, so wäre auch gegenüber Staatsanwalt H der Tatbestand des § 185 StGB erfüllt:

In Rechtsprechung und Lehre ist nämlich anerkannt, dass eine **Kollektivbeleidigung** im Sinne der Beleidigung **aller Mitglieder** einer Personenmehrheit

– nicht zu verwechseln mit der Beleidigung *des Kollektivs selbst* (dazu *Rn. 528 ff.*) –

durch missachtende Äußerungen über die fragliche Personenmehrheit möglich ist (»Sammelbeleidigung«). Voraussetzung dafür ist zweierlei:

(aa) Zunächst ist erforderlich, dass »diese Personenmehrheit so aus der Allgemeinheit hervortritt, dass der Kreis der beteiligten Einzelpersonen deutlich umgrenzt ist«.[28]

Als solche deutlich umgrenzte Personenmehrheiten sind anerkannt u.a. die **in Deutschland lebenden Juden**[29] (dasselbe muss m.E. für »die türkischen – bzw. griechischen usw. – Gastarbeiter« gelten[30]); der deutsche Richterstand (m.E. ebenso die deutschen

---

[26] L/K/H-*Heger*, § 185 Rn. 4; MK-*Regge/Pegel*, § 185 Rn. 8; W/H/E-*Hettinger*, Rn. 469; vgl. *KG*, StraFo 2010, 392 f. zu der Frage, gegen wen sich der verbale Angriff eigentlich richtet.

[27] Vgl. etwa *OLG Karlsruhe*, NStZ 2005, 158 (»Sie können mich mal!« als Beleidigung?); *KG*, NStZ-RR 2013, 8 (9); entspr auch *AG Ehingen*, StraFo 2010, 76 zu den zahlreichen situationsbedingt unterschiedlichen Bedeutungen des Götz-Zitats (»Leck mich am ...«) im Schwäbischen.

[28] *BGH* St 11, 207 (208); *Rengier* II, 28/14; LK-*Hilgendorf*, vor § 185 Rn. 30; NK-*Kargl*, vor § 185 Rn. 62. – Dieser Standpunkt ist auch verfassungskonform, vgl. *BVerfG*, NStZ 1996, 26 (27 f.).

[29] *BGH* St 11, 207 (208); 16, 49 (57); NJW 1980, 45; *BVerfG*, JZ 1994, 900 ff.; s.a. NK-*Kargl*, vor § 185 Rn. 63. – Zur Beleidigung von Menschen jüdischer Abstammung durch Leugnen des Holocausts *BGH* Z 75, 160 (162 f.); St 40, 97; *BVerfG*, JZ 1994, 900; **zur sog. »Auschwitzlüge« als Volksverhetzung** (§ 130 III StGB) eingehend *M. Heinrich*, ZIS 2017, 625, 630 ff.

[30] A.A. Sch/Sch-*Eisele/Schittenhelm*, vor § 185 Rn. 7b; *Rengier* II, 28/18.

Staatsanwälte); die bei einem konkreten Einsatz tätigen Polizeibeamten.[31] Unter einer Kollektivbezeichnung beleidigungsfähig sind hingegen nicht »Soldaten« schlechthin (alle Soldaten der Welt, oder: alle jetzigen und früheren Soldaten), sehr wohl aber **die aktiven Soldaten der Bundeswehr**,[32] da ihr Kreis deutlich umgrenzt ist.

499 (bb) Auch bei genügender Abgrenzbarkeit des Betroffenenkreises muss aber zusätzlich noch feststehen, **dass tatsächlich *alle* Angehörige des Kollektivs gemeint sind**.

Dazu führt der *BGH* aus, »dass Kollektivbeleidigungen vielfach allgemeine Werturteile enthalten, die nicht geeignet sind, einzelne Menschen in ihrer Ehre zu kränken. Bei Äußerungen wie ›alle deutschen Ärzte sind Kurpfuscher‹ oder ›alle deutschen Richter beugen das Recht‹ liegt auf der Hand, dass solche Behauptungen – und zwar auch in den Augen des sich so Äußernden – nicht zutreffen.«[33]

Dies gilt auch für pauschale Äußerungen über die Angehörigen anderer Berufsgruppen bzw. über »die« Protestanten, »die« Katholiken, »die« Akademiker, »die« Frauen etc.[34]

So wird eine Kollektivbeleidigung der Richter/Staatsanwälte i.d.R. (wie in ***Fall 52***, vgl. *Rn. 496*) daran scheitern, dass nicht *alle* Richter/Staatsanwälte gemeint sind.

500 Überdies gehe es, so das *BVerfG* zu Pauschaläußerungen gerade über Polizisten,

– z.B. durch ein auf die Jacke genähtes: »ACAB« als Abkürzung für »all cops are bastards«,[35] bzw. einen mit »FCK CPS« für »Fuck Cops« beschrifteten Anstecker[36] –

»bei den Vorwürfen an große Kollektive meist nicht um das individuelle Fehlverhalten oder individuelle Merkmale der Mitglieder, sondern um den aus der Sicht des Sprechers bestehenden Unwert des Kollektivs und seiner sozialen Funktion«;[37] eine solche »Kritik an sozialen Einrichtungen oder Phänomenen« sei aber »nicht mehr geeignet …, auf die persönliche Ehre des Individuums durchzuschlagen«.

Dafür bedürfe es vielmehr einer »hinreichenden Individualisierung«, die aber noch nicht allein darin zu erblicken sei, dass die vor Ort im Einsatz befindlichen Polizeibeamten doch eine Teilgruppe aller Polizisten und Polizistinnen sind.[38] Eine genügende »personalisierende Zuordnung«[39] sei aber etwa die Verwendung des Kürzels »ACAB« gegenüber einem *mit Fingerzeig konkretisierten* Polizeibeamten[40] oder auch das »ostentative« bzw. »nachgerade paradierende« Zurschaustellen des Emblems vor den Einsatzkräften[41].

---

[31] *RG* St 45, 138; *OLG Frankfurt*, NJW 1977, 1353 (krit. *Wagner*, JuS 1978, 674 ff.); *BayObLG* NStZ 1988, 365: alle an einer Schauveranstaltung teilnehmenden Polizeibeamten (krit. *Volk*, JR 1989, 72).

[32] *BGH* St 36, 83 ff.; *BayObLG*, NStZ 1991, 186 ff.; *OLG Frankfurt*, NStZ 1989, 361 m. Anm. *Dau*.

[33] *BGH* St 36, 83 (87); zustimmend offenbar *Geppert*, Jura 2005, 244 (247).

[34] I.d.S. auch *BGH* St 36, 83 (86 f.), dabei betonend, dass es auf die Größe der Gruppe nicht ankomme.

[35] *LG Stuttgart*, NStZ 2008, 633; *OLG Nürnberg*, NStZ 2013, 593; *BVerfG* NStZ-RR 2016, 277 (m. Anm. *Ollech*); BeckRS 2016, 47561 (dazu *Jahn*, JuS 2016, 751; *Muckel*, JA 2016, 714); NJW 2017, 1092; 2017, 2607 (krit. Anm. *Pest*, StV 2019, 80); vertiefend *Geppert*, NStZ 2013, 553 (556 ff.); *Jäger*, JA 2013, 232; *Klas/Blatt*, HRRS 2012, 388; *Zöller*, ZJS 2013, 102; *Rüthers*, NJW 2016, 3337.

[36] *BVerfG*, NJW 2015, 2022 (2023): »bedarf es einer personalisierenden Zuordnung« (Rn. 18).

[37] So ganz richtig (hier und nachfolgend) *BVerfG* NStZ-RR 2016, 277 (278); NJW 2017, 1092 (1093).

[38] *BVerfG* NStZ-RR 2016, 277 (278); NJW 2017, 1092; 2017, 2607; s.a. *Rengier* II, 28/15, 19.

[39] Eine solche explizit fordernd etwa *BVerfG*, NJW 2015, 2022 (2023); 2017, 1092 (1093).

[40] *OLG Stuttgart*, NStZ-RR 2009, 50; offenbar zustimmend *BVerfG*, NStZ-RR 2016, 277 (278).

[41] *BVerfG*, NJW 2017, 2607; **zu Recht krit.** zur konkreten Entsch. jedoch *Pest*, StV 2019, 80 (81).

(cc) Andererseits gibt es jedoch durchaus auch Fälle, bei denen eine fehlende Erstreckung auf alle Angehörige des Kollektivs gerade *nicht* anzunehmen ist. **501**

So fährt der *BGH* (*Rn. 499*)[42] – speziell zur Soldatenbeleidigung – fort: »Jedoch gibt es abwertende Äußerungen über Kollektive, für die dieser Einwand nicht greift. So liegt es hier. Der Angeklagte hat sein Unwerturteil mit einem Kriterium verbunden, das eindeutig allen Soldaten zuzuordnen ist ... Wer, wie er, den Soldatenberuf mit der Tätigkeit von KZ-Aufsehern, Henkern und Folterknechten vergleicht, greift ... ohne Einschränkung alle Soldaten an; die Frage, wem die abwertenden Äußerungen zuzuordnen sein könnten, stellt sich nicht.«

Ganz entsprechend verhält es sich m.E. auch bei **rassistisch geprägten Herabsetzungen** (»die Juden«, »die Türken« etc.), da hier i.d.R. von einer nicht nur tatsächlich gewollten, sondern auch so zu verstehenden Erstreckung auf *alle* Angehörigen dieser Bevölkerungsgruppe auszugehen sein wird (vgl. noch *Rn. 532*). **502**

Die Beleidigungsfähigkeit der aktiven Bundeswehrsoldaten (vgl. schon *Rn. 498*) hat auch das *BVerfG* anerkannt.[43] Gleichwohl lässt sein 1. Senat deren Ehrschutz praktisch leer laufen durch Aufhebung von Urteilen, die in der Schmähung von Bundeswehrsoldaten durch den Slogan **»Soldaten sind Mörder«** zu Recht eine strafbare Beleidigung gesehen haben, wegen angeblichen Verstoßes gegen die Meinungsfreiheit.[44] Dabei nimmt das *BVerfG* jener Beleidigung im Wege lebensferner Umdeutung unter Entmündigung der Fachgerichte, d.h. unter Verstoß gegen den gesetzl. Richter (Art. 101 I 2 GG), den beleidigenden Charakter.[45] **503**

Diese Judikatur ist leider nur ein Beispiel unter vielen für die sach-, gesetzes- und verfassungswidrige **weitgehende Abschaffung des strafrechtlichen Ehrschutzes** im Bereich von Meinungs- und Pressefreiheit durch das *BVerfG*.[46] – S.a. *Rn. 516–524*. –

2. Üble Nachrede (§ 186 StGB)

Fall 53: – *Beleidigung unter einer Kollektivbezeichnung (II)* – **504**

Ohne insoweit gründlich recherchiert zu haben, schreibt Journalistin Karla Kolumna (K) in einer Zeitung, in der Bundesregierung sitze ein – von K nicht benannter oder erkennbar gemachter – Landesverräter, der für den Osten als Agent gearbeitet habe. K hält es dabei für möglich, dass ihre Behauptung unwahr ist. Die Minister X, Y und Z stellen Strafantrag. Der Wahrheitsbeweis (§ 190 StGB) wird nicht erbracht. Strafbarkeit der K?

a) §§ 187, 188 II Alt. 2 StGB

Erforderlich für den subjektiven Tatbestand ist hier ein Handeln *»wider besseres Wissen«*; dafür ist **sichere Kenntnis der Unwahrheit** nötig, d.h. *dolus eventualis* nicht genügend (vgl. *Rn. 547*). Somit scheiden §§ 187, 188 II StGB hier aus.

---

[42] *BGH* St 36, 83 (87); auch insofern zustimmend *Geppert*, Jura 2005, 244 (247).
[43] *BVerfG* E 93, 266 – »Soldaten sind Mörder« – (mit abw. Sondervotum *Haas*, 313 ff.).
[44] *BVerfG* E 86, 1 (Titanic); E 93, 266; NStZ 1994, 580 (Tucholsky-Zitat).
[45] Krit. daher u.a. *Campbell*, NStZ 1995, 328 f.; *Geerds*, Jura 2005, 244 (247); *Herdegen*, NJW 1994, 2933; *Krey*, JR 1995, 221 (224 ff.); *Otto*, NStZ 1996, 127 f.; *Stark*, JuS 1995, 689 ff.; *Zuck*, JZ 1996, 364 f. – Im Sinne des *BVerfG* nunmehr (notgedrungen) auch die Fachgerichte, vgl. nur *KG*, NJW 2003, 685; s. aber *LG Mainz*, NStZ-RR 1996, 330, m. Anm. *Schmittmann*, NStZ 1996, 496.
[46] Näher und mwN *Krey*, JR 1995, 221 (224 ff.); *Kriele*, NJW 1994, 1897 ff.; *Zaczyk*, JR 2003, 36; krit. auch *Otto*, NJW 2006, 575 (576): »... den Ehrschutz in wesentlichen Bereichen abgebaut«.

505 b) §§ 186, 188 II Alt. 1 StGB

(1) Tatbestand

(a) In **Fall 53** hat K durch ihre Äußerung den Tatbestand der üblen Nachrede (§ 186 StGB) gegenüber allen Mitgliedern der Bundesregierung erfüllt

(näher zu den Tatbestandsalternativen »behaupten« und »verbreiten« Rn. 534, **Fall 55**):

Durch die Äußerung eines ehrenrührigen Verdachts, der sich gegen einen einzelnen Angehörigen eines bestimmten Personenkreises richtet, ohne ihn namentlich oder anders zu benennen, kann der Täter sämtliche Angehörigen dieses Personenkreises beleidigen.[47] Das ist der Fall, wenn der Täter *gerade dadurch, dass er keinen Namen nennt,* den Verdacht auf jedes Mitglied der fraglichen Personenmehrheit lenkt und auch insoweit vorsätzlich handelt (wobei dolus eventualis genügt)

– man kann sagen: ein Ehrangriff durch »kollektiv verdeckte Individualisierung«.[48]

Allerdings muss der Personenkreis **begrenzt,** d.h. ohne weiteres überschaubar sein, da sich die Verdächtigung anderenfalls »in der Unbestimmbarkeit verliert«.[49] Dies ist bei der Bundesregierung der Fall. – Nicht hinreichend überschaubar wäre demgegenüber z.B. der mit »eine Persönlichkeit des öffentlichen Lebens in Bayern« bezeichnete Personenkreis.[50]

506 (b) **Nichterweislichkeit** der ehrenrührigen Tatsachenbehauptung

Bei dem Erfordernis, dass die geäußerte Tatsache nicht erweislich ist, handelt es sich nach h.M. nicht um ein Tatbestandsmerkmal; vielmehr ist die Nichterweislichkeit **objektive Bedingung der Strafbarkeit**, die Beweisbarkeit also Strafausschließungsgrund.[51]

In zunehmendem Maße wird mit Rücksicht auf das **Schuldprinzip** verlangt, dass die behauptete Tatsache unwahr oder nicht erweislich wahr ist und subjektiv der Täter entweder mit Unwahrheitsvorsatz handelt oder ihm bezüglich der Wahrheitsfrage wenigstens **Sorgfaltswidrigkeit** zur Last fällt[52] – was jedoch zu einer vom Gesetzgeber nicht gewollten Verkürzung des strafrechtlichen Ehrenschutzes führen würde.[53]

Nach der vorzugswürdigen h.M. muss der Tätervorsatz also nur die Ehrenrührigkeit der Tatsache umfassen, nicht aber ihre Unwahrheit bzw. die Nichterweislichkeit ihrer Wahrheit; anderenfalls »würde dem Ehrabschneider ein Freibrief erteilt«.[54] Das Risiko der Unrichtigkeit einer ehrenrührigen Tatsachenbehauptung ist demjenigen auferlegt, der sie aufstellt, um so einem (allzu) leichtfertigen Umgang mit derlei Äußerungen entgegenzuwirken.[55]

Jene objektive Strafbarkeitsbedingung der Nichterweislichkeit liegt in unserem **Fall 53** vor.

---

[47] *BGH* St 14, 48; 19, 235; *OLG Düsseldorf,* MDR 1981, 868; LK-*Hilgendorf,* vor § 185 Rn. 29 mwN; *Küpper/Börner,* 4/8; *Rengier* II, 28/17; W/H/E-*Hettinger,* Rn. 432.
[48] So treffend *Küper/Zopfs,* Rn. 127; *Geppert,* Jura 2005, 244 (246).
[49] *OLG Düsseldorf,* MDR 1981, 868; LK-*Hilgendorf,* vor § 185 Rn. 29; W/H/E-*Hettinger,* Rn. 432.
[50] *BGH* St 19, 235 (239).
[51] So u.a.: *BGH* St 11, 273 (274); *Tenckhoff,* JuS 1988, 618 (622); *Geppert,* Jura 2002, 820 (822); L/K/H-*Heger,* § 186 Rn. 7; NK-*Kargl,* § 186 Rn. 38; Sch/Sch-*Eisele/Schittenhelm,* § 186 Rn. 10.
[52] *Hirsch,* Ehre und Beleidigung, 1967, S. 168 ff., 203; Kindhäuser/*Schramm,* 23/19; Küpper/*Börner,* 4/23; MK-*Regge/Pegel,* § 186 Rn. 28; W/H/E-*Hettinger,* Rn. 460.
[53] Näher Sch/Sch-*Eisele/Schittenhelm,* § 186 Rn. 10; ausf. auch SK[10]-*Rogall,* § 186 Rn. 20 ff. (23).
[54] *Gössel,* Bd. 1, 1. Aufl. 1987, 31/21 i.A.a. *Herdegen;* ganz ähnlich *Gössel/Dölling,* 31/29 ff.
[55] In diesem Sinne auch *Tenckhoff,* JuS 1988, 618 (622): »Lästern auf eigene Gefahr«. – Speziell zur Strafbarkeit der »**fahrlässigen Falschanzeige**« *Koch,* NJW 2005, 943.

(c) § 188 I, II Alt. 1 StGB: Die qualifizierenden Umstände des Abs. 1 sind erfüllt. **507**
Ungeachtet des erst 2021 erfolgten Aus- und Umbaus des § 188 StGB (dazu *Rn. 549a*), sind die qualifizierenden Voraussetzungen des § 188 StGB unverändert zu bejahen: K hat die Tat
– nicht nur »öffentlich«, sondern auch mittels »Verbreitens eines Inhalts«,
– »gegen eine [als *Minister* zweifelsfrei] im politischen Leben des Volkes stehende Person«
– »aus Beweggründen begangen, die mit der Stellung des Beleidigten im öffentlichen Leben zusammenhängen«;
– auch »ist die Tat geeignet, sein öffentliches Wirken erheblich zu erschweren«.
Der Tatbestand der §§ 186, 188 II Alt. 1 StGB ist in ***Fall 53*** mithin gegeben.

(2) ***Rechtfertigung der K aus § 193 StGB*** (i.V.m. Art. 5 I GG)? **508**

Bei § 193 StGB handelt es sich um einen Rechtfertigungsgrund, nicht lediglich um einen Schuldausschließungsgrund,[56] wobei die Vorschrift der Sache nach im Grunde aus ***mehreren*** nebeneinander gestellten Rechtfertigungsgründen besteht:[57]

– *Tadelnde Urteile über wissenschaftliche, künstlerische oder gewerbliche Leistungen* (geringer Anwendungsbereich, da sachliche Kritik schon nicht tatbestandsmäßig ist);
– *Äußerungen (und neuerdings auch Tathandlungen nach § 192a StGB, s. Rn. 551 ff.), die zur Ausführung oder Verteidigung von Rechten gemacht werden* (etwa Zeugenaussagen, Erklärungen des Verteidigers oder Einlassungen des Angeklagten vor Gericht)
  [wichtig v.a. im Bereich des § 186 StGB, etwa beim Vorwurf des Verteidigers, der Zeuge habe die Unwahrheit gesagt,[58] aber auch im Rahmen des § 185 StGB: »Im ›Kampf um das Recht‹ darf ein Verfahrensbeteiligter auch starke, eindringliche Ausdrücke und sinnfällige Schlagworte benutzen, um seine Rechtsposition zu unterstreichen«[59]];
– *Äußerungen (und jetzt auch Tathandlungen nach § 192a StGB, s. Rn. 551 ff.), die zur* ***Wahrnehmung berechtigter Interessen*** *gemacht werden,* im eigentlichen Sinne
  [diese Modalität ist die wichtigste und verantwortlich für die Bezeichnung der Norm];
– *Vorhaltungen und Rügen der Vorgesetzten gegen ihre Untergebenen, dienstliche Anzeigen, Urteile von Seiten eines Beamten und ähnliche Fälle* (z.B. Lehrer-Schüler-Verhältnis).

Wichtig zu beachten: § 193 StGB ist ein spezieller Erlaubnissatz im Bereich der Ehrdelikte, und deshalb außerhalb dieses Bereichs (etwa bei §§ 123, 201, 203, 240 StGB) nicht (auch nicht analog!) anwendbar (hierzu auch *Rn. 442 f., 588, 633*).[60] **509**

§ 193 StGB ist vornehmlich bei §§ 186, 188 II Alt. 1 (und 192a) StGB anwendbar. Bei der Verleumdung (§§ 187, 188 II Alt. 2 StGB) scheidet eine Rechtfertigung aus § 193 StGB aus – nach einer Mindermeinung *stets,*[61] nach h.M. *in aller Regel.*[62] **510**

---

[56] h.M., M/S/M/H/M-*Momsen*, 26/28; *Fischer*, § 193 Rn. 2; Sch/Sch-*Eisele/Schittenhelm*, § 193 Rn. 1.
[57] Vgl. *Fischer*, § 193 Rn. 2, 5; Joecks/*Jäger*, § 193 Rn. 1, 6 ff.; Kindhäuser/*Schramm*, 27/2 ff.
[58] *Rengier* II, 29/47 f.; s.a. *AG Frankfurt/M.*, StV 2020, 199; näher zu »**Ehrenschutz und Strafverteidigung**« auch *Beulke*, FS-Egon Müller, 2008, 45 ff., sowie *Gaede*, FS-Imme Roxin, 2012, 569 ff. –
[59] *BVerfG*, NJW 1991, 2074 (2075); ebso. *OLG Hamm*, NStZ-RR 2006, 7 (8); *OLG Oldenburg*, NStZ-RR 2008, 201; *OLG München*, StV 2017, 183 (184); s.a. *Jahn*, FS-Schiller, 2014, 339 (348 f.).
[60] *Krey*, ZStW 90 (1978), 173 (181); M/S/M/H/M-*Momsen*, 26/5 ff.; *Rengier* II, 29/44.
[61] Sch/Sch-*Eisele/Schittenhelm*, § 193 Rn. 2; SK[10]-*Rogall*, § 187 Rn. 6, § 193 Rn. 3; NK-*Kargl*, § 187 Rn. 11; diese Autoren ziehen aber ggf. eine Rechtfertigung aus § 34 StGB in Betracht.
[62] So u.a. LK-*Hilgendorf*, § 187 Rn. 5; L/K/H-*Heger*, § 193 Rn. 3; *Fischer*, § 193 Rn. 3; *Rengier* II, 29/67 f.; Kindhäuser/*Schramm*, 27/1.

Mit der h.M. ist eine Ausnahme zuzulassen beim *Leugnen des Angeklagten im Strafprozess*, wenn dieses inzident den Vorwurf der Falschaussage an einen Zeugen bedeutet.[63]

511 Auch bei § 185 StGB kommt § 193 StGB in Betracht.[64]

Für die strikten Gegner einer Anwendbarkeit auf § 187 StGB ist § 193 StGB aber auch auf § 185 StGB immer dann unanwendbar, wenn die Beleidigung in einer **wider besseres Wissen** unwahren Tatsachenbehauptung gegenüber dem Betroffenen besteht.[65]
Die Rechtfertigung entfällt jedoch, sofern »das Vorhandensein einer Beleidigung aus der Form der Äußerung oder aus den Umständen, unter welchen sie geschah, hervorgeht« (sog. **Formalbeleidigung**) sowie im Falle bloßer **Schmähkritik**.[66]
– die vorliegt, wenn »nicht mehr die Auseinandersetzung in der Sache, sondern die Diffamierung der Person im Vordergrund steht«.[67] Näher zur *Schmähkritik Rn. 517–524*.
Ob in solchen Fällen eine Beleidigungs*absicht* erforderlich ist, ist streitig.[68]

512 Es fragt sich nun in *Fall 53*, ob K »in Wahrnehmung berechtigter Interessen« gehandelt hat. Als Journalistin kann sie sich wegen der **Bedeutung der Presse im demokratischen Staat**
– deren Aufgabe es ist, durch umfassende Information der Öffentlichkeit, insb. auch durch Aufdeckung von Missständen, an der politischen Meinungsbildung mitzuwirken,[69] –
nicht nur dann auf § 193 StGB berufen, wenn sie *eigene* Interessen wahrnimmt;[70] vielmehr ist § 193 StGB für die Presse gerade dann einschlägig, wenn sie über Angelegenheiten berichtet, an denen ein **ernsthaftes Informationsinteresse der Öffentlichkeit** besteht.[71]
– *Hinweis:* Eine Berechtigung zur Meldung/Offenlegung v. »Informationen über Verstöße« im beruflichen Umfeld ergibt sich aus dem neuen **Hinweisgeberschutzgesetz** v. 31.05.2023.[72] –

513 *Zur Vertiefung:* Wie jede Generalklausel bedarf auch § 193 StGB »verfassungskonformer Auslegung« (genauer: verfassungskonformer Konkretisierung). Denn Generalklauseln werden in ihrem Bedeutungsgehalt von den Wertentscheidungen des GG mitgeprägt. Da nun seit dem »Lüth-Urteil« des *BVerfG* anerkannt ist,[73] dass Gesetze, welche Grundrechte einschränken, – wie etwa §§ 185 ff. StGB die Grundrechte aus Art. 5 GG (siehe dort Abs. 2), – ihrerseits »aus der Erkenntnis der wertsetzenden Bedeutung des Grundrechts ausgelegt und so in ihrer das Grundrecht begrenzenden Wirkung selbst wieder beschränkt werden« müssen, bietet sich die verfassungskonforme Konkretisierung des § 193 StGB als Mittel einer verfassungskonformen Handhabung des Beleidigungsrechts an. – Vgl. auch *Rn. 516 ff.* –

514 Ein ernsthaftes Informationsinteresse der Öffentlichkeit an dem von K behaupteten Skandal ist evident. Bei der Anwendung des § 193 StGB sind aber die widerstreitenden Interessen gegeneinander **abzuwägen** (soeben *Rn. 513*). Hierbei ist vom

---

[63] LK-*Hilgendorf*, § 187 Rn. 5 mwN; dagegen will SK[10]-*Rogall*, § 187 Rn. 6 auf § 34 StGB rekurrieren.
[64] Vgl. LK-*Hilgendorf*, § 193 Rn. 11; L/K/H-*Heger*, § 193 Rn. 3; s.a. *AG Hamburg*, StV 2024, 386.
[65] Sch/Sch-*Eisele/Schittenhelm*, § 193 Rn. 2; SK[10]-*Rogall*, § 193 Rn. 3.
[66] *OLG Oldenburg*, NStZ-RR 2008, 201; instruktiv auch *LG Neubrandenburg*, BeckRS 2016, 5680.
[67] *BVerfG* NJW 1991, 95 (96); 2001, 3613 (3614); 2009, 749 (750); s.a. *BayObLG*, JR 2003, 33 (35).
[68] Verneinend etwa Sch/Sch-*Eisele/Schittenhelm*, § 193 Rn. 27 mwN pro und contra.
[69] Vgl. *Krey*, ZStW 79 (1967), 118 mwN; *OLG Düsseldorf*, NStZ 1992, 283 f.
[70] *Jäger*, BT, Rn. 171; anders noch *RG* St 56, 383; 65, 360.
[71] *Fischer*, § 193 Rn. 33; Sch/Sch-*Eisele/Schittenhelm*, § 193 Rn. 15 mwN.
[72] BGBl. 2023 I, Nr. 140; s. *Bruns* NJW 2023, 1609; *Teichmann* GA 2023, 279; SK-*Rogall*, § 185 Rn.19.
[73] *BVerfG* E 7, 198 (Zitat S. 209).

Täter zu verlangen, dass er sorgfältig prüft, ob der Ehrangriff zur Wahrnehmung des von ihm verfolgten Interesses das erforderliche und angemessene Mittel ist.[74]

> Dabei besteht (im Rahmen des Zumutbaren) bei Angriffen, die den Tatbestand des § 186 StGB erfüllen, für den Täter eine **Informationspflicht** über den Wahrheitsgehalt der behaupteten Tatsachen, wobei an die Presse erhöhte Anforderungen zu stellen sind.[75]

Hier hat K einen schwerwiegenden Vorwurf gegen ein Regierungsmitglied erhoben, ohne genügend recherchiert zu haben. Mithin entfällt eine Rechtfertigung aus § 193 StGB (i.V.m. Art. 5 I GG) schon wegen dieser Verletzung der Informationspflicht. **515**

> Zudem war K von der Wahrheit selbst nicht überzeugt, sondern hatte ernsthafte Zweifel; in einem solchen Fall kann § 193 StGB nur ganz ausnahmsweise in Betracht kommen.[76]

Ergebnis: In **Fall 53** *(Rn. 504)* ist K aus §§ 186, 188 II Alt. 1 StGB strafbar.

Ergänzende Hinweise zu »Ehrschutz vs. Meinungs- und Pressefreiheit«:[77]

(1) Die **Pressefreiheit** schützt die Äußerung von Werturteilen und das Aufstellen von Tatsachenbehauptungen. Ob und wieweit letztere auch in den Schutzbereich der **Meinungsfreiheit** (Art. 5 I S. 1 GG) fallen, ist noch nicht hinreichend geklärt.[78] **516**

> Jedenfalls **erwiesen oder wissentlich unwahre** Tatsachenbehauptungen werden weder von der Meinungs- noch von der Pressefreiheit geschützt.[79]

Bedauerlicherweise hat sich mittlerweile bei der für die Frage der Anwendbarkeit entweder des § 185 StGB oder des § 186 StGB bedeutsamen **Abgrenzung** von Tatsachenbehauptung und Werturteil (vgl. *Rn. 489, 492 f.*) die höchstrichterliche Rspr. dahin bewegt, den Anwendungsbereich der Tatsachenbehauptung »nahezu auf Null zu reduzieren«[80] – wodurch der in § 186 StGB verbürgte Schutz vor »Rufmord« mittels übler Nachrede ausgehebelt wird.

(2) Im politischen Meinungskampf sind auch scharfe Worte zulässig, wobei »übertreibende und verallgemeinernde Kennzeichnungen des politischen Gegners ebenso hinzunehmen sind wie scharfe, drastische, taktlose und unhöfliche Formulierungen«.[81] Doch dürfen solche politischen Beleidigungen »nicht unverhältnismäßig erscheinen« und müssen – gemessen am Verhalten und an den Thesen des politischen Gegners – »noch als adäquate Reaktion ... verstanden werden können«.[82] **517**

> Dies ist für die Bezeichnung als »Dummschwätzer« im Rahmen der in einer Ratssitzung stattfindenden Sachauseinandersetzung durchaus noch anzunehmen.[83]

---

[74] *Fischer*, § 193 Rn. 9, 20, 33 mwN; vgl. auch *Tettinger*, JZ 1983, 317 ff.
[75] BGH, NJW 1977, 1288 f.; *Fischer*, § 193 Rn. 20, 33; LK-*Hilgendorf*, § 193 Rn. 20, 21 ff.; L/K/H-*Heger*, § 193 Rn. 10, 11; Sch/Sch-*Eisele/Schittenhelm*, § 193 Rn. 11, 18 mwN; **s.a. unten Rn. 518**.
[76] Ebenso Sch/Sch-*Eisele/Schittenhelm*, § 193 Rn. 17.
[77] Zur »Entwicklung des Presse- u. Äußerungsrechts« *Sajuntz*, NStZ 2021, 592; 2022, 589; 2023, 569.
[78] Dazu mwN *Hufen*, JuS 1992, 961; *Otto*, JZ 2001, 719; s.a. *BVerfG*, NJW 2023, 510 ff.
[79] BVerfG E 61, 1 (8); 114, 339 (352) m. Bespr. *Hochhuth*, NJW 2006, 189; *BVerfG*, NStZ 1992, 535; NJW 2023, 510 (Rn. 17); s.a. *Fischer*, § 193 Rn. 19; L/K/H-*Heger*, § 193 Rn. 12.
[80] *Hufen*, JuS 1992, 961; krit. auch *Krey*, JR 1995, 221 (225 f.); vgl. BVerfG E 85, 1; StV 2017, 182; NStZ-RR 2024, 168; BayObLG, NStZ-RR 2002, 40 mwN; s.a. OLG Karlsruhe, NStZ 2005, 575.
[81] *BayObLG*, NStZ 1983, 265; s.a. *OLG Köln* und *OLG Frankfurt*, NJW 1977, 398 und 1353 (1354).
[82] *OLG Köln*, NJW 1977, 398; s.a. *OLG Frankfurt*, NJW 1977, 1353 (1354); *BayObLG*, NStZ 1983, 265.
[83] Dies denn auch zu Recht bejahend *BVerfG*, NJW 2009, 749 f.

Demgegenüber ist reine »**Schmähkritik**« (zu ihr bereits *Rn. 511*) als Missachtung der Menschenwürde des Opfers stets unzulässig und nach § 185 StGB strafbar.

518 Nun hat freilich das *BVerfG* in langjähriger Rechtsprechung die in Art. 5 II GG ausdrücklich vorgesehene Einschränkung von Meinungs- und Pressefreiheit weitgehend leer laufen lassen, und zwar insb. durch die oben (*Rn. 513*) dargelegte, im »Lüth-Urteil« begründete »Wechselwirkungslehre« i.V.m. dem Gebot der umfassenden »Abwägung der beteiligten Interessen im konkreten Einzelfall«. Dabei wird die **Verfassungsschranke »Recht der persönlichen Ehre«** (Art. 5 II GG) vom Gericht nicht hinreichend gewichtet.[84]

Zu allem Überfluss hat das *BVerfG* die **Informationspflicht der Presse** (*Rn. 514*) auf ein Minimum herabgestuft[85] – mit der traurigen Folge: »Rufmord ohne Risiko«.

Auch die **Schranke der »Schmähkritik«** hat das *BVerfG* erstens durch das Korrektiv »in der Regel« relativiert,[86] zweitens dadurch, dass es an die Annahme von »Schmähkritik« sachwidrige, überstrenge Anforderungen stellt, die es fast nie als erfüllt ansieht.[87]

519 Alles in allem ist daher zu konstatieren, dass in der Rspr. des *BVerfG* das Pendel inzwischen zu einseitig zugunsten der Meinungsfreiheit ausgeschlagen ist[88] und das *BVerfG* damit »der weiteren Vergiftung des Meinungs- und Kommunikationsklimas mit Entscheidungen, die im Ergebnis schwer verständlich sind, Vorschub leistet«.[89] Mit Recht darf man sich inzwischen fragen, »ob heute Ehrschutz im politischen Meinungskampf überhaupt noch stattfindet«.[90]

520 Als traurige Antwort auf diese Frage muss es erscheinen, wenn dann 2019 das *LG Berlin* auf Facebook gepostete schwer beleidigende Äußerungen über eine bekannte Politikerin (*Renate Künast*) **in geradezu unbegreiflich ehrschutznegierender Weise** dahingehend bagatellisiert, dass sie,[91] »da alle Kommentare einen Sachbezug haben, ... keine Diffamierungen der Person ... und damit keine Beleidigung nach § 185 StGB« darstellten.

Dass es sich bei der Benennung einer lebenden Person (auch einer, doch nicht ob ihrer Tätigkeit der Menschenwürde beraubten, Politikerin) als »Stück Scheiße«, »alte perverse Drecksau«, »grünes Dreckschwein«, »Schlampe«, »Drecksfotze« und »Sondermüll« um nur »geschmacklose, polemische und überspitzte Kommentare«, um nicht als Beleidigung zu wertende »*sachbezogene Kritik*« handeln soll, **ist schlicht nicht nachvollziehbar**.[92]

---

[84] *BVerfG* E 7, 198 (210 f.); 82, 42 (50); 82, 272 (280); *Krey*, JR 1995, 221 (225) mwN.
[85] So u.a. *BVerfG* E 85, 1; krit. u.a. *Kriele*, NJW 1994, 1897 (1901 f.).
[86] Vgl. z.B. *BVerfG* E 82, 43 (51); NJW 2009, 749 (750); 2019, 2600.
[87] *BVerfG*, NStZ-RR 2016, 308 (309: »eng zu verstehen«); NJW 2019, 2600 (»strenge Maßstäbe«) m. krit. Bespr. *Hufen*, JuS 2019, 1130; *Muckel*, JA 2019, 796; s.a. *OLG München*, StV 2017, 183.
[88] Vgl. nur *Fn. 86, 87* sowie *BVerfG*, JZ 1990, 915; 1990, 1072; **aber:** zu Recht die Beleidigung eines Abtreibungsarztes durch die Äußerung »damals: Holocaust – heute: Babycaust« bejahend *BVerfG*, NJW 2006, 3769; **diff.** auch *BVerfG*, NJW 2020, 2622; 2629; 2631; 2636 (speziell zu diesen vier Entsch. *Ladeur*, JZ 2020, 943; *Rengier* II, 29/55 ff.); diff. und i.E. zu Recht Schmähkritik abl. *BVerfG*, NStZ-RR 2021, 46: Bezeichnung einer JVA-Bediensteten als »Trulla«.
[89] So ganz richtig die ebenso treffende wie ernüchternde Diagnose bei *Muckel*, JA 2019, 796 (798).
[90] So schon *Tettinger*, JZ 1983, 317; sehr krit. auch *Gössel*, GS-Schlüchter, 2002, S. 309 ff., 312 ff.; zu Recht von »Unsicherheiten bei den Fachgerichten« sprechend *Teichmann*, JZ 2020, 549.
[91] *LG Berlin*, MMR 2019, 754; höchst krit. dazu auch *Hufen*, JuS 2019, 1130 (1131); z.T. der Beschwerde gegen die Entsch. abhelfend *LG Berlin*, BeckRS 2020, 239; zum weiteren Verfahrensgang s. *KG*, BeckRS 2020, 4264; *BVerfG*, NJW 2022, 680 m. Bespr. *Hufen*, JuS 2022, 688.
[92] Zu Recht erklärt Kabarettist *Dieter Nuhr* in seinem TV-Jahresrückblick 2019, dass es im (Un-)Geiste dieser Entscheidung ebenso nur straflose »*sachbezogene Kritik*« wäre, mit Blick auf das Urteil den Richter (»rein argumentativ« gemeint) als »impotenten Pimmel-Arsch-Drecksack« zu bezeichnen.

§ 5: Straftaten gegen die Ehre

520a Eine solche de facto zu verzeichnende **Reduzierung des Ehrschutzes auf Null** bedeutet letztlich nichts anderes als eine Kapitulation des Rechtsstaates gegenüber der in den sozialen Netzwerken in immer stärkerem Maße zum Ausdruck gelangenden Missachtung jeglicher verbaler Schranken und öffnet der risikofreien Verbreitung von Hasstiraden Tür und Tor.[93]

– Ob angesichts dessen die durchaus erkennbaren Bemühungen des Gesetzgebers, durch Verschärfung der Gesetzeslage (etwa durch Erweiterung des Anwendungsbereichs des § 188 StGB, s. *Rn. 549f.*) gegenzusteuern, Aussicht auf Erfolg haben, ist zu bezweifeln. – Immerhin hat das *BVerfG* mittlerweile klarzustellen versucht, dass auch dann, wenn eine Äußerung nicht Schmähkritik oder Formalbeleidigung ist, eine Verurteilung wegen Beleidigung keineswegs ausgeschlossen ist, sondern erst dann die Aufgabe der Gerichte beginnt, eine Abwägung zwischen Persönlichkeitsrecht und Meinungsfreiheit vorzunehmen.[94]

521 In diesem Kontext noch ein Wort zu der seinerzeit (2016) intensiv und höchst kontrovers diskutierten »*Causa Böhmermann*«,[95] bei der es darum geht, wie der auf den türkischen Präsidenten Erdoğan zielende, mit z.T. weit unter die Gürtellinie gerichteten Verbalattacken gespickte Vortrag des Gedichtes »Schmähkritik«[96] durch *Jan Böhmermann* in der TV-Sendung »Neo Magazin Royale« aus der Sicht des Beleidigungstatbestandes zu bewerten ist.[97] Dabei scheiden sich die Geister schon an der Frage, ob es sich bei dem (nicht von ungefähr) ebenso betitelten Gedicht bzw. seinem Vortrag tatsächlich um *Schmähkritik* handelt,

was hinsichtlich des kontextfrei betrachteten Textes – zumindest in Teilen – evident ist,[98] in Bezug auf seine **konkret in Szene gesetzte Präsentation** aber nur kontextbezogen, d.h. unter Berücksichtigung aller Umstände des Einzelfalles beantwortet werden kann.[99]

Kaum bestreitbar aber ist, dass die fraglichen Äußerungen *zumindest unterhalb der Schwelle der Schmähkritik*[100] »zweifelsohne ehrverletzend« sind[101] – woran auch der dem Textvortrag vorangestellte Hinweis in Form eines sog. Disclaimers: »was jetzt kommt, das darf man nicht machen«,[102] als »allzu billige Umgehungsmöglichkeit«[103] nichts zu ändern vermag.[104]

522 Fraglich kann mithin nur sein, ob die Präsentation des Textes entweder aufgrund seiner etwaigen Einstufung als Kunst (dazu noch *Rn. 525*),[105] oder aber angesichts seiner Einbettung

---

[93] Zur Strafbarkeit sog. »*Hassreden*« informativ *Brugger*, JA 2006, 687; s.a. *Künast*, DRiZ 2019, 297.
[94] *BVerfG*, NJW 2020, 2622; 2629; 2631; 2636 (zu allen vieren *Hufen*, JuS 2021, 282).
[95] Vgl. nur etwa *Jäger*, BT, Rn. 146 mit guter Zusammenfassung des Geschehens.
[96] Abgedruckt ist der Text bei *VG Berlin*, BeckRS 2016, 47225, und bei *Fahl*, NStZ 2016, 313 Fn. 1.
[97] Das Beleidigungsverfahren gegen *Böhmermann* wurde durch die *StA Mainz* (bedenklich: **mangels Vorsatzes**) eingestellt; bestätigend *GeneralStA Koblenz*, AfP 2016, 556 (559); überzeugender *Fahl*, NStZ 2016, 313 (317): ggf. **unvermeidbarer Verbotsirrtum**; s.a. *Vasel*, NJW 2022, 740 zum Schweigen des *BVerfG* durch Nichtannahme von *Böhmermanns* Verfassungsbeschwerde.
[98] So ganz richtig *VG Berlin*, BeckRS 2016, 47225 zur späteren Verwendung bei einer Demonstration.
[99] So zu Recht *LG Hamburg*, NJW-RR 2017, 36, i.E. Schmähkritik zumindest in Teilen bejahend; pro Schmähkritik auch *Fahl*, NStZ 2016, 313 (314); in diesem Sinne wohl auch *Fischer*, § 193 Rn. 18.
[100] Ein Aspekt, der angesichts der Frage nach dem Vorliegen von Schmähkritik häufig übersehen wird.
[101] *LG Hamburg*, NJW-RR 2017, 36; s.a. *Fahl*, NStZ 2016, 313 (314): eindeutige Beleidigungen.
[102] Vgl. den umrankenden Wortwechsel m. Sidekick *Ralf Kabelka* bei *Fahl*, NStZ 2016, 313 (316) Fn. 37.
[103] *Fahl*, NStZ 2016, 313 (317); explizit dagegen *Klass*, AfP 2016, 485 (488).
[104] Vgl. *Fahl*, NStZ 2016, 313 (315: auch die Worte »Ich nenne Sie nicht ›Schwein‹, denn das wäre ja strafbar«, ist eine Beleidigung); **a.A.** *Christoph*, JuS 2016, 599 (601); s.a. *Klass*, AfP 2016, 485 (488).
[105] So etwa *Brauneck*, ZUM 2016, 710 (715); *Christoph*, JuS 2016, 599 (601 ff.); *Klass*, AfP 2016, 485 (487); *Kühne*, GA 2016, 435 (440 ff. 442); *Rusch/Becker*, AfP 2016, 201 (204); *Jäger*, BT, Rn. 146; **a.A.** *Fahl*, NStZ 2016, 313 (316 f.); *Ladeur*, ZUM 2016, 775; MK-*Regge/Pegel*, § 185 Rn. 25 ff. (28).

in einen »quasi-edukatorischen Zusammenhang« (um insb. dem türkischen Präsidenten zu zeigen, wo in Deutschland die Grenzen des Ehrschutzes liegen) gerechtfertigt sein kann.[106]
Was Letzteres betrifft, ist – mit Blick auf die Unantastbarkeit der Menschenwürde (Art. 1 I 1 GG) – zu bedenken, dass »niemand hinnehmen [muss], zum Gegenstand eines Lehrbeispiels für ›Schmähkritik‹ ... gemacht und damit zum bloßen Objekt degradiert zu werden«.[107]

523 (3) Auch außerhalb der Bereiche »politische Diskussion« und »Pressetätigkeit« wird der **Meinungsfreiheit** eine mitunter überzogene Bedeutung eingeräumt und

– mit Blick auf das (als solches nicht zu bestreitende) »Recht des Bürgers, Maßnahmen der öffentlichen Gewalt ohne Furcht vor staatlichen Sanktionen zu kritisieren,«[108] –

insb. die Annahme einer Beleidigung gegenüber Polizeibeamten, aber auch gegenüber Richtern und Staatsanwälten, auf (zu) seltene Fälle beschränkt, denn:

»Im ›Kampf um das Recht‹ darf ein Verfahrensbeteiligter ... auch starke, eindringliche Ausdrücke und sinnfällige Schlagworte benutzen, um seine Rechtsposition zu unterstreichen. Nicht entscheidend kann sein, ob er seine Kritik anders hätte formulieren können; denn grundsätzlich unterliegt auch die Form der Meinungsäußerung der durch Art. 5 Abs. 1 GG geschützten Selbstbestimmung.«[109]

524 So soll es nicht per se eine Beleidigung sein, den Richter als »Lügner« und »Kriminellen«[110] bzw. die Gerichtsverhandlung als »Musikantenstadel« bzw. »Hexenprozess« zu bezeichnen[111] oder die Staatsanwältin als »dahergelaufen«, »dümmlich«, »boshaft« »durchgeknallt«, »geisteskrank« und »widerwärtig«[112]. Auch die Benennung einer Radarkontrolle als »Wegelagerei« sei »regelmäßig keine Beleidigung des Polizisten, ... vielmehr grundsätzlich von der Meinungsfreiheit gedeckt«,[113] ebenso die Äußerung »You're completely crazy« gegenüber einer Polizistin und die Bezeichnung eines Grenzschutzbeamten als »Menschenjäger«[114] bzw. die eines bei einer Versammlung zivil eingesetzten Polizeibeamten als »Spitzel«.[115]

Dies geht alles entschieden zu weit.

Richtig erscheint dagegen die Annahme einer Beleidigung durch Benennung eines Polizisten als »Clown«,[116] zumindest noch vertretbar ihre Ablehnung bei *bloß flapsiger Anrede* des Polizisten, etwa mit: »Sie sind mir ein komischer Vogel« oder mit: »Herr Oberförster, zum Wald geht es da lang!«[117] Definitiv richtig erscheint ihre Ablehnung bei der Bezeichnung eines Polizisten als »racist« durch den dunkelhäutigen an einem Ort Festgenommenen, an dem immer wieder (!) bevorzugt dunkelhäutige Menschen festgenommen werden.[118]

---

[106] Ein von der Kunstfreiheit durchaus unabhängiger Gesichtspunkt; s. *Fahl*, NStZ 2016, 313 (315 ff.).
[107] So zu Recht *Fahl*, NStZ 2016, 313 (316), damit auch insoweit eine Rechtfertigung ablehnend.
[108] So *OLG München*, StV 2015, 570; ganz entsprechend *BVerfG*, NJW 2017, 2606; 2019, 2600.
[109] *BVerfG*, StV 1991, 458 (459); NJW-RR 2012, 1002 (1003); NJW 2024, 745 m. Anm. *Gostomzyk*.
[110] *OLG Celle*, StV 2015, 566; ebso. *BVerfG*, NJW 2021, 301: »dämliches Grinsen« des Richters.
[111] *BVerfG*, NJW 2017, 2606 (Musikantenstadel); 2019, 2600 (Hexenprozess/Vergleich mit NS-Sondergericht; krit. dazu *Hufen* JuS 2019, 1130); s.a. *OLG München*, StV 2017, 183.
[112] *BVerfG*, NStZ-RR 2016, 308 m. zu Recht krit. Anm. *Metz*; zust. jedoch *Al Hamwi*, ZJS 2017, 235.
[113] *OLG Düsseldorf*, NStZ-RR 2003, 295; *BayObLG*, NJW 2005, 1291; dazu *Otto*, NJW 2006, 575 (576).
[114] *OLG München*, StV 2015, 570 (crazy); *OLG Hamm*, NStZ-RR 2007, 140 (Menschenjäger).
[115] *BayObLG*, NStZ 2005, 215 (Spitzel); s.a. *BVerfG*, NJW 2005, 3274 (Anspielung auf NS-Zeit).
[116] *KG*, NStZ 2005, 693; zust. *Otto*, NJW 2006, 575 (577 f.); s.a. *OLG Bremen*, NStZ-RR 2013, 276.
[117] *OLG Bamberg*, DAR 2008, 531 (532) und *AG Berlin-Tiergarten*, NJW 2008, 3233.
[118] *AG Hamburg*, StV 2024, 386, den Vorgang zu Recht als einen Akt »zulässiger Kritik« einordnend.

§ 5: Straftaten gegen die Ehre

Hinweis zu Kunstfreiheit (Art 5 III GG) und strafrechtlichem Ehrschutz **525**
Zu Satire, Karikatur, Straßentheater u.ä. meint das *BVerfG*, es sei zwar »die Kunst in ihrer Eigenständigkeit und Eigengesetzlichkeit ... durch Art. 5 III 1 GG vorbehaltlos gewährleistet«, die Kunstfreiheit könne aber »Grenzen unmittelbar in anderen Bestimmungen der Verfassung finden«.[119]

> »Dies gilt namentlich für das durch Art. 2 I i.V.m. Art. 1 I GG geschützte Persönlichkeitsrecht. Allerdings zieht die Kunstfreiheit ihrerseits dem Persönlichkeitsrecht Grenzen. Um diese im konkreten Fall zu bestimmen, genügt es ... nicht, ... eine Beeinträchtigung des Persönlichkeitsrechts ... festzustellen: Es bedarf der Klärung, ob diese Beeinträchtigung derart schwerwiegend ist, dass die Freiheit der Kunst zurückzutreten hat«.

In diesem Sinne hebt das *BVerfG* denn auch zutreffend hervor: »Karikaturen, die in **526** den durch Art. 1 Abs. 1 GG geschützten Kern menschlicher Ehre eingreifen, sind durch die Freiheit künstlerischer Betätigung (Art. 5 Abs. 3 GG) nicht gedeckt«.[120]

Die Grenzen rechtfertigender Kunstfreiheit dürften auch im »Fall Böhmermann« (dazu schon *Rn. 521*) überschritten sein.[121] Hat das *BVerfG* zu Recht die Darstellung eines Politikers als kopulierendes Schwein als von der Kunstfreiheit nicht gedeckt angesehen,[122] sollte für das von Erdoğan gezeichnete Bild u.a. eines »Ziegenfickers« – ungeachtet der mit in den Blick zu nehmenden Vorgeschichte des Geschehens – nichts anderes gelten.

Ergänzender Hinweis: Wie schon in dem oben (*Rn. 520*) erwähnten Fall *Künast./.Facebook* **527** deutlich zu Tage getreten, eröffnet sich gerade im Zusammenhang mit den Neuen Medien ein weiter Bereich der Beleidigungsstrafbarkeit. Eine systematische Beschäftigung gerade mit **Ehrverletzungen im Internet** (»hatespeech«, »flaming«, »shitstorms«) – insbesondere mit der »Internetbeleidigung in sozialen Netzwerken« und gerade auch der »›Weiterverbreitung‹ von Hate Speech in sozialen Medien«[123] – nimmt so allmählich Fahrt auf.[124]

Fall 54: – *Beleidigungsfähigkeit von Personengemeinschaften* – **528**
Josef-Maria (J) äußert über die S-GmbH, Verlegerin der Tageszeitung S, sie werde von verfassungsfeindlichen »Neonazis« finanziert. Die Geschäftsführer der GmbH stellen in deren Namen Strafantrag.
Hat sich J, dessen Behauptung nicht erweislich wahr ist, strafbar gemacht?

Problem: Genießt die S-GmbH **als solche** strafrechtlichen Ehrenschutz?
Diese Frage ist streng zu unterscheiden von der schon behandelten Problematik, ob und inwieweit Einzelpersonen unter einer Kollektivbezeichnung beleidigt werden können!

---

[119] Hier und nachfolgend *BVerfG*, NStZ 1985, 211 f. m. Anm. *Otto*; s.a. *OLG Düsseldorf*, NJW 1983, 1211; *OLG Hamburg*, JZ 1985, 343; *Würtenberger*, NJW 1983, 1144; *Karpen/Nohe*, JZ 2001, 801.
[120] *BVerfG*, JZ 1987, 1075 (Leitsatz).
[121] Vgl. nur *Fahl*, NStZ 2016, 313 (316 f.); s.a. die Nennungen pro und contra oben in *Fn. 105.*
[122] *BVerfG* E 75, 369 (380), Fall *Strauß*.
[123] Informativ zu Ersterem *Krischker*, JA 2013, 488, zu Letzterem *Reinbacher*, JZ 2020, 558.
[124] Problemaufriss schon bei *Hilgendorf*, ZIS 2010, 208; s.a. *Beck*, MMR 2009, 736; *Eisele*, Computer- und Medienstrafrecht, 2013, 6. Kap. Rn. 65 ff.; eingehend zur *»Internetbeleidigung«* jetzt NK-*Kargl*, § 185 Rn. 35 ff.; LK-*Hilgendorf*, vor § 185 Rn. 39 ff.; *Ceffinato*, JuS 2020, 495; *Nussbaum*, KriPoZ 2021, 215; ausf. zur »Strafverfolgung von **Hatespeech in Sozialen Netzwerken**« *Eckel/Rottmeier*, NStZ 2021, 1; zur »Grundrechtsdogmatik der Beleidigungsdelikte im digitalen Raum« *Bredler/Markard*, JZ 2021, 864; zur »**Bekämpfung von digitalem Hass**« *Großmann*, StV 2022 408.

Erster Abschnitt: Straftaten gegen den Einzelnen

529 Dass die Anwendbarkeit der §§ 185 ff. StGB nicht ausschließlich auf **natürliche Personen** beschränkt ist, lässt sich schon aus § 194 III, IV StGB entnehmen. Denn aus diesen Normen folgt, dass die dort angeführten »Behörden« oder »sonstige Stellen, die Aufgaben der öffentlichen Verwaltung wahrnehmen« (Abs. 3 S. 2, 3), ebenso wie die »Gesetzgebungsorgane des Bundes oder eines Landes« oder »andere politische Körperschaften ...« (Abs. 4) i.S.d. §§ 185 ff. StGB beleidigt werden können.[125]

530 Die Regelung in §§ 194 III, IV StGB ist nach h.A. nun aber **nicht** etwa so zu verstehen, dass **einzig die dort angeführten** Personengesamtheiten (Kollektive) beleidigungsfähig sind.[126] Vielmehr soll **jede Personengesamtheit**, »die *eine rechtlich anerkannte gesellschaftliche (auch wirtschaftliche) Funktion erfüllt* und *einen einheitlichen Willen bilden kann*, strafrechtlichen Ehrenschutz genießen«, und zwar unabhängig von der Rechtsform der Gemeinschaft.[127] Dies soll nach h.M.[128] auch für **Kapitalgesellschaften** gelten[129] – wie in unserem ***Fall 54*** die S-GmbH. Danach hätte J den Tatbestand des § 186 StGB erfüllt.

531 *Stellungnahme:* Da eine Beschränkung des strafrechtlichen Ehrenschutzes auf natürliche Personen zwar *de lege ferenda* vorzuziehen wäre, aber *de lege lata* durch § 194 StGB ausgeschlossen ist, erscheint es sachgerecht, ihn nicht auf »Behörden«, »sonstige Stellen (der öffentlichen Verwaltung)«, »Gesetzgebungsorgane des Bundes und der Länder« sowie »andere politische Körperschaften« zu beschränken, sondern auf den gesamten politischen und gesellschaftlichen Bereich (einschließlich des wirtschaftlichen) zu erstrecken. Denn ein **»Ehrenschutzmonopol« der öffentlichen Hand** wäre unzeitgemäß.[130] Der h.A. ist daher zu folgen.

Beleidigungsfähig sind mithin auch die Bundeswehr[131] sowie[132] Gewerkschaften und Arbeitgeberverbände, Parteien, Industrie- und Handelskammer, Deutscher Anwaltverein, RTL, DFB, Deutsche Forschungsgemeinschaft (DFG), Caritas und »Rotes Kreuz«, aber auch die »Deutsche Bischofskonferenz« oder der »Zentralrat der deutschen Juden«.

532 Nicht als Kollektiv beleidigungsfähig – mangels einheitlicher Willensbildung – sind jedoch »die Juden« schlechthin, sind es »die deutschen Anwälte« bzw. »die deutschen Richter«

---

[125] Zur Beleidigung einer kommunalen Gebietskörperschaft *BVerfG*, NJW 2006, 3769.
[126] *BGH* St 6, 186; *Tenckhoff*, JuS 1988, 457 ff.; LK-*Hilgendorf*, vor § 185 Rn. 27; Sch/Sch-*Eisele/Schittenhelm*, vor § 185 Rn. 3; *Eisele* I, Rn. 582 ff.; M/S/M/H/M-*Momsen*, 24/17 ff.; *Rengier* II, 28/10 ff.; **a.A.** aber *Hirsch*, Ehre u. Beleidigung, 1967, S. 91 ff.; *Wagner*, JuS 1978, 674 (675 f.); *Gössel*, GS-Schlüchter, 2002, 304; SK[10]-*Rogall*, vor § 185 Rn. 38 f.; s.a. NK-*Kargl*, vor § 185 Rn. 75, 81: »Rechtsfortbildung in malam partem«; ebso. W/H/E-*Hettinger*, Rn. 425.
[127] *BGH* St 6, 186 (Hervorhebungen von mir); *Tenckhoff*, JuS 1988, 457 ff.; *Jäger*, BT, Rn. 151; M/S/M/H/M-*Momsen*, 24/17 ff.; HK-GS-*Schneider*, § 185 Rn. 11.
[128] *BGH* St 6, 186; *Tenckhoff*, JuS 1988, 457 ff.; *Küpper/Börner*, 4/5; M/S/M/H/M-*Momsen*, 24/19; *Rengier* II, 28/11; Sch/Sch-*Eisele/Schittenhelm*, vor § 185 Rn. 3a; S/S/W-*Sinn*, vor § 185 Rn. 13 f.
[129] *BGH* St 6, 186 (191); *OLG Köln*, NJW 1979, 1723; HK-GS-*Schneider*, § 185 Rn. 11; zu restriktiv *OLG Stuttgart* NJW 1976, 628 (630): Beschränkung des Gesellschaftszweck auf den Betrieb eines **Handelsgewerbes**, sei der Schutz der §§ 823 I, 823 II BGB i.V.m. 187 StGB (Kreditgefährdung), 824, 826 BGB ausreichend (und für einen Ehrschutz aus §§ 186, 185 StGB kein Raum).
[130] Nicht nachvollziehbar die scharfe Ablehnung dieser Erwägung bei SK[10]-*Rogall*, vor § 185 Rn. 39.
[131] *BGH* St 36, 83 (88); Sch/Sch-*Eisele/Schittenhelm*, vor § 185 Rn. 3a mwN; *Rengier* II, 28/11.
[132] Vgl. *Geppert*, Jura 2005, 244 (245) mit weiteren Nennungen und Nachweisen.

oder ist es »die Polizei« als solche.[133] Freilich wird jeweils eine Beleidigung der dem jeweiligen Kollektiv angehörenden Einzelpersonen in Betracht zu ziehen sein (siehe oben *Rn. 497 ff.*). So ist etwa bei einer Schmähung »der Juden« i.d.R. von einer Beleidigung eines jeden einzelnen jüdischen Mitbürgers auszugehen[134] (vgl. schon *Rn. 502*).

Auch die **Familie** ist – mangels »einheitlicher Willensbildung«, aber auch schon mangels klarer »Abgrenzbarkeit des zugehörigen Personenkreises« – nicht beleidigungsfähig; eine besondere, durch §§ 185 ff. StGB geschützte **Familienehre** ist nicht anzuerkennen.[135]   **533**

Fall 55: – »*Behaupten« und »Verbreiten« von Tatsachen* –   **534**

Die klatschsüchtige M erzählt im Kollegenkreis, ihr sei das Gerücht zu Ohren gekommen, Abteilungsleiter A habe ein Verhältnis mit dem 15-jährigen Lehrmädchen L. Sie (M) habe allerdings Zweifel, ob an dem Gerücht »etwas dran« sei. A stellt gegen M Strafantrag. Strafbarkeit der M, wenn das Gerücht nicht erweislich wahr ist?

a) § 186 StGB in der Alternative des »**Behauptens**« einer ehrenrührigen Tatsache liegt nicht vor; denn Behaupten heißt »eine Tatsache als nach eigener Überzeugung wahr hinstellen«.[136] Daran fehlt es hier, da M ihre Zweifel hervorgehoben hat.

b) Doch könnte § 186 StGB in Form des »**Verbreitens**« erfüllt sein. Verbreiten i.S.d. Grundtatbestandes[137] bedeutet die Weitergabe einer fremden Behauptung, und zwar »als von anderer Seite gehört, nicht als Gegenstand eigener Überzeugung«.[138]   **535**

Danach ist das Merkmal des Verbreitens von Tatsachen für die Fälle gedacht, in denen Tatsachen mitgeteilt werden, ohne dass der Täter »für ihre Richtigkeit eintritt«.[139] Dabei genügt es, wenn die Tatsache als **Gerücht** mitgeteilt wird (»Es heißt, der X habe …«)[140] – selbst dann, wenn das Gerücht als nicht bestätigt oder gar als unglaubwürdig bezeichnet wird.[141]

Handelt der Täter allerdings im Interesse des von dem Gerücht Betroffenen, indem er dem Gerücht ernstlich entgegentritt, so ist die Tat grundsätzlich gerechtfertigt   **536**
   – i.d.R. durch »mutmaßliche Einwilligung«,[142] zumindest aber gemäß § 193 StGB.[143] –
Solch ein Handeln im Interesse des Betroffenen lag hier jedoch nicht vor.

Ergebnis: In **Fall 55** ist M aus § 186 StGB strafbar.

---

[133] Vgl. *Geppert*, Jura 2005, 244 (245) mwN. – Siehe auch die nachfolgende *Fn. 134*.
[134] So trotz missverständl. Leitsatzes auch *BGH* St 11, 207; vgl. *Geppert*, Jura 2005, 244 (245 Fn. 22).
[135] *BGH* St 6, 186 (192); NJW 1951, 531; *Geppert*, Jura 2005, 244 (245); W/H/E-*Hettinger*, Rn. 427; LK-*Hilgendorf*, vor § 185 Rn. 33; M/S/M/H/M-*Momsen*, 24/20; s.a. *Mavany*, Jura 2010, 594 (597).
[136] L/K/H-*Heger*, § 186 Rn. 5; HK-GS-*Schneider*, § 186 Rn. 8; W/H/E-*Hettinger*, Rn. 452.
[137] Zur *Qualifikation* des »Verbreitens von Schriften« (seit 1.1.2021: »Verbreitens eines Inhalts«) vgl. Sch/Sch-*Eisele/ Schittenhelm*, § 186 Rn. 20; ausf. hierzu *M. Heinrich*, ZIS 2016, 569, 570 ff.
[138] *RG* St 38, 368; vgl. auch *Fischer*, § 186 Rn. 9; weitergehend *Streng*, GA 1985, 214.
[139] *RG* St 38, 368; Sch/Sch-*Eisele/Schittenhelm*, § 186 Rn. 8; LK-*Hilgendorf*, § 186 Rn. 8.
[140] *RG* St 22, 221 (223); 38, 368; *BGH* St 18, 182 (183); Sch/Sch-*Eisele/Schittenhelm*, § 186 Rn. 8.
[141] Wie *Fn. 140*; ebso. *Fischer*, § 186 Rn. 9; L/K/H-*Heger*, § 186 Rn. 5.
[142] Dazu eingehend *Hansen*, JuS 1974, 106; *ders.*, JR 1974, 406 ff.; ebenso L/K/H-*Heger*, § 186 Rn. 5; Sch/Sch-*Eisele/Schittenhelm*, § 186 Rn. 8; diff. *Blei*, JA 1974, 818.
[143] *Fischer*, § 186 Rn. 9; auch LK-*Hilgendorf*, § 186 Rn. 8, stellt auf Rechtfertigung ab (verlangt dafür aber eine Entkräftung des Gerüchts durch Angabe von Fakten); SK[10]-*Rogall*, § 186 Rn. 15 und NK-*Kargl*, § 186 Rn. 33 verneinen dagegen schon den Tatbestand des § 186 StGB.

3. Äußerungen im Rahmen von Vertrauensverhältnissen

537 **Fall 56:** – *Äußerungen im engsten Familienkreis* –

Buchhalter Adam (A), der von seinem Vorgesetzten Riese (R) einen »Rüffel« erhalten hat, äußert im Familienkreis, R sei ein »Rindvieh«.
Hat A eine Beleidigung (§ 185 StGB) begangen?

Beleidigende Äußerungen im engsten Familienkreis über Dritte sind dann **keine tatbestandsrelevante Kundgabe** von Nicht- oder Missachtung, wenn die Vertraulichkeit des Gesprächs gewährleistet erscheint.[144] Dringt gleichwohl etwas nach draußen, so fehlt insoweit der Beleidigungsvorsatz.

Diese **Einschränkung** des Anwendungsbereichs des § 185 StGB gilt entsprechend **bei § 186 StGB**,[145] **nicht aber (!!) bei § 187 StGB**.[146]

538 Für diese Beschränkung des Normbereichs der §§ 185, 186 StGB durch Anerkennung einer freien Kommunikation im familiären Innenbereich ohne beleidigungsrelevante Außenwirkung spricht, dass jeder Mensch »innerhalb seines engsten Lebenskreises Raum für eine ungezwungene, vertrauliche Aussprache und ggf. auch zum Entladen angestauter Emotionen in Bezug auf außenstehende Personen braucht, ohne dabei jedes Wort auf die Goldwaage legen zu müssen«.[147]

Es handelt sich dabei um eine *»teleologischen Reduktion«*,[148] d.h. eine zur Zurückführung einer vom Zweck oder Grundgedanken der gesetzlichen Regelung her gesehen zu weit gefassten Norm auf den ihr nach der ratio legis zukommenden Anwendungsbereich.

So denn auch das *BVerfG*:[149] »Zum Persönlichkeitsrecht gehört unter den Bedingungen eines besonderen Vertrauensverhältnisses die Möglichkeit des Einzelnen, seine Emotionen frei auszudrücken, geheime Wünsche oder Ängste zu offenbaren und das eigene Urteil über Verhältnisse oder Personen freimütig kundzugeben.«

In *Fall 56* hat A also schon den **Tatbestand** des § 185 StGB nicht erfüllt.

539 Lehnt man die hier vertretene Ansicht ab, greift jedenfalls – im Hinblick auf Art. 6 I GG – der Rechtfertigungsgrund der Wahrnehmung berechtigter Interessen ein (§ 193 StGB).[150]

Dagegen nimmt *Otto* eine Rechtfertigung nach § 34 StGB an,[151] *Lenckner* gar nur – parallel zu § 36 StGB – einen (ungeschriebenen) persönlichen Strafausschließungsgrund.[152]

---

[144] Schon überhaupt eine Kundgabe abl. *Hansen*, JuS 1974, 106; *Welzel*, S. 308; LPK-*Hilgendorf*, vor § 185 Rn. 11 f.; s.a. BVerfG E 90, 255 (260 ff.); a.A. zu Recht Sch/Sch-*Eisele/Schittenhelm*, vor § 185 Rn. 9a; *Otto*, BT, 32/52; W/H/E-*Hettinger*, Rn. 438 ff. (443).
[145] *Eisele* I, Rn. 611; Joecks/*Jäger*, vor § 185 Rn. 31; *Rengier* II, 28/23.
[146] Joecks/*Jäger*, vor § 185 Rn. 32; SK[10]-*Rogall*, vor § 185 Rn. 55; *Eisele* I, Rn. 596, 623; Küpper/*Börner*, 4/10; *Rengier* II, 28/23; instruktiv W/H/E-*Hettinger*, Rn. 443 mit Fall in Rn. 450, 454.
[147] W/H/E-*Hettinger*, Rn. 442; ebso. *Eisele* I, Rn. 596; SK[10]-*Rogall*, vor § 185 Rn. 52.
[148] Ebso. L/K/H-*Heger*, Rn. 9; MK-*Regge/Pegel*, vor § 185 Rn. 63; *Eisele* I, Rn. 596; *Rengier* II, 28/23; allg. zur *»teleologischen Reduktion«* Krey/*Esser*, Rn. 89 ff.; *Krey*, JZ 1978, 361 (365).
[149] BVerfG, NJW 2010, 2937 (2939); in diesem Sinn bereits BVerfG E 90, 255 (259 ff.).
[150] So etwa *Schmidhäuser*, BT, 5/10; LK-*Hilgendorf*, § 185 Rn. 14; – s. aber auch *Fn. 151* –.
[151] *Otto*, BT, 32/52; gegen eine bloße Rechtfertigungslösung (sei es über § 34 StGB oder über § 193 StGB) überzeugend Sch/Sch-*Eisele/Schittenhelm*, vor § 185 Rn. 9a.
[152] Sch/Sch-*Lenckner*, 27. Aufl. 2006, vor § 185 Rn. 9a; hiergegen M/S/M/H/M-*Momsen*, 24/32.

Doch mehr noch: Richtigerweise erfüllen vertrauliche Äußerungen über Dritte nicht **540**
nur bei Gesprächen im Familienkreis, sondern ganz allgemein grundsätzlich nicht
den Tatbestand der §§ 185, 186 StGB, wenn *erstens* zwischen den Gesprächspartnern ein Vertrauensverhältnis besteht und *zweitens* gewährleistet erscheint, dass die
Äußerung nicht nach außen dringt.[153] Diese Voraussetzungen können z.B. bei
Gesprächen unter engen **Freunden** erfüllt sein,[154] aber auch bei Vertrauensverhältnissen i.S. von § 203 StGB im Hinblick auf Äußerungen gegenüber dem jeweils
Schweigepflichtigen, wie etwa des Mandanten gegenüber seinem **Anwalt**[155] oder
auch im Rahmen eines Arzt-Patientenverhältnisses[156]

– nicht aber für Beleidigungen Dritter *durch den Schweigepflichtigen* gegenüber dem (ja nicht zu vertraulichem Umgang verpflichteten) Mandanten[157], Patienten etc. –

4. Beleidigung durch Unterlassen und/oder konkludentes Tun

Fall 57: – *Jenseits aller Höflichkeit* – **541**

Bei einer Tagung tritt Dr. Peinlich (P) auf eine Gruppe von Kollegen zu. Mit Ausnahme von X und Y, die er nicht leiden kann, begrüßt P die Kollegen freundlich. Den X ignoriert er geflissentlich und behandelt ihn wie Luft; dem Y zeigt er gar »den Stinkefinger«.

X und Y fühlen sich beleidigt und stellen Strafantrag.

a) Die Beleidigung nach § 185 StGB als »Kundgabe von Nicht- oder Missachtung« **542**
ist ein **Äußerungsdelikt**; ebenso erfordern die Üble Nachrede (§ 186 StGB) und
die Verleumdung (§ 187 StGB) eine Äußerung. Da aber eine Äußerung per se ein
aktives Verhalten voraussetzt, gehören – entgegen der h.M.[158] – §§ 185 ff. StGB zu
denjenigen Straftaten, die nicht als unechte Unterlassungsdelikte (§ 13 StGB) verwirklicht werden können, d.h.: Beleidigung durch Unterlassen gibt es nicht.[159]

Nach einigen Autoren soll § 185 StGB als unechtes Unterlassungsdelikt aber immerhin im Fall der **Nichtabwendung des Zugehens** einer zuvor ohne Kundgabewillen verfassten beleidigenden Äußerung vorliegen.[160] Auch dem ist jedoch entgegenzutreten: Hierin mag eine – im Aufrechterhalten der Äußerung zu erblickende – konkludent erklärte Beleidigung liegen, keinesfalls aber eine Kundgabe der Missachtung durch Unterlassen.

---

[153] *BVerfG* E 90, 255 (260): »Familienmitglieder oder andere Vertraute«; NJW 2007, 1194 (1195); 2010, 2937 (2939); *KG*, NStZ 2021, 430; *Eisele* I, Rn. 596; L/K/H-*Heger*, § 185 Rn. 9.
[154] *BVerfG* E 90, 255 (260); NJW 2007, 1194 (enge Freundschaft mit Mitgefangenem); SK[10]-*Rogall*, vor § 185 Rn. 53; *Eisele* I, Rn. 596; M/S/M/H/M-*Momsen*, 24/33; W/H/E-*Hettinger*, Rn. 443.
[155] L/K/H-*Heger*, § 185 Rn. 9; *Eisele* I, Rn. 596; Küpper/*Börner*, 4/11; M/S/M/H/M-*Momsen*, 24/33; *Rengier* II, 28/28 f. (mit Fall 1); abl. und auf § 193 StGB verweisend *OLG Hamburg*, NJW 1990, 1246; SK[10]-*Rogall*, vor § 185 Rn. 56; NK-*Kargl*, vor § 185 Rn. 90; W/H/E-*Hettinger*, Rn. 443.
[156] *OLG München*, NJW 1993, 2998 f.; abl. NK-*Kargl*, vor § 185 Rn. 90; SK[10]-*Rogall*, vor § 185 Rn. 56.
[157] Eben hierzu *BGH* St 53, 257 (262 ff.): Mandatsverhältnis kein »beleidigungsfreier Raum« (263); zust. *BVerfG*, NJW 2010, 2937 (2939); s.a. *Barton*, JZ 2010, 102; *Gössel*, NStZ 2010, 288 (289).
[158] Vgl. nur MK-*Regge/Pegel*, § 185 Rn. 35 f.; SK[10]-*Rogall*, § 185 Rn. 17 mwN.
[159] So auch Krey/*Esser*, AT, Rn. 1130; nachdem blich stimmend jedoch das Nichtentfernen antisemitischer Skulpturen von mittelalterlichen Kirchenmauern, dazu *Peters*, JR 2022, 569.
[160] *Tenckhoff*, JuS 1988, 199 (204); Sch/Sch-*Eisele/Schittenhelm*, § 185 Rn. 12; SK[10]-*Rogall*, § 185 Rn. 17; Kindhäuser/*Schramm*, 25/3; s.a. NK-*Kargl*, § 185 Rn. 2.

543 b) Doch kann und wird i.d.R. ein Unterlassen nach den Umständen des Einzelfalles einen eigenen Erklärungswert haben,[161] d.h. eine schlüssige (konkludente) Äußerung von Missachtung sein. Solche **konkludent erklärten Beleidigungen** sind in gleicher Weise für §§ 185 ff. StGB ausreichend wie ausdrücklich geäußerte.

Das demonstrative, über bloß unhöfliches Verhalten hinausgehende *Nicht-Beachten* ist ein geradezu »klassischer« Fall einer Beleidigung durch konkludentes Verhalten.[162]

In unserem *Fall 57* ist daher eine Beleidigung des X nach § 185 StGB zu bejahen.

544 c) *Konkludent erklärte Beleidigungen* sind auch sonst in vielerlei Weise denkbar:

Bspw. das bewusst herabsetzende Ansprechen von (trans-)Menschen nach einer Namensänderung mit ihrem alten Namen (sog. *Deadnaming*);[163] v.a. aber (**gem. § 185 I mit qualifizierender Wirkung!**) *Tätlichkeiten* wie Tritte ins Gesäß oder Ohrfeigen, *Auslachen* oder *Gesten* wie das Tippen an die Stirn,[164] das *Anspucken*[165] – und ggf. eben der *»Stinkefinger«*

– der freilich in vielen sozialen Kontexten seinen ehrherabsetzenden Charakter verloren hat hin zu einem bloßen Zeichen von Schadenfreude oder grober Zurückweisung.[166]

In *Fall 57* spricht der situative Befund aber durchaus für eine gewollte Ehrherabsetzung und ist daher als Beleidigung des Y nach § 185 StGB zu werten.

545 d) *Ergänzender Hinweis:* **Sexualbezogene Handlungen** – von der bloßen sexuellen Belästigung bis hin zum nicht einverständlichen Geschlechtsverkehr – können nach heutigem Verständnis **nur in Ausnahmefällen** eine Beleidigung darstellen.[167]

§ 185 StGB darf nicht als »Lückenbüßer« in Fällen des Nichteingreifens von Straftaten gegen die sexuelle Selbstbestimmung herangezogen werden; das bloße Ansinnen einer sexuellen Handlung als solches (»willst Du mit mir«) sowie der in der sexuellen Handlung bereits per se liegende Angriff auf die Geschlechtsehre genügen also nicht.[168]

Zwingende Voraussetzung ist vielmehr, dass »in dem Verhalten des Täters zugleich eine – von ihm gewollte – herabsetzende Bewertung des Opfers zu sehen ist«,[169] die über den eigentlichen geschlechtlichen Übergriff hinausgeht, dass also »der Täter durch sein Verhalten ... zum Ausdruck bringt, der Betroffene weise einen seine Ehre mindernden Mangel auf«[170]

– so ggf. beim überraschenden Greifen an das Geschlechtsteil des Opfers in der Öffentlichkeit,[171] nicht aber *per se* bei sexuell motiviertem Voyeurismus,[172] etwa auch dem heimlichen Fotografieren unter den Rock (»**Upskirting**«, dazu auch *Rn. 646, 664*).[173]

---

[161] LK-*Hilgendorf*, § 185 Rn. 27; Sch/Sch-*Eisele/Schittenhelm*, § 185 Rn. 12.
[162] *Fischer*, § 185 Rn. 7; SK[10]-*Rogall*, § 185 Rn. 17; MK-*Regge/Pegel*, § 185 Rn. 32; *Rengier* II, 29/34.
[163] Zu dieser neuen Erscheinungsform möglicher Beleidigung *Hallweger/Thümmler*, NStZ 2023, 76.
[164] Vgl. hierzu *OLG Hamm*, NStZ 2011, 42; *OLG Düsseldorf*, NJW 1960, 1072; *Rengier* II, 29/34.
[165] *BGH*, NStZ-RR 2009, 172 (173); *OLG Zweibrücken*, NStZ 1990, 541; *Geppert*, Jura 1983, 580 (588).
[166] Vgl. *Jendrusch*, NZV 2007, 559 vs. *LG Kassel*, NZV 2008, 310 f.; s.a. *Fischer*, § 185 Rn. 17a.
[167] *BGH* St 36, 145 (147 ff.); NStZ 1986, 453; 1993, 182; 2007, 218; NStZ-RR 2012, 206; *Fischer*, § 185 Rn. 11 ff.; Sch/Sch-*Eisele/Schittenhelm*, § 185 Rn. 4; SK[10]-*Rogall*, vor § 185 Rn. 47 ff.
[168] Joecks/Jäger, § 185 Rn. 14 ff.; *Rengier* II, 29/35; Sch/Sch-*Eisele/Schittenhelm*, § 185 Rn. 4.
[169] *BGH* St 36, 145 (150); NStZ 1986, 453; NStZ-RR 2012, 206; s.a. Joecks/*Jäger*, § 185 Rn. 16 mwN.
[170] *BGH* St 36, 145 (150). – Beispiele: *OLG Hamm*, NStZ-RR 2008, 108; *BGH*, NStZ 2018, 603.
[171] Vgl. *OLG Karlsruhe*, NJW 2003, 1263 (1264); *OLG Bamberg*, NStZ 2007, 96; *Rengier* II, 29/36.
[172] *OLG Düsseldorf*, NJW 2001, 3562 f.; *OLG Nürnberg*, NStZ 2011, 217 f.; *Fischer*, § 185 Rn. 11a.
[173] *OLG Nürnberg*, NStZ 2011, 217 f.; ausf. zum »Upskirting« *Berghäuser*, ZIS 2019, 463 (467 f.).

Mit der 2016 erfolgten Strafbarstellung der **»Sexuellen Belästigung«** *mittels körperlichen Berührens in sexuell bestimmter Weise* in § 184i StGB sollte nun zwar eine gewisse Entschärfung des Problems der Sexualbeleidigung als »Lückenbüßer« eingetreten sein, doch das nächste Problem der Einbettung als anstößig empfundenen sexuell konnotierten Verhaltens irgendwo im Nirgendwo zwischen Sexualstraftat und Beleidigungsdelikt – und ggf. auch bloßem Bagatellunrecht[174] – hat nicht lange auf sich warten lassen: Nach Regelung der *körperlich berührenden* sexuellen Belästigung (in § 184i StGB) geht es jetzt (in gewissermaßen logischer Fortschreibung) mit der sog. **Catcalling** um die *verbale* sexuelle Belästigung[175] – und die Frage: Ist hier erneut der »Gesetzgeber in der Pflicht?«[176] **546**

Ohne dies hier abschließend beantworten zu wollen, dürfte es dabei m.E. jedoch **546a**
– mit der überlieferten Vorstellung eines Strafrechts als *ultima ratio* im Gepäck[177] –
erheblich stärker noch als seinerzeit bei §§ 184i, 184k StGB um die Frage hinreichender Strafwürdigkeit[178] gehen:[179] Das sog. **Catcalling**

– als *per definitionem berührungsfreie, rein verbale* sexuell konnotierte Belästigung (etwa durch »Hinterherpfeifen«, Kussgeräusche oder rüde Äußerungen wie »geiler Hintern«, zumeist, wenn auch nicht notwendig, gegenüber Fremden »im Vorbeigehen«) –

mag sich (allzu verharmlosend?)[180] umschreiben lassen als »distanz- und respektlose Anmache oder Begegnung in Form von sexuell motivierten Aussagen«[181] – die freilich nicht allesamt und unbedingt in ehrherabsetzend-*abwertender*, sondern ggf. gar in (wenn auch fehlgeleitet) *anerkennender* Absicht geäußert werden.[182]

Demgemäß wird man von vornherein zwischen *ehrherabsetzendem* und *nicht ehrherabsetzendem* Catcalling zu unterscheiden haben. Ersterenfalls sollte die bestehende Strafbarkeit über § 185 StGB zur Bewältigung der Problematik geeignet und ausreichend sein: **546b**

Ist *in concreto* die Schwelle strafwürdigen Unrechts überschritten, etwa durch Äußerungen, welche die angesprochene Person bloßstellen und/oder zum vermeintlich jederzeit verfügbaren Lustobjekt degradieren, ist eine Beleidigungsstrafbarkeit gegeben – der sich übrigens bei entspr. Beharrlichkeit eine solche nach § 238 StGB anschließen kann.[183]

Letzterenfalls (anerkennend), wenn es also an einer der Beleidigung immanenten Ehrherabsetzung fehlt, ist § 185 StGB nicht einschlägig und mag sich damit eine Strafbarkeitslücke **546c**

---

[174] Vgl. *Pörner*, NStZ 2021, 336: »Das sog. Catcalling – Strafwürdiges Unrecht oder bloße Bagatelle?«
[175] Dazu eine »sprachakttheoretische Annäherung« bei *Oğlakcıoğlu*, ZStW 2023, 165 ff.
[176] So der Titel des Beitrags von *Steiner*, ZRP 2021, 241 ff.; eher abl. wohl NK-*Kargl*, § 185 Rn. 31; zur Frage eines neuen Tatbestands s.a. das Streitgespräch *Hoven/Weigend*, FS-Prittwitz, 2023, 653.
[177] S.a. *Steiner*, ZRP 2021, 241 (243); *ultima ratio* bejahend *Runge/Schneider*, RuP 2022, 167 (176).
[178] Eine *Umfrage zur Strafwürdigkeit* bei *Gemmel/Immig*, KriPoZ 2022, 83; noch eine empirische Studie dazu bei *Hoven/Rubitzsch/Wiedmer*, KriPoK 2022, 175; zu »Möglichkeiten und Grenzen einer strafrechtl. Regulierung« auch *Labarta Greven/Goede/Brodtmann*, KriPoZ 2022, 371; s.a. oben *Fn. 174*.
[179] Vgl. SK[10]-*Rogall*, §vor § 185 Rn. 51: die Festlegung deren Grenze sei »das eigentliche Problem«.
[180] So *Steiner*, ZRP 2021, 241 (242): mehr als eine plumpe Form der »Anmache«.
[181] *Pörner*, NStZ 2021, 336 (341); weitere Handlungsweisen bei *Runge/Schneider*, RuP 2022, 167.
[182] Vgl. *Oğlakcıoğlu*, ZStW 2023, 165 (166): »geben im o.g. Bsp. kaum ihre Missachtung kund«; s.a. *Pörner*, NStZ 2021, 336 (338): »allenfalls distanzloser Versuch aufdringlicher Kontaktherstellung«; *Runge/Schneider*, RuP 2022, 167 (170): »Nice Ass!«, ein Pfiff oder andere *softe Catcalls* »können zum Teil – trotz ihrer Plumpheit – tatsächlich positiv und Flirt auffordernd gemeint sein«.
[183] Ausf. hierzu (wie auch zur Anwendbarkeit anderer Tatbestände) *Pörner*, NStZ 2021, 336 (337 ff.).

offenbaren.¹⁸⁴ Ob es (nun aber ersichtlich außerhalb der Ehrdelikte) ihrer Schließung bedarf, wird noch weiter – wenn auch nicht an dieser Stelle – zu diskutieren sein. Abschließend nur zweierlei: Einerseits ist »Catcalling kein Verhalten, das leichtfertig hingenommen werden kann«,¹⁸⁵ andererseits ist aber, *soweit es denn* in obigem Sinn (*Rn. 546a*) um »bloße« Respektlosigkeit geht, zu bedenken: »Der Schutz des Respekts als Teil der Moral- und Sittenvorstellung einer Gesellschaft ist als solcher ... nicht die Aufgabe des Strafrechts«.¹⁸⁶ Hier den richtigen Weg zu finden, ist eine ernstzunehmende kriminalpolitische Herausforderung.

5. Verleumdung (§ 187 StGB)

547 § 187 StGB enthält zwei deutlich voneinander zu unterscheidende Tatbestände:

– zum einen eine **Qualifikation des § 186 StGB**, wobei § 187 StGB die Unwahrheit der behaupteten Tatsache als Tatbestandsmerkmal fordert (sie muss *erwiesenermaßen* unwahr sein) sowie diesbezüglich auch ein Handeln wider besseres Wissen (also die sichere Kenntnis der Unwahrheit, d.h. dolus directus II. Grades);

– zum anderen (»oder dessen Kredit zu gefährden geeignet ist«) den **eigenständigen Tatbestand der Kreditgefährdung**, der seinem Schwerpunkt nach ein *Vermögensdelikt* (und damit ein Fremdkörper innerhalb der Ehrdelikte) ist, bei dem es letztlich weder auf die Ehrenrührigkeit der behaupteten Tatsache, noch auf die Beleidigungsfähigkeit einer ggf. betroffenen Personengemeinschaft ankommt.¹⁸⁷

547a Fall 58: – *»Drittbezug« der Verleumdung* –

Alf Aloch (A) hat folgendes Zeitungsinserat aufgegeben: »Kein Wunsch bleibt unerfüllt, wenn Eva sich vor Dir enthüllt. Sei ein Mann, ruf an!« Die im Inserat genannte Telefonnummer war diejenige seiner von ihm getrennt lebenden Ehefrau E, die er mit dieser Anzeige und den zu erwartenden belästigenden Telefonanrufen kränken wollte. E, alles andere als ein Callgirl, stellt Strafantrag gegen A. Strafbarkeit des A wegen Verleumdung?

§ 187 StGB verlangt wie § 186 StGB das Behaupten oder Verbreiten der Tatsache **»in Beziehung auf einen anderen«**. D.h., zum einen dürfen der Empfänger und der Betroffene der Äußerung nicht identisch sein (siehe oben *Rn. 489*).

547b Zum anderen aber muss auch erkennbar sein, »dass hinter der Äußerung ein anderer als der **Betroffene** (hier die E) als angeblicher oder wirklicher Urheber steht«; wer wie A »diesen ›Drittbezug‹ verbirgt und lediglich den Betroffenen **kompromittierende Sachlage** schafft, verleumdet nicht«.¹⁸⁸

Doch liegt hier eine »grobe« Kundgabe der Missachtung der E durch A vor, sodass § 185 StGB eingreift.¹⁸⁹

---

¹⁸⁴ Ganz in diesem Sinne auch *Pörner*, NStZ 2021, 336 (338 f., 341).
¹⁸⁵ So ganz richtig *Steiner*, ZRP 2021, 241 (242); ganz in diesem Sinne hält *Oğlakcıoğlu*, ZStW 2023, 165 (166, 185) das »Ankreiden« des hier in Rede stehenden Verhaltens für »dringend notwendig«.
¹⁸⁶ So *Pörner*, NStZ 2021, 336 (341); entspr. zur »plumpen Anmache« Joecks/*Jäger*, § 185 Rn. 16.
¹⁸⁷ RG St 44, 160; LK-*Hilgendorf*, § 187 Rn. 3; Sch/Sch-*Eisele/Schittenhelm*, § 187 Rn. 1, 4.
¹⁸⁸ BGH, NStZ 1984, 216; ebso. *Fischer*, § 186 Rn. 8, 10; *Rengier* II, 29/11; W/H/E-*Hettinger*, Rn. 453; M/S/M/H/M-*Momsen*, 25/30; **a.A.** *Otto*, BT, 32/18; *Streng*, GA 1985, 214 ff.
¹⁸⁹ BGH, NStZ 1984, 216; M/S/M/H/M-*Momsen*, 25/30; *Rengier* II, 29/11; W/H/E-*Hettinger*, Rn. 453.

6. Öffentlich, in einer Versammlung oder durch Verbreiten eines Inhalts

Bei all den bisher behandelten Delikten – §§ 185, 186, 187 StGB – sieht das Gesetz (in die Tatbestandsbeschreibung integriert) eine **Qualifizierung** vor für den Fall **548**

– des *öffentlichen Begehens*,
– des *Begehens in einer Versammlung* oder
– des *Verbreitens eines entsprechenden Inhalts* i.S.d. § 11 Abs. 3 StGB.

Für die Qualifikation spricht, dass durch die mit derlei Vorgehen erzielte (ggf. bis zum »Rufmord« reichende) **Breitenwirkung** die ehrherabsetzende Wirkung i.d.R. noch einmal erheblich verstärkt wird und die Tat somit eine besonders intensive Rechtsgutsverletzung bewirkt.

a) Dabei bedeutet »**öffentlich**« nicht die Öffentlichkeit des Ortes, sondern dass die Äußerung von einem unbestimmten oder durch nähere Beziehung nicht verbundenen Personenkreis unmittelbar wahrgenommen werden kann.[190] **548a**

Bei *verbaler* Äußerung muss dieser Personenkreis anwesend sein;[191] bei *schriftlicher* Äußerung – etwa durch Plakat, Wandschmiererei oder (den Inhalt erkennbar zur Schau stellende) Schaufensterauslage – genügt es hingegen, wenn der Ort für eine unbestimmte Vielzahl von Personen zugänglich ist;[192] zur medialen Öffentlichkeit s. *Rn. 548d*.

b) Als »**Versammlung**« ist unter dem Aspekt einer der öffentlichen Begehung und der Inhaltsverbreitung entsprechenden *Breitenwirkung* nur die – wichtig: zu einem bestimmten Zweck erfolgende – (nicht unbedingt öffentliche) Zusammenkunft einer *Vielzahl von Personen* zu verstehen;[193] **548b**

nicht erfasst sind jedoch rein persönliche Zusammenkünfte zu privaten Zwecken (Geburtstagsfeiern, Hochzeiten) sowie – mangels innerer Bindung – bloße zufällige *Ansammlungen* von Menschen (etwa bei einem Informationsstand).[194]

c) Mit »**Verbreiten eines Inhalts**« ist nicht mehr nur (wie bei dem bis Ende 2020 relevanten »Verbreiten von Schriften«)[195] die *körperliche Weitergabe einer diesen Inhalt enthaltenden Schrift* i.S.d. § 11 III StGB a.F. gemeint mit dem Ziel, diese ihrer Substanz nach einem größeren Kreis von Personen (ggf. auch nicht-öffentlich) zugänglich zu machen.[196] Es genügt nunmehr auch das *körperlose Verbreiten von Inhalten* i.S.d. § 11 III StGB, etwa mittels Streaming-Übertragung.[197] **548c**

Nach wie vor aber bedeutet »Verbreiten«, dass die Inhalte einem »nicht individualisierten größeren Personenkreis« zugänglich gemacht werden, wie etwa bei Äußerungen in einer öffentlichen – oder auch einer hinreichend großen (und damit ebenfalls über die erforderliche »Breitenwirkung« verfügenden)[198] privaten – Chatgruppe.

---

[190] *M. Heinrich*, ZJS 2016, 707 f.; NK-*Kargl*, § 186 Rn. 42; *Fischer*, § 186 Rn. 16; *Rengier* II, 29/20.
[191] *M. Heinrich*, ZJS 2016, 709; NK-*Kargl*, § 186 Rn. 43.
[192] MK-*Regge/Pegel*, § 186 Rn. 35; SK^{10}-*Rogall*, § 185 Rn. 29; *Fischer*, § 186 Rn. 17.
[193] SK^{10}-*Rogall*, § 185 Rn. 30; NK-*Kargl*, § 186 Rn. 45; *Rengier* II, 29/20.
[194] NK-*Kargl*, § 186 Rn. 45; a.A. SK^{10}-*Rogall*, § 185 Rn. 30.
[195] Änderung zum 01.01.2021 durch das 60. StÄG v. 30.11.2020, BGBl. I, 2600.
[196] Ausf. zu *M. Heinrich*, ZJS 2016, 570 ff.; NK-*Kargl*, § 186 Rn. 46; s.a. SK^{10}-*Rogall*, § 185 Rn. 37.
[197] BT-Drucks. 19/19859, S. 26 f.; SK^{10}-*Rogall*, § 185 Rn. 33.
[198] Hierzu ausf. (und noch aktuell) *M. Heinrich*, ZJS 2016, 570 (573 ff.); s.a. SK^{10}-*Rogall*, § 185 Rn. 36.

548d **d) Veröffentlichungen in der Presse** sind (wie das Verteilen von Flugblättern) selbstverständlich als **Inhaltsverbreitung** zu erfassen,[199] aber auch – nicht anders als über **Rundfunk** und **Fernsehen** verbreitete Äußerungen – als *„öffentliches"* Begehen.[200]

Auch bei Involvierung des **Internets** wird es sich zu allermeist (d.h. bei entsprechender Allgemeinzugänglichkeit) neben dem »*Verbreiten eines Inhalts*« um ein »*öffentliches*« Begehen handeln[201] – so bei der Platzierung auf frei abrufbaren Webseiten (z.B. YouTube), in offenen Chaträumen und Foren, **in sozialen Netzwerken** (z.B. Facebook) sowie beim nicht-individualisierten Massenversand von E-Mails oder SMS.[202]

II. Gegen Personen des politischen Lebens gerichtete Beleidigung, Üble Nachrede und Verleumdung (§ 188 StGB)

549 Die als Qualifikation der §§ 185, 186, 187 StGB konzipierte Norm ist erst 2021 durch das »Gesetz zur Bekämpfung des Rechtsextremismus und der Hasskriminalität«[203] inhaltlich erheblich ausgebaut und dementsprechend umstrukturiert worden:

Zum einen findet sich eine **Ausweitung auf** die bislang in § 188 StGB unberücksichtigt gebliebene Beleidigung des **§ 185 StGB**,

was nun gleich in Abs. 1 geregelt ist, während die (zuvor alleinige) Anwendbarkeit auf Üble Nachrede und Verleumdung (§§ 186, 187 StGB) in Abs. 2 »nachgeschoben« wird,

zum anderen ist die **personale Anwendbarkeit** in Abs. 1 deutlich erweitert worden:

549a »*Im politischen Leben des Volkes*« – gemeint ist das der Bundesrepublik Deutschland – standen (und stehen) nach überkommener Sicht[204] zwar Regierungsmitglieder, Bundestags- und Landtagsabgeordnete, sonstige auf Bundes- oder Landesebene maßgebliche Politiker der Regierungs- und Oppositionsparteien (u.a. auch ein »Kanzlerkandidat«[205]) sowie die Richter des *BVerfG*, des Weiteren[206] die Führer der Gewerkschaften und der Arbeitgeberverbände. Dagegen sollten, wegen ihres i.d.R. nur geringen politischen Einflusses,[207] **unterhalb der Landesebene** tätige Politiker, wie Gemeinderatsmitglieder und Landräte nicht unter § 188 StGB fallen.[208] Angesichts der zunehmenden Anfeindungen gerade auch von Bürgermeistern, Gemeinderäten und anderen im kommunalpolitischen Bereich Tätigen hat der Gesetzgeber nunmehr jedoch zu deren evident benötigtem Schutz zu Recht einen dem (hoffentlich) entgegenwirkenden, insoweit unmissverständlichen **§ 188 I 2 StGB** geschaffen:[209]

»**Das politische Leben des Volkes reicht bis hin zur kommunalen Ebene.**«

Zu einem Anwendungsbeispiel für §§ 186, 188 I, II StGB vgl. oben **Fall 53**, *Rdn.* **504, 507**.

---

[199] Das ist, nachdem Zeitungsartikel nachgerade das Paradebeispiel für *Verkörperungen in Schriften* i.S.d. § 11 III StGB sind, so offensichtlich, dass es nahezu nirgendwo explizit erwähnt wird.

[200] NK-*Kargl*, § 186 Rn. 44; zu Rundfunk/TV: *Fischer*, § 186 Rn. 18; MK-*Regge/Pegel*, § 186 Rn. 36.

[201] MK-*Regge/Pegel*, § 186 Rn. 34; SK[10]-*Rogall*, § 185 Rn. 29; zu facebook-posts *BGH*, StV 2020, 169.

[202] *M. Heinrich*, ZJS 2016, 709; NK-*Kargl*, § 186 Rn. 44; *Fischer*, § 186 Rn. 19.

[203] v. 30.03.2021, BGBl. I, S. 44; zur Reform: *Simon*, JR 2020, 599 (602); SK[10]-*Rogall*, § 188 Rn. 6.

[204] Vgl. nur etwa L/K/H-*Heger*, § 188 Rn. 2; Sch/Sch-*Eisele/Schittenhelm*, § 188 Rn. 2, 3.

[205] *OLG Düsseldorf*, NJW 1983, 1211; Sch/Sch-*Eisele/Schittenhelm*, § 188 Rn. 7.

[206] LK-*Hilgendorf*, § 188 Rn. 3; MK-*Regge/Pegel*, § 188 Rn. 7; abl. *Fischer*, § 188 Rn. 4.

[207] SK[10]-*Rogall*, § 188 Rn. 3; Sch/Sch-*Eisele/Schittenhelm*, § 188 Rn. 3.

[208] *BayObLG*, JZ 1982, 516 (Gemeinderatsmitglieder); *OLG Frankfurt*, NJW 1981, 1569 (Landräte).

[209] Vgl. BT-Drucks. 19/17741, 36; *Engländer*, NStZ 2021, 385 (388 f.).

III. Verunglimpfung des Andenkens Verstorbener (§ 189 StGB)

Welches **Rechtsgut** diese Norm schützt, ist str.: Teils wird im Sinne eines »*post-mortalen Ehrenschutzes*« auf die Ehre des Verstorbenen selbst abgestellt, teils auf das *Pietätsgefühl* der Angehörigen (so die wohl h.M.) oder das der Allgemeinheit.[210] Dominierend dürfte, wofür auch die Strafantragsregelung des § 194 II S. 1, 3 StGB spricht, der Aspekt des »**Pietätsempfindens der Angehörigen**« sein. Daneben schützt § 189 StGB jedoch ebenfalls die auch postmortal noch »**fortbestehende Ehre des Verstorbenen**«. 550

»*Verunglimpfen*« kann der Täter durch Beleidigung i.S.d. § 185 StGB, aber auch durch Üble Nachrede (§ 186 StGB) oder durch Verleumdung (§ 187 StGB); stets ist dafür aber eine **besonders schwere Kränkung** erforderlich. 550a

IV. Verhetzende Beleidigung (§ 192a StGB)

Der erst 2021 ins Gesetz eingefügte § 192a StGB[211] stellt das unaufgeforderte Gelangenlassen verhetzender Inhalte an Angehörige eben der Zielgruppe, gegen die es gerichtet ist, aufgrund der darin liegenden Beleidigung des Empfängers unter Strafe. 551

– Der den Gesetzgeber tatsächlich motivierende Fall war das Zusenden eines antisemitischen Schreibens an den Zentralrat der Juden, das von Mitgliedern gelesen wurde. –

Die Norm soll eine (zumindest vermeintliche) Strafbarkeitslücke zwischen dem Tatbestand der Volksverhetzung (§ 130 StGB) und den Ehrdelikten schließen.[212] 551a

... die freilich nicht wirklich gegeben ist, da mit dem »Gelangenlassen« des beleidigenden Inhalts an einen Angehörigen der Gruppe per se auch § 185 StGB verwirklicht ist.[213]

Jedenfalls aber kann sich ihre Existenzberechtigung auf mehrere Faktoren stützen:[214]
– Zum einen bewirkt sie gegenüber § 185 StGB eine *Vorverlagerung der Vollendungsstrafbarkeit*, da es auf eine Kenntnisnahme durch den Adressaten nicht ankommt,
– zum anderen besteht ein gegenüber § 185 StGB *erhöhter Strafrahmen* und
– überdies muss sich, anders als bei § 185 StGB, der Täter den verhetzenden Inhalt *nicht zu eigen machen*, sodass auch der bloße Überbringer des Inhalts erfasst wird.

Geschütztes Rechtsgut des *konkreten Gefährdungsdelikts* ist **die Ehre** der von der Verhetzung betroffenen Empfänger.[215] Der Inhalt muss aufgrund des ihm immanenten (im Tatbestand näher beschriebenen) Beschimpfens, Böswillig-verächtlich-Machens oder Verleumdens *geeignet sein, die Menschenwürde anderer anzugreifen*. Es findet sich hier eine (freilich um einzelne Merkmale erweiternde) Anlehnung an den Tatbestand des § 130 I StGB.[216] 551b

---

[210] Dazu mwN: *Rüping*, GA 1977, 299 (304 f.); *Fischer*, § 189 Rn. 2, 2a; LK-*Hilgendorf*, § 189 Rn. l, 2; Sch/Sch-*Eisele/Schittenhelm*, § 189 Rn. 1; MK-*Regge/Pegel*, § 189 Rn. 1 ff.

[211] Gesetz v. 14.09.2021, BGBl. I, 4250; ausf. zu § 192a *Ebner/Kulhanek*, ZStW 133 (2021), 984; *Nussbaum*, KriPoZ 2021, 335; *Hoven/Witting*, NStZ 1922, 589; *Jansen*, GA 2022, 94; *Schwarz/Heger*, ZStW 136 (2024), 57 ff.; abl. *Kargl*, FS-Prittwitz, 2023, 359; NK-*Kargl*, § 192a Rn. 6, 16 ff.

[212] Vgl. BT-Drucks. 19/31115, 14 ff.; dazu S/S/W-*Sinn*, § 192a Rn. 1; SK^{10}-*Rogall*, § 192a Rn. 2 f.

[213] So *Jansen*, GA 2022, 94 (104 f.); S/S/W-*Sinn*, § 192a Rn. 2; s.a. SK^{10}-*Rogall*, § 192a Rn. 3.

[214] Vgl. S/S/W-*Sinn*, § 192a Rn. 2; *Mitsch*, KriPoZ 2022, 398 (399); SK^{10}-*Rogall*, § 192a Rn. 3 mwN.

[215] S/S/W-*Sinn*, § 192a Rn. 3; SK^{10}-*Rogall*, § 192a Rn. 3: kein Eignungsdelikt; a.A. *Fischer*, § 192a Rn. 5.

[216] *Hoven/Witting*, NStZ 1922, 589: **Hybridvorschrift**; *Jansen*, GA 2022, 94, 106: **Flickenteppich**.

Die auch durch **Hintermännern** in mittelbarer oder Mittäterschaft begehbare Tat kann ggf. nach **§ 193 StGB** gerechtfertigt sein. **Idealkonkurrenz** ist möglich mit den übrigen Beleidigungsdelikten sowie mit der Volksverhetzung des § 130 StGB.

V. Wahrnehmung berechtigter Interessen (§ 193 StGB)

552 – Vgl. hierzu bereits oben *Rn. 508 ff.* im Rahmen der Lösung von **Fall 53**. –

VI. Strafantrag und Ermächtigung (§ 194 StGB)

Beleidigungsdelikte (§§ 185–188, 189 StGB) werden nur auf Antrag verfolgt (§ 194 StGB). – Ausnahmen sind in § 194 I S. 2–5, II S. 2–4 StGB vorgesehen.[217] –
Für die Verfolgung von Beleidigungen gegen »politische Körperschaften« ist eine »Ermächtigung der betroffenen Körperschaft« nötig (§ 194 IV StGB).

VII. Wechselseitig begangene Beleidigungen (§ 199 StGB)

553 Die *auf alle Ehrdelikte* und *von Amts wegen* anzuwendende Norm ist materiellrechtlicher, nicht prozessualer Natur;[218] denn sie beruht auf folgenden Erwägungen: Die Möglichkeit, den *Erstbeleidiger* für straffrei zu erklären, lässt sich auf den Gesichtspunkt stützen, dass er durch die Gegenbeleidigung bereits eine Art von Bestrafung erfahren hat.[219] Die mögliche Privilegierung des *Zweitbeleidigers* lässt sich damit begründen, dass er durch den Erstbeleidiger provoziert wurde, was Unrecht und Schuld seiner Gegenbeleidigung als gemindert erscheinen lässt.[220]

VIII. Bekanntgabe der Verurteilung (§ 200 StGB)

554 Die Anordnung der Bekanntgabe gemäß dieser Vorschrift ist eine »strafähnliche Nebenfolge«, die dem Genugtuungsinteresse des Beleidigten dienen soll.[221]

IX. Indemnität (Art. 46 I GG; §§ 36, 37 StGB)

555 Zur Indemnität hinsichtlich *parlamentarischer Äußerungen* siehe Art. 46 I GG, § 36 StGB.
Sie stellt einen persönlichen Strafausschließungsgrund dar, dessen Wirkungen auch nach Beendigung des Mandats bestehen bleiben.[222]
Er gilt aber nach § 36 S. 2 StGB nicht für verleumderische Beleidigungen.
Zur Indemnität hinsichtlich (wahrheitsgetreuer) *parlamentarischer Berichte* vgl. § 37 StGB.

X. Hinweis zur Abschaffung des § 103 StGB a.F.

556 In Folge der aus der »Causa Böhmermann« (vgl. *Rn. 521, 526*) entspringenden politischen Aufwallungen wurde der (mitunter als »Majestätsbeleidigung« diskreditierte) ehemalige § 103 StGB zum 1.1.2018 – zu Recht – als nicht mehr zeitgemäß ersatzlos gestrichen.[223]

---

[217] Zur Leugnung des Holocaust (sog. »**Auschwitzlüge**«) siehe oben *Rn. 498, Fn. 29*.
[218] Eingehend *Küper*, JZ 1968, 651 (654); s.a. *Fischer*, § 199 Rn. 1: alle Bel.delikte/von Amts wegen.
[219] Sch/Sch-*Eisele/Schittenhelm*, § 199 Rn. 1; *Fischer*, § 199 Rn. 1; HK-GS-*Schneider*, § 199 Rn. 1.
[220] Wie *Fn. 219*; *Fischer*, § 199 Rn. 1; eingehend dazu schon *Küper*, JZ 1968, 651 (655–658).
[221] *Fischer*, § 200 Rn. 1; L/K/H-*Heger*, § 200 Rn. 1; s.a. HK-GS-*Schneider*, § 200 Rn. 1.
[222] HK-GS-*Duttge*, § 36 Rn. 1; SK⁹-*Hoyer*, vor § 36 Rn. 2 ff., § 36 Rn. 1; Sch/Sch-*Perron*, § 36 Rn. 1.
[223] Gesetz v. 17.7.2017, BGBl. I, S. 2439; krit. aber mit Blick auf **§ 104a StGB** *Vormbaum*, JZ 2017, 413.

§ 6 Straftaten gegen sonstige persönliche Rechtsgüter

I. Hausfriedensbruch (§ 123 StGB)

§ 123 schützt das **Hausrecht**,[1] d.h. das »auf die verschiedenen Schutzobjekte bezogene Entscheidungsrecht darüber, wer sich in diesen aufhalten darf und wer nicht«.[2]   557

> Enger *Amelung:* Geschütztes Rechtsgut sei das »Interesse an der Beherrschung eines bereits physisch gesicherten Territoriums«.[3] Damit wird indes der Schutzbereich des § 123 StGB bedenklich eingeengt – Stichwort etwa: offene Zubehörflächen (s. *Rn. 563, 564*).

Andere Autoren wollen **das geschützte Rechtsgut** nach der unterschiedlichen *sozialen Funktion* der in § 123 StGB genannten Räumlichkeiten **aufspalten**,[4] was jedoch – würde es doch bedeuten, dass ein »Eindringen« stets eine Störung der jeweiligen sozialen Funktion des Raumes erforderte – die Dinge nur unnötig und sachwidrig kompliziert.[5]

Als Delikt gegen das Hausrecht ist § 123 StGB eine **Straftat gegen den Einzelnen**; insoweit ist seine systematische Einordnung im 7. Abschnitt des StGB irreführend.[6]

Geschützte Orte sind vor allem die »Wohnung« und das »befriedete Besitztum«.[7]   558

> – »Zum öffentlichen Dienst bestimmte Räume« sind Behörden, Gerichte, Schulen, Universitäten (jeweils das Gebäude *und* dessen einzelne Räume), aber auch Kirchen.[8] –

Dabei ist **Wohnung** »der Inbegriff der Räume, die einer oder mehreren Personen, insbesondere einer Familie, zur Unterkunft dienen oder zur Benutzung freistehen«.

> Zu ihr gehören auch Nebenräume wie Treppenhaus, Hausflur, Keller und Speicher;[9] auch eine bewegliche Sache kann »Wohnung« i.S. des § 123 StGB sein (so z.B. der Wohnwagen, das Zelt, das Hausboot).[10]

»Befriedet« erfordert nicht, dass das Besitztum »mit dem Frieden eines Hauses« ausgestattet ist.[11] Vielmehr bedeutet »befriedet« nichts anderes, als dass das Besitztum in äußerlich erkennbarer Weise durch Schutzwehren gegen das Betreten durch andere gesichert, d.h. **»eingefriedet«** bzw. **»eingehegt«** ist[12]   559

---

[1] Zum »zivilrechtlichen Besitzschutz als Grundlage des Hausrechts« *Weber,* FS-Geppert, 2011, 749.

[2] Sch/Sch-*Sternberg-Lieben/Schittenhelm,* § 123 Rn. 1 mwN; ebenso u.a. *Hanack,* JuS 1964, 353 f.; ähnlich M/S/M/H/M-*Momsen,* 30/2.

[3] *Amelung,* ZStW 1986, 355 (403); ebenso *Krumme,* Die Wohnung im Recht, 2004, 244 f.; s.a. *Welzel,* S. 332; **krit.** u.a. Sch/Sch-*Sternberg-Lieben/Schittenhelm,* § 123 Rn. 1.

[4] *Kargl,* JZ 1999, 934 ff.; *Schall,* NStZ 1983, 241 (244); SK[9]-*Stein,* § 123 Rn. 2 ff.; s.a.: *Amelung/ Schall,* JuS 1975, 566.

[5] Zu Recht **abl.** daher Sch/Sch-*Sternberg-Lieben/Schittenhelm,* § 123 Rn. 2; LK-*Krüger,* § 123 Rn. 4 ff. (7); **krit.** auch *Hirsch,* ZStW 1976, 752; *Schroeder,* JZ 1977, 39.

[6] Ausführlich hierzu M/S/M/H/M-*Momsen,* 30/1.

[7] Zur Abgrenzung dieser beiden Merkmale voneinander *Behm,* GA 2002, 153 ff.

[8] Vgl. OLG Jena, NJW 2006, 1892 (unter Abwägung mit Art. 4 I, II GG).

[9] Sch/Sch-*Sternberg-Lieben/Schittenhelm,* § 123 Rn. 4; *Rengier* II, 30/2.

[10] Sch/Sch-*Sternberg-Lieben/Schittenhelm,* § 123 Rn. 4; HK-GS-*Hartmann,* § 123 Rn. 7.

[11] LK-*Krüger,* § 123 Rn. 20; SK[9]-*Stein,* § 123 Rn. 62; **anders** aber OLG Hamm, NJW 1982, 1824 f.; *Schall,* NStZ 1983, 241 (243) mwN; s.a. HK-GS-*Hartmann,* § 123 Rn. 9.

[12] OLG Stuttgart, NStZ 1983, 123; *Fischer,* § 123 Rn. 8; LK-*Krüger,* § 123 Rn. 20; *Rengier* II, 30/4.

– so z.B. bei Mauern, Zäunen, Hecken, Gräben oder auch dem durch Ketten abgegrenzten Einstellplatz im Parkhaus[13]; nicht aber bei nur symbolischen bzw. allein psychisch wirkenden Abhaltungen, wie bloßen Verbotstafeln oder Markierungen auf dem Boden.[14]

560 Als befriedetes Besitztum kommt **nur eine unbewegliche Sache** in Frage, nicht aber eine bewegliche[15] (nicht also z.B. ein Campingbus oder ein Boot bzw. Schiff).

– Prinzipiell zu bejahen ist auch »ein befriedetes Besitztum im Luftraum über einem Grundstück«, z.B. beim Auskundschaften des Grundstücks mittels einer Flugdrohne.[16]

561 Die Einfriedung muss **nicht lückenlos** sein, solange sie trotz der vorhandenen Lücken noch immer den Charakter einer physischen Barriere aufweist.[17]

Löcher in der Hecke oder herausgebrochene Zaunlatten schaden also nicht.[18]

Unschädlich ist es, wenn **Zugänge zum Besitztum** aktuell nicht *verschlossen sind*, so sie denn nur erkennbar *verschlossen werden können*,[19] wie etwa im Fall des aufgrund beiseitegeschobener Rolltüren freien Zugangs zu einem Einkaufszentrum.

Was für die ggf. offen stehende Wohnungs-, Garagen- oder Gartentüre ganz selbstverständlich erscheint, muss beim »befriedeten Besitztum« für sonstige vom Berechtigten nach seinem Dafürhalten verschließbare »Lücken« in den »einhegenden Schutzwehren« (Rn. 559) – wie Grundstückszufahrten, Friedhofseingänge etc. – nicht minder gelten.

562 Entscheidend bei gewillkürt offen gelassenen Zugängen oder Durchgängen ist mithin die nach außen hin erkennbare Befähigung des Berechtigten, mittels physischer Abhaltevorrichtungen (Türen, Tore, Rollgitter etc.) dem derzeit gewährten freien Zugang zu seinem Besitztum jederzeit ein Ende setzen zu können. »Befriedetes Besitztum« bedarf also einer – wie ich es nach alledem nennen möchte – **»baulichen Manifestation des Abhaltewillens«** des Berechtigten.[20]

Mangels einer solchen ist eine nach beiden Seiten hin unverschließbar offene und damit erkennbar für jedermann jederzeit ungehindert betretbare unterirdische Fußgängerpassage kein »befriedetes Besitztum«[21] – sehr wohl jedoch die (zwischen oberirdischer Bahnanlage und noch tiefer liegender U-/S-Bahn-Ebene befindliche) unterirdische **B-Ebene eines Personenbahnhofs**,[22] da bei ihr die zu fordernde »bauliche Manifestation des Abhaltewillens« in Form erkennbarer zumindest potentieller Abschließbarkeit mittels absenkbarer Rollgitter, verschließbarer Zugangstore etc. in aller Regel gegeben ist.[23]

---

[13] Zu diesem *Neuberg*, JuS 1975, 112; LK-*Krüger*, § 123 Rn. 20; **a.A.** *Amelung*, NJW 1986, 2078.
[14] Näher hierzu *M. Heinrich*, ZIS 2019, 204 (206); s.a. *Fischer*, § 123 Rn. 8: »nicht allein symbolisch«.
[15] S/S/W-*Fahl/Zimmermann*, § 123 Rn. 12; SK[9]-*Stein*, § 123 Rn. 62.
[16] Fraglich freilich die Begrenzung in der Höhe; zu dieser (neuen) Problematik *Esser*, JA 2010, 323 (326 ff., 328: »durchaus denkbar, wenn auch zweifelhaft«); s.a. *Werner*, JuS 2013, 1074 (1076 f.).
[17] *OLG Köln*, NJW 1982, 2674 (2676); HK-GS-*Hartmann*, § 123 Rn. 9.
[18] So explizit *OLG Köln*, NJW 1982, 2674 (2676); näher noch *M. Heinrich*, ZIS 2019, 204 (207).
[19] Zu solch »gewillkürten Durchbrechungen der Umgrenzung« ausf. *M. Heinrich*, ZIS 2019, 204 (207).
[20] Ausf. zur Herleitung dieses Kriteriums *M. Heinrich*, ZIS 2019, 204 (205 f.).
[21] Insofern richtig *OLG Frankfurt*, NJW 2006, 1746 (1748); *Rengier* II, 30/4.
[22] Ausf. zu ihrer »Hausfriedensbruchs-Tauglichkeit« *M. Heinrich*, ZIS 2019, 204 ff.; **a.A.** *OLG Frankfurt*, NJW 2006, 1746; *Fischer*, § 123 Rn. 9; W/H/E-*Hettinger*, Rn. 557; i.E. zu Bahnhofshallen etc. überzeugend wie hier *OLG Hamburg*, BeckRS 2005, 892 (dazu auch *M. Heinrich*, aaO, 212 f.).
[23] Ausf. hierzu *M. Heinrich*, ZIS 2019, 204 (205 ff.) gegen *OLG Frankfurt*, NJW 2006, 1746.

Demgegenüber ist bei Vorgärten und Gartenterrassen am Wohnhaus und ähnlichen **563**
Flächen, die in räumlich-funktionalem Zusammenhang mit einer »Wohnung« (oder
einem »Geschäftsraum«) stehen – sog. **offene Zubehörflächen** –, eine (besondere)
Einhegung für die Annahme »umfriedeten Besitztums« nicht unbedingt nötig.[24]

> So ist auch eine in das Gebäude eines Kaufhauses hineinversetzte, an beiden Enden unverschließbar offene **Schaufensterpassage** als »umfriedetes Besitztum« zu begreifen.[25]

Schon die räumliche Anbindung solcher Zubehörflächen an ein Wohnhaus kann sie **564**
als **erkennbar »fremde Tabuzone«**[26] zu einem »umfriedeten Besitztum« machen,
was etwa für die an ein Wohnzimmer grenzende **Gartenterrasse** evident erscheint.

> Die v.a. von *Amelung* vertretene Gegenmeinung[27] (»physisch gesichertes Territorium«, siehe bereits *Rn. 557*) ist lebensfremd und unbillig. Nach ihr müsste jeder kleine Reihenhausgarten durch Mauern, Zäune oder Hecken gesichert werden, da anderenfalls der Schutzbereich des § 123 StGB an der Terrassentür enden würde[28] – *eine unzeitgemäße, sachwidrige Verkürzung des strafrechtlichen Rechtsgüterschutzes.*

Hausbesetzungen (auch sog. »Instandbesetzungen«) erfüllen den Tatbestand des **565**
Hausfriedensbruchs: Zwar sind leerstehende oder in Bau befindliche Wohnräume
nicht *»Wohnung«* i.S.d. § 123 StGB.[29] Doch fallen leerstehende Häuser und Wohnräume (wie auch leerstehende, betrieblich **nicht mehr genutzte Fabrikgebäude**[30])
unter den Begriff des *»befriedeten Besitztums«* i.S. dieser Vorschrift.[31]

> Dies gilt – wenn nicht der Berechtigte mehr als nur ganz vorübergehend auf jegliche Zutrittsabsperrung verzichtet oder die Häuser zum Abbruch bestimmt sind[32] – auch dann, wenn Fenster und Türen fehlen,[33] da alles andere faktisch auf eine Einladung an die »Hausbesetzer-Szene« hinausliefe, zuerst unerkannt bei Nacht und Nebel alle Fenster und Türen zu zerschlagen und später »straflos« das Haus zu besetzen.[34]

Der Standpunkt, Hausbesetzungen seien Hausfriedensbruch, wird *erstens* dem Gesetzestext **566**
gerecht. Er entspricht *zweitens* der ratio legis: Denn § 123 schützt das Hausrecht als die
Freiheit, für bestimmte geschützte Räume zu bestimmen, wer sich darin aufhalten darf und
wer nicht. Diese Freiheit kann nicht vom Zustand der Räume abhängig gemacht werden und

---

[24] So die h.M.; vgl. etwa L/K/H-*Heger*, § 123 Rn. 3; Sch/Sch-*Sternberg-Lieben/Schittenhelm*, § 123 Rn. 6; *Eisele* I, Rn. 659; vgl. auch *BGH*, JZ 1998, 528 (Vorgarten) zu Art. 13 GG.

[25] *OLG Oldenburg*, NJW 1985, 1352; zust. W/H/E-*Hettinger*, Rn. 556; Sch/Sch-*Sternb.-Lieben/Schittenhelm*, § 123 Rn. 6; **a.A.** *Amelung*, JZ 1986, 247; *ders.*, NJW 1986, 2079; *Behm*, JuS 1987, 950 ff.

[26] So treffend *Joecks/Jäger*, § 123 Rn. 15; s.a. HK-GS-*Hartmann*, § 123 Rn. 9: »sozial anerkannt«.

[27] *Amelung*, NJW 1986, 2075 (2078); *Behm*, GA 1986, 547 (558); ähnl. SK^9-*Stein*, § 123 Rn. 63.

[28] Wie hier auch *Eisele* I, Rn. 659; Sch/Sch-*Sternberg-Lieben/Schittenhelm*, § 123 Rn. 6.

[29] Vgl. *Schall*, NStZ 1983, 241 (242); Sch/Sch-*Sternberg-Lieben/Schittenhelm*, § 123 Rn. 4.

[30] h.M., vgl. nur W/H/E-*Hettinger*, Rn. 557; **a.A.** *AG Stuttgart*, StV 1982, 75.

[31] *BGH*, NJW 1975, 985; SK^9-*Stein*, § 123 Rn. 64; W/H/E-*Hettinger*, Rn. 557; *Fischer*, § 123 Rn. 9 mwN; s.a. M/S/M/H/M-*Momsen*, 30/11; **abw.** *Schön*, NJW 1982, 1126 ff., 2649 f.

[32] Insoweit ganz h.M., so u.a. *OLG Stuttgart*, NStZ 1983, 123; *LG Münster*, NStZ 1982, 202.

[33] *LG Bückeburg*, NStZ 1982, 71 m. zust. Anm. *Hagemann*; *Gössel/Dölling*, 38/20 f.; **a.A.** *OLG Köln*, NJW 1982, 2674; *OLG Stuttgart*, NStZ 1983, 123; *Amelung*, NJW 1986, 2075 (2080 f.); *Ostendorf*, JuS 1981, 640 (643); *Schall*, NStZ 1983, 241 (242); M/S/M/H/M-*Momsen*, 30/11.

[34] Der Einwand, dann greife eben § 303 StGB ein (*Amelung*, NJW 1986, 2075 [2080 f. m. Fn. 84]), erscheint schon im Hinblick auf die in derlei Fällen typischen Beweisprobleme nicht überzeugend.

auch nicht von einer (sozial billigenswerten) tatsächlichen Nutzung durch den Berechtigten. Wer meint, sozialwidrig genutzte oder nicht genutzte Häuser ständen jedermann zum freien Zugriff offen und fielen aus dem Schutz des § 123 StGB heraus, redet einer bedenklichen Erosion des Rechtsgüterschutzes das Wort. Daher erscheint der hier vertretene Standpunkt *drittens* auch kriminalpolitisch sachgerecht. Und *viertens* führt er keineswegs zu unbilligen Härten: Solche lassen sich, sollte die Bestrafung von Hausbesetzern im Einzelfall unangemessen erscheinen, gem. §§ 376, 153 II, 153a II bzw. 383 II StPO durchaus vermeiden.

567 **Fall 59:** *— Kollision des Hausrechts von Mieter und Vermieter —*

Die 21-jährige Melissa Miet (M) hat in einem dem Volker Viet (V) gehörenden Haus eine Wohnung gemietet. Ihr Freund Fred Fiet (F) hält sich sehr häufig in ihrer Wohnung auf. Als sich andere Hausbewohner über F, der infolge übermäßigen Alkoholgenusses immer wieder randaliert, beschweren, spricht V gegen ihn ein Hausverbot aus. Da F im Einvernehmen mit M diese weiterhin besucht, stellt V Strafantrag wegen Hausfriedensbruchs gegen ihn.

Ist F mit seinen Besuchen gem. § 123 StGB »in die Wohnung eines anderen eingedrungen«?

568 Das Tatbestandsmerkmal »**eindringen**« bedeutet nach h.M. ein Betreten[35] **gegen den Willen des Berechtigten**,[36] wobei der entgegenstehende Wille dabei nicht *ausdrücklich* oder auch nur *konkludent* erklärt sein muss; es genügt vielmehr, wenn er sich nur einfach aus den äußeren Umständen ergibt (sog. mutmaßlicher Wille).[37]

– Demgegenüber stellen einige Autoren auf das Betreten »**ohne** den (tatsächlichen oder mutmaßlichen) Willen des Berechtigten« ab.[38] Gerade aber aufgrund der jeweiligen Einbeziehung auch des mutmaßlichen Willens und des damit insoweit bestehenden Gleichlaufs in der Beurteilung unterscheiden sich beide Auffassungen im Ergebnis kaum.[39] –

Damit schließt das – tatsächliche oder ggf. auch nur mutmaßliche[40] – **Einverständnis des Berechtigten** bereits den Tatbestand aus; das gilt grundsätzlich auch, wenn es durch *Täuschung* erschlichen wurde.[41]

Anders verhält es sich, wenn die Zustimmung vom Täter *erzwungen* wurde.[42]

569 In unserem *Fall 59* (Rn. 567) fragt sich, wer hier das **Hausrecht** an der vermieteten Wohnung besaß. War dies allein die M, so fehlt es schon am Merkmal des Eindringens.

Bei der Vermietung einer Wohnung ist Inhaber des Hausrechts i.S. des § 123 StGB grundsätzlich **allein der Mieter**, und zwar auch gegenüber dem Vermieter.[43]

---

[35] Auch *Einfahren* mit einem Fahrzeug, Sch/Sch-*Sternberg-Lieben/Schittenhelm*, § 123 Rn. 12.
[36] *Fischer*, § 123 Rn. 14; NK-*Eschelbach*, § 123 Rn. 25; L/K/H-*Heger*, § 123 Rn. 5; *Rengier* II, 30/8; M/S/M/H/M-*Momsen*, 30/13; W/H/E-*Hettinger*, Rn. 559; s.a. LK-*Krüger*, § 123 Rn. 50 ff., 54 f.
[37] HK-GS-*Hartmann*, § 123 Rn. 15; *Fischer*, § 123 Rn. 18; s.a. *Otto*, NJW 1973, 668; LK-*Krüger*, § 123 Rn. 57; Küpper/*Börner*, 5/9; **krit.** *Bohnert*, GA 1983, 1 ff.; *Gössel/Dölling*, 38/32 ff.
[38] So z.B. *Schröder*, JR 1967, 304 (305); 1969, 467; SK⁹-*Stein*, § 123 Rn. 15.
[39] So auch LK-*Krüger*, § 123 Rn. 55: »eine eher semantische Frage«; NK-*Eschelbach*, § 123 Rn. 25; SK⁹-*Stein*, § 123 Rn. 18; Küpper/ *Börner*, 5/9.
[40] LK-*Krüger*, § 123 Rn. 54; M/SM/H/M-*Momsen*, 30/16; **abw.** (mutmaßl. Einverständnis als Rechtfertigungsgrund) *Eisele* I, Rn. 675 f.; *Gössel/Dölling*, 38/34; *Rengier*, AT, 23/48; *ders.*, II, 30/9a.
[41] Krey/*Esser*, AT, Rn. 661; Sch/Sch-*Sternberg-Lieben/Schittenhelm*, § 123 Rn. 22; *Rengier* II, 30/10; W/H/E-*Hettinger*, Rn. 562 f.; **a.A.** etwa *Kindhäuser/Schramm*, 33/23 f.; **diff.** *Fischer*, § 123 Rn. 23.
[42] *Fischer*, § 123 Rn.23; Kindhäuser/*Schramm*, 33/22; **diff.** Sch/Sch-*St-Lieb/Schittenhelm*, § 123 Rn.22.
[43] KG, NJW 2015, 3527 (3528); HK-GS-*Hartmann*, § 123 Rn. 5; LK-*Krüger*, § 123 Rn. 33.

Das Hausrecht des Mieters **erlischt** dabei auch nach wirksamer Kündigung erst dann, wenn **570**
der Mieter die Wohnung räumt; die Verletzung der zivilrechtlichen Räumungspflicht durch
den Mieter ist kein Hausfriedensbruch.[44]

> Dies kann freilich nur für solche Personen gelten, die ihren fortdauernden unmittelbaren
> Besitz ersichtlich und erkennbar noch auf den früheren Mietvertrag stützen, etwa bei
> Streitigkeiten über die Wirksamkeit der Kündigung oder des Räumungstitels; dazu stellt
> das *OLG Düsseldorf* zutreffend fest:[45] »Ein Mieter, der seinen Besitz erkennbar auf-
> grund eines neuen Entschlusses nicht mehr aus dem früheren Vertragsverhältnis ableitet,
> sondern auf eine angemaßte und nicht schützenswerte vermeintliche Rechtsposition
> (Hausbesetzung) stützt, macht sich des Hausfriedensbruchs strafbar«. –

Gleichwohl hat die Rechtsprechung in Fällen wie dem vorliegenden ein *Betreten* **571**
gegen den Willen des Berechtigten und damit einen Hausfriedensbruch bejaht:[46]

> Der Vermieter habe zwar *grundsätzlich* nicht das Recht, Besuchern der Mieter den Zu-
> tritt zu verwehren. Gegenüber solchen Besuchern, die für ihn als Vermieter *unzumutbar*
> seien, habe er sich aber seines Hausrechts an der vermieteten Wohnung (und deren
> Zugängen) nicht begeben; vielmehr habe er das durch § 123 StGB geschützte Recht, ein
> **Hausverbot** zu erteilen, soweit er vom Mieter nach bürgerlichem Recht verlangen kön-
> ne, dass Besuche unterblieben. Folglich begehe ein Besucher, der sich mit Billigung
> des Mieters, aber entgegen einem ihm erteilten Hausverbot des Vermieters, in einer
> Mietwohnung aufhalte, Hausfriedensbruch, soweit der Vermieter (bei unzumutbaren
> Besuchern) von dem Mieter verlangen könne, dass der Besucher fernbleibe.

Diese Rechtsprechung verdient Zustimmung.[47] Zwar schützt § 123 StGB im Verhältnis Ver- **572**
mieter/Mieter/Dritte dem Grundsatze nach **allein das Recht des Mieters**, in der gemieteten
Wohnung nicht durch die »Anwesenheit unbefugter Personen« beeinträchtigt zu werden.

Es ist aber wohl kaum zu bestreiten, dass daneben auch per se **schutzwürdige Belange
des Vermieters** bestehen bleiben:[48] etwa der Wahrung seines Rufes bzw. des Charakters
seines Hauses. Hinzu kommt, dass bei Mehr-Parteien-Wohnanlagen der Vermieter ja auch
gegenüber den anderen Mietern verpflichtet ist, **unzumutbare Beeinträchtigungen** (etwa in
Form erheblicher Lärmbelästigung oder grober Verschmutzung des Treppenhauses) von
ihnen fern zu halten.[49] So »verbleibt dem Hauseigentümer bzw. Vermieter (in engem Umfang) das Recht, solchen Besuchern das Betreten des Mietshauses zu verbieten, deren Aufenthalt im Haus schlechterdings unzumutbar ist, selbst wenn der Mieter sie empfangen

---

[44] *RG* St 36, 322 (323); *OLG Hamburg*, NStZ 1997, 38 (39); NJW 2006, 2131; Sch/Sch-*Sternberg-Lieben/Schittenhelm*, § 123 Rn. 17; zweifelnd *OLG Düsseldorf*, NJW 1991, 186 mwN. – Gleiches gilt nach *KG*, NStZ 2010, 34 f. auch für Untermieter, wobei selbst ein »Räumungstitel gegen den Hauptmieter gegenüber den Untermietern keine rechtliche Wirkung« entfaltet.
[45] *OLG Düsseldorf*, NJW 1991, 186; insoweit ebenso *OLG Hamburg*, NJW 2006, 2131; zust. u.a.: *Dölling*, JR 1992, 167 f. mwN; *Fischer*, § 123 Rn. 3; *Küpper/Börner*, 5/16; Sch/Sch-*Sternberg-Lieben/Schittenhelm*, § 123 Rn. 17.
[46] *OLG Hamm*, GA 1961, 181; *OLG Braunschweig*, NJW 1966, 263 f.; *OLG Köln*, NJW 1966, 265.
[47] So auch *Gössel/Dölling*, 38/51; LK-*Krüger*, § 123 Rn. 35; **anders** jedoch *Schröder*, NJW 1966, 263; *Amelung/Schall*, JuS 1975, 566; SK^9-*Stein*, § 123 Rn. 21.
[48] Dem entspricht es, wenn *OLG Köln*, NJW 1966, 265 und M/S/M/H/M-*Momsen*, 30/17 in nicht verabsolutierender, den Vermieter nicht gänzlich ausschließender Weise vom Mieter als dem gegenüber dem Vermieter »besser Berechtigten« sprechen.
[49] Speziell zum »Hausrecht in Wohnungseigentumsanlagen« *Reichert*, ZWE 2009, 289 ff.

möchte. Insofern ist die Verfügungsgewalt des Wohnungsinhabers unter dem Gesichtspunkt des Rechtsmissbrauchs eingeschränkt«.[50]

Ein strafbewehrtes Hausrecht des Vermieters wird insbesondere dann anzunehmen sein, wenn es um das Verbot von Besuchen zu strafbaren Zwecken geht oder wenn es eine erhebliche Belästigung oder gar Gefährdung anderer Hausbewohner abzuwenden gilt.[51]

573 **Fall 60:** *– Hausrecht bei Untermiete –*

Student Daniel (D) hat bei den Eheleuten Löwe (L) eine »Bude« gemietet (Untermiete). Hin und wieder übernachtet seine Freundin Rosi (R) bei ihm. Da die Eheleute um ihren »guten Ruf in der Nachbarschaft« bangen, erteilen sie R Hausverbot. Als diese sich im Einverständnis mit D nicht um das Hausverbot kümmert, stellen die Eheleute Strafantrag.

574 Bei **Untermietverhältnissen innerhalb einer Wohnung** ist nach der Verkehrsauffassung davon auszugehen, dass der Hauptmieter »einen Teil des Hausrechts an dem vermieteten Zimmer behält« und, soweit er vom Untermieter das Unterbleiben von Besuchen verlangen darf, *gegenüber Besuchern des Untermieters* ein durch § 123 StGB geschütztes Hausverbot aussprechen kann.[52]

Die Gegenmeinung vernachlässigt den Unterschied zwischen der Vermietung einer abgeschlossenen Wohnung und der »Untervermietung« eines Zimmers innerhalb der Wohnung des Hauptmieters. Auch wird die Bereitschaft zu einer solchen Untervermietung durch Rechtsauffassungen wie die der Gegenmeinung nicht gefördert.

575 Die Frage, ob die Eheleute L den Besuch der *Freundin ihres Untermieters* verbieten durften, ist bei Auslegung des Mietvertrags nach § 157 BGB unter Berücksichtigung der gewandelten Auffassungen im geschlechtlichen Bereich heute klar zu verneinen.[53] Wer als Vermieter seinem/r Mieter/in oder Untermieter/in »Damenbesuch« bzw. »Herrenbesuch« schlechthin verbietet, handelt evident vertragswidrig, wie auch jemand, der den Besuch ihm unliebsamer einzelner Personen untersagt.[54]

– Das Besuchsrecht lässt sich auch vertraglich weder aushebeln noch beschränken, da es zum Kernbereich des Nutzungsrechtes der Wohnung gehört.[55] –

Ob etwas anderes – wohlgemerkt (nur) bei *Unter*mietverhältnissen – für *häufig wechselnden* nächtlichen Damen- oder Herrenbesuch gelten kann, mag fraglich sein, jedenfalls aber ist das gelegentliche Übernachten von Freund oder Freundin – und nicht nur von dem bzw. der *Verlobten* – bei dem/der Untermieter(in) nicht zu untersagen.[56]

Ergebnis in *Fall 60*: Rosi hat sich nicht strafbar gemacht.

---

[50] LK-*Krüger*, § 123 Rn. 35; i.E. ebso. M/S/M/H/M-*Momsen*, 30/17; MK-*Feilcke*, § 123 Rn. 36; Gössel/*Dölling*, 38/51 sprechen von »Restverfügungsrecht« des Vermieters; zumindest bzgl. *Gemeinschaftseinrichtungen in größeren Miethäusern* in diesem Sinn auch KG, NJW 2015, 3527 (3528); Sch/Sch-*Sternberg-Lieben/Schittenhelm*, § 123 Rn. 17; HK-GS-*Hartmann*, § 123 Rn. 5.
[51] Vgl. MK-*Feilcke*, § 123 Rn. 36; s.a. LK-*Krüger*, § 123 Rn. 35; M/S/M/H/M-*Momsen*, 30/17.
[52] Sch/Sch-*Sternberg-Lieben/Schittenhelm*, § 123 Rn. 17; Gössel/*Dölling*, 38/51 Fn. 97 (a.E.).
[53] **Anders** noch *Maurach/Schroeder*, BT 1, 6. Aufl. 1977, 256; Nachw. bei MK-*Feilcke*, § 123 Rn. 36.
[54] Vgl. nur *Lehmann-Richter*, in: Schmidt-Futterer, Mietrecht, ¹⁶2024, § 535 BGB Rn. 617.
[55] LG Gießen, NJW-RR 2001, 8; *Lehmann-Richter*, in: Schmidt-Futterer, Mietrecht, ¹⁶2024, § 535 BGB Rn. 617; zur Unwirksamkeit s.a. *AG Siegen*, ZMR 1971, 239; *AG Wiesbaden*, ZMR 1972, 350.
[56] So zur/zum *Verlobten* schon *Maurach/Schroeder*, BT 1, 6. Aufl. 1977, S. 256.

Fall 61: – *Hausrecht bei gemeinschaftlicher Ehewohnung –* 576

Student Ferdinand Fröhlich (F) wohnt zur Untermiete in der Wohnung der Eheleute Uneins (U). Er hat »häufig wechselnden Damenbesuch«, der auch über Nacht bleibt. Frau U ist empört und verbietet den fraglichen Besucherinnen, unter ihnen Lena Lustig (L), sich nach 23 Uhr in der Wohnung aufzuhalten. Herr U, sich an seine eigene Jugend erinnernd, erklärt demgegenüber den Besucherinnen, sie könnten ruhig so weitermachen wie bisher. Als L wieder einmal bei F genächtigt hat, stellt Frau U Strafantrag gegen sie. Strafbarkeit der L?

Wenn **beide** Eheleute das Verbot, nach 23 Uhr sich bei F aufzuhalten, ausgesprochen hätten, wäre der objektive Tatbestand des § 123 I StGB erfüllt: 577

Bei Auslegung des Untermietvertrags nach § 157 BGB brauchten die Eheleute nicht zu dulden, dass ihr Untermieter häufig wechselnden nächtlichen Damenbesuch empfing, und konnten sich dagegen zumindest mit einem auf die Nachtzeit beschränkten Hausverbot – das durch § 123 StGB geschützt wäre (vgl. **Fall 60**, *Rn. 573*) – zur Wehr setzen.

Hier hat jedoch die Ehefrau den Besuch verboten, der Ehemann dagegen ihn erlaubt. Damit fragt sich, ob L gegen den Willen **des Berechtigten** gehandelt hat.

Hinsichtlich der gemeinschaftlichen **Ehewohnung** ist angesichts des Wesens der Ehe 578 und des Grundsatzes der Gleichberechtigung grundsätzlich **jeder** Ehegatte befugt, dritten Personen den Aufenthalt zu gestatten,[57] und zwar unabhängig davon, wer von beiden Eigentümer oder Mieter der Wohnung ist.[58] Kein Ehepartner darf aber das Wohnrecht ohne Rücksicht auf den anderen willkürlich ausüben; vielmehr gilt für die Begrenzung des Hausrechts beider Eheleute das Prinzip der **Zumutbarkeit.**

Folglich darf ein Ehegatte gegen den Willen des anderen Niemandem Zutritt zur Ehewohnung gewähren, dessen Anwesenheit diesem nicht zuzumuten ist; für ihn unzumutbaren Besuchern kann jeder Ehepartner auch gegen den Willen des anderen mit einem nach § 123 StGB strafbewehrten Hausverbot entgegentreten.[59] Unzumutbar ist es z.B. für den einen Ehegatten, den Aufenthalt des Liebhabers des anderen in der Ehewohnung zu dulden.[60]

– Zur Strafantragsbefugnis eines jeden der Ehegatten vgl. unten, *Rn. 590*. –

Es fragt sich, ob Frau U die häufigen nächtlichen Besuche **verschiedener Freundinnen** des F zuzumuten waren. Dies mag nach der Anschauung des täglichen Lebens (bei Untermiete! – vgl. *Rn. 573* –) noch immer zu verneinen sein. 579

Damit hätte L den objektiven Tatbestand des § 123 I StGB erfüllt. Ob sie aber auch **vorsätzlich** gehandelt hat, hängt davon ab, ob sie sich bewusst war, gegen den Willen des Hausrechtsinhabers zu verstoßen

– was angesichts der Gestattung durch Herrn U durchaus zweifelhaft erscheint. –

Dafür bedarf es einerseits der Tatsachenkenntnis *und* andererseits auch einer entsprechenden »Parallelwertung in der Laiensphäre«.[61]

---

[57] *OLG Hamm*, NJW 1955, 761; 1965, 2067 f.; *Fischer*, § 123 Rn. 4; HK-GS-*Hartmann*, § 123 Rn. 6; **a.A.** A/W/H/H-*Hilgendorf*, 8/11: Zustimmung aller anwesenden Hausrechtsinhaber erforderlich.
[58] *OLG Hamm*, NJW 1965, 2067 f.; HK-GS-*Hartmann*, § 123 Rn. 6; LK-*Krüger*, § 123 Rn. 38.
[59] *OLG Hamm*, NJW 1965, 2067 f.; Sch/Sch-*Sternberg-Lieben/Schittenhelm*, § 123 Rn. 18; LK-*Krüger*, § 123 Rn. 38; Joecks/*Jäger*, § 123 Rn. 27 f.; **a.A.** SK[9]-*Stein*, § 123 Rn. 23: Zivilrechtsweg.
[60] Vgl. *BGH* Z 6, 360; LK-*Krüger*, § 123 Rn. 38; M/S/M/H/M-*Momsen*, 30/19.
[61] Dazu Krey/*Esser*, AT, Rn. 415 ff.; *Kühl*, AT, 5/91 ff.

Erster Abschnitt: Straftaten gegen den Einzelnen

580 **Fall 62:** – *Hausfriedensbruch bei Verfolgung widerrechtlicher Zwecke?* –
Student Strebsamt (S) betritt eine Buchhandlung, um das von *Greih/Hählman/Hainriech* verfasste Buch »Strafrecht für die Ewigkeit« zu stehlen. Hausfriedensbruch?

Wie bereits dargelegt (*Rn. 568*), bedeutet »*Eindringen*« ein Betreten **gegen den Willen des Berechtigten**; dabei kann sich der entgegenstehende Wille aus den Umständen ergeben, etwa aus einer rechtswidrigen Absicht des Täters.

581 Eine solche Absicht vermag aber grundsätzlich nicht aus einem an sich erlaubten Betreten ein »Eindringen« zu machen. So ist bei Ladengeschäften eine **generelle Erlaubnis zum Betreten** gegeben.[62] Deren beabsichtigter Missbrauch begründet noch kein »Eindringen«.[63] Etwas anderes gilt nur, wenn nach dem »**äußeren Erscheinungsbild**« des Auftretens des Täters – z.B. eines maskierten Bankräubers – kein Verhalten mehr vorliegt, das von dem generellen Einverständnis gedeckt wird.[64]

– Wer unauffällig schwarzfährt, begeht somit keinen Hausfriedensbruch.[65] –

Demgemäß ist S nicht aus § 123 StGB strafbar.

582 Dagegen meinen andere, der Inhaber eines Warenhauses öffne dieses *nur für Kunden und Schaulustige* (als gewissermaßen *potentielle Kunden*), nicht aber für Personen, die das Geschäft in diebischer Absicht betreten; diese begingen daher ungeachtet ihres nach außen hin unverdächtig erscheinenden Daherkommens Hausfriedensbruch.[66]

Dies überzeugt nicht: Soll denn aus § 123 StGB auch schuldig sein, wer ein Warenhaus aus dem Berechtigten **unerwünschten Motiven** betritt, etwa, um sich aufzuwärmen, um mit Ladenangestellten (während deren Dienstzeit) längere Gespräche zu führen oder um eine günstige Diebstahlsgelegenheit auszukundschaften? Dies hieße, den Strafrechtsschutz unnötig weit ausdehnen bzw. (beim Auskundschaften) unnötig weit vorverlegen.

Ergänzende Hinweise zu § 123 StGB:

583 (1) »*Eindringen*«: Es genügt, wenn der Täter seinen Körper **zum Teil** in den Raum bringt, etwa einen Fuß in die Tür stellt,[67] wobei freilich nach h.M. das bloße Hineingreifen (z.B. um die Sicherungskette an der Türe zu lösen) nicht ausreicht.[68]

Nicht erfasst sind das *Hineinwerfen* von Gegenständen (etwa durch das offene Fenster)[69] sowie auch sonst alle *nur von außen her* wirkenden Belästigungen durch Licht, Schall oder Geruch (wie Schlagen an die Tür, Lärm, Geschrei, nächtlicher Telefonterror).[70]

584 (2) »*Verweilen ohne Befugnis*«: Diese Alternative ist (als echtes Unterlassungsdelikt) zu der des »Eindringens« **subsidiär**.[71]

---

[62] *Hanack*, JuS 1964, 354; *Rengier* II, 30/11; W/H/E-*Hettinger*, Rn. 565.
[63] h.M.: L/K/H-*Heger*, § 123 Rn. 7; LK-*Krüger*, § 123 Rn. 59 f.; SK^9-*Stein*, § 123 Rn. 46.
[64] *Eisele* I, Rn. 671; *Rengier* II, 30/12; W/H/E-*Hettinger*, Rn. 566; ebso. die in *Fn. 63* Genannten.
[65] *Albrecht*, NStZ 1988, 222 (224) ; *Rengier* II, 30/12.
[66] *Gössel/Dölling*, 38/45; s.a. BGH, NStZ-RR 1997, 97 (98) [Lokalbesuch zur Schutzgelderpressung].
[67] BGH, MDR 1955, 144; *Joecks/Jäger*, § 123 Rn. 19; NK-*Eschelbach*, § 123 Rn. 24; *Rengier* II, 30/8.
[68] So die Autoren in *Fn. 67* und *Fischer*, § 123 Rn. 15; **a.A.** RG St 39, 440; SK^9-*Stein*, § 123 Rn. 16.
[69] *Fischer*, § 123 Rn. 15; *Joecks/Jäger*, § 123 Rn. 19; MK-*Feilcke*, § 123 Rn. 25; SK^9-*Stein*, § 123 Rn.46.
[70] *Fischer*, § 123 Rn. 15; M/S/M/H/M-*Momsen*, 30/13; MK-*Feilcke*, § 123 Rn. 25.
[71] BGH St 21, 224 (225 f.); OLG Jena, NJW 2006, 1892 (1893); MK-*Feilcke*, § 123 Rn. 54.

§ 6: Straftaten gegen sonstige persönliche Rechtsgüter

Zur *Aufforderung, den Raum zu verlassen*, kann neben dem Inhaber des Hausrechts auch sein rechtlicher oder tatsächlicher **Vertreter** befugt sein
– z.B. Angehörige, auch minderjährige,[72] oder Hausangestellte bzw. Ladenpersonal. –

(3) Ein **Hausverbot**, das für ein **Dienstgebäude** ausgesprochen ist und deswegen einen **Verwaltungsakt** darstellt, weil es den Betroffenen auch daran hindern soll, das Gebäude im Hinblick auf dessen öffentlich-rechtliche Funktion aufzusuchen, 585
– Beispiel: Hausverbot des Universitätspräsidenten gegenüber einem Studenten,[73] –
ist von dem Betroffenen stets unbedingt zu beachten und gem. § 123 StGB strafbewehrt, wenn es für ihn nach öffentlichem Recht verbindlich ist,
was auch bei Fehlerhaftigkeit der Fall ist, wenn es weder nichtig ist (vgl. §§ 43 III, 44 VwVfG) noch mit aufschiebender Wirkung angefochten (§ 80 I, II 1 Nr. 4 VwGO).

Daher lässt auch die spätere Aufhebung eines **wirksam erlassenen und für sofort vollziehbar erklärten** (§ 80 II 1 Nr. 4 VwGO) Hausverbots durch das Verwaltungsgericht die Strafbarkeit aus § 123 StGB unberührt (h.M.).[74] Es kommt nur auf die Vollziehbarkeit des Verwaltungsaktes an, nicht aber auf seine Bestandskraft. 586
Das ist mit Blick auf § 80 I, V VwGO auch gegenüber dem vom Hausverbot Betroffenen nicht unbillig. Die Gegenmeinung hätte eine bedenkliche Rechtsunsicherheit zur Folge.

Vorlesungsstörer, die der Aufforderung des **Dozenten als Hausrechtsinhabers**, den Hörsaal zu verlassen, nicht nachkommen,[75] erfüllen damit den Tatbestand des § 123, 2. Alt. StGB.

Hausfriedensbruch kann auch begehen, wer während einer öffentlichen Gerichtsverhandlung entgegen einer **sitzungspolizeilichen Anordnung** (§ 176 GVG) in den Gerichtssaal eindringt bzw. entgegen einer solchen Anordnung dort verweilt. 587
Dafür ist nicht erforderlich, dass der Behördenleiter (z.B. der Landgerichtspräsident) dem Gerichtsvorsitzenden die Ausübung des Hausrechts übertragen hat, zumal die sitzungspolizeilichen Befugnisse des Vorsitzenden dem Hausrecht des Behördenleiters vorgehen.[76]

Bei Verstößen zuvor randalierender Fußballfans gegen ein *formell wirksames* **Stadionverbot** ist unabhängig v. Vorliegen der materiellen Voraussetzungen ein *Eindringen* gegeben.[77]

Hausverbote für Besucher eines **Pflegeheims** bedürfen idR der vorherigen Abmahnung.[78]

(4) Es gelten die üblichen Rechtfertigungsgründe; § 193 StGB (»Wahrnehmung berechtigter Interessen«) ist *nicht anwendbar*, auch nicht analog (vgl. Rn. 509). 588
So kann etwa das heimliche nächtliche Eindringen von Mitgliedern einer Tierschutzorganisation in die Stallungen einer Tierzuchtanstalt, um Beweise für vermutete Verstöße gegen das Tierschutzgesetz zu erlangen, gemäß § 34 StGB gerechtfertigt sein.[79]

---

[72] *BGH* St 21, 224 (225 f.: 14-jährige Tochter); LK-*Krüger*, § 123 Rn. 76; MK-*Feilcke*, § 123 Rn. 52.
[73] *OLG Karlsruhe*, NJW 1978, 116; *BGH*, NStZ 1982, 158 (159).
[74] *BGH* NStZ 1982, 158 f; *Fischer*, § 123 Rn.21; MK-*Feilcke*, § 123 Rn.46; **aA** *Rengier* II, 30/24 f. mwN.
[75] Vgl. *BGH*, NStZ 1982, 158 (159).
[76] So überzeugend *BGH* St 30, 350 ff.
[77] *OLG Hamm*, NStZ 2021, 429 (430); L/K/H-*Heger*, § 123 Rn. 7; a.A. *OLG Dresden*, NStZ 2017, 292 f.
[78] Diese kann aber im Einzelfall dem Pflegeheim nicht zumutbar sein, s. *BVerfG*, BeckRS 2024, 2727.
[79] So zu Recht *OLG Naumburg*, NJW 2018, 2064 m. Anm. *Hotz*; **abl.** *Scheuerl/Glock*, NStZ 2018, 448; s.a. *LG Magdeburg*, StV 2018, 335: sogar Nothilfe zugunsten d. Tiere (dagegen *OLG Naumburg* aaO).

589 (5) Ob bei **Wohnungseinbruchsdiebstahl** § 123 StGB durch § 244 I Nr. 3 StGB *konsumiert wird*,[80] ist zumindest fraglich,[81] weil der Diebstahlsgeschädigte nicht notwendig auch Inhaber des Hausrechts sein muss: überzeugender daher *Tateinheit* (§ 52 I StGB). Jedenfalls aber bei einem **sonstigen Einbruchsdiebstahl** gem. §§ 242, 243 I 2 Nr. 1 StGB ist schon aufgrund der Rechtsnatur des § 243 I 2 Nr. 1 StGB als (nicht tatbestandliches) bloßes Regelbeispiel von *Tateinheit* auszugehen.[82] – S.a. Krey/*Hellmann*/Heinrich, Bd. 2, Rn. 140, 146. –

590 (6) Zur Strafverfolgung bedarf es gem. § 123 II StGB eines **Strafantrags des Hausrechtsinhabers**. Bei mehreren Hausrechtsinhabern

– z.B. den Eheleuten in einer gemeinsamen Ehewohnung (siehe **Fall 61**, *Rn. 576*) –

kann *jeder unabhängig vom anderen* den Strafantrag stellen.[83]

Wer **nicht selbst** Hausrechtsinhaber (oder von diesem insoweit bevollmächtigt) ist, kann nicht selbständig einen Strafantrag stellen, selbst wenn er – wie der in einem Ladengeschäft tätige Angestellte oder der in der Wohnung lebende Familienangehörige – berechtigt ist, für den abwesenden Hausrechtsinhaber das Hausrecht auszuüben und Unbefugte zum Verlassen des Raumes aufzufordern[84] (siehe *Rn. 584*).

– Der zunächst unwirksame Strafantrag kann aber innerhalb der Antragsfrist durch den Hausrechtsinhaber nachträglich genehmigt werden.[85] –

591 (7) **§ 124 StGB** (»schwerer Hausfriedensbruch«) schützt neben dem Hausrecht die öffentliche Sicherheit und Ordnung (den allgemeinen Rechtsfrieden),[86] ist also insoweit eine **Straftat gegen die Allgemeinheit**.

Es ist nicht nötig, dass die **gesamte** Menschenmenge eindringt.[87] Strittig ist aber, ob bereits das – vom Willen der Menge getragene – Eindringen *einzelner Beteiligter* genügt,[88] oder ob zumindest *so viele Personen* eindringen müssen, dass »sich unter ihnen massenpsychologische Phänomene unkontrollierter und unkontrollierbarer Reaktionen entwickeln können«.[89]

Der i.S. des § 124 StGB »Teilnehmende« muss dabei **nicht selbst** mit eindringen oder selbst die Absicht aufweisen, Gewalttätigkeiten zu verüben, muss aber »als ein Teil der Menge *billigend* hinter dem Tun der Eindringenden stehen«.[90]

---

[80] *Rengier*, JuS 2002, 850 (855); *Rengier* I, 3/ 66; MK-*Feilcke*, § 123 Rn. 69; SK⁹-*Stein*, § 123 Rn. 73.
[81] Dies umso mehr, als *BGH* St 63, 253 *Tateinheit* zw. § 244 I Nr. 3 und § 303 annimmt und die dafür gegebene Begründung auch auf § 123 »passt«, wenngleich § 244 I Nr. 3 nahezu immer mit diesem einhergeht (weswegen *Rengier* I, 3/ 66 auch weiter von *Konsumtion* ausgeht, während LK-*Krüger*, § 123 Rn. 94 nun der *Tateinheit* zuneigt); s.a. S/S/W-*Fahl/Zimmermann*, § 123 Rn. 30: *Subsidiarität*.
[82] Ausf. dazu *BGH*, NStZ 2001, 642 (643); zust. *Kargl/Rüdiger*, NStZ 2002, 202 (203); *Rengier*, JuS 2002, 850 (854); *Rengier* I, 3/62, 67; *Sternberg-Lieben*, JZ 2002, 514 (516); SK⁹-*Stein*, § 123 Rn. 73; **anders** aber die (noch) h.M., vgl. MK-*Feilcke*, § 123 Rn. 69; L/K/H-*Heger*, § 123 Rn. 13.
[83] LK-*Krüger*, § 123 Rn. 98; MK-*Feilcke*, § 123 Rn. 74; SK⁹-*Stein*, § 123 Rn. 77.
[84] *OLG Brandenburg*, NJW 2002, 693; LK-*Krüger*, § 123 Rn. 100; MK-*Feilcke*, § 123 Rn. 75; SK⁹-*Stein*, § 123 Rn. 77; **anders** HK-GS-*Hartmann*, § 123 Rn. 26: »Auslegungsfrage«.
[85] *BGH*, NJW 1994, 1165; *OLG Brandenburg*, NJW 2002, 693; HK-GS-*Hartmann*, § 123 Rn. 26; MK-*Feilcke*, § 123 Rn. 75; **a.A.** KG, NStZ 1990, 144.
[86] LK-*Krüger*, § 124 Rn. 1; Sch/Sch-*St.-Lieben/Schittenhelm*, § 124 Rn. 1; **a.A.** *Gössel/Dölling*, 38/69.
[87] So aber SK⁹-*Stein*, § 124 Rn. 8.
[88] So MK-*Feilcke*, § 124 Rn. 9; Sch/Sch-*Sternberg-Lieben/Schittenhelm*, § 124 Rn. 8/9.
[89] In diesem Sinne *Gössel/Dölling*, 38/70; LK-*Krüger*, § 124 Rn. 8.
[90] So ganz richtig LK-*Krüger*, § 124 Rn. 17; s.a. MK-*Feilcke*, § 124 Rn. 18 mwN.

II. Verletzung des persönlichen Lebens- und Geheimbereichs (§§ 201–206 StGB)

§§ 201–206 StGB schützen das allgemeine Persönlichkeitsrecht (Art. 2 I i.V.m. Art. 1 I GG): **592**
Der Mensch bedarf zur Persönlichkeitsentfaltung eines gewissen staatlich garantierten **Freiraumes**. Dieser wird u.a. durch die Normen des 15. Abschnitts des BT des StGB garantiert.[91]
– Zum Strafantragserfordernis bei diesen Delikten vgl. § 205 StGB. –

1. Verletzung von Privatgeheimnissen (§ 203 StGB)
– *Zur Verletzung von Dienstgeheimnissen s. § 353b StGB.* –

Fall 63: – *Funktion der Einwilligung / Erlaubnistatbestandsirrtum* – **593**
Frauenarzt Dr. Frommel (F) hat sich mit der Arzthelferin Trudi Tugendsam (T) verlobt. Wenig später erhält er einen anonymen Anruf, der T eines »unsittlichen Vorlebens« bezichtigt: Sie habe mehrfach bei »Engelmacherinnen« abgetrieben und sich dann bei Frauenarzt Dr. Himmel (H) wegen auftretender Komplikationen behandeln lassen müssen. Der ob dieser Kunde verstörte F möchte die Wahrheit wissen. Er setzt sich mit H in Verbindung, gibt wahrheitswidrig an, er behandele die T und bitte mit deren Einverständnis um Übersendung der Krankenpapiere. H glaubt dem F und kommt dessen Bitte nach. Die Krankenpapiere bestätigen den anonymen Anruf, sodass F die Verlobung löst. Strafbarkeit von H und F?

a) Strafbarkeit des H aus § 203 I Nr. 1 StGB? **594**

Geschütztes Rechtsgut bei § 203 StGB ist primär *die Geheimsphäre des Einzelnen* (d.h. dessen Individualinteresse) und (erst) in zweiter Linie – mittelbar – auch das *Interesse der Allgemeinheit an der Verschwiegenheit* bestimmter Berufe.[92]

aa) Objektiver Tatbestand

(1) Der Begriff des »*Geheimnisses*« i.S. von § 203 StGB enthält **drei Elemente**:[93]
– das Geheimsein (faktisches Element),
– das objektive Geheimhaltungsinteresse (normatives Element) und
– den Geheimhaltungswillen (voluntatives Element).

(a) Für das Tatbestandsmerkmal »*Geheimnis*« ist somit zum einen erforderlich, **595**
dass die Tatsache **nur einem beschränkten Personenkreis bekannt** ist;
– was *offenkundig* ist, d.h. was jeder ohne Weiteres in Erfahrung bringen kann, ist kein Geheimnis.[94] Was in öffentlichen Registern steht, ist demgemäß dann *nicht offenkundig*, wenn zur Einsichtnahme ein berechtigtes Interesse nachzuweisen ist.[95]

---

[91] Sch/Sch-*Eisele*, vor § 201 Rn. 2; A/W/H/H-*Hilgendorf*, 8/1.
[92] Sch/Sch-*Eisele*, § 203 Rn. 3; *Fischer*, § 203 Rn. 2, 3; L/K/H-*Heger*, § 203 Rn. 1 mwN; M/S/M/H/M-*Momsen*, 29/4; A/W/H/H-*Hilgendorf*, 8/29; **abw.** *OLG Köln*, NStZ 1983, 412 (413): das Allgemeininteresse dominiere (dagegen *Schünemann*, ZStW 90 [1978], 11 [27 ff., 51 ff.]); s.a. NK-*Kargl*, § 203 Rn. 9 und LK-*Hilgendorf*, § 203 Rn. 23 ff. (27): allein das Individualinteresse.
[93] h.M.: *BGH* St 41, 140 (142); S/S/W-*Bosch*, § 203 Rn. 5; LK-*Hilgendorf*, § 203 Rn. 32; *Rengier* II, 31/45; **a.A.** (auf den Geheimhaltungswillen komme es *auf Tatbestandsebene* nicht an, sein Fehlen sei ggf. ein Fall *rechtfertigender Einwilligung*) jedoch SK[10]-*Hoyer*, § 203 Rn. 8, 14 (von ihm aber die Klammerbezeichnungen oben im Text); *Bock/Wilms*, JuS 2011, 24 (25).
[94] Kindhäuser/*Schramm*, 31/16; W/H/E-*Hettinger*, Rn. 539; LK-*Hilgendorf*, § 203 Rn. 38 ff.
[95] Vgl. *BGH* St 48, 28: Kfz-Halterdaten trotz Auskunftsmöglichkeit nach § 39 I StVG nicht offenkundig.

596 (b) Zum anderen muss ein **schutzwürdiges Geheimhaltungsinteresse** des Betroffenen (hier der T) bestehen[96]

– wobei schon allein der Name eines Patienten und die bloße Tatsache eines Arztbesuches ärztliche Geheimnisse sein können: Man denke an Fachärzte für Geschlechtskrankheiten oder Psychiater oder an Arztbesuche eines bei seiner Straftat Verletzten.[97] –

In gewissen Grenzen schützt § 203 StGB auch »**Drittgeheimnisse**«, so z.B. von einer Patientin dem Arzt anvertraute Informationen über ihren Ehemann bzw. Liebhaber.[98]

597 (c) Drittens schließlich ist nötig, dass der Betroffene die Geheimhaltung **auch will**.

Aber, so zu Recht der *BGH*: »An die Manifestation des Geheimhaltungswillens sind dabei keine überzogenen Anforderungen zu stellen. Es genügt im Einzelfall, wenn sich dieser Wille aus der Natur der geheimzuhaltenden Tatsache ergibt«[99]

– was nur bedeuten kann, dass es i.d.R. genügt festzustellen, dass zwar einerseits *ein objektives Geheimhaltungsinteresse besteht*, andererseits aber *kein Anhaltspunkt für ein mangelndes subjektives Geheimhaltungsinteresse* des Betroffenen vorliegt.[100]

(d) In unserem ***Fall 63*** war die Krankengeschichte der T also ein »*Geheimnis*«.

598 (2) Dieses Geheimnis war für H ein »*fremdes*« – d.h. ein der Sphäre eines anderen als des Schweigepflichtigen selbst entstammendes[101] – Geheimnis, und es war

(3) ihm »*als Arzt anvertraut worden*« (bzw. »*als Arzt sonst bekanntgeworden*«).[102]

Damit das Geheimnis dem Täter **als Arzt** etc. bekanntgeworden ist, bedarf es eines »*inneren Zusammenhangs zwischen Aufgabenwahrnehmung und Kenntniserlangung*«[103]

– wobei ***auch eigene Diagnosen*** dem Schutzbereich der Norm unterfallen,[104] bloß private Kenntniserlangung (etwa im Rahmen von Stammtischgesprächen) aber nicht genügt.[105]

599 (4) H hat das Geheimnis i.S. des § 203 StGB »*offenbart*«.

»Offenbaren« verlangt die Mitteilung der geheimen Tatsache an einen Dritten, der das Geheimnis *noch nicht* oder zumindest *noch nicht sicher* kennt,[106] durch jede Art von **Kenntnisverschaffung**, z.B. durch Auskünfte, Gewährung von Akteneinsicht etc.

Unverzichtbar ist das Erkennbarmachen der Person, auf die sich die Tatsache bezieht.[107]

– Zu weiteren Einzelheiten zum »Offenbaren« siehe noch Rn. *624 ff.* –

---

[96] Vgl. L/K/H-*Heger*, § 203 Rn. 14; Sch/Sch-*Eisele*, § 203 Rn. 5 ff.
[97] *Fischer*, § 203 Rn. 9; *Rengier* II, 31/46; s.a. (zu § 53 I Nr. 3 StPO, aber auch im Hinblick auf § 203 StGB relevant) *LG Köln*, NJW 1959, 1598; *BGH* St 33, 148.
[98] Vgl. *Eisele* I, Rn. 773; L/K/H-*Heger*, § 203 Rn. 14; W/H/E-*Hettinger*, Rn. 538.
[99] *BGH* St 41, 140 (142).
[100] Zur bewussten Weitergabe an andere Personen vgl. *OLG Hamm*, NJW 2001, 1957.
[101] Vgl. LK-*Hilgendorf*, § 203 Rn. 53; NK-*Kargl*, § 203 Rn. 22.
[102] Umfassend zum Thema: *Theuner*, Die ärztliche Schweigepflicht im Strafrecht, 2009.
[103] SK[10]-*Hoyer*, § 203 Rn. 28; ebso. *Rengier* II, 31/48; ähnl. MK-*Cierniak/Niehaus*, § 203 Rn. 45: »in seiner beruflichen Eigenschaft«; Sch/Sch-*Eisele*, § 203 Rn. 13, 15; s.a. HK-GS-*Tag*, § 203 Rn. 34.
[104] *OLG Frankfurt*, NStZ-RR 2005, 235; SK[10]-*Hoyer*, § 203 Rn. 28; LK-*Hilgendorf*, § 203 Rn. 58; MK-*Cierniak/Niehaus*, § 203 Rn. 52; *Rengier* II, 31/49 (»aufgrund von Untersuchungen«).
[105] LK-*Hilgendorf*, § 203 Rn. 63, 65; *Rengier* II, 31/48.
[106] SK[10]-*Hoyer*, § 203 Rn. 34; Sch/Sch-*Eisele*, § 203 Rn. 21; *Rengier* II, 31/50.
[107] Kindhäuser/*Schramm*, 31/14; Sch/Sch-*Eisele*, § 203 Rn. 20 a.E.; HK-GS-*Tag*, § 203 Rn. 37.

(5) Strittig ist die Bedeutung des Merkmals »*unbefugt*« im Deliktsaufbau: **600**

(a) Vereinzelt wurde vertreten, dies Erfordernis sei **reines Tatbestandsmerkmal** und bedeute nichts anderes als »ohne Einwilligung des Betroffenen«.[108]

Danach wäre die Einwilligung bei § 203 nicht erst ein Rechtfertigungsgrund, sondern würde bereits den Tatbestand entfallen lassen (sog. **tatbestandsausschließendes Einverständnis**).

– Zur Differenzierung zwischen rechtfertigender Einwilligung und tatbestandsausschließendem Einverständnis vgl. *Krey/Esser*, AT, Rn. 655 ff. –

(b) Anders die h.M.: Das Merkmal »unbefugt« sei gleichzusetzen mit dem allgemeinen Verbrechenselement »rechtswidrig«, und die **Einwilligung** des Betroffenen lasse nicht den Tatbestand entfallen, sondern sei **Rechtfertigungsgrund**.[109] **601**

Die Einwilligung beseitige nicht die Verletzung des objektiven Geheimhaltungsinteresses, sondern lasse nur die Rechtswidrigkeit entfallen, wenn der Dispositionsbefugte auf Rechtsschutz verzichte.[110] Die Gegenauffassung vermenge Fragen der Auslegung des Geheimnisbegriffes und einer Rechtfertigung durch Einwilligung.[111]

(c) Noch wieder anders schreibt eine verbreitete Auffassung im Schrifttum dem Merkmal »unbefugt« eine **Doppelfunktion** zu.[112] Um mit *Altenhain* zu sprechen: **602**

»Es verweist zum einen darauf, dass das Offenbaren eines Geheimnisses ohne die Zustimmung des Betroffenen erfolgen muss, und zum anderen auf das allgemeine Deliktsmerkmal der Rechtswidrigkeit, mithin auf das Fehlen von Rechtfertigungsgründen und Erlaubnissätzen, die ausnahmsweise ein Handeln gegen den Willen des Betroffenen erlauben«.[113]

Danach wäre das »Offenbaren« zwar (auch) beim Vorliegen von Rechtfertigungsgründen (etwa eines rechtfertigenden Notstands gem. § 34 StGB) nicht »unbefugt«, wäre aber die Zustimmung des Betroffenen zur Offenbarung des ihn betreffenden Geheimnisses als **tatbestandsausschließendes Einverständnis** zu werten.[114]

– Zum eigenen (dem zustimmenden) Standpunkt und seiner Begründung vgl. *Rn. 617*. –

In *Fall 63* (*Rn. 593*) ist angesichts der *de facto* fehlenden Zustimmung der T nach allen Auffassungen der objektive Tatbestand des § 203 I Nr. 1 StGB erfüllt; auf den geschilderten Streit kommt es insoweit nicht an (zu seiner Relevanz im Rahmen des subjektiven Tatbestandes und im Hinblick auf die Teilnahmestrafbarkeit des F vgl. aber noch *Rn. 604 ff., 616 ff.*). **603**

bb) Subjektiver Tatbestand (Vorsatz) **604**

Laut Sachverhalt (vgl. *Rn. 593*) hatte H irrig angenommen, T sei mit der Offenbarung des Geheimnisses an F einverstanden; dieser **Irrtum** könnte seinen Vorsatz und damit den subjektiven Tatbestand des § 203 I Nr. 1 StGB entfallen lassen.

---

[108] So explizit *OLG Köln*, NJW 1962, 686 (687) m. zust. Anm. *Bindokat*; s.a. *BGH* St 4, 355 f.

[109] Vgl. *BGH* St 31, 304 (306); S/S/W-*Bosch*, § 203 Rn. 32; SK^{10}-*Hoyer*, § 203 Rn. 88; NK-*Kargl*, § 203 Rn. 101; ausf. LK-*Hilgendorf*, § 203 Rn. 139 f.; s.a. *Fischer*, § 203 Rn. 61 f.

[110] NK-*Kargl*, § 203 Rn. 101; SK^{10}-*Hoyer*, § 203 Rn. 88; i.d.S. auch L/K/H-*Heger*, vor § 201 Rn. 2.

[111] S/S/W-*Bosch*, § 203 Rn. 32; aufgegriffen von NK-*Kargl*, § 203 Rn. 101 Fn. 364.

[112] Vgl. etwa M/R-*Altenhain*, § 203 Rn. 34; Sch/Sch-*Eisele*, § 203 Rn. 29 f.; HK-GS-*Tag*, § 203 Rn. 38; in der Sache ebso. *Gössel/Dölling*, 37/152 f.; MK-*Cierniak/Niehaus*, § 203 Rn. 62 f.

[113] M/R-*Altenhain*, § 203 Rn. 34. – Vgl. hierzu auch noch unten im Text *Rn. 638* –

[114] So die in *Fn. 112* Genannten.

605 (1) Folgt man der Ansicht, der objektive Tatbestand des § 203 I StGB erfordere ein Handeln gegen oder doch ohne den Willen des Betroffenen, d.h. dessen »Einwilligung« (besser: dessen »Einverständnis«) schließe den Tatbestand aus (vgl. soeben *Rn. 600, 602*), so lag bei H ein **Tatbestandsirrtum** vor, der den Vorsatz entfallen ließ (§ 16 I S. 1 StGB).

606 (2) Folgt man dagegen der h.M. (s. *Rn. 601*), die Einwilligung wirke bei § 203 StGB nicht tatbestandsausschließend, sondern (nur) **rechtfertigend**, so ist bei H ein *Irrtum über die tatsächlichen Voraussetzungen eines Rechtfertigungsgrundes* (hier: einer Einwilligung) anzunehmen, ein sog. **Erlaubnistatbestandsirrtum**. Wie nun aber solch ein Irrtum zu behandeln sei, ist im StGB (§§ 16, 17) nicht geklärt und strittig:

607 (a) Nach der im Schrifttum noch immer viel diskutierten **»Lehre von den negativen Tatbestandsmerkmalen«**[115] sind die Voraussetzungen der Rechtfertigungsgründe nichts anderes als »negative Tatbestandsmerkmale«:

Für den Unrechtstatbestand seien das Vorliegen der positiven unrechtsbegründenden Merkmale, die im Tatbestand im engeren Sinne (z.B. der §§ 223, 303 StGB) enthalten seien, und das Nichtvorliegen der Voraussetzungen von Rechtfertigungsgründen in gleicher Weise konstituierend. Daher sei es für die Bewertung eines Verhaltens gleichgültig, ob es schon nicht den Tatbestand im engeren Sinne erfülle, oder ob es zwar tatbestandsmäßig, aber gerechtfertigt sei; **in beiden Fällen fehle es am Unrechtstatbestand**. Für diesen seien die Merkmale des Tatbestandes im engeren Sinne *positive*, die Merkmale der Rechtfertigungsgründe (genauer: ihr Nichtvorliegen) *negative* Tatbestandsmerkmale.

608 Daraus wird abgeleitet, der Vorsatz des Täters müsse das Vorliegen jener *positiven* und das Nichtvorliegen jener *negativen* Tatbestandsmerkmale umfassen. § 16 StGB gelte damit in gleicher Weise für den Tatbestandsirrtum wie auch für den Erlaubnistatbestandsirrtum.[116]

Die »Lehre von den negativen Tatbestandsmerkmalen« würde für *Fall 63* (*Rn. 593*) also zur unmittelbaren Anwendbarkeit des § 16 StGB und damit zur Straflosigkeit des H führen.

609 Sie wird allerdings überwiegend **abgelehnt**, und zwar zu Recht:[117] Es überzeugt nicht, dass die Unterscheidung zwischen *positiven* (im Tatbestand beschriebenen) und *negativen* (im Rechtfertigungsgrund enthaltenen) unrechtsbestimmenden Merkmalen nur *gesetzestechnische Bedeutung* habe und keine unterschiedlichen *rechtlichen Wertungsstufen* bezeichne: Die Tötung eines Menschen in Notwehr und die Tötung einer Mücke – dieser Unterschied hat mehr als »nur gesetzestechnische Bedeutung«.[118] Die wertungsmäßige Gleichsetzung von tatbestandslosem und tatbestandsmäßigem, aber **erlaubtem** Verhalten verbirgt zudem, dass ein von keinem Straftatbestand erfasstes Verhalten nicht notwendig von der Rechtsordnung gebilligt sein muss, sondern Unrecht sein kann, wenn auch kein strafbares Unrecht,

– z.B. verbotene Eigenmacht (§ 858 BGB), soweit sie nicht §§ 242, 248b StGB erfüllt. –

Überdies lässt sich der Umstand, dass das von Rechtfertigungsgründen gedeckte Verhalten vom Betroffenen zu dulden ist, nur daraus erklären, dass diese »in atypischen Situationen **Eingriffsrechte** gewähren«,[119] was ihre Bedeutung als selbständige Wertungsstufe zeigt.

---

[115] Zu ihr Krey/*Esser*, AT, Rn. 268 ff.; Roxin/*Greco*, AT I, 10/13ff.; Sch/Sch-*Eisele*, vor § 13 Rn. 15 ff.

[116] Vgl. nur *Arthur Kaufmann*, JZ 1954, 653 (657).

[117] Ausf. *Hirsch*, Die Lehre von den neg. TB-Merkmalen, 1960; Sch/Sch-*Eisele*, vor § 13 Rn. 17 f.; *Jakobs*, AT, 6/54 ff; Krey/*Esser*, Rn. 269 f; *Kühl*, AT, 6/8; vermittelnd Roxin/*Greco*, 10/16 ff, 19 ff.

[118] Vgl. *Welzel*, ZStW 1955, 196 (210 f.); LK-*Rönnau*, vor § 32 Rn. 13; s.a. *Jakobs*, AT, 6/54 ff., 58.

[119] W/B/S-*Satzger*, AT, Rn. 191; ebso. Sch/Sch-*Eisele*, vor § 13 Rn. 18.

Mit der Ablehnung der »Lehre von den negativen Tatbestandsmerkmalen« entfällt **610**
die Möglichkeit einer **unmittelbaren** Anwendung des § 16 StGB auf die irrige Annahme der tatsächlichen Voraussetzungen eines Rechtfertigungsgrundes.[120]

(b) Doch ist nach der heute herrschenden sog. **»eingeschränkten Schuldtheorie«** **611**
§ 16 StGB im Falle eines solchen Irrtums *analog* **anzuwenden**[121]

- mit der Maßgabe, dass die Tat in jeder Hinsicht (z.B. auch hinsichtlich der Teilnahme) *wie eine unvorsätzliche* behandelt wird.[122]

Nach der »eingeschränkten Schuldtheorie« **entfällt** in unserem *Fall 63* in analoger Anwendung des § 16 StGB **der Vorsatz** – und damit auch die Strafbarkeit – des H.

(c) Im Schrifttum ist die **»rechtsfolgenverweisende Schuldtheorie«** (auch »rechts- **612**
folgeneinschränkende Schuldtheorie« genannt[123]) weit verbreitet. Sie besagt:

Beim Erlaubnistatbestandsirrtum sei § 16 StGB analog anwendbar, aber mit der Maßgabe, dass nicht der *Vorsatz als subjektives Tatbestandsmerkmal* entfalle, die Handlung vielmehr eine vorsätzliche rechtswidrige Tat etwa i.S. der §§ 26, 27 StGB bleibe, es aber **an der Vor-** ***satz*schuld fehle**[124] und deswegen *keine Bestrafung wegen einer Vorsatztat* möglich sei.

Auch nach dieser »rechtsfolgenverweisenden Schuldtheorie« kann H wegen seiner irrigen Annahme einer Einwilligung der T **nicht** aus § 203 StGB bestraft werden.

(d) Anders übrigens, als die unter (a) bis (c) dargelegten Theorien geht die – heute kaum **613**
mehr vertretene – **»strenge Schuldtheorie«** davon aus, ein Erlaubnistatbestandsirrtum führe weder zur unmittelbaren, noch zur analogen Anwendung des § 16 StGB, sondern sei **ein gemäß § 17 StGB zu behandelnder Verbotsirrtum**[125] – was ja mit dem Wortlaut dieser Norm (fehlendes Unrechtsbewusstsein des Irrenden) auch durchaus zu vereinbaren wäre.

Diese Ansicht ist aber schon wegen ihrer **unbilligen Konsequenzen** verfehlt:[126] Nach ihr wäre wegen vorsätzlichen Totschlags zu verurteilen, wer – aufgrund einer *allein im Tatsächlichen liegenden* Unaufmerksamkeit – unter irriger Annahme etwa der tatsächlichen Voraussetzungen einer Notwehr getötet hat, sofern dieser Irrtum vermeidbar war (§ 17 S. 2 StGB). Ein solcher Schuldspruch wäre wertungsmäßig nur schwer nachvollziehbar. Sachgerechter ist hier eine Verurteilung aus § 222 StGB (§ 16 I S. 1 StGB analog, § 16 I S. 2 StGB).[127]

(3) *Ergebnis:* In *Fall 63* (*Rn. 593*) hat H sich – weil er an eine Einwilligung der T glaubte – **614**
nicht nach § 203 StGB (der eine bloß fahrlässige Begehung nicht erfasst) strafbar gemacht.

---

[120] Vgl. nur Sch/Sch-*Sternberg-Lieben/Schuster*, § 16 Rn. 17, 18; **a.A.** SK⁹-*Hoyer*, vor § 32 Rn. 47 ff., der trotz Ablehnung jener Lehre (Rn. 48) § 16 I StGB unmittelbar anwenden will (Rn. 51).

[121] Vgl. etwa *BGH* St 3, 105 (106); 3, 357 (364); *Kühl*, AT, 13/73; Sch/Sch-*Eisele*, vor § 13 Rn. 19; Roxin/*Greco*, AT I, 14/52 ff., 56, 57, 64 ff. – Näher zur Diskussion Krey/*Esser*, AT, Rn. 740 f. –

[122] So u.a. Roxin/*Greco*, AT I, 14/64, 74 ff.; Sch/Sch-*Sternberg-Lieben/Schuster*, § 16 Rn. 18.

[123] Ersteres *Fischer*, § 16 Rn. 38; Roxin/*Greco*, 14/57; Letzteres: Krey/*Esser*, AT, Rn. 742; Sch/Sch-*Sternberg-Lieben/Schuster*, § 16 Rn. 17; beides: *Kühl*, AT, 13/73; zu *Rengier* s. noch *Fn. 124*.

[124] So etwa Jescheck/*Weigend*, AT, § 41 IV 1d; Krey/*Esser*, AT, Rn. 743, 745; W/B/S-*Satzger*, AT, Rn. 756 f.; ebenso OLG Hamm, NJW 1987, 1034; demgemäß von vornherein von *»vorsatzschuldverneinender Schuldtheorie«* sprechend *Rengier*, AT, 30/21 f.

[125] *Hirsch*, Die Lehre von den negativen TB-Merkmalen, 1960, S. 314 ff.; *Armin Kaufmann*, JZ 1955, 37; *Welzel*, S. 164 ff.; LK¹¹-*Schroeder*, § 16 Rn. 52; vermittelnd *Jakobs*, AT, 11/43 ff.

[126] Weitere Einwände u.a. bei *Dreher*, FS-Heinitz, 1972, 212–217; Roxin/*Greco*, AT I, 14/65 ff.

[127] *Dreher*, FS-Heinitz, 1972, 216; Jescheck/*Weigend*, AT, § 41 IV 1b; Krey/*Esser*, AT, Rn. 743.

615 b) Strafbarkeit des F?

aa) § 203 I Nr. 1 StGB in **mittelbarer Täterschaft**?

§ 203 StGB ist ein echtes **Sonderdelikt**: Nur die in Abs. 1 Nr. 1–7 aufgezählten *Berufspersonen*, die *Amtsträger und amtsnahen Personen* des Abs. 2 S. 1 Nr. 1–6 sowie die in Abs. 4 genannten sonstigen Personen (insb. *Mitwirkende* und *Datenschutzbeauftragte*, aber auch die Person aus Abs. 4 S. 2 Nr. 3) können Täter sein.

– Die Tätereigenschaft ist dabei ein »**besonderes persönliches Merkmal**« i.S. des § 28; für selbst nicht schweigepflichtige Teilnehmer ist mithin § 28 I StGB zu beachten.[128] –

F war kein **tauglicher Täter**, da ihm das Geheimnis nicht »als Arzt anvertraut oder sonst bekannt geworden« war; daher scheidet (mittelbare) Täterschaft aus.[129]

616 bb) **Anstiftung des H** zu § 203 I Nr. 1 StGB?

Anstiftung erfordert eine **vorsätzlich begangene Haupttat** (§ 26 StGB).

(1) Diese fehlt hier jedenfalls dann, wenn man (vgl. *Rn. 600, 602, 605*) annimmt, die **Einwilligung** des Betroffenen schließe (*als tatbestandsausschließendes Einverständnis*) den Tatbestand dieser Vorschrift aus; denn dann lag bei H, der sich eine solche vorstellte, ein vorsatzausschließender Tatbestandsirrtum vor (*Rn. 605*).

617 Ich neige dieser Ansicht zu: Denn soweit es bei § 203 I StGB um das Individualinteresse an der Geheimsphäre geht (*Rn. 594*), braucht sich der Schutzbereich dieser Norm nur auf die Geheimnisoffenbarung gegen (oder ohne) den Willen des Betroffenen zu erstrecken.[130] Und soweit § 203 StGB das Allgemeininteresse an der Verschwiegenheit bestimmter Berufe schützt (*Rn. 594*), ist hervorzuheben, dass auch dies Interesse durch die Offenbarung von Geheimnissen mit Einverständnis aller Betroffenen nicht berührt wird.[131]

618 (2) Betrachtet man dagegen mit der h.L. bei § 203 StGB die Einwilligung nur als einen **Rechtfertigungsgrund** (vgl. *Rn. 601*), so gilt folgendes:

(a) An einer **vorsätzlichen** Haupttat des H fehlt es auch nach der »Lehre von den negativen Tatbestandsmerkmalen« (*Rn. 607 f.*), welche ich jedoch für verfehlt halte (*Rn. 609*).

(b) Auch nach der den Tatvorsatz analog § 16 StGB verneinenden »**eingeschränkten Schuldtheorie**« (*Rn. 611*) entfällt eine Anstiftung mangels **vorsätzlicher** Tat des H.

619 (c) Dagegen liegt nach der »**rechtsfolgenverweisenden Schuldtheorie**«, die nur die Bestrafung aus der Vorsatztat, nicht aber den Vorsatz selbst verneint (*Rn. 612*) eine **vorsätzliche** und damit teilnahmefähige Haupttat i.S. des § 26 StGB vor.

(d) Dasselbe gilt für die bereits abgelehnte »**strenge Schuldtheorie**« (*Rn. 613*).

620 Damit hängt (ein »vorsätzliches Bestimmen« i.S. des § 26 StGB ggf. unterstellend) **die Strafbarkeit des F** aus §§ 203, 26 StGB im Ergebnis

– wenn man die Einwilligung des Betroffenen als nur **rechtfertigend** behandelt –

---

[128] *Fischer*, § 203 Rn. 93; SK[10]-*Hoyer*, § 203 Rn. 87; NK-*Kargl*, § 203 Rn. 140; L/K/H-*Heger*, § 203 Rn. 2; Krey/*Esser*, AT, Rn. 227 f., 1017; Küpper/*Börner*, 5/39; *Rengier* II, 31/44.

[129] *Herzberg*, JuS 1975, 577; SK[10]-*Hoyer*, § 203 Rn. 49; NK-*Kargl*, § 203 Rn. 139.

[130] Sch/Sch-*Eisele*, § 203 Rn. 30; MK-*Cierniak/Niehaus*, § 203 Rn. 63; s.a. A/W/H-*Hilgendorf*, 8/32.

[131] Ebenso Sch/Sch-*Eisele*, § 203 Rn. 30; MK-*Cierniak/Niehaus*, § 203 Rn. 63.

letztlich davon ab, ob der »eingeschränkten Schuldtheorie« oder der »rechtsfolgenverweisenden Schuldtheorie« der Vorzug gebührt.

Ich neige der »**eingeschränkten Schuldtheorie**« zu, sie scheint mir konsequenter **621** und sachgerechter zu sein: Wer (zu Recht) den im Erlaubnistatbestandsirrtum handelnden **Täter** in analoger Anwendung des § 16 StGB nicht wegen vorsätzlicher Tatbegehung bestraft, sollte diese Tat nicht zu Lasten von **Teilnehmern** gleichwohl als Vorsatztat behandeln. *Herzberg* hebt hierzu mit Recht hervor:[132]

> »Die Sachgründe, die in der Irrtumslehre zur Gleichbehandlung von Tatbestands- und Erlaubnistatbestandsirrtum drängen …, verbieten bei näherem Zusehen auch dort, wo es um die Bestrafung eines Beteiligten geht, je nach Irrtumsart unterschiedlich zu urteilen.«

Der entscheidende *Mangel der »rechtsfolgenverweisenden Schuldtheorie«* liegt darin, dass **622** sie beim Erlaubnistatbestandsirrtum nur die Vorsatz**schuld** entfallen lässt. Denn in Wirklichkeit ist die Gleichbehandlung mit dem Tatbestandsirrtum nicht nur durch die vergleichbar reduzierte Schuld gerechtfertigt, sondern durch das bei beiden Irrtümern in gleichwertiger Weise reduzierte **Unrecht**: Beim Erlaubnistatbestandsirrtum ist nämlich der **Handlungsunwert der Vorsatztat** aufgehoben.[133] Der Täter handelt zwar mit Wissen und Wollen der obj. Tatbestandsmerkmale; dieser Handlungsunwert wird aber kompensiert durch den Handlungswert des subj. Rechtfertigungselements (Handeln in Kenntnis und aufgrund der – irrig angenommenen – rechtfertigenden Situation). Folglich ist es sachgerecht, beim Erlaubnistatbestandsirrtum analog § 16 I StGB bereits das **Vorsatzunrecht** entfallen zu lassen. Dann aber bedeutete es einen Wertungswiderspruch, im Erlaubnistatbestandsirrtum verwirklichte Delikte als »vorsätzlich begangene rechtswidrige Taten« i.S.d. §§ 26, 27 StGB zu behandeln.

cc) *Ergebnis:* F ist auch **nicht** wegen *Anstiftung* des H zu § 203 I Nr. 1 StGB strafbar **623**
– und zwar weder, wenn man mit der Lehre von der »Doppelfunktionalität« das Merkmal »unbefugt« im Hinblick auf die Einwilligung als Tatbestandsmerkmal betrachtet (*Rn. 602, 617*), noch wenn man es schlechterdings und ausnahmslos mit dem allgemeinen Deliktsmerkmal »rechtswidrig« gleichsetzt (*Rn. 601, 618*) *und* hinsichtlich des dann zu prüfenden Erlaubnistatbestandsirrtums die m.E. vorzugswürdige »eingeschränkte Schuldtheorie« heranzieht (*Rn. 618, 621*).[134]
Anders die Anhänger der »rechtsfolgenverweisenden Schuldtheorie« (s. *Rn. 612, 619*),[135]
– sowie diejenigen der hier nicht näher zu behandelnden »Differenzierungstheorie«[136] –
was freilich nicht verwundert, da doch gerade *dies Ergebnis* – Teilnehmerstrafbarkeit in Fällen wie dem vorliegenden – *das eigentliche Anliegen ist*, das hinter jener Theorie steht.[137]

---

[132] *Herzberg*, 1977, S. 111. – S.a. die kompakte Theorien-Übersicht bei *Fischer*, § 16 Rn. 32 ff. –
[133] So zu Recht u.a. Roxin/*Greco*, AT I, 14/64, 73; Stratenwerth/*Kuhlen*, AT, 9/166; Sch/Sch-*Eisele*, vor § 13 Rn. 19; Sch/Sch-*Sternberg-Lieben/Schuster*, § 15 Rn. 35, § 16 Rn. 18.
[134] So i.E. die h.A.: *OLG Köln*, NJW 1962, 687; A/W/H/H-*Hilgendorf*, 8/35; SK[10]-*Hoyer*, § 203 Rn. 82; s.a. LK-*Hilgendorf*, § 203 Rn. 221 (unter Nutzung der Lehre von den negativen Tatbest.merkmalen).
[135] Jescheck/*Weigend*, AT, § 41 IV 1 a, Fn. 49, i.V.m. IV 1 d; W/B/S-*Satzger*, AT, Rn. 758; Krey/ *Esser*, AT, Rn. 742 f.; **zu Recht krit.** LK-*Hilgendorf*, § 203 Rn. 221.
[136] Nach ihr schließe der Erlaubnistatbestandsirrtum zwar den für die Bejahung der Haupttat erforderlichen Tatvorsatz aus, lasse aber die *Möglichkeit der Teilnahme* an der Tat des Irrenden unberührt; näher zu ihr mwN Rn. 581 der *Vorauflage* sowie (ebenfalls **abl.**) SK[9]-*Hoyer*, vor § 26 Rn. 36.
[137] So explizit Krey/*Esser*, AT, Rn. 742: »ist insbesondere deswegen entwickelt worden«.

Ergänzende Hinweise zu § 203 StGB:

624 (1) Ein tatbestandsmäßiges »*Offenbaren*« liegt grundsätzlich auch bei Mitteilung an Personen vor, die – etwa als Berufskollegen – selbst nach § 203 StGB schweigepflichtig sind.[138]

Bei **Übernahme einer Arztpraxis** ist das Überlassen der Patientenkartei nicht per se, da es dem mutmaßlichen Willen der Patienten entspreche, auch ohne deren Befragen zulässig.[139]

Kein »Offenbaren« (und damit *nicht tatbestandlich*) ist es aber,[140] wenn die nach Abs. 1 und 2 Schweigepflichtigen die Geheimnisse »den bei ihnen berufsmäßig tätigen Gehilfen oder den bei ihnen zur Vorbereitung auf den Beruf tätigen Personen zugänglich machen« (Abs. 3 S. 1).

625 Auch dürfen sie – hier nun nicht im Sinne eines Tatbestandsausschlusses, aber doch eines eigenständigen **Rechtfertigungsgrundes** – fremde Geheimnisse gegenüber »sonstigen Personen offenbaren, die an ihrer beruflichen oder dienstlichen Tätigkeit mitwirken«, freilich nur, soweit dies für die Inanspruchnahme deren Tätigkeit erforderlich ist (Abs. 3 S. 2 Hs. 1)

– was denn (so Hs. 2) auch für *diese* gilt, wenn sie sich *weiterer* Mitwirkender bedienen.

Mit dieser begrüßenswerten – wenn auch längst überfälligen – Neuregelung[141] hat sich der Gesetzgeber des Problems der Kenntnisverschaffung im Rahmen der mittlerweile (insb. im Versicherungswesen sowie allgemein im Zusammenhang mit Datenverarbeitung) weit verbreiteten Übertragung von Tätigkeiten auf externe Dritte (sog. **outsourcing**) angenommen.

Ein »Klassiker« insoweit: die Weitergabe von Patientendaten an Verrechnungsstellen.

626 (2) In Abs. 4 S. 1 wird das durch Einschränkung der Offenbarungs-Strafbarkeit gegenüber Mitwirkenden in Abs. 3 erhöhte Risiko einer Geheimnisverletzung (soeben *Rn. 624, 625*) dadurch reduziert, dass im Gegenzug eben diesen *Mitwirkenden* (und auch dem *Datenschutzbeauftragten*, der bei nach Abs. 1 und 2 Schweigepflichtigen tätig ist) ein **eigenes strafbewehrtes Offenbarungsverbot** auferlegt wird.

Auch setzt sich das für die in Abs. 1 und 2 genannten Personen geltende Offenbarungsverbot gem. Abs. 4 S. 2 Nr. 3 *nach deren Tod* in der Person dessen fort, der das fremde Geheimnis »von dem Verstorbenen erfahren oder aus dessen Nachlass erlangt hat«.

627 Überdies stellt Abs. 4 S. 2 Nr. 1 die in Abs. 1 und 2 genannten Schweigepflichtigen, die sich der Mitwirkung einer i.S. des Abs. 3 S. 2 »sonstigen Person« bedienen, strafbar für den Fall, dass sie nicht dafür Sorge getragen haben, diese Person *zur Geheimhaltung zu verpflichten*.

– Abs. 4 S. 2 Nr. 2 erweitert diese Haftung auf (alle) in Abs. 3 genannten Mitwirkenden im Hinblick auf ggf. von ihnen herangezogene weitere Mitwirkende.

628 (3) Bei Verletzung der ärztlichen Schweigepflicht durch Information der nächsten Angehörigen eines Krebskranken statt des Kranken selbst – im Fall also der sog. »**therapeutischen Lüge**«[142] – stellt sich die Frage, ob der Arzt gegen seine Schweigepflicht aus § 203 I Nr. 1 StGB verstoßen habe. M.E. ist hier die Straftatbestandsmäßigkeit evident, wobei aber – in Ausnahme freilich vom Grundsatz der Befragung des Patienten – eine Rechtfertigung durch mutmaßliche Einwilligung oder ggf. auch einmal gemäß § 34 StGB in Frage kommt.[143]

---

[138] *BayObLG*, NStZ 1995, 187 f.; Sch/Sch-*Eisele*, § 203 Rn. 22; W/H/E-*Hettinger*, Rn. 542.
[139] *BGH*, NJW 1992, 737 (gegen *BGH*, NJW 1974, 602); vertiefend Sch/Sch-*Eisele*, § 203 Rn. 41.
[140] Bislang schon h.M., durch Gesetz v. 30.10.2017, BGBl. I, S. 3618, nun auch in § 203 StGB verbrieft.
[141] Durch das in *Fn. 140* genannte Gesetz; ausf. zu dessen Regelungen *Eisele*, JR 2018, 79 (zu Abs. 3 S. 2 vgl. 82 ff.) sowie (auch aus datenschutzrechtlicher Sicht) *Cornelius*, NJW 2017, 3751 ff.
[142] Begriff bei MK-*Cierniak/Niehaus*, § 203 Rn. 91; NK-*Kargl*, § 203 Rn. 115; s.a. *BGH* St 33, 148.
[143] Vgl. *Fn. 142*; i.E. wie hier auch *Schröter*, Die Strafbarkeit des Arztes ..., 2011, S. 81 ff., 126 ff., 220.

(4) Wer als »*Amtsträger*«, »*Europäischen Amtsträger*« oder »*besonders Verpflichteter*« **629**
gem. § 203 II 1 Nr. 1, 2 StGB in Betracht kommt (s. *Rn. 1034 ff., 1056, 1057*), ergibt sich
aus § 11 I Nr. 2, 2a, 4 StGB. Der Begriff »*Amtsträger*« ist schon per se **sehr weit**, und § 203
II StGB erfasst – um das Vertrauen in die Amtsträgerverschwiegenheit umfassend zu schützen – auch **alle** Amtsträger ohne Differenzierung nach ihrem konkreten Arbeitsbereich.
So wurde etwa das Vorstandsmitglied einer öffentlich-rechtlichen Sparkasse zu Recht als
»*Amtsträger*« eingestuft (*Rn. 1039*), sodass sich damit für ihn bei Verkauf bzw. Abtretung
notleidender Forderungen die Frage nach seiner Strafbarkeit nach § 203 II StGB stellte.[144]
– die i.E. zu verneinen ist, da das *Bankgeheimnis* nicht dem § 203 StGB unterfällt.[145] –

(5) Der Schutz des § 203 StGB wirkt noch über den Tod hinaus (sog. **postmortaler** **630**
Geheimnisschutz):[146] Gem. Abs. 5 ist es auch strafbar, *zu Lebzeiten des Betroffenen erlangte Geheimnisse* nach dessen Tod unbefugt zu offenbaren.

Fraglich ist freilich stets, ob und ggf. wann eine *Befugnis* besteht, etwa der behandelnde
Arzt berechtigt ist, den Angehörigen gegenüber – oder bei Vermögensstreitigkeiten vor
Gericht[147] – Auskunft über den Gesundheitszustand seines ehemaligen Patienten zu geben.

Richtigerweise ist hier zu differenzieren:[148] *Vermögenswerte Geheimnisse* unterliegen der **631**
Verfügung des Erben, der insoweit von der Schweigepflicht entbinden kann, während es bei
zum persönlichen Lebensbereich gehörenden Geheimnissen einzig auf den tatsächlich geäußerten oder den vermuteten Willen des Verstorbenen ankommt.

Vertreten wird aber auch,[149] *in allen Fällen* allein auf den geäußerten bzw. mutmaßlichen Willen des Verstorbenen, im Zweifel auf eine »gewissenhafte Prüfung« durch den
Geheimnisträger, abzustellen bzw. zumindest für den Regelfall davon auszugehen, »dass
die nächsten Angehörigen Ärzte auf Grund einer entsprechenden (mutmaßlichen) Einwilligung des Verstorbenen von der ärztlichen Schweigepflicht entbinden können«.

(6) Als **Rechtfertigungsgründe** kommen bei § 203 StGB namentlich in Betracht: **632**
(a) Nach h.A. die Einwilligung des Betroffenen (siehe schon *Rn. 601*).
– Nach hiesiger Meinung (*Rn. 602, 617*) schließt sie jedoch bereits den Tatbestand aus. –
(b) Die mutmaßliche Einwilligung[150] (vgl. als Beispiel gerade zuvor *Rn. 628*).
(c) Der rechtfertigende Notstand des § 34 StGB, der etwa eingreift, wenn:

Beispiel 1: ... ein Arzt die Straßenverkehrsbehörde über die Erkrankung (z.B. die Alkoholabhängigkeit) seines Patienten informiert, die diesen, ohne dass er es wahrhaben will,
fahruntüchtig macht (und so Trunkenheitsfahrten gem. § 316 StGB zu erwarten sind).[151]

Beispiel 2: ... der Arzt den Lebenspartner über eine Geschlechtskrankheit bzw. Aids des
Patienten unterrichtet, wenn dieser »uneinsichtig« ist.[152]

---

[144] Vgl. etwa *Schalast/Safran/Sassenberg*, NJW 2008, 1486; *Eisele*, ZIS 2011, 354.
[145] So (die Frage der Amtsträgerschaft offen lassend) BGH, JR 2011, 214 (215) m. i.E. zust. Anm. *Popp*.
[146] Dazu etwa SK[10]-*Hoyer*, § 203 Rn. 18 ff.; NK-*Kargl*, § 203 Rn. 23 f.; LK-*Hilgendorf*, § 203 Rn. 88 f.;
speziell zu verstorbenen Straftätern *Mitsch*, NJW 2010, 3479.
[147] Näher hierzu OLG *Naumburg*, NJW 2005, 2017 m. Bespr. *Spickhoff*, NJW 2005, 1982.
[148] So die h.M., vgl. etwa Sch/Sch-*Eisele*, § 203 Rn. 38; LK-*Hilgendorf*, § 203 Rn. 88, 91.
[149] Zu Ersterem OLG *Naumburg*, NJW 2005, 2017, zu Letzterem *Spickhoff*, NJW 2005, 1982 (1984).
[150] Dazu NK-*Kargl*, § 203 Rn. 114 ff.; s.a. das Beispiel bei *Bock/Wilms*, JuS 2011, 24 (27).
[151] BGH, NJW 1968, 2288; SK[10]-*Hoyer*, § 203 Rn. 110; s.a. *Roxin*, FS-Prittwitz, 2023, 371 (377 ff.).
[152] OLG *Frankfurt*, NStZ 2001, 149 (150); SK[10]-*Hoyer*, § 203 Rn. 109; *Kindhäuser/Schramm*, 31/23.

Nicht hingegen rechtfertigt § 34 StGB einen Bruch der Schweigepflicht, um wegen einer bereits begangenen (ggf. auch schweren) Tat die Strafverfolgung zu ermöglichen.[153]

633 (d) Pflichtenkollision: Die Anzeigepflicht aus § 138 StGB geht § 203 StGB vor.[154]
– Doch ist für bestimmte Berufsgruppen (u.a. Ärzte) § 139 III S. 2 StGB zu beachten. –
(e) Spezialgesetzlich fixierte Mitteilungsbefugnisse
– wie z.B. gem. §§ 43, 48 Geldwäschegesetz oder gem. § 4 II, III des am 1.1.2012 in Kraft getretenen *Gesetzes zur Kooperation und Information im Kinderschutz (KKG)*.[155]
(f) **Nicht aber** eine »Wahrnehmung berechtigter Interessen« (§ 193 StGB analog).[156]

634 (7) § 203 StGB wird durch die verfahrensrechtlichen Regeln (wie insb. §§ 53 StPO, 383 ZPO) über das **Zeugnisverweigerungsrecht** für bestimmte Berufsgeheimnisse ergänzt. Soweit ein solches Recht **besteht**, hat die Schweigepflicht aus § 203 StGB grundsätzlich Vorrang vor der Aussagepflicht als Zeuge;[157] eine nur einfach auf das Strafverfolgungsinteresses zu stützende Rechtfertigung gem. § 34 StGB ist nicht gegeben.[158] – Hat hingegen ein nach § 203 I StGB Schweigepflichtiger **kein** Zeugnisverweigerungsrecht (aus § 53 StPO),
– z.B. ein Berufspsychologe, wenn er kein Psychotherapeut (§ 53 I Nr. 3 StPO) ist, –
so hat diese Inkongruenz zur Folge, dass er zwar als Zeuge bekunden *muss*, dabei dann aber die darin liegende Offenbarung des Privatgeheimnisses i.S.d. § 203 StGB *befugt* erfolgt.[159]

2. Verwertung fremder Geheimnisse (§ 204 StGB)

635 § 204 StGB ergänzt § 203 StGB (noch über die Qualifikation des § 203 VI StGB hinaus), indem er die unbefugte **Verwertung** fremder Geheimnisse, zu deren Geheimhaltung der Täter gem. § 203 StGB verpflichtet ist, eigens unter Strafe stellt.

Bei einer Geheimnispreisgabe aus rein ideellen Gründen (etwa um jemanden bloßzustellen) liegt kein »Verwerten« vor, ebenso wenig bei Verfolgung rein politischer Ziele[160] oder wenn im Zuge einer Erpressung mit der Geheimnisoffenbarung gedroht wird[161].

636 Erforderlich ist vielmehr das *wirtschaftliche* Ausnutzen des Geheimnisses zur Erzielung (eigener oder fremder) Gewinne, wobei aber die Verwertungshandlung über ein bloßes Offenbaren hinausgehen muss (da in einem solchen Fall ja bereits § 203 VI StGB verwirklicht ist, hinter dem § 204 StGB dann zurücktritt).[162]
– Beispiel: der Patentanwalt, der die Erfindung seines Mandanten *zur Herstellung eigener Produkte* verwendet.[163] – Bei *Verkauf* der Erfindung aber § 203 I Nr. 3, VI StGB. –

---

[153] H.M., vgl. nur *Roxin*, FS-Prittwitz, 2023, 371 (374 f. m.w.N.); dort auch (mit überzeugender eigener Lösung) zu dem Fall, dass es darum geht, *die Bestrafung eines Unschuldigen zu verhindern*.
[154] Sch/Sch-*Eisele*, § 203 Rn. 43; *Fischer*, § 203 Rn. 73/74, 75; SK[10]-*Hoyer*, § 203 Rn. 110.
[155] G v. 22.12.2011, BGBl. I, S. 2975; s.a. *Kreße/Rabe*, NJW 2009, 1789; *Wüstenberg*, StraFo 2012, 348.
[156] Vgl. nur SK[10]-*Hoyer*, § 203 Rn. 116 f.; s.a. NK-*Kargl*, § 203 Rn. 124 f.; – s. bereits oben *Rn. 509*. –
[157] S/S/W-*Bosch*, § 203 Rn. 40; SK[10]-*Hoyer*, § 203 Rn. 112; LK-*Hilgendorf*, § 203 Rn. 182.
[158] So u.a. SK[10]-*Hoyer*, § 203 Rn. 113; s.a. Sch/Sch-*Eisele*, § 203 Rn. 58; *Rengier* II, 31/52.
[159] Vgl. SK[10]-*Hoyer*, § 203 Rn. 112; LK-*Hilgendorf*, § 203 Rn. 181.
[160] Sch/Sch-*Eisele*, § 204 Rn. 5/6; *Fischer*, § 204 Rn. 4 f.; LK-*Hilgendorf*, § 204 Rn. 7.
[161] Vgl. die in *Fn. 160* Genannten; aber s.a. SK[10]-*Hoyer*, § 204 Rn. 5: bereits kein »Vermögenswert«.
[162] MK-*Bosch*, § 204 Rn. 9; *Küpper/Börner*, 5/50; Sch/Sch-*Eisele*, § 204 Rn. 5/6; *Rengier* II, 31/54.
[163] *Rengier* II, 31/54; Sch/Sch-*Eisele*, § 204 Rn. 5/6; MK-*Bosch*, § 204 Rn. 3.

3. Verletzung der Vertraulichkeit des Wortes (§ 201 StGB)

637 § 201 StGB schützt das Vertrauen in die Flüchtigkeit des gesprochenen Wortes.[164] Die vier Tatbestände der Abs. 1 und 2 zielen dabei in unterschiedliche Richtungen: Abs. 1 Nr. 1, Nr. 2 sowie Abs. 2 Nr. 1 wollen die Vertraulichkeit des *Äußerns* von Worten schützen, also **den Erklärungsvorgang** vor Dritten abschirmen, während Abs. 2 Nr. 2 Schutz im Hinblick auf **den Erklärungsinhalt** als solchen gewährt.[165]

Der Schutz ist dabei von vornherein auf das **nichtöffentlich** gesprochene Wort beschränkt; der Gesetzgeber geht zu Recht davon aus, dass demjenigen, der auf die Vertraulichkeit seiner Worte Wert legt, zugemutet werden kann, selbst insoweit am Schutz dieser Vertraulichkeit mitzuwirken, als er sich zumindest öffentlicher Äußerungen enthält.[166]

Von § 201 StGB mangels Nichtöffentlichkeit nicht erfasst ist das *Filmen von Polizeieinsätzen*, und auch dienstliche Äußerungen eines Polizeibeamten bei einer Versammlung unter freiem Himmel sind *nicht »nichtöffentlich«*,[167] ebenso wenig Äußerungen bei Einsätzen, wenn der Polizeibeamte diese selbst zur Beweissicherung mit einer *»Body-Cam«* aufzeichnet.[168]

638 Alle vier Tatbestände setzen voraus, dass die jeweilige Tathandlung **»unbefugt«** erfolgt. Mehr noch als bei § 203 StGB (vgl. *Rn. 600–602, 617*) wird hierzu – richtiger Weise – vertreten, dass die Einwilligung des Betroffenen bereits (als *»tatbestandsausschließendes Einverständnis«*) den Tatbestand entfallen lässt.[169]

– Nicht anders als bei § 203 StGB ist denn auch hier von einer **»Doppelfunktionalität«** des Merkmals »unbefugt« in dem oben in *Rn. 602* näher beschriebenen Sinne auszugehen,[170] so dass *im Übrigen* mit »unbefugt« (nur) ein – im Grunde überflüssiger[171] – Hinweis auf das allgemeine Erfordernis der Rechtswidrigkeit gemeint ist.[172] –

639 *Zu § 201 I Nr. 1 StGB*: Beim **»nichtöffentlich gesprochenen Wort«**[173] – gleichviel, ob privat oder beruflich (Stichwort: Dienstgespräche)[174] – kommt es weder auf Vertraulichkeit bzw. Heimlichkeit, noch auf den Inhalt der Äußerung an.[175]

Auch die Worte eines Amtsträgers im Gespräch mit dem Bürger sind »nichtöffentlich«.[176]

Die »Unbefugtheit« entfällt nicht schon bei bloß hinnehmendem Wissen des Sprechenden um die Aufnahme, sondern erst im Falle seines (auch) **zustimmenden Willens**; der Betrof-

---

[164] *Eisele* I, Rn. 688; *Kindhäuser/Schramm*, 28/1; *Küpper/Börner*, 5/19.
[165] Vgl. SK[10]-*Hoyer*, § 201 Rn. 3 sowie NK-*Kargl*, § 201 Rn. 1.
[166] SK[10]-*Hoyer*, § 201 Rn. 1, 10 (»viktimodogmatische Gründe«); s.a. Sch/Sch-*Eisele* § 201 Rn. 9.
[167] OLG Celle, StV 2024, 388; *Roggan*, StV 2020, 328 ff.; *Reuschel*, NJW 2021, 17; NK-*Kargl*, § 201 Rn. 9; **anders** LG München I, StV 2020, 321; s.a. *Schnabel/Wünschelbaum*, StV 2024, 405 ff.
[168] AG Hanau, StV 2024, 391; s.a. NK-*Kargl*, § 201 Rn. 9a.
[169] Wohl h.M., s. nur Roxin/*Greco*, AT I, 13/24; S/S/W-*Bosch*, § 201 Rn. 12; MK-*Graf*, § 201 Rn. 41; **a.A.** M/S/M/H/M-*Momsen*, 29/13, 70; W/H/E-*Hettinger*, Rn. 493, 494; *Fischer*, § 201 Rn. 10.
[170] Sch/Sch-*Eisele* § 201 Rn. 13, 29; HK-GS-*Tag*, § 201 Rn. 18; s.a. MK-*Graf*, § 201 Rn. 40 ff.; **dagegen** SK[10]-*Hoyer*, § 201 Rn. 15; M/S/M/H/M-*Momsen*, 29/70.
[171] So explizit OLG Köln, NJW 1962, 686 (687); s.a. Sch/Sch-*Eisele* § 201 Rn. 13, 29.
[172] Vgl. etwa HK-GS-*Tag*, § 201 Rn. 18; s.a. Sch/Sch-*Eisele* § 201 Rn. 29.
[173] Hierzu näher SK[10]-*Hoyer*, § 201 Rn. 1, 10 ff.; LK-*Hilgendorf*, § 201 Rn. 7 f.
[174] BVerfG, NJW 1992, 815 f.; A/W/H/H-*Hilgendorf*, 8/14; L/K/H-*Heger*, § 201 Rn. 2.
[175] Joecks/*Jäger*, § 201 Rn. 3; L/K/H-*Heger*, § 201 Rn. 2; LK-*Hilgendorf*, § 201 Rn. 5 f., 8.
[176] Sie dürfen von diesem daher nicht unbefugt aufgenommen werden, BVerfG, NJW 2011, 1859 (1862).

fene muss mit der Aufnahme *einverstanden* sein.[177] Dies ist sachgerecht, weil »die Unbefangenheit des Sprechenden gerade dann in besonderem Maße beeinträchtigt wird, wenn er weiß, dass seine Worte gegen seinen Willen aufgenommen werden«.[178] Bei Weitersprechen in Kenntnis der Aufnahme ist freilich zu prüfen, ob darin nicht eine Zustimmung liegt.[179]

Wenn etwa der Dozent bemerkt, dass ein Hörer ein Aufnahmegerät benutzt, er aber, ohne dies zu rügen, im Vortrag fortfährt (vielleicht ja nur, um »keine Szene zu machen«), so ist daraus zumindest nicht ohne Weiteres auf sein Einverstandensein zu schließen.

640 *Für § 201 I Nr. 2 StGB* ist strittig, ob mit »**so hergestellt**« auch auf das vor Nr. 1 stehende »*unbefugt*« verwiesen wird oder *nur auf den eigentlichen Text der Nr. 1*, ob also *bereits das »Herstellen der Aufnahme« unbefugt* gewesen sein muss, oder ob auch Gebrauch bzw. Zugänglichmachen von »*befugt*« erfolgten Tonaufnahmen

– insb. solchen, mit deren Herstellung der Berechtigte einverstanden war, s. *Rn. 638 f.* –

den Tatbestand dieser Norm erfüllen kann. Die h.M. nimmt zu Recht Ersteres an.[180]

641 *Zu § 201 II S. 1 Nr. 1 StGB:* In das Telefon regulär eingebaute Lautsprecher, Zweithörer und andere verkehrsübliche Mithöreinrichtungen (z.B. auch Nebenstellenanlagen) sind keine »Abhörgeräte« i.S. dieser Vorschrift.[181]

– Da mit ihrer Verwendung beim Gesprächspartner stets gerechnet werden muss, bedarf es insoweit keines strafrechtlichen Schutzes[182] (Strafrecht nur als *ultima ratio*). –

642 *Zu § 201 II S. 1 Nr. 2 mit S. 2, 3 StGB:* **Satz 1** setzt (wie auch Abs. 1 Nr. 2 für das »Herstellen der Aufnahme«, vgl. *Rn. 640*) voraus, dass die in Bezug genommene Tathandlung (das »*Aufnehmen*« in Abs. 1 Nr. 1 bzw. das »*Abhören*« in Abs. 2 Nr. 1) selbst bereits »*unbefugt*« war.[183] **Satz 2** des § 201 II StGB enthält als »**Bagatellklausel**« eine Beschränkung auf tatsächlich strafwürdige Fälle. **Satz 3** statuiert demgegenüber in Anlehnung an die Grundsätze der Rechtsprechung zu Art. 5 I GG einen speziellen Rechtfertigungsgrund:[184] Die Pressefreiheit des Art. 5 GG wird insoweit begrenzt, als eine Rechtfertigung nur eintritt, »wenn die öffentliche Mitteilung zur **Wahrnehmung überragender öffentlicher Interessen** gemacht wird«.

643 *Zu § 201 III StGB:* Soweit es im Zuge einer (den Tatbestand des § 201 StGB verwirklichenden) **Telekommunikationsüberwachung** i.S. des § 100a StPO

– bzw. einer *akustischen Wohnraumüberwachung* (§ 100c StPO, »**großer Lauschangriff**«) oder einer *Aufzeichnung des nichtöffentlich gesprochenen Wortes außerhalb von Wohnungen ohne Wissen der Betroffenen* (§ 100f StPO, »**kleiner Lauschangriff**«) –

---

[177] *OLG Thüringen*, NStZ 1995, 502; Sch/Sch-*Eisele*, § 201 Rn. 14; LK-*Hilgendorf*, § 201 Rn. 12.
[178] LK-*Hilgendorf*, § 201 Rn. 12.
[179] *OLG Thüringen*, NStZ 1995, 502 (503); S/S/W-*Bosch*, § 201 Rn. 12; Sch/Sch-*Eisele*, § 201 Rn. 14.
[180] SK[10]-*Hoyer*, § 201 Rn. 16 ff.; Joecks/*Jäger*, § 201 Rn. 9 f.; *Krey*, ZStW 1978, 180 f.; *Rengier* II, 31/4; W/H/E-*Hettinger*, Rn. 496–498; mit guten Gründen **diff.** Sch/Sch-*Eisele*, § 201 Rn. 16.
[181] *BGH* St 39, 335 (343); *OLG Hamm*, NStZ 1988, 515; *Rengier* II, 31/5; s.a. *BGH (GS)* St 42, 139 (153 f.); **abw.** *Fischer*, § 201 Rn. 7a; unklar W/H/E-*Hettinger*, Rn. 502/503.
[182] *BGH* St 39, 335 (343); Sch/Sch-*Eisele*, § 201 Rn. 19; HK-GS-*Tag*, § 201 Rn. 10.
[183] SK[10]-*Hoyer*, § 201 Rn. 26; *Fischer*, § 201 Rn. 8; **diff.** Sch/Sch-*Eisele* § 201 Rn. 23.
[184] Vgl. *BVerfG* E 66, 116 (137 ff.); *BGH* Z 73, 120 (124 ff.); MK-*Graf*, § 201 Rn. 55; Sch/Sch-*Eisele*, § 201 Rn. 27, 33a; LK-*Hilgendorf*, § 201 Rn. 41.

um eine Rechtfertigung der im Rahmen der Strafverfolgung tätig werdenden **Amtsträger** geht, ist angesichts jener (zwingenden, i.S. einer abschließenden Regelung zu verstehenden) Vorschriften ein Rückgriff etwa auf § 34 StGB ausgeschlossen.[185]

644 Ein vieldiskutiertes Problem bei § 201 StGB sind heimliche Tonaufnahmen (a) von erpresserischen bzw. nötigenden Äußerungen, (b) von sonstigen kriminellen Anfeindungen (Telefonterror, Stalking) sowie (c) zur Erlangung von Beweismitteln im Zivilverfahren. In Betracht kommen hier im Falle (a) **Notwehr** bzw. **Nothilfe** gem. § 32 StGB sowie in den Fällen (b) und (c) **rechtfertigender Notstand** gem. § 34 StGB.[186]

Eine solche Rechtfertigung ist nicht möglich bei Aufzeichnung v. *»Spaßtelefonaten«*, die im Radio mit nichtsahnenden Opfern zur Unterhaltung der Zuhörer geführt werden.[187]

4. Verletzung des höchstpersönlichen Lebensbereichs und von Persönlichkeitsrechten durch Bildaufnahmen (§ 201a StGB)

645 Dieser erst durch das 36. StÄG (v. 30.7.2004, BGBl. I, S. 2012) zum 6.8.2004 in Geltung gesetzte Tatbestand erweiterte zunächst den Strafrechtsschutz
– über **§§ 33 i.V.m. 22, 23 KUG** (Kunsturhebergesetz) hinaus, die nur das *unbefugte Verbreiten* und das *öffentliche Zurschaustellen* von *Bildnissen* erfassen,[188] –
gezielt im Hinblick auf das **Recht auf informationelle Selbstbestimmung** über *Bildaufnahmen*, engte dabei aber die im 15. Abschnitt des BT vorgegebene Erstreckung auf den *persönlichen* Lebens- und Geheimbereich insoweit ein, als die neuen Regelungen nur den in besonderem Maße schutzwürdigen **höchstpersönlichen** Lebensbereich *»in einer Wohnung oder einem gegen Einblick besonders geschützten Raum«* erfassten[189] (§ 201a I StGB a.F.).

646 Diese demgemäß schon bald als **lückenhaft** empfundene Umgrenzung des im Hinblick auf Bildaufnahmen gewährten strafrechtlichen Schutzes des allgemeinen Persönlichkeitsrechts ist dann durch das 49. StÄG (v. 21.1.2015, BGBl. I, S. 10, in Kraft seit 27.1.2015) – unter Verwendung mitunter bedenklich unbestimmter Tatbestandsformulierung – noch **erheblich erweitert** worden[190] (vgl. *Rn. 659 ff.*): auf Bildaufnahmen, die *»die Hilflosigkeit einer anderen Person zur Schau stellen«* (**Abs. 1 Nr. 2**), die *»geeignet sind, dem Ansehen der abgebildeten Person erheblich zu schaden«* (**Abs. 2**) oder die *»die Nacktheit einer anderen Person unter achtzehn Jahren zum Gegenstand haben«* (**Abs. 3**).

Seit 1.1.2021 ist nunmehr auch das unbefugte Herstellen und Übertragen von Bildaufnahmen, die *»in grob anstößiger Weise eine verstorbene Person zur Schau stellen«*, dem § 201a StGB unterstellt (in **Abs. 1 Nr. 3**, s. *Rn. 662*) – während Bildaufnahmen, die beim sog. **Upskirting** bzw. **Downblousing** entstehen, (allein) durch den neuen *§ 184k StGB* erfasst werden.[191]

---

[185] Vgl. LK-*Hilgendorf*, § 201 Rn. 46 ff.; NK-*Kargl*, § 201 Rn. 29; Sch/Sch-*Eisele*, § 201 Rn. 34a.
[186] NK-*Kargl*, § 201 Rn. 25 ff.; L/K/H-*Heger*, § 201 Rn. 12 f.; LK-*Hilgendorf*, § 201 Rn. 56 ff.; SK[10]-*Hoyer*, § 201 Rn. 39 ff., dabei in Rn. 41 f. diff. zu (c); S/S/W-*Bosch*, § 201 Rn. 14.
[187] So (bei Fehlen »nennenswerter publizistischer Relevanz«) *Heinker*, AfP 2008, 573.
[188] Vgl. BT-Drucks. 15/2466, S. 4; zum Strafrechtsschutz durch § 33 KUG *Paschke*, Medienrecht, ³2009, Rn. 879 ff., 1288; *Kargl*, ZStW 117 (2005), 324 ff.; s.a. *B. Heinrich*, ZIS 2011, 416 (420 ff.).
[189] Krit. zur Norm *Bosch*, JZ 2005, 377 ff.; *Eisele*, JR 2005, 6; *Kargl*, ZStW 117 (2005), 324; *Koch*, GA 2005, 589; *Kühl*, FS-Schünemann, 2005, 211; s.a. *Murmann*, FS-Maiwald, 2010, 585 (586 ff.).
[190] Näher hierzu BT-Drucks. 18/2601; aufgrund der vielfältigen Unschärfen **krit.** *Busch*, NJW 2015, 977 ff.; **sehr krit.** *Eisele/Sieber*, StV 2015, 312 ff.; (zu Recht) **höchst krit.** *Bosch*, Jura 2016, 1380.
[191] Näher hierzu und auch allg. zu § 184k StGB *Seidl/Wittschurky*, NStZ 2023, 392 (394) ff. m.w.N.

a) § 201a I Nr. 1 i.V.m. Nr. 4, 5 StGB (geschützter Bereich)

647 Im Zentrum der tatbestandlichen Regelungen des § 201a StGB steht nach wie vor die Bildaufnahme *»von einer anderen Person, die sich in einer Wohnung oder einem gegen Einblick besonders geschützten Raum befindet«*. Strafbar macht sich hier nicht nur, wer unter bestimmten Voraussetzungen eine solche Bildaufnahme *»herstellt oder überträgt«*, vgl. Abs. 1 Nr. 1, sondern auch, wer mit ihr in einer der in Abs. 1 Nr. 4 bzw. Nr. 5 beschriebenen Weise verfährt (vgl. *Rn. 655 f., 657 f.*).

648 Fall 64: – *Wenn Liebe, ach, nicht endlos währt ...* –

Julia (J) gestattet ihrem Freund Romeo (R), in ihrem Schlafzimmer Aktaufnahmen von ihr anzufertigen. Als sich Wochen später nach einem heftigen Streit ihre Wege trennen, beschließt R, aus ihrer gemeinsamen Zeit insofern Nutzen zu ziehen, als er die – künstlerisch durchaus ansprechenden – Aktfotos an einen Verleger verkauft, der sie vereinbarungsgemäß in dem Sammelband »Füllen ohne Hüllen« veröffentlicht. Als J davon Kenntnis erlangt, ist sie entsetzt, hatte sie doch darauf vertraut, die Fotografien würden niemand anderem, schon gar nicht der Öffentlichkeit, zugänglich werden. Strafbarkeit des R gem. § 201a I StGB?

649 (1) Der Anwendungsbereich des **§ 201a I Nr. 1 StGB** ist zweifach **eingeschränkt**:

Zum einen sind nur Personen geschützt, die sich entweder *»in einer Wohnung«* oder aber *»in einem gegen Einblick besonders geschützten Raum«* befinden,[192]

– z.B. Toilette, Umkleide- oder Duschkabine, ärztliches Behandlungszimmer und Schlafraum einer Kindertagesstätte,[193] Saunabereich eines Schwimmbades (selbst wenn allgemein zugänglich[194]), aber auch mit hoher Hecke umgebener Hof oder Garten,[195] –

nicht also Badende am privaten (oder gar öffentlichen) FKK-Strand[196]

– zwar ist auch in diesem Fall eine prinzipielle Schutzwürdigkeit nicht zu bestreiten,[197] jedoch zieht der Gesetzeswortlaut hier eine unüberschreitbare Strafbarkeitsgrenze. –

650 Zum anderen werden, insoweit **enger als in § 33 KUG** (vgl. *Rn. 645*),[198] in welchem von »Bildnissen« die Rede ist, nur *»Bildaufnahmen«* erfasst, worunter sowohl Einzelaufnahmen (Fotografien), als auch bewegte Bildfolgen (Filme) fallen

– nicht aber Gemälde, Zeichnungen, Karikaturen, Computeranimationen u.ä., die damit nicht den Tatbestand des § 201a I Nr. 1 StGB (ggf. aber des § 33 KUG) verwirklichen.[199]

651 Ein Herstellen oder Übertragen von Bildaufnahmen *von einer anderen Person* ist *überdies* nur bei **Identifizierbarkeit** der abgebildeten Person gegeben, genauer:

---

[192] Mit guten Gründen für eine Streichung der räumlichen Beschränkung *Mengler*, ZRP 2019, 224 ff.
[193] Zu ersterem LK-*Valerius*, § 201a Rn. 38 mwN; letzteres LG Berlin, NSZ 2021, 370 m. Anm. *Bosch*.
[194] *Bosch*, JA 2009, 309 f.; LK-*Valerius*, § 201a Rn. 41; **a.A.** *OLG Koblenz*, NStZ 2009, 268.
[195] *Eisele* I, Rn. 706; *Kindhäuser/Schramm*, 28/43; *Rengier* II, 31/12; SK^{10}-*Hoyer*, § 201a Rn. 21, 23; NK-*Kargl*, § 201a Rn. 10; LK-*Valerius*, § 201a Rn. 38; – Zu Bildaufnahmen vom Hubschrauber bzw. von einer **Flugdrohne** aus MK-*Graf*, § 201a Rn. 44; *Werner*, JuS 2013, 1074 ff.
[196] Vgl. *Rengier* II, 31/12; ebenso zu »anderen Situationen im öffentlichen Raum« LK-*Valerius*, § 201a Rn. 32; s.a. *Murmann*, FS-Maiwald, 2010, 585 (598).
[197] Zu Recht **krit.** daher *Bosch*, JZ 2005, 377 (379 f.); L/K/H-*Heger*, § 201a Rn. 2 mwN.
[198] Vgl. *BGH*, NStZ-RR 2024, 245 (247 f.): Idealkonkurrenz zw. § 201a I Nr. 5 StGB und § 33 I KUG.
[199] Näher LK-*Valerius*, § 201a Rn. 25; s.a. SK^{10}-*Hoyer*, § 201a Rn. 15.

wenn – »aufgrund hinreichend vorhandener Identifizierungsmerkmale« – (zumindest) das Tatopfer die Aufnahme der eigenen Person zuzuordnen vermag[200]
– i.d.R. also nicht bei Detailaufnahmen nur einzelner Körperpartien (vgl. noch *Rn. 669*). In *Fall 64* (*Rn. 648*) geht es in tatbestandsrelevanter Weise um *Bildaufnahmen* (Aktfotos) *von einer anderen Person* (von J), die sich in einer *Wohnung* (im Schlafzimmer der J) befindet; dass R sich beim Fotografieren selbst in diesem Raum aufhält, schadet nicht, da der Tatbestand es nicht erfordert, dass der Täter erst einen Sichtschutz von außen überwindet.[201]

Tathandlungen der Nr. 1 sind das *»Herstellen«*, aber auch das bloße *»Übertragen«* von Bildaufnahmen von anderen (lebenden natürlichen[202]) Personen: 652

»Herstellen« meint das durch **dauerhaftes Festhalten** momentanen Erscheinens geprägte Anfertigen sowohl *herkömmlicher* wie auch *digitaler* Fotos oder Filme, freilich nur im Hinblick auf ihre **erstmalige** Perpetuierung bei der Aufnahme selbst, so dass spätere Handlungen wie Entwickeln, Kopieren etc. nur als *»Gebrauchen«* gem. Nr. 4 zu erfassen sind.[203] – Das bloße **Beobachten** wurde übrigens bewusst nicht strafbar gestellt.[204] –

Mit *»Übertragen«* werden darüber hinaus auch **Echtzeitübertragungen** ohne dauerhafte Speicherung, etwa mittels einer Handycam oder einer Webcam, erfasst.[205]

In unserem *Fall 64* hat R die Aktfotos *hergestellt*, gleichviel, ob er sie mit einer analogen oder einer digitalen Kamera angefertigt hat; entscheidend ist insoweit nur die Perpetuierung als solche, nicht aber die Form in der sie erfolgt (als belichtetes Negativ oder als Datei).[206]

Das Merkmal des *»unbefugten«* Herstellens oder Übertragens[207] weist auch hier wieder jene **Doppelfunktion** auf, wie sie schon zu §§ 201, 203 StGB beschrieben wurde (*Rn. 602, 638*): Während es im Übrigen nur einen *Hinweis auf mögliche Rechtfertigungsgründe* darstellt (wobei § 201a IV StGB bei Nr. 1 nicht greift), 653

– zu denken ist hier v.a. an *die mutmaßliche Einwilligung*, aber ggf. auch (etwa bei Handeln zur Aufdeckung einer Straftat[208]) an eine *Rechtfertigung nach § 34 StGB*, wobei freilich eine auf Art. 5 GG gestützte Anwendbarkeit des § 34 StGB auf tatbestandliches Handeln von Pressemitarbeitern so gut wie nie in Betracht kommen wird,[209] –

lässt die **Einwilligung** des in seinem Lebensbereich Betroffenen bereits (als *»tatbestandsausschließendes Einverständnis«*) den Tatbestand entfallen.[210]

In *Fall 64* war J mit den Aufnahmen einverstanden, deren Herstellung also nicht *»unbefugt«*, so dass mangels Tatbestands eine Strafbarkeit des R gem. § 201a I Nr. 1 StGB entfällt.

---

[200] *BGH*, NStZ 2015, 391; s.a. *BGH*, NStZ-RR 2019, 143: es muss *überhaupt* eine Person erkennbar sein.
[201] *BGH*, NStZ-RR 2016, 279; SK[10]-*Hoyer*, § 201a Rn. 23; LK-*Valerius*, § 201a Rn. 41.
[202] *Eisele*, JR 2005, 6 (9); SK[10]-*Hoyer*, § 201a Rn. 16; LK-*Valerius*, § 201a Rn. 73.
[203] Sch/Sch-*Eisele*, § 201a Rn. 13; LK-*Valerius*, § 201a Rn. 67.
[204] BT-Drucks. 15/2466, S. 4; MK-*Graf*, § 201a Rn. 25; NK-*Kargl*, § 201a Rn. 29; *Rengier* II, 31/13.
[205] Sch/Sch-*Eisele*, § 201a Rn. 13; LK-*Valerius*, § 201a Rn. 71; **krit**. NK-*Kargl*, § 201a Rn. 30, 31.
[206] Vgl. LK-*Valerius*, § 201a Rn. 67; M/R-*Altenhain*, § 201a Rn. 5; MK-*Graf*, § 201a Rn. 24.
[207] Zum **Bewertungsmaßstab** für die Annahme v. Unbefugtheit *Zöller*, FS-Wolter, 2013, 679 (689 ff.).
[208] *B. Heinrich*, ZIS 2011, 416 (419); MK-*Graf*, § 201a Rn. 94, 95; s.a. NK-*Kargl*, § 201a Rn. 88.
[209] In diesem Sinne auch *B. Heinrich*, ZIS 2011, 416 (419); rundweg **abl**. gar SK[10]-*Hoyer*, § 201a Rn. 30; LK-*Valerius*, § 201a Rn. 39; s.a. NK-*Kargl*, § 201a Rn. 83.
[210] Vgl. *Flechsig*, ZUM 2004, 605 (612); S/S/W-*Bosch*, § 201a Rn. 23; M/R-*Altenhain*, § 201a Rn. 12; HK-GS-*Tag*, § 201a Rn. 7; **a.A.** Sch/Sch-*Eisele*, § 201a Rn. 17; SK[10]-*Hoyer*, § 201a Rn. 28, 29.

654 *Zum Erfordernis der »Verletzung des höchstpersönlichen Lebensbereichs«:*[211]
Aus der zusätzlichen Nennung einer solchen Verletzung als jeweils im Einzelfall einzutretender **Taterfolg** erschließt sich, dass allein daraus, dass das tatbestandliche Geschehen in einer geschützten Räumlichkeit stattfindet, noch nicht *eo ipso* auf das Vorliegen einer solchen Verletzung geschlossen werden kann.[212] Inhaltlich schwebte dem Gesetzgeber eine Orientierung am Begriff der **»Intimsphäre«** vor,[213] ohne dass damit freilich das Merkmal bereits in seiner ganzen Tiefe ausgelotet wäre:

> Das Abbilden **»neutraler Handlungen«** (wie Arbeiten, Lesen, Essen oder Schlafen) wird in aller Regel *nicht*,[214] das im Bereich von **Sexualität, Krankheit und Tod** hingegen *schon* eine solche Verletzung bedeuten; letzteres gilt natürlich ebenso für die Benutzung von **Toilette** oder **Umkleidekabine**, aber auch für bestimmte familiäre Begebenheiten.[215]

655 (2) In *Fall 64* ist auch eine Strafbarkeit des R gem. **§ 201a I Nr. 4 StGB** zu erwägen. Dieser Tatbestand bedroht in Ergänzung zu der Strafbarkeit aus Nr. 1 bis 3 auch das **Gebrauchen** (sei es durch den Hersteller selbst oder durch einen beliebigen anderen) einer *»nach Nummern 1 bis 3 hergestellten«* Bildaufnahme mit Strafe

> – etwa das Abspeichern, Kopieren, Archivieren oder Anfertigen von Fotomontagen,[216] aber auch sonst jede Form der Verwendung, z.B. das Aufrufen der auf dem PC bzw. im Smartphone gespeicherten Bilddatei zum Zwecke des Betrachtens oder Herzeigens[217] –

sowie deren **Zugänglichmachen an Dritte,** also der Ermöglichung des *Zugriffs* auf die Bildaufnahme oder der *Kenntnisnahme* vom Gegenstand der Aufnahme.[218]
Nachdem aber der Verweis *»nach den Nummern 1 bis 3«* das Merkmal des *»unbefugten«* Herstellens jeweils mit umfasst, ist R in *Fall 64* (auch) nicht gem. § 201a I Nr. 4 StGB strafbar.

656 Einer einschränkenden **»teleologischen Reduktion«** (vgl. Rn. 538) bedarf das Merkmal des *»Gebrauchens«*[219] dahingehend, dass jedenfalls nicht schon das (vom Wortlaut durchaus erfasste!) **bloße Betrachten** einer Bildaufnahme als solches durch den Endverbraucher

> – etwa den Leser einer entsprechendes Bildmaterial veröffentlichenden Zeitschrift –

strafbar sein kann[220] – wie es ja auch der »freche Blick« über die Hecke nicht ist. Dasselbe muss für den **Erwerb einer das betreffende Foto abdruckenden Zeitschrift** gelten.[221] Nicht sachgerecht ist es daher, im Hinblick auf die zu erwägende Strafbarkeit bloßen Betrachtens auf ein vorheriges Sich-Verschaffen des Bildträgers (worunter doch wohl auch der vollkommen sozialadäquate Zeitungskauf am Kiosk fiele) abzustellen.[222] Die Grenze ist vielmehr

---

[211] *Zöller*, FS-Wolter, 2013, 679 (684 ff.) will eine Parallele ziehen zur *Kernbereichs-Rspr. des BVerfG*.
[212] So ganz richtig LK-*Valerius*, § 201a Rn. 29;. Sch/Sch-*Eisele*, § 201a Rn. 15
[213] Vgl. BT-Drucks. 15/2466, S. 4, 5; MK-*Graf*, § 201a Rn. 46; NK-*Kargl*, § 201a Rn. 62.
[214] So *LG* Stuttgart, NStZ 2023, 751 zu vollständig bekleideter Frau im Vorraum von öff. Damentoilette.
[215] Sch/Sch-*Eisele*, § 201a Rn. 14; M/R-*Altenhain*, § 201a Rn. 19; s.a. BT-Drucks. 15/2466 S. 5.
[216] Vgl. LK-*Valerius*, § 201a Rn. 75; L/K/H-*Heger*, § 201a Rn. 6; *Eisele* I, Rn. 712.
[217] *Eisele* I, Rn. 712 (»für sich sichtbar macht«); s.a. L/K/H-*Heger*, § 201a Rn. 6.
[218] Vgl. L/K/H-*Heger*, § 201a Rn. 7; *Eisele* I, Rn. 712; *Kindhäuser/Schramm*, 28/48; für eine Beschränkung auf die *Zugriffs*ermöglichung mit guten Gründen aber W/H/E-*Hettinger*, Rn. 511.
[219] So auch *Bosch*, JZ 2005, 377 (380), zu Recht die Unterschiede zu § 201 StGB hervorhebend.
[220] Vgl. *Bosch*, JZ 2005, 377 (380); *Eisele*, JR 2005, 6 (9); *Rengier* II, 31/17; L/K/H-*Heger*, § 201a Rn. 6.
[221] *Koch*, GA 2005, 589 (600 f.); SK¹⁰-*Hoyer*, § 201a Rn. 42.
[222] So aber *Bosch*, JZ 2005, 377 (380); S/S/W-*Bosch*, § 201a Rn. 23; W/H/E-*Hettinger*, Rn. 511.

dort zu ziehen, wo »Medienkonsumenten sich eine eigene, vom ursprünglichen Kontext der Medienveröffentlichung unabhängige Verfügungsgewalt verschafft haben«.[223]

(3) In *Fall 64* könnte R am Ende noch **§ 201a I Nr. 5 StGB** verwirklicht haben, der das *»wissentlich unbefugte Zugänglichmachen an Dritte«* sogar bei **befugt hergestellten** (insb. einverständlich angefertigten, *Rn. 653*) einschlägigen Bildaufnahmen unter Strafe stellt, wenn nun (in Fällen der Nr. 1, 2) gerade dieses Zugänglichmachen den höchstpersönlichen Lebensbereich der abgebildeten Person verletzt. **657**

»Wissentlich« bezieht sich hierbei auf *»unbefugt«* und erfordert *dolus directus II*, also das positive Wissen darum, dass keine Befugnis, insb. (in Fällen der Nr. 1 und 2) kein Einverstandensein des Betroffenen mit dem Zugänglichmachen, besteht.[224]

In unserem *Fall 64* sind diese Voraussetzungen gegeben: Nicht nur liegt in der Veröffentlichung der Aufnahmen (ja schon in der Überlassung an den Verleger) ein *»Zugänglichmachen an Dritte«*, es geschah dies auch *»unbefugt«* (insb. ohne Zustimmung der J)[225] und R *wusste* dies auch; und auch eine **Verletzung des höchstpersönlichen Lebensbereichs** der J **658**

– für deren Vorliegen auch bei Nr. 5 noch immer ausschließlich der Inhalt der Aufnahme (hier: *Nacktaufnahmen* in einer *Wohnung*) den Maßstab bildet[226] –

ist zu verzeichnen, da nunmehr Personen Kenntnis vom Gegenstand der Aufnahmen erlangen (bzw. erlangen können[227]), für deren Augen sie nach Vorstellung der J nicht bestimmt waren.

Merkwürdig mutet daran an, dass somit derjenige, der Aktfotos von seiner dazu bereiten Freundin *im Schlafzimmer* gemacht hat, bei späterer nicht-konsentierter Weitergabe an Dritte gem. § 201a I Nr. 5 StGB strafbar ist, nicht aber derjenige, der die einverständlichen Aufnahmen *am einsamen Sandstrand* angefertigt hat – obwohl in beiden Fällen derselbe, von der Örtlichkeit des Entstehens unabhängige **Vertrauensbruch** vorliegt.[228]

Hinweis: **Selbstaufnahmen des Tatopfers** (»Nackt-Selfies« im eigenen Schlafzimmer) fallen – auch hier ungeachtet eines etwaigen Vertrauensmissbrauchs – nicht unter Abs. 1 Nr. 5, da bei ihnen das Erfordernis des Abs. 1 Nr. 1: »von einer *anderen* Person« nicht erfüllt ist.[229]

b) § 201a I Nr. 2 i.V.m. Nr. 4, 5 StGB (Hilflosigkeit)

§ 201a I Nr. 2 StGB erfasst auch das (unbefugte) *Herstellen* oder *Übertragen* von *Bildaufnahmen*, die *»die Hilflosigkeit einer anderen Person zur Schau stellen«*. **659**

Dieser Tatbestand ist u.a. dem Missstand geschuldet, dass in zunehmendem Maße bei Unfällen oder Prügeleien dritte Personen – anstatt Hilfe zu leisten bzw. einzuschreiten – **mit ihren Mobiltelefonen** Bildaufnahmen vom Geschehen anfertigen.[230] Ein besonderes Schutzbedürfnis der Betroffenen resultiert hier insb. daraus, dass sie aufgrund ihrer aktuellen Situation (Hilflosigkeit) keine Selbstschutzmaßnahmen ergreifen können.[231]

---

[223] *Zöller*, FS-Wolter, 2013, 679 (691 f.); möglicherweise meinen die in *Fn. 222* Genannten eben dies.
[224] *Fischer*, § 201a Rn. 39; LK-*Valerius*, § 201a Rn. 107; s.a. SK^{10}-*Hoyer*, § 201a Rn. 49.
[225] Näher hierzu LK-*Valerius*, § 201a Rn. 84 ff.; aber s.a. SK^{10}-*Hoyer*, § 201a Rn. 49 ff. (mit 28 ff.).
[226] LK-*Valerius*, § 201a Rn. 95; Sch/Sch-*Eisele*, § 201a Rn. 33; s.a. S/S/W-*Bosch*, § 201a Rn. 30.
[227] Tatsächliche Kenntnisnahme ist nicht erforderlich, vgl. LK-*Valerius*, § 201a Rn. 78.
[228] *Eisele*, JR 2005, 6 (10); *Koch*, GA 2005, 589 (602); zum Vertrauensbruch s.a. SK^{10}-*Hoyer*, § 201a Rn. 13; Sch/Sch-*Eisele*, § 201a Rn. 35; L/K/H-*Heger*, § 201a Rn. 8; LK-*Valerius*, § 201a Rn. 85.
[229] Anders *BGH*, StV 2021, 61 m. zu Recht abl. Anm. *Hoyer*; abl. auch SK^{10}-*Hoyer*, § 201a Rn. 46 f.
[230] Vgl. *Eisele/Sieber*, StV 2015, 312 (314 m. Nachw. in Fn. 26, 27); s.a. BT-Drucks. 18/2601, S. 36.
[231] *Eisele/Sieber*, StV 2015, 312 (314); s.a. Sch/Sch-*Eisele*, § 201a Rn. 8, 20.

660 Die abgebildete Person muss sich dabei aber nicht nur in *Hilflosigkeit* befinden,[232] diese muss vielmehr auch »*zur Schau gestellt*«, d.h. auf der Aufnahme **in den Fokus gerückt** werden.[233] Dies setzt, so zu Recht der *BGH*, insb. voraus, dass sie »für einen Betrachter allein aus der Bildaufnahme erkennbar wird«[234] – was etwa bei der Abnötigung einer (dann im Bild festgehaltenen) selbstentwürdigenden Handlung nur der Fall ist, wenn die Aufnahme auch die Bedrohungssituation widerspiegelt.[235]

> Was der *BGH* freilich übersieht, ist, dass in derlei Fällen dann – gerade aufgrund der Nichterkennbarkeit der Bedrohungssituation – § 201a II 1 StGB anzunehmen sein wird.[236]

Überdies muss das Zurschaustellen der Hilflosigkeit in einer Weise geschehen, dass dadurch der **höchstpersönliche Lebensbereich** des Opfers *verletzt* ist,

> was bei Abbildungen von Unfall- oder Gewalttatopfern (fast) immer der Fall sein wird.[237]

661 § *201a I Nr. 4, 5 StGB* ergänzen dies noch, indem sie das (unbefugte) »*Gebrauchen*« bzw. »*Zugänglichmachen an Dritte*« demgemäß hergestellter Bildaufnahmen in derselben Weise strafbar stellen wie auch im Hinblick auf den Tatbestand der Nr. 1 (vgl. *Rn. 655 f., 657 f.*).

Ein *Tatbestandsausschluss* besteht aber in all diesen Fällen »für Handlungen, die in Wahrnehmung überwiegender berechtigter Interessen erfolgen« (näher § 201a IV StGB).

c) § 201a I Nr. 3 i.V.m. Nr. 4, 5 StGB (Zurschaustellung Verstorbener)

662 Der zum 1.1.2021 durch das 59. StÄG[238] eingefügte Tatbestand[239] ist dem Schutz des postmortalen Persönlichkeitsschutz verschrieben, verlangt dabei aber nicht nur das »**Zurschaustellen**« eines Verstorbenen, sondern auch, dass dies »**in grob anstößiger Weise**« geschieht.

– Wichtig: Nicht auf die Umstände der Anfertigung der Bildaufnahme kommt es an, entscheidend ist vielmehr, dass *der Inhalt* der Abbildung selbst »grob anstößig« ist.[240] – Ergänzt wird die Norm durch **Abs. 1 Nr. 4 und 5, Abs. 2 S. 2** sowie **Abs. 4**.

d) § 201a II StGB (Schädigung des Ansehens)

663 In der Sache über das *Zurschaustellen* in den Fällen der Abs. 1 Nr. 2, 3 noch hinaus, dafür aber in der Tathandlung begrenzt auf das (auch hier: unbefugte) »*Zugänglichmachen an Dritte*«[241] erfasst Abs. 2 die Bildaufnahme (S. 2: auch Verstorbener), »*die geeignet ist, dem Ansehen der abgebildeten Person erheblich zu schaden*«.

> In S. 1 wird es dabei meist um Abbildungen gehen,[242] »die Personen in Zuständen, Lagen oder Situationen darstellen, die nach allgemeiner gesellschaftlicher Bewertung als minderwertig, peinlich, eklig oder unfreiwillig offenbarend angesehen werden«.

---

[232] Zu ihr *BGH*, BeckRS 2024, 8894; *Eisele/Sieber*, StV 2015, 312 (313); Sch/Sch-*Eisele*, § 201a Rn. 20.
[233] *Eisele/Sieber*, StV 2015, 312 (314); s.a. *Bosch*, Jura 2016, 1380 (1385): »besondere Hervorhebung«.
[234] *BGH* NJW 2017, 1891 (1893) m. zust. Anm. *Cornelius*; *Fischer*, § 201a Rn. 19.
[235] *BGH* NJW 2017, 1891 (1893) m. zust. Anm. *Cornelius*; **a.A.** *Buchholz*, JA 2018, 511 (513).
[236] So ganz richtig *Cornelius*, NJW 2017, 1893; darauf nicht eingehend *Buchholz*, JA 2018, 511 (513).
[237] I.d.S. auch *Eisele/Sieber*, StV 2015, 312 (314); *Bosch*, Jura 2016, 1380 (1384) mit instruktivem Fall.
[238] Vom 9.10.2020, BGBl. I, S. 2075; vgl. dazu BT-Drucks. 19/17795 (Gesetzesentwurf), 19/20668.
[239] Näher zum Tatbestand und seiner Einbettung in § 201a StGB *Strauß*. JR 2024, 122 ff.
[240] *Lenk*, KriPoZ 2019, 364; *Joecks/Jäger*, § 201a Rn. 12a; allg. zu Nr. 3 *n.F. Preuß*, ZIS 2018, 212 ff.
[241] Näher und **krit.** zu dieser Beschränkung *Eisele/Sieber*, StV 2015, 312 (316): »halbherzige Lösung«).
[242] So *Fischer*, § 201a Rn. 34; s.a. BT-Drucks. 18/2601, S. 37.

664 Der Gesetzgeber wollte damit insb. »auch ein Signal gegen das immer stärker um sich greifende **Cyber-Mobbing**« setzen, das mittlerweile »ein ernstliches Problem« sei, »dem auch mit strafrechtlichen Mitteln entgegengetreten werden« müsse.[243]

Heimliche Fotos »unter den Rock« (sog. *Upskirting*) sind i.d.R. nicht erfasst, da es dabei typischerweise an der Erkennbarkeit der Betroffenen fehlt (*Rn. 651*); s. aber *Rn. 646*.[244]

665 Mit Blick auf den Bestimmtheitsgrundsatz des Art. 103 II GG bedenklich[245] ist die Verwendung des unscharf konturierten Merkmals *»Ansehen einer Person«*,

das offenbar an den Begriff der **äußeren Ehre** i.S. der §§ 185 ff. StGB angelehnt ist,[246]

sowie der kaum eingrenzbaren Formulierung *»geeignet ... erheblich zu schaden«*,

womit aber ersichtlich zumindest bloße Bagatellfälle ausgeschlossen sein sollen.[247]

e) § 201a III Nr. 1, 2 StGB (Nacktaufnahmen Minderjähriger)

666 Dieser Tatbestand nimmt sich schließlich noch des Problems der kommerziellen Vermarktung von **Nacktaufnahmen Minderjähriger** an, für die

– was spätestens durch die sog. *Edathy*-Affäre[248] ins kollektive Bewusstsein gelangt ist –

ganz offenkundig ein Markt besteht. Man wollte die Strafbarkeitslücke schließen,[249] die daraus resultiert, dass §§ 184b, 184c StGB nicht einschlägig sind bei Bildaufnahmen bloß unbekleideter Kinder bzw. Jugendlicher **ohne sexuelle Konnotation**

– die erst gegeben wäre bei der Wiedergabe »in unnatürlich geschlechtsbetonter Körperhaltung« (insb. sog. »Posing«, vgl. §§ 184b I Nr. 1 b, 184c I Nr. 1 b StGB). –

667 Abs. 3 trägt dem Umstand Rechnung, dass die Darstellung unbekleideter Kinder beim Baden, Spielen etc. *per se* weder anstößig, noch strafrechtlich bedenklich ist,

– was vor allem für Aufnahmen im familiären Bereich von eminenter Bedeutung ist,[250] –

dass die **Grenze zum strafwürdigen Unrecht** aber dann überschritten ist, wenn es darum geht, mit der Präsentation nackter Kinder bzw. Jugendlicher Geld zu verdienen. Strafbar ist demgemäß (nur), wer Nacktaufnahmen Minderjähriger

– in der Absicht *herstellt* oder *anbietet*, sie einem Dritten gegen Entgelt zu verschaffen,
– *einer dritten Person* gegen Entgelt tatsächlich *verschafft* (insb. Verkauf) oder aber
– *sich selbst* gegen Entgelt *verschafft* (insb. Ankauf),

wobei der gem. Nr. 1 angestrebte oder Nr. 2 vollzogene *Austausch* von Material in *Online-Foren* oder *newsgroups* bzw. über *Filesharing-Netzwerke* mit erfasst ist.[251]

---

[243] BT-Drucks. 18/2601, S. 37; s.a. *Eisele/Sieber*, StV 2015, 312 (314); Joecks/*Jäger*, § 201a Rn. 19.
[244] So ganz richtig *Berghäuser*, ZIS 2019, 463 (469 f.).
[245] *Busch*, NJW 2015, 977 (978); *Eisele/Sieber*, StV 2015, 312 (314 ff.); s.a. *Fischer*, § 201a Rn. 34.
[246] *BGH*, BeckRS 2024, 8894 (Rn. 31 f.); *Eisele/Sieber*, StV 2015, 312 (315); s. schon oben *Rn. 458 ff.*
[247] *Eisele/Sieber*, StV 2015, 312 (315); s.a. *BGH*, BeckRS 2024, 8894 (Rn. 33).
[248] Dazu *BVerfG*, NJW 2014, 3085; *Hoven*, NStZ 2014, 361; s.a. *Jahn/Ziemann*, FS-Kargl, 2015, 227 ff.
[249] BT-Drucks. 18/2601, S. 16 f., 36 f.; *Busch*, NJW 2015, 977 (977, 979); **krit.** *Fischer*, § 201a Rn. 36: »Die Vorschrift bewegt sich mindestens an der Grenze dessen, was strafrechtlich regelbar ist«; s.a. *Jahn/Ziemann*, FS-Kargl, 2015, 227 ff. mit allein auf Kinder bezogenem Gesetzesvorschlag (237).
[250] Zur **Sozialadäquanz** solcher Aufnahmen BT-Drucks. 18/2601, S. 37; *Busch*, NJW 2015, 977 (980).
[251] Näher *Busch*, NJW 2015, 977 (979); *Eisele/Sieber*, StV 2015, 312 (316); *Fischer*, § 201a Rn. 38.

668 Problematisch ist freilich, dass bei undifferenziertem Abstellen auf die Entgelterzielungsabsicht »auch an sich sozial akzeptierte Verhaltensweisen etwa im Bereich der Modefotografie oder der Werbung für Hygieneprodukte kriminalisiert werden.«[252]

Ergänzende Hinweise zum Tatbestand des § 201a III StGB:

669 (1) *»Nacktheit«* setzt in der Regel voraus, dass die betreffende Person ganz oder zumindest im Wesentlichen **unbekleidet** ist, wobei es v.a. darauf ankommt, ob zumindest Geschlechtsorgane oder Gesäß unbekleidet sind, während Mützen, Strümpfe etc. nicht schaden.[253]

(2) Da die Vorschrift dem Schutz des allg. Persönlichkeitsrechts dient, muss die abgebildete Person zumindest grundsätzlich (und sei es auch nur anhand bestimmter Merkmale, Narben etc.) **identifizierbar** sein, was nur selten der Fall sein wird, wenn überhaupt nur ein Teil des Körpers, etwa nur der (unbekleidete) Unterleib, abgebildet wird;[254] – vgl. schon *Rn. 651.* –

670 (3) Der dem Abs. 3 gemäße Umgang Minderjähriger mit **Bildaufnahmen von sich selbst** (etwa in Form der mittlerweile weit verbreiteten **Nackt-Selfies**) ist nicht erfasst, sodass auch Jugendliche (zu Kindern bereits § 19 StGB) insoweit straflos bleiben.

(4) Trotz Fehlens des Merkmals des *»unbefugten«* Begehens ist die Annahme einer wirksamen **Einwilligung** des Minderjährigen oder seines Erziehungsberechtigten (wie auch sonst im Rahmen der §§ 201 ff. StGB im Sinne *tatbestandsausschließenden Einverständnisses*,[255] vgl. *Rn. 600, 638, 653*) zwar begründungsbedürftig, aber keineswegs ausgeschlossen.[256]

671 (5) Wie auch bei den übrigen Deliktsvarianten des § 201a StGB (mit Ausnahme derjenigen des Abs. 1 Nr. 1) besteht auch hier wieder ein **Tatbestandsausschluss** »für Handlungen, die in Wahrnehmung überwiegender berechtigter Interessen erfolgen« (näher § 201a IV StGB).

5. Verletzung des Briefgeheimnisses (§ 202 StGB)

672 Geschützt wird hier die **Geheimsphäre im formalen Sinne** (da es sich in materieller Hinsicht ja nicht unbedingt um ein wirkliches »Geheimnis« handeln muss).[257]

Zum einen gewährt die Norm Schutz gegen den Bruch des in Art. 10 GG gewährleisteten Briefgeheimnisses. Darüber hinaus werden aber auch sonstige *verschlossene* (Abs. 1) bzw. *durch ein verschlossenes Behältnis gegen Kenntnisnahme besonders gesicherte* (Abs. 2) *Schriftstücke* sowie entsprechend gesicherte *Abbildungen* (Abs. 3), erfasst.

Zu § 202 I Nr. 2 StGB: Die »Anwendung technischer Mittel« ist nicht bereits gegeben, wenn der Brief gegen die Sonne oder eine andere Lichtquelle gehalten wird,[258] da sich hiergegen der Absender ja auch unschwer selbst schützen kann (indem er dickere Umschläge benutzt). *Spezielle Rechtfertigungsgründe* enthalten §§ 99 f., 119 I 2 Nr. 2 StPO und § 29 StVollzG.

---

[252] So zu Recht **krit.** *Bosch*, Jura 2016, 1380 (1387) mit instruktivem Beispielsfall (1386); dazu *Busch*, NJW 2015, 977 (979): in solchen Fällen sei »eine Einwilligung ... durchaus häufig denkbar«.

[253] *Eisele/Sieber*, StV 2015, 312 (317); auch im Regierungsentwurf war noch von »unbekleideter Person« die Rede, vgl. BT-Drucks. 18/2601, S. 10.

[254] Ganz richtig hierzu *Busch*, NJW 2015, 977 (979).

[255] Wofür gerade auch die Tatbestandslosigkeit bei Nacktaufnahmen von sich selbst spricht, s. oben (3); **anders** *Busch*, NJW 2015, 977 (979 f.); *Eisele/Sieber*, StV 2015, 312 (317): *Rechtfertigung*.

[256] BT-Drucks. 18/2601, 37 f.; *Busch*, NJW 2015, 977 (979 f.); *Eisele/Sieber*, StV 2015, 312 (317 f.).

[257] Näher zur Frage des geschützten Rechtsguts etwa Sch/Sch-*Eisele*, § 202 Rn. 2 mwN.

[258] L/K/H-*Heger*, § 202 Rn. 4; Sch/Sch-*Eisele*, § 202 Rn. 10/11; *Rengier* II, 31/22.

6. Ausspähen von Daten (§ 202a StGB)

Fall 65: – *Liebesgrüße vom PC* – 673

Frau Hitzig (F) hegt den begründeten Verdacht, dass ihr Gemahl »fremd gehe«. Sie vermutet, dass er seiner unbekannten Geliebten (G) von seinem WLAN-fähigen Laptop aus regelmäßig Liebes-Emails zuschicke. Da aber Herr Hitzig (H) den Zugang zu seinem Laptop wohlweislich mit einem Passwort gesichert hat, konnte F bislang nichts ausrichten. Sie beauftragt nun den Privatdetektiv D, ihr Namen und Adresse (zumindest die Email-Adresse) der G zu verschaffen. Bei einer Bahnfahrt setzt sich D auf den Sitz hinter H. Als dieser, nichts ahnend, tatsächlich eine neue Liebesbotschaft an G verfasst, fotografiert D heimlich den Bildschirm des Laptops. Das Foto, auf dem die gewünschten Angaben klar zu lesen sind, überreicht er alsbald der F. Haben D und ggf. auch F sich strafbar gemacht?

Der 1986 durch das 2. Gesetz zur Bekämpfung der Wirtschaftskriminalität eingefügte 674 Tatbestand schützt »das formelle Geheimhaltungsinteresse des Verfügungsberechtigten«[259] und umgreift Tatformen, die mit »**Datenspionage**« oder »**Datendiebstahl**« umschrieben werden.[260] Mit Wirkung zum 11.8.2007 ist er geändert worden,[261]

– unter gleichzeitiger Einführung der neuen §§ 202b und 202c StGB (*Rn. 697, 700*), –

u.a. auch, um nunmehr das zuvor straflose »**Hacking**« mitzuerfassen[262] (s. *Rn. 683*).

(1) Tatobjekt sind »*Daten*«, wobei der Datenbegriff in § 202a StGB **nicht definiert**, 675 sondern **bereits vorausgesetzt** wird:

Man kann »*Daten*« begreifen als »alle durch Zeichen oder kontinuierliche Funktionen dargestellten Informationen, die sich als Gegenstand oder Mittel der Datenverarbeitung für eine Datenverarbeitungsanlage codieren lassen oder die das Ergebnis eines Datenverarbeitungsvorgangs sind«,[263] kurz: »Daten sind Darstellungen von Informationen«.[264]

Abs. 2 des § 202a StGB **schränkt** den Anwendungsbereich der Norm lediglich **ein** auf *nicht unmittelbar wahrnehmbare Daten* – Daten also, welche erst unter Zuhilfenahme technischer Hilfsmittel für die menschlichen Sinne erfassbar werden.[265]

– Geschützt sind neben *gespeicherten* Daten auch *in der Übermittlung befindliche*. –

Dabei werden – neben geschäftlichen – insbesondere **auch private Daten** geschützt, 676 und zwar nicht nur vermögensrelevante (§ 202a StGB ist kein Vermögensdelikt!)[266] und nicht nur im materiellen Sinn »geheime« Daten.[267]

Zu unserem *Fall 65* (*Rn. 673*): Daten i.S. einer »Liebes-Email« genügen also.

---

[259] BT-Drucks. 16/3656, S. 9; *BGH*, NStZ 2018, 401 (403); ähnl. Sch/Sch-*Eisele*, § 202a Rn. 1a; *Fischer*, § 202a Rn. 2; L/K/H-*Heger*, § 202a Rn. 1; LK-*Hilgendorf*, § 202a Rn. 6.
[260] LK-*Hilgendorf*, § 202a Rn. 1, 6; s.a. *Hilgendorf*, JuS 1996, 509 (511); *Jäger*, BT, Rn. 540.
[261] 41. StÄG v. 7.8.2007, BGBl. I, S. 1786; dazu *Ernst*, NJW 2007, 2661; *Schumann*, NStZ 2007, 675.
[262] BT-Drucks. 16/3656, S. 7, 9; vgl. auch *Rengier* II, 31/33.
[263] Sch/Sch-*Eisele*, § 202a Rn. 3; *Haft*, II, S. 100; ähnl. *Haft*, NStZ 1987, 6 (10).
[264] *Goeckenjan*, wistra 2009, 47 (49); ebenso und noch kürzer gar (»kodierte Information«) LK-*Hilgendorf*, § 202a Rn. 7; ähnl. auch SK[10]-*Hoyer*, § 202a Rn. 3.
[265] *Schmitz*, JA 1995, 479 f.; *Rengier* II, 31/25; HK-GS-*Tag*, § 202a Rn. 4; ganz h.M.
[266] h.M.; vgl. LK-*Hilgendorf*, § 202a Rn. 6, 9; Sch/Sch-*Eisele*, § 202a Rn. 1a.
[267] L/K/H-*Heger*, § 202a Rn. 2 mwN; Sch/Sch-*Eisele*, § 202a Rn. 3.

677 (2) Die Daten dürfen »*nicht für den Täter bestimmt*« sein.[268] Das macht § 202a StGB zu einem **negativen Sonderdelikt**:[269] Wer für ihn bestimmte Daten (was letztlich eine Frage des tatbestandsausschließenden Einverständnisses ist[270]) abruft
– wobei die Bestimmung an die Zahlung eines Entgelts gekoppelt sein kann,[271] –
ist mithin von vornherein kein tauglicher Täter des § 202a StGB, auch wenn der konkrete Abruf dann abrede- bzw. zweckwidrig erfolgt.[272]

In *Fall 65* war die Email weder für F, noch für D, sondern *allein für G* bestimmt.

678 (3) Die Daten müssen »gegen unberechtigten Zugang besonders gesichert« sein,
– was erfordert, dass der Berechtigte »Vorkehrungen getroffen hat, um den Zugriff auf die ... Daten auszuschließen oder wenigstens nicht unerheblich zu erschweren«.[273]

Eine solche ***besondere***, d.h. speziell das Geheimhaltungsinteresse an den Daten dokumentierende,[274] Zugangssicherung kann vieles sein:[275] das Versehen des Computers mit *Zugangspasswort* bzw. (gegen Online-Angriffe) mit *aktivierter Firewall*,[276] das direkte *Verschlüsseln* der Daten, das *Verstecken* der betreffenden Datei unter irreführendem Namen in einem anderen Datenverzeichnis,[277] aber auch das bloße *Ab- oder Wegsperren* des Gerätes etc.

Nicht genügen hingegen eine ***allgemeine*** Zugangssicherung, wie etwa das Absperren des Gebäudes (oder auch des PC-Raumes, nur um einen Diebstahl der teuren PCs zu verhindern), erst recht nicht bloße Verbote oder Verhaltensanweisungen, ebenso wenig reine Beweissicherungsmaßnahmen (wie Überwachungskameras).[278]

In *Fall 65* war zur Benutzung des Laptops ein Passwort einzugeben; das genügt.

679 (4) Tathandlung ist nach der Gesetzesänderung von 2007 (vgl. *Rn. 674*) jetzt, dass der Täter »*sich oder einem anderen Zugang zu Daten ... verschafft*«.
– während nach der früheren Gesetzesfassung noch *mehr* erforderlich war, nämlich, dass er »*sich oder einem anderen ... Daten ... verschafft*«.

Ein solcher (»*sich oder einem anderen*« zugutekommender) »*Zugang zu Daten*« ist immer dann erlangt, wenn der in das Datenverarbeitungssystem eingedrungene Täter (bzw. der »andere«) nunmehr »ohne weiteren Zwischenakt auf die gespeicherten oder übermittelten Daten zugreifen kann«.[279]

---

[268] Näher zur Datenbestimmung SK[10]-*Hoyer*, § 202a Rn. 13 ff.; ausf. MK-*Graf*, § 202a Rn. 21 ff.
[269] So *Haft*, II, S. 100; *Popp*, JuS 2011, 385 (386).
[270] Vgl. etwa Kindhäuser/*Schramm*, 30/5; s.a. *BGH*, NStZ-RR 2020, 278 zum Systemadministrator.
[271] *Rengier* II, 31/26; *Eisele*, Jura 2012, 922 (924); HK-GS-*Tag*, § 202a Rn. 6.
[272] Vgl. *Popp*, JuS 2011, 385 (387); Kindhäuser/*Schramm*, 30/6. – Zur Strafbarkeit des »***Cardsharing***« (einer Pay-TV-Card) *OLG Celle*, wistra 2017, 116; ausf. dazu *Esser/Rehaag*, wistra 2017, 81 (85). –
[273] *BGH*, NStZ 2011, 154; 2016, 340; 2018, 403; s.a. BT-Drucks. 16/3656, S. 10; *Fischer*, § 202a Rn. 8; zur Wirksamkeit ggü. dem Systemadministrator *BGH*, NStZ-RR 2020, 278; MK-*Graf*, § 202a Rn. 47.
[274] BT-Drucks. 16/3656, S. 1; *BGH*, NStZ 2010, 509; 2011, 154; 2016, 339 (340); 2018, 401 (403); Sch/Sch-*Eisele*, § 202a Rn. 14; LK-*Hilgendorf*, § 202a Rn. 29; *Kindhäuser*/*Schramm*, 30/7.
[275] Näher *Hilgendorf*, JuS 1996, 702 ff.; LK-*Hilgendorf*, § 202a Rn. 34 ff.: vier »Typen von Zugangssicherungen«; SK[10]-*Hoyer*, § 202a Rn. 5 ff.; NK-*Kargl*, § 202a Rn. 26 ff.; HK-GS-*Tag*, § 202a Rn. 7.
[276] *BGH*, NStZ-RR 2020, 278 (280, Passwort); NStZ 2018, 401 (404, Firewall); *Fischer*, § 202a Rn. 9a.
[277] Verstecken: MK-*Graf*, § 202a Rn. 53; **abl.** S/S/W-*Bosch*, § 202a Rn. 5; *Fischer*, § 202a Rn. 9a.
[278] *Fischer*, § 202a Rn. 8a, 9; *Hilgendorf*, JuS 1996, 702 (703); *Kindhäuser/Schramm*, 30/8.
[279] So LK-*Hilgendorf*, § 202a Rn. 15; ebso. MK-*Graf*, § 202a Rn. 62.

Anzumerken ist aber, dass es – da Daten »Darstellungen von Informationen« sind (*Rn. 675*) – stets darum geht, auf die in den Daten liegende Information selbst, wenn man so will: auf den Inhalt der Daten, auf deren **Informationsgehalt**, zugreifen zu können,[280] darum also, »Zugang zu der Bedeutung der Daten« zu erlangen,[281] **680**

– was insb. bei **verschlüsselten** Daten noch keineswegs der Fall ist! (siehe *Rn. 682*) –

Angesichts dessen ist es vorzugswürdig, mit *Hoyer* eine insoweit eindeutige Formulierung zugrundezulegen: »Unter ›Zugang‹ ist … die **ungehinderte Möglichkeit zur Kenntnisnahme** der datenförmig ausgedrückten Information zu verstehen«.[282]

(a) Das dergestalt nötige *»Verschaffen des Zugangs zu Daten«* ist zum einen nach wie vor stets dann gegeben,[283] wenn der Täter (ganz i.S. noch der vorherigen Gesetzesfassung, s. *Rn. 679*) – sich oder einem anderen – tatsächlich **die Daten verschafft**, was nicht unbedingt die Kenntniserlangung vom Inhalt der Daten erfordert,[284] **681**

– wenngleich eine solche (etwa Lesen der Bildschirmanzeige) allemal ausreicht,[285] –

für das vielmehr das bloße **Ansichnehmen des Datenträgers** oder das »blinde« Speichern der Daten auf tätereigenem Medium (bloßes **Kopieren** also) genügt.[286]

Letzteres gilt freilich nicht, wenn die kopierten Daten als solche **verschlüsselt** sind und damit eine Kenntnisnahme ihres Inhalts nicht bzw. noch nicht möglich ist (vgl. *Rn. 680*);[287] es handelt sich dann letztlich nur um (strafloses) Versuchsunrecht.[288] **682**

– Ein »Verschaffen« der Daten ist hier nur bzw. erst gegeben, wenn entweder der zugrundeliegende *Schlüssel ebenfalls beschafft*, oder aber die *Entschlüsselung gelungen* ist, da allein dann »ein Zugang zur Bedeutung der Daten« (*Rn. 680*) möglich ist.[289] –

(b) Darüber hinaus wird aber jetzt auch das zuvor noch straflos belassene »bloße«, die Möglichkeit zur Kenntnisnahme der betreffenden Dateien eröffnende Eindringen in fremde Informationssysteme (sog. **»Hacking«**) erfasst.[290] **683**

– Gerade dies war ja ein wesentliches Anliegen der Gesetzesänderung (siehe *Rn. 674*). –

In *Fall 65* (*Rn. 673*) war das Abfotografieren des Monitors ebenso eine hinreichende Verschaffenshandlung, wie ggf. das Ablesen der fraglichen Angaben vom Bildschirm.[291]

---

[280] **Anders** aber LK-*Hilgendorf*, § 202a Rn. 15, 16, der offenbar unterscheiden will zwischen *Daten* und der *in ihnen liegenden Information*.
[281] So die treffende Formulierung bei MK-*Graf*, § 202a Rn. 59.
[282] SK[10]-*Hoyer*, § 202a Rn. 11, i.A.a. *Gröseling/Höfer*, MMR 2007, 549 (550).
[283] HK-GS-*Tag*, § 202a Rn. 8; in diesem Sinne auch *Ernst*, NJW 2007, 2661.
[284] H.M., MK-*Graf*, § 202a Rn. 57; NK-*Kargl*, § 202a Rn. 40; i.d.S. wohl auch *Eisele* I, Rn. 738.
[285] *Ernst*, NJW 2003, 3233 (3236); MK-*Graf*, § 202a Rn. 57; NK-*Kargl*, § 202a Rn. 40.
[286] Vgl. nur *Rengier* II, 31/28; MK-*Graf*, § 202a Rn. 56; Sch/Sch-*Eisele*, § 202a Rn. 18.
[287] *Schmitz*, JA 1995, 478 (483); MK-*Graf*, § 202a Rn. 59; Sch/Sch-*Eisele*, § 202a Rn. 19.
[288] So ganz richtig S/S/W-*Bosch*, § 202a Rn. 6; in diesem Sinne auch *Fischer*, § 202a Rn. 11a.
[289] *Rengier* II, 31/28; ebso. MK-*Graf*, § 202a Rn. 59; NK-*Kargl*, § 202a Rn. 39; **abw.** aber LK-*Hilgendorf*, § 202a Rn. 16 (vgl. bereits oben *Fn. 280*).
[290] Näher *Schumann*, NStZ 2007, 675 (676); SK[10]-*Hoyer*, § 202a Rn. 10, 11; *Fischer*, § 202a Rn. 10, 10a; HK-GS-*Tag*, § 202a Rn. 8; *Eisele* I, Rn. 738; *Jäger*, BT, Rn. 541a; *Rengier* II, 31/33.
[291] MK-*Graf*, § 202a Rn. 57 (»Kenntnis nimmt«), 58 (»ablichtet«).

684 (5) Zusätzlich ist noch erforderlich, dass sich der Täter den Zugang zu den Daten gerade »*unter Überwindung der Zugangssicherung*« verschafft.

Zum einen ist es Zweck des Erfordernisses einer besonderen Zugangssicherung, vom Täter eine gewisse Entfaltung krimineller Energie bei Überwindung der Sperre zu verlangen;[292] zum anderen erscheint nicht hinreichend schutzbedürftig bzw. schutzwürdig, »wer eine aufwendig durchgeführte Datensicherung selbst dadurch ad absurdum führt, dass er bei der Verwendung der Daten leichtsinnig verfährt«.[293] Dabei genügt es, wenn die Überwindung *typischerweise* einen nicht unerheblichen Aufwand erfordert, selbst wenn sie *in concreto* dem Täter aufgrund besonderer Kenntnisse, Fähigkeiten etc. keine Mühen bereitet.[294]

An diesem »**Überwindungs**«-**Erfordernis** fehlt es in unserem *Fall 65*.[295]

Letztlich, so kann man sagen, hat H es sich aufgrund seiner Unvorsichtigkeit selbst zuzuschreiben, dass D und damit auch F die gewünschten Angaben erlangt haben.

Jedenfalls hat D den Tatbestand des § 202a I StGB nicht verwirklicht und auch F sich nicht einer Anstiftung des D zur Begehung dieses Delikts strafbar gemacht.

Ergänzende Hinweise zu § 202a StGB:

685 (1) Zur Strafbarkeit des sog. »**Skimming**«[296]

Beim »Skimming« geht es darum, dass »sich der Täter den Zugang zu den auf dem Magnetstreifen der Zahlungskarte gespeicherten Daten mittels eines vor dem Einzugslesegerät eines Geldautomaten angebrachten weiteren Lesegeräts verschafft, um mit diesen Daten in ihrer ursprünglichen Form den Magnetstreifen einer Kartendublette zu beschreiben«.[297]

686 Dies fällt **nicht** unter § 202a StGB,[298] wobei zwei Aspekte zu berücksichtigen sind:

(a) »Bei den **unverschlüsselt** auf dem Magnetstreifen gespeicherten Daten fehlt es bereits an einer besonderen Sicherung gegen unberechtigten Zugang«,[299]

wozu der *BGH* (überflüssigerweise!) betont, dass in dem Umstand, dass die Daten nicht unmittelbar wahrnehmbar auf der Karte gespeichert sind, keine besondere Zugangssicherung liege, sondern dies bereits Voraussetzung des Datenbegriffs des Abs. 2 sei.[300]

687 (b) Soweit aber etwa doch auf der Karte befindliche **verschlüsselte** Daten
– wie typischerweise die zur Berechnung der PIN gespeicherten Daten[301] –
mit ausgelesen werden, fehlt es mangels Verfügbarkeit des den *Zugriff auf den Dateninhalt* ermöglichenden Schlüssels bereits am Merkmal der Zugangsverschaffung

---

[292] BeckOK-*Weidemann*, § 202a Rn. 19; LK-*Hilgendorf*, § 201a Rn. 18; NK-*Kargl*, § 202a Rn. 42.
[293] *Hilgendorf*, JuS 1996, 702 (705); **abl.** *Dietrich*, NStZ 2011, 247 (253).
[294] BGH, NStZ-RR 2020, 278 (280), zu dem den Passwortschutz umgehenden Systemadministrator.
[295] I.E. ebso. *Hilgendorf*, JuS 1996, 702 (705); LK-*Hilgendorf*, § 201a Rn. 18; NK-*Kargl*, § 202a Rn. 42.
[296] Zu sonst beim »Skimming« in Betracht kommenden Delikten *Eisele*, CR 2011, 131 ff.; *Seidl/Fuchs*, HRRS 2011, 265 ff.; **speziell zu §§ 152a, 152b StGB** s. *BGH*, StV 2014, 541; NStZ 2016, 338.
[297] So die plastische Beschreibung bei *BGH*, NStZ 2010, 509; s.a. *BGH*, NStZ 2011, 154.
[298] Seit BGH, NStZ 2010, 275; 509; 2011, 154, h.M.: s. nur W/H/E-*Hettinger*, Rn. 529. – Zu evtl. Strafbarkeitslücken beim Skimming *Feldmann*, wistra 2015, 41; s.a. *Bachmann/Goeck*, JR 2011, 425. –
[299] So BGH, NStZ 2011, 154 m. **abl.** Anm. *Schuhr*; **zust.** *Schiemann*, JR 2011, 498; *Jahn*, JuS 2010, 1030; ebso. schon *BGH*, NStZ 2010, 275 (276); 2010, 509; ebso. W/H/E-*Hettinger*, Rn. 529.
[300] Vgl. *BGH*, NStZ 2011, 154; s.a. *Jahn*, JuS 2010, 1030 ff.; *Jäger*, BT, Rn. 541.
[301] Zu dieser Berechnung *BGH*, NStZ 2011, 154 f.

(siehe *Rn. 682*), wird jedenfalls aber – und nur hierauf hebt der *BGH* ab – »die in der Verschlüsselung liegende Zugangssicherung nicht überwunden«,[302] denn

– *zum einen:* »Eine Verschlüsselung von Daten schützt nur vor der Erfassung des Bedeutungsgehalts (kryptierter) Daten, nicht aber vor dem bloßen Auslesen und Abspeichern der verschlüsselten Daten auf einem Datenträger des Täters«;[303] **688**

– *vor allem aber:* »Die für die Berechnung der PIN erforderlichen Daten sichern die auf dem Magnetstreifen einer Zahlungskarte gespeicherten Daten ... lediglich vor unbefugter Verwendung der Daten beim Benutzen der Karte, nicht jedoch vor dem unberechtigten Zugang zu den Daten durch Auslesen mit einem Lesegerät«.[304]

(2) Zur Strafbarkeit des sog. **»Phishing«** **689**

Hinsichtlich der Strafbarkeit im Zusammenhang mit Vorgehensweisen, bei denen Internetnutzer aufgefordert werden, per E-Mail oder durch Ausfüllen von Online-Formularen **sensible Daten** wie Accountdaten, Passwörter, PIN-Nummern oder Kreditkartennummern **mitzuteilen** (»Phishing«),[305] ist zu unterscheiden:

(a) Einig ist man sich zunächst darin, dass im Bereich dieser mitunter auch **690**

– in Abgrenzung zu (aufgrund des Einsatzes von Trojanern, Keyloggern und Backdoor-Programmen) technisch noch ausgereifteren Ausforschungsmethoden[306] –

als **»herkömmliches Phishing«** bezeichneten[307] Datenbeschaffung hinsichtlich des Beschaffungsvorgehens eine **Nichtanwendbarkeit des § 202a StGB** gegeben ist[308]

(zur Strafbarkeit *gem. § 202c I Nr. 1 StGB* s. aber *Rn. 700 ff.*, zu § 269 StGB *Rn. 1209*).

Denn zwar handelt es sich bei den abgeschwindelten Angaben um »*übermittelte*« **691** und damit i.S. des § 202a II StGB relevante Daten.[309] Diese Daten sind jedoch

– gemäß den allgemeinen Regeln über das tatbestandsausschließende Einverständnis –

ungeachtet der zugrundeliegenden Täuschung für den Täter »*bestimmt*«.[310]

Vor allem aber – und hierauf wird ganz überwiegend abgestellt[311] – sind sie nicht *»gegen unberechtigten Zugang besonders gesichert«*.

---

[302] *BGH*, NStZ 2011, 154; ebenso bereits *BGH*, NStZ 2010, 509; zust. *BGH*, JR 2011, 456 (457).
[303] *BGH*, NStZ 2010, 509.
[304] *BGH*, NStZ 2011, 154 (155); ebso. *Eisele*, CR 2011, 131 (132); *Feldmann*, wistra 2015, 41 (46); *Jäger*, BT, Rn. 541.
[305] Zum Begriff *Seidl/Fuchs*, HRRS 2010, 85; *Goeckenjan*, wistra 2009, 47.
[306] Näher zu diesen Methoden und ihrer Strafbarkeit *Goeckenjan*, wistra 2009, 47 ff.; vgl. auch MK-*Graf*, § 202a Rn. 84; Sch/Sch-*Eisele*, § 202a Rn. 19.
[307] So insb. *Goeckenjan*, wistra 2009, 47 (49).
[308] *Goeckenjan*, wistra 2009, 50; *Graf*, NStZ 2007, 131; *Brandt*, Zur Strafbarkeit des Phishing, 2010, S. 71 ff.; *Fischer*, § 202a Rn. 9a; Sch/Sch-*Eisele*, § 202a Rn. 22; LK-*Hilgendorf*, § 202a Rn. 17; Kindhäuser/*Schramm*, 30/8; s.a. H/K/V-*Valerius*, Rn. 351.
[309] *Goeckenjan*, wistra 2009, 47 (50); **schon dies abl.** jedoch *Stuckenberg*, ZStW 2006, 878 (884); Sch/Sch-*Eisele*, § 202a Rn. 6 mwN; zweifelnd auch *Graf*, NStZ 2007, 129 (131).
[310] *Goeckenjan*, wistra 2009, 47 (50); s.a. H/K/V-*Valerius*, Rn. 351; Kindhäuser/*Schramm*, 30/8.
[311] *Goeckenjan*, wistra 2009, 47 (50); *Graf*, NStZ 2007, 129 (131); *Popp*, MMR 2006, 84 (85); H/K/V-*Valerius*, Rn. 351; Sch/Sch-*Eisele*, § 202a Rn. 22.

692 (b) Schwieriger verhält es sich hinsichtlich der ggf. sich anschließender **Datenverwendung** durch Einloggen des Phishers mit Hilfe der erbeuteten Daten (Kontonummer, PIN) etwa in ein Online-Banking-Portal, um von dort aus unter Nutzung der dort vorgefundenen Kontodaten eigenmächtige Transaktionen vorzunehmen. Auch insoweit wird mitunter eine Strafbarkeit nach § 202a I StGB abgelehnt,[312] was freilich nicht zu überzeugen vermag:[313]

693 Zunächst ist festzuhalten, dass *die Kontodaten*, auf die der Phisher nach dem Einloggen nunmehr Zugriff nimmt, **nicht** für ihn »*bestimmt*« sind

– woran es auch nichts ändert, dass die *Zugangsdaten* vom Betroffenen bewusst an den Täter übermittelt wurden, da dieser die Daten nur gezielt zum Zwecke der in Aussicht gestellten Überprüfungs- bzw. Sicherheitsmaßnahmen bekommen sollte, nicht aber, um damit *allgemein* Zugang zu den bzw. Zugriff auf die Daten im Online-Banking-Portal zu erhalten.[314]

694 Das gängige Argument gegen eine Strafbarkeit nach § 202a StGB lautet denn auch, es fehle beim »*Verschaffens*«-Zugriff des zuvor erfolgreichen Phishers an der »*Überwindung einer besonderen Zugangssicherung*«, nachdem doch mit der Weitergabe der Zugangsdaten gegenüber dem Empfänger »die Zugangsbeschränkungen faktisch aufgehoben wurden«.[315]

Damit wird jedoch auf den **falschen Zeitpunkt** abgestellt: Mag auch mit der Übersendung der Zugangsdaten die Zugangssicherung de facto dem Phisher gegenüber *wirkungslos geworden sein*, so war sie dies doch *bis zum Erhalt* dieser Daten keineswegs.[316] Wenn man nun schon offenbar nicht bereit ist, die »Überwindung« der

– in technischer Hinsicht ja noch immer dem Kontozugriff vorgeschalteten –

Authentisierungsabfrage in der tatsächlich stattfindenden Eingabe der abgeschwindelten Zugangsdaten zu erblicken, wird man doch nicht umhinkommen, zumindest in jener vom Täter zuvor mittels Täuschung vonstatten gegangenen Erlangung und dem damit ins Werk gesetzten Wandel von der zunächst bestehenden Wirksamkeit der »Zugangssicherung« hin zu ihrer Unwirksamkeit die in Rede stehende »*Überwindung*« jener ursprünglich wirksamen Zugangssicherung zu erblicken.[317]

695 Nicht verfängt auch das Argument, dass ein »*Überwinden*« doch »einen nicht unerheblichen zeitlichen oder technischen Aufwand« erfordere,[318] beim Einloggen der Phisher jedoch nur einfach die ihm nun bekannten Zugangsdaten einzugeben brauche; denn immerhin musste der Täter im Rahmen des als »*Überwinden*« zu bewertenden **Phishing-Geschehens** (*Rn. 694*) »bis zu dem Zeitpunkt, in dem er über die erforderlichen Online-Banking-Legitimationsdaten verfügt[e], einen *erheblichen* zeitlichen und technischen Aufwand betreiben«.[319]

---

[312] *Graf*, NStZ 2007, 129 (131); *Popp*, MMR 2006, 84 (85); *Beck/Dornis*, CR 2007, 642 (643); Sch/Sch-*Eisele*, § 202a Rn. 22; *Jäger*, BT, Rn. 545 (Beispiel 5). – Zu **§ 269 StGB** vgl. *Rn. 1209*. –

[313] Vgl. *Knupfer* MMR 2004, 641 (642); *Gercke*, CR 2005, 606 (608); *Stuckenberg*, ZStW 118 (2006), 878 (906); *Heghmanns*, wistra 2007, 167 (169); *Goeckenjan*, wistra 2009, 47 (52 f.); S/S/W-*Bosch*, § 202a Rn. 9; *Fischer*, § 202a Rn. 9a; LK-*Hilgendorf*, § 202a Rn. 17; *Rengier* II, 31/39.

[314] So überzeugend *Goeckenjan*, wistra 2009, 47 (52); **a.A.** offenbar *Jäger*, BT, Rn. 545 (Beispiel 5).

[315] *Graf*, NStZ 2007, 129 (131); Sch/Sch-*Eisele*, § 202a Rn. 22; s.a. BT-Drucks. 16/3656, S. 18.

[316] So überzeugend *Seidl/Fuchs*, HRRS 2010, 85 (88).

[317] In diesem Sinne auch *Seidl/Fuchs*, HRRS 2010, 85 (88); s.a. *Rengier* II, 31/39.

[318] Vgl. BT-Drucks. 16/3656, S. 10.

[319] *Goeckenjan*, wistra 2009, 47 (52 f., Hervorhebung nicht im Original).

Schließlich sprechen auch **gesetzessystematische Überlegungen** nicht *gegen*, sondern *für* eine Verwendens-Strafbarkeit gem. § 202a StGB: Zwar handelt es sich
– nachdem (vgl. *Rn. 694*) das »Überwinden« der im Erfordernis der Zugangsdateneingabe liegenden Sicherung schon durch Versenden der Phishing-E-Mails eingeleitet wird –
bei der darin liegenden Vorverlagerung des Versuchsbeginns auf einen Zeitpunkt noch *vor Beginn* einer nach § 202c StGB strafbaren Vorbereitungshandlung (welcher frühestens mit Verschaffen der Zugangsdaten gegeben sein kann). Dennoch spricht der **Wille des Gesetzgebers** für Strafbarkeit: »Denn anderenfalls könnte die Herstellung oder Verschaffung solcher Daten niemals den Tatbestand des § 202c I Nr. 1 StGB verwirklichen. Die Vorschrift liefe damit zwangsläufig leer.«[320]

696

7. Abfangen von Daten (§ 202b StGB)

Mit dem 2007 eingefügten Tatbestand (vgl. Rn. 674) sollte eine Parallelvorschrift zum Abhören und Aufzeichnen von Telefongesprächen (§ 201 StGB) – gerade »gegen jedes Abfangen von E-Mails«[321] – geschaffen werden.[322] Geschützt wird mit ihr das **formelle Geheimhaltungsinteresse** im Rahmen einer nichtöffentlichen Kommunikation mit elektronischen Mitteln.[323] Die Norm ist subsidiär insbesondere zu §§ 201, 202a StGB.

697

Gegenstand der Tat sind nur **Daten** (i.S. des § 202a II StGB, vgl. *Rn. 675*), die sich gerade *im Stadium der* (wichtig: *nichtöffentlichen*[324]) *Übermittlung* befinden,[325]
– oder die der »*elektromagnetischen Abstrahlung einer Datenverarbeitungsanlage*« (im Sinne gewissermaßen eines »Selbstgesprächs auf Datenebene«[326]) entstammen –
wobei alle Formen **elektronischer Datenübermittlung** (wie E-Mail, Telefon und Fax, nicht aber Rundfunk, da dieser *öffentlich* ist[327]) in Betracht kommen, und zwar gleichgültig, ob die Übermittlung drahtlos oder leitungsgebunden erfolgt.[328]
– Vom Schutzzweck der Norm nicht erfasst ist hingegen (ungeachtet des insoweit offenen Gesetzeswortlauts) die körperliche Versendung von Datenträgern per Post etc.[329] –

698

---

[320] *Goeckenjan*, wistra 2009, 47 (53) m. Hinw. auf BT-Drucks. 16/3656, S. 16; *Rengier* II, 31/39. – Diese »Automatik« zeigt sich etwa bei *Jäger*, BT, Rn. 545: »... liegt § 202a I StGB tatbestandlich nicht vor und konsequenterweise muss auch eine Strafbarkeit nach § 202c I Nr. 1 StGB verneint werden.«
[321] *Ernst*, NJW 2007, 2661 (2662).
[322] *Schumann*, NStZ 2007, 675 (677); s.a. S/S/W-*Bosch*, § 202b Rn. 2: »elektronisches Pendant«.
[323] Vgl. BT-Drucks 16/3656, S. 11; in diesem Sinne auch *Fischer*, § 202b Rn. 2; *Rengier* II, 31/34; *Schumann*, NStZ 2007, 675 (677); HK-GS-*Tag*, § 202b Rn. 1.
[324] Zur »Nichtöffentlichkeit« S/S/W-*Bosch*, § 202b Rn. 2; Sch/Sch-*Eisele*, § 202b Rn. 4a; MK-*Graf*, § 202b Rn. 10, 11; LK-*Hilgendorf*, § 202b Rn. 9, 10; NK-*Kargl*, § 202b Rn. 5; zur Straflosigkeit des **Schwarz-Surfens** in unverschlüsselten (und damit *faktisch öffentlichen*) fremden WLAN-Funknetzwerken *LG Wuppertal*, MMR 2011, 65 m. Anm. *Höfinger*, ZUM 2011, 212; Sch/Sch-*Eisele* aaO; *Eisele* I, Rn. 751; L/K/H-*Heger*, § 202b Rn. 2; *Kargl*, aaO, Rn. 5, 7; **a.A.** *Fischer*, § 202b Rn. 4; *Graf*, aaO; *Hilgendorf*, aaO; **diff.** *Hagemeier*, HRRS 2011, 72; *Bosch*, aaO.
[325] *Eisele*, Jura 2012, 922 (927); S/S/W-*Bosch*, § 202b Rn. 2; MK-*Graf*, § 202b Rn. 9; *Rengier* II, 31/35; näher zum »Übermittlungsvorgang« *Schumann*, NStZ 2007, 675 (677).
[326] So treffend *Schumann*, NStZ 2007, 675 (677); näher MK-*Graf*, § 202b Rn. 12 ff.
[327] Zu Recht ebenso für sonstigen *unverschlüsselten* Funkverkehr *Schumann*, NStZ 2007, 675 (677).
[328] S/S/W-*Bosch*, § 202b Rn. 2; *Fischer*, § 202b Rn. 3; *Rengier* II, 31/35, 36.
[329] *Eisele*, Jura 2012, 922 (927); S/S/W-*Bosch*, § 202b Rn. 2; HK-GS-*Tag*, § 202b Rn. 2.

699 Für das »**Verschaffen**« (gleichgültig, ob »*sich oder einem anderen*«) genügt die
– zwingend »*unter Anwendung von technischen Mitteln*« erfolgende –
bloße perpetuierungsfreie Kenntnisnahme[330] ebenso, wie im Gegenteil schon allein die Abspeicherung bzw. Aufzeichnung ohne Kenntnisnahme.

– Das »**Phishing**« wird von § 202b StGB ebenso wenig erfasst, wie von § 202a StGB (dazu bereits *Rn. 690 f.*), da hier nicht von außen in den Übertragungsvorgang eingegriffen wird (mithin kein »Abfangen« gegeben ist), sondern das getäuschte Opfer die Daten willentlich an den Täter übermittelt;[331] s. aber *Rn. 700 ff.* und *Rn. 1209*. –

Besonders gesichert brauchen die abzufangenden Daten nicht zu sein.[332]

8. Vorbereiten des Ausspähens und Abfangens von Daten (§ 202c StGB)

700 Mit dieser ebenfalls 2007 geschaffenen Norm (vgl. *Rn. 674*) können bestimmte
– zuvor bestenfalls als *Beihilfe*handlungen strafbare –
Vorbereitungshandlungen zur Begehung einer Straftat nach §§ 202a, 202b StGB (oder einer »Datenveränderung« bzw. »Computersabotage«, vgl. § 303a III, 303b V StGB) als *eigenständige Taten* erfasst werden (sog. »**Hackerparagraph**«[333]).

So fallen unter den Tatbestand der **Nr. 1** insb. auch das »**Phishing**« (*Rn. 701 f.*)
– ebenso das (optische) Ausspähen von Passwörtern, deren Weitergabe oder Veröffentlichung sowie das Publizieren (nicht aber das bloße Aufzeigen) von Sicherheitslücken[334] –
und unter **Nr. 2** Herstellung von und Umgang mit »**Hacker-Tools**« (*Rn. 703 ff.*).[335]

701 (1) Die Strafbarkeit des »**Phishing**« gem. § 202c I Nr. 1 StGB steht und fällt damit, ob das vom »Phishing«-Täter ja angestrebte spätere **Verwenden** der erlangten Zugangsdaten – etwa zum Betreten eines Online-Banking-Portals – **seinerseits strafbar** wäre gem. § 202a StGB. Richtigerweise ist diese Frage zu bejahen (näher hierzu soeben *Rn. 692 ff.*) – nicht zuletzt gerade auch deswegen, weil sonst in Ermangelung einer geeigneten Bezugstat der Tatbestand des § 202c I Nr. 1 StGB insoweit gewissermaßen »leer laufen« würde (siehe *Rn. 696*).

– Zur Ablehnung der mitunter vertretenen Gegenauffassung siehe oben *Rn. 692 ff.* –

702 Als Ergebnis zum »**Phishing**« ist also endgültig zu vermerken:

Das »Phishing« selbst ist (nur) als eigenständig unter Strafe gestellte Vorbereitungshandlung gem. § 202c I Nr. 1 StGB strafbar,[336]
– nicht aber gem. § 202a StGB (vgl. *Rn. 690 f.*) bzw. § 202b StGB (vgl. *Rn. 699*), –
das damit vorbereitete Verwenden der durch »Phishing« erlangten Daten hingegen (soweit denn auch dessen konkrete Voraussetzungen vorliegen) gem. § 202a I StGB (s. *Rn. 692 ff.*).

(Daneben besteht **hier wie dort** i.d.R. auch eine Strafbarkeit gem. **§ 269 StGB**, *s. Rn. 1209*).

---

[330] *Rengier* II, 31/36; *Schumann*, NStZ 2007, 675 (677); HK-GS-*Tag*, § 202b Rn. 3.
[331] Vgl. *Eisele*, Jura 2012, 922 (927); H/K/V-*Valerius*, Rn. 379; Sch/Sch-*Eisele*, § 202b Rn. 4.
[332] *Fischer*, § 202b Rn. 3; LK-*Hilgendorf*, § 202b Rn. 10; *Rengier* II, 31/36.
[333] *Kindhäuser/Schramm*, 30/22; H/K/V-*Valerius*, Rn. 384.
[334] Zu alledem *Kindhäuser/Schramm*, 30/23 f.; s.a. MK-*Graf*, § 202c Rn. 9–11, 25, 26.
[335] Vgl. *Ernst*, NJW 2007, 2661 (2663); *Schumann*, NStZ 2007, 675 (678 f.).
[336] So explizit auch *Kindhäuser/Schramm*, 30/231; s.a. LK-*Hilgendorf*, § 202c Rn. 10.

(2) Unter § 202c I Nr. 2 StGB fallen das *Herstellen*, das *Sich-oder-einem-anderen-Verschaffen*, das *Verkaufen*, das *Einem-anderen-Überlassen*, das *Verbreiten* und das *Sonst-Zugänglichmachen* von Computerprogrammen, deren Zweck die Begehung einer Tat nach §§ 202a, 202b StGB ist – sog. »**Hacker-Tools**«. – 703

Nachdem einem Programm aber nicht anzusehen ist, welche Zwecke es verfolgt, 704
   denn »Dinge haben keinen Zweck – außer dem, den wir ihnen geben«,[337]
stellt sich damit zum einen das Problem der Erkennbarkeit entsprechender objektiver Zwecksetzung, und ergibt sich zum anderen aus dem Umstand, dass viele als »Hacker-Tool« in Betracht kommende Programme sich als sog. »**dual use tools**« gleichermaßen zur Verfolgung *legaler* wie *illegaler* Zwecke einsetzen lassen,
   – man denke nur an die Verwendung sog. Analyse-Tools zu Testzwecken, –
die Frage, ob § 202c I Nr. 1 StGB auch dann anzuwenden ist, wenn das Programm zwar *nicht ausschließlich*, aber immerhin *auch* zur Straftatbegehung tauglich ist.

Einer derart weiten Strafbarkeitserstreckung – insb. auf jene »dual use tools« – ist 705
zu Recht das *BVerfG* entgegengetreten:[338] Entscheidend komme es auf die **subjektive Zwecksetzung** seitens des Herstellers des Tools (nicht hingegen seines potentiellen Nutzers!) an – die sich freilich »**objektiv manifestiert**« haben müsse:[339]

   »... muss das Programm *mit der Absicht entwickelt oder modifiziert worden sein*, es zur Begehung der genannten Straftaten einzusetzen. Diese Absicht muss sich ferner objektiv manifestiert haben. Schon nach dem Wortlaut **nicht** ausreichend wäre, dass ein Programm – *wie das für so genannte* **dual use tools** *gilt* – für die Begehung der genannten Computerstraftaten *lediglich geeignet oder auch besonders geeignet ist*«.

Demgemäß wird man – die »dual use tools« damit aus der Strafbarkeit herausnehmend – nicht auf die objektive Eignung, sondern **auf den »primären« bzw. den »wesentlichen« Zweck** eines Programms abzustellen haben.[340]

9. Datenhehlerei (§ 202d StGB)

Als letzter in der Riege der im 15. Abschnitt des BT geschaffenen »Daten-Delikte« 706
   – zuvor gab es nur die §§ 202a, 202b, 202c StGB, vgl. *Rn. 673 ff., 697 ff., 700 ff.* –
ist mit § 202d StGB ein Tatbestand in Kraft getreten,[341] der als **Parallelkonstruktion zur Sachhehlerei** des § 259 StGB[342] (vgl. Krey/Hellmann/*Heinrich*, BT 2, *Rn. 957 ff.*) gewisse **Strafbarkeitslücken** schließen sollte, die ungeachtet des partiellen

---

[337] So ganz richtig *Popp*, GA 2008, 375 (380); ebenso *Valerius*, JR 2010, 84 (85).
[338] *BVerfG*, JR 2010, 79 m. zust. Anm. *Valerius*; zust. auch *Stuckenberg*, wistra 2010, 41; *Heckmann/Höhne*, K&R 2009, 636; *Schuster*, DuD 2009, 742; *Rengier* II, 31/40; **krit.** *Höfinger*, ZUM 2009, 751; *Hornung*, CR 2009, 677; LK-*Hilgendorf*, § 202c Rn. 4; **abl.** S/S/W-*Bosch*, § 202c Rn. 3.
[339] *BVerfG*, JR 2010, 79 (82, Hervorhebungen von mir); vgl. Fall 10 bei *Eisele*, Jura 2012, 922 (929).
[340] So Kindhäuser/*Schramm*, 30/24; *Fischer*, § 202c Rn. 5; L/K/H-*Heger*, § 202c Rn. 3; vgl. auch Sch/Sch-*Eisele*, § 202c Rn. 4; HK-GS-*Tag*, § 202c Rn. 5.
[341] Zum 18.12.2015, vgl. Gesetz v. 10.12.2015, BGBl. I, S. 2218; zur Entstehungsgeschichte *Stuckenberg*, ZIS 2016, 526; s.a. *Singelnstein*, ZIS 2016, 432 sowie die in *Fn. 342–348* genannten Aufsätze.
[342] Instruktiv die Gegenüberstellung bei *Berghäuser*, JA 2017, 244 ff. (mit Synopse auf S. 246).

Eingreifens schon der §§ 202a, 202b, 202c StGB (und ggf. der §§ 43, 44 BDSG) im Hinblick auf den Handel mit rechtswidrig erlangten Daten immer noch bestanden[343] – wie insbesondere im Bereich des Handels mit Konto- und Kreditkartendaten.[344]

707 Man darf jedoch vermuten, dass das Delikt vor allem deswegen geschaffen wurde, um mit Hilfe der Tatbestandsausschlussklausel des Abs. 3 (*Rn. 714*) den in einer Grauzone befangenen Ankauf von »**Steuer-CDs**« durch den Staat eindeutig und endgültig zu legitimieren. So ist denn auch die Rede von einem den Gedanken der »Strafbarkeitslücke« nur vorschiebenden »Bedürfnis nach Schaffung einer gesetzlichen Rechtsgrundlage für die Praxis von deutschen Behörden, Taten nach Abs. 1 mit Zielen des Abs. 3 – also rechtmäßig – zu begehen«.[345]

708 Anknüpfend an eine zur Erlangung nicht allgemein zugänglicher Daten führende rechtswidrige Vortat eines anderen (etwa einen »Datendiebstahl« nach § 202a StGB, vgl. *Rn. 674*) schützt der neue Tatbestand »das **formelle Datengeheimnis**, das durch die Vortat bereits verletzt worden ist, vor einer Aufrechterhaltung und Vertiefung dieser Verletzung«.[346]

709 a) **Gegenstand der Datenhehlerei** können nur solche Daten i.S.d. § 202a II StGB sein, die – im rein faktischen Sinne – »*nicht allgemein zugänglich*« sind, sodass die aus der Vortat erlangten Daten immer dann *keine* tauglichen Tatobjekte sind, wenn sie (andernorts) *veröffentlicht*, etwa offen abrufbar ins Internet gestellt sind;

das gilt auch dann, wenn sie urheberrechtlich geschützt und/oder nur gegen Entgelt zugänglich sind, wie dies etwa beim sog. File-Sharing im Internet der Fall ist.[347] Im Übrigen sind sogar (offen) im »**Darknet**« gehandelte Daten i.d.R. **jedermann zugänglich**.[348]

710 b) Wie bei § 259 StGB müssen die Daten aus der rechtswidrigen Tat **eines anderen** stammen, sodass der Täter der Vortat von vornherein als Täter einer Datenhehlerei ausscheidet. Als **Vortat** kommt – unabhängig von ihrer *schuldhaften* Begehung oder der Stellung eines *Strafantrags* – jede zur Daten*erlangung*[349] taugliche rechtswidrige Tat in Betracht, wie z.B. §§ 202a, 202b, 240, 242, 263, 263a, 269 StGB, § 17 UWG, aber auch § 202d StGB selbst.[350]

711 c) **Tathandlung** ist das *Verschaffen* (der tatsächlichen Verfügungsgewalt über die Daten[351]), sowie das *Überlassen*, *Verbreiten* und *Sonst-zugänglich-Machen* – was in allen Fällen, wie bei § 259 StGB, **ein einverständliches Zusammenwirken** mit dem Vortäter erfordert.[352]

712 d) Der **subjektive Tatbestand** verlangt über den obligaten Tatbestandsvorsatz hinaus noch entweder (wie bei § 259 StGB) eine *Bereicherungsabsicht*, oder aber (anders als bei § 259 StGB) eine *Schädigungsabsicht* (etwa auch die Absicht, jemanden öffentlich bloßzustellen).

---

[343] Vgl. BT-Drucks. 18/5088, S. 25 f.; *Rengier* II, 31/41; **krit.** dazu S/S/W-*Bosch*, § 202d Rn. 1; *Jäger*, FS-Joecks, 2018, 701; *Stam*, StV 2017, 488: »sinnloser Straftatbestand«; ausf. zu §§ 43, 44 DSG *Golla*, ZIS 2016, 192 ff. (198): keine Regelungslücke, diese Normen seien »mehr als weit genug«.

[344] BT-Drucks. 18/5088, S. 25 m. weit. Beisp.; s.a. NK-*Kargl*, § 202d Rn. 2, 3; *Rengier* II, 31/41.

[345] *Fischer*, § 202d Rn. 3; s.a. *Jäger*, FS-Joecks, 2018, 701 (702); S/S/W-*Bosch*, § 202d Rn. 1.

[346] BT-Drucks. 18/5088, S. 26; s.a. MK-*Graf*, § 202d Rn. 3; *Jäger*, BT, Rn. 541d; *Rengier* II, 31/42; W/H/E-*Hettinger*, Rn. 532; **krit.** zu diesem formellen Schutzkonzept *Reinbacher*, GA 2018, 311 ff.

[347] NK-*Kargl*, § 202d Rn. 12; Sch/Sch-*Eisele*, § 202d Rn. 5; s.a. S/S/W-*Bosch*, § 202d Rn. 2.

[348] *Stam*, StV 2017, 488 (489); *Rode*, FS-Rengier, 2018, 301 (305); NK-*Kargl*, § 202d Rn. 12.

[349] Zum Ausschluss nur den Daten*zugriff* inkriminierender Taten *Brodowski/Marnau*, NStZ 2017, 377.

[350] Vgl. *Rengier* II, 31/42; ausf. S/S/W-*Bosch*, § 202d Rn. 3; MK-*Graf*, § 202d Rn. 13 ff.

[351] Vgl. BT-Drucks. 18/5088, S. 46 f.; s.a. S/S/W-*Bosch*, § 202d Rn. 5; *Jäger*, BT, Rn. 541d.

[352] So explizit schon BT-Drucks. 18/5088, S. 47; näher S/S/W-*Bosch*, § 202d Rn. 6.

e) Hinsichtlich der Rechtsfolgen gibt Abs. 2 eine »**Deckelung**« dahingehend vor, dass die Strafe nicht über jene hinausgehen darf, die für die Vortat angedroht ist 713
– unabhängig davon, welche Strafe in concreto gegenüber dem Vortäter verhängt wurde.

f) Von besonderer Bedeutung ist die *schon die Tatbestandlichkeit beschränkende* **Ausschlussklausel des Abs. 3** für »Handlungen, die ausschließlich der Erfüllung rechtmäßiger dienstlicher oder beruflicher Pflichten dienen« 714
– wobei in S. 2 Nr. 1 gerade die Fälle des Ankaufs sog. Steuer-CDs erfasst sind,[353] und S. 2 Nr. 2 dem Schutz von Medientätigen (und damit der Pressefreiheit) verpflichtet ist.

10. Verletzung des Post- oder Fernmeldegeheimnisses (§ 206 StGB)

§ 206 StGB schützt – auch (und gerade!) nach der Privatisierung der Post – primär das 715
– in Art. 10 GG verankerte und einfachgesetzlich in § 39 PostG, § 88 TKG geregelte –
Post- bzw. Fernmeldegeheimnis (und damit das *subjektive Recht des Einzelnen* auf Geheimhaltung) sowie sekundär auch[354] das *öffentliche Interesse bzw. Vertrauen* an bzw. in Sicherheit und Zuverlässigkeit von Postverkehr und Telekommunikation.[355]

Noch weitgehend ungeklärt ist die Anwendbarkeit des § 206 StGB auf bestimmte neue Erscheinungsformen der Kommunikation wie etwa den sog. **Hybridbrief**.[356]

(1) Die Tat ist in all ihren Varianten ein **Sonderdelikt**;[357] Täter kann nur sein: 716
– wer *Inhaber oder Beschäftigte* eines Unternehmens ist, das geschäftsmäßig Post- oder Telekommunikationsdienste erbringt (vgl. Abs. 1 und Abs. 2);
– wer *Aufgaben der Aufsicht* über ein solches Unternehmen wahrnimmt (vgl. Abs. 3 Nr. 1);
– wer von einem solchen Unternehmen oder mit dessen Ermächtigung *mit dem Erbringen von Post- oder Telekommunikationsdiensten betraut* ist (vgl. Abs. 3 Nr. 2);
– wer *mit der Herstellung* einer dem Betrieb eines solchen Unternehmens dienenden Anlage oder *mit Arbeiten daran* betraut ist (vgl. Abs. 3 Nr. 3);
– überdies nach Abs. 4: ein *außerhalb des Post- oder Telekommunikationsbereichs tätiger Amtsträger*, dem aufgrund eines befugten oder unbefugten Eingriffs in das Post- oder Fernmeldegeheimnis Tatsachen bekanntgeworden sind.

Wie diese umfassende Strafbarstellung nahezu aller in den Kommunikationsvorgang involvierten Personen zeigt, soll (gerade auch ob der Einbindung privater Unternehmen) ein möglichst lückenloser Schutz des Post- und Telekommunikationsgeschehens erzielt werden. 717

(2) Eine »**Sendung**« i.S.d. § 206 II Nr. 1, 2 StGB kann nur ein ***körperlicher Gegenstand*** sein, so dass der unkörperlich vermittelte Telekommunikationsverkehr hier nicht erfasst ist[358] 718
– während dies in Abs. 2 Nr. 3 (und natürlich in Abs. 1 und 4) sehr wohl der Fall ist.

---

[353] Ausf. hierzu *Jäger*, FS-Joecks, 2018, 701 ff.; vgl. bereits oben *Rn. 707*.
[354] LK-*Hilgendorf*, § 206 Rn. 5; *Fischer*, § 206 Rn. 2; L/K/H-*Heger*, § 206 Rn. 1; **abw.** (d.h. *nur* Individualschutz) MK-*Altenhain*, § 206 Rn. 1–3; NK-*Kargl*, § 206 Rn. 4–7.
[355] Zum Begriff der Telekommunikation in § 206 StGB vgl. *Heinelt/Hanke*, NStZ 2024, 338 ff.
[356] Vgl. aber *Cebulla*, DuD 2010, 308 (310 ff.): »eigene Kommunikationsform« (309).
[357] SK[10]-*Hoyer*, § 206 Rn. 6; L/K/H-*Heger*, § 206 Rn. 2; M/R-*Wietz/Zlobinski*, § 206 Rn. 1.
[358] OLG Hamm, NJW 1980, 2320; s.a. L/K/H-*Heger*, § 206 Rn. 8; S/S/W-*Bosch*, § 206 Rn. 8; **krit.** mit guten Argumenten *Fischer*, § 206 Rn. 13; s.a. *Kitz*, CR 2005, 450 (451).

ZWEITER ABSCHNITT:

Straftaten gegen die Allgemeinheit

Kapitel 1: Straftaten gegen den Staat

§ 7 Delikte gegen die Staatsgewalt

I. Widerstand gegen und tätlicher Angriff auf Vollstreckungsbeamte und ihnen gleichstehende Personen (§§ 113–115 StGB)

719 Zum 30.5.2017 ist die zuvor in § 113 I StGB mit enthaltene Strafbarkeit des »tätlichen Angriffs« – in erweiterter Form, vgl. *Rn. 765* – in den nunmehr eigenständigen Tatbestand des § 114 StGB verlagert und sind die in Abs. 2 genannten Beispiele für »besonders schwere Fälle« um eine Nr. 3 (gemeinschaftliche Begehung, s. *Rn. 742*) erweitert worden.[1] Die Regelungen des vorherigen § 114 StGB finden sich jetzt – entspr. angepasst – im neuen **§ 115 StGB**.

720 Nahm man für § 113 StGB a.F. eine **Doppelfunktion** dahingehend an, dass er zum einen dem *Schutz der ungestörten Durchsetzung des Staatswillens* und zum anderen dem *Schutz der zu seiner Vollstreckung berufenen Organe* (d.h. der Vollstreckungsbeamten) diene,[2] bedarf es nach der tatbestandlichen Verselbständigung des »tätlichen Angriffs« einer Neubewertung:[3] Nach zutreffender h.M. hat **§ 113 StGB n.F.** noch immer jene **dualistische Ausrichtung**, wenn auch mit nunmehr geringerer Bedeutung des Individualschutzes,[4] und auch **§ 114 StGB n.F.** zielt zwar »vorrangig auf die individuellen Interessen der handelnden Beamten«,[5] schützt **daneben aber auch** »das kollektive Interesse an der Dienstausübung der betroffenen Vollstreckungsbeamten als Repräsentanten der staatlichen Gewalt«,[6] und zwar (aufgrund der Erstreckung seines tatbestandlichen Anwendungsbereichs auch auf »bloße Diensthandlungen«, vgl. *Rn. 765*) nicht mehr nur im Hinblick auf die staatliche *Vollstreckungs*tätigkeit.[7]

---

[1] 52. StÄG v. 23.5.2017, BGBl. I, 1226; dazu *Fahl*, ZStW 130 (2018), 745 ff.; krit. *Zöller*, ZIS 2015, 445; *Paeffgen*, FS-Kindhäuser, 2019, 723 ff.: »konzeptionslose Verschärfungen eines sich in Unsinnigkeiten überbietenden Gesetzgebers«. – Zur Forderung, *die §§ 113 f. StGB zu streichen*, mit guten Gründen *Hoffmann-Holland/Koranyi*, ZStW 127 (2015), 913 sowie *Fallack*, Legale Illegalität, 2016.

[2] H.M.; vgl. *RG* St 41, 82 (85); *BGH* St 21, 334 (365); *Deiters*, GA 2002, 259 ff.; LK-*Rosenau*, § 113 Rn. 3 mwN; **a.A.** MK-*Bosch*, § 113 Rn. 2; M/S/M-*Schroeder*, 71/5.

[3] Vgl. neben den in *Fn. 4–7* Genannten auch *Magnus*, GA 2017, 530 ff.

[4] Vgl. nur *BGH*, NStZ-RR 2020, 243 (244); *Busch/Singelnstein*, NStZ 2018, 510 (511); *Kulhanek*, JR 2018, 551 (558); *Puschke/Rienhoff*, JZ 2017, 924 (929); *Rengier* II, 53/2; s.a. Sch/Sch-*Eser*, § 113 Rn. 2, § 114 Rn. 1: nur noch mittelbarer Individualschutz; i.d.S. auch *Schermaul*, JuS 2019, 663.

[5] *BGH*, NStZ-RR 2020, 243 (244); s.a. Kindhäuser/*Schramm*, 36/59: »allein die körperliche Integrität der Vollstreckungsbeamten im Vordergrund«; ebso. *Busch/Singelnstein*, NStZ 2018, 510 (511).

[6] *BGH*, NStZ-RR 2020, 243 (244); s.a. SK⁹-*Wolters*, § 114 Rn. 2; Sch/Sch-*Eser*, § 114 Rn. 1; S/S/W-*Zimmermann*, § 114 Rn. 1; *Eisele* I, Rn. 1515; a.A. *Puschke/Rienhoff*, JZ 2017, 924 (929).

[7] I.d.S. auch SK⁹-*Wolters*, § 114 Rn. 2; s.a. *Fischer*, § 114 Rn. 2; *Kulhanek*, JR 2018, 551 (553 f.).

1. Zum Tatbestand des § 113 I StGB (»Widerstand«)

Fall 66: – *Widerstand gegen ausländische Vollstreckungsbeamte –* 721

Der deutsche Staatsangehörige Lutz Loddel (L) wird in Wien bei einer polizeilichen Razzia im Zuhälterlokal »Pferdchen« festgenommen. Dabei ist die Festnahme nach österreichischem Recht rechtmäßig. Dessen ungeachtet setzt sich L bei seiner Verhaftung, diese Maßnahme – gemäß der eher zweifelhaften Devise: Die können einen Deutschen doch nicht einfach einsperren! – als nicht rechtmäßig erachtend, durch heftiges Sträuben zur Wehr.

Hat L sich damit nach deutschem Recht strafbar gemacht?

a) Anwendbarkeit des deutschen Strafrechts?

Eine hier in Betracht zu ziehende Strafbarkeit nach § 113 I StGB,[8] ggf. auch wegen 722 (versuchter) Nötigung (§ 240 StGB), steht und fällt mit der Frage, ob in *Fall 66* auf die *Auslandstat* des L überhaupt das deutsche Strafrecht zur Anwendung gelangt.[9]

Die Frage ist zu bejahen, was sich aber nicht aus dem (nur für *Inlandstaten* geltenden) § 3 StGB (*»Territorialitätsprinzip«*) ergibt, sondern aus § 7 II Nr. 1 Alt. 1 StGB. Diese Norm beruht primär auf der Idee, dass jeder Staatsbürger dem Strafrecht seines Staates unterworfen ist (*»aktives Personalitätsprinzip«*),[10] speist sich aber (ohne dabei im eigentlichen Sinne dem *»Prinzip der stellvertretenden Strafrechtspflege«* verpflichtet zu sein[11]) jedenfalls in den Fällen, in denen ein Auslieferungsverbot aus Art. 16 II 1 GG gegeben ist,
- welches nicht mehr lückenlos besteht, sondern eine Lockerung in Art. 16 II 2 GG im Hinblick auf EU-Mitgliedsstaaten und Internationale Strafgerichtshöfe erfahren hat,[12] –

auch aus dem Bedürfnis, Auslandstaten Deutscher nicht ungeahndet zu lassen.[13]

b) Strafbarkeit des L aus § 113 I StGB?

(1) Die Norm schützt ausschließlich **Vollstreckungsbeamte** (im weiteren Sinne), 723
– »Amtsträger oder Soldaten der Bundeswehr«, die »zur Vollstreckung von Gesetzen, Rechtsverordnungen, Urteilen, Gerichtsbeschlüssen oder Verfügungen berufen« sind, –

und auch diese nur *bei der Vornahme* entsprechender **Vollstreckungshandlungen**.

Dabei bedeutet »Vollstreckungshandlung« eine Handlung, durch welche der bereits konkretisierte, d.h. **die Regelung eines bestimmten Falles anstrebende** Wille des Staates verwirklicht werden soll, und zwar notfalls mit den Mitteln des Zwanges.[14]

> **Beispiele:** Festnahme durch die Polizei, aber auch: Haltegebot eines Polizeibeamten gegenüber einem Kraftfahrer im Rahmen einer allgemeinen Verkehrskontrolle;[15] sitzungspolizeiliche Maßnahmen des Richters;[16] Vollstreckungstätigkeit des Gerichtsvollziehers.

---

[8] Nicht hingegen – mangels »tätlichen Angriffs« – (auch) aus § 114 I StGB (vgl. unten, *Rn. 767*).
[9] Zum »Widerstand gegen Vollstreck.beamte im grenzüberschreitenden Kontext« Lenk, GA 2019, 455.
[10] MK-*Ambos*, § 7 Rn. 1, 2, 4; S/S/W-*Satzger*, § 7 Rn. 2, 8; Sch/Sch-*Eser/Weißer*, § 7 Rn. 1.
[11] So aber SK⁹-*Hoyer*, § 7 Rn. 3; zu Recht anders LK-*Werle/Jeßberger*, § 7 Rn. 8, 74.
[12] Näher hierzu LK-*Werle/Jeßberger*, § 7 Rn. 75; **s.a. § 80 IRG**.
[13] Vgl. MK-*Ambos*, § 7 Rn. 1; Sch/Sch-*Eser/Weißer*, § 7 Rn. 12; s.a. NK-*Böse*, § 7 Rn. 12.
[14] BGH St 25, 313 (314); 65, 36; Sch/Sch-*Eser*, § 113 Rn. 13; *Rengier* II, 53/6.
[15] BGH St 25, 313 (315); *OLG Düsseldorf*, NZV 1996, 458 (459); *Fischer*, § 113 Rn. 7a; *Rengier* II, 53/7; krit. LK-*Rosenau*, § 113 Rn. 19; ausf. zur Diskussion *Küper*, FS-Frisch, 2013, 985 (987 ff.).
[16] RG St 15, 227; Sch/Sch-*Eser*, § 113 Rn. 14; *Fischer*, § 113 Rn. 4; *Rengier* II, 53/7.

Zweiter Abschnitt: Straftaten gegen die Allgemeinheit

724 **Keine** Vollstreckungshandlungen sind mangels Regelung eines Einzelfalls: »Streifenfahrten, Beschuldigtenvernehmungen, Befragungen von Straßenpassanten und andere bloße Ermittlungstätigkeiten von Polizeibeamten«;[17] ebenso das bloße Beobachten einer möglicherweise gewaltbereiten Personengruppe durch Polizisten, um ggf. schnell eingreifen zu können.[18]

Fehlt der betreffenden Diensthandlung der Charakter einer Vollstreckungshandlung i.S.d. § 113 I StGB, so folgt daraus nicht etwa eine Straflosigkeit des Täters; vielmehr ist dann der Anwendungsbereich des § 240 StGB eröffnet[19] (vgl. Rn. 730) bzw. ist ggf. (d.h. bei Vorliegen eines »tätlichen Angriffs«) § 114 I StGB anzuwenden (s. Rn. 765 ff.).

725 Zur Frage, wie lange eine Vollstreckungshandlung i.S. des § 113 I StGB **andauert** und wann sie **beendet** ist, führt der *BGH* aus:

»… ist so lange nicht beendet, wie das Verhalten des Vollstreckungsbeamten in so engem Zusammenhang mit der Durchsetzung des Staatswillens steht, dass es nach natürlicher Lebensauffassung als Bestandteil der zur Regelung des Einzelfalles ergriffenen Maßnahme angesehen werden kann. Dies gebietet der Schutz des Beamten. Deshalb gehört auch der **Rückweg** des Polizeibeamten über das Gelände, das er nur zur Vornahme einer bestimmten Vollstreckungshandlung betreten hat, zu seinem am Rand dieses Geländes abgestellten Dienstfahrzeug noch zu der … Vollstreckungshandlung«.[20]

726 (2) § 113 StGB schützt **keine ausländischen** Vollstreckungsbeamten, sofern sie nicht durch internationale Verträge in den Schutzbereich einbezogen sind.[21]

– Zu einer weiteren Ausnahme vgl. § 1 II Nr. 5 des NATO-Truppenschutzgesetzes.[22] –

Für die Beschränkung auf **inländische** Vollstreckungsbeamte sprechen § 11 I Nr. 2 StGB (wo es heißt: »wer nach deutschem Recht«) sowie die Nebeneinanderstellung von »*Amtsträger*« und »*Soldat der Bundeswehr*« in § 113 I StGB.

Dies entspricht dem Grundsatz, dass es nicht Aufgabe des deutschen Strafrechts sein kann, die Ausübung der Hoheitsgewalt eines fremden Staates zu schützen – man denke nur an die Schwierigkeiten, die sich bezüglich totalitärer Regime ergeben würden.

– Mangels Nennung nicht erfasst sind »Europäische Amtsträger« iSd § 11 I Nr. 2a StGB. –

In unserem *Fall 66* ist L daher nicht aus § 113 StGB zu bestrafen.

c) Nötigungsversuch, §§ 240, 22, 23 StGB?

727 Dass bei Widerstand gegen ausländische Beamte § 113 StGB entfällt, bedeutet nicht, dass ein Rückgriff auf die allg. Bestimmung des § 240 StGB ausgeschlossen ist.[23]

(1) Als L sich laut Sachverhalt mittels »heftigen Sträubens« gegen die Festnahme »zur Wehr gesetzt« hat, wollte er damit seine Festnahme *mit Gewalt* verhindern;[24] dies ist ihm jedoch

---

[17] *BGH* St 25, 313 (314 f.) mwN; NStZ 1982, 328; 2024, 36; s.a. *Eisele* I, Rn. 1521; *Rengier* II, 53/8.
[18] *KG*, NStZ 1989, 121; SK⁹-*Wolters*, § 113 Rn. 5; s.a. Sch/Sch-*Eser*, § 113 Rn. 13.
[19] Vgl. Kindhäuser/*Schramm*, 36/74; HK-GS-*Heinrich*, § 113 Rn. 45; SK⁹-*Wolters*, § 113 Rn. 5.
[20] *BGH*, NStZ 1982, 328 m. Anm. *Otto*, JR 1983, 72; Sch/Sch-*Eser*, § 113 Rn. 16; *Rengier* II, 53/10; krit. dazu *Küper*, FS-Frisch, 2013, 985 (998 f.); s.a. *Zöller/Steffens*, JA 2010, 161 (162, Fall 3).
[21] *OLG Hamm*, NJW 1960, 1536 m. Anm. *Schröder*, JZ 1960, 578; MK-*Bosch*, § 113 Rn. 8; Sch/Sch-*Eser*, § 113 Rn. 7, 8; NK-*Paeffgen*, § 113 Rn. 14 f.; LK-*Rosenau*, § 113 Rn. 13 f.
[22] Identisch mit 4. StÄG i.d.F. v. 27.3.2008 (BGBl. I, 490); abgedruckt bei *Fischer*, Anhang 13.
[23] *OLG Hamm*, NJW 1960, 1536 (1537 f.); näher unten Rn. 730 f. mwN in Fn. 35.
[24] Zu »heftigem Sträuben« als Gewalt i.S.d. §§ 113 I, 240 I StGB Sch/Sch-*Eser*, § 113 Rn. 44 mwN.

nicht gelungen, sodass eine *vollendete* Nötigung entfällt. Doch hat L eine *versuchte* Nötigung begangen. Seine Tat war auch rechtswidrig: Erlaubnissätze greifen nicht ein, und die Tat war nach der Mittel-Zweck-Relation verwerflich (§ 240 II StGB). Fraglich ist aber, ob bzw. inwieweit ihm sein **Irrtum über die Rechtmäßigkeit** der Festnahme zugute kommt. In Betracht zu ziehen wäre hier ein (vermeidbarer) Verbotsirrtum gem. § 17 StGB.

(2) Hinsichtlich einer Strafbarkeit aus §§ 240, 22, 23 StGB ist aber das Verhältnis des § 113 StGB zu § 240 StGB zu beachten: Nach zutreffender h.M. ist § 113 I StGB, jedenfalls soweit es um Widerstand »mit *Gewalt* oder durch *Drohung* **mit** *Gewalt*« geht, **lex specialis** zu dieser Norm,[25] und zwar ungeachtet der (nach einer 2011 erfolgten Angleichung[26]) nunmehr gleichen Strafdrohung (Freiheitsstrafe bis zu drei Jahren).[27] Insoweit verdrängt § 113 I StGB die Nötigungsstrafbarkeit.

> Ob es sich bei § 113 StGB auch um eine (dem Umstand, »dass die Unterordnung unter die nackte Staatsgewalt besondere Emotionen hervorruft«, geschuldete[28]) **Privilegierung** gegenüber § 240 I StGB handelt, ist nach der Strafrahmenangleichung zweifelhaft geworden;[29] dafür sprechen aber nach wie vor das Erfordernis einer qualifizierten Drohung *(»Drohung* **mit** *Gewalt«*) sowie die Irrtumsregelungen in § 113 III S. 2, IV StGB.[30]

Strittig ist aber, ob die (versuchte oder vollendete) Nötigung auch dann verdrängt wird, wenn der Widerstandleistende nur mit einem »*empfindlichen Übels*«, welches keine »*Gewalt*« darstellt, also *unterhalb der Eingriffs-Schwelle des § 113 I StGB*, droht. Richtigerweise ist auch hier eine »**Sperrwirkung**« des § 113 I StGB zu bejahen,[31] da es sich bei dieser Vorschrift um eine *abschließende Regelung* der Strafbarkeit des Widerstands gegen Vollstreckungsbeamte handelt.[32]

> Die Vertreter der Gegenauffassung halten dagegen die Anwendbarkeit des § 240 StGB für gegeben – sind sich aber nicht darüber einig, ob dann nicht zugunsten des Täters die Irrtumsregelungen der § 113 III, IV StGB analog anzuwenden sind.[33]

Demgegenüber kommt eine Strafbarkeit wegen versuchter oder vollendeter Nötigung in Betracht, wenn das fragliche Verhalten schon von vornherein *völlig außer-*

---

[25] BGH St 48, 233 (238 f.); LK-*Rosenau*, § 113 Rn. 5, 92; SK⁹-*Wolters*, § 113 Rn. 25; ebso. die unten in *Fn. 27* Genannten; i.E. auch MK-*Bosch*, § 113 Rn. 64; **a.A.** *Deiters*, GA 2002, 259 (271, 275).

[26] Bis zur Anhebung durch das 44. StÄG v. 1.1.2011 (BGBl. I, S. 2130, in Kraft seit 5.11.2011) lag die Höchststrafe des § 113 I StGB unter der des § 240 I StGB, nämlich bei »bis zu *zwei* Jahren«; krit. zur Anhebung *Zopfs*, GA 2012, 259 (262 f., 266); *Steinberg/Zetzmann/Dust*, JR 2013, 7 (8 ff.).

[27] So explizit Sch/Sch-*Eser*, § 113 Rn. 68; *Rengier* II, 53/40; NK-*Paeffgen*, § 113 Rn. 6, 90; s.a. *Fahl*, ZStW 124 (2012), 311 (315 f.); *ders.*, StV 2012, 623 (624); *Zopfs*, GA 2012, 259 (271).

[28] Vgl. M/S/M-*Schroeder*, 71/3; i.d.S. bereits BT-Drucks. VI/502, S. 3 f.

[29] Ausf. hierzu *Fahl*, ZStW 2012, 311 ff.; *Zopfs*, GA 2012, 259 (267 ff.); SK⁹-*Wolters*, § 113 Rn. 2; s.a. M/S/M-*Schroeder*, 71/3; *Rengier* II, 53/40.

[30] Vgl. NK-*Paeffgen*, § 113 Rn. 6: »(Kümmer-)Privilegierungs-Tatbestand«; SK⁹-*Wolters*, § 113 Rn. 2 mit Hinweis auch auf die *fehlende Versuchsstrafbarkeit* (die freilich im »Unternehmensdelikt« des § 113 I mit enthalten ist); **a.A.** *Fahl*, ZStW 124 (2012), 311 (314); *Zopfs*, GA 2012, 259 (269).

[31] W/H/E-*Engländer*, Rn. 601; Sch/Sch-*Eser*, § 113 Rn. 43, 45/46, 68; NK-*Paeffgen*, § 113 Rn. 90; SK⁹-*Wolters*, § 113 Rn. 25; S/S/W-*Zimmermann*, § 113 Rn. 29; i.d.S. auch *BGH* St 30, 235 (236).

[32] Vgl. W/H/E-*Engländer*, Rn. 601; *Zopfs*, GA 2012, 259 (271 f.); s.a. MK-*Bosch*, § 113 Rn. 65.

[33] Dafür: *OLG Hamm*, NStZ 1995, 547; L/K/H-*Heger*, § 113 Rn. 26; *Rengier* II, 53/41; dagegen: *Fahl*, StV 2012, 623 (625); ebso. noch S/S/W⁵-*Fahl*, § 113 Rn. 20.

halb des Tatbestandsbereichs des § 113 I StGB liegt, wie etwa dann, wenn sich der Widerstand gar nicht gegen eine Vollstreckungshandlung richtet[34] (vgl. *Rn. 724*).

Nicht anders liegt es nun im Grunde auch bei Auslandstaten – wie in *Fall 66* – gegenüber *ausländischen* Vollstreckungsbeamten, die ja ebenfalls von vornherein nicht dem Anwendungsbereich des § 113 StGB unterfallen[35] (dazu *Rn. 726*).

731 Doch ist hier zu bedenken: Hätte der Täter die Tat gegenüber deutschen Beamten begangen, wäre er nicht aus §§ 240, 22, 23 StGB, sondern (nur) aus der *lex specialis* des § 113 I StGB strafbar (vgl. *Rn. 728*) und käme damit in den Genuss des § 113 IV StGB. Er darf aber nicht deswegen der Privilegierungen des § 113 StGB verlustig gehen, weil er (nur) ausländischen Beamten Widerstand geleistet hat.

Daher ist L in *Fall 66* (*Rn. 721*) zwar wegen Nötigungsversuchs strafbar, doch greift hinsichtlich seiner (vermeidbaren) Fehleinschätzung zur Rechtmäßigkeit der Verhaftung die (ggf. gar ein Absehen von Strafe ermöglichende) besondere Irrtumsregelung des § 113 IV StGB.[36]

d) Körperverletzung, § 223 StGB

732 Sollten den Polizeibeamten durch das Abwehrverhalten des sich der Festnahme widersetzenden L körperliche Misshandlungen bzw. gar Verletzungen zuteil geworden sein, liegt auch ein Fall des § 223 I StGB vor – in Idealkonkurrenz (§ 52 StGB) mit §§ 240, 22, 23 StGB.

Ergänzende Hinweise zu § 113 I StGB – Tathandlung –:

733 *(1) »Leisten von Widerstand«* meint jede »aktive Tätigkeit, mit der die Durchführung einer Vollstreckungsmaßnahme verhindert oder erschwert werden ***soll***«, gleichgültig, ob es am Ende erfolgreich ist oder nicht;[37] insoweit ist § 113 StGB ein sog. **unechtes Unternehmensdelikt«**. Dabei ist *aktives Tun* erforderlich, rein *passiver Widerstand* (bloßer Ungehorsam, bloße Verweigerung der Mitwirkung) genügt nicht[38] – man denke an Liegenbleiben, Nichtaufstehen und Wegtragenlassen beim Sitzstreik, schlichtes Nichtöffnen der Tür, Weiterfahren trotz Aufforderung stehenzubleiben etc.

Auch die Vornahme bzw. Androhung eines Suizidversuchs genügt nicht;[39] ebenso wenig die bloße Flucht im eigenen Kfz vor der Polizei, selbst bei Behinderung, Gefährdung oder gar Verletzung Dritter (anders freilich beim *Abdrängen* des verfolgenden Polizeiwagens).[40]

734 *(2)* Nach h.M. ist **»Gewalt«** in § 113 StGB aufgrund dessen Schutzzwecks (*Rn. 720*) insoweit *enger zu verstehen* als bei § 240 StGB (s. *Rn. 402 ff., 410 ff., 417 ff.*), als sie auf den **Einsatz physisch wirkender Zwangsmittel** zu beschränken ist,[41] auf eine »Kraftäußerung, die gegen die Person des Vollstreckenden gerichtet und geeignet ist, den Vollzug der Vollstreckungshandlung zu erschweren oder zu verhindern.«[42]

---

[34] MK-*Bosch*, § 113 Rn. 65; LK-*Rosenau*, § 113 Rn. 95; SK[9]-*Wolters*, § 113 Rn. 25.
[35] *OLG Hamm*, NJW 1960, 1536 ff; Sch/Sch-*Eser*, § 113 Rn. 68; **a.A.** LK-*Rosenau*, § 113 Rn. 97 f.
[36] Ebenso *Schröder*, JZ 1960, 578; s.a. Sch/Sch-*Eser*, § 113 Rn. 68.
[37] *BGH* NStZ 2013, 336 (337); 2023, 286; MK-*Bosch* § 113 Rn.16; Sch/Sch-*Eser* § 113 Rn. 2.
[38] MK-*Bosch*, § 113 Rn. 17; Sch/Sch-*Eser*, § 113 Rn. 40/41; SK[9]-*Wolters*, § 113 Rn. 15.
[39] Vgl. *OLG Hamm*, NStZ 1995, 547 (548): Androhung der Selbstverbrennung.
[40] *BGH*, NStZ 2013, 336; 2015, 388; 2023, 286; *Fischer*, § 113 Rn. 23; L/K/H-*Heger*, § 113 Rn. 6.
[41] Ausf. hierzu MK-*Bosch*, § 113 Rn. 18 ff.; Sch/Sch-*Eser*, § 113 Rn. 42.
[42] MK-*Bosch*, § 113 Rn. 18; *BGH* St 14, 395 (398); NStZ 2015, 388 (»körperlich spürbar«).

Gewalt gegen Sachen genügt demgemäß nur dann, wenn sie sich zugleich **zumindest mittelbar** auch gegen die Person des Vollstreckungsbeamten richtet[43]   **735**
— wie etwa beim Schießen auf die Reifen des verfolgenden Polizeifahrzeugs,[44] nicht aber bei deren Zerstechen noch vor Fahrtbeginn, um die Polizei am Verfolgen zu hindern.

(3) Gewaltsamen Widerstand hat die Rspr. bejaht beim *Ein*sperren des Beamten,[45] beim Zufahren mit dem Kfz auf einen Polizisten, um ihn zum Beiseitespringen zu veranlassen,[46] beim Entwinden mit nicht unerheblichem Kraftaufwand aus dem Festhaltegriff des Polizisten,[47] *zu Unrecht auch* in den (zwar mittels »Widerstandleistens«, nicht aber »mit Gewalt« geschehenden) Fällen des Festklammerns[48] bzw. Festkettens[49] an Gegenständen sowie dem bei **»Klimaklebern«** beliebten Festkleben der eigenen Person auf der Straße,[50] *zu Recht nicht* hingegen, wenn sich mehrere Personen, um ihren Abtransport durch die Polizei zu verhindern, aneinander klammern, unterhaken oder fest an den Händen fassen.[51]   **736**

Das *Aussperren von Vollstreckungsbeamten* soll nicht nur genügen, wenn es *in der Vollstreckungssituation*, sondern auch, wenn es *zwar in deren Vorfeld geschieht, aber bereits im Hinblick auf sie.*[52] Richtiger wäre es, zumindest das der erwarteten Vollstreckung *vorgelagerte* Verschließen, Verbarrikadieren etc. als nicht genügend anzusehen[53] – wie es zu Recht für das bloße Verschlossenhalten einer ohnehin schon verschlossenen Tür gesehen wird.[54]   **737**

(4) Widerstandleisten *»mit Gewalt«* kann (ungeachtet der Sonderregelung des § 114 StGB, *s. Rn. 719, 765*) auch darin liegen, dass der Widerstandleistende *mittels »tätlichen Angriffs«* i.S. des § 114 StGB gegen den Vollstreckungsbeamten vorgeht.   **738**
– Zum »tätlichen Angriff« *Rn. 767*, zum Miteinander v. §§ 113 I, 114 I StGB *Rn. 769 f.* –

2. § 113 II StGB: Besonders schwere Fälle

§ 113 II 2 StGB bildet drei Regelbeispiele für besonders schwere Fälle: **739**

a) Nr. 1 nennt das Beisichführen einer (funktionstüchtigen)[55] **Waffe** oder eines anderen **gefährlichen Werkzeugs** durch einen Tatbeteiligten; einer Verwendungsabsicht bedarf es (nach der Gesetzesänderung von 2017, s. *Rn. 719* mit *Fn. 1*) nicht. Die (erst) 2011 durch das 44. StÄG (s. *Fn. 26*) erfolgte Einfügung auch des »anderen gefährlichen Werkzeugs« in den bis dahin nur vom »Bei-sich-Führen einer Waffe« sprechenden Gesetzestext liegt darin begründet, dass schon zuvor die h.M. hier einen weiten, auch »ge-

---
[43] *RG* St 27, 405; *BGH* St 18, 133; NStZ 2015, 388; Sch/Sch-*Eser*, § 113 Rn. 42; *Fischer*, § 113 Rn. 23.
[44] MK-*Bosch*, § 113 Rn. 21; Sch/Sch-*Eser*, § 113 Rn. 42; s.a. *BGH*, BeckRS 2020, 13163.
[45] *RG* St 27, 405 (406); MK-*Bosch*, § 113 Rn. 20; Sch/Sch-*Eser*, § 113 Rn. 42; *Rengier* II, 53/13.
[46] *BGH*, NStZ-RR 1997, 261 (262); NStZ 2023, 286 (287); Sch/Sch-*Eser*, § 113 Rn. 44.
[47] *OLG Dresden*, NStZ-RR 2015, 10: nicht aber beim bloßen Sich-Entziehen aus lockerem Griff.
[48] *OLG Köln*, VRS 71 (1986), 185; *BVerfG*, NJW 2006, 136; wie hier MK-*Bosch*, § 113 Rn. 20.
[49] *OLG Stuttgart*, NStZ 2016, 353 (354); wie hier MK-*Bosch*, § 113 Rn. 20.
[50] *KG*, NJW 2023, 2792 (abl. Seel HRRS 2023, 313 [315]: Verstoß gegen Verschleifungsverbot); *LG Berlin*, KlimR 2023, 218 [220] (abl. Schmidt KlimR 2023, 210, 213 ff.; Jäger, JA 2024, 256 [259]).
[51] *AG Frankfurt*, StV 1985, 373 f.; ebso. *Ostendorf*, JZ 1987, 335 (336); MK-*Bosch*, § 113 Rn. 20.
[52] *BGH* St 18, 133 (135); *Russ*, NJW 1963, 1165; M/S/M-*Schroeder*, 71/17; *Rengier* II, 53/13.
[53] Sch/Sch-*Eser*, § 113 Rn. 42; A/W/H/H-*Hilgendorf*, 45/22; MK-*Bosch*, § 113 Rn. 23; *Eisele* I, 1524.
[54] Ganz h.M., s. *BGH* St 18, 133 (135); A/W/H/H-*Hilgendorf*, 45/22; LK-*Rosenau*, § 113 Rn. 24.
[55] Vgl. *BGH*, BeckRS 2024, 1562 (nur als Drohmittel mitgeführte funktionsuntüchtige Gaspistole).

fährliche Werkzeuge« umfassenden Waffenbegriff zugrundegelegt, das *BVerfG* dies jedoch – richtigerweise – als Verstoß gegen das Analogieverbot des Art. 103 II GG gerügt hatte.[56]

Bemerkenswert ist, dass nach ehedem h.M. »Waffe« der auch »gefährliche Werkzeuge« umfassende Oberbegriff sein sollte, der Gesetzestext jetzt aber gerade umgekehrt die »Waffe« als dem **Oberbegriff des »gefährlichen Werkzeugs«** unterfallend darstellt. Dies verwundert jedoch insofern nicht, als hier von vornherein Äpfel mit Birnen verglichen werden: *Waffe im technischen Sinn* als *generell* gefährlicher Gegenstand hier und *gefährliches Werkzeug* als je nach Situation *konkret* gefährlicher Gegenstand dort. Aufgrund dieser **Inkompatibilität** entgleitet die Anordnung der Begriffe ins Beliebige.

740 Zum **Beisichführen** (während des Tathergangs, nicht nur während der Fahrt zum Tatort) genügt es, wenn der Beteiligte den Gegenstand (zB ein Messer) am Tatort vorfindet und ergreift (nicht aber, wenn er ihn unangetastet liegen lässt);[57] ebso. wenn er dem Beamten die Dienstwaffe entwindet. Ein Mitführen in Kleidung oder Rucksack reicht hin, wenn der Zugriff sofort und ohne Schwierigkeiten möglich ist.[58]

Auch ein Kfz kann ein »gefährliches Werkzeug« sein,[59] vgl. *Fall 117* (*Rn. 1291 f.*).

741 b) Nr. 2 greift ein bei lebens- oder schwer gesundheitsgefährdender »**Gewalttätigkeit**«, wobei dieser Begriff mehr verlangt, als derjenige der »Gewalt« in Abs. 1 (s. *Rn. 734*), nämlich eine *physische Aggression unmittelbar gegen eine Person*[60]

– wie das Zufahren auf einen Polizisten mit einem Auto,[61] vgl. *Fall 117* (*Rn. 1293*).

742 c) In der im Rahmen der Gesetzesänderung von 2017 eingefügten Nr. 3 geht es um den Fall der Begehung »**mit einem anderen Beteiligten gemeinschaftlich**«.

Wie bei § 224 I Nr. 4 StGB (gefährliche Körperverletzung) erfordert dies, dass mindestens zwei Personen zusammenwirken und dem Vollstreckungsbeamten auch vor Ort gegenüberstehen, ohne dass es aber auf das Vorliegen von Mittäterschaft ankommt.[62]

3. § 113 III, IV StGB: Rechtmäßigkeit der Diensthandlung

743 a) Zur dogmatischen Einordnung des § 113 III StGB: Nach h.M. ist die »*Rechtmäßigkeit der Diensthandlung*« jedenfalls **kein Tatbestandsmerkmal.**[63]

Anders u.a. *Eser*:[64] Sie sei ein »unrechtskonstitutives Merkmal des Tatbestandes«, für das aber gem. § 113 IV StGB die Geltung des § 16 StGB ausgeschlossen sei. Der Sache nach

---

[56] *BVerfG*, NJW 2008, 3627 f.; zust. u.a. LK-*Rosenau*, § 113 Rn. 77; krit. *Kudlich*, JR 2009, 210.
[57] *BGH* St 31, 105 f.; StV 2019, 105; LK-*Rosenau*, § 113 Rn. 80; NK-*Paeffgen*, § 113 Rn. 85a a.E.
[58] *BGH* St 31, 105, 108: nicht aber, wenn die Waffe im 200 m entfernten Auto liegt.
[59] *BGH*, NZV 2016, 345 (346); *OLG Karlsruhe*, BeckRS 2023, 3937; anders (zu § 244) aber *BGH*, BeckRS 2023, 17514: Kfz kein gef. Wz.; zw. *Rengier* II, 53/37; s.a. *Joecks/Jäger* § 113 Rn. 35.
[60] *BVerfG* E 37, 305 (310); *BGH* St 23, 46 (51 ff.) zu § 125 StGB; MK-*Bosch*, § 113 Rn. 77; Sch/Sch-*Eser*, § 113 Rn. 67; HK-GS-*Heinrich*, § 113 Rn. 40; LK-*Rosenau*, § 113 Rn. 83.
[61] *OLG Koblenz*, DAR 1973, 219; *BGH* St 26, 176; MK-*Bosch*, § 113 Rn.77; Sch/Sch-*Eser*, § 113 Rn.67.
[62] Zu Recht h.M.: *Eisele* I, Rn. 338, 1546a; L/K/H-*Heger*, § 113 Rn. 25; *Rengier* II, 14/46 f., 53/39; *Kulhanek*, JR 2018, 551 (557); vgl. für § 224 StGB *Hellmann*, oben *Rn. 281 ff. (285 ff.)*.
[63] *BGH* St 21, 334 (365); L/K/H-*Heger*, § 113Rn. 17 f.; LK-*Rosenau*, § 113 Rn. 29 ff.
[64] Sch/Sch-*Eser*, § 113 Rn. 20; ebso. Kindhäuser/*Schramm*, 36/44; ähnl. *Naucke*, FS-Dreher, 1977, 459 (471 ff.); *Jakobs*, AT, 6/65; i.E. ähnl. auch *Sax*, JZ 1976, 9 (15, 16), 429 (431).

handele es sich daher bei § 113 I mit III StGB um eine **Vorsatz-Fahrlässigkeits-Kombination**, bei der für die in § 113 I StGB genannten *Tatbestandsmerkmale* Vorsatz nötig sei, für die *Nicht-Rechtmäßigkeit* in Abs. 3 aber Fahrlässigkeit (§ 113 IV StGB) genüge.

Für die h.A. spricht nun aber gerade die von § 16 StGB abweichende Irrtumsregelung in § 113 IV StGB, zudem der Umstand, dass in § 113 I StGB vom Widerstand gegen Vollstreckungshandlungen schlechthin, und nicht nur gegen »rechtmäßige«, die Rede ist.

Aber auch unter den Anhängern der h.M. (**kein Tatbestandsmerkmal**) ist die Frage der dogmatischen Einordnung der Rechtmäßigkeit der Amtsausübung strittig: **744**

(1) Die einen sehen in ihr eine *objektive Bedingung der Strafbarkeit*,[65]
(2) andere einen *Rechtfertigungsgrund* speziell für § 113 StGB.[66]

– *Für* Deutung (1) spricht § 113 III S. 2 StGB, *dagegen* allerdings § 113 IV StGB.
– *Gegen* Deutung (2) streitet § 113 III S. 2 StGB; denn für Rechtfertigungsgründe ist stets ein subjektives Rechtfertigungselement erforderlich.

Eine widerspruchsfreie Einordnung des § 113 III StGB in die herkömmlichen Formen ist somit nicht möglich.[67] Doch letztlich kommt es darauf auch gar nicht an: Entscheidend ist allein, dass § 113 III StGB i.E. die Annahme einer **strafbaren Widerstandshandlung** ausschließt, d.h. den Schutzbereich des § 113 StGB der Sache nach auf »rechtmäßige« Diensthandlungen beschränkt.[68]

b) Die Behandlung von **Irrtümern** des Täters über die Rechtmäßigkeit der Vollstreckungshandlung bestimmt sich nach § 113 IV, III S. 2 StGB. **745**

c) *Ergänzender Hinweis:* Eine andere Frage als die der Strafbarkeit gem. § 113 I, III StGB **746** ist die eines etwaigen **Notwehrrechts** gegenüber der betreffenden Diensthandlung im Hinblick auf mit der Diensthandlung einhergehende Rechtsgutsbeeinträchtigungen (etwa gem. §§ 123, 223, 239 StGB). Hierzu gilt (näher noch unten *Rn. 761, 779 ff.*):

(1) Gegen i.S. des § 113 III 1 StGB *»rechtmäßige«* Diensthandlungen ist Notwehr ausgeschlossen,[69] sodass mittels des unerlaubten (und nach § 113 I, III StGB strafbaren) Widerstands begangene andere Taten wie z.B. Körperverletzungen oder Freiheitsberaubungen zu Lasten des Vollstreckungsbeamten nicht gem. § 32 StGB zu rechtfertigen sind.

(2) Gegen i.S. des § 113 III 1 StGB *»nicht rechtmäßige«* Diensthandlungen ist hingegen im **747** Hinblick auf andere durch den (nunmehr nicht nach § 113 I, III StGB strafbaren) Widerstand verwirklichte Tatbestände wie z.B. §§ 223, 239 StGB **Notwehr** möglich[70]
– zumindest in aller Regel (siehe aber die Ausnahme unten in *Rn. 779 ff.*) –,
wobei freilich insb. die Schranke der »Gebotenheit« in besonderer Weise zu beachten ist.[71]

(3) Notwehr darf natürlich auch gegen *widerrechtliche* **Begleithandlungen** an sich rechtmäßiger Diensthandlungen geübt werden (z.B. grundloses Schlagen des Festgenommenen).[72] **748**

---

[65] *BGH* St 21, 334 (365); *Jahn*, JuS 2013, 268 (269); *Schroth*, 14.2; W/H/E-*Engländer*, Rn. 604.
[66] *Dreher*, NJW 1970, 1158; *Paeffgen*, JZ 1979, 516 (521); MK-*Bosch*, § 113 Rn. 30; L/K/H-*Heger*, § 113 Rn. 18; LK-*Rosenau*, § 113 Rn. 31; *Otto*, 91/10; M/S/M-*Schroeder*, 70/39.
[67] Vgl. auch MK-*Bosch*, § 113 Rn. 26 (»dogmatischer Bruch«); SK^9-*Wolters*, § 114 Rn. 24.
[68] I.d.S. auch MK-*Bosch*, § 113 Rn. 26; *Rengier* II, 53/15 f.; W/H/E-*Engländer*, Rn. 605.
[69] L/K/H-*Heger*, § 113 Rn. 15; LK-*Rosenau*, § 113 Rn. 63.
[70] L/K/H-*Heger*, § 113 Rn. 15; LK-*Rosenau*, § 113 Rn. 62; W/H/E-*Engländer*, Rn. 608.
[71] S. *Amelung*, JuS 1986, 329 (336 f.); *Roxin*, FS-Pfeiffer, 1987, 45 (51 f.); LK-*Rosenau*, § 113 Rn. 62.
[72] *OLG Oldenburg*, NJW 1952, 1189; L/K/H-*Heger*, § 113 Rn. 15; LK-*Rosenau*, § 113 Rn. 63.

Zweiter Abschnitt: Straftaten gegen die Allgemeinheit

749 **Fall 67:** *– Zur »rechtmäßigen« Diensthandlung i.S.d. § 113 III StGB[73] –*
Gerichtsvollzieher Kurt Kuckuck (K) möchte bei Arno Arm (A) dessen (einziges) Fernsehgerät pfänden. Als K die Pfandmarke auf das Gerät kleben will, wird er von A mittels Androhung, ihn gewaltsam aus der Wohnung zu werfen, daran gehindert, woraufhin K sich unverrichteter Dinge entfernt. Strafbarkeit des A aus § 113 I StGB?

750 a) Der Tatbestand dieser Vorschrift ist erfüllt (»Drohung mit Gewalt«).
b) Rechtswidrigkeit der Tat (§ 113 III 1 StGB)
Die Amtshandlung des K verstieß gegen § 811 Nr. 1 ZPO, wonach Fernsehgeräte als zu belassender Mindeststandard grundsätzlich unpfändbar sind.[74] Nach den Zwangsvollstreckungsvorschriften (§§ 704 ff. ZPO) war der Vollstreckungsakt des K also nicht rechtmäßig.

Dies bedeutet aber noch nicht notwendig, dass die Amtshandlung des K **auch i.S. des § 113 III StGB** *»nicht rechtmäßig«* war, denn:

751 (1) *Im öffentlichen Recht* (sowie im Zwangsvollstreckungsrecht nach der ZPO) unterscheidet man zwischen drei Kategorien von Vollstreckungsakten:

(a) den **rechtmäßigen**, d.h. ohne Verstoß gegen Rechtsnormen ergehenden,
(b) den zwar rechtswidrigen, aber mangels Nichtigkeit dennoch **wirksamen** und
(c) den **nichtigen** und damit unwirksamen (§ 43 III VwVfG) Hoheitsakten.

Dabei begründen Erstere (a) eine öffentlich-rechtliche **Duldungspflicht**, Letztere (c) dagegen nicht. Gegen unwirksame Vollstreckungsakte (c) darf sich der Bürger auch handgreiflich zur Wehr setzen, also Widerstand leisten, gegen rechtmäßige Hoheitsakte (a) nicht. Eine öffentlich-rechtliche Duldungspflicht besteht jedoch auch gegenüber den in der mittleren Kategorie (b) genannten zwar rechtswidrigen, aber mangels Nichtigkeit verbindlichen Vollstreckungsakten, was bedeutet: Gegen solche Vollstreckungshandlungen ist der Bürger gehalten, sich nur mit Rechtsmitteln bzw. Rechtsbehelfen zur Wehr zu setzen.[75]

752 Nach dem von einer Mindermeinung noch immer vertretenen **»verwaltungsrechtlichen Rechtmäßigkeitsbegriff«** (mitunter auch, nicht minder sachgerecht, »Wirksamkeitslehre« genannt)[76] soll sich das Strafrecht dem nun anschließen:[77]

Da es bei § 113 III StGB sachlich darum gehe, welche Vollstreckungshandlungen der Bürger ohne gewaltsame Gegenwehr zu dulden hat, liege eine Ausrichtung an den öffentlich-rechtlichen Kategorien von Hoheitsakten nahe. Rechtmäßigkeit i.S. des § 113 III bedeute danach **Wirksamkeit** (Verbindlichkeit) des hoheitlichen Handelns nach den Regeln des öffentlichen Rechts. Denn verbindliche Hoheitsakte habe der Bürger zunächst zu dulden.

»Rechtmäßig« i.S. des § 113 III StGB sei folglich der nach öffentlichem Recht *rechtmäßige* (oben a), aber auch der nach öffentlichem Recht zwar *rechtswidrige*, aber *mangels Nichtigkeit wirksame* (oben b), *»nicht rechtmäßig«* i.S. des § 113 III StGB hingegen nur der *nichtige* (und damit unwirksame) Hoheitsakt (oben c).[78]

---

[73] Lehrreich hierzu anhand der Fälle der »legendierten Polizeikontrollen« *Börner*, JZ 2018, 870 ff.
[74] Näher *OLG Stuttgart*, NJW 1987, 196 (197); vgl. hierzu auch unten, *Rn. 823, 824* mit *Fn. 234*.
[75] *W. Meyer*, NJW 1972, 1845 ff. und NJW 1973, 1074 f.; *Wagner*, JuS 1975, 224 ff.
[76] Erstere Bezeichnung: LK-*Rosenau*, § 113 Rn. 33, 35; Letztere: NK-*Paeffgen*, § 113 Rn. 38.
[77] So etwa *W. Meyer*, NJW 1972, 1845; 1973, 1074; *Wagner*, JuS 1975, 224; *Erb*, FS-Gössel, 2002, 217 (225 ff.); *ders.*, FS-Ebert, 2011, 329 (340 f.); MK-*Erb*, § 32 Rn. 77 ff.
[78] So *W. Meyer*, NJW 1972, 1845 und NJW 1973, 1074; *Wagner*, JuS 1975, 224.

(2) Indes haben Rechtsprechung und h.L. im Hinblick auf § 113 III StGB einen **753**
eigenständigen, gegenüber dem Verwaltungs- bzw. Zwangsvollstreckungsrecht verselbständigten »**strafrechtlichen Rechtmäßigkeitsbegriff**« entwickelt:[79]
Für die »Rechtmäßigkeit« i.S. des § 113 III StGB seien die Kategorien der *Rechtmäßigkeit* oder der *Wirksamkeit* nach Verwaltungsrecht (bzw. nach §§ 704 ff. ZPO) nicht maßgeblich. Es sei vielmehr auf eine »*formale Rechtmäßigkeit*«[80] abzustellen. Neben den insoweit klaren Fällen schon materieller Rechtmäßigkeit – oben *Rn. 751*, Kategorie (a) – sei in Fällen obiger Kategorie (b) eine Vollstreckungshandlung trotz öffentlich-rechtlicher Widerrechtlichkeit *auch* dann (aber auch *nur* dann) **rechtmäßig i.S. des § 113 III StGB**, wenn der Beamte[81]

- sachlich und örtlich zuständig war[82] *und*
- die wesentlichen Förmlichkeiten beachtet hat (etwa:[83] ordnungsgemäße Belehrung;[84] Richtervorbehalt;[85] vorherige Androhung bei unmittelbare Zwang[86]) *und*
- bei Handeln nach pflichtgemäßem Ermessen dieses pflichtgemäß ausgeübt hat.[87]

Beruht dabei die öffentlich-rechtliche Widerrechtlichkeit der Vollstreckungshandlung auf **754**
einem Irrtum des Beamten, so soll die *irrige Annahme der rechtlichen Voraussetzungen* für die Vornahme der Vollstreckungshandlung (grundsätzlich) die »strafrechtliche« Rechtswidrigkeit dieser Diensthandlung begründen.[88] Demgegenüber soll bei einem *Irrtum über die tatsächlichen Voraussetzungen* des Eingreifens nur der *verschuldete* Irrtum die Rechtmäßigkeit i.S.d. § 113 III StGB ausschließen, wobei hier z.T. grobe Fahrlässigkeit verlangt wird,[89] während die h.M. bereits jede Verletzung der Pflicht zur sorgfältigen Prüfung der tatsächlichen Voraussetzungen der Diensthandlung genügen lässt.[90]

Diese **strafrechtsspezifische Sicht** bedeutet gegenüber der »Lehre von der Verwaltungsak- **755**
zessorietät«, die ja (vgl. *Rn. 752*) die Diensthandlung *allein bei Nichtigkeit* (Kategorie c)
– d.h., lediglich bei solchen fehlerhaften Verwaltungs- und Vollstreckungsakten, die an schweren und zugleich evidenten Mängeln leiden (§ 44 VwVfG) –

als »nicht rechtmäßig« i.S. des § 113 III StGB einstuft, eine deutliche – und als solche begrüßenswerte – Einschränkung der Fälle »rechtmäßigen« Diensthandelns und damit im Ergebnis auch der Strafbarkeit nach § 113 StGB.

---

[79] *BGH* St 21, 334 (365); *OLG Karlsruhe*, NJW 1974, 2142; *OLG Köln*, NStZ 1986, 234 ff.; grds. anerkennend *BVerfG*, NVwZ 2007, 1180; grds. bestätigend *BGH* St 60, 253 (258 ff.) (krit. dazu *Kindhäuser*, HRRS 2016, 439; *Rönnau/Hohn*, StV 2016, 314); L/K/H-*Heger*, § 113 Rn. 7 ff.; LK-*Rosenau*, § 113 Rn. 34; ähnl. Sch/Sch-*Eser*, § 113 Rn. 21 ff.; s.a. die Nennungen in *Fn. 81, 84*.
[80] Vgl. *Dreher*, NJW 1970, 1158; LK-*Rosenau*, § 113 Rn. 34; *Fischer*, § 113 Rn. 11.
[81] I.d.S. *BGH* St 21, 334 (365); 60, 253 (258 ff.); ebso. *AG Düren*, StV 2020, 197 (»Hambacher Forst«); ausf. Sch/Sch-*Eser*, § 113 Rn. 24/25 ff.; *Fischer*, § 113 Rn. 16 ff.; W/H/E-*Engländer*, Rn. 606 ff.
[82] Was das Bestehen überhaupt einer Eingriffsnorm voraussetzt, vgl. BayObLG, NJW 2023, 1375 ff.
[83] Weitere Beisp. für »wes. Förmlichkeiten« bei *Eisele* I, Rn. 1532; ; LK-*Rosenau*, § 113 Rn. 44–46.
[84] *OLG Hamm*, NStZ 2013, 62 (63); *OLG Celle*, StV 2013, 25 (26), i.E. zust. *Jahn*, JuS 2013, 268.
[85] *BGH*, NStZ-RR 2024, 75 (76).
[86] *AG Schwandorf*, NStZ 1987, 280 f.; *OLG Dresden*, NStZ 1987, 280 f.
[87] Vgl. hierzu BayObLG, JZ 1980, 109 f. m. Bespr. *Küper*, JZ 1980, 633 ff.; *KG*, NStZ 2006, 414 ff.
[88] *BGH*, NStZ 1981, 22 f.; *BayObLG*, JZ 1980, 109 f.; *Fischer*, § 113 Rn.18; L/K/H-*Heger*, § 113 Rn.13; LK-*Rosenau*, § 113 Rn. 51; **diff**. Sch/Sch-*Eser*, § 113 Rn. 29; **abw**. *Paeffgen*, JZ 1979, 516 (520 ff.).
[89] *OLG Celle*, NJW 1971, 154; *BayObLG*, JR 1989, 24; LK-*Rosenau*, § 113 Rn. 50.
[90] Vgl. etwa *BGH* St 21, 334 (363); 24, 125 (132); *Paeffgen*, JZ 1979, 516 (520, 523); L/K/H-*Heger*, § 113 Rn. 12; i.d.S. auch *Fischer*, § 113 Rn. 18; W/H/E-*Engländer*, Rn. 607, 611 ff.

756 (3) Dennoch hat sich mittlerweile im Schrifttum eine zunehmend erstarkende Meinung im Sinne eines »**materiellen Rechtmäßigkeitsbegriffs**« herausgebildet,[91] der auch der in *Rn. 753 ff.* beschriebene »strafrechtliche Rechtswidrigkeitsbegriff« im Hinblick auf die Erfassung auch materiell unrechtmäßiger, aber nach den Kriterien jener Auffassung immerhin »formal rechtmäßiger« Diensthandlungen als »*rechtmäßig*« im Sinne des § 113 III StGB noch immer zu weit geht. Man solle vielmehr »auf jeden besonderen Rechtswidrigkeitsbegriff bei amtlichem Handeln verzichten und duldungspflichtige Eingriffsrechte immer schon dann ablehnen ..., wenn ihre in den ermächtigenden Gesetzen statuierten Voraussetzungen nicht vorliegen«.[92]

757 (4) **Stellungnahme**:

(a) Abzulehnen ist zunächst der »*verwaltungsrechtliche Rechtswidrigkeitsbegriff*« (*Rn. 752*). Denn zwar ist ein materiell rechtswidriger, aber nicht nichtiger, sondern bloß anfechtbarer Hoheitsakt als solcher wirksam, solange er nicht aufgehoben wird, aber die Vollstreckung mittels straftatbestandverwirklichender Handlungen

– man denke an Diensthandlungen wie Festnahmen, Durchsuchungen usw., die tatbestandlich als Freiheitsberaubung, Hausfriedensbruch etc. einzustufen sind –

»bedarf einer selbstständigen Rechtfertigung, die u.a. das Gegebensein der eingriffsbegründenden Tatsachen voraussetzt«.[93]

Jene in (zu) weitem Umfang den Vollstreckungsbeamten in Schutz nehmende Auffassung »verschiebt den Interessenausgleich zu Lasten des Bürgers«[94] – was nicht nur im Hinblick auf den Schutz der in concreto betroffenen Rechtsgüter von Bedeutung ist, sondern auch unter dem Gesichtspunkt der »inneren Hygiene« bei staatlichen Organen: »Da Verwaltungsakte nur äußerst selten nichtig sind, könnten sonst ... Beamte alles mögliche Rechtswidrige tun, ohne strafrechtliche Konsequenzen oder Gegenwehr befürchten zu müssen«.[95]

758 (b) Doch auch der von der h.M. befürwortete »*strafrechtliche Rechtswidrigkeitsbegriff*« (siehe *Rn. 753 ff.*), der u.a. auf die pflichtgemäße Ermessensausübung abstellt (*Rn. 753*, letztgenanntes Kriterium), ist erheblichen Bedenken ausgesetzt:[96]

»Ein pflichtgemäßes Ermessen bei Feststellung der tatsächlichen Voraussetzungen eines Eingriffsrechtes, von dem die Rechtsprechung immer noch ausgeht, existiert nicht; vielmehr müssen diese Voraussetzungen wirklich vorliegen. Fehlen sie, so besteht kein Eingriffsrecht. Wegen des für alle hoheitlichen Eingriffe bestehenden Gesetzesvorbehaltes ist es der strafrechtlichen Rechtsprechung verwehrt, solche Eingriffsrechte mit Hilfe eines besonderen strafrechtlichen Rechtswidrigkeitsbegriffes selbst zu schaffen.«[97]

---

[91] *Amelung*, JuS 1986, 329 (334 ff.); *Benfer*, NStZ 1985, 255 f.; *Backes/Ransiek*, JuS 1989, 624 (626 ff.); *Roxin*, FS-Pfeiffer, 1987, S. 48 ff.; Roxin/*Greco*, AT I, 17/11 ff.; *Weber*, JuS 1997, 1080 (1081 f.); *Eisele* I, Rn. 1536; *Rengier* II, 53/19 ff.; A/W/H/H-*Hilgendorf*, 45/37 ff.; LPK-*Hilgendorf*, § 113 Rn. 24; SK[9]-*Wolters*, § 113 Rn. 9; speziell zu § 113 StGB *Reinhart*, StV 1995, 101 (105 ff.).

[92] Roxin/*Greco*, AT I, 17/11; s.a. A/W/H/H-*Hilgendorf*, 45/37 ff. (39); SK[9]-*Wolters*, § 113 Rn. 9.

[93] So zu Recht Roxin/*Greco*, AT I, 17/10; in diesem Sinne auch SK[9]-*Wolters*, § 113 Rn. 9.

[94] LK-*Rosenau*, § 113 Rn. 35; ebso. krit. zur Position des Bürgers NK-*Paeffgen*, § 113 Rn. 39.

[95] Roxin/*Greco*, AT I, 17/10; s.a. A/W/H/H-*Hilgendorf*, 45/37: Stärkung des Verantwortungsgefühls.

[96] Vgl. nur etwa *Amelung*, JuS 1986, 329 (334 ff.); *Roxin*, FS-Pfeiffer, 1987, 48 ff.; LPK-*Hilgendorf*, § 113 Rn. 23; *Rengier* II, 53/27 ff.; s.a. A/W/H/H-*Hilgendorf*, 45/33 ff.

[97] Roxin/*Greco*, AT I, 17/9; s.a. *Rengier* II, 53/27; SK[9]-*Wolters*, § 113 Rn. 9.

Und soweit die h.M. damit argumentiert, dass die Amtsträger mittels eines vergleichsweise extensiven Verständnisses der »rechtmäßigen Diensthandlung« und einer damit einhergehenden weitreichenden Kriminalisierung von Widerstandshandlungen nach § 113 StGB »in ihrer Entschlusskraft bei der Amtsausübung, die sonst in für die öffentlichen Belange unheilvoller Weise gelähmt würde«,[98] geschützt sein müssten, ist dem entgegenzuhalten: **759**

> »Solche Formulierungen, die aus den Zeiten des Obrigkeitsstaates überliefert sind, bedürfen in einem demokratischen Gemeinwesen der Relativierung durch die Einsicht, dass der Staat nicht minder bestrebt sein muss, die Freiheit seiner Bürger zu wahren und seine Beamten zur strikten Beachtung der Gesetze zu motivieren«.[99]

(c) Was bleibt, ist mithin der »*materielle Rechtmäßigkeitsbegriff*« (*Rn. 756*): **760**
Zum einen enthält er sich der den anderen Auffassungen entgegenzuhaltenden verwaltungs- und strafrechtlichen Systemwidrigkeiten

(Verstoß gegen den Vorbehalt des Gesetzes bzw. *Rechtswidrigkeit* des Eingriffs aufgrund *schuldhaften* Fehlverhaltens des Beamten[100])

und **bindet den Amtsträger** kriminalpolitisch sinnvoll **stärker an die Vorgaben des Gesetzes**. Zum anderen aber belastet er den Amtsträger auch nicht über Gebühr mit unausweichlichen Risiken seiner Amtstätigkeit: Denn der notwendige Schutz des eine Diensthandlung Ausführenden im Hinblick auf das mit seiner Tätigkeit verbundene Irrtumsrisiko ist in aller Regel durchaus gewährleistet:

> »In den Fällen, in denen Amtsträger unübersichtliche Lagen bewältigen, auf Grund von Prognosen handeln oder eilige Maßnahmen treffen müssen, sehen die Eingriffstatbestände selbst schon Regelungen vor, die den Bedürfnissen wirksamen exekutivischen Handelns Rechnung tragen. Das geschieht durch Verdachtstatbestände, durch Gefahrtatbestände und durch Regeln über die vorläufige Vollstreckbarkeit«.[101]

Und auch in Fällen, in denen doch einmal zugunsten des von der fehlerhaften Diensthandlung Betroffenen ein **Notwehrrecht** besteht, **761**

– was freilich bei weder vorsätzlichem, noch fahrlässigem Fehlverhalten des Amtsträgers mangels Handlungsunwerts und damit auch in Ermangelung eines »rechtswidrigen« Angriffs i.S.d. § 32 II StGB von vornherein nicht der Fall ist (s.a. *Rn. 779 ff.*),[102] –

ist den Interessen und dem erforderlichen Schutz des fahrlässig den Fehler begehenden Amtsträgers dadurch hinreichend Rechnung getragen, dass der jeweils Betroffene sich *nur im Rahmen von Erforderlichkeit und Gebotenheit* gegen die Diensthandlung zur Wehr setzen darf – etwa zunächst einmal auf den Fehler hinweisen muss.[103]

Als letztes schließlich spricht für den »materiellen Rechtmäßigkeitsbegriff« auch, dass sich mittlerweile die **verfassungsgerichtliche Rechtsprechung** erkennbar in diese Richtung bewegt. So hat 2007 das *BVerfG* – unter ausdrücklicher Nichtbeanstandung freilich des **762**

---

[98] *BGH* St 4, 161 (164); 21, 334 (365); *KG*, StV 2001, 260; s.a. LK-*Rosenau*, § 113 Rn. 39.
[99] Roxin/*Greco*, AT I, 17/11; s.a. Joecks/*Jäger*, § 113 Rn. 28 f.; *Eisele* I, Rn. 1536: *Rengier* II, 53/27.
[100] Roxin/*Greco*, 17/9: Vermengung zweier Fundamentalkategorien; s.a. A/W/H/H-*Hilgendorf* 45/37.
[101] Roxin/*Greco*, 17/12; ebso. SK^9-*Wolters*, § 113 Rn. 10; *Eisele* I, Rn. 1536 f.; *Rengier* II, 53/30, 31.
[102] Hierzu vertiefend Krey/*Esser*, AT, Rn. 480 ff.; Roxin/*Greco*, AT I, 15/14, 16 und v.a. 17/13.
[103] Roxin/*Greco*, AT I, 17/14; *Eisele* I, Rn. 1539; *Rengier* II, 53/32; *Zimmermann*, JR 2010, 363 (»neue Fallgruppe sozialethischer Notwehreinschränkung«); auf Grundlage des strafrechtl. Rechtmäßigkeitsbegriffs ebso. *OLG Hamm*, NStZ-RR 2009, 271 f.; *OLG Frankfurt*, NStZ-RR 2023, 338 (340 f.).

»strafrechtlichen Rechtmäßigkeitsbegriffs« als solcher – für den konkreten Fall eines Eingriffs in die Versammlungsfreiheit folgende wichtige **Weichenstellung** vorgenommen:[104]

»Bei der Konkretisierung der nach dieser Rechtsprechung zu stellenden Anforderungen der Wahrung wesentlicher Förmlichkeiten und der pflichtgemäßen Prüfung von Eingriffsvoraussetzungen haben die Strafgerichte der Bedeutung der durch die Diensthandlung betroffenen Grundrechte Rechnung zu tragen. Werden von dem Amtsträger ohne weiteres erkennbare rechtliche Voraussetzungen seiner Befugnisse nicht beachtet, überwiegt das in einem Rechtsstaat wichtige Interesse des Bürgers, darauf vertrauen zu dürfen, dass die Amtsträger die allgemeinen Anforderungen an ein rechtmäßiges Verhalten kennen und beachten. Werden entsprechende grundlegende rechtliche Anforderungen an Grundrechtseingriffe verletzt, darf der auf die Möglichkeit zur Ausübung seines Grundrechts gerichtete Widerstand des Grundrechtsträgers gegen die Diensthandlung ... nicht nach § 113 Abs. 1 StGB mit einer strafrechtlichen Sanktion geahndet werden.«

763 Diese Einschränkung des »strafrechtlichen Rechtswidrigkeitsbegriffs« durch das BVerfG, die auch seine Anhänger in Zukunft nicht außer Acht lassen dürfen, ist der Sache nach letztlich nichts anderes, als ein Schritt in Richtung »materieller Rechtmäßigkeitsbegriff«.[105]

764 (5) Konsequenzen für unseren ***Fall 67*** (oben *Rn. 749*):

Nach dem hier vertretenen »materiellen Rechtmäßigkeitsbegriff« (*Rn. 756, 760 ff.*) ergibt sich aus dem Verstoß der Amtshandlung des Gerichtsvollziehers gegen § 811 Nr. 1 ZPO und der darin liegenden materiellen Rechtswidrigkeit ohne Weiteres, dass die Amtshandlung **auch i.S. des § 113 III StGB »nicht rechtmäßig«** war.

§ 113 III 1 StGB greift somit ein, eine Strafbarkeit des A aus § 113 I StGB entfällt.

Ergänzender Hinweis: Dies müsste eigentlich auch nach dem »strafrechtlichen Rechtmäßigkeitsbegriff« gelten, da K doch offenkundig die rechtliche Tragweite des § 811 ZPO verkannt hat (*Rn. 754*). Doch wird der Verstoß gegen § 811 ZPO meist als Fall des **Tat**sachenirrtums behandelt und daher nicht als Anwendungsbeispiel für § 113 III StGB.[106]

4. Der Tatbestand des § 114 StGB (»tätlicher Angriff«)

765 Nach Herausnahme aus § 113 I StGB (s. *Rn. 719*) findet sich der »tätliche Angriff« jetzt in § 114 I StGB als **eigener Tatbestand** wieder – mit *erhöhter Strafdrohung* und *in erweiterter Form*, indem er auch strafbar ist, wenn er »**bei einer Diensthandlung**« stattfindet, die *keine Vollstreckungshandlung* i.S.d. § 113 I StGB ist.

– Damit ist etwa der Polizist nun auch (s. *Rn. 724*) bei Streifenfahrten, Beschuldigtenvernehmungen, Entgegennahme von Strafanzeigen etc. gegen tätliche Angriffe geschützt. –

Ungeachtet dessen ist aber der **geschützte Personenkreis** mit dem des § 113 I StGB identisch, muss sich die Tat also gegen einen *Vollstreckungsbeamten* richten.

Ein solcher sei als Repräsentant staatlicher Gewalt in besonderem und zunehmendem Maße gewalttätigen Übergriffen ausgesetzt und damit in besonderer Weise schutzwürdig.[107]

---

[104] BVerfG, NVwZ 2007, 1180 (Zitat Rn. 38) m. abl. Anm. *Niehaus/Achelpöhler*, StV 2008, 71.
[105] In diesem Sinne auch *Rengier* II, 53/28, 29; s.a. OLG Düsseldorf, wistra 2008, 318.
[106] Vgl. *RG* St 19, 164; s.a. Sch/Sch-*Eser*, § 113 Rn. 28.
[107] Vgl. BT-Drucks. 18/11161, S. 8; krit. u.a. *Magnus*, GA 2017, 530 ff. (542 f.); *Puschke/Rienhoff*, JZ 2017, 924 ff.; *König/Müller*, ZIS 2018, 96 ff. (101); *Busch/Singelnstein*, NStZ 2018, 510 (514).

Fall 68: *– § 113 III StGB bei Handeln des Vollstreckungsbeamten auf Befehl –* **766**
Polizeibeamter P wird (als Ermittlungsperson der StA i.S.d. § 152 GVG) von Staatsanwalt S angewiesen, bei B eine Hausdurchsuchung (§ 102 StPO) vorzunehmen, da dort Diebesgut gelagert werde; es sei Gefahr im Verzug (§ 105 I StPO), P müsse sofort handeln. Als P die Durchsuchung vornehmen will, versetzt B ihm ohne lange Diskussion einen Kinnhaken. Strafbarkeit des B, falls eine richterliche Anordnung doch rechtzeitig einholbar gewesen wäre, ohne den Zweck der Maßnahme zu gefährden, und S (anders als P) dies auch wusste?

a) Strafbarkeit des B gemäß §§ 113 I, 114 I StGB

(1) B hat den Tatbestand des § 113 I StGB durch *gewaltsamen Widerstand* erfüllt.

(2) Der Kinnhaken könnte aber auch einen »tätlichen Angriff« i.S.d. § 114 I StGB darstellen, so dass möglicherweise auch dieser Tatbestand verwirklicht wurde.

Tätlicher Angriff ist »jede mit feindseligem Willen **unmittelbar** auf den Körper **767** des Beamten zielende Einwirkung, unabhängig von ihrem Erfolg«,[108]

Ausgestaltet (wie § 113 I StGB, vgl. *Rn. 733*) als »**unechtes Unternehmensdelikt**«,[109] genügt schon der *Versuch einer Körperverletzung* (bzw. *Freiheitsberaubung*[110]).

Strittig ist, ob es angesichts der erhöhten Strafdrohung einer gewissen Erheblichkeit bedarf.[111] Immerhin grenzwertig mag das bloße Spucken auf die Kleidung des Beamten oder das Bewerfen mit einer leeren Bierflasche erscheinen.[112]

Bloßes Sträuben gegen die Festnahme genügt jedenfalls nicht (s. **Fall 66**, *Rn. 721 f.*).

Ob die Abgabe von **Schreckschüssen** genügt, ist strittig;[113] jedenfalls aber ist sie im Hinblick auf das »*Widerstandleisten*« in § 113 I StGB ggf. (bei starker körperlicher Schreckreaktion) als *Gewalt* einzustufen,[114] wenigstens aber als konkludente *Drohung mit Gewalt*.

Der Angriff muss zwar »bei einer Diensthandlung« erfolgen, sich aber nicht *gegen* **768** *diese* richten, es braucht dem Täter also nicht auf ihre Vereitelung anzukommen;[115]

Handeln aus persönlicher Rache, Verärgerung, Wut oder »Hass auf den Staat« genügt.[116]

In *Fall 68* hat B den Vollstreckungsbeamten P bei dessen Diensthandlung (massiv) tätlich angegriffen und somit nicht nur § 113 I StGB, sondern auch § 114 I StGB verwirklicht.

Werden nun, wie in *Fall 68* (oder bei dem in *Rn. 736* erwähnten Zufahren auf einen **769** Polizisten, dazu *Fall 117*, *Rn. 1291 ff.*) durch ein und dieselbe Handlung **beide Delikte** erfüllt, stellt sich die Frage, in welchem Verhältnis diese zueinander stehen.

---

[108] *BGH* St 65, 36 (38); *Eisele* I, Rn. 1547d; *Rengier* II, 53/47; s.a. *BGH*, BeckRS 2020, 13163.
[109] *Puschke/Rienhoff*, JZ 2017, 924 (931); Joecks/*Jäger*, § 114 Rn. 2; SK⁹-*Wolters*, § 114 Rn. 5.
[110] Sch/Sch-*Eser*, § 114 Rn. 4; Joecks/*Jäger*, § 114 Rn. 2; **a.A.** SK⁹-*Wolters*, § 114 Rn. 5.
[111] Dafür: *Busch/Singelnstein*, NStZ 2018, 510 (512 f.); BeckOK-*Dallmeyer*, § 114 Rn. 5; MK-*Bosch*, § 114 Rn. 6; S/S/W-*Zimmermann*, § 114 Rn. 7 mwN; **a.A.** *OLG Hamm*, BeckRS 2019, 3129; *OLG Dresden*, NStZ 2023, 358; LK-Rosenau, § 114 Rn. 15; L/K/H-*Heger*, § 114 Rn. 2.
[112] Vgl. *LG Nürnberg-Fürth* NStZ-RR 2021, 169 (pro); *AG Bremen* BeckRS 2023, 48780 (contra).
[113] Dafür: Sch/Sch-*Eser*, § 114 Rn. 4; **a.A.** SK⁹-*Wolters*, § 114 Rn. 5; S/S/W-*Zimmermann*, § 114 Rn. 9.
[114] Vgl. *RG* St 60, 157 (158); *BGH* St 23, 126 (127); LK-*Rosenau*, § 113 Rn. 24, § 114 Rn. 14.
[115] *Fischer*, § 114 Rn. 5; L/K/H-*Heger*, § 114 Rn. 2; SK⁹-*Wolters*, § 114 Rn. 5; h.M.
[116] SK⁹-*Wolters*, § 114 Rn. 5; **abl.** NK-*Paeffgen*, § 113 Rn. 31; **diff.** (d.h. nicht bei rein persönlichen Motiven) Sch/Sch-*Eser*, § 114 Rn. 4; LK-*Rosenau*, § 114 Rn. 14; S/S/W-*Zimmermann*, § 114 Rn. 10.

Dabei ist zu berücksichtigen, dass § 114 StGB insofern eine **Doppelfunktion** aufweist, als er für den Fall, dass der Amtsträger *bei einer Vollstreckungshandlung* angegriffen wird, die bereits nach § 113 I StGB bestehende Strafbarkeit *gewissermaßen fortschreibt,*

– er also insoweit »in gewisser Weise Qualifikationscharakter« hat, –

er hingegen für den Fall, dass der Angriff *bei Ausübung einer sonstigen Diensthandlung* erfolgt, als per se strafbegründender *eigenständiger Tatbestand* in Erscheinung tritt.[117]

770 Angesichts eben dieser Struktur, aber auch aufgrund seines besonderen individuellen Schutzzweckes (s. *Rn. 720*) ist § 114 StGB nicht einfach als Qualifikation des § 113 StGB zu betrachten, ist vielmehr bei gleichzeitiger Verwirklichung der beiden Tatbestände von **Tateinheit** (Idealkonkurrenz) i.S.d. § 52 StGB auszugehen.[118]

Somit hat B in *Fall 68* die Taten der §§ 113 I, 114 I StGB tateinheitlich begangen.

(3) § 113 III StGB bzw. §§ 114 III i.V.m. 113 III StGB

771 Fraglich ist nun freilich noch, wie es zu bewerten ist, dass sich die von P angestrebte Hausdurchsuchung nicht auf eine richterliche Anordnung stützen konnte.

(a) Wie wir bereits wissen (*Rn. 749 ff.*), führt dies für das Delikt des § 113 I StGB zu der in § 113 III 1 StGB geregelten Frage nach der »Rechtmäßigkeit« der Vollstreckungshandlung.

Doch auch für das aus § 113 StGB ausgekoppelte neue Delikt des § 114 StGB ist zu beachten, dass immer dann, wenn der »tätliche Angriff« *bei einer Vollstreckungshandlung* erfolgt, gem. **§ 114 III StGB** ebenfalls die Anwendbarkeit der § 113 III, IV StGB vorgesehen ist, so dass die dortigen Privilegierungen auch hier gelten

– während dies für den »tätlichen Angriff« bei *sonstigen Diensthandlungen* nicht der Fall ist und somit insb. die Irrtumsregelungen aus § 113 III S. 2 und IV StGB nicht greifen.

Da es in *Fall 68* um den »tätlichen Angriff« *bei einer Vollstreckungshandlung* geht, ist somit auch für das Delikt nach § 114 I StGB die Anwendbarkeit des § 113 III StGB gegeben.

772 (b) Die Hausdurchsuchung **verstieß gegen Verfahrensrecht**: Gemäß § 105 I StPO bedurfte es einer Anordnung durch den Richter, da nicht »Gefahr im Verzuge« war.

Eine solche besteht, »wenn die richterliche ... Anordnung nicht eingeholt werden kann, ohne dass der Zweck der Maßnahme gefährdet wird«.[119]

Die Weisung des S war also rechtswidrig. Sie war aber gem. § 152 GVG, §§ 161 I mit 105 I StPO **für P verbindlich**, da er sich darauf verlassen durfte, dass wirklich Gefahr im Verzuge sei. Zu eigenen tatsächlichen Ermittlungen war er angesichts der Weisung des S, sofort zu handeln, weder berechtigt noch verpflichtet.[120]

Ob ein solcher rechtswidriger, aber verbindlicher Dienstbefehl einen allg. Rechtfertigungsgrund für den Beamten darstellt, ist streitig,[121] kann *hier* aber dahinstehen, da es für eine Strafbarkeit nach §§ 113/114 StGB allein darauf ankommt, ob die Vollstreckungshandlung *i.S.d. § 113 III StGB* »rechtmäßig« war. – S. aber noch *Rn. 779 ff.*! –

---

[117] *Rengier* II, 53/45 (von dort auch das Zitat); ebso. *Busch/Singelnstein*, NStZ 2018, 510 (513).
[118] BGH St 65, 36 (39 ff.); NStZ-RR 2020, 243; L/K/H-*Heger*, § 114 Rn. 5; *Kulhanek*, JR 2018, 551 (558); Sch/Sch-*Eser*, § 114 Rn. 12; *Rengier* II, 53/45; **a.A.** W/H/E-*Engländer*, Rn. 625: Konsumtion.
[119] Vgl. mwN Meyer-Goßner/*Schmitt*, StPO, § 105 Rn. 2 i.V.m. § 98 Rn. 6 (von dort das Zitat).
[120] Vgl. MK-*Bosch*, § 113 Rn. 52; NK-*Paeffgen*, § 113 Rn. 50.
[121] Nachweise bei Sch/Sch-*Sternberg-Lieben*, vor § 32 Rn. 87 ff.; Roxin/*Greco*, AT I, 17/15 ff.

(c) Zur Klärung der Frage, ob P hier **i.S. des § 113 III StGB** *»rechtmäßig«* gehandelt hat, kommt es (wie schon oben in *Fall 67, Rn.* 749) entscheidend darauf an, von welchem der unterschiedlichen Rechtmäßigkeitsbegriffe man ausgeht: 773

(aa) Die Vertreter des **»strafrechtlichen Rechtmäßigkeitsbegriffs«** (s. *Rn.* 753 *ff.*) nehmen an, bei Vollstreckungsakten aufgrund rechtswidriger dienstlicher Anordnung handele der Vollstreckungsbeamte *rechtmäßig* i.S. des § 113 III StGB, »wenn er einen von dem sachlich und örtlich zuständigen Vorgesetzten erteilten dienstlichen, nicht offensichtlich rechtswidrigen Befehl im Vertrauen auf dessen Rechtmäßigkeit in gesetzlicher Form vollzieht«.[122] 774

– Mitunter wird ihm aber eine (freilich stark begrenzte) Prüfungspflicht auferlegt.[123] –

Damit griffe in *Fall 68* (*Rn.* 766) § 113 III StGB *nicht* ein, da die Anordnung der Haussuchung nicht offensichtlich rechtswidrig war, P auf die Rechtmäßigkeit vertraute und der Sachverhalt keinen Hinweis auf Fehler beim Vorgehen des P gibt.

– Eine Prüfungspflicht wäre hier schon aufgrund der Eilbedürftigkeit nicht gegeben. –

(bb) Dasselbe Ergebnis wäre auch für den **»verwaltungsrechtlichen Rechtmäßigkeitsbegriff«** (siehe *Rn.* 752) anzunehmen. Die Begründung wäre allerdings eine andere: Für diesen Ansatz bedeutet *»rechtmäßig«* i.S.d. § 113 III StGB nichts anderes als *wirksam* (verbindlich), d.h. **vom Bürger zu dulden** (s. *Rn.* 752). Dabei werde aber die Frage der Verbindlichkeit jener Handlung im **Außenverhältnis zum betroffenen Bürger** vom Dienstbefehl (Innenverhältnis) nicht berührt. Die interne Anordnung könne keineswegs im Außenverhältnis zum Bürger eine ohne den Befehl nicht bestehende Duldungspflicht begründen.[124] So komme es allein darauf an, ob der Hoheitsakt trotz materieller Rechtswidrigkeit **als solcher wirksam** und verbindlich, oder aufgrund evidenter schwerer Rechtsverletzung nichtig ist. In unserem *Fall 68* war der Verstoß gegen § 105 I StPO **nicht evident** und die Durchsuchung damit zu dulden. Daher greift auch nach dieser Auffassung § 113 III StGB *nicht* ein. 775

(cc) Für den hier vertretenen **»materiellen Rechtmäßigkeitsbegriff«** (*Rn.* 756, 760 *f.*) gilt, dass die für P verbindliche dienstliche Weisung die von ihm vorzunehmende, in der Sache ja immer noch gegen § 105 I StPO verstoßende, Hausdurchsuchung (gerade auch dem B gegenüber) nicht von ihrer materiellen Rechtswidrigkeit zu befreien vermochte.[125] Insoweit gilt der Satz: 776

»Der Staat tritt dem Bürger gegenüber als (rechtswidrig handelnde) Einheit auf«.[126]

Die von P bei B vorzunehmende **Hausdurchsuchung war** also aufgrund des Verfahrensfehlers **rechtswidrig** – dass P (dennoch) dienstlich verpflichtet war, der verbindlichen Anordnung durch S Folge zu leisten, ändert daran nichts.

---

[122] KG, NJW 1972, 781 (krit. Anm. *Rostek*, 1335); *OLG Karlsruhe*, NJW 1974, 2142 f. (krit. *Wagner*, JuS 1975, 224 [225 f.]); *OLG Köln*, NJW 1975, 889 (890); ebso. LK-*Rosenau*, § 113 Rn. 52; S/S/W-*Rosenau*, vor § 32 Rn. 28; W/H/E-*Engländer*, Rn. 606; krit. hierzu *Paeffgen*, JZ 1979, 516 (523); *Ostendorf*, JZ 1981, 165 (173); MK-*Bosch*, § 113 Rn. 52; *Fischer*, § 113 Rn. 19.

[123] Vgl. Sch/Sch-*Eser*, § 113 Rn. 31 mwN; LK-*Rosenau*, § 113 Rn. 52; *KG*, StV 2005, 669 (670 f.); s.a. *BayObLG*, JZ 1980, 109 f. m. Bespr. *Küper*, JZ 1980, 633 ff.; *OLG Hamm*, NStZ 1996, 281.

[124] So u.a. *Amelung*, JuS 1986, 329 (334, 337); *W. Meyer*, NJW 1972, 1845 (1847); *Wagner*, JuS 1975, 224 (225) sowie noch die 14. Aufl. dieses Lehrbuchs (dort Rn. 524).

[125] Näher hierzu MK-*Bosch*, § 113 Rn. 52; vgl. bereits *Ostendorf*, JZ 1981, 165 (173).

[126] NK-*Paeffgen*, § 113 Rn. 50; ebso. MK-*Bosch*, § 113 Rn. 52.

777 Und da es nach dieser Auffassung nur auf die materielle Rechtswidrigkeit ankommt, war die Diensthandlung des P auch **nicht »*rechtmäßig*« i.S.d. § 113 III StGB**.

Dies führt nicht zu unzureichendem Schutz für den verbindlich angewiesenen Befehlsempfänger, denn es kann der unbestreitbar erforderliche **Schutz des Vollstreckungsbeamten selbst** effektiv »ohne weiteres im Rahmen der individualschützenden Normen erfolgen« – etwa im Rahmen der §§ 223 ff. StGB (s. nachf. Rn. 779) –, getreu dem Grundsatz: »Die rechtfertigende Wirkung des Abs. 3 erfasst ... nicht die mit § 113 idealkonkurrierenden Delikte«.[127]

778 (dd) Ergebnis für *Fall 68*: Wegen Eingreifens des § 113 III 1 StGB (bzw. §§ 114 III mit 113 III 1 StGB) ist B *nicht* strafbar gem. §§ 113 I, 114 I StGB.

Gleichgültig ist, ob die Widerstandshandlung **erforderlich** war und ob der Betroffene (hier B) **wusste**, dass die Diensthandlung nicht »rechtmäßig« war (§ 113 III 2 StGB).[128]

779 *b) Strafbarkeit des B wegen Körperverletzung gemäß § 223 I StGB.*

(1) B hat den Tatbestand des § 223 I StGB verwirklicht, als er den P schlug.

(2) Er könnte jedoch in **Notwehr** (§ 32 StGB) gehandelt haben. Dazu müsste das Vorgehen des P ein *»rechtswidriger Angriff«* i.S.d. § 32 II StGB gewesen sein.

Tatsächlich aber muss man den auf verbindliche Weisung hin handelnden Beamten im Hinblick auf im Zuge seiner Diensthandlungen etwa verwirklichte Deliktstatbestände **strafrechtlich entlasten** – und richtigerweise ist ihm dabei auch nicht bloß eine Entschuldigung,[129] sondern eine **Rechtfertigung** zuzugestehen:[130]

780 In einem Fall wie dem hier vorliegenden *Fall 68*, »bei dem die Gehorsamspflicht mit dem Verbot, rechtswidrige Handlungen zu begehen, in Widerstreit gerät«,[131] ist aufgrund entsprechender Interessenabwägung für das Handeln des Beamten von einer **Notstandsrechtfertigung** gem. § 34 StGB bzw. einer **rechtfertigenden Pflichtenkollision** auszugehen.[132]

Mangels »rechtswidrigen Angriffs« des P bestand also für B kein Notwehrrecht.[133]

– Insoweit fallen demnach die von P zu vollstreckende, als solche *rechtswidrige Maßnahme* (die Haussuchung) und sein über § 34 StGB *gerechtfertigtes Verhalten* (die Vornahme der Haussuchung) in ihrer Bewertung auseinander.[134] In solchen Fällen gilt: »Das von dem Weisungsgeber zu verantwortende staatliche Handeln bleibt im Außenrechtsverhältnis rechtswidrig, und *gerechtfertigt ist es nur in der Person des Ausführenden* auf Grund seiner im Innenrechtsverhältnis bestehenden Befolgungspflicht«.[135] –

---

[127] MK-*Bosch*, § 113 Rn. 52 a.E., 53 (von dort das Zitat); s.a. S/S/W-*Zimmermann*, § 113 Rn. 21.
[128] MK-*Bosch*, § 113 Rn. 53; Sch/Sch-*Eser*, § 113 Rn. 36; LK-*Rosenau*, § 113 Rn. 61.
[129] So aber z.B. *Amelung*, JuS 1986, 337; *B. Heinrich*, AT, Rn. 511; *Fischer*, vor § 32 Rn. 16; NK-*Paeffgen/Zabel*, vor § 32 Rn. 192; S/S/W-*Rosenau*, vor § 32 Rn. 65.
[130] *Roxin/Greco*, AT I, 17/18 ff.; *Lenckner*, FS-Stree/Wessels, 1993, 224; *Jescheck/Weigend*, AT, § 35 II 3; *Krey/Esser*, AT, Rn. 683a/b; *Kühl*, AT, 9/118d; W/B/S-*Satzger*, AT, Rn. 712; Sch/Sch-*Sternberg-Lieben*, vor § 32 Rn. 89 mwN.
[131] *Roxin/Greco*, AT I, 17/19; s.a. *Kühl*, AT, 9/118a, 118d: »besondere Konfliktsituation«.
[132] Zu Recht für § 34: *Roxin/Greco*, AT I, 17/19; Pflichtenkollision: *Jescheck/Weigend*, AT, § 35 II 3.
[133] Vgl. hierzu *Jescheck/Weigend*, AT, § 35 II 3; *Kühl*, AT, 9/118d; *Roxin/Greco*, AT I, 17/20.
[134] Zu dieser (nur scheinbaren) Widersprüchlichkeit *Roxin/Greco*, AT I, 17/20 sowie Sch/Sch-*Sternberg-Lieben*, vor § 32 Rn. 89 (»gespaltene Rechtswidrigkeitsbeurteilung«).
[135] Sch/Sch-*Sternberg-Lieben*, vor § 32 Rn. 89 (Hervorhebung von mir).

(3) Es ist dem B in unserem *Fall 68* aber immerhin die Möglichkeit einer **Notstandsrechtfertigung** eröffnet, da er mit einer in der Diensthandlung des P zu erblickenden *»gegenwärtigen Gefahr«* konfrontiert war.[136] **781**

Freilich müsste B sich dabei *erstens* innerhalb der Grenzen der von § 34 StGB vorausgesetzten »Nicht-anders-Abwendbarkeit« (**mildestes geeignetes Mittel!**) bewegt haben, sind *zweitens* bei der notwendigen **Interessenabwägung** die schutzwürdigen Interessen des (ja gerechtfertigt handelnden) Vollstreckungsbeamten P gebührend mitzuberücksichtigen und müsste *drittens* bei B auch ein **Rechtfertigungsbewusstsein** vorgelegen haben, was zumindest die Kenntnis von der Rechtswidrigkeit der betreffenden Diensthandlung erfordert hätte.

Ob diese Kenntnis bei B gegeben war, lässt sich dem Sachverhalt nicht entnehmen. **782**

> Hinweis: § 113 III 2 StGB vermag angesichts seiner beschränkten Anwendbarkeit einzig auf § 113 (bzw. § 114) StGB ein etwa fehlendes Rechtfertigungsbewusstsein des B im Hinblick auf die allgemeinen Rechtfertigungsgründe der §§ 32, 34 StGB nicht zu heilen.

Jedenfalls aber wird man von einer deutlichen Beschränkung der Notstandsbefugnisse des B auf **rein defensiven Widerstand** ausgehen müssen,[137] so dass der »ohne lange Diskussion« verabfolgte Kinnhaken nicht gerechtfertigt war.

(4) Zu einem kaum abweichenden Ergebnis[138] käme man auch mittels der in der Literatur ebenfalls vertretenen Auffassung, dem B sei **783**

– weil P`s Handeln aufgrund verbindlicher dienstlicher Weisung nicht gerechtfertigt, sondern lediglich entschuldigt sei (hierzu schon oben *Rn. 779* mit *Fn. 129*) –

ein **Notwehrrecht** gegenüber dem die rechtswidrige Diensthandlung (nunmehr in Gestalt eines »rechtswidrigen Angriffs« i.S. des § 32 II StGB) ausführenden P zuzusprechen, da auch nach ihr zu verlangen ist, dass zum einen B über das nötige *Rechfertigungsbewusstsein* verfügte und zum anderen sich seine Verteidigung im Rahmen des *»Erforderlichen«* und des *»Gebotenen«* bewegte – was angesichts des Kinnhakens nicht der Fall war.[139]

5. Die Strafbarkeitserweiterungen des § 115 StGB

§ 115 I und II StGB dehnen den Schutz der §§ 113, 114 StGB auf Personen aus, die: **784**

– ohne Amtsträger zu sein, entweder die Rechte und Pflichten eines Polizeibeamten haben (Abs. 1, Alt. 1)[140] oder aber Ermittlungspersonen der StA sind (Abs. 1, Alt. 2);
– zur Unterstützung bei der Diensthandlung hinzugezogen sind (Abs. 2).

Des Weiteren erstreckt § 115 III StGB die Strafbarkeit nach §§ 113, 114 StGB auch auf Täter, die bei Unglücksfällen, gemeiner Gefahr oder Not *Hilfeleistende der Feuerwehr, des Katastrophenschutzes, eines Rettungsdienstes, eines ärztlichen Notdienstes oder einer Notaufnahme*[141] durch Gewalt oder durch Drohung mit Gewalt behindern (S. 1) bzw. die Hilfeleistenden in diesen Situationen tätlich angreifen (S. 2). – S.a. § 323c II StGB (s. *Rn. 1385 ff.*).

---

[136] *Lenckner*, FS-Stree/Wessels, 1993, 223 (225); *Roxin*, AT I, 14/51, 17/20; Jescheck/*Weigend*, AT, § 35 II 3; Sch/Sch-*Sternberg-Lieben*, vor § 32 Rn. 89.
[137] *Roxin*/*Greco*, AT I, 17/20; s.a. Jescheck/*Weigend*, AT, § 35 II 3 (ein Notstandsrecht »in engen Grenzen«); Sch/Sch-*Sternberg-Lieben*, vor § 32 Rn. 89 (»nur ein beschränktes Notstandsrecht«).
[138] So *Lenckner*, FS-Stree/Wessels, 1993, 223 (225); Sch/Sch-*Sternberg-Lieben*, vor § 32 Rn. 89.
[139] Vgl. NK-*Paeffgen*, § 113 Rn. 50: »... war sicher keine erforderliche Form der Verteidigung«.
[140] Insb. Jagdschutzberechtigte u. Forst-, Fischerei- u. Feldschutzberechtigte, s. *Fischer*, § 115 Rn. 2 f.
[141] Die letzteren beiden hinzugefügt durch Art. 1 Nr. 3 des Gesetzes v. 30.3.2021, BGBl. I, 441.

II. Amtsanmaßung (§ 132 StGB)

785 **Fall 69:** – *Der falsche Kriminalbeamte* –
Taxifahrer Karl (K) entdeckt nachts, dass die Tür zu einem Juwelierladen aufgebrochen ist. Er greift zur Gaspistole, schleicht sich in das Geschäft, entdeckt den Einbrecher Ede (E) und erklärt ihn für vorläufig festgenommen, wobei er, um sich wichtig zu machen, ausruft: »Kriminalpolizei! Sie sind verhaftet!« E lässt sich widerstandslos festnehmen. Strafbarkeit des K?

786 a) Freiheitsberaubung (§ 239 I StGB): Sie ist aus § 127 I S. 1 StPO gerechtfertigt.

b) **Amtsanmaßung (§ 132 StGB):** Mittäterschaft möglich (*kein* eigenhändiges Delikt);[142] geschütztes **Rechtsgut**: die »Autorität des Staates und seiner Behörden«.[143]

(1) **§ 132 Alt. 1 StGB:** K könnte sich unbefugt mit der Ausübung eines öffentlichen Amts befasst haben. Dazu ist *zweierlei* nötig, nämlich, dass er (unbefugt, s. *Rn. 791*)
– »als Inhaber eines öffentlichen Amtes auftritt *und*
– eine Handlung vornimmt, die den Anschein hoheitlichen Handelns erweckt«.[144]

Kurzum: Im Fall der Alt. 1 *»usurpiert der Täter Amt und Handlung«*.[145]

787 (a) Es muss sich um ein Amt handeln, das als Ausübung hoheitlicher oder staatlicher Funktionen der *Bundesrepublik Deutschland* erscheint (ein fiktives Amt genügt[146]); nicht genügt es, sich *Reichspräsident* zu nennen bzw. als *Reichsstatthalter* zu agieren,[147] öffentlich Warnwesten mit dem Aufdruck »Sharia Police« zu tragen[148] oder auch, sich als Inhaber eines *ausländischen Amtes* oder eines *EU-Amtes* zu gerieren.[149]

Soldaten sind keine Amtsträger im strafrechtl. Sinn;[150] § 132 StGB erfasst nicht den, der sich als Soldat ausgibt und militärische Befugnisse für sich in Anspruch nimmt
– jedenfalls soweit er nicht noch zusätzliche »Amtsbefugnisse« für sich beansprucht.[151]

788 Der expliziten Hervorhebung von Namen und Art des öffentlichen Amtes bedarf es nicht, es genügt vielmehr, wenn man nur allgemein – ggf. auch konkludent – auf die (vorgebliche) Amtsinhaberschaft hinweist, bspw. »als Polizist« agiert;[152]
– insb. ist kein Hinweis nötig auf die Zugehörigkeit zu einer bestimmten Dienststelle.[153]

Dabei kommt es für die Frage, ob in diesem Sinne nach dem äußeren Anschein hoheitliche Tätigkeit ausgeübt wird, entscheidend auf den Empfängerhorizont an.

Demgemäß genügt in *Fall 69* die Erklärung des K, er gehöre der Kriminalpolizei an.

---

[142] *BGH* St 64, 314 (316); NStZ-RR 2021, 10 f.; BeckRS 2021, 21353; *Roxin*, AT II, 25/294.
[143] L/K/H-*Heger*, § 132 Rn. 1; *Rengier* II, 55/1; HK-GS-*Weiler*, § 132 Rn. 6.
[144] *BGH* St 40, 8 (11); 56, 196 (200); *Fischer*, § 132 Rn. 8; Sch/Sch-*Sternberg-Lieben*, § 132 Rn. 3.
[145] So höchst anschaulich *Theile*, ZJS 2012, 138 (142).
[146] Kindhäuser/*Schramm*, 42/5; *Fischer*, § 132 Rn. 8; Sch/Sch-*Sternberg-Lieben*, § 132 Rn. 4.
[147] *OLG Stuttgart*, NStZ 2007, 527 bzw. *OLG München*, NStZ-RR 2010, 173; *Fischer*, § 132 Rn. 6.
[148] *LG Wuppertal*, BeckRS 2016, 110798; *Fischer*, § 132 Rn. 6; s.a. *BGH* St 63, 66 (zu § 3 I VersG).
[149] MK-*Hohmann*, § 132 Rn. 9; SK⁹-*Stein*, § 132 Rn. 6; **aA** zu EU-Ämtern S/S/W-*Geneuss*, § 132 Rn. 6.
[150] *BGH* St 56, 196 (200); *Fischer*, § 11 Rn. 16; SK⁹-*Stein/Deiters*, § 11 Rn. 44.
[151] Näher hierzu *BGH* St 56, 196 (201 f.); gar an § 132 Alt. 2 denkend *Theile*, ZJS 2012, 138 (142 f.).
[152] *OLG Karlsruhe*, NStZ-RR 2002, 301; *BGH*, NStZ 2016, 721.
[153] Wie *Fn. 152*; ebso. Sch/Sch-*Sternberg-Lieben*, § 132 Rn. 4; **a.A.** *OLG Koblenz*, NStZ 1989, 268.

(b) Die bloße *Anmaßung der Amtsinhaberschaft* als solche genügt aber noch nicht; **789**
der Täter muss auch eine (zumindest scheinbare) »*Amtshandlung*« vornehmen.[154]
– Beispiel: Ein Pädophiler gibt sich als Schularzt aus und untersucht Schüler:innen.[155] –
Eine rein **fiskalische Tätigkeit** (z.B. Wareneinkauf) ist nicht genügend,[156] ebenso nicht das Vorspiegeln der Amtsinhaberschaft, um **persönliche Vergünstigungen** (freien Eintritt in den Club, bevorzugte Bedienung im Lokal, besseren Sitzplatz) zu erlangen.[157]

In unserem *Fall 69* hat K sich unbefugt als Inhaber eines öffentlichen Amtes (Kriminalpolizei) ausgegeben und in dieser angemaßten Eigenschaft die Festnahme des E vorgenommen. Damit hat er den objektiven Tatbestand des § 132 Alt. 1 erfüllt.

Es genügt, wenn jemand, der sich telefonisch bei seinem Nachbarn meldet mit: »Hier ist die Kriminalpolizei«, diesem erklärt, wegen der Lärmbelästigung müssten die bellenden Hunde an die Kette gelegt werden und sei das Radio leiser zu stellen. Denn damit hat sich der Täter nicht etwa nur zivilrechtlich betätigt (§§ 1004 i.V.m. 906, 823 BGB),[158] in jenem Hinweis ist vielmehr eine angemaßte mündliche Polizeiverfügung zu erblicken.

Dass K die Festnahme gemäß § 127 I StPO auch als Privatmann hätte vornehmen **790**
können, spielt dabei keine Rolle;[159] denn anders als bei der 2. Alt. des § 132 StGB,
– bei der sich der Unrechtsgehalt der Tat in der Vornahme per se hoheitlicher bzw. entsprechend verwechslungsfähiger (*Rn. 793*) Handlungen erschöpft, –
liegt bei der 1. Alt. der **Unrechtsschwerpunkt** gerade in der Vortäuschung der Amtsinhaberschaft, lediglich *ergänzt* durch die Vornahme einer Handlung, die – ggf. gerade erst aufgrund jener Vortäuschung – als Ausübung hoheitlicher Tätigkeit erscheint.[160]

(c) Der Täter muss **unbefugt** handeln, wie etwa, wenn ihm die zur Vornahme der **791**
Tathandlung nötige öffentliche Amtsstellung fehlt;[161] insoweit ist das (wie bei
§§ 201, 201a, 203 StGB, *Rn. 602/617, 638, 653*, **doppelfunktionale**[162]) »*unbefugt*« Tatbestandsmerkmal und ein Irrtum über die Befugnis ein Irrtum gem. § 16 I StGB.[163]

Dagegen schließen Erlaubnissätze (z.B. § 34 StGB) nur die Rechtswidrigkeit der Tat aus.
– Ob der Adressat die fehlende Befugnis erkennt oder auf die Maßnahme reagiert, ist egal.[164] –

(d) Da K sich dessen bewusst war, i.d.S. »unbefugt« zu handeln, liegt *Vorsatz* vor. **792**

(e) Eine *Rechtfertigung* aus § 34 StGB entfällt nach den Umständen unseres *Falles 69*.

(f) Ein etwaiger *Irrtum*, bei der Festnahme eines auf frischer Tat Betroffenen dürfe man sich als Verfolgungsbeamter ausgeben, wäre ein – vermeidbarer – Verbotsirrtum (§ 17 StGB).

---

[154] *BGH* St 56, 196 (200); NStZ 2016, 721; *OLG Bremen*, BeckRS 2024, 8151; *Rengier* II, 55/2, 4.
[155] Vgl. *BGH*, BeckRS 1973, 00074; MK-*Hohmann*, § 132 Rn. 13.
[156] *BGH* St 12, 30; NJW 2016, 3111 (3112); MK-*Hohmann*, § 132 Rn. 15; *Rengier* II, 55/4.
[157] MK-*Hohmann*, § 132 Rn. 15; M/S/M-*Maiwald*, 80/8; SK⁹-*Stein*, § 132 Rn. 11.
[158] MK-*Hohmann*, § 132 Rn. 13; *Rengier* II, 55/3; **aA** *OLG Koblenz*, NStZ 1989, 268 (abl. *Krüger*, 477).
[159] *RG* St 2, 292; *Fischer*, § 132 Rn. 8; MK-*Hohmann*, § 132 Rn. 13; Kindhäuser/*Schramm*, 42/5; LK-*Krauß*, § 132 Rn. 17; L/K/H-*Heger*, § 132 Rn. 2; SK⁹-*Stein*, § 132 Rn. 11.
[160] In diesem Sinne SK⁹-*Stein*, § 132 Rn. 11; s.a. LK-*Krauß*, § 132 Rn. 17.
[161] Ausf. hierzu SK⁹-*Stein*, § 132 Rn. 12; LK-*Krauß*, § 132 Rn. 25 ff.
[162] LK-*Krauß*, § 132 Rn. 40; Sch/Sch-*Sternberg-Lieben*, § 132 Rn. 11.
[163] *BGH* St 40, 8 (15); *Warda*, Jura 1979, 286 (295); LK-*Krauß*, § 132 Rn. 25, 38; *Rengier* II, 55/8.
[164] *BGH*, NStZ 2022, 540 f.; *OLG Stuttgart*, NStZ 2007, 527 (528); LK-*Krauß*, § 132 Rn. 4.

793 (2) **§ 132 Alt. 2 StGB:** Da die Festnahme des E gem. § 127 I S. 1 StPO auch durch Privatleute erfolgen durfte, scheint auf den ersten Blick keine Handlung des K vorzuliegen, die »**nur** kraft eines öffentlichen Amtes vorgenommen werden darf«.
Als tatbestandliche Handlungen i.S.d. § 132 Alt. 2 StGB in Betracht kommen aber
– neben solchen, »die wegen ihres hoheitlichen Eingriffscharakters *ausschließlich den Trägern öff. Ämter vorbehalten* und einer Privatperson grundsätzlich untersagt sind«,[165] –
auch solche, »die zwar auch von Privatpersonen vorgenommen werden dürfen, aber *unter äußeren Umständen erfolgen, die sie als Ausübung hoheitlichen Handelns erscheinen lassen* und deshalb den Anschein einer Amtshandlung hervorrufen«[166]
– wie ggf. das (nach §§ 38 II StVO, 52 III StVZO u.U. auch Privaten erlaubte) Fahren mit Blaulicht[167] und eben auch (wie in **Fall 69**) die vorläufige Festnahme (§ 127 I, II StPO)[168].
Denn letztlich geht es stets um die **Verwechselbarkeit** mit hoheitlichem Handeln[169]
– was freilich auch bedeutet, dass nicht erfasst ist, was von vornherein offen als regelwidriges *privates* Handeln ins Werk gesetzt wird[170] oder sich so weit von den rechtlichen Vorgaben einer Amtshandlung entfernt, dass es *nicht als hoheitliches Handeln* erscheint.[171]

794 (3) Ist in unserem **Fall 69** neben Alt. 1 mithin auch Alt. 2 verwirklicht, ist zu beachten, dass bei gleichzeitigem Vorliegen beider die Tat nach Alt. 2 hinter der *spezielleren* nach Alt. 1 zurücktritt,[172] sodass im Ergebnis K sich (nur) nach § 132 Alt. 1 StGB strafbar gemacht hat.

795 *Ergänzender Hinweis:* § 132 StGB kann auch von **Amtsträgern** begangen werden:
in *Alt. 1* durch Anmaßung eines anderen Amtes als des eigenen,[173]
– etwa wenn ein Rechtsreferendar *als angeblicher Richter* einen Haftbefehl erlässt,[174] –
in *Alt. 2* insb. durch derartiges Übertreten seiner Kompetenzen (zB der **sachlichen Zuständigkeit**), dass sein Handeln den Charakter einer »in den Kreis eines anderen Amtes einschlagenden Amtshandlung« annimmt (etwa: der Referendar erlässt *als solcher* den Haftbefehl).[175]
Eine bloße Überschreitung der innerdienstlichen Befugnisse (etwa bei Missachtung von Weisungen des Vorgesetzten oder bei privat motiviertem Tätigwerden) genügt nicht, solange der Beamte sich im Rahmen seiner Allgemeinzuständigkeit bewegt – selbst dann nicht, wenn die Handlung in treuwidriger Ausnutzung der Dienststellung geschieht.[176]
Auch bei (bewusster) Überschreitung der **örtlichen Zuständigkeit** liegt Amtsanmaßung gem. Alt. 2 vor, wenn der Kompetenzmangel nicht nur auf innerdienstlichen Regeln beruht.[177]

---

[165] LK-*Krauß*, § 132 Rn. 29; s.a. MK-*Hohmann*, § 132a Rn. 19; S/S/W-*Geneuss*, § 132 Rn. 9.
[166] LK-*Krauß*, § 132 Rn. 29; ebso. *KG*, NStZ-RR 2013, 172; zust. *Jahn*, JuS 2013, 853 (854); ähnl. MK-*Hohmann*, § 132 Rn. 19; S/S/W-*Geneuss*, § 132 Rn. 9; and. jedoch SK⁹-*Stein*, § 132 Rn. 15.
[167] Vgl. *KG*, NStZ-RR 2013, 172; *Jahn*, JuS 2013, 853; Sch/Sch-*Sternberg-Lieben*, § 132 Rn. 8.
[168] MK-*Hohmann*, § 132a Rn. 19 f. (insb. 20); LK-*Krauß*, § 132 Rn. 29 f. (insb. 30).
[169] *BGH* St 40, 8 (13); MK-*Hohmann*, § 132a Rn. 20; S/S/W-*Geneuss*, § 132 Rn. 10.
[170] Etwa das unverblümt private Betreten u. Durchsuchen einer Wohnung, vgl. SK⁹-*Stein*, § 132 Rn. 14.
[171] *BGH* St 40, 8 (13); 56, 196 (202); NStZ 2022, 540; S/S/W-*Geneuss*, § 132 Rn. 10.
[172] Vgl. MK-*Hohmann*, § 132a Rn. 28; Kindhäuser/*Schramm*, 42/12; *Jahn*, JuS 2013, 853 mwN.
[173] L/K/H-*Heger*, § 132 Rn. 6; LK-*Krauß*, § 132 Rn. 41; LPK-*Hilgendorf*, § 132 Rn. 10.
[174] Vgl. *Rengier* II, 55/7; MK-*Hohmann*, § 132a Rn. 16; S/S/W-*Geneuss*, § 132 Rn. 12.
[175] *BGH* St 3, 241 (244); 12, 85 (86); ebso. *BayObLG*, NJW 2003, 1616 f.; *Rengier* II, 55/7.
[176] *BayObLG*, NJW 2003, 1616 f.; Sch/Sch-*Sternberg-Lieben*, § 132 Rn. 15; *Fischer*, § 132 Rn. 15.
[177] *BGH* St 37, 207 (211); 44, 186 (189); NJW 2016, 419 (421); Sch/Sch-*Sternberg-Lieben*, § 132 Rn. 15.

III. Missbrauch von Titeln, Berufsbezeichnungen und Abzeichen (§ 132a StGB)

Das **abstrakte Gefährdungsdelikt** dient dem »Allgemeininteresse an der Zuverlässigkeit formalisierter Zuschreibung von sozialen Bedeutungen, Verdiensten und Machtpositionen«[178] und damit dem »Schutz der Allgemeinheit vor Hochstaplern, die sich durch falsche Titel und Bezeichnungen den Schein besonderer Funktionen, Fähigkeiten und Vertrauenswürdigkeit verschaffen«.[179] Es geht also primär um **Vertrauensschutz** hinsichtlich der »Lauterkeit der Titelführung«[180], nicht aber um den Schutz des Staates, seiner Behörden bzw. bestimmter Berufsgruppen[181] oder der Interessen berechtigter Inhaber von Amtsbezeichnungen etc.[182]

796

Fall 70: – *Der falsche Professor* –

797

Der frisch habilitierte Privatdozent Dr. jur. Proll (P) ist mit der Wahrnehmung einer Professurvertretung betraut, ohne dienstvertraglich auch zur Verwendung der Bezeichnung »Professor« berechtigt zu sein. Da er es aber angenehm findet, immer wieder von Studenten – und Studentinnen! – mit »Herr Professor« angesprochen zu werden, lässt er sie gewähren und widerspricht ihnen nicht. Auch schreibt er in die Kopfzeile der von ihm ausgeteilten Skripten und Klausurangaben stets: »Prof. Dr. Proll«. Strafbarkeit des P gem. § 132a StGB?

a) »**Professor**« ist eine *Amtsbezeichnung* i.S. des § 132a I Nr. 1 StGB.

798

– Die von § 132a StGB geschützten *Berufsbezeichnungen* sind in Nr. 2 *abschließend* aufgezählt; es geht dabei sämtlich um gesetzlich geregelte Berufe, bei denen die Aspekte von Vertrauen und Abhängigkeit regelmäßig eine besondere Rolle spielen. –

b) Ein »**Führen**« i.S. der Nr. 1 bis 3 des § 132a I StGB setzt voraus, dass der Täter die Bezeichnung u.s.w. für sich in Anspruch nimmt gemäß folgender Grundsätze:[183]

799

(1) Bloßes Dulden einer entsprechenden Anrede durch Dritte genügt ebenso wenig wie bloßes Unterzeichnen auf einer vorgefertigten, mit falschem Titel versehenen Unterschriftszeile.[184] Insoweit hat P sich *nicht* nach § 132a StGB strafbar gemacht.

(2) Erforderlich ist vielmehr ein aktiv in Anspruch nehmendes Verhalten. Fraglich ist dabei jedoch einerseits, ob bereits *ein einmaliges Verwenden* genügt, und andererseits, ob auch ein Benutzen *im rein privaten Bereich* ausreicht.

Letztlich kommt es stets darauf an, dass das Verwenden in einer Weise geschieht, welche die Interessen der Allgemeinheit berührt. Das bedeutet, dass[185]

800

(a) eine Verwendung zu offensichtlich satirischen Zwecken nicht genügt;[186]

(b) ein Verwenden (etwa um anzugeben) im rein privaten Bereich bei nur einer Gelegenheit und nur gegenüber einer einzigen Person jedenfalls i.d.R. nicht ausreicht.

---

[178] *Fischer*, § 132a Rn. 2; s.a. *OLG Düsseldorf*, NJW 2000, 1052 (1053); MK-*Hohmann*, § 132a Rn. 1, 2.
[179] W/H/E-*Engländer*, Rn. 588 iAa *BGH* St 31, 61; 36, 277; s.a. LK-*Krauß*, § 132a Rn.1; *Rengier* II, 56/1.
[180] So explizit Sch/Sch-*Sternberg-Lieben*, § 132a Rn. 3; s.a. NK-*Ostendorf/Kuhli*, § 132a Rn. 3.
[181] LK-*Krauß*, § 132a Rn. 1; SK^9-*Stein*, § 132a Rn. 4; Sch/Sch-*Sternberg-Lieben*, § 132a Rn. 3.
[182] SK^9-*Stein*, § 132a Rn. 4; LK-*Krauß*, § 132a Rn. 1; LPK-*Hilgendorf*, § 132a Rn. 1.
[183] *Fischer*, § 132a Rn. 21; MK-*Hohmann*, § 132a Rn. 27 ff.; L/K/H-*Heger*, § 132a Rn. 7; Sch/Sch-*Sternberg-Lieben*, § 132a Rn. 17; *Rengier* II, 56/5 ff.; W/H/E-*Engländer*, Rn. 589.
[184] Zu Letzterem *OLG Karlsruhe*, NStZ-RR 2007, 372 f.; Sch/Sch-*Sternberg-Lieben*, § 132a Rn. 17.
[185] S. *Fn. 183* sowie *BGH* St 31, 61; *OLG Oldenburg*, NJW 1984, 2231; *KG*, NJW 2007, 1989 (1990 f.).
[186] *LG Saarbrücken*, NJW 1996, 2665 f.; S/S/W-*Geneuss*, § 132a Rn. 16.

(c) ein einmaliger Gebrauch jedoch durchaus genügen kann, wenn er öffentlich oder gegenüber mehreren Personen geschieht.

(d) auch eine Verwendung im privaten Verkehr ausreicht, wenn Art und Intensität die Allgemeinheit berühren, also insbesondere bei wiederholtem Gebrauch.

Damit hat P die Amtsbezeichnung »Professor« geführt: Die Verwendung durch Nennung auf den hundertfach ausgeteilten Texten hat weder im rein privaten Bereich, sondern öffentlich stattgefunden, noch war sie singulär oder auch nur auf wenige Einzelfälle beschränkt.

801 c) P führte die Bezeichnung »*unbefugt*«, da er das Professorenamt nicht innehatte und auch dienstvertraglich nicht zur Verwendung der Bezeichnung berechtigt war.

Insoweit ist das (der Struktur nach *doppelfunktionale*, s. *Rn. 602, 638, 653*) Erfordernis *unbefugt* – wie auch in § 132 StGB (*Rn. 791*) – ein **Tatbestandsmerkmal** (h.M.).[187]

Ergebnis: P hat sich nach § 132a I StGB strafbar gemacht.

802 *Ergänzender Hinweis:* Neben dem Führen *echter* Bezeichnungen, akademischer Grade, Titel und öffentlicher Würden (Abs. 1 Nr. 1–3) und dem Tragen *echter* Uniformen, Amtskleidungen oder Amtsabzeichen (Abs. 1 Nr. 4) stellt **Abs. 2** auch das Verwenden solcher unter Strafe, die den echten »*zum Verwechseln ähnlich sind*«,

– wobei hier, gemäß dem Schutzzweck der Norm (oben *Rn. 796*), auf den »Gesamteindruck eines durchschnittlichen, nicht genau prüfenden Beurteilers« abzustellen ist.[188] –

Abs. 3 erstreckt den Schutz auf Kirchen u. and. öff.-rechtl. Religionsgesellschaften.

IV. Gefangenenbefreiung und Gefangenenmeuterei (§§ 120, 121 StGB)

803 § 120 StGB schützt allein die Verwahrungsgewalt des Staates über den Gefangenen (bzw. den in einer Anstalt Verwahrten, vgl. Abs. 4), nicht aber die Rechtspflege.[189] Bei § 121 StGB treten noch die Schutzzwecke der §§ 113, 114 StGB hinzu.[190]

1. Gefangenenbefreiung (§ 120 StGB)

804 § 120 I StGB enthält **drei Begehungsformen**: Die *Befreiung* (eines anderen)
– die Selbstbefreiung ist straflos[191] (dabei begangene Begleitdelikte sind es aber nicht) –
sowie die *Verleitung zum Entweichen* bzw. die *Förderung beim Entweichen*.

Die letztgenannten Tatbestandsvarianten »umschreiben die zu selbständigen Tatbeständen erhobene **Teilnahme** (Anstiftung und Beihilfe) an der als solcher [außerhalb des § 121 StGB, s. *Rn. 811*] nicht mit Strafe bedrohten Selbstbefreiung«[192]

– was seinen Sinn darin findet, dass §§ 26, 27 StGB nur greifen, wenn eine *tatbestandlich-rechtswidrige Haupttat* vorliegt, was bei *Selbstbefreiung* gerade nicht der Fall ist.

---

[187] Sch/Sch-*Sternberg-Lieben*, § 132a Rn. 19; LK-*Krauß*, § 132a Rn. 65; MK-*Hohmann*, § 132a Rn. 33.
[188] *BGH*, GA 1966, 279; *OLG Hamm*, BeckRS 2022, 14542; Sch/Sch-*Sternberg-Lieben*, § 132a Rn. 13.
[189] Vgl. etwa Sch/Sch-*Eser*, § 120 Rn. 1; LK-*Rosenau*, § 120 Rn. 8; W/H/E-*Engländer*, Rn. 631.
[190] LPK-*Hilgendorf*, § 121 Rn. 1; s.a. *Rengier* II, 54/1; Sch/Sch-*Eser*, § 121 Rn. 1; NK-*Eschelbach*, § 121 Rn. 3; LK-*Rosenau*, § 121 Rn. 4; **abw.** MK-*Bosch*, § 121 Rn. 1.
[191] Vgl. Sch/Sch-*Eser*, § 120 Rn. 15; ausf. *Wienhausen*, Die Straflosigk. d. Gefang.selbstbefreiung, 2012.
[192] L/K/H-*Heger*, § 120 Rn. 8 (eckige Klammern von mir), i.A.a. *Siegert*, JZ 1973, 308 (309).

Fall 71: – *Brüderliche Hilfe (Fortführung von* **Fall 69,** *Rn. 785)* – **805**
Als der sich fälschlicherweise als Kriminalpolizist ausgebende Taxifahrer Karl (K) den von ihm festgenommenen Einbrecher (E) zur Polizei bringen will, kommt dessen Bruder Benno (B) hinzu. Auf Aufforderung des E, ihm gegen den »Bullen von der Kripo« beizustehen, gelingt es B, seinem Bruder zur Flucht zu verhelfen. Strafbarkeit von B und E?

a) Strafbarkeit des B

(1) § 120 I StGB entfällt, da die gemäß § 127 I S. 1 StPO **von einem Privatmann** Festgenommenen keine »*Gefangenen*« i.S. jener Norm sind;[193] denn § 120 StGB schützt ja nur die **amtliche** Verwahrungsgewalt.

(2) Doch liegt eine *versuchte* Tat nach § 120 I i.V.m. III StGB vor, da B immerhin **806** *glaubte*, K sei Kriminalbeamter. Auch die *von Strafverfolgungsbeamten* nach § 127 I S. 1 oder II StPO Festgenommenen sind »Gefangene« i.S.d. § 120 StGB.[194]

> Für die **Begründung** der Gefangeneneigenschaft bedarf es (nur) der formell ordnungsgemäßen Ingewahrsamsnahme; sie **bleibt bestehen** bis zur tatsächlichen Aufhebung des Gewahrsamsverhältnisses (insb. durch Entlassung, aber ggf. auch durch Flucht).[195]

(3) § 258 I StGB (Strafvereitelung) ist erfüllt; doch greift der persönliche Strafausschließungsgrund des § 258 VI StGB ein.

> Eine analoge Anwendung des § 258 VI StGB auf § 120 StGB ist ausgeschlossen.[196]

b) Strafbarkeit des E **807**

(1) Die an sich gegebene Anstiftung des B zur Strafvereitelung (§§ 258 I, 26 StGB) ist nach Sinn und Zweck des § 258 V StGB hier straflos, weil der Anstifter selbst der Begünstigte war und eine dem § 257 III S. 2 StGB entspr. Regelung fehlt.[197]

(2) Anstiftung des B zur versuchten Gefangenenbefreiung? **808**

(a) Nach der *Judikatur* soll Anstiftung zu § 120 I (bzw. § 120 I mit III) StGB grundsätzlich auch strafbar sein, wenn sie von dem *Gefangenen* selbst begangen wird.[198]

> Freilich sollen Gefangene, *die gemeinschaftlich fliehen* und sich dabei gegenseitig nur die auf die eigene Selbstbefreiung gerichtete Hilfe leisten, nicht wegen Förderung beim Entweichen (§ 120 I StGB) oder wegen Anstiftung dazu (§§ 120 I, 26 StGB) bestraft werden können, da insoweit der Gesichtspunkt strafloser Selbstbefreiung durchgreife.[199]

(b) Dies ist jedoch abzulehnen:[200] Wenn der Gesetzgeber die **Selbstbefreiung** nicht **809** mit Strafe bedroht, da er glaubt, »dem Freiheitsdrang Rücksicht schenken zu sol-

---

[193] RG St 67, 299; SK⁹-*Wolters*, § 120 Rn. 4; *Fischer*, § 120 Rn. 2; HK-GS-*Koch*, § 120 Rn. 2; ausf. zum Begriff des »Gefangenen« LK-*Rosenau*, § 120 Rn. 10 ff.; Sch/Sch-*Eser*, § 120 Rn. 3.
[194] *Krey*, Jura 1979, 316 (321); Sch/Sch-*Eser*, § 120 Rn. 3; *Rengier* II, 54/3; LK-*Rosenau*, § 120 Rn. 15.
[195] *Rengier* II, 54/5; MK-*Bosch*, § 120 Rn. 7, 12, 13; HK-GS-*Koch*, § 120 Rn. 4.
[196] RG St 57, 301; MK-*Bosch*, § 120 Rn. 39; LK-*Rosenau*, § 120 Rn. 71; SK⁹-*Wolters*, § 120 Rn. 17.
[197] *Fischer*, § 258 Rn. 35; Sch/Sch-*Hecker*, § 258 Rn. 40. – Dazu auch unten **Fall 94** mit *Rn. 963*. –
[198] RG St 61, 31; BGH St 17, 369 (373); instruktiv der Problemaufriss bei LK-*Rosenau*, § 120 Rn. 58.
[199] BGH St 17, 369 (374); KG, NStZ 2009, 698 (699); s.a. MK-*Bosch*, § 120 Rn. 33, 34.
[200] h.M.; s. nur *Otto*, FS-Lange, 1976, 214; *ders.*, BT, 92/9 f.; *Ostendorf*, NStZ 2007, 313 ff.; Sch/Sch-*Eser*, § 120 Rn. 15; *Rengier* II, 54/10; LK-*Rosenau*, § 120 Rn. 58, 60; SK⁹-*Wolters*, § 120 Rn. 14.

len«, muss auch die Anstiftung seitens des Gefangenen, ihn zu befreien oder ihm bei der Selbstbefreiung zu helfen, aufgrund derselben Rücksicht straflos sein – und zwar in *allen* Fällen und nicht nur denjenigen des gemeinschaftlichen Fliehens.

Die Gegenmeinung führt (als Rückschritt in Richtung auf die überholte »Schuldteilnahmetheorie«[201]) zu **kriminalpolitisch unsinniger Kriminalisierung des Gefangenen.**

810 *Ergänzende Hinweise zu § 120 StGB:*

(1) Die rechtswidrige Freilassung eines Gefangenen durch **Richterspruch** (z.B. gem. § 128 II S. 1 StPO oder § 57 StGB), d.h. die zwar in der Sache gesetzeswidrige, aber doch **»gesetzesförmliche«**, Freiheitsverschaffung durch den Richter erfüllt nicht den Tatbestand des § 120 I, II StGB. Ein solches Verhalten ist nicht vom Schutzbereich des § 120 StGB erfasst, mag auch das Verhalten des Richters eine Rechtsbeugung (§ 339 StGB) darstellen.[202]

(2) Wer zwangsweise zur Entnahme einer Blutprobe nach § 81a StPO zum Arzt verbracht wird, ist nicht »Gefangener« i.S. des § 120 StGB.[203]

(3) Umstritten und nicht einheitlich beantwortbar ist, ob die Gefangeneneigenschaft durch Vollzugslockerungen (offener Vollzug, Freigang, Ausgang, Urlaub) aufgehoben wird.[204]

(4) Abs. 2 enthält als Qualifikationstatbestand die **»Gefangenenbefreiung im Amt«.**

2. Gefangenenmeuterei (§ 121 StGB)

811 Die Tat ist **Sonderdelikt**, Täter können nur Gefangene bzw. nach Abs. 4 Sicherungsverwahrte sein (nicht aber auch die sonstigen Verwahrten i.S.d. § 120 IV StGB).[205] Auch die Selbstbefreiung ist hier (anders als in § 120 StGB, s. *Rn. 804*) strafbar.[206]

Die Gefangenen müssen sich im Rahmen eines **zweiaktigen Tatgeschehens** zunächst »zusammenrotten« und sodann »mit vereinten Kräften« in der in den Nr. 1–3 des Abs. 1 beschriebenen Weise agieren;[207]

gerade aus dieser Vergemeinschaftung resultieren die vom Tatbestand ins Auge gefassten »kaum zu kontrollierenden Gefahren der Aggression und Eskalation«.[208]

812 – **»Zusammenrotten«** bedeutet das räumliche Zusammentreffen (Zusammentreten oder Zusammenhalten) mindestens *zweier* (nach a.A. *dreier*[209]) Gefangener zu einem äußerlich erkennbar gewaltsamen oder bedrohlichen Zweck;[210]

– **»mit vereinten Kräften«** erfolgt das Handeln auch im Falle des aktiven Vorgehens *nur einiger* oder gar *nur eines* der an der Zusammenrottung Beteiligten, wenn es denn nur der psychischen Grundhaltung der anderen Beteiligten erkennbar entspricht.[211]

---

[201] Zu ihr *Roxin*, AT II, 26/16 ff.; *Krey/Esser*, AT, Rn. 991; Sch/Sch-*Heine/Weißer*, vor § 25 Rn. 18.
[202] *BGH* St 37, 388 (392 a.E.); *Krey*, Jura 1979, 316 (321 f.); SK⁹-*Wolters*, § 120 Rn. 9; LK-*Rosenau*, § 120 Rn. 50; L/K/H-*Heger*, § 120 Rn. 6; Sch/Sch-*Eser*, § 120 Rn. 7; str.
[203] *BayObLG*, NJW 1984, 1192; LK-*Rosenau*, § 120 Rn. 15; S/S/W-*Fahl/Zimmermann*, § 120 Rn. 2.
[204] Näher hierzu *BGH* St 37, 388 ff.; LK-*Rosenau*, § 120 Rn. 25 ff.; SK⁹-*Wolters*, § 120 Rn. 6.
[205] W/H/E-*Engländer*, Rn. 642; HK-GS-*Koch*, § 121 Rn. 2; LK-*Rosenau*, § 121 Rn. 6, 9.
[206] NK-*Ostendorf*, § 121 Rn. 1; instruktiv auch MK-*Bosch*, § 121 Rn. 2; SK⁹-*Wolters*, § 121 Rn. 2.
[207] *Kindhäuser/Schramm*, 38/2; MK-*Bosch*, § 121 Rn. 5; SK⁹-*Wolters*, § 121 Rn. 3.
[208] MK-*Bosch*, § 121 Rn. 2: »Aufruhrdelikt«; NK-*Eschelbach*, § 121 Rn. 1; SK⁹-*Wolters*, § 121 Rn. 2.
[209] So mit guten Gründen NK-*Eschelbach*, § 121 Rn. 11 unter Bezugnahme auf den »Banden«-Begriff.
[210] *Rengier* II, 54/11; *Kindhäuser/Schramm*, 38/3; LK-*Rosenau*, § 121 Rn. 15.
[211] *Kindhäuser/Schramm*, 38/4; Sch/Sch-*Eser*, § 121 Rn. 5; MK-*Bosch*, § 121 Rn. 10; *Rengier* II, 54/11.

V. Verwahrungsbruch (§ 133 StGB)

Fall 72: – »*Klassenbuch-Fall*« – 813

Die Primaner Ron und Harry wollen sich ein »Späßchen« erlauben. Sie steigen nachts in ihre Schule ein und begeben sich zum Lehrerzimmer, vor dem in einem offenen Schrank die Klassenbücher verwahrt werden. Sie nehmen ein Dutzend Klassenbücher an sich und verlassen die Schule; dabei haben sie vor, die Klassenbücher einige Tage später zurückzubringen. Anderentags kommt die Sache heraus. Strafbarkeit von Ron und Harry?

a) Sie haben als Mittäter (§ 25 II StGB) ein Vergehen nach § 123 StGB begangen.

– Das Schulgebäude ist i.s. des § 123 StGB »zum öffentlichen Dienst bestimmt«.[212]

b) §§ 242, 243 I Nr. 1, 25 II StGB: Diebstahl entfällt mangels Zueignungsabsicht.

c) §§ 133 I, 25 II StGB 814

(1) Die Klassenbücher sind »*Schriftstücke*«, die sich »*in dienstlicher Verwahrung*« befanden. Zwar befindet sich nicht jede Sache, die eine Behörde in Gewahrsam hat, i.S. des § 133 StGB zugleich auch in *dienstlicher Verwahrung*. Denn für dieses Merkmal ist erforderlich, »dass fürsorgliche **Hoheitsgewalt** die Sache in Besitz genommen hat, um sie zu erhalten und vor unbefugtem Zugriff zu bewahren«.[213]

– **Beispiele** für dienstliche Verwahrung: Amtlich verwahrte Führerscheine beim Fahrverbot (§ 44 II S. 2 StGB, § 25 II S. 1 StVG); behördliche und gerichtliche Akten; Asservate der Staatsanwaltschaft; die amtlich aufbewahrte Blutprobe[214]; Zahngold in den Verbrennungsrückständen nach Einäscherung einer Leiche.[215] –

Am Erfordernis *dienstlicher Verwahrung* fehlt es insb. bei »**amtlichem Inventar**«, 815

– z.B. Einrichtungsgegenstände; Büro-Computer; Gebrauchsgegenstände; Materialvorräte; Geld, das zur Erfüllung dienstlicher Aufgaben ausgegeben werden soll,[216] –

Entgegen der h.M.[217] ist es aber – aufgrund des Kulturschutzes für spätere Generationen – zu bejahen für Bücher in öff. Bibliotheken und Kunstwerke in öff. Museen/Ausstellungen.

Die in *Fall 72* mitgenommenen Klassenbücher sind jedoch nicht bloßes amtliches Inventar, sondern werden dienstlich zu dem Zweck aufbewahrt, sie zu erhalten und vor unbefugten Zugriffen zu schützen. Dass die Klassenbücher nicht *verschlossen* verwahrt wurden, steht der Annahme dienstlicher Verwahrung nicht entgegen.

(2) Indem nun Ron und Harry die Klassenbücher mitnahmen, haben sie diese »*der* 816 *dienstlichen Verfügung entzogen*«. Dieses Merkmal liegt vor, wenn der Täter es dem amtlich Berechtigten unmöglich macht (oder wesentlich erschwert), über die Sache jederzeit dienstlich verfügen zu können[218]

---

[212] *OLG Hamburg*, JZ 1977, 477; HK-GS-*Hartmann*, § 123 Rn. 10; LK-*Lilie*, § 123 Rn. 28.
[213] *BGH* St 18, 312 (313); *OLG Köln* NJW 1980, 898; *Eisele* I, Rn. 1578; L/K/H-*Heger*, § 133 Rn. 3.
[214] Vgl. *BayObLG*, JZ 1988, 726; MK-*Hohmann*, § 133 Rn. 7, 17; LK-*Krauß*, § 133 Rn. 18.
[215] *OLG Nürnberg* u. *OLG Hamburg*, NJW 2010, 2071; 2012, 1601 (1605); MK-*Hohmann*, § 133 Rn. 7.
[216] Vgl. *BGH* St 18, 312 (314); LK-*Krauß*, § 133 Rn. 12; Sch/Sch-*Sternberg-Lieben*, § 133 Rn. 7.
[217] LK-*Krauß*, § 133 Rn. 12; MK-*Hohmann*, § 133 Rn. 8; **wie hier** Brüggemann, Der Verwahrungsbruch, 1981, S. 128 ff.; *I. Sternberg-Lieben*, Jura 1996, 546; Sch/Sch-*Sternberg-Lieben*, § 133 Rn. 7.
[218] *BGH* St 35, 340 (341); LK-*Krauß*, § 133 Rn. 26; Sch/Sch-*Sternberg-Lieben*, § 133 Rn. 15.

– wobei bereits eine (nicht unerhebliche) **vorübergehende** Aufhebung (oder wesentliche Erschwernis) der dienstlichen Verfügungsmöglichkeit genügt.[219]

In **Fall 72** (*Rn. 813*) sind Ron und Harry also aus §§ 133 I, 25 II StGB schuldig und zwar in Idealkonkurrenz (§ 52 StGB) mit §§ 123, 25 II StGB (vgl. *Rn. 813*).

817 d) *§ 274 I Nr. 1 StGB (Urkundenunterdrückung)*

Die Klassenbücher sind *Urkunden* (zu diesem Begriff *Rn. 1113*; speziell zum Klassenbuch *Rn. 1121*); auch das Merkmal des *Unterdrückens* liegt vor (vgl. *Rn. 1127 f.*):
»Unterdrücken« ist jede – sei es auch vorübergehende – Verhinderung der Benutzung der Urkunde als Beweismittel durch den Berechtigten.[220]

In der *Absicht, einem anderen einen Nachteil zuzufügen*, haben Ron und Harry gehandelt, wenn sie einen mit der Verwendung der Urkunde als **Beweismittel** zusammenhängenden Nachteil entweder anstrebten (Absicht im technischen Sinne) oder doch als sichere Folge voraussahen (dolus directus, der nach h.M. im Rahmen des § 274 StGB genügt, vgl. *Rn. 1128*). Ersteres liegt in unserem Fall nicht vor, Letzteres ist Tatfrage.

Bejahendenfalls tritt zu den in Idealkonkurrenz verwirklichten §§ 123, 25 II und 133 I, 25 II StGB (*Rn. 816*) noch (ebenso in Tateinheit stehend) § 274 I Nr. 1 StGB hinzu.

VI. Verstrickungsbruch und Siegelbruch (§ 136 StGB)

1. Verstrickungsbruch (§ 136 I i.V.m. III, IV StGB)

818 **Fall 73:** – *Was geht mich die Pfändung an?* –

Gerichtsvollzieher Grimm (G) pfändet aufgrund vollstreckbarer Ausfertigung eines Prozessvergleichs, die er dem Schuldner Säumrich (S) zustellt, bei diesem für dessen Gläubiger sowohl eines von zwei in der Wohnung des S stehenden Fernsehgeräten, indem er auf dessen Rückseite eine Siegelmarke (»Kuckuck«) klebt, als auch einen Garderobenschrank, bei dem G das Pfandsiegel innen in die oberste Schublade klebt. S ist empört über dieses »obrigkeitsstaatliche Vorgehen« und schafft das Fernsehgerät und den Schrank in die im Stockwerk darüber gelegene Wohnung seines Bekannten B.
Strafbarkeit des S aus § 136 I StGB?

819 a) *Strafbarkeit des S aus § 136 I StGB im Hinblick auf den Schrank:*

(1) Tatobjekt des § 136 I StGB sind **Sachen**, einschließlich unbeweglicher, die *»gepfändet«* oder *»sonst dienstlich in Beschlag genommen«* sind.
– Forderungen und sonstige Rechte werden hingegen nicht erfasst.[221] –

§ 136 I StGB schützt die durch Pfändung bzw. sonstige Beschlagnahme begründete *staatliche Herrschaftsgewalt über die Sache*, die sog. **»Verstrickung«**.[222]
– *Verstrickung* als Schaffung eines öffentlich-rechtlichen Gewaltverhältnisses durch staatlichen Hoheitsakt hat ein relatives Veräußerungsverbot zur Folge (§§ 135, 136 BGB). –

---

[219] *BGH* GA 1978, 206; St 35, 340 (341); *BayObLG* JZ 1988, 726; *Fischer*, § 133 Rn.9; *Rengier* II, 57/10.
[220] L/K/H-*Heger*, § 274 Rn. 2; s.a. HK-GS-*Koch*, § 274 Rn. 8.
[221] h.M.; vgl. nur LK-*Krauß*, § 136 Rn. 5; Sch/Sch-*Sternberg-Lieben*, § 136 Rn. 5.
[222] *Fischer*, § 136 Rn. 2; LK-*Krauß*, § 136 Rn. 1; L/K/H-*Heger*, § 136 Rn. 1; HK-GS-*Weiler*, § 136 Rn. 1; *Rengier* II, 58/1; W/H/E-*Engländer*, Rn. 649 f.

Fälle verstrickungsbegründender Beschlagnahme finden sich in **§§ 94 ff., 111b ff. StPO** (Verstrickung hier aber nicht schon bei Anordnung der Beschlagnahme, sondern erst bei ihrer tatsächlicher Ausführung, d.h. Sicherstellung der Sache[223]), **§§ 808 ff. ZPO**, § 20 ZVG (Anordnung der Zwangsversteigerung), § 80 I InsO (Eröffnung des Insolvenzverfahrens).[224]

820

(2) Der Täter muss die Sache »*der Verstrickung entziehen*«, was voraussetzt, dass durch die Beschlagnahme überhaupt zuvor eine »Verstrickung« dieser Sache eingetreten ist – was bei zur Nichtigkeit (d.h. Unwirksamkeit) führenden, besonders **gravierenden und offensichtlichen Vollstreckungsmängeln** nicht der Fall ist.[225]

821

> **Beispiele** hierfür:[226] Pfändung bei Exterritorialen (§ 18 GVG); Tätigwerden eines funktionell unzuständigen Amtsträgers; Fehlen des Vollstreckungstitels (§§ 704, 794 ZPO), nicht aber das Fehlen von Klausel (§§ 724 f. ZPO) oder Zustellung (§ 750 ZPO).
>
> Ein späteres Abfallen des Pfandsiegels berührt die Wirksamkeit der Pfändung nicht.[227]

Ein zur Nichtigkeit der Beschlagnahme und damit zur Verneinung einer »Verstrickung« führender Fehler wird aber auch dann bejaht, wenn der Gerichtsvollzieher entgegen § 808 II S. 2 ZPO die Pfändung nicht hinreichend »ersichtlich macht«:[228]

822

> Wird das Pfandsiegel in einer die Pfändung verbergenden Art angebracht, wie etwa im Handschuhfach eines Kraftfahrzeugs oder innen in einer Schrankschublade, begründet dies einen ebensolchen schwerwiegenden, eine »Verstrickung« erst gar nicht entstehen lassenden Vollstreckungsmangel wie das bloße Legen auf den Schrank.[229]

Damit hat S den Schrank (mangels Verstrickung) nicht »der Verstrickung entzogen« und mithin insoweit schon den Tatbestand des § 136 I StGB nicht verwirklicht.

b) Strafbarkeit des S aus § 136 I StGB im Hinblick auf das Fernsehgerät

823

(1) Insoweit liegt in unserem Fall ein Verstoß gegen § 808 II S. 2 ZPO nicht vor, da das Anbringen der Siegelmarke an der Rückseite des Gerätes ausreichend ist.[230]

Zu denken wäre aber an einen Verstoß gegen § 811 Nr. 1 ZPO, da nach heutiger Auffassung ein Fernsehgerät grundsätzlich eine i.S. dieser Vorschrift »unpfändbare Sache« ist (s. schon *Rn. 750*).[231] Jedoch handelte es sich nach h.M. selbst bei Vorliegen eines solchen Verstoßes (s. dazu aber noch *Rn. 824*) nicht um einen derart gravierenden, zur Unwirksamkeit der Pfändung führenden Fehler, dass schon keine »Verstrickung« eingetreten wäre (*Rn. 821*).[232]

In **Fall 73** ist mithin der Tatbestand des § 136 I StGB im Hinblick auf das Fernsehgerät erfüllt: S hat eine wirksam gepfändete Sache der Verstrickung entzogen.

---

[223] *BGH* St 15, 149 (150); LK-*Krauß*, § 136 Rn. 11; SK^9-*Stein*, § 136 Rn. 7; *Rengier* II, 58/2.
[224] Zu letzteren beiden SK^9-*Stein*, § 136 Rn. 8; Sch/Sch-*Sternberg-Lieben*, § 136 Rn. 7; *Rengier* II, 58/2.
[225] S/S/W-*Geneuss*, § 136 Rn. 8; LK-*Krauß*, § 136 Rn. 17; SK^9-*Stein*, § 136 Rn. 5; HK-GS-*Weiler*, § 136 Rn. 5; *Eisele* I, Rn. 1592; Kindhäuser/*Schramm*, 44/6; *Rengier* II, 58/4, 5.
[226] Vgl. LK-*Krauß*, § 136 Rn. 19; MK-*Hohmann*, § 136 Rn. 10 ff.; S/S/W-*Geneuss*, § 136 Rn. 8.
[227] *RG* St 18, 163; LK-*Krauß*, § 136 Rn. 19; *Rengier* II, 58/6; W/H/E-*Engländer*, Rn. 653.
[228] S/S/W-*Geneuss*, § 136 Rn. 8; LK-*Krauß*, § 136 Rn. 19; HK-GS-*Weiler*, § 136 Rn. 4, 5; *Eisele* I, Rn. 1592; Kindhäuser/*Schramm*, 44/6; *Rengier* II, 58/5; W/H/E-*Engländer*, Rn. 652.
[229] MK-*Hohmann*, § 136 Rn. 12; LK-*Krauß*, § 136 Rn. 19; *Rengier* II, 58/5.
[230] Vgl. LK-*Krauß*, § 136 Rn. 19: ausreichend »ein gewisses Maß an Augenfälligkeit«.
[231] Das *Fernsehgerät* hat insofern das *Rundfunkgerät* »verdrängt«, vgl. die Nachw. unten in *Fn. 234*.
[232] Vgl. Kindhäuser/*Schramm*, 44/6; *Rengier* II, 58/5; *Fischer*, § 136 Rn. 4; SK^9-*Stein*, § 136 Rn. 5.

824 (2) Dabei erstreckt sich jedoch der Schutzbereich der Norm gem. **§ 136 III StGB**, – einer Regelung, die der schon in *Rn. 743 ff.* behandelten des § 113 III entspricht[233] – nur auf »*rechtmäßig*« gepfändete (bzw. sonst beschlagnahmte) Sachen; anderenfalls ist kein strafbarer Verstrickungsbruch gegeben

– womit wir wieder bei dem möglichen Verstoß gegen § 811 Nr. 1 ZPO (*Rn. 823*) stehen.

Freilich verstößt die Pfändung eines Fernsehgeräts – auch wenn ein solches nach heutiger Auffassung (früher: ein Radio) »zum Mindeststandard gehört, den man dem Schuldner belassen muss«[234] – jedenfalls dann nicht gegen § 811 Nr. 1 ZPO, wenn noch, wie in *Fall 73*, ein weiteres beim Schuldner zur Nutzung vorhanden ist. § 136 III StGB greift hier also nicht ein.

825 (3) Dass in unserem *Fall 73* der S die Diensthandlung des G i.S. des § 136 IV i.V.m. § 113 IV StGB für »nicht rechtmäßig« hielt, lässt sich dem Sachverhalt nicht entnehmen.

(4) *Ergebnis:* S ist im Hinblick auf das Fernsehgerät nach § 136 I StGB strafbar.

– Zu der Frage, ob auch **§ 288 StGB** erfüllt ist, vgl. Krey/*Hellmann*/Heinrich, BT 2, Rn. 470 ff.; bei Vorliegen beider Tatbestände stehen sie in *Tateinheit* zueinander.[235] –

826 **Fall 74:** – *Beispiel für ein Eingreifen des § 136 III StGB* –

Gerichtsvollzieher Grimm (G) will bei Schuldner Säumrich (S) dessen (einziges) Fernsehgerät pfänden. Er bringt die Siegelmarke auf der Rückseite des Gerätes an. S schafft es alsbald fort zu seinem Bekannten B. – Strafbarkeit des S aus § 136 I StGB?

827 a) Der Tatbestand des § 136 I StGB ist erfüllt, da eine Verstrickung eingetreten ist:

– Zum einen genügt das Aufkleben des »Kuckucks« auf der Rückseite (anders als in den in *Rn. 822* geschilderten Fällen) den Anforderungen des § 808 II 2 ZPO (s. *Rn. 823*), sodass insoweit kein Beschlagnahmefehler gegeben ist.

– Zum anderen verstößt die Pfändung des (einzigen) Fernsehgeräts zwar gegen § 811 Nr. 1 ZPO, handelt es sich dabei aber nicht um einen derart schwerwiegenden Fehler, dass schon der Eintritt einer »Verstrickung« zu verneinen wäre (vgl. bereits *Rn. 823* mit *Fn. 232*).

828 b) Fraglich ist jedoch ein Eingreifen des § 136 III StGB. Im Einzelnen hierzu:

(1) Nach § 136 III StGB ist die Tat **nicht strafbar**, wenn die Pfändung (Beschlagnahme) »*nicht durch eine rechtmäßige Diensthandlung vorgenommen*« worden ist.

Da § 136 III StGB dieselbe Bedeutung zukommt wie § 113 III StGB (s. *Rn. 824*), lässt diese Regelung im Falle »*nicht rechtmäßiger*« Diensthandlung nicht etwa den Tatbestand des § 136 I StGB entfallen,[236] sondern schließt sie die **Widerrechtlichkeit** der Tat aus[237] bzw. weist sie die »Rechtmäßigkeit der Diensthandlung« als *obj. Strafbarkeitsbedingung* aus.[238]

---

[233] *Fischer*, § 136 Rn. 13; ; S/S/W-*Geneuss*, § 136 Rn. 14; LK-*Krauß*, § 136 Rn. 43; L/K/H-*Heger*, § 136 Rn. 7; *Rengier* II, 58/9; Sch/Sch-*Sternberg-Lieben*, § 136 Rn. 27.

[234] OLG Stuttgart, NJW 1987, 196 (197); ebso. schon LG Nürnberg-Fürth, NJW 1978, 113.

[235] Näher *Fischer*, § 288 Rn. 16; Sch/Sch-*Heine/Hecker*, § 288 Rn. 1, 19; MK-*Maier*, § 288 Rn. 53.

[236] So aber insb. SK-*Rudolphi*, 6. Aufl. 1998, § 136 Rn. 30; NK-*Ostendorf/Kuhli*, § 136 Rn. 16.

[237] So etwa *Niemeyer*, JZ 1976, 314 ff.; *Paeffgen*, JZ 1979, 516 (521); *Fischer*, § 136 Rn. 13; M/S/M-*Schroeder*, 70/38, 39 f.; *Otto*, 93/13 f. mit 91/10; vgl. bereits oben *Rn. 744* zu § 113 III StGB.

[238] So etwa MK-*Hohmann*, § 136 Rn. 30; S/S/W-*Geneuss*, § 136 Rn. 14; vgl. oben *Rn. 744*.

– Dazu, dass eine widerspruchsfreie Einordnung (des § 136 III StGB wie auch des § 113 III StGB) in die herkömmlichen Formen im Grunde nicht möglich ist, schon oben *Rn. 744.* –

(2) Doch unabhängig von der dogmatischen Einordnung des § 136 III StGB ist eine Pfändungs- oder Beschlagnahmehandlung i.s. dieser Norm nach überwiegender **829**

– auf Grundlage des auch im Hinblick auf § 113 III StGB vorherrschenden **»strafrechtlichen Rechtmäßigkeitsbegriffs«** (siehe oben *Rn. 753 ff., 758*) stehender –

Auffassung nicht immer schon dann »nicht rechtmäßig«, wenn sie gegen die einschlägigen Normen des Pfändungs- bzw. Beschlagnahmerechts verstößt; vielmehr sei auch die nach diesen Normen *fehlerhafte* Diensthandlung »bei formell ordnungsgemäßer, nicht nichtiger Ausführung« »rechtmäßig« i.S.d. § 136 III StGB.[239]

Der **»verwaltungsrechtliche Rechtmäßigkeitsbegriffs«** (oben *Rn. 752, 757*) erlangt im Hinblick auf § 136 III StGB keine eigenständige Bedeutung, **830**

– anders als bei § 113 III StGB (siehe *Rn. 757, 775*), –

würde er doch »nicht rechtmäßig« i.s.d. § 136 III StGB mit »nichtig« gleichsetzen. Da aber nichtige Beschlagnahmehandlungen von vornherein *schon keine Verstrickung* bewirken (*Rn. 821, 822*), entfällt in diesen Fällen bereits der Tatbestand des § 136 I StGB – so dass für einen Strafausschluss gem. § 136 III StGB kein Raum mehr bleibt.[240]

(3) Nach dem hier vertretenen **»materiellen Rechtmäßigkeitsbegriff«** (s. *Rn. 756, 760 f.*) hingegen steht und fällt die »Rechtmäßigkeit« i.S.d. § 136 III StGB mit der *materiellen Rechtmäßigkeit* bzw. *Rechtswidrigkeit* gemäß eben gerade den beschlagnahmerechtlichen Normen: Liegt ein entspr. Beschlagnahmefehler vor, bedeutet dies per se auch die Einstufung als »nicht rechtmäßig« i.S. des § 136 III StGB.[241] **831**

Kurzum: *»Die Strafbarkeit gemäß § 136 I StGB entfällt, wenn die Verstrickung der materiellen Rechtslage widerspricht«*.[242]

(4) Für **Fall 74** bedeutet das: **832**

Folgt man der h.M. (*Rn. 829*), war die gegen § 811 Nr. 1 ZPO verstoßende Pfändung zwar rechtsfehlerhaft, aber (mangels Nichtigkeit) doch wirksam. Nachdem nun die »Rechtmäßigkeit« i.S. des § 136 III StGB zwar in Fällen »formell ordnungsgemäßer Ausführung« erhalten bleibe, eine solche aber bei einem Verstoß gegen § 811 ZPO nicht mehr angenommen werden könne, sei hier von einer »nicht rechtmäßigen Diensthandlung« auszugehen.[243]

Da nach der hier vertretenen Auffassung (»materieller Rechtmäßigkeitsbegriff«, vgl. *Rn. 831*) ausnahmslos *jeder* Beschlagnahmefehler die Rechtmäßigkeit i.S. des § 136 III StGB ausschließt, ergibt sich für sie dasselbe.

Somit stimmen hier beide Auffassungen im Ergebnis überein: Das in *Fall 74* im Wegschaffen des Fernsehgeräts liegende Verhalten des S ist nicht strafbar.

---

[239] *OLG Düsseldorf*, NStZ 1984, 316 (317); *Niemeyer*, JZ 1976, 314 ff.; LK-*Krauß*, § 136 Rn. 20, 46; *Fischer*, § 136 Rn. 4; MK-*Hohmann*, § 136 Rn. 31; L/K/H-*Heger*, § 136 Rn. 7; HK-GS-*Weiler*, § 136 Rn. 12; aber s.a. Sch/Sch-*Sternberg-Lieben*, § 136 Rn. 28–32: »zumindest zweifelhaft«.

[240] So auch LK-*Krauß*, § 136 Rn. 45.

[241] NK-*Ostendorf/Kuhli*, § 136 Rn. 18; SK^9-*Stein*, § 136 Rn. 30; *Rengier* II, 58/9.

[242] *Rengier* II, 58/9; NK-*Ostendorf/Kuhli*, § 136 Rn. 18: »ist die materielle Rechtmäßigkeit zu prüfen«.

[243] LK-*Krauß*, § 136 Rn. 46; Sch/Sch-*Sternberg-Lieben*, § 136 Rn. 28–32; s.a. SK^9-*Stein*, § 136 Rn. 29.

Zweiter Abschnitt: Straftaten gegen die Allgemeinheit

2. Siegelbruch (§ 136 II i.V.m. III, IV StGB)

833 **Fall 75:** – *Abwandlung von* **Fall 74** *(Rn. 826)* –

Schuldner Säumrich (S) hat die von Gerichtsvollzieher Grimm (G) an der Rückseite des Fernsehgeräts angebrachte Siegelmarke abgekratzt.
Strafbarkeit des S aus § 136 II StGB?

Die Norm enthält **zwei Alternativen**, nämlich zum einen das *Beschädigen, Ablösen oder Unkenntlichmachen eines dienstlichen Siegels*, zum anderen das *Unwirksammachen des durch ein solches Siegel bewirkten Verschlusses*.

Geschütztes **Rechtsgut** ist die durch das Siegel manifestierte **staatliche Autorität**.[244]

834 Dienstliches **Siegel** ist eine »amtliche Kennzeichnung mit Beglaubigungscharakter«;[245] es muss angelegt sein, *um Sachen in Beschlag zu nehmen, dienstlich zu verschließen oder zu bezeichnen*.

Beispiele: Plombe am Feuermelder; Siegelmarke (»Kuckuck«) des Gerichtsvollziehers an der gepfändeten Sache; Stempel des Fleischbeschauers; Bleiplombe zum Verschluss eines Gebäudes[246] bzw. einzelner Räume.

835 **Tathandlung** ist das Beschädigen, Ablösen oder Unkenntlichmachen des Siegels bzw. das Unwirksammachen des durch das Siegel bewirkten Verschlusses.

»Unwirksammachen« liegt u.a. vor beim Einsteigen durch das Fenster in einen Raum, dessen Tür versiegelt ist,[247] aber auch beim Weiterbauen an einer versiegelten Baustelle (jedenfalls wenn das Siegel zur Zeit des Weiterbauens noch angelegt ist).[248]

(1) Im vorliegenden Fall ist der Tatbestand des § 136 II StGB (Ablösen) erfüllt.

– Ob der durch das Siegel manifestierte Hoheitsakt eine »rechtmäßige Diensthandlung« ist, spielt *für den Tatbestand* keine Rolle, sondern betrifft § 136 III StGB. –

836 (2) **§ 136 III StGB?** – Zur Bedeutung dieser Regelung siehe *Rn. 828 ff.* –

Die Anlegung des Dienstsiegels verstieß gegen § 811 Nr. 1 ZPO (*Rn. 827*), war also durch eine zwar vollstreckungsrechtlich wirksame, aber i.S. des § 136 III StGB *»nicht rechtmäßige«* Diensthandlung erfolgt (näher bereits *Rn. 832*).

Damit ist in **Fall 75** die Tat des S gemäß dieser Vorschrift nicht strafbar.

3. Konkurrenz zwischen Verstrickungs- und Siegelbruch:

837 Sind beide Delikte verwirklicht, ist nach h.M. aufgrund ihrer verschiedenen Schutzrichtungen (s. *Rn. 819* und *Rn. 833*) Idealkonkurrenz (§ 52 StGB) zwischen ihnen anzunehmen.[249]

---

[244] Vgl. Sch/Sch-*Sternberg-Lieben*, § 136 Rn. 18; *Rengier* II, 58/10; s.a. SK^9-*Stein*, § 136 Rn. 3.

[245] Sch/Sch-*Sternberg-Lieben*, § 136 Rn. 19; ebso. MK-*Hohmann*, § 136 Rn. 21; L/K/H-*Heger*, § 136 Rn. 5; S/S/W-*Geneuss*, § 136 Rn. 11; M/S/M-*Schroeder*, 73/20.

[246] *OLG Frankfurt*, MDR 1973, 1033; MK-*Hohmann*, § 136 Rn. 22; SK^9-*Stein*, § 136 Rn. 18.

[247] *Eisele* I, Rn. 1596; *Fischer*, § 136 Rn. 11; NK-*Ostendorf/Kuhli*, § 136 Rn. 14; *Rengier* II, 58/12.

[248] *OLG Köln*, MDR 1971, 67; NStZ 1987, 330; MK-*Hohmann*, § 136 Rn. 28; LK-*Krauß*, § 136 Rn. 41; **a.A.:** *Fischer*, § 136 Rn. 11; *Rengier* II, 58/12; Sch/Sch-*Sternberg-Lieben*, § 136 Rn. 25.

[249] Sch/Sch-*Sternberg-Lieben*, § 136 Rn. 35; *Fischer*, § 136 Rn. 15; aber s.a. SK^9-*Stein*, § 136 Rn. 31.

§ 8 Straftaten gegen die Rechtspflege

I. Aussagedelikte (§§ 153–162 StGB)

Schutzgut ist – zumindest im Kern[1] – *die staatliche Rechtspflege* (primär die innerstaatliche, s. aber *Rn. 891*), auch der Meineid ist kein Sakraldelikt.[2] Die Schädigung Dritter ist möglicher Nebeneffekt, nicht aber Strafgrund der Aussagedelikte.

1. §§ 153; 154, 155 StGB

Fall 76: – *Vollendung bei § 153 StGB / Versuchsbeginn beim Meineid* –

Erich Ehrlich (E) sagt in einem Strafverfahren als Zeuge falsch aus. Als er im Anschluss an seine Aussage vereidigt werden soll, bekommt er es unter dem Eindruck der Belehrung des Vorsitzenden über die strafrechtlichen Folgen eines Meineides mit der Angst zu tun. Als er zum Schwören anheben soll, berichtigt er seine falsche Bekundung. Strafbarkeit des E?

a) Falsche uneidliche Aussage (§ 153 StGB)

(1) Erfasst wird die uneidliche Falschaussage[3] »*als Zeuge*« bzw. »*als Sachverständiger*«.[4] **Falsch** ist nach h.M. die Aussage, wenn ihr objektiver Sinn der objektiven Wahrheit widerspricht.[5] Maßgeblich für die Falschheit der Aussage ist also grundsätzlich ein Vergleich mit der objektiven Wirklichkeit (**objektive Theorie**), nicht dagegen die subjektive Vorstellung des Aussagenden (*subjektive Theorie*).[6]

Es ist schon »nicht verständlich …, warum … eine Aussage deshalb nicht falsch sein soll, weil der Aussagende sie für richtig hält«.[7] Außerdem ist für die subjektive Theorie nicht erklärbar, dass in § 161 StGB die fahrlässige Falschaussage und in § 160 StGB (auch) das Verleiten zur gutgläubigen Falschaussage unter Strafe steht, da diese Aussagekategorien in ihren Augen als in sich selbst widersprüchlich erscheinen müssen.[8]

– Nicht zu überzeugen vermag auch die vermittelnde sog. »*Pflichttheorie*«[9] (und sei es auch in ihrer neueren Spielart, der sog. »*Wahrnehmungstheorie*«[10]), die auf die prozessuale Wahrheitspflicht des Aussagenden abstellt; sie greift zu kurz, wenn sie die Falschheit der Aussage mit der Pflichtwidrigkeit des Aussagenden in Eins setzt.[11] –

---

[1] Aber auch (v.a. bei § 156 StGB) *die staatliche Behördentätigkeit*, vgl. M/S/M-*Schroeder*, 75/9 ff.; SK[9]-*Zöller*, vor § 153 Rn. 2 ff.; s.a. NK-*Vormbaum*, vor § 153 Rn. 1 ff., § 156 Rn. 6 ff.
[2] BGH St 8, 301 ff.; HK-GS-*Heinrich*, § 154 Rn. 1; ausf. A/W/H/H-*Hilgendorf*, 47/6 ff.
[3] Zum Begriff der »*Falschaussage*« *Kargl*, GA 2003, 791; *Stein*, FS-Rudolphi, 2004, 553.
[4] BGH, NJW 2024, 2268 ff.: **kein bes. pers. Merkmal iSd § 28 I; a.A.** SK[9]-*Zöller* Vor § 153 Rn. 10.
[5] *Geppert*, Jura 2002, 173 (175); *Fischer*, § 153 Rn. 4; LK-*Wolters/Ruß*, vor § 153 Rn. 13; Sch/Sch-*Bosch/Schittenhelm*, vor § 153 Rn. 6 ff.; M/S/M-*Schroeder*, 75/13 ff., 16; *Rengier* II, 49/8.
[6] Vertreten etwa von *Gallas*, GA 1957, 315 ff.; weit. Nachw. bei LK-*Wolters/Ruß*, Vor § 153 Rn. 10. s.a. *Stübinger*, FS-Puppe, 2011, 263 (281 ff.); *Schumann*, ZStW 2014, 615 (639).
[7] Zutr. LK-*Wolters/Ruß*, vor § 153 Rn. 13 (dort, in Rn. 8 ff. mwN, auch **ausf. zum Theorienstreit**).
[8] Vgl. nur HK-GS-*Heinrich*, § 153 Rn. 15; Sch/Sch-*Bosch/Schittenhelm*, vor § 153 Rn. 6.
[9] Näher *Schmidhäuser*, FS-OLG Celle, 1961, 207 ff; *Otto*, BT, 97/8–15; *ders.*, JuS 1984, 161 (162 f).
[10] Vgl. MK-*Müller*, § 153 Rn. 50 ff; NK-*Vormbaum*, § 153 Rn. 79 ff (83 ff) SK[9]-*Zöller*, § 153 Rn. 24 ff.
[11] Vgl. HK-GS-*Heinrich*, § 153 Rn. 15; Sch/Sch-*Bosch/Schittenhelm*, vor § 153 Rn. 6.

841 Die **Wahrheitspflicht** bezieht sich auf *Tatsachen*, und zwar auf *äußere* und *innere* (»ich erinnere mich genau« u.ä.), beim Sachverständigen auch auf *Beurteilungen*.[12]

Als »Tatsachen« miterfasst werden auch geläufige Rechtsbegriffe (wie Kauf, Eigentum) und tatsachenähnliche einfache Werturteile (z.B. Freundschaft, ehewidriges Verhalten).[13]

Sie wird durch den **Vernehmungsgegenstand** begrenzt (s. § 396 ZPO, § 69 StPO); jenseits seiner liegende falsche Angaben sind nicht nach §§ 153 ff. StGB strafbar.[14]

842 Innerhalb dieser Grenzen ist (auch ungefragt!) das gesamte Wissen zu offenbaren; *falsch* ist auch die **unvollständige** Aussage.[15] Dabei ist das Verschweigen einzelner Umstände (Teilschweigen) keine Falschaussage durch Unterlassen i.S.d. § 13 StGB, sondern *durch aktives Tun* hinsichtlich der (a.E. lückenhaften) »Gesamtaussage«;[16] all dies aber nur, wenn es nicht offengelegt wird, sondern *heimlich* geschieht.[17]

– Beim *bloßen Schweigen* ohne tatsächlichen Gehalt (anders aber beim sog. *beredten Schweigen*) liegt schon keine Aussage und damit auch keine Falschaussage vor.[18] –

843 Die Falschaussage muss vor **Gericht** oder einer anderen zur eidlichen Vernehmung von Zeugen oder Sachverständigen **zuständigen Stelle** gemacht werden, wobei die eidliche Vernehmung *gerade in der konkreten Verfahrensart* zulässig sein muss.[19]

– Die bloße Zuständigkeit zur Abnahme einer Versicherung an Eides Statt gem. § 156 StGB (wie insb. im Zivilprozess vielfach gegeben) genügt nicht. –

In diesem Sinne zuständig sind z.B. Konsularbeamte gem. § 12 Nr. 3 KonsularG sowie die Prüfungsstellen und Patentabteilungen des Patentamts (§§ 46 I S. 1, 59 III, IV PatentG), **nicht aber** *Polizei* (§ 163 III S. 3 StPO) und *Staatsanwaltschaft* (§ 161a I S. 3 StPO), *Rechtspfleger* (§ 4 II Nr. 1 RPflG), *Referendare* (§ 10 GVG) und i.d.R. auch nicht *Notare* (s. § 22 BNotO); vertiefend hierzu ***Fall 77, Rn. 847 f.*** Auch *(parlamentarische) Untersuchungsausschüsse des Bundestags* (anders z.T. auf Landesebene[20]) sind nicht zur Eidesabnahme zuständig[21] – woraus sich die insofern lückenschließende Anwendbarkeitsregelung des § 162 II erklärt.

844 (2) E hat vor Gericht uneidlich eine falsche Aussage gemacht, sie aber berichtigt. Es fragt sich, ob § 153 schon vollendet war, als E seine Bekundung richtig stellte.

Vollendet ist das Vergehen nach § 153 StGB, wenn die Aussage *abgeschlossen* ist, d.h. bei **Schluss der Vernehmung** des Zeugen.[22]

Dabei ist eine Aussage *abgeschlossen*, »wenn der Richter zu erkennen gegeben hat, dass er von dem Zeugen keine weitere Auskunft über den Vernehmungsgegenstand erwarte,

---

[12] HK-GS-*Heinrich*, § 153 Rn. 12; L/K/H-*Heger*, vor § 153 Rn. 4; Kindhäuser/*Schramm*, 46/11.
[13] L/K/H-*Heger*, vor § 153 Rn. 4; LK-*Wolters/Ruß*, § 153 Rn. 17; S/S/W-*Sinn*, § 153 Rn. 6.
[14] HK-GS-*Heinrich*, § 153 Rn. 11, 13; *Rengier* II, 49/11 f.; s.a. *Rn. 852* zu **Spontanäußerungen**.
[15] BGH St 1, 22 (24); 2, 90 (92); 7, 127 (128); NStZ 2021, 486; MK-*Müller*, § 153 Rn. 11, 57.
[16] HK-GS-*Heinrich*, § 153 Rn. 13; MK-*Müller*, § 153 Rn. 10, 57; *Rengier* II, 49/13.
[17] HK-GS-*Heinrich*, § 153 Rn. 9, 13; MK-*Müller*, § 153 Rn. 10, 13; s.a. *Rengier* II, 49/13.
[18] Vgl. (auch zum beredten Schweigen) HK-GS-*Heinrich*, § 153 Rn. 9, 10; MK-*Müller*, § 153 Rn. 9.
[19] So ganz richtig Kindhäuser/*Schramm*, 46/6; M/S/M-*Schroeder*, 75/32; NK-*Vormbaum*, § 153 Rn. 45; **a.A.** MK-*Müller*, § 153 Rn. 62; s.a. Sch/Sch-*Bosch/Schittenhelm*, § 153 Rn. 5.
[20] S. nur § 18 UAG Sachsen; zur dennoch **fehlenden Meineidsstrafbarkeit** aufgrund der »Sperrwirkung« des § 162 II vgl. HK-GS-*Heinrich*, § 162 Rn. 7 sowie *VerfGH Sachsen*, NStZ 2021, 564 f.
[21] Da eine solche im PUAG nicht vorgesehen ist; näher dazu HK-GS-*Heinrich*, § 154 Rn. 6, § 162 Rn. 7.
[22] BGH St 8, 301, (314); HK-GS-*Heinrich*, § 153 Rn. 27 ff.; SK^9-*Zöller*, § 153 Rn. 44.

und der Zeuge, dass er seinerseits nichts mehr zu bekunden habe«.[23] Das ist *regelmäßig* dann der Fall, wenn der Zeuge unbeeidigt entlassen wird, und *immer*, wenn zur Vereidigung bzw. zur Beschlussfassung über die Frage der Vereidigung geschritten wird.[24]
Berichtigt der Zeuge **vor** diesem Zeitpunkt eine Falschaussage, so liegt § 153 StGB mangels Vollendung nicht vor.

In ***Fall 76*** *(Rn. 839)* hatte E seine falsche Bekundung erst richtiggestellt, als das Gericht schon zur Vereidigung schritt. Zu diesem Zeitpunkt war seine Vernehmung bereits abgeschlossen, d.h. der Tatbestand des § 153 StGB schon erfüllt.[25] 845
Damit hat die Berichtigung hier lediglich die Anwendbarkeit des § 158 StGB zur Folge,[26] d.h. das Gericht kann die Strafe mildern oder von Strafe absehen.

– § 158 StGB verlangt eine *rechtzeitige* Berichtigung (vgl. § 158 II StGB). Diese muss **nicht freiwillig** erfolgen, § 158 StGB ist auch anwendbar, wenn die Berichtigung aufgrund zu erwartender Entdeckung oder sicher drohender Anzeige geschieht.[27] –

b) §§ 154, 22 f. StGB (Meineidsversuch) – vgl. §§ 23 I, 12 I StGB – 846
Ein Versuch liegt bei § 154 StGB erst vor, wenn der Täter unmittelbar **zum Sprechen der Eidesworte ansetzt**; das Erheben der Schwurhand genügt noch nicht.[28]

Das gilt zwar nur für den erst *nach* der Vernehmung zu leistenden *Nacheid*; doch ist dieser der Regelfall (vgl. §§ 59 II, 79 II StPO; §§ 392, 452 ZPO). Beim ***Voreid*** (immer beim Dolmetscher, § 189 I GVG, und ggf. im Zivilprozess auch beim Sachverständigen, § 410 ZPO) liegt Versuchsbeginn erst im unmittelbaren Ansetzen zur Falschaussage.[29]

Damit entfällt in ***Fall 76*** ein Meineidsversuch des E.

– *Hinweis:* **Vollendet** ist der Meineid *beim Nacheid* erst mit dem vollständigen Ableisten der Eidesformel, *beim Voreid* mit dem Abschluss der Aussage.[30] –

Fall 77: *– Meineidsversuch bei fehlender Zuständigkeit zur Eidesabnahme –* 847
Adolfo Anarcho (A) sagt als Zeuge falsch aus und beschwört seine Aussage

(1.) vor der Staatsanwaltschaft (vgl. § 161a I S. 3 StPO),

(2.) vor einem Rechtspfleger (vgl. § 4 II Nr. 1 RPflG),

(3.) vor einem Gerichtsreferendar (vgl. § 10 GVG).

Zudem leistet er (4.) vor einem Richter im Verfahren der freiwilligen Gerichtsbarkeit (FG-Verfahren) einen falschen »Parteieid«.

Dabei glaubt A trotz richtiger **Sachverhaltskenntnis** infolge **Rechtsirrtums**, der jeweils Vernehmende sei für die Eidesabnahme zuständig.

Strafbarkeit des A wegen Meineids? *– zu § 153 StGB vgl. schon Rn. 843 sowie Rn. 859 –*

---

[23] BGH St 8, 301 (314); s.a. *Fn. 22* und Kindhäuser/*Schramm*, 46/24; W/H/E-*Engländer*, Rn. 733.
[24] BGH St 8, 312; NJW 1960, 731; HK-GS-*Heinrich*, § 153 Rn. 30 f.; LK-*Wolters/Ruß*, § 153 Rn. 11.
[25] BGH St 8, 301 (312); NJW 1960, 731; L/K/H-*Heger*, § 154 Rn. 14; LK-*Wolters/Ruß*, § 153 Rn. 11.
[26] Näher zur Berichtigung nach § 158 StGB *Eisele*, JA 2011, 667 (670 f.).
[27] Vgl. *BGH* St 4, 172 (175); *Fischer*, § 158 Rn. 3; Sch/Sch-*Bosch/Schittenhelm*, § 158 Rn. 4.
[28] BGH St 4, 172 (176); 31, 178 (182); *Otto*, JuS 1984, 161 (167); *Eisele*, JA 2011, 667 (670, zur Rücktrittsproblematik 671); *Eisele* I, Rn. 1381; s.a. Sch/Sch-*Bosch/Schittenhelm*, § 154 Rn. 15.
[29] Joecks/*Jäger*, § 154 Rn. 12; L/K/H-*Heger*, § 154 Rn. 10; *Eisele*, JA 2011, 667 (669).
[30] L/K/H-*Heger*, § 154 Rn. 10; Sch/Sch-*Bosch/Schittenhelm*, § 154 Rn. 15.

848 a) **§ 154 StGB:** In den ersten drei Fällen fehlt es an jener **Zuständigkeit**, während sie in *Fall (4.)* gegeben ist: § 154 StGB verlangt nämlich,[31]

1. dass *die den Eid abnehmende Stelle die allgemeine Zuständigkeit hat*, Eide abzunehmen (daran fehlt es etwa bei Polizei und Staatsanwaltschaft; vgl. schon *Rn. 843*);
2. dass *der Vernehmende selbst befugt ist*, den Eid abzunehmen (was bei *Rechtspflegern* und *Referendaren* nicht der Fall ist, vgl. *Rn. 843*), und
3. dass Eide der jeweiligen Art *im fraglichen Verfahren gesetzlich zulässig* sind[32] (was früher – angesichts des nunmehr außer Kraft getretenen 15 I FGG a.F. – hinsichtlich des »*Parteieids*« im FG-Verfahren abzulehnen war,[33] während dieser jetzt gem. § 30 FamFG i.V.m. § 452 ZPO auch für die Beteiligten im FG-Verfahren zulässig ist[34]).

Ein **vollendeter Meineid** gemäß § 154 StGB ist daher **nur in *Fall (4.)*** gegeben, scheidet hingegen in den ersten drei Fällen aus; dort ist daher weiter zu prüfen:

849 b) **Versuch des § 154 StGB** in den *Fällen (1.)–(3.)*, weil A die dargelegte Rechtslage verkannte und daher irrtümlich die Zuständigkeit zur Eidesabnahme annahm?

Nach überkommener Auffassung liege in all den genannten Fällen ohne Weiteres ein strafbarer (untauglicher[35]) **Meineidsversuch** vor,[36] wobei man sich zur Begründung auf die Natur der »Zuständigkeit« als Tatbestandsmerkmal beruft.[37]

850 *Kritik:* M.E. ist bei irriger Annahme der »Zuständigkeit« i.S. des § 154 StGB **nur dann Versuch** gegeben, wenn der Täter sich **Tatsachen** vorstellt, bei deren Vorliegen jenes Merkmal erfüllt wäre (Beispiel: Der Täter hält den Staatsanwalt für den Ermittlungsrichter).[38]

Dagegen liegt nur ein – strafloses – **Wahndelikt** vor, wenn der Täter zwar den Sachverhalt kennt, aus dem die Unzuständigkeit i.S. des § 154 StGB resultiert (also etwa weiß, dass er einen Staatsanwalt vor sich hat), er aber im Wege **irriger rechtlicher Erwägungen** gleichwohl die (im Beispiel: staatsanwaltschaftliche) »Zuständigkeit« annimmt.[39]

Dann ist nämlich ein sog. **umgekehrter Subsumtionsirrtum** gegeben, der keinen Versuch begründet, da es am Tatentschluss fehlt: Wenn der Sachverhalt, auf dessen Verwirklichung der Wille des Täters gerichtet ist, ein Tatbestandsmerkmal nicht erfüllt, fehlt dem Täter der Vorsatz und damit der Tatentschluss, dieses Merkmal zu verwirklichen, mag er sein (beabsichtigtes) Verhalten auch irrig als tatbestandsmäßig werten.[40]

---

[31] Näher HK-GS-*Heinrich*, § 154 Rn. 5; *Fischer*, § 154 Rn. 5; M/S/M-*Schroeder*, 75/32, 44.
[32] *BGH* St 3, 248 ff.; 5, 111 (113 f.); 10, 272 (273); 64, 307 (310); W/H/E-*Engländer*, Rn. 744.
[33] Zur damaligen Rechtslage *BGH* St 10, 272; *OLG Hamm*, NStZ 1984, 551.
[34] Vgl. MK-*Müller*, § 154 Rn. 12; S/S/W-*Sinn*, § 154 Rn. 4; **a.A.** Kindhäuser/Schramm, 47/6.
[35] Zum untauglichen Versuch Krey/*Esser*, AT, Rn. 1246 ff. sowie *Roxin*, AT II, 29/347 ff.
[36] *RG* St 65, 206 (208); *BGH* St 3, 248 (255); 5, 111 (117); 10, 272 (275 f.); 12, 56 (58); dem folgend Jescheck/*Weigend*, AT, § 50 II 2; M/S/M-*Schroeder*, 75/53 f.
[37] *BGH* St 3, 248 (254); M/S/M-*Schroeder*, 75/53.
[38] Ebso. *Burkhardt*, JZ 1981, 681 ff.; *Otto*, JuS 1984, 161 (167); Krey/*Esser*, AT, Rn. 1252; *Roxin*, AT II, 29/417; Stratenwerth/*Kuhlen*, AT, 11/28; A/W/H/H-*Hilgendorf*, 47/70; *Rengier* II, 49/25; MK-*Müller*, § 154 Rn. 40; S/S/W-*Sinn*, § 154 Rn. 13; Sch/Sch-*Bosch/Schittenhelm*, § 154 Rn. 15.
[39] Vgl. *Otto*, JuS 1984, 161 (167); *Geppert*, Jura 2002, 173 (175); Krey/*Esser*, AT, Rn. 1253; Küpper/*Börner*, 7/22; *Rengier* II, 49/25; *Roxin*, AT II, 29/410; *Fischer*, § 154 Rn. 11; MK-*Müller*, § 154 Rn. 41; Sch/Sch-*Bosch/Schittenhelm*, § 154 Rn. 15; S/S/W-*Sinn*, § 154 Rn. 13.
[40] *Kühl*, AT, 15/99 f.; s.a. *Rengier*, AT, 35/25; *Roxin*, AT II, 29/410; **abw.** die in *Fn. 36* Genannten.

Fall 78: – *Vernehmungsgegenstand und Meineid* – 851

Amandine (A) wird im Unterhaltsprozess ihres Kindes gegen dessen angeblichen Erzeuger Etienne (E) als Zeugin dazu vernommen, ob sie in der gesetzlichen Empfängniszeit außer mit E auch noch mit Alphonse geschlechtlich verkehrt habe. Sie verneint dies wahrheits*gemäß* und fügt dann spontan wahrheits*widrig* hinzu, sie habe überhaupt in der fraglichen Zeit mit keinem anderen Mann als E geschlafen; anschließend beeidet sie ihre Aussage.
Strafbarkeit der A?

a) §§ 153, 154 StGB entfallen. Sie erfassen nur solche Falschaussagen einer Beweisperson, die den **Vernehmungsgegenstand** (vgl. *Rn. 841*) und damit ihre Pflicht zu wahrheitsgemäßer Aussage betreffen. **Spontane Äußerungen**, die diesen Rahmen überschreiten, »werden nur erfasst, wenn sie auf nachträgliche Erweiterung des Beweisthemas durch den Richter« vom Aussagenden bestätigt werden.[41] 852

Hier lag eine solche Spontanbekundung vor, die den Vernehmungsgegenstand (Verkehr mit Alphonse) nicht betraf. Damit scheiden falsche uneidliche Aussage und Meineid aus.

b) *Meineidsversuch? – vgl. §§ 23 I, 12 I StGB –* 853

Nach wohl h.M. kommt für A ein (strafbarer) untauglicher **Versuch** des § 154 StGB in Betracht[42] – während andere ein (strafloses) **Wahndelikt** annehmen.[43]

Richtigerweise wird man jedoch auch hier wieder (nicht anders als beim Zuständigkeitsirrtum, s. *Rn. 850*) zu differenzieren haben:[44]

– **Versuch** bei Annahme, die falsche Angabe gehöre zum Vernehmungsgegenstand,
– **Wahndelikt** hingegen, wenn der Aussagende glaubt, die Wahrheitspflicht erstrecke sich auch auf Angaben außerhalb des Vernehmungsgegenstandes.

Je nachdem ist bei A ein strafbarer Versuch anzunehmen oder abzulehnen.

Ergänzende Hinweise zu § 154 StGB: 854

(1) § 154 StGB erfordert den Ausspruch: »**Ich schwöre**« (§ 64 I, II StPO); anderenfalls entfällt die Strafbarkeit nach dieser Norm.[45]

Bei *Eidesgleicher Bekräftigung* gem. § 65 StPO, § 484 ZPO kommt aber eine Strafbarkeit gem. §§ 154 i.V.m. 155 Nr. 1 StGB in Betracht. – Vgl. auch § 155 Nr. 2 StGB. –

(2) Im Übrigen sollen nach h.A. **prozessuale Mängel** bei der Vereidigung 855
– etwa ein Verstoß gegen das Vereidigungsverbot des § 60 Nr. 2 StPO oder gegen die Belehrungspflichten aus §§ 57, 61 StPO –
die Anwendbarkeit des § 154 StGB grundsätzlich nicht hindern.[46]

---

[41] *BGH* St 25, 244 (246); *Sch/Sch-Bosch/Schittenhelm*, vor § 153 Rn. 15; *Rengier* II, 49/12; W/H/E-*Engländer*, Rn. 730; **a.A.** L/K/H-*Heger*, § 154 Rn. 6; SK⁹-*Zöller*, § 153 Rn. 17.
[42] *BGH* St 3, 221 (226); 25, 244 (246); *Schlüchter*, JuS 1985, 527 (528).
[43] *BGH* St 14, 345 (350); *Geppert*, Jura 2002, 173 (175); *Jakobs*, AT, 25/39; *Kühl*, AT, 15/99 f.
[44] HK-GS-*Heinrich*, § 154 Rn. 14; ebso. MK-*Müller*, § 154 Rn. 40 f.; S/S/W-*Sinn*, § 154 Rn. 13.
[45] Zur Frage einer »besonderen Handlungsqualität des Schwörens« *Schumann*, ZStW 2014, 615 ff.
[46] *OLG Hamm*, NStZ 1984, 551; *Eisele* I, Rn. 1368; M/S/M-*Schroeder*, 75/23 ff.; einschränkend Sch/Sch-*Bosch/Schittenhelm*, vor § 153 Rn. 23; **Kritik** bei HK-GS-*Heinrich*, § 154 Rn. 10 i.V.m. § 153 Rn. 20 ff. (21); **a.A.** etwa auch SK⁹-*Zöller*, § 153 Rn. 33 f.; **diff.** *Otto*, BT, 97/28 f.

Zweiter Abschnitt: Straftaten gegen die Allgemeinheit

– Wie ich meine, kann dieser Grundsatz jedoch zumindest bei **willkürlicher** Verletzung der prozessualen Vorschriften über die Vereidigung nicht gelten.[47] – Jedenfalls aber sind Verfahrensfehler bei der Zeugenvernehmung grundsätzlich strafmildernd (§ 154 II StGB) zu berücksichtigen.[48]

856 (3) Wer (im Strafprozess) i.S.d. § 60 Nr. 1 Alt. 2 StPO bzw. (im Zivilprozess) i.S.d. § 393 Alt. 2 ZPO »*wegen mangelnder Verstandesreife u.s.w.*« **eidesunfähig** ist, kann § 154 StGB nicht begehen.[49] Auch wer **eidesunmündig** ist

– wobei kurioserweise die Eidesmündigkeit im Strafprozess erst mit 18 Jahren (§ 60 Nr. 1 Alt. 1 StPO), im Zivilprozess aber schon mit 16 Jahren (§ 393 Alt. 1 ZPO) beginnt,[50] –

kann kein Täter nach § 154 StGB sein;[51] ob sich dies allerdings damit begründen lässt, dass das Gesetz die Eidesunfähigkeit der jeweils Betroffenen unwiderleglich vermute,[52] mag angesichts jener Diskrepanz der Altersgrenzen zu bezweifeln sein.[53]

857 Fall 79: – *Verhältnis der §§ 153, 154 StGB zueinander* –

Aragorn Axt (A) war angeklagt wegen Raubes, einer Tat, die er auch tatsächlich begangen hatte. Er bat abends in der Kneipe »Zum tänzelnden Pony« seine Freunde Bilbo Beil (B) und Celeborn Cutter (C), im Strafverfahren auszusagen, er (A) könne nicht der Täter sein, da sie zu dritt zur Tatzeit eine Zechtour unternommen hätten. Die Zechtour hatte aber in Wirklichkeit einen Tag vor der Tat stattgefunden. A, B und C rechneten damit, dass die Aussagen, gegebenenfalls auch in der Berufungsinstanz, beschworen werden müssen. B und C sagten wie vereinbart vor dem Schöffengericht und später im Berufungsverfahren vor der kleinen Strafkammer des LG (§§ 74 III, 76 I S. 1 GVG) aus und beschworen ihre Aussagen.

Während B **bewusst** falsch aussagte, war C, der ein schlechtes Gedächtnis hat, bei seiner Beeidigung in der ersten Instanz von der Wahrheit seiner Aussage überzeugt, hatte aber in der zweiten Instanz nach seiner Vernehmung **erhebliche Zweifel** bekommen, ob ihn sein Gedächtnis nicht trüge, dies aber aus Freundschaft zu A dem Gericht nicht offenbart und seine Aussage schlechten Gewissens beschworen. A wird in beiden Instanzen freigesprochen.

Strafbarkeit von B und C? – *Zur Strafbarkeit des A vgl.* **Fall 80** *(Rn. 863).* –

858 *a) Strafbarkeit des B*

(1) Sowohl vor dem AG (Schöffengericht), wie auch vor dem LG (kleine Strafkammer) hat B aufgrund mittels vorsätzlichen Falschaussage jeweils die Tatbestände des § 153 StGB, des § 154 StGB und des § 258 I StGB erfüllt.

---

[47] Vgl. auch *BGH* St 10, 8 (12, 13) sowie HK-GS-*Heinrich*, § 153 Rn. 21.
[48] *BGH*, NStZ 1981, 268 f.; *OLG Hamm*, NStZ 1984, 551; HK-GS-*Heinrich*, § 154 Rn. 10 i.V.m. § 153 Rn. 22; Sch/Sch-*Bosch/Schittenhelm*, vor § 153 Rn. 24, § 154 Rn. 17.
[49] H.M.; vgl. nur Sch/Sch-*Bosch/Schittenhelm*, vor § 153 Rn. 26; **a.A.** jedoch L/K/H-*Heger*, § 154 Rn. 2. – *Vgl. die Unterschiede in § 60 Nr. 1 Alt. 2 StPO und § 393 Alt. 2 ZPO.* –
[50] Ausf. zu diesem klaren *faux pas* des Gesetzgebers HK-GS-*Heinrich*, § 154 Rn. 4; s.a. MK-*Müller*, § 154 Rn. 13: »systematisch wenig durchdacht«.
[51] HK-GS-*Heinrich*, § 154 Rn. 4; SK^9-*Zöller*, § 154 Rn. 4; *Küpper/Börner*, 7/18; *Rengier* II, 49/20; W/H/E-*Engländer*, Rn. 739; **a.A.** L/K/H-*Heger*, § 154 Rn. 2; LK-*Wolters/Ruß*, § 154 Rn. 10. Zu den Folgen der Vereidigung Eidesunmündiger *Geppert*, Jura 2002, 173 (177) mwN.
[52] So aber (ohne auf § 393 ZPO zu sehen) *Küpper/Börner*, 7/19; W/H/E-*Engländer*, Rn. 739.
[53] Ausführlich hierzu HK-GS-*Heinrich*, § 154 Rn. 4.

(2) Für das **Verhältnis §§ 153/154 StGB** bei Vernehmung und Vereidigung **im selben Rechtszug** (d.h. in derselben Instanz) gilt folgendes: 859

Soweit es um den Zeugen- und Sachverständigeneid geht (vgl. § 153 StGB), ist § 154 StGB ein *qualifizierter Fall* des § 153 StGB;[54] insofern ist § 154 StGB gegenüber § 153 StGB *lex specialis*, so dass § 153 StGB im Wege der Gesetzeskonkurrenz zurücktritt.[55] Das gilt auch, wenn mehrere Aussagen einheitlich mit einem Eid beschworen werden.[56] Bei uneidlicher Falschaussage und Meineid **in verschiedenen Instanzen** ist hingegen Tatmehrheit gegeben.

– Des Weiteren erfasst § 154 StGB aber auch (insofern nunmehr über § 153 StGB hinaus *als eigenständiger Tatbestand*) andere Eidesarten wie die eidliche Parteivernehmung im Zivilprozess (§ 452 ZPO) und den Dolmetschereid (§§ 185, 189 GVG). –

In unserem *Fall 79* treten die falschen uneidlichen Aussagen des B vor dem AG und dem LG jeweils hinter den Meineiden zurück (Gesetzeskonkurrenz).

(3) Verhältnis des Meineids vor dem AG zu demjenigen vor dem LG: 860

Werden mehrere Aussagedelikte, wie hier, **in verschiedenen Instanzen** begangen,

– auch bei uneidlicher Falschaussage im einen und Meineid im anderen Rechtszug,[57] –

stehen sie in Tatmehrheit (§ 53 StGB).[58] B hat also i.S. des § 53 StGB zwei selbständige Verbrechen (vgl. § 12 I StGB) des Meineides begangen.

– § 157 StGB (Aussagenotstand) greift nicht ein, da A kein Angehöriger war. –

Dabei stehen beide Meineide jeweils in Tateinheit (§ 52 StGB) mit der ebenfalls von B verwirklichten Strafvereitelung, § 258 I StGB (zu dieser *Rn. 937 ff.*).

b) Strafbarkeit des C 861

(1) Aussage und Eidesleistung **vor dem AG** (Schöffengericht):

C ist aufgrund seiner Gutgläubigkeit mangels Vorsatzes (§ 16 StGB) nicht aus §§ 153, 154 StGB schuldig, und auch § 258 StGB entfällt aus diesem Grunde.

Für die Annahme eines fahrlässigen Falscheides (§ 161 I StGB) bietet der Sachverhalt keine hinreichenden Anhaltspunkte.

(2) § 154 StGB **vor dem LG** (kleine Strafkammer)? 862

Der objektive Tatbestand dieser Norm ist erfüllt. C hat auch vorsätzlich gehandelt, und zwar mit dolus directus, nicht nur mit dolus eventualis:

C hat ja geschworen, *»nach bestem Wissen die reine Wahrheit gesagt und nichts verschwiegen«* zu haben (§ 64 I, II StPO). Er hat seine Aussage als auf sicherem Erinnerungsbild

---

[54] Gerade insoweit aber spricht *Vormbaum*, FS-Beulke, 2015, 581 ff. (587) dem Tatbestand des § 154 StGB wegen Verstoßes gegen Art. 2 I, II GG die Legitimation ab.
[55] Näher HK-GS-*Heinrich*, § 153 Rn. 45 mit Rn. 18; ebso. MK-*Müller*, § 153 Rn. 112; NK-*Vormbaum*, § 153 Rn. 124; für **Subsidiarität** des § 153 StGB dagegen BGH (GS) St 8, 301 (311); L/K/H-*Heger*, § 154 Rn. 13; Sch/Sch-*Bosch/Schittenhelm*, § 153 Rn. 16.
[56] BGH (GS) St 8, 301 (312); HK-GS-*Heinrich*, § 153 Rn. 45; MK-*Müller*, § 153 Rn. 112.
[57] Sch/Sch-*Bosch/Schittenhelm*, § 153 Rn. 18; MK-*Müller*, § 153 Rn. 112; S/S/W-*Sinn*, § 154 Rn. 17.
[58] HK-GS-*Heinrich*, § 154 Rn. 20, § 153 Rn. 44; Sch/Sch-*Bosch/Schittenhelm*, § 153 Rn. 18.

beruhend gemacht und sie als solche auch beschworen, obwohl er bei der Eidesleistung wusste, dass er sich irren konnte. Wenn ein Zeuge aber bekundet, er wisse etwas bestimmt, und dies beeidigt, obwohl er bei der Eidesleistung weiß, dass sein Erinnerungsbild unsicher ist, begeht er einen vollendeten Meineid,[59] und zwar mit dolus directus, da er wider besseres Wissen etwas **Unwahres** (sein sicheres Wissen) beschwört;

– zu Unrecht wird hier teilweise auch nur dolus eventualis angenommen.[60] –

C ist also aus § 154 StGB schuldig (wiederum ohne sich auf § 157 StGB berufen zu können, vgl. bereits *Rn. 860*), zudem in Idealkonkurrenz dazu aus § 258 I StGB.

2. Verleitung zur Falschaussage (§ 160 StGB)

863 Ob und ggf. wie A sich in *Fall 79* (*Rn. 857*) strafbar gemacht hat, hängt letztlich davon ab, ob er B und C im Hinblick auf ihre Aussagen für gut- oder bösgläubig hielt. Während dies in *Fall 79* offen geblieben ist, hier nun insoweit ergänzend bzw. den Sachverhalt erweiternd

Fall 80: *– als Nachtrag zu Fall 79, Rn. 857 –*

Wie ist Aragorn Axt (A) strafbar, wenn er irrig glaubte, B sei gutgläubig, werde also unwissentlich falsch aussagen, während er C fälschlich für bösgläubig hielt?

864 *a) Beteiligung des A an den Taten des B:*

(1) **Anstiftung zu §§ 153, 154, 258 StGB** entfällt, da A den B für gutgläubig hielt, er also ohne den erforderlichen *Anstiftervorsatz* (§ 26 StGB) handelte.

(2) **§ 160 StGB (Verleitung zur Falschaussage):** Aussagedelikte sind *eigenhändige Delikte*;[61] bei ihnen ist **mittelbare Täterschaft** nicht möglich. Angesichts dessen erfasst § 160 StGB als Sondertatbestand die Fälle, die man als mittelbare Täterschaft charakterisieren würde, wäre diese nicht bei §§ 153 ff. StGB ausgeschlossen.[62]

865 (a) Nach h.L. erfordert § 160 I StGB objektiv einen **unvorsätzlichen** Falscheid des Verleiteten und subjektiv einen hierauf gerichteten Vorsatz des verleitenden Täters: Sei es hingegen – wie hier in unserem *Fall 80* – entgegen dem Vorsatz des Täters (A) zu einem *vorsätzlichen* Meineid des Verleiteten (B) gekommen, liege nur ein nach § 160 II StGB **strafbarer Versuch** der Verleitung zur Falschaussage vor.[63]

866 (b) Demgegenüber ist nach dem *BGH* der Verleitende der **vollendeten** Verleitung auch dann schuldig, wenn entgegen seiner Vorstellung der Verleitete *vorsätzlich* falsch schwört,[64] denn:

Maßgeblicher Strafgrund sei bei § 160 StGB, dass es zu einer objektiv falschen Aussage komme und dadurch die Rechtspflege gefährdet werde. Der Täter des § 160 StGB wolle zwar eine **unbewusst** falsche Aussage bewirken; sein Tun sei aber nicht deshalb weniger straf-

---

[59] *BGH* bei Dallinger, MDR 1953, 597; L/K/H-*Heger*, § 154 Rn. 9.
[60] Siehe die in *Fn. 59* Genannten sowie Sch/Sch-*Bosch/Schittenhelm*, vor § 153 Rn. 29.
[61] Ganz h.M., s. nur MK-*Müller*, Vor § 153 Rn. 16 f.; **a.A.** *Mitsch*, ZfiStW 2022, 35 ff. (40).
[62] Näher HK-GS-*Heinrich*, § 160 Rn. 1; M/S/M-*Schroeder*, 75/96 ff.; s.a. *Roxin*, AT II, 25/303.
[63] *Otto*, JuS 1984, 161 (171); *ders.*, BT 97/85; W/H/E-*Engländer*, Rn. 770; MK-*Müller*, § 160 Rn. 16–18; LK-*Wolters/Ruß*, § 160 Rn. 1; NK-*Vormbaum*, § 160 Rn. 12 f., 19.
[64] *BGH* St 21, 116; zust. *Hruschka*, JZ 1967, 210; *Küpper/Börner*, 7/33; L/K/H-*Heger*, § 160 Rn. 4; Sch/Sch-*Bosch/Schittenhelm*, § 160 Rn. 9; *Rengier* II, 49/57; SK^9-*Zöller*, § 160 Rn. 5.

würdig, weil entgegen seiner Vorstellung der Verleitete nicht gutgläubig ist. Daher komme es dafür, ob § 160 StGB vollendet sei, »nur auf die Vorstellung und den Willen des Täters sowie darauf an, dass die Verleitung eine wenigstens objektiv falsche Aussage des Verleiteten zur Folge hat, nicht jedoch darauf, ob dieser unbewusst oder bewusst falsch aussagt«.[65]

(c) **Stellungnahme:** Die Ansicht des *BGH* wäre dogmatisch überzeugend, wenn sie *erstens* mit *Hruschka*[66] in § 160 StGB einen Tatbestand sehen würde, der **alle** Fälle der Verleitung zum Falscheid erfasste, und zwar unabhängig vom Vorsatz des Verleiteten und von der Vorstellung des Täters über die Gut- oder Bösgläubigkeit des Aussagenden, 867

– dann würde § 160 I StGB auch die Anstiftung zu §§ 153, 154, 156 StGB sowie (wenn der Verleitete unerwartetermaßen gutgläubig ist) die versuchte Anstiftung zu Meineid (§§ 154, 30 I StGB) bzw. Falschaussage (§ 159 StGB) umfassen,[67] –

und wenn *zweitens Hruschkas* Verständnis des § 160 I StGB als »Grundtatbestand für die Veranlassung von Falschaussagen« dem Sinn und Zweck dieser Norm gerecht würde.

Inkonsequent ist es jedoch, wenn der *BGH* unter den objektiven Tatbestand zwar *unvorsätzliche* **und** *vorsätzliche* Aussagedelikte fallen lässt, er aber für den subjektiven Tatbestand verlangt, dass der Täter eine *unvorsätzliche* Falschaussage herbeiführen wollte.

Dogmatisch sauberer ist demgegenüber die Deutung des § 160 StGB durch die h.L. (s. *Rn.* 865 mit *Fn.* 63):[68] Sie entspricht der dargelegten Funktion der Norm. Danach ist **§ 160 I StGB** ein Fall »mittelbarer Täterschaft«, erfordert also das Verleiten eines Gutgläubigen. **§ 160 II StGB** erfasst dagegen den Fall versuchter mittelbarer Täterschaft, die bei irriger Annahme der Gutgläubigkeit des Aussagenden vorliegt. Die Umdeutung des § 160 I StGB zu einem **Grundtatbestand für alle Fälle der Veranlassung einer Falschaussage** wirkt dagegen gekünstelt, widerspricht der ratio legis des § 160 I StGB und ist wegen § 160 II StGB gänzlich überflüssig. 868

(d) Noch wieder anders jetzt *Küper*, der sowohl die Vollendungslösung des *BGH* (als dogmatisch nicht überzeugend), wie auch die (nach seinem Dafürhalten »in sich schlüssige«) Konzeption der Versuchslösung verwirft:[69] Strukturell handele es sich im Falle des Irrtums um einen »Versuch der Verleitung (Anstiftung) zur unvorsätzlichen Falschaussage, der (nur) objektiv mit einer Anstiftung zur vorsätzlich falschen Aussage zusammentrifft«;[70] damit aber liege ein Fall des **§ 16 II StGB** vor, da der Täter sich vorstelle, das mildere Verleiten zu erfüllen, während in Wahrheit aber die schwerer wiegende Anstiftung gegeben sei. Folge: Über § 16 II StGB sei wegen Verleitens zur unvorsätzlichen Falschaussage **gem. § 160 I StGB** zu bestrafen – i.S. gewissermaßen einer »indirekten Vollendungslösung«.[71] Eine innovativ-reizvolle, aber den Anwendungsbereich des § 16 II StGB überdehnende These.[72] 869

(e) *Ergebnis:* Nach *BGH* und *Küper* liegt § 160 I StGB vor, nach h.L. ist hingegen ein Fall des § 160 II StGB anzunehmen.

---

[65] *BGH* St 21, 116.
[66] *Hruschka*, JZ 1967, 210; **krit.** hierzu *Vormbaum*, FS-Maiwald, 2010, 817 (826 f.)
[67] Dafür *Hruschka*, JZ 1967, 210; *Hruschka/Kässer*, JuS 1972, 713.
[68] HK-GS-*Heinrich*, § 160 Rn. 3, 4; s.a. *Vormbaum*, FS-Maiwald, 2010, 817 (824 ff.).
[69] Ausf. hierzu *Küper*, JZ 2012, 992 (998 ff., insb. 999, 1000); ebso. Küper/*Zopfs*, Rn. 224.
[70] Hier und nachf. *Küper*, JZ 2012, 992 (1001 f., Zitat: 1001); s.a. Küper/*Zopfs*, Rn. 224.
[71] So explizit *Küper*, JZ 2012, 992 (1002); s.a. Küper/*Zopfs*, Rn. 224.
[72] I.d.S. auch NK-*Vormbaum*, § 160 Rn. 13: »Besorgnis einer unzulässigen Analogie«.

870 *b) Beteiligung des A an den Taten des C:*

(1) Bezüglich des Verhaltens des C vor dem AG hat A den Tatbestand der §§ 154, 30 I StGB erfüllt (versuchte Anstiftung zum Meineid).

(2) Hinsichtlich C´s Verhaltens vor dem LG (*Rn. 862*) ist A wegen Anstiftung zum Meineid strafbar. § **157 StGB** (*Aussagenotstand*) kommt ihm dabei nicht zugute. Diese Norm
– bei der es hinsichtlich des Bestehens einer Bestrafungsgefahr allein auf das Vorstellungsbild des Täters ankommt[73] und bei der es unerheblich ist, ob die Abwendungsabsicht der einzige oder wesentliche Beweggrund für seine Falschaussage ist,[74] –
ist weder unmittelbar noch analog auf den **Teilnehmer** an Aussagedelikten anzuwenden, mag er auch gehandelt haben, um sich oder Angehörige zu begünstigen, da er sich »nicht in der vom Gesetz hier beim Täter vorausgesetzten Zwangslage« befindet.[75] –

Die Anstiftung zu § 258 I StGB ist gem. Abs. 5 dieser Vorschrift straflos (vgl. *Rn. 807*).

(3) §§ 154, 30 I StGB sind gegenüber der vollendeten Anstiftung zum Meineid subsidiär.

3. Beihilfe zum Meineid durch Unterlassen (§§ 154, 27, 13 StGB)

871 **Fall 81:** – *Zur Eigenverantwortung des Zeugen* –

Herr Neuhaus (N) bestreitet im Scheidungsprozess gegen seine Ehefrau wahrheitswidrig das Bestehen eines ehebrecherischen Verhältnisses zwischen ihm und Annabella Schön (S). Frau N benennt daraufhin S als Zeugin. N vereinbart mit S, sie solle die Aussage verweigern; er selbst werde sein Verhältnis zu ihr weiterhin leugnen. Außerdem erklärt N der S, mit der er wie bisher intim verkehrt, er wolle sie nach der Scheidung heiraten. Bei ihrer Vernehmung verweigert S zunächst die Aussage, bekundet dann aber, zwischen ihr und N hätten niemals intime Beziehungen bestanden, und beschwört ihre Aussage. Der insoweit überraschte N ist dabei untätig geblieben. Strafbarkeit des N in Bezug auf den Meineid?

a) Für *Anstiftung* oder *aktive Beihilfe*[76] zu § 154 StGB gibt es keine Anhaltspunkte.

872 b) Der *BGH* hat in einem Fall wie dem vorliegenden aber eine Meineidsbeihilfe durch Unterlassen angenommen.[77] Es fragt sich, ob dem zu folgen ist.

Beihilfe durch Unterlassen zu §§ 153 f. StGB ist nach ganz h.M. möglich, wenn jemand vorsätzlich eine falsche Aussage oder die Leistung eines Meineides geschehen lässt, obwohl er als **Garant** verpflichtet ist, das Aussagedelikt zu verhindern, insbesondere durch Bekennen der Wahrheit. Problematisch und streitig ist aber, unter welchen Voraussetzungen eine solche **Garantenpflicht** anzunehmen ist.[78] In casu kommt nur eine Garantenpflicht aus pflichtwidrigem gefährlichen »vorangegangenen Tun« (**Ingerenz**) in Betracht.

---

[73] Vgl. *BGH*, NStZ 2008, 91; NStZ-RR 2008, 9; Sch/Sch-*Bosch/Schittenhelm*, § 157 Rn. 6.
[74] Vgl. *BGH*, NStZ-RR 2007, 40 (41); Sch/Sch-*Bosch/Schittenhelm*, § 157 Rn. 10 mwN.
[75] Sch/Sch-*Bosch/Schittenhelm*, § 157 Rn.4; LK-*Wolters/Ruß* § 157 Rn.3; NK-*Vormbaum*, § 157 Rn.11.
[76] Zur aktiven Beihilfe zu §§ 153 f. StGB ausf. HK-GS-*Heinrich*, § 153 Rn. 34 ff.; Sch/Sch-*Bosch/Schittenhelm*, vor § 153 Rn. 35 ff.; sowie *BGH*, MDR 1974, 14; *Ebert*, JuS 1970, 400 (403 ff.).
[77] *BGH* St 14, 229; 17, 321 (323 f.); zust. *Deubner*, NJW 1960, 1916; *Maurach*, S. 693 f.; **abl.** L/K/H-*Heger*, vor § 153 Rn. 7; SK#-*Zöller*, § 153 Rn. 52 f.; s.a. NK-*Vormbaum*, § 153 Rn. 114, 119
[78] Dazu u.a. *Lackner*, JR 1969, 29; *Ebert*, JuS 1970, 400 (401 f.) mwN; SK^9-*Zöller*, § 153 Rn. 52 ff.

c) Während die Judikatur zunächst in der Annahme einer Garantenpflicht aus Ingerenz sehr weit ging,[79] ist sie später einschränkender geworden und besagt nun: **873**
(1) Eine Rechtspflicht zur Verhinderung des Meineids eines Zeugen resultiert noch nicht aus dem bloßen wahrheitswidrigen Bestreiten des Vorbringens der Gegenpartei im Zivilprozess, und zwar auch dann nicht, wenn dadurch mit Einverständnis des Bestreitenden die Zeugenvernehmung veranlasst wird.[80]

Selbst die Benennung eines Zeugen für eine falsche Behauptung begründet als solche noch keine Garantenpflicht zur Verhinderung eines Aussagedeliktes des Zeugen.[81]

Hieran vermag die gem. § 138 I ZPO für die Parteien (und ihre Anwälte) bestehende zivilprozessuale Wahrheitspflicht nichts zu ändern. Denn diese Vorschrift bürdet ihnen keine Verantwortung für die wahrheitsgemäße Aussage von Zeugen auf;[82] **Zeugen stehen prozessual unter eigener Verantwortung.**[83]

(2) Vielmehr soll nach heute herrschender Rechtsprechung eine Garantenpflicht aus **874** vorangegangenem Tun zur Verhinderung des Meineids von Zeugen – notfalls durch Bekennen der Wahrheit – nur dann in Frage kommen, wenn der Täter den Aussagenden in eine »besondere, dem Prozess nicht mehr eigentümliche **(inadäquate)** Gefahr der Falschaussage gebracht hat«.[84] Dabei müssten über die wahrheitswidrige Einlassung (und die Benennung des Zeugen) hinaus »besondere Umstände« vorliegen, die für den Zeugen aufgrund des Verhaltens des Unterlassenden die Gefahr einer Falschaussage erhöhen (Schaffung einer besonderen Gefahrenlage).[85]

– Eine Garantenpflicht, den Zeugen vom Meineid abzuhalten, aus Ingerenz nimmt der *BGH* demgemäß für denjenigen an, der den Zeugen zur Falschaussage angestiftet hat, ohne dabei mit einer nachfolgenden Vereidigung des Zeugen zu rechnen.[86] –

Solch eine – die Garantenpflicht aus Ingerenz begründende – Schaffung einer dem **875** Prozess inadäquaten Gefahr eines Deliktes nach §§ 153 f. StGB hat die Rechtsprechung auch in unserem *Fall 81* angenommen: Die »besonderen Umstände« lägen in der Aufrechterhaltung der ehebrecherischen Beziehung zur Zeugin, zudem im Eheversprechen und schließlich in der Versicherung, am Bestreiten festzuhalten.[87]

– Das »Gefühl gegenseitigen Verpflichtetseins, das bloße stillschweigende Einvernehmen darüber«, soll dagegen noch nicht genügen.[88] –

Dabei soll es dem Unterlassenden nichts nützen, dass er mit der Zeugin abgemacht hatte, sie solle das Zeugnis verweigern.[89]

---

[79] Dazu *Scheffler*, GA 1993, 341 (342 f.); MK-*Müller*, § 153 Rn. 104; LK-*Wolters/Ruß*, § 154 Rn. 17ff.
[80] *BGH* St 17, 321 (323 f.); so auch die h.L., u.a. Sch/Sch-*Bosch/Schittenhelm*, vor § 153 Rn. 39 f.
[81] *Ebert*, JuS 1970, 400 (401 f.); *Lackner*, JR 1969, 29; HK-GS-*Heinrich*, § 153 Rn. 36 f., 39.
[82] *BGH* St 6, 322 (323); *OLG Köln*, NStZ 1990, 594 f.; M/S/M-*Schroeder*, 75/81.
[83] *Welzel*, S. 215; ausf. dazu HK-GS-*Heinrich*, § 153 Rn. 39, 42, § 154 Rn. 17; *Otto*, BT, 97/73 mwN.
[84] *BGH* St 4, 327 (330); 17, 321 (323); *OLG Köln*, NStZ 1990, 594 f.; *OLG Hamm*, NStZ 1993, 82 f.
[85] *BGH* St 14, 229 (230 f.); 17, 321 (323); *OLG Hamm*, NStZ 1993, 82 f.; s.a. *Rengier* II, 49/70.
[86] *BGH*, NStZ 1993, 489; ebso. *Rengier* II, 49/72, und offenbar auch Küpper/*Börner*, 7/30.
[87] *BGH* St 14, 229 (230 ff.); 17, 321 (323); zust. offenbar *OLG Köln*, NStZ 1990, 594 f.
[88] *BGH* St 17, 321 (323); *OLG Köln*, NStZ 1990, 594 f.
[89] So explizit *BGH* St 14, 229 (232); **anders** aber *Bindokat*, NJW 1960, 2319.

876 (3) Diese Judikatur ist bedenklich. Kriterien wie »Aufrechterhaltung der ehebrecherischen Beziehung«, Eheversprechen u.ä. dienen hier zur **Begründung der Strafbarkeit** eines sonst straflosen Unterlassens. Hätte N »klugerweise« während des Scheidungsverfahrens sein ehewidriges Verhalten abgestellt (und das Eheversprechen vermieden), so wäre er straflos. Keiner der genannten Umstände stellt aber einen pflichtwidrigen Eingriff in die Rechtssphäre der Zeugin oder in die **Rechtspflege** dar.[90] Die Entscheidung *BGH* St 14, 229 – nach der in unserem *Fall 81* N aus §§ 154, 27, 13 StGB strafbar wäre – ist daher rational kaum nachvollziehbar.[91]

877 (4) Überdies bestehen ganz allgemein Zweifel an der Begründung einer *Garantenpflicht zur Verhinderung von Eidesdelikten aus vorangegangenem Tun:* M.E. sollte man den Gesichtspunkt der **Eigenverantwortlichkeit des mündigen Zeugen** in den Vordergrund stellen; der Gesichtspunkt der Ingerenz wird dieser Eigenverantwortlichkeit nicht gerecht,[92] so dass man auf die Konstruktion einer Beihilfe durch Unterlassen hier besser ganz verzichten sollte.[93] Vielmehr ist ein kriminalpolitisches Bedürfnis, den lügenden Angeklagten oder die lügende Partei im Zivilprozess wegen Teilnahme am Meineid mündiger Zeugen zu bestrafen, grundsätzlich nur bei Anstiftung oder aktiver Beihilfe anzuerkennen.

d) *Ergebnis zu* **Fall 81***:* Nach der Rechtsprechung ist N aus §§ 154, 27, 13 StGB strafbar, nach der hier vertretenen Ansicht dagegen nicht.

878 e) *Ergänzender Hinweis: – Meineidsbeihilfe durch Unterlassen* **im *Strafprozess*** *–* Nach h.M. gelten die oben (*Rn.* 874) dargelegten Grundsätze der Rspr. zu §§ 153 f., 27, 13 StGB auch für das Strafverfahren:[94] Danach begründe zwar die unwahre Einlassung des Angeklagten (auch wenn sie mit der Benennung des falsch Aussagenden als Zeugen verbunden war) als solche noch *keine* Garantenpflicht zur Verhinderung von Aussagedelikten, *sehr wohl aber* die – als »sozial inadäquates Verhalten« zu verstehende – Hervorrufung »einer besonderen Gefahrenlage« etwa durch Benennung eines im Verfahren noch unbekannten Mittäters als Entlastungszeugen, da dieser – für den Angeklagten erkennbar – aus seiner Sicht »nur durch eine wahrheitswidrige Aussage eine Selbstbelastung vermeiden« könne.[95]

Richtiger Ansicht nach aber besteht für den Angeklagten **keinerlei Offenbarungspflicht** (§§ 136, 243 IV StPO)[96] und ist gerade im Strafprozess bzgl. des Beschuldigten – schon mit Blick auf sein *Schweigerecht* und den ***nemo tenetur-Grundsatz***[97] – kein Raum für die Figur der Beihilfe durch Unterlassen zu §§ 153, 154 StGB.

---

[90] *Bindokat,* NJW 1960, 2319; s.a. HK-GS-*Heinrich,* § 153 Rn. 41; *Otto,* BT, 97/76.
[91] So auch NK-*Vormbaum,* § 153 Rn. 120; krit. auch *Bindokat,* NJW 1960, 2319; *Eisele* I, Rn. 1393 f.; *Otto,* BT, 97/76; Sch/Sch-*Bosch/Schittenhelm,* vor § 153 Rn. 39 f. mwN; SK[9]-*Zöller,* § 153 Rn. 52 ff. (54); Stratenwerth/*Kuhlen,* AT, 13/35. – Unhaltbar auch *KG,* JR 1969, 27 f., m. abl. Anm. *Lackner.*
[92] S.a. *B. Heinrich,* JuS 1995, 1115; *Otto,* BT, 97/76; Sch/Sch-*Bosch/Schittenhelm,* vor § 153 Rn. 40.
[93] Ausf. HK-GS-*Heinrich,* § 153 Rn. 42 und § 154 Rn. 17; ebso. NK-*Vormbaum,* § 153 Rn. 120.
[94] Vgl. etwa *OLG Hamm,* NStZ 1993, 82, sowie *BGH,* StV 1994, 125 f.
[95] So der Fall *OLG Hamm,* NStZ 1993, 82 m. abl. Anm. *Seebode* und abl. Bspr. *Scheffler,* GA 1993, 341; **abl.** auch *Rengier* II, 49/71 mwN.
[96] M/S/M-*Schroeder,* 75/80; s.a. *B. Heinrich,* JuS 1995, 1115; *Scheffler,* GA 1993, 341; *Seebode,* NStZ 1993, 83; NK-*Vormbaum,* § 153 Rn. 115.
[97] … und auch auf den **abschließenden Charakter des § 138 StGB** (s. NK-*Vormbaum,* § 153 Rn. 115).

4. Falsche Versicherung an Eides Statt (§ 156 StGB)[98]

Fall 82: – *Die Stunde der Wahrheit* – 879

Willy Wonka (W) hat gem. § 802c III ZPO die dort vorgesehene Versicherung an Eides Statt (Offenbarungsversicherung, früher: Offenbarungseid) zu leisten. Im Termin zur Abgabe jener Versicherung vor dem Gerichtsvollzieher (vgl. §§ 802e I, 802f I ZPO) fragt dieser den W nach dem Verbleib eines Schokoladenbrunnens, den W zur Eintragung in das Vermögensverzeichnis (§ 802f V ZPO) angegeben hatte. Dieses noch nicht voll abgezahlte Gerät hatte W an einen ihm nicht näher bekannten Interessenten veräußert; er gab jedoch an, es versehentlich zerstört zu haben. Er versicherte sodann eidesstattlich, die von ihm verlangten Angaben »nach bestem Wissen und Gewissen richtig und vollständig« gemacht zu haben.

Strafbarkeit des W aus § 156 StGB?

a) Die **Zuständigkeit** der Behörde ist Tatbestandsmerkmal und erfordert: 880

(1) Die allgemeine Zuständigkeit der Behörde zur Abnahme eidesstattlicher Versicherungen (sie fehlt etwa bei Polizei und Staatsanwaltschaft);[99]

(2) die Zuständigkeit, »über diesen Gegenstand und in diesem Verfahren« derartige Versicherungen abzunehmen.[100]

– *Hinweis:* Eidesstattliche Versicherungen des **Beschuldigten** im Strafverfahren sind rechtlich irrelevant (und allenfalls als eigene schlichte Erklärung zu werten).[101] –

Viele nennen noch eine dritte Voraussetzung, die besagt: Die eidesstattliche Versicherung 881
dürfe rechtlich nicht völlig wirkungslos sein.[102] Diese Voraussetzung ist aber bei Vorliegen der oben genannten Erfordernisse (1) und (2) stets anzunehmen und daher entbehrlich.[103]

Zur **Zuständigkeit i.S. des § 156 StGB** vgl. u.a. §§ 294 I, 802c III ZPO, § 31 I FamFG, § 22 II BNotO sowie – sehr wichtig! – § 27 VwVfG und § 95 AO (Abgabenordnung).

Hier war der Gerichtsvollzieher gemäß § 802e I ZPO zuständig.

b) § 156 StGB scheidet aber aus, da die vom Gerichtsvollzieher verlangte Auskunft 882
nicht unter die nach § 802c II ZPO vom Schuldner zu machenden Angaben fällt:[104]

(1) Hiernach muss der Schuldner alle ihm gehörenden Vermögensgegenstände angeben, wobei dies nur auf das **gegenwärtige** Vermögen bezogen ist.[105] Eine Durchbrechung dessen, dass früheres Vermögen nicht anzugeben ist, enthalten § 802c II S. 3 Nr. 1, 2 ZPO, welche

– im Hinblick auf das Anfechtungsgesetz (*Schönfelder*, Deutsche Gesetze, Nr. 111) –

---

[98] Ausf. zu § 156 StGB und für seine Abschaffung: *Börsch*, Eidesstattliche Versicherung, 2009.
[99] **Krit.** hierzu – und allein auf Erfordernis (2) abstellend – Sch/Sch-*Bosch/Schittenhelm*, § 156 Rn. 8/9.
[100] *OLG Hamm*, NJW 1974, 327; *BayObLG* NStZ 1990, 340; Sch/Sch-*Bosch/Schittenhelm*, § 156 Rn. 10.
[101] *BGH* St 25, 89, (92); *BayObLG*, NStZ 1990, 340; HK-GS-*Heinrich*, § 156 Rn. 2, 6; Krey/*Heinrich*, Strafverfahrensrecht, Rn. 1099; W/H/E-*Engländer*, Rn. 753; *Meyer-Goßner/Schmitt*, § 45 Rn. 8.
[102] *BGH* StV 1985, 505; *BayObLG*, NStZ 1990, 340; *OLG Stuttgart*, NStZ-RR 2012, 368 (369); *Winters*, JuS 1977, 819 (821); L/K/H-*Heger*, § 156 Rn. 2.
[103] Näher HK-GS-*Heinrich*, § 156 Rn. 4; Sch/Sch-*Bosch/Schittenhelm*, § 156 Rn. 8/9; **a.A.** die h.M., vgl. *BGH* St 17, 303; *OLG Stuttgart*, NStZ-RR 2012, 368 (369); SK^9-*Zöller*, § 156 Rn. 5.
[104] Vgl. zu unserem Fall *BGH* St 14, 345 ff. (noch zur Vorgängervorschrift § 807 ZPO a.F.).
[105] So schon (zu § 807 ZPO a.F.) *BGH* St 14, 345; NJW 1968, 2251; ebso. (zu § 802c ZPO) W/H/E-*Engländer*, Rn. 756; Sch/Sch-*Bosch/Schittenhelm*, § 156 Rn. 23; s.a. S/S/W-*Sinn*, § 156 Rn. 14.

Zweiter Abschnitt: Straftaten gegen die Allgemeinheit

die Offenbarung bestimmter entgeltlicher und unentgeltlicher Verfügungen vorschreiben. *Andere* entgeltliche Verfügungen (wie etwa die von W getätigte), als die in § 802c II S. 3 Nr. 1 ZPO genannten, werden von der Offenbarungspflicht *nicht* erfasst.

883 (2) Über »die Angaben nach den Absätzen 1 und 2« i.S. des § 802c III S. 1 ZPO hinaus trifft den Schuldner keine Offenbarungspflicht; ihre Ausdehnung durch Fragen des die eidesstattliche Versicherung abnehmenden Gerichtsvollziehers oder des im Termin anwesenden Gläubigers (vgl. § 802f VI S. 2 ZPO) ist abzulehnen.[106]

(3) Bei der eidesstattlichen Versicherung nach § 802c III ZPO werden also die Offenbarungspflicht und damit der **Gegenstand** der nach § 156 StGB strafbewehrten Wahrheitspflicht durch § 802c II ZPO beschränkt. Da die falsche Bekundung des W nicht von dieser Norm erfasst wurde, ist er nicht nach § 156 StGB strafbar.

5. Versuch der Anstiftung zur Falschaussage (§ 159 StGB)

884 § 159 bedroht die **versuchte Anstiftung** zu §§ 153 bzw. 156 StGB mit Strafe;[107] die versuchte Anstiftung zu § 154 StGB wird unmittelbar von § 30 I StGB erfasst.

Anders als § 30 I StGB ist § 159 StGB kriminalpolitisch verfehlt: Bei der versuchten Anstiftung zu **Verbrechen** (§ 30 I StGB) ist stets auch der **Versuch der Haupttat** (des Verbrechens) strafbar (§ 23 I StGB). Anders aber bei § 159 StGB: Dort ist der **Versuch der Haupttat** straflos (§§ 153, 156, 23 I StGB). Wenn jedoch der Versuch der Haupttat keine Straftat ist, erscheint die Strafdrohung für die bloß versuchte Anstiftung (§ 159 StGB) befremdlich; hier liegt ein **Wertungswiderspruch** vor.[108]

885 Dieser Wertungswiderspruch ist nun angesichts der gesetzlichen Regelung in § 159 StGB zwar hinzunehmen; er ist jedoch soweit als möglich **durch eine sinnvolle Restriktion des § 159 StGB zu mildern**. Das sei im Folgenden dargetan:

Fall 83: – *Strafbare Anstiftung zum straflosen Versuch?* –

Dorothea (D) übergab in einem Strafverfahren gegen ihren Ehemann Theodor (T) dem Strafgericht eine als »eidesstattliche Versicherung« bezeichnete schriftliche Erklärung zur Schuldfrage, in der sie ihn wahrheitswidrig entlastete und sich zur Vernehmung als Zeugin anbot; hierzu hatte T sie angestiftet. Haben D und T Aussagedelikte begangen?

a) Strafbarkeit der D?

886 (1) § 156 StGB scheidet mangels »Zuständigkeit« aus: Eidesstattliche Versicherungen von Zeugen *zur Schuldfrage* sind im Strafprozess kein zulässiges Beweismittel; weder Staatsanwaltschaft noch Strafgericht sind zu ihrer Abnahme zuständig.[109]

(2) Der Versuch des § 156 StGB ist nicht unter Strafe gestellt (vgl. § 23 I StGB).

---

[106] So schon (zu § 807 ZPO a.F.) *BGH* St 14, 345; 19, 126; LK-*Wolters/Ruß*, § 156 Rn. 19 f.; SK⁹-*Zöller*, § 156 Rn. 12; s.a. *BayObLG*, JR 2004, 167 m.Anm. *Vormbaum*; ebso. (zu § 802c ZPO) W/H/E-*Engländer*, Rn. 756; *Fischer*, § 156 Rn. 13; Sch/Sch-*Bosch/Schittenhelm*, § 156 Rn. 22.

[107] Zur **Strafbarkeit der Teilnahme** daran vgl. *OLG Bamberg*, NJW 2006, 2935 sowie ausf. *Sickor*, ZStW 123 (2011), 284; HK-GS-*Heinrich*, § 159 Rn. 11 f.

[108] Krit. auch M/S/M-*Schroeder*, 75/88 f.; Sch/Sch-*Bosch/Schittenhelm*, § 159 Rn. 1/2: **systemwidrig**; NK-*Vormbaum*, § 159 Rn. 5 ff., 11; W/H/E-*Engländer*, Rn. 765; s.a. HK-GS-*Heinrich*, § 159 Rn. 1.

[109] *BGH* St 24, 38; *Winters*, JuS 1977, 819 (821); *Fischer*, § 156 Rn. 5.

§ 8: Straftaten gegen die Rechtspflege

b) Strafbarkeit des T?

Der *BGH* hat hier die Anwendung der §§ 159 (30 I), 156 StGB abgelehnt,[110] da **bei** **887**
D ein – nach § 23 I StGB strafloser – **untauglicher Versuch des § 156 StGB** vorliege: Die »Zuständigkeit der Behörde« sei Tatbestandsmerkmal des § 156 StGB, »sodass [ihre] irrige Annahme begrifflich untauglichen Versuch begründet«.

– Demgegenüber meine ich zwar, die Tat der D sei bloßes **Wahndelikt** (vgl. *Rn. 850*).[111] Doch sei im Folgenden zum besseren Verständnis jenes Urteils des *BGH* sein abweichender Standpunkt (untauglicher Versuch) zugrunde gelegt. –

So habe T begrifflich eine **Anstiftung zum untauglichen Versuch** des § 156 StGB **888**
begangen, die nach den allg. Akzessorietätsregeln mangels strafbedrohter Haupttat (§§ 156, 23 I StGB) straflos wäre. *Sie werde auch von § 159 StGB nicht erfasst:*[112]
»Zwar ist § 30 I StGB auch anwendbar, wenn die Tätigkeit, die der Angestiftete nach dem Willen des Anstifters entfalten soll, nur zu einem untauglichen Versuch führen kann. Das beruht indessen darauf, dass diese Vorschrift nur für Verbrechen gilt, deren Versuch stets strafbar ist. Die Anstiftung zur Abgabe einer falschen eidesstattlichen Versicherung vor einer unzuständigen Behörde kann dagegen nur zu einem **straflosen** Versuch führen. Es wäre deshalb keine ›entsprechende‹ Anwendung des **§ 30 I**, wenn die ›gelungene‹ Anstiftung zu einer als Eidesdelikt **nicht strafbaren** Tat der Strafdrohung des § 159 StGB unterstellt würde«.

Danach entfalle § 159 StGB, wenn die Tat, die der Anzustiftende begehen soll, von vornherein nicht vollendungstauglich ist, sondern *nur zu einem (untauglichen) Versuch der §§ 153 bzw. 156 StGB führen* **kann** (wie insb. bei irriger Annahme der Zuständigkeit). Ebenso scheide § 159 StGB aus, wenn jener untaugliche Versuch bereits begangen ist, also Anstiftung zum untauglichen Versuch vorliegt.[113]

Stellungnahme: (1) Der in *Rn. 884* kritisierte **Wertungswiderspruch** zwischen § 159 StGB **889**
und der mangelnden Versuchsstrafbarkeit bei §§ 153, 156 StGB wird sachgerecht gemildert, wenn man § 159 StGB in den Fällen ausscheidet, in denen die Haupttat, zu der angestiftet werden soll, nur zu einem Versuch der §§ 153 bzw. 156 StGB gedeihen **kann**; dem *BGH* ist insoweit zu folgen. Wird dagegen eingewandt, die Ansicht des *BGH* »widerspreche dem Gesetz«,[114] so ist zu entgegnen: Zwar dürfte in der Tat zweifelhaft sein, ob die hier vertretene Meinung noch Gesetzesauslegung darstellt. Methodologisch gesehen dürfte es sich bei der fraglichen Restriktion des § 159 StGB vielmehr um eine **»teleologische Reduktion«** (allg. hierzu *Rn. 538*) dieser Norm handeln, also um Rechtsfortbildung praeter legem. Diese erfolgt hier aber **zugunsten des Täters**, kollidiert also nicht mit dem Analogieverbot (Art. 103 II GG), und ist, da sie § 159 StGB sinnvoll begrenzt, unbedenklich.[115]

---

[110] *BGH* St 24, 38; zust. *Vormbaum*, GA 1986, 353 (359 ff.); NK-*Vormbaum*, § 159 Rn. 19 ff.; MK-*Müller*, § 159 Rn. 15; M/S/M-*Schroeder*, 75/89; **a.A.** *BGH* St 17, 303 (305); *Otto*, JuS 1984, 161 (170); L/K/H-*Heger*, § 159 Rn. 3; LK-*Wolters/Ruß*, § 159 Rn. 1a; Sch/Sch-*Bosch/Schittenhelm*, § 159 Rn. 4; *Rengier* II, 49/65; W/H/E-*Engländer*, Rn. 766; s.a. *Fischer*, § 159 Rn. 6.
[111] Näher HK-GS-*Heinrich*, § 159 Rn. 8; *Otto*, JuS 1984, 161 (170); s.a. NK-*Vormbaum*, § 159 Rn. 23.
[112] *BGH* St 24, 38 (40).
[113] *BGH* St 24, 38 (40); *Kudlich/Henn*, JA 2008, 510 (511 f.); M/S/M-*Schroeder*, 75/89.; NK-*Vormbaum*, § 159 Rn. 19 ff.; **a.A.** Sch/Sch-*Lenckner/Bosch*, § 159 Rn. 1/2, 4; SK^9-*Zöller*, § 159 Rn. 4.
[114] So etwa SK^9-*Zöller*, § 159 Rn. 4 mwN.
[115] Eine teleologische Reduktion hier ausdrücklich ablehnend aber W/H/E-*Engländer*, Rn. 766; s.a. SK^9-*Zöller*, § 159 Rn. 4: »Für eine teleologische Reduktion besteht kein Anlass«.

Zweiter Abschnitt: Straftaten gegen die Allgemeinheit

890 (2) § 159 StGB erfordert also, **dass die Tat, die der Anzustiftende begehen soll, den Tatbestand der §§ 153, 156 StGB erfüllen würde.**

Liegt dies vor, ist § 159 StGB auch dann anwendbar, wenn die Haupttat (§§ 153, 156 StGB), die der Anzustiftende begehen sollte, ins Versuchsstadium getreten, aber – etwa wegen Rücktritts – nicht vollendet worden ist. *Insoweit erfasst § 159 StGB also auch die Anstiftung zum (tauglichen!) Versuch.* Sonst wäre der Fall versuchter Anstiftung, bei dem der Anzustiftende gar nicht reagiert oder nur Vorbereitungshandlungen begeht, strafbar, dagegen der schwerwiegendere Fall, bei dem es bereits zum tauglichen Versuch der Haupttat gekommen ist, straflos. Das würde dem Sinn und Zweck des § 159 StGB widersprechen.

6. Die Anwendbarkeit der §§ 153 ff. StGB auf internationale Gerichte

891 Die §§ 153 ff. StGB schützen *per se* allein die **innerstaatliche Rechtspflege**. Zwar erweitert § 5 Nr. 10 StGB den Anwendungsbereich der §§ 153–156 StGB (nicht aber den der §§ 159–161 StGB) auf im Ausland (v.a. im Wege der Rechtshilfe vor ausländischen Gerichten bzw. Behörden oder bei einer deutschen Auslandsvertretung) eingeholte Aussagen, jedoch nur im Rahmen – und damit zugunsten – von Verfahren, die in Deutschland anhängig sind.[116]

§ 162 Abs. 1 StGB (in Kraft seit 5.11.2008) erweitert nun die Anwendbarkeit aller Aussagedelikte (auch des § 161 StGB)[117] auf falsche Angaben vor all jenen **internationalen Gerichten**, deren Errichtung für die BRD verbindlich ist (wie bspw. EuGH, EGMR, IStGH).[118]

– Unberührt davon bleiben aber Falschaussagen vor *nationalen Gerichten* anderer EU-Staaten, auf welche die §§ 153 ff. StGB nach wie vor nicht anwendbar sind. –

II. Falsche Verdächtigung (§§ 164, 165 StGB)

892 Fall 84: – *Falsche Verdächtigung vor ausländischen Behörden –*

In Paris wird von X vor dem Sitz des Präsidenten eine Fahne (Trikolore) beschädigt. Der deutsche Student Abel (A) beschuldigt bei der zuständigen Strafverfolgungsbehörde in Paris wider besseres Wissen seinen deutschen Kommilitonen Kain (K) der Tat. Gegen K wird von französischen Behörden ein Ermittlungsverfahren eingeleitet.

Strafbarkeit des A?

a) § 164 I StGB

Die Anwendbarkeit des deutschen Strafrechts folgt aus § 7 I StGB (»passives Personalitätsprinzip«),[119] da die Tat i.S. dieser Vorschrift *gegen einen Deutschen gerichtet* war:

893 § 164 StGB dient dem **Schutz der Rechtspflege** und zugleich dem **Schutz des Einzelnen** vor dem Missgriff irregeführter Behörden.[120]

---

[116] Näher zu § 5 Nr. 10 StGB Sch/Sch-*Eser/Weißer*, § 5 Rn. 25; s.a. HK-GS-*Heinrich*, § 153 Rn. 1, 6.
[117] **Krit.** dazu HK-GS-*Heinrich*, § 162 Rn. 4; S/S/W-*Sinn*, § 162 Rn. 7; NK-*Vormbaum*, § 162 Rn. 2.
[118] Ausf. zu § 162 Abs. 1 StGB (eingefügt durch Gesetz v. 31.10.08, BGBl. I, 2149) HK-GS-*Heinrich*, § 162 Rn. 1, 2 ff. (mit systematischem Überblick über den genauen Anwendungsbereich in Rn. 5) sowie *Sinn*, NJW 2008, 3526; *ders.*, FS-Szwarc, 2009, 419; *Vormbaum*, FS-Maiwald, 2010, 817.
[119] Näher MK-*Ambos*, vor § 3 Rn. 39 ff., § 7 Rn. 4; *Satzger*, 4/12, 5/87 f.; s.a. SK⁹-*Hoyer*, vor § 3 Rn. 18 ff.
[120] *BGH* St 9, 240; 14, 240 (244); 18, 333; *Geilen*, Jura 1984, 251, 300; L/K/H-*Heger*, § 164 Rn. 1; Sch/Sch-*Bosch/Schittenhelm*, § 164 Rn. 1a, 2; W/H/E-*Engländer*, Rn. 665 ff.

§ 8: Straftaten gegen die Rechtspflege

Demgegenüber sehen einige Autoren in § 164 StGB ein reines Rechtspflegedelikt,[121] während andere wiederum dem Standpunkt zuneigen, bei § 164 StGB gehe es nur um den Schutz des Einzelnen, der Schutz der Rechtspflege sei nur eine »Reflexwirkung«.[122]

Ein Vergehen nach § 164 StGB ist also zum einen eine Straftat gegen die Allgemeinheit und zum anderen eine Straftat gegen die Einzelperson.

Für Ersteres spricht die systematische Stellung der Norm sowie, dass Abs. 1 und 2 dieselbe Strafdrohung enthalten, obwohl der Verdächtigte durch eine Tat gem. Abs. 1 i.d.R. »ungleich schwerer getroffen werden kann als durch eine solche nach Abs. 2«.[123] Letzteres folgt u.a. aus § 165 StGB (»Bekanntgabe der Verurteilung«), der aufgrund seiner Genugtuungs- und Rehabilitierungsfunktion gerade dem Interesse des Verletzten dient.[124]

Dabei ist das Verhältnis der Schutzzwecke *nicht kumulativ* zu verstehen, sondern »*alternativ* in dem Sinne, dass schon die Verletzung auch nur eines von ihnen für die Tatbestandserfüllung ausreicht« (sog. »**Alternativitätstheorie**«).[125] **894**

Unter dem Aspekt eines Rechtspflegedeliktes scheidet § 164 StGB in *Fall 84* aus; diese Vorschrift schützt nur die **inländische Rechtspflege**.[126] Doch ist eine falsche Anschuldigung unter dem Gesichtspunkt eines Vergehens **gegen den Einzelnen** gegeben. Soweit es um den Schutz des Bürgers vor behördlichen Missgriffen geht, ist es unerheblich, ob diese von deutscher oder fremder Staatsgewalt drohen.[127]

Ergebnis: In *Fall 84* ist A aus § 164 I StGB schuldig.

b) Die zudem vorliegende Verleumdung (§ 187 i.V.m. § 7 I StGB) steht zu § 164 StGB in Idealkonkurrenz (§ 52 StGB).

Fall 85: – »*Der Fangbrief*« – **895**

In einer Firma sind Geldbriefe abhanden gekommen. Die Polizei hat daraufhin einen Fangbrief mit einer präparierten Geldnote aufgegeben. Die von dieser Maßnahme unterrichtete Chefsekretärin Treu (T) fängt diesen Brief heimlich ab und mischt ihn geschickt unter die Post des Prokuristen Redlich (R), mit dem sie verfeindet ist und den sie so in ungerechtfertigten Verdacht bringen will. Die Post des R wird jedoch, woran T nicht gedacht hatte, von dessen Sekretärin S geöffnet. Diese fasst den Geldschein ahnungslos an, bemerkt die Verfärbung ihrer Hände, eilt auf den Gang, um sich zu waschen, und wird von einem Polizeibeamten wegen ihrer verfärbten Hände festgenommen. Strafbarkeit der T aus § 164 I StGB?

a) »Verdächtigen« **896**

Verlangt man dazu das Aufstellen einer (gar verbalen) **Behauptung** – wofür § 164 II StGB sprechen könnte, wo von »sonstige Behauptung« die Rede ist –, so entfällt vorliegend bereits der objektive Tatbestand des § 164 I StGB. Indes geht die h.M.

---

[121] M/S/M-*Schroeder*, 99/5; SK⁹-*Rogall*, § 164 Rn. 1 f.; MK-*Zopfs*, § 164 Rn. 4 mwN.
[122] *Hirsch*, ZStW 1977, 930 (940 f); *Vormbaum*, FS-Dencker, 2012, 359 (362 ff); *ders.*, NK, § 164 Rn. 10.
[123] Sch/Sch-*Bosch/Schittenhelm*, § 164 Rn. 2.
[124] Vgl. MK-*Zopfs*, § 165 Rn. 1; **näher zu § 165 StGB** HK-GS-*Heinrich*, § 165 Rn. 1 ff.
[125] Sch/Sch-*Bosch/Schittenhelm*, § 164 Rn. 1a; LK-StGB/*Wolters/Ruß*, § 164 Rn. 1 ff.; Rengier II, 50/1.
[126] L/K/H-*Heger*, § 164 Rn. 1; Sch/Sch-*Bosch/Schittenhelm*, § 164 Rn. 25; LK-*Wolters/Ruß*, § 164 Rn. 2. Zum »Strafrechtsschutz für nichtdeutsche öffentl. Rechtsgüter« *Lüttger*, FS-Jescheck, 1985, 121 ff.
[127] BGH St 18, 333; *Fischer*, § 164 Rn. 2, 8; Sch/Sch-*Bosch/Schittenhelm*, § 164 Rn. 25; *Rengier* II, 50/1; **a.A.** aufgrund ihres abw. Ansatzes zum geschützten Rechtsgut die in *Fn. 121* Genannten.

davon aus, »verdächtigen« i.S.d. § 164 I StGB könne man auch durch **Schaffung einer verdachterregenden Beweislage** (sog. **isolierte Beweismittelfiktion**).[128]

Hierfür sprechen Sinn und Zweck des Gesetzes; auch ist es mit dem Normtext vereinbar. Demgegenüber könnte die Berufung auf § 164 II StGB nur dann durchschlagen, wenn die Verwendung des Wortes »*sonstige*« eine klare rechtspolitische Entscheidung des Gesetzgebers zum Ausdruck brächte, den Normbereich des § 164 I StGB auf verdächtigende Behauptungen zu begrenzen; eine solche klare Wertentscheidung ist aber nicht feststellbar.[129]

897 b) Der Anwendbarkeit des § 164 I StGB könnte aber entgegenstehen, dass die Verdächtigung nicht, wie beabsichtigt, den R, sondern dessen Sekretärin traf.

(1) Der *BGH* hat hier § 164 I StGB gleichwohl bejaht:[130] Zwar habe die Tat der T nicht, wie sie wollte, den R in Verdacht gebracht, sondern, was sie nicht wollte, dessen Sekretärin S; insoweit liege ein Fall der **aberratio ictus** vor. Doch greife § 164 I StGB dennoch ein, und zwar unter dem Gesichtspunkt des Rechtspflegedeliktes (vgl. *Rn. 893*): Insoweit sei die Tatsache, dass der Verdacht auf einen anderen als den gefallen sei, den der Täter verdächtigen wollte, nur ein Fall der unwesentlichen Abweichung vom Kausalverlauf.

898 (2) *Kritik:* Dem ist jedoch zu widersprechen:

(a) Unter dem Gesichtspunkt des Deliktes gegen den Einzelnen liegt § 164 I StGB jedenfalls nicht vor; denn im Falle der aberratio ictus fehlt es am Vorsatz des Täters.[131]

(b) Der Versuch des *BGH*, § 164 I StGB unter dem Gesichtspunkt des **Rechtspflegedeliktes** anzunehmen, erscheint auf den ersten Blick konsequent, wenn man – zu Recht – annimmt, für § 164 StGB genüge bereits die Verletzung eines der beiden geschützten Rechtsgüter (vgl. *Rn. 894*), also hier der inländischen Rechtspflege.

Indes ist jener Begründungsversuch in unserem *Fall 85* zum Scheitern verurteilt: Es fehlt hier nämlich am subjektiven Tatbestandsmerkmal der »*Absicht, ein behördliches Verfahren oder andere behördliche Maßnahmen* **gegen den Verdächtigten** *herbeizuführen*« – denn konkret in Verdacht geraten und damit Verdächtigte ist die S, und ihr gegenüber hatte die T keine derartige Absicht. Das Gesetz verlangt aber eindeutig »Identität zwischen dem **objektiv** verdächtigten ›anderen‹ und der Person, auf die sich die **Absicht** bezieht«.[132]

Ergebnis: T ist nicht aus § 164 StGB schuldig; dessen Versuch ist nicht strafbar.

899 Fall 86: – *Rechtfertigung durch Einwilligung?* –

Slivo Schluck (S) hat ein Vergehen gem. § 142 StGB (»Unfallflucht«) begangen. Als die Polizei ihn vernimmt, erklärt er, er selbst sei zur Tatzeit zu Hause gewesen; es sei vielmehr seine Ehefrau Elfriede (E) gefahren, die ihm nach ihrer Heimkehr von dem Verkehrsunfall berichtet habe. Diese Einlassung hatte er mit E abgesprochen. Strafbarkeit von S und E?

---

[128] *Blei,* GA 1957, 139; *Welp,* JuS 1967, 510; SK⁹-*Rogall,* § 164 Rn. 12; Sch/Sch-*Bosch/Schittenhelm,* § 164 Rn. 8 mwN; *Küper,* GA 2018, 359 (367 ff.); W/H/E-*Engländer,* Rn. 772 ff.; **a.A.** *Langer,* FS-Lackner, 1987, 542 ff.; *Vormbaum,* FS-Dencker, 2012, 359 (366); *ders.,* NK, § 164 Rn. 20, 21.

[129] Vgl. *Blei,* GA 1957, 139.

[130] BGH St 9, 240; zust. M/S/M-*Schroeder,* 99/20; *Fischer,* § 164 Rn. 12; SK⁹-*Rogall,* § 164 Rn. 43; Sch/Sch-*Bosch/Schittenhelm,* § 164 Rn. 31; MK-*Zopfs,* § 164 Rn. 42.

[131] *Herzberg,* ZStW 85 (1973), 867 ff.; Krey/*Esser,* AT, Rn. 435 ff.; BGH St 34, 53 (55).

[132] *Herzberg,* ZStW 85 (1973), 867 (891 f.); zust. *Roxin,* JZ 1991, 680 (681 Fn. 4); Roxin/Greco, AT I, 12/170; LK-*Wolters/Ruß,* § 164 Rn. 30a; *Rengier* II, 50/25.

a) **Strafbarkeit des S aus § 164 I StGB:** 900

(1) Objektiver Tatbestand: S hat einen anderen bei einer Behörde (der Polizei) bzw. einem zur Entgegennahme von Anzeigen zuständigen Amtsträger (einem Polizeibeamten, § 158 I StPO)[133] einer rechtswidrigen Tat verdächtigt.

»*Rechtswidrige Tat*« ist nur eine, die den Tatbestand eines **Strafgesetzes** verwirklicht (§ 11 901 I Nr. 5 StGB). Andere rechtswidrige Handlungen, z.B. Ordnungswidrigkeiten, werden nicht erfasst; doch kommt bei entspr. Verdächtigungen § 164 II StGB in Betracht (*Rn. 914 ff.*).

– Nach h.M.[134] muss, wie in Abs. 2, auch in Abs. 1 die Verdächtigung **geeignet** sein, ein Verfahren herbeizuführen oder fortdauern zu lassen, was nicht der Fall ist, wenn schon von vornherein klar zu erkennen ist, dass sie keine wie auch immer gearteten strafrechtlichen Folgen nach sich ziehen wird und ein Strafverfahren sich damit letztlich erübrigt; so bei offenkundigem Vorliegen von Entschuldigungs- oder Strafausschließungsgründen bzw. von Verfahrenshindernissen (Verjährung, Fehlen eines Strafantrags[135] etc.). –

Einen anderen verdächtigen bedeutet das – sei es durch Behauptung, sei es durch Schaffung 902 einer belastenden Beweislage (*Rn. 896*) – *Lenken* des Verdachts auf einen **bestimmten** anderen bzw. das *Verstärken* eines solch konkreten bereits bestehenden Verdachts,[136] wobei das Benennen einer gar nicht existierenden, fiktiven Person nicht genügt.[137]

Die Verdächtigung muss *objektiv unwahr* sein; so z.B. wenn ihr wesentlicher Inhalt nicht den Tatsachen entspricht, was auch bei Verschweigen wesentlicher Umstände der Fall ist.[138]

Übertreibende bzw. ausschmückende Sachverhaltsdarstellung ist nur tatbestandsrelevant, wenn durch sie der Deliktscharakter der begangenen Tat eine Änderung erfährt.[139]

– Vollendet ist die Tat erst mit Zugang der Tatsachenbehauptung bei der Behörde oder dem zuständigen Amtsträger, im Regelfall bei Abschluss der entsprechenden Vernehmung.[140] –

Ergänzender Hinweis: Liegt eine falsche Verdächtigung i.S. des § 164 I StGB nur vor, wenn 903 *der Verdächtigte objektiv die ihm zur Last gelegte Tat nicht begangen hat?*

Ob § 164 I StGB die Verdächtigung eines anderen **durch falsche Beweismittel oder Beweisanzeichen** unabhängig davon erfasst, ob der Verdächtigte die »rechtswidrige Tat« (§ 11 I Nr. 5 StGB) wirklich verübt hat, ist strittig.

Die **h.L.** bejaht diese Frage: Das Erfordernis der Unwahrheit der Verdächtigung setze nicht 904 notwendig die **Unschuld** des Betroffenen voraus; vielmehr könne eine Verdächtigung schon falsch sein, wenn ein – möglicherweise begründeter und dem Täter auch begründet erscheinender – Verdacht durch unwahre Tatsachenbehauptungen untermauert werde.[141]

---

[133] Zur Verdächt. ggü. einem nachgeordneten Beamten im Strafvollzug *BayObLG*, BeckRS 2023, 44768.
[134] *OLG Hamm*, NStZ-RR 2002, 167 (168); S/S/W-*Geneuss*, § 164 Rn. 15; *Fischer*, § 164 Rn. 5b; LK-*Wolters/Ruß*, § 164 Rn. 15; MK-*Zopfs*, § 164 Rn. 10; zu Recht krit. *Krell*, NStZ 2011, 671 ff.
[135] Hierzu *OLG Stuttgart*, NStZ-RR 2014, 276 m. Bspr. *Hecker*, JuS 2015, 182.
[136] L/K/H-*Heger*, § 164 Rn. 4; Sch/Sch-*Bosch/Schittenhelm*, § 164 Rn. 5, 22; s. unten **Fall 88** (*Rn. 919*).
[137] Ausf. *OLG Stuttgart*, NJW 2018, 1110 ff. m.Anm. *Mitsch*; s.a. *Jahn*, JuS 2018, 591; *Rengier* II, 50/5.
[138] Sch/Sch-*Bosch/Schittenhelm*, § 164 Rn. 17; Kindhäuser/*Schramm*, 52/22.
[139] *OLG München*, NStZ 2010, 219 f.; SK⁹-*Rogall*, § 164 Rn. 28; LK-*Wolters/Ruß*, § 164 Rn. 11; Kindhäuser/*Schramm*, 52/22; *Rengier* II, 50/10; weitergehend Sch/Sch-*Bosch/Schittenhelm*, § 164 Rn. 17.
[140] *OLG Koblenz*, NStZ 2011, 95 (96); *Fischer*, § 164 Rn. 9; SK⁹-*Rogall*, § 164 Rn. 48.
[141] *Geilen*, Jura 1984, 337 (345); *Fezer*, NStZ 1988, 177; L/K/H-*Heger*, § 164 Rn. 7; SK⁹-*Rogall*, § 164 Rn. 26 f. mwN; LK-*Wolters/Ruß*, § 164 Rn. 11; *Rengier* II, 50/12; s.a. NK-*Vormbaum*, § 164 Rn. 54.

Als Argumente für diese sog. **Unterbreitungstheorie** werden u.a. geltend gemacht:[142] *Erstens* erlaube diese Ansicht »eine einheitliche Auslegung der Absätze 1 und 2 des § 164 StGB«; bei Abs. 2 ergebe sich bereits aus dem Normtext klar, dass es hier nicht darauf ankomme, ob der Verdächtigte die Tat begangen habe. *Zweitens* werde die Rechtspflege beeinträchtigt, wenn sie falschen Beweismitteln nachgehe. *Drittens* habe auch der Schuldige Anspruch darauf, nicht aufgrund falschen Beweismaterials verfolgt zu werden.

905 Dagegen hat jedoch der BGH entschieden (Leitsatz, sog. **Beschuldigungstheorie**):[143]

»Wer wider besseres Wissen ein falsches Beweismittel oder Beweiszeichen für die rechtswidrige Tat eines anderen vorbringt, erfüllt den Tatbestand des § 164 I StGB **nicht**, wenn der andere die rechtswidrige Tat (möglicherweise) begangen hat.«

Dies begründet der Senat *erstens* mit dem Normtext des § 164 I StGB: Das Gesetz hebe »nicht auf die Verdächtigung als solche, sondern darauf ab, dass ein anderer einer rechtswidrigen Tat ... verdächtigt« werde.[144] *Zweitens* macht der Senat geltend, die Gegenmeinung »würde zu einer in den Folgen kaum absehbaren Ausdehnung der Strafbarkeit führen«.[145]

906 **Stellungnahme:** Die Unterbreitungstheorie ist *kriminalpolitisch vorzugswürdig*:[146] *Erstens* sind Polizei und StA bei unwahrem Vorbringen dazu gezwungen, in ressourcenverschleißender Weise von vornherein nutzlose, ggf. gar in die falsche Richtung weisende Ermittlungen anzustrengen. *Zweitens* ist auch der Betroffene verletzt, da in einem Rechtsstaat auch der Beschuldigte einen Anspruch darauf hat, nicht auf der Grundlage falscher Behauptungen und Beweise verfolgt zu werden. *Drittens* schließlich öffnet der Ansatz des *BGH* Schutzbehauptungen Tür und Tor (»Ich habe den Verdächtigten doch für schuldig gehalten ...«).

907 Dem Wortlautargument des *BGH* ist entgegenzuhalten, dass es dem Gesetzestext in § 164 I doch bei der Formulierung »*einen anderen einer Tat verdächtigt*« ganz offensichtlich *nicht* darum zu tun ist, den bei materieller Betrachtung bloß »tatverdächtigen« Nichttäter (schützenswert) vom tatsächlichen »Täter« (nicht schützenswert) abzuschichten, sondern vielmehr darum, im Zuge formellen Herangehens darauf abzuheben, dass jemand bei der Behörde (ob *zu Recht* oder *zu Unrecht*) »in Verdacht gebracht wird« bzw. bei ihr »in Verdacht gerät«.[147] Ersteres ließe sich nur dann vertreten, wenn man § 164 StGB als ausschließlich individualschützend ansähe mit der Zielsetzung, den unbescholtenen Bürger vor falschen Verdächtigungen zu bewahren; geht es aber (auch) um den Schutz der Rechtspflege (dazu *Rn. 893*), spricht nichts dagegen, auch denjenigen in den Anwendungsbereich einzubeziehen, der mittels falscher Angaben den Verdacht auf einen anderen lenkt, ihn damit verdächtig macht, ihn eben »*einer Tat verdächtigt*«. Auch der *BGH* sagt ja nicht etwa, dass der Wortlaut des § 138 StGB *gegen* die h.L. stehe, sondern gibt nur zu bedenken, dass sie »*nicht durch den Gesetzeswortlaut nahegelegt*« werde; das ist durchaus etwas anderes. So bestätigt denn auch das *BVerfG*, dass die h.L. »durch den möglichen Wortlaut der Strafnorm gedeckt« ist.[148]

---

[142] Vgl. die in *Fn. 141* Genannten sowie Sch/Sch-*Bosch/Schittenhelm*, § 164 Rn. 16.
[143] BGH St 35, 50 (52 ff.) m. Anm. *Fezer*, NStZ 1988, 177; *OLG Rostock*, NStZ 2005, 335; *OLG Koblenz*, NZV 2011, 93; ebso. *Schilling*, GA 1984, 345 (371); *Krey*, ZStW 101 (1989), 838 (849, 850); *Ostendorf*, JZ 1989, 573 (577 ff.); *Fischer*, § 164 Rn. 6; M/S/M-*Schroeder*, 99/15.
[144] *BGH* St 35, 50 (53), nachfolgendes Zitat aaO, 54.
[145] **Dagegen** zu Recht *Deutscher*, JuS 1988, 526 (529); *Fezer*, NStZ 1988, 177 (178).
[146] Vgl. hierzu auch *M. Heinrich*, ZJS 2018, 229 (234) mwN; HK-GS-*Heinrich*, § 164 Rn. 16 f.
[147] Auch Sch/Sch-*Bosch/Schittenhelm*, § 164 Rn. 16 (mwN) sprechen davon, dass »das Verdächtigen sinnvoll allein in seiner prozessualen Relevanz gesehen werden kann«.
[148] *BVerfG*, NJW 2008, 570 f.; s.a. SK^9-*Rogall*, § 164 Rn. 26 (Fn. 94); LK-*Wolters/Ruß*, § 164 Rn. 10.

(2) Doch zurück zu unserem **Fall 86** – Subjektiver Tatbestand des § 164 I StGB: **908**
Der Täter muss die Unwahrheit der Verdächtigung **sicher kennen** (»*wider besseres Wissen*«); die insoweit *fahrlässige* oder nur *bedingt vorsätzliche* Falschanzeige scheidet also aus.[149] Bezüglich der anderen Merkmale des objektiven Tatbestandes genügt freilich **dolus eventualis**.[150] Für die zudem geforderte »Absicht« reicht auch **dolus directus** aus, womit auch der Fall erfasst ist, dass der Täter den Erfolgseintritt *für sicher* hält, ohne dass es ihm auf den Erfolg *ankommt* (näher dazu *Rn. 305*).

Danach lag diese Absicht in unserem Fall vor, wenn S es für sicher hielt, seine Verdächtigung würde ein behördliches Verfahren (Ermittlungsverfahren) gegen seine Ehefrau herbeiführen, selbst wenn es ihm nicht darauf ankam; diese Voraussetzung ist hier anzunehmen.

(3) Rechtswidrigkeit: Eine Rechtfertigung durch **Einwilligung** scheidet aus, da **909** § 164 StGB ja neben dem betroffenen Bürger auch die Rechtspflege schützt.[151]

Die Einwilligung rechtfertigt aber bei falscher Verdächtigung vor ausländischen Behörden, da dann (siehe *Rn. 894*) nur ein Delikt gegen den Einzelnen vorliegt.[152]

§ 164 StGB entfällt auch nicht unter dem Aspekt der **Selbstbegünstigung**. Dieser greift straf- **910** ausschließend zwar auch dann ein, wenn jemand durch *bloßes Bestreiten* bzw. *Leugnen* der von ihm begangenen Tat zwangsläufig den Verdacht auf einen bestimmten anderen lenkt[153]

– etwa der Täter eines Straßenverkehrsdelikts bestreitet, den Wagen gefahren zu haben, in dem außer ihm noch ein (damit in Verdacht geratender) Beifahrer gesessen ist,[154] –

was nach h.M. auch gilt, wenn der Bestreitende/Leugnende die damit *allein* in Betracht kommende (und deswegen schon per se verdächtige) andere Person auch selbst benennt,[155] freilich nur, wenn er sich dabei »weiterer Ausführungen tatsächlicher Art« enthält.[156]

In **Fall 86** hat S aber nicht »bloß« in diesem Sinne »*modifizierend geleugnet*«,[157] **911** sondern die bis dahin unverdächtige E überhaupt erst in Verdacht gebracht (»*qualifiziertes Leugnen*«)[158] – womit die Strafbarkeitsgrenze jedenfalls überschritten ist.[159]

– *Hinweis:* Mit der Qualifikation in **§ 164 III StGB** soll der Gefahr fremdbelastender Selbstbegünstigung im Rahmen von *Kronzeugenregelungen* begegnet werden; sie ist freilich wenig effizient und mangels hinreichender Unrechtssteigerung inhaltlich fragwürdig.[160] –

(4) S hat auch schuldhaft gehandelt. *Ergebnis:* S ist aus § 164 I StGB strafbar.

---

[149] Zur »fahrlässigen Falschanzeige« vgl. *Koch*, NJW 2005, 943.
[150] Sch/Sch-*Bosch/Schittenhelm*, § 164 Rn. 31; SK⁹-*Rogall*, § 164 Rn. 43.
[151] *Fischer*, § 164 Rn. 14; LK-*Wolters/Ruß*, § 164 Rn. 2; *Eisele* I, Rn. 1475; **krit.** *Küpper/Börner*, 8/22.
[152] Sch/Sch-*Bosch/Schittenhelm*, § 164 Rn. 25; LK-*Wolters/Ruß*, § 164 Rn. 2 a.E.
[153] Vgl. *Rengier* II, 50/18; SK⁹-*Rogall*, § 164 Rn. 15; LK-*Wolters/Ruß*, § 164 Rn. 6; s.a. *Langer*, JZ 1987, 804 ff.; *OLG Düsseldorf*, JZ 1992, 978 f. m. krit. Anm. *Mitsch*; *OLG Hamm*, BeckRS 2013, 08601.
[154] Vgl. den Fall bei *Piatkowski/Saal*, JuS 2005, 979; ähnl. *OLG Celle* NStZ-RR 2009, 370.
[155] Sch/Sch-*Bosch/Schittenhelm*, § 164 Rn. 5 mwN; *Kindhäuser/Schramm*, 52/14; *Rengier* II, 50/19; offengelassen von *BGH* St 60, 198 (203); zw. auch *Fischer*, § 164 Rn. 3a; **abl.** *Otto*, BT, 95/4.
[156] *OLG Celle*, NStZ-RR 2009, 370 f.; Sch/Sch-*Bosch/Schittenhelm*, § 164 Rn. 5; *Rengier* II, 50/20.
[157] Ausf. dazu HK-GS-*Heinrich*, § 164 Rn. 18; s.a. *Fischer*, § 164 Rn. 3a; *Rengier* II, 50/19.
[158] Vgl. HK-GS-*Heinrich*, § 164 Rn. 18; **näher zum Ganzen auch unten, *Rn. 934 f.*** zu § 145d StGB.
[159] I.d.S. in einem entspr. Fall *BGH* St 60, 298 (203), m. Anm. *Löffelmann*, JR 2015, 489, und Bspr. *Dehne-Niemann*, NStZ 2015, 677; *Kindhäuser/Schramm*, 52/14; *Rengier* II, 50/20.
[160] Krit. u.a. *König*, NJW 2009, 2481 (2483); *Malek*, StV 2010, 200 (206); *Zopfs*, ZIS 2011, 669 ff.

912 b) *Sonstige Strafbarkeit des S:* Keine, denn § 187 StGB ist durch Einwilligung gerechtfertigt, und § 145d StGB scheitert an seiner Subsidiaritätsklausel.

913 c) *Strafbarkeit der E:*

In Frage kommt psychische Beihilfe zu der von S begangenen Tat des § 164 I StGB (Anstiftung nur, falls S noch kein *omnimodo facturus* war). Da die falsche Verdächtigung auch ein Delikt gegen die Allgemeinheit ist, kann auch der fälschlich Beschuldigte selbst Teilnehmer des Vergehens nach § 164 StGB sein.

Ergebnis: E hat sich also wegen §§ 164 I, 27 StGB strafbar gemacht.

914 Fall 87: – *§ 164 II StGB und die Crux der Verjährung* –

Mittels Überschreitens der Höchstgeschwindigkeit im Straßenverkehr hat Slivo Schluck (S) eine Ordnungswidrigkeit begangen. Er bittet seinen – ihm im Hinblick auf das Radarfoto hinreichend ähnlich sehenden – Bekannten Bivo Buck (B), sich bei der Bußgeldbehörde als angeblicher Fahrer zu melden, um dann erst später, nach Eintritt der Verfolgungsverjährung (gem. § 31 I Nr. 4 OWiG) die Täterschaft des S offenzulegen. So geschieht es.

915 a) *Strafbarkeit des B:*

Anders als in **Fall 86** (*Rn. 899*) kommt hier mangels einer den Gegenstand der Verdächtigung bildenden *Straftat* nicht § 164 I StGB, sondern einzig § 164 II StGB in Betracht.[161] Bei beiden Tatbeständen aber ist die **Selbstbezichtigung** straflos,

> da sich die Tat doch laut Gesetzestext jeweils auf »einen anderen« beziehen muss.

Nicht zum Zuge kommen auch § 258 StGB (mangels zu verfolgender *Straftat*) sowie § 145d StGB (mangels vorgetäuschter *rechtswidriger Tat* i.S.d. § 11 I Nr. 5 StGB), und auch eine Urkundenfälschung (§ 269 I StGB) liegt nicht vor (bloße *schriftliche Lüge*, vgl. *Rn. 1145*).[162]

916 b) *Strafbarkeit des S:*

Nach Eintritt der Verfolgungsverjährung kann S nicht mehr wegen der Ordnungswidrigkeit belangt werden; die Zahlung eines Bußgeldes braucht er nun also nicht mehr zu befürchten. In Ermangelung einer teilnahmefähigen Haupttat hat er sich auch nicht gem. § 26 StGB wegen **Anstiftung** (zu §§ 164 II, 145d oder 258 StGB) strafbar gemacht.

> Entgegen einer (mittlerweile überholten) Entscheidung des *2. Strafsenats des OLG Stuttgart* aus dem Jahr 2015[163] lässt sich hier auch keine **mittelbare Täterschaft** des S gem. §§ 164 II, 25 I Var. 2 StGB konstruieren (zu der B dann auch Beihilfe geleistet habe).[164]

Ergebnis: B und S bleiben – dem Rechtsgefühl durchaus widerstreitend – straflos.[165]

Abwandlung von **Fall 87**: S gibt der Behörde gegenüber den B als Fahrer an; dieser ist angesichts eines kleinen Entgelts damit und v.a. auch mit der von S gewünschten „Punkteübernahme" einverstanden. Hier macht S sich gem. § 164 II StGB strafbar.[166]

---

[161] Ausf. zur Falschverdächt. im Verkehrsordnungswidrigkeitenverfahren *Huber*, NStZ 2018, 248 ff.
[162] Ausf. zu alledem *Mitsch*, NZV 2016, 564 (566); dort auch zur Frage einer Betrugsstrafbarkeit (565).
[163] *OLG Stuttgart (2. Senat)*, NStZ 2016, 155; **abl.** *Hecker*, JuS 2016, 82 ff.; *Mitsch*, NZV 2016, 564 ff.
[164] So jetzt auch *OLG Stuttgart (1. Senat)*, NStZ 2017, 1971 und *(4. Senat)*, NJW 2018, 1110 (1112).
[165] Die abenteuerliche Konstruktion des *2. Senats des OLG Stuttgart* (s. *Fn. 163*) ist wohl auch diesem Empfinden geschuldet; i.d.S. auch *Mitsch*, NZV 2016, 564 (565): »unverkennbar ergebnisorientiert«.
[166] Näher zum **Punktehandel** *Huber*, NStZ 2018, 248; *Theis*, NZV 2024, 309; MK-*Zopfs*, § 164 Rn. 39.

III. Vortäuschen einer Straftat (§ 145d StGB)

Die Norm soll in Abs. 1 *Nr. 1* und Abs. 2 *Nr. 1* die (inländische[167]) **Strafrechtspflege** sowie in Abs. 1 *Nr. 2* und Abs. 2 *Nr. 2* **staatliche Präventivorgane** vor unnützer Inanspruchnahme schützen, damit die zur Strafverfolgung und zur Verhinderung von Straftaten berufenen Behörden nicht in effektivitätsmindernder Weise von ihren Aufgaben abgelenkt werden.[168]   **917**

Nicht genügt es, den *Vollstreckungs*apparat in Anspruch zu nehmen (z.B. falsche Meldung zum Strafantritt), und auch behördeninterne Täuschungen werden nicht erfasst.[169]

Anders als bei § 164 StGB geht es *nicht* um den Schutz von Individualinteressen:[170] § 145d StGB greift auch, wenn der Täter keinen bestimmten Anderen, sondern sich selbst bzw. eine erfundene, tote oder unbekannte Person einer Straftat bezichtigt.

Unerheblich ist, ob die betreffende Stelle sich auch tatsächlich täuschen lässt, und erst recht, ob sie entspr. Maßnahmen ergreift: § 145d StGB ist **abstraktes Gefährdungsdelikt**.[171]

Die Abs. 1 und 2 enthalten **vier Tatbestands-Varianten**: Der Täter muss einer Behörde (§ 11 Nr. 7: auch einem Gericht) oder einer zur Entgegennahme von Anzeigen zuständigen Stelle (z.B. der StA oder der Polizei, vgl. § 158 I StPO) vortäuschen, dass eine rechtswidrige Tat begangen worden sei (Abs. 1 Nr. 1) bzw. eine der in § 126 I StGB aufgeführten rechtswidrigen Taten bevorstehe (Abs. 1 Nr. 2), oder eine solche Stelle über den Beteiligten an einer derartigen Tat zu täuschen suchen (Abs. 2 Nr. 1 und 2). Demgegenüber wollen die Abs. 3 und 4 einem Missbrauch von Kronzeugenregelungen entgegenwirken (s. *Rn. 936*).   **918**

1. Vortäuschen der Begehung einer rechtswidrigen Tat (§ 145d I Nr. 1 StGB)

Fall 88: – »*Vortäuschen« bei Übertreibungen?* –   **919**

Richard Reich (R) ist das Opfer eines Taschendiebstahls geworden. Empört eilt er zur Polizei, um Strafanzeige zu erstatten. Um die Polizei »auf Trab zu bringen«, bauscht er den Diebstahl auf: Er behauptet wahrheitswidrig, der Täter habe ihn im Dunkeln von hinten niedergeschlagen und dann beraubt.

Strafbarkeit des R?

a) § 164 I StGB   **920**

Diesen Tatbestand erfüllt nicht, wer die Begehung einer Straftat vortäuscht, **ohne eine bestimmte Person zu verdächtigen** (s. *Rn. 902*);[172] danach entfällt hier § 164 StGB.

b) § 145d I Nr. 1 StGB?

Hat R vorgetäuscht, es sei eine rechtswidrige Tat begangen worden?

(1) Rechtswidrige Tat: Die Tat muss einen **Straftatbestand** erfüllen (§ 11 I Nr. 5 StGB); Ordnungswidrigkeiten oder bloße Disziplinarverstöße genügen nicht.   **921**

---

[167] *BGH*, NStZ 1984, 360 f.; *OLG Düsseldorf*, NJW 1982, 1242 f.; S/S/W-*Geneuss*, § 145d Rn. 3.
[168] NK-*Kretschmer*, § 145d Rn. 4; SK⁹-*Rogall*, § 145d Rn. 2 f.; *Rengier* II, 51/1; **Bsp. zu Abs. 1 *Nr. 2***: *BGH*, NStZ 2010, 570. – Krit. zur Legitimierbarkeit des § 145d StGB *Stübinger*, GA 2004, 338 ff.
[169] H.M., s. nur SK⁹-*Rogall*, § 145d Rn. 7; LK-*Münzner*, § 145d Rn. 2; **a.A.** MK-*Zopfs*, § 145d Rn. 10.
[170] Informativ zum Vergleich der Rechtsgüter bei § 164 und § 145d StGB A/W/H/H-*Hilgendorf*, 48/1 f.
[171] LK-*Münzner*, § 145d Rn. 2; zu **Geschichte und Kriminologie** NK- *Kretschmer*, § 145d Rn 2 f., 8.
[172] Sch/Sch-*Bosch/Schittenhelm*, § 164 Rn. 22; SK⁹-*Rogall*, § 164 Rn. 29; *Rengier* II, 50/5.

Es muss dabei etwas vorgespiegelt werden, das geeignet ist, eine Behörde oder sonst zuständige Stelle zu unnützem, sinnlosem Einschreiten zu veranlassen.[173]

– Somit genügt es nicht, wenn jemand ein strafrechtlich unerhebliches Verhalten vortäuscht, das er selbst irrtümlich für eine rechtswidrige Tat hält.

– Die falsche Behauptung, man habe in **Notwehr** einen anderen verletzt oder getötet, kann nur insoweit das »Vortäuschen einer rechtswidrigen Tat« sein, als es um die angebliche Tat des Angreifers geht;[174] die Notwehrtat selbst ist ja nicht strafrechtlich verfolgbar.

– Nicht tatbestandlich ist das Vortäuschen, wenn die vorgespiegelte Tat ersichtlich keine Sanktionen nach sich zu ziehen vermag, weil nach der Tatschilderung **Entschuldigungs-** bzw. **Strafausschließungsgründe** (§§ 33, 35 StGB; Rücktritt vom Versuch) vorlägen oder bereits sicher ein **Verfolgungshindernis** (z.B. Verjährung) gegeben wäre.[175]

– Ob die vorgetäuschte »rechtswidrige Tat« sich als **schuldhaft** darstellt, ist jedenfalls dann unerheblich, wenn bei schuldloser Tat Maßregeln der Besserung und Sicherung (§§ 61 ff. StGB) in Betracht kämen;[176] auch dann müsste die Behörde ja einschreiten.

922 *(2) Vortäuschen* einer rechtswidrigen Tat:

(a) Die angeblich geschehene Tat darf **nicht tatsächlich begangen** worden sein, d.h. der vom Täter erregte oder verstärkte Verdacht muss *falsch* sein.[177]

– Zur gerade umgekehrten Situation bei *§ 145d II Nr. 1 StGB* vgl. Rn. 928. –

(b) Das Vortäuschen wird zwar *regelmäßig*, muss aber nicht *unbedingt* unmittelbar gegenüber der zuständigen Stelle erfolgen. Die **Inszenierung einer Scheintat**, von der die Behörde erst vermittels Dritter Kenntnis erlangt, genügt,[178]

– wie etwa beim absichtsvollen Verschicken irrig als »Milzbrandbriefe« identifizierbarer Postsachen an Opfer, die dann eine Polizeidienststelle informieren,[179] oder bei einem (der Polizei bekannt werdenden) Posten angeblicher Straftaten auf Facebook.[180] –

(c) Das Vortäuschen erfordert *dolus directus II* (»wider besseres Wissen«).

923 (d) In *Fall 88* hat R eine *wirklich begangene* rechtswidrige Tat (§ 242 StGB) durch »Hinzudichten« **aufgebauscht**: einen bloßen Diebstahl als Raub (mit Körperverletzung) dargestellt. Dies erfüllt **nicht** den Tatbestand des »Vortäuschens einer rechtswidrigen Tat«: Das bloße Aufbauschen einer tatsächlich gegebenen Straftat genügt selbst dann **nicht**, wenn ein schwererer Deliktstyp (Raub statt Diebstahl) vorgespiegelt wird.[181] Denn schon das Vorliegen der tatsächlich begangenen Tat begrün-

---

[173] L/K/H-*Heger*, § 145d Rn. 4; *Eisele* I, Rn. 1485; *Rengier* II, 51/2; W/H/E-*Engländer*, Rn. 686.

[174] LK-*Münzner*, § 145d Rn. 9; L/K/H-*Heger*, § 145d Rn. 4; SK⁹-*Rogall*, § 145d Rn. 16; *Rengier* II, 51/3; Kindhäuser/*Schramm*, 53/13; ausf. *Klesczewski*, 19/146; **a.A.** OLG Oldenburg, NJW 1952, 1225.

[175] *Eisele* I, Rn. 1486; MK-*Zopfs*, § 145d Rn. 7, 18; **a.A.** Sch/Sch-*Sternberg-Lieben*, § 145d Rn. 7.

[176] SK⁹-*Rogall*, § 145d Rn. 17; Sch/Sch-*St.-Lieben*, § 145d Rn. 7; s.a. NK-*Kretschmer*, § 145d Rn. 12.

[177] *Otto*, BT, 95/14; *Rengier* II, 51/2; *Klesczewski*, 19/147; SK⁹-*Rogall*, § 145d Rn. 18.

[178] L/K/H-*Heger*, § 145d Rn. 5 mwN; W/H/E-*Engländer*, Rn. 687; i.d.S. auch *Schramm*, NJW 2002, 419 (421); NK-*Kretschmer*, § 145d Rn. 13; enger *Hoffmann*, GA 2002, 385 (394 f.).

[179] Vgl. OLG Frankfurt, NStZ-RR 2002, 209 sowie die soeben in *Fn. 178* Genannten.

[180] S. *Hoven*, ZStW 129 (2017), 718 (735 ff.); W/H/E-*Engländer*, Rn. 687; *Steinl*, JuS 2023, 308 (311).

[181] H.M.: BayObLG, NJW 1988, 83; OLG Hamm, NJW 1971, 1324 f.; *Fischer*, § 145d Rn. 5a; Sch/Sch-*Sternberg-Lieben*, § 145d Rn. 9; s.a. OLG Hamm, NStZ 1987, 558 f.: Aufbauschen eines Versuchs zur Vollendung (dazu auch *Eisele* I, Rn. 1489; *Rengier* II, 51/5).

det eine Einschreitenspflicht der Behörde, sodass die übertriebene Darstellung des Geschehens im Hinblick auf den vom Normzweck gemeinten Schutz der Strafverfolgungsorgane vor unsinnig-überflüssigem Tätigwerden letztlich irrelevant ist.

Nach h.M soll es aber genügen, wenn durch Weglassen oder Hinzudichten von Tatumständen die tatsächlich begangene Tat »*in ihrem Charakter völlig verändert*« werde, sie durch die Anzeige »*ein im Kern anderes Gepräge*« erhalte (etwa beim Aufbauschen einer Körperverletzung zum Raub).[182] Das erscheint mir jedoch ebenso zweifelhaft, wie der damit einhergehende Gedanke, es komme darauf an, ob »die Strafverfolgungsbehörde zu einem (erhöhten) Ermittlungsaufwand veranlasst werden kann, der *erheblich* über demjenigen liegt, der zur Aufklärung der tatsächlich begangenen Straftat(en) erforderlich wäre«.[183] Dies lässt sich zwar mit dem Normzweck, überflüssigen Belastungen der Strafverfolgungsorgane entgegenzuwirken, in Einklang bringen, widerspricht aber dem Gesetzeswortlaut: Dieser setzt voraus, dass die Begehung einer rechtswidrigen Tat *vorgetäuscht* wird, eine solche also nicht tatsächlich begangen wurde (vgl. *Rn. 922*); eine solche Tat *liegt hier aber vor*, gleichviel, ob ihr nun mit größerem oder geringerem Verfolgungsaufwand nachzuspüren ist.[184] 924

Ergebnis: Jedenfalls in **Fall 88** entfällt eine Strafbarkeit nach § 145d I Nr. 1 StGB.

2. Versuch der Täuschung über einen Tatbeteiligten (§ 145d II Nr. 1 StGB)

Auch hier ist geschütztes Rechtsgut die **inländische Rechtspflege**; der staatliche Strafverfolgungsapparat soll vor unnützer Inanspruchnahme bewahrt werden. 925

Fall 89: – *Der hilfsbereite Sohn* –

Ferdinand Fater (F) gerät auf der Heimfahrt vom Schützenfest mit seinem Pkw in den Straßengraben. Sein Sohn Sönke (S), der hiervon erfahren hat und glaubt, sein Vater habe zuviel getrunken und sich daher strafbar gemacht (§ 316 StGB), behauptet gegenüber der Polizei, er (S) habe den Wagen gefahren. Später kommt jedoch die Wahrheit heraus. Ob F aufgrund Alkoholgenusses fahruntüchtig war, oder ob er bloß »zwei kleine Bierchen« getrunken hatte und nur infolge einer Straßenglätte verunglückt war, kann nicht mehr geklärt werden.

Strafbarkeit des S, der – wie die Polizei wusste – zum Zeitpunkt des Unfalls nüchtern war?

a) § 145d II Nr. 1 StGB

Bei dieser Tatbestands-Alternative sind **zwei Fallgruppen** zu unterscheiden: Entweder sucht der Täter den Verdacht *von sich* abzulenken (hierzu **Fall 90**, *Rn. 930*) oder er trachtet danach, den Verdacht *von einem anderen* abzulenken. 926

Dabei soll es letzterenfalls (und hierum geht es in **Fall 89**) nach einer Mindermeinung[185] nicht nötig sein, dass der Täter den Verdacht außerdem *auf sich* oder *auf einen Dritten* hin

---

[182] H.M.; vgl. *BGH*, NStZ 2015, 514 f.; *Rengier* II, 51/4, 6 ff.; s.a. *Fn. 181* (insb. *OLG Hamm*, aaO).
[183] So *Rengier* II, 51/4; ebso. die h.M.: *OLG Hamm* NStZ 1987, 558 (559); *OLG Karlsruhe*, MDR 1992, 1166 (1167); *OLG Oldenburg*, NStZ 2011, 95 m. Anm. *Metz*, 582 (abl. *Hecker*, JuS 2011, 81); jetzt auch *BGH*, NStZ 2015, 514 (515) m. krit. Anm. *Krell/Eibach*, StV 2016, 159; L/K/H-*Heger*, § 145d Rn. 4; *Eisele* I, Rn. 1489; A/W/H/H-*Hilgendorf*, 48/19; *Kindhäuser/Schramm*, 53/11; s.a. *Fischer*, § 145d Rn. 5a; Sch/Sch-*Sternberg-Lieben*, § 145d Rn. 9; MK-*Zopfs*, § 145d Rn. 23 ff. (24 f.).
[184] I.E. wie hier u.a. auch *Otto*, BT, 95/14; *Klesczewski*, 19/147; SK⁹-*Rogall*, § 145d Rn. 19 ff. (21).
[185] So etwa *Geppert*, Jura 2000, 383 (387); A/W/H/H-*Hilgendorf*, 48/27; *Otto*, BT, 95/19.

lenkt, die *bloße Ablenkung* des Verdachts von einer Person (in **Fall 89**: von F) genüge bereits, und sei es auch durch nicht näher ausgeführte *Strafanzeige gegen Unbekannt*.[186]

927 Zu Recht anders jedoch die h.M.:[187] Der Täter müsse die Verfolgungsorgane **unmittelbar** *auf eine bestimmte* **falsche Fährte** zu lenken versuchen,

was auch mittels einer mit konkreten, die Ermittlungsorgane auf eine falsche Spur lenkenden Hinweisen verbundenen Anzeige gegen Unbekannt,[188] nicht aber durch die unsubstantiierte Berufung nur einfach auf den »großen Unbekannten« geschehen kann.[189]

Für diese Ansicht spricht der oben dargelegte Schutzzweck des § 145d II Nr. 1.

Wer also dem Teilnehmer an einer strafbaren Handlung nur **ein falsches Alibi verschafft,** ist nicht nach § 145d II Nr.1 StGB strafbar, denn diese Norm »bezweckt, den behördlichen Untersuchungsapparat vor Irreführung zu schützen. Es sollen unnütze Maßnahmen und falsche Erwägungen der staatlichen Dienststellen vermieden werden. Es genügt nicht, dass der Täter die Überführung des Schuldigen lediglich erschwert oder verhindert«.[190]

928 Doch ungeachtet der Selbstbezichtigung des S entfällt in *Fall 89* die Anwendbarkeit des § 145d II Nr. 1 StGB aus zwei Gründen:

(1) Ob diese Norm verlangt, dass die »rechtswidrige Tat« – hier: § 316 StGB – **wirklich begangen ist,** oder ob es genügt, dass der Täter glaubt, sie sei gegeben, ist streitig. Dem Normtext *»an* einer rechtswidrigen Tat« dürfte die erstere Deutung aber besser entsprechen: Zwar ist der Versuch der Täuschung ausreichend, aber er muss sich auf eine **tatsächlich vorliegende »rechtswidrige Tat«** beziehen.[191]

Nach dem Grundsatz »in dubio pro reo« ist zugunsten des S davon auszugehen, dass F keine mit Strafe bedrohte Handlung (§ 316 StGB) begangen hat.

Der vorzugswürdigen ersten Meinung folgend, scheidet § 145d StGB damit aus.

929 (2) § 145d II Nr. 1 StGB scheitert aber auch daran, dass S – anders als F – beim Unfall **nüchtern** war. Daher hat S nicht vorgespiegelt, **nicht F, sondern er** habe die rechtswidrige Tat (§ 316 StGB) begangen. Vielmehr hat S vorgetäuscht, **es liege überhaupt keine rechtswidrige Tat vor.** Dies aber wird tatbestandlich nicht erfasst, denn darin liegt nicht die vom Tatbestand vorausgesetzte *Täuschung über den Beteiligten an einer rechtswidrigen Tat*.[192]

b) §§ 258 I, 22 f. StGB greifen wegen § 258 VI StGB nicht ein.

---

[186] *BGH* St 6, 251 (255); ebso. *Otto,* BT, 95/18; grds. offenbar auch A/W/H/H-*Hilgendorf,* 48/27.

[187] *Rengier* II, 51/10 ff.; SK⁹-*Rogall,* § 145d Rn. 27; LK-*Münzner,* § 145d Rn. 19 f.; *Fischer,* § 145d Rn. 8; wohl auch W/H/E-*Engländer,* Rn. 693; Sch/Sch-*Sternberg-Lieben,* § 145d Rn. 14.

[188] *Klesczewski,* 19/150; *Rengier* II, 51/16; SK⁹-*Rogall,* § 145d Rn. 27 ebso. die in *Fn. 189* Genannten.

[189] LK-*Münzner,* § 145d Rn. 17; MK-*Zopfs,* § 145d Rn. 34; W/H/E-*Engländer,* Rn. 694.

[190] *BayObLG,* JR 1985, 294 m. Anm. *Kühl;* s.a. *BGH* St 19, 305 (307); *Rengier* II, 51/12; SK⁹-*Rogall,* § 145d Rn. 27; LK-*Münzner,* § 145d Rn. 20; W/H/E-*Engländer,* Rn. 694; **a.A.** *Otto,* BT, 95/19.

[191] *OLG Frankfurt,* NJW 1975, 1895 (1896); *KG,* JR 1989, 26; *Krümpelmann,* ZStW 96 (1984), 999 (1027 ff.); LK-*Münzner,* § 145d Rn. 16; HK-GS-*Heinrich,* § 145d Rn. 10; A/W/H/H-*Hilgendorf,* 48/22; *Otto,* BT, 95/20; *Rengier* II, 51/9; **a.A.** *Geppert,* Jura 2000, 383 (386); M/S/M-*Schroeder,* 99/28; Sch/Sch-*Sternberg-Lieben,* § 145d Rn. 13; **diff.** L/K/H-*Heger,* § 145d Rn. 7; SK⁹-*Rogall,* § 145d Rn. 25; zusammenfassend *Piatkowski/Saal,* JuS 2005, 979 (980 f.).

[192] *BGH* St 19, 305 (306 ff.); ebenso u.a. *OLG Hamm,* NJW 1964, 733 (734 f.); *OLG Frankfurt,* NJW 1975, 1895 (1896); *OLG Celle,* NStZ 1981, 440; *Eisele* I, Rn. 1495; *Rengier* II, 51/13.

Fall 90: – *§ 145d II Nr. 1 StGB durch den Täter der »rechtswidrigen Tat«?* – **930**
Slivo Schluck (S) und seine Ehefrau Elfriede (E) fahren im Pkw, den S steuert, nach Hause; beide sind erheblich angetrunken und gehen davon aus, mehr als 1,1 Promille Blutalkoholkonzentration zu haben. Als sie in der Ferne ein Polizeifahrzeug sehen, hält S schnell an; seine Frau und er wechseln die Plätze, um seinen Führerschein zu retten. Die inzwischen eingetroffenen Polizeibeamten sind misstrauisch und lassen den beiden Blutproben entnehmen; diese ergeben bei S 1,5 und bei E 1,4 Promille.
Strafbarkeit von S und E?

a) Erster Tatkomplex: Führen des Pkw trotz alkoholbedingter Fahruntüchtigkeit **931**
(1) Strafbarkeit des S:
Er ist gem. § 316 I StGB strafbar (vgl. *Rn. 1332* i.V.m. **Fall 118** in *Rn. 1313, 1325*).
(2) Strafbarkeit der E:
Für die Annahme von Anstiftung bzw. psychischer Beihilfe zu § 316 StGB bietet der Sachverhalt keine hinreichenden Anhaltspunkte.

b) Zweiter Tatkomplex: Das Wechseln der Plätze **932**
(1) Strafbarkeit der E:
(a) § 258 I bzw. §§ 258 I, 22, 23 StGB entfallen wegen § 258 VI StGB.
(b) § 164 I StGB scheidet aus, da dieser Tatbestand nur die Verdächtigung *eines anderen*, nicht die hier gegebene »*Selbst*verdächtigung« erfasst.
(c) Doch ist E nach § 145d II Nr. 1 StGB strafbar: Sie hat, durch konkludente **Selbstbezichtigung**, über den Beteiligten an einer rechtswidrigen Tat (§ 316 StGB) zu täuschen gesucht. § 258 VI StGB ist bei § 145d StGB **nicht** analog anwendbar.[193]
Die Subsidiaritätsklausel des § 145d I StGB steht der Anwendbarkeit dieser Norm nicht entgegen, wenn eine Bestrafung aus § 258 StGB gem. dessen Abs. 5 bzw. Abs. 6 entfällt.[194]

> *Hinweis:* Wäre E nüchtern gewesen, wäre sie nicht strafbar, da dann mit ihrem »Outing« als Fahrerin ein strafbares Tun überhaupt geleugnet würde (vgl. bereits *Rn. 929*).

(2) Strafbarkeit des S: **933**
(a) Anstiftung zu § 258 I StGB bzw. zu §§ 258 I, 22, 23 StGB?
Sie scheidet in analoger Anwendung des § 258 V StGB aus (dazu **Fall 94**, *Rn. 960*).
(b) Auch **§ 164 I StGB** entfällt: Dadurch, dass E mit S die Plätze tauschte, d.h. sich auf den Fahrersitz begab, hat sie sich selbst einer »rechtswidrigen Tat« (§ 316 StGB) verdächtigt. An dieser **Selbstbezichtigung** der E war S zwar beteiligt, gewissermaßen als »Mittäter«. Man kann aber nicht sagen, S selbst habe die E jener »rechtswidrigen Tat« *verdächtigt*.
Demgemäß hält u.a. *OLG Celle*[195] für Fälle wie den vorliegenden nicht § 164 I StGB, sondern allein § 145d II Nr. 1 StGB für einschlägig.

---
[193] *OLG Celle* NJW 1964, 733 f.; JZ 1980, 418; *BayObLG* JR 1985, 294 m. Anm. *Kühl; Rengier* II, 51/20.
[194] Sch/Sch-*Sternberg-Lieben*, § 145d Rn. 26; *Eisele* I, Rn. 1500; Küpper/*Börner*, 8/39; *Rengier* II, 51/20.
[195] *OLG Celle*, NJW 1964, 733 f.; ebso. Sch/Sch-*Stree*, 25. Aufl. 1997, § 145d Rn. 15.

934 *(c) § 145d II Nr. 1 StGB:*

Diese Straftat kann grundsätzlich auch dadurch begangen werden, dass der Täter einer »rechtswidrigen Tat« den Verdacht von sich abzulenken sucht. Hierbei ist jedoch der Gesichtspunkt **strafloser Selbstbegünstigung** zu beachten:[196]
Der Straftäter braucht sich nicht selbst den Verfolgungsbehörden auszuliefern, ihn trifft keine Wahrheitspflicht, er darf ungestraft die Tat bestreiten. Daher kann das *bloße Leugnen* der Tat noch nicht § 145d II Nr. 1 StGB unterfallen, auch dann nicht, wenn dadurch zwangsläufig der Verdacht auf einen anderen gelenkt wird,[197] ja noch nicht einmal, wenn er die logische Folge des Leugnens auch ausspricht, indem er den anderen explizit beschuldigt (sog. *modifizierendes Leugnen*).[198]

> Dem *bloßen Leugnen* steht als mitunter »notwendige Konsequenz« eines sonst ggf. unglaubwürdig wirkenden Leugnens das *Berufen auf den »großen Unbekannten«* gleich[199] (das freilich ob seiner Ungerichtetheit schon aus grundsätzlichen Überlegungen heraus den Tatbestand des § 145d II Nr. 1 StGB nicht zu verwirklichen vermag, vgl. Rn. 927).

935 Dagegen ist die Grenze der straflosen Selbstbegünstigung überschritten, wenn der Täter sich nicht auf schlichtes Bestreiten beschränkt, sondern aktiv zur Täuschung über die Person des Straftäters übergeht, also *aktiv »manipuliert«* (sog. **qualifiziertes Leugnen**) – wie in *Fall 90* durch Wechseln der Plätze mit dem Beifahrer.[200]

– Eine solche aktive »Täuschung über den Beteiligten an einer Straftat« liegt nicht vor, wenn der Täter die Tat einräumt, aber falsche Angaben über seine Person macht.[201] –

Folglich ist in *Fall 90* der S aus § 145d II Nr. 1 StGB schuldig.

– *OLG Celle* und *Stree* nehmen dabei **Mittäterschaft** von S und E an:[202] Die Straftat der Beifahrerin (§ 145d II Nr.1 StGB) sei dem Fahrer gemäß § 25 II StGB zuzurechnen. –

– Der Gesichtspunkt der **Selbstbegünstigung** hilft S auch nicht im Hinblick auf § 258 V StGB: diese Vorschrift ist im Rahmen des § 145d StGB nicht analog anwendbar.[203] –

– Hinsichtlich der **Subsidiaritätsklausel** des § 145d I StGB vgl. schon oben, Rn. 932. –

936 *Ergänzender Hinweis:* Mit § 145d III, IV StGB versucht der Gesetzgeber, der Missbrauchsgefahr im Rahmen von **Kronzeugenregelungen** (§ 46b StGB, § 31 BtMG und nunmehr – eingefügt erst 2021 – auch § 41a AntiDopG) zu begegnen.[204]
Dabei stellt *Abs. 3 Nr. 1* eine Qualifikation der Tatbestandsvarianten der Abs. 1 Nr. 1 und Abs. 2 Nr. 1 dar, während *Abs. 3 Nr. 2 und Nr. 3* eigenständige Tatbestände sind, indem in ihnen der Katalog relevanter Straftaten über § 126 StGB hinaus auf die in § 100a Abs. 2 StPO, §§ 29 bis 30a BtMG und § 4 AntiDopG genannten Delikte erweitert wird.

---

[196] *Fahrenhorst*, JuS 1987, 707 (709); LK-*Münzner*, § 145d Rn. 18; SK[9]-*Rogall*, § 145d Rn. 28.
[197] *OLG Celle*, NJW 1964, 733 f.; LK-*Münzner*, § 145d Rn. 18; *Eisele* I, Rn. 1495; *Klesczewski*, 19/151.
[198] Vgl. *Rengier* II, 51/17 mit 50/19; s.a. MK-*Zopfs*, § 145d Rn. 35; S/S/W-*Geneuss*, § 145d Rn. 17.
[199] So ganz richtig A/W/H/H-*Hilgendorf*, 48/27 gegen BGH St 6, 251 (254 f.); ebso. *Eisele* I, Rn. 1495.
[200] Siehe Fn. 196; s.a. *Rengier* II, 51/17 i.V.m. 50/20; **anders** S/S/W-*Geneuss*, § 145d Rn. 17.
[201] KG, JR 1989, 26; MK-*Zopfs*, § 145d Rn. 36; *Klesczewski*, 19/151; *Rengier* II, 51/14 mit Fall 1.
[202] Siehe Fn. 196; **anders** jetzt Sch/Sch-*Sternberg-Lieben*, § 145d Rn. 15.
[203] *BayObLG*, NJW 1978, 2563; *Rudolphi*, JuS 1979, 859 (862 f.); *Eisele* I, Rn. 1499.
[204] Zu Recht **krit.** dazu *König*, NJW 2009, 2481 (2483); *Malek*, StV 2010, 200 (206); *Zopfs*, ZIS 2011, 669 ff.; MK-*Zopfs*, § 145d Rn. 40; *Fischer*, § 145d Rn. 14; NK-*Kretschmer*, § 145d Rn. 6.

IV. Strafvereitelung (§ 258 StGB)

Diese Norm betrifft die sog. »persönliche« im Gegensatz zur »sachlichen Begünstigung«, die § 257 StGB regelt. Geschütztes Rechtsgut ist die inländische[205] **Rechtspflege:** Diese soll den staatlichen Strafanspruch (bzw. den Anspruch auf Verhängung einer Maßnahme – § 11 I Nr. 8 StGB –) ungehindert verwirklichen können.[206]

937

> Nach *Amelung* soll § 258 StGB auch »die faktische Geltung aller als Vortat in Betracht kommenden Strafnormen und durch sie geschützten Rechtsgüter« sichern.[207] Daran ist richtig, dass die Strafvereitelung mittelbar auch einen Angriff auf den Geltungsanspruch der durch die Vortat verletzten Norm und auf das durch sie geschützte Rechtsgut bedeutet; **unmittelbar** aber richtet sie sich gegen die Rechtspflege, und daher ist § 258 StGB jedenfalls seinem Schwerpunkt nach ein Rechtspflegedelikt.

Abs. 1 erfasst die Verfolgungsvereitelung, Abs. 2 die Vollstreckungsvereitelung.

1. Verfolgungsvereitelung (§ 258 I StGB)

Fall 91: – *§ 258 I StGB bei Antragsdelikten* –

938

Rocker Rango (R) hat ein Vergehen nach § 123 StGB begangen. Sein Opfer Bonnie (B) stellt gegen R zunächst Strafantrag. Als die Polizei daraufhin gegen R ermittelt, sagt dessen Kumpel Jake (J) als Zeuge bei seiner polizeilichen Vernehmung wahrheitswidrig aus, R sei zur Tatzeit bei ihm (J) gewesen. Vor der Hauptverhandlung nimmt B, der die Sache peinlich ist, ihren Strafantrag zurück. Strafbarkeit des J?

a) § 258 I StGB

(1) Diese Vorschrift enthält zwei Alternativen:

1. Vereitelung der Bestrafung wegen einer »*rechtswidrigen Tat*« (§ 11 I Nr. 5);
2. Vereitelung der Anordnung einer *Maßnahme* (§ 11 I Nr. 8) wegen solcher Tat.

Hier kommt nur die 1. Alternative in Betracht. Sie verlangt, dass wegen einer rechtswidrigen Tat (sog. »**Vortat**«) ein rechtlich durchsetzbarer Strafanspruch des Staates besteht.[208] Dies setzt voraus, dass jene (Straf-)Tat auch schuldhaft begangen wurde und weder persönlichen Strafausschließungs- oder Strafaufhebungsgründe, noch Verfolgungshindernisse (fehlender Strafantrag, Verjährung) vorliegen.[209]

939

> – Bei der 2. Alternative des § 258 I StGB muss die »rechtswidrige Tat« die materiell-rechtlichen Voraussetzungen für die Anordnung der *Maßnahme* erfüllen (dazu §§ 61 ff., 73 ff. StGB); auch hier darf kein Verfolgungshindernis (z.B. § 78 I StGB) vorliegen. –

(2) In **Fall 91** war eine rechtswidrige Tat gegeben (§ 123 StGB); der Vortäter (R) hatte auch schuldhaft gehandelt. Doch war die Vortat gem. § 123 II StGB nur auf Antrag verfolgbar. In einem solchen Fall gilt für § 258 StGB folgendes:

940

---

[205] BGH St 44, 52 (57); 45, 97 (101); L/K/H-*Heger*, § 258 Rn. 1; s.a. NK-*Altenhain*, § 258 Rn. 5 f.
[206] BGH St 45, 97 (101); A/W/H/H-*Heinrich*, 26/1; Küpper/*Börner*, 8/2; Sch/Sch-*Hecker*, § 258 Rn. 1.
[207] *Amelung*, JR 1978, 227 (229); ähnlich *Rudolphi*, JuS 1979, 859 (861).
[208] Ordnungswidrigkeit (*OVG Magdeburg*, BeckRS 2023, 17060) u. Dienstvergehen sind keine »rechtswidrige Tat«, Buß-/Ordnungsgeld u. Zwangs-/Beugehaft keine »Strafe«; s. S/S/W-*Jahn*, § 258 Rn. 11.
[209] L/K/H-*Heger*, § 258 Rn. 11; Sch/Sch-*Hecker*, § 258 Rn. 3; *Rengier* I, 21/4.

Die Strafvereitelung bei **Antragsdelikten** erfordert einen wirksamen Strafantrag. Kann ein solcher wegen Fristablaufs (§ 77b StGB) oder wegen Rücknahme (§ 77d I 3 StGB) nicht mehr gestellt werden, kommt *vollendete* Strafvereitelung nicht in Betracht, da eine Bestrafung des Vortäters rechtlich nicht möglich wäre.[210]

In *Fall 91* hatte B zunächst Strafantrag gestellt, diesen aber wirksam zurückgenommen (§ 77d I StGB); damit war eine Bestrafung des Vortäters wegen §§ 123 II, 77d I 3 StGB unmöglich geworden. Folglich scheidet § 258 I StGB aus.

b) *§§ 258 I, 22, 23 f. (258 IV) StGB*

J hat sich aber der *versuchten* Strafvereitelung schuldig gemacht.

941 *Ergänzende Hinweise zu § 258 I StGB:*

(1) *»Ganz Vereiteln«* i.S. dieser Norm liegt nicht nur dann vor, wenn die Bestrafung oder Verhängung der Maßnahme endgültig unmöglich gemacht, sondern auch dann, wenn sie »für geraume Zeit« **verzögert** wird,[211] wofür man mit Blick auf den geänderten § 229 I StPO jetzt von drei Wochen ausgehen sollte.[212]

– Zuzugestehen ist hier freilich eine bedenkliche Unbestimmtheit des Tatbestands.[213] –

(2) *»Zum Teil vereitelt«* die Bestrafung, wer erreicht, »dass der Vortäter ›besser aus der Sache herauskommt‹, als dies der materiellen Rechtslage entspricht«, z.B. statt wegen Verbrechens nur wegen Vergehens bestraft wird.[214]

– *Nicht* hierher gehört der Fall bloßer *Verzögerung* (s. soeben: »ganz vereitelt«).[215] –

942 (3) § 258 I StGB in der Alternative der Bestrafungsvereitelung entfällt nach der Rechtsprechung, wenn der Vortäter zur Zeit der Aburteilung der Strafvereitelung wegen **§ 2 III StGB** nicht mehr bestraft werden könnte.[216]

(4) Der subjektive Tatbestand erfordert, dass der Täter *absichtlich* oder *wissentlich* handelt, was den Vereitelungserfolg angeht. Hinsichtlich der rechtswidrigen Vortat genügt hingegen *dolus eventualis*;[217] glaubt er, aus tatsächlichen oder rechtlichen Gründen liege kein strafbares Handeln vor, unterliegt er einem Tatbestandsirrtum.[218]

943 (5) Ob **Zeugen**, die unter Verstoß gegen ihre Zeugnispflicht zugunsten des Vortäters keine Aussage machen, eine *Strafvereitelung durch Unterlassen* begehen können, ist strittig.[219]

---

[210] Vgl. zur Strafvereitelung bei Antragsdelikten Sch/Sch-*Hecker*, § 258 Rn. 4.

[211] *BGH St* 45, 97 (100); *NJW* 2016, 3110 (3111); Sch/Sch-*Hecker*, § 258 Rn. 14; W/H/E-*Engländer*, Rn. 708; *Rengier* I, 21/6; **a.A.** NK-*Altenhain*, § 258 Rn. 51; SK⁹-*Hoyer*, § 258 Rn. 13-17.

[212] *Jahn*, JZ 2006, 1136 Fn.30; *Eisele* II, Rn.1117; L/K/H-*Heger*, § 258 Rn.4; Sch/Sch-*Hecker*, § 258 Rn. 14; für **zwei Wochen** *Rengier* I, 21/8; W/H/E-*Engländer*, Rn. 709; *Kindhäuser/Schramm*, 51/10.

[213] Ausführlich zur Problematik LK-*Walter*, § 258 Rn. 35 ff. mwN.

[214] L/K/H-*Heger*, § 258 Rn. 4; Sch/Sch-*Hecker*, § 258 Rn. 14; *Rengier* I, 21/13.

[215] So aber *BGH*, NStZ 2019, 100 (101); **dagegen** *Mitsch*, NJW 2018, 3263 (3264); *Rengier* I, 21/6.

[216] *BGH St* 14, 156; zust. u.a. *Amelung*, JR 1978, 227 (229); Sch/Sch-*Hecker*, § 258 Rn. 10; SK⁹-*Hoyer*, § 258 Rn. 7; S/S/W-*Jahn*, § 258 Rn. 7; **a.A.** NK-*Altenhain*, § 258 Rn. 9.

[217] *BGH* St 45, 97 (100); NStZ 2015, 702 (703); Sch/Sch-*Hecker*, § 258 Rn. 24; SK⁹-*Hoyer*, § 258 Rn. 34.

[218] *BGH*, NStZ-RR 2021, 175 (176 f.); s.a. NK-*Altenhain*, § 258 Rn. 62; S/S/W-*Jahn*, § 258 Rn. 36; **a.A.** *Glandien*, JR 2023, 106 ff. (111): Tatbestandsirrtum nur bei tatsächlichen Gründen.

[219] **Pro:** *OLG Köln*, BeckRS 2010, 02388; *OLG Hamm*, BeckRS 2017, 132877; SK⁹-*Hoyer*, § 258 Rn. 32; **a.A.** MK-*Cramer*, § 258 Rn. 22; *Eisele* II, Rn. 1116; *Rengier* I, 21/15; s.a. *Richter*, JA 2023, 549.

Richtigerweise ist dies abzulehnen, da die staatsbürgerliche Pflicht zur Zeugenaussage keine *Beschützer-Garantenstellung* (s. *Rn. 987*) zugunsten der Rechtspflege zu begründen vermag;[220] Verstöße gegen die Zeugnispflicht sind in § 70 StPO abschließend sanktioniert.[221]

> *Hinweis:* Sagt der Zeuge zwar aus, verschweigt er aber etwas, begeht er ggf. *Strafvereitelung durch aktives Tun* (vgl. *Rn. 842*). Nur die *Nichtaussage* ist keine Falschaussage.

(6) Ein wichtiger Problembereich im Rahmen des § 258 StGB ist die Strafvereitelung durch strafprozessual unzulässiges **Handeln von Strafverteidigern**:[222] **944**

(a) Prozessual **zulässiges** Verteidigerhandeln erfüllt von vornherein nicht den Tatbestand des § 258 StGB; der Verteidiger darf die ihm zustehenden prozessualen Rechte voll ausschöpfen – und zwar unabhängig von der Schuld des Mandanten und unabhängig auch davon, ob der Verteidiger ihn für schuldig hält oder nicht.[223]

»Insoweit verweist § 258 StGB auf die Regeln des Prozessrechts«.[224]

Angesichts der **Doppelstellung** des Strafverteidigers als *unabhängiges Organ der Rechtspflege* einerseits und als *Beistand des Beschuldigten* andererseits[225] sind die Schranken zulässiger Strafverteidigung aber in hohem Maße kontrovers.[226]

> Der Verteidiger darf seinem Mandanten Mitteilung über den Akteninhalt einschließlich drohender Zwangsmaßnahmen machen,[227] nicht aber »Überführungsstücke«, auf die ein staatlicher Beschlagnahmezugriff zielt, in seinen Räumen verstecken: »Sein Mandat soll nicht genutzt werden können, gesuchten Beweisgegenständen ›Asyl‹ zu gewähren.«[228]

Jedenfalls aber unterliegt der Verteidiger aufgrund seiner Stellung (auch) als Rechtspflegeorgan einer – letztlich als »Lügeverbot« zu verstehenden – »Wahrheitspflicht«.[229]

(b) Strittig ist auch die Abgrenzung zwischen **versuchter** Strafvereitelung durch **945** den Verteidiger (strafbar nach Abs. 4) und strafloser **Vorbereitungshandlung.**

– Diese Abgrenzung ist strafverfahrensrechtlich bedeutsam im Hinblick auf § 60 Nr. 2 StPO (Vereidigungsverbot bei Vereitelungsverdacht) und § 138a I Nr. 3 StPO (Verteidigerausschluss bei – vollendeter oder versuchter – Strafvereitelung). –

Zu jener Abgrenzung siehe insb. *BGH* St 31, 10 und *BGH*, NStZ 1983, 503 f.:

---

[220] So aber *OLG Köln*, BeckRS 2010, 02388, sowie ausf. *OLG Hamm*, BeckRS 2017, 132877; **dagegen** MK-*Cramer*, § 258 Rn. 22; *Rengier* I, 21/15, sowie ausf. *Lenk*, NStZ 2019, 638 ff.

[221] Vgl. *Eisele* II, Rn. 1116; *Rengier* I, 21/15; **dagegen** *OLG Hamm*, BeckRS 2017, 132877.

[222] Näher *Kargl*, FS-Hamm, 2008, 235 ff.; *Beulke/Ruhmannseder*, FS-Volk, 2009, 45 ff.; *Schneider*, FS-Geppert, 2011, 607 ff.; *Fischer*, § 258 Rn. 16 ff.; L/K/H-*Heger*, § 258 Rn. 8 ff.; NK-*Altenhain*, § 258 Rn. 31 ff.; Sch/Sch-*Hecker*, § 258 Rn. 19 ff.; *Rengier* I, 21/39 ff.; s.a. *Dessecker*, GA 2005, 142 ff.

[223] *BVerfG* StV 2006, 522; *BGH* St 38, 345 (347 f.); 46, 53 (54 f.); NJW 2006, 2421; *OLG Nürnberg*, NJW 2012, 1895 f.; *Kölbel*, GA 2002, 403 (422); ausf. *Krey/Heinrich*, Strafverf.recht, Rn. 402 ff. mwN; *Rengier* I, 21/39. – Zur sog. **»Konfliktverteidigung«** *Krey/Heinrich*, aaO, Rn. 405, mwN.

[224] So *OLG Nürnberg*, NJW 2012, 1895 (1896) i.A.a. *Fischer*, § 258 Rn. 17; *Beulke*, NStZ 1983, 504 Fn. 1 spricht insoweit zutreffend von der »akzessorischen Natur des § 258 StGB zur StPO«.

[225] Ausf. hierzu *Krey/Heinrich*, Strafverfahrensrecht, Rn. 341 f.; *Beulke/Swoboda*, Strafprozessrecht, Rn. 147 ff.; s.a. *Beulke*, Der Verteidiger im Strafverfahren, 1980, 50 ff., 164 ff., 183 ff., 200 ff.

[226] Näher u.a. *Beulke*, NStZ 1983, 504 mwN; *Krey/Heinrich*, Strafverfahrensrecht, Rn. 399, 401, 402 ff. mwN sowie die oben, *Fn. 222*, Genannten; s.a. *OLG Nürnberg*, NJW 2012, 1895 (1896).

[227] *OLG Jena*, NStZ 2022, 447 spricht sogar v. einer Pflicht zur Mitteilung (zust. *Jahn*, JuS 2022, 782).

[228] *BGH* St 63, 174 (180); zust. *Jäger*, JA 2019, 154 ff.; s.a. *Krey/Heinrich*, Strafverf.recht, Rn. 401.

[229] Näher hierzu mwN *Krey/Heinrich*, Strafverfahrensrecht, Rn. 399; s.a. *Rengier* I, 21/42.

946 *BGH* St 31, 10: Hier hatte der Verteidiger (V) des in Untersuchungshaft einsitzenden Beschuldigten B einen Brief des B aus der JVA herausgeschmuggelt, mit dem B (wie V wusste) den Zeugen X zu einer entlastenden Falschaussage verleiten wollte. Der *BGH* hat hier versuchte Strafvereitelung abgelehnt und bzgl. § 258 StGB nur eine straflose **Vorbereitungshandlung** angenommen.[230] Die Konsequenzen dieser (den V entlastenden) Entscheidung für § 138a I Nr. 3 StPO sind, wie bereits *Beulke* hervorgehoben hat,[231] untragbar.

BGH NStZ 1983, 503 f.: Hier hatte V eine Zeugin dahin zu beeinflussen gesucht, eine wahrheitswidrige entlastende Aussage zu machen, und sie als Entlastungszeugin benannt. Das Gericht hat in diesem Fall **versuchte Strafvereitelung** durch den Verteidiger bejaht.[232] Damit ist der *BGH* zu Recht der Sache nach von *BGH* St 31, 10 abgerückt;[233] hatte es doch dort noch geheißen: »Die Grenze zum Versuch [des § 258 StGB, begangen durch V] wäre erst durch den Beginn der falschen Zeugenaussage überschritten worden«.[234]

947 *Klarstellung:* Angesichts der Verfahrensrechte des Strafverteidigers[235] und seines Status als Organ der Strafrechtspflege (s. *Rn. 944*) nimmt die Rspr. zu Recht an: Wenn der Verteidiger Zeugen dahin beeinflusst, Falschaussagen zu machen, geht es stets darum, ob er als **Täter** aus § 258 StGB oder §§ 258, 22, 23 StGB strafbar ist, nicht etwa nur um Teilnahme an der etwaigen vollendeten oder versuchten Strafvereitelung durch die beeinflussten Zeugen.[236]

2. Vollstreckungsvereitelung (§ 258 II StGB)

948 Der Tatbestand erfordert *Vollstreckbarkeit* der Strafe bzw. Maßnahme; diese müssen rechtskräftig verhängt sein (§ 449 StPO). **Die rechtskräftige Entscheidung gegen den Vortäter** ist bei der Strafverfolgung gegen den Täter des § 258 II StGB verbindlich: Ob der Vortäter die ihm zur Last gelegte Tat wirklich begangen hat, ist nach h.M. unerheblich.[237] Danach kann sich der Täter des § 258 II StGB nicht darauf berufen, er habe die Verurteilung des Vortäters für ein Fehlurteil gehalten.

949 **Fall 92:** – *§ 258 II StGB bei Zahlung fremder Geldstrafen* –

Fernlastfahrer Schlummi (S) hatte mit seinem Lkw einen Unfall verursacht und wurde wegen fahrlässiger Tötung zu einer Geldstrafe von 50 Tagessätzen verurteilt, wobei die Höhe eines Tagessatzes auf 40,– € festgesetzt wurde (§ 40 StGB). Sein Arbeitgeber Brummi (B), der an S dessen pausenlosen aufopfernden Einsatz schätzt, will ihm helfen:

---

[230] *BGH* St 31, 10 = NStZ 1982, 329 m. abl. Anm. *Beulke*; s.a. *Beulke*, NStZ 1983, 504; ähnl. *OLG Hamburg*, JR 1981, 158 ff. m. zust. Anm. *Rudolphi*; **a.A.** auch Sch/Sch-*Hecker*, § 258 Rn. 20.

[231] *Beulke*, NStZ 1982, 330; 1983, 504; näher zu jenen Konsequenzen *Lenckner*, NStZ 1982, 401 (404).

[232] Zu Recht zust. *Beulke*, NStZ 1983, 504; *Bottke*, JR 1984, 300; *Haas*, FS-Maiwald, 2010, 277 (291); Sch/Sch-*Hecker* § 258 Rn. 33; *Fischer* § 258 Rn. 37; **a.A.** S/S/W-*Jahn* § 258 Rn. 46.

[233] Das stellt *BGH*, NStZ 1983, 503 zu Unrecht in Abrede; wie hier zu Recht *Beulke*, NStZ 1983, 504.

[234] *BGH* St 31, 10 (13); ebso. *OLG Hamburg*, JR 1981, 158 ff.; *OLG Bremen*, NJW 1981, 2711.

[235] U.a.: §§ 145 III, 147, 148, 168c, 168d, 224, 240 II, 244 III, 257 II, 258, 297 StPO; eingehend zu diesen Rechten Krey/*Heinrich*, Strafverfahrensrecht, Rn. 349, 355 ff.

[236] *BGH* St 31, 10 f.; NJW 1982, 1601 (1602); NStZ 1983, 503; *OLG Hamburg*, JR 1981, 158; *OLG Bremen*, NJW 1981, 2711; ebso. *Beulke*, NStZ 1982, 330; 1983, 504; **a.A. aber die h.M. im Schrifttum**, vgl. nur etwa *Rengier* I, 21/40; Sch/Sch-*Hecker*, § 258 Rn. 34; SK^9-*Hoyer*, § 258 Rn. 43.

[237] *Fischer*, § 258 Rn. 29; L/K/H-*Heger*, § 258 Rn. 13; Sch/Sch-*Hecker*, § 258 Rn. 26; **a.A.** NK-*Altenhain*, § 258 Rn. 65; SK^9-*Hoyer*, § 258 Rn. 6; s.a. A/W/H/H-*Heinrich*, 26/1.

a) B zahlt die Geldstrafe für S.
b) B schenkt dem S den fraglichen Betrag, 2000 €; anschließend zahlt S die Strafe.
c) B verspricht dem S, ihm nach Zahlung der Geldstrafe den Betrag zu erstatten; dies Versprechen hält er auch ein.
d) B gewährt dem S ein zinsloses Darlehen in Höhe von 2000 €.

Strafbarkeit des B aus § 258 II StGB?

(1) Nach der noch bis 1990 h.A. sollte B **einzig in *Alternative d)* straffrei** sein, während man davon ausging, dass er *in allen Fällen der Alternativen a) bis c)* den objektiven Tatbestand der Strafvereitelung nach § 258 II StGB erfüllt hat[238]

– letztlich ebenso, wie bei der Verbüßung einer *Freiheitsstrafe* für den Verurteilten.[239] –

Zur Begründung wurde angeführt:

– *zu Alternative a):* Halte man die Zahlung der Geldstrafe für einen Dritten für straflos, werde man dem *Sinn der Geldstrafe* nicht gerecht und komme zu kriminalpolitisch fragwürdigen Ergebnissen: Mit der Geldstrafe solle der Täter eine Vermögenseinbuße erleiden; die Geldstrafe sei ja wie die Freiheitsstrafe als »**Strafübel**« gedacht. Folglich *vereitele* den Sinn einer Geldstrafe, wer diese für einen anderen bezahlt, ihm also das Strafübel der Vermögenseinbuße erspart. Unbilligen Ergebnissen werde durch § 258 VI StGB vorgebaut.[240]

– *zu Alternative b):* Wenn der Sinn der Geldstrafe in der Zufügung eines Strafübels liege, müsse man die *Alt. b)* der *Alt. a)* gleichstellen. Denn entscheidend sei, ob der Vortäter die Strafe materiell aus seinem Vermögen begleiche, d.h. eine Vermögensminderung erleide. Demgegenüber wäre es formalistisch, darauf abzustellen, wer konkret die Zahlung tätigt.

– *zu Alternative c):* Da es auf das Strafübel (Vermögenseinbuße) ankomme, müsse auch die Erstattungszusage unter § 258 II StGB fallen, da diese dem Verurteilten die Geldstrafe nicht mehr als Strafübel erscheinen lasse: Hier sei nur noch der Umstand, überhaupt bestraft zu sein, für den Vortäter belastend; § 258 StGB erfasse aber nicht nur die Vereitelung des Strafausspruchs, sondern auch die des Erleidens des verhängten Strafübels.[241]

– *zu Alternative d):* Hier greife § 258 II ebenso wenig ein, wie im unstrittigen Fall[242] vorher nicht zugesagter Erstattung erst nach Bezahlung der Strafe durch den Vortäter. Das Darlehen ändere nichts daran, dass materiell der Verurteilte selbst die Vermögenseinbuße zu tragen hat, sodass die Vollstreckung der Strafe weder ganz noch zum Teil vereitelt werde.[243]

(2) Demgegenüber hat der *BGH* zu Recht entschieden:[244] »Die Bezahlung der Geldstrafe durch Dritte erfüllt nicht den Tatbestand der Strafvereitelung«.

---

[238] So u.a. *OLG Frankfurt*, StV 1990, 112; *Müller-Dietz*, Jura 1979, 242 (246); **abw.** *Engels*, Jura 1981, 581 ff.; eingehend zur Problematik LK-*Walter*, § 258 Rn. 47 ff.; s.a. SK⁹-*Hoyer*, § 258 Rn. 19 ff.
[239] *RG* St 8, 367; *Fischer*, § 258 Rn. 31; S/S/W-*Jahn*, § 258 Rn. 43; *Küpper/Börner*, 8/14.
[240] *RG* St 30, 232 (235); *Stree*, JZ 1964, 588 ff.; ebenso dieses Lehrbuch bis zur 7. Aufl.
[241] So u.a *Stree*, JZ 1964, 588 ff.; *Lange*, FS-Engisch, 1969, 624; Sch/Sch-*Schröder*, 17. Aufl. 1974, § 257 Rn. 21; LK¹¹-*Ruß*, § 258 Rn. 24a; **a.A.** bereits *Frank*, § 257 Anm. VI a.
[242] Dazu schon *Stree*, JZ 1964, 588 ff.
[243] *Blei*, S. 434 f.; Sch/Sch-*Schröder*, 17. Aufl. 1974, § 257 Rn. 21.
[244] *BGH* St 37, 226; zust. *Krey*, JZ 1991, 889; *Müller-Christmann*, JuS 1992, 379; L/K/H-*Heger*, § 258 Rn. 13; *Fischer*, § 258 Rn. 32; S/S/W-*Jahn*, § 258 Rn. 44; *Otto*, BT, 96/16; *Rengier* I, 21/18 ff.; s.a. M/S/M-*Maiwald*, 100/17, 103/10; **krit.** *Hillenkamp*, JR 1992, 74; *Wodicka*, NStZ 1991, 487; **diff.** Sch/Sch-*Hecker*, § 258 Rn. 29; LK-*Walter*, § 258 Rn. 50 ff.; **abl.** *Küpper/Börner*, 8/14.

Dabei führt das Gericht aus: Die Verurteilung zu einer Geldstrafe begründe zwar die Verpflichtung des Angeklagten zur »Zahlung eines bestimmten Geldbetrages« an die Gerichtskasse; dabei hätten die Vollstreckungsbehörden die Zahlung durchzusetzen. **Nicht mit Vollstreckungsmaßnahmen durchsetzbar** sei aber die »**persönliche Betroffenheit**« des Angeklagten. Demgemäß vereitele ein Dritter, der – ohne in den äußeren Ablauf der Vollstreckung einzugreifen – nur dazu beitrage, dass der Verurteilte von der Strafe nicht »persönlich betroffen« werde, den staatlichen Strafausspruch keineswegs.

Die Gegenmeinung missachte zweierlei: Erstens widerspreche sie dem Analogieverbot, da sie dem möglichen Wortsinn des Gesetzes nicht gerecht werde, und zweitens verkenne sie mit ihrem Rekurrieren auf die Strafzwecke der Geldstrafe, dass es, gemessen an den mit der Bestrafung verfolgten Zwecken, keinen Unterschied macht, ob ein Dritter eine Geldstrafe sogleich bezahle – gemäß bisher h.M. strafbar nach § 258 II StGB – oder sie dem Verurteilten später erstatte bzw. ihm ein Darlehen gewähre, dessen Rückzahlung er später erlasse

– beides auch nach bisher h.A. keine Vollstreckungsvereitelung (vgl. *Rn. 951*) –.

953 Dem ist – ungeachtet eines gewissen Bedauerns im Hinblick auf die Straffreiheit selbst in Fällen unmittelbarer Drittzahlung[245] – i.E. zuzustimmen, denn: Eine Interpretation, die *das eine* erlauben und *das andere* verbieten wollte, träfe nur den »ungeschickten Täter«, der es nicht versteht, seine Zuwendung an den Verurteilten so zu »etikettieren«, dass sie nicht als tatbestandsmäßige Handlung erscheine.[246]

Ergebnis für *Fall 92*: B ist *in allen Alternativen* nicht nach § 258 II StGB strafbar.

954 *Ergänzender Hinweis:* Wer freilich bereits **vor Begehung der Vortat** deren Täter die Bezahlung einer etwaigen Geldstrafe zusagt, ist wegen **Beteiligung** an der Vortat – zumindest in Form psychischer Beihilfe – strafbar.[247]

3. § 258 VI StGB

955 **Fall 93:** – *Was man für Angehörige nicht so alles tut* –

a) Max hat einen Mord begangen. Als die Polizei ihn festnehmen will, versteckt ihn sein Freund Moritz; dazu hat ihn die Ehefrau (E) des Max angestiftet.

b) Max und Moritz haben einen Passanten zusammengeschlagen und fliehen vor der Polizei. Die Ehefrau (E) des Max führt die Polizei in die Irre, sodass die beiden entkommen können.

In beiden Fällen: Strafbarkeit der E?

956 a) In *Fall 93 a* hat E den Tatbestand der Anstiftung zu § 258 I StGB erfüllt, und zwar rechtswidrig und schuldhaft. Doch greift § 258 VI StGB als persönlicher Strafausschließungsgrund[248] auch dann ein, wenn der Angehörige die Strafvereitelung nicht selbst begangen, sondern einen Dritten zu ihr **angestiftet** hat.[249]

---

[245] Eben diese denn auch **abl.** Sch/Sch-*Hecker*, § 258 Rn. 29; LK-*Walter*, § 258 Rn. 51.
[246] *BGH* St 37, 226; ebso. *Rengier* I, 21/20; gegen das Umgehungs-Argument aber *Küpper/Börner*, 8/14.
[247] *OLG Frankfurt*, StV 1990, 112; Sch/Sch-*Hecker*, § 258 Rn. 29; *Rengier* I, 21/20.
[248] *Fischer*, § 258 Rn. 39; L/K/H-*Heger*, § 258 Rn. 17; Sch/Sch-*Hecker*, § 258 Rn. 41; SK^9-*Hoyer*, § 258 Rn. 36; SK^9-*Rogall*, vor § 19 Rn. 70; **a.A.** *Roxin*, JuS 1988, 425 (431 ff.): »*Entschuldigungsgrund*«.
[249] *RG* St 14, 102; *BGH* St 14, 172; BT-Drucks. 7/550, S.251; *Fischer*, § 258 Rn. 39; L/K/H-*Heger*, § 258 Rn. 17; HK-GS-*Pflieger/Momsen*, § 258 Rn. 22; Sch/Sch-*Hecker*, § 258 Rn. 41; *Rengier* I, 21/25.

Hinweis: Strittig ist, ob für die Angehörigeneigenschaft die **objektive Sachlage** maßgeblich ist oder allein die *Vorstellung des Strafvereitelungstäters*. Richtig erscheint mir Ersteres:[250] Bei irriger Annahme jener Angehörigenbeziehung gilt § 35 II StGB analog,[251] bei Unkenntnis der Beziehung bleibt § 258 VI StGB anwendbar.[252] Anderenfalls würde man zum Nachteil des Täters vom Normtext des Abs. 6 (der im Gegensatz zu Abs. 5 gerade nicht auf eine Absicht abstellt) abweichen, mithin das **Analogieverbot** des Art. 103 II GG missachten.[253]

b) In *Fall 93 b* hat E bezüglich des **Max** eine Strafvereitelung i.S. des § 258 I StGB begangen; doch greift insoweit § 258 VI StGB ein.   **957**

Indes ist der Tatbestand des § 258 I StGB auch hinsichtlich des **Moritz** erfüllt. Es fragt sich, ob auch diese Tat nach § 258 VI StGB straflos bleibt, und zwar wegen ihres **Zusammenhanges mit der Angehörigenbegünstigung.** Sinn und Zweck des § 258 VI StGB ist es, der notstandsähnlichen Lage des Angehörigen Rechnung zu tragen.[254] Diese ratio legis gebietet es, beim gleichzeitigen Zusammentreffen der Strafvereitelung zugunsten eines Angehörigen mit der zugunsten eines Dritten § 258 VI StGB auch gegenüber der Letzteren durchgreifen zu lassen, wenn die Vereitelung zugunsten des Angehörigen nach der Vorstellung des Täters – hier der E – nicht ohne die Strafvereitelung zugunsten des Dritten möglich war.[255]

Das war hier anzunehmen; folglich ist § 258 VI StGB auch für § 258 I StGB zugunsten des Moritz einschlägig. Die E ist also nicht wegen Strafvereitelung strafbar.

Hinweis: § 258 VI StGB lässt die Strafbarkeit wegen anderer Delikte nicht entfallen;[256] im Hinblick auf § 257 StGB ist allerdings eine Ausnahme zu machen, wenn die Begünstigung notwendig mit der Strafvereitelung einhergeht, wenn also der Täter die Strafvereitelung nach seiner Vorstellung nicht ohne gleichzeitige sachliche Begünstigung erreichen kann.[257]   **958**

Hinweis: Die analoge Anwendung des Abs. 6 auf nahestehende Personen i.S.d. § 35 I StGB (insb. auf die Partner einer nichtehelichen Lebensgemeinschaft) wäre gewiss wünschenswert, ist aber nach h.M. nicht möglich; die Entscheidung ist Sache des Gesetzgebers.[258]   **959**

4. § 258 V StGB

Fall 94: – *Anstiftung zur Strafvereitelung durch den Begünstigten der Tat* –   **960**

Plisch (P) hat ein Verbrechen begangen; aufgrund eines Meineides von Plum – der sich damit gem. § 154 StGB und § 258 StGB strafbar gemacht hat – wird er aber freigesprochen; P hatte Plum zu dem Meineid angestiftet. Strafbarkeit des P?

---

[250] So *RG* St 61, 270 (271); S/S/W-*Jahn*, § 258 Rn. 52; MK-*Cramer*, § 258 Rn. 55; **anders die h.M.:** *Fischer*, § 258 Rn.39; Sch/Sch-*Hecker*, § 258 Rn.41; *Rengier* I, 21/33; W/B/S-*Satzger*, AT, Rn. 787 ff.
[251] *Schünemann*, GA 1986, 293 (303); Joecks/*Jäger*, §§ 258/258a Rn. 25; M/S/M-*Maiwald*, 100/24.
[252] S/S/W-*Jahn*, § 258 Rn. 52; **a.A.** SK⁹-*Hoyer*, § 258 Rn. 39; Sch/Sch-*Hecker*, § 258 Rn. 41.
[253] *Krey*, Studien zum Gesetzesvorbehalt, S. 233-236, 237.
[254] *BGH* St 11, 343 (345); *Fischer*, § 258 Rn.40; SK⁹-*Hoyer*, § 258 Rn.36; Sch/Sch-*Hecker*, § 258 Rn.41.
[255] *Fischer*, § 258 Rn. 39; HK-GS-*Pflieger/Momsen*, § 258 Rn. 22; *Rengier* I, 21/25.
[256] Vgl. *OLG München*, NStZ-RR 2011, 56; *Fischer*, § 258 Rn. 40.
[257] *BGH* St 11, 343 (zu § 257 a.F.); NStZ 1995, 595 m. Anm. *Paeffgen*, JR 1996, 346; *Rengier* I, 21/28 f.; *Fischer*, § 258 Rn. 36, 40; i.d.S. auch *OLG München*, NStZ-RR 2011, 56 f.; **abw.** Sch/Sch-*Hecker*, § 258 Rn. 41. – Zum **Verhältnis von § 258 *V* StGB zu § 257 StGB** s. *Rn. 961 mit Fn. 259.*
[258] SK⁹-*Hoyer*, § 258 Rn. 37; Sch/Sch-*Hecker*, § 258 Rn. 41 mwN; **anders** M/S/M-*Maiwald*, 100/24.

961 a) P ist wegen Anstiftung zum Meineid strafbar (§§ 154 I, 26 StGB).

– Auch eine etwaige Anwendbarkeit des § 258 V StGB im Hinblick auf § 258 I, II StGB kann daran nichts ändern; straffrei bleibt nach § 258 V StGB *nur die Strafvereitelung als solche*, eine (analoge) Anwendbarkeit auf andere Delikte besteht nicht.[259] –

962 b) P hat auch den Tatbestand der **Anstiftung zu § 258 I StGB** erfüllt. Doch ist diese Anstiftung nach Sinn und Zweck des **§ 258 V StGB** straflos:

(1) Die Strafvereitelung, die ein an der Vortat Beteiligter *nur für sich selbst* begeht, verwirklicht schon nicht den Tatbestand des § 258 StGB (dort heißt es ja: »ein anderer«), die Strafvereitelung aber, die ein Vortatbeteiligter *allein zugunsten eines anderen Beteiligten* begeht, ist nach dieser Norm strafbar. Für beide Fälle ist § 258 V StGB nicht einschlägig.[260]

Dagegen greift dieser **persönliche Strafausschließungsgrund**[261] bei demjenigen Täter einer Strafvereitelung zugunsten »eines anderen« ein, der durch die Tat *zugleich sich selbst* persönlich begünstigt – und zwar selbst dann, wenn die Befürchtung eigener Strafverfolgung auf einem Irrtum beruht und damit unbegründet ist.[262]

Dabei ist es für § 258 V StGB unerheblich, welcher Zweck überwiegt und ob sich die Tathandlung auf dieselbe Vortat oder auf verschiedene Vortaten bezieht.[263]

963 (2) § 258 V StGB gilt nun nicht nur für die **täterschaftlich** begangene Strafvereitelung; vielmehr wird auch die **Anstiftung** zu § 258 I bzw. II StGB erfasst, wenn der Anstifter in der Absicht handelt, sich selbst persönlich zu begünstigen; daher ist P nach § 258 V StGB nicht wegen Anstiftung zu § 258 I StGB strafbar.[264]

– Die Strafbarkeit wegen §§ 154 I, 26 StGB (s. *Rn. 961*) bleibt davon aber unberührt. –

Begründung: Die **notstandsähnliche Zwangslage**, die § 258 V StGB berücksichtigt, ist beim Anstifter zu § 258 StGB, der sich selbst helfen will, nicht weniger intensiv als beim Täter des § 258 StGB, der in dieser Absicht handelt. Und zudem fehlt bei § 258 V StGB eine dem § 257 III 2 StGB entsprechende Norm.[265]

5. Ergänzende Hinweise zu § 258 StGB

a) § 258 StGB bei sozialadäquatem Verhalten?

964 Ob ein solches Verhalten im Sinne »*normalen alltäglichen Handelns*«

– z.B.: das normale Beherbergen (nicht: das Verstecken) eines anderen, der Verkauf von Lebensmitteln, die Beförderung wie jeden Fahrgast, die ärztliche Behandlung etc. –

eine tatbestandsmäßige und rechtswidrige Strafvereitelung sein kann, ist strittig.[266]

---

[259] *BayObLG*, NJW 1978, 2563 f.; W/H/E-*Engländer*, Rn. 716 mwN; zu einer möglichen »**Sperrwirkung« gegenüber § 257 StGB** aber S/S/W-*Jahn*, § 258 Rn. 9; NK-*Altenhain*, § 258 Rn. 75 mwN.
[260] h.M.; vgl. nur *BGH*, NStZ 1998, 210; *Fischer*, § 258 Rn. 34; *Rengier* I, 21/23.
[261] *BGH*, NStZ 1998, 245 f.; SK⁹-*Hoyer*, § 258 Rn. 36; L/K/H-*Heger*, § 258 Rn. 16; W/H/E-*Engländer*, Rn. 715; **a.A.** (Schuldausschließungsgrund) *Jakobs*, AT, 10/19; *Roxin/Greco*, AT I, 22/134, 138.
[262] *BGH* St 2, 375; NStZ-RR 2002, 215; NJW 2016, 3110; *Eisele* II, Rn. 1125; *Rengier* I, 21/23.
[263] *Fischer*, § 258 Rn. 34; W/H/E-*Engländer*, Rn. 715; s.a. *BGH*, StV 2019, 671.
[264] *BayObLG*, NJW 1978, 2563; Sch/Sch-*Hecker* § 258 Rn. 40; L/K/H-*Heger*, § 258 Rn. 16.
[265] Darauf verweisen *Fischer*, § 258 Rn.35; Joecks/*Jäger*, § 258/258a Rn.10; W/H/E-*Engländer*, Rn.715.
[266] W/H/E-*Engländer*, Rn. 706 Fn. 55: noch nicht geklärte Problematik; s.a. A/W/H/H-*Heinrich*, 26/10.

Richtig ist (gemäß den Regeln der obj. Zurechnung): »**Sozialadäquate** Handlungen, die sich im Rahmen üblicher, rechtlich anerkannter sozialer Kontakte, insb. auch berufstypischen Verhaltens bewegen, scheiden schon tatbestandlich aus«.[267]

– Demgegenüber wird mitunter darauf abgestellt, ob die Tathandlung »mit Vereitelungstendenz, d.h. im Hinblick gerade auf den Vereitelungserfolg«, vorgenommen wird.[268] –

Jedenfalls begründet das eheähnliche Zusammenleben mit dem aus der Untersuchungshaft entwichenen Vortäter als solches noch keine Strafvereitelung (§ 258 I StGB).[269]

b) Strafvereitelung durch Unterlassen (§§ 258 I, 13 StGB)

Sie ist grundsätzlich möglich, setzt jedoch nach § 13 StGB eine **einschlägige Garantenstellung** mit daraus erwachsender entsprechender Garantenpflicht voraus[270]

– sowie Möglichkeit und Zumutbarkeit der Vornahme der konkreten Handlung.[271]

Das trifft bei Weitem nicht auf jedermann, sondern in aller Regel nur auf denjenigen zu, der »von Rechts wegen dazu berufen ist, an der Strafverfolgung mitzuwirken, also in irgendeiner Weise dafür zu sorgen oder dazu beizutragen, dass Straftäter ... ihrer Bestrafung oder sonstigen strafrechtlichen Maßnahmen zugeführt werden«.[272]

– Das bloße Unterlassen einer Anzeige ohne konkrete Anzeigepflicht (z.B. gem. § 116 AO oder § 6 SubvG), genügt daher nicht.[273] Ebenso wenig fällt es unter § 258 StGB, wenn ein verurteilter Straftäter im Ermittlungsverfahren gegen seinen unbekannt gebliebenen Mittäter als Zeuge keine Angaben über dessen Identität macht, da ihm aus seiner allg. Zeugnispflicht keine Garantenstellung in Hinsicht auf § 258 StGB erwächst.[274] –

Wer freilich durch vorheriges Handeln (z.B. Beseitigen von Tatspuren) die Rechtspflege *pflichtwidrig* bereits beeinträchtigt hat, ist als Ingerenz-Garant verpflichtet, dies durch Aufklärung der Strafverfolgungsbehörden wieder auszugleichen.[275]

965

Die *eigentliche Domäne der Strafvereitelung durch Unterlassen* ist § 258a StGB. Denn die für Unterlassungstäterschaft erforderliche Garantenpflicht kommt in ers-

966

---

[267] *Fischer*, § 258 Rn. 7; ähnlich *Frisch*, JuS 1983, 915 (921); *Otto*, FS-Lenckner, 1998, 193 (217 f.); M/S/M-*Maiwald*, 100/19; *Rengier* I, 21/37 f. ; ausf. SK⁹-*Hoyer*, § 258 Rn. 24 f.; stärker auf die Umstände des Einzelfalles abstellend NK-*Altenhain*, § 258 Rn. 27 ff. (30 f.); W/H/E-*Engländer*, Rn. 706; s.a. Sch/Sch-*Hecker*, § 258 Rn. 22; A/W/H/H-*Heinrich*, 26/10; *Küpper/Börner*, 8/7.

[268] So L/K/H-*Heger*, § 258 Rn. 3 mwN; s.a. W/H/E-*Engländer*, Rn. 706; zu weiteren Lösungsansätzen *Ernst*, ZStW 125 (2013), 299 (304 ff.) mit Lösung über konsequente Anwendung der Abgrenzung zwischen Täterschaft und strafloser Teilnahme an Selbstbegünstigung.

[269] BGH, NJW 1984, 135 m. Anm. *Rudolphi*, JR 1984, 337; W/H/E-*Engländer*, Rn. 706.

[270] Vgl. hierzu allg. Krey/*Esser*, AT, Rn. 1126b ff., sowie *Roxin*, AT II, § 32; **s.a. unten, Rn. 987 f.**

[271] Vgl. hierzu OLG Koblenz, NStZ-RR 2006, 77 (78) m. Anm. *Cramer*, NStZ 2007, 334.

[272] BGH St 43, 82 m. Anm. *Rudolphi*, NStZ 1997, 599 und *Seebode*, JR 1998, 338; LG Itzehoe, RR 2010, 10 (11); *Fischer*, § 258 Rn. 11; SK⁹-*Hoyer*, § 258 Rn. 32; S/S/W-*Jahn*, § 258, Rn. 23; M/R-*Dietmeier*, § 258 Rn. 20; MK-*Cramer*, § 158 Rn.16.

[273] Vgl. nur etwa Sch/Sch-*Hecker*, § 258 Rn. 17; *Rengier* I, 21/16.

[274] So (gegen LG Ravensburg, NStZ-RR 2008, 177) zu Recht LG Itzehoe, NStZ-RR 2010, 10 f. (m. abl. Bespr. *Hecker*, JuS 2010, 549); zust. Sch/Sch-*Bosch*, § 13 Rn. 31; *Eisele* II, Rn. 1116; *Rengier* I, 21/15; **a.A.** OLG Köln, NStZ-RR 2010, 146 (abl. Bespr. *Reichling/Döring*, StraFo 2011, 82, 83 ff.); SK⁹-*Hoyer*, § 258 Rn. 32; **diff**. *Weidemann*, JA 2008, 532 (533); wie hier *Popp*, JR 2014, 418 ff.

[275] I.d.S. offenbar NK-*Altenhain*, § 258 Rn. 48; zu weit gehend Sch/Sch-*Hecker*, § 258 Rn. 17.

Zweiter Abschnitt: Straftaten gegen die Allgemeinheit

ter Linie gerade den i.S. jener Vorschrift berufenen Amtsträgern zu. So begründen §§ 152 II, 160 I, 170 I bzw. 163 I StPO (Legalitätsprinzip für die StA bzw. die Polizei) eine Garantenposition gemäß § 13 StGB für die Strafrechtspflege.

– Zur *Strafvereitelung im Amt (§ 258a StGB)* näher *Rn. 1011 ff.* –

> Dort u.a. auch zur Problematik nicht im dienstlichen Zusammenhang, sondern **privat** erlangter Kenntnisse des Strafverfolgungsbeamten, vgl. *Rn. 1015 ff.*

V. Begünstigung (§ 257 StGB)

967 Diese Norm betrifft die »sachliche Begünstigung«; die »persönliche« ist in § 258 StGB geregelt.

Die Deliktsnatur der **sachlichen Begünstigung** ist streitig:

> Zu § 257 StGB *a.F.* war h.M., sie sei Rechtspflegedelikt;[276] andere sahen dagegen in der sachlichen Begünstigung ein Vermögensdelikt.[277]

Bei **§ 257 StGB *n.F.*** könnten der systematische Zusammenhang mit § 259 StGB und die analoge Anwendbarkeit des § 248a StGB (vgl. § 257 IV 2 StGB) für die Annahme eines Vermögensdeliktes sprechen. Gleichwohl halte ich die sachliche Begünstigung für **kein reines Vermögensdelikt**, und zwar aus folgenden Gründen:

968 a) Gegen die Annahme eines Vermögensdeliktes spricht einmal, dass damit der Schutzbereich der Norm zu eng gefasst wird. Denn bei der **Vortat** i.S. des § 257 StGB muss es sich nicht unbedingt um ein Vermögensdelikt handeln, und **Vorteile der Vortat** brauchen nicht notwendig Vermögensvorteile zu sein.[278]

– Doch sei eingeräumt, dass die Vortat i.d.R. ein Vermögensdelikt sein wird.[279] –

Vielmehr genügen auch sonstige unmittelbar durch die Vortat erlangte Vorteile,

> z.B. bei §§ 267 ff. StGB als Vortat *Beweisführungsvorteile*, bei §§ 331 ff. StGB als Vortat *immaterielle Vorteile* wie Befriedigung des Ehrgeizes und der Eitelkeit.

Für eine Ausklammerung solcher Vorteile sprechen weder der Wortlaut des § 257 StGB noch kriminalpolitische Gründe.

969 b) Wenn oben (*Rn. 967*) gesagt wurde, der systematische Zusammenhang mit § 259 StGB könnte für die Annahme eines Vermögensdeliktes sprechen, so ist dem entgegenzuhalten, dass es ebenso nahe, wenn nicht näher liegen könnte, auf die Verwandtschaft des § 257 StGB mit § 258 StGB abzustellen und in ihnen beiden **Rechtspflegedelikte** zu sehen.[280]

---

[276] Vgl. *BGH* St 24, 166 (167); Sch/Sch-*Schröder*, 17. Aufl. 1974, § 257 Rn. 1.
[277] *Bockelmann*, NJW 1951, 620 f.; *Welzel*, S. 393; dem neigte auch *BGH* St 23, 360 f. zu.
[278] BT-Drucks. 7/550, 248; *Fischer*, § 257 Rn. 2; L/K/H-*Heger*, § 257 Rn. 2; Sch/Sch-*Hecker*, § 257 Rn. 4; SK^9-*Hoyer*, § 257 Rn. 2; A/W/H/H-*Heinrich*, 27/2; W/H/S-*Schuhr*, Rn. 937; **a.A.** *Otto*, BT, 57/1. – Eingehend zum Vorteilsbegriff *Heil*, Der Vorteilsbegriff im Sinne des § 257 StGB, 2023. –
[279] So auch *Rengier* I, 20/5; W/H/S-*Schuhr*, Rn. 937; SK^9-*Hoyer*, § 257 Rn. 2; s.a. *Bosch*, Jura 2012, 270 (»klausurrelevant ... nur *Konstellationen mit Vermögensdelikten als Vortat*«).
[280] Vgl. *BGH* St 24, 166 (167); *BGH*, NStZ 1987, 22; 1994, 187 (188); A/W/H/H-*Heinrich*, 27/1; *Eser*, Strafrecht 3, Fall 16 A 46; W/H/S-*Schuhr*, Rn. 937: »Um einen Angriff auf die Rechtspflege handelt es sich in jedem Falle«.

c) M.E. kommt der Begünstigung des § 257 StGB folgende ***Doppelbedeutung*** zu:[281] **970**
(1) Sie verletzt zum einen **das durch die Vortat beeinträchtigte Rechtsgut**; denn der Sache nach handelt es sich um die »nachträgliche Unterstützung der Vortat«.[282]
(2) Zum anderen beeinträchtigt sie das Interesse der Allgemeinheit an der Wiederherstellung des gesetzmäßigen Zustandes: Schon aus Gründen der Kriminalprävention ist es wünschenswert, wenn der Vortäter von Rechtspflegeorganen um die Vorteile seiner Tat gebracht wird. Diesem Interesse handelt der Täter des § 257 StGB zuwider, und insoweit ist seine Tat (auch) **ein Rechtspflegedelikt**.[283]

Fall 95: – *Zum Begriff des »Hilfeleistens«* – **971**
Um Dieb D die Beute zu sichern, bringt Freund F seine Verfolger auf eine falsche Spur; D hatte aber die Beute bereits weggeworfen. Strafbarkeit des F aus § 257 StGB?

a) D hatte eine »rechtswidrige Tat« (§ 11 I Nr. 5 StGB) begangen, einen Diebstahl.
– Die Vortat braucht freilich kein Vermögensdelikt zu sein (vgl. *Rn. 968* mit *Fn. 279*).
– Vortat kann auch die rechtswidrige Beteiligung an einer strafbedrohten Handlung sein.

b) Doch entfällt § 257 StGB hier mangels »**Hilfeleistens**«: Für dieses Merkmal ist **972**
zwar nicht nötig, dass der Vortäter tatsächlich bessergestellt wird;[284] doch muss die Tathandlung **objektiv geeignet** sein, ihn im Hinblick auf die Vorteilssicherung besser zu stellen, und **subjektiv mit dieser Tendenz** vorgenommen werden.[285]

Dagegen soll es nach einer Mindermeinung bereits genügen, dass die Hilfeleistung nach der Vorstellung des Täters geeignet ist, den Vortäter sachlich zu begünstigen.[286] Dies bedeutet aber eine fragwürdige Umdeutung des § 257 StGB in ein (unechtes) »**Unternehmensdelikt**« (zu diesem Begriff vgl. § 11 I Nr. 6 StGB), für die der Normtext nichts hergibt und durch die der Ausschluss der Versuchsstrafbarkeit (§§ 257, 23 I, 12 II StGB) **umgangen** wird.

An jener objektiven Eignung zur Vorteilssicherung fehlt es namentlich, wenn wie hier der zu sichernde Vorteil beim Vortäter nicht mehr vorhanden ist.[287]

c) *Ergebnis:* In *Fall 95* ist F nicht nach § 257 StGB strafbar.

– *Zum Begriff »Vorteil der Tat«, Unmittelbarkeitserfordernis* – **973**
Der Täter muss in der Absicht handeln, dem Vortäter die *»Vorteile der Tat«* zu sichern; dabei erfasst dieser Begriff nur die **unmittelbaren**, nicht bloße mittelbare

---

[281] H.M., vgl. L/K/H-*Heger*, § 257 Rn. 1; *Rengier* I, 20/2; ähnl. *Geppert*, Jura 1980, 269 (270); *Zipf*, JuS 1980, 24 (26); Sch/Sch-*Hecker*, § 257 Rn. 1; MK-*Cramer*, § 257 Rn. 3; **krit**. *Hörnle*, FS-Schroeder, 2006, 477 ff., 483 ff.; s.a. NK-*Altenhain*, § 257 Rn. 3 ff.: Schutzzweckbestimmung nicht möglich.
[282] W/H/S-*Schuhr*, Rn. 937; ähnl. *Amelung*, JR 1978, 227 (231): § 257 StGB schütze das durch die Vortat verletzte Rechtsgut und die Geltung der durch die Vortat verletzten Strafnorm.
[283] **Abw.** *Schroeder*, Die Straftaten gegen das Strafrecht, 1985, S. 11, 14 f.: § 257 StGB schütze »die Geltung des Strafrechts schlechthin«; M/S/M-*Maiwald*, 101/2: »Straftat gegen das Strafrecht«.
[284] Vgl. nur *Geppert*, Jura 2007, 589 (592): »heute schlicht nicht mehr vertretbar«.
[285] *Geppert*, Jura 2007, 589 (592); *Vogler*, FS-Dreher, 1977, 420 f.; *Fischer*, § 257 Rn. 7; L/K/H-*Heger*, § 257 Rn. 3; Sch/Sch-*Hecker*, § 257 Rn. 11; *Rengier* I, 20/10; **krit**. A/W/H/H-*Heinrich*, 27/5 ff.; ebso. (zu § 257 StGB *a.F.*): BGH St 4, 221 (224 f.); NJW 1971, 526 (a.E.).
[286] *Schröder*, NJW 1962, 1037 ff.; *Welzel*, S. 519; **abl.** u.a. *Geppert*, Jura 2007, 589 (592).
[287] BGH St 24, 166; NStZ 1994, 187; NStZ 2008, 516; NStZ-RR 2013, 583; L/K/H-*Heger*, § 257 Rn. 3.

Tatvorteile.[288] Hierfür macht der *BGH* u.a. das Analogieverbot geltend.[289] Zumindest aber ergibt sich jenes Unmittelbarkeitserfordernis aus der ratio legis.

Hierzu der *BGH*:[290] »Das Wesen der Begünstigung liegt in der Hemmung der Rechtspflege, die dadurch bewirkt wird, dass der Täter die Wiederherstellung des gesetzmäßigen Zustandes verhindert, der sonst durch Eingreifen des Verletzten oder von Organen des Staates wiederhergestellt werden könnte. Der Täter der Begünstigung beseitigt oder mindert die Möglichkeit, die Wiedergutmachung des dem Verletzten zugefügten Schadens durch ein Einschreiten gegen den Vortäter zu erreichen, das diesem den durch die Vortat erlangten Vorteil wieder entziehen würde.«

974 Indes sind an das Unmittelbarkeitserfordernis des § 257 StGB nicht so strenge Anforderungen zu stellen wie bei § 259 StGB (Hehlerei).[291] Denn § 257 StGB spricht nur von »Vorteilen«, § 259 StGB dagegen weit **strenger**[292] von »Sachen, die ein anderer gestohlen« oder durch eine andere Vortat erlangt hat. Demgemäß ist die Unmittelbarkeit des Vorteils bei § 257 **»keine Frage der Sachidentität«**.[293]

– Nicht mehr erfasst sind jedenfalls die Erlöse, die aus dem (nicht seinerseits betrügerischen) Verkauf gestohlener Sachen erzielt werden,[294] bzw. beim Diebstahl von Geld die Gegenstände, die mit dem gestohlenen Geld erworben werden.[295] Anders verhält es sich jedoch, wenn gestohlenes Geld auf ein Konto eingezahlt und wieder abgehoben wird: hier bleibt die Unmittelbarkeit gemäß dem *Wertsummengedanken* erhalten.[296] –

975 Ob unter »Vorteile der Tat« nicht nur die Vorteile zu zählen sind, die *aus der Tat* gezogen, sondern auch diejenigen, die *für die Tat* erlangt wurden (eine für die Tatbegehung gezahlte Entlohnung), wie der *BGH* dies neuerdings vertritt,[297] ist zweifelhaft; richtig erscheint dies nur für den Fall, dass der **Tatlohn** aus dem *Taterlös* stammt,[298] da nur in diesem Fall eine Beeinträchtigung der durch § 257 StGB geschützten Rechtsgüter zu verzeichnen ist: Bei der Sicherung eines von außen (d.h. nicht aus dem Taterlös) kommenden Tatlohns wird (vgl. *Rn. 970*) weder das durch die Vortat beeinträchtigte Rechtsgut, noch das Interesse der Allgemeinheit an der Wiederherstellung des gesetzmäßigen Zustandes verletzt.[299]

---

[288] *BGH* St 36, 277 (281); NStZ 1987, 22; A/W/H/H-*Heinrich*, 27/3; *Rengier* I, 20/7 f.; *Fischer*, § 257 Rn. 6; ähnl. LK-*Walter*, § 257 Rn. 32: Unterscheidbarkeit des Vorteils im Vermögen des Vortäters.
[289] *BGH*, NStZ 1987, 22 i.A.a. *BGH* St 24, 166 (167).
[290] *BGH*, NStZ 1987, 22.
[291] *BGH* St 36, 277 (280 ff.); *Krey/Dierlamm*, JR 1992, 353 (355); ausf. Krey/Hellmann/*Heinrich*, BT 2, Rn. 855 ff.; A/W/H/H-*Heinrich*, 27/3; *Fischer*, § 257 Rn. 6; HK-GS-*Pflieger/Momsen*, § 257 Rn. 10.
[292] *BGH* St 36, 277 (280 ff.); i.d.S. auch *Fischer*, § 257 Rn. 6; LK-*Walter*, § 257 Rn. 31.
[293] *BGH* St 36, 277 (280 ff.) zur Unmittelbarkeit des Vorteils bei Betrug als Vortat.
[294] Vgl. nur *BGH*, NStZ 2008, 516; 2011, 399 (400); *Eisele* II, Rn. 1089; *Rengier* I, 20/8.
[295] Vgl. nur *Rengier* I, 20/8; *Fischer*, § 257 Rn. 6; Sch/Sch-*Hecker*, § 257 Rn. 18 mwN.
[296] *BGH* St 36, 277 (282); NStZ 2013, 583; *Rengier* I, 20/9; Sch/Sch-*Hecker*, § 257 Rn. 18.
[297] *BGH* St 57, 56 (58); **zust.** *Jahn*, JuS 2012, 566 (567); *Fischer*, § 257 Rn. 6; **abl.** *Altenhain*, JZ 2012, 913; *Cramer*, NStZ 2012, 445; MK-*Cramer*, § 257 Rn. 10 Fn. 32; Sch/Sch-*Hecker*, § 257 Rn. 18; SK^9-*Hoyer*, § 257, Rn. 15, 16; *Rengier* I, 20/5a; s.a. A/W/H/H-*Heinrich*, 27/3a.
[298] So auch *Cramer*, NStZ 2012, 445 (446); *Rengier* I, 20/5a; Sch/Sch-*Hecker*, § 257 Rn. 18.
[299] So auch (mit weit. Argumenten) *Altenhain*, JZ 2012, 913 ff.; *Cramer*, NStZ 2012, 445 f.; s.a. SK^9-*Hoyer*, § 257, Rn. 16, 17 unter Anwendung auch hier des *Wertsummengedankens* (oben, *Rn. 974*).

Fall 96: – *Zur Frage der Vortatbeteiligung (§ 257 III StGB)* –   **976**
Herbert (H) hat ein Schmuckstück entwendet, ist entdeckt worden und wird verfolgt; als man ihn einholt, eilt sein Freund Dankwart (D) herbei. H wirft das Schmuckstück dem D zu, damit dieser es für ihn in Sicherheit bringen kann, was auch gelingt.
Strafbarkeit des D?

In Betracht kommen **Beihilfe zum Diebstahl** und **§ 257 StGB**. Ist aber Beihilfe zur Vortat gegeben, so entfällt § 257 StGB gemäß Abs. 3 S. 1 dieser Norm.[300]

§ 257 III 1 StGB schließt nicht das Vorliegen einer Tat nach § 257 I StGB aus, sondern ist eine auf dem Gedanken der mitbestraften Nachtat beruhende **Konkurrenzregelung**.[301]

Die Vortat des H (§ 242 I StGB) war *vollendet*, als D hilfreich eingriff; sie war aber noch nicht *beendet*, da H mit der Beute noch nicht entkommen war.[302]

Entscheidend ist hier, ob in diesem **Stadium zwischen Vollendung und Beendi-**   **977**
gung einer Tat (z.B. eines Diebstahls) noch Beihilfe zu ihr begangen werden kann.
(a) Rechtsprechung und Teile des Schrifttums bejahen dies (sog. »**sukzessive Beihilfe**«),[303] kommen auf dieser Grundlage aber zu unterschiedlichen Lösungen:

Während v.a. die Rechtsprechung in Abhängigkeit von der **inneren Willensrichtung** des Hilfeleistenden entscheiden will, ob Beihilfe (will der Helfer den erfolgreichen Abschluss der Haupttat fördern?) oder Begünstigung (will er den Vortäter vor einer Entziehung des erlangten Vorteils schützen?) anzunehmen ist,[304] orientieren sich die Vertreter des Schrifttums zumeist an § 257 III 1 StGB und gehen dementsprechend von einer **Subsidiarität der Begünstigung** gegenüber der Beihilfe aus.[305]

Nach letzterer Sicht wäre das Ergebnis unseres Falles: D hatte zur Beutesicherung, d.h. zur Beendigung des Diebstahls, vorsätzlich Hilfe geleistet, also Beihilfe zum Diebstahl begangen; damit kann er gem. § 257 III 1 StGB nicht wegen Begünstigung bestraft werden.

(b) Richtigerweise ist die Möglichkeit »sukzessiver Beihilfe« jedoch abzulehnen.[306]   **978**
Denn die Hilfeleistung des § 27 I StGB muss »zur Tat« erfolgen, zur Tatbestandsverwirklichung also; dies ist bei einem Hilfeleisten zwischen Vollendung und Beendigung, also *nach bereits erfolgter Tatbestandsverwirklichung*, nicht mehr der Fall.[307] Überdies dehnt die Lehre von der »sukzessiven Beihilfe« den Anwendungsbereich der Beihilfe zu Lasten desjenigen des – in der Strafdrohung tätergünsti-

---

[300] Vgl. etwa den Fall *BGH*, NStZ 2011, 399.
[301] Vgl. BT-Drucks. 7/550, S. 248; Sch/Sch-*Hecker*, § 257 Rn. 25; **a.A.** NK-*Altenhain*, § 257 Rn. 41.
[302] Vgl. *BGH* St 4, 132 (133); 6, 248 (251); Krey/*Esser*, AT, Rn. 1197 ff.
[303] S. nur *BGH* St 4, 132 (133); 6, 248 (251); Krey/*Esser*, AT, Rn. 1088 f.; weitgehend hiervon abrückend W/H/S-*Schuhr*, Rn. 939: nach Vollendung sei Beihilfe grundsätzlich nicht mehr zulässig.
[304] Vgl. die Darstellung bei *Rengier* I, 20/18 (von dort auch die Formulierung der Fragen) sowie bei SK^9-*Hoyer*, § 257 Rn. 26; i.d.S. etwa *BGH* St 2, 346; 4, 132 (133); *OLG Köln*, NJW 1990, 587 (588); *Baumann*, JuS 1963, 54.
[305] *Geppert*, Jura 1980, 274; 1994, 443; *Seelmann* JuS 1983, 33 f.; *Otto*, 57/4; M/S/M-*Maiwald*, 101/6.
[306] *Roxin*, AT II, 26/257 ff. (259 mwN); LK-*Schünemann/Greco*, § 27 Rn. 40 ff. (43 mwN); *Rengier* I, 7/44 ff. (48 f.), 20/18; *Kühl*, AT, 20/233 ff. (238); NK-*Altenhain*, § 257 Rn. 14; SK^9-*Hoyer*, § 27 Rn. 18, § 257 Rn. 26; L/K/H-*Heger*, § 257 Rn. 9; s.a. W/B/S-*Satzger*, AT, Rn. 914, 915.
[307] Vgl. etwa *Kühl*, AT, 20/236; *Rengier* I, 7/48.

geren – § 257 StGB aus, obwohl doch § 257 I StGB seinem Wortlaut nach jede Hilfeleistung zugunsten eines Täters erfasst, »der eine rechtswidrige Tat begangen hat«;[308] darin liegt ein klarer Verstoß gegen Art. 103 II GG.[309]

*Das Ergebnis unseres **Falles 96** lautet damit:* D ist strafbar gem. § 257 I StGB.

979 *Ergänzende Hinweise zu § 257 StGB:*

(1) Die in § 257 I StGB geforderte **Absicht** ist im technischen Sinne zu verstehen[310]

– allgemein zur »Absicht« im technischen Sinn oben *Rn. 305* –

und muss sich (zumindest auch) darauf richten, den Begünstigten vor der Wiederentziehung der aus der Vortat erlangten Vorteile zu bewahren;[311] sie ist damit nicht gegeben, wenn (etwa beim Überlassen eines ebay accounts) weder der Vortäter noch der ihm beim Absatz der Diebesbeute Helfende aktuell einen Zugriff der Ermittlungsbehörden befürchten.[312]

980 *(2)* Eine dem § 258 VI StGB entspr. Regelung fehlt bei § 257 StGB. Doch greift jenes **Angehörigenprivileg** auch gegenüber § 257 StGB ein, wenn der Täter den Vereitelungserfolg (§ 258 StGB) nach seiner Vorstellung nicht ohne Begünstigung (§ 257 StGB) erreichen kann (s. *Rn. 958*). – Zum Verhältnis von § 258 V StGB zu § 257 StGB s. *Rn. 961 mit Fn. 259.* –

981 *(3)* **§ 257 III 2 StGB** beruht auf der gesetzgeberischen Erwägung, ein solches Verhalten sei strafwürdig, weil der Anstifter – ohne sich in einer notstandsähnlichen Lage zu befinden – den bislang nicht in das Geschehen involvierten Angestifteten in das strafbare Geschehen hineinziehe, ihn also korrumpiere.[313]

Damit basiert diese Vorschrift auf der überholten »Schuldteilnahmetheorie« und ist von daher eine in hohem Maße **sachwidrige Regelung**.[314] Doch auch unvernünftige Gesetze sind dann zu respektieren, wenn sie nicht dem Verdikt der »Verfassungswidrigkeit« verfallen.[315] Als verfassungswidrig wird man § 257 III 2 StGB aber wohl nicht bezeichnen können. So bleibt nur einerseits der Appell an den Gesetzgeber, in dieser Vorschrift das Wort *»nicht«* durch *»auch«* zu ersetzen (bzw. den Satz einfach zu streichen), sowie andererseits die Einsicht, die verfehlte Vorschrift möglichst restriktiv auszulegen.[316]

982 *(4)* Im Hinblick auf eine **»Geldwäsche«** können §§ 257, 258 und 259 StGB anwendbar sein[317] und in Tateinheit mit § 261 StGB stehen (h.M.)[318].

---

[308] So zu Recht *Roxin*, AT II, 26/260.
[309] Ausf. hierzu *Roxin*, AT II, 26/260; i.E. ebenso *Kühl*, AT, 20/236; s.a. *Rengier* I, 7/48: »bedenklich«.
[310] BGH, NStZ-RR 2020, 175; ebso. die h.M., vgl. *Amelung*, JR 1978, 227 (232); *Geppert*, Jura 1980, 327 (327 f.); SK^9-*Hoyer*, § 257 Rn. 31; L/K/H-*Heger*, § 257 Rn. 5; *Rengier* I, 20/15; Sch/Sch-*Hecker*, § 257 Rn. 17; **a.A.** etwa *Otto*, BT, 57/8, 9, der auch »Wissentlichkeit« genügen lässt.
[311] BGHSt 2, 362 (364); NStZ 2008, 516; s.a. (das Erfordernis ins Objektive wendend) *Rengier* I, 20/11.
[312] Vgl. hierzu den Fall BGH, NStZ 2008, 516.
[313] Vgl. BT-Drucks. 7/550, S. 249; dazu s.a. SK^9-*Hoyer*, § 257 Rn. 37; Sch/Sch-*Hecker*, § 257 Rn. 27.
[314] I.d.S. auch *Herzberg*, 1977, S. 137; *Otto*, FS-Lange, 1976, 213 f.; LK-*Walter*, § 257 Rn. 86 mwN; SK^9-*Hoyer*, § 257 Rn. 37; Sch/Sch-*Hecker*, § 257 Rn. 27; W/H/S-*Schuhr*, Rn. 952. – Zur »Schuldteilnahmetheorie« vgl. bereits oben *Rn. 809 mit Fn. 201.*
[315] Dazu *Krey*, JZ 1978, 361 ff., 428 ff., 465 ff.; ZStW 1989, 838 (861 ff.); JR 1995, 221 ff., 272 f.
[316] Zu letzterem ganz richtig Sch/Sch-*Hecker*, § 257 Rn. 27; SK^9-*Hoyer*, § 257 Rn. 37.
[317] Näher hierzu *Arzt*, NStZ 1990, 1; *Krey/Dierlamm*, JR 1992, 353 (354 f.).
[318] *Fischer*, § 261 Rn. 71; HK-GS-*Hartmann*, § 261 Rn. 38; Sch/Sch-*Hecker*, § 261 Rn. 36.

VI. Nichtanzeige geplanter Straftaten (§§ 138, 139 StGB)

Dies ist ein **echtes** Unterlassungsdelikt;[319] solche Delikte verstoßen gegen **Gebote**. 983

– Demgegenüber liegt bei allen anderen Straftaten (Begehungsdelikte, **unechte** Unterlassungsdelikte) ein Verstoß gegen ein **Verbot** vor. –

Bei den *echten* Unterlassungsdelikten, z.B. den §§ 138, 323c StGB, gilt – anders als bei den *unechten* (z.B. Totschlag durch Unterlassen) – § 13 StGB nicht.

Die Anzeigepflicht aus § 138 StGB begründet selbstredend **keine Garantenpflicht** i.S. des § 13 StGB (allgemeine Ansicht).

Geschütztes Rechtsgut ist allein das durch die geplante Tat bedrohte, nicht aber **auch die Rechtspflege** als Instanz der Verbrechensverhütung.[320]

Anhaltspunkte dafür sind: Gem. § 138 I StGB genügt *erstens* die Benachrichtigung des Bedrohten, entfällt *zweitens* die Anzeigepflicht bei Unabwendbarkeit und bezieht sich *drittens* die Anzeigepflicht überhaupt nur auf bestimmte Straftaten. All dies wäre nicht erklärlich, wenn es dem Gesetz (auch) um den Schutz der Rechtspflege ginge.[321]

Fall 97: – *Die schwere Last des Wissens* – 984

Gustav Gans (G) und sein Freund Kurt Kanns (K) erfahren, dass G´s volljähriger Sohn Hans (H) die Sparkasse ausrauben will. Sie finden dies bedenklich und gefährlich. H lacht die beiden aus und erklärt, er halte an seinem Plan fest; morgen gehe es los. G und K resignieren. Sie unterlassen aber eine »rechtzeitige Anzeige« bei der Polizei bzw. der Sparkasse aus Angst um Leib und Leben des H im Falle eines polizeilichen Eingreifens. Zugleich fürchten sie aber einen erfolgreichen Überfall, da sie Sorge tragen, bei einem Erfolg könnte H endgültig auf die schiefe Bahn geraten. H führt seinen Plan aus. Strafbarkeit von G und K?

a) Strafbarkeit des G

(1) Beteiligung des G durch **Unterlassen** an der Tat des H (Raub bzw. räuberische Erpressung, § 249 StGB bzw. § 255 StGB)?

(a) **Täterschaftliche** *Beteiligung durch Unterlassen* (§ 13 StGB) scheidet aus, da G keine 985 Zueignungs- bzw. Bereicherungsabsicht (§§ 249, 255 StGB) hatte: Seine Motivation (Angst um Leib und Leben des H) verbunden mit der Furcht vor einem Erfolg des H schließen es aus zu sagen, G habe in der **Absicht** gehandelt, die Beute **einem Dritten** (H) **zuzueignen** (§ 249 StGB) bzw. in der **Absicht, einen Dritten** (H) **zu bereichern** (§ 255 StGB).

(b) **Beihilfe** *durch Unterlassen* (§§ 249, 27/13 StGB bzw. §§ 255, 27/13 StGB)? 986

G hat den tatbestandsmäßigen Erfolg nicht abgewendet, obwohl er dazu (z.B. durch Benachrichtigung der Polizei) in der Lage war; damit könnte er sich der Beihilfe durch Unterlassen schuldig gemacht haben. Voraussetzung einer solchen Beihilfe als unechtes Unterlassungsdelikt ist eine **Garantenstellung** des G (§ 13 StGB).

---

[319] *Fischer*, § 138 Rn. 2; HK-GS-*Koch*, § 138 Rn. 1; s.a. SK⁹-*Stein*, § 138 Rn. 8; *Rojas*, GA 2017, 147 ff.

[320] *BGH* St 55, 148 (151 mwN); *Fischer*, § 138 Rn. 3; LK-*Krauß*, § 138 Rn. 1; SK⁹-*Stein*, § 138 Rn. 4; Sch/Sch-*Sternberg-Lieben*, § 138 Rn. 1; M/S/M-*Schroeder*, 98/6; *Rengier* II, 52/1; **a.A.** A/W/H/H-*Hilgendorf*, 46/1 ff., 5; *Küpper/Börner*, 8/77; *Eisele* I, Rn. 1501; a.A. auch *Otto*, BT, 67/24: Delikt gegen die »mitmenschliche Solidarität«; s.a. *Rojas*, GA 2017, 147 (147 f.).

[321] In diesem Sinne *Rengier* II, 52/1; SK⁹-*Stein*, § 138 Rn. 4.

987 Die heutige Unterlassungsdogmatik orientiert sich an der jeweiligen Schutzrichtung der Garantenpflicht und unterscheidet zwei Hauptgruppen von Garantenstellungen:[322]

[1] solche, die sich »aus der speziellen Verpflichtung« ergeben, bestimmte Rechtsgüter zu schützen; derlei Garantenstellung liegt vor, wenn das Gebotssubjekt »auf Posten gestellt« ist *zum Schutz eines bestimmten Rechtsgutes gegen alle Angriffe* (sog. **Beschützergarant**).[323]

[2] Garantenpositionen, »die in der *Überwachung bestimmter Gefahrenquellen* bestehen, gleichgültig, welchen konkreten Rechtsgütern im Einzelnen aus dieser Quelle Gefahren drohen« (sog. **Überwachungsgarant**).[324]

988 Eine Garantenpflicht des G als »Beschützergarant« kommt in **Fall 97** ersichtlich nicht in Frage. Garantenstellung nach Gruppe [2] als »Überwachungsgarant«?

Garantenpflichten nach dieser Gruppe können insbesondere resultieren aus [a] Ingerenz (pflichtwidriges Vorverhalten), [b] Verantwortung für Gefahrenquellen (Tiere, Verkehrssicherungspflichten) und [c] Verantwortung für das Handeln anderer.[325]

Eine Garantenposition als **»Überwachungsgarant«** kommt hier unter dem Gesichtspunkt [c] in Betracht: Verantwortung für das Handeln anderer Personen. Nach h.M. besteht für Eltern grundsätzlich eine Rechtspflicht, strafbare Handlungen ihrer Kinder zu verhindern – freilich nur, solange diese noch nicht volljährig sind.[326]

Somit hatte G seinem (volljährigen) Sohn H gegenüber keine Garantenstellung. Beihilfe durch Unterlassen zur Tat des H entfällt daher.

989 (2) Strafbarkeit gem. § 138 I Nr. 7 StGB

G hat **vom Vorhaben eines Raubes** (bzw. einer räuberischen Erpressung) **»glaubhaft erfahren«** – was objektiv verlangt, dass die Tat wirklich geplant ist oder ausgeführt wird, und subjektiv, dass der Täter mit ihrer Verübung ernsthaft rechnet,[327] und zwar *zu einer Zeit, als der Erfolg noch abgewendet werden konnte* – was sich objektiv, nicht hingegen *ex ante* aus der Täterperspektive heraus beurteilt;[328]

wer also die noch mögliche Abwendbarkeit verkennt, unterliegt einem vorsatzausschließenden Tatbestandsirrtum,[329] wer sie irrig annimmt, begeht einen (straflosen) Versuch.

Überdies hat G die in § 138 I StGB vorgeschriebene **Anzeige unterlassen**. Der Tatbestand dieser Norm ist also erfüllt.

Ein etwaiger Irrtum des G über das rechtliche Bestehen einer Anzeigepflicht wäre

– anders als die Unkenntnis der diese Pflicht begründenden tatsächlichen Umstände –

kein Tatbestandsirrtum (§ 16 StGB), sondern ein *Verbotsirrtum* (bei echten Unterlassungsdelikten *Gebotsirrtum* genannt), der zur Anwendbarkeit des § 17 StGB führen würde.[330]

---

[322] Ausf. *Roxin*, AT II, 17 ff.; s.a. Krey/*Esser*, AT, Rn. 1126b ff; W/B/S-*Satzger*, AT, Rn. 1179.
[323] S. Krey/*Esser*, AT, Rn. 1131 ff.; *Roxin*, AT II, 32/33 ff.; W/B/S-*Satzger*, AT, Rn. 1183 ff.
[324] S. Krey/*Esser*, AT, Rn. 1161 ff.; *Roxin*, AT II, 32/107 ff.; W/B/S-*Satzger*, AT, Rn. 1190 ff.
[325] Zu Letzterem Krey/*Esser*, AT, Rn. 1161–1163, 1164 f., 1166; W/B/S-*Satzer*, AT, Rn. 1193 ff.
[326] Krey/*Esser*, AT, Rn. 1161 f.; Sch/Sch-*Bosch*, § 13 Rn. 52; W/B/S-*Satzger*, AT, Rn. 1199.
[327] L/K/H-*Heger*, § 138 Rn. 3; S/S/W-*Geneuss*, § 138 Rn. 11; s.a. HK-GS-*Koch*, § 138 Rn. 4.
[328] MK-*Hohmann*, § 138 Rn. 12 f.; Sch/Sch-*Sternberg-Lieben*, § 138 Rn. 9; SK⁹-*Stein*, § 138 Rn. 30.
[329] Sch/Sch-*Sternberg-Lieben*, § 138 Rn. 9, 23; MK-*Hohmann*, § 138 Rn. 20; SK⁹-*Stein*, § 138 Rn. 45.
[330] *BGH* St 19, 295; Sch/Sch-*Sternberg-Lieben*, § 138 Rn. 23; NK-*Ostendorf/Kuhli*, § 138 Rn. 21.

G hat auch rechtswidrig gehandelt; doch könnte seine Schuld gemäß § 139 III 1 StGB **990** entfallen, der einen gesetzlich geregelten Fall der Unzumutbarkeit darstellt[331] und daher als **Entschuldigungsgrund** (und nicht als persönlicher Strafausschließungsgrund) zu deuten sein dürfte[332] – wenn nicht bereits als **Tatbestandskorrektiv**.[333]

»*Ernsthaft bemüht*« hätte G sich, wenn er ernstlich und nachdrücklich auf H eingewirkt hätte, den Plan aufzugeben. Dies ist jedoch letztlich Tatfrage.

b) *Ergebnis:* K ist nach § 138 I StGB strafbar; § 139 III 1 StGB greift nicht ein.

Ergänzende Hinweise zu §§ 138, 139 StGB:

(1) Wer an einer der in § 138 I Nr. 1–8 StGB genannten Taten **beteiligt** ist (gleich- **991** gültig, ob als Täter oder Teilnehmer, durch Tun oder Unterlassen) kann den Tatbestand des § 138 StGB nicht erfüllen, da ihn (nicht zuletzt auch aus dem Gedanken der Selbstbelastungsfreiheit heraus) keine Anzeigepflicht trifft.[334]

Kurzum: Strafbarkeit wegen Katalogtat und gem. § 138 StGB schließen einander aus.[335]

Dasselbe gilt für die (straflose) bloße Beteiligung an der Planung im Vorbereitungsstadium sowie für den Fall eines (strafbefreienden) Rücktritts.[336]

Fraglich ist jedoch, ob eine Strafbarkeit gegeben ist, wenn zwar der **Verdacht der** **992** **Beteiligung an einer Katalogtat** besteht, dieser sich aber nicht erhärten lässt.

Insb. die Rspr. hat früher vertreten,[337] es müsse hier sowohl auf die Beteiligung an der Katalogtat, als auch auf die Begehung des § 138 StGB der Rechtssatz »in dubio pro reo« angewandt werden – mit der rechtsstaatlich konsequenten Folge beidseitiger Straflosigkeit.

Nun geht aber der *BGH* mittlerweile davon aus, dass in Fällen, in denen man wisse, dass entweder eine Katalogtatbeteiligung oder aber ein Fall des § 138 StGB gegeben ist, man »in dubio pro reo« dahingehend anwenden könne, dass nur – aber immerhin! – aufgrund des leichteren Delikts, also des § 138 StGB, verurteilt werden dürfe, da zwischen Katalogtat und § 138 StGB angesichts der zugrundezulegenden Rechtsgutsidentität ein »**normatives Stufenverhältnis**« bestehe.[338]

Dem zu folgen ist freilich schon denen verwehrt, die das Schutzgut des § 138 StGB *zumin-* **993** *dest auch* in der staatlichen Rechtspflege erblicken (vgl. *Rn. 983*), da es auf dieser Grundlage an einem auf Rechtsgutsidentität basierten »normativen Stufenverhältnis« fehlt.[339]

---

[331] *Geilen*, JuS 1965, 431; *Welzel*, 518; A/W/H/H-*Hilgendorf*, 46/17; Sch/Sch-*St.-Lieben*, § 139 Rn. 3/4.
[332] *Geilen*, JuS 1965, 431; LK-*Krauß*, § 139 Rn. 20; MK-*Hohmann*, § 139 Rn. 10; SK⁹-*Stein*, § 139 Rn. 11; Sch/Sch-*Sternberg-Lieben*, § 139 Rn. 3/4; **abw.** (persönl. Strafaufhebungsgrund) *Fischer*, § 139 Rn. 5; L/K/H-*Heger*, § 139 Rn. 3; *Klesczewski*, 20/111; M/S/M-*Schroeder*, 98/26.
[333] Dazu tendieren A/W/H/H-*Hilgendorf*, 46/17.
[334] BGH, NStZ 1982, 244; zu den Gründen *Rengier* II, 52/5; Sch/Sch-*Sternb.-Lieben*, § 138 Rn. 20/21.
[335] **A.A.** mit bedenkenswerten Begründung SK⁹-*Stein*, § 138 Rn. 15 ff. (siehe noch *Fn. 341*).
[336] BGH, NStZ 1982, 244; StV 2017, 441 (443); NK-*Ostendorf/Kuhli*, §§ 138/139 Rn. 7.
[337] BGH St 36, 167 (174); 39, 164 (167); weitere Nachw. bei LK-*Krauß*, § 138 Rn. 58, Fn. 200.
[338] BGH St 55, 148 (151 f.); dem folgend S/S/W-*Geneuss*, § 138 Rn. 26; L/K/H-*Heger*, § 138 Rn. 6; *Rengier* II, 52/10; s.a. *Fischer*, § 138 Rn. 20a; LK-*Krauß*, § 138 Rn. 58; NK-*Ostendorf/Kuhli* §§ 138/139 Rn. 8; **krit.** *Heghmanns*, ZJS 2010, 788; *Schiemann*, NJW 2010, 2293; *Hohmann*, NStZ 2011, 33; **abl.** auch *Stuckenberg*, FS-Wolter, 2013, 661; MK-*Hohmann*, § 138 Rn. 32 f.
[339] So ganz richtig *Rengier* II, 52/10; in diesem Sinne denn auch *Eisele* I, Rn. 1513.

– Eine Strafbarkeit lässt sich mangels rechtsethischer und psychologischer Vergleichbarkeit dann auch nicht mittels **Wahlfeststellung** erreichen; Ergebnis: Straflosigkeit.[340] –

994 Aber auch, wenn man – wie hier vertreten (vgl. *Rn. 983*) – das Schutzgut des § 138 StGB allein in demjenigen der Katalogtat erblickt, vermag die Entscheidung nicht zu überzeugen, weil sie mit einer rechtsstaatlich bedenklichen **Verkümmerung des In-dubio-Satzes** einhergeht: »... verliert das Gericht den Zweifelssatz aber insoweit aus den Augen, als es diesen nicht mehr auf das einzelne Strafgesetz anwendet, sondern in einer Gesamtschau den Zweifelssatz nur noch für die Feststellung bemüht, aus dem milderen Gesetz zu bestrafen. So geht es nicht«.[341]

995 (2) Zu § 138 III StGB: Diese Norm lässt das Erfordernis der glaubhaften Kenntnis (dazu *Rn. 989*) unberührt; die **Leichtfertigkeit**, d.h. grobe Fahrlässigkeit, bezieht sich *nur* auf das Unterlassen der Anzeige.[342]

Beispiel: Der Täter vergisst die rechtzeitige Anzeigeerstattung.

996 (3) »**Rechtzeitig**« ist die Verbrechensanzeige nach Ansicht des *BGH* nicht nur dann, wenn sie unverzüglich erfolgt; vielmehr genügt auch eine zwar sehr »späte«, aber im Ergebnis noch zur Verbrechensverhinderung führende Anzeige.[343]

(4) Bei § 139 II und III 2 StGB fehlt es *mangels Anzeigepflicht* bereits am Tatbestand des § 138 StGB, zumindest aber an der Rechtswidrigkeit der Tat.[344]

997 (5) § 139 III 1 StGB ist als Ausdruck des *Prinzips der Unzumutbarkeit* (s. dazu *Rn. 990*) analog bei den unechten Unterlassungsdelikten (§ 13 StGB) anzuwenden

– z.B. bei Raubbeihilfe durch Unterlassen, §§ 249, 27/13 StGB –

und kann dort die **Garantenpflicht** entfallen lassen,[345] zumindest aber die Schuld.

(6) § 138 I, II StGB gehen § 323c StGB als *leges speciales* vor (Gesetzeskonkurrenz).[346]

998 (7) Im Katalog des § 138 I StGB fehlt das Verbrechen nach **§ 177 StGB (Sexuelle Nötigung, Vergewaltigung)**, während etwa Raub und Räuberische Erpressung erfasst werden. Dieser Mangel ist befremdlich und widerspricht allen sonstigen Tendenzen zur Ausweitung des strafrechtlichen Schutzes vor Sexueller Nötigung/Vergewaltigung.[347] Der Gesetzgeber hat jene Unvollständigkeit des § 138 I StGB wohl schlicht übersehen, *sollte aber nachbessern*.

– Ein eindrucksvolles Beispiel für jenen Mangel bietet der Fall *BGH* St 30, 391. –

---

[340] So zutreffend *Rengier* II, 52/10; gegen Wahlfeststellung auch *Eisele* I, Rn. 1513.

[341] So überzeugend *Schiemann*, NJW 2010, 2293. – Von vornherein anders ansetzend (s. *Fn. 335*), aber einen gewissermaßen »abgespeckten« *in-dubio*-Satz akzeptierend SK⁹-*Stein*, § 138 Rn. 53 f. (54.).

[342] Sch/Sch-*Sternberg-Lieben*, § 138 Rn. 23; *Rengier* II, 52/8.

[343] *BGH* St 42, 86 = NStZ 1996, 595 m. krit. Anm. *Puppe* und Bespr. *Ostendorf*, JZ 1997, 1104 (1107); zust. u.a. L/K/H-*Heger*, § 138 Rn. 5; Sch/Sch-*Sternberg-Lieben*, § 138 Rn. 12 mwN.

[344] Zu Recht für *Tatbestandsausschluss* u.a. Sch/Sch-*Sternberg-Lieben*, § 139 Rn. 2; für *Ausschluss der Rechtswidrigkeit* (bei Abs. 2): LK-*Krauß*, § 139 Rn. 12 mwN; **a.A.** *Eisele* I, Rn. 1511 (zu § 139 III 2 StGB): *persönlicher Strafausschließungsgrund*.

[345] Ganz i.d.S. *Roxin*, AT II, 31/224; SK⁹-*Stein*, § 138 Rn. 50: ebso. offenbar A/W/H/H-*Hilgendorf*, 46/17; **abw.** *BGH*, NStZ 1984, 164; *Ranft*, JZ 1987, 908 und Sch/Sch-*Bosch*, vor § 13 Rn. 156.

[346] *Fischer*, § 323c Rn. 38; Sch/Sch-*Hecker*, § 323c Rn. 29; NK-*Gaede*, § 323c Rn. 16.

[347] Vgl. § 177 StGB *n.F.* mit der *a.F.* dieser Vorschrift.

§ 9 Amtsdelikte (§§ 331–358 StGB)

I. Unterscheidung: unechte und echte Amtsdelikte

Bei den »unechten« (besser: uneigentlichen) Amtsdelikten (z.B. § 340 StGB) handelt es sich um *qualifizierte Tatbestände* gegenüber einem Grunddelikt (hier etwa: § 223 StGB), das jeder Bürger begehen kann; die Amtsträgereigenschaft des Täters eines unechten Amtsdelikts wirkt also **strafschärfend**, nicht strafbegründend. Demgegenüber knüpft ein »echtes« (eigentliches) Amtsdelikt (z.B. §§ 331, 332, 339, 343, 348 StGB) *nicht* an ein ihm zugrunde liegendes Jedermannsdelikt an, sodass die Amtsträgereigenschaft des Täters hier **strafbegründend ist**.[1]

999

Da die Amtsträgereigenschaft des Täters eines Amtsdeliktes ein *besonderes persönliches Merkmal* i.S. des § 28 StGB ist, gilt für die Beteiligten an unechten Amtsdelikten **§ 28 II StGB**, für die Beteiligten an echten Amtsdelikten hingegen **§ 28 I StGB**.[2]

– Zu den unechten Amtsdelikten nachfolgend *Rn. 1000 ff.*, zu den echten *Rn. 1019 ff.* –

II. Die unechten Amtsdelikte

Die Mehrzahl der unechten Amtsdelikte ist *außerhalb* des die »Straftaten im Amt« thematisierenden 30. Abschnittes des StGB geregelt;

1000

– zu nennen sind hier bspw. §§ 120 II, 133 III, 201 III, 258a StGB. –

Hinzu kommt die in § 340 StGB normierte »Körperverletzung im Amt«.

1. Körperverletzung im Amt (§ 340 StGB)

Fall 98: – *Die Ohrfeige des Lehrers* –

1001

Oberstudienrat Dr. Severus S. mag den Schüler Harry P. wegen dessen dümmlichen Grinsens nicht leiden. Dies ist in seiner Klasse, der P angehört, wohlbekannt und dient den Schülern allzeit zur Belustigung. Da S um die Disziplin seiner Klasse fürchtet, verabfolgt er dem P eines Tages aus nichtigem Anlass während des Unterrichts eine kräftige Ohrfeige. Dazu hatte ihn seine Kollegin Minerva M. überredet, da auch sie den P nicht mochte. Strafbarkeit des S und der M?

a) Strafbarkeit des S

(1) S hat den Tatbestand des § 223 StGB (körperliche Misshandlung) erfüllt.

(2) Da er die Tat als **Amtsträger** (hier: § 11 I Nr. 2 lit. a StGB)

– ausführlich zur Amtsträger-Eigenschaft *Rn. 1033 ff.* –

während der Ausübung seines Dienstes begangen hat, greift § 340 I StGB ein.

---

[1] *Fischer*, vor § 331 Rn. 2; *Rengier* II, 59/2 f.; LK-*Sowada*, vor § 331 Rn. 9; h.M.
[2] Krey/*Esser*, AT, Rn. 228 f., 1009 ff., 1017, 1020, 1021; *Fischer*, vor § 331 Rn. 2; *Rengier* II, 59/4 f.; LK-*Sowada*, vor § 331 Rn. 9 f. – **Krit.** zur Differenzierung in echte und unechte Amtsdelikte *Wagner*, Amtsverbrechen, 1975, S. 386 ff.; ähnl. *Cortes Rosa*, ZStW 90 (1978), 413 (417 ff.).

Zweiter Abschnitt: Straftaten gegen die Allgemeinheit

1002 *Hinweis:* Nicht *immer* jedoch ist es bereits ausreichend, wenn ein Amtsträger während seiner Dienstausübung eine Körperverletzung begeht (oder begehen lässt), denn: »Wesentlich ist es, dass der Täter gegenüber dem Opfer **seine Amtsgewalt missbraucht**«,[3] was nicht der Fall ist, wenn Amtsträger »gegenüber den Bürgern ... nicht als verlängerter Arm des Staates, sondern **als reine Dienstleister**« auftreten, so dass weder die fehlerhafte Heilbehandlung in einem öffentlichen Krankenhaus unter § 340 StGB fällt, noch die Tätlichkeit des Busfahrers eines kommunalen Verkehrsbetriebs gegenüber einem Fahrgast.[4]

1003 Als **Tathandlung** nennt § 340 I StGB einerseits das *»Begehen«* und andererseits das *»Begehenlassen«* einer Körperverletzung. Dabei sollen nach h.M. nur der *aktiv handelnde unmittelbare Täter oder Mittäter* die Körperverletzung **begehen**,[5] während sowohl die Fälle der *mittelbaren Täterschaft* wie auch *jedes Unterlassen,* aber auch *Anstiftung* und *Beihilfe* als **Begehenlassen** zu fassen seien.[6] Dies ist jedoch strittig:

So wollen einige Autoren zu Recht bei *mittelbarer Täterschaft* ein »Begehen« annehmen[7]
– wobei dies im Hinblick auf § 25 I StGB (»wer die Straftat durch einen anderen begeht«) im Grunde doch als geradezu selbstverständlich erscheint, –
andere die Fälle von *Anstiftung und Beihilfe* nicht dem »Begehenlassen« unterstellen;[8] und wieder andere wollen zumindest das *alleintäterschaftliche Unterlassen* (etwa das Nichtversorgen eines Unfallopfers) oder aber sogar *sämtliches Unterlassen* (also auch das Geschehenlassen einer Körperverletzung durch Dritte) als »Begehen« durch Unterlassen über § 13 StGB behandeln (mit der Möglichkeit der Strafmilderung nach § 13 II StGB).[9]

1004 (3) Doch könnte die Tat des S durch ein **Züchtigungsrecht** gerechtfertigt sein.

Entgegen früherer Auffassung existiert aber nach richtiger, längst absolut h.M. ein gewohnheitsrechtlicher Rechtfertigungsgrund »Züchtigungsrecht des Lehrers« heute nicht mehr.[10]

(4) *Ergebnis:* S ist mangels Rechtfertigungsgrundes aus § 340 I StGB strafbar.

– Das Strafantragserfordernis des § 230 StGB gilt bei § 340 StGB nicht. –

b) Strafbarkeit der M

1005 Nach allg. Akzessorietätsgrundsätzen (d.h. ohne Eingreifen des § 28 StGB) wäre M
– nachdem die Voraussetzungen des § 26 StGB bei ihr ersichtlich gegeben sind –
ohne Weiteres wegen Anstiftung zu § 340 I StGB strafbar. Doch ist § 340 StGB ein **unechtes** Amtsdelikt, sodass für den Teilnehmer § 28 II StGB eingreift (*Rn. 999*).

Nach h.M. ist § 28 II StGB nicht nur für die Strafe bedeutsam, sondern auch für den Schuldspruch, so dass demzufolge M nur wegen Anstiftung zu § 223 StGB zu verurteilen wäre.[11]

---

[3] Hier und nachf. *KG,* NJW 2008, 2132 (2133, Hervorhebungen nicht im Original).
[4] In obiger Reihenfolge: *OLG Karlsruhe,* NJW 1983, 352; *KG,* NJW 2008, 2132; s.a. *Rengier* II, 62/3.
[5] So (im Hinblick auf die Möglichkeit der Unterlassungsmittäterschaft, dazu Sch/Sch-*Heine/Weißer,* § 25 Rn. 86) erfreulich exakt formulierend NK-*Kuhlen/Zimmermann,* § 340 Rn. 10.
[6] NK-*Kuhlen,* § 340 Rn. 10; L/K/H-*Heger,* § 340 Rn. 2; MK-*Voßen,* § 340 Rn. 13 ff.; *Eisele* I, Rn. 394; Kindhäuser/*Schramm,* 9/52; *Rengier* II, 62/4.
[7] S/S/W-*Kudlich,* § 340 Rn. 7; SK[10]-*Wolters,* § 340 Rn. 6; M/R-*Engländer,* § 340 Rn. 3.
[8] So noch LK[12]-*Lilie,* § 340 Rn. 10 und *Otto,* BT, 9/5; anders jetzt LK[13]-*Grünewald,* § 340 Rn. 10.
[9] Für Ersteres: *Fischer,* § 340 Rn. 2b; für Letzteres: M/S/M/H/M-*Hoyer,* 9/38; *Otto,* BT, 9/6.
[10] Näher Roxin/*Greco,* AT I, 17/52 ff.; s.a. *Beulke/Ruhmannseder,* HRRS 2008, 322 ff.; *Rengier* II, 62/4.
[11] *Krey/Esser,* AT, Rn. 1015; *Kühl,* AT, 20/151; Sch/Sch-*Heine/Weißer,* § 28 Rn. 27.

Dagegen ist nach der von *Cortes Rosa* begründeten, vorzugswürdigen Gegenauffassung[12] M wegen **Anstiftung zu § 340 StGB** schuldig zu sprechen, da nur so der erhöhten Strafwürdigkeit ihres Tatbeitrags entsprochen werden kann, welche daraus resultiert, dass M zur Verwirklichung *nicht nur des Allgemeindelikts* des § 223 StGB, *sondern des qualifiziert strafbaren Sonderdelikts* des § 340 StGB beigetragen hat.

1006

– Für die Verfolgbarkeit der M ist § 230 StGB (Strafantragserfordernis) zu beachten. –

Ergänzende Hinweise zu § 340 StGB:

(1) *Zu § 340 III StGB (Verweisung auf §§ 224 bis 229 StGB)*

1007

(a) Diese Norm **ermöglicht** es dem Richter nicht nur, etwa wegen *gefährlicher* bzw. *schwerer* oder auch *fahrlässiger Körperverletzung im Amt* schuldig zu sprechen (auch: *Körperverletzung im Amt mit Todesfolge*),[13] sondern **verpflichtet** ihn dazu;

eine Pauschalverurteilung stets (nur) wegen »Körperverletzung im Amt« wird dem aus § 340 III StGB ersichtlichen Differenzierungsgebot nicht gerecht.[14]

(b) Daneben hat die Anordnung einer entsprechenden Geltung der §§ 224 bis 229 StGB für § 340 I 1 StGB die Funktion, die Geltung der Straftatbestände der §§ 224 bis 227, 229 StGB auch für die Körperverletzung im Amt in der Alternative des »*Begehenlassens*« festzuschreiben,[15] sei es konstitutiv, sei es deklaratorisch.

1008

(c) Im Übrigen scheint § 340 III StGB mit seiner Verweisung auf § 228 StGB klarzustellen, dass auch bei der Körperverletzung im Amt die Möglichkeit einer gemäß den allg. Regeln zu beurteilenden rechtfertigenden **Einwilligung** besteht,[16]

1009

was jedenfalls vor der Einbeziehung des § 228 StGB in die Verweisung durch das 6. StrRG von 1998 ganz überwiegend abgelehnt wurde, weil § 340 StGB auch staatliche Belange schütze und damit einer Einwilligung nicht zugänglich sei.[17]

Richtigerweise aber kann man nicht davon ausgehen, der Gesetzgeber habe mit Aufnahme des § 228 StGB in die Verweisung des § 340 III StGB die Körperverletzung im Amt zu einer rein individualschützenden Norm hin umgestalten wollen[18]

– weswegen *Jäger* gar von einem »redaktionellen Versehen« spricht.[19]

Somit erscheint eine »**amtsdeliktsspezifische**« Herangehensweise geboten,[20]

die ja möglicherweise darin bestehen könnte, die dem § 228 StGB immanente Begrenzungsoption (»gegen die guten Sitten verstößt«) entsprechend nutzbar zu machen.

---

[12] *Cortes Rosa*, ZStW 90 (1978), 413; ihm folgend LK[11]-*Roxin*, § 28 Rn. 1 ff. (4); *Roxin*, AT II, 27/16 ff., 81; ebso. SK[9]-*Hoyer*, § 28 Rn. 4 f.; s.a. *Kaspar/Broichmann*, ZJS 2013, 249 (250).

[13] LK-*Grünewald*, § 340 Rn. 17 f.; *Rengier* II, 62/6; s.a. *BGH*, NStZ 2010, 151: gefährl. KV im Amt.

[14] LK-*Grünewald*, § 340 Rn. 17 f.; vgl. nur *KG*, NJW 2000, 1352; *BGH*, NStZ 2010, 151.

[15] BT-Drucks. 13/8587, S. 83, l. Sp. (a.E.); *Rengier* II, 62/6.

[16] I.d.S. etwa *Duttge*, Jura 2006, 15 (19 ff.); *Fischer*, § 340 Rn. 7; Joecks/*Jäger*, § 340 Rn. 5; S/S/W-*Kudlich*, § 340 Rn. 13; SK[10]-*Wolters*, § 340 Rn. 17; *Eisele* I, Rn. 390; *Rengier* II, 62/5.

[17] *BGH* St 12, 62 (70), NJW 1983, 462 (463); s.a. *Amelung*, FS-Dünnebier, 1982, S. 487 ff.

[18] LK[12]-*Lilie*, § 340 Rn. 1; LK[13]-*Grünewald*, § 340 Rn. 2, 14.

[19] *Jäger*, JuS 2000, 31 (38); Joecks/*Jäger*, § 340 Rn. 5; MK-*Voßen-MacCormaic*, § 340 Rn. 21; dagegen LK-*Grünewald*, § 340 Rn. 14; s.a. LK[11]-*Hirsch*, § 340 Rn. 17; *Wolters*, JuS 1998, 582 (586).

[20] So auch LK-*Grünewald*, § 340 Rn. 1, 14; **dagegen** jedoch SK[10]-*Wolters*, § 340 Rn. 17.

1010 (2) Als **Amtsbefugnisse**, die Körperverletzungen im Amt rechtfertigen können, kommen für Polizeibeamte namentlich in Betracht:[21] § 127 I, II StPO (vorläufige Festnahme), § 81a StPO (körperliche Untersuchung) sowie die Vorschriften über die Anwendung unmittelbaren Zwangs, wie z.B. Fesselung, Schusswaffengebrauch.

2. Strafvereitelung im Amt (§§ 258, 258a StGB)

1011 § 258a StGB kann (nur) von Amtsträgern begangen werden, die auch *in concreto* bei dem Strafverfahren (Abs. 1) oder bei der Strafvollstreckung (Abs. 2) **zur Mitwirkung berufen** sind,[22] wobei freilich die Begehung (wie bei § 258 StGB, vgl. Rn. 965) nicht nur durch aktives Tun, sondern auch durch *Unterlassen* möglich ist.

– So begründen etwa §§ 152 II, 160 I, 170 I bzw. 163 I StPO (Legalitätsprinzip für StA bzw. Polizei) eine Garantenposition gemäß § 13 StGB für die Strafrechtspflege.[23] –

1012 a) Dabei setzen Garantenpflichten i.S.d. §§ 258 I, 258a I, 13 StGB eine besondere *gesetzliche Zuständigkeit für die Strafverfolgung* voraus, während weder allgemeine Dienstpflichten (etwa des Dienstvorgesetzten zur Anzeige von Straftaten Untergebener), noch (Mitteilungs- oder Anzeigepflichten enthaltende) Verwaltungsvorschriften zumindest *per se* eine solche Garantenpflicht begründen können (str.).[24]

1013 (1) Ganz in diesem Sinne stellt denn auch der *BGH* klar, dass **Strafvollzugsbeamte** einer Justizvollzugsanstalt mangels Garantenposition für die Belange der Straf*verfolgung* keine **Strafvereitelung durch Unterlassen** begehen könnten,[25] und führt dazu aus:

– Den Beamten im Strafvollzug sei – anders als Strafrichtern, Staatsanwälten und Polizeibeamten – nicht die Strafverfolgung als amtliche Aufgabe anvertraut.

– Etwaige Dienstpflichten von Dienstvorgesetzten, Straftaten ihrer Untergebenen anzuzeigen, begründeten als solche keine Garantenpflicht i.S. der §§ 258, 258a, 13 StGB.

– Ob Verwaltungsvorschriften (anders als Rechtsnormen) Garantenpflichten für Amtsträger begründen könnten, sei wegen fehlender Außenwirksamkeit sehr zweifelhaft.

1014 (2) **Finanzbeamte**, die bei der Durchsicht von Steuerunterlagen *Hinweise auf Steuerstraftaten* oder diesen gleichgestellte Straftaten erlangen, sind zwar aufgrund interner Verwaltungsanweisung gehalten, Mitteilung von ihrem Verdacht an die gem. 387 II AO eingerichteten *Bußgeld- und Strafsachenstellen* bzw. *Steuerfahndungsstellen* zu machen; eine Garantenstellung i.S.d. §§ 258, 258a, 13 StGB erwächst ihnen hieraus jedoch nicht.[26]

– Anders verhält es sich freilich im Hinblick auf Beamte jener eben genannten Stellen, die Steuerstrafsachen, für die sie zuständig sind, ***nicht aufnehmen oder fortführen***.[27] –

---

[21] Dazu eingehend Krey/*Heinrich*, Strafverfahrensrecht, ²2019, Rn. 781 ff., 798 ff.
[22] Näher MK-*Cramer*, § 258a Rn. 3 (s.a. Rn. 4 ff.); Sch/Sch-*Hecker*, § 258a Rn. 3–5, 6.
[23] Näher hierzu Krey/*Heinrich*, Strafverfahrensrecht, ²2019, Rn. 602 ff. mit 236 ff., 608 ff., 614; s.a. Krey/*Esser*, AT, Rn. 1133; MK-*Cramer*, § 258a Rn. 5; allg. **krit.** zur Garantenstellung von Amtsträgern *Zaczyk*, FS-Rudolphi, 2004, S. 361 ff. (i.A.a. *Rudolphi*).
[24] MK-*Cramer*, § 258 Rn. 19 mwN; i.d.S. auch LK-*Walter*, § 258 Rn. 94; SK⁹-*Hoyer*, § 258 Rn. 32; Sch/Sch-*Hecker*, § 258 Rn. 17; ausf. zu Verwaltungsvorschriften *Bechtel*, NStZ 2020, 382 ff.
[25] *BGH* St 43, 82; dazu *Rudolphi*, NStZ 1997, 599; LK-*Walter*, § 258 Rn. 95 ff.; *Rengier* I, 21/16 mwN.
[26] Näher *Dusch/Rommel*, NStZ 2014, 188 (insb. 190, 191 f.); s.a. MK-*Cramer*, § 258a Rn. 8 Fn. 41.
[27] *Dusch/Rommel*, NStZ 2014, 188 (insb. 191 f.).

b) Ob (und wieweit) eine solche Garantenpflicht auch bei **privat** erlangter Kenntnis **1015**
des Staatsanwalts[28] bzw. des Polizeibeamten entstehen kann, ist strittig:[29]

(1) Die h.M. bejaht eine Verfolgungspflicht i.S. der §§ 258, 258a, 13 StGB i.V.m.
§ 163 I StPO (Polizei) bzw. *§§ 152 II, 160 I StPO (Staatsanwaltschaft)* auch in
Fällen privat erlangter Kenntnis »für solche Straftaten, die nach Art oder Umfang
die Belange der Öffentlichkeit ... **in besonderem Maße** berühren«.[30]

(2) Da diese Formel an Unschärfe kaum zu überbieten ist, wollen einige Autoren
sie durch Rückgriff auf den **Katalog des § 138 StGB** konkretisieren.[31]

(3) Eine klare Abgrenzung ergibt sich, wenn man auf den Unterschied von **Verbrechen** und **Vergehen** (§ 12 I, II StGB) abstellt: Nur bei Verbrechen komme bei privat erlangter Kenntnis eine Verfolgungspflicht i.S.d. §§ 258, 258a, 13 StGB in Frage.[32]

(4) In einer hinsichtlich des Maßes ihrer Abweichung von der soeben unter (1) geschilderten **1016**
(und gerade auch vom *BGH* getragenen) h.M. nach wie vor unterschätzten[33] Entscheidung[34]
ging der 4. Senat des *BGH* unter teilweisem Bruch mit der früheren Judikatur davon aus,
grundsätzlich bestehe eine Garantenposition des Strafverfolgungsbeamten für die Strafrechtspflege (§§ 258, 258a, 13 StGB) *nur bei dienstlich erlangter Kenntnis*. Eine **Ausnahme** käme nur in Betracht, wenn der Polizeibeamte bzw. Staatsanwalt außerdienstlich
Kenntnis von »*schweren Straftaten*« erlange, »die – wie Dauerdelikte ... oder auf ständige
Wiederholung angelegte Handlungen – *während seiner Dienstausübung fortwirken*«

– als Beispiele nennt der *BGH* hier Drogenhandel und Schutzgelderpressung.

In solchen Fällen ergebe eine Abwägung der Interessen im Einzelfall, ob das öffentliche
Interesse den Privatinteressen des Beamten vorgehe.

Stellungnahme: Die Statuierung des eben unter (4) geschilderten Regel-Ausnahme- **1017**
Verhältnisses ist ein Schritt in die richtige Richtung; freilich ist auch dieser Standpunkt, nicht anders als der unter (1) erwähnte der h.M., letztlich **zu unbestimmt**
(»schwere Straftat«, »Interessenabwägung im Einzelfall«).[35] Sachgerechter erscheint
von daher ein Rückgriff auf den **Katalog des § 138 StGB**, s. oben (2), bzw., besser
noch, auf den **Unterschied zwischen Verbrechen und Vergehen**, s. oben (3).

c) § 258 V StGB gilt auch bei § 258a StGB (Umkehrschluss aus § 258a III StGB). **1018**

---

[28] »Zur Strafvereitelung durch staatsanwaltschaftliches Handeln« *Frank*, GS-Schlüchter, 2002, 275 ff.
[29] Zum Folgenden vertiefend und mwN Krey/*Heinrich*, Strafverfahrensrecht, ²2019, Rn. 608 ff. mit
Fall 21; s.a. *BGH*, NStZ 1989, 223 (224); *Rengier* I, 21/45.
[30] *RG* St 70, 251 f.; *BGH* St 5, 225 (229); 12, 277 (280 f.); *Rengier* I, 21/45; Sch/Sch-*Hecker*, § 258a
Rn. 11 mwN; L/K/H-*Heger*, § 258a Rn. 4 mwN; unter Anknüpfung an § 100b II Nr. 1–7 StPO eine
»besonders schwere Straftat« verlangend S/S/W-*Jahn*, § 258a Rn. 10.
[31] *Geppert*, Jura 1982, 139 (148); Roxin/*Schünemann*, Strafverfahrensrecht, ²⁹2017, 39/ 3; weitergehend
Sch/Sch-*Hecker*, § 258a Rn. 11: auch andere gravierende Straftaten; **abl.** S/S/W-*Jahn*, § 258a Rn. 10.
[32] So Krey/*Heinrich*, Strafverfahrensrecht, ²2019, Rn. 609, 611 f.; **abl.** S/S/W-*Jahn*, § 258a Rn. 10.
[33] Die Entscheidung wurde von der h.M. mittlerweile für sich vereinnahmt, s. nur etwa L/K/H-*Heger*,
§ 258a Rn. 4; Sch/Sch-*Hecker*, § 258a Rn. 11; s.a. S/S/W-*Jahn*, § 258a Rn. 9, 10.
[34] *BGH* St 38, 388 (391 f. mit 393) m. Anm. *Mitsch*, NStZ 1993, 383 f.; dem *BGH* hier folgend *Fischer*,
§ 258 Rn. 12, sowie (sogar noch weitergehend) *OLG Koblenz*, NStZ-RR 1998, 332 mwN.
[35] *BVerfG*, NJW 2003, 1030 erblickt hierin aber keinen Verstoß gegen Art. 103 II GG.

Zweiter Abschnitt: Straftaten gegen die Allgemeinheit

III. Die Bestechungstatbestände der §§ 331–337 StGB

1019 Diese zentralen Normen unseres vom Gesetzgeber immer weiter ausgebauten[36] Korruptionsstrafrechts[37] werden ergänzt durch **§ 108e StGB** (Bestechlichkeit und Bestechung von Mandatsträgern), der 2014 mit erheblich erweitertem Anwendungsbereich – und in deutlicher Anlehnung an §§ 331 ff. StGB – neu gestaltet wurde,[38] sowie durch den (nach Maßgabe des Art. 2 § 3 IntBestG auch bei Begehung im Ausland anwendbaren) **Art. 2 § 2 IntBestG** (Bestechung ausländischer Abgeordneter im Zusammenhang mit internationalem geschäftlichem Verkehr).[39]

Als weitere wichtige Pfeiler der Korruptionsbekämpfung sind zu nennen **§§ 299, 300 StGB** (Bestechlichkeit und Bestechung im geschäftlichen Verkehr, vgl. Krey/*Hellmann*/Heinrich, BT 2, Rn. 871–880) sowie nunmehr auch **§§ 299a, 299b, 300 StGB** (Bestechlichkeit und Bestechung im Gesundheitswesen, vgl. Krey/*Hellmann*/Heinrich, BT 2, Rn. 881–889).

1. Zur Gesetzessystematik der Bestechungstatbestände[40]

1020 a) **Geschütztes Rechtsgut** bei §§ 331–334 StGB ist zum einen die Lauterkeit des öffentlichen Dienstes,[41] zum anderen aber auch das Vertrauen der Allgemeinheit in diese Lauterkeit.[42] Zum Schutz dieser Rechtsgüter sollen §§ 331 ff. StGB die »Käuflichkeit von Diensthandlungen verhindern«,[43] wobei §§ 331, 332 StGB beim *Nehmenden* ansetzen, §§ 333, 334 StGB hingegen beim *Gebenden*:

1021 b) **§§ 331, 332 StGB** betreffen die sog. »passive« Bestechung (»Vorteilsannahme« und »Bestechlichkeit«). Sie sind *echte Amtsdelikte* (vgl. Rn. 999).

(1) **§ 331 I StGB** ist **Grunddelikt** der »passiven« Bestechung: Die Vorteilsannahme gemäß dieser Vorschrift erfasst das Fordern, Sich-Versprechen-Lassen oder Annehmen von Vorteilen *»für die Dienstausübung«* im Allgemeinen.

§ 331 II StGB fungiert demgegenüber als qualifizierter Tatbestand, wenn der Vorteil die »Gegenleistung« *für eine bestimmte »richterliche Handlung«* ist.

---

[36] Wichtig zuletzt: **KorrBekG** v. 20.11.15, BGBl. I, 2025 (u.a. neuer **§ 335a StGB** zur *Auslandsbestechung*, s. *Rn. 1058*); zur Historie MK-*Korte*, § 331 Rn. 17 ff.; S/S/W-*Rosenau*, § 331 Rn. 1 ff., 5.

[37] Allg. zu ihm *Kindhäuser*, ZIS 2011, 461; *Walther*, Jura 2010, 511; eigenwillig, aber tiefgreifend *Zimmermann*, Unrecht der Korruption, 2018 (dazu *Kuhlen*, GA 2020, 751 ff.); eingehend zur »Universalgrammatik der Korruptionsdelikte« *Zimmermann*, GA 2024, 301 ff., 365 ff.

[38] Durch das 48. StÄG v. 23.4.2014, BGBl. I, S. 410, in Kraft seit 1.9.2014; zur Neufassung *Francuski*, HRRS 2014, 220; *Satzger*, JA 2014, 1022; *Hoven*, NStZ 2015, 553; krit. insb. zum Gesetzgebungsverfahren *Jäckle*, ZRP 2014, 121; **zu § 108e StGB s.a. unten, Rn. 1043, 1048.**

[39] Art. 2 §§ 2, 3 IntBestG (Gesetz zur Bekämpfung internationaler Bestechung) sind abgedruckt bei *Fischer*, Anh. 18); insoweit zur Gesetzgebungsgeschichte MK-*Korte*, § 331 Rn. 21–23.

[40] Lehrreich dazu *Bock*, JA 2008, 199 ff.; *Kuhlen*, JuS 2011, 673 ff.; *Löw*, JA 2013, 88 ff.; unter Abwendung vom Rechtsgutsdenken konzeptionell neu ansetzend *Wachter*, GA 2019, 735 ff.

[41] BT-Drucks. 7/550, S. 269; *Fischer*, § 331 Rn. 2; LK-*Sowada*, vor § 331 Rn. 14 ff., 27 ff. (27); L/K/H-*Heger*, § 331 Rn. 1; insoweit zust. A/W/H/H-*Heinrich*, 49/18.

[42] BGH St 15, 88 (96); 30, 46 (47 f.); 47, 22 (25); NStZ-RR 2005, 266 (267); *Fischer*, § 331 Rn. 2; *Geppert*, Jura 1981, 42 (46); L/K/H-*Heger*, § 331 Rn. 1; *Rengier* II, 60/7; LK-*Sowada*, vor § 331 Rn. 14 ff., 27 ff.; ähnl. SK^{10}-*Deiters/Stein*, § 331 Rn. 17; dahingestellt in BT-Drucks. 7/550, 269.

[43] BT-Drucks. 7/550, S. 269; s.a. *BGH* St 47, 22 (25); MK-*Korte*, § 331 Rn. 2 ff. (8); *Rengier* II, 60/6.

Damit wird § 331 II StGB durch zwei Spezifika gegenüber dem Grunddelikt nach Abs. 1 qualifiziert: **1022**

– Zum einen durch das Erfordernis einer *richterlichen Handlung*.
– Zum anderen durch die Notwendigkeit einer konkretisierten Unrechtsvereinbarung; der Vorteil ist nämlich nicht nur abstrakt Gegenleistung »*für die Dienstausübung*« *im Allgemeinen (abstrakte Unrechtsvereinbarung)*, sondern **Gegenleistung** speziell *für eine bestimmte richterliche Handlung* (**konkretisierte Unrechtsvereinbarung**).

Richterliche Handlungen eines Richters sind dabei nur solche, auf die sich die in Art. 97 I GG garantierte richterliche Unabhängigkeit bezieht;[44] es geht also um die Ausübung rechtsprechender Gewalt. Daher werden Dienstgeschäfte der Justizverwaltung, z.B. die Referendarausbildung, von § 331 II (und § 332 II) StGB nicht erfasst.

– Für Justizverwaltungsaufgaben des Richters gelten (unter dem Aspekt der bloßen »Dienstausübung«) §§ 331 I bzw. 332 I StGB.[45] –

(2) **§ 332 I StGB** gilt für *Diensthandlungen* im Allgemeinen, **§ 332 II StGB** für *richterliche* Handlungen im Speziellen. **1023**

Dabei liegt eine **Diensthandlung** (auch deren Unterlassung gem. *§ 336 StGB* tatbestandlich sein kann) vor, wenn sie zu den dienstlichen Obliegenheiten des Amtsträgers gehört und von ihm in dienstlicher Eigenschaft vorgenommen wird (näher noch *Rn. 1061*).[46]

Anders als bei § 331 StGB gibt es bei § 332 StGB zwischen Abs. 1 und Abs. 2 keinen Unterschied nach der Art der Unrechtsvereinbarung: Beide Absätze verlangen, dass der Vorteil die Gegenleistung für eine **bestimmte** Diensthandlung bzw. richterliche Handlung ist (konkretisierte Unrechtsvereinbarung, vgl. *Rn. 1063*).

§ 331 I, II StGB auf der einen und **§ 332 I, II StGB** auf der anderen Seite unterscheiden sich dadurch, dass sich die Bestechlichkeit des § 332 StGB auf *pflichtwidrige* Diensthandlungen (Abs. 1) bzw. auf *pflichtwidrige* richterliche Handlungen (Abs. 2) bezieht, so dass im Rahmen dieses seines Anwendungsbereiches § 332 StGB einen **Qualifikationstatbestand** gegenüber § 331 StGB darstellt.[47] Das hat zur Folge, dass § 331 StGB **insoweit** auf Konkurrenzebene wegen Spezialität des § 332 StGB verdrängt wird[48] und im Ergebnis **insoweit 1024**

– obwohl der Gesetzestext des § 331 I, II StGB keine solche Eingrenzung formuliert –

die Strafbarkeit nach § 331 I, II StGB auf *nicht-pflichtwidrige Diensthandlungen* (Abs. 1) bzw. *nicht-pflichtwidrige richterliche Handlungen* (Abs. 2) begrenzt ist.[49]

---

[44] *Fischer*, § 331 Rn. 29; Sch/Sch-*Heine/Eisele*, § 331 Rn. 49; *Korte*, NStZ 1997, 513 (515); MK-*Korte*, § 331 Rn. 170; L/K/H-*Heger*, § 331 Rn. 12; SK[10]-*Deiters/Stein*, § 331 Rn. 34 mwN.
[45] *Korte*, NStZ 1997, 513 (515); MK-*Korte*, § 331 Rn. 172; Sch/Sch-*Heine/Eisele*, § 331 Rn. 49; SK[10]-*Deiters/Stein*, § 331 Rn. 34; auch *Rengier* II, 60/3.
[46] BGH St 31, 264 (280); 63, 107 (110); *Rengier* II, 60/16 m. zahlreichen Bsp. in 60/17.
[47] BGH, NStZ 1984, 24; *Fischer*, § 332 Rn. 1; Sch/Sch-*Heine/Eisele*, § 332 Rn. 1; LK-*Sowada*, § 331 Rn. 143; NK-*Kuhlen/Zimmermann*, § 332 Rn. 1; SK[10]-*Deiters/Stein*, § 331 Rn. 40.
[48] SK[10]-*Deiters/Stein*, § 331 Rn. 40, § 332 Rn. 28 mwN sowie *Korte*, NStZ 1997, 513 (515); aber s.a. NK-*Kuhlen/Zimmermann*, § 331 Rn. 135: Subsidiarität.
[49] Vgl. MK-*Korte*, § 331 Rn. 173 (zu Abs. 2) sowie *BGH*, NStZ-RR 2008, 13 (14).

1025 Dabei ist aber zu beachten, dass, soweit sich § 331 I StGB allg. auf »*die Dienstausübung*« *als solche* bezieht (die ja nicht Gegenstand auch des § 332 I StGB ist), damit **sowohl die nicht-pflichtwidrige, wie auch die pflichtwidrige** bloße »*Dienstausübung*« erfasst ist[50]

– unter Einschluss auch von nicht hinreichend auf bestimmte Handlungen i.S.d. §§ 331 II, 332 II StGB hin konkretisierter, allgemeiner *richterlicher* Dienstausübung.[51]

1026 § 331 StGB greift im Übrigen nicht nur ein, wenn feststeht, d.h. erwiesen ist, dass die Diensthandlung bzw. die richterliche Handlung pflichtgemäß war, sondern auch dann, *wenn § 332 StGB nach dem Grundsatz »in dubio pro reo« entfällt, weil sie nicht nachweislich pflichtwidrig war.*[52] Insoweit dient § 331 StGB als **Auffangtatbestand**. Diese Deutung des § 331 StGB ist mit seinem Wortlaut vereinbar und entspricht kriminalpolitischen Bedürfnissen.

Überdies ist zu beachten: Ist zwar der objektive Tatbestand des § 332 I bzw. II StGB erfüllt, fehlt es jedoch am Vorsatz bezüglich der Pflichtwidrigkeit der Diensthandlung bzw. der richterlichen Handlung, so ist – gem. § 16 II StGB – § 331 StGB anwendbar.[53]

1027 (3) Zwischen § 331 I StGB und § 332 StGB besteht als weiterer Unterschied, dass für § 332 I und II StGB – wie auch für § 331 II StGB (vgl. *Rn. 1022*) – eine konkretisierte Unrechtsvereinbarung nötig ist:

Der Vorteil ist die **Gegenleistung** für eine bestimmte Diensthandlung bzw. für eine bestimmte richterliche Handlung.

Dagegen genügt für § 331 I StGB (vgl. schon *Rn. 1021*) eine **abstrakte Unrechtsvereinbarung** *(»für die Dienstausübung«)*; – eingehend dazu *Rn. 1067 ff.* –

1028 c) **§§ 333, 334 StGB** betreffen die sog. »**aktive**« Bestechung (»Vorteilsgewährung« und »Bestechung«). Im Gegensatz zu §§ 331, 332 StGB handelt es sich bei ihnen nicht um Amts-, sondern um von jedermann begehbare *Allgemeindelikte*.

(1) **§ 333 I StGB** ist das Gegenstück (Spiegelbild) zu § 331 I StGB: Beide lassen eine abstrakte Unrechtsvereinbarung genügen (vgl. *Rn. 1067 ff.*), da der Vorteil *»für die Dienstausübung«* im Allgemeinen, und nicht als Gegenleistung für eine bestimmte Diensthandlung angeboten, versprochen oder gewährt wird.

Dementsprechend ist **§ 333 II StGB** das Gegenstück zu § 331 II StGB und wird wie jene Vorschrift gegenüber ihrem Abs. 1 durch zwei Spezifika qualifiziert:

– durch das Erfordernis einer **richterlichen** Handlung und
– durch das Merkmal der »**konkretisierten Unrechtsvereinbarung**« (vgl. *Rn. 1022*), da der Vorteil die **Gegenleistung für eine bestimmte richterliche Handlung** sein muss.

1029 (2) **§ 334 I StGB** spiegelt § 332 I StGB. Die Qualifikation für die Bestechung bzgl. richterlicher Handlungen in **§ 334 II StGB** ist das Gegenstück zu § 332 II StGB.

---

[50] So explizit *Fischer*, § 331 Rn. 9; s.a. *Rengier* II, 60/3; SK[10]-*Deiters/Stein*, § 331 Rn. 40.
[51] *Rengier* II, 60/3.
[52] MK-*Korte*, § 331 Rn. 173.
[53] SK[10]-*Deiters/Stein*, § 331 Rn. 40.

(3) Nicht anders als §§ 331 StGB (Vorteilsannahme) und 332 StGB (Bestechlichkeit) – vgl. *Rn. 1024* – unterscheiden sich auch § 333 StGB (Vorteilsgewährung) und § 334 StGB (Bestechung) durch das zentrale Merkmal der **Dienstpflichtverletzung** und lassen sich ihre Anwendungsbereiche dementsprechend abgrenzen: § 334 StGB greift *immer dann*, aber auch *nur dann* ein, wenn die Diensthandlung bzw. richterliche Handlung, um die es geht, *pflichtwidrig* ist – sodass für den (insoweit an sich ja offen formulierten) § 333 StGB de facto nur die Fälle verbleiben, in welchen die Dienstausübung bzw. die richterliche Handlung *pflichtgemäß* ist. 1030

Aber auch insofern besteht eine Spiegelbildlichkeit zu § 331 StGB, als § 333 StGB auch dann eingreift, wenn es um *pflichtwidrige bloße »Dienstausübung«* geht (vgl. *Rn. 1025*), sowie dann, wenn § 334 StGB nach dem Grundsatz *in dubio pro reo* mangels Nachweises, dass die Diensthandlung (bzw. die richterliche Handlung) pflichtwidrig war bzw. sein würde, entfällt (vgl. *Rn. 1026*); insoweit ist § 333 StGB **Auffangtatbestand**, was mit dem Wortlaut des § 333 StGB vereinbar ist und kriminalpolitischen Bedürfnissen entspricht. 1031

d) Täter der §§ 331, 332 StGB kann nur jemand sein, der *zur Zeit der Tat* Amtsträger etc. ist. Die Annahme tätigkeitsbezogener Zuwendungen *nach Ausscheiden aus dem Amt* wird mithin nicht erfasst: »Der Gesichtspunkt nachwirkender Pflichten, der etwa bei denjenigen Amtsdelikten trägt, die während der Amtsträgerschaft erlangte Kenntnisse betreffen (§§ 353b, 355 StGB), greift bei den Bestechungsdelikten im weiteren Sinne nicht«.[54] 1032

2. Täterkreis der §§ 331 I und 332 I StGB

§§ 331, 332 StGB sind **Sonderdelikte**. Täter der §§ 331 I, 332 I StGB können – vorbehaltlich der Gleichstellungsklauseln in **§ 335a StGB** für ausländische und internationale Bedienstete (vgl. *Rn. 1058*) und in **§ 48 WStG** für Soldaten (*Rn. 1059*) – nur »Amtsträger« (*Rn. 1034 ff.*), »Europäische Amtsträger« (*Rn. 1056*) und »für den öffentlichen Dienst besonders Verpflichtete« (*Rn. 1057*) sein.[55] 1033

a) Amtsträger nach § 11 I Nr. 2 lit. a StGB

»Amtsträger« ist zunächst, wer nach deutschem Recht »*Beamter oder Richter*« ist. Der Begriff des **Beamten** ist dabei im *staatsrechtlichen* Sinne zu verstehen;[56] er meint Personen, die nach den einschlägigen beamtenrechtlichen Vorschriften in ein Beamtenverhältnis berufen wurden, ohne dass es auf die Art der ihnen übertragenen Tätigkeit ankäme.[57] 1034

– **Kirchenbeamte** gehören nicht hierher.[58] –

Richter sind Berufsrichter und ehrenamtliche Richter (§ 11 I Nr. 3 StGB). Zu Letzteren zählen »Schöffen« (im Strafverfahren) und »Handelsrichter« (Kammer für Handelssachen,

---

[54] BGH, wistra 2004, 302; s.a. RGSt 35, 75; BGH St 11, 345; Sch/Sch-*Heine/Eisele*, vor § 331 Rn. 3.
[55] Grundlegend *B. Heinrich*, Der Amtsträgerbegriff im Strafrecht, 2001; zur Entwicklung des Begriffs *ders.*, wistra 2016, 471 ff.; zu seiner Bestimmtheit *v. Coelln*, FS-Imme Roxin, 2012, S. 209 ff.; s.a. *Leimbrock*, Strafrechtliche Amtsträger, 2009; instruktiv auch *Rönnau/Wegner*, JuS 2015, 505 ff.
[56] Allg.M., vgl. nur HK-GS-*Hölscher*, § 11 Rn. 3; S/S/W-*Satzger*, § 11 Rn. 19.
[57] BGH St 37, 191 (192); Sch/Sch-*Hecker*, § 11 Rn. 16 f.; S/S/W-*Satzger*, § 11 Rn. 18; zur faktischen Besserstellung von »Regierungsamtsträgern« *Zimmermann*, ZStW 124 (2012), 1023.
[58] BGH St 37, 191 (192); sie sind auch nicht Amtsträger nach § 11 I Nr. 2b StGB (*BGH*, aaO, 193) oder nach § 11 I Nr. 2c (aaO, 194 ff.; str.); ebso. M/S/M-*Maiwald*, 69/20.

§§ 93 ff. GVG). Die in § 45a DRiG nur einfach so genannten »ehrenamtlichen Richter« gibt es in der Arbeits-, Sozial-, Finanz- und Verwaltungsgerichtsbarkeit sowie als Mitglieder der Anwaltsgerichtshöfe (§ 103 BRAO) und als Beisitzer bei den Disziplinargerichten.[59]

Richter fallen unter § 331 II StGB, soweit die »Vorteilsannahme« sich *auf richterliche Handlungen* bezieht, d.h. auf Handlungen, die durch die richterliche Unabhängigkeit gedeckt und nach Rechtsgrundsätzen vorgenommen werden.[60]

Dagegen gilt auch für Richter § 331 I StGB, soweit sie *nichtrichterliche* Diensthandlungen (wie Referendarausbildung) vornehmen, insb. solche i.R.d. Justizverwaltungstätigkeit.[61]

b) Amtsträger nach § 11 I Nr. 2 lit. b StGB

1035 Amtsträger ist auch, »*wer in einem sonstigen öffentl.-rechtl. Amtsverhältnis steht*«.

Hierher gehören Minister (§ 1 BMinG); Parlamentarische Staatssekretäre (§ 1 ParlStG); Notare und Notarassessoren (§§ 1, 7 IV 1, 2 BNotO); der Wehrbeauftragte (§ 15 I WBeauftrG); **nicht** aber Abgeordnete (zu ihnen noch *Rn.* 1043) und ebenso **nicht** Personen (Rechtsanwälte), die als Betreuer, Vormund, Insolvenzverwalter, Testamentsvollstrecker etc. tätig sind.[62]

c) Amtsträger nach § 11 I Nr. 2 lit. c StGB

1036 Danach ist Amtsträger, wer »*sonst dazu bestellt ist, bei einer Behörde oder bei einer sonstigen Stelle oder in deren Auftrag Aufgaben der öffentlichen Verwaltung unbeschadet der zur Aufgabenerfüllung gewählten Organisationsform wahrzunehmen*«.

(1) **Aufgaben der öffentlichen Verwaltung:** Nicht anders als die »*Behörden*«

(= ständige Organe der Staatsgewalt, z.B.: »Der Minister des Inneren«; »Der Polizeipräsident«; die Staatsanwaltschaft beim LG X; Dienststellen von Gemeinden; Fakultäten von Universitäten; Strafvollzugsanstalten; nach § 11 I Nr. 7 StGB auch Gerichte)

müssen auch die im Gesetz nicht näher benannten »**sonstigen Stellen**«

(z.B. Körperschaften und Anstalten des öffentlichen Rechts – wie kommunale Sparkassen[63] –; Ausschüsse – wie staatliche Prüfungskommissionen –; Beiräte)[64]

Aufgaben der öffentlichen Verwaltung wahrnehmen. Damit sind gemeint:

1037 (a) Zunächst einmal alle *obrigkeitlichen Maßnahmen* der **Eingriffs- bzw. Ordnungsverwaltung**, und zwar »auch dann, wenn sie von Beliehenen oder anderen Privatrechtssubjekten ausgeübt werden«[65]

– sodass z.B. auch die dem Verein angehörenden Mitglieder des Sachkundeprüfungsausschusses eines Schießsportvereins (s. §§ 10 I 1 i.V.m. 4 I Nr. 3 WaffG) erfasst werden.[66]

---

[59] LK-*Hilgendorf*, § 11 Rn. 63; Sch/Sch-*Hecker*, § 11 Rn. 28; HK-GS-*Hölscher*, § 11 Rn. 4.
[60] BT-Drucks. 7/550, S. 271; weitere Nachw. oben, *Fn.* 44. – Eingehend zur richterlichen Unabhängigkeit Krey/*Heinrich*, Strafverfahrensrecht, ²2019, Rn. 102 ff. mwN. –
[61] BT-Drucks. 7/550, S. 271; weitere Nachw. oben, *Fn.* 45; s. auch Krey/*Heinrich*, Strafverfahrensrecht, ²2019, Rn. 106 ff. mwN; zum Fall eines Notars *BGH* St 63, 107 m. Anm. *Hoven*, NJW 2018, 1767.
[62] Vgl. BT-Drucks. 7/550, 209; L/K/H-*Heger*, § 11 Rn. 5; HK-GS-*Hölscher*, § 11 Rn. 3; SK⁹-*Stein/Deiters*, § 11 Rn. 43.
[63] *BGH*, NStZ 2020, 271; *Rengier* II, 59/20. – S.a. unten *Rn.* 1039. –
[64] Zum Vorstehenden vgl. mwN: BT-Drucks. 7/550, S. 209; L/K/H-*Heger*, § 11 Rn. 8.
[65] *BGH*, St 38, 199 (201 ff.); NStZ 2019, 652 (653).
[66] *BGH*, NStZ 2019, 652 (653) m. zust. Bespr. *Hecker*, JuS 2020, 178 ff.

(b) Daneben aber auch der Bereich der **Leistungsverwaltung**, insb. der **Daseinsvorsorge** durch die öffentliche Hand (Versorgung mit Strom, Wasser, Gas u.ä.).[67] Im Wesentlichen geht es hier um Körperschaften und Anstalten des öffentlichen Rechts: Amtsträger nach § 11 I Nr. 2 lit. c StGB ist damit etwa ein Mitglied des Leitungsorgans eines als Körperschaft des öffentl. Rechts errichteten **Rechtsanwaltsversorgungswerks**.[68] 1038

Die Tätigkeit **öffentlicher Sparkassen** ist ebenfalls aus der Staatsgewalt abgeleitet und dient staatlichen Zwecken, ist also »öffentliche Verwaltung«.[69] Zum einen ergibt sich das aus ihrem Auftrag, »den Sparsinn zu fördern und zur sicheren Anlage von Ersparnissen und anderen Geldern Gelegenheit zu geben«, zum anderen »obliegt« ihnen »die kreditwirtschaftliche Versorgung der Bevölkerung«.[70] Dasselbe gilt für Staats- und Kommunalbanken sowie für Landesbanken, zumindest insoweit, als sie deren Aufgaben wahrzunehmen haben.[71] 1039

– Eine andere Frage und gesondert zu prüfen ist dabei freilich, ob auch *der Vorteilsnehmer/Bestochene selbst* Aufgaben der öff. Verwaltung wahrnimmt (dazu *Rn. 1050*). –

Auch Redakteure **öffentlich-rechtlicher Rundfunkanstalten** sind Amtsträger;[72] dasselbe galt für Mitarbeiter der früheren **GEZ** (Gebühreneinzugszentrale für Rundfunkgebühren).[73] 1040

Die Frage, ob **niedergelassene Kassenärzte** als Amtsträger in Betracht kommen, hat der Große Senat für Strafsachen des *BGH* mit der Begründung verneint, der Vertragsarzt nehme bei der Verordnung von Medikamenten *keine öffentliche Aufgabe* wahr.[74]

Dabei ist es nicht vonnöten, dass die Durchführung der Aufgaben der **Leistungsverwaltung** mit öffentlich-rechtlichen Mitteln geschieht, sie kann vielmehr auch – wie ehedem bei der Bundesbahn – zivilrechtlich erfolgen (vertiefend noch *Rn. 1052*).[75] 1041

– Vgl. den Text des § 11 II Nr. 2 lit. c StGB: »unbeschadet der Organisationsform«. –

(c) Nach h.M. soll zu den *Aufgaben der öffentlichen Verwaltung* auch die **erwerbswirtschaftlich-fiskalische** Betätigung des Staates und anderer Körperschaften des öffentlichen Rechts zählen.[76] Dagegen bestehen jedoch Bedenken: Von einer *Aufgabe der öffentlichen Verwaltung* kann man bei wirtschaftlichen Unternehmungen der öffentlichen Hand wohl nur dann sprechen, wenn sie unmittelbar der Daseinsvorsorge dienen.[77] **Staatliche** Brauereien, Weingüter oder Gaststätten auf einer Alm befassen sich nicht mit der Wahrnehmung von Aufgaben der öffentlichen Verwaltung; hier geht es nicht um Daseinsvorsorge.[78] 1042

---

[67] BT-Drucks. 7/550, S. 209; *BGH* St 31, 264 (268); *Fischer*, § 11 Rn.22; SK[9]-*Stein/Deiters*, § 11 Rn. 49.
[68] *BGH* St 54, 39.
[69] Vgl. *BGH*, NStZ 2020, 271: »unterliegen die Sparkassen ... durchweg staatlicher Steuerung«.
[70] *BGH* St 31,264 (271 f.); s.a. *Eisele* ZIS 2011,354 (358); *Schalast/Safran/Sassenberg* NJW 2008,1486.
[71] *BGH* St 31, 264 (269 ff.); dazu *Wagner*, JZ 1987, 594 (597) mwN.
[72] *BGH* St 54, 202, str.; zust. *Hecker*, JuS 2010, 829; L/K/H-*Heger*, § 11 Rn. 8; *Rengier* II, 59/20; i.E. zust. auch *B. Heinrich*, JZ 2010, 529 ff.; **abl.** *Kretschmer*, JR 2010, 127 ff.
[73] *BGH* St 47, 22 (25); **a.A.** *Hellmann*, wistra 2007, 281.
[74] *BGH (GS)* St 57, 202 (207 ff.) m. Anm. *Hohmann*, wistra 2012, 388; *Kölbel*, StV 2012, 592; s.a. *Krüger*, StraFo 2012, 308; *Uwer*, FS-Schiller, 2014, 638; *Fischer*, § 11 Rn. 22d mwN.
[75] Sch/Sch-*Hecker*, § 11 Rn. 20; L/K/H-*Heger*, § 11 Rn. 9; MK-*Radtke*, § 11 Rn. 49.
[76] So BT-Drucks. 7/550, S. 209; M/S/M-*Maiwald*, 69/16; *Fischer*, § 11 Rn. 22; dahingestellt in *BGH* St 31, 264 (269); ausf. und **diff.** MK-*Radtke*, § 11 Rn. 74 ff.
[77] So auch *Ransiek*, NStZ 1997, 519 (521 a.E. f.); *Eisele* I, Rn. 1613 f.; *Rengier* II, 59/13, 16; L/K/H-*Heger*, § 11 Rn. 9, 9a; SK[9]-*Stein/Deiters*, § 11 Rn. 54.
[78] So etwa auch *Eisele* I, Rn. 1613; *Rengier* II, 59/16; Sch/Sch-*Hecker*, § 11 Rn. 20.

1043 (d) **Nicht** zu den »Aufgaben der öffentlichen Verwaltung« zählen jedenfalls:
(aa) Die der *Judikative*, nicht der Exekutive zugeordnete **Rechtsprechung**.
– Richter sind aber gem. § 11 I Nr. 2 lit. a StGB Amtsträger. –
(bb) Die als *Legislative* ebenfalls neben der Exekutive stehende **Gesetzgebung**.
Somit sind **Bundes- bzw. Landtagsabgeordnete** grundsätzlich *keine Amtsträger*,
– für sie gilt lediglich der Tatbestand des *§ 108e StGB* (zu diesem Rn. 1019), –
und zwar nach bislang h.M. selbst dann nicht, wenn sie (etwa als Bundestags- oder Landtagspräsident) Verwaltungsaufgaben wahrnehmen.[79]

> Letzteres ist mehr als zweifelhaft geworden, seit § 108e StGB n.F. die Bestechung bzw. Bestechlichkeit von Mandatsträgern explizit nur erfasst, soweit sie sich gerade auf *»die Wahrnehmung des Mandats«* bezieht: »Ausgeschlossen sind daher Tätigkeitsbereiche, die sich als Verwaltungsaufgaben darstellen«.[80] Eine Verweigerung der Anwendbarkeit nun (auch) der §§ 331 ff. StGB in diesen Bereichen (durch Verneinung der Amtsträgereigenschaft) führte zu einer nicht hinnehmbaren Strafbarkeitslücke.[81]

1044 Bei **Gemeinderäten**, **Stadträten** u.ä. verhält es sich insofern anders, als kommunale Volksvertretungen »eher der Exekutive, nicht der Legislative zuzuordnen« sind[82]
– »Die Gemeindevertretung ist im staatsrechtlichen Sinne kein Parlament, sondern Organ einer Selbstverwaltungskörperschaft«, –
sodass »die Rechtsetzungstätigkeit der Gemeinden trotz eines gewissen legislatorischen Charakters ... zum Bereich der Verwaltung und nicht zum Bereich der Gesetzgebung« gehört.[83] Somit, so der *BGH*,[84] »spricht viel dafür, dass **kommunale Mandatsträger** *Aufgaben der öffentlichen Verwaltung* im Sinne von § 11 I Nr. 2 lit. c StGB wahrnehmen«.
– Fraglich ist allerdings, ob sie zu dieser Wahrnehmung auch i.S.d. § 11 I Nr. 2 lit. c StGB *»bestellt«* sind (was letztlich zu verneinen ist, siehe hierzu nachf. *Rn. 1048*). –

1045 (2) Der Amtsträger nach § 11 I Nr. 2 lit. c StGB bedarf stets einer **Bestellung**, »die bloß faktische Wahrnehmung öffentlicher Aufgaben ist nicht ausreichend«.[85]
(a) Zu dieser *»Bestellung«* hat der *BGH* erklärt:[86] »Der durch privatrechtlichen Vertrag in die Vorbereitung einer öffentlichen Ausschreibung zur Vergabe von Werkleistungen durch eine Gebietskörperschaft eingeschaltete freiberufliche Prüf- und Planungsingenieur ist kein Amtsträger, wenn kein ***besonderer öffentlich-rechtlicher Bestellungsakt*** vorliegt. Die Bestellung muss ihn entweder zu einer über den einzelnen Auftrag hinausgehenden längerfristigen Tätigkeit oder zu einer organisatorischen Eingliederung in die Behördenstruktur führen«.

---

[79] *BGH* St 5, 100 (105 f.); *Deiters*, NStZ 2003, 453; LK-*Hilgendorf*, § 11 Rn. 48; L/K/H-*Heger*, § 11 Rn. 11; **a.A.** zu Parlamentspräsidenten Sch/Sch-*Hecker*, § 11 Rn. 21; SK⁹-*Stein/Deiters*, § 11 Rn. 43 f.
[80] *Fischer*, § 108e Rn. 17; s. dazu auch *Saliger*, FS-Dannecker, 2023, 339 ff. (zur »Maskenaffäre«).
[81] Stimmig daher die entspr. ausdifferenzierte Darstellung bei *Fischer*, § 108e Rn. 17.
[82] Hier und nachf. *BGH* St 51, 44 (52) unter Bezugnahme auf *BVerfG* E 78, 344 (348).
[83] *BGH* St 51, 44 (52), unter Bezug auf *BVerwG* NJW 1993, 411 (412) und *BVerfG* E 65, 283 (289).
[84] *BGH* St 51, 44 (52, 54); die literar. Stellungnahmen achten i.d.R. nicht auf die Differenzierung des *BGH* zwischen »Aufgabenwahrnehmung« und »Bestellung«; – s.a. LK-*Hilgendorf*, § 11 Rn. 48.
[85] So explizit *BGH*, NStZ 2016, 523 ; *Rengier* II, 59/23.
[86] *BGH* St 43, 96; ähnl. schon 42, 230 (232); zust. *Ransiek*, NStZ 1997, 519 ff.; *Rengier* II, 59/24, 34.

Mit diesem Urteil hat der *BGH* der rein »funktionalen Betrachtung«, nach der bereits die privatrechtliche Beauftragung mit der Wahrnehmung von Aufgaben der öffentlichen Verwaltung *als solche* eine »Bestellung« i.S.d. § 11 I Nr. 2 lit. c StGB bedeutet,[87] eine Absage erteilt. Vielmehr folgt das Gericht der **»organisatorischen Betrachtungsweise«**, die zusätzlich zur zivilrechtlichen Beauftragung noch einen besonderen öffentlich-rechtlichen Bestellungsakt fordert.[88] Hierfür sprechen der Regelungszusammenhang des § 11 I Nr. 2 lit. c StGB mit Nr. 2 lit. a und b des § 11 I StGB, zudem der Zusammenhang mit § 11 I Nr. 4 StGB[89] **1046**

– Die sog. »Beschleunigungs-Korruption« wegen der Einrichtung sog. *Fast Lanes* an Flughäfen ist aufgrund des trotz nicht-hoheitlichen Charakters des dortigen Warteschlangenmanagements *fehlenden öff.-rechtl. Bestellungsakts* nicht von § 331 StGB erfasst.[90] –

Eines eigenen, personenbezogenen Bestellungsaktes bedarf es aber nicht, wenn die Beschäftigung in einer bereits selbst **durch öffentlich-rechtlichen Akt berufenen Organisation** erfolgt: »soweit sie innerhalb dieses Aufgabenbereichs bestimmte Sachgebiete einzelnen Mitarbeitern ... überträgt, werden diese Mitarbeiter dadurch zu Amtsträgern«.[91] **1047**

Ein förmlicher Bestellungsakt ist aber nötig, wenn die Übertragung von Verwaltungstätigkeit statt unmittelbar durch die beauftragende Behörde in einer Kette von Unterbeauftragungen erfolgt (z.B. beim Subunternehmer eines lizensierten Postdienstleisters).[92]

(b) Laut *BGH* nehmen **Gemeinderäte** (nichts anderes gilt für Stadträte, Kreistagsabgeordnete etc.) zwar i.S. des § 11 I Nr. 2 lit. c StGB *»Aufgaben der öffentlichen Verwaltung«* wahr (vgl. *Rn. 1044*), sind aber zu dieser Wahrnehmung nicht i.S. des § 11 I Nr. 2 lit. c StGB *»bestellt«*: **1048**

»Kommunale Mandatsträger nehmen bei der Tätigkeit in den Volksvertretungen der Gemeinden ihre öffentlichen Aufgaben ... nicht im Rahmen eines Dienst- oder Auftragsverhältnisses, sondern in freier Ausübung ihres durch Wahl erworbenen Mandats wahr. Dies unterscheidet sie grundlegend von allen sonstigen unter § 11 I Nr. 2 StGB fallenden Personen. Mitglieder kommunaler Volksvertretungen haben ein freies Mandat und keinen Dienstherrn, sie sind an Weisungen nicht gebunden«.[93]

Amtsträgereigenschaft ist für Gemeinderäte etc. also **grundsätzlich zu verneinen**

– wobei für sie aber eine Strafbarkeit aus § 108e StGB in Betracht zu ziehen ist, vgl. § 108e III Nr. 1, 2 StGB. –

Die Amtsträgereigenschaft kann allerdings **ausnahmsweise** dann zu bejahen sein, wenn die Gemeinderäte etc. »mit **konkreten Verwaltungsaufgaben** betraut sind, **1049**

---

[87] Nachw. bei *BGH* St 43, 96 (102 f.).
[88] *BGH* St 43, 96 (103 f.) mwN; ebso. u.a. L/K/H-*Heger*, § 11 Rn. 6; *Otto*, Jura 1997, 47; **krit**. Sch/Sch-*Hecker*, § 11 Rn. 19; s.a. LK-*Hilgendorf*, § 11 Rn. 35: »in der Praxis nicht geeignet«.
[89] *BGH* St 43, 96 (103 f.) mwN; *Ransiek*, NStZ 1997, 519 ff.
[90] Vgl. *Wollschläger/Zöller*, KriPoZ 2024, 259 (264 f.), auch zu Fragen der Amtsträgereigenschaft.
[91] *BGH* St 43, 370 (380) i.A.a. *BGH* St 43, 96 (zu dieser Entsch. bereis. *Rn. 1045*); ebso. *BGH*, NStZ 2016, 523; **krit**. dazu *Bernsmann*, FS-Rissing-van Saan, 2011, S. 75 (78).
[92] OLG Stuttgart, StV 2009, 77 (79).
[93] *BGH* St 51, 44 (53); zust. die in *Fn. 94* Genannten; i.S.d. *BGH* bereits zuvor *Dahs/Müssig*, NStZ 2006, 191; **abw**. etwa *Eisele* I, Rn. 1609; *Niehaus*, ZIS 2008, 49 ff.

die über die Ausübung ihres freien Mandats in der kommunalen Volksvertretung und den zugehörigen Ausschüssen hinausgehen«,[94] etwa bei Entsendung oder Wahl in den Aufsichtsrat eines kommunalen Versorgungsunternehmens.[95]

1050 (3) Mit der Wahrnehmung öffentlicher Aufgaben muss nicht nur die Stelle als solche befasst sein, sondern gerade auch *der Vorteilsnehmer bzw. Bestochene selbst.*[96]

So »nimmt ein Sparkassenangestellter regelmäßig nur dann Aufgaben öffentlicher Verwaltung wahr, soweit die Sparkasse im Rahmen ihrer Tätigkeit als Kommunalbank tätig wird«, nicht aber, wenn er ausschließlich mit der Rückabwicklung gescheiterter Kreditverträge befasst ist, da dies allein der Minimierung des Verlustrisikos des Kreditinstituts dient.[97]

Es kommt also stets auch darauf an, dass der Vorteilsnehmer/Bestochene »in seiner konkreten Funktion Aufgaben der öffentlichen Verwaltung wahrgenommen hat«.[98]

1051 Erfasst sind dabei auch **zur Ausbildung** oder **auf Probe** Beschäftigte

– wie etwa eine Praktikantin der Berliner Feuerwehr.[99] –

Nicht aber erfüllen das Erfordernis der *»Wahrnehmung von Aufgaben der öffentlichen Verwaltung«* auch ganz »untergeordnete, rein mechanische **Hilfstätigkeiten**«

– wie Reinigungs- und Schreibarbeiten oder die Tätigkeit als Chauffeur.[100] –

1052 (4) Ist jemand i.S.d. § 11 I Nr. 2 lit. c StGB dazu bestellt, **Aufgaben der öffentlichen Verwaltung wahrzunehmen**, so kommt es nicht darauf an, ob diese Aufgaben in öffentlich-rechtlicher oder **privatrechtlicher Organisationsform** wahrgenommen werden. Das hat der Gesetzgeber vor einigen Jahren ausdrücklich

– im Rahmen des *Gesetzes zur Bekämpfung der Korruption* von 1997 (BGBl. I, 2038) –

durch Einfügen der Worte *»unbeschadet der zur Aufgabenerfüllung gewählten Organisationsform«* klargestellt. Diese Änderung des § 11 I Nr. 2 lit. c StGB soll den Fall erfassen, »dass öffentliche Aufgaben durch privatrechtlich organisierte Einrichtungen wahrgenommen werden, die die öffentliche Hand beherrscht«.[101]

1053 Demgemäß heißt es denn auch in mittlerweile gefestigter *BGH*-Rechtsprechung:

»Auch als juristische Personen des Privatrechts organisierte Einrichtungen und Unternehmen der öffentlichen Hand können ... ›sonstige Stellen‹ [i.S.d. § 11 I Nr. 2 lit. c StGB] sein. Dies ist nach der ständigen Rechtsprechung des BGH [jedoch] nicht bereits dann der Fall, wenn sie Aufgaben öffentlicher Verwaltung wahrnehmen. Hinzukommen müssen weitere aussagekräftige Unterscheidungskriterien, um privates von staatlichem Handeln abzugrenzen. Eine Gleichstellung mit Behörden ist besonders dann gerechtfertigt, wenn die juristische Person des Privatrechts bei der Erfüllung öffentlicher Aufgaben derart staatlicher bzw.

---

[94] *BGH*, wistra 2006, 419 (420) i.A.a. St 51, 44 (53); L/K/H-*Heger*, § 11 Rn. 11; LK-*Hilgendorf*, § 11 Rn. 48; Sch/Sch-*Hecker*, § 11 Rn. 21; SK⁹-*Stein/Deiters*, § 11 Rn. 44; ähnl. MK-*Radtke*, § 11 Rn. 82.

[95] *BGH* St 51, 44 (53); SK⁹-*Stein/Deiters*, § 11 Rn. 44; LK-*Hilgendorf*, § 11 Rn. 48.

[96] *BGH*, NJW 1980, 846 (847); NStZ 2016, 523 (524); i.d.S. auch *BGH*, NStZ 2020, 271 f.

[97] *BGH*, NStZ 2020, 271 (272) m. Anm. *Hoven*; dazu s.a. *Eisele*, ZIS 2011, 354 (362).

[98] So auf den Punkt bringend *Hoven*, NStZ 2020, 272.

[99] *KG*, NStZ-RR 2008, 198; *Fischer*, § 11 Rn. 21; L/K/H-*Heger*, § 11 Rn. 9a.

[100] *BGH* St 61, 135 (139 f.); *Fischer* § 11 Rn. 23c; *Rengier* II, 59/37; **a.A.** *Wagner*, JZ 1987, 594 (595).

[101] *König*, JR 1997, 397 (398); **krit.** *Bernsmann*, StV 2003, 521 (523 ff.) und 2009, 308.

kommunaler Steuerung unterliegt, dass sie bei einer Gesamtbewertung der sie kennzeichnenden Merkmale *als ›verlängerter Arm‹ des Staates erscheint«*.[102]

Im Rahmen solcher Formen der – mitunter als **»Public Private Partnership«** bezeichneten[103] – Kooperation von öffentlicher Hand und Privaten sind somit als Amtsträger anzusehen z.B.: **1054**

– Geschäftsführer und Angestellte einer zum Zwecke der Stromversorgung einer Stadt gegründeten und von ihr durch Halten aller Geschäftsanteile kontrollierten GmbH.[104]
– Organe und Mitarbeiter einer »landeseigenen« Gesellschaft des Privatrechts (etwa einer GmbH), die ein Bundesland zur Förderung des sozialen Wohnungsbaus gegründet hat und durch Halten sämtlicher Anteile (oder der Mehrheit der Anteile) beherrscht.[105]
– Angestellte bzw. per Dienstvertrag Tätige bei der (für das Streckennetz der Deutschen Bahn zuständigen) DB Netz AG, da diese im Hinblick auf das Schienennetz als »verlängerter Arm des Staates« eine »monopolartige Stellung« inne hat.[106]
– **Anders** der *BGH* jedoch zu einem Angestellten der Deutschen Bahn AG selbst sowie zu einem Angestellten der (früheren) Frankfurter Flughafen AG,[107] was beides aber nicht im Einklang mit den zuvor beschriebenen Intentionen des Gesetzgebers steht.

Des Weiteren **verneint** der *BGH* die Amtsträgereigenschaft für **1055**

– den Geschäftsführer einer Restmüllverbrennungsanlage, wenn ein Privater an dem Unternehmen in einem Umfang beteiligt ist, dass er durch eine Sperrminorität wesentliche unternehmerische Entscheidungen mitbestimmen kann (»Kölner Müllskandal«);[108]
– die Mitarbeiter einer kommunalen Wohnungsbaugesellschaft, wenn diese nur einer von vielen Anbietern von Wohnraum ist, der mit städtischen Belegungsrechten belastet ist, da sie dann »nicht als verlängerter Arm des Staates wahrgenommen wird«.[109]

d) Europäische Amtsträger gem. § 11 I Nr. 2a StGB

Erst jüngst wurde in den Tatbeständen der §§ 331–334 StGB dem »Amtsträger« der **1056** **»Europäische Amtsträger«** an die Seite gestellt,[110] sodass nunmehr auch Korruptionstaten, die *von* oder *gegenüber* solchen Personen begangen werden, erfasst sind.

– Wer unter den Begriff fällt, ist in § 11 I Nr. 2a StGB im Einzelnen geregelt. –

---

[102] *BGH*, NStZ 2007, 461 (462) i.A.a. *BGH* St 49, 214 (219); 50, 299 (303); NStZ 2007, 211; ebso. *BGH* St 43, 370 (377); 45, 16 (19); 46, 310 (312 f.); NJW 2004, 693; NStZ 2006, 628; *OLG Düsseldorf*, wistra 2008, 33. – I.d.S. auch *Eisele* I, Rn. 1610; *Fischer*, § 11 Rn. 22a; *Rengier* II, 59/21.
[103] Ausf. zum Thema: *Noltensmeier*, Public Private Partnership und Korruption, 2009; zur Frage der »Bestechung durch ›Public Fundraising‹« *Schlösser*, StV 2011, 300.
[104] *BGH*, NJW 2004, 693 m. Anm. *Dölling*, JR 2005, 30 und *Krehl*, StV 2005, 325; i.E. ebso. *BGH*, NStZ 2007, 211; vgl. demgegenüber aber *BGH* St 46, 310.
[105] Ebso. u.a. *Rengier* II, 59/30; überholt *BGH* St 38, 199 (das Anlass war für die Gesetzesänderung).
[106] *BGH* St 52, 290; 56, 97 (obige Zitate von S. 102, 103); zust. *Dölling*, JR 2009, 426; **abl.** jedoch *Zieschang*, StV 2009, 74; s.a. v. *Coelln*, FS-Imme Roxin, 2012, S. 209 (218 f.).
[107] *BGH* St 49, 214 (Bahn); 45, 16 (Flughafen); **krit.** zu beidem *B. Heinrich*, wistra 2016, 471 (473).
[108] *BGH* St 50, 299; zust. *Fischer*, § 11 Rn. 23; *Noltensmeier*, StV 2006, 132; *Rengier* II, 59/31; *Saliger*, NJW 2006, 3377; **abl.** *Radtke*, NStZ 2007, 57.
[109] *BGH*, NStZ 2007, 461 (Zitat: S. 463) m. krit. Anm. *Dölling*, JR 2008, 171; i.S.d. *BGH* auch *OLG Düsseldorf*, wistra 2008, 33 (34).
[110] Durch das **(2.) KorrBekG** v. 20.11.2015, BGBl. I, 2025, in Kraft seit 26.11.2015 (s. schon *Fn. 36*).

e) Für den öffentlichen Dienst besonders Verpflichtete gem. § 11 I Nr. 4 StGB

1057 Erfasst werden Personen, die bei einer mit Aufgaben der öffentlichen Verwaltung befassten Stelle beschäftigt sind, aber selbst keine öffentlichen Aufgaben wahrnehmen (also nur Nicht-Amtsträger); dies aber nur, wenn sie auch tatsächlich im Einzelfall nach dem **Verpflichtungsgesetz** förmlich verpflichtet worden sind.[111]

– Beispiele: Schreibkräfte, Boten, Hausmeister, Reinigungskräfte u. ä.[112] –

f) Ausländische und internationale Bedienstete gem. § 335a StGB

1058 Zusätzlich zur Berücksichtigung Europäischer Amtsträger (vgl. *Rn. 1056*) dehnt der neue § 335a StGB in Abs. 1 die Anwendbarkeit der §§ 331 II, 332, 333 II, 334 StGB sowie in Abs. 2 auch diejenige der §§ 333 I, III, 333 I, III StGB mittels entsprechender **Gleichstellungsklauseln** auch auf den Fall der Involvierung der in der Vorschrift genannten ausländischen und internationalen Bediensteten aus.[113]

Damit ist der Gesetzgeber (unter Anpassung auch des Strafanwendungsrechts, s. § 5 Nr. 15 StGB) dem gerade auch aus internationalen Vorgaben[114] erwachsenen Verlangen nach vergleichsweise umfassender Bekämpfung auch der Auslandskorruption nachgekommen.[115]

g) Soldaten gem. § 48 I, II WStG

1059 Während der Text der §§ 333 I, 334 I StGB neben den Amtsträgern etc. auch die »Soldaten der Bundeswehr« erfasst, ist dies bei §§ 331 I, 332 I StGB nicht der Fall. Demgegenüber erweitern § 48 I, II WStG den möglichen Täterkreis der §§ 331 I, 332 I StGB mittels zweier Gleichstellungsklauseln auch auf Soldaten, nämlich in Abs. 1 auf *Offiziere und Unteroffiziere* und – seit geraumer Zeit[116] – in Abs. 2 auch auf Soldaten mit *Mannschaftsdienstgrad*.

3. Vorteilsannahme und Vorteilsgewährung (§§ 331, 333; 335a–337 StGB)

1060 Fall 99: *– Das Geschenk für den Lehrer –*

Im Abgangszeugnis seines Schülers Filbert Fleiß (F) hat Studienrat Dr. Severinus Streng (S) diesem in Mathematik die – nach den Leistungen des F verdiente – Note »sehr gut« gegeben. Als Vater Victor Fleiß (V) auf dem Zeugnis seines Sohnes die »1« in Mathematik sieht, ist er über die Urteilskraft des S begeistert und schickt ihm eine Kiste Sekt im Werte von rund 200 €. Obwohl S Bedenken hat, das Geschenk anzunehmen, lässt er sich am Ende doch von seiner Ehefrau Egregia (E) dazu überreden. Strafbarkeit von S, V und E?

---

[111] Mit Hinweis in § 1 II 2 auf die strafrechtl. Folgen einer Pflichtverletzung; s. *Fischer*, § 11 Rn. 26.

[112] Vgl. BT-Drucks. 7/550, S. 210 sowie *Fischer*, § 11 Rn. 25; *Rengier* II, 59/42.

[113] Eingefügt wurde § 335a StGB durch das **(2.) KorrBekG** (s. schon *Fn. 36, 110*), geändert durch Art. 2 des Ges. v. 19.6.19, BGBl. I, S. 844; eingehend *Spörl*, Das Verbot der Auslandsbestechung, 2019 (dazu *Kuhlen*, ZIS 2020, 327); zur Gleichstellungsklausel des § 335a StGB *Papathanasiou*, wistra 2016, 175 ff.; speziell zum »ausländischen Bediensteten« i.S.d. § 335a I Nr. 2 lit. a StGB *Meißner*, StV 2017, 128 ff; s.a. *B. Heinrich*, wistra 2016, 471 (475 ff.); *Magnus*, NZWiSt 2022, 51; zur Legitimität des Strafrechts »Entgrenzung des Strafrechts« durch § 335a StGB *Hoven*, GA 2022, 241 ff.; *Fischer*, § 335a Rn. 1–3; MK-*Korte*, § 331 Rn. 21ff., 27 ff.; S/S/W-*Rosenau*, § 335a Rn. 1 f.

[114] Insb. dem Strafrechtsabkommen des Europarats über Korruption v. 27.1.99, BT-Drucks. 18/9234, 7 ff.

[115] Grundlegend zu dieser *Hoven*, Auslandsbestechung, 2018, m. ausf. Bespr. *Dölling*, GA 2020, 35 ff. und *B. Heinrich*, ZStW 131 (2019), 525 ff.; s.a. *Isfen*, JZ 2016, 228 ff.

[116] Eingefügt wurde § 48 II WStG durch das 48. StrÄndG v. 23.4.2014, BGBl. I, S. 410.

a) Strafbarkeit des S?

(1) Die Benotung des F war eine **»Diensthandlung«** i.S.d. § 332 StGB, also eine **1061**
Handlung, die zu den dienstlichen Obliegenheiten des S gehörte und von ihm in
dienstlicher Eigenschaft vorgenommen wurde (s. bereits *Rn. 1023*).

> Keine Diensthandlung sind mit dem Aufgabenbereich des Amtsträgers in keinerlei Beziehung stehende bzw. dezidiert als Privatperson vorgenommene **Privathandlungen**,
> – Beispiel für ersteres: Privatgutachten des mit dem Bau nicht dienstlich befassten Bauingenieurs; Beispiel für letzteres: Nachhilfestunden des Lehrers, –
>
> auch wenn sie bei Gelegenheit einer Diensthandlung, während der Dienstzeit, in den Diensträumen oder mit Hilfe dienstlich erworbener Kenntnisse ausgeübt werden.[117]

§ 332 I StGB kommt jedoch nicht in Betracht, da die Benotung des F durch S nicht
unter Verletzung einer Dienstpflicht, sondern **pflichtgemäß** erfolgt war; und für
§ 332 III StGB (*»Gegenleistung für künftige Handlung«*) fehlt jeder Anhaltspunkt.

(2) § 331 I StGB (Vorteilsannahme)[118]? **1062**

(a) In unserem ***Fall 99*** war S tauglicher Täter des § 331 I StGB; denn als Studienrat, d.h. Beamter, war er gem. § 11 I Nr. 2 lit. a StGB *»Amtsträger«*.

(b) Das Merkmal der *Annahme eines* **Vorteils** (hier: des Sektes) ist erfüllt:

Vorteil ist jede Leistung, auf die der Täter keinen Rechtsanspruch hat und die ihn materiell oder immateriell besser stellt.[119]

> Das klassische Beispiel für immaterielle Vorteile ist die Gewährung des Beischlafs;[120] die bloße Befriedigung des Ehrgeizes und der Eitelkeit genügt hingegen nicht.[121]

(c) Zum Erfordernis einer konkretisierten Unrechtsvereinbarung bei §§ 331 II, 332 **1063**
StGB und §§ 333 II, 334 StGB

– Zu §§ 331 I und 333 I StGB s. *Rn. 1067*. –

Bei § 331 II StGB sowie bei § 332 I und II StGB muss der Täter den Vorteil *»als*
Gegenleistung« für die Diensthandlung (bzw. richterliche Handlung) fordern, sich
versprechen lassen oder annehmen.[122] »Damit wird zum Ausdruck gebracht, dass
das Gesetz nicht jeden Kausalzusammenhang als genügend ansieht, sondern auf das
Verhältnis von Leistung und Gegenleistung, auf das ›**do ut des**‹ abstellt«.[123]

*Kennzeichnend ist mithin die Übereinkunft der Beteiligten, dass der Vorteil als Gegenleistung für die Diensthandlung gedacht ist (»**Unrechtsvereinbarung**«).*[124]

---

[117] So, mit noch weiteren Bsp., *Rengier* II, 60/32 f.
[118] Lehrreich und weiterführend hierzu *Roxin*, FS-Kargl, 2015, 459 ff.
[119] BGH St 31, 264 (279); 47, 295 (304); StV 2007, 637 (638); NStZ 2020, 669 (671); *Fischer*, § 331 Rn. 11; *Rengier* II, 60/11; LK-*Sowada*, § 331 Rn. 31; s.a. BGH, NStZ 1985, 497 (499).
[120] RG St 64, 291; 71, 390 (396); BGH, NStZ 1989, 223 f. (unentgeltl. Beischlaf mit Prostituierter); StV 1994, 527; NStZ 2020, 669 (671) mwN; *Rengier* II, 60/13; SK[10]-*Deiters/Stein*, § 331 Rn. 43.
[121] Vgl. *Rengier* II, 60/13; SK[10]-*Deiters/Stein*, § 331 Rn. 43; ebso. jetzt auch BGH St 47, 295 (304 f.).
[122] Vgl. BGH, NStZ 1984, 24 f.; s.a. BGH, NStZ 1994, 191; 2005, 692; OLG Hamm, NStZ 2002, 38 f.
[123] BT-Drucks. 7/550, S. 271.
[124] Zur Unrechtsvereinbarung als »Kern der Bestechungsdelikte« *Schünemann*, FS-Otto, 2007, S. 777; s.a. BGH St 39, 45 (46): »Kern des Schuldvorwurfs« der Bestechungsdelikte.

Zweiter Abschnitt: Straftaten gegen die Allgemeinheit

1064 Die Unrechtsvereinbarung wird vom Täter des § 331 II StGB bzw. des § 332 StGB
- beim *Fordern* (welches ggf. auch konkludent erfolgen kann[125]) **angestrebt**,
- beim *Versprechenlassen* **geschlossen**,
- bei der *Annahme* **realisiert**.[126]

Dabei dürfen allerdings »die Anforderungen an die Bestimmtheit der zu entgeltenden Diensthandlungen nicht überspannt werden«,[127] was heißt, dass die in Aussicht gestellte Diensthandlung »in ihrer konkreten Gestalt nach Zeitpunkt, Anlass und Ausführungsweise nicht in allen Einzelheiten feststehen« muss.[128]

> Es genügt vielmehr, wenn »die einvernehmlich ins Auge gefasste Diensthandlung nach ihrem sachlichen Gehalt zumindest in groben Umrissen erkennbar und festgelegt ist«,[129] wie etwa bei der Zusage karriereförderner Einflussnahme auf Stellenbesetzungen.[130]

1065 Am erforderlichen Charakter des Vorteils als *Gegenleistung für eine **bestimmte** Diensthandlung* fehlt es allerdings dann, »wenn sich der Vorteilsgeber mit dem Geschenk lediglich allgemeines Wohlwollen und Geneigtheit des Beamten sichern will«,[131] oder wenn »kleinere Aufmerksamkeiten« nicht für eine Diensthandlung, sondern nur »aus Anlass oder bei Gelegenheit einer Diensthandlung« gewährt werden, und zwar wegen der »Regeln des sozialen Verkehrs und der Höflichkeit«,

– so etwa Einladungen zum Essen, Abholen mit dem Kfz u.ä.[132] –

> Zum Erfordernis der *Diensthandlung* vgl. ergänzend BGH St 29, 300: Die Tatbestände der §§ 331 II und 332 I, II StGB seien nicht erfüllt, wenn der Amtsträger lediglich **vorspiegele**, die Diensthandlung erbracht zu haben, für die er einen Vorteil annimmt.[133]

1066 Wie die §§ 331 II und 332 I, II StGB als qualifizierte Fälle der *passiven* Bestechung verlangen auch ihre Spiegelbilder im Bereich der *aktiven* Bestechung, **§§ 333 II und 334 I, II StGB**, eine konkretisierte Unrechtsvereinbarung: Der Vorteil muss »als Gegenleistung« für eine bestimmte Diensthandlung (richterliche Handlung) angeboten, versprochen oder gewährt werden.

– Siehe bereits *Rn. 1021 ff., 1027*. –

In unserem **Fall 99** kann von einer Unrechtsvereinbarung nicht die Rede sein.

---

[125] *BGH*, wistra 2006, 344.
[126] Vgl. *Fischer*, § 331 Rn. 18–20; grundlegend *BGH* St 15, 217 (222 f.); zur Unrechtsvereinbarung s.a. *OLG Düsseldorf*, NJW 1987, 1213; *BGH*, NStZ 1989, 74 (keine überspannten Anforderungen an die Bestimmtheit der Diensthandlung); *BGH*, JZ 1993, 472 m. Anm. *Wagner*.
[127] *BGH*, St 39, 45 (46 f.); NStZ 2020, 669 (670 f.) m. Anm. *Bock*, der hier von »Leerformel« spricht.
[128] *BGH*, NStZ 2005, 214 (215) mwN.
[129] *BGH*, St 39, 45 (46 f.); NStZ 2005, 214 (215); *Rengier* II, 60/50.
[130] Vgl. *BGH*, NStZ 2020, 669 (670 f.) m. krit., aber i.E. zust. Anm. *Bock*.
[131] Vgl. *BGH*, NStZ 2005, 214 (215) mwN; *Fischer*, § 331 Rn. 22; Sch/Sch-*Heine/Eisele*, § 331 Rn. 30; L/K/H-*Heger*, § 331 Rn. 10, 10a; *Rengier* II, 60/52.
[132] *BGH* St 15, 239 (251 f.); ebso. *BGH* St 31, 264 (278, 279); vgl. näher HK-GS-*Bannenberg*, § 331 Rn. 3, 28; L/K/H-*Heger*, § 331 Rn. 10.
[133] Zust. A/W/H/H-*Heinrich*, 49/29; **zu Recht abl. die h.L.**, u.a. *Rengier* II, 60/37 f.; **diff**. LK-*Sowada*, § 331 Rn. 62 f.; *Wagner*, JZ 1987, 594 (598 ff.) mwN. – Überblick über die diversen Restriktionsbestrebungen bei *Kuhlen*, FS-Schroeder, 2006, S. 535 ff.

§ 9: Amtsdelikte

(d) Lockerung der Unrechtsvereinbarung bei §§ 331 I und 333 I StGB   **1067**

Durch das Gesetz zur Bekämpfung der Korruption von 1997 (siehe *Rn. 1052*) ist für den Grundtatbestand der passiven Bestechung, § 331 I StGB, und für sein Gegenstück, § 333 I StGB, das Erfordernis der Unrechtsvereinbarung weitgehend gelockert worden:[134]

Beide Tatbestände verzichten darauf, der Vorteil müsse die Gegenleistung für eine bestimmte Diensthandlung sein, und lassen anstelle solcher konkretisierten Unrechtsvereinbarung eine **abstrakte** Unrechtsvereinbarung genügen: Vorteilsannahme (§ 331 I StGB) und Vorteilsgewährung (§ 333 I StGB) müssen nur noch *»für die Dienstausübung«* im Allgemeinen erfolgen. – Siehe schon *Rn. 1021 ff., 1027.* –

> Freilich ist dabei zu beachten, dass das Gesetz in §§ 331 I, 333 I StGB mit eben dieser Formulierung *»für die Dienstausübung«* klar zu erkennen gibt, dass auch in diesen Normen der Vorteil in einer bestimmten Weise mit der in Aussicht genommenen Dienstausübung verknüpft sein muss – wenn auch nicht als Gegenleistung für eine bestimmte »Diensthandlung« (wie bei §§ 331 II, 332, 333 II, 334 StGB, s. *Rn. 1063*), so aber doch **i.S. eines Gegenseitigkeitsverhältnisses** mit der Dienstausübung im Allgemeinen.[135]

Jene massive Lockerung des Erfordernisses der Unrechtsvereinbarung soll dabei nach h.M. insbesondere die folgenden Fälle als Korruption erfassen: **1068**

Erstens die sog. **»Klimapflege«**, d.h. die Gewährung von Vorteilen an einen Amtsträger, der etwa für die Erteilung von Aufträgen zuständig ist, um sich sein allgemeines Wohlwollen, seine Geneigtheit zu erkaufen, ohne dass schon konkrete Behördenaufträge im Raum stehen.[136] Hierher gehört auch das sog. **»Anfüttern«** von Amtsträgern im Hinblick auf ihre Amtsführung; dabei geht es um Zuwendungen, mit denen Beziehungen aufgebaut werden sollen, die den Amtsträger zu möglichen späteren Amtshandlungen als Gegenleistung bereit machen sollen.[137]

> »Klimapflege« und »Anfüttern« werden oft unterschieden, sind aber letztlich *der Sache nach dasselbe*, stellen sie doch beide den Versuch dar, im Hinblick auf die Amtsführung eines Amtsträgers (z.B. auf die Erteilung von Genehmigungen, Behördenaufträgen etc.) sein Wohlwollen zu erkaufen, um davon später profitieren zu können, wenn es um bestimmte Diensthandlungen geht.

Jedoch weist der *BGH* zu Recht (!) darauf hin, dass sich (manchmal ersichtlich allzu) **»pauschale Bewertungen** in Anlehnung an Begrifflichkeiten wie ›allgemeine Klimapflege‹ oder ›Anfüttern‹ verbieten« und vielmehr   **1069**

– gerade auch im Bereich der sog. *Hospitality* und des sog. *Einladungssponsoring*[138] –

---

[134] Näher *König*, JR 1997, 397 (398 f.); *Korte*, NStZ 1997, 513 (514 f.); höchst instruktiv HK-GS-*Bannenberg*, § 331 Rn. 3 f., 23 ff. (ausf. zu den »Gründen für die Strafverschärfung« Rn. 24 ff.).

[135] BGH St 49, 275 (281); NStZ 2005, 334; NStZ-RR 2007, 309; insb. auch BGH St 53, 6 (14 ff.); *Fischer*, § 331 Rn. 23; HK-GS-*Bannenberg*, § 331 Rn. 23; Sch/Sch-*Heine/Eisele*, § 331 Rn. 30.

[136] *Korte*, NStZ 1997, 513 (515); HK-GS-*Bannenberg*, § 331 Rn. 24; LK-*Sowada*, § 331 Rn. 71; NK-*Kuhlen/Zimmermann*, § 331 Rn. 60 f.; L/K/H-*Heger*, § 331 Rn. 10a; Sch/Sch-*Heine/Eisele*, § 331 Rn. 30; *Fischer*, § 331 Rn. 23; s.a. BGH St, 49, 275 (281); NStZ-RR 2007, 309.

[137] *Korte*, NStZ 1997, 513 (515); L/K/H-*Heger*, § 331 Rn. 10a; LK-*Sowada*, § 331 Rn. 71; SK[10]-*Deiters/Stein*, § 331 Rn. 55; *Rengier* II, 60/52, 55; **krit.** *König*, JR 1997, 397 (399).

[138] Worum es bei BGH St 53, 6 ff. gerade ging; zu »Hospitality und Korruption« *Saliger*, FS-Kühne, 2013, 443; zu Einladungssponsoring u. Hospitality auch *Roxin*, FS-Kargl, 2015, 459 (467 ff., 475 ff.).

»die Abgrenzung nach den fallbezogenen Umständen – insbesondere der gesamten Interessenlage der Beteiligten – vorzunehmen« ist.[139] Dies bedeutet:[140]

»Zwischen dem Vorteil und der Dienstausübung muss ein ›Gegenseitigkeitsverhältnis‹ in dem Sinne bestehen, dass der Vorteil nach dem (angestrebten) ausdrücklichen oder stillschweigenden Einverständnis der Beteiligten seinen Grund gerade in der Dienstausübung hat. Dies erfordert, dass Ziel der Vorteilszuwendung ist, auf die künftige Dienstausübung Einfluss zu nehmen und/oder die vergangene Dienstausübung zu honorieren. In diesem allgemeinen Sinne muss der Vorteil somit nach wie vor **Gegenleistungscharakter** haben.« Und weiter: »Ob der Vorteilsgeber ein solches von § 333 I StGB pönalisiertes oder ein anderes Ziel verfolgt, ist Tatfrage [und] hat in wertender Beurteilung zu erfolgen.«

1070 *Zweitens:* **Zuwendungen** nicht wegen bestimmter Diensthandlungen, sondern nur »wegen ihrer Freundlichkeit und Höflichkeit bei der Dienstausübung«. Auch hier lassen sich §§ 331 I und 333 I StGB bejahen: Vorteilsgewährung (§ 333 I StGB) und Vorteilsannahme (§ 331 I StGB) erfolgen ja »für die Dienstausübung«.[141]

1071 *(e) Vorteil für einen Dritten*

Die §§ 331–334 StGB lassen (seit der Gesetzesänderung von 1997, vgl. *Rn. 1067*) neben Vorteilen *für den Amtsträger* jetzt auch **Vorteile für Dritte** genügen

– wobei es genügt, wenn der Vorteil unmittelbar dem Dritten zugewandt wird.[142]

(aa) Sachgerecht ist die Ausweitung, soweit damit klargestellt ist, dass Vorteile für Dritte ausreichen, sofern sie **mittelbar** auch für den Amtsträger vorteilhaft sind, wie

– Geschenke an seine Ehefrau;[143]
– Spenden an Parteien und andere Organisationen, denen er angehört,

Insoweit bedarf es nicht mehr der Umdeutung in Vorteile für den Amtsträger selbst.

1072 Bedenklich erschiene jene Ausweitung allerdings, soweit mit ihr aus den von Hause aus **eigennützigen** Bestechungsdelikten unter Bruch mit ihrer Struktur **schlechthin fremdnützige Straftaten** gemacht würden. In dieser Hinsicht wäre die Reform der §§ 331 ff. StGB mit ihrer Erstreckung auf Drittvorteile ein grober Fehlgriff.[144]

Leider geht das Verständnis der h.M. in eben diese Richtung.[145]

In Abkehr davon sollte die Formel »*oder einen Dritten*« mittels restriktiver Auslegung (bzw. teleologischer Reduktion, s. *Rn. 538*) besser dahingehend eingeengt werden, dass der Drittvorteil **für den Amtsträger selbst** zumindest *irgendeinen* Nutzen oder Vorteil im weitesten Sinne bedeuten muss, sei es auch nur mittelbar. Die Inkriminierung auch der rein altruistischen Tat dagegen sprengt die Struktur der Bestechungsdelikte.[146]

---

[139] *BGH* St 53, 6 (16); dazu *Deiters*, ZJS 2009, 578; *Hettinger*, JZ 2009, 370; *Schlösser*, wistra 2009, 155; *Trüg*, NJW 2009, 196; *Kuhlen*, JR 2010, 148; *Reinhold*, HRRS 2010, 213; *Valerius*, GA 2010, 211.
[140] *BGH* St 53, 6 (16); ebso. *OLG Karlsruhe*, NStZ 2011, 164 m. Bespr. *Oğlakcıoğlu*, HRRS 2011, 275.
[141] *Rengier* II, 60/56; anders noch *BGH* St 39, 45 zu § 331 I StGB *a.F.*; noch immer für Straflosigkeit in diesem Fall auch nach neuem Recht NK-*Kuhlen/Zimmermann*, § 331 Rn. 61.
[142] *BGH*, NStZ 2023, 416, dazu *Oğlakcıoğlu*, JR 2024, 149.
[143] *OLG Stuttgart*, NJW 2003, 228 (hier auch zur Rückwirkungsproblematik bei Altfällen).
[144] So auch *Korte*, NStZ 1997, 513 (515); ähnl. *Schroth*, 14.7.1; s.a. *König*, JR 1997, 397 (399).
[145] *OLG Karlsruhe*, NStZ 2001, 654; *OLG Köln*, NStZ 2002, 35 ff.; L/K/H-*Heger*, § 331 Rn. 6; SK[10]-*Deiters/Stein*, § 331 Rn. 47; *Rengier* II, 60/15.
[146] Vgl. *Korte*, NStZ 1997, 513 (515); *Schroth*, 14.7.1; *König*, JR 1997, 397 (399).

(bb) Problematisch ist mit der in den *Rn. 1067 ff., 1071 f.* geschilderten Ausweitung des § 331 I StGB durch das Korruptionsbekämpfungsgesetz von 1997 vor allem auch **die universitäre Drittmitteleinwerbung** geworden:[147] Einerseits besteht eine gesetzlich verankerte Dienstaufgabe der **Hochschullehrer**[148] darin, Drittmittel zur Förderung von Forschung und Lehre einzuwerben, andererseits droht für ein solches Verhalten aber die Strafbarkeit wegen § 331 I StGB.

1073

Der *BGH* hat jedoch eine **gangbare Lösung** dahingehend vorgezeichnet, im Wege einer **teleologischen Reduktion** dieses Tatbestandes zur Straflosigkeit zu gelangen: In der Verbesserung der Forschungssituation liege zwar ein *Vorteil* i.s. der Vorschrift, aber:[149]

1074

»Regelt ... das Landeshochschulrecht ... die Einwerbung von zweckbestimmten Mitteln durch einen Amtsträger, die sich i.S.d. § 331 Abs. 1 StGB als Vorteil darstellen und bei denen ein Beziehungsverhältnis zu einer Diensthandlung besteht, so ist das durch den Straftatbestand geschützte Rechtsgut, das Vertrauen in die Sachgerechtigkeit und ›Nicht-Käuflichkeit‹ dienstlichen Handelns, dann nicht in dem vom Gesetzgeber vorausgesetzten Maße strafrechtlich schutzbedürftig, wenn das in jenem Gesetz vorgesehene Verfahren eingehalten, namentlich die Annahme der Mittel angezeigt und genehmigt wird. Auf diese Weise wird die Durchschaubarkeit (Transparenz) des Vorgangs hinreichend sichergestellt, den Kontroll- und Aufsichtsorganen eine Überwachung ermöglicht und so der Notwendigkeit des Schutzes vor dem Anschein der ›Käuflichkeit‹ von Entscheidungen des Amtsträgers angemessen Rechnung getragen«.

Diese Lösung hat überwiegend *Zustimmung auch im Schrifttum* gefunden,[150] was aber nicht darüber hinwegtäuschen sollte, dass damit das grundsätzliche Problem noch keineswegs aus der Welt geschafft ist; so sei nur darauf hingewiesen, dass die vom *BGH* angebotene Lösung nicht auf außerhalb von Hochschulen Forschende anwendbar ist, so dass insofern ein »Zwei-Klassen-Strafrecht« droht.[151] Eine entsprechend umfassende gesetzliche Regelung etwa im Rahmen eines **»Drittmittelgesetzes«** wäre daher wünschenswert.[152]

1075

Die Drittmitteleinwerbung stellt übrigens nur einen Ausschnitt dar aus dem wesentlich weiter gefassten und ebenfalls noch einer überzeugenden Lösung bedürftigen Problem des **»Sponsoring«** im Allgemeinen.[153]

1076

---

[147] Vgl. *Fn. 149* sowie *Fischer*, § 331 Rn. 27 ff.; Sch/Sch-*Heine/Eisele*, § 331 Rn. 42; L/K/H-*Heger*, § 331 Rn. 6a; *Rengier* II, 60/16; W/H/E-*Engländer*, Rn. 1088 f.; ausf. HK-GS-*Bannenberg*, § 331 Rn. 35 ff.; s.a. *Hamdan*, Drittmittelforschung in der Medizin, 2009; zu den Auswirkungen der §§ 331 ff. StGB auf die Kooperation im Gesundheitswesen *Schneider*, FS-Seebode, 2008, 331 (334 ff.).

[148] Zur weiteren Stolperfalle der §§ 331 ff. StGB für »**international engagierte Hochschullehrer**« *Gropp*, FS-Wolter, 2013, S.575 (578 ff.) mit dem bezeichnenden Titel: »Rettet die Höflichkeit!«.

[149] BGH St 47, 295 (303); ergänzend dazu BGH St 48, 44; zu dieser Rspr. *Ambos*, JZ 2003, 345; *Bernsmann*, StV 2003, 521; *B. Heinrich*, NStZ 2005, 256 ff.; *Kindhäuser/Goy*, NStZ 2003, 291; *Korte*, NStZ 2003, 156; *Kuhlen*, JR 2003, 231; *Michalke*, NJW 2002, 3381; *Rönnau*, JuS 2003, 232; *Satzger*, ZStW 115 (2003), 469 (490 ff.); *Schmidt/Güntner*, NJW 2004, 471; *Tag*, JR 2004, 50 ff.; *Tholl*, wistra 2003, 181; s.a. HK-GS-*Bannenberg*, § 331 Rn. 36 ff.

[150] Vgl. die soeben in *Fn. 149* Genannten sowie *Roxin*, FS-Kargl, 2015, 459 (464 ff.).

[151] Hierzu *Korte*, NStZ 2003, 156; *Michalke*, NJW 2002, 3381 (3382); W/H/E-*Engländer*, Rn. 1089.

[152] *Ambos* JZ 2003, 345 (353); *Schmidt/Güntner* NJW 2004, 471 (473); s.a. W/H/E-*Engländer*, Rn. 1089.

[153] Hierzu *Satzger*, ZStW 115 (2003), 469 ff.; *Schröder*, NJW 2004, 1353 ff.: aus öffentlich-rechtlicher Sicht zum »Sponsoring von Parteiveranstaltungen« *Heinig*, JZ 2010, 485; eingehend zum (meist straffreien) »Kultursponsoring« *Bock/Borrmann*, ZJS 2009, 625.

– Strittig ist etwa, ob auch Zuwendungen an die Schule für eine »Schulfotoaktion« den Bestechungsvorwurf tragen können, was zwar richtigerweise i.d.R. zu verneinen sein sollte,[154] vom *BGH* aber neuerdings als i.d.R. zu bejahen eingestuft wird.[155] –

1077 (cc) Eine wichtige Strafbarkeitsbegrenzung bei §§ 331 ff. StGB hat der *BGH* auch mit Blick auf Gewährung und Annahme von **Wahlkampfspenden** vorgenommen:[156]

Dem sich zur Wiederwahl stellenden Amtsträger dürfe unter dem Aspekt der passiven Wahlgleichheit nicht unter Strafdrohung die Entgegennahme von Wahlkampfspenden untersagt werden, während seine Mitbewerber als Nicht-Amtsträger einem solchen Verbot nicht unterworfen seien. Die Grenze zur strafbaren Vorteilsannahme sei erst überschritten, wenn der Amtsträger sich bereit zeige, »als Gegenleistung für die Wahlkampfförderung im Falle seiner Wahl eine konkrete, den Interessen des Vorteilgebers förderliche Entscheidung zu dessen Gunsten zu treffen oder zu beeinflussen«; nicht strafbar soll es hingegen sein, wenn die Förderung »allein dazu dienen soll bzw. dient, dass er nach erfolgreicher Wahl das wiedererlangte Wahlamt in einer Weise ausübt, die den allgemeinen wirtschaftlichen oder politischen Vorstellungen des Vorteilsgebers entspricht«.[157]

1078 Diese *Einschränkung der Korruptionstatbestände* ist, zumindest dem Ansatze nach, durchaus begrüßenswert.[158] Eine genaue Eingrenzung der Fälle strafbarer Annahme bzw. Gewährung von Wahlkampfspenden ist damit freilich nicht erreicht.[159] Nicht wesentlich zur Klarheit trägt es auch bei, wenn der *BGH* – wohl über die eigene Courage erschrockenen[160] – in einem Folgeurteil partiell »zurückrudert«:[161]

Jenes erste Urteil dürfe »nicht dahin verstanden werden, dass eine tatbestandsmäßige Vorteilsannahme nur dann in Betracht kommt, wenn der Amtsträger sich bereit zeigt, ... im Falle seiner Wahl eine konkrete, den Interessen des Vorteilgebers förderliche Entscheidung zu dessen Gunsten zu treffen«, es entstehe vielmehr »der Anschein der Käuflichkeit auch dann, wenn Spender und Amtsträger davon ausgehen, dass dieser im Laufe der künftigen Amtszeit mit Entscheidungen zu diesem oder jenem Vorhaben des Spenders ... befasst sein wird und ein unbeteiligter Betrachter den Eindruck gewinnt, dass jener mit der Spende Einfluss auf anfallende Entscheidungen nehmen will«, was »insbesondere bei Spenden von außergewöhnlicher Höhe regelmäßig naheliegen« werde.

---

[154] So noch *BGH*, NJW 2006, 225 (dazu *Busch*, NJW 2006, 1100); **anders** jedoch *OLG Celle*, NJW 2008, 164, m. krit. Anm. *Zieschang*, StV 2008, 253 und abl. Bespr. *Ambos/Ziehn*, NStZ 2008, 498.

[155] Vgl. *BGH*, StV 2012, 19 m. abl. Bespr. *Hecker*, JuS 2012, 655; **abl.** auch *Zöller*, ZJS 2011, 550; *Beulke*, FS-Frisch, 2013, 965 (ausf. auch zum Verfahrensgang); *Kuhlen*, FS-Frisch, 2013, 949 (953 ff.); *Roxin*, FS-Kargl, 2015, 459 (472 ff.); zu Privatschulen *Kuhlen*, FS-Dannecker, 2023, 209.

[156] *BGH* St 49, 275 ff. m. Anm. *Dölling*, JR 2005, 519; *Korte*, NStZ 2005, 512; Bespr. *Kargl*, JZ 2005, 503; *Saliger/Sinner*, NJW 2005, 1073; ausf. *Zimmermann*, ZStW 124 (2012), 1023 (1048 ff.).

[157] *BGH* St 49, 275 (294); s.a. L/K/H-*Heger*, § 331 Rn. 6c; HK-GS-*Bannenberg*, § 331 Rn. 33 f.

[158] I.d.S. auch *Dölling*, JR 2005, 519; Sch/Sch-*Heine/Eisele*, § 331 Rn. 43; *Saliger/Sinner*, NJW 2005, 1073 (1078); **krit.** *Kargl*, JZ 2005, 503; MK-*Korte*, § 331 Rn. 153 f.; s.a. L/K/H-*Heger*, § 331 Rn. 6b; *Fischer*, § 331 Rn. 28a; W/H/E-*Engländer*, Rn. 1090.

[159] *Beckemper/Stage*, NStZ 2008, 35 (»blieb weitgehend offen«); *Fischer*, § 331 Rn. 28b. – Zu Wahlkampfspenden für einen Amtsträger, der sich **für ein anderes Amt** bewirbt, vgl. *BGH* St 66, 130 m. Anm. *Kudlich*, NStZ 2022, 116; Bespr. *Kuhlen*, ZfiStW 2022, 89.

[160] *Zöller*, GA 2008, 151 (154 f.): »mit seinem eigenen Urteil unzufrieden«, »Gesinnungswandel«.

[161] *BGH*, NStZ 2008, 33 (34) – Fall Kremendahl – m. Anm. *Beckemper/Stage*; *Korte*, NStZ 2008, 341; s.a. Bespr. *Zöller*, GA 2008, 151 sowie eingehend HK-GS-*Bannenberg*, § 331 Rn. 34.

*(dd) Ergebnis für **Fall 99** (Rn. 1060):* S hat den Vorteil »für seine Dienstausübung« **1079** angenommen und damit den Tatbestand des § 331 I StGB erfüllt.

(f) **§ 331 III StGB** (bitte lesen!) kommt hier laut Sachverhalt nicht in Frage. **1080**
*Zur dogmatischen Einordnung und Verdeutlichung des **§ 331 III StGB**:*[162]
Nach h.A. hat die durch die zuständige Behörde im Rahmen ihrer Befugnisse[163] erteilte **vorherige** Genehmigung *rechtfertigende Wirkung.*[164]

Bei fehlender vorheriger Genehmigung gilt folgendes: **1081**

(aa) Erfolgt das »Sich-Versprechen-Lassen« oder die »Annahme« unter dem erklärten Vorbehalt der Erteilung der Genehmigung, so ist § 331 I StGB noch nicht erfüllt. Wird dann die Genehmigung erteilt und erfolgt **daraufhin** die Annahme des »versprochenen« bzw. das Behalten des unter Vorbehalt »angenommenen« Vorteils, so liegt sachlich ein Fall der »vorherigen Genehmigung« vor, d.h. der Amtsträger handelt **rechtmäßig**. Wird dagegen die Genehmigung versagt, so darf er den versprochenen Vorteil nicht annehmen und den unter Vorbehalt angenommenen nicht behalten; sonst macht er sich nach § 331 I StGB strafbar.[165]

(bb) Ist eine Annahme unter Vorbehalt nicht möglich (etwa bei überraschender Einladung **1082** zu einem opulenten Mahl) oder untunlich (Rücksicht auf diplomatische Gepflogenheiten etc.), ist die Vorteilsannahme nach h.M. **gerechtfertigt**, wenn objektiv der Vorteil *genehmigungsfähig* war und subjektiv der Amtsträger auch davon ausging sowie (was aber strittig ist) in der Absicht handelte, die nachträgliche Genehmigung unverzüglich einzuholen.[166]

Ob die Genehmigung dann später erteilt wird oder nicht, ist dabei unerheblich.[167]

(cc) Fehlt es an den in (aa)/(bb) genannten Voraussetzungen, erfolgt aber gleichwohl eine *nachträgliche* Genehmigung, soll diese **Strafaufhebungsgrund** sein.[168]

Hinweis: Auch ohne Genehmigung nach § 331 III StGB kann eine Strafbarkeit aus **1083** § 331 StGB ausnahmsweise entfallen unter dem Aspekt der **Sozialadäquanz**.[169]

– Beispiel: Die Annahme üblicher Neujahrsgeschenke durch Briefträger; Kollegengeschenke beim Dienstjubiläum; Spende in die »Kaffeekasse«; das Bezahlen der gemeinsamen Getränkerechnung; die Flasche Wein als »Danke« für eine Rettungstat. –

---

[162] Ausf. zur »Genehmigung« der §§ 331 III, 333 III StGB *Michalke*, FS-Rieß, 2002, S. 771 ff.
[163] Zur Problematik befugnisüberschreitender Genehmigung (h.M.: Unwirksamkeit, s. L/K/H-*Heger*, § 331 Rn. 17 mwN) eingehend *Schneider*, FS-Kühne, 2013, S. 477 (479 ff.).
[164] BGH St 31, 264 (285 ff.); *Fischer*, § 331 Rn. 32; Sch/Sch-*Heine/Eisele*, § 331 Rn. 59; **and.** SK[10]-*Deiters/Stein*, § 331 Rn. 66: Tatbestandsausschluss; zur zust. Behörde MK-*Korte*, § 331 Rn. 186 ff.
[165] Sch/Sch-*Heine/Eisele*, § 331 Rn. 60; L/K/H-*Heger*, § 331 Rn. 16; *Rengier* II, 60/74 f.
[166] L/K/H-*Heger*, § 331 Rn. 16; *Rengier* II, 60/74; LK-*Sowada*, § 331 Rn. 122; demgegenüber wollen *Maiwald*, JuS 1977, 353 (356 f.), Sch/Sch-*Heine/Eisele*, § 331 Rn. 61, MK-*Korte*, § 331 Rn. 207, 208 und SK[10]-*Deiters/Stein*, § 331 Rn. 74 auf jene Absicht verzichten.
[167] So die soeben in *Fn. 166* genannten Autoren.
[168] *Fischer*, § 331 Rn. 36; Sch/Sch-*Heine/Eisele*, § 331, Rn. 62; MK-*Korte*, § 331 Rn. 204; *Rengier* II, 60/75; SK[10]-*Deiters/Stein*, § 331 Rn. 75; L/K/H-*Heger*, § 331 Rn. 16.
[169] BGH St 31, 264 (279); Sch/Sch-*Heine/Eisele*, § 331 Rn. 40; SK[10]-*Deiters/Stein*, § 331 Rn. 46; **abw.** *Wagner*, JZ 1987, 594 (604 f.); *Rengier* II, 60/13 m. Bsp. und mwN; s.a. *BGH*, NStZ 2005, 334 (zum Einfluss freundschaftlicher Beziehungen zwischen Vorteilsnehmer und Vorteilsgeber); vertiefend *Thomas*, FS-Jung, 2007, S. 973 ff.; LK-*Sowada*, § 331 Rn. 72 ff.; zur behördeninternen Verteilung von **Konzert-Freikarten** vgl. *Korte*, FS-Ignor, 2023, 301 ff.

Der Verkehrssitte oder den Regeln der Höflichkeit geschuldete kleinere Aufmerksamkeiten vermögen nicht, den Anschein der Käuflichkeit zu erwecken.[170]

Dabei fehlt es in solchen Fällen auch oft schon am Merkmal: *»für die Dienstausübung«*.
Abgesehen von § 331 III StGB ist für **Rechtfertigungsgründe** nur wenig Raum.[171]

*b) Strafbarkeit des V in **Fall 99** (Rn. 1060)?*

1084 (1) Anstiftung zu § 331 I StGB kommt nicht in Betracht: § 333 StGB ist eine **abschließende Regelung** und damit als *lex specialis* für die Vorteilsgewährung gegenüber der Teilnahme an § 331 StGB vorrangig. Die Strafbarkeit des aktiv Bestechenden gem. § 333 StGB bestimmt sich also nur nach dieser Norm, nicht nach §§ 331, 26, 27 StGB. Entsprechend ist auch § 334 StGB gegenüber der Teilnahme des Vorteilsgebers an § 332 StGB abschließend.[172]

– Dies gilt auch für die (über § 334 II, 22 StGB mangels Versuchsstrafbarkeit nicht erfassbare) nur *versuchte* Richterbestechung – mit der Folge gänzlicher Straflosigkeit.[173] –

(2) V ist, da der Tatbestand dieser Norm ersichtlich erfüllt ist, also aus § 333 I StGB strafbar.

c) Strafbarkeit der E?

1085 In unserem *Fall 99* (Rn. 1060) scheidet Mittäterschaft der E an der Tat des S (§ 331 I StGB) von vornherein mangels Täterqualität aus: § 331 I StGB ist ein **Sonderdelikt**, das nur begehen kann, wer als *Amtsträger* den Vorteil fordert, sich versprechen lässt oder annimmt.[174]

Bei der Teilnahme außenstehender Dritter kommt es für ihre Strafbarkeit letztlich darauf an, ob der Vorteilsgeber unterstützt werden soll (dann §§ 333/334, 26/27 StGB) oder der Vorteilsnehmer (dann §§ 331/332, 26/27 StGB).[175]

Damit liegt bei E Anstiftung des S zu § 331 I StGB vor, wobei zugunsten der E § 28 I StGB eingreift. Denn die Amtsträgerposition des S ist ein »strafbegründendes besonderes persönliches Merkmal« i.S. der letzteren Vorschrift (*Rn. 999*).

4. Bestechlichkeit und Bestechung (§§ 332, 334, 335; 335a–337 StGB)

1086 *a) Fall 100: – Abwandlung von **Fall 99** (Rn. 1060) –*

S hat dem F die Note »sehr gut« entgegen seiner – aufgrund der Leistungen des F gewonnenen – pädagogischen Überzeugung gegeben; er empfindet daher das Geschenk des V als »gerechte Belohnung« für seine »Schiebung«. Strafbarkeit von S sowie von V und E (die beide wissen, dass die Benotung nicht gerechtfertigt war)?

1087 (1) S ist aus § 332 I StGB *(»Annahme«)* schuldig; denn die fragliche Diensthandlung, die »Benotung«, war *pflichtwidrig*: Eine **Verletzung der Dienstpflichten** liegt vor, wenn der Täter gegen Rechtsnormen (seien es geschriebene, seien es

---

[170] *Rengier* II, 60/17-19: keine obj. Zurechnung, da keine Schaffung eines rechtl. missbilligten Risikos.
[171] LK-*Sowada*, § 331 Rn. 129; speziell zu § 34 StGB vgl. *Dann*, wistra 2011, 127.
[172] *BGH* St 37, 207 (212 f.); StV 2017, 81 (82); *Rengier* II 60/76, 78; LK-*Sowada*, § 331 Rn. 136; SK[10]-*Deiters/Stein*, § 333 Rn. 17, § 334 Rn. 13.
[173] So explizit *BGH*, NStZ 2016, 349 (350); s.a. *Rengier* II, 60/76.
[174] NK-*Kuhlen/Zimmermann*, § 331 Rn. 18; LK-*Sowada*, § 331 Rn. 135; W/H/E-*Engländer*, Rn. 1074.
[175] Vgl. *Rengier* II, 60/77 mit Beispielsfällen in 60/78.

gewohnheitsrechtliche), Dienstvorschriften oder konkrete dienstliche Weisungen von Vorgesetzten verstoßen hat.[176]

Nach geltendem Schulrecht hat die Benotung nach dem Maßstab der Leistungen des Schülers zu erfolgen und muss der pädagogischen Überzeugung des Lehrers entsprechen, der sich dabei im Rahmen anerkannter Bewertungsmaßstäbe (gegebenenfalls auch im Rahmen einschlägiger Richtlinien des Kultusministers) zu halten hat. Hiergegen hat S verstoßen; bei der Benotung hat er also seine Dienstpflichten verletzt.

(2) V hat sich nach § 334 I StGB (Gewährung eines Vorteils als Gegenleistung für die pflichtwidrige Diensthandlung) strafbar gemacht.

(3) E ist der Anstiftung zu § 332 I StGB schuldig, wobei § 28 I StGB eingreift. **1088**

Vertiefung: Da der Strafrahmen des **§ 334 II StGB** deutlich milder ist als der des **§ 332 II StGB**, sollte man in Fällen von Anstiftung durch außenstehende Dritte zur **Richterbestechlichkeit** (§§ 332 II/26 StGB) für den Anstifter **den Strafrahmen des § 334 II StGB nicht überschreiten**. Diese Einschränkung dient der Vermeidung von Wertungswidersprüchen. Die Bestechung gem. § 334 II StGB erscheint gegenüber der Anstiftung zu § 332 II StGB durch einen Außenstehenden nicht als leichter, sondern eher als schwerer wiegend.[177]

b) Fall 101: – *Weitere Abwandlung von Fall 99 (Rn. 1060)* – **1089**

Studienrat Dr. S schwankt, ob er F in Mathematik ein »gut« oder ein »sehr gut« geben soll; beide Noten erscheinen ihm nach den Leistungen des F gleich vertretbar. In dieser Lage gibt ihm V »Entscheidungshilfe«: Er verspricht S die Kiste Sekt, um ihn bei der Benotung zu beeinflussen. Daraufhin erhält F die Note »sehr gut«. Strafbarkeit von S und V?

(1) S ist nach § 332 I i.V.m. III Nr. 2 StGB schuldig. **1090**

§ 332 III Nr. 2 StGB stellt gesetzlich klar, dass der Ermessensbeamte auch dann pflichtwidrig handelt, wenn seine **Entscheidung** zwar an sich im Rahmen des ihm eingeräumten Ermessensspielraums liegt, aber durch den Vorteil beeinflusst wurde.

Anders gesagt: Wählt der Ermessensbeamte unter den rechtlich in gleicher Weise zulässigen Alternativen a und b **wegen eines Vorteils** i.S.d. § 332 StGB die Alternative a (bzw. b), so liegt eine Beeinflussung i.S.d. § 332 III Nr. 2 StGB vor.[178]

»Im Ermessen« des Amtsträgers steht dabei eine Diensthandlung nach Sinn und Zweck des **1091** § 332 StGB nicht nur, wenn es um das »Handlungsermessen auf der Rechtsfolgenseite« geht, sondern auch dort, wo ein **»Beurteilungsspielraum«** auf Tatbestandsseite anerkannt ist,[179]

 – wie insbesondere bei der Beurteilung von Schulleistungen und bei Prüfungsentscheidungen,[180] aber auch bei richterlichen Strafzumessungsentscheidungen,[181] –

---

[176] *BGH* St 48, 44 (46); NStZ-RR 2008, 13 (14); *Fischer*, § 332 Rn. 8; Sch/Sch-*Heine/Eisele*, § 332 Rn. 7; SK[10]-*Deiters/Stein*, § 332 Rn. 12.
[177] Ebso. NK-*Kuhlen/Zimmermann*, § 331 Rn. 131; s.a. SK[10]-*Deiters/Stein*, § 334 Rn. 13.
[178] Vgl. *BGH* St 47, 260 (263); NStZ-RR 2008, 13 (14); HK-GS-*Bannenberg*, § 332 Rn. 4; *Fischer*, § 332 Rn. 9a; *Rengier* II, 60/63 f.; LK-*Sowada*, § 332 Rn. 13.
[179] Wie hier *Eisele* I, Rn. 1649; *Rengier* II, 60/33; LK-*Sowada*, § 332 Rn. 13; s.a. *Fischer*, § 332 Rn. 9.
[180] *BVerfG*, JZ 1991, 1077 (1077, 1081); *BVerwG*, JuS 1994, 522; *Pieroth/Kemm*, JuS 1995, 780; *Schenke*, JZ 1996, 1055 (1065 ff.); LK-*Sowada*, § 332 Rn. 13.
[181] *Rengier* II, 60/59.

bzw. wo ein »**Gestaltungsspielraum**« des Amtsträgers besteht,[182]
– wie bei Aufstellung eines Bebauungsplanes oder bei Auswahl eines Vertragspartners.

1092 Ob dies auch für Amtsträger gilt, die in privatrechtlich organisierten »sonstigen Stellen« i.S.d. § 11 I Nr. 2 lit. c StGB tätig sind, darf – entgegen dem *BGH*[183] – eher bezweifelt werden, da es durchaus Abstufungen hinsichtlich der Schutzwürdigkeit des Vertrauens gibt, das im Hinblick auf das ordnungsgemäße Funktionieren des »öffentlichen Dienstes« einem »Ermessensbeamten« hier und einem bloßen »Amtsträger-Manager« dort entgegengebracht wird.[184]

(2) Ergebnis in **Fall 101**: V ist nach § 334 I i.V.m. III Nr. 2 StGB strafbar.

c) Ergänzende Hinweise zu §§ 332, 334 StGB

1093 (1) **Straftaten** als Diensthandlungen? – Dazu (es ging im konkreten Fall um Urkundenfälschung und Untreue) zu Recht der *BGH*:[185] »Eine Diensthandlung nimmt auch vor, wer seine amtliche Stellung dazu missbraucht, eine mit Strafe bedrohte Handlung zu begehen, die ihm gerade seine amtliche Stellung ermöglicht.«

Der Versprechende muss nicht auch Begünstigter der pflichtwidr. Diensthandlung sein.[186]

1094 (2) Gemäß § 332 III StGB genügt bereits das »*Sich-bereit-Zeigen*«, d.h. es genügt, »dass der Beamte sich als käuflich zu erkennen gibt, mag er sich auch insgeheim vornehmen, die pflichtwidrige Handlung nicht zu begehen«;[187] die Unrechtsvereinbarung (dazu Rn. 1063), die den Anschein der Käuflichkeit pflichtwidriger Amtshandlungen hervorruft, ist hinreichend, der **geheime Vorbehalt**, keine pflichtwidrige Handlung vorzunehmen, ohne Bedeutung.[188]

1095 (3) Bestechlichkeit kann auch in der Annahme von Geldzuwendungen liegen, die zur **Weiterleitung** an politische Parteien (Rathausparteien) bestimmt sind:[189]

Mit dem Geld sollte der Täter (Wahlbeamter der Stadt X) erreichen: »Ebnung des Bauprojekts im politischen Bereich«; »günstige Beeinflussung des politischen Umfeldes durch Zahlung an die Rathausparteien«; »Beseitigung politischen Widerstandes«.

Den Vorteil für den Beamten sieht der *BGH* dabei schon in der Erlangung der Verfügungsmöglichkeit über die Gelder. Im Übrigen, so meint das Gericht, komme auch ein materieller bzw. immaterieller mittelbarer Vorteil für den Beamten in Frage; denn für ihn als Wahlbeamten der Stadt sei das Wohlwollen der Rathausparteien allemal nützlich.

– Diese Entscheidung bleibt ungeachtet der Einbeziehung von »Vorteilen für Dritte« in §§ 331 ff. StGB *n.F.* bedeutsam, und zwar wegen unserer Ausführungen in **Rn. 1072**. –

---

[182] *BGH* St 47, 260 (263): Beb.plan; NStZ-RR 2008, 13 f.: Vertr.partner; s.a. LK-*Sowada*, § 332 Rn. 13.
[183] *BGH*, NStZ 2005, 214 (215); 2007, 211 (212); zust. LK-*Sowada*, § 332 Rn. 13.
[184] So *Bernsmann*, FS-Rissing-van Saan, 2011, S. 75 (84); s. zuvor schon *ders.*, StV 2009, 308 (312 f.).
[185] *BGH* NStZ 1987, 326; s.a. *BGH*, NStZ 2000, 596 (598 f.); *Fischer*, § 332 Rn. 10; h.M.
[186] *BGH*, NStZ 2022, 170.
[187] *BGH*, NStZ 1984, 24 (25); W/H/E-*Engländer*, Rn. 1097; Sch/Sch-*Heine/Eisele*, § 332 Rn. 14.
[188] h.M., vgl. etwa *BGH* St 48, 44 (46); NStZ-RR 2008, 13 (14); HK-GS-*Bannenberg*, § 332 Rn. 5; L/K/H-*Heger*, § 332 Rn. 5; *Rengier* II, 60/61; W/H/E-*Engländer*, Rn. 1097.
[189] *BGH* St 35, 128 (131 ff. zur »*Verletzung der Dienstpflichten*«, 133 ff. zum »*Vorteil*«). Zur Korruption durch Parteispenden vgl. *Saliger*, NJW 2005, 1073.

(4) Eine Strafschärfung für **besonders schwere Fälle** ordnet § 335 StGB bei Taten nach §§ 332, 334 StGB an. Als Regelbeispiele werden in § 335 II StGB genannt:[190] **1096**
– ein Vorteil großen Ausmaßes (Nr. 1);
– die fortgesetzte Annahme von Vorteilen für künftige Diensthandlungen (Nr. 2);
– die erwerbs- oder bandenmäßige Begehung (Nr. 3).

(5) Soweit es auf den **Tatort** eines Korruptionsdelikts ankommt (etwa gem. § 261 IX StGB, wenn es bei ihm in concreto um eine mögliche Vortat der Geldwäsche geht[191]), so ist mit dem *BGH* daran zu erinnern, dass es sich bei §§ 331 ff. StGB um abstrakte Gefährdungsdelikte ohne tatbestandlichen Erfolg handelt und der Tatort bei ihnen von daher allein durch den **Handlungsort**, nicht aber den *Erfolgsort* definiert wird.[192] **1097**

(6) Abschließend noch ein Wort zur **Verjährung**: »Werden Bestechung und Bestechlichkeit in der Form begangen, dass der Bestechende zunächst den Vorteil gewährt und der Amtsträger sodann die pflichtwidrige Diensthandlung vornimmt, so beginnt die Verjährung beider Straftaten erst mit der Vornahme der Diensthandlung«.[193] **1098**

IV. Rechtsbeugung (§ 339 StGB)[194]

a) Als »*andere Amtsträger*« i.S. des § 339 StGB, die taugliche Täter sein können, kommen namentlich in Betracht: **1099**

Staatsanwälte; Rechtspfleger; Verwaltungsbeamte, die ein Bußgeld festsetzen; stets aber ist ein Handeln in richterähnlicher Funktion erforderlich.[195]

b) Die zentrale Frage, wann eine »*Beugung des Rechts*« vorliegt, wird durchaus unterschiedlich beantwortet:[196] **1100**

(1) Nach der *objektiven Theorie* liegt eine Rechtsbeugung nur dann vor, wenn materielles oder prozessuales Recht verletzt, die Entscheidung also objektiv nicht mehr vertretbar ist,

(2) nach der *subjektiven Theorie* dann, wenn der Richter, Amtsträger oder Schiedsrichter entgegen seiner rechtlichen Überzeugung handelt, und zwar gleichgültig, ob er sich damit im Bereich des objektiv noch Vertretbaren bewegt oder nicht;

(3) die vermittelnde *Pflichtverletzungslehre* hält für entscheidend, ob der Entscheidungsträger die ihm obliegenden Pflichten verletzt. Dies deckt sich in weiten Bereichen mit der objektiven Theorie, geht jedoch über diese hinaus in Fällen, in denen bei mehrdeutigen Rechtsnormen die Entscheidung zwar im Rahmen des objektiv Vertretbaren, aber aufgrund sachfremder Erwägungen getroffen wird.

---

[190] Näher zu ihnen *Rengier* II, 60/79; W/H/E-*Engländer*, Rn. 1105; s.a. *BGH*, NStZ-RR 2021, 109.
[191] Zu §§ 332, 334 StGB als Vortaten der Geldwäsche s. Krey/Hellmann/*Heinrich*, BT 2, Rn. 1049.
[192] Näher zu einem solchen Fall *BGH*, wistra 2019, 235 (237).
[193] *BGH* St 52, 300 (Leitsatz); dazu *Dann*, NJW 2008, 3078; *Geth/Gleß*, StV 2009, 182; *Helmrich*, wistra 2009, 10; *Kuhlen*, JR 2009, 53; *Mitsch*, Jura 2009, 534.
[194] Krit. *Hoenigs*, Zur Existenzberechtigung des Straftatbestandes der Rechtsbeugung, 2010.
[195] MK-*Uebele*, § 339 Rn. 11; NK-*Kuhlen/Zimmermann*, § 339 Rn. 19; s.a. NStZ-RR 2021, 378.
[196] Zusammenfassend und mwN: *Fischer*, § 339 Rn. 12 ff.; *Geppert*, Jura 1981, 78 (80); MK-*Uebele*, § 339 Rn. 26 ff.; *Rengier* II, 61/12 ff.; W/H/E-*Engländer*, Rn. 1114 ff.

Zweiter Abschnitt: Straftaten gegen die Allgemeinheit

1101 (4) *Die Rechtsprechung* folgt im Ansatz der obj. Theorie, betont aber, dass § 339 StGB nicht schon bei *jeder* Unvertretbarkeit einer Entscheidung, sondern nur bei besonderer Schwere des Verstoßes gegeben sei: Nötig sei stets eine **evidente** Fehlentscheidung, d.h. eine **klare** Überschreitung der Schranken des Vertretbaren:[197]

»Das Tatbestandsmerkmal der ›Beugung‹ enthält insoweit ein normatives Element, wonach nur **elementare Rechtsverstöße** und **offensichtliche Willkürakte** erfasst werden sollen«.[198]

– Beispiel: Der Richter verzichtet systematisch und unter Anfertigung fingierter Anhörungsprotokolle auf die gesetzlich vorgeschriebene Anhörung Betroffener.[199] –

Dem ist zuzustimmen: Zum Schutz der richterlichen Unabhängigkeit (Art. 97 I GG) und mit Blick auf das Genügen von dolus eventualis im subj. Tatbestand (h.M.)[200] sollte man das zentrale Erfordernis *»Beugung des Rechts«* eng interpretieren.

1102 (5) Darüber hinaus hat die Rechtsprechung mittlerweile Elemente der Pflichtverletzungslehre (*Rn. 1100*) aufgegriffen und bejaht nunmehr zu Recht einen »schwerwiegenden Verfahrensverstoß« auch für den Fall, dass »der Richter mit seiner Verfahrensweise aus sachfremden Erwägungen gezielt zum Vorteil oder Nachteil einer Partei handelt«.[201]

1103 c) Kommt mithin (*Rn. 1101*) Rechtsbeugung *nur bei »elementaren Rechtsverstößen«* in Betracht, so greift – ganz in diesem Sinne – § 339 StGB bei einem Verstoß gegen bloßes **Verfahrensrecht**[202] nur dann, wenn der Richter durch sein Verhalten

»nicht lediglich die abstrakte Gefahr einer falschen Entscheidung, sondern die konkrete Gefahr eines unrechtmäßigen Vor- oder Nachteils für eine Partei schafft«.[203]

1104 d) Bei Rechtsbeugung durch **Entscheidungen eines Kollegialgerichts** ging die bislang h.M. dahin, dass die Verurteilung gem. § 339 StGB beim einzelnen Richter die Feststellung (d.h., prozessual gesehen: *den Nachweis*) voraussetze, dass (gerade) er für die das Recht beugende Entscheidung des Kollegialgerichts gestimmt hat (**Zustimmungsthese**).[204] Im Hinblick auf das durch prozessuale Aufklärung nur schwer durchbrechbare Beratungsgeheimnis[205]

(§ 46 DRiG: »Der Richter hat über den Hergang bei der Beratung und Abstimmung auch nach Beendigung seines Dienstverhältnisses zu schweigen.«)

---

[197] *BGH* St 38, 381 (383); 42, 343; 44, 258; 47, 105 (108 f.); *KG*, NStZ 1988, 577; W/H/E-*Engländer*, Rn. 1113 mwN; s.a. die Nennungen in *Fn. 198* sowie *Neumann*, FS-Schünemann, 2014, S.631.

[198] *BGH*, NStZ-RR 2010, 310; s.a. *BGH* St 38, 381 (383); 62, 312 (Rn. 19); NStZ 2013, 648 (651); 2013, 655 (657); 2015, 651 (652); 2021, 365; StV 2024, 158 (159); näher (und krit.) zu diesem restriktiven Ansatz NK-*Kuhlen/Zimmermann*, § 339 Rn. 46 ff.; MK-*Uebele*, § 339 Rn. 31 ff.

[199] *BGH*, NStZ 2010, 92; s.a. *BGH*, NStZ 2013, 655: nachträgliche Fälschung der Urteilsgründe.

[200] Zum **subjektiven Tatbestand** des § 339 StGB: *Lehmann*, NStZ 2006, 127; *BGH* St 59, 145.

[201] *BGH* St 47, 105; dazu *Böttcher*, NStZ 2002, 146; *Kühl/Heger*, JZ 2002, 201; *Schiemann*, NJW 2002, 112; *Wohlers/Gaede*, GA 2002, 483; s.a. *BGH*, NStZ 2021, 365; *Rengier* II, 61/12 ff. (15).

[202] Zur *Rechtsbeugung durch Verfahrensgestaltung*, insb. durch Beweisführung *Dallmeyer*, GA 2004, 540 (541), der insoweit ein »Leerlaufen-Lassen« des § 339 StGB beanstandet (552).

[203] *BGH* St 42, 343; NStZ 2013, 106 (107); 648 (651); 655 (657); 2015, 651 (652); NStZ-RR 2021, 378; 2024, 243; JR 2024, 249 (dazu *Oehms*, aaO 222); i.d.S. **speziell zu Befangenheit** LG Erfurt, BeckRS 2023, 22432 (§ 339 hier abl. *Rostalski*, JZ 2024, 139; *Hoven/Rostalski*, NStZ 2024, 65).

[204] *BGH*, GA 1958, 241 (242); LK[11]-*Spendel*, § 339 Rn. 109; dem *BGH* (unreflektiert und unkritisch hinsichtlich der Auswirkungen im konkreten Fall) folgend OLG Naumburg, NStZ 2009, 214.

[205] Für eine im Einzelfall mögliche Aussagepflicht LK-*Hilgendorf*, § 339 Rn. 123 f.; s.a. *Erb*, NStZ 2009, 189 (190): Es sei ggf. zuzulassen, »die Zeugnisverweigerung als unzulässig zu behandeln«.

kommt man (selbst wenn in Fällen der Rechtsbeugung die in § 46 DRiG normierte Schweigepflicht auf ein bloßes Schweigerecht reduziert sein sollte[206]) damit zu dem **fatalen Ergebnis**, mangels prozessualer Durchsetzbarkeit im Hinblick auf rechtsbeugende Entscheidungen eines Kollegialgerichts einen de facto weitgehend **rechtsfreien Raum** zu akzeptieren.[207] Das erscheint so nicht hinnehmbar.

Deswegen sollte man hier *nicht* die (zumindest bisherige) h.M. befürworten, **1105**
»die, einmal vom *BGH* begründungslos erfunden, in den Kommentaren so dahinlebt«,[208] sondern sich auf die **Anwendbarkeit der allgemeinen Zurechnungsregeln** (etwa im Rahmen von Produkthaftungsfällen) besinnen und dementsprechend auf die *Unterzeichnung* bzw. auf die *gemeinsame Verkündung* des Urteils abstellen.[209]

e) Gegenüber anderen von Richtern (bzw. anderen Amtsträgern oder Schiedsrich- **1106** tern) bei der Leitung oder Entscheidung einer Rechtssache verwirklichten Delikten (wie z.B. §§ 239, 258a, 343, 345 StGB) besteht eine **Sperrwirkung des § 339 StGB** dahingehend, dass sie nach jenen Vorschriften nur bestraft werden können, wenn sie sich *zugleich auch einer Rechtsbeugung* schuldig gemacht haben.[210]
– Dies dient der Absicherung der richterlichen Unabhängigkeit, die gerade in den speziellen Voraussetzungen des § 339 StGB ihre verbindliche Begrenzung finden soll.[211] –

Voraussetzung ist freilich ein *innerer funktionaler Zusammenhang* zwischen je- **1107** ner anderen Straftat und der Leitungs- oder Entscheidungskompetenz, welcher bspw. *fehlt*, wenn der Richter entgegen § 275 I StPO durch nachträgliche Änderung der Urteilsgründe eine Urkundenfälschung gem. § 267 I, III 2 Nr.4 StGB begeht:[212]
»Stellt sich das Verhalten eines Richters bei der Leitung oder Entscheidung einer Rechtssache unabhängig von der Beantwortung der Frage, ob es als Rechtsbeugung, d.h. als elementarer Rechtsverstoß zu Gunsten oder zum Nachteil einer Partei, zu werten ist, auch isoliert als eine Straftat dar, greift der Schutz der Sperrwirkung nicht ein«.[213]

f) Zum Strafbarkeitsrisiko eines Richters beim »**Deal**« im Strafverfahren vgl. *Dießner*, StV **1108** 2011, 43 (45 f.).
– Zur Rechtsbeugung durch Richter und Staatsanwälte der ehemaligen **DDR** siehe u.a.: *BGH* St 40, 30 ff.; 41, 247 ff.; kritisch *Spendel*, JZ 1995, 375 ff.
– Zur Rechtsbeugung durch Richter eines **SS-Standgerichts** (vom April 1945) vgl. *BGH* v. 19.6.1956, NStZ 1996, 485 mit Anm. *Gribbohm*. –

---

[206] So selbst *OLG Naumburg*, NStZ 2009, 214 (215); s.a. LK[11]-*Spendel*, § 339 Rn. 111.
[207] *Scheinfeld*, JA 2009, 401 (406): »Aushebelung des § 339 StGB«, die Kollegialrichter seien »faktisch abgeschirmt und immunisiert gegen eine Bestrafung aus § 339 StGB«.
[208] So die harsche Kritik bei *Scheinfeld*, JA 2009, 401 (406).
[209] So überzeugend *Scheinfeld*, JA 2009, 401 (404, 405); ebso. *Erb*, NStZ 2009, 189 (191 ff.); *ders.* bereits in: FS-Küper, 2007, S. 29 (31 ff.); *Jahn*, JuS 2009 79 (80); jetzt auch MK-*Uebele*, § 339 Rn. 56 mwN; i.E. zust. *Fischer*, § 339 Rn. 8; zumindest für »Extremfälle« ebso. NK-*Kuhlen/Zimmermann*, § 339 Rn. 83 ff.; SK[10]-*Deiters/Stein*, § 339 Rn. 49; **krit.** S/S/W-*Kudlich*, § 339 Rn. 33.
[210] *BGH* St 10, 294 (298); 32, 357 (364); 41, 247 (255); *OLG Düsseldorf*, NStZ 1990, 284; *OLG Karlsruhe*, NJW 2004, 1469; *OLG Naumburg*, NStZ 2013, 533 (535); *Rengier* II, 61/21; h.M.
[211] *BGH* St 10, 294 (298); NStZ 2015, 651 (652); s.a. *BGH* St 41, 247 (255): Sicherung d. Rechtspflege.
[212] *OLG Naumburg*, NStZ 2013, 533 (535) m. Bespr. *Jahn*, JuS 2012, 950; s.a. *Rengier* II, 61/21.
[213] *OLG Naumburg*, NStZ 2013, 533 (535); ebso. jetzt *BGH*, NStZ 2015, 651 (652).

V. Aussageerpressung (§ 343 StGB)

1109 Täter des § 343 StGB kann nur ein Amtsträger sein, der »*zur Mitwirkung an einem*« der in Abs. 1 Nr. 1–3 genannten *Verfahren* (insbesondere einem Straf- oder Bußgeldverfahren) »*berufen ist*«

– wobei strittig ist, ob es auf die allg. Zuständigkeit, an Verfahren dieser Art mitzuwirken, ankommt,[214] oder (m.E. richtig!) auf die Zuständigkeit im konkreten Verfahren.[215]

Das bedeutet, dass im Rahmen einer *rein präventiv-polizeilichen* Vernehmung erfolgende Misshandlungen etc. schon nicht dem objektiven Tatbestand unterfallen.

Da aber bei Polizeibeamten nicht selten (auch im konkreten Verfahren) insofern eine **Doppelfunktionalität** gegeben ist, als ihm repressive **und** präventive Aufgaben zufallen,[216] stellt sich hier die Frage nach der Anwendbarkeit des § 343 StGB.

1110 Die h.M. geht dabei davon aus, dass **Handlungen zur Gefahrenabwehr**

– z.B. eine Vernehmung des als Täter einer Entführung Verdächtigten, um den Aufenthalt des Opfers zu erfahren (wie im **Fall Daschner**, in welchem dem Entführer eines Kindes für den Fall der Nichtpreisgabe des Verstecks Folter angedroht wurde[217]) –

selbst dann nicht erfasst werden, wenn sie innerhalb bzw. im Zusammenhang mit einem strafrechtlichen Ermittlungsverfahrens stattfinden.[218] Hier fehlt es nämlich

– will man nicht (richtigerweise) von vornherein (etwa im Rahmen einer *Schwerpunktbetrachtung*[219]) schon den objektiven Tatbestand verneinen[220] –

jedenfalls an der vom Tatbestand des § 343 StGB vorausgesetzten **Absicht**, den Vernommenen dazu zu nötigen, »*in dem Verfahren*« (d.h. in einem der in Abs. 1 Nr. 1–3 genannten Verfahren, hier: dem Strafverfahren) etwas auszusagen.[221]

Angesichts dieses unbefriedigenden Ergebnisses scheint es angeraten, de lege ferenda über eine Erweiterung des Anwendungsbereichs des § 343 StGB nachzusinnen

– etwa durch Einfügung von: »*4. einer gefahrenabwehrenden Maßnahme*«.[222] –

VI. Falschbeurkundung im Amt (§ 348 StGB)

1111 – Siehe hierzu bei den Urkundsdelikten *Rn. 1218 ff.* mit **Fall 113**. –

---

[214] So etwa *Fischer*, § 343 Rn. 2; LPK-*Hilgendorf*, § 343 Rn. 2; Küpper/*Börner*, 9/44.
[215] So überzeugend LK-*Zieschang*, § 343 Rn. 15 mwN; ebso. M/S/M-*Maiwald*, 77/25.
[216] Vgl. LK-*Zieschang*, § 343 Rn. 13 mwN; NK-*Kuhlen/Zimmermann*, § 343 Rn. 6.
[217] *LG Frankfurt*, NJW 2005, 692 (695); dazu (und zur »Rettungsfolter«) LK-*Zieschang*, § 343 Rn. 7 ff.; NK-*Kuhlen/Zimmermann*, § 343 Rn. 6 Fn. 27 f.; s.a. ausf. MK-*Voßen*, § 343 Rn. 7.
[218] Vgl. die in *Fn. 219, 220, 221* Genannten.
[219] *Rogall*, FS-Rudolphi, 2004, S. 511 (538 f.); *Erb*, Jura 2005, 24 mit Fn. 3; *Herzog/Roggan*, GA 2008, 142 (146 f.); NK-*Kuhlen/Zimmermann*, § 343 Rn. 6.
[220] So neben den in *Fn. 219* Genannten auch *Fischer*, § 343 Rn. 2; L/K/H-*Heger*, § 343 Rn. 2; Sch/Sch-*Hecker*, § 343 Rn. 4; S/S/W-*Kudlich*, § 343 Rn. 4; **anders** LK-*Zieschang*, § 343 Rn. 13.
[221] *LG Frankfurt*, NJW 2005, 692 (695); LK-*Zieschang*, § 343 Rn. 13, 35; s.a. Sch/Sch-*Hecker*, § 343 Rn. 16; L/K/H-*Heger*, § 343 Rn. 4.
[222] So der (m.E. zu befürwortende) Gesetzesvorschlag von *Herzog/Roggan*, GA 2008, 142 (150).

Kapitel 2: Sonstige Straftaten gegen die Allgemeinheit

§ 10 Delikte gegen die Sicherheit des Rechtsverkehrs

I. Urkundendelikte (§§ 267–282; 348 StGB)

1. Urkundenfälschung (§ 267 StGB)[1]

Fall 102: – *Saufen ja, kaufen nein* – 1112

Süffelinus Schluck (S) sitzt beim Bier. Als die Polizeistunde naht, stimmt ihn der Anblick der vielen Striche auf seinem Bierdeckel traurig; er radiert einige Striche aus, um Geld zu sparen. Bei der Abrechnung fällt dem Wirt nichts auf. S geht zufrieden nach Hause. Strafbarkeit des S?

a) § 267 StGB durch »Verfälschen einer echten Urkunde«

(1) Zum (nicht einfach zu erfassenden)[2] Begriff der **Urkunde**: Urkunde ist[3] 1113
– *erstens* die *Verkörperung einer* allgemein oder wenigstens für die Beteiligten verständlichen *Gedankenerklärung* (sog. *»Perpetuierungsfunktion«*), die
– *zweitens geeignet und bestimmt* ist, eine außerhalb ihrer selbst liegende Tatsache *im Rechtsverkehr zu beweisen* (sog. *»Beweisfunktion«*)[4] und die
– *drittens* einen bestimmten *Aussteller* benennt oder doch wenigstens für die Beteiligten *erkennen lässt* (sog. *»Garantiefunktion«* der Urkunde).

Gegen diesen **»dreigliedrigen Urkundenbegriff«** wendet sich insb. *Kienapfel*, der meint, das Erfordernis der Beweiseignung und Beweisbestimmung sei überflüssig; es genüge die »Verkörperung einer Gedankenerklärung, die ihren Aussteller erkennen lasse«;[5] damit vertritt *Kienapfel* einen »zweigliedrigen« Begriff der Urkunde.

(a) Am Erfordernis einer **»Gedankenerklärung«** fehlt es insbesondere bei bloßen 1114 Augenscheinsobjekten (z.B. Fingerabdrücken, Blutflecken) und technischen Aufzeichnungen (§ 268 StGB, vgl. *Rn. 1184*).[6]

Es mag durchaus hilfreich sein, in diesem Zusammenhang explizit von *menschlicher* Gedankenerklärung zu sprechen – nicht etwa, weil es auch andere Kategorien von Gedankenerklärungen gäbe, sondern um damit die nötige Abgrenzung zur »technischen Aufzeichnung« des § 268 StGB im Sinne der besseren Bewusstmachung des Problems zu erleichtern; vgl. etwa *Rn. 1190* mit *Fn. 147*.

---

[1] Zur »Dogmengeschichte der Urkundenfälschung« informativ *Rojas*, FS-Frisch, 2013, S. 925.
[2] Vgl. *Bode/Ligocki*, JuS 2015, 989 ff., 1071 ff.: »Der Begriff der Urkunde ist unberechenbar« (989).
[3] Vgl. u.a. *BayObLG*, JZ 1979, 818, JZ 1990, 148; Sch/Sch-*Heine/Schuster*, § 267 Rn. 2; SK[9]-*Hoyer*, § 267 Rn. 7; L/K/H-*Heger*, § 267 Rn. 1, 2; HK-GS-*Koch*, § 267 Rn. 5; *Rengier* II, 32/1; W/H/E-*Engländer*, Rn. 776; LK-*Zieschang*, § 267 Rn. 15.
[4] Ausf. zur Beweisfunktion *Krell*, GA 2019, 325 ff. (**krit.** v.a. zum Erfordernis der *Beweisbestimmung*).
[5] *Kienapfel*, JZ 1972, 394 ff.; ebso. *Otto*, BT, 70/20 ff.; JuS 1987, 761 f.; s.a. *Krell*, GA 2019, 325 ff.
[6] L/K/H-*Heger*, § 267 Rn. 4; *Fischer*, § 267 Rn. 3, 10; NK-*Puppe/Schumann*, § 267 Rn. 26 f., 28 ff.

1115 (b) Für die **»Verkörperung«** der Gedankenerklärung ist zwar überhaupt eine wie auch immer geartete (wichtig: *visuell* erfassbare[7]) Vergegenständlichung nötig

– so dass die sofort abgespeicherte falsche Empfangsbestätigung auf einem digitalen Medium (wie dem Touchscreen des Paketzustellers) keine Urkunde entstehen lässt[8] –

sowie darüber hinaus auch eine gewisse **Dauerhaftigkeit** (*Perpetuierungs*funktion)

– so dass Schriftzeichen im Sand oder Schnee keine Urkundsqualität besitzen, Einlassstempel (von Diskotheken, auf Festivals) auf der menschlichen Haut hingegen schon.[9] –

Nicht notwendig ist aber – entgegen landläufigem Verständnis[10] – die Schriftform:[11]

Urkunden i.S. der §§ 267 ff. StGB sind nicht nur Schriftstücke.

Die Verkörperung kann vielmehr auch durch Zeichen oder Symbole erfolgen, wenn nur eine feste Verbindung mit einem körperlichen Gegenstand besteht. Damit fallen auch die sog. **Beweiszeichen** unter den strafrechtlichen Urkundenbegriff.[12]

1116 (c) **Beweiszeichen** (und damit »Urkunden« im strafrechtlichen Sinn) sind solche verkörperten Gedankenerklärungen, die kein Schriftstück darstellen. Sie müssen aber ebenso wie sonstige Urkunden dazu geeignet und bestimmt sein, über etwas Rechtserhebliches Beweis zu erbringen, und sie müssen ihren Aussteller erkennen lassen;

– d.h., für sie gilt derselbe Urkundenbegriff wie für Schriftstücke. –

Insbesondere mittels des Kriteriums der Beweiseignung und Beweisbestimmung hat sich die Rechtsprechung in jahrzehntelanger, kaum mehr überschaubarer Kasuistik um eine Abgrenzung der Beweiszeichen von den bloßen »Kennzeichen« (Identitätszeichen) bemüht:[13]

1117 *aa)* Bei **Kennzeichen** erschöpfe sich der Zweck darin, die bezeichnete Sache von Gegenständen gleicher Art zu unterscheiden. Ihnen fehle die Beweisfunktion, die Beweiszeichen zukomme; denn das Kennzeichen sei als *bloßes »Erkennungsmerkmal«* nicht dazu geeignet und bestimmt, »einen über sein Dasein hinausgehenden Beweis zu erbringen«.[14]

Diese Unterscheidung zwischen »Beweiszeichen« und »Kennzeichen« wird im Schrifttum mitunter als ***praktisch undurchführbar*** kritisiert.[15]

*Beispiele für bloße **Kennzeichen** (keine Urkunde):* Verschlussplomben, wenn sie allein der *Sicherung* dienen; Garderobenmarken; Biermarken; Firmenaufdrucke zu Werbezwecken (etwa auf Bleistiften); Spielmarken; Dienststempel auf dienstlichem Inventar.[16]

---

[7] Vgl. nur SK[9]-*Hoyer*, § 267 Rn. 27 ff.; *Rengier* II, 32/3; LK-*Zieschang*, § 267 Rn. 49.
[8] *OLG Köln*, NStZ 2014, 276; s.a. HK-GS-*Koch*, § 267 Rn. 9 (»gegenständlich vorhanden sein«).
[9] Zu Ersterem: h.M., vgl. A/W/H/H-*Heinrich*, 31/9; *Rengier* II, 32/4; s.a. SK[9]-*Hoyer*, § 267 Rn. 26; zu Letzterem: *Klein*, ZJS 2020, 70 (72 f.); *Rengier* II, 32/4 (dort auch: Kreidezeichen an Strandkorb).
[10] I.d.S. auch *Kienapfel*, Urkunden im Strafrecht, 1967, 361 ff., u. JZ 1972, 394 ff.; *Otto*, JuS 1987, 761 (762 f.), u. BT, 70/6 f., 9; *Samson*, Urkunde u. Beweiszeichen, 1968, 94 ff., u. JuS 1970, 372.
[11] *RG* St 64, 48 (49); *Freund*, Rn. 91; L/K/H-*Heger*, § 267 Rn. 6; Sch/Sch-*Heine/Schuster*, § 267 Rn. 7, 20; *Rengier* II, 32/21; W/H/E-*Engländer*, Rn. 790; LK-*Zieschang*, § 267 Rn. 16 ff., 39.
[12] *RG* St 34, 436 (439); 64, 48; *BGH* St 9, 235; 16, 94; *Fischer*, § 267 Rn. 5; *Freund*, Rn. 91 ff.; 107; L/K/H-*Heger*, § 267 Rn. 9; Sch/Sch-*Heine/Schuster*, § 267 Rn. 20 ff.; A/W/H/H-*Heinrich*, 31/4, 9, 23 ff.; *Rengier* II, 32/21–25; W/H/E-*Engländer*, Rn. 790 ff.; LK-*Zieschang*, § 267 Rn. 16, 101 ff.
[13] Dazu Nachw. bei: *Fischer*, § 267 Rn. 5 f.; LK-*Zieschang*, § 267 Rn. 102 ff., 105 f..
[14] Vgl. etwa *RG* St 34, 439.
[15] So Sch/Sch-*Heine/Schuster*, § 267 Rn. 22; krit. auch M/S/M-*Schroeder*, 65/26; **hiergegen** aber *Puppe*, JZ 1986, 938 (940); NK-*Puppe/Schumann*, § 267 Rn. 35; MK-*Erb*, § 267 Rn. 41, 44.
[16] Nachw. bei LK-*Zieschang*, § 267 Rn. 105; *Fischer*, § 267 Rn. 8.

(bb) Beispiele für die Annahme von Beweiszeichen in der Rechtsprechung: **1118**
Die – heute kaum mehr aktuelle – datierte Durchlochung einer Eisenbahnfahrkarte (*RG* St 29, 118; dazu *Binding*:[17] »Das Loch als Urkunde ist wohl der tiefste Punkt, bis zu welchem deren Verkennung herabsinken kann«); der sog. »Waldhammerschlag«, falls er den Eigentumsübergang am Holz dokumentieren soll (*BGH* bei *Dallinger*, MDR 1958, 140; *BGH* St 9, 235 [238 f.]); der Korkaufdruck »Originalabfüllung Weingut X« i.V.m. der von dem Korken verschlossenen Weinflasche (*RG* St 76, 186); das Künstlerzeichen des Malers (*OLG Frankfurt*, NJW 1970, 673); **Preisauszeichnungen bei Waren, sofern eine feste Verbindung gegeben ist** (*OLG Köln*, NJW 1973, 1807, vgl. Rn. *1132*); Plomben an Stromzählern (*RG* St 50, 191); **bei einem Pkw:** Fabriknummer am Fahrgestell, am Motor; Nummernschild am Auto; die HU-Prüfplakette am Nummernschild (*Rn. 1232*);[18] bei einem Moped bzw. Mofa das daran befestigte Versicherungskennzeichen (*BayObLG*, JR 1977, 467).

(cc) Nach mittlerweile h.M. sind auch (amtliche wie nichtamtliche) **Wertzeichen** **1119** Urkunden;[19] das gilt bspw. für *Rabatt-, Beitrags- und Steuermarken*, aber auch für *Brief- und Paketmarken*[20] und ebenso für die Scheine einer »Regionalwährung«.
– Bei **amtlichen** Wertzeichen tritt § 267 StGB hinter § 148 StGB zurück (Spezialität).[21] –

In **Fall 102** hatte S Striche auf dem Bierdeckel ausradiert. Bei den Strichen des **1120** Wirtes auf Bierdeckeln handelt es sich um **Beweiszeichen**, also um **Urkunden**:[22]
– Jeder Strich enthält die *verkörperte Gedankenerklärung* des Wirtes: »Ich habe Dir, Gast, ein Bier gebracht«;
– die Striche sind *zum Beweis geeignet und bestimmt*;
– sie lassen für die Beteiligten den *Aussteller* (hier: den Wirt) erkennen.
Dennoch liegt bezüglich dieser Urkunden § 267 StGB *nicht* vor: S hat die Urkunden durch das Ausradieren vernichtet (ein Fall des § 274 StGB, s. *Rn. 1127*); ein *Herstellen unechter* oder ein *Verfälschen echter Urkunden* bezüglich der einzelnen Striche ist nicht gegeben.
Doch könnte die *Verfälschung* einer Gesamturkunde vorliegen; dann müsste der mit den Strichen versehene Bierdeckel eine Gesamturkunde darstellen.

(2) Zum Begriff der **Gesamturkunde**: **1121**
Eine Gesamturkunde liegt vor, »wenn mehrere Einzelurkunden so zu einem sinnvollen und geordneten Ganzen zusammengefasst sind, dass gerade diese Zusammenfassung einen über den gedanklichen Inhalt der Einzelteile hinausgehenden eigenen Erklärungs- und Beweisinhalt hat«.[23]
– Kritisch zur Figur der Gesamturkunde *Lampe*, *Puppe* und *Samson*.[24] –

---

[17] *Binding*, Bd. 2.1, S. 184.
[18] *AG Waldbröl*, NJW 2005, 2870 (dazu *Kudlich*, JA 2006, 173); *OLG Celle*, NJW 2011, 2983 (dazu *Jahn*, JuS 2011, 1136); W/H/E-*Engländer*, Rn. 791; s.a. *BGH* St 63, 182 (184): öffentliche Urkunde.
[19] *Puppe*, JZ 1986, 938 (939); *Fischer*, § 148 Rn. 2a, § 267 Rn. 9; MK-*Erb*, § 148 Rn. 4, § 267 Rn. 84; M/S/M-*Schroeder*, 65/30; *Rengier* II, 32/26; **a.A.** *BayObLG*, JZ 1979, 818; *Küpper/Börner*, 6/14.
[20] Explizit hierzu *BGH*, BeckRS 2019, 4014; *Rengier* II, 32/26.
[21] MK-*Erb*, § 148 Rn. 4; *Fischer*, § 148 Rn. 2a, § 267 Rn. 9.
[22] *RG*, DStR 1916, 77; *Freund*, Rn. 126, 210; *Rengier* II, 32/23, 28, 33; **krit.** *Puppe*, Jura 1980, 18 (Fn.4).
[23] *RG* St 60, 17 (19); Sch/Sch-*Heine/Schuster*, § 267 Rn. 30 ff.; *Fischer*, § 267 Rn. 23; L/K/H-*Heger*, § 267 Rn. 5; *Otto*, BT, 70/25; *Rengier* II, 32/32 f.
[24] *Lampe*, GA 1964, 321 ff.; NK-*Puppe/Schumann*, § 267 Rn. 41 ff.; *Samson*, JuS 1970, 376.

Dabei müssen Herstellung und Führung der Gesamturkunde auf Gesetz, Geschäftsgebrauch oder Vereinbarung der Beteiligten beruhen; eine einseitige Bestimmung genügt nicht.[25] Auch muss eine »gewisse Festigkeit der Verbindung« vorliegen.[26]

> Beispiele für Gesamturkunden: Kaufmännische Handelsbücher und Sparkassenbücher, die Personalakte, aber auch Klassenbücher.[27]

1122 Gemessen an diesen Kriterien ist auch der mit mehreren Strichen des Wirts versehene **Bierfilz** (Bierdeckel) als Gesamturkunde zu werten:

Die Zusammenfassung fest verbundener Einzelurkunden (der Striche) erfolgte aufgrund Geschäftsgebrauchs und war nach der Verkehrssitte dazu geeignet und bestimmt, über rechtliche Beziehungen der Beteiligten, »die sich aus einer Reihe von Einzelakten« (Bierbestellung) ergaben, »eine vollständige Auskunft zu geben«.[28]

Diese Gesamturkunde – **Bierdeckel als Abrechnungsgrundlage**, Beleg für die Gesamtzeche – müsste S *verfälscht* haben, als er einzelne Striche ausradierte.

1123 (3) *Verfälscht* wird eine echte Urkunde, wenn sie durch unbefugte nachträgliche Änderungen etwas anderes aussagt, als der Aussteller erklärt hatte.[29]

So ist in *Fall 102* ein »Verfälschen« und damit der obj. Tatbestand des § 267 StGB gegeben.

Allgemein zum Merkmal »Verfälschen« einer echten Urkunde: Nach h.M. kann auch der **Aussteller** der Urkunde diese i.S. des § 267 StGB verfälschen, nämlich dann, wenn er die Dispositionsbefugnis über die Urkunde verloren hat[30]

– wie etwa bei nachträglichen Änderungen der bereits geschriebenen *Prüfungsarbeit* oder bei Abänderung des schon *verkündeten Urteils* durch den entscheidenden Richter.[31]

Insoweit hat das »Verfälschen« gegenüber dem »Herstellen« selbständige Bedeutung.[32] Von dem Fall des Verfälschens durch den Aussteller abgesehen, ist aber das »Verfälschen« stets zugleich auch das »Herstellen« einer »unechten Urkunde«.[33]

1124 (4) In *Fall 102* ist auch der **subjektive Tatbestand** gegeben: S hat vorsätzlich und *zur Täuschung im Rechtsverkehr* gehandelt.

»Zur Täuschung im Rechtsverkehr« handelt, wer durch Vortäuschen der Echtheit (bzw. Unverfälschtheit) der Urkunde einen anderen zu einem rechtserheblichen Handeln oder Unterlassen bringen will. Dabei ist der Begriff des »rechtserheblichen« Verhaltens in negativer Formulierung dahingehend zu umschreiben, dass er

---

[25] Sch/Sch-*Heine/Schuster*, § 267 Rn. 32; *Fischer*, § 267 Rn. 23; LK-*Zieschang*, § 267 Rn. 113.
[26] Wie soeben *Fn. 25*; **a.A.** *Greiser*, NJW 1978, 927 f.
[27] *BGH* 19, 19 (21) (Sparkassenbuch); *OLG Düsseldorf*, NStZ 1981, 25 f. (Personalakte); Sch/Sch-*Heine/Schuster*, § 267 Rn. 36; *Fischer*, § 267 Rn. 24; HK-GS-*Koch*, § 267 Rn. 10; *Rengier* II, 32/33.
[28] So die Kriterien bei *Tröndle/Fischer*, StGB, 52. Aufl., § 267 Rn. 13. – Wie hier für Annahme einer Gesamturkunde: *Rengier* II, 32/33; ebso. offenbar A/W/H/H-*B. Heinrich*, 31/22 Fn. 79.
[29] L/K/H-*Heger*, § 267 Rn. 20 f.; HK-GS-*Koch*, § 267 Rn. 20.
[30] Vgl. *OLG Stuttgart*, NJW 1978, 715 f.; *OLG Koblenz*, NStZ 1995, 138 f.; LK-*Zieschang*, § 267 Rn. 173 ff.; M/S/M-*Schroeder*, 65/64 f.; *Rengier* II, 33/42; W/H/E-*Engländer*, Rn. 833 ff. mit Fall in Rn. 827, 836; **abw.** *Freund*, Rn. 32 ff., 187 ff.; Sch/Sch-*Heine/Schuster*, § 267 Rn. 68; SK[9]-*Hoyer*, § 267 Rn. 83; NK-*Puppe/Schumann*, § 267 Rn. 89 ff.; *Küpper/Börner*, 6/42 f.
[31] Prüf.: *AG Pfaffenhofen*, NStZ-RR 2004, 170; *Rengier* II, 33/41, 43; Urteil: *BGH*, NStZ 2015, 651.
[32] L/K/H-*Heger*, § 267 Rn. 21.
[33] Vgl. u.a.: *BGH* bei Dallinger, MDR 1975, 23; L/K/H-*Heger*, § 267 Rn. 21.

lediglich den »rein gesellschaftlichen Verkehr« oder den Bereich »bloßer zwischenmenschlicher Beziehungen« nicht mitumfasst.[34]

b) »Gebrauchen« der verfälschten Urkunde? **1125**

Neben dem »Verfälschen« ist in **Fall 102** auch diese Tatbestandsalternative erfüllt. Denn *Gebrauchen* einer Urkunde heißt »Zugänglichmachen zur sinnlichen Wahrnehmung«,[35] wobei es genügt, wenn dem zu Täuschenden die Möglichkeit der Kenntnisnahme vermittelt wird[36]

– z.B. indem die Urkunde dem Empfänger vorgelegt oder ihm als Brief bzw. per Fax zugesandt wird (s.a. *Rn. 1175*) –.

In **Fall 102** sind Wirt und Gast bei der Abrechnung von dem Bierdeckel als Abrechnungsgrundlage ausgegangen, wobei nach der Verkehrsanschauung beide (konkludent) den Bierdeckel als zutreffende Aufstellung der Zeche bezeichnen, diesen also einander »präsentieren«; das muss als »Zugänglichmachen«, d.h. für das *Gebrauchen* i.S.d. § 267 StGB, ausreichen.

c) Verhältnis von »Verfälschen« und »Gebrauchen« **1126**

Nach der früheren Judikatur sollten die Alternativen »Herstellen« bzw. »Verfälschen« einerseits und »Gebrauchen« andererseits in Tatmehrheit (§ 53 StGB) stehen, sofern nicht wegen der Voraussetzungen der »fortgesetzten Handlung« ein fortgesetztes Vergehen des § 267 StGB (§ 52 StGB) anzunehmen sei.[37] Nach der grundsätzlichen Preisgabe der Rechtsfigur der fortgesetzten Handlung durch den Großen Senat für Strafsachen des *BGH*[38] müsste die Judikatur nunmehr also an sich pauschal auf Tatmehrheit zurückgreifen.

Das freilich wäre grob sachwidrig, sofern das Gebrauchen **bereits beim Herstellen bzw. Verfälschen geplant** war. Demgemäß ist der h.L. zu folgen, die – mit unterschiedlicher Begründung (deliktische Einheit[39] oder besser: mitbestrafte Vortat[40]) – besagt, *in solchen Fällen* liege nur **ein** Vergehen nach § 267 StGB vor.

– Dies gilt auch für den Fall von Anfang an geplanten *mehrfachen* Gebrauchens.[41] –

Bei *erst später gefasstem Gebrauchensvorsatz* besteht freilich Realkonkurrenz.[42]

d) Urkundenunterdrückung (§ 274 I Nr. 1 StGB) **1127**

(1) Der objektive Tatbestand ist in **Fall 102** erfüllt, und zwar durch *Vernichten von Urkunden* (Ausradieren der Bierstriche) und *Beschädigen* der Gesamturkunde:

– »Beschädigt« wird eine Urkunde, »wenn sie derart verändert wird, dass sie in ihrem Wert als Beweismittel beeinträchtigt ist«.[43]

– Zum Begriff des »Gehörens« i.S. des § 274 StGB vgl. *Rn. 1140*.

---

[34] *Hassemer*, JuS 1977, 197; *BGH* St 33, 105 (109).
[35] *BGH* St 36, 64 (65); *Fischer*, § 267 Rn. 36; LK-*Zieschang*, § 267 Rn. 186.
[36] *BGH*, JZ 1989, 595 (m. Anm. *Puppe*); M/S/M-*Schroeder*, 65/70; W/H/E-*Engländer*, Rn. 837.
[37] So noch *BGH* St 17, 97.
[38] *BGH (GS)* St 40, 138; zur Rechtsfigur der fortgesetzten Handlung und der Entsch. des BGH *Roxin*, AT 2, 33/248 ff. (insb. 33/262 ff.); W/B/S-*Satzger*, AT, Rn. 1265 ff. (insb. 1267).
[39] Vgl. *BGH* NJW 2014, 871; NStZ 2018, 468; *Fischer*, § 267 Rn. 58; s.a. *Rengier* II, 33/64.
[40] *Geppert*, Jura 1988, 162 f.; *Freund*, Rn. 228 ff; L/K/H-*Heger*, § 267 Rn. 27; SK⁹-*Hoyer*, § 267 Rn. 114.
[41] *BGH*, wistra 2014, 349; 2016, 107; NStZ 2022, 227; L/K/H-*Heger* § 267 Rn. 27; **aA** *Rengier* II, 33/66.
[42] *BGH*, NStZ-RR 1998, 269 (270); L/K/H-*Heger*, § 267 Rn. 27; *Rengier* II, 33/63.
[43] Sch/Sch-*Heine/Schuster*, § 274 Rn. 8 ff.; ebso. *Fischer*, § 274 Rn. 5.

Zweiter Abschnitt: Straftaten gegen die Allgemeinheit

1128 (2) Auch der **subjektive Tatbestand** liegt vor:
– *»Absicht«* i.S. des § 274 StGB erfasst nach h.M. auch den dolus directus.[44]
– *»Nachteil«* ist jede (wichtig: die Verwendbarkeit als **Beweismittel** betreffende) Beeinträchtigung, die mit der Verwendbarkeit der Urkunde zusammenhängt (nicht notwendig in Form eines Vermögensschadens bzw. einer Vermögensgefährdung).[45]
In *Fall 102 (Rn. 1112)* ist S daher auch aus § 274 I Nr. 1 StGB schuldig.
e) § 303 StGB wird von § 274 I Nr. 1 StGB (»Vernichten«, »Beschädigen«) konsumiert.[46]
f) Mittels Täuschung durch konkludentes Verhalten bei der Abrechnung (s. *Rn. 1125*) hat S zudem einen *Betrug* (§ 263 StGB) begangen, der zu § 267 StGB in Idealkonkurrenz steht.

1129 g) *Konkurrenzen zwischen § 267 StGB und § 274 StGB:*
Geschütztes Rechtsgut bei § 267 StGB ist die Sicherheit und Zuverlässigkeit des Rechtsverkehrs mit Urkunden.[47]
Bei § 274 I Nr. 1 StGB wird hingegen (in erster Linie) die »Beweisposition des an dem Beweismittel [d.h. der Urkunde] Berechtigten« geschützt[48]
    bzw. genauer: § 274 I Nr.1 StGB schützt (auch) das »Recht, mit (echten) Urkunden bzw. technischen Aufzeichnungen Beweis zu erbringen«.[49]
Daher ist zwischen §§ 267 und 274 StGB **Idealkonkurrenz** (§ 52 StGB) gegeben.
– Dagegen nimmt der *BGH* für den Fall, dass Verfälschen i.S.d. § 267 StGB und Beschädigen i.S.d. § 274 StGB zusammentreffen, **Konsumtion** des § 274 StGB an.[50] –
h) *Ergebnis:* S ist vorliegend aus §§ 263, 267, 274 I Nr. 1, 52 StGB strafbar.

1130 **Fall 103:** – *Zusammengesetzte Urkunde*[51] –
Piet Pilz hatte in angetrunkenem Zustand einen Verkehrsunfall verursacht. Ihm wurde daraufhin von Assistenzarzt Pepe Pelz eine Blutprobe entnommen. Auf die Venüle, die das entnommene Blut enthielt, war ein Stück Papier geklebt; auf dieses schrieb Pelz in Druckbuchstaben den Namen »Pilz«. Dann steckte Pelz die Venüle in eine Metallhülse, wickelte diese in seinen Bericht, schob beides in ein Holzkästchen, steckte dieses in einen Briefumschlag mit der vorgedruckten Anschrift des gerichtsmedizinischen Instituts und übergab den Umschlag dem Polizeibeamten Poldi Polz. Dieser war mit Pilz befreundet. Da er ihm helfen wollte, vertauschte er die Venüle mit dem Blut des Pilz gegen eine andere mit dem Blut eines Dritten, der erheblich weniger getrunken hatte als Pilz. Dadurch verhinderte Polz die Bestrafung des Pilz aus § 315c I Nr. 1a, III Nr. 1 StGB. – Strafbarkeit des Polz?

---

[44] Sch/Sch-*Heine/Schuster*, § 274 Rn. 15; **a.A.** *Freund*, Rn. 296; s.a. *BGH*, NStZ 2010, 332 zum notwendigen Inhalt der Tätervorstellung; *OLG Hamm*, NStZ 2021, 430: **dolus eventualis** (bloße Vermutung, in der gestohlenen Geldbörse könnten sich Personalpapiere befinden) **genügt nicht**.
[45] *BGH* St 29, 192 (196); *Rengier* II, 36/12; LK-*Zieschang*, § 274 Rn. 62.
[46] L/K/H-*Heger*, § 274 Rn. 8; MK-*Erb*, § 274 Rn. 39; näher *Dingler*, JA 2004, 810 (811 f.).
[47] *Rengier* II, 33/1; L/K/H-*Heger*, § 267 Rn. 1 mwN; **abw.** NK-*Puppe/Schumann*, § 267 Rn. 1 ff.
[48] Sch/Sch-*Heine/Schuster*, § 274 Rn. 2 (Einfügung von mir).
[49] L/K/H-*Heger*, § 274 Rn. 1; *BGH* St 29, 192 (194).
[50] *BGH*, NStZ-RR 2020, 176 (m. krit. Anm. *Fahl*) unter Beiseiteschieben des Rechtsgutsarguments; *Fischer*, § 274 Rn. 11; L/K/H-*Heger*, § 274 Rn. 8; für Subsidiarität: Sch/Sch-*Heine/Schuster*, § 274 Rn. 22; A/W/H/H-*Heinrich*, 31/43; **diff.** SK^9-*Hoyer*, § 274 Rn. 27; LK-*Zieschang*, § 274 Rn. 72.
[51] Ausf. dazu *Lampe*, NJW 1965, 1746; *Samson*, GA 1969, 353; lehrreich *B. Heinrich*, JA 2011, 423.

a) § 267 StGB (»Verfälschen«) durch Austauschen der Venüle **1131**
Durch das Zusammenfügen des *Berichts* mit der *Venüle, auf der »Pilz« stand,* könnte eine **»zusammengesetzte Urkunde«** entstanden sein.
 Wäre das der Fall, so läge im Handeln des Polz ein Verfälschen dieser Urkunde.[52]
 Eine *zusammengesetzte Urkunde* liegt vor, »wenn eine Urkunde mit dem Augenscheinsobjekt, auf das sich ihr Erklärungsinhalt bezieht (›Bezugsobjekt‹), **räumlich fest zu einer ›Beweiseinheit‹ verbunden ist«**.[53]

Beispiele: Ausweise mit eingeheftetem Lichtbild; beglaubigte Abschriften bzw. beglaubigte Kopien[54] (Beglaubigungsvermerk als Gedankenerklärung); mit Stempel der Zulassungsstelle versehenes amtliches **Pkw-Kennzeichen** i.V.m. dem Pkw, an dem es angebracht ist[55] (hierzu vertiefend *Rn. 1213, 1214*); das **Verkehrsschild** mit zugehörigem Straßenabschnitt, ja sogar der Mittelstrich auf der Straße;[56] insbesondere auch die mit einem **Preisschild** in hinreichend fester Verbindung ausgezeichnete Ware[57] (wohlgemerkt: nicht das Preisschild selbst ist die Urkunde[58]). **1132**

So begeht ein »Verfälschen«, wer von einem billigen Kleidungsstück ein Preisschild ablöst und es an einem teureren Artikel anbringt, um diesen billiger zu erwerben.[59] Anders mag es sein, wenn das Schild nur an der Verpackung angebracht ist (Hemd in Klarsichthülle).[60]

Der *BGH* hat in unserem **Fall 103** die Annahme einer zusammengesetzten Urkunde zu Recht abgelehnt, da es an der erforderlichen Verbindung der Einzelteile »mit einiger Festigkeit« gefehlt habe. Im Übrigen seien die Teile – wie das Gericht meint – auch nicht zu dem Zweck zusammengefügt worden, »zusammen eine Erklärung zu bilden«, sondern allein zur Vereinfachung der Versendung.[61] **1133**

 Ein *Verfälschen* des Berichtes (der eine Urkunde ist) durch das Vertauschen der Venülen kommt nicht in Betracht: Es ist kein Verfälschen, »wenn jemand einen außerhalb der Urkunde liegenden Gegenstand ändert, auf den sich die Urkunde bezieht«.[62]

b) § 274 I Nr. 1 StGB (Unterdrücken) bezüglich der Venüle mit der Aufschrift »Pilz«? **1134**
Venüle und *Zettel mit dem Namen »Pilz«* könnten eine **zusammengesetzte Urkunde** sein. Der Zettel enthielt in Verbindung mit der Venüle die Gedankenerklärung: »In der Venüle ist

---

[52] Zum »Verfälschen« bei zusammengesetzten Urkunden u.a.: Sch/Sch-*Heine/Schuster*, § 267 Rn. 65a; *Küpper/Börner*, 6/41; LK-*Zieschang*, § 267 Rn. 168 f.
[53] Sch/Sch-*Heine/Schuster*, § 267 Rn. 36a; LK-*Zieschang*, § 267 Rn. 107; *BGH*, NStZ 1984, 73 (74).
[54] L/K/H-*Heger*, § 267 Rn. 8; *Rengier* II, 32/28.
[55] **Nicht aber die roten Kennzeichen für Überführungsfahrten,** s. *BGH* St 34, 375 (376); 45, 197 (200); *OLG Frankfurt*, NStZ 2020, 619; Sch/Sch-*Heine/Schuster*, § 267 Rn. 36a; s.a. *Rengier* II, 32/28.
[56] Vgl. nur *Böse*, NStZ 2005, 370 f. und *Rengier* II, 32/29 gegen *OLG Köln*, NJW 1999, 1042 (1043).
[57] *Peters*, NJW 1968, 1896; *OLG Köln*, NJW 1973, 1807; 1979, 729 f.; *OLG Celle*, NJW 2011, 2983; HK-GS-*Koch*, § 267 Rn. 10; *Rengier* II, 32/28, 33/47–50; W/H/E-*Engländer*, Rn. 803, 826, 831.
[58] Vgl. *Peters*, NJW 1968, 1896: »... ist das Preisschild ... für sich allein gesehen ... nur ein wertloses, mit nichtssagenden Zahlen und Buchstaben beschriebenes Stück Papier«.
[59] *Peters*, NJW 1968, 1896; *Küpper/Börner*, 6/17 (mit Prüfungsschema!); *Rengier* II, 32/18, 33/46, 48; W/H/E-*Engländer*, Rn. 826, 831; nicht erkannt von *OLG Hamm*, NJW 1968, 1894.
[60] *OLG Köln*, NJW 1979, 729; vgl. W/H/E-*Engländer,* Rn. 832.
[61] *BGH* St 5, 75; zust. A/W/H/H-*Heinrich*, 31/21; *Rengier* II, 33/53; s.a. LK-*Zieschang*, § 267 Rn. 111.
[62] *BGH* St 5, 75 (76, 80); *Frank*, § 267 Anm. V 1a; A/W/H/H-*Heinrich*, 31/21.

das Blut des Pilz«; auch die feste Verbindung sowie die Beweiseignung und -bestimmung liegen vor. Doch fragt sich, ob die »Urkunde« einen *bestimmten* **Aussteller** erkennen ließ. Das könnte schon wegen der Verwendung von Druckbuchstaben zweifelhaft sein, da als Aussteller außer dem Arzt z.B. eine medizinisch-technische Assistentin, eine Krankenschwester oder Polz in Betracht kommen. Nicht ausreichend wäre, wenn der Aussteller sich nicht aufgrund der Erklärung selbst, sondern erst durch weitere Beweise feststellen ließe.[63]

1135 *c) § 133 I, III StGB*

Doch ist Polz nach § 133 I, III StGB schuldig (er hat die Venüle mit der Aufschrift »Pilz« der »dienstlichen Verfügung entzogen«).

d) Zudem liegen §§ 258 I, 258a vor, und zwar in Idealkonkurrenz zu § 133 I, III StGB.

1136 Fall 104: – *Beweisbestimmung* –

Norbert Neulieb (N) hat seit längerem eine Liebschaft mit Rosi (R), was zur Zerrüttung seiner Ehe geführt hat; seine Ehefrau Elfriede (E) betreibt deswegen die Scheidung (§ 1565 II BGB). Zum Beweis für die Beziehungen des N zu R beruft sie sich u.a. auf Briefe ihres Mannes, in denen er sie um Verständnis für sein Verhältnis bittet; sie erklärt, sie werde die Briefe in der nächsten mündlichen Verhandlung dem Gericht vorlegen. N nimmt der E heimlich die Briefe weg und verbrennt sie.

Strafbarkeit des N aus § 274 I Nr. 1 StGB?

1137 *a) Objektiver Tatbestand des § 274 I Nr. 1 StGB:*

(1) Als N die Briefe verbrannte, waren sie **Urkunden**:

Es handelte sich um »verkörperte Gedankenerklärungen«, die ihren Aussteller erkennen ließen. Auch die erforderliche Beweisfunktion lag vor; denn zu jenem Zeitpunkt waren die Briefe geeignet und bestimmt, eine rechtserhebliche Tatsache (die ehezerrüttenden Beziehungen des N zu R) zu beweisen.

1138 (a) Zwar handelte es sich ursprünglich bei den Briefen *nicht* um Urkunden, da sie bei der Ausstellung nicht dazu bestimmt waren, Beweis im Rechtsverkehr zu erbringen. Die für den Urkundenbegriff nötige Beweisbestimmung kann aber noch **nachträglich** erfolgen, und zwar selbst durch **Dritte**.

Wird die Beweisbestimmung der Gedankenerklärung bereits bei der Ausstellung gegeben, spricht man von **»Absichtsurkunden«**[64] oder besser. von: **»originären Urkunden«**.[65] –

Erfolgt die Beweisbestimmung dagegen erst durch einen späteren Umstand, spricht man von **»Zufallsurkunde«**.[66] Die Bezeichnung ist aber verfehlt: Es »wird die ›Zufallsurkunde‹ nicht ›zufällig‹ eine Urkunde, … es geht darum, dass erst nachträglich bewusst die Beweisbestimmung getroffen wird«;[67] passender daher die Benennung: **»nachträgliche Urkunden«**.[68]

---

[63] *BGH* St 5, 75 (76, 78 f.). Dass in casu mangels Erkennbarkeit eines bestimmten Ausstellers keine Urkunde vorliegt, ist h.M.; vgl. nur A/W/H/H-*Heinrich*, 31/21 (m. ausf. Fallschilderung).

[64] Sch/Sch-*Heine/Schuster*, § 267 Rn. 14 f.; A/W/H/H-*Heinrich*, 31/10; L/K/H-*Heger*, § 267 Rn. 13.

[65] *Fischer*, § 267 Rn. 13.

[66] Sch/Sch-*Heine/Schuster*, § 267 Rn. 14 f.; A/W/H/H-*Heinrich*, 31/5, 10; L/K/H-*Heger*, § 267 Rn. 13; HK-GS-*Koch*, § 267 Rn. 12: die Rechtsfigur der Zufallsurkunde **abl**. *Schilling*, Reform der Urkundenverbrechen, 1971, S. 53 ff.; *Puppe*, Jura 1979, 630 (633 ff.); NK-*Puppe/Schumann*, § 267 Rn. 9 ff.; *Erb*, FS-Puppe, 2011, S. 1107 ff.; MK-*Erb*, § 267 Rn. 33 ff.; SK^9-*Hoyer*, § 267 Rn. 39 mwN.

[67] So ganz richtig LK-*Zieschang*, § 267 Rn. 66.

[68] LK-*Zieschang*, § 267 Rn. 66; MK-*Erb*, § 267 Rn. 34; *Fischer*, § 267 Rn. 13.

(b) Eine solche nachträgliche Beweisbestimmung von Privatbriefen ist etwa anzunehmen, wenn ihre Beschlagnahme im Strafverfahren erfolgt oder bei Vorlegung als Beweismittel im Zivilprozess.[69] Aber auch die Ankündigung im Rechtsstreit, die Briefe in der nächsten mündlichen Verhandlung vorlegen zu wollen, muss für die Beweisbestimmung genügen.[70] Das gebieten – wie der vorliegende Fall zeigt – schon kriminalpolitische Erwägungen (Schutz des § 274 I Nr. 1 StGB).

1139

Danach ist hier in *Fall 104* eine nachträgliche Beweisbestimmung gegeben.

(2) Die Briefe (= Urkunden) *»gehörten«* N nicht, jedenfalls nicht ausschließlich:

1140

Für das **»Gehören«** i.S. des § 274 I Nr. 1 StGB kommt es nicht auf Eigentum an; vielmehr *»gehört«* die Urkunde dem Täter ausschließlich, wenn er das alleinige Verfügungsrecht im Hinblick auf die **Funktion der Urkunde als Beweismittel** hat, wenn allein ihm das Recht zur Benutzung der Urkunde als Beweismittel zusteht.[71]

(3) Diese Urkunden hat N *»vernichtet«*.

b) Auch der *subjektive Tatbestand* des § 274 I Nr. 1 StGB ist erfüllt.

c) *Ergebnis:* In *Fall 104 (Rn. 1136)* ist N aus dieser Vorschrift strafbar.

Ergänzende Hinweise zu Beweisbestimmung und Beweiseignung:

1141

(1) Solange die Bestimmung nicht erfolgt ist, z.B. bei bloßen Urkunds**entwürfen**, bei noch nicht vollständig ausgefüllten **Formularen** bzw. **Blanketten**, ist noch keine Urkunde anzunehmen;[72] hier kann aber auch bereits das Erfordernis der Gedankenerklärung fehlen.[73]

(2) Eine Urkunde ist mangels Beweiseignung (man spricht auch von *Beweisfähigkeit*) nicht gegeben, wenn das Dokument im Rechtsverkehr noch nicht einmal den Anschein einer echten Urkunde hervorzurufen vermag, weil **die Unechtheit offenkundig** ist (h.M.).[74]

– *Beispiele:* »Kennkarte Deutsches Reich« mit Reichsadler und Hakenkreuz;[75] Erkennbar aus Versatzstücken gefertigte, mit Tesafilm verklebte Kopiervorlage **(Collage)**.[76] –

Fall 105: – *»Deliktsurkunden«* –

1142

Alonso Anarcho (A) schreibt an Rudi Ratlos einen beleidigenden Brief, unterzeichnet aber zwecks Vermeidung von Schereien mit *Bruno Bessermann*.
Strafbarkeit des A aus § 267 StGB?

In Betracht kommt hier nur das »Herstellen einer unechten Urkunde«. Damit stellt sich das Problem: War der Brief eine *Urkunde?*

---

[69] *RG* St 17, 103 (109); *BGH* St 13, 235 (238); LK-*Zieschang*, § 267 Rn. 69; *Rengier* II, 32/8. 9.
[70] I.d.S. *Fischer*, § 267 Rn. 13; *Rengier* II, 32/8, 9; noch weiter gehend LK-*Zieschang*, § 267 Rn. 70, der bereits die innere Entschlussfassung des Beweisinteressenten genügen lässt.
[71] *BayObLG*, JZ 1990, 148 (Reisepass); HK-GS-*Koch*, § 274 Rn.4; Sch/Sch-*Heine/Schuster*, § 274 Rn.5.
[72] *BGH* St 13, 235 ff.; L/K/H-*Heger*, § 267 Rn. 4, 13.
[73] Vgl. L/K/H-*Heger*, § 267 Rn. 4, 13; Küpper/*Börner*, 6/5.
[74] *BayObLG*, NJW 1992, 3311 (3312); *OLG Celle*, NStZ-RR 2008, 67 (77); *OLG München*, NStZ-RR 2010, 173 (174); *OLG Bamberg*, bei *Jahn*, JuS 2013, 566 (567); *Rengier* II, 32/6 f.
[75] Vgl. *OLG München*, NStZ-RR 2010, 173; *OLG Bamberg*, bei *Jahn*, JuS 2013, 566; *Rengier* II, 32/7.
[76] *BGH*, NStZ 2023, 542 (543) m. Anm. *Kudlich/Schütz* u. Bespr. *Jäger*, JA 2023, 783; *Rengier* II, 32/7.

1143 Dies erscheint wegen des Erfordernisses der Beweisbestimmung durchaus fraglich.[77] Eine verbreitete Ansicht zählt aber beleidigende, nötigende oder erpresserische Schreiben als sog. **»Deliktsurkunden«** zu den Absichtsurkunden.[78]

> *Begründung:* Die Beweisbestimmung bei Absichtsurkunden (»originären Urkunden«) erfordere kein zweckgerichtetes Handeln; es genüge das Bewusstsein, der Empfänger werde an die Mitteilung (möglicherweise) eine rechtliche Reaktion knüpfen, z.B. Strafanzeige erstatten, Strafantrag stellen, auf die Nötigung bzw. Erpressung eingehen.[79]

Folgt man dieser, m.E. fragwürdigen Ansicht, so hat A sich der »Herstellung einer unechten Urkunde« (dazu näher nachfolgend *Fall 106*) schuldig gemacht.

1144 Fall 106: – *Echtheit/Unechtheit von Urkunden* –

Geheimagent James Blond (J) steigt im Hotel »Survival24« ab; um sein Inkognito zu wahren, trägt er sich im Anmeldeformular als *Jack Bauer* ein.
Strafbarkeit des J aus § 267 StGB?

Durch das Ausfüllen des Anmeldeformulars hat J eine Urkunde hergestellt:

> Das ausgefüllte Formular verkörpert seine Gedankenerklärung: »Ich heiße Jack Bauer, übernachte hier am …, wohne in …«; sie ist zum Beweis geeignet und bestimmt und lässt den Aussteller erkennen.

Durch die Unterzeichnung **mit einem falschen Namen** könnte J eine *unechte Urkunde* hergestellt haben.

1145 a) **Unecht** ist eine Urkunde, wenn sie nicht von dem stammt, der als ihr Aussteller bezeichnet ist; entscheidend ist also für das Merkmal »unecht« die **Identitätstäuschung,** während eine bloße *»schriftliche Lüge«* noch keine unechte Urkunde ist:[80]
– *Die bloße inhaltliche Unrichtigkeit bewirkt noch keine »unechte« Urkunde.* –

1146 b) Es fragt sich, ob J wegen des Gebrauchs eines fremden Namens eine Identitätstäuschung begangen hat. J hat nicht darüber getäuscht, wer Aussteller der Urkunde ist, sondern nur darüber, wie dieser heißt. Ob eine solche **schlichte Namenstäuschung** als Identitätstäuschung über den Aussteller zu behandeln sei, ist streitig.

> Einige Autoren bejahen dies. Denn das entscheidende Identitätsmerkmal einer Person im Rechtsverkehr sei ihr **Name**. Daher täusche über seine Identität auch, wer ausschließlich über seinen Namen täusche, selbst wenn er über seine Person nicht täusche.[81]

Rechtsprechung und h.L.[82] meinen jedoch, dass trotz Verwendung eines ihm nicht zustehenden Namens keine Urkundenfälschung begeht, »wer nicht den Anschein der Identität mit einem anderen erweckt, sondern nur seinen Namen ungenannt lassen will (wer nicht *als ein anderer,* sondern nur *unter einem anderen Namen* handelt)« – wie es bei J der Fall ist.

---

[77] Für einen Verzicht auf dieses Erfordernis deswegen *Krell*, GA 2019, 325 (327 ff., insb. 329 f., 337).
[78] Sch/Sch-*Heine/Schuster*, § 267 Rn. 14; SK⁹-*Hoyer*, § 267 Rn. 40; W/H/E-*Engländer*, Rn. 785.
[79] **Krit.** hierzu (und für Verzicht auf das Bestimmungs-Erfordernis) *Krell*, GA 2019, 325 (327 ff., 329 f.).
[80] Sch/Sch-*Heine/Schuster*, § 267 Rn. 48, 54; *BGH* St 33, 159 (160); ähnl. *Freund*, Rn. 140–142. – Beispielsfall: *BGH*, NStZ 2011, 91. –
[81] *Kienapfel*, NStZ 1987, 28 f.; SK⁹-*Hoyer*, § 267 Rn. 56, 57; NK-*Puppe/Schumann*, § 267 Rn. 70.
[82] *BGH* St 1, 117; 33, 159 (160 f.); *OLG Celle* NStZ 1987, 27 f.; *Otto*, JuS 1987, 761 ff.; *ders.*, BT, 70/43 ff.; *Fischer*, § 267 Rn. 31; A/W/H/H-*Heinrich*, 31/14, 29; HK-GS-*Koch*, § 267 Rn. 18; Küpper/Börner, 6/35 f.; *Rengier* II, 33/12-16; **diff.** *Freund*, Rn. 165, 168 f.; s.a. W/H/E-*Engländer*, Rn. 814 f.

Stellungnahme: Der h.A. gebührt, wie ich meine, nach dem Normzweck der Urkunds- **1147** delikte – Schutz des Rechtsverkehrs – der Vorzug; die Gegenauffassung dehnt den Bereich des Strafbaren unnötig weit aus: Wenn z.b. ein Liebespaar »inkognito« in einem Hotel absteigt, wird die Sicherheit des Rechtsverkehrs nicht (ins Gewicht fallend) beeinträchtigt. Dass ein solches Verhalten strafwürdig sein soll, vermag ich nicht einzusehen. Die h.M. führt auch nicht zu bedenklichen Strafbarkeitslücken; denn bei Namenstäuschung mit betrügerischer Intention greift § 263 StGB ein.

Ergebnis: In *Fall 106* ist J nicht nach § 267 StGB strafbar.

– *Zur Vertiefung:* In Fällen bloßer Namenstäuschung ist das subjektive Tatbestandsmerkmal »**zur Täuschung im Rechtsverkehr**« (s. Rn. *1124, 1181*) zumindest i.d.R. nicht erfüllt.[83] –

c) Ergänzende Hinweise:

(1) Wie die Unterzeichnung mit falschem Namen nicht notwendig Herstellung **1148** einer *unechten* Urkunde bedeutet, ist umgekehrt eine Urkunde nicht notwendig deswegen *echt*, weil der Aussteller mit richtigem Namen unterzeichnet: Auch darin kann eine Täuschung über die Identität des Ausstellers liegen, so etwa bei Unterzeichnung eines Wechsels durch den vermögenslosen Kaufmann XY, der auf eine Verwechslung mit seinem solventen Namensvetter spekuliert.[84]

> Siehe dazu auch das Urteil des *BGH* v. 29.6.1994 (Fall der erschwindelten Registrierung des Täters als neuer Kunde in EDV-Anlagen von Versandhäusern):[85]
>
> Die für die Annahme des § 267 StGB nötige Identitätstäuschung könne auch in der Verwendung eines zutreffenden, sonst aber nicht gebrauchten Vornamens, eines unrichtigen Geburtsdatums[86] und einer unrichtigen Anschrift liegen.

(2) Zur Unterzeichnung von Briefen, Anzeigen u.ä. Schreiben mit einem sog. »Al- **1149** lerweltsnamen« (Meier, Müller, Schulze): Unterschreibt der Täter, um seine Identität zu verbergen, etwa mit »Müller«, so ist wie folgt zu unterscheiden:

- Will der Täter vortäuschen, eine bestimmte – wenn auch vielleicht nicht auffindbare – Person namens »Müller« sei Aussteller, so ist eine unechte Urkunde anzunehmen.[87]
- Ist dagegen klar, dass der Aussteller durch die Verwendung des Allerweltsnamens seine Identität verbergen will, ohne vorzutäuschen, jemand anders als er sei der Aussteller, so fehlt es mangels Ausstellerangabe an einer Urkunde (sog. »**versteckte Anonymität**«).[88]

(3) Wegen fehlender Erkennbarkeit des Ausstellers liegt keine Urkunde vor, wenn je- **1150** mand mit einem Schnörkel – also einer absolut unleserlichen Unterschrift, die jede Feststellung des Urhebers vereiteln soll – unterzeichnet oder mit ersichtlich erdichteten Namen wie »Götz v. Berlichingen« etc. (Fälle sog. »**offener Anonymität**«).[89]

---

[83] *Freund*, Rn. 212 ff., 225; LPK-*Hilgendorf*, § 267 Rn. 40; *Rengier* II, 33/15 mwN.
[84] M/S/M-*Schroeder*, 65/58; zu weiteren Bsp. s. Sch/Sch-*Heine/Schuster*, § 267 Rn. 52; L/K/H-*Heger*, § 267 Rn. 19; s.a. *Otto*, BT, 70/44.
[85] *BGH* St 40, 203; dazu u.a. *Küpper/Börner*, 6/30 mwN; L/K/H-*Heger*, § 267 Rn. 19; *Meurer*, NJW 1995, 1655; *Rengier* II, 33/16; **a.A.** *Puppe*, JZ 1997, 490 (491 f.).
[86] So i.E. richtig *BayObLG*, NStZ-RR 2002, 305, aber mit der falschen Begründung, es werde damit über die Identität des Inhabers getäuscht (vgl. Anm. *Stein*, JR 2003, 39).
[87] *RG* St 46, 297 (300 f.); LK-*Zieschang*, § 267 Rn. 92; s.a. *Seier*, JA 1979, 134.
[88] Vgl. Sch/Sch-*Heine/Schuster*, § 267 Rn. 18; LK-*Zieschang*, § 267 Rn. 92.
[89] Sch/Sch-*Heine/Schuster*, § 267 Rn. 18; LK-*Zieschang*, § 267 Rn. 92.

1151 Fall 107: – *»Geistigkeitstheorie«* –

Prokurist Florian Flott (F), dessen Prokura durch seinen Prinzipal (eine Großbank) gemäß § 50 III HGB wirksam auf den Betrieb einer Zweigniederlassung beschränkt ist, akzeptiert in der Hauptniederlassung einen Wechsel und setzt den Firmenstempel der **Hauptniederlassung** neben seine Unterschrift.
Strafbarkeit des F aus § 267 StGB?

Problem: Hat F eine *unechte* Urkunde hergestellt, d.h. den Anschein erweckt, die Urkunde rühre von einer anderen Person als dem wirklichen Aussteller her?

1152 *a)* Bei der Frage, wer Aussteller einer Urkunde ist, kommt es grundsätzlich nicht darauf an, wer die Unterschrift vollzogen hat

(anders noch die u.a. von *Frank* vertretene,[90] überholte »Körperlichkeitstheorie«);

vielmehr ist entscheidend, **»von wem die Urkunde geistig herrührt«** (sog. »Geistigkeitstheorie«).[91]

1153 *b)* **Funktion und Schranken der Geistigkeitstheorie** verdeutlicht sehr schön ein Urteil des *BayObLG*:

»Wer in einer Juristischen Staatsprüfung die geistige Leistung eines anderen sich zu eigen macht, indem er den von einem Dritten gefertigten und geschriebenen Lösungsvorschlag mit seiner Platznummer versieht und als **seine** Arbeit dem aufsichtsführenden Beamten vorlegt, stellt ... nicht eine unechte Urkunde her«:[92]

Nach der Körperlichkeitstheorie kam als Aussteller der beim Aufsichtsführer abgegebenen Examensklausur nur jener »Dritte« in Frage. Auf den ersten Blick könnte man meinen, auch nach der **Geistigkeitstheorie** sei die Beurteilung nicht anders, da es sich bei der Klausur um die geistige Leistung des »Dritten« handelte.

1154 Indes ist der **Prüfungskandidat**, der die Klausur als **seine** Prüfungsleistung vorlegte, im **Rechtssinne** Aussteller der Urkunde; dazu führt das Gericht treffend aus:

Der Prüfungskandidat habe den von einem Dritten geschriebenen Lösungsvorschlag gebilligt und sich »zu eigen gemacht«, indem er ihn als **seine** Klausur, versehen mit **seiner** Platznummer, abgab.

Damit hat der Prüfungskandidat zwar vorgetäuscht, selbst die Lösung erarbeitet zu haben; er hat aber nicht über den Aussteller der Urkunde (der Klausur) getäuscht:

»Die vorangegangene **unbefugte Übernahme der geistigen Leistung anderer** ist für die Frage des Ausstellers und damit der Echtheit der Urkunde rechtlich ohne Belang«.[93]

1155 Gemäß der Geistigkeitstheorie ist z.B. das Ankunftstelegramm eine vom Aufgeber hergestellte Urkunde, nicht nur eine Abschrift des Aufgabetelegramms ohne Urkundenqualität.[94]

---

[90] *Frank*, § 267 Anm. I.
[91] *BGH* St 13, 382 (385); Sch/Sch-*Heine/Schuster*, § 267 Rn. 55; *Freund*, Rn. 116 f., 128; M/S/M-*Schroeder*, 65/48 ff.; *Welzel*, S. 408. Kritik an dieser Formel bei *Puppe*, JZ 1986, 938 (940, 941); diese Kritik wird indes durch unsere folgenden Ausführungen (*Rn. 1153*) entkräftet.
[92] JZ 1981, 201 ff.; zust. u.a.: *Otto*, JuS 1987, 761 (764); W/H/E-*Engländer*, Rn. 812; **krit.** *Puppe*, JZ 1986, 938 (940, 941).
[93] *BayObLG*, JZ 1981, 201 (202).
[94] *RG* St 8, 92 (100 f.); LK-*Zieschang*, § 267 Rn 75; SK^9-*Hoyer*, § 267 Rn. 49.

c) Auf dem Boden der Geistigkeitstheorie ist ferner das **Zeichnen mit fremdem Namen** keine Täuschung über die Identität des Ausstellers, wenn[95]

(1) der Vertreter den anderen vertreten *will,*
(2) der Vertretene sich bei der Ausstellung der Urkunde auch vertreten lassen *möchte*
(3) und der Vertreter den Vertretenen auch – und zwar auch in der Unterschrift (!) – vertreten *darf,* d.h. keine Eigenhändigkeit der Unterschrift rechtlich vorgeschrieben ist

– wie dies etwa beim Testament, § 2247 I BGB, bei Revisionsbegründungen, § 345 II StPO, beim Unterzeichnen von Hausarbeiten bei juristischen Übungen der Fall ist.

Für den Fall der unzulässigen Unterzeichnung mit fremdem Namen, wenn durch Zusätze wie »i.A.« erkennbar ist, dass der Namensträger nicht selbst unterzeichnet hat, gilt: Soweit die **Unterzeichnung mit fremdem Namen** wegen der Unzulässigkeit der Vertretung Herstellung einer unechten Urkunde ist, gilt dies auch dann, wenn sich aus dem Zusatz *i.A.* vor der Unterschrift ergibt, dass der Träger des Namens nicht selbst unterschrieben hat.[96]

d) Aussteller einer Urkunde können nach der Geistigkeitstheorie nicht nur natürliche Personen, sondern auch **Behörden, Kreditinstitute** u.ä. sein.

Bei behördlichen Urkunden gilt nach der Verkehrsauffassung i.d.R. die Behörde, die sich aus dem Briefkopf und/oder dem Dienstsiegel ergibt, als **Aussteller,** während der (»i.A.« oder »i.V.«) unterzeichnende Beamte bzw. Angestellte für den Rechtsverkehr zurücktritt. Daher stellt eine unechte Urkunde her, wer mit eigenem Namen unterschreibt, dies aber *unbefugt* auf dem Briefbogen einer Behörde bzw. unter Hinzufügung des Stempels einer Behörde, und dadurch den **Schein einer Erklärung dieser Behörde selbst** hervorruft.[97]

Diese für Behörden dargelegten Grundsätze hat der *BGH* auch auf Handelsgesellschaften ausgedehnt: Nach der Verkehrsauffassung gelte eine Erklärung, bei der neben die Unterschrift der Firmenstempel z.B. einer Bank gesetzt sei, regelmäßig als Erklärung der Bank, nicht des »p.p.«, »i.V.« oder »i.A.« Unterzeichnenden.[98]

In unserem *Fall 107* hat F daher nicht etwa lediglich über den Umfang seiner Prokura getäuscht (schriftliche Lüge, s. *Rn. 1145*), sondern den Anschein erweckt, die **Hauptniederlassung sei Aussteller** des Akzeptes. Er hat damit eine unechte Urkunde hergestellt.

Hinweis: Diese Grundsätze (*Rn. 1157 f.*) sollen nicht für die **offene Stellvertretung** (Unterzeichnung »i.V.« bzw. »i.A.« mit eigenem Namen) **von natürlichen Personen** gelten; die fehlende Vertretungsmacht begründe hier keine unechte Urkunde.[99]

Dem ist jedoch nur für den Fall zuzustimmen, dass es sich beim Vertretenen nicht um eine *in ihrer sozialen Funktion firmenähnliche Person* handelt: So stellt die Sprechstundenhilfe eine unechte Urkunde her, wenn sie ohne Wissen des Arztes unter Verwendung seines Briefkopfes und unter Hinzufügung seines Kassenarztstempels mit ihrem eigenen Namen

1156

1157

1158

1159

---

[95] BGH St 33, 159 (161 f.); W/H/E-*Engländer,* Rn. 816 f.; *Rengier* II, 33/17–19; M/S/M-*Schroeder,* 65/50, 51; SK⁹-*Hoyer,* § 267 Rn. 47; s.a. *BayObLG,* NJW 1988, 1401 (lesen!).
[96] OLG Hamm, NJW 1973, 634 (m. krit. Bespr. *Puppe,* NJW 1973, 1870); M/S/M-*Schroeder,* 65/54.
[97] BGH St 7, 149 (152); *Gerhold,* Jura 2009, 498 ff.; MK-*Erb,* § 267 Rn. 130; Sch/Sch-*Heine/Schuster,* § 267 Rn. 52; L/K/H-*Heger,* § 267 Rn. 19; *Otto,* BT, 70/35 f.; *Rengier* II, 32/18, 33/25 ff.; **a.A.** *Samson,* JuS 1970, 369 (374 f.); SK⁹-*Hoyer,* § 267 Rn. 44.
[98] BGH St 9, 44; 17, 11; ebenso u.a. *Gerhold,* Jura 2009, 498 ff.; MK-*Erb,* § 267 Rn. 130; Sch/Sch-*Heine/Schuster,* § 267 Rn. 52; *Rengier* II, 33/25, 30 ff.; s.a. BGH St 33, 159 (161).
[99] BGH, NStZ 1993, 491; L/K/H-*Heger,* § 267 Rn. 19; s.a. *Küpper/Börner,* 6/32.

und dem Zusatz »i.A.« unterschreibt (strafbar übrigens auch gemäß § 277 StGB wegen »Unbefugten Ausstellens von Gesundheitszeugnissen«, vgl. *Rn. 1216 f.*).[100] Nichts anderes gilt, wenn jemand dem Mandanten eines Rechtsanwalts unbefugt eine Quittung ausstellt, sie mit »i.V.« unterzeichnet und den Stempel des Rechtsanwalts hinzufügt.[101]

Warum hier anderes gelten sollte, als im Falle angemaßter Vertretung für eine Behörde oder eine Handelsgesellschaft, ist nicht ersichtlich. In all diesen Fällen wird gleichermaßen der Anschein erweckt, eine mit eigener Funktionalität ausgestattete »Stelle« (die Behörde, die Firma, »der Arzt«, »der Rechtsanwalt«) habe die Erklärung abgegeben.[102]

1160 **Fall 108:** – *Blankettfälschung* –

Josef Just (J) übergibt seinem Geschäftsfreund Eugen Ehrlich (E) einen Blankowechsel (Art. 10 Wechselgesetz), auf dem E als Remittent (Art. 1 Nr. 6 Wechselgesetz) angegeben ist; E soll befugt sein, die Wechselsumme nach Abwicklung des nächsten Geschäfts auf dem Wechsel einzutragen. Dabei darf er aber vereinbarungsgemäß den Betrag von 5.000,– Euro nicht überschreiten. E trägt jedoch als Wechselsumme 10.000,– Euro ein und lässt den Wechsel durch seine Bank diskontieren.

Strafbarkeit des E aus § 267 StGB?

1161 a) E hat durch das vereinbarungswidrige Ausfüllen des Blankowechsels eine *unechte Urkunde hergestellt* (sog. **»Blankettfälschung«**).[103] Denn als Aussteller der Urkunde erscheint J, während sie in Wirklichkeit in dieser Form (10.000,– statt 5.000,– Euro) von E herrührt, sodass eine Täuschung über die Person des Ausstellers als dem geistigen Urheber der Erklärung vorliegt. Auch der subjektive Tatbestand des § 267 StGB ist erfüllt.

b) Zudem ist § 267 StGB in der Alternative des *Gebrauchens* gegeben.

c) *Ergebnis:* E ist eines Vergehens nach § 267 StGB in den Alternativen *Herstellen* und *Gebrauchen* schuldig. Zur Konkurrenz s. *Rn. 1126.*

1162 **Fall 109:** – *Herstellen einer unechten Urkunde bei Nötigung?* –

Mirks (M) zwingt Murks mit der Drohung, ihn anderenfalls »umzulegen«, zur Ausstellung eines Schecks, den er (M) anschließend bei seiner Bank einlösen will.

Strafbarkeit des M aus § 267 StGB?

M könnte eine unechte Urkunde hergestellt haben; dann müsste er (gemäß der »Geistigkeitstheorie«) der wirkliche Aussteller der Urkunde (Scheck) sein. Hierfür könnte sprechen, dass M den Murks zu der Ausstellung des Schecks **genötigt** hat. Die Behandlung derartiger Fälle ist streitig:

1163 *a)* Nach allgemeiner Ansicht stellt eine unechte Urkunde her, wer mit **vis absoluta** (vgl. *Rn. 393, 417*) eine Unterschrift erzwingt, indem er dem Unterzeichnenden gewaltsam die Hand führt.[104]

---

[100] So der Fall *OLG Frankfurt*, NStZ 2009, 700 m.Bespr. *Kudlich*, JA 2009, 501.
[101] So der Fall *BGH*, NStZ 1993, 491 (mit freilich anderem Ergebnis: keine Urkundenfälschung).
[102] Ebso. LK-*Zieschang*, § 267 Rn. 99; s.a. *Rengier* II, 33/29, 33.
[103] Sch/Sch-*Heine/Schuster*, § 267 Rn. 62; M/S/M-*Schroeder*, 65/60.
[104] A/W/H/H-*Heinrich*, 31/19; Sch/Sch-*Heine/Schuster*, § 267 Rn. 55; L/K/H-*Heger*, § 267 Rn. 19.

b) Dagegen ist umstritten, ob § 267 StGB auch dann eingreift, wenn die Herstellung einer Urkunde durch **vis compulsiva** oder **Drohung** abgenötigt wird. **1164**

Hierzu wird mitunter vertreten: Sei die Nötigung mit einer *Gefahr* i.S.d. § 35 StGB verbunden, sei geistiger Urheber der Nötigende, sodass dieser eine unechte Urkunde herstelle.[105]

Abweichend die – vorzugswürdige – h.L., die besagt:

Erstens: Werde jemand mittels **Drohung** zur Herstellung einer Urkunde genötigt, so sei der Genötigte als Aussteller der Urkunde anzusehen; »Herstellung einer unechten Urkunde« durch den Nötigenden sei solch ein Verhalten nicht.[106] **1165**

 – Hierfür spricht namentlich § 123 BGB: Ohne Anfechtung bleibt die Willenserklärung des Unterzeichnenden wirksam.[107] –

Zweitens: Für **vis compulsiva** gelte dasselbe wie für Drohung.[108] Die durch vis compulsiva, z.B. einem »Mürbemachen durch Schläge« (*Rn. 393, 418*), erzwungene Unterschrift sei keine Herstellung einer unechten Urkunde durch den Nötigenden. **1166**

 – Auch hierfür lässt sich m.E. § 123 BGB anführen. –

Folgt man der – zutreffenden – h.L., so entfällt § 267 StGB.

 – M ist aber aus § 240 StGB strafbar. –

c) Eine durch **Täuschung** erschlichene Unterschrift führt nur dann zur Unechtheit der Urkunde, wenn dem Getäuschten das Erklärungsbewusstsein fehlt,[109] z.B. weil er aufgrund der Täuschung glaubt, nur ein Autogramm zu schreiben. **1167**

Fall 110: – *Durchschriften, Abschriften und Fotokopien von Urkunden* – **1168**

Securius (S) hat den von seinem Schuldner ausgestellten Schuldschein über eine Forderung in Höhe von 5.000,– Euro verloren; er besitzt aber noch eine Durchschrift, eine Fotokopie und eine Abschrift des Schuldscheins. In diesen drei Papieren radiert S die Schuldsumme aus und trägt stattdessen den Betrag von 10.000,– Euro ein. S will durch Vorzeigen dieser Papiere bei seinen Gläubigern kreditwürdig erscheinen. Strafbarkeit des S aus § 267 StGB?

a) Verfälschung einer Urkunde?

(1) **Unbeglaubigte Abschriften** (sog. **einfache Abschriften**) von Urkunden sind grundsätzlich selbst keine Urkunden.[110] Sie enthalten nämlich nicht selbst die verkörperte Erklärung, sondern sind nur deren Wiedergabe. Zudem lassen sie keine bestimmte Person als Aussteller (der Abschrift) erkennen. – Demgegenüber sind **beglaubigte Abschriften** (und ebenso: **beglaubigte Fotokopien**) sind zusammengesetzte Urkunden: Der Beglaubigungsvermerk ist die Gedankenerklärung, deren Bezugsobjekt ist die Abschrift (bzw. die Fotokopie).[111] **1169**

---

[105] Vgl. *Maurach*, S. 485; i.E. ebso. für Drohung: *Klesczewski*, 17/43.
[106] *Samson*, JuS 1970, 369 (375); Sch/Sch-*Heine/Schuster*, § 267 Rn. 55 a.E.; SK^9-*Hoyer*, § 267 Rn. 43; LK-*Zieschang*, § 267 Rn. 46; *Fischer*, § 267 Rn. 28; *Rengier* II, 33/35; **a.A.** *Freund*, Rn. 155, 156.
[107] *Schroeder*, GA 1974, 225; M/S/M-*Schroeder*, 65/62; Joecks/*Jäger*, § 267 Rn. 78.
[108] *Ulsenheimer*, Jura 1985, 97 (99); LK-*Zieschang*, § 267 Rn. 46; *Fischer*, § 267 Rn. 28; SK^9-*Hoyer*, § 267 Rn. 43; *Rengier* II, 33/35; **abw.**: *Freund*, Rn. 155, 156.
[109] *Ulsenheimer*, Jura 1985, 97 (99); A/W/H/H-*Heinrich*, 31/19; L/K/H-*Heger*, § 267 Rn. 19; Sch/Sch-*Heine/Schuster*, § 267 Rn. 55; M/S/M-*Schroeder*, 65/62.
[110] BGH St 2, 50 (51); OLG Hamm, StV 2017, 448 (dazu *Hecker*, JuS 2016, 1039); *Rengier* II, 32/37.
[111] Vgl. L/K/H-*Heger*, § 267 Rn. 8; *Rengier* II, 32/37.

1170 (2) Demgegenüber sind **Durchschriften** von Urkunden nach h.A. grundsätzlich selbst Urkunden,[112] da sie gerade zu dem Zweck angefertigt werden, mehrere Stücke einer Urkunde als Beweismittel zur Verfügung zu haben, und nach der Verkehrsanschauung wie das Original die Erklärung des Ausstellers enthalten.

– Erst recht sind **Zweitausfertigungen** von Urkunden selbst Urkunden. –

1171 (3) Streitig ist, ob auch **Fotokopien** (sowie Mikrofilme, Mikrofiches) von Urkunden dem Urkundsbegriff unterfallen.[113] Nach Rechtsprechung und h.L. sollen Kopien – ebenso wenig wie Abschriften von Urkunden – selbst **keine Urkunden** sein,[114] während andere Autoren darauf abheben, dass Fotokopien (nicht anders als Durchschriften) schriftgetreue Nachbildungen des Originals und daher schutzwürdig seien.[115]

1172 (a) *Stellungnahme:* Fotokopien in den Urkundenbegriff mit einzubeziehen, erscheint nicht sachgerecht, denn sie lassen (i.d.R.) ihren Aussteller nicht erkennen. Zudem enthalten sie nicht die verkörperte Gedankenerklärung, sondern sind nur deren Abbild.[116] Sie werden also vom **Urkundenbegriff** (s. *Rn. 1113*) nicht erfasst.

– Auch sprechen keine erheblichen kriminalpolitischen Gründe für eine Ausdehnung des Schutzes des § 267 StGB auf Fotokopien. Denn die Verfälschung *beglaubigter* Fotokopien fällt unter § 267 StGB (vgl. *Rn. 1169* – Urkunden). Niemand aber braucht sich (zumindest bei wichtigeren Angelegenheiten) mit der Vorlage *unbeglaubigter* Kopien von Zeugnissen und anderen Urkunden zufriedenzugeben. –

1173 (b) Der Umstand, dass Fotokopien von Urkunden selbst keine Urkunden sind, ändert freilich nichts daran, dass die *Herstellung einer unechten Urkunde* z.B. mittels einer fotografischen bzw. digitalen Reproduktion erfolgen kann,

– etwa »wenn **technische Hilfsmittel** (Fotografie, Fotokopie) dazu verwendet werden, eine neue Originalurkunde herzustellen«,[117] oder wenn eine zuvor **eingescannte Vorlage** am Computer digital verändert und dann ausgedruckt wird.[118]

Eine (unechte) Urkunde ist dabei gegeben, wenn die Fotokopie **nicht bloß als Reproduktion erscheint**, sondern »einer Originalurkunde soweit ähnlich ist, dass die Möglichkeit einer Verwechslung nicht auszuschließen ist«,[119] also letztlich auch *geeignet* ist, **als vorgebliches Original** im Rechtsverkehr Verwendung zu finden[120]

– was ob der heutigen Qualität von Farbkopien von zunehmender Bedeutung ist.

---

[112] *RG*, JW 1938, 1161; *OLG Hamm*, NJW 1973, 1809 (1810); Sch/Sch-*Heine/Schuster*, § 267 Rn. 41; L/K/H-*Heger*, § 267 Rn. 15; HK-GS-*Koch*, § 267 Rn. 17.
[113] Lehrreich *Beck*, JA 2007, 423; *Nestler*, ZJS 2010, 608; ausf. Sch/Sch-*Heine/Schuster*, § 267 Rn. 42 ff.
[114] *BGH* St 24, 140; wistra 2011, 307 (308); NStZ-RR 2020, 373; *Kienapfel*, NJW 1971, 1781; *ders.*, JZ 1971, 165; Sch/Sch-*Heine/Schuster*, § 267 Rn. 42a; SK⁹-*Hoyer*, § 267 Rn. 22; *Rengier* II, 32/38.
[115] Gut begründend *Freund*, Rn. 102 mit Fn. 100, Rn. 127 ff. mit Fn. 134/135; *ders.*, JuS 1991, 727; *ders.*, StV 2001, 234; *Mitsch*, NStZ 1994, 88 f.; *Krell*, JZ 2019, 211; NK-*Puppe/Schumann*, § 267 Rn. 49 f.
[116] *Kienapfel*, NJW 1971, 1781; *Nestler*, ZJS 2010, 608 mwN.
[117] So *BayObLG*, NJW 1989, 2553 (2554); JuS 1990, 850; ausf. Sch/Sch-*Heine/Schuster*, § 267 Rn. 42a.
[118] *BGH*, NStZ 2010, 703 (Bespr. *Bosch*, JA 2010, 555; *Jahn*, JuS 2010, 554); NStZ-RR 2020, 373.
[119] *BayObLG*, NJW 1989, 2553 (2554); ebso. *OLG Nürnberg*, StV 2007, 133; *BGH*, NStZ 2010, 703 m. Bespr. *Bosch*, JA 2010, 555 und *Jahn*, JuS 2010, 554); wistra 2011, 307 (308).
[120] *OLG Nürnberg*, StV 2007, 133 (134): »objekt. Eignung zur Täuschung«; **dagegen** stellt *OLG Stuttgart*, NJW 2006, 2869 maßgeblich auf den »Willen des Fälschers« ab (ebso. *Fischer*, § 267 Rn. 20).

(c) Hinweis: Wenn der Täter die Kopie einer unechten oder verfälschten Urkunde vorlegt, **1174** soll nach h.M. § 267 StGB in der Modalität des **Gebrauchens** jener Urkunde erfüllt sein.[121]

– Was übrigens auf das *»Gebrauchen« i.R.d. § 281 StGB* (Missbrauch von Ausweispapieren) übertragbar ist; auch diese müssen *nicht* (etwa aufgrund der besonderen Bedeutung amtlicher Ausweispapiere) stets im Original vorgelegt bzw. vorgezeigt werden.[122] –

(4) Zur Einordnung von **Telefax (Fax)**, **Computerfax** *und* **Email-Ausdruck**: **1175**
Vorab: Der **Gebrauch** einer unechten oder verfälschten Urkunde liegt auch dann vor, wenn sie dem Empfänger per Fax zugänglich gemacht wird (*Rn. 1125*).

(a) Problematisch ist jedoch die **Urkundenqualität eines Telefax**. **1176**

Beispiel: Ein Vertragsangebot wird dem Geschäftspartner »zugefaxt«.

Ist hier auch der Ausdruck des eingehenden Faxes selbst eine Urkunde? **Dagegen** könnte sprechen, dass bei bloßen Kopien die Urkundenqualität fehlt (vgl. *Rn. 1172*). **Dafür** aber streitet, dass in der Praxis das Telefax i.d.R. wie das Original akzeptiert wird. Demgemäß ist denn auch anerkannt, dass Rechtsmittel wirksam nicht nur per Brief, sondern auch per Fax eingelegt werden können.[123]

– Ebenso ist das Telefax mittlerweile als Urkunde i.S. des § 592 S. 1 ZPO anerkannt.[124] –

Daher meine ich, dass ein Fax, das nach der Verkehrsanschauung dazu bestimmt und geeignet ist, die Funktion des Originals zu übernehmen,

– etwa als Angebot oder Annahme beim Abschluss eines Vertrags zu fungieren, –

selbst eine Urkunde i.S. der §§ 267, 274 StGB darstellt.[125]

Anders verhält es sich freilich, wenn das Fax-Gerät nur zur Erstellung einer »Fernkopie« verwendet, mit ihm also lediglich eine andere Urkunde übermittelt wird.[126]

(b) Fraglich ist auch die Beurteilung sog. **Computerfaxe**, die sich vom herkömm- **1177** lichen Telefax dadurch unterscheiden, dass bei ihnen absenderseitig gar keine verkörperte Urkunde, sondern nur eine Ausgangsdatei vorliegt, während (erst) beim Empfänger im Zuge des Ausdrucks eine »Primärverkörperung« entsteht.[127]

In diesen Fällen wird man von der »Fernanfertigung eines Originals«, also einer Urkunde, ausgehen dürfen, wenn denn im Übrigen die Urkundsmerkmale vorliegen.[128]

---

[121] *BGH* St 5, 291; 24, 140 (142); NStZ 2019, 675 f.; 2023, 542 f.; *Fischer,* § 267 Rn. 19, 37; **a.A.**: *Otto,* JuS 1987, 761 (770); SK⁹-*Hoyer,* § 267 Rn. 88; *Küpper/Börner,* 6/25; W/H/E-*Engländer,* Rn. 838.
[122] *BGH (5. Strafsenat),* NStZ 2019, 675; 2021, 43; ebso. *BGH (4. Strafsenat),* NStZ-RR 2020, 106 f.; **a.A.** *BGH (2. Strafsenat),* NStZ-RR 2020, 282 (283); dazu *Fischer,* § 281 Rn. 3.
[123] *BGH,* NJW 1990, 188 = JuS 1990, 419 mwN; *OLG Düsseldorf,* NJW 1995, 2177.
[124] *OLG Köln,* NJW 1992, 1774; ebso. *Zoller,* NJW 1993, 429 (435).
[125] So auch *Zielinski,* CR 1995, 286 (291); *Beckemper,* JuS 2000, 123; Sch/Sch-*Heine/Schuster,* § 267 Rn. 43; SK⁹-*Hoyer,* § 267 Rn. 21; *Rengier* II, 32/43 f.; **a.A.** *OLG Zweibrücken,* NJW 1998, 2918; *OLG Hamburg,* NStZ-RR 2013, 110; L/K/H-*Heger,* § 267 Rn. 16; M/S/M-*Schroeder,* 65/39.
[126] *OLG Zweibrücken,* NJW 1998, 2918; *BGH,* NStZ 2010, 703 m. Bespr. *Jahn,* JuS 2010, 554; *Beckemper,* JuS 2000, 123 (124); MK-*Erb,* § 267 Rn. 89; *Rengier* II, 32/45.
[127] *Nestler,* ZJS 2010, 608 (611 ff.); s.a. *Freund,* Rn. 128b ff.; W/H/E-*Engländer,* Rn. 798.
[128] W/H/E-*Engländer,* Rn. 798; ausf. LK-*Zieschang,* Rn. 133; ebso. *Freund,* Rn. 128c, 128e; *Nestler,* ZJS 2010, 608 (612); A/W/H/H-*Heinrich,* 31/13; MK-*Erb,* § 267 Rn. 89 (**anders** jedoch für den Fall des nicht-automatischen, erst nachträglichen Ausdrucks der gespeicherten Eingangsdatei).

1178 (c) Den Computerfaxen sollte man **Email-Ausdrucke** grundsätzlich gleichstellen:[129] Beide haben im Geschäftsleben dieselbe Bedeutung; beide zeigen automatisch ihren Absender an,

– wobei freilich die Identität des Erklärenden bei E-Mails nicht unproblematisch ist.[130] –

Der Versender weiß zwar nicht, ob beim Empfänger ein Ausdruck erfolgen wird, es wird ihm freilich diese Möglichkeit regelmäßig vor Augen stehen.

– Zu verneinen ist das Vorliegen einer Täuschungsabsicht aber, wenn dem Absender der Ausdruck gleichgültig ist, weil er von einer Kenntnisnahme am Monitor ausgeht.[131] –

Unterbleibt der Ausdruck, ist von einem Versuch des § 267 StGB auszugehen.[132]

(5) In Fall 110 hat S also (nur) hinsichtlich der Durchschrift eine Urkunde verfälscht.

b) Zum subjektiven Tatbestand des § 267 I StGB:

1179 (1) Kennt der Täter die Tatsachen, die das Tatbestandsmerkmal *Urkunde* begründen, und liegt auch eine entsprechende Parallelwertung in der Laiensphäre vor

– ihm ist die Funktion der Striche auf dem Bierdeckel bekannt –,

so handelt er bzgl. jenes Tatbestandsmerkmals **vorsätzlich**. Unerheblich ist in diesem Fall, ob er weiß, dass jene Striche strafrechtlich als Urkunden behandelt werden, oder ob er insoweit keine Kenntnis besitzt.

– Im letzteren Fall liegt ein unbeachtlicher »Subsumtionsirrtum« vor. –

1180 (2) Hält der Täter ein *Augenscheinsobjekt* oder *Kennzeichen* (*Rn. 1114*, 1117) **irrig** für eine **Urkunde** i.S.d. § 267 StGB, obwohl er die Tatsachen kennt, aus denen das Fehlen der Urkundsqualität folgt, begründet solch »umgekehrter Subsumtionsirrtum« ein strafloses **Wahndelikt**; ein untauglicher Versuch scheidet aus.[133]

– Unsere Darlegungen oben in *Rn. 850, 853* gelten hier entsprechend; s.a. *Rn. 1236*. –

1181 (3) Für das subjektive Tatbestandsmerkmal »**Zur Täuschung im Rechtsverkehr**« (näher schon *Rn. 1124*) soll nach h.M. keine Absicht im technischen Sinne nötig sein, sondern auch *dolus directus* genügen.[134]

In zunehmendem Maße wird sogar *dolus eventualis* als ausreichend erachtet, da nur so auch der professionelle Fälscher zu erfassen sei, der häufig noch nicht einmal in der Gewissheit handele, dass sein Kunde das Falsifikat auch zum Einsatz bringen werde.[135]

---

[129] Ebso. A/W/H/H-*Heinrich*, 31/13; *Fischer*, § 267 Rn. 21; Joecks/*Jäger*, § 267 Rn. 53; S/S/W-*Wittig*, § 267 Rn. 61; – **a.A.** MK-*Erb*, § 267 Rn. 89; Sch/Sch-*Heine/Schuster*, § 267 Rn. 43a.

[130] Hierzu *Mankowski*, NJW 2002, 2822; s.a. LK-*Zieschang*, § 267 Rn. 134.

[131] A/W/H/H-*Heinrich*, 31/13; Joecks/*Jäger*, § 267 Rn. 53; aber s.a. LK-*Zieschang*, § 267 Rn. 133.

[132] LK-*Zieschang*, § 267 Rn. 133; Joecks/*Jäger*, § 267 Rn. 53; **anders** offenbar *Fischer*, § 267 Rn. 21.

[133] Vgl. als **Bsp.:** *BayObLG*, BeckRS 2020, 470 m. Bespr. *Jahn*, JuS 2020, 698; *Kudlich*, JA 2020, 470.

[134] *BayObLG*, NJW 1998, 2917; *Fischer*, § 267 Rn. 42; L/K/H-*Heger*, § 267 Rn. 25; eingehend LK-*Zieschang*, § 267 Rn. 204 ff., 208; **dagegen** SK^9-*Hoyer*, § 267 Rn. 91 (zu ihm s.a. nachf. *Fn. 135*).

[135] MK-*Erb*, § 267 Rn. 209; *Freund*, Rn. 216; Sch/Sch-*Heine/Schuster*, § 267 Rn. 91; NK-*Puppe/Schumann*, § 267 Rn. 103; **a.A.** SK^9-*Hoyer*, § 267 Rn 91, 92, der mit Blick auf den Wortlaut (und auf Art. 103 II GG) hinsichtlich der »Täuschung« Absicht im technischen Sinne verlangt, immerhin aber für das Merkmal »im Rechtsverkehr« dolus eventualis genügen lässt; wieder anders *M. Vormbaum*, GA 2011, 167, der »jedenfalls bei den Herstellungsvarianten« eine strenge Auslegung befürwortet.

1182 Im Übrigen ist für die »*Täuschung im Rechtsverkehr*« § 270 StGB (sog. Gleichstellungsklausel) zu beachten. Mit dieser – auch auf § 267 StGB anwendbaren – Klausel wird klargestellt, dass es genügt, wenn unechte Urkunden nicht Menschen vorgelegt, sondern maschinell in einen Computer eingelesen werden sollen.[136]

(4) In *Fall 110* bestehen am Vorsatz des S und seiner Täuschungsabsicht keine Zweifel, so dass er einer Urkundenfälschung gem. § 267 I StGB schuldig ist.

1183 *c) Ergänzender Hinweis zu § 267 III und IV StGB:*

Eine Strafzumessungsvorschrift für **besonders schwere Fälle** mit Regelbeispielen enthält § 267 III StGB (so z..B, in S. 2 Nr. 1 für die gewerbs- *oder* bandenmäßige Begehung). – Dagegen normiert § 267 IV StGB einen **qualifizierten Tatbestand** (Verbrechen); hier wird die kumulative Verbindung von *bandenmäßiger* mit *gewerbsmäßiger* Begehung erfasst.

2. Fälschung technischer Aufzeichnungen (§ 268 StGB)

1184 *a) Zur Funktion des § 268 StGB als Ergänzung des § 267 StGB:*

Letzterer schützt die Sicherheit des Beweisverkehrs mit *Urkunden*, ersterer diejenige des Beweisverkehrs mit *technischen Aufzeichnungen*.

Auch der Tatbestandsaufbau des § 268 StGB entspricht im Kern § 267 StGB: Wie dieser, erfasst jener als Tathandlung das *Herstellen, Verfälschen* und *Gebrauchmachen.*

§ 268 StGB ist in das StGB eingefügt worden, »weil in Industrie und Wirtschaft immer mehr selbsttätig (automatisch) arbeitende Geräte eingesetzt werden, deren Aufzeichnungen im Rechts- und Geschäftsleben große praktische Bedeutung erlangen«[137] – die aber **keine Urkunden** sind, weil »Urkunden« eine menschliche **Gedankenerklärung** erfordern (vgl. *Rn. 1113, 1114*).

– Die praktische Bedeutung des § 268 StGB ist rein zahlenmäßig nicht gering, aber rückläufig,[138] wobei die höchstrichterliche Rechtsprechung bislang fast nur mit Manipulationen an LKW-Fahrtenschreibern und sog. EG-Kontrollgeräten befasst war.[139] –

1185 *b) Zum Begriff der technischen Aufzeichnung*

Ob es sich um eine technische Aufzeichnung i.S.d. § 268 I StGB handelt, bestimmt sich anhand der Legaldefinition des § 268 II StGB (lesen!).

(1) Zu Fall 110 (Rn. 1168): – Fotokopien als technische Aufzeichnungen? –

Hat sich S wegen der Verfälschung der Fotokopie aus § 268 I Nr. 1 StGB strafbar gemacht?

Problem: War die Fotokopie eine *technische Aufzeichnung?*

1186 Nach Ansicht einiger Autoren sind **Fotokopien** – sowie Filme und Tonbandaufnahmen – technische Aufzeichnungen (§ 268 II StGB), soweit sie i.S. dieser Norm Beweisbestimmung besitzen.[140] Danach läge hier § 268 I Nr. 1 StGB (»Verfälschen«) vor.

---

[136] *Fischer*, § 270 Rn. 2; LPK-*Hilgendorf*, § 270 Rn. 1, 2; *Rengier* II, 33/72.
[137] So dereinst LK[12]-*Zieschang*, § 268 Rn. 1; s.a. L/K/H-*Heger*, § 268 Rn. 1.
[138] Zahlen bei MK-*Erb*, § 268 Rn. 5; LK-*Zieschang*, § 268 Rn. 8.
[139] NK-*Puppe/Schumann*, § 268 Rn. 4; aber s.a. MK-*Erb*, § 268 Rn. 5.
[140] *Schilling*, Fälschung technischer Aufzeichnungen, 1970, S. 16 ff., 72 ff.; *Schneider*, Jura 1970, 243 (248); SK[9]-*Hoyer*, § 268 Rn. 21.

Dagegen erfüllen nach h.M. Fotokopien, Tonbandaufnahmen und Filme nicht die Voraussetzungen des § 268 II StGB. Zur Begründung wird geltend gemacht, es fehle an dem Erfordernis, dass die »*Darstellung durch ein technisches Gerät ganz oder zum Teil **selbsttätig** bewirkt wird*« (§ 268 II StGB).[141]

– Vgl. aber zur Vorlage einer Fotokopie als *Gebrauchen* der Urkunde schon *Rn. 1174.* –

1187 *Stellungnahme:* Die h.M. verdient den Vorzug. Zum einen dürfte es dem Wortsinn des § 268 II StGB nicht gerecht werden, simple Ablichtungen als solche schon als durch ein technisches Gerät »**selbsttätig**« bewirkt, also gewissermaßen als »eigene Darstellungsleistung« eines technischen Geräts, zu werten.

Zum anderen sprechen Sinn und Zweck des § 268 StGB gegen eine Einbeziehung von Fotokopien in den Schutzbereich der Norm. Wie dargelegt dient § 268 StGB dem Schutz des Beweisverkehrs; dabei schützt diese Norm einen »eigenständigen Gewährschaftsträger«, eben die technische Aufzeichnung. Fotokopien verdienen diesen Schutz des – § 267 StGB ergänzenden – § 268 StGB nun aber nicht.[142]

Wer so leichtfertig und nachlässig ist, sich auf **unbeglaubigte** Fotokopien zu verlassen, »soll anschließend nicht laut schreien und zum Kadi laufen und behaupten, ihm sei strafbares Fälschungsunrecht geschehen«.[143] §§ 267 **und** 268 StGB sind zum Schutz der als Beweismittel praktisch wertlosen Ablichtungen nicht gedacht.

1188 *(2) Beispiele für technische Aufzeichnungen:*

Elektrokardiogramm; Tachographenscheibe; vom Computer errechnete Daten wie Gebührenabrechnungen; EDV-Kontoauszüge; Belege von Registrierkassen (bei Addition); Röntgenaufnahmen; Fotos automatischer, mit einer Messvorrichtung versehener Kameras (Hauptbeispiel: Verkehrsüberwachung); Abrechnungsbelege beim Selbsttanken.[144]

(3) Insoweit zur Vertiefung:

1189 (a) Eine **Tachographenscheibe** (Fahrtenschreiberaufzeichnung) ist in ihrem Diagrammteil keine Urkunde, sondern eine technische Aufzeichnung; sie wird jedoch als Ganzes zur **Urkunde**, wenn sie mit dem Namen eines Fahrers versehen wird.[145]

(b) Die von einem Computer erstellte Abrechnung ist zwar als solche eine technische Aufzeichnung. Sie wird aber zur **Urkunde**, wenn eine Behörde, juristische oder natürliche Person sich die per EDV gefertigte Abrechnung durch »Einspeisen« in den Rechtsverkehr als eigene Erklärung *zu eigen macht*: Die Rechnung eines Kaufmanns an seinen Kunden oder der Gebührenbescheid einer Behörde sind also Urkunden, mögen sie auch **mit Hilfe der EDV erstellt** sein.[146]

---

[141] *BGH* St 24, 140 (142); ebso. *Puppe*, Die Fälschung technischer Aufzeichnungen, 1972, S. 463; NK-*Puppe/Schumann*, § 268 Rn. 12 f.; Sch/Sch-*Heine/Schuster*, § 268 Rn. 17; *Fischer*, § 268 Rn. 10; L/K/H-*Heger*, § 268 Rn. 4; M/S/M-*Schroeder*, 65/83; *Otto*, BT, 74/6.
[142] Dazu eingehend *Kienapfel*, JZ 1971, 165 f.; *ders.*, NJW 1971, 1781 (1783 f.).
[143] *Kienapfel*, NJW 1971, 1781 (1784).
[144] Vgl. Sch/Sch-*Heine/Schuster*, § 268 Rn. 8 ff.; *Fischer*, § 268 Rn. 3 ff.; L/K/H-*Heger*, § 268 Rn. 3 ff.; **enger** NK-*Puppe/Schumann*, § 268 Rn. 11 ff.
[145] *OLG Stuttgart*, NJW 1978, 715 f.; *BayObLG*, NJW 1981, 772 (774).
[146] Sch/Sch-*Heine/Schuster*, § 268 Rn. 28; L/K/H-*Heger*, § 267 Rn. 4 (sog. **EDV-Urkunden**); *Sieber*, JZ 1977, 411 (412) mwN.

(c) Äußerst fraglich ist es vor diesem Hintergrund jedoch, ob auch ein von einem **1190**
Parkscheinautomaten ausgeworfener **Parkschein** Urkundsqualität hat.[147]

Denn anders als in den eben genannten Beispielsfällen wäre hier ein »Sich-zu-eigen-Machen«, wenn überhaupt gegeben, so doch wesentlich abstrakter: Zum einen wird der Parkschein vom Benutzer *selbst* und ohne Kenntnis oder gar konkrete Mitwirkung etwa eines für den Parkautomaten zuständigen kommunalen Mitarbeiters gezogen, während in jenen Beispielsfällen der Kaufmann die Rechnung bzw. der Behördenmitarbeiter den Gebührenbescheid – im Zuge gewissermaßen eines *Konkretisierungsaktes* – aktiv in Richtung auf den *Empfänger auf den Weg bringt* (ihm aushändigt oder zuschickt). Zum anderen müsste man beim Parkschein den Akt des »Sich-zu-eigen-Machens« bereits auf einen Zeitpunkt zurückverlagern, der noch *vor überhaupt dem körperlichen Vorhandensein* des – ja vom Parkautomaten erst auf konkrete Anforderung hin auszudruckenden – Parkscheins liegt.

M.E. ist deshalb der Parkschein zwar eine technische Aufzeichnung i.S. des § 268 I und III StGB, mangels »Gedankenerklärung« aber **keine Urkunde**.

Wollte man übrigens in jedem Aufstellen, Anschalten oder sonstigen In-Gang-Setzen eines zur Herstellung technischer Aufzeichnungen geeigneten Gerätes ein solch vorgezogenes, höchst abstraktes »Sich-zu-eigen-Machen« erblicken (was nur konsequent wäre), und damit letztlich eine jede *technische Aufzeichnung* auch zur *Urkunde* machen, liefe § 268 StGB – jedenfalls weitestgehend – leer.

c) Insbesondere: Zum Erfordernis einer dauerhaften Verkörperung

Ist laut § 268 II StGB die technische Aufzeichnung eine »Darstellung« von Daten **1191**
etc., stellt sich die Frage, inwieweit es hierbei einer Perpetuierung bedarf.

Fall 111: – *Zählerstand am Kilometerzähler als technische Aufzeichnung?* –

Rosi (R) hat einen »Leihwagen« gemietet. Sie klemmt die Tachometerwelle ab, sodass der Kilometerzähler die von ihr gefahrene Strecke nicht registriert; sie will das Entgelt für die Wagenmiete senken. Noch bevor sie den Wagen zurückgeben kann, kommt alles heraus. Strafbarkeit der R aus § 268 StGB?

R könnte sich nach § 268 I Nr. 1 i.V.m. III StGB strafbar gemacht haben.

(1) Dazu müsste zunächst einmal der Zählerstand am Kilometerzähler unter den **1192**
Begriff der **technischen Aufzeichnung** i.S. des § 268 II StGB zu fassen sein.

Nach h.M. komme der technischen Aufzeichnung in gleicher Weise wie der Urkunde eine **Perpetuierungsfunktion** zu, es sei also auch für sie eine **dauerhafte Verkörperung** erforderlich.[148]

Keine technische Aufzeichnung sei damit jedenfalls (und das ist zu Recht auch unstreitig) die bloße »Anzeige« von Messwerten, die nicht »aufgezeichnet« werden[149]
– z.B. Flüssigkeitssäule eines Thermometers, Zeigerstand einer Waage, Anzeigen also, die nach erfolgter Messung etc. wieder auf ihren ursprünglichen Zustand zurückfallen. –

---

[147] So aber *OLG Köln*, NJW 2002, 527 (m. zust. Anm. *Hecker*, JuS 2002, 224), welches das Problem der Urkundseigenschaft aber nicht bei der sich aufdrängenden Frage verortet, ob überhaupt eine (menschliche) *Gedankenerklärung* vorliegt, sondern nur bei der weit weniger schwierig zu beantwortenden (und als solcher durchaus zu bejahenden) Frage hinreichender *Ausstellererkennbarkeit*.

[148] *Kienapfel*, JZ 1971, 164; Sch/Sch-*Heine/Schuster*, § 268 Rn. 9; L/K/H-*Heger*, § 268 Rn. 3.

[149] LK-*Zieschang*, § 268 Rn. 15; NK-*Puppe/Schumann*, § 268 Rn. 24; W/H/E-*Engländer*, Rn. 849.

1193 Es sei vielmehr erforderlich (und hier scheiden sich nun die Geister), dass die Darstellung »für eine gewisse Zeit fixiert und vom produzierenden Gerät abgetrennt, also verselbständigt« ist, woran es bei den sich fortlaufend ändernden Messwerten von Kilometerzählern, Wasseruhren, Gas- und Stromzählern fehle und die daher ebenfalls keine technischen Aufzeichnungen seien.[150]

Andere sehen dagegen in solchen kontinuierlich fortschreitenden Messwerten technische Aufzeichnungen, da sie jeweils »die Summe der bisher gemessenen Einheiten bewahren« (perpetuieren) und der Zählstand bei ruhendem Gerät konstant bleibt.[151]

1194 *Stellungnahme:* Mir scheint für die h.M. die **Parallelität der §§ 267/268 StGB** zu sprechen: Für Urkunden und technische Aufzeichnungen ist die Perpetuierung der menschlichen Erklärung (§ 267 StGB) bzw. der »maschinellen Aussage« (§ 268 StGB) durch Verkörperung, d.h. **stoffliche Fixierung**, unentbehrlich. An einer solchen Verkörperung fehlt es aber bei den von Gas-, Strom- und Kilometerzählern angezeigten Messwerten, da diese sich fortlaufend verändern (können). Solche Messwerte erscheinen als in geringerem Maße schutzwürdig: Bei ihnen mag es mit dem Strafrechtsschutz aus §§ 263, 22 f. StGB sein Bewenden haben.[152]

Folglich fehlt es in *Fall 111* bereits an einer technischen Aufzeichnung.

1195 (2) § 268 StGB entfällt in unserem *Fall 111* aber auch dann, wenn man im Messwert des Kilometerzählers eine technische Aufzeichnung sieht:[153] Denn das Merkmal der *»störenden Einwirkung auf den Aufzeichnungsvorgang«* (§ 268 III StGB, näher hierzu noch *Rn. 1199 ff.*) liegt beim bloßen **zeitweiligen »Abschalten«** des aufzeichnenden Geräts nicht vor (vgl. *Rn. 1201*), str.[154]

Wer also durch Manipulationen am fraglichen Gerät zeitweilig verhindert, dass das Gerät eine technische Aufzeichnung vornimmt, erfüllt nicht den Tatbestand des § 268 I Nr. 1, III StGB, mag er auch eine kontinuierliche Aufzeichnung vortäuschen wollen.[155]

d) Herstellen einer unechten technischen Aufzeichnung (§ 268 I Nr. 1, III StGB)

1196 (1) **Unecht** ist eine technische Aufzeichnung, »wenn sie überhaupt nicht oder nicht in ihrer konkreten Gestalt aus einem in seinem automatischen Ablauf unberührten Herstellungsvorgang stammt, obwohl sie diesen Eindruck erweckt«.[156]

– Letztlich geht es also um einen **Mangel an Authentizität**.[157] –

---

[150] BGH St 29, 204 ff.; *Fischer*, § 268 Rn. 4; *Hirsch*, ZStW 85 (1973), 715 f.; *Kienapfel*, JZ 1971, 164; L/K/H-*Heger*, § 268 Rn. 3; M/S/M-*Schroeder*, 65/82; *Otto*, BT, 74/5; NK-*Puppe/Schumann*, § 268 Rn. 24; *Rengier* II, 34/9; W/H/E-*Engländer*, Rn. 849 ff. (851); s.a. *Küpper/Börner*, 6/77.

[151] LG Marburg, MDR 1973, 65 f.; OLG Frankfurt, NJW 1979, 118 f.; *Blei*, JA 1973, 176 f.; Sch/Sch-*Heine/Schuster*, § 268 Rn. 9; *Freund*, Rn. 250; SK⁹-*Hoyer*, § 268 Rn. 12; HK-GS-*Koch*, § 268 Rn. 3.

[152] I.d.S. auch W/H/E-*Engländer*, Rn. 851; vgl. auch die Glosse von *Kienapfel*, JZ 1973, 225.

[153] **Anders** die Falllösung bei W/H/E-*Engländer*, Rn. 843, 852, 862.

[154] Wie hier BayObLG, NJW 1974, 325; *Schilling*, Fälschung techn. Aufz., 1970, S. 65; *Schneider*, Jura 1970, 251; **a.A. die h.M.:** *Fischer*, § 268 Rn. 23; L/K/H-*Heger*, § 268 Rn. 8; NK-*Puppe/Schumann*, § 268 Rn. 40; SK⁹-*Hoyer*, § 268 Rn. 38; M/S/M-*Schroeder*, 65/86; s.a. W/H/E-*Engländer*, Rn. 862.

[155] BayObLG, NJW 1974, 325 zum kurzfristigen »Abschalten« des Fahrtenschreibers im Lkw während der Fahrt; **richtigerweise anders** zum **Zurückstellen des Geräts** BayObLG, JZ 1986, 604.

[156] L/K/H-*Heger*, § 268 Rn. 7; entspr. Sch/Sch-*Heine/Schuster*, § 268 Rn. 31.

[157] Sch/Sch-*Heine/Schuster*, § 268 Rn. 31; *Kunz*, JuS 1977, 604 (606).

(a) Unecht sind demgemäß zum einen nachgeahmte Aufzeichnungen, bei denen der Täter entweder **manuell** oder mittels **technischer** Hilfsmittel vortäuscht, die fragliche Aufzeichnung sei das Produkt einer i.S. des § 268 II StGB **selbsttätigen** Aufzeichnung des entsprechenden technischen Gerätes.[158]

(b) Unecht sind technische Aufzeichnungen aber auch, wenn der vom Gerät fixierte Inhalt **nachträglich verändert** wurde: ebenfalls ein Fall mangelnder Authentizität. **1197**

> Wenn also § 268 I Nr. 1 Alt. 2 StGB von »Verfälschen« spricht, ist damit im Grunde nur ein Unterfall des »Herstellens einer unechten technischen Aufzeichnung« benannt.[159]

(c) Unecht ist eine technische Aufzeichnung schließlich auch dann, wenn der selbsttätige automatische Herstellungsvorgang **ordnungswidrig beeinflusst** wird: Ist der Echtheitsbegriff in § 268 StGB auf die Herkunft aus einem ordnungsgemäß und selbsttätig arbeitenden Gerät bezogen, wird die Aufzeichnung durch eine Störung dieses Herstellungsvorganges unecht i.S. dieser Vorschrift.

> Damit ist auch die »störende Einwirkung auf den Aufzeichnungsvorgang« des § 268 III StGB nur ein Unterfall des Herstellens einer unechten technischen Aufzeichnung.[160]

(d) Dagegen begründet die bloße **inhaltliche Unrichtigkeit** der technischen Aufzeichnung noch nicht ihre Unechtheit – ebenso wie bei Urkunden ihre inhaltliche Unrichtigkeit (»schriftliche Lüge«) sie noch nicht unecht macht (vgl. *Rn. 1145*).[161] **1198**

Doch ist die inhaltliche Richtigkeit der technischen Aufzeichnung letztlich (mittelbarer) Schutzzweck des § 268 StGB: Mit dem »Echtheitsschutz« soll durch diese Norm zugleich jene inhaltliche Richtigkeit gewährleistet werden.[162]

> Gleichwohl ist die »Unrichtigkeit« der technischen Aufzeichnung nach h.M. keine notwendige Voraussetzung für das Merkmal »unecht«.[163]

(2) **Störende Einwirkung auf den Aufzeichnungsvorgang** (§ 268 III StGB) erfordert (als Unterfall des *Herstellens einer unechten techn. Aufzeichnung, s. Rn. 1197*), dass die Einwirkung den **selbsttätigen Funktionsablauf als solchen** beeinflusst.[164] **1199**

(a) Es genügt also nicht, wenn der Täter das Gerät »täuschend beschickt«, z.B. den Computer mit falschen Daten »füttert«, da es in solchen Fällen an einer störenden Einwirkung *auf den Aufzeichnungsvorgang selbst* fehlt.[165]

> – Hierunter fällt es auch, wenn im »Diesel-Abgasskandal« im Emissionstestlauf nur einfach die zu messenden Abgaswerte durch Steuersoftware reduziert werden.[166]

---

[158] *Fischer*, § 268 Rn. 16; NK-*Puppe/Schumann*, § 268 Rn. 32; LK-*Zieschang*, § 268 Rn. 40; L/K/H-*Heger*, § 268 Rn. 7; s.a. *BGH* St 28, 300 (303).
[159] Sch/Sch-*Heine/Schuster*, § 268 Rn. 39; *Lampe*, NJW 1970, 1102.
[160] M/S/M-*Schroeder*, 65/86; Sch/Sch-*Heine/Schuster*, § 268 Rn. 31; L/K/H-*Heger*, § 268 Rn. 8.
[161] *Kunz*, JuS 1977, 604 (606); Sch/Sch-*Heine/Schuster*, § 268 Rn. 32; L/K/H-*Heger*, § 268 Rn. 2, 7.
[162] *Fischer*, § 268 Rn. 15; dazu L/K/H-*Heger*, § 268 Rn. 2: Die Echtheit der technischen Aufzeichnung sei ja »eine besonders wichtige Voraussetzung« für jene Richtigkeit.
[163] So u.a. Sch/Sch-*Heine/Schuster*, § 268 Rn. 44; SK⁹-*Hoyer*, § 268 Rn. 7 f.; L/K/H-*Heger*, § 268 Rn. 2, 7; **a.A.** *Schneider*, Jura 1970, 249.
[164] Anschauliches und lehrreiches Beispiel: *BGH*, NStZ 2016, 42 m. Bespr. *Hecker*, JuS 2015, 1132.
[165] LK-*Zieschang*, § 268 Rn. 48; Sch/Sch-*Heine/Schuster*, § 268 Rn. 48; HK-GS-*Koch*, § 268 Rn. 15; M/S/M-*Schroeder*, 65/86; *Rengier* II, 34/16; W/H/E-*Engländer*, Rn. 861.
[166] So ganz richtig Sch/Sch-*Heine/Schuster*, § 268 Rn. 32, 48b.

1200 Nicht erfasst wird damit auch der Einsatz einer sog. **»Gegenblitzanlage«** bzw. das Anbringen von Reflektoren bzw. reflektierender Folie auf dem Kfz-Nummernschild, um so eine Verkehrsüberwachungsblitzanlage zu »blenden«, da hier nur der Inhalt der Aufzeichnung ihrem Zweck nach unbrauchbar gemacht, nicht aber die Ordnungsmäßigkeit der Aufzeichnung selbst beeinträchtigt wird.[167]

– Zur Anwendbarkeit der §§ 267, 274 StGB in solchen Fällen vgl. noch *Rn. 1214*. –

1201 (b) Da in den **Aufzeichnungsvorgang als solchen** eingegriffen werden muss, liegt § 268 III StGB auch dann nicht vor, wenn der Täter das Gerät zeitweilig ausschaltet bzw. funktionsunfähig macht, »damit die Aufzeichnung zwischenzeitliche Vorgänge nicht enthalte«; zum Fall des Ausschaltens des Geräts s. bereits *Rn. 1195*.

(c) Laut *BGH* soll § 268 III StGB aber auch derjenige erfüllen, der für den Fahrtenschreiber seines Lkw Diagrammscheiben verwendet, die für Fahrtenschreiber mit anderen Geschwindigkeitsbereichen bestimmt sind.[168]

1202 (3) Zur Nutzung eines defekten Aufzeichnungsgeräts

Fall 112: *– Die segensreiche Stechuhr –*

Mechaniker Melchior Müd (M) kommt zwei Stunden zu spät zur Arbeit. Wegen einer Störung der Stechuhr, von der ein Kollege ihn informiert, und die M bewusst ausnutzt, kann er aber seine Verspätung verdecken.

Strafbarkeit des M aus § 268 StGB?

1203 (a) Nach der zuvor dargelegten Deutung des Begriffs der Unechtheit wird der Tatbestand des § 268 I Nr. 1 StGB nicht erfüllt, wenn – wie in *Fall 112* – ein technisch nicht ordnungsgemäß arbeitendes Gerät zur Herstellung einer

– aufgrund der Fehlfunktion inhaltlich *unrichtigen*, aber nicht deshalb auch *unechten* –

technischen Aufzeichnung verwendet wird. Dies gilt jedenfalls dann, wenn der technische Defekt **nicht** auf menschlicher Manipulation (»störender Einwirkung« i.S.d. § 268 III StGB) beruht, sondern ein sog. **Eigendefekt** des Gerätes vorliegt.[169]

Insbesondere stellt die per se ordnungsgemäße Nutzung eines aufgrund Eigendefekts in seiner Funktion beeinträchtigten Aufzeichnungsgeräts keine »störende Einwirkung auf den Aufzeichnungsvorgang« i.S.d. § 268 III StGB dar.[170]

Dagegen soll § 268 I Nr. 1, III StGB (»Herstellen«) durch aktives Tun anzunehmen sein, wenn jemand vorsätzlich ein infolge menschlicher Manipulation defektes Gerät zur Herbeiführung unrichtiger technischer Aufzeichnungen benutzt.[171]

1204 (b) Zumeist wird freilich angenommen, § 268 III StGB könne im Falle eines defekten Aufzeichnungsgeräts ggf. auch durch **Unterlassen** erfüllt werden:

---

[167] *OLG München*, NStZ 2006, 576 m.Anm. *Mann*, NStZ 2007, 271 und Erläuterung *Kudlich*, JA 2007, 72; LK-*Zieschang*, § 268 Rn. 49; HK-GS-*Koch*, § 268 Rn. 15; *Rengier* II, 34/16.
[168] BGH St 40, 26 (zust. Anm. *Puppe*, JZ 1997, 494); M/S/M-*Schroeder*, 65/86; *Fischer*, § 268 Rn. 12.
[169] BGH St 28, 300 (303 ff.); ebso. LG Stade, JZ 1974, 651 ff.; L/K/H-*Heger*, § 268 Rn. 9; NK-*Puppe/Schumann*, § 268 Rn. 43; *Rengier* II, 34/17; W/H/E-*Engländer*, Rn. 859; str.
[170] BGH St 28, 300 (306); M/S/M-*Schroeder*, 65/87b; *Rengier* II, 34/17; W/H/E-*Engländer*, Rn. 866.
[171] BGH St 28, 300 (303 ff.); *Freund*, JuS 1994, 207 (209); NK-*Puppe/Schumann*, § 268 Rn. 44; M/S/M-*Schroeder*, 65/87a; *Rengier* II, 34/18; W/H/E-*Engländer*, Rn. 865.

§ 10: Delikte gegen die Sicherheit des Rechtsverkehrs

So heißt es etwa, diese Norm erfasse »nach den Grundsätzen unechten Unterlassens« den Fall, dass jemand »den Störungszustand zur Herstellung inhaltlich unrichtiger Aufzeichnungen ausnützt, obwohl er rechtlich zur Beseitigung der Störung verpflichtet ist«.[172]

1205 Andere wiederum – so auch der *BGH* – nehmen an, dass § 268 III StGB zwar nicht bei einem Eigendefekt, sehr wohl aber *dann* auch durch Unterlassen verwirklicht werden könne, wenn die Störung *auf vorherigem **menschlichem** Eingriff* beruhe,[173]

– sei es beschränkt auf den Fall eigener vorausgegangener (unvorsätzlicher) Einwirkung[174] oder aber auch für den Fall vorheriger Einwirkung seitens Dritter,[175] –

so dass, wer in diesem Wissen pflichtwidrig die Nutzung des Geräts durch Dritte nicht hindere oder es gar selbst nutze, § 268 III StGB durch Unterlassen begehe.[176]

Für letzteren Fall der Eigennutzung mag freilich gar eine Tatbestandsverwirklichung aus *aktivem* Tun anzunehmen sein (s. *Rn. 1203*), die derjenigen *aus Unterlassen* vorginge.[177]

1206 *Stellungnahme:* § 268 III StGB verlangt eine **störende Einwirkung**, sodass diese Vorschrift nach ihrem Wortlaut ausscheidet, wenn der Täter den Aufzeichnungsvorgang selbst nicht stört, sondern lediglich eine vorhandene Störung ausnutzt. Wenn aber eine Norm nach ihrem Wortsinn eindeutig ein aktives Tun erfordert, kann sie durch Unterlassen nicht verwirklicht werden. Kriminalpolitische Erwägungen, die für eine Einbeziehung (unechten) Unterlassens sprechen mögen, finden hier ihre Grenze (Art. 103 II GG).

In *Fall 112* scheidet § 268 III StGB mangels »störender Einwirkung« aus.[178]

1207 (c) § 268 I Nr. 2 StGB (»Gebrauchen einer unecht./verfälscht. techn. Aufzeichnung)?

Das Gebrauchen einer inhaltlich unrichtigen technischen Aufzeichnung wird von dieser Vorschrift nur erfasst, wenn die Unrichtigkeit **auf vorsätzlichem menschlichem Manipulieren beruht**, das die technische Aufzeichnung als unechte (bzw. verfälschte) i.S. des § 268 I Nr. 1, III StGB erscheinen lässt.[179]

– *Klarstellung:* Die **inhaltliche Unrichtigkeit** einer technischen Aufzeichnung begründet noch nicht per se ihre *Unechtheit* oder *Verfälschtheit*, und sie ist auch nicht Voraussetzung für deren Annahme (vgl. *Rn. 1198*). –

(d) *Ergebnis:* M ist nicht nach § 268 StGB strafbar.

---

[172] Sch/Sch-*Heine/Schuster*, § 268 Rn. 54; ebso. *LG Stade*, JZ 1974, 651 (653) m. abl. Anm. *Kienapfel*; *OLG Hamm*, MDR 1977, 425; wohl auch *Freund*, JuS 1994, 207 (209); SK^9-*Hoyer*, § 268 Rn. 36; **dies abl.** *BGH* St 28, 300 (305 ff.); A/W/H-*Heinrich*, 32/16; M/S/M-*Schroeder*, 65/87d; *Puppe*, Die Fälschung techn. Aufzeichnungen, 1972, S. 261 ff.; NK-*Puppe/Schumann*, § 268 Rn. 43; *Rengier* II, 34/18; *Schilling*, Fälschung techn. Aufzeichnungen, 1970, S. 58; s.a. W/H/E-*Engländer*, Rn. 865.

[173] So explizit *BGH* St 28, 300 (307): »auf einem menschlichen Eingriff beruhenden Störung«.

[174] Sowohl L/K/H-*Heger*, § 268 Rn. 9; M/S/M-*Schroeder*, 65/87c.

[175] *Rengier* 34/18; W/H/E-Engländer, Rn. 868; s.a. A/W/H-*B. Heinrich*, 32/16.

[176] Vgl. (mit unterschiedlicher Erstreckung auf die beiden Fallgruppen) die Nennungen in *Fn. 173–175*.

[177] A/W/H-*B. Heinrich*, 32/16; M/S/M-*Schroeder*, 65/87a; W/H/E-*Engländer*, Rn. 865.

[178] Sch/Sch-*Heine/Schuster*, § 268 Rn. 54, kämen hier in **Fall 112** (*Rn. 1202*) wegen des Fehlens einer *Entstörungspflicht* (als Garantenpflicht, § 13 StGB) des M zu demselben Ergebnis.

[179] *LG Stade*, JZ 1974, 651 ff.; *Kienapfel*, JZ 1974, 653 (654); L/K/H-*Heger*, § 268 Rn. 9; *Puppe*, Die Fälschung technischer Aufzeichnungen, 1972, S. 260 ff.; *Schilling*, Fälschung technischer Aufzeichnungen, 1970, S. 58.

3. Fälschung beweiserheblicher Daten[180] (§§ 269, 270 StGB)

1208 *a)* §§ 269, 270 StGB dienen dem »Schutz der Sicherheit und Zuverlässigkeit des Rechts- und Beweisverkehrs, soweit er sich beweiserheblicher Daten bedient«.[181]

Dabei ist der **Datenbegriff** hier weiter, als in § 202a II StGB (auf den in § 269 StGB auch nicht verwiesen wird), und umfasst alle Informationen, »die von einer Datenverarbeitungsanlage in codierter Form bearbeitet werden können oder das Ergebnis einer solchen Bearbeitung darstellen«.[182]

Die Normen sollen Strafbarkeitslücken im Bereich der §§ 267, 268 StGB schließen.[183] Denn der »auf visuelle Wahrnehmbarkeit zugeschnittene Urkundsbegriff« des § 267 StGB ist auf »unsichtbar gespeicherte Daten« nicht anwendbar.[184] Dasselbe gilt für den Begriff der technischen Aufzeichnung in § 268 StGB, der ebenfalls die visuelle Wahrnehmbarkeit erfordert.

1209 Typische Anwendungsfälle des § 269 StGB sind:
- das Übertragen fremder Kontodaten auf **Scheckkartenblankette**[185] oder
- das Herstellen von **Zahlungskarten** bzw. deren »Beschreiben« mit falschen Informationen (manipulierte Kundenkarten, Mensakarten etc.);[186]
- beim sog. **Phishing** (vgl. bereits *Rn. 689 ff., 699, 700 ff.* zu §§ 202a/b/c StGB) ist der Anwendungsbereich des § 269 StGB gleich zweifach eröffnet: schon beim »Phishen« der Zugangsdaten selbst, dann aber auch nochmals bei deren Verwendung.[187]

1210 *b)* Entscheidend für die Tatbestandlichkeit ist, dass (nach gängiger Terminologie[188]) eine »**Datenurkunde**« gegeben ist, dass also, wenn die – sinnlich nicht wahrnehmbaren – codierten Daten sinnlich wahrnehmbar gemacht würden (etwa mittels Ausdrucks), eine unechte oder verfälschte Urkunde i.S.d. § 267 I StGB vorläge und damit eine seiner Tatbestandsvarianten erfüllt wäre.[189] So fällt unter § 269 I StGB
– wegen »Herstellens einer unechten Datenurkunde«[190] –
wer unter fremdem Namen einen Account bei der Internetplattform *eBay* anmeldet, um dort (betrügerischen) Handel zu treiben;[191] stellte man sich nämlich die **hypothetische Alternative** eines per Hand falsch ausgefüllten Aufnahmeformulars vor,[192] wäre das *Herstellen einer unechten Urkunde* evident.[193]

---

[180] Zu Problemen des Datenbegriffs bei § 269 StGB: *Dornseif/Schumann*, JR 2002, 52.
[181] L/K/H-*Heger*, § 269 Rn. 1.
[182] LK-*Zieschang*, § 269 Rn. 8; ähnl. Joecks/*Jäger*, § 269 Rn. 5; s.a. SK⁹-*Hoyer*, § 269 Rn. 5.
[183] *Haft*, NStZ 1987, 6 (8 f.); *Tiedemann*, JZ 1986, 865 (869 f.); Sch/Sch-*Heine/Schuster*, § 269 Rn. 1; *Fischer*, § 269 Rn. 3; Kindhäuser/*Schramm*, 56/16.
[184] Sch/Sch-*Heine/Schuster*, § 269 Rn. 1; *Rengier* II, 35/1.
[185] *Freund*, Rn. 267, 271; *Rengier* II, 35/6.
[186] Kindhäuser/*Schramm*, 56/16, 18, 25; *Rengier* II, 35/7, 8.
[187] Vgl. näher *Puppe*, JuS 2012, 961 (962 f.); *Eisele* I, Rn. 889 f.; *Rengier* II, 35/10.
[188] Vgl. etwa den informativen Beitrag von *Puppe*, JuS 2012, 961: »Die Datenurkunde im Strafrecht«.
[189] OLG Hamm, StV 2009, 475 (476); Kindhäuser/*Schramm*, 56/18; *Rengier* II, 35/2.
[190] So explizit *Freund*, Rn. 273a; *Rengier* II, 35/5; ebso. *KG*, NStZ 2010, 576 (579).
[191] BGH, NStZ 2021, 43 (45); *KG*, NStZ 2010, 576 (578 f.); *Willer*, NStZ 2010, 553; *Eisele*, FS-Puppe, 2011, 1091; *Singelnstein*, JR 2011, 375; *Freund*, Rn. 273a; *Rengier* II, 35/6.
[192] Gerade für die Fallbearbeitung eben dies befürwortend *Rengier* II, 35/3; s.a. SK⁹-*Hoyer*, § 269 Rn. 15.
[193] Ebso. *BGH*, NStZ-RR 2021, 214 (Kundenkonto DB); 2022, 310 (PayPal-Konto); wistra 2023, 296.

– Weiteres Bsp.: Fahren eines *Lkw mit digitalem Kontrollgerät* mit fremder Fahrerkarte.[194] – Dagegen sind §§ 269 I, 270 StGB **nicht erfüllt**, wenn – etwa im Supermarkt – ein Nichtberechtigter eine *kontaktlose Zahlung mittels ec-Karte ohne PIN-Abfrage* vornimmt: Es entsteht hier **keine Datenurkunde**, weil die bei dem Vorgang erzeugten Transaktionsdaten wegen der fehlenden PIN-Abfrage den (vermeintlichen) Aussteller nicht erkennen lassen.[195]

Die Anerkennung einer **über das Internet** (in Form eines E-Mail-Anhangs)[196] abgegebenen Erklärung als »Datenurkunde« i.S.d. § 269 StGB (vgl. soeben *Rn. 1210*) setzt dabei nicht voraus, dass sie mit einer (ggf. falschen) elektronischen Signatur i.S. des SigG (= Signaturgesetz) versehen wird.[197]

1211

Dem entgegenzuhalten, es sei im Internet doch allzu leicht möglich, Erklärungen unter falschem Namen abzugeben, verfängt, da sich dies auch bei herkömmlichen Urkunden nicht wesentlich anders verhält, nicht;[198] ebenso wenig der Gedanke, »dass der Empfänger der Papierurkunde oft bessere Möglichkeiten hat, sich von der Identität des Ausstellers zu überzeugen, als der einer Datenurkunde«.[199] Ganz im Gegenteil besteht aufgrund dieser Differenzen im Hinblick auf Datenurkunden eine **höhere Schutzbedürftigkeit**, und es wäre geradezu widersinnig, in eben diesen Fällen strafrechtlichen Schutz zu versagen.

4. Urkundenunterdrückung (§ 274 StGB)

– Zu § 274 I Nr. 1 StGB vgl. bereits *Rn. 817, 1127 f., 1134, 1136 ff.* –

Ergänzende Hinweise zu § 274 StGB:

a) Viel diskutiert wird der Fall des **Präparierens einer Fahrkarte** durch Überkleben mit durchsichtigem Klebestreifen, um den Entwertungsstempel vom Klebestreifen abwischen und die Fahrkarte erneut benutzen zu können. Hier dürfte – freilich erst, wenn dieses **Abwischen** erfolgt, – § 274 I Nr. 1 StGB vorliegen

1212

(Urkundenvernichtung bzgl. des Entwertungsvermerks, der mit der Fahrkarte eine zusammengesetzte Urkunde bildet).

Doch findet sich auch die Ansicht, § 267 StGB (Verfälschen) greife ein.[200]

b) Das **Überkleben eines Kfz-Kennzeichens** oder einzelner Zeichen stellt unstrittig nur dann ein »Verfälschen« der zusammengesetzten Urkunde »Kfz-Kennzeichenchild mit Fahrzeug« (s. *Rn. 1132*) dar, wenn der Dienststempel der Zulassungsbehörde noch sichtbar bleibt; wird hingegen auch dieser verdeckt, liegt ausschließlich eine Urkundenunterdrückung vor.[201]

1213

c) Strittig ist aber der Fall, dass der Täter das amtliche **Kfz-Kennzeichens** an seinem Pkw mit durchsichtiger, aber reflektierender Folie überklebt oder das Kennzeichen mit entsprechendem farblosem Speziallack übersprüht, wodurch bei Verkehrskontrollen die fotografische Wiedergabe des Kennzeichens verhindert wird.

1214

---

[194] Hierzu *OLG Stuttgart*, VRS 2013, 321.
[195] *OLG Hamm*, NStZ 2020, 673 m. Anm. *Christoph/Dorn-Haag*; s.a. *Göhler*, JR 2021, 6 ff. (20 f.).
[196] Eingehend zur »Datenurkundenqualität von E-Mail-Anhängen« *Kulhanek*, StV 2015, 725 ff.
[197] So aber *OLG Hamm*, StV 2009, 475 (476); **dagegen** die in *Fn. 191* Genannten.
[198] Vgl. *OLG Hamm*, StV 2009, 475 (476) einerseits und *Puppe*, JuS 2012, 961 f. anderseits.
[199] *Puppe*, JuS 2012, 961 f. (Zitat 962).
[200] Wie hier für § 274 StGB: *Küpper/Börner*, 6/60 f. mwN; *Puppe*, JR 1983, 429 (430); s.a. *Freund*, Rn. 276 ff.; wie hier und informativ zum Ganzen *Preuß*, ZJS 2013, 355 ff. (356, Beispiel 2).
[201] *OLG Frankfurt*, NStZ 2020, 619.

Zu Recht lehnt der *BGH* hier ein »*Verfälschen*« und damit den § 267 StGB ab, denn es wird der Beweisinhalt der Urkunde nicht *selbst* verändert (hierzu *Rn. 1123*), sondern nur *in seiner Erkennbarkeit* beeinträchtigt.[202] – Zu § 268 StGB s. schon *Rn. 1200.* –

Gut vertretbar wäre die Annahme von **§ 274 I Nr. 1 StGB** (Unterdrückung der Urkunde *Kfz-Kennzeichen* durch **Beschädigen**); hierauf geht der *BGH* jedoch nicht ein.[203]

5. Verändern von amtlichen Ausweisen (§ 273 StGB)

1215 Die Norm soll Strafbarkeitslücken schließen, die sich beim Entfernen belastender Vermerke aus amtlichen Ausweisen bei der Einreise in die BRD ergeben, da hier weder § 267 StGB, noch (wegen des »*ihm nicht oder nicht ausschließlich* **gehört**« oder aufgrund fehlender *Nachteilszufügungsabsicht*) § 274 I Nr. 1 StGB greifen.[204]

– Gegenüber §§ 267 und 274 StGB ist § 273 StGB subsidiär. –

Beim bloßen Übermalen des Fotos im Personalausweis fehlt die Täuschungsabsicht.[205]

6. Strafbarer Umgang mit Gesundheitszeugnissen (§§ 277–279 StGB)

– Vgl. hierzu schon den in *Rn. 1159* geschilderten Fall *OLG Frankfurt*, NStZ 2009, 700. –

1216 Das im Zuge der Covid-19-Pandemie gehäuft vorgekommene *Ausfertigen* gefälschter **Impfausweise** und deren *Vorlage* bei Gastwirten, Konzertveranstaltern etc. zur Bewirtungs- bzw. Eintrittserschleichung oder bei Apotheken zur Erlangung eines digitalen Impfzertifikats durch das Robert-Koch-Institut war nach damaliger Rechtslage nach h.M. straflos (vgl. *Rn. 1217*). Dies hat den Gesetzgeber dazu bewogen, die §§ 277–279 StGB neu zu gestalten.[206] So ist jetzt – wenn es »zur Täuschung im Rechtsverkehr« erfolgt – das Ausstellen solcher (und anderer) Gesundheitszeugnisse **durch eine Nicht-Medizinalperson** gem. § 277 I StGB, das *inhaltlich unrichtige* Ausstellen **durch eine Medizinalperson** gem. § 278 I StGB und das von ihnen *Gebrauchmachen* gem. § 279 StGB strafbar.

1217 Nach wie vor bedeutsam für die Aburteilung von *vor der Gesetzesänderung* (Stichtag: 24.11.2021) begangenen Taten ist (s. §§ 2 I, 8 StGB) die *damalige* Rechtslage: Nach ihr konnte in den Fällen, in denen es der ausstellenden Medizinalperson nicht um »*den Gebrauch bei einer Behörde oder Versicherungsgesellschaft*« zu tun war (§ 278 I StGB a.F.) bzw. von dem Zeugnis nicht »*zur Täuschung von Behörden oder Versicherungsgesellschaften Gebrauch*« gemacht wurde (vgl. §§ 277 I und 279 StGB a.F.),

– es also nur um die Vorlage bei Gastwirten, Konzertveranstaltern oder Apotheken ging, –

nicht nach §§ 277–279 StGB a.F. und aufgrund deren von der h.M. angenommenen »**Sperrwirkung**« auch nicht nach § 267 I StGB bestraft werden.[207] Dem ist freilich der *BGH* nach der Gesetzesänderung (*Rn. 1216*) noch im Nachhinein entgegengetreten, indem er für diese (Alt-)Fälle § 267 I StGB unter **Ablehnung jener Sperrwirkung** für anwendbar erklärte.[208]

---

[202] *BGH* St 45, 197 (201); *Rengier* II, 33/52; **a.A.** noch *OLG Düsseldorf*, NJW 1997, 1793.
[203] Diff. *Rengier* II, 33/52; zw. *Krack*, NStZ 2000, 423 f. mwN; s.a. *Walter/Uhl*, JA 2009, 31 ff.
[204] *BayObLG*, NJW 1990, 264; 1997, 1592; *Kreß*, NJW 1998, 633 (643); *Fischer*, § 273 Rn. 1.
[205] *KG*, StV 2024, 399 m. Bespr. *Kudlich*, JA 2024, 427.
[206] Durch Gesetz v. 22.11.2021, BGBl. I, 4906; näher zu diesem *Lichtenthäler*, NStZ 2022, 138.
[207] *LG Osnabrück*, JZ 2022, 311 m.Anm. *Schrott*; *Jahn*, JuS 2022, 178; s.a. *W/H/E-Engländer*, Rn. 838.
[208] *BGH* St 67, 147 = NStZ 2023, 613 m. Anm. *Weidemann*; Bespr. *Zieschang*, GA 2024, 94; ebso. zuvor schon *OLG Schleswig*, NStZ 2022, 689 (Anm. *Erb*, 742); s.a. *W/H/E-Engländer*, Rn. 838.

7. Falschbeurkundung im Amt und Mittelbare Falschbeurkundung (§§ 348, 271 StGB)

Ganz im Gegensatz zu § 267 StGB (vgl. *Rn. 1145*) sollen §§ 348, 271 StGB den Rechtsverkehr vor **inhaltlich unrichtigen Urkunden** schützen; das Gesetz will das Vertrauen in die Beweiskraft öffentlicher Urkunden sichern.[209]   **1218**

Fall 113: *– Die Falscheintragung –*   **1219**

Pieter Petersen (P) ist Geschäftsführer einer GmbH, die eine Autolackiererei betreibt. Er schloss mit Lackierermeisterin Lucky Lackmus (L) einen schriftlichen, aber von beiden nicht ernst gemeinten Dienstvertrag über deren Einstellung als Betriebsleiterin. P reichte diesen Vertrag bei der Handwerkskammer ein und bewirkte dadurch die von deren Mitarbeiterin Maxi Mahl (M) getätigte Eintragung der GmbH in die Handwerksrolle.
Strafbarkeit des P aus § 271 StGB?

a) Funktion des § 271 StGB:

(1) Der Amtsträger, der vorsätzlich eine Falschbeurkundung i.S.d. §§ 348, 271 StGB vornimmt, ist aus **§ 348 I StGB** schuldig. Wer an dieser Tat vorsätzlich als Anstifter (Gehilfe) teilnimmt, ist nach §§ 348 I, 26, 28 I StGB (bzw. §§ 348 I, 27, 28 I StGB) strafbar.   **1220**

Die Anwendbarkeit des § 28 I StGB auf den Teilnehmer resultiert aus dem Charakter des § 348 StGB als echtem Amtsdelikt (vgl. *Rn. 999*).

§ 271 StGB ist also für den Teilnehmer an § 348 StGB nicht einschlägig.

(2) Ist der beurkundende Amtsträger gutgläubig und wird er von einem Hintermann, der diese Gutgläubigkeit kennt, als Werkzeug missbraucht, so ist an sich ein Fall **mittelbarer Täterschaft** gegeben; doch ist diese bei § 348 StGB ausgeschlossen, wenn dem Hintermann die in dieser Norm vorausgesetzte **Täterqualität** fehlt.[210] In einem solchen Fall greift § 271 StGB ein.   **1221**

(3) Doch ist diese Norm nicht auf die Funktion beschränkt, Auffangtatbestand für solche Fälle »mittelbarer Täterschaft« zu sein. Vielmehr soll § 271 StGB nach ganz h.M. auch anwendbar sein, wenn der beurkundende Amtsträger **entgegen der Vorstellung des Hintermannes** gutgläubig ist[211]   **1222**

– insoweit erfasst diese Norm also auch den Fall der (gemäß § 30 StGB an sich nicht strafbaren) versuchten Anstiftung zu dem Vergehen nach § 348 StGB –

bzw. (gerade umgekehrt) der beurkundende Amtsträger **entgegen der Vorstellung des Hintermannes** bösgläubig ist[212]

– Fall der »versuchten mittelbaren Täterschaft«. Entgegen der h.A. wollen einige Autoren demgemäß nur Versuch des § 271 StGB annehmen.[213] –

---

[209] Sch/Sch-*Heine/Schuster*, § 271 Rn. 1; *Freund*, Rn. 300, 331; s.a. HK-GS-*Koch*, § 271 Rn. 1.
[210] LK-*Zieschang*, § 271 Rn. 2; M/S/M-*Schroeder*, 66/17.
[211] RG St 13, 56; *Hruschka*, JZ 1967, 212; *Maurach*, S. 496; *Welzel*, S. 416; *Fischer*, § 271 Rn. 15 f.; SK⁹-*Hoyer*, § 271 Rn. 24; L/K/H-*Heger*, § 271 Rn. 7; *Otto*, BT, 71/13; *Rengier* II, 37/11, 14; **a.A.:** Sch/Sch-*Heine/Schuster*, § 271 Rn. 30; NK-*Puppe/Schumann*, § 271 Rn. 1, 42; LK-*Zieschang*, § 271 Rn. 27; A/W/H/H-*B. Heinrich*, 33/19, 21.
[212] *Fischer*, § 271 Rn. 16; Sch/Sch-*Heine/Schuster*, § 271 Rn. 30; SK⁹-*Hoyer*, § 271 Rn. 24.
[213] So z.B. NK-*Puppe/Schumann*, § 271 Rn. 40 f.

1223 Danach ist § 271 StGB für alle Fälle des vorsätzlichen Bewirkens einer Falschbeurkundung i.S. dieser Norm einschlägig, die nicht als Teilnahme zu § 348 I StGB strafbar sind. Folglich lässt sich der »langatmig und verwirrend« formulierte Text des § 271 StGB[214] dahin verdeutlichen:[215] **Den objektiven Tatbestand dieser Norm erfüllt, wer vorsätzlich verursacht, dass der beurkundende Amtsträger den objektiven Tatbestand des § 348 I StGB verwirklicht**

– sofern der Verursacher nicht als Teilnehmer zu § 348 StGB strafbar ist. –

b) Zur Verwirklichung des § 271 I StGB

1224 In **Fall 113** kommt es also darauf an, ob P durch Vorlage des fingierten Vertrages mit L bewirkte, dass bei Eintragung der GmbH in die Handwerksrolle (§§ 6 ff. HandwO) der objektive Tatbestand des § 348 I StGB erfüllt wurde:

(1) M, die als Mitarbeiterin der Handwerkskammer (Körperschaft des öffentlichen Rechts, § 90 I HandwO), für die Eintragung zuständig war, ist **»Amtsträger«**, § 11 I Nr. 2c StGB.

– Zum Begriff des »Amtsträgers« siehe *Rn. 1034 ff.* –

(2) Gegenstand der Eintragung muss gem. § 348 I StGB eine **»rechtlich erhebliche Tatsache«** sein, was in unserem Fall angesichts §§ 1, 7 IV HandwO zu bejahen ist.

(3) Die Beurkundung muss **materiell unrichtig** sein,[216] was § 348 StGB insofern klarer formuliert als § 271 StGB, als hier von »falsch beurkundet« bzw. »falsch einträgt oder eingibt« die Rede ist. Das ist bei dem von M Eingetragenen der Fall, da es mit der Wirklichkeit nicht übereinstimmte.

1225 (4) Entscheidend ist aber, ob es sich bei der Eintragung in die Handwerksrolle auch i.S.d. §§ 271, 348 StGB um die Schaffung einer **»öffentlichen Urkunde«** handelt.

(a) Dabei sind *»öffentliche Bücher und Register«* (vgl. §§ 271, 348 StGB) »nichts anderes als bloße Unterfälle der öffentlichen Urkunde«,[217] und bei *»öffentlichen Dateien«* handelt es sich um öffentliche Urkunden, Bücher oder Register, die in Datenverarbeitungsanlagen gespeichert werden.[218]

1226 Für den **Begriff der »öffentlichen Urkunde«** ist § 415 ZPO maßgeblich.[219] Demnach ist für die Annahme einer öffentlichen Urkunde erforderlich, dass sie:

erstens von einer öffentlichen Behörde innerhalb der Grenzen ihrer Amtsbefugnis oder von einer mit öffentlichem Glauben versehenen Person (z.B. Notar) innerhalb des ihr zugewiesenen Geschäftskreises in der vorgeschriebenen Form aufgenommen *und*

zweitens zum öffentlichen Glauben ausgestellt ist, d.h. **erhöhte Beweiskraft** dahingehend hat, dass sie *Beweis für und gegen jedermann* erbringt,[220] wobei noch zusätzlich erforderlich ist, dass **gerade die betreffende Tatsache an der erhöhten Beweiskraft teilhat**.[221]

---

[214] *Maurach*, S. 494; vgl. auch HK-GS-*Koch*, § 271 Rn. 1: „unglücklich und kaum verständlich".
[215] So *Rengier* II, 37/14.
[216] Sch/Sch-*Heine/Schuster*, § 271 Rn. 24; *Fischer*, § 271 Rn. 15 i.V.m. § 348 Rn. 5 ff.
[217] LK-*Zieschang*, § 271 Rn. 7.
[218] L/K/H-*Heger*, § 271 Rn. 4; SK⁹-*Hoyer*, § 271 Rn. 7.
[219] Ganz h.M., so u.a. OLG Hamm, NJW 1977, 592 f.; L/K/H-*Heger*, § 271 Rn. 2; *Rengier* II, 37/15.
[220] BGH St 6, 380; 33, 190 (191 f.); 47, 39 (41); StV 2019, 681; Sch/Sch-*Heine/Schuster*, § 271 Rn. 8; L/K/H-*Heger*, § 271 Rn. 2; *Rengier* II, 37/16; krit. *Freund*, Rn. 303 ff.
[221] H.M.; vgl. nur Kindhäuser/*Schramm*, 58/8; *Rengier* II, 37/16; W/H/E-*Engländer*, Rn. 899 mwN.

Eintragungen in öffentliche Bücher und Register sind danach öffentliche Urkunden, soweit solche Eintragungen die Wahrheit des darin Bezeugten für und wider jedermann beweisen (z.B. § 892 BGB).

(b) Bei der Frage, ob und wieweit die öffentl. Urkunde in diesem Sinne über erhöhte Beweiskraft verfügt, muss auch der Urkundenzweck berücksichtigt werden.[222] **1227**
Hierzu führt das *OLG Köln* aus:[223] »Nach § 418 ZPO haben vollen Beweis für die Richtigkeit einer Tatsache nur solche öffentlichen Urkunden, die eine eigene Wahrnehmung oder Handlung der Behörde bezeugen (so z.b. der Stempel ›trichinenfrei‹ des Fleischbeschauers). Öffentliche Urkunden, die lediglich eine amtliche Anordnung, Verfügung oder Entscheidung enthalten, haben Beweiskraft nur dafür, dass die Anordnung ergangen ist; die Beweiskraft richtet sich **nicht** auch darauf, dass die Entscheidung richtig sei (Beispiel: *Aufenthaltserlaubnis* für einen Ausländer).«

Demgegenüber aber *BGH* St 42, 131: Die (damalige) *Aufenthaltsbescheinigung* gem. § 63 **1228** AsylverfahrensG, die dem **Asylbewerber** gem. § 64 des Gesetzes als Ausweispapier diene, sei – auch wenn die Prüfungsmöglichkeiten der beurkundenden Behörde vielfach sehr begrenzt und daher die fraglichen Bescheinigungen oft nur aufgrund der Angaben des Bewerbers ausgestellt seien – auch bzgl. der **Personalangaben** eine öffentliche Urkunde i.S.d. § 271 StGB. Dies hat der *BGH* freilich mittlerweile dahingehend eingeschränkt,[224] es sei die **Bescheinigung über eine Duldung** gem. § 60a IV AufenthG bzw. **eine Aufenthaltsgestattung** gem. § 63 AsylVfG »jedenfalls dann keine öffentliche Urkunde i.S. des § 271 StGB, wenn die Verwaltungsbehörde den Hinweis in die Urkunde aufnimmt, dass die Personalangaben auf den eigenen Angaben des Ausländers beruhen (§ 78 VI 2 Nr. 10 AufenthG)«.

(c) **Beispiele für öff. Urkunden:** *Erbschein* (§ 2366 BGB); Eintragung im *Ehe-, Lebenspart-* **1229** *nerschafts-, Geburten-* und *Stereregister* (§ 3 I PStG) bzgl. der angemeldeten Heiraten, Partnerschaftsbegründungen, Geburten und Sterbefälle;[225] *Grundbuch* (Rn. 1235); *Anmeldebestätigung* des Einwohnermeldeamtes (nicht das »Melderegister« selbst, da es nicht *öffentlich* ist), *erhöhte Beweiskraft* aber nur, soweit es um die Tatsache der Anmeldung geht, nicht im Hinblick auf Angaben zur Person oder darauf, ob der Angemeldete an dem angegebenen Ort wohnt;[226] *Eintragung im Handelsregister* **nur dahin**, dass die entspr. Erklärung abgegeben wurde, nicht aber im Hinblick auf die inhaltliche Richtigkeit der Eintragung;[227] *Sparbücher öffentlicher Sparkassen* bzgl. der Ein- und Auszahlungen, nicht aber bzgl. der Inhaber-Angabe;[228] – **keinen öff. Glauben genießen:** *Veterinärbescheinigungen* als Ausfuhrdokumente sowie die *Gewerbeanmeldung*,[229] ebso. Eintragungen in die *Handwerksrolle* (s. Rn. 1235).

Bei *gerichtlichen Verhandlungsprotokollen* als öffentliche Urkunde ist die Judikatur (zu **1230** Recht) äußerst zurückhaltend: Das Verhandlungsprotokoll beweise nur die Beachtung der vorgeschriebenen Förmlichkeiten, nicht aber die Angaben zur Person.[230]

---

[222] *BGH* St 42, 131 f.; 44, 186 (187); **gegen das Erfordernis erhöhter Beweiskraft** *Bock*, ZIS 2011, 330.
[223] *OLG Köln*, JR 1979, 255 m.Anm. *Puppe*; s.a. *Freund*, Rn. 308.
[224] *BGH* St 54, 140 (Zitat: Leitsatz 2); m. Anm. *Mosbacher*, NStZ 2010, 457; ebso. *OLG Brandenburg*, NStZ-RR 2010, 12; s.a. *OLG Koblenz*, NStZ-RR 2010, 259 (261).
[225] *Fischer*, § 271 Rn. 7.
[226] Vgl. *OLG München*, NStZ 2006, 575; *OLG Köln*, JA 2007, 657; *AG Bremen*, NStZ-RR 2005, 341.
[227] *BGH*, NStZ 2016, 675 (676) m. Anm. *Schuster*.
[228] S. *BGH* St 19, 19; *Freund*, Rn. 308 f.; SK^9-*Hoyer*, § 271 Rn. 7.
[229] Vgl. *BGH*, StV 2019, 681 (zur Vet.besch.); *BGH*, StV 2019, 391 (392, zur Gew.Anm.).
[230] Vgl. *OLG Hamm*, NStZ 1988, 26; Sch/Sch-*Heine/Schuster*, § 271 Rn. 23; *Rengier* II, 37/28.

Zweiter Abschnitt: Straftaten gegen die Allgemeinheit

1231 *Pass* und *Personalausweis* beweisen u.a. den Namen der abgebildeten Person, zudem das Recht, einen bestimmten Titel (Dr.) zu führen; dagegen beweist der **Führerschein** nicht die Richtigkeit des vom Inhaber geführten Namens, sondern hat Beweiskraft lediglich hinsichtlich der Erteilung der Fahrerlaubnis.[231]

1232 Die *Zulassungsbescheinigungen Teil I und Teil II* (seit 1.3.2007, s. §§ 11 I, 12 I FZV; früher: *Kfz-Schein* bzw. *Kfz-Brief*) verfügen über öffentlichen Glauben etwa hinsichtlich der Zulassung des Kfz unter einem ihm zugewiesenen amtlichen Kennzeichen zum öffentlichen Verkehr (Teil I) bzw. hinsichtlich der Frage, auf welche Person ein Kfz zugelassen ist (Teil II), nicht aber garantieren sie die Richtigkeit des in ihnen angegebenen Namens des Kfz-Halters;[232] nicht teil am öffentlichem Glauben hat in Teil I auch der Termin zur nächsten Hauptuntersuchung.[233] Dagegen beurkundet die am Kfz-Kennzeichen angebrachte **HU-Prüfplakette** mit besonderer Beweiskraft eben diesen nächsten HU-Termin,[234] sowie daneben auch die Vorschriftsmäßigkeit des Fahrzeugs zum Zeitpunkt der Durchführung der Hauptuntersuchung.[235] – Die im Rahmen der Überwachung des fließenden Verkehrs anläßlich von Geschwindigkeitskontrollen erstellten *Messprotokolle* sind öffentl. Urkunden.[236]

1233 Zur *notariellen Beurkundung* siehe *BGH* St 26, 47: Mit der Unterzeichnung des Protokolls über ein Rechtsgeschäft beurkunde der mitwirkende **Notar** auch sein **Zugegensein** bei der Verlesung der Niederschrift; auch insoweit liege eine öffentliche Urkunde vor. Diese rechtserhebliche Tatsache sei falsch beurkundet, wenn der Notar »die Verlesung mit dem Gesichtssinn nicht wahrgenommen habe«.

Zur notariellen Beurkundung **inhaltlich unrichtiger Verträge** führt der *BGH* aus:[237] »Die erhöhte Beweiskraft eines notariell beurkundeten Kaufvertrages erstreckt sich nur auf die Abgabe der beurkundeten Erklärung, nicht auf deren inhaltliche Richtigkeit.«

1234 *Übungsscheine* im juristischen Studium (z.B. »Großer Strafrechtsschein«) sind öffentliche Urkunden i.S.d. §§ 271, 348 StGB bzgl. Teilnahme und Vorlage der einzeln aufgeführten und (benoteten) Arbeiten, *nicht* bzgl. der ordnungsgemäßen Erbringung der einzelnen Leistungen (Selbständigkeit, keine unzulässigen Hilfsmittel) durch den Übungsteilnehmer.[238]

1235 (d) Zu *Fall 113*: Die Eintragungen in der **Handwerksrolle** sind nicht mit öffentlichem Glauben ausgestattet; denn eine ausdrückliche gesetzliche Anordnung (wie für das Grundbuch in §§ 892, 1138 BGB) fehlt, und auch gewohnheitsrechtlich hat sich ein **Gutglaubensschutz** für diese Eintragungen nicht herausgebildet.[239]

Ergebnis: Der objektive Tatbestand des § 271 StGB ist nicht erfüllt.

---

[231] Präzisierend *OLG Hamm*, NStZ 1988, 26: Der Führerschein beweise nicht zu öffentlichem Glauben für und gegen jedermann, dass die gesetzlichen Voraussetzungen für die Erlangung der Fahrerlaubnis vorgelegen haben. – *BGH* St 34, 299: Der Führerschein genieße auch hinsichtlich des Geburtsdatums des Inhabers öffentlichen Glauben. – S. ergänzend *BGH* St 37, 207. –

[232] *Zu Teil I* vgl. *BGH* St 20, 186 (188); 26, 9; 53, 34 (36) m. Anm. *Erb*, NStZ 2008, 389; *Rengier* II, 37/23; *zu Teil II* vgl. *BGH* St 60, 66 ff.; *Rengier* II, 37/25.

[233] *BGH*, NStZ 2015, 278 (280 a.E.).

[234] Unstr., s. *BGH* St 63, 182 (185); *BayObLG*, NStZ 1999, 575 (576).

[235] *BGH* St 63, 182 (184 ff.); **anders** noch *BayObLG*, NStZ 1999, 575 (abl. Anm. *Puppe*); dem *BGH* zust. *Hecker*, JuS 2019, 499; *Hoven*, NJW 2019, 90; *Kudlich*, JA 2019, 230; *Rengier* II, 37/24.

[236] *OLG Frankfurt*, NStZ-RR 2020, 44.

[237] *BGH*, JZ 1987, 522 f. mit Anm. *Schümann*; s.a. *BGH* St 44, 186; 47, 39; *Rengier* II, 37/27.

[238] Näher hierzu *Bürsch*, JuS 1975, 721 ff.; vgl. auch *Weißer*, JA 2010, 437.

[239] *BayObLG*, NJW 1971, 634; zust. u.a. L/K/H-*Heger*, § 271 Rn. 2.

c) *Ergänzender Hinweis:* Sollte P irrig angenommen haben, die fragliche Eintragung sei eine öffentliche Urkunde, so läge grundsätzlich kein untauglicher Versuch des § 271 StGB vor, sondern nur ein »Wahndelikt«:[240] **1236**

Die irrige Annahme, etwas sei »Urkunde« (bzw. »öffentliche Urkunde«), kann nur dann ein untauglicher Versuch sein, wenn der Täter sich **Tatsachen** vorstellt, bei deren Vorliegen jenes Merkmal erfüllt wäre. Dagegen liegt ein strafloses »Wahndelikt« vor, wenn der Täter trotz Tatsachenkenntnis im Wege irriger Subsumtion einer Sache die Qualität einer Urkunde (bzw. öffentlichen Urkunde) beilegt.

– Zur Frage »**Wahndelikt oder Versuch**« schon *Rn. 850, 853 sowie **1180 mit Fn. 133**.* –

II. Geld- und Wertzeichenfälschung (§§ 146–152b StGB)

Geschütztes Rechtsgut bei der *Geldfälschung* (§ 146 StGB), dem *Inverkehrbringen von Falschgeld* (§ 147 StGB) und der *Vorbereitung der Fälschung von Geld* (§ 149 StGB) ist das Allgemeininteresse an der **Sicherheit des Geldverkehrs**,[241] **1237**

– so dass bspw. das Einreichen ersichtlich nicht mehr umlauffähiger falscher Münzen bei der Bundesbank zur Erstattung des Nennwerts mangels jeglicher tatsächlichen Gefahr des Umlaufs des falschen Geldes nicht unter § 146 I Nr. 3 StGB fällt.[242] –

Bei §§ 148, 149 StGB (Wertzeichenfälschung und ihre Vorbereitung) geht es um das Allgemeininteresse an der **Sicherheit des Rechtsverkehrs mit Wertzeichen**.[243]

– Der unbefugte Nachdruck von Scheinen einer sog. Komplementärwährung (Regionalwährung) ist weder gem. §§ 146, 151 StGB noch gem. § 148 StGB strafbar.[244] –

§§ 152a, 152b StGB schützen die Funktionsfähigkeit des bargeldlosen Zahlungsverkehrs (so ist z.B. § 152b StGB anwendbar auf Kredit- oder Eurocheck-Karten[245]).

– Zur Strafbarkeit gem. §§ 152b V, 149 StGB beim *»Skimming«* s. *Rn. 685* mit *Fn. 296*. –

Soweit zugleich mit einem der Delikte der §§ 146 ff. StGB auch der Tatbestand des § 267 StGB erfüllt ist, geht ersteres als *lex specialis* der Urkundenfälschung vor.[246] **1238**

– Vgl. hierzu bereits *Rn. 1119* (mit Beispielen für Wertzeichen). –

Strittig ist dagegen das Verhältnis von *§§ 146 I Nr. 3, 147 und 148 I Nr. 3 StGB* zu **§ 263 StGB**. Hier nimmt die h.A., was nicht zweifelsfrei erscheint, nicht Gesetzeskonkurrenz (Konsumtion des § 263 StGB) an,[247] sondern Tateinheit (§ 52 StGB).[248] Zu Recht wird jedoch im Verhältnis des *§ 148 II StGB* zu **§ 263 StGB** Konsumtion des Betruges bejaht.[249]

---

[240] Dazu u.a. *BGH*, JZ 1987, 522 f. m.Anm. *Schumann.*
[241] HK-GS-*Koch*, § 146 Rn. 1; SK⁹-*Stein*, vor § 146 Rn. 4 f.
[242] Hierzu ausf. *BGH*, NSZ 2013, 465; NStZ-RR 2013, 74; s.a. SK⁹-*Stein*, § 146 Rn. 5.
[243] L/K/H-*Heger*, § 146 Rn. 1, § 148 Rn. 1; HK-GS-*Koch*, § 148 Rn. 1; SK⁹-*Stein*, vor § 146 Rn. 7.
[244] Ausf. hierzu *Ensenbach*, JA 2011, 341 (343); **Strafbarkeit aber ggf. aus § 267 StGB**, vgl. *Rn. 1119.*
[245] Speziell zu **Prepaid-Kreditkarten** als Tatobjekte gem. § 152b IV StGB vgl. *BGH*, StV 2019, 383.
[246] Vgl. Sch/Sch-*Sternberg-Lieben*, § 146 Rn. 29, § 148 Rn. 26; SK⁹-*Stein*, § 146 Rn. 26; § 148 Rn. 12.
[247] So aber SK⁹-*Stein*, § 146 Rn. 26, § 148 Rn. 12.
[248] *BGH* St 31, 380; L/K/H-*Heger*, § 146 Rn. 15, § 147 Rn. 4, § 148 Rn. 7; Sch/Sch-*Sternberg-Lieben*, § 146 Rn. 29, § 147 Rn. 14, § 148 Rn. 26.
[249] *OLG Koblenz*, NJW 1983, 1625; L/K/H-*Heger*, § 148 Rn. 7; Sch/Sch-*Sternberg-Lieben*, § 148 Rn. 26; ebso. SK⁹-*Stein*, § 148 Rn. 12; zw. *Fischer*, § 148 Rn. 10.

§ 11 Gemeingefährliche Straftaten (§§ 306–323c StGB)

1239 Die Bezeichnung des 28. Abschnitts des StGB (»Gemeingefährliche Straftaten«) ist insoweit irreführend, als eine **Gemeingefahr** (zum Begriff siehe *Rn. 1378*) nur noch bei § **323c StGB** als Tatbestandsmerkmal genannt wird

– und auch hier nur alternativ zu den Merkmalen »Unglücksfall« und »gemeine Not«.

Gleichwohl spielt der Aspekt der Gemeingefahr **der Sache nach** im 28. Abschnitt noch immer eine zentrale Rolle, wird er letztlich nur aus seiner begrifflichen Abstraktheit heruntergebrochen auf leichter greifbare Geschehensumschreibungen:

– So verlangt das Gesetz bei zahlreichen Tatbeständen die Verursachung einer »Gesundheitsschädigung **einer großen Zahl von Menschen**«

(§§ 306b I, 308 II, 309 III, 312 III StGB etc.; § 309 II StGB erfassen gar die potentielle Gesundheitsschädigung einer *»unübersehbaren Zahl von Menschen«*).

– Eine Vielzahl anderer Tatbestände stellt bei potentiell gemeingefährlichen Taten auf die Verursachung einer *konkreten Gefahr für Leib oder Leben eines anderen Menschen oder für fremde Sachen von bedeutendem Wert* ab

(u.a. §§ 307 I, II, 308 I, 312 I, 313 I; § 311 I StGB fordert die *Eignung*, Leib oder Leben eines anderen Menschen oder fremde Sachen von bedeutendem Wert zu schädigen):

In solchen Fällen hat die potentielle Gemeingefährlichkeit immerhin zur konkreten Gefährdung für – wenn auch möglicherweise nur einzelne – Menschen oder Sachen geführt.

1240 Die Gemeingefahr ist also im 28. Abschnitt zwar nur bei *einem* Tatbestand ein **ausdrücklich** normiertes Tatbestandsmerkmal, **spiegelt sich** aber doch in *vielen anderen* Tatbeständen in der Formulierung des Tatbestandes **wider**; und bei weiteren Tatbeständen jenes Abschnitts ist der Aspekt möglicher Gemeingefährlichkeit der Tat immerhin das **gesetzgeberische Motiv** für ihre Normierung.[1]

Doch gibt es auch **Fremdkörper**, die in diesem Abschnitt systematisch fehl am Platz sind und – wohl auch wegen dieser Fehlplatzierung – zugleich eine gänzlich unverhältnismäßige Strafdrohung aufweisen. Das wohl schlimmste Beispiel hierfür bietet der Verbrechenstatbestand der Brandstiftung an einem Kraftfahrzeug (§ 306 I Nr. 4 StGB): Er stellt ein reines **Eigentumsdelikt** dar (*»fremde«* Sache) und erfasst zu allem Überfluss selbst ein **Mofa** …

I. Brandstiftung (§§ 306–306f StGB)

1241 Die §§ 306–306f StGB sind durch das 6. StrRG von 1998 neu gefasst worden.[2] Sie sind kein Beispiel einer gelungenen Strafrechtsreform, sondern haben zahlreiche neue Auslegungsprobleme beschert, zudem sachwidrige Neuregelungen[3] wie:

– § 306 StGB (zur Kritik gerade schon *Rn. 1240*, insb. Abs. 1 Nr. 4, »Kfz«);
– § 306c StGB in der Modalität der Qualifizierung des § 306 StGB (die Strafdrohung ist insoweit im Vergleich etwa zu §§ 227, 239 IV StGB völlig disproportional).

---

[1] Vgl. Sch/Sch-*Heine/Bosch*, Vor § 306 Rn. 1a; s.a. NK-*Kargl*, Vor § 306 Rn. 2, 3.
[2] Lehrreich zu den Brandstiftungsdelikten *Seitz/Nussbaum*, JuS 2019, 1060 ff.
[3] Überzeugende Kritik zu §§ 306, 306c StGB bei D/S/N/S-*Stein*, S. 94 ff., 101 f.

1. § 306a I, II StGB i.V.m. §§ 306b, 306c StGB

a) Deliktsnatur: § 306a I StGB ist **abstraktes Gefährdungsdelikt** (*Rn. 1274 ff.*), das dem Schutz der Allgemeinheit dient; daher spielen die Eigentumsverhältnisse am Tatobjekt keine Rolle: Täter kann auch der Eigentümer sein (*Rn. 1267*); entsprechend ist das Einverständnis des Eigentümers mit der Tat unerheblich (*Rn. 1275*).

1242

b) Tatobjekte: (1) **§ 306a I Nr. 1 StGB** erfasst »Gebäude, Schiffe, Hütten und andere Räumlichkeiten, die der Wohnung von Menschen dienen«.

1243

»*Hütten*« können z.B. auch Schrebergartenhäuschen und kleinere Wochenendhäuser sein.

– Sie »dienen der Wohnung von Menschen« grundsätzlich das ganze Jahr über, nicht nur im Sommer oder gar nur an den Sommerwochenenden, mögen sie auch nur im Sommer bzw. nur am Wochenende auch tatsächlich genutzt werden.[4] –

Für das Merkmal der »*anderen Räumlichkeit, die der Wohnung von Menschen dient*«, kommen u.a. in Betracht:

Wohnwagen, Wohnmobile,[5] ausrangierte Busse bzw. Bahnwaggons; eher zweifelhaft ist die Einbeziehung von kleineren Zelten und Lkws mit Schlafkojen.[6]

All diese Räumlichkeiten müssen **der Wohnung von Menschen dienen** (*Rn. 1269*), d.h. sie müssen tatsächlich, sei es legal, sei es illegal, als Unterkunft von Menschen, als Mittelpunkt ihres Aufenthalts genutzt werden; auch *Haftzellen* werden erfasst.[7]

(2) In **§ 306a I Nr. 2 StGB** kommt es bei den »*Kirchen*« und den »*anderen der Religionsausübung dienenden Gebäuden*« nicht auf etwaige Öffnungszeiten an

1244

– was gerade im Hinblick auf die »Tatzeitklausel« in § 306a I Nr. 3 StGB (vgl. *Rn. 1246*) problematisch erscheint; sachgerecht wäre es, hier (im Wege **teleologischer Reduktion**, vgl. *Rn. 538*) mittels analoger Anwendung jener Klausel Abhilfe zu schaffen.[8]

Nicht erfasst werden aber jedenfalls Gebäude, die nur diakonischen, caritativen oder sozialen Zwecken (etwa der Verwaltung oder dem Unterricht) dienen.[9]

(3) Als letztes benennt **§ 306a I Nr. 3 StGB** schließlich noch die »*Räumlichkeit, die zeitweise dem Aufenthalt von Menschen dient*«.

1245

Beispiele:[10] Theater, Kino, Museum, Fabrikhalle, Schulraum, Hörsaal, aber auch die regelmäßig von Landstreichern zum Übernachten genutzte Scheune;[11] ggf. auch bewegliche Sachen wie Bauwagen, Bus, Fähre, Eisenbahnwaggon;

nicht aber (mangels »ausreichender Bewegungsmöglichkeiten« bzw. »da sie keinen eigentlichen Aufenthalt ermöglichen«)**:** PKWs, Dixi-Toiletten oder Telefonzellen.[12]

---

[4] Dazu D/S/N/S-*Stein*, S. 80 mwN pro und contra; s.a. MK-*Radtke*, § 306a Rn. 14.
[5] BGH, NStZ 2010, 519; 2015, 85 f., Kindhäuser/*Schramm*, 62/4; s.a. MK-*Radtke*, § 306a Rn. 8, 14.
[6] Vgl. Hörnle, Jura 1998, 169 (181); MK-*Radtke*, § 306a Rn. 8; Sch/Sch-*Heine/Bosch*, § 306a Rn. 4.
[7] LG Ravensburg, NStZ 2023, 501.
[8] So zu Recht *Radtke*, ZStW 110 (1998), 848 (868); MK-*Radtke*, § 306a Rn. 23; SK[10]-*Wolters*, § 306a Rn. 11 (**anders** freilich S/S/W-*Wolters*, § 306a Rn. 10: würde die Grenze der Auslegung sprengen).
[9] D/S/N/S-*Stein*, S. 81 f.; MK-*Radtke*, § 306a Rn. 22; *Rengier* II, 40/34.
[10] Vgl. MK-*Radtke*, § 306a Rn. 30; W/H/E-*Engländer*, Rn. 961 f.; Sch/Sch-*Heine/Bosch*, § 306a Rn. 8.
[11] BGH St 23, 60; *Rengier* II, 40/35; W/H/E-*Engländer*, Rn. 961 (mit Fall in Rn. 944/962).
[12] BGH St 10, 208 (213 f.) bzw. Kindhäuser/*Schramm*, 62/9; MK-*Radtke*, § 306a Rn. 30; NK-*Kargl*, § 306a Rn. 14; **a.A.** OLG Düsseldorf, MDR 1979, 1042; **diff.** Sch/Sch-*Heine/Bosch*, § 306a Rn. 8.

Zweiter Abschnitt: Straftaten gegen die Allgemeinheit

1246 Bei § 306a I Nr. 3 StGB ist (anders als bei Nr. 1) erforderlich, dass die Tat *zu einer Zeit erfolgt, in der Menschen sich dort (in der Räumlichkeit) aufzuhalten pflegen*: Zwar ist es weder nötig, dass sich zur Tatzeit *tatsächlich* in der Räumlichkeit Menschen befinden, noch reicht dies per se bereits aus;[13] es muss die Tatzeit in den Zeitraum fallen, in dem *üblicherweise* mit dem Aufenthalt von Menschen *zu rechnen ist*.

– Demgegenüber ist es bei § 306a I Nr. 1 StGB irrelevant, ob die Räumlichkeit zur Tatzeit üblicherweise zu Wohnzwecken genutzt wird (*Rn. 1269*). –

c) Tathandlung, tatbestandsmäßiger Erfolg

1247 (1) § 306a I StGB erfasst in seiner *ersten* Tatmodalität das **Inbrandsetzen** der Räumlichkeit; sie muss »Feuer fangen« (*Rn. 1253 f.*).

(2) Zum anderen erfüllt den Tatbestand des § 306a I StGB in seiner *zweiten* Tatmodalität, wer die Räumlichkeit **durch Brandlegung ganz oder teilweise zerstört**.

– was übrigens auch dann möglich ist, wenn sie zuvor bereits unbewohnbar war.[14]

1248 Mit dieser Brandstiftungs-Modalität wollte der Gesetzgeber:

– Dem Umstand Rechnung tragen, dass wegen der Verwendung moderner Baumaterialien wie Stahl und Beton als feuerresistente Materialien das Gebäude selbst oder ein wesentlicher Teil des Gebäudes bei Brandanschlägen vielfach nicht mehr in Brand gesetzt wird, aber die vom Brandherd ausgelösten Folgen wie Ruß-, Gas-, Rauch- oder **Hitzeentwicklung** das Gebäude »teilweise zerstören« können und für Leib und Leben von Menschen vergleichbar gefährlich sind wie die Gefahren, die vom Inbrandsetzen selbst ausgehen[15] (s.a. *Rn. 1258*).

– Die Gefahr berücksichtigen, dass das Brandmittel (z.B. ausgegossenes Benzin) **explodiert** und die Räumlichkeit dadurch ganz oder teilweise zerstört, ohne dass sie Feuer gefangen hat; auch diese Fallgestaltung ist potentiell gemeingefährlich.[16]

1249 (a) Demgemäß liegt jene zweite Modalität des § 306a I StGB **schon** vor, wenn der Täter durch **versuchtes** Inbrandsetzen (*Brandlegung*), sei es
  – infolge der **Explosion von Zündmitteln (z.B. Benzin)**,[17]
  – infolge der durch die Brandlegung ausgelösten Hitze,
  – durch Ruß-, Gas- oder Rauchentwicklung beim Brand von im Gebäude verlegten Kunststoffkabeln etc. oder
  – durch Kontaminierung mit gefährlichen Giften, die beim Brand von im Gebäude gelagerten Behältern mit (bei Hitzeentwicklung) gefährlichem Inhalt freigesetzt wurden,

die Räumlichkeit ganz oder teilweise zerstört.

1250 Ob dagegen von § 306a I StGB auch der Fall erfasst wird, dass es bei der Brandbekämpfung mittels Sprinkler-Anlagen oder beim Einsatz der Feuerwehr durch **massive Wasserschäden**

---

[13] Vgl. *BGH*, NStZ 2022, 483 m. Bespr. *Heintschel-Heinegg*, JA 2022, 253.
[14] *BGH*, NStZ 2022, 168 m. Anm. *Kretschmer*; *Bosch*, Jura 2022, 126; Kindhäuser/*Schramm*, 61/13.
[15] BT-Drucks. 13/8587, S. 26, 69; *BGH*, NStZ 2001, 252; D/S/N/S-*Stein*, S. 84 ff.; *Hörnle*, Jura 1998, 169 (181); *Fischer*, § 306 Rn. 15; *Rengier* II, 40/20; W/H/E-*Engländer*, Rn. 950; M/S/M-*Schroeder*, 51/7.
[16] Vgl. BT-Drucks. 13/9064, S. 45; D/S/N/S-*Stein*, S. 84, 86 f.; *Hörnle*, Jura 1998, 169 (181); *Fischer*, § 306 Rn. 15; *Rengier* II, 40/25; insoweit **abl.** jedoch M/S/M-*Schroeder*, 51/7.
[17] So in *BGH* St 20, 230 (zu § 307 StGB a.F.); NStZ-RR 2017, 373; s.a. die Nennungen in *Fn. 16*.

zu einer teilweisen Zerstörung des Gebäudes kommt, ist fraglich.[18] Denn wegen der Natur des § 306a I StGB als abstraktem Gefährdungsdelikt, das die Allgemeinheit vor potentiellen Gemeingefahren für Leib oder Leben schützen soll, sind solche **mittelbaren** Schäden schon deswegen nicht tatbestandsmäßig, weil sie keine derartige mögliche Gemeingefahr für Menschen begründen können, wie sie für die soeben in *Rn. 1249* angeführten Fälle typisch ist.

(b) *Teilweise zerstört* ist ein Gebäude im Rahmen des § 306a StGB, wenn[19] **1251**
– wesentliche Gebäudeteile (z.B. **eine** Wohnung im Mehrfamilienhause[20]) vernichtet oder unbrauchbar geworden sind; die Zerstörung bloß des Mobiliars genügt nicht;[21]
– wenn ihre bestimmungsgemäße **Brauchbarkeit** weitgehend reduziert ist (z.B. durch Kontaminierung, *Rn. 1249*, oder Rußeinwirkung[22]).

Hinweis: Dieser Auslegungsmaßstab gilt auch für nicht zu Wohnzwecken (sprich: rein gewerblich) genutzte Gebäude im Rahmen des § 306 I Nr. 1 StGB.[23]

Fall 114: – *§§ 306a I Nr. 1, 306c, 22, 23 StGB* – **1252**

Frau Schall (S) goss vorsätzlich brennendes Benzin gegen die Wohnungstür des Rauch (R), um ihn durch einen Brand zu erschrecken. Ein Freund des R verließ soeben dessen Wohnung und eilte bestürzt davon. S, hierüber erschrocken, goss das restliche brennende Benzin mit Schwung durch die offene Tür in die Wohnung des R und traf diesen, womit sie nicht gerechnet hatte; R erlag seinen dabei erlittenen Brandwunden. Strafbarkeit der S?

a) Versuch des § 306a I Nr. 1 StGB

(1) **Das »Inbrandsetzen« einer Sache ist vollendet,** wenn sie selbst (oder ein **1253** wesentlicher Teil von ihr) derart vom Feuer erfasst wird, dass sie (bzw. der wesentliche Teil) auch bei Entfernen des Zünders selbständig weiterbrennen kann. Danach ist ein Gebäude in Brand gesetzt, »wenn es vom Feuer in einer Weise erfasst ist, die ein Fortbrennen aus eigener Kraft ermöglicht«.[24]

Dass das ganze Gebäude niederbrennen kann, ist dabei nicht erforderlich; es ge- **1254** nügt, dass ein **Gebäudeteil** vom Feuer erfasst ist und weiterbrennen kann, der für den bestimmungsgemäßen Gebrauch des Gebäudes von wesentlicher Bedeutung ist (Treppe, Wohnungstür und -fenster, Fußboden, u.U. auch Teppichboden).[25]

> Nicht ausreichend ist freilich *die bloße Möglichkeit*, dass das Feuer auf einen wesentlichen Gebäudeteil übergreifen könne,[26] während andererseits für das Inbrandsetzen des Gebäudes nicht vonnöten ist, dass beim selbständigen Brennen wesentlicher Gebäudeteile der Brand »auf das Gebäude im Übrigen« übergreifen kann.[27]

---

[18] Klar verneinend M/S/M-*Schroeder*, 51/7; **a.A.** *BGH*, StV 2001, 576 sowie (freilich zu § 306 StGB): *Fischer*, § 306 Rn. 15; Sch/Sch-*Heine/Bosch*, § 306 Rn. 17; L/K/H-*Heger*, § 306 Rn. 4.
[19] Näher insb. *BGH* St 48, 14 (20 ff.); 57, 50 (51); s.a. *BGH*, StV 2020, 597.
[20] *BGH*, NStZ 2021, 167 (168); s.a. *BGH*, StV 2020, 601: *ein Zimmer* in der Flüchtlingsunterkunft.
[21] *BGH*, NStZ 2001, 252; 2008, 519; NStZ-RR 2007, 78; L/K/H-*Heger*, § 306 Rn. 4.
[22] Hierzu *BGH* St 57, 50 (51); StV 2002, 145; NStZ 2021, 171 m. Anm. *Bock*.
[23] *BGH* St 57, 50 (52).
[24] *BGH* St 18, 363 (364); *BGH*, NStZ 1984, 74; *BGH* St 34, 115 (117); *Rengier* II, 40/14.
[25] *BGH* St 18, 363; NStZ 1981, 220 f.; 1984, 74; 1985, 408 f. und 455; 1994, 130 f.; 1995, 86 f.; Sch/Sch-*Heine/Bosch*, § 306 Rn. 13; HK-GS-*Weiler*, § 306 Rn. 8; SK[10]-*Wolters*, § 306 Rn. 11.
[26] So aber *BGH* St 48, 14 (18 f., 21); NStZ 2014, 404 f.; wie hier *Rengier* II, 40/16.
[27] So aber *Otto*, BT, 79/2; *R. Schmitt*, JZ 1964, 189 ff.; wohl auch *Kratzsch*, JuS 1994, 372 (380).

Zu wesentlichen Gebäudeteilen zählen nicht: Die Lattentür eines Kellerraumes, Fußbodensockelleisten, Zimmertapete, Einbauschränke bzw. -küchen.[28] Erst recht reicht das bloße Brennen von Wohnungsinventar wie Schränken oder Wandregalen zur Annahme eines Inbrandsetzens der Räumlichkeit noch nicht aus.

1255 (2) Strittig ist die Anwendbarkeit der Nr. 1 des § 306a I StGB (entsprechend aber auch der Nr. 3[29]) bei **gemischt genutzten Gebäuden,** die teils gewerblichen Zwecken, teils Wohnzwecken (bei Nr. 3: dem zeitweiligen Aufenthalt) dienen.[30]

– Hierzu hat der *BGH* mit Urteil v. 20.6.1986 entschieden:[31] »Der Tatbestand ... ist auch dann erfüllt, wenn bei einem Gebäude, das gewerblichen und Wohnzwecken dient, nur der gewerbliche Teil in Brand gesetzt wird.« Dabei lässt der 1. Senat *dahinstehen,* ob das auch gelte, »wenn eine Gefährdung von Menschen absolut ausgeschlossen ist ...«.

– Darüber hinaus verlangt der 2. Strafsenat des *BGH* (Urteil v. 18.6.1986) auch, dass »nicht auszuschließen ist, dass das Feuer auf den Wohnbereich übergreifen kann«.[32] –

– Im Schrifttum wird demgegenüber vielfach vertreten, dass unverzichtbar gerade (auch) die durch Nr. 1 bzw. Nr. 3 geschützte Räumlichkeit in Brand gesetzt werden muss.[33]

1256 Richtigerweise ist – auf Grundlage der eben referierten Rechtsprechung – allein entscheidend, ob der in Brand gesetzte, nur gewerblich genutzte Gebäudeteil mit dem Wohnzwecken dienenden Teil ein **»einheitliches Gebäude«** bildet, was u.a. bei einem gemeinsamen Treppenhaus der Fall ist; so denn auch die h.M.[34]

Strittig ist, ob dies auch gilt, wenn der gewerblich genutzte Gebäudeteil nicht »in Brand gesetzt«, aber »durch Brandlegung zerstört« wird (siehe hierzu schon *Rn. 1247 ff.*), da diese Zerstörung auf vielfältigen Umständen beruhen kann (Rußentwicklung, Löschwasserschäden) und von daher nicht typischerweise mit einer Gefährdung von Personen im Wohnteil des Gebäudes verbunden ist; entgegen dem *BGH* ist dies i.E. zu bejahen.[35]

1257 Entscheidend im Hinblick auf gemischt genutzte Gebäude ist aber noch ein Weiteres: »Die Taterfolgsvariante der vollständigen oder teilweisen Zerstörung durch Brandlegung i.S.d. § 306a I Nr. 1 StGB setzt bei gemischt genutzten Gebäuden stets eine unmittelbar oder mittelbar durch die Brandlegung hervorgerufene Einwirkung *auf die Sachsubstanz* einer selbständigen Wohneinheit voraus.«[36]

Es genügt also nicht, wenn *im gewerblichen Teil* zur Wohneinheit führende Wasser-, Gas- und Stromleitungen zerstört werden, auch wenn damit *die Wohnung* unbenutzbar wird.[37]

---

[28] Siehe *Fn. 25;* zum »Zündeln« im Keller *BGH,* NStZ 2007, 270 mit *Jahn,* JuS 2007, 484.

[29] Hierzu etwa: *BGH* St 35, 283; NStZ 2011, 214 m. Anm. *Bachmann/Goeck; Rengier* II, 40/38.

[30] Ausf. zum Ganzen etwa *Kraatz,* JuS 2012, 691 ff.; *Piel,* StV 2012, 502 ff.

[31] *BGH* St 34, 115 (Leitsatz, zu § 306 Nr. 2 StGB *a.F.*) m. zust. Bespr. *Schneider,* Jura 1988, 460; entspr. zu § 306a I Nr. 3 StGB auch *BGH* St 35, 283 (285 f.); s.a. *Geppert,* Jura 1998, 597 (602).

[32] *BGH,* JZ 1986, 1068 f.; entspr. *BGH* St 35, 283 (286, zu § 306a I Nr. 3); NStZ 2010, 452; NStZ-RR 2010, 279; 2012, 309; ebso. *Eisele* I, Rn. 1044, 1046; L/K/H-*Heger,* § 306a Rn. 2 mwN.

[33] Vgl. nur *Kindhäuser,* StV 1990, 161 (163); Sch/Sch-*Heine/Bosch,* § 306a Rn. 11 mwN; MK-*Radtke,* § 306a Rn. 32 ff. (37); sowie *Börner,* ZJS 2011, 288 (290); *Kraatz,* JuS 2012, 691 ff. (693).

[34] Vgl. *BGH,* NStZ 1991, 433; StV 2001, 576 f.; 2011, 214; *Eisele* I, Rn. 1044; *Rengier* II, 40/38 ff.

[35] *Bachmann/Goeck,* ZIS 2010, 445 f.; JR 2012, 349 f.; ZJS 2012, 285; *Piel,* StV 2012, 502 (503 ff.); *Eisele* I, Rn. 1045; *Rengier* II, 40/43 f.; s.a. *Kraatz,* JuS 2012, 691 ff. (693 f.); *Krüger,* NStZ 2019, 29 (31); **a.A.** *BGH,* NStZ 2010, 452; NJW 2011, 2148; NStZ-RR 2012, 309; StV 2013, 632 (633 f.).

[36] *BGH,* NStZ 2019, 27 (29, Hervorhebung von mir) m. zust. Anm. *Krüger;* ebso. *Rengier* II, 40/45.

[37] So mit ausf. und überzeugender Begründung *BGH,* NStZ 2019, 27 (29) m. zust. Anm. *Krüger.*

(3) Das Tatbestandsmerkmal des **Inbrandsetzens** ist nicht erfüllt, wenn das Gebäu- **1258** de, statt zu brennen, durch Explosion des Zündstoffs (Benzin) zerstört wird.[38]

Dasselbe gilt, wenn ein Gebäude deswegen einstürzt, weil beim Brand von Inventar sich wegen zu großer Hitze (z.B. infolge Benzins) Wände verbiegen.[39]

Doch liegt in beiden Fällen eine »*Zerstörung des Gebäudes durch eine Brandlegung*« i.S. der zweiten Tatmodalität des § 306a I StGB vor (s. schon *Rn. 1248 f.*).

(4) In **Fall 114** (*Rn. 1252*) ist es nicht zum Inbrandsetzen des Wohngebäudes gekommen. Jedoch hat S versucht, die **Wohnungstür** in Brand zu setzen; sie ist daher strafbar wegen versuchter schwerer Brandstiftung (§§ 306a I Nr. 1, 22, 23 StGB).

Dabei bedarf es zur **Vorsatzfeststellung** einer *Gesamtschau* aller obj. und subj. Umstände.[40]

b) Zudem hat S eine fahrlässige Tötung (§ 222 StGB) begangen.

c) Versuch des § 306c (i.V.m. § 306a I Nr. 1) StGB?   **1259**

Ein vollendetes Verbrechen nach § 306c StGB entfällt; denn diese Norm verlangt das Vorliegen einer *vollendeten* Tat nach § 306 bzw. § 306a StGB.

Doch könnten §§ 306c, 22, 23 StGB eingreifen (»Versuch des erfolgsqualifizierten Deliktes«, hier als sog. »erfolgsqualifizierter Versuch«).

Exkurs: Allgemein zum »Versuch des erfolgsqualifizierten Deliktes«[41]

Der Versuch eines erfolgsqualifizierten Deliktes – und um ein solches handelt es sich bei § 306c StGB – ist nach h.M. in zwei Erscheinungsformen möglich:[42]

1. Erscheinungsform (sog. »versuchte Erfolgsqualifizierung«):   **1260**

Der Täter verursacht die schwere Folge nicht, hatte sie aber in seinen Vorsatz mit aufgenommen. Die Versuchsstrafbarkeit greift hier deswegen ein, weil bei erfolgsqualifizierten Delikten gemäß § 18 StGB außer der fahrlässigen auch die **vorsätzliche** Erfolgsherbeiführung erfasst wird (siehe bereits *Rn. 314*).

Beispiel: Bei einer Brandlegung in einem Wohnblock rechnet der Täter ernstlich damit und findet sich damit ab (*dolus eventualis*), dass die zur Tatzeit in den Wohnungen arglos schlafenden Bewohner durch das Feuer ums Leben kommen würden. Hierin liegt ein Versuch des § 306c StGB, in Idealkonkurrenz mit Mord- bzw. Totschlagsversuch.[43]

Auch bei jenen erfolgsqualifizierten Delikten, die wie § 306c StGB verlangen, dass der Täter »**wenigstens leichtfertig**« gehandelt hat, wird neben der Leichtfertigkeit (grobe Fahrlässigkeit) der **Vorsatz** mit erfasst (*Rn. 314*), sodass auch bei ihnen der Versuch des erfolgsqualifizierten Deliktes in der 1. Erscheinungsform möglich ist.

2. Erscheinungsform (sog. »erfolgsqualifizierter Versuch«):   **1261**

Das Grunddelikt wird nicht vollendet, aber schon der Versuch des Grunddelikts verursacht die schwere Folge – vgl. **Fall 33** (*Rn. 335 ff.*) sowie nachf. *Rn. 1262*.

---

[38] *BGH* St 20, 230.
[39] SK[10]-*Wolters*, § 306 Rn. 11; s.a. Kindhäuser/*Schramm*, 61/12.
[40] Näher dazu *BGH*, StV 2020, 584; 2020, 598 (= NStZ 2020, 402) m. Anm. *Eidam*, NStZ 2020, 549.
[41] Eingehend Sch/Sch-*Sternberg-Lieben*/*Schuster*, § 18 Rn. 8 ff.; *Krey/Esser*, AT, Rn. 1371 ff. m.w.N.
[42] Vgl. hierzu (speziell mit Blick auf § 306c StGB) MK-*Radtke*, § 306c Rn. 31; *Rengier* II, 40/75 f.
[43] *BGH*, NStZ 2022, 35; NJW 2022, 254 (dazu *Eisele*, JuS 2022, 80; *Kudlich*, JA 2022, 165).

Beispiel: Bei einem Raubüberfall bringt der Täter mittels tatbestandsmäßiger »Gewalt gegen eine Person« leichtfertig das Opfer zu Tode; der Raub selbst aber bleibt mangels Wegnahme (das Opfer hat nichts Stehlenswertes bei sich) unvollendet. Hier entfällt § 251 StGB, da es am vollendeten Grunddelikt, § 249 StGB, fehlt; doch greifen §§ 251, 22 f. StGB ein.

1262 Während zur Brandstiftung mit Todesfolge *gem. § 307 Nr. 1 StGB a.F.* noch strittig war, ob in Fällen wie dem vorliegenden (*Fall 114, Rn. 1252*) ein **Versuch** dieses erfolgsqualifizierten Deliktes anzunehmen sei,[44] nimmt die h.M. zur Brandstiftung mit Todesfolge *in § 306c StGB* für unseren Fall einen **strafbaren »erfolgsqualifizierter Versuch«** gem. §§ 306c, 22, 23 StGB an[45] – zu Recht, denn:

Der Versuch eines erfolgsqualifizierten Delikts in der Form, dass der Versuch des Grundtatbestandes den qualifizierenden Erfolg verursacht (»**erfolgsqualifizierter Versuch**«), kommt nur in Betracht, wenn das Gesetz nach seiner ratio legis diesen Erfolg bereits an die Tatbestands**handlung** des Grunddeliktes anknüpft, nicht erst an den **Erfolg** des Grunddelikts (dazu *Rn. 316 ff., 319*).

1263 Bei § 306c StGB dürften Sinn und Zweck des Gesetzes dafür sprechen, dass dieses zwar einerseits die Verknüpfung der **vollendeten** Brandstiftung mit dem Todeserfolg als qualifizierenden Umstand bewertet: Erfahrungsgemäß führen Brandstiftungen, also das vollendete *Inbrandsetzen* bzw. die vollendete, ganz oder teilweise erfolgte *Zerstörung durch eine Brandlegung* (§§ 306, 306a StGB), häufig zur konkreten Lebensgefahr für Menschen. Diese **erfolgs**spezifische Gefahr auf Grund des **Brennens** des Gebäudes bzw. seiner **(Teil-) Zerstörung** durch die Brandlegung

– das Opfer kommt z.B. in den Flammen um; es erstickt wegen der Rauchentwicklung im brennenden Gebäude; es wird beim Einsturz von Gebäudeteilen erschlagen –

hatte der Gesetzgeber bei der Schaffung des § 306c StGB allemal im Auge.[46]

1264 Darüber hinaus ging es dem Reformgesetzgeber bei §§ 306, 306a i.V.m. 306c StGB aber auch darum, die Lebensgefahr zu erfassen, die durch Fälle **versuchten** Inbrandsetzens auftreten und **typische Lebensgefahren der Brandlegung** darstellen:

– sei es, dass z.B. die *Zerstörung* des Gebäudes (oder seine Teilzerstörung) infolge einer Explosion des Zündstoffes den Tod eines Menschen zur Folge hat (**vollendete** Brandstiftung mit Todesfolge);[47]

– sei es, dass diese **Explosion** als solche einen Menschen bei der Brandlegung tötet, **bevor** das Gebäude einstürzt oder **ohne** dass es ganz oder teilweise zerstört wird (**versuchte** Brandstiftung mit Todesfolge);

– sei es, dass das Opfer, wie in *Fall 114*, durch das Brandmittel (brennendes Benzin) bei der Brandlegung zu Tode kommt, ohne dass die Brandlegung das Gebäude in Brand setzt oder ganz bzw. teilweise zerstört (ebenfalls **versuchte** Brandstiftung mit Todesfolge).

1265 Daher meine ich, dass die jetzige Regelung der Brandstiftung mit Todesfolge in § 306c StGB es durchaus erlaubt, den Tod des Opfers infolge **versuchter** Brand-

---

[44] Dazu die 10. Aufl. dieses Lehrbuchs, Rn. 752, 753; s.a. Kindhäuser/*Schramm*, 62/33.
[45] *Fischer*, § 306c Rn. 5 mwN; Sch/Sch-*Heine/Bosch*, § 306c Rn. 9; *Kreß*, NJW 1998, 633 (640 Fn. 91); *Rengier* II, 40/76 mit Fall 2b in Rn. 93; **a.A.** D/S/N/S-*Stein*, S. 112 ff.
[46] BT-Drucks. 13/8587, S. 26, 69.
[47] Der Fall *BGH* St 20, 230 (231) ist also heute als Brandstiftung mit Todesfolge (§ 306c StGB) strafbar; vgl. für alle D/S/N/S-*Stein*, S. 114.

stiftung als Verbrechen nach §§ 306c, 22, 23 StGB zu bestrafen, sofern sich in dem Tod die typische Gefährlichkeit einer **Brandlegung** (*Rn. 1249*) realisiert hat.

Ergebnis: In *Fall 114* (*Rn. 1252*) hat sich S aus §§ 306c i.V.m. 306a Nr. 1, 22, 23 StGB strafbar gemacht.

Dieses versuchte Verbrechen steht zu §§ 306a I Nr. 1, 22, 23 StGB in Idealkonkurrenz, weil sonst nicht deutlich wird, welches versuchte Grunddelikt (§ 306 StGB oder § 306a StGB) erfüllt ist.[48] § 222 StGB wird verdrängt (Gesetzeskonkurrenz), ebenso § 306b I, II Nr. 1 StGB, der mithin keiner Prüfung bedarf.

Ergänzender Hinweis zu § 306c StGB: Diese Vorschrift verlangt nicht, dass sich das Opfer zur Tatzeit **in der in Brand gesetzten (bzw. zerstörten) Räumlichkeit befand**. Demgemäß wird etwa auch der Tod eines Menschen erfasst, der außerhalb des einstürzenden Gebäudes von brennenden Balken erschlagen wird. 1266

§ 306c StGB erlaubt auch die Einbeziehung von **Rettern**, die bei Löscharbeiten oder beim Versuch, Menschen aus den Flammen zu bergen, zu Tode kommen[49]

– wobei freilich die allg. Zurechnungsgrundsätze über die »eigenverantwortliche Selbstgefährdung« in sog. Retterfällen[50] nicht außer Acht gelassen werden dürfen.[51]

Fall 115: – *§§ 306a I Nr. 1, 306 I Nr. 1, 22, 23 (Scheune), 263, 265 StGB* – 1267

Kumpel Anton (A) war Eigentümer eines kleinen Hauses, das er alleine bewohnte. Da er das Revier verlassen wollte und das Haus versichert war, setzte er es in Brand. Etwa 15 m entfernt von seinem Haus stand eine Scheune; wegen der Windrichtung bestand aber keine Gefahr, dass der Brand auf die Scheune übergreifen konnte. A meldete den Brandschaden seiner Versicherung, die ihm den Versicherungsbetrag auszahlte.

Strafbarkeit des A?

a) § 306a I Nr. 1 StGB

Diese Norm entfällt nicht deswegen, weil das Haus für A keine fremde Sache war. § 306a I StGB als abstraktes Gefährdungsdelikt bezweckt den Schutz von Menschen vor Gefährdung durch Brände und kann daher auch vom **Eigentümer** des Gebäudes begangen werden.[52] 1268

Ein Gebäude »*dient zur Wohnung von Menschen*«, wenn es tatsächlich zu Wohnzwecken genutzt wird. 1269

Indizien hierfür sind regelmäßiges Übernachten, das Zubereiten von Speisen sowie die postalische Erreichbarkeit, nicht aber Aufenthalte zur Reinigung oder Gartenpflege.[53]

---

[48] Vgl. auch *BGH*, StV 2005, 88 m. Anm. *Wolff*, JR 2005, 128 (Tateinheit auch zwischen *Versuch* des § 306c StGB und *vollendeter* Brandstiftung nach § 306a StGB).
[49] *Geppert*, Jura 1998, 597 (602); *Hörnle*, Jura 1998, 169 (182); Kindhäuser/*Schramm*, 62/33; *Rengier* II, 40/92 mit 67 ff.; s.a. Sch/Sch-*Heine/Bosch*, § 306c Rn. 5–7; **anders** M/S/M-*Schroeder*, 51/34; s.a. *Thier*, Zurechenbarkeit von Retterschäden bei Brandstiftungsdelikten nach dem 6. StrRG, 2009.
[50] Eingehend zu diesen HK-GS-*M. Heinrich*, vor § 13 Rn. 136 ff.; HK-GS-*Duttge*, § 15 Rn. 44.
[51] So auch *OLG Stuttgart*, NStZ 2009, 331 m. abl. Anm. *Puppe*; zust. *Radtke/Hoffmann*, NStZ-RR 2009, 52; *Rengier* II, 40/92 mit 67 ff.; s.a. oben, *Rn. 142*.
[52] Kindhäuser/*Schramm*, 62/1; *Rengier* II, 40/29; HK-GS-*Weiler*, § 306a Rn. 9.
[53] *BGH*, NStZ 2012, 39; *Fischer*, § 306a Rn. 4.

Unerheblich ist, ob das Gebäude auch zum Wohnen bestimmt und geeignet ist; d.h., das »Dienen zur Wohnung« bezeichnet allein ein tatsächliches Verhältnis.[54]

– Auch bei § 306a I Nr. 3 ist der Begriff des *»Dienens«* im rein tatsächlichen Sinne zu verstehen; der Raum braucht nicht zum Aufenthalt von Menschen bestimmt zu sein. –

Eine vorübergehende Abwesenheit der Bewohner ist dabei bedeutungslos, mag sie auch monatelang dauern.[55]

1270 Wird ein Wohngebäude dagegen *nicht nur vorübergehend* **verlassen** oder aus anderen Gründen **nicht mehr bewohnt**, so dient es nicht länger i.S. des § 306a I Nr. 1 StGB Menschen zur Wohnung.[56] Eine solche **»Entwidmung«** ist z.B. anzunehmen, wenn der einzige Bewohner gestorben ist und das Haus seitdem leer steht,

– ja sogar dann, wenn der Brandstifter den einzigen Bewohner unmittelbar *vor* der Brandstiftung (wichtig aber: nicht *durch* sie) selbst getötet hat,[57] –

oder wenn, wie hier, ein Gebäude (ggf. von *allen* Bewohnern) **als Wohnung aufgegeben** wird,[58] wobei der Wille, es nicht mehr zu bewohnen, von dem bzw. den letzten Bewohner(n) gerade auch durch Inbrandsetzen kundgegeben werden kann[59]

– auch, wenn er dabei plant, das mit betrügerisch erlangten Mitteln der Feuerversicherung neu zu errichtende bzw. zu renovierende Gebäude später wieder zu bewohnen.[60]

Dies gilt auch dann, wenn jener letzte Bewohner nicht Eigentümer, sondern nur unmittelbarer besitzberechtigter Fremdbesitzer (d.h. insbesondere: Mieter) war.[61]

In unserem *Fall 115* entfällt § 306a I StGB also.

1271 b) *§§ 306 I Nr. 1, 22, 23 StGB (Scheune)?*

§ 306 StGB verlangt eine **fremde** Sache als Tatobjekt, ist also eine Straftat gegen das Eigentum, genauer: ein **Sonderfall der Sachbeschädigung**.[62]

Kritik: Ihre systematische Einordnung in den 28. Abschnitt ist *sachwidrig*,[63] ihr Strafrahmen *völlig überhöht*, weshalb dem § 306 StGB neuerdings – zu Recht und immerhin – auch ein *Element der Gemeingefährlichkeit* zugeschrieben wird:[64] Der Unrechtsgehalt ergebe sich »aus der Verletzung fremden, von § 306 Abs. 1 StGB

---

[54] *BGH* St 16, 394 (395 f.); 23, 114; 26, 121 (122); NStZ 2012, 39 f.; *Rengier* II, 40/32; s.a. *Rn. 1243.*
[55] *BGH* St 26, 121 (122); *Fischer*, § 306a Rn. 4; Sch/Sch-*Heine/Bosch*, § 306a Rn. 5.
[56] *BGH* St 23, 114; 26, 121 (122); NStZ 1992, 541; *Rengier* II, 40/33; ebso. *BGH*, NStZ 1984, 455 zum *Hotel*, »in dem kein Zimmer mehr vermietet und das auch sonst unbewohnt ist«.
[57] So der Fall *BGH* St 23, 114; ebso. S/S/W-*Wolters*, § 306a Rn. 8; *Rengier* II, 40/33.
[58] *BGH* St 26, 121 (123); NStZ 1988, 71; 2020, 426; *Fischer*, § 306a Rn. 4a; *Rengier* II, 40/33.
[59] *BGH* St 10, 208 (214); 16, 394; 26, 121 (122); NStZ 1988, 71; 1994, 130 f.; 1999, 32 (34); besonders tragischer Fall: *BGH*, NStZ-RR 2021, 48; ebso. *Fischer*, § 306a Rn. 4a; *Rengier* II, 40/33.
[60] *BGH*, NStZ 2008, 99 m. Anm. *Radtke; Schlothauer,* StV 2007, 585.
[61] *LG Düsseldorf,* NStZ 1981, 224; *BGH,* NStZ-RR 2005, 76; ebso. *Fischer*, § 306a Rn. 4a; *Rengier* II, 40/33; HK-GS-*Weiler*, § 306a Rn. 5.
[62] *Hörnle*, Jura 1998, 169 (180); D/S/N/S-*Stein*, S. 93; L/K/H-*Heger*, § 306 Rn. 1; *Rengier* II, 40/2, 6.
[63] Vgl. *Rengier*, 40/7; s.a. SK[10]-*Wolters*, § 306 Rn. 1: »lässt sich nicht ohne weiteres rational fassen«.
[64] *Radtke*, ZStW 110 (1998), 848 (861); MK-*Radtke*, § 306 Rn. 8 ff.; ihm folgend *BGH*, NJW 2001, 765 und *Kreß*, JR 2001, 315; **abl.** aber *Wolff*, JR 2002, 94; SK[10]-*Wolters*, § 306 Rn. 1; s.a. Kindhäuser/*Schramm*, 61/1; **zust.** jetzt auch *BGH* St 63, 111 (113); 63, 300 (301).

erfassten Eigentums sowie der – regelmäßig schon allein daraus herzuleitenden – brandbedingten generellen Gemeingefährlichkeit«.[65]

– Sachwidrig ist auch die Gleichstellung des § 306 StGB mit § 306a I StGB im Rahmen der Qualifikationen nach § 306b StGB und insb. § 306c StGB (zu beidem *Rn. 1240*). –

Angesichts des horrenden Strafrahmens befremden v.a. auch § 306 I Nr. 4 StGB (»Kraftfahrzeuge« sind auch Mofas, »Wasserfahrzeuge« auch Schlauch- und Paddelboote[66]) sowie § 306 I Nr. 6 StGB (dessen Wortlaut auch das Anzünden einer Kiste mit Feldfrüchten, ja sogar das Verfeuern fremder Holzscheite erfasst[67]).

Ist mithin der Wortlaut »in manchen Punkten nahezu uferlos«,[68] drängt sich mit Blick auf die Strafdrohung die **Notwendigkeit einer restriktiven Auslegung** auf. Gute Gründe sprechen dafür, bei § 306 StGB (vgl. *Rn. 1271*) als ungeschriebenes Tatbestandsmerkmal zu fordern, dass das Tatobjekt eine fremde Sache **von bedeutendem Wert** und der **angerichtete Schaden erheblichen Umfangs** ist.[69] **1272**

So geht man denn auch mittlerweile bei Nr. 3 zu Recht davon aus, dass »Warenvorrat« stets eine größere Menge von Gegenständen sein muss, die nicht dem Eigenverbrauch, sondern typischerweise dem gewerblichen Umsatz dienen;[70] auch laut *BGH* »scheiden unbedeutende Vorratsmengen als Tatobjekt nach § 306 I Nr. 3 Alt. 2 StGB aus«.[71]

Keine Qualifikation des § 306 StGB ist ungeachtet seines insoweit unklaren Wortlauts **§ 306a II StGB**: Die Verweisung auf die in § 306 I Nr. 1–6 StGB bezeichneten Sachen bezieht sich nach wohl einhelliger Ansicht nicht auch auf das Merkmal **»fremd«**, sodass Täter des § 306a II StGB auch der Eigentümer sein kann[72] (und bei der Begehung durch andere seine Einwilligung unerheblich ist). **1273**

Ergänzender Hinweis: Ist das von § 306a II StGB in Bezug genommene *»Gebäude«* des § 306 I Nr. 1 ein **Wohngebäude**, ist es zur Strafbarkeit **nicht** erforderlich, dass gerade auch Wohnräume von der teilweisen Zerstörung durch Brandlegung betroffen sind.[73]

Weiterer Hinweis: § 306a II StGB ist bzgl. des Erfolgs der *(konkreten) »Gefahr der Gesundheitsschädigung«*[74] für einen anderen Menschen **kein erfolgsqualifiziertes Delikt** (§ 18 StGB), sondern verlangt auch insoweit Vorsatz (§ 15 StGB), was schon aus § 306d I StGB deutlich wird.[75] – *Das gilt übrigens auch für § 306b II Nr. 1 StGB.*[76] –

---

[65] *BGH* St 63, 111 (113): Allein der Eigentumsschutz könne die Strafdrohung nicht rechtfertigen.
[66] *Wolters*, JR 1998, 271; L/K/H-*Heger*, § 306 Rn. 2; *Rengier* II, 40/9; HK-GS-*Weiler*, § 306 Rn. 4.
[67] *Rengier* II, 40/9; s.a. *Kindhäuser/Schramm*, 61/5 zum »übermäßigen Grillen eines fremden Steaks«.
[68] Sch/Sch-*Heine/Bosch*, § 306 Rn. 3; s.a. *Schroeder*, GA 1998, 571 (572); *Rengier* II, 40/11.
[69] *Geppert*, Jura 1998, 597 (599); s.a. Sch/Sch-*Heine/Bosch*, § 306 Rn. 3; L/K/H-*Heger*, § 306 Rn. 2; *Rengier* II, 40/12; zurückhaltender D/S/N/S-*Stein*, S. 95 f. (»Bagatellgrenze«).
[70] *BGH* St 63, 111 (113); 63, 300 (301); NStZ 2023, 414 m. Bespr. *Eisele*, JuS 2023, 696.
[71] *BGH* St 63, 111 (113) m. insoweit **abl**. Anm. *Bachmann*, NStZ 2018, 657; s.a. *BGH* St 63, 300 ff.
[72] *BGH*, NStZ 1999, 32 (33); *Hörnle*, Jura 1998, 169 (181); D/S/N/S-*Stein*, S. 99; *Rengier* II, 40/54; S/S/W-*Wolters*, § 306a Rn. 25 f.; zu Recht **krit**. zur gesetzl. Regelung *Fischer*, § 306a Rn. 10a ff. (10c a.E.: unübersichtliche, für den Laien unverständliche, zweifelhafte Regelungssystematik).
[73] *BGH* St 56, 94 (97) m. Anm. *Börner*, StraFo 2011, 195, und Bespr. *Kraatz*, Jura 2012, 627 (631).
[74] Zu den Kriterien deren Vorliegens vgl. *BGH*, NStZ-RR 2014, 111; s.a. oben, *Rn. 1326* mit *Fn. 171*.
[75] *BGH*, NStZ 1999, 32 (33); L/K/H-*Heger*, § 306a Rn. 7; *Rengier* II, 40/55, 61.
[76] *BGH*, NJW 1999, 3131; NStZ-RR 2013, 137 (138); *Rengier* II, 40/77; zu den Kriterien des Vorliegens einer konkreten Todesgefahr vgl. *BGH*, NStZ 2014, 85 (86); s.a. oben, *Rn. 1326* mit *Fn. 171*.

Im vorliegenden *Fall 115* (*Rn. 1267*) könnte man bzgl. der Scheune an einen Versuch des § 306 I Nr. 1 StGB denken. Indes bietet der Sachverhalt für die Annahme eines solchen Versuchs keinerlei Anhaltspunkte (kein Vorsatz ersichtlich).

c) Doch hat sich A aus § 263 I, III Nr. 5 StGB strafbar gemacht.

d) § 265 StGB ist gegenüber § 263 StGB subsidiär.

1274 **Fall 116:** – *§ 306a I StGB als abstraktes Gefährdungsdelikt* –

Florian Foyer (F) wurde von Zacharias Zündel (Z) angeworben, das Einfamilienhaus des Z in Brand zu setzen. Z hatte das Haus an die Eheleute Nixwiweg vermietet; diese waren in Urlaub, was F und Z wussten. Bevor F das Haus anzündete, vergewisserte er sich durch einen Rundgang durch alle Räume, dass sich niemand in dem Haus aufhielt. Das Haus brannte völlig aus. Bei Löschversuchen wurde Feuerwehrmann M schwer verletzt.

Strafbarkeit des F?

a) § 306a I Nr. 1 StGB

1275 (1) F hat sich nach dieser Vorschrift strafbar gemacht: Dass der Eigentümer des Hauses mit der Tat einverstanden war, ist unerheblich; denn § 306a I StGB ist **kein Eigentumsdelikt**, sondern ein Lebensgefährdungsdelikt (*Rn. 1268*).

Unerheblich ist weiterhin, dass sich zur Tatzeit kein Bewohner in dem Haus aufhielt. § 306a I StGB ist nämlich ein **abstraktes** Lebensgefährdungsdelikt,[77] was besagen will: Der Tatbestand dieser Norm verlangt keine konkrete Gefährdung des Lebens von Bewohnern; er greift vielmehr auch ein, wenn eine solche Gefährdung nach den Umständen **ausgeschlossen** war.[78]

– Um insoweit mit dem *BGH* zu sprechen: »Es liegt im Wesen abstrakter Gefährdungsdelikte, dass sie gelegentlich auch Sachverhalte erfassen, in denen sich im Einzelfall die Gefahr nicht verwirklichen konnte«.[79] –

Danach hilft es F nicht, dass er sich vor der Tat vergewissert hat, dass sich kein Bewohner in dem Haus befand.

1276 (2) Im Schrifttum finden sich allerdings zahlreiche Stimmen, die für Fälle wie den vorliegenden annehmen, der Täter sei nicht aus § 306a I StGB strafbar:

(a) So wurde schon früh von *Schröder* dafür plädiert, »zur Vermeidung ungerechter Ergebnisse« sei bei § 306a I StGB der »Gegenbeweis der Ungefährlichkeit« zuzulassen.[80] Hiergegen ist jedoch zum einen einzuwenden, dass es den Satz »in dubio pro reo« verletzt, dem Angeklagten einen solchen Gegenbeweis aufzubürden.[81]

1277 Zum anderen wird diese Ansicht den vom Gesetzgeber mit abstrakten Gefährdungsdelikten verfolgten Zwecken nicht gerecht: Bei den konkreten Gefährdungsdelikten (z.B. §§ 315–315c, 315d II StGB) wurde der Eintritt einer konkreten Gefährdung

---

[77] *BGH* St 26, 121 (123 ff.); D/S/N/S-*Stein*, S. 76, 88 f.; Kindhäuser/*Schramm*, 62/16; *Rengier* II, 40/47.
[78] So u.a. *BGH*, NStZ 1982, 420 m. Anm. *Hilger*; *Bohnert*, JuS 1984, 182 ff.; *Welzel*, S. 453; MK-*Radtke*, § 306a Rn. 43 (46); *Rengier* II, 40/47 ff.; LK-*Valerius*, § 306a Rn. 4 mwN.
[79] So treffend (wenn auch in concreto zum BtMG) *BGH* St 33, 133 (135 a.E., 136); ebso. *BGH*, NStZ 1999, 32 (33 a.E., 34); *Blei*, JA 1975, 589 (590 a.E.): *ders.*, JA 1976, 99.
[80] Sch/Sch-*Schröder*, 17. Aufl. 1974, vor § 306 Rn. 3a.
[81] So ganz richtig *Schünemann*, JA 1975, 797.

von Leib, Leben (bzw. sonstigen Rechtsgütern) als Tatbestandsmerkmal normiert. Dagegen sollte die Frage der Gefährlichkeit der Tat im konkreten Einzelfall bei den **abstrakten** Gefährdungsdelikten (z.B. §§ 315d I, 316 StGB) *gerade nicht* tatbestandsrelevant sein.[82] Dies ist im Text der §§ 315d I, 316, 306a I StGB und anderer abstrakter Gefährdungsdelikte auch deutlich genug zum Ausdruck gekommen; diese Tatbestände verlangen keine Gefährlichkeit der konkreten Tat.

Und schließlich lässt sich für *Schröders* Auffassung auch nicht geltend machen, dass die h.M. (*Rn. 1275*) mit dem Schuldprinzip oder mit dem Verhältnismäßigkeitsgrundsatz unvereinbar sei. Wer Gebäude, die **anderen zur Wohnung dienen**, niederbrennt bzw. durch eine Brandlegung ganz oder teilweise zerstört, begeht nach herrschendem Sozialethos eine außerordentlich **sozialschädliche und verwerfliche Tat**, und zwar selbst dann, wenn ihm das Gebäude gehört. Für eine solche Tat ist der Strafrahmen des § 306a I StGB auch dann nicht unverhältnismäßig hoch, wenn keinerlei Gefahr für Bewohner bestand. 1278

Diese Argumentation verfehlt auch nicht den Schutzzweck des § 306a I Nr. 1 StGB: Zwar handelt es sich um ein abstraktes Lebensgefährdungsdelikt; doch werden durch jene Norm zugleich »**Wohnstätten von Menschen als solche**« geschützt.[83]

Blei[84] weist zur Verteidigung der h.A. noch zusätzlich auf die mögliche Gefährdung von Feuerwehrleuten (o.a. Helfern bei der Brandbekämpfung) hin und meint: »Insofern könne es einen guten und mit dem Schuldprinzip vereinbaren Sinn ergeben, wenn man in § 306a I StGB bei der überkommenen Auslegung bleibe ...«; denn diese Gefährdung sei beim Brand der in dieser Norm genannten Objekte i.d.R. besonders groß.

(b) *Cramer* will in Fällen wie dem vorliegenden die Anwendbarkeit des § 306a I StGB dadurch ausschließen, dass er unter Berufung auf den Schuldgrundsatz die »Wahrscheinlichkeit einer konkreten Gefahr« verlangt.[85] 1279

Auch gegen diese Ansicht sprechen aber die mit der Normierung abstrakter Gefährdungsdelikte verfolgten legislatorischen Intentionen (*Rn. 1276*). Zudem ist auch *Cramers* Meinung entgegenzuhalten, dass die h.A. keineswegs mit dem Verhältnismäßigkeits- oder dem Schuldprinzip kollidiert: Eine Bestrafung aus jener Vorschrift ist in Fällen wie dem vorliegenden alles andere als dem Gewicht von Unrecht und Schuld unangemessen.

(c) Im *neueren Schrifttum* vertreten viele die Ansicht, § 306a I Nr. 1 StGB scheide aus, wenn der Täter »bewusst und unter Anwendung der erforderlichen Sorgfalt **jede Gefährdung des geschützten Rechtsguts vermeide**«.[86] 1280

Doch auch diese Ansicht begegnet den oben genannten Bedenken.

(d) Was nun den *BGH* anlangt, so hält in den einschlägigen »Ungefährlichkeitsfällen« *auch er* weitestgehend an einer **Strafbarkeit nach § 306a I StGB** fest. Wenngleich er nämlich in seiner insoweit grundlegenden Entscheidung *BGH St 26, 121* 1281

---

[82] *Bohnert*, JuS 1984, 182 (184); *BGH* St 33, 133 (135 f.).
[83] Sch/Sch-*Heine/Bosch*, § 306a Rn. 3; *BGH* St 48, 18; *OGH* St 1, 244 (245); *Fischer*, § 306a Rn. 3.
[84] *Blei*, JA 1975, 589 (590 a.E.) und JA 1976, 99.
[85] *Cramer*, Der Vollrauschtatbestand als abstraktes Gefährdungsdelikt, 1962, S. 50 ff., 67 ff.; **krit.** dazu u.a. *Arthur Kaufmann*, JZ 1963, 433.
[86] So u.a. *Backmann*, JuS 1977, 444 (447) mwN; *Eser*, Strafrecht 3, Fall 19 A 22; *Rudolphi*, FS-Maurach, 1972, S. 51 (59 f.); ähnl. etwa *Brehm*, JuS 1976, 22 ff.; M/S/M-*Schroeder*, 50/37, 51/14; *Schmidhäuser*, BT, 15/11; *Schünemann*, JA 1975, 798; SK[10]-*Wolters*, § 306a Rn. 21; s.a. *Rudolphi*, FS-Maurach, 1972, S. 51 (59 f.); – **a.A.** jedoch die in *Fn. 78* Genannten. –

eine Ausnahme von der Strafbarkeit auch **nicht explizit ausschließt** (er diese Frage vielmehr offen lässt), so schränkt er jedoch (aaO, 124) in aller Deutlichkeit ein:

»Voraussetzung für die Nichtanwendung ... wäre jedenfalls ..., dass eine Gefährdung von Menschenleben nach der tatsächlichen Lage absolut ausgeschlossen ist.«

Davon sei nur unter bestimmten Voraussetzungen in seltenen Fällen auszugehen:

»Der Täter muss sich ... durch absolut zuverlässige lückenlose Maßnahmen vergewissert haben, dass die ... Gefährdung mit Sicherheit nicht eintreten kann. Das ist aber nur bei kleinen, insbesondere bei einräumigen Hütten oder Häuschen möglich, bei denen auf einen Blick übersehbar ist, dass sich Menschen dort nicht aufhalten können. Bei größeren Objekten dagegen ... ist dies unmöglich. Bei ihnen ist weder durch eine – vorübergehende – Räumung des Gebäudes noch durch einen Rundgang unmittelbar vor der Tat gewährleistet, dass Menschenleben nicht gefährdet werden.«[87]

1282 Doch mit diesen strengen Anforderungen an die Gegebenheiten *bei* und das Verhalten des Täters *vor der Tat* sich nicht begnügend, verlangt der *BGH* mittlerweile[88]

– in concreto unter Offenlassung der Frage, ob das betreffende Gebäude »mit einem Blick überschaubar« war, damit also inzident gerade auch für diesen Fall, –

noch ein Weiteres: dass der Täter sich **nach der Tat** (!) *»von dem zu diesem Zeitpunkt menschenleeren Tatobjekt« **nicht entfernt**:

»...eine einschränkende Auslegung des § 306a I Nr. 1 StGB ... scheidet vorliegend jedenfalls deswegen aus, weil sich der Angekl. nach der Brandlegung von dem Bungalow entfernt hatte. Damit entzog es sich seiner Kontrolle, ob andere Bewohner ... in diesen zurückkehrten oder er von Dritten aufgesucht wurde. Eine Gefährdung von Menschenleben durch den Brand war damit keinesfalls völlig ausgeschlossen.«

1283 Der *BGH* sagt nicht, *wie lange* der Täter am Tatort zu verharren hat, um der Bestrafung nach § 306a I StGB zu entgehen; konsequent wäre es aber, ihn solange warten zu lassen, bis Polizei und Feuerwehr erscheinen, um die Absicherung des brennenden Gebäudes zu übernehmen. Da dies jedoch angesichts der damit verbundenen Gefahr, sich gewissermaßen »ans Messer zu liefern«, vom Täter kaum zu erwarten sein wird, dürfte sich mit einer so verstandenen Verschärfung der Rechtsprechung das für bestimmte Fälle konkreter Ungefährlichkeit zunächst noch offengelassene Fenster zur Straflosigkeit endgültig schließen.

1284 (3) Als Ergebnis ist festzuhalten: § 306a I Nr. 1 StGB ist – wie es sein Wortlaut fordert – letztlich unabhängig davon anwendbar, ob es im konkreten Einzelfall zu einer Lebensgefährdung von Bewohnern kommen konnte oder nicht.

Da in *Fall 116* die vom *BGH* geforderten Voraussetzungen absolut ausgeschlossener Gefährdung nicht gegeben waren, ist F gem. § 306a I Nr. 1 StGB zu bestrafen.

1285 b) *§ 306b I Alt. 1 StGB zum Nachteil des Feuerwehrmannes*

Eine vollendete Brandstiftung nach § 306a I StGB ist gegeben. Versteht man den Sachverhalt, was plausibel erscheint, dahin, dass die »schwere Verletzung« des M (*Rn. 1274*) eine **»schwere Gesundheitsschädigung«** zur Folge hatte (zu diesem Merkmal vgl. *Rn. 158*), so hat F durch die Brandstiftung eine solche Gesundheits-

---

[87] *BGH* St 26, 121 (124 f.); ebso. *BGH* St 34, 115 (119); NStZ 1985, 408; 1999, 32 (34); 2014, 404 (406).
[88] *BGH* NStZ 2014, 404 (404: Leitsatz, 406).

schädigung eines anderen Menschen verursacht. Lässt man bei § 306c StGB die **Tötung von Rettern** wie Feuerwehrleuten als Realisierung von brandstiftungstypischen Gefahren genügen (vgl. *Rn. 1266*), so muss entsprechend bei § 306b I Alt. 1 StGB für den Aspekt der Realisierung solcher Gefahren die **schwere Gesundheitsschädigung von Feuerwehrleuten bei der Brandbekämpfung** ausreichen. Nach h.A. ist § 306b I ein erfolgsqualifiziertes Delikt (§ 18 StGB), sodass kein Vorsatz des Täters bzgl. der schweren Folge nötig ist, sondern Fahrlässigkeit ausreicht.[89]

Folgt man dem, so ist in **Fall 116** der F aus §§ 306b I Alt. 1, 18 StGB strafbar.

c) § 306b II Nr. 2 StGB (Ermöglichungsabsicht) **1286**

Hierfür bietet der Sachverhalt keine genügenden Anhaltspunkte: Ob Z – was ein tauglicher (und typischer) Fall des § 306b II Nr. 2 wäre[90] – einen *Versicherungsbetrug* (§ 263 I, III 2 Nr. 5 StGB) plante, wird in **Fall 116** (*Rn. 1274*) nicht deutlich.

Hinweis: Ein etwaiger mit der schweren Brandstiftung (§ 306a StGB) gleichzeitig verwirklichter Versicherungs*missbrauch* (§ 265 StGB) ist keine »andere Straftat« i.S. des § 306b II Nr. 2 Alt. 1 StGB, so dass insofern eine Ermöglichungsabsicht i.S. dieser Vorschrift von vornherein nicht in Betracht zu ziehen ist.[91]

d) Jedoch ist F aus *§ 303 I StGB* (Möbel und andere Sachen der Bewohner) sowie aus *§ 229 StGB* (Feuerwehrmann) schuldig.

e) Konkurrenzen: **1287**

– § 306b I StGB ist eine Qualifikation gegenüber § 306a I **und** § 306 StGB. Daher besteht Idealkonkurrenz zwischen §§ 306b I und 306a I StGB, damit deutlich wird, dass der Täter das schwerere Grunddelikt, nämlich § 306a I StGB, erfüllt hat.

– § 229 StGB wird von §§ 306b I, 18 StGB als lex specialis verdrängt.

– Zwischen §§ 306a I, 306b I StGB und § 303 StGB ist Idealkonkurrenz gegeben (*Rn. 1288*).

Ergänzende Hinweise zu §§ 306, 306a, 306b StGB: **1288**

(1) Das »Inbrandsetzen« kann nach h.A. auch durch **Unterlassen** erfüllt werden, nämlich dann, wenn eine Garantenpflicht zur Erfolgsabwendung besteht, sei es im Hinblick auf das Handeln anderer oder angesichts zunächst fahrlässigen eigenen Handelns.[92]

(2) Auch ein schon in Brand gesetztes Gebäude kann Gegenstand einer weiteren täterschaftlichen Brandstiftung durch einen Dritten sein, freilich nur dann, wenn dieser einen *neuen selbständigen Brandherd* schafft bzw. im Unterlassungsfall die Entstehung eines neuen Brandherdes nicht hindert.[93]

---

[89] *Fischer*, § 306b Rn. 2 mwN; *Hörnle*, Jura 1998, 169 (182); L/K/H-*Heger*, § 306b Rn. 2; offenbar auch *BGH* St 44, 175 (177); zweifelnd *Wolters*, JR 1998, 271 (273, 274).

[90] So u.a. *BGH* St 45, 211 (216 ff.); 51, 236 (238); NStZ 2008, 571 (m. Anm. *Dehne-Niemann*, StV 2008, 577); 2014, 404 (406); NStZ-RR 2016, 140; StV 2020, 604 (605); NStZ 2021, 171 m. Anm. *Bock*; auch *BVerfG*, 2 BeckRS 2011, 48101 (Rn. 83 f.); *Rönnau*, JuS 2001, 328; MK-*Radtke*, § 306b Rn. 18 ff. (20); **a.A.** *Rengier* II, 40/80 ff.; L/K/H-*Heger*, § 306b Rn. 4; S/S/W-*Wolters*, § 306b Rn. 13; s.a. den ausf. und informativen Rspr.-Überblick bei *Hagemeier/Radtke*, NStZ 2008, 198 (203 f.).

[91] *BGH* St 51, 236 (zust. *Radtke*, NStZ 2007, 642); *Fischer*, § 306b Rn. 10a; L/K/H-*Heger*, § 306b Rn. 4; S/S/W-*Wolters*, § 306b Rn. 12; *Rengier* II, 40/84; s.a. *Bosch*, JA 2007, 743; *Eisele*, JuS 2016, 1041.

[92] L/K/H-*Heger*, § 306 Rn. 3; *Rengier* II, 40/18 f.; HK-GS-*Weiler*, § 306 Rn. 10.

[93] *OLG Hamm* JZ 1961, 94 m.Anm. *Stratenwerth*; Sch/Sch-*Heine/Bosch*, § 306 Rn.14; *Rengier* II, 40/19.

1288a (3) Zur Rechtsnatur des **§ 306b II Nr. 1 StGB** vgl. schon *Rn. 1273* a.E.

(4) Für **§ 306b II Nr. 2 StGB** kommt als Ermöglichungsabsicht in Betracht, betrügerisch unberechtigte Versicherungsleistungen anzustreben (s. schon *Rn. 1286*).

(5) **§ 306b II Nr. 3 StGB**: Das Erschweren des Löschens muss angesichts der hohen Strafdrohung »den Grad einer gewissen Erheblichkeit« erreichen:[94] es ist ggf. aber auch durch Unbrauchbarmachen/Abschalten eines Rauchmelders möglich.[95]

1289 (6) **§ 306e StGB** erlaubt es, bei §§ 306, 306a und 306b StGB in Fällen der **tätigen Reue** von Strafe abzusehen oder sie zumindest zu mildern. Dafür muss der Täter den Brand *freiwillig löschen*, und zwar *vor Eintritt eines erheblichen Schadens*. Dabei darf er sich auch fremder Hilfe bedienen, etwa durch Herbeirufen der Feuerwehr.

bei konkreter Gefährdung oder gar Schädigung von Personen scheidet § 306e StGB i.d.R. aus, bei Sachschäden an Wohngebäuden liegt die Schadensgrenze bei 2.500 €.[96] –

Im Hinblick auf *§ 306b II Nr. 1 StGB* ist § 306e I StGB dahingehend analog anzuwenden, dass dem Täter die Milderung auch dann zu Gute kommt, wenn er – anstatt den Brand zu löschen – die Lebensgefahr für das Opfer freiwillig durch anderweitige Rettungshandlungen beseitigt.[97]

1289a (7) Verhältnis §§ 306a I/303, 305 StGB: Hier ist Idealkonkurrenz anzunehmen, da § 306a StGB anders als §§ 303, 305 StGB kein Eigentumsdelikt ist (s. *Rn. 1268*).[98]

(8) Verhältnis §§ 306a/306 StGB: Hier ist ebenfalls Idealkonkurrenz gegeben, da § 306 StGB ein Eigentumsdelikt ist.

2. § 306 StGB (und seine Qualifikationen, §§ 306b, 306c StGB)

1290 – Siehe bereits *Rn. 1240, 1264 f., 1271–1273, 1287, 1288.* –

II. Verkehrsstraftaten (§§ 315–316 StGB)

– Zu **§ 142 StGB** siehe Krey/Hellmann/*Heinrich*, BT 2, Rn. 1084 ff. –

1. Gefährliche Eingriffe in den Straßenverkehr (§ 315b StGB)

1291 Fall 117: *– Freie Fahrt für freie Bürger –*

Zuhälter Loddel (L) entzog sich einer allgemeinen Verkehrskontrolle dadurch, dass er mit seinem Pkw auf den Polizeibeamten Polzig (P), der auf der Fahrbahn Haltezeichen gab, zufuhr und ihn so zum Beiseitespringen zwang; P entging dabei nur mit knapper Not dem Tode. Dies tat L, weil er im Fahndungsbuch stand; L vertraute bei seinem Verhalten darauf, P werde schnell genug reagieren und nicht von seinem Pkw erfasst werden. Strafbarkeit des L?

---

[94] *BGH*, NStZ-RR 2013, 277 (278); s.a. *Rengier* 40/91; LK-*Valerius*, § 306b Rn. 36.
[95] *BGH*, NStZ-RR 2013, 277 (278); LK-*Valerius*, § 306b Rn. 37.
[96] Zu alledem *BGH*, StV 2020, 606; näher noch NK-*Kargl*, § 306e Rn. 4, 5; ausf. *Rengier* II, 40/99 ff.
[97] *BGH* St 65, 20 (21 ff.), dazu *Heintschel-Heinegg*, JA 2020, 2971; s.a. *Kindhäuser/Schramm*, 62/31.
[98] *Fischer*, § 306a Rn. 15; so auch HK-GS-*Weiler*, § 306a Rn. 14.

a) Ein versuchtes Tötungsdelikt (§§ 211, 212, 22, 23 StGB) liegt mangels Vorsatzes nicht vor, da L auf das Ausbleiben des Erfolges vertraute, also nicht ernstlich mit dem Tod des P gerechnet und sich damit abgefunden hat.

b) §§ 113 I, 114 I StGB: **1292**

(1) Der Tatbestand des **§ 113 I StGB** ist erfüllt:

Das Verhalten des P war die Vornahme einer »*Vollstreckungshandlung*« (*Rn. 723 f.*). Die Tat des L war auch als »*Widerstand mit Gewalt*« zu werten (*Rn. 736*).[99]

(2) Besonders schwerer Fall (§ 113 II StGB)

(a) Das Regelbeispiel nach **§ 113 II 2 Nr. 1 StGB** ist nach der Neufassung dieser Vorschrift (Einfügung auch des »anderen gefährlichen Werkzeugs«) erfüllt: Ein Kfz ist zwar *keine Waffe*, aber doch ***ein gefährliches Werkzeug*** (vgl. *Rn. 740*).

(b) Regelbeispiel nach **§ 113 II 2 Nr. 2 StGB**: Das Verhalten des L war »*Gewalttätigkeit*« i.S. dieser Norm (vgl. *Rn. 741*).[100] Sie verursachte eine *konkrete Gefahr des Todes und der schweren Gesundheitsschädigung* (*Rn. 158*) für P. **1293**

Ob L hinsichtlich einer solchen konkreten Gefahr vorsätzlich gehandelt hat, sagt der Sachverhalt nicht. Ein solcher Vorsatz ist für das Regelbeispiel des § 113 II 2 Nr. 2 StGB aber nötig.[101] Doch dürfte bei lebensnaher Sachverhaltsauslegung anzunehmen sein, dass L zumindest die ***konkrete Gefahr einer schweren Gesundheitsschädigung*** ernstlich für möglich gehalten und sich mit ihr abgefunden hat.

Damit sind die Regelbeispiele aus § 113 II 2 Nr. 1 und 113 II 2 Nr. 2 StGB erfüllt.

(3) Zudem hat L § 114 I, II i.V.m. § 113 II Nr. 1, 2 StGB verwirklicht (*Rn. 769*), wobei mit § 113 I, II Nr. 1, 2 StGB Tateinheit besteht (näher hierzu *Rn. 770*). **1294**

c) § 240 StGB tritt hinter §§ 113 I, 114 I StGB (*leges speciales*) zurück.

d) **§ 315b I Nr. 3 StGB:** **1295**

(1) § 315b StGB bedarf, insbesondere was das »*Hindernisbereiten*« (Abs. 1 Nr. 2) und den »*ähnlichen, ebenso gefährlichen Eingriff*« (Abs. 1 Nr. 3) anlangt, im Hinblick auf § 315c StGB der einschränkenden Auslegung dahingehend,[102] dass Verkehrsvorgänge des **fließenden oder ruhenden Verkehrs**

– und erst recht solche außerhalb des öffentlichen Verkehrsraumes[103] –

von § 315b StGB ***grundsätzlich nicht erfasst*** sind (aber s.a. *Rn. 1300 ff.*); bei *bloß vorschriftswidrigem* Verkehrsverhalten (Geschwindigkeitsüberschreitung, falsches Überholen etc.) kommt nur § 315c StGB in Betracht. Die **Faustformel** lautet:

§ 315b StGB bezieht sich nur auf den sog. »verkehrsfremden Eingriff.«[104]

---

[99] Vgl. *OLG Hamm*, NJW 1973, 1240; S/S/W-*Zimmermann*, § 113 Rn. 12.
[100] *OLG Koblenz*, DAR 1973, 219; *Fischer*, § 113 Rn. 38: »***Gewalttätigkeit*** ist die Entfaltung physischer Kraft unmittelbar gegen die Person, und zwar als aggressives Handeln«.
[101] Vgl. *BGH* St 26, 176 (180 ff.); *Küper*, NJW 1976, 543 ff.
[102] »Zur Reichweite des § 315b StGB« *Brand/Albrecht*, ZStW 126 (2014), 669 ff.
[103] Näher hierzu *BGH* St 49, 128 und StV 2005, 23.
[104] *OLG Karlsruhe*, NJW 1978, 1391; Sch/Sch-*Hecker*, § 315b Rn. 6 ff.; W/H/E-*Engländer*, Rn. 984.

1296 (2) Solche **verkehrsfremden Eingriffe** sind vornehmlich (aber nicht ausschließlich, vgl. *Rn. 1300 ff.*) gegeben, wenn der Täter **von außen** auf den Verkehr einwirkt.[105] Im Übrigen ist § 315b StGB *kein eigenhändiges Delikt des Fahrzeugführers*, sondern kann **auch vom Beifahrer**, ggf. auch in Mittäterschaft mit dem Fahrer, begangen werden.[106]

Beispiele:
– Zu § 315b I **Nr. 1**:[107] Beschädigen einer Ampel; Entfernen eines Gullydeckels (auch die Straße ist eine »Anlage«); Durchtrennen eines Bremsschlauchs; Lockern von Radmuttern.

1297 – Zu § 315b I **Nr. 2**: *Bereiten von Hindernissen* durch *aktives Tun* liegt vor, wenn der Täter Baumstämme, Kisten, große Steine u. ä. auf die Fahrbahn legt bzw. Altöl auf ihr ausschüttet, er ein Seil über die Fahrbahn spannt oder Gegenstände an Seilen von einer Brücke bis auf Fahrzeughöhe herunterhängen lässt;[108] ebenso kann der zu Boden gestoßene menschliche Körper ein Hindernis darstellen.[109] Relevant ist auch das abrupte Abbremsen eines Pkw in der Absicht, einen Auffahrunfall herbeizuführen (*Fahrer* als Täter),[110] oder auch das plötzliche Öffnen der Beifahrertür eines fahrenden Autos, um einen neben dem Auto fahrenden Radfahrer auffahren zu lassen (*Beifahrer* als Täter).[111] Zudem kommt *Unterlassen* in Betracht, etwa wenn der Täter von seinem Lkw herunter gefallene Gegenstände (ungesichert) auf der Fahrbahn liegen lässt oder er eine von ihm hinterlassene Ölspur nicht beseitigt.[112]

1298 – Zu § 315b I **Nr. 3**: *Geben falscher Zeichen oder Signale* (jemand bringt absichtlich ein Einbahnschild in verkehrter Richtung an); *Griff ins Steuer* durch den Mitfahrer, um einen Unfall herbeizuführen, oder *Abziehen des Zündschlüssels während der Fahrt* durch den Mitfahrer, der dadurch eine völlige Steuerungslosigkeit des Kfz bewirkt;[113] insbesondere auch das **Werfen von Steinen etc. von Brücken** herunter auf fahrende Fahrzeuge.[114]

> Zum Problem der *unordentlichen Reparatur eines Kfz als »gefährlichem Eingriff«* i.S. *des § 315b I Nr. 3 StGB*: Nach Ansicht des *BayObLG* kommt ein solcher Eingriff nur bei Handeln (bzw. pflichtwidrigem Unterlassen) in »Sabotageabsicht« in Frage.[115]

1299 Stets ist dabei aber erforderlich, dass »die konkrete Gefahr (jedenfalls auch) auf die Wirkungsweise der für Verkehrsvorgänge typischen Fortbewegungskräfte (Dynamik des Straßenverkehrs) zurückzuführen ist«,[116] so dass etwa das *Schießen auf ein fahrendes Fahrzeug* dann *nicht* erfasst ist, wenn durch die Schüsse weder das Fahrverhalten, noch die Fahrsicherheit des betroffenen Fahrers beeinträchtigt ist

– da es dann nicht anders ist, als wäre auf ein parkendes Auto geschossen worden.

---

[105] *BGH* St 23, 4 (6); L/K/H-*Heger*, § 315b Rn. 4; A/W/H/H-*Hilgendorf*, 38/19; *Rengier* II, 45/3.
[106] Vgl. *BGH*, JR 2024, 488 m. Anm. *Zieschang*; Bespr. *Eisele*, JuS 2024, 488; *Jäger*, JA 2024, 696.
[107] Vgl. nur m.w.N. und Bsp. S/S/W-*Ernemann/Höltkemeier/Lafleur*, § 315b Rn. 11; *Rengier* II, 45/6.
[108] Zu Letzterem *BGH* St 48, 119 (123); im Übrigen vgl. etwa MK-*Pegel*, § 315b Rn. 31 mwN.
[109] Vgl. hierzu *BGH*, NStZ 2007, 34 (35).
[110] *BGH*, NStZ 1992, 182 (183); 2012, 700 (701); Sch/Sch-*Hecker*, § 315b Rn. 8.
[111] So der Fall *OLG Hamm*, NStZ-RR 2017, 224 (225) m. Bespr. *Hecker*, JuS 2017, 563.
[112] Hierzu etwa L/K/H-*Heger*, § 315b Rn. 4 mwN; MK-*Pegel*, § 315b Rn. 32 mwN.
[113] Zu Ersterem Kindhäuser/*Schramm*, 66/7, zu Letzterem *OLG Karlsruhe*, NJW 1978, 1391; im Übrigen vgl. *Fischer*, § 315b Rn. 8a; zahlreiche weitere Beispiele auch bei L/K/H-*Heger*, § 315b Rn. 4a.
[114] *BGH* St 48, 119 (123 ff.); NStZ 2003, 206; 2010, 572 f.; *Rengier* II, 45/28, 29.
[115] *BayObLG*, JR 1975, 28 m. Anm. *Rüth*; vgl. auch *Blei*, JA 1975, 171 ff.
[116] *BGH*, NStZ 2009, 100 (101) m. Bespr. *Obermann*, aaO, 539; *BGH*, NStZ 2016, 407 (408) m. Anm. *Kulhanek*; NStZ-RR 2017, 356; NStZ 2021, 743; *Rengier* II, 45/28 ff. (29: Steine, 30: Schüsse).

(3) Der verkehrsfremde Eingriff muss indes nicht notwendig von außen erfolgen; vielmehr genügen ausnahmsweise auch »**verkehrsfeindliche**« Beeinträchtigungen im Rahmen des fließenden Verkehrs, nämlich dann, wenn: **1300**

erstens der Täter **in bewusster Zweckentfremdung seines Fahrzeuges** dieses als Mittel zur Begehung einer der in § 315b I Nr. 1, 2 StGB bezeichneten Handlungen oder eines »ähnlichen, ebenso gefährlichen Eingriffs« i.S.d. § 315b I Nr. 3 StGB einsetzt,[117] er »mithin in der Absicht handelt, den Verkehrsvorgang zu einem Eingriff in den Straßenverkehr zu ›**pervertieren**‹, und es ihm darauf ankommt, durch diesen in die Sicherheit des Straßenverkehrs einzugreifen«.[118] **1301**

> Danach kommt **§ 315b I Nr. 2 StGB** z.B. dann in Betracht, wenn jemand »im fließenden Verkehr mit seinem Kfz einem anderen Verkehrsteilnehmer absichtlich den Weg abschneidet, um ihm die Weiterfahrt unmöglich zu machen«.[119] Ein Eingriff i.S. des **§ 315b I Nr. 3 StGB** kann z.B. dann vorliegen, wenn ein Kraftfahrer mit Vollgas auf den Bürgersteig fährt, um gegenüber einer Gruppe von Fußgängern einen Durchbruchsversuch zu unternehmen[120] – oder wenn jemand (wie hier in *Fall 117*) auf einen Halt gebietenden Polizisten zufährt, um auf diese Weise einer Verkehrskontrolle zu entgehen.

Zweitens aber muss nach Auffassung des *BGH* – und der nunmehr h.M.[121] – zu dem bewusst zweckwidrigen Einsatz eines Kfz in verkehrsfeindlicher Einstellung noch hinzukommen, dass »das Fahrzeug mit (mindestens bedingtem) Schädigungsvorsatz – etwa als Waffe oder Schadenswerkzeug – missbraucht wird«.[122] **1302**

> Dies wird wohl anzunehmen sein, wenn ein Fahrzeugführer einen Menschen bei hoher Geschwindigkeit und schlechten Festhaltemöglichkeiten für das Opfer auf der Kühlerhaube mitnimmt (bedingter Schädigungsvorsatz) oder wenn jemand sein Fahrzeug abrupt abbremst, gerade um einen Auffahrunfall zu verursachen (Schädigungsabsicht).[123]

> In den oben in *Rn. 1300* genannten Beispielsfällen jedoch hängt die Annahme eines gefährlichen Eingriffs in den Straßenverkehr nunmehr von den konkreten Umständen des Einzelfalles ab: Hatte der Täter zumindest bedingten Schädigungsvorsatz oder nicht?

In unserem *Fall 117 (Rn. 1291)* ist damit »*ein ähnlicher, ebenso gefährlicher Eingriff*« i.S.d. § 315b I Nr. 3 StGB abzulehnen. Denn zwar gilt nach wie vor: In derartigen Fällen »handelt es sich um ein nicht nur verkehrswidriges, sondern **verkehrsfeindliches** Verhalten im fließenden Verkehr; unter dem Schein eines Verkehrsverhaltens verbirgt sich in Wirklichkeit ein **verkehrsfremdes** Verhalten«[124] **1303**

---

[117] *BGH* St 21, 301; 22, 6; 28, 87 ff.; NStZ 2024, 234 m. Anm. *König*; JR 2024, 488 (Rn. 12) m. Anm. *Zieschang*; Bespr. *Eisele*, JuS 2024, 488; *Jäger*, JA 2024, 696; *OLG Düsseldorf*, JZ 1985, 544 (»*in verkehrsfeindlicher Einstellung bewusst zweckwidrig*«); *Horn/Hoyer*, JZ 1987, 965 (968); *Eisele* I, Rn. 1148; Kindhäuser/*Schramm*, 66/9; *Rengier* II, 45/15 ff.

[118] Vgl. die Nennungen in *Fn. 117*; Zitat aus *BGH* St 48, 233 (237) mwN.

[119] *BGH* St 21, 301; dem Grundsatze nach ebso. auch *BGH* St 48, 233 (238), vgl. aber oben, *Rn. 1302*.

[120] *BGH* St 22, 365 ff.; JR 2024, 488 (Anm. *Zieschang*); *Eisele*, JuS 2024, 488; *Jäger*, JA 2024, 696.

[121] Joecks/*Jäger*, § 315b Rn. 12 sprechen von »heute praktisch einhelliger Meinung«.

[122] *BGH* St 48, 233 (237); NStZ 2004, 320; NStZ-RR 2006, 109; NStZ 2010, 391; 2014, 86; StV 2016, 286 (287); NStZ 2024, 234; JR 2024, 488 (Anm. *Zieschang*); *Eisele* I, Rn. 1149; *Rengier* II, 40/16 f.; Joecks/*Jäger*, § 315b Rn. 12; L/K/H-*Heger*, § 315b Rn. 4a; W/H/E-*Engländer*, Rn. 988 mit Fall in Rn. 981/989.

[123] So schon *BGH* St 26, 51; *OLG Düsseldorf*, JZ 1985, 544; JZ 1988, 472; NJW 1993, 3212; zum provozierten Auffahrunfall Kindhäuser/*Schramm*, 66/9, und ausf. *Hecker*, DAR 2011, 186.

[124] *BGH* St 23, 4 (7).

– was übrigens auch dann zu bejahen ist, »wenn der Täter nicht beabsichtigt, den Bedrohten zu überfahren, sondern diesem im letzten Augenblick ausweichen will«.[125]

Da L jedoch davon ausgegangen ist, P werde »schnell genug reagieren und nicht von dem Pkw erfasst werden«, ist bei ihm der vom *BGH* geforderte Schädigungsvorsatz nicht zu verzeichnen, noch nicht einmal in der Form eines dolus eventualis.

Ergebnis: L hat sich in **Fall 117** nicht nach § 315b StGB strafbar gemacht.[126]

1304 (4) Die in *Rn. 1302* geschilderte, auf den Schädigungsvorsatz abstellende *BGH*-Auffassung vermag allerdings insbesondere aus drei Gründen nicht zu überzeugen:[127]

Erstens bedeutet das unreflektierte Abstellen auf einen (nach den Darlegungen des *BGH:* wie auch immer gearteten) Schädigungsvorsatz in letzter Konsequenz, dass für die Entscheidung über Annahme oder Ablehnung der *gemeingefährlichen* Straftat des § 315b StGB das berühmte Zünglein an der Waage im Einzelfall sogar einmal die Frage sein kann, ob der Täter nicht zumindest **Sachbeschädigungsvorsatz** hatte. So wird letztlich der ihn verfolgende Polizeifahrzeug an den Straßenrand abdrängende Verfolgte letztlich *deswegen* zum Täter des § 315b StGB, weil er billigend eine Beschädigung des Polizeifahrzeugs in Kauf genommen hat. Das erscheint – vorsichtig formuliert – zumindest nicht sachgerecht.

Zweitens wird mit der vom *BGH* vorgenommenen Restriktion der Gefährdungstatbestand des § 315b StGB in ein **kupiertes Erfolgsdelikt** verwandelt.[128]

Drittens führt die Sichtweise des *BGH* mitunter zu einer weitgehenden **Straffreistellung**, da in zahlreichen Fällen (so auch in unserem **Fall 117**, vgl. nachfolgend *Rn. 1307*) auch der Tatbestand des § 315c StGB nicht einschlägig sein wird.[129] Auch dies befriedigt nicht.

1305 Dabei wäre übrigens das Merkmal »**Beeinträchtigung der Sicherheit des Straßenverkehrs**« (für das die generelle Eignung zur Verkehrsgefährdung genügt[130]) ohne Weiteres erfüllt. Zudem lag auch eine konkrete »**Gefahr für Leib und Leben eines anderen**« (P) vor:

§ 315b StGB ist ein **konkretes** Gefährdungsdelikt: Es muss sich die durch die Tathandlung geschaffene abstrakte Gefahrenlage *zu einer konkreten Gefährdung verdichtet haben.*[131] Das ist immer dann der Fall, wenn »die Sicherheit einer bestimmten Person oder Sache so stark beeinträchtigt war, dass es nur noch vom Zufall abhing (sog. Beinahe-Unfall), ob das Rechtsgut verletzt wurde oder nicht.«[132]

---

[125] *BGH* St 28, 87 (89); s.a. *BGH* St 26, 176; *BGH*, JZ 1983, 811 (812) m. Anm. *Cramer*.

[126] *BGH* NStZ 2014, 86; NZV 2016, 345; MK-*Pegel*, § 315b Rn. 44; *Eisele* I, Rn. 1149; W/H/E-*Engländer*, Rn. 988, 981/989.

[127] **Krit.** etwa auch *Dreher*, JuS 2003, 1159 ff.; *Hentschel*, NJW 2004, 651 (659); *König*, NStZ 2004, 175 ff.; *Seier/Hillebrand*, NZV 2003, 490 f.; sowie MK-*Pegel*, § 315b Rn. 19; SK[10]-*Wolters*, § 315b Rn. 17; Kindhäuser/*Schramm*, 66/10; rundweg abl. Sch/Sch-*Hecker*, § 315b Rn. 10.

[128] So ganz richtig *Seier/Hillebrand*, NZV 2003, 490 f.; MK-*Pegel*, § 315b Rn. 19; Sch/Sch-*Hecker*, § 315b Rn. 10; Kindhäuser/*Schramm*, 66/10.

[129] … womit man wieder bei *BGH* St 23, 4 (7) angelangt wäre, wo es resignierend-fatalistisch heißt: »Liegen die Voraussetzungen des § 315c StGB nicht vor, so bleibt nur der Verstoß gegen die StVO«.

[130] Vgl. nur MK-*Pegel*, § 315b Rn. 4; S/S/W-*Ernemann/Höltkemeier/Lafleur*, § 315b Rn. 8; Sch/Sch-*Hecker*, § 315b Rn. 3; Kindhäuser/*Schramm*, 66/3.

[131] *BGH*, NStZ 2015, 278; StV 2016, 286 (287); 2016, 288; zum Eintritt der konkreten Gefahr, wenn der Täter bei einem Kfz vor Fahrtantritt die Fußbremse absichtlich zerstört hat, *BGH*, NStZ 1996, 85; **s.a. im Text *Rn. 1325*.** – Zu »Gefährlichkeit und Gefahr bei den Straßenverkehrsdelikten« *Radtke*, FS-Geppert, 2011, S. 461.

[132] *BGH*, StV 2016, 286, 287 (i.A.a. *BGH*, NStZ 2013, 167); NStZ 2020, 225 (226).

Das alles vermag jedoch für **Fall 117** *(Rn. 1291)* nichts daran zu ändern, dass § 315b I Nr. 3 StGB gemessen an den Kriterien der in *Rn. 1302* genannten *BGH*-Rechtsprechung nicht verwirklicht ist.

(5) Ergänzender Hinweis zur konkreten Gefährdung (Schutzzweck der Norm):   **1306**

§ 315b StGB entfällt, wenn bei einem absichtlich herbeigeführten Zusammenstoß zweier Fahrzeuge lediglich die **Tatbeteiligten** und die **von ihnen geführten Fahrzeuge** gefährdet wurden (dazu lesen: *BGH* NStZ 1991, 183 f. und 1992, 233 f.);

– für § 315c StGB siehe entsprechend *Rn. 1320, 1324.* –

e) Was in **Fall 117** bleibt, ist eine mögliche Strafbarkeit des L nach § 315c I StGB.   **1307**

Auch der *BGH* weist darauf hin, dass die nunmehr aus dem Anwendbarkeitsbereich des § 315b StGB entfallenden Fälle »regelmäßig von § 315c StGB erfasst« würden.[133]

In unserem Fall ist freilich keine der in § 315c I Nr. 2 genannten Tatbestandsvarianten (den sog. **»sieben Todsünden im Straßenverkehr«**,[134] s.a. *Rn. 1335*) einschlägig, so dass eine entsprechende Strafbarkeit für L zu verneinen ist. Gesamtergebnis: In **Fall 117** ist L (nur!) gem. §§ 113 I, II Nr. 1, 2, 114 I, II i.V.m. 113 II Nr. 1, 2, 52 StGB strafbar (vgl. *Rn. 1292 f., 1294*).

f) Ergänzende Hinweise zu § 315b StGB: **1308**

(1) »Verkehrsfeindliche« Beeinträchtigungen **im Rahmen des fließenden Verkehrs** kommen als »*ähnlicher, ebenso gefährlicher Eingriff*« i.S.d. § 315b I Nr. 3 StGB nur dann in Betracht, wenn sie als **schwerwiegend** erscheinen; »Verstöße geringeren Gewichts« wie das langsame Zufahren auf einen Fußgänger, der ohne Schwierigkeit und ohne Gefahr ausweichen kann, genügen dagegen nicht.[135]

Dazu hat der *BGH* jedoch klargestellt:[136] »Fährt der Fahrer eines Kraftwagens in der Absicht auf einen Fußgänger los, diesen zu verletzen, und gelingt ihm das, so kann darin auch dann ein gefährlicher Eingriff in den Straßenverkehr (§ 315b I Nr. 3 StGB) liegen, wenn die Geschwindigkeit nur 20 km/h betrug und der Fußgänger noch hätte beiseitetreten können.« Von einem »Verstoß nur geringen Gewichts« könne hier nämlich nicht die Rede sein.

Ergänzend hebt das Gericht dann hervor: »Nicht einmal die Absicht des Täters, im letzten Augenblick an dem bedrohten Opfer vorbeizufahren, würde die Erfüllung des Tatbestandes hindern können, weil der Täter keinen Einfluss auf die Reaktion des Bedrohten hat und die von ihm geschaffene gefährliche Situation nicht beherrscht«.

(2) Umstritten war vor Inkrafttreten des § 315c I Nr. 2f StGB n.F. (1986), ob und unter   **1309**
welchen Voraussetzungen Kraftfahrer, die Autobahnen oder Kraftfahrstraßen in gegenläufiger Fahrtrichtung befahren (sog. **»Geisterfahrer«**), sich nach § 315b StGB strafbar machen.

Diese Streitfrage hat sich erledigt: Unbeabsichtigt auf die Gegenrichtung geratene und bis zur nächsten Ausfahrt dort weiterfahrende »Geisterfahrer« werden jetzt eben von § 315c I Nr. 2f StGB (ggf. i.V.m. III Nr. 1 bzw. Nr. 2) erfasst; diese Vor-

---

[133] *BGH* St 48, 233 (238); dazu s.a. bspw. den Fall 4 bei Kindhäuser/*Schramm*, 66/4, 8.
[134] Sch/Sch-*Hecker*, § 315c Rn. 12; S/S/W-*Ernemann/Höltkemeier/Lafleur*, § 315c Rn. 10; MK-*Pegel*, § 315c Rn. 44; Kindhäuser/*Schramm*, 65/6.
[135] *BGH* St 28, 87 (90); ebso. *BGH*, NStZ 1987, 225; *LG München I*, NStZ 1993, 188 f.
[136] *BGH*, JZ 1983, 811 f. m. Anm. *Cramer*; eingehend zu derlei Fällen MK-*Pegel*, § 315b Rn. 50.

schrift ist grundsätzlich – d.h. wenn keine »Pervertierung« vorliegt, vgl. *Rn. 1300* – lex specialis für das Fahren entgegen der Fahrtrichtung (»Geisterfahrt«).

Bei von vornherein *absichtlicher* Geisterfahrt greift freilich § 315b I Nr. 3 StGB ein.[137]

1310 *(3) § 315b StGB durch* **Unterlassen**

§ 315b I Nr. 2 StGB kann auch durch Unterlassen begangen werden.

Beispielsweise dadurch, dass der Täter nach Verursachung einer Ölspur auf der Fahrbahn diese nicht beseitigt; dass ein LKW-Fahrer Kisten, die von seinem Fahrzeug auf die Autobahn gefallen sind, nicht wegschafft (oder sichert); dass ein Kfz-Fahrer die Leiche eines Unfallopfers, dessen Tod er verschuldet hat, auf der Fahrbahn liegen lässt.[138]

1311 *(4) Qualifikation nach § 315b III i.V.m. § 315 III StGB*

(a) Ein **Verbrechen** nach diesen Vorschriften liegt zum einen dann vor, wenn der Täter in der *Absicht* (im technischen Sinne, *Rn. 305*) handelt,

– einen Unglücksfall herbeizuführen *(§ 315 III Nr. 1a StGB)* oder
– eine andere Straftat zu ermöglichen oder zu verdecken *(§ 315 III Nr. 1b StGB)*.

Dabei setzt Nr. 1a voraus, dass es »dem Täter darauf ankommt, einen Unglücksfall (*Rn. 1377*) dadurch herbeizuführen, dass sich die von ihm verursachte konkrete Gefahr verwirklicht«.[139]

1312 *(b)* Gem. § 315b III StGB i.V.m. **§ 315 III Nr. 2 StGB** ist der gefährliche Eingriff in den Straßenverkehr (§ 315b I StGB) auch dann als **Verbrechen** qualifiziert,

– in Form einer Erfolgsqualifikation gemäß § 18 StGB[140] –

wenn der Täter durch die Tat *»eine schwere Gesundheitsschädigung eines anderen Menschen«* – siehe *Rn. 158* – oder eine *»Gesundheitsschädigung einer großen Zahl von Menschen«* verursacht.

Letzteres ist ein noch ungeklärter, sehr unbestimmter Rechtsbegriff;[141] so werden mitunter *mindestens 10 Personen* verlangt[142], der *BGH* lässt (für § 306b I StGB) »*14 Personen* als Bewohner eines mittelgroßen Hauses« genügen, *nicht aber acht Personen*.[143]

2. Gefährdung des Straßenverkehrs (§ 315c StGB)

1313 **Fall 118:** – *»Alkohol im Blut«* –

Schluck (S) und Specht haben gezecht. Beide schätzen, dass S zumindest 1,5 Promille »Alkohol im Blut« habe. Gleichwohl will S mit dem Pkw seiner Verlobten nach Hause fahren. Auf Vorschlag des S fährt Specht trotz erheblicher Bedenken mit. Obwohl S langsam fährt, steuert er den Wagen wegen seiner Alkoholisierung so ungeschickt, dass er nur mit knapper Not vermeidet, einen Chausseebaum zu rammen. Strafbarkeit des S, der zur Tatzeit 1,3 Promille Alkoholkonzentration im Blut hatte, aus §§ 315c, 316 StGB?

---

[137] Näher Sch/Sch-*Hecker*, § 315b Rn. 12, § 315c Rn. 23; MK-*Pegel*, § 315b Rn. 47, § 315c Rn. 73.
[138] Vgl. *Fischer*, § 315b Rn. 15 m.w.N.
[139] BGH, NStZ 2022, 298 (299) m. Anm. *Kudlich*; Bespr. *Hecker*, JuS 2022, 462.
[140] *Fischer*, § 315 Rn. 23; HK-GS-*Quarch*, § 315 Rn. 5; ebso. *Rengier* II, 45/44 mit 40/63 f.; sowie (zum vergleichbaren § 306b I StGB): *Hörnle*, Jura 1998, 169 (182); D/S/N/S-*Stein*, S. 104 f.
[141] Ebso. Sch/Sch-*Heine/Bosch*, vor § 306 Rn. 13a (mit Kriterien zur genaueren Bestimmung).
[142] D/S/N/S-*Stein*, S. 104; *Geppert*, Jura 1998, 603; LK-*König*, § 315b Rn. 88 i.V.m. § 315 Rn. 121.
[143] Vgl. *BGH* St 44, 175 (178) einerseits und *BGH*, NJW 2011, 1091 andererseits.

Es könnte eine Strafbarkeit nach § 315c I Nr. 1a StGB gegeben sein: **1314**

a) S hat »im Straßenverkehr ein Fahrzeug geführt, obwohl er infolge des Alkoholgenusses nicht in der Lage war, das Fahrzeug sicher zu führen«: Bei einer **Blutalkoholkonzentration (BAK)** von **1,1 Promille** oder mehr ist beim Kraftfahrer stets Fahruntüchtigkeit i.S. der §§ 315c I Nr. 1a, 316 StGB anzunehmen; ein Gegenbeweis ist nicht möglich; – sog. »**absolute Fahruntüchtigkeit**«.[144] –

> Auf »**andere berauschende Mittel**« findet dieser Begriff keine Anwendung, da es hier anders als beim Alkoholkonsum an einem ausreichend bestimmten Indikator fehlt, so dass *in jedem Einzelfall* das Vorliegen einer relativen Fahruntüchtigkeit zu prüfen ist.[145]

Vertiefung: Vor 1990 ging die höchstrichterliche Rechtsprechung noch von einem Grenzwert von 1,3 Promille aus.[146] Der vom *BGH* in seinem Beschluss v. 28.6.1990 neu bestimmte Grenzwert von 1,1 Promille (s. *Fn. 144*) beruht auf einem »Grundwert« von 1,0 Promille für die absolute Fahruntüchtigkeit sowie einem »Sicherheitszuschlag« von 0,1 Promille.[147] **1315**

– Dieser neue Grenzwert gilt dabei – **rückwirkend** – auch für Taten, die vor dem 28.6.1990 begangen wurden, was weder dem Rückwirkungsverbot des Art. 103 II GG widerspricht, noch dem verfassungsrechtlichen Gebot des Vertrauensschutzes.[148] –

Darüber hinaus ist mit dem *BGH* absolute Fahruntüchtigkeit auch bei einem Kraftfahrer zu bejahen, der zur Tatzeit zwar noch keine BAK von 1,1 Promille aufweist, aber bereits eine solche Alkoholmenge im Körper hat, »**die zu einer Blutalkoholkonzentration von 1,1 Promille führt**«.[149] **1316**

> Begründung: Die starke Alkoholwirkung in der sog. »**Anflutungsphase**«.

Hat nun aber der unter Alkoholeinfluss stehende Kraftfahrer zur Tatzeit weder eine BAK von 1,1 Promille (oder mehr) noch eine Alkoholmenge im Körper, die zu einer BAK von 1,1 Promille führt, so scheidet **absolute** Fahruntüchtigkeit aus.

Doch kann – ab einer BAK von 0,3 Promille – gleichwohl Fahruntüchtigkeit i.S.d. §§ 316, 315c I Nr. 1a StGB vorliegen, nämlich dann, wenn sie sich aus den Umständen des Einzelfalles, namentlich aus alkoholtypischem Fahrverhalten, ergibt (»**relative Fahruntüchtigkeit**«).[150] **1317**

Der *BGH* (St 31, 44 ff.) führt hierzu aus: »**Relative Fahruntüchtigkeit** ist gegeben, wenn die **BAK des Angeklagten** zur Tatzeit zwar unterhalb des Grenzwertes von 1,3 ‰ [jetzt: **1,1‰** – *Rn. 1313 f.* –] liegt, aber aufgrund zusätzlicher Tatsachen der Nachweis alkoholbedingter Fahruntüchtigkeit geführt werden kann ... Dabei stellt die BAK das wichtigste Beweisanzeichen dar. Da sie den Grenzwert, von dem an absolute Fahruntüchtigkeit unwiderleglich vorliegt, nicht erreicht, müssen weitere Tatsachen festgestellt werden, die als Beweisanzeichen geeignet sind, dem Tatrichter die Überzeugung von der Fahruntüchtigkeit

---

[144] *BGH* St 37, 89 ff., m. Anm. *Janiszewski*, NStZ 1990, 493; s.a. *BayObLG*, NJW 1990, 2833; *Fischer*, § 316 Rn. 12, 13; zu den BAK-Grenzwerten im Strafrecht ausf. *Satzger*, Jura 2013, 345 ff.
[145] *BGH*, JR 2009, 120 (Heroin) m. Anm. *Herzog/Laustetter*; NStZ 2022, 741 (Cannabis, Amphetamin).
[146] *BGH* St 21, 157; 31, 42 (43 f.); *BayObLG*, NJW 1990, 491 (493).
[147] *BGH* St 37, 89 (95, 97); *Kindhäuser/Schramm*, 64/15; s.a. *König*, JA 2003, 131 (132).
[148] So *BayObLG*, NJW 1990, 2833; *Krey*, Keine Strafe ohne Gesetz, Rn. 112 f.; *BVerfG*, NStZ 1990, 537.
[149] Vgl. *BGH* St 25, 246 ff. (zum alten 1,3‰-Grenzwert); diese Judikatur gilt in gleicher Weise für die neue 1,1‰-Grenze: *Fischer*, § 316 Rn. 29; W/H/E-*Engländer*, Rn. 995.
[150] L/K/H-*Heger*, § 315c Rn. 7; W/H/E-*Engländer*, Rn. 996; *BGH* St 31, 42 (44 ff.).

des Angeklagten zu vermitteln. Von – unterschiedlicher – Bedeutung sind dabei ... zunächst in der Person des Angeklagten liegende Gegebenheiten wie Krankheit oder Ermüdung (innere Umstände), sodann äußere Bedingungen der Fahrt wie Straßen- und Witterungsverhältnisse (äußere Umstände), schließlich das konkrete Verhalten des Angeklagten (sog. Ausfallerscheinungen), das durch die Aufnahme alkoholischer Getränke oder anderer berauschender Mittel mindestens mitverursacht sein muss ... Als solche **Ausfallerscheinungen** kommen insbesondere in Betracht: eine auffällige, sei es regelwidrige, sei es besonders sorglose und leichtsinnige Fahrweise, ein unbesonnenes Benehmen bei Polizeikontrollen, aber auch ein sonstiges Verhalten, das alkoholbedingte Enthemmung und Kritiklosigkeit erkennen lässt, ferner z.B. ein Stolpern und Schwanken beim Gehen«.

1318 Der 1,1‰-Grenzwert soll für alle Kraftfahrer gelten, auch für Fahrer von **Mofas** (Fahrräder mit Hilfsmotor, §§ 4, 5 FeV),[151] von **E-Scootern** (wobei auch der sich am Lenker festhaltende Beifahrer das Fahrzeug »führt«)[152] und selbst von **motorisierten Krankenfahrstühlen**.[153]

Ersterem (Mofas) ist zuzustimmen; die Krankenfahrstühle sollten jedoch – aufgrund des vergleichbaren Gefahrenpotentials – eher den Radfahrern gleichgestellt werden.[154]

Radfahrer dürften ab 1,5‰ BAK absolut fahruntüchtig sein. Die h.M. geht jedoch von 1,6 Promille aus.[155] **Pferdedroschken** hingegen seien in ihrem Gefahrenpotential einem Pkw vergleichbar, so dass für den Kutscher der BAK-Grenzwert von 1,1‰ gelte.[156]

Ergänzender Hinweis: Neben der Straftat Trunkenheit im Verkehr (§ 316 StGB) gibt es noch Ordnungswidrigkeiten, die das Führen eines Kfz unter dem Einfluss von Alkohol oder anderer berauschender Mittel erfassen (§ 24a StVG).

1319 b) Es fragt sich aber, ob S denn auch i.S. des § 315c I StGB *Leib oder Leben eines anderen oder fremde Sachen von bedeutendem Wert* gefährdet hat, wobei hierfür eine **konkrete** Gefahr erforderlich ist.

Bei § 315c I Nr. 1 a StGB muss die konkrete Gefahr Folge der Fahruntüchtigkeit sein.[157]

(1) Gefährdung des Specht

Dass für Specht eine *konkrete Leibesgefahr* bestand, ist offensichtlich. Dagegen lässt sich eine *konkrete Lebensgefahr* dem Sachverhalt nicht entnehmen (S fuhr sehr langsam). Es fragt sich, ob jene Gefährdung des **Specht** für § 315c StGB ausreicht.

1320 (a) §§ 315b und 315c StGB verlangen keine »Gemeingefahr«. Folglich greifen sie grundsätzlich auch ein, wenn **Insassen** des benutzten Fahrzeugs (mit Ausnahme des Täters) gefährdet werden; doch soll die Gefährdung **tatbeteiligter Insassen** nach h.A. nicht genügen.[158] – *Siehe ergänzend zur Trunkenheitsfahrt noch Rn. 1325 f.* –

---

[151] *BGH* St 37, 89 (99); *Fischer*, § 316 Rn. 25. – **FeV** = Fahrerlaubnis-Verordnung. –
[152] *LG Oldenburg*, NZV 2023, 238 m. Bespr. *Hecker*, JuS 2023, 275; s.a. *Zeyher*, HRRS 2022, 218.
[153] *OLG Nürnberg*, NStZ-RR 2011, 153; s. aber *AG Löbau*, JuS 2008, 80 (m. Erläut. *Jahn*).
[154] So ganz richtig *AG Löbau*, JuS 2008, 80, sowie *Wegerich/Scheibenpflug*, NZV 2012, 414 (417).
[155] *BGH* St 34, 133 (134 ff.) hatte als Grenzwert 1,7‰ festgesetzt. Entsprechend den Ausführungen in *BGH* St 37, 89 (99) dürfte aber eine Herabsetzung um 0,2‰ wie bei Kfz-Führern angezeigt sein. Für 1,6‰ u.a.: *OLG Celle*, JuS 1992, 1066 f.; *BayObLG*, NJW 1992, 1906; *Fischer*, § 316 Rn. 27.
[156] So durchaus überzeugend *OLG Oldenburg*, NJW 2014, 2211 m. Bespr. *Hecker*, JuS 2014, 756.
[157] Vgl. *OLG Düsseldorf*, StV 2018, 444; *Küpper/Börner*, 10/42; *Sch/Sch-Hecker*, § 315c Rn. 34 ff.
[158] *BGH* St 27, 40 (43); NStZ 1996, 83 (84); 2012, 701 f.; 2013, 167; *L/K/H-Heger*, § 315c Rn. 25; **zu Recht a.A.** *OLG Stuttgart*, NJW 1976, 1904; *M/S/M-Schroeder*, 50/26; *Rengier* II, 44/17; ausf. LK-*König*, § 315b Rn. 71 ff.; *Sch/Sch-Hecker*, § 315c Rn. 31; SK[10]-*Wolters*, vor § 306 Rn. 10.

Klarstellung: Gemeint sind solche Insassen, die z.B. als Anstifter an der gefährlichen **Tathandlung** (z.B. Fahren trotz alkoholbedingter Fahruntüchtigkeit) beteiligt sind. Auf eine Beteiligung an der konkreten Gefährdung oder an § 315c StGB kommt es nicht an.

Specht war aber kein Tatbeteiligter: Er hatte den S zu der gefährlichen **Handlung** i.S. des § 315c I Nr. 1a StGB weder angestiftet noch ihm Hilfe geleistet.

(b) § 315c StGB könnte hier indes unter dem Gesichtspunkt der **Einwilligung** in die Leibesgefährdung entfallen. **1321**

Nach der **Judikatur** ist die Einwilligung des Mitfahrers in eine Gefährdung seiner körperlichen Unversehrtheit für § 315c StGB unbeachtlich: Diese Vorschrift schütze zwar auch Leib und Leben (sowie das Vermögen) des Einzelnen, in erster Linie aber die Sicherheit des Straßenverkehrs und damit die **Allgemeinheit**.[159]

Anders die **h.L.**:[160] § 315c StGB scheide bei wirksamer Einwilligung aus. **1322**

Dabei ist die Frage der **Wirksamkeit** der Einwilligung in die Gefährdung bei **Lebensgefährdungen** strittig. Richtiger Ansicht nach ist auch bei solchen Gefährdungen eine Rechtfertigung durch Einwilligung möglich.[161] § 216 StGB steht dem nicht entgegen, da er bloße Lebensgefährdungen (ohne Tötungsvorsatz) nicht betrifft.

Klarstellender Hinweis zur »Einwilligung in lebensgefährdende Risiken«: Zwar kommt die Einwilligung als Rechtfertigungsgrund bei Tötungsdelikten nicht in Frage (vgl. *Rn. 140*). Doch kann sie dort, wo eine bloße Lebens*gefährdung* – die sich aber nicht realisiert hat – vorliegt, den Erfolgsunwert ausschließen und damit eine Tat nach § 315c StGB auch bei Verursachung einer konkreten Lebensgefahr rechtfertigen.

Stellungnahme: Ich neige der h.L. zu, und zwar aus folgenden Gründen: **1323**

Der Unrechtsschwerpunkt liegt bei § 315c StGB nicht bei der Tathandlung (Abs. 1 Nr. 1, 2), sondern bei der schuldhaften Verursachung der konkreten Gefahr (vgl. *Rn. 1330*). Die Tathandlung ist nämlich grundsätzlich (Ausnahme: §§ 315c I Nr. 1a i.V.m. 316 StGB) straflos; erst die vorsätzliche oder fahrlässige Herbeiführung der in § 315c StGB umschriebenen konkreten Gefährdung hebt das Verhalten über die Grenze der Strafbarkeit. **Wenn aber die konkrete Gefährdung den Unrechtsschwerpunkt bildet, muss diese als solche rechtswidrig sein, um für § 315c StGB auszureichen.** Anderenfalls bleibt nur die Ahndungsmöglichkeit der Tat aus § 316 StGB bzw. als Ordnungswidrigkeit. Die Einwilligung des Gefährdeten schließt also eine Strafbarkeit aus § 315c StGB grundsätzlich aus.

Eine solche Einwilligung hatte Specht schlüssig erklärt, sodass die Gefährdung seiner Gesundheit für die Annahme einer i.s.d. § 315c StGB tatbestandsmäßigen konkreten Gefahr nicht.

(2) Gefährdung des Pkw der Verlobten des S **1324**

(a) Der Pkw war eine »**fremde Sache von bedeutendem Wert**«.

Maßgeblich für die Beurteilung ist der »rein wirtschaftliche Verkehrswert« der Sache.[162]

---

[159] *BGH* St 23, 261; 53, 55 (63 f.); *OLG Stuttgart*, NJW 1976, 1904; zust. *Jescheck/Weigend*, AT, § 34 III 5; L/K/H-*Heger*, § 315c Rn. 32; LK-*König*, § 315c Rn. 161 i.V.m. § 315b Rn. 71 ff. (74b).

[160] *Schünemann*, JA 1975, 723; A/W/H/H-*Hilgendorf*, 38/43; M/S/M-*Schroeder*, 50/7–9; *Rengier* II, 44/19a; *Roxin/Greco*, AT 1, 13/35; SK¹⁰-*Wolters*, § 315c Rn. 23; s.a. Sch/Sch-*Hecker*, § 315c Rn. 41.

[161] So u.a. *Hillenkamp*, JuS 1977, 166 (170 f.); *Rudolphi*, Jura 1980, 262 f. mwN; *Rengier* II, 20/32 f.; insoweit auch *BGH* St 53, 55 (63); **a.A.** *BGH* St 23, 261 (265); *Jescheck/Weigend*, AT, § 34 III 2.

[162] *Hillenkamp*, JuS 1977, 166 (167); L/K/H-*Heger*, § 315c Rn. 24; s.a. Kindhäuser/*Schramm*, 65/10.

– Was dabei die Wertgrenze anlangt, so geht der BGH ungeachtet des zwischenzeitlich eingetretenen Wertverfalls seit Jahren unverändert von 750 Euro aus.[163] –

(b) Erforderlich ist überdies, »in einem zweiten Schritt« zu prüfen, ob der »Sache von bedeutendem Wert« auch »ein bedeutender Schaden gedroht hat«.[164]

In *Fall 118 (Rn. 1313)* war der Pkw konkret gefährdet.

(c) Doch scheidet *das vom Täter geführte Fahrzeug* – auch wenn es einem anderen gehört – aus dem Schutzbereich des § 315c aus.[165]

(3) Ergebnis: § 315c StGB entfällt. S aber ist aus § 316 I StGB strafbar.

1325 *c) Ergänzender Hinweis zur* **konkreten Gefährdung der Fahrzeuginsassen** *bei einer Trunkenheitsfahrt (§ 315c I Nr. 1a StGB):*

Der *BGH* war **früher** der Ansicht gewesen, es sei – so wie (nach *damaliger* Judikatur) schon das bloße Fahren in einem Kfz mit zerstörter Fußbremse zur Annahme einer konkreten Gefahr i.S.d. § 315b I StGB berechtige[166] – ein (nicht tatbeteiligter, vgl. *Rn. 1320*) Insasse eines Fahrzeugs, das von einem alkoholbedingt fahruntüchtigen Fahrer gelenkt werde, »bereits allein dadurch konkret gefährdet, dass der Fahrer trotz seines Zustandes am Straßenverkehr teilnehme«:[167] In aller Regel habe **bereits das bloße Fahren** trotz alkoholbedingter Fahruntüchtigkeit eine konkrete Gefährdung der Insassen zur Folge.

1326 Dem widersprach namentlich das *BayObLG*, zudem auch die h.L.;[168] dabei wurde gegen jene Konzeption des *BGH* vor allem geltend gemacht:[169]

– Erstens hätte sie eine ganz unangemessene Ausweitung des Anwendungsbereichs von § 315c I Nr. 1a StGB auf Kosten des § 316 StGB zur Folge.
– Zweitens verwische sie den Unterschied zwischen abstrakter (§ 316 StGB) und konkreter Gefährdung (§ 315c StGB). Eine konkrete Gefahr sei nur gegeben, wenn der Eintritt eines Schadens aufgrund in concreto festzustellender Tatsachen **wahrscheinlich** sei, die über den bloßen Umstand der Alkoholisierung hinausreichten.

1327 Inzwischen hat der *BGH* seinen alten Standpunkt aufgegeben und sich zu Recht der Ansicht von *BayObLG* und h.L. angeschlossen:[170] Es müsse »die Tathandlung über die ihr innewohnende latente Gefährlichkeit hinaus in eine kritische Situation geführt haben, in der ... die Sicherheit ... so stark beeinträchtigt war, dass es nur noch vom Zufall abhing, ob das Rechtsgut verletzt wurde oder nicht«.[171]

Und weiter: »Es reicht daher für die Annahme einer konkreten Gefahr nicht aus, dass sich Menschen oder Sachen in enger räumlicher Nähe zu dem Täterfahrzeug befunden haben. Umgekehrt wird die Annahme einer Gefahr aber auch nicht dadurch ausge-

---

[163] *BGH* St 48, 119 (121); NStZ 2011, 215; **krit.** Sch/Sch-*Heine/Bosch*, vor § 306 Rn. 15: 1.300 Euro.
[164] *BGH*, StV 2008, 580; NStZ 2010, 216; StraFo 2010, 259; NStZ 2019, 677 (678).
[165] *BGH* St 11, 148; 27, 40; NStZ 1999, 350 (351); 2012, 701; 2013, 167; Sch/Sch-*Heine/Bosch*, § 315c Rn. 31; L/K/H-*Heger*, § 315c Rn. 25; HK-GS-*Quarch*, § 315c Rn. 19.
[166] So noch *BGH*, NStZ 1985, 263 (264 a.E.); **anders jetzt** *BGH*, NStZ 1996, 85 f.; StV 2012, 217.
[167] *BGH*, NStZ 1985, 263 (264); ebso. *BGH*, NStZ 1989, 73 f.
[168] *BayObLG*, NZV 1988, 70; NJW 1990, 133; zust. *Berz*, NStZ 1990, 237; *Becker*, NStZ 1990, 125.
[169] Vgl. *BayObLG*, NZV 1988, 70; *Berz*, NStZ 1990, 237 f.; *Geppert*, NStZ 1989, 320 (322 f.).
[170] *BGH*, NStZ 1996, 83 ff.; 2013, 167; NStZ-RR 2021, 187 (188); StV 2022, 26; NStZ 2023, 257; 415; 499; entspr. *BGH*, NStZ 2010, 572 zu **§ 315b I StGB** und NStZ 2023, 108 zu **§ 315d II StGB**.
[171] *BGH*, NStZ 2013, 167; s.a. *Fn. 170*; s.a. *BGH*, NStZ 2014, 85 f. zur Gefahr in **§ 306b II Nr. 1 StGB**.

schlossen, dass ein Schaden ausgeblieben ist, weil sich der Gefährdete – etwa auf Grund überdurchschnittlich guter Reaktionen – noch zu retten vermochte.«[172]

Fall 119: – »*Vorsatz-Fahrlässigkeits-Kombination« des § 315c III Nr. 1 StGB* – 1328
Rainer Rasch (R) fuhr vorsätzlich im Zustand einer durch Übermüdung bedingten Fahruntüchtigkeit. Siegbert Schnell (S) hatte ihn dazu angestiftet. Beide vertrauten darauf, es werde alles gut gehen. Doch überfuhr R, da ihm die Augen zufielen, mit seinem Pkw »um ein Haar« einen Radfahrer. Strafbarkeit von R und S?

R hat den objektiven Tatbestand des § 315c I Nr. 1b StGB erfüllt: *Übermüdung* als 1329 »körperlicher Mangel«.

Dabei umfasst der – weit zu verstehende – **Begriff des »geistigen oder körperlichen Mangels«** laut *BGH* »sämtliche psychopathologischen und körperlichen Defektzustände, die die Gefahr einer Aufhebung der Fahrsicherheit mit sich bringen«, und zwar unabhängig davon, ob sie von dauernder oder nur vorübergehender Art sind.[173]

Bezüglich der Tathandlung fällt ihm Vorsatz zur Last. Dagegen hat er die konkrete Gefährdung des Radfahrers nur fahrlässig verursacht. In solchen Fällen greift **§ 315c III Nr. 1 StGB** ein: R ist aus § 315c I Nr. 1b i.V.m. III Nr. 1 StGB strafbar.

– Liegt auch hinsichtlich der Tathandlung lediglich Fahrlässigkeit vor, so kommt eine Bestrafung nach § 315c III Nr. 2 StGB in Betracht.[174] –

Diese Tat nach § 315c III Nr. 1 StGB ist eine sog. »**eigentliche Vorsatz-Fahrlässigkeits-** 1330 **Kombination«**:[175] Bezüglich der Tathandlung (§ 315c I Nr. 1b StGB) hat R vorsätzlich gehandelt, bezüglich der konkreten Gefahr fahrlässig (§ 315c III Nr. 1 StGB). Der Vorsatzteil ist dabei als solcher straflos, *erst die Kombination mit dem Fahrlässigkeitsteil* ist strafbegründend; letzterer bildet auch den Unrechtsschwerpunkt der »eigentlichen Vorsatz-Fahrlässigkeits-Kombination«.[176]

Doch hat der Gesetzgeber in § 11 II StGB die »eigentliche Vorsatz-Fahrlässigkeits-Kombination« den Vorsatztaten gleichgestellt; dies ist eine zwar sachlich nicht überzeugende, aber als noch verfassungskonform zu respektierende Regelung.[177]

S ist wegen Anstiftung zu der Tat des R strafbar: Zwar war vor Inkrafttreten des 1331 § 11 II StGB problematisch und strittig, ob solche **Teilnahme an der »Vorsatz-Fahrlässigkeits-Kombination«** des § 315c III Nr. 1 StGB möglich sei.

Bedenken ergaben sich daraus, dass Haupttat und Teilnahme **vorsätzlich** begangen sein müssen, dass aber in Fällen wie dem vorliegenden sowohl der Haupttäter als auch der Teilnehmer bezüglich der konkreten Gefährdung **fahrlässig** handeln.[178]

Diese Bedenken sind aber mittlerweile durch **§ 11 II StGB** ausgeräumt.[179]

---

[172] *BGH*, NStZ-RR 2021, 187 (188); ebso. die übrigen einschlägigen Nennungen in *Fn. 170*.
[173] *BGH*, NStZ 2020, 297 (298); LK-*König*, § 315c Rn. 48 f., 52; MK-*Pegel*, § 315c Rn. 33.
[174] Insofern zu **Einsatzfahrten** (Feuerwehr, Notarzt) *Pießkalla*, NZV 2007, 438 (440 ff.).
[175] Zur Terminologie *Krey/Schneider*, NJW 1970, 640; Sch/Sch-*Hecker*, § 11 Rn. 66; LK-*Hilgendorf*, § 11 Rn. 105; LK-*Vogel/Bülte*, § 18 Rn. 12; **krit.** *Jakobs*, AT, 9/28 Fn. 38.
[176] *Krey/Schneider*, NJW 1970, 640; Sch/Sch-*Hecker*, § 11 Rn. 66; **a.A.** L/K/H-*Heger*, § 11 Rn. 24.
[177] LK-*Hilgendorf*, § 11 Rn. 106: »keine durchgreifenden Bedenken«.
[178] Vgl. näher *Krey/Schneider*, NJW 1970, 640 mwN.
[179] Ebso. u.a. *OLG Stuttgart*, MDR 1976, 335; *Fischer*, § 11 Rn. 32; L/K/H-*Heger*, § 11 Rn. 25 mit § 315c Rn. 29; SK^9-*Stein/Deiters*, § 11 Rn. 96; **a.A.** *Gössel*, FS-Lange, 1976, S. 219 ff., 238 f.

3. Trunkenheit im Verkehr (§ 316 StGB)

1332 a) § 316 StGB ist ein **abstraktes Gefährdungsdelikt**, das gegenüber dem konkreten Gefährdungsdelikt des § 315c I Nr. 1a StGB subsidiär ist (Gesetzeskonkurrenz).
– Zur alkoholbedingten Fahruntüchtigkeit vgl. schon Rn. *1313 ff.* –
b) Die Tat ist in Abs. 1 ein *Vorsatzdelikt*, aber auch *fahrlässig* begehbar (Abs. 2).
c) Fraglich ist, wann das Merkmal »**Führen**« eines Fahrzeugs« erfüllt ist und wann insoweit nur ein strafloser Versuch (§ 23 I StGB) vorliegt. Nach h.M. genügt das Einschalten der Zündung bzw. das Anlassen des Motors für jenes Merkmal noch nicht, nötig sei vielmehr, dass der Täter das Fahrzeug in Bewegung setzt (sei es mit Motorkraft, sei es ohne, etwa durch Abrollenlassen auf einer Gefällestrecke).[180]

Dem ist zuzustimmen; anderenfalls würde der mögliche Wortsinn des Gesetzes überschritten, mithin das Analogieverbot des Art. 103 II GG missachtet (zu diesem *Rn. 279*).

1333 Wer Lenkung und Bremsen eines mit Abschleppseil oder Abschleppstange abgeschleppten Kraftfahrzeuges bedient, *führt* dieses als Fahrzeug und erfüllt, wenn er hierbei alkoholbedingt fahruntüchtig ist, den Tatbestand des § 316 StGB.[181]
Demgegenüber ist ein (betrunkener) Fahrlehrer nicht »Führer« des Fahrschulwagens, wenn er in der konkreten Situation nicht in die Ausbildungsfahrt eingreift.[182]

4. Verbotene Kraftfahrzeugrennen (§ 315d; 315f StGB)

1334 Die zuvor nur gem. §§ 29 I, 49 II Nr. 5 StVO *a.F.* als Ordnungswidrigkeit fassbare *Veranstaltung von* und *Teilnahme an* illegalen Autorennen
– § 315b StGB ist auf derlei Fälle *nicht* anwendbar,[183] und § 315c I StGB nur im Falle einer der dort in Nr. 2 genannten Kataloghandlungen,[184] –
wurde (nicht zuletzt auch angesichts zunehmender medialer Berichterstattung und damit gewachsenen Problembewusstseins[185]) zum 1.10.2017 zur Straftat erhoben,[186] gemeinsam mit dem in Abs. 1 Nr. 3 zusätzlich aufgenommenen »Einzelrasen«.

Gerade gegen Letzteres wurden im Hinblick auf den Bestimmtheitsgrundsatz mitunter Zweifel an der Verfassungsmäßigkeit der Regelung geäußert.[187] Inzwischen aber hat das *BVerfG* klargestellt, dass insofern kein Verstoß gegen Art. 103 II GG gegeben ist.[188] –

---

[180] Vgl. *BGH* St 35, 390; *OLG Celle*, NStZ 1988, 411; *Janiszewski*, NStZ 1987, 545 (546); Sch/Sch-*Hecker*, § 316 Rn. 19; NK-*Zieschang*, § 315c Rn. 15–17; Kindhäuser/*Schramm*, 64/7.

[181] *BGH* St 36, 341; *BayObLG*, JZ 1984, 43 ff.; L/K/H-*Heger*, § 315c Rn. 3 mwN.

[182] So bereits *OLG Dresden*, NJW 2006, 1014, dazu *Bosch*, JA 2006, 576; *Jahn*, JuS 2006, 468; ebso. jetzt auch *BGH* St 59, 311 m. Bespr. *Jahn*, JuS 2015, 372 und Anm. *Mitsch*, NStZ 2015, 410.

[183] W/H/E-*Engländer*, Rn. 1008 Fn. 70; näher *Kubiciel/Hoven*, NStZ 2017, 439 (444 f.).

[184] *Rostalski*, GA 2017, 585; näher *Kubiciel/Hoven*, NStZ 2017, 439 (444).

[185] Vgl. auch *Fischer*, § 315d Rn. 3 mit berechtigten Zweifeln an der *Zunahme* einschlägiger Fälle.

[186] Durch das 56. StÄG v. 30.9.2017, BGBl. I, 3532; s.a. BT-Drucks. 18/10145, 18/12936, 18/12946; zur Entstehungsgeschichte LK-*König*, § 315d vor Rn. 1; ausf. zum neuen Tatbestand *Kusche*, NZV 2017, 414 ff.; *Kulhanek*, Jura 2018, 561 ff.; *Stam*, StV 2018, 464 ff.; *Gründel*, ZJS 2019, 211 ff.; s.a. die von der Neuregelung abweichenden Reformüberlegungen bei *Rostalski*, GA 2017, 585 ff.

[187] *AG Villingen-Schwenningen*, BeckRS 2020, 167 (Richtervorlage an *BVerfG* gem. Art. 100 I GG).

[188] *BVerfG* E 160, 284 m. Bspr. *Kubiciel*, JR 2022, 785; *Schneider*, ZJS 2022, 460; *Bülte/Krell*, GA 2022, 601 ff.; s.a. Kindhäuser/*Schramm*, 67/12.

§ 11: Gemeingefährliche Straftaten

Geschützte Rechtsgüter sind (wie in § 315c StGB) zum einen die *Sicherheit des öffentlichen Straßenverkehrs*, zum anderen auch *Leben, Leib und Eigentum*.[189]

a) Die Tatbestände des § 315d I StGB

Der Sache nach wurden mit § 315d I StGB den in § 315c I Nr. 2 StGB sanktionierten »sieben Todsünden« (*Rn. 1307*) noch drei weitere hinzugefügt – mit dem Unterschied freilich, dass es sich bei der neuen Norm – im Gegensatz zu dem von vornherein als konkretes Gefährdungsdelikt ausgeformten § 315c I StGB – in Abs. 1 (bei verminderter Strafdrohung) um ein **abstraktes Gefährdungsdelikt** handelt[190]

1335

– das dann in Abs. 2 (unter Verwendung derselben Gefährdungsformel wie in § 315c I StGB und auch derselben Strafdrohung wie dort) zumindest in Teilen (im Hinblick auf Nr. 2 und Nr. 3 des Abs. 1) zum *konkreten Gefährdungsdelikt* qualifiziert wird.[191]

Fall 120: – *Geschwindigkeit ist alles* –[192]

1336

Sebastian Schnell (S) und Heiner Hitzig (H) sind beide stolze Besitzer ebenso mühsam wie erfolgreich »aufgemotzter« Sportwagen. Um die PS-Stärke ihrer Fahrzeuge einmal ohne jedes Limit zur Geltung zu bringen und sich »im edlen Wettstreit« miteinander zu messen, verabreden sie, sich des Nachts um 3.00 Uhr auf dem Parkplatz der Autobahngaststätte »Friss oder stirb« zu treffen, um dann von dort aus mit höchstmöglicher Geschwindigkeit auf der als nachts nicht bzw. nur wenig befahren vorgestellten Autobahn die als Zielpunkt gesetzte ca. 50 km entfernte Raststätte »Ruhe in Frieden« möglichst als erster zu erreichen.

Das Vorhaben scheitert aber daran, dass S auf dem Hinweg zum Treffpunkt bereits im Sinne eines »Testlaufs« mit potentieller Spitzengeschwindigkeit auf einer um diese Zeit tatsächlich menschenleeren Bundesstraße »dahinbrettert«, dabei jedoch von einer einsamen Polizeistreife entdeckt, aufgehalten und aus dem Verkehr gezogen wird. Strafbarkeit von S und H?

(1) Strafbarkeit von S und H nach § 315d I Nr. 1 StGB?

(a) Das Geschehen muss sich **im Straßenverkehr** abspielen, also auf einer dem öffentlichen Verkehr gewidmeten Verkehrsfläche, hier nicht anders zu verstehen, als in § 315c StGB oder § 142 StGB (s. Krey/Hellmann/*Heinrich*, BT 2, *Rn. 1093*).

1337

(b) Bei einem **Kraftfahrzeugrennen** handelt es sich um einen mit Kraftfahrzeugen – d.h. mit Maschinenkraft angetriebenen, nicht gleisgebundenen Landfahrzeugen (Pkws, Lkws, Motorräder, Mofas, Busse, Traktoren etc., nicht aber Fahrräder, Tretroller etc.) – bestrittenen »**Wettbewerb**« zwischen wenigstens zwei Kraftfahrzeugführern, bei dem es zumindest auch darum geht, mit dem Kraftfahrzeug über eine nicht unerhebliche Wegstrecke eine höhere Geschwindigkeit als der andere oder die anderen teilnehmenden Kraftfahrzeugführer zu erreichen.«[193]

1338

– Ggf. kann aber im Einzelfall auch bereits eine **kurze Renndistanz** genügen, so insb. in Fällen, in denen es um einen Vergleich der Beschleunigungspotentiale geht.[194] –

---

[189] *Rengier* II, 44a/1; *Fischer*, § 315d Rn. 2; Kindhäuser/*Schramm*, 67/1; **a.A.** LK-*König*, § 315d Rn. 1.
[190] LK-*König*, § 315d Rn. 2; MK-*Pegel*, § 315d Rn. 3; W/H/E-*Engländer*, Rn. 1009.
[191] LK-*König*, § 315d Rn. 2; W/H/E-*Engländer*, Rn. 1011; Kindhäuser/*Schramm*, 67/3.
[192] S.a. den Klausur-Fall zu § 315d StGB mit ausf. Musterlösung bei *Preuß*, ZJS 2023, 857 ff.
[193] BGH St 66, 294 (298) = NStZ 2022, 292 m. Anm. *Kulhanek* = JR 2022, 484 m. Anm. *Schladitz* = JZ 2022, 97 m. Anm. *Zieschang*; *Rengier* II, 44a/7; s.a *Jansen*, NZV 214 (215 ff.).
[194] So ganz richtig *KG*, NStZ 2023, 44 zu einer »mit 50 Meter recht kurzen Renndistanz«.

Zweiter Abschnitt: Straftaten gegen die Allgemeinheit

Ob es dabei **um das Erzielen** einer *Höchstgeschwindigkeit*, einer *höchsten Durchschnittsgeschwindigkeit* oder die *schnellste Beschleunigung* geht, ist gleichgültig,[195] ebenso die **Zielsetzung**: Sieg oder bloßer Leistungsvergleich, beides genügt.[196]

Es bedarf keiner vorherigen Organisation oder auch nur einer expliziten Vereinbarung, ein **ad hoc-Rennen**, ein sog. »wildes Rennen«, genügt,[197]

– etwa aufgrund spontanen Entschlusses beim Nebeneinanderstehen an der Ampel.[198]

(c) Das Rennen ist »**nicht erlaubt**«, wenn es ohne behördliche Erlaubnis (§ 29 II StVO) oder unter wesentlicher Abweichung von einer erteilten Erlaubnis stattfindet.[199] Es handelt sich um ein verwaltungsakzessorisches **Tatbestandsmerkmal**.[200]

1339 (d) Tathandlungen sind das *Ausrichten* und das *Durchführen* des Rennens:

(aa) **Durchführen** meint die Vornahme aller für den Ablauf des Rennens erbrachter Handlungen von nicht nur untergeordneter Bedeutung, vom Abfeuern des Startschusses bis hin zur letzten Mitwirkungshandlung am Rennen.[201]

– Zur »Durchführung« des geplanten Rennens ist es in *Fall 120* nicht gekommen. –

(bb) Mit **Ausrichten** soll hingegen auch erfasst werden, wer bereits im Vorfeld des eigentlichen Renngeschehens als Organisator, Veranstalter und Urheber des Rennens planerisch gestaltend und/oder organisatorisch vorbereitend tätig wird[202]

– etwa durch Auswahl der Strecke, Terminfindung, Regelsetzung, Koordinierung etc. –

Vollendet ist das Ausrichten jedoch erst, wenn das Rennen tatsächlich stattfindet,[203]

– In *Fall 120 (Rn. 1336)* fehlt es somit auch am (vollendeten) »Ausrichten«.

1340 (e) In **§ 315d III StGB** wird aber – allerdings *nur für die Fälle von Abs. 1 Nr. 1* – die **Versuchsstrafbarkeit** angeordnet

– sodass in *Fall 120* S und H gem. §§ 315d III i.V.m. I Nr. 1, 22, 23 StGB strafbar sind. –

(2) Strafbarkeit von S und H nach § 315d I Nr. 2 StGB?

1341 Diese Begehungsvariante betrifft angesichts des unmissverständlichen Normtextes *als Täter* allein den **Kraftfahrzeugführer**, nicht aber den Beifahrer, mag er auch über das bloße Mitfahren hinaus durch Anspornen oder gar konstruktives Unterstützen des Fahrers, etwa durch Hinweise auf den Streckenverlauf oder das Hinrei-

---

[195] *BGH* St 66, 294 (298); *Kindhäuser/Schramm*, 67/5.
[196] *BGH* St 66, 294 (298); LK-*König*, § 315d Rn. 10; *Kindhäuser/Schramm*, 67/5; *Rengier* II, 44a/8.
[197] *BGH* St 66, 294 (298); *Jansen*, NZV 214 (216); LK-*König*, § 315d Rn. 9; W/H/E-*Engländer*, Rn. 1009; *Rengier* II, 44a/8; zu Recht klarstellend *Fischer*, § 315d Rn. 7.
[198] LK-*König*, § 315d Rn. 9; *Kindhäuser/Schramm*, 67/5; W/H/E-*Engländer*, Rn. 1009; *Rengier* II, 44a/9.
[199] *Jansen*, NZV 2017, 214 (215); Sch/Sch-*Hecker*, § 315d Rn. 4; S/S/W-*Höltkemeier/Lafleur*, § 315d Rn. 5; *Kindhäuser/Schramm*, 67/7.
[200] *Kindhäuser/Schramm*, 67/7; Sch/Sch-*Hecker*, § 315d Rn. 4: negatives Tatbestandsmerkmal; **nach a.A. Rechtfertigungsgrund**: *Kulhanek*, Jura 2018, 561 (566); LK-*König*, § 315d Rn. 13.
[201] Sch/Sch-*Hecker*, § 315d Rn. 6; S/S/W-*Höltkemeier/Lafleur*, § 315d Rn. 7; LK-*König*, § 315d Rn. 18.
[202] LK-*König*, § 315d Rn. 16; Sch/Sch-*Hecker*, § 315d Rn. 5; *Rengier* II, 44a/4.
[203] Sch/Sch-*Hecker*, § 315d Rn. 5; S/S/W-*Höltkemeier/Lafleur*, § 315d Rn. 6; MK-*Pegel*, § 315d Rn. 16; *Kindhäuser/Schramm*, 67/8 mwN; **a.A.** LK-*König*, § 315d Rn. 17: Schaffung der Durchführungsmöglichkeit genügt.

chen von Getränken, in das Renngeschehen (als *Gehilfe*) involviert sein.[204] Es handelt sich bei § 315d I Nr. 2 (ebso. Nr. 3) StGB um ein **eigenhändiges Delikt**.[205]

– Wenn hinsichtlich des Kraftfahrzeugführers von »teilnimmt« die Rede ist, ist dies nicht im strafrechtsdogmatischen Sinn als »Teilnahme« gem. §§ 26, 27 StGB gemeint.[206] –

In *Fall 120* haben weder S, noch H an dem (ja gar nicht stattgefundenen) Rennen »teilgenommen«, und eine Strafbarkeit wegen Versuchs entfällt nicht nur deshalb, weil es noch am »unmittelbaren Ansetzen« i.S.d. § 22 StGB fehlt, sondern allein schon aufgrund dessen, dass in § 315d III StGB eine Versuchsstrafbarkeit für Abs. 1 Nr. 2 gar nicht vorgesehen ist.

(3) Strafbarkeit des S nach § 315d I Nr. 3 StGB?

Anders als Abs. 1 Nr. 1 und 2 betrifft Abs. 1 Nr. 3 nicht einen laut Tatbestandsbezeichnung zu vermutenden weiteren Fall des Kraftfahrzeugrennens, sondern stellt auch den nach Höchstgeschwindigkeit gierenden »**Einzelraser**« unter Strafe

– dies freilich nur für den Fall, dass er sich **im Straßenverkehr** (*Rn. 1337*) als **Kraftfahrzeugführer** (*Rn. 1341*) »mit nicht angepasster Geschwindigkeit und grob verkehrswidrig und rücksichtslos fortbewegt, um eine höchstmögliche Geschwindigkeit zu erreichen«.

(a) **Mit nicht angepasster Geschwindigkeit** fährt, wer schneller unterwegs ist, als es den durch Sicht-, Straßen- und Witterungsverhältnissen bedingten tatsächlichen Verkehrsgegebenheiten entspricht, oder wer sogar explizite Geschwindigkeitsbegrenzungen (Bundesstraße: 100 km/h, s. § 3 III 1 Nr. 2 c StVO) missachtet.[207]

(b) Sowohl das objektive Merkmale »**grob verkehrswidrig**«, wie auch das subjektive Merkmal »**rücksichtslos**« sind nicht anders, als in § 315c StGB zu verstehen.

– Extremes Beispiel: Fahren mit wenigstens 150 (!) km/h durch Berlins Innenstadt.[208] –

(c) Das recht unbestimmte[209] Absichts-Erfordernis »**um eine höchstmögliche Geschwindigkeit zu erreichen**« bedeutet einerseits (deutlich) *mehr*, als das bloße Überschreiten-Wollen der jeweilig zulässigen Höchstgeschwindigkeit, *weniger* aber, als das Erreichen-Wollen der fahrzeugspezifischen Höchstgeschwindigkeit.[210]

– Es muss vielmehr, so die grundlegende Einjustierung durch den *BGH*, die Absicht zum einen »darauf gerichtet sein«, die nach den Vorstellungen des Täters unter den konkreten situativen Gegebenheiten – wie Motorisierung, Verkehrslage, Streckenverlauf, Witterungs- und Sichtverhältnisse etc. – maximal mögliche Geschwindigkeit zu erreichen«.[211]

– Zudem ist zu verlangen, »dass sich die Zielsetzung des Täters nach seinen Vorstellungen auf eine unter Verkehrssicherheitsgesichtspunkten nicht ganz unerhebliche Wegstrecke bezieht«.

1342

1343

1344

---

[204] LK-*König*, § 315d Rn. 21: »allenfalls Gehilfe«; jetzt auch *Fischer*, § 315d Rn. 10.
[205] BGH St 66, 294 (300); MK-*Pegel*, § 315d Rn. 19; Sch/Sch-*Hecker*, § 315d Rn. 7; LK-*König*, § 315d Rn. 21; Kindhäuser/*Schramm*, 67/9; *Rengier* II, 44a/5; BeckOK-*Kulhanek*, § 315d Rn. 28.
[206] Sch/Sch-*Hecker*, § 315d Rn. 7; S/S/W-*Höltkemeier/Lafleur*, § 315d Rn. 11; *Fischer*, § 315d Rn. 10.
[207] MK-*Pegel*, § 315d Rn. 24; *Fischer*, § 315d Rn. 14; S/S/W-*Höltkemeier/Lafleur*, § 315d Rn. 13.
[208] So der berühmt-berüchtigte »Berliner Raser-Fall« *LG Berlin*, NStZ 2017, 471 ff.; *BGH* St 63, 88 ff.
[209] Vgl. hierzu die zahlreichen Nachw. bei MK-*Pegel*, § 315d Rn. 28 Fn. 152.
[210] W/H/E-*Engländer*, Rn. 1010 i.A.a. *KG*, DAR 2020, 149 (151); *LG Berlin*, BeckRS 2018, 13524; i.d.S. auch MK-*Pegel*, § 315d Rn. 26; Kindhäuser/*Schramm*, 67/16a; *Rengier* II, 44a/15; aber s.a. Sch/Sch-*Hecker*, § 315d Rn. 9.
[211] Hier und nachfolgend *BGH* St 66, 27 (34) m. Anm. *Renzikowski/Berndt*, JZ 2021, 794 und Bespr. *Hecker*, JuS 2021, 700; *Jäger*, JA 2021, 777; s.a. W/H/E-*Engländer*, Rn. 1010.

1344a Nochmals der *BGH* aaO: »Während die abstrakte Gefährlichkeit für das Rechtsgut der Sicherheit des öffentlichen Straßenverkehrs ... bei Rennen mit mehreren Kraftfahrzeugen im Sinne des § 315d I Nr. 2 StGB maßgeblich aus dem Wettbewerb unter den Teilnehmern resultiert, ergibt sie sich in den Fällen des § 315d I Nr. 3 StGB aus dem unbedingten Willen des Täters, sein Fahrzeug bis zur relativen Grenzgeschwindigkeit zu beschleunigen.«

– Dabei schließt in den praxisrelevanten **Polizeiflucht-Fällen**, »die Absicht des Täters, vor einem ihn verfolgenden Polizeifahrzeug zu fliehen (Endziel), nicht die Absicht aus, die nach den situativen Umständen höchstmögliche Geschwindigkeit zu erreichen (Zwischenziel)«.[212]

1345 (d) Im vorliegenden *Fall 120* hat S im Zuge seines »Testlaufs« den Tatbestand des § 315d I Nr. 3 StGB verwirklicht. Dass die Bundesstraße »menschenleer« war und somit kein anderer Verkehrsteilnehmer in konkrete Gefahr gebracht wurde, kann S nicht zugutekommen,[213] da § 315d I StGB ein *abstraktes Gefährdungsdelikt* ist.[214]

– Zwischen § 315d III i.V.m. I Nr. 1, 22, 23 StGB hinsichtlich des geplanten Kfz-Rennens (oben *Rn. 1340*) und hier nun § 315d I Nr. 3 StGB (»Testlauf«) besteht Tatmehrheit, da es sich um zwei voneinander völlig unabhängige Geschehnisse handelt. –

b) Die Qualifikationen nach § 315d II und IV StGB

1346 Wie § 315c I Nr. 1 a StGB den § 316 StGB, so **qualifiziert** § 315d II StGB das abstrakte Gefährdungsdelikt des § 315d I StGB zum konkreten Gefährdungsdelikt.

– Für eine konkrete Gefährdung bietet *Fall 120 (Rn. 1336)* keine Anhaltspunkte. –

Die Strafbarkeit nach **Abs. 2** i.V.m. Abs. 1 erfordert, auch hinsichtlich des Gefährdungselements (zu diesem s. *Rn. 1327* mit *Fn. 170*), **Vorsatz**, **Abs. 4** erweitert die Strafbarkeit aber (entspr. der Regelung in § 315c III Nr. 1 StGB) auf den Fall bloß fahrlässiger Gefahrverursachung i.S. einer *Vorsatz-Fahrlässigkeits-Kombination*.

– Anders als § 315c III Nr. 2 StGB eröffnet § 315d StGB aber keine Strafbarkeit bei rein fahrlässiger Tatbegehung i.S. einer *Fahrlässigkeits-Fahrlässigkeits-Kombination*. –

1346a Problematisch sind Fälle, in denen die an einem Wettrennen Teilnehmenden sich zwar durch ihr Rennverhalten gegenseitig zu waghalsigen Manövern anspornen, dann am Ende aber nur *bei einem von ihnen* dies in einer konkreten Gefährdungssituation (einem »Beinahe-Unfall«) gipfelt, indem er bspw. nur um Haaresbreite der Kollision mit einem entgegenkommenden Fahrzeug entgeht. Wie ist hier hinsichtlich Abs. 2, 4 *der andere Teilnehmer* zu beurteilen? Als eigenhändiges Delikt (*Rn. 1341*), ist § 315d I Nr. 2 *der Mittäterschaft nicht zugänglich*, sodass dem anderen Teilnehmer die konkrete Gefährdungshandlung des unmittelbar Gefährdenden nicht über § 25 II zuzurechnen ist, er also nicht Mittäter an §§ 315 I Nr. 2, II, IV sein kann.[215] Die Lösung liegt darin, dass hier angesichts des zur objektiven und subjektiven Zurechnung des Gefährdungserfolgs tauglichen Rennverhaltens auch des anderen zwar nicht von Mittäterschaft, aber doch immerhin von **Nebentäterschaft** auszugehen ist.[216]

---

[212] Zitat *Rengier* II, 44a/18; s.a. *BGH* St 66, 27 (34 f.); NStZ 2021, 615 (Anm. *Kulhanek*, NStZ 2022, 48); LK-*König*, § 315d Rn. 29; *Zieschang*, JR 2021, 282 (285); a.A. Sch/Sch/*Hecker*, § 315d Rn. 9.

[213] Vgl. *Weigend*, FS-Fischer, 2018, 569 (574); *Fischer*, § 315d Rn. 10; s.a. MK-*Pegel*, § 315d Rn. 3.

[214] Zur möglichen **Rechtfertigung von Taten nach § 315d I Nr. 3 StGB** ausf. *Mitsch*, JuS 2020, 924 ff.

[215] H.M., ausf. *Zieschang*, GA 2021, 314 ff.; *Rengier* II, 44a/23 mwN; **a.A.** LK-*König*, § 315d Rn. 45; s.a. *Wolf*, ZStW 136 (2024), 6 ff., der bereits kein eigenhändiges Delikt annehmen möchte (56).

[216] Ausf. *BGH* St 66, 294 (300 ff.); zust. *Kulhanek*, NStZ 2022, 296; *Schladitz*, JR 2022, 491; *Rengier* II, 44a/23; BeckOK-*Kulhanek*, § 315d Rn. 51; abl. zur Nebentäterschaft *Zieschang*, JZ 2022, 103 f.

c) Das erfolgsqualifizierte Delikt des § 315d V StGB

Der allein an Abs. 2, nicht aber auch an Abs. 4 anknüpfende weitere Qualifikationstatbestand des Abs. 5 beschreibt eine **Erfolgsqualifikation** im Hinblick auf: 1347
– entweder den *Tod* eines anderen Menschen (s. dazu bereits *Rn. 46*)
– oder die *schwere Gesundheitsschädigung* eines anderen (s. dazu *Rn. 158*)
– oder die Gesundheitsschädigung *einer großen Zahl* von Menschen (s. *Rn. 1312*).
Die praktische Bedeutung der Norm dürfte sich schon deshalb in Grenzen halten, weil es angesichts der fehlenden Inbezugnahme auch des Abs. 4 entscheidend auf den Nachweis des von Abs. 2 verlangten *Gefährdungsvorsatzes* ankommt; und »diese Vorsatzhürde ist ziemlich hoch«, weil Gefährdungs- und Verletzungsvorsatz relativ nahe beieinander liegen, d.h. »auch beim Gefährdungsvorsatz der Täter kognitiv den Eintritt des schädigenden Erfolges für möglich halten muss«.[217]

– So sind die Bedenken des *BGH* im »Berliner Raserfall« (*Rn. 1343*) gegen die Bejahung des Tötungsvorsatzes[218] geeignet, auch den Gefährdungsvorsatz in Frage zu stellen.[219] –

Überdies wird es häufig auch am erforderlichen *Gefahrverwirklichungszusammenhang* 1347a fehlen, denn da sich das Grunddelikt des § 315d II StGB aus *zwei* Vorsatzteilen zusammensetzt, ist davon auszugehen, dass sich im (z.B. tödlichen) Erfolg *nicht nur* die von der Handlung gesetzte vorsätzliche abstrakte Gefahr (Veranstaltung eines Rennens), *sondern auch* der vorsätzlich herbeigeführte konkrete Gefahrerfolg niedergeschlagen haben muss,[220]

was freilich zumindest immer dann zu bejahen ist, wenn die Annahme des Tötungsvorsatzes nur am voluntativen Element scheitert.[221]

III. Vollrausch (§ 323a StGB)[222] – mit »actio libera in causa« –

Fall 121: *– Rausch und Wirklichkeit –* 1348

Sepp Suffkopp (S) trinkt sich vorsätzlich einen Vollrausch (§ 20 StGB) an. In diesem Zustand verprügelt er seinen Zechkumpan, den Benno Becherhuber (B). S hatte sich für diese Tat, die er von vornherein vorhatte, Mut antrinken wollen. Strafbarkeit des S?

a) Körperverletzung gemäß § 223 StGB

(1) S hat den *objektiven Tatbestand* (»körperliche Misshandlung«) erfüllt. Er hat auch *vor-* 1349 *sätzlich* gehandelt; denn der Vollrausch ändert nichts daran, dass er mit Wissen und Wollen auf B eingeschlagen hat. Die Tat ist auch *rechtswidrig*. Doch könnte er ohne **Schuld** gehandelt haben, da er bei Begehung der Tat gem. § 20 StGB schuldunfähig war.

Der Vollrausch ist nach h.M. ein Fall der »krankhaften seelischen Störung«.[223] –

---

[217] So ganz richtig *Rengier* II, 44a/26.
[218] Vgl. *BGH* St 63, 88 ff. gegen *LG Berlin*, NStZ 2017, 471 ff.; zur Bejahbarkeit bedingten Tötungsvorsatzes *BVerfG*, NStZ 2023, 215 (dazu *Jahn*, JuS 2023, 272); s.a. *Eisele*, JZ 2018, 549 ff.
[219] Vgl. *Rengier* II, 44a/26 ff.; s.a. *BGH*, NStZ 2023, 546 m. Anm. *Steins*.
[220] *Rengier* II, 44a/28; ausf. *ders.*, FS-Kindhäuser, 2019, 779 (786 ff.); *Mitsch*, FS-Fischer, 2018, 253 (265); *Zieschang*, GA 2021, 314 (326 f.); NK-*Zieschang*, § 315d Rn. 54; Joecks/*Jäger*, § 315d Rn. 11; LK-*König*, § 315d Rn. 40; s.a. *BGH*, StV 2022, 446 (448); **aA** BeckOK-*Kulhanek*, § 315d Rn. 63.
[221] *BGH* St 66, 27, 36 f.; s.a. *Jäger*, JA 2021, 779; *Jansen*, HRRS 2021, 416 f.
[222] Ausf. dazu *Fahl*, JuS 2005, 1076 ff.; *Geppert*, Jura 2009, 40 ff.; *Duttge*, FS-Geppert, 2011, S. 63 ff.
[223] *Fischer*, § 20 Rn. 11; *Roxin/Greco*, AT 1, 20/10; W/B/S-*Satzger*, AT, Rn. 649; SK⁹-*Rogall*, § 20 Rn. 14; für »tiefgreifende Bewusstseinsstörung« jedoch Sch/Sch-*Perron/Weißer*, § 20 Rn. 16.

1350 (2) Doch ist er **nach h.M.** unter dem Gesichtspunkt der vorsätzlichen *actio libera in causa (a.l.i.c.)* strafrechtlich verantwortlich; diese h.A. besagt:

Wer eine rechtswidrige Tat (§ 11 I Nr. 5 StGB) im Zustand der Schuldunfähigkeit begeht, diesen Zustand aber vorsätzlich herbeigeführt und dabei jene Tat bereits in seinen Vorsatz aufgenommen hatte, ist wegen vorsätzlicher ***und schuldhafter*** Begehung der fraglichen rechtswidrigen Tat verantwortlich

– Fall der sog. **vorsätzlichen** *actio libera in causa*.[224] –

Das Verschulden wird hier also auf den Zeitpunkt (rück-)bezogen, in dem der Täter noch schuldfähig war, aber bereits den Vorsatz gefasst hatte, im Zustand der Schuldunfähigkeit die fragliche mit Strafe bedrohte Handlung (hier: § 223 StGB) zu begehen. S ist also nach § 223 StGB strafbar.

1351 Allerdings hat der *4. Strafsenat BGH* den Anwendungsbereich der *vorsätzlichen a.l.i.c.* **eingeschränkt**: Er hat für die Straßenverkehrsdelikte, die, wie § 315c StGB und § 21 StVG (Fahren ohne Fahrerlaubnis), das *Führen* eines Fahrzeuges verlangen, »die Grundsätze der actio libera in causa« für »nicht anwendbar« erklärt.[225]

Dabei stellt das Gericht in seinen Entscheidungsgründen u.a. darauf ab, jene Straftaten seien keine reinen Erfolgsdelikte, sondern **an ein spezifisches Verhalten gebundene, eigenhändige Straftaten**, so dass man das nach dem sog. »Tatbestandsmodell« nötige »Führen eines Fahrzeugs«[226] weder an das Sich-Betrinken als Anfang der tatbestandlichen Ausführung noch an den Gedanken der mittelbaren Täterschaft knüpfen könne.[227]

Über die vordergründige Erfassung der Verkehrsdelikte hinaus aber wirken die Gründe jenes Urteils weitgehend wie eine prinzipielle Absage an die a.l.i.c.

1352 Indes hat sich der *3. Strafsenat des BGH* hiervon nicht beirren lassen:[228] Er halte an den Grundsätzen der a.l.i.c. fest – dies jedenfalls für andere Straftaten als die erwähnten Vergehen nach § 315c StGB und § 21 StVG.

Die h.L. erkennt, wie der *3. Senat des BGH*, die Prinzipien der vorsätzlichen a.l.i.c. im Grundsatz weiterhin an, und zwar jedenfalls für Straftaten, die vorsätzliche Erfolgsdelikte sind und keine eigenhändigen Verbrechen oder Vergehen.[229]

Ergebnis: Für die Tat des S als reinem vorsätzlichen Erfolgsdelikt verbleibt es bei den Regeln der vorsätzlichen a.l.i.c., d.h.: **§ 20 StGB ist hier nicht anwendbar.**

b) Vollrausch gemäß § 323a StGB

1353 Diese Norm greift schon tatbestandlich nicht ein; es fehlt daran, *dass der Täter wegen der im Vollrausch begangenen »rechtswidrigen Tat«* – sog. *»Rauschtat«* –

---

[224] *Fischer*, § 20 Rn. 49 ff.; *Krey/Esser*, AT, Rn. 702–711; *Kühl*, AT, 11/6 ff., 18, 19-24; Sch/Sch-*Perron/Weißer*, § 20 Rn. 33 ff.; *Roxin/Greco*, AT 1, 20/56 ff.; *W/B/S-Satzger*, AT, Rn. 656 ff.
[225] *BGH* St 42, 235 (238 ff.); **abl.** *Hirsch*, NStZ 1997, 230; s.a. *Fn. 229* und *Freund*, GA 2014, 137 ff.
[226] Näher hierzu *Roxin/Greco*, AT 1, 20/62; s.a. *Krey/Esser*, AT, Rn. 710; *W/B/S-Satzger*, AT, Rn. 667.
[227] Vgl. *BGH* St 42, 235 (239 f., 240); die Argumentation gut widerspiegelnd *Krey/Esser*, AT, Rn. 710.
[228] *BGH (3. Senat)*, NStZ 1997, 230 m. Anm. *Hirsch* sowie weiterer Anm. *Hirsch*, JR 1997, 391; ebso. u.a. *BGH (2. Senat)*, NStZ 2000, 584 f. mwN; näher hierzu *Roxin/Greco*, AT 1, 20/72 f.
[229] *Jerouschek*, JuS 1997, 385 ff.; *Fischer*, § 20 Rn. 49 ff.; *Kühl*, AT, 11/6 ff., 18, 19–24; L/K/H-*Heger*, § 20 Rn. 25; *Roxin/Greco*, AT 1, 20/56 ff.; *W/B/S-Satzger*, AT, Rn. 668.

nicht bestraft werden kann. Dieses Tatbestandsmerkmal hat zur Folge, dass § 323a StGB im Fall vorsätzlicher actio libera in causa tatbestandlich subsidiär ist.

Fall 122: *– Abwandlung von Fall 121 (Rn. 1348) –* 1354
Der sich vorsätzlich bis zur Schuldunfähigkeit Betrinkende S hatte schon wiederholt im Vollrausch Tätlichkeiten begangen; er hatte aber (fälschlich) angenommen, diesmal werde er sich zusammennehmen können und niemanden verprügeln. Strafbarkeit des S?

a) *§ 223 StGB:* Der Tatbestand ist erfüllt (s. *Rn. 1350,* zu *Fall 121*). Die Tat war 1355 auch rechtswidrig. Doch entfällt § 223 StGB mangels Verschuldens (§ 20 StGB). Der Gesichtspunkt der zuvor behandelten a.l.i.c. ändert daran nichts. Denn er kann – als »**vorsätzliche** a.l.i.c.« – die Verantwortlichkeit für Vorsatztaten nur begründen, wenn der Täter (a) den Zustand der Schuldunfähigkeit **vorsätzlich herbeiführt** und (b) dabei **mit Vorsatz bezüglich der später in diesem Zustand begangenen rechtswidrigen Tat** handelt. Am zweiten Erfordernis fehlt es hier.

b) Doch ist S wegen fahrlässiger Körperverletzung gem. § 229 StGB strafbar. Zur 1356 Begründung dieses unstrittigen Ergebnisses wird aber unterschiedlich argumentiert:

Vereinzelt wird die Strafbarkeit hier (noch immer) über den Gesichtspunkt der sog. »**fahrlässigen actio libera in causa**« hergeleitet: Diese Rechtsfigur greife grundsätzlich ein, wenn jemand im Zustand der Schuldunfähigkeit eine rechtswidrige Tat begeht, der (a) diesen Zustand vorsätzlich oder fahrlässig herbeigeführt hat und (b) dabei fahrlässig nicht erkannt hat, er könne in diesem Zustand jene Tat begehen, bzw. fahrlässig im Vertrauen darauf gehandelt hat, er werde eine solche Tat nicht begehen.[230]

Der *BGH* und der überwiegende Teil der Lehre vertreten hingegen für fahrlässige Erfolgsdelikte wie §§ 222 und 229 StGB mit überzeugender Argumentation einen anderen Standpunkt: In Fällen wie dem vorliegenden (*Fall 122*) sei die Figur der fahrlässigen a.l.i.c. **schlicht überflüssig**. Es ergebe sich nämlich schon aus der Struktur jener Straftatbestände, dass der Fahrlässigkeitsvorwurf unmittelbar an das zeitlich frühere Verhalten (in casu: das wegen der Vorhersehbarkeit des weiteren Geschehens pflichtwidrige Sichbetrinken) anknüpfen dürfe.[231] 1357

Nach beiden Auffassungen ist in *Fall 122* die Strafbarkeit nach § 229 StGB gegeben, da S den Vollrausch vorsätzlich herbeigeführt hat, obwohl (und hieran knüpft der Fahrlässigkeitsvorwurf an) für ihn **vorhersehbar** war, dass er in diesem Zustand wieder einmal tätlich werden könne. 1358

c) Auch der Tatbestand des Vollrausches (§ 323a StGB) ist verwirklicht. 1359

Die Subsidiaritätsklausel *(»und ihretwegen nicht bestraft werden kann«)* steht dem nicht entgegen: Die »rechtswidrige Tat« war ja die **vorsätzliche** Körperverletzung; und aus § 223 StGB ist S im *Fall 122* nicht strafbar.

d) Konkurrenz §§ 229, 323a StGB: Zwischen dem Vergehen nach § 323a StGB (»Vollrausch«) und der strafbaren Fahrlässigkeitstat des S ist Idealkonkurrenz gegeben.[232]

---

[230] So noch immer Sch/Sch-*Perron/Weißer*, § 20 Rn. 38; *Roxin/Greco*, AT 1, 20/59, 77.

[231] BGH St 40, 341 (343); 42, 235 (236 f.); *Hruschka,* JZ 1997, 22 ff.; *Krey/Esser*, AT, Rn. 712, 713; W/B/S-*Satzger*, AT, Rn. 676; **krit**. *Kühl*, AT, 17/95a; L/K/H-*Heger*, § 20 Rn. 28.

[232] *BGH* St 2, 14 (17 ff.); L/K/H-*Heger*, § 323a Rn. 19; **aA** LK-*Popp*, § 323a Rn. 143; *nur* § 323a StGB.

1360 **Fall 123:** – *Weitere Abwandlung von* **Fall 121** *(Rn. 1348)* –
S ist ein friedfertiger Professor, dem Gewalttätigkeiten zutiefst zuwider sind und der noch nie jemanden geschlagen hat. Er lässt sich dahin ein, er habe weder erkannt noch erkennen können, dass er im Rausch irgendwelche Straftaten begehen könne.
Strafbarkeit des S?

1361 *a)* §§ 223, 229 StGB scheiden aus, da weder eine vorsätzliche actio libera in causa, noch eine fahrlässige Begehung anzunehmen ist. S hatte ja mit dem Erfolg (Körperverletzung) weder gerechnet, noch musste er mit ihm rechnen.

1362 *b)* § 323a StGB[233]

Die Norm ist ein **abstraktes Gefährdungsdelikt**; die im Rausch begangene »rechtswidrige Tat« (die Rauschtat) ist nur **objektive Strafbarkeitsbedingung** (h.M.).[234]

  Erfasst ist neben dem *Alkoholrausch* auch die Intoxikation durch *andere Rauschmittel*.[235]

Das hat zur Folge, dass es unerheblich ist, ob der Täter wusste oder hätte erkennen müssen, er könne im Rausch irgendwelche rechtswidrigen Taten begehen.[236]

– *Einige Autoren* sehen dagegen in dieser Norm ein **konkretes Gefährdungsdelikt** und verlangen, dass Vorsatz bzw. Fahrlässigkeit des Täters sich auch auf die »eigene kriminelle Gefährlichkeit in diesem Zustand« beziehen.[237]

– Vermittelnd *BGH* St 10, 247: Vorsatz bzw. Fahrlässigkeit des Täters müssten sich auch darauf erstrecken, er könne im Rausch irgendwelche Taten strafbarer Art begehen; diese Voraussicht bzw. Voraussehbarkeit verstehe sich aber von selbst, sodass grundsätzlich keine besonderen Feststellungen hierzu erforderlich seien.[238]

– *Andere wiederum* wollen die »objektive Bedingung der Strafbarkeit« **Rauschtat** »restriktiv auslegen«: Zufällige Rauschtaten, mit denen niemand zu rechnen brauchte (etwa wegen getroffener Sicherheitsvorkehrungen), begründeten keine Haftung aus § 323a.[239]

1363 Die h.M. hat nicht nur den Normtext, sondern auch *kriminalpolitische Gründe* für sich. Die Ansicht von *BGH* St 10, 247, insbesondere aber diejenige der Befürworter eines konkreten Erfolgsdelikts (beide siehe *Rn. 1362*), würde Schutzbehauptungen Tür und Tor öffnen.

Jene h.M. ist auch mit dem Schuldprinzip vereinbar:[240] »Der Rausch ist seit jeher als Quelle von Rechtsbrüchen bekannt« (*BGH* St 16, 124 [125]). Daher stellt be-

---

[233] Lehrreich zu diesem Tatbestand *Fahl*, JuS 2005, 1076 sowie *Schroeder*, JuS 2004, 312 (Klausur).
[234] Eingehend zur dogmatischen Einordnung des Delikts LK-*Popp*, § 323a Rn. 17 ff.
[235] Näher hierzu NK-*Paeffgen*, § 323a Rn. 19 ff.; eingehend und höchst informativ zur »**Kriminologie und Phänomenolgie der Rauschmittel**« NK-*Paeffgen*, Nach § 323a Rn. 1–76.
[236] *BGH* St 16, 124 ff.; 32, 48 (53); *OLG Hamburg*, JZ 1982, 160 f.; *Puppe*, GA 1974, 98; *Kusch*, NStZ 1994, 131; L/K/H-*Heger*, § 323a Rn. 1, 14; SK[10]-*Wolters*, § 323a Rn. 8; *Rengier* II, 41/6 ff. (9).
[237] *Heinitz*, JR 1957, 126, 347; ebso. *Küpper/Börner*, 10/64; ähnl. A/W/H/H-*Hilgendorf*, 40/11 f. mwN; ausf. zu dieser Auffassung LK-*Popp*, § 323a Rn. 35 ff.; s.a. *Kraatz*, ZStW 125 (2013), 819 ff.
[238] Ebso. bzw. ähnl.: *BGH*, BeckRS 2018, 35121 (Rn. 23); *BayObLG*, NJW 1974, 1520 ff.; *OLG Hamm*, NStZ 2009, 40 m. krit. Anm. *Geisler*; *Otto*, BT, 81/1; s.a. M/S/M-*Schroeder*, 96/5, 6.
[239] *Gollner*, MDR 1976, 182 (188 f.); ebso. *Backmann*, JuS 1977, 444 (447 f.); M/S/M-*Schroeder*, 96/5 f.; **a.A.** *OLG Hamburg*, JZ 1982, 160 f.
[240] Vgl. nur *Lackner*, JuS 1968, 215 mwN; *Kusch*, NStZ 1994, 131; L/K/H-*Heger*, § 323a Rn. 1; s.a. *Rengier* II, 41/8 f.; zw. u.a. A/W/H/H-*Hilgendorf*, 40/10–12; s.a. Kindhäuser/Schramm, 69/20.

reits der schuldhafte Vollrausch »materielles Unrecht« dar. Dass das Gesetz dies Unrecht nur dann als Straftat erfasst, wenn es zu einer Rauschtat gekommen ist, erscheint als sachgerechte Einschränkung des Bereichs des Strafbaren unter den Gesichtspunkten »Strafbedürfnis« bzw. »Strafwürdigkeit«.

> Auch bei den fahrlässigen Erfolgsdelikten ist ja selbst der sträflichste Leichtsinn nur strafbar, »wenn etwas passiert«.

Ergebnis: In *Fall 123* ist S aus § 323a StGB strafbar.

Fall 124: *– In vino non semper veritas –* 1364

Slivo Schluck (S) hat sich in der Wirtschaft »Ex und hopp« einen Vollrausch angetrunken.

a) Er macht eine Zeche von 100,– Euro, hat aber nur 50,– Euro bei sich. Infolge seines Vollrausches glaubt er bei seinen Bestellungen aber, noch zahlen zu können.

b) Angesichts seines Vollrausches verwechselt S beim Verlassen der Schänke den Mantel des X mit seinem und nimmt den fremden Mantel mit.

c) Noch immer im Vollrausch »*missbraucht*« S im Sinne des § 182 III Nr. 1 StGB die erst 15-jährige Lolita, die er infolge seiner Betrunkenheit für wesentlich älter hält, sodass er ihre »*fehlende Fähigkeit zur sexuellen Selbstbestimmung*« nicht erkennt.

Strafbarkeit des S in den Fällen a, b und c?

a) Zu Fall 124 a (Zeche): 1365

(1) § 263 StGB (»Zechprellerei«) liegt zumindest wegen § 20 StGB nicht vor.

(2) § 323a StGB entfällt mangels Vorliegens einer »*rechtswidrigen Tat*«:

Für die Annahme einer »*rechtswidrigen Tat*«, d.h. einer mit Strafe bedrohten Handlung (§ 11 I Nr. 5 StGB) ist erforderlich, dass nicht nur der objektive, sondern **auch der subjektive Tatbestand** erfüllt ist.

> Eine »*rechtswidrige Tat*« ist daher bei Betrug als Rauschtat nur gegeben, wenn der Täter vorsätzlich und in Bereicherungsabsicht gehandelt hat (h.M.).

In casu fehlte dem Täter der Täuschungsvorsatz, da er glaubte, zahlen zu können; auch die Absicht, sich einen rechtswidrigen Vermögensvorteil zu verschaffen, liegt nicht vor. Damit mangelt es an einer Rauschtat.[241]

Indes wird von vielen die Ansicht vertreten, **rauschbedingte Irrtümer**, d.h. solche Irrtümer, 1366 die allein in der Volltrunkenheit ihre Ursache haben, seien unbeachtlich: Handele der Täter einer »Rauschtat« wegen eines derartigen Irrtums unvorsätzlich, so sei dieser Vorsatzmangel für die Anwendbarkeit des § 323a StGB ohne Bedeutung.[242]

> *BGH* St 18, 235 hält zwar verbal an dieser Ansicht fest, gibt sie aber praktisch auf, da er Irrtümer wie den bei S vorliegenden für beachtlich hält.

Jener Ansicht ist zu widersprechen: Zum Tatbestand einer »*rechtswidrigen Tat*« (§ 11 I 1367 Nr. 5 StGB) gehören unstreitig subjektive Tatbestandsmerkmale wie *Absichten* (z.B. Zueignungsabsicht, Bereicherungsabsicht), *Handeln* »*wider besseres Wissen*« u.ä.; dann wird man aber auch den *Vorsatz* zum Tatbestand zählen müssen – zumal der Vorsatz beim Versuch

---

[241] *BGH* St 18, 235; LK-*Popp*, § 323a Rn. 66; L/K/H-*Heger*, § 323a Rn. 7–9; *Rengier* II, 41/13, 14.
[242] So u.a. *RG* St 73, 11; *BGH*, NJW 1953, 1442; *BGH*, NStZ-RR 2008, 334; dem zuneigend offenbar *Fischer*, § 323a Rn. 7; – s.a. LK[11]-*Spendel*, § 323a Rn. 197 ff., 201 ff., 209. –

unstreitig Tatbestandsmerkmal ist. Fehlt es nun wegen eines Irrtums des Täters an einem Merkmal des subjektiven Tatbestandes eines Deliktes, so ist dessen Tatbestand nicht erfüllt, sodass dieses Delikt als Rauschtat i.S. des § 323a StGB nicht in Frage kommt. Ob der fragliche Irrtum dabei rauschbedingt war oder nicht, kann keine Rolle spielen. Denn der klare Wortlaut des § 323a StGB (i.V.m. § 11 I Nr. 5 StGB) verlangt eine mit *Strafe bedrohte Handlung*, und diese ist nicht gegeben, wenn es wegen eines Tatbestandsirrtums – mag dieser auch rauschbedingt sein – an einem Straftatbestand fehlt.[243]

1368 *b) Zu Fall 124 b (Mantel):*

Auch hier entfällt § 323a StGB mangels »*rechtswidriger Tat*«. Es mangelt schon an einem tatbestandsmäßigen Diebstahl, da S der Fremdheitsvorsatz und damit zugleich die Zueignungsabsicht fehlten. Dass sein Irrtum rauschbedingt war, ändert an dem Mangel eines mit Strafe bedrohten Diebstahls und damit einer »rechtswidrigen Tat« nichts.[244]

1369 *c) Zu Fall 124 c (Lolita):*

Auch hier scheidet § 323a StGB aus. Gemäß § 16 I StGB lag keine mit Strafe bedrohte Handlung nach § 182 III Nr. 1 StGB und damit keine »Rauschtat« vor. Dass der Tatbestandsirrtum rauschbedingt war, ist irrelevant.[245]

Ergänzende Hinweise zu § 323a StGB:

1370 (1) Ob und wieweit als Rauschtat auch **Unterlassungsdelikte** in Frage kommen, ist strittig.
– Für *unechte Unterlassungsdelikte* (§ 13 StGB) wird ganz überwiegend angenommen, ihre Verwirklichung im Vollrausch könne zur Haftung aus § 323a StGB führen.[246]
– Ebenso kommen nach zwar nicht unbestrittener, aber vorzugswürdiger Ansicht *echte Unterlassungsdelikte*, namentlich § 323c StGB, als Rauschtat in Betracht.[247]

1371 (2) Auch unerlaubtes Entfernen vom Unfallort nach **§ 142 I StGB** kann eine Rauschtat i.S. des § 323a StGB sein. – Dazu Krey/Hellmann/*Heinrich*, BT 2, Rn. 1145 m.w.N. –

(3) Soweit es um die Verwirklichung der Rauschtat als »rechtswidrige Tat« i.S.d. § 11 I Nr. 5 StGB durch aktives Tun geht, muss eine **Handlung** vorliegen, d.h. ein »willkürliches Verhalten«, das im natürlichen Sinne gewollt ist. Daher genügen Krampfanfälle, Torkeln und Erbrechen nicht.[248]

1372 (4) Voraussetzung für die Anwendbarkeit des § 323a StGB ist, dass entweder nachgewiesen wird, der Täter sei *infolge eines Rausches* **schuldunfähig gewesen**,

---

[243] I.E. wie hier: *Dencker*, NJW 1980, 2159 (2164); A/W/H/H-*Hilgendorf*, 40/15, 21; LK-*Popp*, § 323a Rn. 66; L/K/H-*Heger*, § 323a Rn. 7–9; SK[10]-*Wolters*, § 323a Rn. 14; Sch/Sch-*Hecker*, § 323a Rn. 15; *Otto*, BT, 81/13 ff.; Kindhäuser/*Schramm*, 69/22; *Rengier* II, 41/13 f.; W/H/E-*Engländer*, Rn. 1050.
[244] S. *Krey*, JuS 1970, 291 Fn. 2; zur Gegenmeinung im konkreten Fall LK[11]-*Spendel*, § 323a Rn. 209.
[245] **Abw.** BGH, NJW 1953, 1442 a.E.
[246] *Backmann*, JuS 1975, 698 (702 f.); *Blei*, JA 1974, 465; 1975, 173; 1976, 29; *Lenckner*, JR 1975, 31; *Fischer*, § 323a Rn. 6; NK-*Paeffgen*, § 323a Rn. 70; LK-*Popp*, § 323a Rn. 63.
[247] So etwa BayObLG, NJW 1974, 1520 (1522 f.); *Dencker*, JuS 1980, 210 (214); *Geppert*, Jura 2009, 40 (44 ff.); HK-GS-*Verrel*, § 323a Rn. 7; MK-*Geisler*, § 323a Rn. 33; NK-*Paeffgen*, § 323a Rn. 70; LK-*Popp*, § 323a Rn. 63; Sch/Sch-*Hecker*, § 323a Rn. 13; SK[10]-*Wolters*, § 323a Rn. 16; *Rengier* II, 41/18; **a.A.** *Ranft*, JA 1983, 239 (240); M/S/M-*Schroeder*, 96/9; L/K/H-*Heger*, § 323a Rn. 6 mwN.
[248] LK-*Popp*, § 323a Rn. 62 mwN; L/K/H-*Heger*, § 323a Rn. 6; *Rengier* II, 41/13, 14.

– wobei bei Alkoholrausch die Blutalkoholkonzentration neben psychodiagnostischen Umständen (z.B. dem Leistungsverhalten nach der Tat) nur indizielle Bedeutung hat,[249] –
oder dass (wie der Gesetzestext explizit zum Ausdruck bringt) eine *infolge eines Rausches* bestehende **Schuldunfähigkeit nicht auszuschließen** ist
– und damit nach dem Satz »in dubio pro reo« die Rauschtat nicht bestraft werden kann.

Letzterenfalls ist nach h.M., der zu folgen ist, im Hinblick auf den erforderlichen Schweregrad schon des Merkmals »**Rausch**« der Nachweis nötig, der als *Rausch* in Betracht zu ziehende Zustand habe die Schuldfähigkeit des Täters wenigstens »erheblich vermindert« (§ 21 StGB). Daher entfällt § 323a StGB (schon eben aufgrund der Nichtbejahbarkeit des Merkmals »Rausch«), wenn sich nicht ausschließen lässt, dass der Täter zur Tatzeit weder »schuldunfähig« noch »erheblich vermindert schuldfähig« war, sondern voll schuldfähig.[250] **1373**

§ 323a StGB verlangt also **erstens**: Es muss feststehen, dass der Täter sich vorsätzlich oder fahrlässig berauscht hat; bei »Zweifeln über das **Ob** der Berauschung« entfällt dieser Tatbestand.[251] **Zweitens** muss jener Rausch zur richterlichen Überzeugung so stark gewesen sein, dass die Schuldfähigkeit des Täters zumindest erheblich vermindert war (§ 21 StGB).[252] **Drittens** darf nicht auszuschließen sein, dass der Täter infolge des Rausches schuldunfähig war.[253] **1374**

– Nur jenes **zweite** Erfordernis wird dabei ernstlich bestritten. –

Liegen diese Voraussetzungen vor, so ist § 323a StGB in gleicher Weise anwendbar wie bei festgestellter rauschbedingter Schuldunfähigkeit.

(5) Der Täter muss den »Rausch« vorsätzlich oder fahrlässig herbeigeführt haben. Dazu führt das *OLG Hamburg* zutreffend aus: »Wer Alkohol mit Medikamenten kombiniert, muss grundsätzlich damit rechnen, dass die Wirkung des genossenen Alkohols durch das Medikament erheblich gesteigert werden kann«.[254] **1375**

IV. Unterlassene Hilfeleistung, Behinderung von hilfeleistenden Personen (§ 323c I, II StGB)[255]

1. Unterlassene Hilfeleistung (§ 323c I StGB)

a) Diese Vorschrift schützt die bedrohten Individualrechtsgüter wie Leib und Leben, Freiheit, sexuelle Selbstbestimmung (h.M.), nicht aber die »mitmenschliche Solidarität« als solche.[256] **1376**

---

[249] Näher hierzu *BGH* St 43, 66; 57, 247 (251 ff.); s.a. *OLG Braunschweig*, NStZ-RR 2014, 287 (288).
[250] Vgl. *OLG Hamm*, NJW 1977, 344; *OLG Schleswig*, MDR 1977, 247; *BayObLG*, NJW 1978, 957; *Dencker*, NJW 1980, 2159 ff.; JZ 1984, 453 (457 ff.); A/W/H/H-*Hilgendorf*, 40/30; *Küpper/Börner*, 10/66, 67; L/K/H-*Heger*, § 323a Rn. 4; *Rengier* II, 41/19 ff. (22); Sch/Sch-*Hecker*, § 323a Rn. 7; **abw.** *Montenbruck*, GA 1978, 225 ff.; *Puppe*, Jura 1982, 281 ff.; *Fischer*, § 323a Rn. 11 ff. (11c).
[251] So für alle *BGH* St 32, 48 (54 a.E., 55) ; s.a. Kindhäuser/*Schramm*, 69/16.
[252] h.M., vgl. bereits *Rn. 1373* sowie die Nachw. in *Fn. 250*; s.a. Kindhäuser/*Schramm*, 69/16.
[253] Vgl. für alle *BGH* St 32, 48 (a.E., 53) ; s.a. Kindhäuser/*Schramm*, 69/16.
[254] *OLG Hamburg*, JZ 1982, 160 f.; s.a. Kindhäuser/*Schramm*, 69/13.
[255] Eingehend zu § 323c StGB *Geppert*, Jura 2005, 39 ff.; s.a. *Spendel*, FS-Seebode, 2008, S. 377, sowie – »zur Legitimität der Strafvorschrift« des § 323c StGB – *Kühl*, FS-Frisch, 2013, S. 785 ff.
[256] Hierzu *Geppert*, Jura 2005, 39 (40) mit überzeugender Begründung und mwN.

Dabei ist die in § 323c StGB normierte Pflicht zu solidarischer Nächstenhilfe schon aufgrund des Sozialstaatsprinzips des Grundgesetzes (Art. 20 I GG) verfassungskonform.

1377 b) § 323c I StGB greift ein »bei Unglücksfällen oder gemeiner Gefahr oder Not«:

(1) Ein »**Unglücksfalls**« ist nach h.M. ein plötzlich eintretendes Ereignis, das erheblichen Schaden an Menschen oder Sachen zu verursachen droht,[257] wobei es sich ggf. (für das Opfer) auch um eine Straftat mit dem Risiko erheblicher Verletzungen handeln kann.[258]

– speziell zum Problem der »Selbsttötung als Unglücksfall« siehe *Rn. 129 ff.* –

Die *bloße Sachgefahr* wird mitunter als nicht ausreichend angesehen;[259] immerhin aber sind bei ihr strenge Anforderungen an die Erheblichkeit des drohenden Schadens zu stellen.[260]

1378 (2) »**Gemeine Gefahr**« ist ein Zustand, bei dem die Möglichkeit eines erheblichen Schadens an Leib oder Leben oder an bedeutenden Sachwerten für unbestimmt viele Personen naheliegt.[261]

Beispiel: Naturkatastrophen, Brände, aber auch: ein auf der Straße liegender toter Radfahrer bzw. Betrunkener[262] (Gefährdung der Verkehrsteilnehmer).

(3) Die »**gemeine Not**« ist – als Sonderfall der »gemeinen Gefahr« – eine die Allgemeinheit betreffende, eher längerfristige Notlage bzw. Mangelsituation.[263]

z.B.: Ausfall der Trinkwasserversorgung, Abgeschnittensein von Ortschaften.

(4) Zur Konkurrenz mit § 138 I, II StGB siehe *Rn. 997.*

1379 c) § 323c StGB ist ein *echtes* **Unterlassungsdelikt**, für das es – anders als bei den *unechten* Unterlassungsdelikten (§ 13 StGB) – auf das Bestehen einer Garantenpflicht nicht ankommt.[264]

§ 323c StGB begründet aber auch seinerseits keine Garantenpflicht des Unterlassenden.

Gegenüber **vorsätzlichen** unechten Unterlassungsdelikten (z.B. Totschlag durch Unterlassen) ist die Norm subsidiär. Ebenfalls subsidiär ist sie gegenüber der den Unglücksfall vorsätzlich herbeiführenden Begehungsstraftat; bleibt aber unaufklärbar, ob der Täter an der den Unglücksfall bildenden Straftat beteiligt war, so kommt die ansonsten subsidiäre Vorschrift des § 323c StGB zur Anwendung.[265]

Zur Anwendbarkeit des § 323c StGB bei unterlassener Selbstmordhinderung *Rn. 129 ff.*

---

[257] Vgl. etwa *BGH* St 6, 147 (152); SK[10]-*Stein/Wolters*, § 323c Rn. 7 ff.; *Rengier* II, 42/3.
[258] *BGH*, NStZ-RR 2015, 375; 2017, 212; *Kindhäuser/Schramm*, 70/6.
[259] **Dagegen zu Recht** *Joecks/Jäger*, § 323c Rn. 7; für Einschluss bloßer Sachgefahren nur bei gemeiner Gefahr oder Not etwa *Otto*, BT, 67/4; Sch/Sch-*Hecker*, § 323c Rn. 5; s.a. *Seebode*, FS-Kohlmann, 2003, S. 279; *Zopfs*, FS-Seebode, 2008, S. 449.
[260] *Kindhäuser/Schramm*, 70/6; *Joecks/Jäger*, § 323c Rn. 7: »jedenfalls bei bedeutenden Sachwerten«.
[261] L/K/H-*Heger*, § 323c Rn. 3; *Rengier* II, 42/7; ausf. LK-*Popp*, § 323c Rn. 72 ff.
[262] *BGH* St 1, 266 (269) und *Kindhäuser/Schramm*, 70/13 – Radfahrer –.
[263] SK[10]-*Stein/Wolters*, § 323c Rn. 21; Sch/Sch-*Hecker*, § 323c Rn. 10; HK-GS-*Verrel*, § 323c Rn. 7; ausf. LK-*Popp*, § 323c Rn. 76 f.
[264] Zur **Rechtsnatur des § 323c StGB** im Übrigen vgl. *Geppert*, Jura 2005, 39 (40 f.).
[265] *BGH*, NStZ 1997, 127.

d) Zur Hilfe *bei einem Unglücksfall* ist auch verpflichtet, wer zwar nicht unmittelbar anwesend, »aber der annehmbar Nächste ist, der infolge besonderer Kenntnisse und Mittel helfen kann«[266] (wichtig insbesondere für **Ärzte**). 1380

> Wird ein Schwerverletzter zum nächsten Krankenhaus gebracht, so erfordert die Hilfspflicht aus § 323c StGB, »dass der diensthabende Arzt ihn dahin untersucht, ob er sofortiger Hilfe bedarf ... Dies gilt auch, wenn ein Bett nicht verfügbar ist«.[267]

e) **Erforderlich** ist die Hilfeleistung, wenn die Gefahr weiterer Schäden besteht, wobei als »weiterer Schaden« auch die Vermehrung bzw. Verlängerung von Schmerzen genügt. Demgemäß schließt der Umstand, dass der Verletzte nicht mehr zu retten ist, die Erforderlichkeit einer (ärztlichen) Hilfeleistung nicht notwendig aus.[268] 1381

– Die Hilfspflicht endet jedoch, sobald der Tod des Verunglückten eingetreten ist.[269] –

f) Ist der Unglücksfall auf eine **Notwehrhandlung** zurückzuführen, so bleibt § 323c StGB gleichwohl für den in Notwehr Handelnden anwendbar:[270] Der Umstand, dass der Unglücksfall auf rechtmäßigem Tun beruht, schließt weder die Hilfeleistungspflicht gemäß dieser Norm noch die Zumutbarkeit der Hilfeleistung aus. 1382

Dagegen steht jener Umstand grundsätzlich der Annahme einer Garantenpflicht aus Ingerenz (pflichtwidriges gefährdendes vorangegangenes Tun) entgegen.[271]

> Hat also z.B. der A in Notwehr (§ 32 I, II StGB) den B lebensgefährlich verletzt und ihn anschließend hilflos zurückgelassen, so scheiden mangels Garantenstellung §§ 211, 212/13 bzw. §§ 211, 212, 22 f./13 (bzw. §§ 222/13) StGB aus; **doch ist § 323c StGB einschlägig.**

g) Die **Zumutbarkeit** der Hilfe ist Tatbestandsmerkmal (h.M.). Die Gefahr der Strafverfolgung lässt jene Zumutbarkeit i.d.R. nicht entfallen.[272] Andere wichtige Pflichten i.S. des § 323c StGB sind namentlich vorrangige Garantenpflichten i.S. des § 13 StGB.[273] 1383

h) Wer irrtümlich glaubt, seine Hilfe sei geeignet, den drohenden Schaden abzuwenden, handelt **ohne Vorsatz**.[274] Der Täter hingegen, der alle Umstände kennt, die seine Hilfeleistungspflicht begründen, aber gleichwohl davon ausgeht, ihn treffe keine Rechtspflicht zur Hilfe, handelt nicht im vorsatzausschließenden Tatbestandsirrtum (§ 16 I S. 1 StGB); vielmehr liegt ein Gebotsirrtum vor, der als Verbotsirrtum gemäß § 17 StGB zu behandeln ist.[275] 1384

---

[266] *OLG Köln*, NJW 1957, 1609 f.; dazu mwN *Lenckner*, S. 578 f.
[267] *OLG Köln*, NJW 1957, 1609 f.
[268] *BGH* St 14, 213 (216 f.); NStZ 2016, 153; 2021, 236 (237); Sch/Sch-*Hecker*, § 323c Rn. 14.
[269] *BGH* St 32, 367 (381); NStZ 2016, 153; 2021, 236 (237); Kindhäuser/*Schramm*, 70/16.
[270] *BGH*, NStZ 1985, 501; so schon *BGH* St 23, 327 (328).
[271] *BGH* St 23, 327 (328); *Krey/Esser*, AT, Rn. 1151; Sch/Sch-*Bosch*, § 13 Rn. 37; str.
[272] *BGH* St 11, 353; *BGH*, GA 1956, 120; Küpper/*Börner*, 10/83 mwN; **diff.** *Rengier* II, 42/14–16.
[273] Küpper/*Börner*, 10/83 mwN.
[274] *AG Saalfeld*, NStZ-RR 2005, 142; L/K/H-*Heger*, § 323c Rn. 9.
[275] *BGH* St 16, 155; 19, 295; Sch/Sch-*Sternberg-Lieben/Schuster*, § 15 Rn. 96.

2. Behinderung von hilfeleistenden Personen (§ 323c II StGB)

1385 Dieser Tatbestand wurde durch das »Gesetz zur Stärkung des Schutzes von Vollstreckungsbeamten und Rettungskräften« (52. StÄG) zum 30.5.2017 hinzugefügt.[276]
– Auf ihm beruht auch die Strafbarstellung des »tätlichen Angriffs auf Vollstreckungsbeamte« (§ 114 StGB) sowie die jetzige Fassung der §§ 113–115 StGB (s. *Rn. 719*). –
Indem die Regelung der abstrakten Gefahr entgegentritt, die sich aus der Behinderung Helfender bzw. Hilfswilliger ergibt, dient sie insbesondere der **Bekämpfung des »Gaffertums«**, einer Erscheinungsform sozialen Fehlverhaltens, das zumindest in der öffentlichen Wahrnehmung immer weiter an Bedeutung gewonnen hat.

1386 Anknüpfend an die Notsituationen des Abs. 1 sollen *alle* in solchen Situationen Helfenden oder Hilfswilligen davor geschützt werden, in ihrer Hilfeleistung behindert zu werden: nicht nur Angehörige der in § 115 III StGB benannten Personengruppen, sondern neben professionellen Helfern *auch Laien und Privatpersonen*
– was insbesondere im Hinblick auf sog. **Ersthelfer** von Bedeutung ist.
Aufgrund der weiten Tatbestandsfassung können freilich auch *Personen, die selbst um Hilfeleistung bemüht sind*, den Tatbestand verwirklichen, wenn sie im Zuge ihrer Anstrengungen andere Helfer in deren Hilfeleistung beeinträchtigen. Um in entsprechenden Situationen potenzielle Helfer nicht abzuschrecken, bedarf es insoweit einer teleologischen Reduktion des Tatbestandes.[277]

1387 Ein **»Behindern«** begeht, »wer eine spürbare, nicht unerhebliche Störung der Rettungstätigkeit einer hilfeleistenden oder zur Hilfeleistung ansetzenden Person vornimmt«.[278] Auf welche Weise dies *in concreto* geschieht, ist gleichgültig.
Zu denken ist hier u.a. an das **Beschädigen technischen Geräts**, das **Wegversperren** bzw. **Im-Wege-Stehen**, aber auch das sich aufdrängende **Fotografieren und Filmen** mit dem Smartphone oder eben auch das ggf. massenhafte bloße **»Gaffen«**. Von nicht geringer praktischer Bedeutung ist im Übrigen auch das **Nicht-Freihalten von Rettungsgassen**.[279]
– Angesichts ähnlichen Inhalts, aber doch unterschiedlicher Voraussetzungen (»Hilfeleistende« und »*bei* Unglücksfällen« **hier**, »Hilfe leistet oder leisten *will*« und »*in* diesen Situationen« **dort**) ist zwischen § 323c II StGB und § 115 III StGB **Tateinheit** anzunehmen.[280] –

---

[276] BGBl. I, S. 1226; vgl. BT-Drucks. 18/12153; **krit.** zur neuen Norm *Koch*, GA 2018, 323 ff.; *Fahl*, ZStW 130 (2018), 745 (748 ff.); *Magnus*, GA 2017, 530 (540 f.); s.a. *Lenk*, JuS 2018, 229 ff.
[277] Vgl. *Lenk*, JuS 2018, 229 (232); Kindhäuser/*Schramm*, 70/26; Sch/Sch-*Hecker*, § 323c Rn. 32.
[278] Kindhäuser/*Schramm*, 70/25; Sch/Sch-*Hecker*, § 323c Rn. 32.
[279] Kindhäuser/*Schramm*, 70/25.
[280] Näher hierzu *Fahl*, ZStW 130 (2018), 745 (750 f.); ebso. S/S/W-*Zimmermann*, § 115 Rn. 13; für Gesetzeskonkurrenz hingegen *Puschke/Rienhoff*, JZ 2017, 924 (932).

§ 12 Straftaten gegen die Umwelt (§§ 324–330d StGB)

I. Vorbemerkungen zu §§ 324–330d StGB
1. Überblick über die gesetzliche Regelung

a) Die §§ 324–330d StGB i.d.F. des 18. StÄG sind am 1.7.1980 in Kraft getreten.[1] **1388**
Dem Gesetzgeber ging es dabei darum, die wesentlichsten Vorschriften des Umweltstrafrechts aus den Spezialgesetzen des Umweltverwaltungsrechts,

– insb. dem Wasserhaushaltsgesetz, dem Bundes-Immissionsschutzgesetz, dem Abfallgesetz (jetzt: Kreislaufwirtschaftsgesetz v. 24.2.2012) und dem Atomgesetz, –

herauszulösen und in das StGB einzufügen.[2]

Hierbei sind jene ehemals im Nebenstrafrecht beheimateten Umweltstrafbestimmungen vereinheitlicht und z.T. verschärft worden. Durch den Einbau der wesentlichsten Umweltstrafgesetze in das StGB sollte die Sozialschädlichkeit der Umweltkriminalität verstärkt in das Bewusstsein der Öffentlichkeit gerufen werden.[3] **1389**

Die §§ 324–330d StGB sind durch das *2. Gesetz zur Bekämpfung der Umweltkriminalität* (= 31. StÄG v. 27.6.1994, BGBl. I, S. 1440) und das – der Umsetzung von EU-Recht dienende – 45. StÄG v. 6.12.2011 (BGBl. I, 2557) in zahlreichen Punkten reformiert worden.

b) Die §§ 324–330d StGB enthalten **keine abschließende** Kodifikation der Umweltstraftaten: So betreffen §§ 307–314 StGB ebenfalls die Umwelt, und eine Reihe umweltstrafrechtlicher Normen befindet sich weiterhin im Nebenstrafrecht.[4] **1390**

Immer bedeutsamer wird das **Europäische Umweltstrafrecht**,[5] v.a. auch im Bereich grenzüberschreitender Luft- oder Gewässerverunreinigung bzw. dem »Export« von Abfällen.[6]

Überdies zeichnet sich am Horizont auch bereits das Entstehen eines über den Tellerrand des Umweltstrafrechts hinausreichenden »**Klimaschutzstrafrechts**« ab,[7] das aller Voraussicht nach in den nächsten Jahren eine nicht zu unterschätzende Bedeutsamkeit erlangen wird.

2. Geschützte Rechtsgüter des Umweltstrafrechts

a) Geschützte Rechtsgüter des Umweltstrafrechts sind die Umweltmedien **1391**
  – **Wasser** (§§ 324, 326 I Nr. 4a, 329 II, 330 StGB),
  – **Luft** (§§ 325, 326 I Nr. 4a, 329 I, 330 StGB) und
  – **Boden** (§§ 324a, 326 I Nr. 4a, 330 StGB);

---

[1] 18. StÄG = Gesetz zur Bekämpfung der Umweltkriminalität v. 28.3.1980, BGBl. I, S. 373.
[2] Zur Stellung der Umweltdelikte im System des Rechtsgüterschutzes *Bloy*, ZStW 100 (1988), 485; zur Entstehungsgeschichte der §§ 324 ff. StGB eingehend LK-*Heghmanns*, vor § 324 Rn. 1 ff., 6 ff.
[3] BT-Drucks. 8/2382 S. 9 ff.; 8/3633 S. 19; s.a. SK[10]-*Schall*, vor § 324 Rn. 1.
[4] Beispiele bei SK[10]-*Schall*, vor § 324 Rn. 1 Fn. 3; s.a. LK-*Heghmanns*, vor § 324 Rn. 6 a.E.
[5] Näher hierzu *Mansdörfer*, Jura 2004, 297; s.a. *Heine*, FS-Jung, 2007, S. 261 ff.; *Reiling/Reschke*, wistra 2010, 47; umfassend: *Heger*, Die Europäisierung des deutschen Umweltstrafrechts, 2009; ausf. zum Ganzen auch LK-*Heghmanns*, vor § 324 Rn. 27 ff.; SK[10]-*Schall*, vor § 324 Rn. 6 ff.
[6] Vgl. *Hecker*, ZStW 115 (2003), 880; *Heine*, FS-Otto, 2007, 1015 ff.; *Kropp*, NStZ 2011, 674.
[7] Vgl. nur *Krell*, GA 2023, 81 ff. und *Foffani/Nieto Martin*, GA 2023, 100 ff.

zudem die sonstigen Erscheinungsformen der Umwelt, nämlich
- die **Tierwelt** (§§ 325, 326 I Nr. 1, 4b, 330 StGB),
- die **Pflanzenwelt** (§§ 325, 326 I Nr. 4b, 330 StGB) sowie
- **Naturschutzgebiete und Nationalparks** (§§ 329 III, 330 StGB).

1392 b) §§ 324–330d StGB dienen aber *nicht nur* dem Schutz jener »ökologischen Rechtsgüter«.[8] Vielmehr finden sich unter jenen Vorschriften auch Straftaten gegen das Leben bzw. die körperliche Unversehrtheit, und zwar
- Verletzungsdelikte
  (§§ 330 II Nr. 2, 330a II StGB: Tod eines anderen Menschen),
- konkrete Gefährdungsdelikte
  (§§ 324 I Nr. 1, 325a II, 328 III StGB: Gesundheitsgefährdung; §§ 330 II Nr. 1, 330a I StGB: Todesgefahr, Gesundheitsgefährdung),
- abstrakte Gefährdungsdelikte
  (§§ 325 II, III, 326 I Nr. 1–3, 327, 328 I, II, 329 StGB),[9] zudem
- potentielle Gefährdungsdelikte, die eine *Eignung* zur Schädigung verlangen
  (§§ 325 I, 325a I, 326 I Nr. 4 StGB).[10]

1393 c) Nach h.M. wird die Umwelt nicht nur in solchen Leib- oder Lebensgefährdungsdelikten, sondern ganz allgemein in allen Strafnormen des Abschnitts über Umweltstraftaten nicht etwa um ihrer selbst willen, sondern in erster Linie **um des Menschen willen** geschützt. Es gehe letztlich um die »Erhaltung humaner Lebensbedingungen der gegenwärtigen und künftigen Generationen«[11] oder, zugespitzt formuliert: es gehe um den

»*Schutz der natürlichen Lebensgrundlagen des Menschen vor dem Menschen für den Menschen*«.[12]

- Diese Sicht wird auch in Art. 20a GG deutlich. -

Eine in diesem Sinne zwar (m.E. zu euphemistisch) als »**ökologisch-anthropozentrisch**« bezeichnete,[13] nichtsdestoweniger aber doch recht utilitaristische Betrachtungsweise scheint mir trotz »ökologischen Einschlags« noch immer *zu einseitig* auf den Nutzen für den Menschen bezogen zu sein. Überzeugender scheint es mir von daher, mit *Horn* das Umweltstrafrecht auch so zu sehen:[14]

»*Der Mensch fühlt seine Verantwortung für die Welt, in der er lebt*«.

---

[8] M/S/M-*Maiwald*, 58/13, 19 f.; LK-*Heghmanns*, vor § 324 Rn. 37 ff.
[9] Dazu L/K/H-*Heger*, § 326 Rn. 1, § 329 Rn. 1; *Rengier* II, 47/5; *BGH* St 36, 255 (257).
[10] *Fischer*, § 325 Rn. 2a; L/K/H-*Heger*, § 325 Rn. 1, § 325a Rn. 1, § 326 Rn. 1; *Küpper/Börner*, 10/91; *Rengier* II, 47/5; s.a. LK-*Heghmanns*, § 325 Rn. 5, § 325a Rn. 1, § 326 Rn. 1; str.
[11] Sch/Sch-*Heine/Schittenhelm*, vor § 324 Rn. 8; s.a. L/K/H-*Heger*, vor § 324 Rn. 7; *Küpper/Börner*, 10/89; *Rengier* II, 47/10; M/S/M-*Maiwald*, 58/13, 19, 20.
[12] LK-*Heghmanns*, vor § 324 Rn. 41; i.d.S. auch Joecks/*Jäger*, vor § 324 Rn. 2.
[13] So u.a. von *Küpper/Börner*, 10/89; *Rengier* II, 47/10; SK[10]-*Schall*, vor § 324 Rn. 22.
[14] SK-*Horn (Loseblatt)*, vor § 324 Rn. 2 *(Stand: 1988)*; leider sprach *Horn* dann SK[6] (2001), aaO nurmehr vom »langfristigen Schutz des Menschen durch Schutz der Umwelt vor dem Menschen«. – Gegen die (allzu) anthropozentrische Deutung des Umweltrechts schon *Hager*, JZ 1998, 223 (227).

3. Die Verwaltungsakzessorietät im Umweltstrafrecht

Das Umweltstrafrecht ist in hohem Maße durch die **Verwaltungsakzessorietät** 1394
– im Sinne einer Verwaltungs*rechts*-, aber auch einer Verwaltungs*akts*akzessorietät –
des strafrechtlichen Rechtsgüterschutzes geprägt.[15]

- Als Beispiele seien namentlich §§ 324a I, 325 I, II, 325a I, II, 328 III StGB i.V.m. § 330d I Nr. 4 StGB (*»unter Verletzung verwaltungsrechtlicher Pflichten«*[16]) genannt,
- weiterhin §§ 327, 328 StGB (»ohne die erforderliche Genehmigung«, »entgegen einer vollziehbaren Untersagung«).[17]
- Zudem verweisen wichtige Umweltstrafbestimmungen als Blankettstrafgesetze auf Rechtsverordnungen (so etwa § 329 StGB).

Diese Exekutiv-Abhängigkeit des Umweltstrafrechts wirft zahlreiche intrikate, z.T. noch ungeklärte Auslegungsfragen sowie rechtspolitische Probleme auf:[18]

a) Insbesondere stellt sich die Frage, ob es bei der »Verwaltungs*akts*akzessorietät« 1395
von Umweltstraftatbeständen wie §§ 324a I, 325 I, II, 325a I, II (jeweils i.V.m. § 330d I Nr. 4 lit. c), d), 327, 328 StGB auf die *Rechtmäßigkeit* oder nur auf die *Wirksamkeit* der fraglichen Verwaltungsakte ankommt.[19]

(1) Einig ist man sich zunächst darin, dass jedenfalls gem. § 44 VwVfG **nichtige** Verwaltungsakte auch strafrechtlich unverbindlich sind.[20] Dem ist beizupflichten.

(2) Nach h.A. ist aber (auch) im Übrigen die **Wirksamkeit** maßgebend.[21] 1396
Demgegenüber kommt es, entgegen der h.M., nach der hier vertretenen Auffassung
– vgl. zu diesem Fragenkomplex bereits *Rn. 751 ff.* –
hinsichtlich der »Rechtmäßigkeit« im Rahmen strafrechtlicher Zusammenhänge gem. dem »**materiellen Rechtmäßigkeitsbegriff**« nicht auf die bloße *Wirksamkeit* einer Verwaltungsentscheidung, sondern auf deren *materielle Rechtmäßigkeit oder Rechtswidrigkeit* an (eingehend hierzu *Rn. 756, 760 ff.*).

(3) Aufgrund der Besonderheiten des Umweltstrafrechts ist dieser Ansatz jedoch im 1397
Bereich der Umweltstraftaten nicht strikt aufrechtzuerhalten. Es ist vielmehr wie folgt zu **differenzieren**:[22]

- Bei **belastenden Verwaltungsakten** bleibt es – entgegen der h.M. – bei der Maßgeblichkeit der materiellen Rechtmäßigkeit oder Rechtswidrigkeit des Verwaltungsakts: Beim Verstoß gegen einen noch nicht bestandskräftigen, fehlerhaften belastenden Verwaltungsakt ist mithin keine Strafbarkeit anzunehmen (siehe schon die Argumente in *Rn. 760 ff.*).

---

[15] Vgl. dazu u.a. *Dölling*, JZ 1985, 461 ff.; *Rengier*, ZStW 101 (1989), 874 ff.; *Rudolphi*, NStZ 1984, 193 ff., 248 ff.; *Kloepfer*, Umweltrecht, 1989, 4/332 ff.; LK-*Heghmanns*, vor § 324 Rn. 50 ff.; L/K/H-*Heger*, vor § 324 Rn. 2, 3, 6; *Rengier* II, 47/12 ff.
[16] Näher hierzu *Schall*, FS-Küper, 2007, S. 505 ff.; *ders.*, NStZ-RR 2005, 33 (35 f.).
[17] Dabei geht es jeweils um Einschränkungen des Tatbestandes (h.M.).
[18] Dazu u.a. die in *Fn. 15* Genannten, zudem *Breuer*, DÖV 1987, 169 ff.
[19] Dazu u.a. *Breuer*, DÖV 1987, 169 ff.; *Heine/Meinberg*, DJT-Gutachten 1988, D 48 ff. mwN; Sch/Sch-*Heine/Schittenhelm*, vor § 324 Rn. 15 ff.; LK-*Heghmanns*, vor § 324 Rn. 61.
[20] LK-*Heghmanns*, vor § 324 Rn. 61; Sch/Sch-*Heine/Schittenhelm*, vor § 324 Rn. 16a; *Rengier* II, 47/16.
[21] Vgl. nur LK-*Heghmanns*, § 324 Rn. 61; Sch/Sch-*Heine/Schittenhelm*, vor § 324 Rn. 16a.
[22] So überzeugend *Rengier* II, 47/16 ff.

1398 – Anders verhält es sich aber bei fehlerhaften **begünstigenden Verwaltungsakten**: Hier ist **aus Gründen des Vertrauensschutzes** – insoweit nunmehr i.E. mit der h.M.[23] – auf die verwaltungsrechtliche Wirksamkeit der Genehmigung abzustellen: Eine zwar materiell rechtswidrige (jedoch nicht nichtige), aber nichtsdestoweniger nach verwaltungsrechtlichen Maßstäben **wirksame** Genehmigung schließt zugunsten des auf die Wirksamkeit Vertrauenden ein Handeln »ohne Genehmigung« (s. § 327 I, 328 I StGB) bzw. ein »unbefugtes« Handeln (s. § 324 StGB) aus, solange eine Rücknahme (gem. § 48 VwVfG) nicht erfolgt.[24]

– Diese Sicht wird offenbar auch in § 330d I Nr. 5 StGB vorausgesetzt. –

1399 (4) Dem *Rechtsmissbrauch* ist dabei mittels **§ 330d I Nr. 5 StGB** ein Riegel vorgeschoben: Nach dieser Vorschrift ist sinnvoller Weise

»ein Handeln auf Grund einer durch Drohung, Bestechung oder Kollusion erwirkten oder durch unrichtige oder unvollständige Angaben erschlichenen Genehmigung, Planfeststellung oder sonstigen Zulassung«

einem *»Handeln ohne Genehmigung etc.«* **gleichgestellt**,[25]

– wobei (im Sinne eines ungeschriebenen Tatbestandsmerkmals[26]) die Klausel auf materiell rechtswidrige Genehmigungen zu beschränken ist.[27] –

1400 b) Der durch das 45. StÄG (vgl. *Rn. 1389*) eingefügte **§ 330d II StGB** dehnt für bestimmte Umweltstraftaten (aber auch für § 311 StGB!), die in einem anderen EU-Mitgliedstaat begangen wurden, die Verwaltungsakzessorietät auf EU-mitgliedstaatliches Verwaltungsrecht und Verwaltungshandeln aus, sofern damit EU-Recht umgesetzt oder angewendet wird.[28]

c) Eine weitere – hier nicht näher zu verfolgende – Frage ist die nach der strafrechtlichen *Verantwortlichkeit von Amtsträgern* im Bereich des Umweltstrafrechts.[29]

II. Gewässerverunreinigung (§ 324 StGB)[30]

1401 Anders als bspw. §§ 324a I, 325 I, II, 325a I, II, 327, 328 StGB ist **§ 324 StGB** (Gewässerverunreinigung) *kein* verwaltungsakzessorischer Straftatbestand, doch ist die behördliche Erlaubnis (Genehmigung) **hier** grundsätzlich ein (die »Unbefugtheit« ausschließender) Rechtfertigungsgrund (s. noch *Rn. 1406*).[31]

---

[23] Vgl. *Breuer*, DÖV 1987, 169 ff.; Sch/Sch-*Heine/Schittenhelm*, vor § 324 Rn. 16a; *Heine/Meinberg*, DJT-Gutachten 1988, D 48 ff. mwN; *Jäger*, BT, Rn. 598 ff.; LK-*Heghmanns*, § 324 Rn. 61.

[24] Zur Frage der Strafbarkeit (nach § 327 StGB) bei Inbetriebnahme einer genehmigungsbedürftigen Anlage trotz aufschiebender Wirkung eines (Dritt-)Rechtsbehelfs vgl. *Sens*, wistra 2014, 463.

[25] Näher *Eisele* I, Rn. 1278; *Rengier* II, 47/20; L/K/H-*Heger*, § 324 Rn. 10; LK-*Heghmanns*, vor § 324 Rn. 27 ff.; **krit.** *Breuer*, JZ 1994, 1077 (1090) (plausibel dagegen *Paetzold*, NStZ 1996, 170).

[26] Sch/Sch-*Heine/Schittenhelm*, § 330d Rn. 30.

[27] So zu Recht die h.M., vgl. nur NK-*Ransiek*, § 330d Rn. 4; Sch/Sch-*Heine/Schittenhelm*, § 330d Rn. 30; *Schall*, FS-Otto, 2007, S. 749 f. mit überzeugender Begründung und mwN.

[28] Ausf. und **krit.** hierzu *Meyer*, wistra 2012, 371; s.a. MK-*Schmitz*, § 330d Rn. 47 ff.; zur Frage der Europarechtsakzessorietät auch bei den von § 330d II StGB nicht erfassten **§§ 324, 325a, 329 StGB** vgl. *Meyer*, aaO, 372, 373 ff.; HK-GS-*Laue*, § 330d Rn. 11; MK-*Schmitz*, § 330d Rn. 59 ff.

[29] Näher hierzu Joecks/*Jäger*, § 324 Rn. 11 ff.; L/K/H-*Heger*, vor § 324 Rn. 8 ff.; *Rengier* II, 47/22–34; *Küpper/ Börner*, 10/97–99; eingehend LK-*Heghmanns*, vor § 324 Rn. 74 ff., § 324 Rn. 72 ff.; s.a. BGH St 38, 325 (dazu *Schall*, JuS 1993, 719); OLG Frankfurt, NStZ 1987, 508 ff.

[30] Eingehend dazu (und zu allg. Problemen des Umweltstrafrechts) *Linke*, ZJS 2021, 749 und 2022, 46.

[31] Dazu u.a. *Fischer*, § 324 Rn. 7; Sch/Sch-*Heine/Schittenhelm*, § 324 Rn. 12; L/K/H-*Heger*, § 324 Rn. 9; *Rengier* II, 48/10 mit 47/18 ff.; *ders.*, ZStW 101 (1989), 874 (878).

– Ob daneben auch (im Falle der Ablehnung einer beantragten Genehmigung oder wenn von vornherein kein Genehmigungsverfahren beantragt und durchgeführt wurde) die bloße **Genehmigungsfähigkeit** oder aber die **behördliche Duldung** als Rechtfertigungsgrund in Betracht kommen, ist sehr strittig, zumindest i.d.R. jedoch abzulehnen.[32] –

Freilich gibt es Stimmen, die das geschützte Rechtsgut des § 324 StGB »verwaltungsrechtlich« deuten wollen, indem sie auf das Bewirtschaftungskonzept der Wasserbehörde abstellen.[33] Demgegenüber vertreten h.L. und *BGH* jedoch eine »**ökologisch** orientierte Auslegung« des § 324 StGB; hierzu führt der *BGH* aus:[34]

1402

> »Danach ist als nachteilige Veränderung jede Verschlechterung der natürlichen Gewässereigenschaften im physikalischen, chemischen oder biologischen Sinn zu verstehen, die über unbedeutende, kleine Beeinträchtigungen hinausgeht. Die mehr wasserwirtschaftlich orientierte Gegenmeinung, die als geschütztes Rechtsgut des § 324 StGB eine ›konkrete oder von den Fachbehörden angestrebte Gewässerbenutzung‹ … oder eine verwaltungsrechtliche Zweckbestimmung des Gewässers … ansieht, findet im Wortlaut der Vorschrift keine Stütze. Dieser gibt vielmehr das Bestreben des Gesetzgebers … wieder, mit § 324 StGB möglichst alle Fälle einer schädlichen Gewässerverunreinigung zu erfassen«[35]

Fall 125: – *Aus den Augen, aus dem Sinn* –

1403

Bernd Biomül (B) nimmt die an seinem Pkw erforderlichen Ölwechsel regelmäßig selbst vor. Mit ebenso ausgeprägter Regelmäßigkeit gießt er dabei aus Bequemlichkeit das Altöl, jeweils 4 Liter, in den benachbarten Abwasserkanal. Dieser mündet, wie er weiß, ca. 100 m weiter in einen Bach.

Strafbarkeit des B?

a) Der Tatbestand des § 324 I StGB

(1) Zu den »**Gewässern**« zählen nicht nur *oberirdische Gewässer* (wie Bäche, Flüsse, Seen), sondern auch das *Grundwasser* und das *Meer*, vgl. § 330d I Nr. 1 StGB. Der **Bach** in unserem Fall ist ein »*Gewässer*« i.S. des § 324 I StGB.

1404

– Der Abwasserkanal selbst (bzw. das Abwasser darin) fällt nicht unter diesen Begriff.[36] –

(2) Bei »**Verunreinigen**« als Unterfall des »*nachhaltigen Veränderns der Eigenschaften*« eines Gewässers soll es stets nur um eine Beeinträchtigung des Umweltgutes »Wasser« (vgl. *Rn. 1391*) in seiner Qualität gehen[37]

1405

– nicht aber etwa (auch) *per se* um die Nutzbarkeit als Bademöglichkeit.[38]

---

[32] Vgl. nur Sch/Sch-*Heine/Schittenhelm*, vor § 324 Rn. 19, 20; *Rengier* II, 47/21 und *ders.* ZStW 101 (1989), 874 (902 ff.); s.a. *Breuer*, JZ 1994, 1077 (1090); *Fischer*, vor § 324 Rn. 10 f. m.w.N.; eingehend und mit diff. Lösung *Roxin*, FS-Sieber, 2021, 137 ff.; – zur Genehmigungsfähigkeit (hier: bei § 284 StGB) auch *BGH*, NJW 2020, 2282 m. zust. Anm. Brand.

[33] Nachw. bei *BGH* NStZ 1987, 323 (324) m. Anm. *Rudolphi*.

[34] *BGH* NStZ 1987, 323 (324) mwN; ebenso die h.L., so u.a. *Rudolphi*, NStZ 1987, 324 mwN; HK-GS-*Hartmann*, § 324 Rn. 5; L/K/H-*Heger*, § 324 Rn. 1; SK[10]-*Schall*, § 324 Rn. 4 ff. (6 f.).

[35] Zu diesem »Bestreben des Gesetzgebers« vgl. BT-Drucks. 7/888, S. 12; 8/2382, S. 13 f.

[36] Joecks/*Jäger*, § 324 Rn. 3; MK-*Alt*, § 324 Rn. 16; *Rengier* II, 48/2 mwN.

[37] Näher hierzu LK-*Heghmanns*, § 324 Rn. 18 f.

[38] Joecks/*Jäger*, § 324 Rn. 6; s.a. Sch/Sch-*Heine/Schittenhelm*, § 324 Rn. 8; MK-*Alt*, § 324 Rn. 25 ff. (30); mit guten Gründen **a.A.** SK[10]-*Schall*, § 324 Rn. 31 f.

Dieses hat B jeweils durch das Einleiten des Altöls »*verunreinigt*«. Hierfür ist zwar eine nicht unerhebliche Beeinträchtigung nötig;[39] sie ist hier aber zu bejahen.

Der Umstand, dass B das Öl nicht unmittelbar in den Bach gegossen, sondern ihm das Öl mittelbar über die Kanalisation zugeführt hat, ist unerheblich.[40]

(3) Der objektive Tatbestand des § 324 I StGB ist damit erfüllt.

(4) B hat auch vorsätzlich gehandelt.

1406 b) Rechtswidrigkeit

Das Merkmal »**unbefugt**« ist kein Tatbestandsmerkmal, sondern bezeichnet zum einen das allgemeine Verbrechenselement der Rechtswidrigkeit;[41] zum anderen ist hier aber auch die legalisierende Wirkung umweltverwaltungsrechtlicher Gestattungen (Zulassungen, Genehmigungen) zu prüfen (s. schon *Rn. 1401*).[42]

– Da in **Fall 125** kein Rechtfertigungsgrund eingreift, war die Tat *unbefugt*.

c) B hat zudem schuldhaft gehandelt. Er ist also aus § 324 I StGB strafbar.

III. Unerlaubter Umgang mit Abfällen (§ 326 StGB)

1407 In **Fall 125** (*Rn. 1403*) könnte B auch gem. § 326 StGB strafbar sein.

a) Der Tatbestand des § 326 I Nr. 1, Nr. 4 lit. a StGB

(1) Bei dem Altöl handelt es sich um »**Abfall**«; hierunter fallen nämlich nach dem hier heranzuziehenden § 3 I KrWG (Kreislaufwirtschaftsgesetz)[43] »alle Stoffe oder Gegenstände, derer sich ihr Besitzer *entledigt, entledigen will* oder *entledigen muss*«,[44] wobei jene drei Merkmale in § 3 II–IV KrWG näher erläutert werden.

§ 2 II Nr. 9 KrWG ist für das StGB unerheblich, sodass Altöl erfasst wird.[45]

1408 (2) Zwar stellt es kein »**Gift**« i.S. des § 326 I Nr. 1 StGB dar

– *Gift* bedeutet hier dasselbe wie im Rahmen des § 224 StGB:[46] Altöl ist kein Stoff, der geeignet ist, »erhebliche Gesundheitsschäden« (*Rn. 268 f., 271*) herbeizuführen. –

Indes handelte es sich bei dem Altöl um Abfall, der i.S.d. § 326 I Nr. 4 lit. a StGB *geeignet* war, *nachhaltig ein Gewässer (den Bach) zu verunreinigen*.[47]

---

[39] HK-GS-*Hartmann*, § 324 Rn. 10; L/K/H-*Heger*, § 324 Rn. 4.
[40] *Fischer*, § 324 Rn. 5a mwN; LK-*Heghmanns*, § 324 Rn. 28.
[41] h.M., so u.a. MK-*Alt*, § 324 Rn. 58; Sch/Sch-*Heine/Schittenhelm*, § 324 Rn. 11, vor § 324 Rn. 14.
[42] MK-*Alt*, § 324 Rn. 58; ebso. die in *Fn. 32* Genannten **a.A.** NK-*Ransiek*, § 324 Rn. 21.
[43] Zur Übertragbarkeit auf § 326 s. *BGH* St 37, 21 (23); 37, 333 (335); 59, 45 (Rn. 23); *Krell*, NZWiSt 2014, 14 (15); MK-*Alt*, § 326 Rn. 20 f.; L/K/H-*Heger*, § 326 Rn. 2 f.; *Fischer*, § 326 Rn. 5; ausf. *OLG Stuttgart*, NStZ 2024, 238; s.a. *BGH*, BeckRS 2020, 20424 (zust. *Pfohl*, NStZ-RR 2021, 13).
[44] Zur Einstufung herumstehender »Autowracks« als Abfall *Hecker*, NStZ-RR 2020, 33 m.w.N.; zur Strafbarkeit von »**Beaching**«, d.h. dem Auflaufenlassen eines schrottreifen Schiffes (meist in Südostasien) auf den Strand, um es dort dann abzuwracken, vgl. *Saliger*, NStZ 2023, 585.
[45] MK-*Alt*, § 326 Rn. 20; *Fischer*, § 326 Rn. 12; L/K/H-*Heger*, § 326 Rn. 2b; *Rengier* II, 48/23; ebso. schon *BGH* St 37, 21 (23 f.); NStZ 1991, 281 (282) zur Vorgängernorm § 1 AbfG.
[46] L/K/H-*Heger*, § 326 Rn. 4 i.V.m. § 224 Rn. 1a; die h.M. verlangt gar die Eignung zur *Zerstörung der Gesundheit*, vgl. Sch/Sch-*Heine/Schittenhelm*, § 326 Rn. 3.
[47] Vgl. *Rengier* II, 48/24 ff. (insb. 25, 26 mit Beispiel 2).

– Dabei kommt es nur auf die Verunreinigung als solche an: »Feststellbare Auswirkungen auf andere Umweltmedien, Mensch oder Tier sind insoweit nicht erforderlich«.[48] –

(3) In unserem **Fall 125** (*Rn. 1403*) hat B hat das Altöl jeweils **außerhalb einer dafür zugelassenen Anlage** abgelassen.[49] **1409**

– Er hat also den objektiven Tatbestand des § 326 I Nr. 4 lit. a StGB erfüllt.

– Er hat auch vorsätzlich gehandelt.

b) Rechtswidrigkeit (zum Merkmal **»unbefugt«** s. *Rn. 1406*) und Schuld liegen vor.

c) Die **Bagatellklausel** des § 326 VI StGB greift hier nicht ein, und für eine **Qualifikation** nach § 330 I Nr. 1, 2 StGB bietet der Sachverhalt zu wenig Anhaltspunkte.

d) *Konkurrenzen:* **1410**

(1) B hat bei jedem Einlassen des Altöls den Tatbestand des § 324 I StGB und des § 326 I StGB erfüllt. Die jeweiligen Einzeltaten stehen in Tatmehrheit (§ 53 StGB).

(2) Zwischen dem Vergehen aus § 324 I StGB und demjenigen aus § 326 I Nr. 4 lit. a StGB besteht Gesetzeskonkurrenz, wobei § 324 StGB das potentielle Gewässergefährdungsdelikt des § 326 I Nr. 4 lit. a StGB verdrängt.[50]

---

[48] *BGH* St 59, 45 (Rn. 41); **krit.** zum Urteil *Heger*, HRRS 2014, 168 (speziell zu § 326 StGB: 171).
[49] Zur zweiten in § 326 I StGB genannten Begehensmodalität »unter wesentlicher Abweichung« vgl. *BGH* St 66, 219 m. Anm. *Eidam*, NStZ 2022, 235 und *Michalke*, StV 2022, 455 ff.
[50] *BGH* St 38, 325 (338 f.); Sch/Sch-*Heine/Schittenhelm*, § 324 Rn. 18; *Fischer*, § 326 Rn. 59; str.

Aufbaumuster

1411 Die nachstehenden Aufbaumuster
(siehe ergänzend die Aufbaumuster in Krey/*Hellmann*/Heinrich, BT 2, Rn. 1153 - 1161) wollen und können nicht mehr sein als Empfehlungen in dem Sinne: Wer so aufbaut, macht jedenfalls nichts falsch.

A. Vorsätzliche Begehungsdelikte

1412 Beispiel I: Körperverletzung, § 223 I StGB

1. Tatbestand
a) Objektiver Tatbestand:
(1) Handlung und tatbestandsmäßiger Erfolg:
   *Körperliche Misshandlung eines anderen Menschen und/oder
   Schädigung der Gesundheit eines anderen Menschen*
(2) Kausalität
(3) Objektive Zurechenbarkeit[1]
b) Subjektiver Tatbestand:
   Vorsatz bzgl. der Merkmale des objektiven Tatbestandes

2. Rechtswidrigkeit
   (Sie liegt vor, wenn kein Rechtfertigungsgrund eingreift.)

3. Schuld
   (Sie ist gegeben, wenn kein Schuldausschließungsgrund – §§ 19, 20 StGB bzw. 17 S. 1 StGB – oder Entschuldigungsgrund – namentlich § 35 StGB – vorliegt.

4. Verfolgungsprivilegierung gemäß § 230 StGB

1413 Beispiel II: Gefährliche Körperverletzung, §§ 223, 224 StGB

Kommt § 224 StGB in Betracht, so empfiehlt es sich in der Regel, sogleich diesen Tatbestand und in dessen Rahmen die Voraussetzungen des Grundtatbestandes § 223 StGB zu prüfen. Aus »*klausurökonomischen*« *Gründen* kann es allerdings angebracht sein, zuerst § 223 StGB zu erörtern, z.B. weil ein Rechtfertigungs- oder Entschuldigungsgrund, Erlaubnistatbestandsirrtum usw. eingreift. Wenn schon die Strafbarkeit aus dem Grundtatbestand scheitert, erübrigt sich die – u.U. mit erheblichem Aufwand verbundene – Erörterung eines Qualifikationsmerkmals.
Liegt § 223 StGB zwar vor, bedarf die Prüfung der Rechtswidrigkeit oder Schuld aber eingehenderer Erörterung bzw. erfordert die Ablehnung eines in Betracht kommenden Erlaubnistatbestandsirrtums einen gewissen Begründungsaufwand, so ist der hier vorgeschlagene, für den Regelfall sachgerechte Aufbau ebenfalls nicht angezeigt: Denn es wirkt zumindest ungeschickt, wenn im Rahmen der Prüfung des § 224 StGB nach Bejahung des

---

[1] Dazu Krey/*Esser*, AT, Rn. 325 ff.

objektiven Tatbestandes des § 223 StGB eine nähere Erörterung der Tatbestandsmerkmale der jeweiligen Qualifikation anschließt und dann erst problematisiert wird, ob Körperverletzungsvorsatz vorliegt, das Grunddelikt § 223 StGB wegen Eingreifens eines Rechtfertigungsgrundes, eines Erlaubnistatbestandsirrtums oder mangels Schuld entfällt – was den Darlegungen zu § 224 StGB die Basis entziehen würde.

Dieser Aufbauvorschlag gilt im Übrigen für die Prüfung des § 226 StGB entsprechend, wenn der Täter hinsichtlich der schweren Folge mit Vorsatz (bei dolus eventualis greift § 226 I StGB ein, bei dolus directus 1. und 2. Grades § 226 II StGB). Zum Vorgehen, wenn der Täter die schwere Folge fahrlässig verursacht hat – »Vorsatz-Fahrlässigkeits-Kombination« – siehe *Rn. 1415*.

1. Tatbestand
a) Objektiver Tatbestand
(1) Objektiver Tatbestand des § 223 StGB (siehe Beispiel 1)
  Hinweis: Wurde zuvor § 223 StGB geprüft, so ist auf das dort gefundene Ergebnis zu verweisen.
(2) Qualifizierende Tatbestandsmerkmale des § 224 StGB
  Beibringung von Gift oder anderen gesundheitsschädlichen Stoffen (I Nr. 1),
  mittels einer Waffe oder eines anderen gefährlichen Werkzeugs (I Nr. 2),
  mittels eines hinterlistigen Überfalls (I Nr. 3)
  mit einem anderen Beteiligten gemeinschaftlich (I Nr. 4),
  mittels einer das Leben gefährdenden Behandlung (I Nr. 5).
  Hinweis: Von diesen Alternativen sind nur die zu prüfen, die vorliegen oder ernstlich in Betracht kommen.
b) Subjektiver Tatbestand:
Vorsatz bzgl. der Merkmale des objektiven Tatbestandes

2. Rechtswidrigkeit

3. Schuld

Beispiel III: Mord, §§ 212, 211 StGB bzw. § 211 StGB 1414

Bei der Prüfung eines Mordes kommen zwei Wege in Betracht: Folgt man der h.L., so ist § 211 StGB eine Qualifikation des § 212 StGB (*Rn. 14 ff.*). Ob zunächst Totschlag oder sogleich Mord geprüft wird, wäre deshalb – wie bei § 224 StGB (*Rn. 1413*) – nach »klausurökonomischen« Gesichtspunkten zu entscheiden. Legt man die Auffassung des *BGH* zugrunde, nach der § 211 StGB ein delictum sui generis darstellt (*Rn. 19 f.*), müsste »an sich« das selbstständige Verbrechen Mord sogleich erörtert werden. Da der im konkreten Fall verwendete Aufbau im Gutachten nicht diskutiert werden darf, sind beide Wege gleichwertig, sodass für die Prüfung die erwähnten »klausurtaktischen« Überlegungen (*Rn. 1413*) gelten.

Zu empfehlen ist, die »objektiven« Mordmerkmale der 2. Gruppe im objektiven Tatbestand, den darauf bezogenen Vorsatz und die »subjektiven« Mordmerkmale der 1. und 3. Gruppe im subjektiven Tatbestand zu untersuchen (siehe auch *Rn. 27*). Darzulegen sind alle Mordmerkmale, die erfüllt sind oder doch ernstlich in Betracht kommen.

Aufbaumuster

1. Tatbestand
a) Objektiver Tatbestand
(1) Tötungshandlung, Erfolgseintritt, Kausalität und objektive Zurechenbarkeit
(2) Ggf. Mordmerkmale der 2. Gruppe
   Heimtückisch, grausam, mit gemeingefährlichen Mitteln
b) Subjektiver Tatbestand
(1) Vorsatz
   bzgl. Tötungshandlung, Erfolg, Kausalität und objektiver Zurechenbarkeit,
   bzgl. des bejahten »objektiven« Mordmerkmals,
(2) Ggf. »subjektive« Voraussetzungen eines objektiven Mordmerkmals,
   z.B. »Ausnutzungsbewusstsein« bei der Heimtücke (*Rn. 40*), subjektive Komponente der Verwendung eines gemeingefährlichen Mittels (*Rn. 41*)
(3) Ggf. »subjektive« Mordmerkmale der 1. und/oder 3. Gruppe
   Mordlust, zur Befriedigung des Geschlechtstriebs, Habgier, sonst aus niedrigen Beweggründen,
   Ermöglichungs- oder Verdeckungsabsicht.

2. Rechtswidrigkeit

3. Schuld

B. Vorsatz-Fahrlässigkeits-Kombinationen

1415 **Beispiel IV: Schwere Körperverletzung, §§ 223, 226 StGB**

Der Aufbau des Vorsatzdelikts unterscheidet sich von dem des Fahrlässigkeitsdelikts, weil das Fahrlässigkeitsdelikt nach h.M. keinen subjektiven Tatbestand aufweist (*Rn. 139*). Deshalb empfiehlt es sich, bei Vorsatz-Fahrlässigkeits-Kombinationen zunächst den Tatbestand des Vorsatz-»Bestandteils«, danach die fahrlässig herbeigeführte schwere Folge sowie die »Verknüpfung« beider Elemente zu erörtern.

1. Tatbestand
a) § 223 StGB
(1) Objektiver Tatbestand (siehe Beispiel I)
(2) Subjektiver Tatbestand (siehe Beispiel I)
b) Qualifizierende Tatbestandsmerkmale des § 226 StGB
(1) Verursachung einer der in § 226 StGB genannten Folgen beim Verletzten durch die Körperverletzung, nämlich
   (a) Verlust des Sehvermögens, Gehörs, Sprechvermögens, der Fortpflanzungsfähigkeit,
   (b) Verlust oder dauernde Unbrauchbarkeit eines wichtigen Glieds des Körpers,
   (c) dauernde Entstellung in erheblicher Weise, Verfallen in Siechtum, Lähmung, geistiger Krankheit oder Behinderung
(2) Objektive Zurechenbarkeit der qualifizierenden Folge
(3) Unmittelbarkeit der Erfolgsverursachung (*Rn. 306*)

(4) Objektive Fahrlässigkeit hinsichtlich der Folge (§ 18 StGB)
   (a) Verletzung der objektiv gebotenen Sorgfalt
   (b) Objektive Vorhersehbarkeit des Erfolgs
(5) Pflichtwidrigkeitszusammenhang[2]

2. Rechtswidrigkeit

3. Schuld
a) Ggf. Schuldausschließungsgründe,
b) ggf. Entschuldigungsgründe,
c) »subjektive Fahrlässigkeit« nach dem Maßstab der individuellen Fähigkeiten und Kenntnissen des Täters – die hinter denen eines Normalbürgers zurückbleiben können – allerdings ggf. »Übernahmeverschulden«

Beispiel V: Körperverletzung mit Todesfolge, § 227 StGB   1416

1. Tatbestand

a) § 223 StGB (siehe Beispiel IV)
b) Qualifizierende Tatbestandsmerkmale des § 227 StGB
(1) Verursachung des Todes des Verletzten durch die Körperverletzung
(2) Objektive Zurechenbarkeit des Todes des Verletzten
(3) Unmittelbarkeit der Erfolgsverursachung (*Rn. 317 ff.*)
(4) Fahrlässigkeit bzgl. der Todesverursachung (vgl. *Rn. 1415*)

2. Rechtswidrigkeit

3. Schuld (siehe *Rn. 1415*)

C. Versuchte Begehungsdelikte

Beispiel VI: Versuchte Urkundenfälschung, §§ 267, 22 f. StGB   1417
      (in der Alternative: Herstellen einer unechten Urkunde)

1. Feststellung der fehlenden Vollendung

2. Strafbarkeit des Versuchs (§§ 23 I, 267 II StGB)

3. Tatbestand

a) Subjektiver (Versuchs-)Tatbestand = Tatentschluss
(1) Vorsatz, die Merkmale des objektiven Tatbestandes zu erfüllen
   – Hier: Herstellen einer unechten Urkunde –
(2) *»Zur Täuschung im Rechtsverkehr«* (*Rn. 1124, 1181 f.*) als sonstiges subjektives Tatbestandsmerkmal
b) Objektiver (Versuchs-)Tatbestand = *»Unmittelbares Ansetzen«*, § 22 StGB
4. Rechtswidrigkeit

---

[2] Dazu Krey/*Esser*, AT, Rn. 329, 1355 ff.

5. Schuld

6. Ggf. Rücktritt, § 24 StGB

D. Fahrlässiges Begehungsdelikt

1418 **Beispiel VII: Fahrlässige Tötung, § 222 StGB**

1. Tatbestand
a) Verursachung des Todes eines anderen
b) Objektive Zurechenbarkeit
c) Objektive Fahrlässigkeit:
(1) Verletzung der objektiv gebotenen Sorgfalt
(2) Objektive Vorhersehbarkeit des Erfolges
d) Pflichtwidrigkeitszusammenhang

2. Rechtswidrigkeit

3. Schuld (siehe *Rn. 1415*)

E. Vorsätzliches unechtes Unterlassungsdelikt

1419 **Beispiel VIII: Totschlag durch Unterlassen, §§ 212, 13 StGB**

1. Tatbestand
a) Objektiver Tatbestand
   Vorprüfung (falls nach dem Sachverhalt geboten): Liegt nach dem sozialen Sinngehalt des Geschehens dessen Schwerpunkt in einem Tun oder in einem Unterlassen?[3]
   – Siehe aber auch *Rn. 109 ff.* –
(1) Eintritt des Erfolges (Tod eines anderen Menschen)
(2) Unterlassen als Nichtvornahme der erforderlichen und dem Täter möglichen Rettungshandlung
(3) »Hypothetische Kausalität«: Die objektiv gebotene und dem Täter mögliche Rettungshandlung darf nicht hinzugedacht werden können, ohne dass der Erfolg mit an Sicherheit grenzender Wahrscheinlichkeit entfiele.
(4) Objektive Zurechenbarkeit
(5) Garantenstellung des Unterlassenden (§ 13 I StGB)
   Hinweis: Die Unzumutbarkeit wird zumeist in der Schuld berücksichtigt. Vertretbar ist es, diesen Gesichtspunkt bereits im Tatbestand zu prüfen[4].

---

[3] Dazu Krey/*Esser*, AT, Rn. 1107 ff.
[4] Dazu Krey/*Esser*, AT, Rn 1172.

(6) Entsprechensklausel (§ 13 I StGB)
– Sie ist nach herrschender und zutreffender Ansicht für Tatbestände von Bedeutung, in denen nicht schon die Erfolgsherbeiführung als solche, »sondern nur die Herbeiführung auf bestimmte Art und Weise« tatbestandsmäßig ist[5]. Damit ist die Entsprechensklausel bei §§ 212, 13 StGB nicht einschlägig. –

b) Subjektiver Tatbestand (Vorsatz)

2. Rechtswidrigkeit

3. Schuld

---

[5] Krey/*Esser*, AT, Rn. 1129; Krey/*Hellmann*/Heinrich, BT 2, Rn. 582 f.

Kombiniertes Gesetzes- und Sachregister

Das Register gliedert sich nach den Paragraphen des StGB (Besonderer Teil). Zu jedem Tatbestand sind die wichtigsten Stichworte in alphabetischer Reihenfolge aufgeführt. Die Zahlenangaben beziehen sich auf **Randnummern** des Buches; bei mehreren Angaben sind die Hauptfundstellen vielfach durch Hervorhebung kenntlich gemacht.

Dieses Register wird am Ende durch zwei **Anhänge (AT, GG)** ergänzt.

1420 § 103 a.F. 556

§ 108e 1019, **1043**, 1048

§ 113 719 ff., 1292 f.
Auslandstat 722, 730
Besonders schwere Fälle (Abs. 2) 739 ff.
– Gefährliches Werkzeug 739 f., 1292
– gemeinschaftlich 742
– Gewalttätigkeit 741, 1293
– Kraftfahrzeug als Waffe 740, 1291 f.
– Waffe 739 f., 1292
Duldungspflicht 751 ff.
geschütztes Rechtsgut 720
Gewaltbegriff 734 ff.
Grundrechtseingriffe 762
Klimakleber 736
Rechtmäßigkeit der Diensthandlung
  743 ff., 773 ff.
– Irrtum über die Rechtmäßigkeit 745
– Rechtsnatur 743 f.
– Handeln auf Befehl 772 ff.
– Notstand des Beamten 780
– Notwehr des Betroffenen 746, 761, 779 ff.
– Rechtmäßigkeitsbegriffe 751 ff., 773 ff.
Reform 719, 739
Schutzzweck 720
Tathandlung 733 ff.
– Gewaltsamer Widerstand 734–738
– Widerstandleisten 733
Verhältnis zu § 114 738, 769, 770, 1294
Verhältnis zu § 240 728 ff., 1294
– lex specialis zu § 240 728
– Privilegierung 728
– Sperrwirkung 729, 730
Vollstreckungsbeamter 723, 726
– ausländischer **726**, 727
– Erweiterungen nach § 115 784
Vollstreckungshandlungen 723 ff.

§ 114 765 ff., 1294 s.a. § 113
bei einer Diensthandlung 765, **768**
Geschützter Personenkreis 765
– Erweiterungen nach § 115 784
Rechtmäßigkeit der Diensthandlung
  s. bei § 113
Reform 765
Verhältnis zu § 113 738, 769 f., 1294
Verhältnis zu § 240 728 ff., 1294

§ 115 784

§ 120 803, 804 ff.
Begehung durch Gefangene 808 f.
Gefangener 805, 810
Rechtsgut 803
unechtes Amtsdelikt (Abs. 2) 810, 1000

§ 121 803, 811 f.
Sonderdelikt 811
Tathandlungen 812
Zweiaktiges Tatgeschehen 811 f.

§ 123 557 ff., 813, 940
befriedetes Besitztum 559 ff.
Dienstgebäude 585 ff.
Eindringen 567 f., 580 f., 583
Einverständnis 568, 580 f.
Ehewohnung 573 ff., 576 ff., 590
generelle Erlaubnis zu Betreten 581 f.
geschütztes Rechtsgut 557, 566
Hausbesetzung 565 f., 570
Hausrecht 557, 566, 569 ff, 573 ff., 584 ff.
Hausverbot 571 f., 573 ff., 585 f.
– für öffentliche Gebäude 585 f.
leerstehende Häuser 565
Manifestation des Abhaltewillens 562
Mieter 567 ff.
– Besucher 571 f., 576 ff.
– Untermiete 573 ff.

416

Kombiniertes Gesetzes- und Sachregister

Offene Zubehörflächen 563 f.
Stadionverbot 587
Strafantrag 590
Verhältnis zu
- §§ 242, 243 I 2 Nr. 1 StGB 589
- § 244 I Nr. 3 StGB 589
Verweilen ohne Befugnis 584
Wohnung 558

§ 124 591

§ 132 785 ff.
Ausübung eines öffentlichen Amtes 787 ff.
Begehung durch Amtsträger 795
Privatpersonen erlaubte Handlungen 790, 793
Rechtsgut 786
Begehungsformen
- Amtsausübung (Alt. 1) 786 ff.
- Amtshandlung (Alt. 2) 793 ff.
unbefugt 791

§ 132a 796 ff.
Führen des Titels 799 f.
Kirchen 802
Schutzzweck 796
unbefugt 801
zum Verwechseln ähnlich 802

§ 133 813 ff., 1135
dienstliche Verwahrung 814 f.
Entziehung aus dienstlicher Verwahrung 816
unechtes Amtsdelikt (Abs. 3) 1000
Verhältnis zur § 274 817

§ 136 818 ff.
Konkurrenzverhältnis zwischen Verstrickungs- und Siegelbruch 837
Siegelbruch 833 ff.
- Rechtsgut 833
- rechtswidrige Diensthandlung 836
- Siegel 834
- Tathandlungen 835
Verstrickungsbruch 818 ff.
- rechtswidriger Pfändungs- bzw. Beschlagnahmeakt 824, 829 ff.
- Schutzbereich 819, 824
- Tatobjekt 819

- Nichtigkeit von Pfändungen 822
- Rechtsnatur des Abs. 3 828
- Verstrickung 819 f., 821 f.

§ 138 633, **983 ff.**
Beteiligung an der Katalogtat 991 ff.
- bloßer Verdacht der ... 992 ff.
echtes Unterlassungsdelikt 983
Kenntnis des Deliktsvorhabens 989
Leichtfertigkeit 595
Rechtsgut 983
Rechtzeitigkeit der Anzeige 996
Straftatenkatalog 998, 1017
Unzumutbarkeit 990, 997

§ 139 633, 990, 996 f.

§ 142 1290, 1371

§ 145d 912, 915, **917 ff.**
Abs. 3 Nr. 1–3 936
Kronzeugenregelungen 936
rechtswidrige Tat 921
Scheintat, Inszenierung einer 922
Schutzzweck 917, 925
Selbstbegünstigung 934
- § 258 V analog 932, 935
- modifizierendes Leugnen 934
- qualifiziertes Leugnen 935
Subsidiaritätsklausel 932, 935
Tatbestandsvarianten 918
Täuschung über Tatbeteiligten (Abs. 2) 925 ff., 928
- falsches Alibi 927
Vortäuschen 922 ff.
- bei Übertreibungen 919 ff., **923 f.**

§ 146 – § 149 1237 f.
geschütztes Rechtsgut 1237
Verhältnis zu § 263 1238
Verhältnis zu § 267 1238

§ 152a, b 1237

§ 153 838, **840 ff.**
eigenhändige Straftat 864
falsch aussagen 840 ff.
geschütztes Rechtsgut 838, 891
Gegenstand der Vernehmung 841, 852
internationale Gerichte 891

417

Kombiniertes Gesetzes- und Sachregister

Konkurrenzen
- Verhältnis zu § 154 859, 860
- mehrere Aussagedelikte 860
mittelbare Täterschaft 864
Schweigen 842
Vernehmungsgegenstand 841, 852
- Spontanäußerungen 852
Vollendung 844 f.
zuständige Stelle 843
- Irrtum des Täters **847 ff.**, 888
- Wahndelikt 850
Wahrheitspflicht 841 f.

§ 154 838, **846 ff.**, 960 f.
Beihilfe durch Unterlassen 871 ff.
- Eigenverantwortlichkeit des Zeugen 873, 877
- im Strafprozess 878
Dolmetschereid 859
Eidesgleiche Bekräftigung 854
eigenhändige Straftat 864
Konkurrenzen
- Verhältnis zu § 153 857 ff., 859, 860
- mehrere Meineide 860
mittelbare Täterschaft 864
Nacheid 846
Parteivernehmung, eidliche 859
untauglicher Versuch 849 f.
Vereidigung 854 ff.
- Eidesformel 854, 862
- Eidesunfähigkeit 856
- Eidesunmündigkeit 856
- prozessuale Mängel 855
Vernehmungsgegenstand 841, 852
- Spontanäußerungen 852
Versuchsbeginn 846
Vollendung 846, 848
Voreid 846
zuständige Stelle 847 f.
- Irrtum des Täters **847 ff.**, 888
- Wahndelikt 850

§ 155 854

§ 156 838, 843, **879 ff.**, 886
Offenbarungspflicht 882 f.
untauglicher Versuch 887 f.
zuständige Behörde 880 f.
- Irrtum des Täters 887
- Wahndelikt 887

§ 157 860, 862, **870**

§ 158 845

§ 159 838, **884 ff.**
Anstiftung zum tauglichen Versuch 890
Anstiftung zum untauglichen Versuch 885, 887, 888 ff.
sinnvolle Restriktion 885, 889
teleologische Reduktion 889
Vergleich mit § 30 I 884, 888
Wertungswiderspruch 884, 889

§ 160 838, 840, **863 ff.**
mittelbare Täterschaft 864, 868
Verleiten eines Bösgläubigen 865 ff.
Versuch/Vollendung 865 ff.

§ 161 838, 840, 861, 891

§ 162
internationale Gerichte 891
Untersuchungsausschüsse 843
§ 5 Nr. 10 891

§ 164 388, 390, **892 ff.**, 914 ff.
Einwilligung 909
inländische Rechtspflege 894
Kronzeugenregelungen (Abs. 3) 911
Punktehandel 916
Rechtsgut 893 f., 898
rechtswidrige Tat 901
Selbstbegünstigung 910
- modifizierendes Leugnen 910 f.
- qualifiziertes Leugnen 911
Selbstbezichtigung 915, 932, 933
Verdächtigen 896 ff., 902, 903 ff.
- Beschuldigungstheorie 905, 906 f.
- durch falsche Beweismittel 903 ff.
- isolierte Beweismittelfiktion 896
- Unterbreitungstheorie 904, 906 f.
wider besseres Wissen 908

§ 165 893

§ 177 998

§ 184i 546, 546a

§ 184k 546a, 646
- Downblousing 646

Kombiniertes Gesetzes- und Sachregister

– Upskirting 545, 646, 664

§ 185 485 ff.
Abgrenzung Werturteil und Tatsachen 492 f., 516 ff.
Äußerungen im Familienkreis 537 ff.
– unter Freunden 540
– bei Vertrauensbeziehung 540
Begehungsformen 489 f.
Beleidigungsfähigkeit von Personengemeinschaften 528 ff.
Catcalling 546, **546a–546c**
Causa Böhmermann 521 f., 526
Deadnaming 544
Ehrbegriff 485 ff.
hate speech 520, 527
Indemnität 555
Internet 520, 527
Kampf ums Recht 508, 523 f.
Kollektivbeleidigung 497 ff., **528 ff.**, 533
Kollektivbezeichnung, Beleidigung unter 491, 495 ff., 502 f., 504 ff., 528
konkludente Beleidigung 541 ff.
Kundgabe der Miss- oder Nichtachtung 489, 494 f., **537 ff., 542**
Kunstfreiheit 525 f.
Lüth-Urteil 513, 518
»Majestätsbeleidigung« (§ 103 StGB) 556
Meinungsfreiheit 503, 516 ff.
Parlamentarische Äußerungen 555
Politischer Meinungskampf 517
Pressefreiheit 503, 512, 514, 516 ff.
Qualifikationen 548–548d
– gem. § 188 I StGB 549, 549a
– öffentlich 548, **548a**, 548d
– in einer Versammlung 548, **548b**
– Verbreiten eines Inhalts 548, **548c**, 548d
–Tätlichkeiten 544
Sammelbezeichnung 491 ff., 504 ff., 528
Schmähkritik 511, 517 ff.
sexualbezogene Handlungen 545 ff.
Tatsachenbehauptung 488, 492 f., 516
teleologische Reduktion 538
Rechtsgut 485
Unterlassen 541 ff.
Unwahrheit der Behauptung 490
Werturteil 488, 492 f., 516

§ 186 489, **504 ff.**, 534 f.
Äußerungen im Familienkreis 537 ff.
– unter Freunden 540
– bei Vertrauensbeziehung 540
Behaupten von Tatsachen 489, 534
Kollektivbezeichnung 504 ff., 528
Nichterweislichkeit der ehrenrührigen Tatsachenbehauptung 506
Qualifikationen 548–548d
– gem. § 188 II StGB 504 f., 507, **549 f.**
– öffentlich 548, **548a**, 548d
– in einer Versammlung 548, **548b**
– Verbreiten eines Inhalts 548, **548c**, 548d
Parlamentarische Äußerungen 555
Rufmord 516, 518
Schutz der äußeren Ehre 485
Tatsachenbehauptung 489, 491 ff., 516
teleologische Reduktion 538
und § 193 StGB 508, 510, 514
Verbreiten von Tatsachen 534 f.

§ 187 388, 489, **547 ff.**, 894, 912
Äußerungen im Familienkreis 537
Drittbezug der Verleumdung 547a f.
kompromittierende Sachlage 547b
Kreditgefährdung 547
Parlamentarische Äußerungen 555
Qualifikationen 548–548d
– gem. § 188 II StGB 504, **549 f.**
– öffentlich 548, **548a**, 548d
– in einer Versammlung 548, **548b**
– Verbreiten eines Inhalts 548, **548c**, 548d
Unwahrheit der Tatsache 547
wider besseres Wissen 504, 547

§ 188 504 ff., **507**, 520, **549, 549a**
im politischen Leben des Volkes 507, **549a**
Qualifikation des § 185 StGB 549
Qualifikation des § 186 StGB 504 f., 507, **549**
Qualifikation des § 187 StGB 504, **549**

§ 189 550 f.
postmortaler Ehrenschutz 550
Verunglimpfen 550a

§ 192a 508, 510, **551–551b**

§ 193 508 ff., 536, 539, 551b, 552
Anwendbarkeit außerhalb der Ehrdelikte 442 f., 509, 588, 633

419

Kombiniertes Gesetzes- und Sachregister

die einzelnen Rechtfertigungsgründe 508
Formalbeleidigung 511
Informationspflicht 514
Kampf ums Recht 508, 523 f.
Leugnen im Strafprozess 510
Presse 512 ff.
– Informationspflicht 514 f., 518
verfassungskonforme Auslegung 513

§ 194 494, 529 ff., 550, **552**

§ 199 553

§ 200 554

§ 201 592, **637 ff.**, 697
Abhörgeräte 641
Amtsträger (Abs. 3) 643, 1000
Bagatellklausel 642
Body-Cam-Aufzeichnungen 637
Lauschangriff (§§ 100c, 100f StPO) 643
nichtöffentlich gesprochenes Wort 639
Rechtfertigung 644
Rechtsgut 592, 637
Tathandlungen 639 ff.
– Abhören 641
– Aufnehmen 639
– Gebrauchen 640
– Öffentlich mitteilen 642
– Zugänglichmachen 640
Telekommunikationsüberwachung 643
unbefugt 638 f., 640
Wahrnehmung überragender öffentlicher Interessen 642

§ 201a 592, **645 ff.**
36. StÄG 645
49. StÄG 646
59. StÄG 646, 662
Ansehen, Schädigung 663–665
Beobachten 652
Bildaufnahmen 650
Cybermobbing 664
Gebrauchen 655 f. 661, 662
– bloßes Betrachten 656
– teleologische Reduktion 656
geschützter Bereich 647, 649
Gesetzgebungsgeschichte 645 f.
Herstellen 652
Hilflosigkeit 659

höchstpersönlicher Lebensbereich 655
Identifizierbarkeit 651, 669
Kunsturhebergesetz 645, 650
Nacktaufnahmen Minderjähriger 666–671
– Nackt-Selfies 670
Schädigung des Ansehens 663–665
Tathandlungen 652, 655 f., 657
Übertragen 652
Unbefugt 653
Upskirting 646, 664
Wahrnehmung überwiegender berechtigter Interessen 671
Zugänglichmachen 655, 657, 661–663
Zurschaustellen
– von Hilflosigkeit 660
– Verstorbener 662

§ 202 592, **672**

§ 202a 592, **673 ff.**
Daten 675 f.
Datendiebstahl 674
Datenspionage 674
geschütztes Rechtsgut 674
Hacking 674, 683
Negatives Sonderdelikt 677
Phishing 689 ff.
Skimming 685 ff.
Verschaffen 679 ff.
– von Daten 679, 681 f.
– des Zugangs zu Daten 679 f.
Zugangssicherung 678, 684
– Überwinden 684
– Verschlüsselung der Daten 680, 682

§ 202b **697 ff.**, 700 ff.
Daten 698
Elektronische Datenübermittlung 698
Phishing 699
Verschaffen 699

§ 202c 700 ff.
Hackerparagraph 700
Hacker-Tools 700, 703 ff.
– dual use tools 704 f.
Phishing 700 ff.

§ 202d 706 ff.
Ausschlussklausel (Abs. 3) 714
Einführung 706

420

Gegenstand 709
Schutzzweck 708
Steuer-CDs 707
Tathandlung 711
Vortat 710

§ 203 592, **593 ff.**, 635
anvertraut 598, 615
Bankgeheimnis 629
Drittgeheimnisse 596
Geheimnis 594 ff.
mittelbare Täterschaft 615
Offenbaren 599, 624 f., 636
– Arztpraxis, Übernahme einer 624
– Berufshelfer 624 f.
– Datenschutzbeauftragte 626
– Forderungsabtretung 629
– Mitwirkende 625 ff.
– therapeutische Lüge 628
Outsourcing 625
postmortaler Geheimnisschutz 630 f.
Rechtfertigung 632
Rechtsgut 594
Sonderdelikt 615
unbefugt 600 ff.
– Bedeutung 600 ff.
– Doppelfunktion 602, 617
– Einwilligung/Einverständnis 600 ff., 616 f., 618 ff.
– Irrtum 604 ff.
Verhältnis zu § 204 StGB 636

§ 204 592, **635 f.**
Verwerten 635 f.
Verhältnis zu § 203 StGB 636

§ 205 592

§ 206 592, **715 ff**
Schutzzweck 715, 717
Sendung 718
Sonderdelikt 716

§ 211
Eifersucht 43
Kreuzung von Mordmerkmalen 21
Kudamm-Raser-Fall 26 ff.
Mordmerkmale 26 ff.
– aus Mordlust 15, 27, 79, **80**
– besondere, persönliche **14 ff.**

– grausam 27, 62, 71, 85, 90
– Habgier 15, 27, 79, 80, **82**
– **Heimtücke 26 ff., 54 ff., 64 ff.**, 70, 75, 85 ff.
– Ausnutzen der Arg- und Wehrlosigkeit **28**, 54, 55, 64 ff., 85 ff.
– Ausnutzungsbewusstsein 29 f., 35, 40, 89
– feindselige Willensrichtung 68, **70**, 85
– normative Restriktion (durch den *BGH*) 32, 41, **70 ff.**, 86
– Tötung Bewusstloser 64 ff.
– Tötung des Familientyrannen 86
– Tötung von Koma-Patienten 57 mit Fn. 113
– Tötung Schlafender 64 ff.
– Tötung von Kleinkindern 54 ff.
– verwerflicher Vertrauensbruch 31, 58, 61, 67, 75, 87
– mit gemeingefährlichen Mitteln 26, 27, **32 ff.**, 35, **41**, 62, 71, 85
– sonst aus niedrigen Beweggründen 15 ff., 26 ff., **42 ff.**, 43, 53, 79, 83 ff., 97
– täterbezogene 17, 27, 62, 107
– tatbezogene 15, 27, 61 f.
– um eine andere Straftat zu ermöglichen oder zu verdecken 13, 16 ff., 20, 84, 91, **92 ff.**
– zur Befriedigung des Geschlechtstriebs 15, 26, 79, **81**
Motivbündel 42
negative Typenkorrektur 71
Raubmord 82, 101
Rechtsfolgenlösung 77
Verhältnis Mord/Totschlag 12 ff.
Vorsatz 28, 30, 33, **36 ff.**, 46, 98 ff.
– Hemmschwellentheorie 37

§ 212
Akzessorietätsgrundsätze 12 ff., 19, 60, 63
– § 28 I 12 ff., 20, 63
– § 28 II 12 ff., 17, 18 ff., 61 ff., 107, 180
Einheitstheorie 244 ff., **248 f.**
Einwilligung 111 ff., 121 ff.
Gegensatztheorie 244 ff., **248**
Hirntod 10 ff.
Konkurrenz von Körperverletzungs- und Tötungsdelikten 252 ff.

Kombiniertes Gesetzes- und Sachregister

Organtransplantationen 11
Perforation 190
Suizid
- ärztlich assistierter 116 ff.
- analoge Anwendung der Exkulpationsregeln 118 f., 137
- bei Schwangerschaftsabbruch **198 ff.**
- Einwilligungslehre 121
- fahrlässige Tötung 133 ff.
- Fall Wittig 126
- freiverantwortlich 118 ff., 122 f., 127 f., 130 f.
- mittelbare Täterschaft 118 ff., 123, 136
- Teilnahme am 117, 121 ff., 141
- Unglücksfall 129 ff.
- Zulassen eines **124 ff.**
Sterbebegleitung
- aktive und passive Sterbehilfe 109 ff.
- Behandlungsabbruch (-unterlassung, - begrenzung) 109 ff., 124 ff.
- Berliner Fall 116 ff., 127
- Demenz 115
- Garantenstellung 124 ff., 127 f.
- Hamburger Fall 127
- indirekte Sterbehilfe 111
- Patientenautonomie 122
- Patientenverfügung 109 ff., 113
- Selbstbestimmungsrecht 112, 113, 122, 126 f., 129, 131
- Sterbehilfe *(siehe Sterbebegleitung)*
Tatobjekt **1 ff.**, 117, 145
Verhältnis Mord/Totschlag 12 ff.
Verhältnis von Tötungs- und Körperverletzungsvorsatz *(siehe Einheits- und Gegensatztheorie)*
Vorsatz 28, **36 ff.**, 46, 98 ff., 212, 248
- Hemmschwellentheorie 37

§ 213 73 ff.

§ 216 1, **102 ff.**, 108, 121
Abgrenzung zur Suizidbeihilfe 102 ff.
Ernstlichkeit des Verlangens 106, 121
Insulinspritzenfall 102 ff.
Selbstbestimmungsrecht des Sterbewilligen 104, **112 ff.**, 122, 127
Tatherrschaft 102 ff.
Zusammentreffen mit qualifizierten Körperverletzungsdelikten 259 ff.

§ 217 3

§§ 218 ff. 3 ff., 7, **166 ff.**
Auslandstaten 196 ff.
Beginn des menschlichen Lebens im Strafrecht 2 ff., 166, 189
Entschuldigungs-/ Strafausschließungsgrund 178, 183, 199
Fremdabtreibung 167 ff.
Fristenregelung 174
- mit Beratungspflicht 174
Frühgeburt 6 f.
Indikationslage 184
- ethische (kriminologische) Indikation **192**
- embryopathische Indikation 187
- medizinische-soziale Indikation 184 ff.
- soziale Indikation 166
Konkurrenzen 342 ff.
Leichtfertigkeit 170
Mittäterschaft 176
Mittelbare Täterschaft 175
Nidation 166 ff.
Perforation 190
Privilegierung der Schwangeren 177, 199
Rechtswidrigkeit 169 f.
- Rechtfertigungsgrund 185 ff.
Selbstabtreibung 175
Versuch 198 ff.

§ 221 143 ff.
Deliktscharakter 143, 150
Garantenstellung 151
Gefahr des Todes 158
hilflose Lage 143, 145 ff.
Hilfsmöglichkeit 154
Im-Stich-Lassen 152 ff.
konkretes Gefährdungsdelikt 143, 158
räumliches Entfernen 146 ff.
Rückkehrpflicht 157, 165
schwere Gesundheitsschädigung 161
Veränderung des Aufenthaltsortes 146

§ 222 2 ff., **133 ff.**, 205, 217, 315 f., 329
bei Suizid 133 ff.
eigenverantwortliche Selbstgefährdung 140 ff.
einverständliche Fremdgefährdung **142 ff.**
erlaubtes Risiko *(siehe Handeln auf eigene Gefahr)*

Handeln auf eigene Gefahr **138 ff.**
Konkurrenzverhältnis zu § 306c 1084
objektive Sorgfaltspflichtverletzung 138 ff.
objektive Zurechenbarkeit 139
Teilnahme an freiverantwortlicher Selbstgefährdung 133 ff., 142

§ 223 3, **201 ff.**, 206, 340, 1135 ff.
ärztlicher Heileingriff **224 ff.**
Aidsinfektion 211 f.
Contergan-Prozess 203
Coronainfektion 211a
Dopingmittel 214
eingeschränktes Antragsdelikt 370
Einheitstheorie 244 ff., **248 f.**
Einwilligung 216 ff., 244
– hypothetische 231
freiverantwortliche Selbstgefährdung 210, 216 ff., 221 ff.
– Einwilligungslehre 218
Gegensatztheorie 244 ff., **247**
Gesundheitsschädigung 206 ff., **210 ff.**
Hirndoping 214
HIV 211 f.
körperliche Misshandlung **206 ff.**
Konkurrenz von Körperverletzungs- und Tötungsdelikten 252 ff.
mutmaßliche Einwilligung 226 ff., 231
Unterlassen 339a
Verhältnis von Tötungs- und Körperverletzungsvorsatz *(siehe Einheits- und Gegensatztheorie)*
Virus 211 f.
Tatobjekt 202
Zwangsernährung 242

§ 224 221, **263 ff.**, 314,
Beibringung von gesundheitsschädlichen Stoffen/Gift 220, 246, **264 ff.**, 268, 270 f., 367
– Salzsäurefall 271
– Viren/andere Krankheitserreger 212, 267
– § 229 a.F. 264 ff.
das Leben gefährdende Behandlung 212, 246, **289 ff.**
gefährliches Werkzeug 273 ff., 275, 316
– Skalpell 275a
– Waffe 269, 274, 316

gemeinschaftliche Begehung mit einem anderen Beteiligten **281 ff.**
– Anstiftung 284 ff.
– Beihilfe 284 ff.
hinterlistiger Überfall 280
Konkurrenzen
– zu § 218 242
– zu § 226 307, 251, 261

§ 225 352 ff.
Art. 6 I, II 369
elterliches Züchtigungsrecht 369
Züchtigungsrecht von Lehrer 1004

§ 226 250, 261, **290 ff.**, 304 ff.
dauernde Entstellung in erheblicher Weise 298 ff.
wichtiges Glied des Körpers 291, **292 ff.**
Konkurrenzen
– zu § 218 343
– zu § 224 251
Verfallen in Siechtum 271
§ 226 II 240, 304
§ 226 III 240

§ 226a 308 ff.

§ 227 **313 ff.**, 1241
echtes erfolgsqualifiziertes Delikt 313 ff.
erfolgsqualifizierter Versuch 337 ff.
Fall Rötzel 329
Gubener Verfolgungsjagd 335 ff.
Hochsitz-Fall 319
Konkurrenzen
– zu § 218 342
– zu § 212/§211 313
Letalitätstheorie **322 ff.**, 328, 337 f.
Risikozusammenhang 333, 336, 341
Unmittelbarkeitszusammenhang *(siehe Risikozusammenhang)*

§ 228 341, **363 ff.**
– Heroininjektion 367
– sadomasochistisches Würgen 367
– § 340 III 1009

§ 229 202 ff.
eingeschränktes Antragsdelikt 370
Verhältnis zu § 306 b 1287

§ 230 370, 1004, 1006

423

§ 231 344 ff.
objektive Bedingung der Strafbarkeit 348

§ 232 372

§ 232a 372

§ 233 372

§ 237 455 ff.
– Heiratsverschleppung 458 ff.
– Zwangsverheiratung 456 f.

§ 238 460 ff., 546b
Analogieverbot 470
besonders schwere Fälle 474
Bestimmtheitsgebot 470
Eignungsdelikt 463
Konkurrenzen 478
Lebensgestaltung, Beeinträchtigung 473
Nachstellen 464 ff.
Qualifikationstatbestand 475
Rechtsgut 462
unbefugt 472
wiederholte Begehung 460, 464, 471

§ 239
Autobahnstau 387
Dauerdelikt 387
erfolgsqualifiziertes Delikt 389
Festnahmerecht 384
geschütztes Rechtsgut 374 ff.
– aktuelle Fortbewegungsfreiheit 382, 382a
– potentielle Fortbewegungsfreiheit 381 f.
Konkurrenzverhältnis zu § 240 386
Mittel der Freiheitsberaubung 375
mittelbare Täterschaft 388 ff.
Rechtfertigungsgründe 384
Strafbarkeit des Versuchs 389 ff., 391
sukzessive Beteiligung 387
tatbestandsausschließendes Einverständnis 377, 381b
Unterlassen 387

§ 239a 170, 372

§ 239b 170, 372

§ 240 392 ff.
Bestimmtheitsgebot 396
Drohung mit einem empfindlichen Übel 397 ff., 453
– Drohung mit Unterlassen 453
geschütztes Rechtsgut 392
Gewalt 420, **402 ff.**, 409 ff., 416, 421 ff., 423, 427, 431, 454
– Bedrohung mit einer Schusswaffe 409, 418
– Blockade der Autobahn mit Kraftfahrzeugen 415
– Blockade durch angekettete Demonstranten 415
– Chloräthyl-Fall 404
– Dreiecksnötigung *(siehe Gewalt gegen dritte Personen)*
– Entwicklung des strafrechtlichen Gewaltbegriffs **402 ff.**
– Erzwingung des Überholens 416
– Gewalt gegen dritte Personen 423
– Gewalt gegen Sachen 422
– Klimakleber 439 ff.
– Laepple-Urteil 410
– Mürbemachen durch Schläge 418 ff.
– Parklücken-Fall 426 ff.
– psychischer Zwang 407, 410 ff.
– sexuelle Gewalt 392
– Sitzblockaden 392, 410 ff., 432, 440, 449
– Unterlassung 427, 449, 453
– vis absoluta 393 ff., 417
– vis compulsiva 418 ff.
– Vorlesungsstörung 421 f.
Konkurrenzverhältnis zu § 113 483
Konkurrenzverhältnis zu § 239 386
Nötigung in besonders schweren Fällen 454
Rechtswidrigkeit 396, **424 ff.**, 440,
– Demonstrationsfreiheit 440, 445 ff.
– Fernziele des Täters 449
– Geringfügigkeitsprinzip 451
– Meinungsäußerungsfreiheit 442 f.
– Mittel-Zweck-Relation 421, 424, 429, 449
– Notstand 439a
– Roxins Ordnungsprinzipien 451 ff.
– Sozialwidrigkeit 430
– Unverhältnismäßigkeit 438
– Versammlungsgesetz 444, 445 ff.

– Verwerflichkeit 385, 396, 421 ff., 444 ff.

§ 241 479 ff.

§ 242 976
Abgrenzung zu § 257 976

§ 249 984, 985 ff., 989

§ 255 984, 985 ff., 989

§ 257 967 ff.
Absicht im technischen Sinne 979
Angehörigenprivileg 980
Hilfeleisten 971 f.
Rechtsgut 967 ff., 970
sachliche Begünstigung 937, 967
sukzessive Beihilfe 976 ff.
Verhältnis
– zu § 242 976 ff.
– zu § 258 V, VI StGB 980
– zu § 259 974
– zu § 261 982
Vorteil der Tat 973 ff.
– Tatlohn 975
– Unmittelbarkeitserfordernis 973 f.
– Wertsummengedanke 974
Vortat 968
Vortatbeteiligung (Abs. 3) 976 ff.
– Anstifter zur Vortat (Abs.3 S. 2) 981

§ 258 858, **937 ff.**, 1135
Angehörigenprivileg 929, 932, **955 ff.**
– nahestehende Personen 959
geschütztes Rechtsgut 937
persönliche Begünstigung 937
Selbstbegünstigung 932, 935, **960 ff.**
sozialadäquates Verhalten 964
Strafverteidigerhandeln 944 ff.
– Versuchsbeginn 945 f.
– Zeugenbeeinflussung 947
Vereiteln 941 ff.
– bei Antragsdelikten 940
– bloßes Verzögern 941
– ganz vereiteln 941
– zum Teil vereiteln 941
– durch Unterlassen 943, 965 f.
Verfolgungsvereitelung 938 ff.
Versuch 941

Vollstreckungsvereitelung 948 ff.
– Zahlung fremder Geldstrafen 949 ff.
Vortat 939
§ 258 V 932, 935, **960 ff.**
§ 258 VI 929, 932, **955 ff.**

§ 258a 966, **1011 ff.**, 1135
Dienstpflichten und Verwaltungsvorschriften 1012
Finanzbeamte 1014
gesetzliche Zuständigkeit 1012
privat erlangte Kenntnisse von Staatsanwälten/Polizeibeamten 1015 ff.
Strafvereitelung durch Unterlassen 1011, 1013 ff.
Strafverfolgung als amtliche Aufgabe 1013
Strafvollzugsbeamte 1013
unechtes Amtsdelikt 1000
zur Mitwirkung berufen 1011

§ 259

§ 261 982, 1097

§ 263 1128 f., 1273, 1286

§ 265 1267, 1273, 1286

§ 267 1112 ff.
Anonymität des Ausstellers 1149 f.
– offene 1150
– versteckte 1149
Beweiszeichen 1115, 1116 ff.
Bierdeckel als Urkunde 1112 ff., 1120, 1121 ff.
Blankettfälschung 1160 f.
durch Täuschung erschlichene Unterschrift 1167
besonders schwerer Fall 1183
Echtheit einer Urkunde 1144 ff.
Erklärung einer Behörde 1157
Gebrauchen der verfälschten Urkunde 1125 f., 1161
– Verhältnis zum Verfälschen 1126
– durch Vorlegen einer Kopie 1174
Geistigkeitstheorie 1151 ff.
geschütztes Rechtsgut 1129
Herstellen einer unechten Urkunde 1120, 1142 f., 1144

425

Identitätstäuschung 1145
Körperlichkeitstheorie 1152
Namenstäuschung 1146 f.
Nötigung zur Unterschrift 1162 ff.
offene Stellvertretung 1157 f., 1159
schriftliche Lüge 1145, 1198
subjektiver Tatbestand 1128
Urkunde 1113 ff.
- Abschriften 1168, 1169
- Absichtsurkunde 1138
- Augenscheinsobjekte 1114, 1180
- Ausstellererkennbarkeit 1113, 1120
- Beweisbestimmung 1136 ff,, 1141
- Beweiseignung 1114, 1141
- Beweisfunktion 1113, 1117
- Beweiszeichen 1115 ff.
- Collagen 1141
- Computerfax 1175, 1177
- Deliktsurkunde 1142
- dreigliedriger Urkundenbegriff 1113
- Durchschriften 1168, **1170**
- Email- Ausdrucke 1175, **1178**
- Entwürfe 1141
- Fotokopien 1168, 1169, **1171 ff.**
- Garantiefunktion 1113
- Gedankenerklärung 1113 f.
- Gehören 1140
- Gesamturkunde 1121 f.
- Kennzeichen 1116 f., 1119, 1180
- nachträgliche Urkunde 1138
- originäre Urkunde 1138
- Parkschein 1190
- Perpetuierungsfunktion 1113
- technische Aufzeichnungen 1114
- Telefax 1175, **1176**
- Verkörperung 1115
- Wertzeichen 1119
- Zufallsurkunde 1138
- zusammengesetzte Urkunde 1130 ff., 1169, 1212 f.
Verfälschen einer echten Urkunde 1113 ff., 1120, 1123, 1131 ff.
- durch Aussteller der Urkunde 1123
- Verhältnis zum Gebrauchmachen 1126
- einer zusammengesetzten Urkunde 1131 ff.
Verhältnis
- §§ 146 ff. 1238
- § 273 1215
- § 274 1129

- § 277 a.F. 1217
Zeichnen mit eigenem Namen *(siehe offene Stellvertretung)*
Zeichnen mit falschem Namen 1144 ff.
zur Täuschung im Rechtsverkehr 1124, 1147, **1181 f.**
- Gleichstellungsklausel, § 270 1182
§ 267 III 1183
§ 267 IV 1183

§ 268 1114, 1184 ff.
dauerhafte Verkörperung 1192
- Zählerstand am Kilometerzähler 1191 ff.
Eigendefekt 1203, 1205
Fotokopien 1186
Gegenblitzanlage 1200
geschütztes Rechtsgut 1184
Perpetuierungsfunktion 1192
störende Einwirkung auf den Aufzeichnungsvorgang 1199 ff., 1206
- bei Eigendefekt 1203, 1205
- durch Unterlassen 1204 ff.
- zeitweiliges Abschalten 1195
Tathandlungen 1184
technische Aufzeichnung 1114, 1185 ff.
- Beispiele 1188
- Fotokopien 1185 ff.
- Legaldefinition (Abs. 2) 1185
- Parkschein 1190
- selbsttätiges Bewirken 1186 f.
Unechtheit der technischen Aufzeichnung 1196 ff.
- Beeinflussung des Aufzeichnungsvorgangs 1197
- inhaltliche Unrichtigkeit 1198, 1207
- nachträgliches Verändern 1197
- Vortäuschen selbsttätigen Aufzeichnens 1196

§ 269 1208 ff.
Daten 1208
Datenurkunde 1210 f.
elektronische Signatur 1211
E-Mail-Anhang 1211
Gleichstellungsklausel 1208
Phishing 1209
Schutzrichtung 1208
typische Anwendungsfälle 1209

§ 270 1182, 1208

§ 271 1218 ff.
Funktion des Tatbestandes 1220 ff.
Irrtum über die Gut- bzw. Bösgläubigkeit 1222 f.
mittelbare Täterschaft 1221 f.
öffentliche Urkunde 1225 f.
– Begriff 1226
– Beispiele 1229 ff.
– Erstreckung des öffentlichen Glaubens 1226 ff.
– irrtümliche Annahme 1236
– Kfz-Zulassungspapiere 1232
Schutzzweck 1218
Verhältnis zu § 348 1218, **1220 ff.**

§ 273 1215
Verhältnis zu §§ 267, 274 1215

§ 274 817, **1127 ff.**, 1137 ff., **1212 ff.**
Absicht 1128
Beschädigen 1127
Gehören 1127, **1140**
geschütztes Rechtsgut 1129
Nachteil 1128
Urkunde siehe § 267
Verhältnis zu
– § 267 1129
– § 273 1215
– § 303 1128
Vernichten 1128

§ 277 1159, **1216 f.**
frühere Fassung 1217
Impfausweise 1216
zur Täuschung 1216

§ 278 1216

§ 279 1216

§ 281 1174
§§ 299, 300 1019

§§ 299a, 299b, 300 1019

§ 306 12, 1240, **1271 ff.**, 1288, 1289a, 1290
Brandlegen siehe § 306a
Inbrandsetzen siehe § 306a
Kritik am Tatbestand 1240, 1241

Schutzrichtung 1240, 1264
restriktive Auslegung 1272
Sonderfall der Sachbeschädigung 1240, 1271
tätige Reue (§ 306e) 1289
Tatobjekte 1271 f.
– restriktive Auslegung 1272
Verhältnis zu
– § 306a I 1289a
– § 306a II 1273
– § 306b 1287
– § 306c 1259

§ 306a 98, **1242 ff.**
abstraktes Gefährdungsdelikt 1242, 1268, 1274 ff.
– einschränkende Auslegung 1276 – 1284
Begehung durch Eigentümer 1268
Brandlegen 1247, **1248 ff.**
Einverständnis des Eigentümers 1242
gemischt genutzte Gebäude 1255 ff.
Inbrandsetzen 1247
– durch Unterlassen 1288
– Gebäudeteile 1254 ff.
– Vollendung 1253 ff.
Rechtsgut 1239 f., 1242, 1264, 1275, 1280
tätige Reue (§ 306e) 1289
Tatobjekte 1243 ff.
– nach Abs. 2 1273
– Entwidmung der Wohnung 1270
– Kirchen etc. 1244
– Räumlichkeiten zum zeitweisen Aufenthalt 1245 f.
– Wohnung 1243, 1269 f.
Verhältnis zu
– § 303, 305 1289a
– § 306 1273, 1289a
– § 306b I 1287
– § 306c 1259, 1265
Zerstörung durch Brandlegung 1247 ff., 1258
– Brandbekämpfungsschäden 1250
– Explosion des Zündmittels 1249
– teilweise zerstört 1251

§ 306b 1242, 1288a
erfolgsqualifiziertes Delikt 1273, 1285
Ermöglichungsabsicht 1286, 1288a
Erschweren des Löschens 1288a
Schädigung von Rettern 1285

427

schwere Gesundheitsschädigung 1285
tätige Reue (§ 306e) 1289
Verhältnis zu
- § 229 1287
- § 263 1288a
- § 265 1286
- § 303 1287
- §§ 306, 306a 1287

§ 306c 98, 1242
erfolgsqualifiziertes Delikt 1259, 1285 ff.
Kritik am Tatbestand 1241
Tötung von Rettern **1266**, 1285
Verhältnis zu
- § 222 1265
- zu §§ 306a, 306b 1265
Versuch 1259 ff., **1262 ff.**

§ 306e 1289

§ 307 1239

§ 308 1239

§ 309 1239

§ 311 1239

§ 312 1239

§ 313 1239

§ 315 1311 f.

§ 315b 1239, **1291 ff.**, 1334
Beeinträchtigung von Anlagen und Fahrzeugen 1296
Beifahrer 1296, 1297, 1298
Bereiten von Hindernissen 1297, 1301
- durch Unterlassen 1297
ähnlicher gefährlicher Eingriff 1295, 1298 ff.
- Schädigungsvorsatz 1302 ff.
- verkehrsfeindliche Beeinträchtigung 1300 ff.
- verkehrsfremder Eingriff 1295, 1296 ff., 1308
Gefährdung von ...
- Fahrzeuginsassen 1325 ff.
- fremden Sachen 1324

- Tatbeteiligten 1306
Geisterfahrer 1309
konkretes Gefährdungsdelikt 1305
Qualifikation (§ 315b III) 1311 f.
Unterlassen 1310
Verdeckungsabsicht 1311
Verhältnis zu § 315c 1309

§ 315c 1295, **1313 ff.**, 1334
Blutalkoholkonzentration 1314 ff.
Einwilligung 1321 ff.
Fahrlässigkeit (§ 315c III) 1328 ff.
Fahruntüchtigkeit 1314 ff.
- absolute 1314 f.
- Radfahrer 1318
- relative 1317
Gefährdung von ...
- Fahrzeuginsassen 1325 ff.
- fremden Sachen 1324
- Tatbeteiligten 1306
Geisterfahrer 1309
konkretes Gefährdungsdelikt 1319, 1323
Sache von bedeutendem Wert 1324
»sieben Todsünden« 1307
tatbeteiligte Insassen 1320
Verhältnis zu
- § 315b 1309
- § 316 1332

§ 315d 1334 ff.
Absicht zur Erzielung einer Höchstgeschwindigkeit 1344 f.
eigenhändiges Delikt 1341, 1346a
»Einzelrasen« 1334, **1342 ff.**
- Polizeiflucht-Fälle 1344a
Erfolgsqualifikation (Abs. 5) 1347 f.
Gefährdungsdelikt
- abstraktes (Abs. 1) 1335, 1345
- konkrete (Abs. 2) 1335
geschütztes Rechtsgut 1334
Kraftfahrzeugrennen 1338
- ausrichten 1339
- durchführen 1339
- teilnehmen 1341
Qualifikationen (Abs. 2, 4) 1346 f.
Straßenverkehr 1337
Täter 1341
Versuch 1340

§ 316 1332 f.
abstraktes Gefährdungsdelikt 1332
Fahruntüchtigkeit siehe § 315c
Führen des Fahrzeugs 1332 f.
Verhältnis zu § 315c 1332

§ 323a 1348 ff.
abstraktes Gefährdungsdelikt 1362 f.
actio libera in causa 1350 ff.
– Einschränkungen 1351
– fahrlässige 1356 ff.
– vorsätzliche 1355
Rausch 1372 ff., 1375
rauschbedingte Irrtümer 1366 ff.
Rauschtat 1353, 1365 – 1369
– Handlungsqualität 1371
– objektive Strafbarkeitsbedingung 1362
– rauschbedingte Irrtümer 1366 f.
– rechtswidrige Tat 1353, 1365 ff.
– subjektiver Tatbestand 1365 ff.
– Unterlassungsdelikte 1370
– § 142 als Rauschtat 1371
Schuldunfähigkeit 1372 ff
– nicht auszuschließen 1372 ff.
Subsidiaritätsklausel 1353, 1359
Verhältnis zur alic 1353

§ 323c 129 ff., 228 f., 998, 1239, **1376 ff.**
Behinderung hilfeleistender Personen 784, **1385 ff.**
– Bekämpfung des Gaffertums 1385
– geschützter Personenkreis 1386
– Rechtsgut 1385
– Tathandlung 1387
echtes Unterlassungsdelikt 1379
Erforderlichkeit der Hilfeleistung 1381
Gemeine Gefahr 1378
Gemeine Not 1378
subjektiver Tatbestand 1384
Unglücksfall 129 ff., 1377
– infolge Notwehr 1382
– Selbsttötung **129 ff.**, 1377, 1379
Verhältnis zu unechten Unterlassungsdelikten 1379
Zumutbarkeit der Hilfeleistung 1383

§§ 324 - 330d 1388 ff. s.a. **§ 324, § 326**
Amtsträger-Verantwortlichkeit 1400
Deliktstypen 1392
EU-Staaten (§ 330d II) 1400
geschützte Rechtsgüter 1391 ff.
Klimaschutzstrafrecht 1390
ökologischanthropozentrische Betrachtungsweise 1393
Rechtsmissbrauch 1399
Umweltmedien 1391
Verwaltungs*akt*akzessorietät 1395 ff.
– begünstigende Verwaltungsakte 1398
– belastende Verwaltungsakte 1397
– Vertrauensschutz 1398
Verwaltungsakzessorietät 1394 ff.

§ 324 1401 ff. s.a. **§§ 324 - 330d**
Genehmigung 1401
Gewässer 1404
ökologisch orientierte Auslegung 1402
– unbefugt 1406
Verhältnis zu § 326 1410
Verunreinigen 1405

§ 324a 1392

§ 326 1407 ff. s.a. **§§ 324 - 330d**
Abfall 1407
Bagatellklausel 1409
Gift 1408
unbefugt 1409 i.V.m. 1406
Verhältnis zu § 324 1410

§ 331 1019 ff., **1033 ff.**
Abgeordnetenbestechung 1019, 1043, 1048
Amtsträger 1033 ff.
– Europäische Amtsträger 1056
– nach § 11 Abs. 1 Nr. 2 a 1034
– nach § 11 Abs. 1 Nr. 2 b 1035
– **nach § 11 Abs. 1 Nr. 2 c** 1036 ff.
– Richter 1034, 1043
– zur Zeit der Tat 1032
Anfüttern 1068 f.
Anstiftung 1084 f.
Auffangtatbestand 1026
Aufgaben der öffentlichen Verwaltung 1036 ff.
– Abgeordnete 1043
– Beschäftigte zur Ausbildung 1051
– Beschäftigte zur Probe 1051
– Daseinsvorsorge 1038
– Eingriffs- u. Ordnungsverwaltung 1037
– fiskalische Betätigung 1042

Kombiniertes Gesetzes- und Sachregister

– Justizverwaltung 1022
– Legislative 1043 f.
– Leistungsverwaltung 1038, 1041
– Hilfstätigkeiten 1051
– Kassenärzte 1040
– kommunale Mandatsträger 1044, 1048
– Kooperation mit Privaten 1054
– mit der Wahrnehmung betraut 1050 f.
– öffentliche Sparkassen 1039
– Organisationsform 1052 f.
– Public Private Partnership 1054
– Rundfunkanstalten 1040
ausländische Bedienstete 1058
Bestellung i.S.d. § 11 I Nr. 2c 1045 ff.
– Bestellungsakt 1045 ff.
– Gemeinderäte 1044, 1048 f.
Diensthandlung 1023 ff., 1061 ff.
– nicht-pflichtwidrige 1024
– Unterlassung (§ 336) 1022
Drittmitteleinwerbung 1073 ff.
Drittvorteile 1071 ff.
echte Amtsdelikte 999, 1021
Einladungssponsoring 1069
für den öffentlichen Dienst besonders Verpflichtete, § 11 Abs. 1 Nr. 4 1057
Gegenleistung 1021 ff., 1027 f., 1061, 1063, 1065 ff., 1077, 1087
Genehmigung (Abs. 3) 1080 ff.
– fehlende 1081 f.
– nachträgliche 1082
– vorherige 1080
Gesetzessystematik 1021 ff.
Grunddelikt (Abs. 1) 1021 f.
Hospitality 1069
internationale Bedienstete 1058
Klimapflege 1068
passive Bestechung 1021
Qualifikation (Abs. 2) 1022
Rechtsgut 1020
richterliche Handlungen 1021, 1022 ff.
Soldaten 1033, 1059
Sozialadäquanz 1083
Sponsoring 1076
Tatort 1097
Täterkreis 1033 ff.
Unrechtsvereinbarung 1022, 1063 ff.
– abstrakte 1022, 1027 f., **1067 ff.**
– konkretisierte 1022 f., 1027 f., 1063 ff., 1066 f.
Verhältnis Abs.1 zu Abs. 2 1021 ff.

Verhältnis zu § 332, 333, 334 1020 ff.
vorherige Genehmigung 1080
Vorteilsannahme 1021, 1060 ff.
Vorteil 1062 ff., 1071 ff.
Wahlkampfspenden 1077 f.
§ 331 III 1080 ff.

§ 332 1021 ff., 1033 ff., 1086 ff.
Anstiftung 1088
besonders schwere Fälle 1096
Dienstgeschäfte der Justizverwaltung 1022
Diensthandlung 1023, 1061 ff., 1065 ff., 1093
– konkrete 1027
– pflichtwidrige 1024, 1026, 1087
– Straftaten als ... 1093
Dienstpflichtverletzung 1030
echte Amtsdelikte 1021
Ermessensentscheidung 1090 ff.
– Beurteilungsspielraum 1091
– Gestaltungsspielraum 1091
Gesetzessystematik 1021 ff.
konkretisierte Unrechtsvereinbarung 1023, 1027, 1063 ff., 1066
passive Bestechung 1021
Rechtsgut 1020
richterliche Handlungen 1022
Sich-bereit-Zeigen 1094
– geheimer Vorbehalt 1094
Verhältnis zu § 334 1084, **1088**
Vorteil 1062 ff., 1071 ff., 1090, 1095
Weiterleitung von Geldzuwendungen 1095
§ 332 III 1094

§ 333 1028 ff.
aktive Bestechung 1028
Allgemeindelikt 1028
Auffangtatbestand 1031
Gesetzessystematik 1021 ff.
Unrechtsvereinbarung 1022, 1063 ff.
– abstrakte (Abs. 1) 1028, **1067 ff.**
– konkretisierte (Abs. 2) 1028, 1063 ff., **1066 f.**
pflichtgemäße Diensthandlung 1030
Rechtsgut 1020
Verhältnis zu § 331 1028
Vorteil 1062 ff., 1071 ff.

§ 334 1028 ff.
aktive Bestechung 1028
Allgemeindelikt 1028
besonders schwere Fälle 1096
Dienstpflichtverletzung 1030
Gesetzessystematik 1021 ff.
pflichtwidrige Diensthandlung 1030
Rechtsgut 1020
konkretisierende Unrechtsvereinbarung 1028, 1063 ff., **1066 f.**
Verhältnis zu § 332 1028
Vorteil 1062 ff., 1071 ff.

§ 335 1096

§ 335a 1033, **1058**

§ 336 1023

§ 339 1099 ff.
andere Amtsträger 1099
Beugung des Rechts 1100 ff.
»Deal« im Strafverfahren 1108
Kollegialgericht 1104
Prozessrechtsverstoß 1103
Sperrwirkung 1106 f.

§ 340 999, 1001 ff.
Akzessorietätslockerung 999, 1005 f.
Amtsgewalt, Missbrauch 1001 f.
Amtsträger 1001, 1033 ff.
Anstiftung 1005 f.
Begehen 1003
Begehenlassen 1003, 1008
Beteiligung 999, 1003, 1005 f.
mittelbare Täterschaft 1003
rechtfertigende Amtsbefugnisse 1010
rechtfertigende Einwilligung 1009
Strafantrag (§ 230) 1004, 1006
Tathandlung 1003
unechtes Amtsdelikt 999, 1000, 1005
während der Dienstausübung 1001 f.
Züchtigungsrecht des Lehrers 1004
§ 28 I, II 999, 1005 f.
§ 340 III 1007 ff.

§ 343 1109
Gefahrenabwehr 1110
zur Mitwirkung berufen 1109

Kombiniertes Gesetzes- und Sachregister

§ 348 1111, **1218 ff.**
Amtsträger, § 11 I Nr. 2c 1220, 1224
echtes Amtsdelikt 1220
geschütztes Rechtsgut 1218
mittelbare Täterschaft 1221 f.
öffentliche Urkunden und Dateien 1225 ff.
Verhältnis zu § 271 1218, **1220 ff.**

§ 353b 1032

§ 355 1032

Anhang 1:
Strafrecht, Allgemeiner Teil

aberratio ictus 897 f.
actio libera in causa 1350 ff.
– Anwendungsbereich nach Tatbestandsmodell 1351 ff.
– fahrlässige 1356 f.
– Schuldunfähigkeit 1350
– Verhältnis zu § 323a 1353
– vorsätzliche 1350, 1355, 1361
Akzessorietätsgrundsätze 12 ff., 19, 81, 63
– § 28 I 12 ff., 20, 63, 615, 999, 1085, 1088, 1220
– § 28 II 12 ff., 17, 18 ff., 61 ff., 107, 180, 999, 1005 f.
Amtsträger 1033 ff.
– Europäische Amtsträger 1056
– nach § 11 Abs. 1 Nr. 2 a 1034
– nach § 11 Abs. 1 Nr. 2 b 1035
– **nach § 11 Abs. 1 Nr. 2 c** 1036 ff.
– Richter 1034, 1043
Anstiftung 21 ff., 60, 107, 136, 326, 616, 864, 867, 869, 871, 884, 888 ff., 961 ff. 1003, 1003 f., 1084, 1220
– Abstiftung 325, 328
– omnimodo facturus 60, 325, 913
– eingeschränktes Antragsdelikt 370
Beamte 1034
Beihilfe 12, 17, 19, 60 f., 107, 126, 136 f., 141, 180, 198 ff., 216, 284, 287, 325, 871 ff., 877 f., 913, 976 ff., 1003, 1220
Defensivnotstand 191
Entschuldigungsgründe 350, 1164
erfolgsqualifiziertes Delikt 313 f., 325, 336 f., 362, 389, 474, 1347

431

Kombiniertes Gesetzes- und Sachregister

– Versuch 336 ff., 474 ff.
Erlaubnistatbestandsirrtum 593, 608 ff., 621 ff.
Gebotsirrtum 989
Gewohnheitsrecht 3, 363
Haupttat 21, 22, 117, 387, 884, 888 f., 890, 916
Indemnität 555
Ingerenz 33, 91, 128, 149, 872 ff., 988
Kausalität 47, 109, 116
Leichtfertigkeit 170 f., 314, 995
Mittäterschaft 47 ff., 175 ff., 179, 281 ff., 335 ff.
mittelbare Täterschaft 118, 136, 615, 864, 868, 1220 f.
Nebentäterschaft 50
objektive Bedingung der Strafbarkeit 348, 506
objektive Zurechenbarkeit 148
passives Personalitätsprinzip, § 7 I 892
Perforation 190 ff.
Rechtfertigungsgründe
– Einwilligung 105 ff., 111 ff., 121, 122, 140, 185, 593, 600 f., 605 f., 616ff., 632 899, 909, 1009, 1321 ff.
– elterliches Züchtigungsrecht 369
– Festnahmerecht 384 f., 790
– mutmaßliche Einwilligung 217, 536, 632
– Notstand 119, 185, 191, 223, 228, 632, 644
– Notwehr 86, 191, 228, 344, 349 f., 435 ff., 644, 921
– Pflichtenkollision 633
– Zeugnisverweigerungsrecht 634
– Züchtigungsrecht des Lehrers 369, 1004
– § 193 508 ff.
Richter 844, 847
Rücktritt 244, 252, 262
Schuldmerkmale 18
Strafausschließungsgrund 506, 539, 921, 956
sukzessive Beteiligung 9
tatbestandsausschließendes Einverständnis 377, 384, 600 ff.
Tatbestandsirrtum 605, 616, 989
Tatbestandsmodell der alic 1351
Tatherrschaft 102 ff., 117, 126, 176, 216 ff., 221, 286 ff., 335, 388
Teilnahme 20, 41, 46, 63, 102 f., 116, 141

umgekehrter Subsumtionsirrtum 850, 1180
Unterlassen 33, 91 ff., 111, 124, 150, 176, 230, 288, 361, 427, 449, 453, 541 ff., 584, 871 f., 943, 1288, 1297, 1310, 1370
– Beihilfe durch Unterlassen 871 ff., 986 ff.
– Beschützergarant 987 f.
– Entsprechensklausel 95, 361
– Garantenpflicht 126, 151, 165, 124 ff., 228, 872 ff., 987 f., 997, 1012 ff.
– Garantenstellung 5, 33, 91, 124, 127 f., 149, 151, 159, 361, 985, 987 f., 1014
– Überwachergarant 988
Unternehmensdelikt 972
Verbotsirrtum 230, 384, 727 ff., 990, 1384
Verbrechen/Vergehen 1015, 1017
Versuch 846, 887, 1353
– erfolgsqualifizierter Versuch 336 ff., 474 ff., 1259 ff.
– untauglicher Versuch 849 f., 853, 887, 1180, 1236
– Versuch der Erfolgsqualifikation 1260 f.
Wahndelikt 850, 853, 887, 1180, 1236
§ 11 I 1001, **1034 ff.**
– Nr. 2 lit. a 1034
– Nr. 2 lit. b 1035
– **Nr. 2 lit. c 1036 ff.**
– Nr. 2a: Europäische Amtsträger 1056
– Nr. 3: Richter 1034, 1043
– Nr. 4: besonders Verpflichtete 1057
§ 11 II 325
§ 18 91, 133 ff., 161, 170, 250, 304, 313, 340, 476, 1259 ff., 1260, 1285
§ 28 12 ff., 17 ff., 61 ff., 107, 180, 615, 999, 1005 f., 1085, 1088, 1220
§ 30 884, 888, 1222
§ 36 – parlamentarische Äußerung 555

Anhang 2:
Grundgesetz

Art. 1 112, 122, 227, 235, 238, 522, 526, 575, 592
Art. 2 I 122, 525, 575, 592
Art. 5 508 ff., 516 ff.
– Kunstfreiheit 525, 526

- Lüth-Urteil 513, 518
- Meinungsfreiheit 493, 508, 513, 515, 516 ff., 523, 525
- Pressefreiheit 516 ff., 642, 653
- Schrankentrias (Abs 2) 518, 525

Art. 6 I, II 369, 539
Art. 10 672, 715
Art. 16 722
Art. 20 1376
Art. 20a 1393
Art. 46 555
Art. 97 I 1022, 1101
Art. 101 503
Art. 103 II
- Analogieverbot 237, 279, 294, 364, 412, 414, 470, 739, 889, 956, 978, 1206, 1332
- Bestimmtheitsgebot 364, 396, 470, 665, 1206, 1334
- Gewohnheitsrecht 3, 363, 1004
- Rückwirkungsverbot 1315

Demonstrationsfreiheit 439 ff., 444 ff.
Schuldprinzip 506, 1278 f., 1363
teleologische Reduktion 538, 656, 889, 1072, 1074, 1244, 1386
verfassungskonforme Auslegung *(siehe verfassungskonforme Konkretisierung)*
verfassungskonforme Konkretisierung 513
Verstoß gegen den gesetzlichen Richter 503
Vertrauensschutzgebot 1315
Wechselwirkungslehre 518 ff.